Anna Knon

# Die praktische Landfrau

## Der Ratgeber für jeden ländlichen Haushalt

BLV Verlagsgesellschaft München
DLG-Verlag Frankfurt (Main)
Landwirtschaftsverlag Münster-Hiltrup
Österreichischer Agrarverlag Wien
BUGRA SUISSE Wabern–Bern

CIP-Titelaufnahme der Deutschen Bibliothek

**Knon, Anna:**
Die praktische Landfrau: der Ratgeber
für jeden ländlichen Haushalt / Anna Knon. –
München; Wien; Zürich: BLV Verl.-Ges.;
Frankfurt (Main); DLG-Verl.;
Münster-Hiltrup: Landwirtschaftsverl.;
Wien: Österr. Agrarverl.;
Wabern; Bern: BUGRA Suisse, 1990
   ISBN 3-405-13894-9

BLV Verlagsgesellschaft mbH
München Wien Zürich
8000 München 40

© 1990 BLV Verlagsgesellschaft mbH, München

Lektorat: Inken Kloppenburg
Herstellung: Sylvia Hoffmann

Einbandfoto: Max Werkmeister
Einbandentwurf: Hubert Patscheider Design, Augsburg

Gesamtherstellung: Friedrich Pustet, Regensburg

Printed in Germany · ISBN 3-405-13894-9

2,21

# Inhalt

# Lebensmittel ——————— 101

# Wohnen und Familie —— 249

# Nahrungszubereitung, Vorratshaltung und Lebensmittelrecht —— 181

## Technik im Haushalt — 315

## Bekleidung, Wäsche, Heimtextilien — 377

# Zu diesem Buch

Es gibt wohl kaum einen Bereich, der so vielfältig ist wie die Hauswirtschaft. Vom Wissen über Lebensmittel, gesunde Ernährung, Technik im Haushalt, Haus- und Textilpflege, Kinderbetreuung bis hin zu Umweltschutz und Wirtschaftslehre reicht die Palette, die die Hausfrau im Alltag bewältigen muß. Bei der Bäuerin kommt hinzu, daß sie auch im landwirtschaftlichen Betrieb meist regelmäßig mitarbeitet und Haushalt und betriebliche Aufgaben geschickt miteinander verknüpfen muß.

Selbst bei großer Erfahrung kann das breite Wissen nicht stets parat sein. Dieses Buch will daher ein Nachschlagewerk sein für diejenigen, die bereits eine hauswirtschaftliche Ausbildung absolviert haben; darüber hinaus will es ein Ratgeber sein für Frauen, die sich noch wenig mit der Hauswirtschaft befaßt haben. In kompakter Form gibt es Antwort auf die täglich wiederkehrenden, vielfältigen Fragen und erleichtert damit anstehende Entscheidungen. Alle Bereiche der Hauswirtschaft sind ausführlich beschrieben; besonderer Wert wurde gelegt auf praxisnahe Darstellung mit zahlreichen Ratschlägen und nützlichen Hinweisen. Die theoretischen Grundlagen wurden bewußt knapp gehalten und nur in dem Umfang behandelt, der für das Verständnis wichtiger Zusammenhänge notwendig ist, z. B. die Bedeutung der Ernährung für die Gesundheit.

Grundlegend sind die Kapitel »Geld, Wirtschaft und Recht« sowie »Arbeit«. Im Abschnitt Geldwirtschaft wird die Rolle der Hausfrau bzw. Bäuerin im Bereich des Einkommens abgesteckt. Denn nur wenn bekannt ist, woher die Einnahmen kommen und wohin das Geld fließt, können die Ziele der Haushaltsführung mit Zukunftsplänen und Einkommensentwicklung harmonisch abgestimmt werden. Angesprochen ist auch der Bereich Buchführung, denn er ist vielfach die Domäne der Bäuerin.

Die tägliche Arbeit darf aber nicht nur im Hinblick auf die finanzielle Lage gesehen, sie muß auch auf die eigene Leistungsfähigkeit abgestimmt werden. Wie Arbeitserledigung und Erhaltung der körperlichen Gesundheit in Einklang gebracht werden können, ist im Kapitel »Arbeit« anhand vieler Beispiele dargestellt.

Besonders hervorzuheben ist auch der Abschnitt »Umweltschutz«. Zwar wird von vielen Organisationen und den Medien eine wahre Informationsflut geboten, doch meist nur in einzelnen Bereichen. Dieses Buch bietet einen Leitfaden für umweltgerechtes Verhalten in allen Bereichen des Haushalts.

Als Autorin danke ich allen herzlich, die mich bei der Erstellung dieses Buches unterstützt haben.

*Anna Knon*

# Merkmale des bäuerlichen Haushalts

In bäuerlichen Haushalten treten im Vergleich zu städtischen Haushalten folgende Merkmale in besonders ausgeprägter Form auf:

- Verbundenheit mit dem landwirtschaftlichen Betrieb,
- Standortgebundenheit,
- Mehrgenerationen-Haushalt,
- Traditionsgebundenheit.

## Verbundenheit mit dem landwirtschaftlichen Betrieb

Zwar lassen sich auf einem Bauernhof Betrieb und Hauswirtschaft trennen, die beiden Bereiche sind jedoch arbeits- und geldwirtschaftlich eng miteinander verflochten. So verrichten viele Landfrauen nicht nur die Arbeit in Haus und Garten, sondern übernehmen auch regelmäßig Tätigkeiten im Betrieb, z. B. Melken, Kälbertränken. Geld, das im Betrieb erwirtschaftet wird, fließt zum Teil in den Haushalt und umgekehrt, denn mittlerweile wird in vielen Betrieben auch von der Bäuerin das Betriebseinkommen aktiv vermehrt, z. B. durch Direktvermarktung oder »Urlaub auf dem Bauernhof«.

## Standortgebundenheit

Ein Ortswechsel ist im ländlichen Haushalt nicht üblich. Aussiedlungen durch Flurbereinigung oder Hofverkauf kommen selten vor.

## Mehrgenerationen-Haushalt

Während es in städtischen Haushalten eher selten ist, daß mehrere Generationen zusammen leben und arbeiten, ist dies im ländlichen Haushalt üblich. In der Regel sind es drei Generationen, die miteinander arbeiten: die Altenteiler, das Betriebsleiterehepaar und deren Kinder. Großfamilien, in denen auch noch die unverheirateten Geschwister des Betriebsleiters auf dem Hof mitarbeiten, sind selten geworden; wegen des geringen Technisierungsgrades der Arbeiten in Außenwirtschaft und Stall war früher die Mitarbeit der Geschwister sehr wichtig.

Das Zusammenleben mehrerer Generationen hat Vorteile. Die Großeltern können unter Umständen noch mitarbeiten. Kinder haben ältere Menschen um sich und werden mit deren Denk- und Lebensweise vertraut. Andererseits kann es zu Spannungen im Familienleben kommen durch unterschiedliche Einstellungen. Fallweise kann die Hilfs- oder Pflegebedürftigkeit der älteren Menschen zu spürbaren arbeitswirtschaftlichen Engpässen führen.

## Traditionsgebundenheit

Mehr als andere Haushalte werden ländliche Haushalte von Traditionen geprägt. Tradition zu bewahren ist eine schöne und wichtige Aufgabe der Bäuerin. Sind manche Traditionen im Alltag nicht mehr aufrechtzuerhalten, dann heißt es, mit Fingerspitzengefühl die eine oder andere Gepflogenheit zu ändern. Hier ist oft viel Geduld nötig. Beispielsweise ist das eingefahrene Rollenbild von Frauen- und Männerarbeit nur schwer zu ändern. Der Druck, althergebrachte Rollenverständnisse aufrecht zu erhalten, besteht außerdem nicht nur innerhalb der Familie. Mehr als andere Haushalte stehen die bäuerlichen Familien unter sozialem Druck, d. h., die Dorfbewohner und Nachbarn beobachten genau das Verhalten anderer.

# Geld, Wirtschaft und Recht

## 1 Management

Der landwirtschaftliche Betrieb bildet die Existenzgrundlage der bäuerlichen Familie. Der erwirtschaftete Gewinn, der unter anderem auch die Entlohnung des Unternehmers ist, ermöglicht es, die Aufwendungen für den Haushalt zu finanzieren. Im Gegenzug stellen die Haushaltmitglieder ihre Arbeitskraft dem Betrieb zur Verfügung. Das bedeutet, daß Betrieb und Haushalt in den Bereichen Arbeits- und Geldwirtschaft eng miteinander verzahnt sind. Betriebliche Entscheidungen beeinflussen den Haushalt und umgekehrt.

### 1.1 Management im Betrieb

Alle Aufgaben, die die Leitung eines Betriebes umfassen, bezeichnet man als Management. Darunter ist wesentlich mehr als Verwaltung zu verstehen. Planung, Finanzierung, Einkauf, Produktion, Produktionstechnik und Absatz anhand betriebswirtschaftlicher Überlegungen gehören dazu. Da der landwirtschaftliche Betriebsleiter neben dem Management häufig selbst die Umsetzung seiner Absichten in die Praxis vornimmt, werden ihm besonders viele Fähigkeiten abverlangt. Hinzu kommt, daß betriebliche Entscheidungen die Situation des Haushalts und der Familie berücksichtigen müssen. Innerhalb kurzer Zeit können sich die Zahl der Haushaltsmitglieder oder deren Leistungsfähigkeit verändern. Deshalb darf beim Abwägen der verschiedenen Möglichkeiten auf keinen Fall vergessen werden, daß freie Arbeitskapazität nicht über Jahre hinweg gleichbleibt, sondern je nach Familiensituation unterschiedlich verfügbar ist. Das gilt ebenso für den Geldbedarf der Familie.

### Familienzyklus

Bestimmte Entwicklungen sind bei fast allen Familienhaushalten zu beobachten. Man nennt dies den Familienzyklus.

### Gründungsphase

Der Familienzyklus beginnt mit der Entscheidung zweier Menschen, eine Lebensgemeinschaft einzugehen. Das junge Paar lebt häufig in einem Haushalt mit der älteren Generation zusammen, meist wird nur in Teilbereichen selbständig gewirtschaftet. Für den Betrieb bzw. eine anderweitige Erwerbstätigkeit stehen vier volleinsatzfähige Arbeitskräfte zur Verfügung, das Einkommen ist entsprechend hoch. Man kann sparen.

### Aufbauphase

Kinder werden geboren, eine weitere Generation lebt auf dem Hof. Die Haushalte der Großeltern und der Eltern haben sich getrennt. Wegen der Kinderbetreuung kann nicht mehr soviel Arbeitsleistung für den Betrieb erbracht werden. Der Geldbedarf der jungen Familie steigt.

### Stabilisierungsphase

Die Kinder werden größer und selbständiger. Die Ausgaben des Haushalts steigen mit dem Alter der Kinder weiter an.

### Abbauphase

Durch den Tod der Altenteiler und Auszug der Kinder wird die Familie wieder kleiner. Die Frau kann sich auch anderen Aufgaben zuwenden.

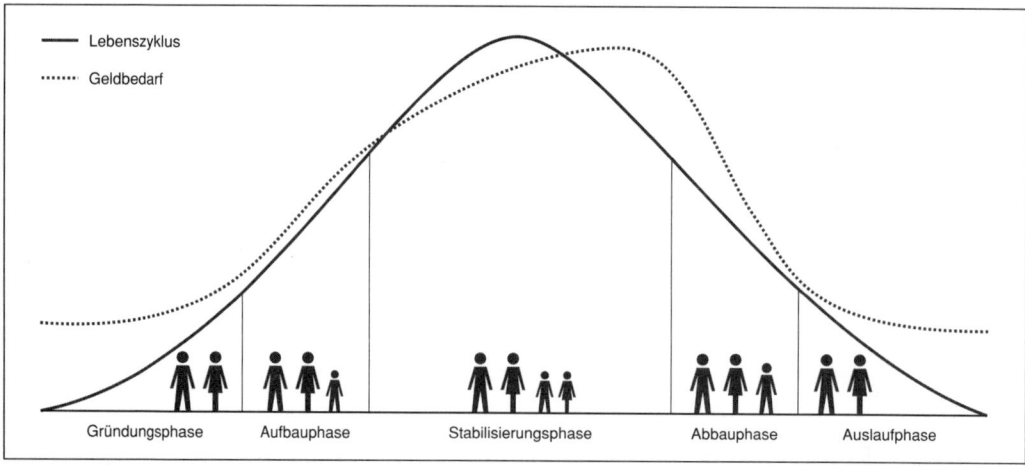

Phasen des Familienzyklus

## Auslaufphase

Der Hoferbe gründet eine eigene Familie. Das bisherige Betriebsleiterehepaar übergibt den Hof und wird dadurch zu Altenteilern. Der Kreislauf beginnt von vorne. Anders als im städtischen Haushalt wird der bäuerliche Haushalt durch den Generationswechsel nicht völlig aufgelöst. Er bleibt weiter bestehen, wenn auch vielleicht in anderer Form.

Wenn man die einzelnen Phasen des Lebenszyklus nachvollzieht, läßt sich gut erkennen, daß während der Aufbau- und der Stabilisierungsphase der Bedarf an Arbeitszeit und Geld im Haushalt am größten ist. In betriebliche Entscheidungen muß diese Gegebenheit einbezogen werden. Fehlende Arbeitskraft kann z. B. durch rationellere Arbeitsplanung, den Einsatz des Maschinenrings oder extensivere Wirtschaftsweise ausgeglichen werden. Mittel für betriebliche Investitionen sind in diesen Abschnitten schwieriger bereitzustellen als z. B. während der Gründungsphase, in der durch den günstigeren Arbeitskräftebesatz ein höheres Einkommen erwirtschaftet werden kann. Betriebliche Investitionen bedeuten für den Haushalt immer einen Einkommensverzicht.

Im Wirtschaftsjahr 86/87 wurden z. B. in Bayern für die Lebenshaltung (Essen, Hilfsstoffe, Wohnen, Verkehr, Freizeit usw.) durchschnittlich 6400,– DM pro Person und Jahr aufgewendet. Die Schwankungsbreite zwischen den einzelnen Haushalten ist jedoch beträchtlich, die Ausgaben reichen von 4000–15000,– DM pro Person. Hinzu kommen noch Ausgaben für Steuern, Versicherungen, Altenteil, Aufwendungen für nicht-landwirtschaftliches Einkommen und außergewöhnliche Aufwendungen.

Kommen zusätzliche Personen in einen bestehenden Haushalt, sollte versucht werden, das Einkommen entsprechend zu steigern. Die Möglichkeiten dafür sind so unterschiedlich wie die Betriebe. Sie können überlegen:

● Können arbeitsintensive Sonderkulturen (Gemüse, Hopfen, u. ä.) angebaut werden?
● Kann Direktvermarktung zur Verbesserung des Einkommens beitragen?
● Kann ein Familienmitglied außerhalb der Landwirtschaft Geld verdienen?

Bevor solche weitreichenden Entscheidungen gefällt werden, sollten die kommenden Jahre in Gedanken durchgespielt werden.

### Beispiel

Der Familienzyklus soll am Beispiel der bayerischen Familie Huber verdeutlicht werden.

*Abbauphase/Auslaufphase:* Die Familie Huber besitzt einen 25 Hektar großen Betrieb. Der Vater, 57 Jahre, die Mutter, 55 Jahre, und der Sohn, 29 Jahre, bewirtschaften gemeinsam den Hof. Sie können die Arbeit gut bewältigen, mit dem erwirtschafteten Gewinn kommen sie aus. Wenn der Hofnachfolger heiratet, wird sich die Situation allerdings ändern: Eine weitere Person und vielleicht bald auch Kinder müssen vom Betrieb leben.

*Gründungsphase:* Der Sohn hat geheiratet. 4 vollleistungsfähige Erwachsene können je 2300 Arbeitsstunden erbringen.

Insgesamt sind verfügbar                                    9200 Akh.
Davon sind für Haushalt erforderlich              2555 Akh.
Für Betrieb bzw. außerlandwirtschaftliche
Erwerbstätigkeit verbleiben also                     6645 Akh.
Der Lebenshaltungsaufwand in Haushalten mit ausschließlich Erwachsenen beträgt durchschnittlich 7300,– DM pro Person und Jahr. Dieser Wert wurde in

Meisterinnenarbeiten aus dem Wirtschaftsjahr 86/87 in Bayern ermittelt. Hinzu kommen noch die schon genannten Posten, Steuern, Versicherungen usw. Es kann von einem Gesamtaufwand des Haushalts in Höhe von 34000,– DM pro Jahr ausgegangen werden (Richtwerte für den Lebenshaltungsaufwand können bei den Ämtern für Landwirtschaft bzw. bei den Landwirtschaftskammern erfragt werden).

*Aufbauphase:* Zwei Kinder wurden geboren, sie sind ein und drei Jahre alt.

Die vier Erwachsenen können pro Jahr erbringen                                                              9200 Akh.
Davon sind für den Haushalt jetzt erforderlich   3760 Akh.
Für den Betrieb verbleiben                                          5440 Akh.
Der Haushaltsaufwand in dieser Familienphase beträgt ca. 40000,– DM, wenn davon ausgegangen wird, daß das Betriebsleiterehepaar die gleiche Summe verbraucht und die junge Familie Lebenshaltungskosten von 5290,– DM pro Person und Jahr aufwendet. Dieser vergleichsweise niedrige Wert kommt vor allem durch eine veränderte Haushaltsführung zustande.

*Stabilisierungsphase:* Der Altenteiler ist wegen einer Krankheit nicht mehr voll einsatzfähig, er kann noch 1000 Arbeitsstunden erbringen. Die Kinder sind inzwischen drei und fünf Jahre alt, ihre Betreuung ist nicht mehr ganz so zeitaufwendig.

Insgesamt sind verfügbar                                          7900 Akh.
Davon sind für den Haushalt erforderlich           3614 Akh.
Es verbleiben                                                               4286 Akh.
Durch die Krankheit des Altenteilers entstehen Kosten, es müssen u. a. Veränderungen in der Wohnung vorgenommen werden. Dadurch erhöht sich der Gesamtaufwand des Haushalts auf 42000,– DM.
Die Betreuung von Kranken und Pflegebedürftigen sowie die Beschäftigung mit den Kindern sind bei diesen Berechnungen nicht berücksichtigt.

Innerhalb von sechs Jahren hat sich die Situation in diesem Beispiel völlig verändert. Es werden 1300 Akh weniger geleistet und gleichzeitig für den Haushalt 1059 Akh mehr benötigt. Das bedeutet, daß im Betrieb

eine volle Arbeitskraft fehlt. Gleichzeitig erhöht sich der Geldbedarf. In dieser ungünstigen Arbeitskraftsituation wird es kaum möglich sein, Vermögen zu bilden, eher wird eine Minderung des vorhandenen stattfinden. Wenn ein weiteres Kind geboren würde oder die Altenteilerin nicht mehr mitarbeiten könnte, wäre die Situation noch ungünstiger.

Diese Zahlen sind nur Anhaltspunkte, die bei Ihrer Familie ganz anders aussehen können. Natürlich können wir nicht in die Zukunft schauen, aber vor entscheidenden Schritten sollten derartige Überlegungen angestellt werden. Die Planung wird durch entsprechende EDV-Programme und Beratung bei den Ämtern für Landwirtschaft oder den Landwirtschaftskammern erleichtert.

## Die Rolle der Bäuerin im Management

Die Belange des Haushalts und der Familie zu vertreten ist besonders die Aufgabe der Bäuerin. Sie ist nicht nur Hausfrau und Mutter, sondern auch Arbeitskraft und Mitunternehmerin im landwirtschaftlichen Betrieb. Besonders die Stallarbeit gilt als Arbeitsgebiet der Bäuerin, während die Außenwirtschaft, obwohl sie meist besser mechanisiert ist, als Aufgabe des Mannes angesehen wird.

Die Bäuerin übernimmt häufig auch Betriebsleiterfunktionen. Sie unterstützt den Bauern bei der Organisation des Betriebes und der Planung von Investitionen.

Im Nebenerwerbsbetrieb verrichtet vielfach die Bäuerin in Eigenverantwortlichkeit die Arbeit im Innen- und Außenbetrieb. Stehen Entscheidungen an, hat die Bäuerin ein gewichtiges Wort mitzureden.

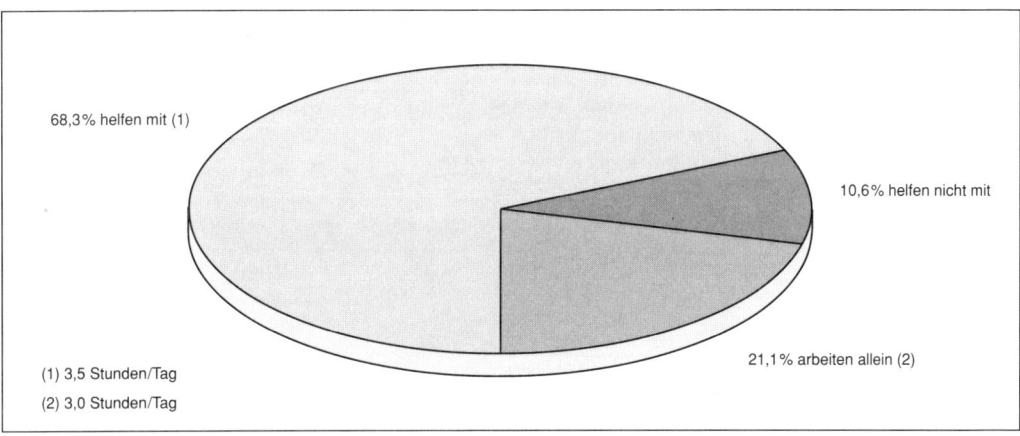

68,3% helfen mit (1)

10,6% helfen nicht mit

21,1% arbeiten allein (2)

(1) 3,5 Stunden/Tag
(2) 3,0 Stunden/Tag

Arbeit der Bäuerin im Stall

**Verantwortung für Entscheidungen im Betrieb**

| Verantwortliche Person/en | Zahl der Fälle (in %) |
|---|---|
| Betriebsleiterehepaar | 46,8 |
| Betriebsleiterehepaar mit Hofnachfolger | 4,0 |
| Betriebsleiter | 6,0 |
| Betriebsleiter trifft nach gemeinsamem Gespräch Entscheidung | 33,2 |
| Betriebsleiter mit Hofnachfolger | 7,6 |
| Bäuerin | 0,4 |
| Ganze Familie | 2,0 |
| Insgesamt % | 100 |
| n | 250 |

**Verantwortung für Entscheidungen im Haushalt**

| Verantwortliche Person/en | Zahl der Fälle (in %) |
|---|---|
| Betriebsleiterehepaar | 60,5 |
| Gesamte Familie | 12,3 |
| Bäuerin trifft nach gemeinsamem Gespräch Entscheidung | 17,0 |
| Bäuerin | 5,5 |
| Betriebsleiter | 1,5 |
| Keine Investitionen im Haushalt | 3,2 |
| Insgesamt % | 100 |
| n | 250 |

Umgekehrt entscheidet der Bauer auch im Haushalt mit. Hier sind gemeinsame Entschlüsse weit häufiger als im Betrieb. Mitreden heißt aber nicht mitarbeiten – Mithilfe des Bauern im Haushalt ist relativ selten. Er greift nur zum Staubsauger, wenn es nicht mehr anders geht, z. B. wenn die Bäuerin krank ist.

**Mitarbeit des Ehemannes im Haushalt**
(Mehrfachantworten)

| Der Mann hilft, . . . | Anzahl der Fälle (in %) |
|---|---|
| wenn es sein muß | 43,6 |
| wenn ich darum bitte | 21 |
| von sich aus | 13,2 |
| nur bei der Kinderbetreuung | 1,2 |
| nicht bei der Hausarbeit | 29,6 |
| nicht, da er keine Zeit hat | 11,5 |
| n = 243 | |

Daß so wenige Bauern ihrer Frau helfen, kann an der traditionellen Aufgabenverteilung liegen, aber auch daran, daß der Wert der Hausarbeit nicht anerkannt ist. Dabei wäre die Unterstützung des Ehemannes gerade in Zeiten hoher Belastung wünschenswert.

# 1.2 Management im Haushalt

## *Bedürfnisse und Bedürfnisbefriedigung*

Die Leistungen des Haushalts sind darauf ausgerichtet, die Bedürfnisse der Haushaltsmitglieder zu befriedigen. Welche Bedürfnisse haben wir? Es sind *Grundbedürfnisse* wie Essen, Trinken, Schlafen, Schutz vor Kälte, aber auch soziale Bedürfnisse nach Anerkennung, Selbständigkeit, Geborgenheit, Entfaltung der Persönlichkeit und geistige Bedürfnisse nach Bildung, Interesse an Kunst und Kultur. Wird ein Bedürfnis erkennbar, versucht der Haushalt, die entsprechende Leistung zur Verfügung zu stellen. Ziel ist, möglichst viele Bedürfnisse mit dem verfügbaren Einsatz an Zeit und Geld zu befriedigen.

**Bedürfnisse und Leistungen des Haushalts**

| Bedürfnis | Leistung des Haushalts |
|---|---|
| Ich habe Durst. | Apfelsaft ist im Keller, saubere Gläser sind im Schrank. |
| Mir ist kalt. | Geheiztes Zimmer. |
| Das Kind braucht Anerkennung. | Es bekommt eine Aufgabe, die es gern erledigt. Es wird gelobt. |
| Ich möchte mich entfalten. | Geld für die Klavierstunde und Organisieren der Fahrt. |

Die nötigen Mittel (Arbeitszeit und Geld) sind nicht immer ausreichend vorhanden. Deshalb ist eine wichtige Aufgabe der Haushaltsführung, Bedürfnisse und verfügbare Mittel aufeinander abzustimmen. Welche Wünsche als besonders dringlich empfunden werden, ist von Haushalt zu Haushalt verschieden. Eine Familie legt Wert auf gutes Essen, einer anderen ist ein komfortables Auto wichtig, eine dritte will ein Haus erwerben. So muß sich die Verteilung der Haushaltsausgaben nach den jeweiligen Bedürfnissen richten.

Arbeitszeit ist nicht unbegrenzt verfügbar. Es gilt abzuwägen, welche Bedürfnisse der Familie wirklich wichtig sind. Wird Wert auf gebügelte Unterwäsche und Bettwäsche gelegt? Sind selbsthergestellte Wurst, ein blitzender Steinfußboden oder häufige Einladungen wichtig? Alles zusammen kann die Hausfrau nicht schaffen.

Arbeitszeit und Geld sind gegeneinander austauschbar. Für Geld können viele Dienstleistungen gekauft werden, z. B. Bügeln, Kochen, Nähen. Einen Haushalt, bei dem ein großer Teil der Tätigkeiten ausgelagert und durch Dritte erledigt wird, bezeichnet man als *Vergabehaushalt*. Für den eigenen Haushalt das richtige Maß zwischen Eigenleistung und Vergabe zu finden, ist eine wesentliche Aufgabe der Haushaltsführung. Wer sich seiner Bedürfnisse bewußt ist, kann Finanzen und Arbeitskraft entsprechend einteilen.

## Finanzen und Finanzplanung

Die voraussichtlichen *Ausgaben* Ihres Haushalts können im *Haushaltsbudget* zusammengestellt werden. Das sollte auf jeden Fall geschehen, wenn

● ein Haushalt neu gegründet wird,
● Investitionen (privat oder betrieblich) anstehen,
● eine außerbetriebliche Erwerbstätigkeit aufgenommen werden soll,
● Änderungen in der Familie bevorstehen, z. B. Familienzuwachs,
● Meinungsverschiedenheiten über die Höhe des Haushaltsgeldes bestehen.

Um seine Ausgaben zu planen, muß man seine Einnahmen kennen.

### Einnahmen

Zum Einkommen der Familie gehören:

● der Gewinn aus Land- und Forstwirtschaft, einschließlich z. B. der Betriebszweige Urlaub auf dem Bauernhof oder Direktvermarktung,
● der Gewinn aus gewerblichen Unternehmen, z. B. Gastwirtschaft,
● der Gewinn aus Vermietung, Verpachtung,
● der Lohn oder das Gehalt aus außerlandwirtschaftlicher Erwerbstätigkeit,

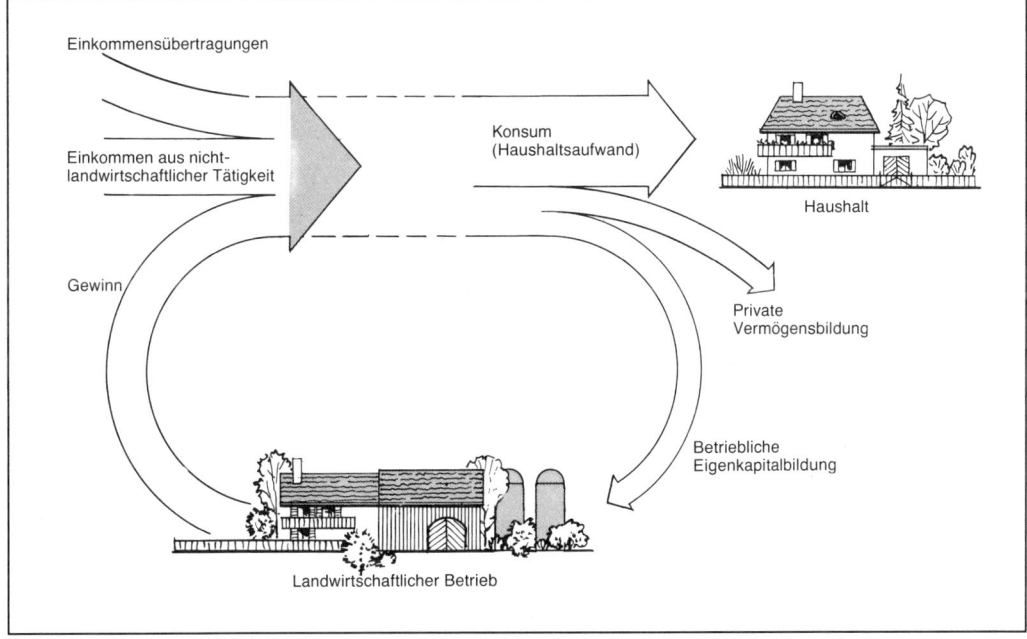

Einnahmen und Ausgaben im landwirtschaftlichen Betrieb

● die Einkünfte aus Kapitalvermögen (Zinsen und Dividende),
● Einkommensübertragungen (Kindergeld, Altersgeld, Steuerrückerstattungen, Erbe),
● Einnahmen aus Vermögensauflösungen, z. B. Verkauf von Grundstücken, Abheben von Sparguthaben, Auszahlungen von Versicherungen.

## Einkommensverwendung

Bei Vollerwerbsbetrieben müssen vom Gewinn des landwirtschaftlichen Betriebes nicht nur die Ausgaben des Haushalts, sondern auch die Eigenkapitalbildung für die Land- und Forstwirtschaft, die Entlohnung von Arbeitskräften, die Verzinsung des eingesetzten Kapitals und das Unternehmerrisiko abgegolten werden. Mit dem gebildeten Eigenkapital können zukunftsträchtige Investitionen oder Erweiterungen des Betriebes getätigt werden.

Im Haushalt ist durch die private Vermögensbildung Vorsorge für Krankheit und Alter gewährleistet, aber auch, daß z. B. defekte Geräte ersetzt oder zusätzliche angeschafft werden können.

### Ermittlung der festen Ausgaben

| Feste Ausgaben | Zahlungen | | | | |
| --- | --- | --- | --- | --- | --- |
| | Monatlich | Viertel-jährlich | Halb-jährlich | Jährlich | DM/Jahr |
| Miete<br>Müllabfuhr<br>Kanalgebühren<br>Straßenreinigung<br>Grundsteuer<br>Feuerschutzabgabe | | | | | |
| Rundfunk-, Fernsehgebühr,<br>Zeitungen, Zeitschriften | | | | | |
| Vereinsbeiträge<br>Kindergarten<br>. . . . . . . . . . . . . . . . . . . .<br>Unterhaltsleistungen<br>    Austrag<br>    Internat | | | | | |
| Taschengelder<br>Kfz-Versicherung<br>Kfz-Steuer | | | | | |
| Haftpflichtversicherung<br>Unfallversicherung<br>Private Krankenversicherung<br>Rechtsschutz<br>. . . . . . . . . . . . . . . . . . . . | | | | | |
| Lebensversicherung<br>Ausbildungsversicherung<br>Aussteuerversicherung<br>Bausparvertrag<br>Sonstige Sparverträge<br>Kredittilgungen<br>. . . . . . . . . . . . . . . . . . . . | | | | | |

Im Arbeitnehmerhaushalt ist das monatliche Einkommen regelmäßig, für die Aufstellung eines Budgets reichen einfache Unterlagen aus. Im landwirtschaftlichen Haushalt ist das Einkommen unregelmäßig und erst im nachhinein bekannt. Deshalb müssen sich Planungen auf mindestens 1 Jahr beziehen und umfangreiche Berechnungen angestellt werden, bis man von einem voraussichtlichen Jahreseinkommen ausgehen kann.

## Ausgaben

In einem zweiten Schritt sollte man sich einen Überblick über die *festen Ausgaben* verschaffen.

### Ihr persönlicher Plan

| Ausgaben | Vorgesehen DM/Monat | Tatsächlich DM/Monat | Bemerkungen |
|---|---|---|---|
| Miete + Nebenkosten | | | |
| Strom, Wasser, Heizung | | | |
| Rundfunk-, Fernsehgebühren | | | |
| Zeitungen, Zeitschriften | | | |
| Beiträge, Unterhaltsleistungen | | | |
| Taschengelder | | | |
| Telefon | | | |
| Kfz-Ausgaben | | | |
| Versicherungen | | | |
| Vermögensbildung | | | |
| . . . . . . . . . . . . . . . . . . . . . . . . . . . . | | | |
| **Summe der festgelegten Zahlungen** | | | |
| Lebensmittel | | | |
| Getränke | | | |
| Putz- und Waschmittel | | | |
| Hausrat, Einrichtung | | | |
| Kleidung | | | |
| Körperpflege und Persönliches | | | |
| Freizeit, Hobby | | | |
| Aus- und Fortbildung | | | |
| Geschenke | | | |
| Post, Verkehr | | | |
| Sonstiges | | | |
| **Gesamtausgaben** | | | |

 **Praktische Hinweise** ◀◀

↪ Vermerken Sie den jeweils zu zahlenden Betrag in der Spalte »monatlich«, »vierteljährlich«, »halbjährlich« oder »jährlich« und errechnen Sie den Jahresbetrag. Wenn Sie die erforderlichen Summen immer rechtzeitig zurücklegen, kommen Sie am Fälligkeitstermin sicher nicht in Zahlungsschwierigkeiten.

↪ Nun erstellen Sie Ihren persönlichen Ausgabenplan. Veranschlagen Sie monatlich eine bestimmte Summe für die einzelnen Ausgabeposten. Bei der Verteilung des Geldes werden immer zuerst die notwendigen, dann die wünschenswerten Ausgaben berücksichtigt. Legen Sie auch einen Betrag für die Vermögensbildung bzw. Vorsorge zurück.

↪ Nach Ablauf des Monats können Sie gut vergleichen, ob sich Ihre Planung mit den tatsächlichen Ausgaben deckt. Vielleicht wird es notwendig, die vorgesehenen Summen nach oben oder unten abzuändern.

## *Aktenführung*

Damit die Haushaltsführung übersichtlich bleibt und Vorgänge nachvollziehbar sind, müssen schriftliche Unterlagen geordnet werden. Die »Ablage« von Verträgen, Rechnungen und Kontoauszügen im Schuhkarton gehört längst der Vergangenheit an. Wie Firmen oder Vereine sollten auch die Haushalte Akten anlegen.

### Personalakte für jedes Haushaltsmitglied
Geburtsurkunden, Taufschein, Heiratsurkunde, Impfscheine, Zeugnisse, Ausbildungsbescheinigungen, Anstellungsverträge, Mitgliedschaften.

### Haushaltsakte
Kaufverträge, Mietverträge, Grundrisse; Rechnungen für Strom, Wasser, Heizung, Telefon, Radio und Fernsehen.

### Geräteakte
Rechnungen, Gebrauchsanweisungen, Kundendiensthefte, Reparaturrechnungen für alle Geräte und Maschinen in einem Register: Waschmaschine, Küchenmaschine, Kaffeemaschine . . .

### Kfz-Akte
Kaufvertrag, Kfz-Brief, Steuerbescheid, Versicherungen, TÜV, Reparaturrechnungen, Benzinrechnungen.

### Versicherungsakte
Verträge, Versicherungsbedingungen, Zahlungen, Leistungen, sonstiger Schriftverkehr.

### Behördenakte
Steuerbescheide, Einkommens- oder Lohnsteuerausgleich, Kindergeld, kommunale Abgaben.

### Geldakte
Gehaltsmitteilungen, Bankauszüge, Daueraufträge, Kredite, Geldanlagen.

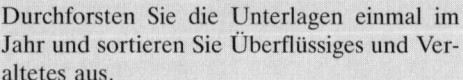

### **Praktischer Hinweis**

Durchforsten Sie die Unterlagen einmal im Jahr und sortieren Sie Überflüssiges und Veraltetes aus.

## 1.3 Einkauf

Einkaufen – manchmal eine Qual, oft ein Vergnügen. Was schleppen wir nicht alles nach Hause! Das Sortiment reicht von der Kondensmilch über das Waschpulverpaket bis hin zur Kaffeemaschine. Keller und Dachboden füllen sich, Müllberge türmen sich auf oder werden verbrannt.

### *Verbraucherwünsche*

Das Verhalten des Konsumenten wird nicht nur von rationellem Handeln, sondern auch von Gefühlen bestimmt. Im Lauf der letzten Jahrzehnte haben sich die Wünsche der Verbraucher deutlich gewandelt.
In den 50er Jahren herrschte der Bedarf an lebensnotwendigen Gütern vor, z. B. Lebensmittel und Bekleidung. In den 60er Jahren wurden verstärkt langlebige Gebrauchsgüter gekauft, z. B. Autos und Möbel. In den 70er Jahren stieg die Nachfrage nach Gütern und Dienstleistungen im Freizeitbereich, die Feriensiedlungen in den südlichen Ländern entstanden. In den 80er Jahren ist die Unterhaltungselektronik gefragt und die Ausgaben für den Bereich »Wohnen« (Heizstoffe, Möbel, Heimtextilien) stiegen überdurchschnittlich an.

### *Werbung*

Werbung dient der Verkaufsförderung. Der Konsument wird angesprochen, auf das Produkt aufmerksam gemacht. Dazu bieten sich viele Möglichkeiten an: Plakate, Rundfunk, Fernsehen, Anzeigen, Anordnung der Produkte im Supermarkt, Aufmachung des Produkts, usw. Bild und Ton erwecken Erwartungen und Sehnsüchte nach dem bestimmten Artikel. Vom Kauf des Produkts erhoffen wir uns neben seinem eigentlichen Verwendungszweck einen zusätzlichen Nutzen, den die Werbung verspricht. Die Seife »A« macht uns nicht nur sauber, durch sie bekommen wir eine schöne Haut. Die Verwendung des Waschmittels »B« läßt uns eine gute Hausfrau und Mutter sein. Solche Aussagen kann man für fast jedes Produkt treffen. Andere Zusatznutzen sind z. B. Gesundheit, Männlichkeit, Weiblichkeit, Mut oder Prestige. Aufforderungen wie »Kommen Sie«, »Holen Sie sich« oder »Nimm« veranlassen uns zum Handeln, zum Kaufen. Ist der Wunsch erst einmal geweckt, ist es schwierig, sachlich zu entscheiden.
Besonders Kindern fällt es schwer, den Verlockungen zu widerstehen. Fröhliche Lieder und

phantasievolle, lustige Gestalten bringen ihnen das Produkt nahe. Eltern können oft ihren Kindern einen Wunsch nicht abschlagen, vor allem wenn das Produkt als gesund gilt. So haben Kinder einen großen Einfluß auf die Kaufentscheidung. Deshalb haben Produkte, die für Kinder entwickelt sind, wachsende Verkaufsraten zu verzeichnen.

Besitzen wir aber das betreffende Produkt, so sind wir nicht wunschlos glücklich, denn ein erfüllter Wunsch ist der Vater vieler weiterer Wünsche.

1987 wurden in der Wirtschaft 33,4 Milliarden DM für Werbung ausgegeben. Ständig kommen neue Produkte auf den Markt, während vertraute verschwinden. Zusätzliche Artikel werden erfunden, von denen uns eingeredet wird, daß wir sie brauchen, obwohl wir bis heute ohne sie gut zurechtgekommen sind. Um »in« zu sein, kaufen wir jedoch die neuen Produkte, man will ja nicht als altmodisch gelten. So dreht sich das Konsum-Karussell immer schneller. Im Bereich der Lebensmittel geht man davon aus, daß ein Markenartikel ungefähr drei Jahre lang im Handel bleibt. Dann verschwindet er aus den Regalen und ein neues Produkt nimmt seinen Platz ein.

## Geschäfte

Durch das große Angebot und dessen ständige Veränderung haben sich auch die Einkaufsstätten gewandelt. Den »Tante Emma Laden« gibt es kaum noch, er ist nicht mehr konkurrenzfähig. Hier wird nur das gekauft, was beim Einkauf im Supermarkt vergessen wurde. Die Anzahl der Geschäfte wird weniger, dafür nimmt die Verkaufsfläche pro Laden zu. In ländlichen Bereichen sind die Verbraucher oft auf bestimmte Geschäfte angewiesen, in denen das Sortiment begrenzt und manches teurer ist. Hier macht sich der Strukturwandel im Lebensmittelhandel besonders stark bemerkbar.

Bezüglich der Gestaltung der Geschäfte lassen sich in den letzten Jahren zwei Trends beobachten. Auf der einen Seite sind *Discounter* gefragt, wo hauptsächlich wegen des günstigen Preises eingekauft wird. Die Waren stehen in Kartons in den Regalen, Personal ist nur zum Nachfüllen da, nicht zur Betreuung des Kunden. Meist ist das Warenangebot begrenzt, es werden die Artikel verkauft, die einen guten Umsatz erzielen.

Den Gegensatz dazu stellt das *Fachgeschäft* dar. Es ist ansprechend gestaltet, bietet erstklassige Ware und Spezialitäten. Hier wird beim Einkauf nicht so sehr auf den Preis geachtet, das Angebot kann teuer sein. Der Einkauf in solchen Geschäften wird vorwiegend als vergnügliche Beschäftigung, als Zeitvertreib empfunden. Personal ist ausreichend vorhanden, um die Kunden zu beraten und eine persönliche Beziehung aufzubauen.

Es gibt allerdings kaum Konsumenten, die nur im Fachgeschäft oder ausschließlich im Discounter einkaufen. Je nach Neigung und Anlaß wird einmal das eine, das nächste Mal das andere Geschäft bevorzugt.

Etwas Besonderes ist der Einkauf auf dem Bauernhof. Er vermittelt dem Städter einen Einblick in eine ihm fremde Welt. Kinder dürfen vielleicht Tiere streicheln und die Arbeit im Stall miterleben. Der Kauf von Milch oder Eiern kann zu einem Erlebnis für die ganze Familie werden. Die Kunden können, im Unterschied zum Einkauf im Supermarkt, die Herstellung der Ware unmittelbar nachvollziehen. Außerdem ist ein Produkt »direkt vom Bauernhof« etwas Besonderes. Es ist frisch, hat einen typischen Geschmack und ist in einem Geschäft nicht zu haben. Deshalb braucht es auch nicht billig zu sein, denn hervorragende Qualität wird entsprechend gut bezahlt.

## Verbraucherverhalten

Man hat festgestellt, daß die Verbraucher vorrangig auf die Qualität einer Ware achten, daß sie sich in den letzten Jahren aber auch deutlich preisbewußter verhalten. Die Sparsamkeit ist bei ver-

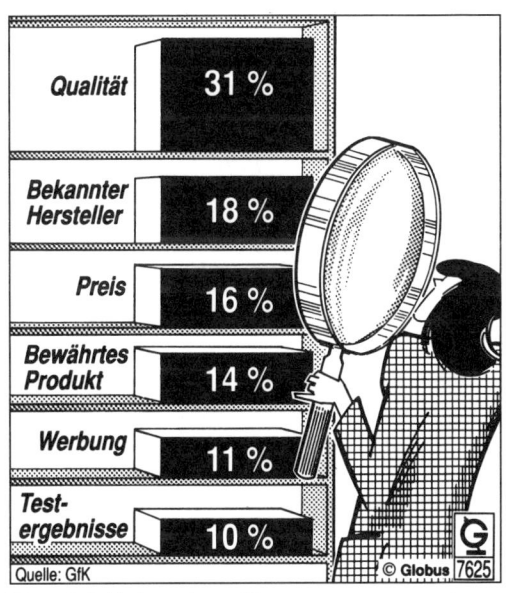

| | |
|---|---|
| Qualität | 31 % |
| Bekannter Hersteller | 18 % |
| Preis | 16 % |
| Bewährtes Produkt | 14 % |
| Werbung | 11 % |
| Test-ergebnisse | 10 % |

Quelle: GfK © Globus 7625

Worauf die Verbraucher achten

schiedenen Produktbereichen jedoch unterschiedlich ausgeprägt. Bei oft gekauften Waren, z. B. Benzin oder Lebensmitteln, reagieren die Verbraucher empfindlich. Beim einmaligen oder seltenen Kauf, z. B. Möbel oder Auto, sind die Konsumenten viel großzügiger, erhebliche Preiserhöhungen werden hier eher akzeptiert. Doch sollte man sich gerade hier gründlich informieren, vergleichen und genau abwägen, denn eine Zu-

## ➤➤ Praktische Hinweise ◄◄

➯ Planen Sie Ihre Einkäufe. Überlegen Sie bei größeren Anschaffungen die Finanzierung. Schreiben Sie sich für den Wocheneinkauf einen Einkaufszettel.

➯ Informieren Sie sich vor dem Kauf über Preis, Qualität und Angebot. Vergleichen Sie!

➯ Bei langlebigen Verbrauchsgütern sollten Sie auf Kundendienst, Ersatzteile und Nachlieferungsmöglichkeiten achten.

➯ Fragen Sie nach Rabatt oder Skonto.

➯ Kaufen Sie nur gut lagerfähige Waren auf Vorrat. Die Vorratsmenge muß sich nach dem Bedarf der Familie richten.

➯ Lassen Sie sich möglichst wenig von Modeströmungen und Werbung beeinflußen.

➯ Achten Sie bei Großpackungen auf den Preis, sie sind nicht immer billiger als kleinere Gebinde. Vergleichen Sie!

➯ Nützen Sie Schlußverkauf und Räumungsverkäufe.

➯ Kaufen Sie Obst und Gemüse zur jeweiligen Saison, bei Marktschwemmen sinken die Preise rapide. Haben Sie ein verdorbenes Lebensmittel erhalten, bringen Sie es sofort zurück und verlangen sie vollwertigen Ersatz.

➯ Achten Sie auf Sonderangebote. Ein günstiger Preis sollte Sie jedoch nicht dazu verleiten, etwas zu kaufen, das Sie nicht oder nicht in der Menge benötigen. *Ein günstiges Angebot bedeutet nicht, daß das Geschäft* alle *Waren günstig anbietet.*

➯ Vermeiden Sie Eileinkäufe, sie sind meist teurer und häufig ist man mit dem Gekauften unzufrieden, weil man sich zu wenig informiert hat.

➯ Zählen Sie das Wechselgeld nach.

➯ Kontrollieren Sie die Rechnungen.

➯ Tragen Sie die Ausgaben umgehend in Ihr Haushaltbuch ein.

satzausstattung beim Auto durch günstigen Benzinkauf wieder einzusparen, ist fast unmöglich.

Manche Verbraucher neigen dazu, die Höhe des Kaufpreises als Indiz für die Qualität der Ware zu betrachten. Informierte Käufer greifen auch zu Niedrigpreiswaren, denn sie trauen sich einen Qualitätsvergleich zu. Der Konsument sollte in der Lage sein, ein Angebot zu beurteilen. Dazu sind Warenkenntnisse und Preisvorstellungen erforderlich.

Neutrale Informationsangebote, z. B. von Stiftung Warentest, sollten besser genutzt werden. Nur 10 Prozent der Verbraucher machen davon ihre Kaufentscheidung abhängig. Erfahrungsgemäß resultiert aus der besseren Produktinformation neben dem günstigeren Einkauf auch ein höheres Maß an Zufriedenheit mit dem erworbenen Produkt.

## Bewußter Einkauf

Dem Verbraucher sollte bewußt sein, daß er nicht als einzelner einer Übermacht von Anbietern gegenübersteht, sondern daß es Institutionen und Organisationen gibt, die die Interessen der Verbraucher vertreten und Auskünfte erteilen. Hier einige Anschriften, bei denen Sie im Bedarfsfall Informationen anfordern können:

Arbeitsgemeinschaft der
Verbraucherverbände (AgV)
Heilsbachstraße 20
5300 Bonn 1

Staatliche Beratungsstellen für Ernährung
und Hauswirtschaft
(an den Ämtern für Landwirtschaft bzw.
den Landwirtschaftskammern)

Stiftung Warentest
Lützowplatz 11–13
Postfach 4141
1000 Berlin 30

Verbraucherzentralen
(im Telefonbuch zu finden)

Im Kapitel »Verbraucherrechte« (Seite 43) finden Sie wichtige Hinweise.

## Umweltschutz

Am anderen Ende des Einkaufs steht, wie bereits zu Beginn dieses Kapitels kurz erwähnt, der Müll. Alles was wir kaufen, gelangt eines Tages in den Abfall oder das Abwasser. Diesen Punkt lassen wir zu oft außer Acht. Wenn die Waren schön präsentiert im Regal stehen, denken wir nicht an den schmutzigen, zerdrückten, stinkenden Abfall. Vielleicht ist dieser unangenehme Gedanke eine Hilfe, um bewußter einzukaufen und dabei Geld zu sparen. Genaueres zum Thema Müll finden Sie im Kapitel »Umweltschutz« (Seite 540).

# 2  Geldverkehr

## 2.1 Zahlungsarten

In früheren Zeiten ist man ohne Geld ausgekommen. Beim Tauschhandel wechselten Waren ihren Besitzer. Es war üblich, daß man z. B. für ein Schwein eine bestimmte Anzahl von Hühnern bekam. Nach Abschluß des Handels hatte jeder der Beteiligten wieder etwas in der Hand. Zuerst wurden nur Waren getauscht, die z. B. nach einer guten Ernte im Überfluß vorhanden waren, erst später produzierte man von vornherein mehr als man selbst benötigte, um etwas anderes einzutauschen. Aus dem sich selbst versorgenden landwirtschaftlichen Betrieb entwickelten sich nach und nach Spezialisten: Schreiner, Schmiede, Korbflechter, Metzger, Weber usw. Mit dem Handwerk wurden Leute notwendig, die die Verteilung und den Transport der Waren übernahmen, die Händler. Ihnen ist es nicht immer sofort möglich gewesen, Eingetauschtes dem eigentlichen Besitzer zu überbringen, wenn sie größere Entfernungen zurücklegen mußten. Deshalb ist anstelle des Tauschhandels das Bezahlen mit Geld entstanden. Das Wort stammt aus dem althochdeutschen »gelt«, es bedeutet Zahlung, Vergütung. Die Münzen waren früher aus Gold oder Silber, ihr Wert entsprach dem Metallwert. Heute symbolisieren Münzen meistens eine größeren Wert, als ihr Metallwert darstellt, bei Geld-Scheinen ist dies noch deutlicher. Dadurch ist es auch verständlich, daß in Zeiten hoher Inflation, wenn der Wert des Geldes rapide abnimmt, der Tauschhandel wieder auflebt.

## Bargeldlose Bezahlung

Heute hat sich der Zahlungsverkehr noch eine Stufe weiterentwickelt. Wir bezahlen nicht mehr alles mit Geld, das wir in den Händen halten. Häufig übertragen wir unseren Gläubigern durch eine schriftliche Anweisung eine bestimmte Summe. Das Aufbewahren unseres Geldes und das Abwickeln solcher Vorgänge erledigen Banken für uns. Der *unbare,* also nicht mit der Übergabe von Geld verbundene Zahlungsverkehr, nimmt immer mehr zu.

Die bargeldlose Bezahlung hat viele Vorteile. Sie verringert den Bedarf an Bargeld und somit das Diebstahlrisiko. Zahlungen erreichen sicher und bequem den Empfänger, ohne daß tatsächlich Geld transportiert werden muß. Der Zahlungsverkehr ist einfacher, man spart Zeit. Allerdings wird durch das Unterschreiben eines Belegs der Vorgang des Geldausgebens nicht mehr so deutlich bewußt. Der Griff in die Tasche und das Übergeben des Geldes machen viel eher klar, daß man »Geld ausgegeben hat«. So liegt in der bargeldlosen Zahlung die Gefahr, daß man leichter Geld ausgibt und den Überblick auf seinem Konto verliert.

Die derzeit bequemste Art, Bankgeschäfte abzuwickeln, wird durch einen Kommunikationsdienst der Bundespost ermöglicht. Wenn Sie einen Anschluß für *Bildschirmtext* (Btx) haben, können Sie Informationen über Telefon auf den Fernsehschirm oder den Computer übertragen. Da auch einige Banken zur Anbietergemeinschaft des Btx gehören, ist es möglich, Bankgeschäfte von zu Hause aus abzuwickeln. Sie sind nicht an die üblichen Geschäftszeiten gebunden, sondern können z. B. am Abend Ihre Überweisungen erledigen. Damit Unberechtigte keinen Einblick erhalten können, ist der Zugriff auf das Konto durch mehrere Code-Wörter geschützt.

Die Abwicklung des Zahlungsvorgangs kann auf verschiedene Art und Weise erfolgen.

### Überweisung

Geld wird von einem Konto auf ein anderes übertragen, entweder bei derselben oder bei einer anderen Bank. Zur späteren Kontrolle bzw. als Beleg behält man einen Durchschlag des Überweisungsauftrags. Kehren Zahlungen in gleicher Höhe und Fälligkeit regelmäßig wieder, empfiehlt sich ein Dauerauftrag. Dann wird z. B. an jedem Monatsersten der Betrag für die Tageszeitung von der Bank automatisch überwiesen.

## Lastschrift

Im Gegensatz zur Überweisung löst hier der Empfänger den Zahlungsvorgang aus. Er läßt unter Einschaltung einer Bank einen Betrag vom Konto des Zahlungspflichtigen abbuchen. Dazu braucht er eine Einzugsermächtigung oder einen Abbuchungsauftrag.

### Die Einzugsermächtigung

Sie wird vom Zahlungspflichtigen schriftlich an den Zahlungsempfänger gegeben und ist jederzeit widerrufbar. Bei Fälligkeit kann der Empfänger den Betrag bei der Bank des Zahlungspflichtigen einziehen. Auf dem Beleg wird vermerkt, daß eine Einzugsermächtigung vorliegt. Die Bank überprüft die Richtigkeit dieser Aussage *nicht*, kann jedoch innerhalb einer Frist von 2–6 Wochen bei falschen Abbuchungen das Geld zurückholen.

### Der Abbuchungsauftrag

Darunter versteht man den Auftrag des Zahlungspflichtigen an seine Bank, vorgelegte Lastschriften eines bestimmten Empfängers einzulösen. Auch der Abbuchungsauftrag wird schriftlich gegeben und ist jederzeit widerrufbar. Die Bank hat die Verpflichtung, vor der Zahlung zu prüfen, ob tatsächlich der Abbuchungsauftrag des Kontoinhabers vorliegt.

Das Lastschriftverfahren wird vor allem mit Versicherungsgesellschaften, Krankenkassen, Bausparkassen, öffentlicher Verwaltung, Zeitungsverlagen u. ä. durchgeführt. Sie haben regelmäßige Forderungen in gleichbleibender oder auch

## ➤➤ Praktische Hinweise ◄◄

➮ Prüfen Sie anhand des Kontoauszuges genau nach, ob die Abbuchungen und deren Höhe berechtigt waren. Wenn nicht, müssen Sie sich sofort mit der Bank in Verbindung setzen. Ihr Geld ist aber zuerst einmal weg!

➮ Deshalb sollten Sie mit Einzugsermächtigungen und Abbuchungsaufträgen zurückhaltend sein. Überlegen Sie genau, wem Sie solche Rechte einräumen wollen und ob es für Sie im Einzelfall tatsächlich vorteilhaft ist.

➮ Erstellen Sie sich eine Liste der betreffenden Zahlungsempfänger, damit haben Sie im Zweifelsfall einen schnellen Überblick.

wechselnder Höhe. Der Vorteil liegt darin, daß man nicht an den einzelnen Zahlungstermin zu denken braucht, keine Belege ausfüllen muß, sondern aus dem Kontoauszug ersieht, daß die Zahlung ausgeführt wurde. Der Nachteil ist, daß man den Überblick über sein Konto verlieren kann, wenn viele Abbuchungen vorgenommen werden. Zu den monatlichen Zahlungen wie Krankenkasse, Alterskasse und Telefonrechnung kommen möglicherweise Zahlungen, die in größeren Abständen fällig sind, wie Stromrechnung, Brandversicherung, Beiträge zum Sportverein usw. Dadurch ist ein Teil des monatlich verfügbaren Geldes von vornherein weg.

## Scheck

Ein Scheck wird vom Zahlungspflichtigen ausgestellt und weist die Bank an, bei Vorlage die entsprechende Summe dem Zahlungsempfänger auszuzahlen. Aus Sicherheitsgründen und zur Vereinfachung erkennen die Banken nur die von ihnen selbst ausgegebenen Scheckvordrucke an.

Am häufigsten kommen Bar- und Verrechnungsscheck vor. Beim *Barscheck* wird der Geldbetrag bar an den Empfänger ausbezahlt. Das hat den Vorteil, daß Personen ohne Konto den Scheck einlösen können, birgt aber die Gefahr, daß bei Diebstahl oder Verlust die Geldsumme in falsche Hände gelangt. Der *Verrechnungsscheck*, der durch den Vermerk »Nur zur Verrechnung« gekennzeichnet ist, kann nur durch Gutschrift auf das Konto des Empfängers eingelöst werden. Dadurch besteht eine Sicherheit gegenüber der Auszahlung an Unberechtigte, der Weg des Geldes läßt sich verfolgen.

### Eurocheque

Der ec-Scheck stellt eine Sonderform dar. Format und Farbe sind international vereinheitlicht. Banken geben ec-Karten und die zugehörigen Scheckvordrucke aus. Sie garantieren die Einlösung des ausgestellten Schecks in Europa und den an das Mittelmeer grenzenden Ländern, wenn bestimmte Voraussetzungen erfüllt sind. Es müssen die Nummer, der Name des Kreditinstituts und die Unterschrift auf Karte und Scheck übereinstimmen. Deshalb sollte man diese nie gemeinsam aufbewahren, da im Falle eines Diebstahls die Schecks eingelöst werden können. Die Bank löst den Scheck auch dann ein, wenn das Konto nicht gedeckt ist. Der garantierte Höchstbetrag liegt bei 400,– DM. Ec-Schecks können als bargeldloses Zahlungsmittel in Geschäften und

Dienstleistungsunternehmen, z. B. Hotels, verwendet werden. Der Scheck wird in der erforderlichen Höhe ausgestellt, mit Gebühren wird das Konto des Ausstellers belastet. Ec-Schecks dienen aber vor allem der Beschaffung von Bargeld. Dazu können neben den Schaltern bei Banken und Postämtern auch die Geldautomaten außerhalb der Schalterstunden benutzt werden. Mit der

## ▶▶ Praktische Hinweise ◀◀

⇨ Erkundigen Sie sich, welche Gebühren Ihre Bank erhebt. Gerade im landwirtschaftlichen Betrieb fallen zahlreiche Buchungsvorgänge an.

⇨ Wenn Sie bei der betreffenden Bank Spareinlagen oder Kredite haben, empfiehlt es sich, über die Kontoführungsgebühren zu verhandeln. Manche Banken erlassen diese, um einen Kunden nicht zu verlieren. Wenn Sie keinen Erfolg haben, sollten Sie sich bei anderen Banken umsehen.

⇨ Die Auswahl an Geldinstituten ist in ländlichen Gebieten oft recht beschränkt. Eine Alternative, die sich vielen bietet, ist das Postgirokonto. Ein Postamt gibt es auch in kleineren Orten, es hat sogar am Samstag geöffnet. Nachteilig ist, daß das Konto nur bis zu 1000,– DM überzogen werden kann. Deshalb ist es als Betriebskonto kaum geeignet, kommt aber eventuell als Privatkonto in Frage.

⇨ Bedenken Sie, daß Sie bei der Kontoführung Gebühren sparen können. Lassen Sie sich einen Monatsauszug erstellen und verzichten Sie auf den Tagesauszug. Das spart ungefähr die Hälfte der Gebühren.

⇨ Der Monatsauszug ist außerdem übersichtlicher, Sie können Bewegungen auf dem Konto rasch nachvollziehen und brauchen zwischendurch keine Belege abzuheften. Ein Nachteil ist, daß Sie Ihren genauen Kontostand zwischendurch nicht kennen.

⇨ Zusätzliche Gebühren kostet es, wenn Sie sich die Auszüge zuschicken lassen. Nehmen Sie sie mit, wenn Sie ohnehin bei Ihrer Bank zu tun haben.

⇨ Sie sollten auf dem Girokonto nicht mehr Geld belassen, als Sie voraussichtlich brauchen werden. Die meisten Banken verzinsen diese Beträge gar nicht oder nur mit 0,5%

ec-Karte und einer Code-Nummer kann dort Bargeld abgehoben werden. Das ist z. B. am Wochenende von Vorteil, die Höhe der Summe ist jedoch begrenzt.

## Bankkosten

Die Abwicklung der Geldgeschäfte leisten die Banken nicht kostenlos. Für die Führung eines Girokontos berechnen sie Kontoführungsgebühren. Dabei handelt es sich zwar um sehr kleine Beträge, die sich jedoch im Laufe des Jahres bei umfangreichen Kontobewegungen zu einigen Hundert Mark aufsummieren können.

Viele Banken erheben eine monatliche Grundgebühr, zusätzlich wird für jede Überweisung oder Dauerauftrag Geld verlangt. Weitere Leistungen, z. B. die ec-Karte, werden selbstverständlich gesondert berechnet.

## *Wechsel*

Der Wechselverkehr hat bei Zahlungen zwischen Privatpersonen oder Privatpersonen und Banken nur eine geringe Bedeutung. Im Geschäftsleben ist er nach wie vor gebräuchlich. Man unterscheidet zwischen gezogenem und eigenem Wechsel.

Der *gezogene Wechsel* ist eine Anweisung des Ausstellers an den Zahlungspflichtigen (Bezogenen), eine bestimmte Summe an einem bestimmten Tag an den Berechtigten zu zahlen. Das kann der Aussteller selbst sein, aber auch eine dritte Person oder Firma.

Mit einem *eigenen Wechsel* verpflichtet sich der Aussteller, eine bestimmte Geldsumme zu einem festgelegten Zeitpunkt an den Berechtigten zu zahlen.

Eine *Wechselurkunde* muß bestimmte vorgeschriebene Angaben enthalten. Dazu gehören:

● die Bezeichnung als »Wechsel« im Text der Urkunde,
● die Anweisung, eine bestimmte Summe zu zahlen,
● der Name des Bezogenen (Zahlungspflichtigen),
● wann die Summe gezahlt werden soll,
● die Angabe des Zahlungsortes,
● der Name des Wechselnehmers,
● Ort und Datum der Ausstellung,
● die Unterschrift des Ausstellers.

Aus Sicherheitsgründen und zur Vereinfachung verwendet man in der Praxis ein einheitliches Formular nach DIN.

Mit der Ausstellung eines Wechsels werden verschiedene Absichten verfolgt. Der Zahlungspflichtige (Bezogene) muß den fälligen Betrag nicht sofort leisten, sondern erst später. In diesem Fall ist der Wechsel ein Kreditmittel. Der Aussteller eines bezogenen Wechsels kann diesen durch Weitergabe an einen Dritten selbst als Zahlungsmittel verwenden.

Wird ein Wechsel nicht fristgerecht eingelöst, können nach dem Wechselgesetz bestimmte Schritte eingeleitet werden. Möglich sind u. a. die Verlängerung der Wechsellaufzeit (Prolongation) oder die Übernahme der Haftung durch einen Bürgen, z. B. eine Bank. Im Einzelfall ist es empfehlenswert, sich von Bankfachleuten bzw. Rechtsanwälten beraten zu lassen.

## Kreditkarten

Kreditkarten werden von verschiedenen Organisationen angeboten, am bekanntesten sind *American Express, Visa, Eurocard* und *Diner's Club*. In Hotels, Gaststätten, Autoverleihen oder Geschäften unterschreibt der Kreditkarteninhaber einen Beleg. Der fällige Betrag wird nach einigen Wochen von seinem Konto abgebucht. Auch die Beschaffung von Bargeld ist bis zur Höhe festgesetzter Beträge, z. B. 2000,– DM pro Woche möglich. Dafür werden allerdings zusätzliche Gebühren erhoben, während die Kosten für unbare Zahlungsvorgänge, auch im Ausland, durch den jährlichen Mitgliedsbeitrag gedeckt sind. Dieser bewegt sich zwischen 50,– und 130,– DM. Der Vorteil der Kreditkarte liegt neben der verzögerten Abbuchung darin, daß man nicht ständig auf genügend Bargeld achten muß, sondern bei den angeschlossenen Unternehmen bargeldlos bezahlen kann. Wird die Kreditkarte gestohlen oder verloren und der Verlust sofort gemeldet, bekommt man innerhalb von 24 Stunden Ersatz, die Haftung für den Mißbrauch übernimmt die Organisation.

Das Bewußtsein, Geld zur Verfügung zu haben und die erst später folgende Abbuchung verleiten möglicherweise zum großzügigen Geldausgeben. Der Überblick über den Kontostand geht leicht verloren. Kreditkarten sind vor allem für Personen praktisch, die viel reisen, denn sie sparen sich oft sogar das Umwechseln von Geld. Um in den Genuß dieser Zahlungart zu kommen, sind ein bestimmtes Jahreseinkommen und von der Bank bestätigte Kreditwürdigkeit Voraussetzung. Die angeschlossenen Vertragsunternehmen, z. B. Hotels oder Restaurants, gehören eher der gehobe-

neren Kategorie an. Sie sehen Zahlungen per Karte oft gar nicht so gern, da sie einige Prozent des dadurch erzielten Umsatzes an die Organisation abführen müssen.

## Kredite

Um Rechnungen zu begleichen, kann man außer eigenem Geld auch fremdes Kapital verwenden. Man nimmt einen Kredit auf, den Kreditinstitute gegen Zins verleihen. In festgelegten Raten wird die Summe zuzüglich der Zinsen zurückgezahlt. Man »spart« somit das Geld »im nachhinein«. Sie sollten diese Aussage als Denkanstoß auffassen! Wenn nicht genügend Geld da ist, um etwas zu kaufen, fällt es bestimmt auch nicht leicht, die laufenden Beträge für eine Kreditrückzahlung aufzubringen. Darüber hinaus wird der Gegenstand durch die Zinsen noch teurer.

Vor allem beim Kauf kurzlebiger Güter sollte man sich diese Überlegung vor Augen führen. Oft muß noch Kredit zurückgezahlt werden, wenn der betreffende Gegenstand bereits nicht mehr nutzbar ist. Kreditlaufzeiten sollten auf keinen Fall die Nutzungsdauer des Gutes überschreiten.

### Beispiel

Eine Bäuerin verliert ihren Pkw nach 3 Jahren durch Totalschaden, der Kredit läuft aber über 6 Jahre.

Anders ist die Situation bei notwendigen Gütern oder größeren Investitionen, z. B. Heizung, Warmwasserversorgung. In diesen Fällen ist eine Finanzierung mit Fremdmitteln meist unumgänglich. Gerade in den letzten Jahren werden Kredite vermehrt aufgenommen, die ausschließlich zu Konsumzwecken dienen. In der »Einkommens- und Verbrauchsstichprobe«, einer Erhebung des Statistischen Bundesamts, ergab sich, daß 1983 17,2% der Haushalte sog. Konsumentenkredite aufgenommen hatten. Die durchschnittliche Restschuld betrug 10 200,– DM. Heute sind sicherlich noch mehr Haushalte davon betroffen. Neuere Studien gehen davon aus, daß ca. 48% der Haushalte verschuldet sind, wobei Darlehen zur Finanzierung von Wohneigentum nicht berücksichtigt sind. Neue Kreditformen und aggressive Werbung verleiten den Verbraucher dazu, sich zu verschulden oder sogar zu überschulden. Können die fälligen Beträge nicht mehr bezahlt werden, kündigt die Bank den Kredit, der ganze Betrag wird sofort fällig zuzüglich Verzugszinsen. Leistet der Schuldner ab und zu Zahlungen, so werden diese zuerst mit den Zinsen und – sofern das Geld

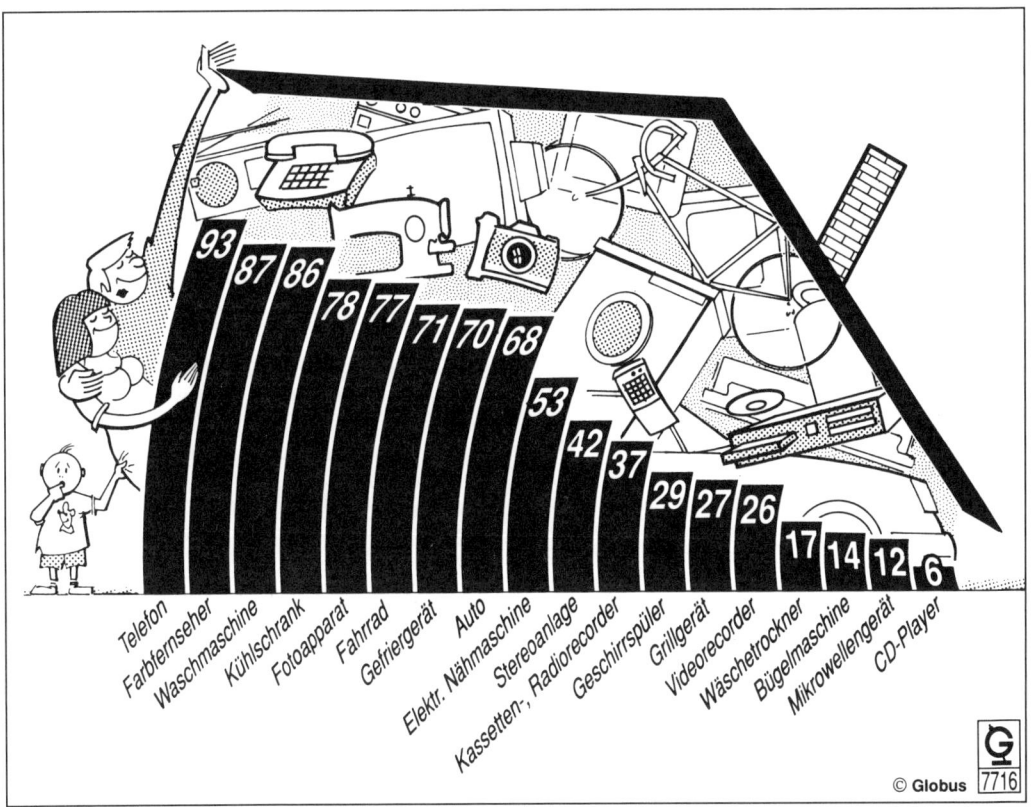

Was im Haushalt dazugehört

reicht – erst dann mit dem eigentlichen Kredit verrechnet. Dies soll 1990 geändert werden. Tilgungen werden dann zuerst dem Kredit und danach den aufgelaufenen Zinsen zugeschlagen. Trotzdem kann eine anfangs überschaubare Summe zu einem Schuldenberg anwachsen, den man sein Leben lang abtragen muß.

In den Statistiken über Kredite fällt auf, daß die Gruppe der bis zu 35jährigen Verbraucher besonders häufig mit Konsumentenkrediten belastet sind. Gründe dafür können höhere Risikobereitschaft, Ausgaben für Kinder, Haushaltsgründung, aber auch hohe Ansprüche an die Lebenshaltung sein. In dem Zusammenhang wurde festgestellt, daß junge Paare fast genauso gut ausgestattet sind wie ältere.

Von den zahlreichen Kreditarten werden im folgenden die wichtigsten herausgestellt.

## Kontokorrent-, Dispositionskredit

Darunter versteht man das »Überziehen« des Kontos bis zu einem vereinbarten Höchstbetrag, in der Regel drei Monatsgehälter. Diesen Kredit

kann man im Bedarfsfall nutzen, ohne daß gesonderte Anträge unterzeichnet werden müssen. Die in Anspruch genommenen Beträge werden zur Zeit mit ca. 11% verzinst, also teurer als längerfristige Kredite. Wer regelmäßig sein Konto überzieht, sollte deshalb nach einer billigeren Finanzierungsmöglichkeit suchen.

## Ratenkredit

Unter der Bezeichnung Ratenkredit werden Kleinkredit, Kaufkredit und Anschaffungsdarlehen zusammengefaßt.

### Kleinkredit

Diese Kredite werden, meist ohne besondere Sicherheiten, bis zu 3000,– DM ausbezahlt. Die Rückzahlung erfolgt in gleichmäßigen Monatsraten. Diesen Kredit erhalten alle Personen, die in geregelten Verhältnissen leben. Wegen der leichten Zugänglichkeit wird dieser Kredit häufig von Hausfrauen, oft ohne Wissen des Ehemannes, beantragt, und deshalb umgangssprachlich als Hausfrauenkredit bezeichnet.

## Kaufkredit/Teilzahlungskredit

Er wird z. B. von Versandhäusern, Warenhäusern oder Autohändlern angeboten. Die Kaufsumme wird nicht auf einmal, sondern in Raten, zuzüglich Zinsen, bezahlt. Meistens wird dazu eine Ratenkreditbank eingeschaltet.

## Anschaffungsdarlehen

Sie haben i. a. eine Laufzeit von 6 Jahren, der Kreditbetrag kann bis zu 50000,– DM hoch sein. Das Darlehen dient zum Kauf von langlebigen Gebrauchsgütern, z. B. Möbel, Haushaltsgeräte besonders bei der Haushaltsgründung. Zur Sicherung des Darlehens stellt der Kreditgeber verschiedene Bedingungen. Grundsätzlich werden bei Ehepaaren beide Partner verpflichtet. Des weiteren kann eine Restschuldversicherung, die Abtretung von Lebensversicherungsansprüchen, die Verpfändung von Sparguthaben oder die Übereignung der gekauften Güter für die Dauer der Kreditlaufzeit gefordert werden. Bei Landwirten verfahren die Banken eher großzügig, da das vorhandene Vermögen bezifferbare Sicherheiten bietet.
Die Zuteilung der Ratenkredite erfolgt meist schnell und unbürokratisch. Die Kreditwürdigkeit des Antragstellers wird nach dessen eigenen Angaben, seinen Einkommensnachweisen und der SCHUFA-Auskunft bemessen.

Die SCHUFA (Schutzgemeinschaft für allgemeine Kreditsicherung) ist eine Gemeinschaftseinrichtung der kreditgebenden Unternehmen. Die SCHUFA speichert Informationen über Girokonteninhaber und Kreditnehmer. Bei Privatpersonen werden Name, Geburtsdatum, Anschrift, die Aufnahme und die Abwicklung eines Kredites von der Bank gemeldet. Vertragswidriges Verhalten von Kunden, die Einleitung gerichtlicher Schritte oder Vollstreckungsmaßnahmen werden ebenfalls registriert. Angaben über Kontoguthaben, Depotbestände oder allgemeine Vermögensverhältnisse werden nicht gemacht.
Die SCHUFA gibt ihrerseits Informationen an anfragende Kreditinstitute weiter, um sie vor Verlusten zu schützen. Das heißt, wer Informationen liefert, bekommt auch Auskünfte. Damit Datenschutzvorschriften berücksichtigt sind, unterschreiben Sie als Kunde die sog. SCHUFA-Klausel. Sie erklären dadurch, daß Sie zur Weitergabe der Daten Ihre Zustimmung geben.

## Beispiel für einen Ratenkredit

| | |
|---|---|
| Darlehenssumme | 15 000,– DM |
| Effektiver Jahreszins | 10,56% |
| Laufzeit | 72 Monate (= 6 Jahre) |
| Monatsrate | 278,29 DM |

| | |
|---|---|
| Insgesamt zu leistende Summe | 20 036,88 DM |

Das bedeutet, daß Sie, um 15 000,– DM Kredit zu erhalten, ca. 5000,– DM bezahlen müssen.

## Leasing

Darunter versteht man eine Sonderform der Finanzierung. An die Stelle des Kaufs tritt die Mietzahlung. »Geleast werden« können Immobilien (Betriebsanlagen, Geschäftshäuser, Lagerhallen, Einkaufszentren u. ä.), Mobilien (Autos, EDV-Anlagen, technische Geräte) oder Personal (Zeitarbeit).
Leasing-Verträge können sehr unterschiedlich gestaltet sein.
Bei Vollamortisationsverträgen decken die Zahlungen die Anschaffungs- bzw. Herstellungskosten des Gegenstandes, die Finanzierungskosten sowie die Risiko- und Gewinnspanne des Leasing-Gebers ab. Bei Teilamortisationsverträgen erhält der Leasing-Geber nur einen Teil der oben genannten Summen. Es ist deshalb notwendig, daß der fehlende Teil abgesichert wird. Möglich ist z. B. die Verpflichtung des Leasing-Nehmers, den Gegenstand zu einem vereinbarten Preis nach Ablauf des Leasing-Vertrages zu übernehmen.
Vorteile des Leasing sind, daß der Gegenstand nicht in voller Höhe im voraus bezahlt werden muß. Investitionen können so auch bei fehlenden Eigenmitteln getätigt werden. Die laufenden

## Leasingbedingungen für einen PKW

Kaufpreis 20 000,– DM
Grundmietzeit 24 Monate

| Bedingungen | Anbieter A | Anbieter B |
|---|---|---|
| Maximale Anzahlung 40% | 8 000,– DM | 8 000,– DM |
| Restkaufwert ohne km-Begrenzung | 11 000,– DM | 8 000,– DM |
| Monatliche Miete | 117,53 DM | 167,40 DM |
| Gesamtmiete | 2 703,19 DM | 3 850,20 DM |
| Gesamtkosten | 21 703,19 DM | 19 850,20 DM |

Bedingungen erfragt bei zwei Anbietern im Raum München, Frühjahr 1989

Mietkosten können allerdings je nach Vertragsdauer 20–40% über der Kaufsumme des Gegenstandes liegen. Während der Grundmietzeit ist der Leasing-Nehmer gebunden, er kann den Gegenstand nicht zurückgeben. Für Unternehmer sind die entstehenden Steuervorteile wesentlich beim Abschluß von Leasing-Verträgen.

Im Privatbereich ist das Leasen von Kraftfahrzeugen am geläufigsten.

## Hypothekar- und Grundschuldkredite

Sie dienen der Baufinanzierung. Damit können ein Wohnhaus, eine Eigentumswohnung oder Wirtschaftsgebäude gekauft, gebaut oder modernisiert werden. Hypothek und Grundschuld sind Grundpfandrechte, die in das Grundbuch des belasteten Grundstücks eingetragen werden. Der Unterschied zwischen beiden Formen besteht darin, daß eine Grundschuld zur Absicherung wechselnder Forderungen dienen kann, während die Hypothek an eine bestimmte Forderung gebunden ist. Die Grundschuld kann im Grundbuch bestehen bleiben und bei Bedarf immer wieder herangezogen werden.

### Beispiel

Landwirt L. will einen Schlepper kaufen, der 100 000,– DM kostet. Das Geld dafür leiht er sich von seiner Bank und läßt eine Hypothek über den Betrag von 100 000,– DM auf ein Wirtschaftsgebäude eintragen. Nach Abzahlung dieser Schuld ist die Hypothek getilgt. Hätte er eine Grundschuld eintragen lassen, könnte er bei der nächsten anstehenden Investition diese 100 000,– DM Grundschuld zur Kreditsicherung wieder heranziehen und auf diese Weise Notar- und Eintragungskosten sparen.

Den Wert des finanzierten Objektes bemißt die Bank nicht nach dem Kaufpreis, sondern sie ermittelt nach eigenem Schema den sog. »Beleihungswert«. Maximal 60% dieser Summe werden als Darlehen zur Verfügung gestellt. Voraussetzung ist die Bestellung der Grundschuld.

Kredite für die Baufinanzierung werden auch als *Realkredite* bezeichnet. Die Laufzeit beträgt in der Regel zwischen 20 und 35 Jahren. Die Höhe des Darlehens wird durch die Zahlungsfähigkeit des Schuldners und den Wert des Objekts begrenzt. Der Betrag, der maximal für die Zahlung von Zins und Tilgung zur Verfügung steht, ist die *Kapitaldienstgrenze*.

Dieser Wert sollte nicht völlig ausgeschöpft werden, um Spielraum für unvorhersehbare Ereignisse zu haben. Als Richtwert können 75% der Kapitaldienstgrenze angesehen werden.

### Langfristige Kapitaldienstgrenze

> Gesamtes Einkommen
> (landwirtschaftlich und außerlandwirtschaftlich)
>
> ∕ Privataufwand (Lebenshaltungsaufwand, Steuern, Versicherungen usw.)
>
> ∕ Für Kapitalbildung festgelegte Ausgaben (Kapitallebensversicherung, Bausparen)
>
> ∕ Sonstige festgelegte Ausgaben (z. B. Altenteil)
>
> = Langfristig für den Kapitaldienst (Zins und Tilgung) verwendbare Summe

Man unterscheidet die Darlehensformen:

1. *Tilgungsdarlehen* (Abzahlungsdarlehen): Die Tilgungsbeträge bleiben gleich, die Zinsen nehmen zum Ende der Laufzeit hin ab.
2. *Festdarlehen:* Während der Laufzeit werden nur Zinsen bezahlt; die Tilgung erfolgt insgesamt am Ende. Diese Form des Darlehens wird meist mit dem Abschluß einer Lebensversicherung kombiniert. Während der Laufzeit müssen Versicherungsbeiträge und Zinsen bezahlt werden, die Tilgung erfolgt durch die ausgezahlte Versicherungssumme.
3. *Annuitätendarlehen:* Die jährlich zu zahlende Summe bleibt gleich. Die Tilgungsbeiträge steigen um die ersparten Zinsen. Die Zinsen werden durch die fortschreitende Tilgung immer weniger.

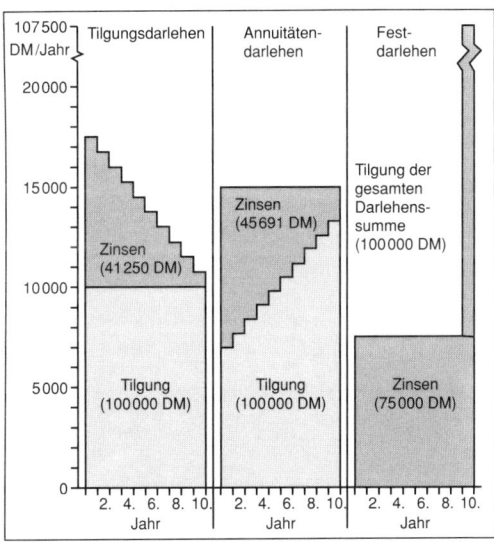

Zins und Tilgungszahlungen bei verschiedenen Darlehensformen (Darlehen 100 000,– DM, Zinssatz 7,5% p. a., Laufzeit 10 Jahre)

Am gebräuchlichsten sind Annuitätendarlehen, sie sind für den Schuldner am leichtesten zu überblicken. Es kommt aber auf den Einzelfall an, welche Darlehensform am günstigsten ist. Wenn z. B. absehbar ist, daß in einigen Jahren weniger Geld zur Verfügung steht, kann ein Tilgungsdarlehen vorteilhaft sein.

Bevor ein Darlehen aufgenommen wird, sollten Angebote von verschiedenen Kreditgebern eingeholt und verglichen werden. Eine wichtige Größe ist der Effektivzins. Er hängt ab

● von der Darlehensart – für Baudarlehen wird wegen der großen Sicherheit meist ein verhältnismäßig niedriger Zins angesetzt,
● vom Normalzins (Zinssatz) – er richtet sich nach dem Kapitalmarkt,
● von der Zinsbindungsdauer – wenn das Zinsniveau niedrig ist, sollte eine Zinsbindung auf mehrere Jahre in Erwägung gezogen werden, der Zinssatz erhöht sich dadurch etwas,
● vom Auszahlungskurs – die Differenz zwischen Nennbetrag und tatsächlich ausbezahlter Summe bezeichnet man als *Disagio* oder *Damnum*. Dem Wesen nach sind dies im voraus gezahlte Zinsen. Ein niedriger Auszahlungskurs bedingt also niedrigere Zinsen. Das Disagio kann als Geldbeschaffungskosten beim Lohn- oder Einkommensteuerausgleich geltend gemacht werden. Zu beachten ist, daß die dadurch fehlende Summe entweder mit einem höheren Darlehensbetrag oder durch ein weiteres Darlehen ausgeglichen werden muß,
● von den Bearbeitungsgebühren (Prüfung der Kreditwürdigkeit, des Beleihungswertes),
● von der Laufzeit.

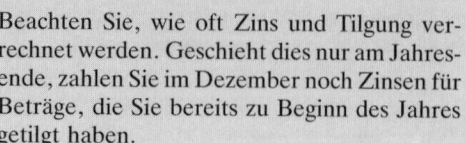

## Praktischer Hinweis

Beachten Sie, wie oft Zins und Tilgung verrechnet werden. Geschieht dies nur am Jahresende, zahlen Sie im Dezember noch Zinsen für Beträge, die Sie bereits zu Beginn des Jahres getilgt haben.

### Bauspardarlehen

Beim Bauspardarlehen handelt es sich um ein Annuitätendarlehen. Voraussetzung dafür ist ein Bausparvertrag (siehe Vermögensbildung). Ein Bauspardarlehen wird zweckgebunden zur Schaffung von Wohneigentum oder dessen Verbesserung vergeben.

Der anfängliche Zinssatz liegt im allgemeinen zwischen 4,5 und 5%, der Tilgungssatz beträgt zu Beginn 7%. Die Rückzahlung erfolgt in Form eines Annuitätendarlehens. Da dieses nach spätestens 12 Jahren zurückgezahlt ist, sind die monatlichen Raten im Vergleich zu längerlaufenden Darlehen relativ hoch. Noch nicht zugeteilte Bausparverträge können zwischenfinanziert werden, bis das Guthaben und das Darlehen verfügbar sind.

Zur Finanzierung eines Bauvorhabens werden wegen der Höhe der Summe in der Regel verschiedene Finanzierungsarten notwendig sein.

### Finanzierung von Bauvorhaben

| Bereitstellung von Eigenmitteln (Geld oder Sachwerte) | Bereitstellung von Fremdmitteln | |
|---|---|---|
| | Vorläufige Finanzierung (kurz oder mittelfristig) | Endgültige Finanzierung (langfristig) |
| ● Guthaben<br>● Bausparguthaben<br>● Grundstücke<br>● Arbeitsleistungen | ● Bankkredite zur Vorfinanzierung von Eigen- und Fremdmitteln (Bankvorausdarlehen)<br>● Bankkredite zur Zwischenfinanzierung von Eigen- und Fremdmitteln | ● Realkredite<br>● Bauspardarlehen<br>● Arbeitgeberdarlehen<br>● Öffentliche Baudarlehen |

# 2.2 Vermögensbildung

Die Vermögensbildung ist neben den Aufwendungen für den Haushalt ein wichtiger Teil der Einkommensverwendung. Die Gründe für eine Geldanlage sind sehr vielfältig.
Besonders im Unternehmerhaushalt sind eine zusätzliche Altersvorsorge und Rücklagen für Investitionen wichtig.

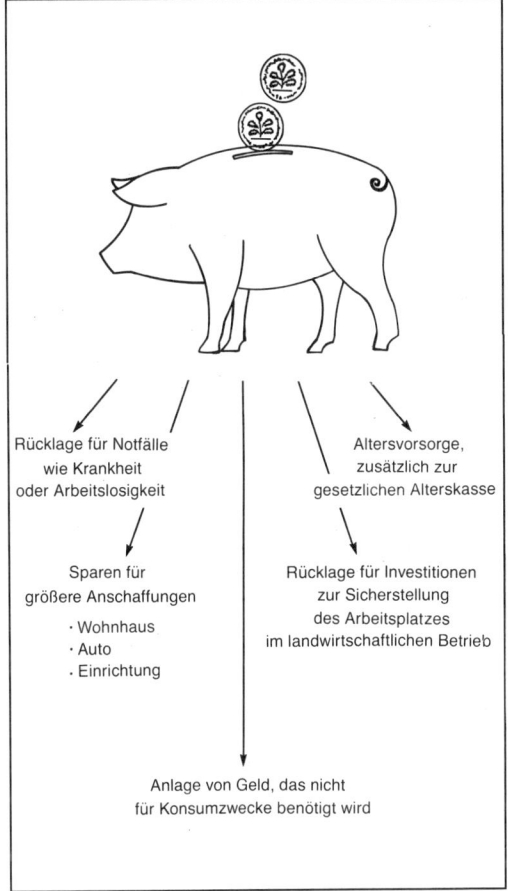

Rücklage für Notfälle
wie Krankheit
oder Arbeitslosigkeit

Sparen für
größere Anschaffungen

· Wohnhaus
· Auto
· Einrichtung

Altersvorsorge,
zusätzlich zur
gesetzlichen Alterskasse

Rücklage für Investitionen
zur Sicherstellung
des Arbeitsplatzes
im landwirtschaftlichen Betrieb

Anlage von Geld, das nicht
für Konsumzwecke benötigt wird

Gründe für eine Geldanlage

Sind die Voraussetzungen für den Bezug von Altersgeld erfüllt, leistet die Alterskasse

● von einem Grundbetrag
für Ehepaare                            589,30 DM
für Alleinstehende                      393,10 DM
● bis zu einem Höchstbetrag
für Ehepaare                            872,80 DM
für Alleinstehende                      581,80 DM
(Stand 5/89)

Diese Beiträge reichen meist nicht aus, um den Lebensunterhalt der Altenteiler abzudecken, auch wenn davon ausgegangen wird, daß durch den Übergabevertrag Kost und Logis zumindest teilweise frei sind und eventuell vom Betrieb zusätzliche Geldleistungen an die Altenteiler erbracht werden.
Finanzielle Probleme treten auf, wenn der Betrieb nicht weitergeführt wird. Gründe dafür können das Fehlen eines Hofnachfolgers oder die mangelnde Rentabilität des Betriebes sein. In solchen Fällen ist eine zusätzliche Altersversorgung besonders nötig, aber auch im »Normalfall« ist ein zusätzliches Vermögen willkommen. Damit kann z. B. der Ausbau eines gemütlichen Altenteils oder ein eigenes Auto finanziert werden.
Da in bäuerlichen Familien meistens nicht zwischen Rücklagen für betriebliche Investitionen und privater Vermögensbildung getrennt wird, sondern beides fließend ineinander übergeht, soll auch dieser Bereich kurz angesprochen werden.
Der Hof soll als Einkommensgrundlage auch für kommende Generationen erhalten bleiben. Um das zu gewährleisten, müssen Rücklagen gebildet werden.

## Beispiele

▷ Die Ersatzbeschaffung für alte Gebäude und Maschinen wird immer wieder nötig sein. In der Buchführung werden Aufwendungen für Abschreibungen (AfA) ausgewiesen. Durch die Ansparung dieser Summe ist sichergestellt, daß nach Ablauf der Nutzungsdauer Geld für den Neukauf zur Verfügung steht. Es ist allerdings zu bedenken, daß die betreffende Maschine in der Zwischenzeit um einiges teurer geworden sein dürfte. Dieser Betrag muß aus anderweitigen Rücklagen oder mit Fremdkapital finanziert werden.
▷ Der Kauf von neuen, auf dem Betrieb bisher noch nicht vorhandenen Gebäuden, Maschinen oder Vieh kann notwendig werden, um Ertragsfähigkeit und Rentabilität des Betriebs zu gewährleisten. Der Landwirt sichert sich und seinen Nachfolgern dadurch den Arbeitsplatz.

Für die bäuerliche Familie bedeutet dies, daß sie abwägen muß, wofür das Einkommen verwendet wird. Kann es in erster Linie dem Betrieb zufließen oder ist die Lebenshaltung wichtiger? Ein zu hoher Haushaltsaufwand läßt nicht genügend Investitionen im Betrieb zu oder verbraucht sogar mehr, als eigentlich zur Verfügung steht. Kommen die Mittel hauptsächlich dem Betrieb zu Gute, muß die Familie bereit sein, auf vieles zu verzichten. Konsum und Betrieb stehen in Konkurrenz miteinander, die Ausgaben müssen gegeneinander abgewogen werden.

## *Möglichkeiten der Geldanlage*

Welche Anlageformen sind zu bevorzugen? Diese Frage ist im Einzelfall nur mit Hilfe des Fachmannes zu beantworten.
Wichtig für den Sparer sind:

- Sicherheit,
- Rentabilität (der Ertrag),
- Liquidität (die Verfügbarkeit).

Alle drei Ziele in *einer* Anlageform zu verwirklichen, ist unmöglich. Anlageformen, die hohe Renditen erzielen, beinhalten ein großes Risiko. Langfristige Geldanlagen erzielen höhere Renditen als kurzfristige. Deshalb muß der Anleger entscheiden, wie lange er sein Geld festlegen möchte und welches Risiko er eingehen will.

Geldanlage kann auch in Form von Immobilien (Häuser, Wohnungen, Gewerbebauten, Grundstücke) erfolgen. Dies erfordert vergleichsweise hohe Beträge, die im allgemeinen für längere Zeiträume festgelegt werden. Immobilien bieten eine gewisse Wertbeständigkeit und Sicherheit, die jedoch von der Lage auf dem örtlichen Immobilienmarkt abhängig ist. In Ballungsräumen und Fremdenverkehrsgebieten ist die Nachfrage und somit die Rendite im allgemeinen gut, in rein ländlichen Gebieten kann die Immobilie schnell unrentabel werden.

Bei eigengenutzten Objekten spielt die Rendite nicht die entscheidende Rolle, sondern eher persönliche Vorstellungen. Fremdgenutzte Immobilien werden dagegen aus Gründen der Rentabilität und Wertbeständigkeit erworben. Die Rendite

## Anlageformen und ihre Merkmale

| Anlageform | Sicherheit | Ertrag | Verfügbarkeit |
|---|---|---|---|
| Sparbuch | Groß; kein Kursrisiko | Mäßig, Zinsen müssen gegen die laufende Geldentwertung aufgerechnet werden; keine Gebühren | Sofort |
| Sparbrief | Groß; kein Kursrisiko | Höher als beim Sparbuch; Festzins für die gesamte Laufzeit; keine Anpassung an Kapitalmarktzins | je nach Laufzeit 1–6 Jahre; längere Laufzeiten bringen in der Regel höhere Erträge |
| Festgeld | Groß | Zwischen Sparbuch und Sparbrief; keine Gebühren | je nach Vereinbarung i. a. 30–90 Tage |
| Bausparen | Groß; kein Kursrisiko, aber eventuell lange Wartezeiten bis zur Zuteilung | 2,5–3% Zins; eventuell Wohnungsbauprämie; Anspruch auf ein zinsgünstiges Bauspardarlehen; 1% der Vertragssumme Abschlußgebühr; Darlehensgebühr 1–2% der Darlehenssumme; Kontoführungsgebühren | Jederzeit kündbar; Verfügung über Sparguthaben und Darlehen erst nach Zuteilung (Verwendung auch außerhalb von Bauvorhaben) |
| Lebensversicherung | Groß | Einmalige Auszahlung oder Rentenzahlung; Versicherungssumme + Gewinnbeteiligung; Abschlußgebühr | Nach Ablauf des Vertrags oder vorzeitiger Rückkauf |

**Anlageformen und ihre Merkmale** (Fortsetzung)

| Anlageform | Sicherheit | Ertrag | Verfügbarkeit |
|---|---|---|---|
| Finanzierungs-schätze | Groß;<br><br>kein Kursrisiko | Unterschied zwischen Kauf-preis und Einlösungswert;<br><br>Depotgebühren | Anlagedauer 1 bzw. 2 Jahre |
| Bundesobligationen | Groß;<br><br>begrenztes Kursrisiko | Fester Zinssatz;<br>Ersterwerb kostenfrei,<br>ansonsten An- u. Verkaufs-kosten;<br><br>Depotgebühren | Laufzeit 5 Jahre;<br><br>Verkauf zum Börsenkurs<br>jederzeit möglich |
| Bundesschatzbriefe | Groß;<br><br>kein Kursrisiko | Kapitalgerechte Verzinsung<br>mit steigendem Zinssatz | Anlagedauer 6 bzw. 7 Jahre;<br><br>vorzeitige Verfügung nach<br>1 Jahr möglich. |
| Festverzinsliche<br>Wertpapiere | Groß;<br><br>begrenztes Kursrisiko | Fester Zinssatz;<br><br>bei Verkauf Gewinn oder<br>Verlust durch Kurs-schwankungen;<br><br>An- und Verkaufskosten;<br><br>Depotgebühren | Je nach Laufzeit;<br><br>Verkauf zum Börsenkurs<br>jederzeit möglich |
| Aktien | Sicherheit abhängig von der<br>Bonität der Gesellschaft;<br><br>Kursrisiko | Dividende richtet sich nach<br>Ertragslage des Unter-nehmens;<br><br>bei Verkauf Kursgewinne<br>möglich;<br><br>An- und Verkaufskosten;<br><br>Depotgebühren | Verkauf zum Börsenkurs<br>jederzeit möglich |

liegt aber meist erheblich unter dem Kapital-marktzins. Als Ausgleich dafür wird eine Wert-steigerung des Objekts erhofft.

Die Möglichkeiten, Geld anzulegen, sind nahezu grenzenlos. Die meisten Sparer greifen bei der Fülle des Angebots auf Altbewährtes zurück: das *Sparbuch*. Von den landwirtschaftlichen Haushalten hatten 1983

▷ 92,6% ein Sparbuch mit durchschnittlich 17476,– DM Guthaben,
▷ 60,1% Bausparverträge mit durchschnittlich 10762,– DM Bausparguthaben,
▷ 77,4% eine kapitalbildende Lebensversiche-rung,
▷ 28,2% Wertpapiere mit durchschnittlich 24840,– DM Tageswert,
▷ 92,6% Haus- und Grundbesitz.

Die hohen Prozentzahlen bei Haus- und Grund-besitz ergeben sich zwangsläufig dadurch, daß die meisten Landwirte ihren eigenen Betrieb bewirt-

schaften. Damit dürften auch die überdurch-schnittlich häufigen Bausparverträge zusammen-hängen. Wahrscheinlich ist ein großer Teil dieser Verträge für Renovierungs- und Ausbauarbeiten bestimmt. Die Lebensversicherung ist für Land-wirte eine wichtige Stütze zur Altersvorsorge.

 **Praktischer Hinweis** ◀◀

Für die unversicherte Bäuerin gibt es heute keine eigenständige Sozialversicherung. Bei der Vermögensbildung sollten deshalb Anla-geformen berücksichtigt werden, die der Bäuerin nach Tod oder Erwerbsunfähigkeit ihres Ehemannes bzw. Scheidung eine finan-zielle Absicherung bieten.

# 3 Versicherungen

Versichern läßt sich so ziemlich alles: Fußballerbeine, Ölbohrinseln oder Bilder von Picasso. Neben diesen recht ausgefallenen Beispielen gibt es jedoch für den »Normalbürger« zahlreiche Angebote der Versicherungsgesellschaften. Der Grundgedanke für alle Versicherungen ist, daß durch unvorhersehbare Ereignisse finanzielle Probleme entstehen, die der einzelne nicht mit eigenen Mitteln bewältigen kann. Gegen solche Ereignisse kann man sich versichern und leistet laufend kleinere Zahlungen an eine Versicherungsgesellschaft. Das Unternehmen kann durch die Vielzahl der Beitragleistenden das Risiko insgesamt übernehmen.

Einige Versicherungen hat der Gesetzgeber zur Pflicht gemacht: die Alterskasse bzw. Rentenversicherung, die Krankenversicherung und die Berufsgenossenschaft. Bei Arbeitnehmern kommt die Arbeitslosenversicherung hinzu.

Eine Vielzahl von Versicherungen kann freiwillig abgeschlossen werden. Das große Angebot ist verwirrend. Da die Abschlüsse nach und nach erfolgen, sind sich manche Leute gar nicht genau im klaren darüber, wogegen sie versichert sind, wie gut sie für Notfälle vorgesorgt haben und wieviel sie für diesen Schutz jährlich bezahlen.

**➤➤ Praktischer Hinweis ◀◀**

Erstellen Sie anhand der folgenden Tabelle eine Übersicht über die Versicherungen Ihres Haushalts.

Bei Familien von landwirtschaftlichen Haupterwerbsbetrieben machen den Löwenanteil der Ausgaben die Pflichtversicherungen aus. Auf die gesetzliche Vorsorge soll an dieser Stelle nicht eingegangen werden, sondern vorwiegend auf die freiwilligen Versicherungen.

Bevor man über die Vorzüge oder Nachteile des einen oder anderen Angebots nachdenkt, sollte man sich erst einmal überlegen, welche Risiken überhaupt bestehen, und ob sie es wert sind, sich dagegen zu versichern. Die Entscheidung liegt im persönlichen Ermessensspielraum.

Eine Umfrage bei westfälischen Betrieben ergab, daß viele Landwirte Kapital-Lebensversicherungen und private Kranken- und Unfallversicherungen abgeschlossen haben. Der eigentliche Risikoschutz im Falle der Berufsunfähigkeit durch Krankheit oder Tod ist meist unzureichend.

Können Ersatzkräfte bezahlt werden?
Wie könnte das Fremdkapital zurückgezahlt werden?
Kann die Familie den Betrieb weiterführen?
Diese Fragen sollten Sie sich stellen, bevor Sie in ernsthafte Schwierigkeiten geraten sind.

Um sich für die richtigen Versicherungen zu entscheiden, muß man wissen, welche Lücken im gesetzlichen Sicherungssystem vorhanden sind. Gerade in den ersten Jahren nach der Hofübernahme ist der Schutz oft mangelhaft, da die gesetzliche Vorsorge noch nicht oder noch nicht in vollem Umfang greift.

**➤➤ Praktische Hinweise ◀◀**

↪ Erkundigen Sie sich, welche Leistungen Sie zu erwarten hätten.

↪ Die versicherungswürdigen Risiken ändern sich aber im Lauf der Jahre. Von Zeit zu Zeit sollten Sie deshalb Ihre Situation erneut überdenken.

Im folgenden sollen häufig auftretende Risiken im Privatbereich und deren Versicherungsmöglichkeit aufgezeigt werden.

| Personenversicherung | Schadenversicherung | |
|---|---|---|
| | Sachversicherung | Vermögensversicherung |
| Lebensversicherung | Feuerversicherung | Haftpflichtversicherung |
| Private Krankenversicherung | Hausratversicherung | Kraftfahrzeughaftpflichtversicherung (gesetzl. vorgeschrieben!) |
| | Wohnungsgebäudeversicherung | |
| Private Unfallversicherung | Fahrzeugvollbzw. -teilversicherung (Voll- oder Teilkasko) | Rechtsschutzversicherung |
| | Reisegepäckversicherung | |

Versicherungsarten der Individualversicherung

## Wie sind Sie versichert?

| Lfd. Nr. | Versicherungsart | Versicherungsanspruch | Vertragsbeginn/-ende | Kosten pro Jahr |
|---|---|---|---|---|
| 1 | Hausratversicherung | | | |
| 2 | Privathaftpflicht-versicherung | | | |
| 3 | Rechtsschutzversicherung | | | |
| 4 | Krankentagegeld-versicherung | | | |
| 5 | Krankenhaustagegeld-versicherung | | | |
| 6 | Krankenhauszusatz-versicherung | | | |
| 7 | Pflegeversicherung | | | |
| 8 | Risikolebensversicherung mit _____ Zusatz | | | |
| 9 | Kapitallebensversicherung mit _____ Zusatz | derzeitiger Rückkaufswert _____ DM | | |
| 10 | Ausbildungsversicherung | | | |
| 11 | Aussteuerversicherung | | | |
| 12 | Unfallversicherung | | | |
| 13 | Berufsunfähigkeits-versicherung | | | |
| | Kosten insgesamt | | | _____ DM |

# 3.1 Personenversicherungen

## *Lebensversicherung*

| Tod | $\longrightarrow$ | Lebensversicherung |
|---|---|---|

Sie gehört zu den am meisten genutzten Vorsorge-möglichkeiten. Die Versicherungswirtschaft geht im Jahr 1989 von Beiträgen in Höhe von 49 Milliarden DM aus.

Der Tod des Betriebsleiters oder dessen Ehefrau können für die Weiterführung des Betriebes schwerwiegende Konsequenzen haben, besonders wenn hohe Fremdkapitalsummen vorhanden sind. Dieses Risiko abzusichern, gibt es zwei Formen der privaten Lebensversicherung:

### Risikolebensversicherung

Die vereinbarte Summe wird nur im Versicherungsfall, also bei Tod des Versicherten ausbezahlt. Passiert nichts, erlischt der Versicherungsschutz mit dem festgelegten Ablaufdatum. Die gezahlten Beiträge sind verloren. Eine Risikolebensversicherung eignet sich daher nicht zur Altersvorsorge, sondern dient ausschließlich zur Absicherung der Angehörigen. Zu empfehlen ist sie für jüngere Betriebsleiter in den ersten Jahren nach der Hofübernahme oder für ältere Betriebsleiter mit hohen Kreditverpflichtungen.

Die Risikolebensversicherung kann während der Laufzeit in eine Kapitallebensversicherung umgewandelt werden. Die bereits bezahlten Beiträge werden jedoch nicht angerechnet, die Bemessung der neuen Beitragssätze richtet sich nach dem Lebensalter zum Zeitpunkt der Umwandlung. Der einzige Vorteil einer solchen Umwandlung besteht darin, daß eine erneute Gesundheitsprüfung entfällt.

Fast alle Gesellschaften bieten *Risikolebensversicherungen mit Zusatzpolicen* an. Möglich ist z. B. eine *Unfallzusatzversicherung.* Hierbei verdoppelt sich bei Unfalltod die Versicherungssumme. Sinnvoller ist jedoch, dieses Risiko durch eine gesonderte Versicherung abzudecken, denn der Todesfall wird ohnehin durch die Lebensversicherung abgedeckt, für das eigentliche Unfallrisiko jedoch, nämlich Invalidität, fehlen laufende Rentenzahlungen.

Eine *Berufsunfähigkeits-Zusatzversicherung* in verschiedenen Varianten sichert eine Rente (siehe auch Seite 39). Wenn Sie z. B. zu 50% berufsunfähig sind, erhalten Sie eine Rente, die pro Jahr bis zu 24% der vereinbarten Versicherungssumme ausmachen kann. Diese Rente wird im Normalfall allerdings nur für die Laufzeit der Risikolebensversicherung bezahlt.

## Kapitallebensversicherung

Diese Versicherung verbindet zwei Absichten miteinander: Bei vorzeitigem Todesfall sind die Angehörigen abgesichert, im Erlebensfall wird durch das gebildete Kapital eine Verbesserung der Altersversorgung erreicht.

Die Beiträge für diese Art der Versicherung sind deutlich höher als die für eine Risikolebensversicherung, denn neben der Risikoabsicherung ist noch ein Sparvorgang beinhaltet. Die Beiträge decken drei Bereiche ab, nämlich den:

▷ *Kostenanteil:* Davon bestreitet der Versicherer seine Verwaltungskosten;
▷ *Risikoanteil:* Davon werden die Summen bezahlt, die durch den vorzeitigen Tod des Versicherten den Angehörigen zustehen;

▷ *Sparanteil:* Davon wird die Auszahlungssumme im Erlebensfall bestritten. Diesen Anteil legt die Versicherungsgesellschaft langfristig an. Je nach Geschick der Anleger erhöht sie durch den Sparanteil die am Ende ausbezahlte Summe mehr oder weniger. Wenn weniger Versicherte vor Erreichen des Endalters sterben, trägt auch der Risikoanteil zur Erhöhung des Auszahlungsbetrages bei.

Kapitallebensversicherungen werden häufig mit Laufzeiten über 25–35 Jahre abgeschlossen. Das Kapital ist so über lange Zeit gebunden. Das Risiko einer zunehmenden Geldentwertung (Inflation) oder schlechtes Wirtschaften der Versicherungsgesellschaft muß getragen werden. Zudem besteht die Gefahr, daß wegen finanzieller Engpässe der Vertrag vorzeitig abgebrochen wird. Manchmal wird beim Abschluß zuwenig bedacht, daß die Beiträge über Jahre hinweg aufgebracht werden müssen. Die Auflösung des Vertrags ist meist mit größeren Nachteilen verbunden. Der Rückkaufswert ist in den ersten Jahren deutlich niedriger als die gezahlten Versicherungsbeiträge. Auch zu einem späteren Zeitpunkt ist der Rückkauf der Lebensversicherung ein schlechtes Geschäft.

Oft wird von den Gesellschaften mit Steuervorteilen geworben. Richtig ist, daß Beiträge, auch die für eine Risikolebensversicherung, als Sonderausgaben geltend gemacht werden können, allerdings nur im Rahmen der festgelegten Höchstbeträge. Diese sind häufig schon durch andere Versicherungsbeiträge ausgeschöpft.

Die Gewinnausschüttungen sind größtenteils steuerfrei, sofern die Laufzeit mindestens 12 Jahre beträgt. Je höher Ihr persönlicher Steuersatz ist, desto höher wird letztlich die Rendite der Versicherung sein. Wer aber keine oder nur wenig Steuern zahlt, sollte sich den Abschluß sehr genau überlegen.

Welche Rendite die Kapitallebensversicherung letztlich bringt und welche Gesellschaft die günstigste sein wird, kann niemand genau sagen. Das hängt davon ab, wie der Versicherer in den nächsten 20 oder 30 Jahren wirtschaftet. Vergleiche der Rendite sagen ja nur immer aus, wie erfolgreich das Unternehmen bisher war. Ergebnisse der Stiftung Warentest können als Anhaltspunkt dienen. Eine weitere Größe ist die sogenannte Ablaufleistung, also die Summe, die Sie im Erlebensfall tatsächlich ausbezahlt bekommen sollen. Deren Höhe ist nicht garantiert, sie muß jedoch vom Versicherungsunternehmen realistisch und erreichbar vorausgeschätzt werden.

Welche Form der Lebensversicherung Sie wählen, hängt von Ihren Absichten ab. Wollen Sie hohe Fremdkapitalsummen absichern, erreichen Sie dies über eine Risikolebensversicherung preisgünstig.

Für einen Betrag in Höhe von 250000,– DM zahlen Sie ca. 1100,– DM Beitrag im Jahr. Eine Kapitallebensversicherung über die Summe würde Sie ca. 7000,– DM jährlich kosten. Kommen Sie jedoch mit niedrigeren Todesfallsummen aus, wollen Sie Kapital bilden, können Steuervorteile nutzen und die Altersversorgung verbessern, kann eine Kapitallebensversicherung in Erwägung gezogen werden.

Risikolebensversicherungen werden häufig nur für den Betriebsleiter abgeschlossen. Aber auch der Tod der Bäuerin kann für den Betrieb große Probleme aufwerfen, wenn z. B. kleine Kinder zu versorgen sind oder Altenteiler gepflegt werden müssen und dann eine Haushaltshilfe eingestellt werden müßte. Die Tarife für Frauen sind günstiger als für Männer.

## Private Krankenversicherung

| Krankheit $\longrightarrow$ | Private Kranken-zusatzversicherung |
|---|---|

Grundsätzlich übernimmt die landwirtschaftliche Krankenkasse, in der die meisten bäuerlichen Familien versichert sind, die Kosten für ärztliche und zahnärztliche Behandlungen, Krankenhausbehandlung, die Versorgung mit Arznei-, Verband-, Heil- und Hilfsmitteln (z. B. Brillen). Unter bestimmten Voraussetzungen werden auch Leistungen zur häuslichen Krankenpflege erbracht. Private Versicherungen bieten zusätzliche Leistungen an.

### Krankentagegeldversicherung

Nach Vorlage eines ärztlichen Attestes wird für jeden Krankheitstag das vereinbarte Tagegeld bezahlt, egal ob der Versicherte im Krankenhaus liegt oder sich zu Hause auskuriert. Die Höhe des Tagegeldes richtet sich maximal nach dem täglichen Bruttoverdienst. Der Zahlungsbeginn wird für einen bestimmten Krankheitstag, z. B. den 90. Tag, festgelegt. Je früher die Versicherung zahlen muß, um so höher sind die Beiträge. Bei der Festlegung des Zahlungsbeginns ist zu bedenken, daß dem Betrieb bei krankheitsbedingter

Arbeitsunfähigkeit des Betriebsleiters für max. 4 Wochen ein Betriebshelfer zusteht. Wenn bei schwerwiegenden Erkrankungen ein Krankenhausaufenthalt unumgänglich ist, stellt die Krankenkasse den Betriebshelfer für 3 Monate. Muß zu Hause eine Weiterbehandlung erfolgen, springt die Alterskasse für weitere 4 Wochen ein. Das finanzielle Risiko ist also in den ersten 3–4 Monaten der Erkrankung noch überschaubar. Erst dann müssen Ersatzkräfte aus eigener Tasche bezahlt werden. Es empfiehlt sich daher, eher hohe Tagessätze zu einem späten Zeitpunkt zu vereinbaren, um im Bedarfsfall eine wirkliche Entlastung zu erreichen.

 **Praktischer Hinweis**

Für die Bäuerin ist die Krankentagegeldversicherung problematisch. Da sich die Höhe des Krankentagegeldes nach dem Einkommen richtet, leistet die Versicherung für mitarbeitende Familienangehörige, die kein eigenes Einkommen haben, nichts! Nur wenn die Bäuerin rechtlich Mitunternehmerin ist, ist diese Versicherung sinnvoll.

### Krankenhaustagegeldversicherung

Für jeden Tag im Krankenhaus wird ein vereinbarter Betrag bezahlt. Damit soll zumindest ein Teil der Kosten abgedeckt werden, die durch das Fehlen des Betriebsleiters bzw. der Bäuerin, Fahrten und Telefonate entstehen. Möglicherweise wird neben dem Betriebshelfer eine weitere Kraft benötigt, oder die Dauer des Einsatzes (maximal 3 Monate) wird überschritten. Dann kann das Tagegeld ein willkommener Notgroschen sein, als echte Vorsorge ist es aber nicht geeignet. Der Beitrag richtet sich nach dem Eintrittsalter, Vorerkrankungen müssen angegeben werden. Die Prämien der einzelnen Gesellschaften schwanken erheblich, ein Vergleich lohnt sich.

### Krankenhauszusatzversicherung

Eine Zusatzversicherung für den Krankenhausaufenthalt deckt zusätzliche Kosten für 1- oder 2-Bett-Zimmer und die Behandlung durch den Chefarzt.

Sie müssen selbst entscheiden, wie wichtig Ihnen diese Leistungen sind. Bedenken Sie aber, daß in den letzten Jahren viele Krankenhäuser modernisiert wurden und ohnehin ausschließlich 2-Bett-Zimmer haben. Die Versicherungsprämien schlagen relativ stark zu Buche. Eine 35jährige Frau zahlt zwischen 40,– und 80,– DM pro Monat zusätzlich zur Krankenversicherung. Die Höhe der Prämie richtet sich nach eventuellen Vorerkrankungen und nach dem Eintrittsalter.

### ➤➤ Praktischer Hinweis ◄◄

Wählen Sie die Versicherungsgesellschaft sorgfältig aus, da Sie im Falle einer Vertragskündigung bei einer anderen Gesellschaft mit höherem Eintrittsalter beginnen würden.

## Unfallversicherung

| Invalidität oder Tod durch Unfall | $\longrightarrow$ | Unfallversicherung |
|---|---|---|

Die *Berufsgenossenschaft* bietet bei Arbeitsunfällen eine gute Grundversorgung. Diese reicht jedoch in den meisten Fällen nicht aus, um den Betrieb fortzuführen bzw. den Lebensunterhalt der Familie zu bestreiten. Private Unfallversicherungen »rund um die Uhr« decken neben berufsbedingten auch Freizeitunfälle ab. Das erscheint sinnvoll, denn eine klare Abgrenzung ist schwierig.

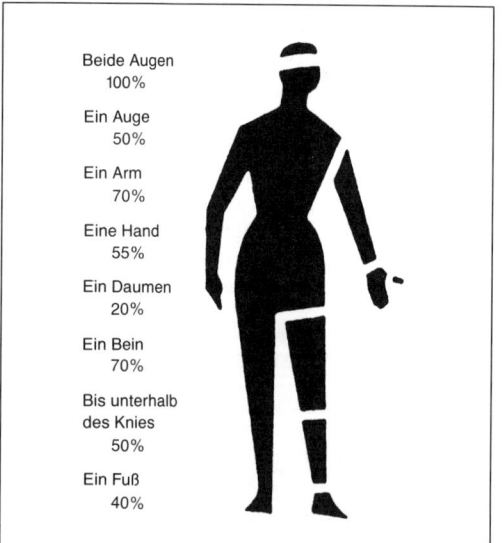

Beide Augen 100%

Ein Auge 50%

Ein Arm 70%

Eine Hand 55%

Ein Daumen 20%

Ein Bein 70%

Bis unterhalb des Knies 50%

Ein Fuß 40%

Entschädigung nach »Gliedertaxe« bei Verlust bestimmter Glieder bzw. Augen – in Prozent der versicherten Invaliditätssumme

Eine Unfallversicherung beinhaltet *Leistungen*, die nicht alle beansprucht werden müssen. Dadurch verringert sich die Beitragshöhe.

● Bei *Unfalltod* wird eine Geldsumme ausgezahlt. Dies ist überflüssig, wenn das Risiko durch eine ausreichende Lebensversicherung abgedeckt ist.
● Bei *Invalidität durch Unfall* wird ein Betrag in Abhängigkeit vom Grad der Beeinträchtigung ausgezahlt. Der Berechnung dieses Betrages liegt die sogenannte *Gliedertaxe* zugrunde.

Als *zusätzliche Leistungen* können noch versichert werden:

● Die Zahlung einer Übergangsentschädigung zur Überbrückung der Zeit, bis die Invaliditätsentschädigung gewährt wird (mindestens 1 Jahr). Dieser Schutz ist sehr teuer. Die Gesellschaften zahlen ohnehin diesen Betrag im Vorgriff aus, wenn eine Versicherung gegen Unfalltod besteht, rechnen ihn aber auf spätere Zahlungen an. Stirbt der Versicherte im Nachhinein, bleibt es bei dieser Zahlung. Die Vereinbarung einer kleineren Todesfallsumme kann deshalb sinnvoll sein, um den Geldbedarf bis zur Zahlung bei Invalidität zu überbrücken.
● Der Anspruch auf Unfall-Krankenhaustagegeld wird häufig besser mit der allgemeinen Tagegeldversicherung abgedeckt. Dann bekommt der Versicherte auch im Krankheitsfall, also nicht nur nach einem Unfall, Geld.
● Unfallgenesungsgeld und Krankentagegeld bezahlen Sie relativ teuer, außerdem steht Ihnen in solchen Fällen ein Betriebshelfer zu.
● Kosten für kosmetische Operationen.
● Bergungskosten.

### ➤➤ Praktischer Hinweis ◄◄

Vor Abschluß der Versicherung sollten Sie überlegen, welche Summen Sie als Invaliditätsschutz wirklich benötigen. Dabei spielt eine Rolle, welche Leistungen Sie von der gesetzlichen Versicherung erwarten können. Die Höhe des möglicherweise fehlenden Betrages hängt von Ihrer persönlichen Situation ab, z. B. Lebensstandard, Zahl der Kinder, Rückzahlung von Fremdkapital.

Das Invaliditätsrisiko wird nicht durch die Gewährung einer Rente, sondern die einmalige Auszahlung einer Summe abgesichert. Diese Summe, langfristig angelegt, sollte durch den Zinsertrag

Ihre Versorgungslücke füllen. Wenn Sie z. B. monatlich 1500,– DM benötigen, bräuchten Sie eine Versicherungssumme von 300000,– DM. Diese mit 6% Zinsen angelegt, erbringt im Monat die gewünschten 1500,– DM. Diesen Service bieten auch die Versicherungsgesellschaften, aber häufig zu ungünstigeren Bedingungen. Sind Sie allerdings am Unfalltag 65 Jahre alt, ist ausschließlich die Verrentung möglich.

Der Versicherte kann zwischen drei Modellen einer Unfallversicherung wählen:

● Bei 100% Invalidität wird ein vereinbarter Betrag ausbezahlt, bei geringerer Invalidität wird auch die ausgezahlte Summe um den entsprechenden Prozentsatz gekürzt.

● Bis zu einem bestimmten Prozentsatz wird die anteilige Invaliditätssumme ausbezahlt. Bei höherer Beeinträchtigung erhält der Versicherte eine Mehrleistung, z. B. bei 100% Invalidität 200% der Versicherungssumme.

● Die Versicherungssumme steigt mit der Schwere des Unfalls, bei 100% Invalidität werden z. B. 225% der vereinbarten Summe ausbezahlt. Dieses Tarifmodell ist am teuersten.

Prämiennachlässe können Sie erreichen, wenn sich die ganze Familie versichert. Das ist auch sinnvoll, denn für Kinder gibt es auf dem landwirtschaftlichen Betrieb viele Gefahrenquellen. Darüber hinaus besteht der Versicherungsschutz auch bei Verkehrsunfällen und in der Freizeit. Für die Bäuerin ist ein ausreichender Invaliditätsschutz ohnehin wichtig. Hinzu kommt, daß die Bedingungen für eine Berufsunfähigkeitsversicherung oft ungünstig sind.

---

**➤➤ Praktischer Hinweis ◄◄**

Achten Sie auf die richtige Eingruppierung. Landwirte kommen in Gefahrenklasse B, Bäuerinnen werden von den meisten Gesellschaften als weniger unfallgefährdet in Klasse A eingestuft und zahlen entsprechend niedrigere Beiträge. Für Kinder gilt ein spezieller Tarif.

---

## Berufsunfähigkeitsversicherung

| Berufsunfähigkeit durch Unfall oder Krankheit |  | Berufsunfähigkeitsversicherung |
|---|---|---|

Vor allem jüngere Landwirte haben im Fall der Berufsunfähigkeit eine Versorgungslücke, da vorzeitiges Altersgeld erst nach mindestens 60 Beitragsmonaten und bei Abgabe des Betriebs gezahlt wird. Bei Berufsunfällen zahlt die Berufsgenossenschaft eine Rente. Berufsunfähigkeit entsteht aber in 90% der Fälle durch Krankheit. Eine Berufsunfähigkeitsversicherung kann helfen, diese Lücke zu schließen.

Ziel wird in den meisten Fällen sein, den Lebensunterhalt der Familie zu sichern, den Betrieb zu erhalten und fortzuführen, bis ihn der Hofnachfolger übernehmen kann.

Die Höhe der Rente hängt auch in diesem Fall von Ihren persönlichen Verhältnissen ab: Lebensstandard, Fremdkapitalbelastung, außerlandwirtschaftliche Einkünfte oder Vermögenswerte. In die Berechnung miteinbezogen werden sollten auch die Ausgaben für Löhne, wenn der Betrieb mit Ersatzkräften weitergeführt werden muß.

Die Laufzeit der Versicherung sollte bis zu dem Zeitpunkt gehen, an dem der vorgesehene Hofnachfolger seine Ausbildung abgeschlossen hat und den Betrieb übernehmen kann.

Angeboten werden zwei unterschiedliche Systeme:

▷ *Pauschalregelung:* Eine Rente erhält nur, wer mindestens 50% berufsunfähig ist. Darunter erhält man nichts, darüber die volle vereinbarte Rente.

▷ *Staffelregelung:* Volle Leistung wird ab 75% Berufsunfähigkeit gewährt, darunter erhält man prozentuale Anteile.

Da Landwirte einen stark unfallgefährdeten Beruf mit hoher körperlicher Belastung ausüben, ist es wahrscheinlicher, daß sie größere Gesundheitsschäden davontragen. Deshalb ist es wichtig, über eine ausreichende Rente zu verfügen. Dies ist mit der Pauschalregelung am ehesten gewährleistet. Unterhalb der 50%igen Berufsunfähigkeit kann der Betrieb oftmals weiterbewirtschaftet werden.

Unabhängig vom Auszahlungssystem kann die Berufsunfähigkeitsversicherung mit einer Risiko- oder Kapitalversicherung kombiniert werden. Durch diese Kombination wird der Versicherungsschutz wesentlich billiger, als wenn Sie einzelne Policen abschließen. Allerdings müssen Rente und Lebensversicherungssumme in einem bestimmten Verhältnis zueinander stehen. Die jährliche Rente darf maximal 24% der Versicherungssumme ausmachen. Das heißt, wenn Sie eine jährliche Rente in Höhe von 24000,– DM

benötigen, muß die Summe für die Lebensversicherung mindestens 100000,– DM betragen.
Die Berufsunfähigkeitsversicherung wird über einen bestimmten Zeitraum abgeschlossen. Während dieser Zeit besteht auch der Versicherungsschutz. Wenn Ihre Versicherung über 20 Jahre geht und Sie werden im 15. Jahr berufsunfähig, erhalten Sie die Rente noch 5 Jahre lang. Es gibt allerdings auch die Möglichkeit, die Rentenauszahlung zu verlängern, z. B. die Versicherungssumme wird über 20 Jahre abgeschlossen, die Rente wird bis zum 30. Jahr ausbezahlt. Grundsätzlich gilt jedoch, daß über das 65. Lebensjahr hinaus keine Rentenzahlung aus der Berufsunfähigkeitsversicherung mehr erfolgt.

## ▶▶  Praktische Hinweise  ◀◀

▷▷ Im Antragsformular müssen Sie Angaben zu Ihrem Gesundheitszustand machen, meist ist eine ärztliche Untersuchung erforderlich.

▷▷ Auf die Beiträge wirkt es sich günstig aus, wenn Sie jung und gesund sind.

▷▷ Verschweigen Sie keine Vorerkrankung! Wird im Versicherungsfall festgestellt, daß das Leiden bereits bei Vertragsabschluß bestand, braucht die Versicherung nicht zu zahlen.

▷▷ Manche gesundheitliche Schäden veranlassen die Gesellschaften, dadurch ausgelöste Berufsunfähigkeit von der Versicherungsleistung auszuklammern. Versuchen Sie, solche Vorschäden möglichst eng einzugrenzen.

▷▷ Berufsunfähig heißt nicht erwerbsunfähig. Auch wenn Sie den Beruf als Landwirt nicht mehr ausüben können, ist es häufig noch möglich, eine körperlich leichtere Tätigkeit auszuführen. Versuchen Sie, diese Verweisbarkeit auf andere Berufe *schriftlich* auszuschließen oder einzuschränken.

▷▷ Klären Sie im voraus, ob im Versicherungsfall der Betrieb abgegeben werden muß. Einige Gesellschaften bezweifeln, daß ärztlich bestätigte Berufsunfähigkeit und die Weiterführung des Betriebes miteinander vereinbar sind.

▷▷ Lassen Sie sich schriftlich bestätigen, daß die Zahlung einer Rente *nicht* von der Abgabe des Betriebes abhängig gemacht wird.

Die Auszahlung der Rente erfolgt bei Unfällen sofort, bei krankheitsbedingtem Ausfall setzt die Zahlung erst nach 6 Monaten ein.
Um zu möglichst niedrigen Beiträgen zu kommen, sollten Sie das sog. *Netto-Beitragssystem* wählen. Darunter versteht man, daß erwirtschaftete Überschüsse der Versicherungsgesellschaft sofort auf die Beiträge angerechnet werden. Sie zahlen 30–45% weniger als die Bruttobeiträge eigentlich sind. Möglich ist auch die Ansammlung der Überschüsse oder eine Aufstockung der Rente. Ihr Ziel ist jedoch eine ausreichende Sicherung zum günstigsten Preis, frei verfügbares Kapital können Sie nach eigenem Ermessen anlegen.
Bei Bäuerinnen ist die Gefahr der Verweisbarkeit auf andere Tätigkeiten noch eher gegeben als beim Betriebsleiter. Erst wenn auch ungelernte Tätigkeiten nicht mehr ausgeübt werden können, wird die Rente ausbezahlt. Günstiger ist die Situation, wenn ein Arbeitsvertrag vorliegt oder die Bäuerin Mitgesellschafterin ist. Einige Versicherungsgesellschaften bieten inzwischen spezielle Berufsunfähigkeitsversicherungen mit Risiko- oder Kapitallebensversicherungen an. Die Bäuerin kann bei diesen Verträgen nicht mehr verwiesen werden, allerdings wird eine Rente erst ab 75% Berufsunfähigkeit bezahlt. Sofern kein Schutz gegen Berufsunfähigkeit besteht, sollte zumindest eine Unfallversicherung in ausreichender Höhe vorhanden sein, damit ein Teil des Risikos abgedeckt ist.
Viele bäuerliche Familien geben zuviel Geld für die falschen Versicherungen aus. Sie zahlen jährlich hohe Beiträge und sind im Ernstfall doch nicht ausreichend abgesichert.

## Ausbildungsversicherung
## Aussteuerversicherung

| Beruf  ⟶ | Ausbildungsversicherung |
| Heirat  ⟶ | Aussteuerversicherung |

Die Ausbildungs- und Aussteuerversicherung gleichen einer Kapitallebensversicherung. Sie dienen in erster Linie der Kapitalbildung, nicht der Absicherung eines Risikos.
Bei der Ausbildungsversicherung wird ein Auszahlungszeitpunkt der festgelegten Summe vereinbart. Beim Tod des Beitragszahlers, meist des Vaters, läuft die Versicherung in voller Höhe beitragsfrei weiter, die Auszahlung erfolgt zum vereinbarten Zeitpunkt.
Bei der Aussteuerversicherung wird bei Heirat oder spätestens mit Erreichen des 21. oder 25. Le-

bensjahres eine bestimmte Summe fällig. Beim Tod des Versorgers läuft sie beitragsfrei weiter, beim Tod des Versicherten erfolgt die Rückerstattung.

## Pflegeversicherung

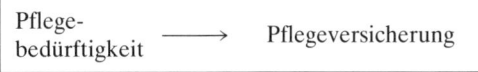

Pflege-
bedürftigkeit $\longrightarrow$ Pflegeversicherung

Man geht davon aus, daß in der Bundesrepublik Deutschland 1,5–2 Millionen Menschen nicht ohne Hilfe zurechtkommen, sie sind pflegebedürftig. Die meisten von ihnen werden durch Familienangehörige versorgt. Durch die häusliche Pflege ergeben sich neben der Arbeitsbelastung auch finanzielle Aufwendungen. Besonders kostenintensiv ist jedoch ein Platz in einem Pflegeheim. Die Kosten dafür liegen zwischen 2000,– und 4000,– DM monatlich. Es ist also durchaus wichtig, sich Gedanken um eine finanzielle Absicherung im Pflegefall zu machen. Eine gesetzliche Pflegeversicherung gibt es nicht, die privaten Versicherer bieten 3 Modelle an.

### Pflegetagegeldversicherung

Sie stellt die billigste Art der Absicherung dar. Bei Pflegebedürftigkeit wird ein Tagegeld von mindestens 10,– DM, höchstens 150,– DM bezahlt. Dieses wird aber nur dann in voller Höhe ausgezahlt, wenn der Betreffende zu 100% pflegebedürftig ist. Der Grad der Pflegebedürftigkeit richtet sich danach, welche Verrichtungen er noch ohne fremde Hilfe erledigen kann. Aufgrund dieser Regelung erhalten die meisten Versicherten nur einen gewissen Prozentsatz des vereinbarten Tagegelds. Besteht bereits Pflegebedürftigkeit, kann eine Versicherung nicht mehr abgeschlossen werden. Die Höhe der Beiträge richtet sich nach dem Eintrittsalter. Ab Vertragsabschluß besteht eine Wartezeit von 3 Jahren. Erst dann zahlt die Versicherung, außer die Pflegebedürftigkeit ist durch einen Unfall entstanden.

### Pflegekostenversicherung

Hier gibt es keine Einteilung in Pflegeklassen. Es werden die tatsächlich anfallenden Kosten erstattet, leider nicht in voller Höhe: Mindestens 20% muß der Pflegebedürftige selbst tragen. Die häusliche Pflege durch Familienangehörige ist ausge-

schlossen, allenfalls Hilfsmittel werden bezahlt. Übernommen werden Kosten für ambulante Pflege durch ausgebildetes Personal, teilstationäre und stationäre Pflege. Die Aufwendungen für Unterkunft und Verpflegung sind ausgenommen. Das Pflegefall-Risiko an sich ist mit dieser Art der Versicherung relativ gut abgedeckt. Auch hier gilt eine Wartezeit von drei Jahren nach Abschluß der Versicherung.

### Pflegerentenversicherung

Bei dieser Form der Absicherung erhält man eine Rente, deren Höhe sich, wie bei der Pflegetagegeld-Versicherung, nach dem Grad der Pflegebedürftigkeit richtet. Daraus resultiert, daß schätzungsweise 40% der Fälle keine Leistung erhalten, da Pflegebedürftigkeit nicht in erforderlichem Umfang gegeben ist. Die Höhe der monatlichen Rente kann man selbst bestimmen. Tritt der Versicherungsfall nicht ein, wird die vereinbarte Rente ab 80, spätestens ab 85 Jahren bezahlt. Beim Tod des Versicherten erhalten die Angehörigen 24 oder 36 Monatsbeiträge, abzüglich bereits geleisteter Beträge.

Sobald der Arzt die Pflegebedürftigkeit feststellt zahlt die Versicherung, nach Ablauf einer Karenzzeit von sechs Wochen. Eine Wartezeit von drei Jahren gibt es nicht. Ein Krankenhausaufenthalt wird nicht auf die Karenzzeit angerechnet bzw. bei Bezug der Rente ausgesetzt. Die häusliche Pflege durch Angehörige ist begünstigt, da keine tatsächlichen Kosten nachgewiesen werden müssen.

Einen Versorgungsanspruch kann man durch monatliche Beiträge oder die einmalige Zahlung einer größeren Summe erwerben. Ein 63jähriger Mann muß ca. 38 000,– DM aufwenden, um eine monatliche Pflegerente von 1500,–DM zu erhalten.

Welche Art der Vorsorge am geeignetsten ist, entscheidet die persönliche Situation. Am ehesten ist eine private Pflegeversicherung für Alleinstehende notwendig, die im Pflegefall auf fremde Hilfe angewiesen sind und nicht von der Sozialhilfe abhängig sein wollen. Dies gilt auch für die Inhaber von auslaufenden Betrieben, die keinen Nachfolger haben und nicht über ein entsprechendes Vermögen verfügen.

# 3.2 Sachversicherungen

## Hausratversicherung

| Feuer, Sturm, Wasser, Einbruch | $\longrightarrow$ | Hausrat- versicherung |
|---|---|---|

75% aller Haushalte haben sich gegen diese Risiken versichert. Erstattet werden Verluste bei Feuer, Einbruchdiebstahl, Leitungswasser- und Sturmschäden. Die Höhe der Versicherungssumme muß der Versicherte selbst bestimmen. Ausgangspunkt ist der Wiederbeschaffungswert. Es besteht die Gefahr, daß dieser zu niedrig angesetzt wird, es kommt zu einer Unterversicherung. Im gleichen Maß wie eine Unterversicherung besteht, kürzt der Versicherer seine Leistungen.

### Beispiel

Statt mit notwendigen 100 000,– DM ist der Hausrat nur zu 50 000,– DM versichert. Der Farbfernseher für 2500,– DM verbrennt, der Versicherte erhält wegen 50%iger Unterversicherung nur 1250,– DM.

Um dies zu vermeiden, kann eine jährliche Erhöhung der Versicherungssumme um einen vereinbarten Prozentsatz oder den Index für Lebenshaltungskosten erfolgen. Die Prämien erhöhen sich entsprechend. Der Wert des Hausrats kann aber auch mit Hilfe von Tabellen der Versicherungsgesellschaft ermittelt werden. Pauschal kann von einer Versicherungssumme von 1000,– DM pro qm Wohnfläche ausgegangen werden. Bei sehr großen Wohnhäusern können Räume ausgenommen werden.
Besondere Wertgegenstände sind nur bis zu einer Pauschalsumme versichert, die einen bestimmten Prozentsatz der Versicherungssumme ausmacht. Wertvollere Stücke müssen deshalb gesondert versichert werden.
Dies gilt auch für Glasbruch und den Diebstahl von Fahrrädern. Hier ist zu überlegen, ob dieses Risiko tatsächlich versichert werden muß oder ob man dafür selbst aufkommen kann.
Der Beitrag wird nach Regionen gestaffelt. In Großstädten ist z. B. die Einbruchshäufigkeit groß, der Beitrag dadurch höher.

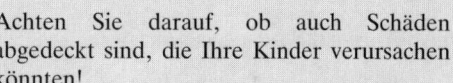

**▶▶   Praktischer Hinweis   ◀◀**

Vergleichen Sie neben den Leistungen der Gesellschaften auch die Tarife für je 1000,– DM Versicherungssumme.

## Private Haftpflichtversicherung

| Verpflichtung zum Schadenersatz | $\longrightarrow$ | Private Haftpflicht- versicherung |
|---|---|---|

Laut § 823 des Bürgerlichen Gesetzbuchs (BGB) ist »wer vorsätzlich oder fahrlässig das Leben, die Gesundheit oder das Eigentum eines anderen widerrechtlich verletzt, dem anderen zum Ersatz des daraus entstehenden Schadens verpflichtet«. Die Versicherung zahlt bei berechtigten Ansprüchen eines Geschädigten und wehrt unberechtigte Ansprüche ab. In diesem Fall trägt sie Anwalts- und Gerichtskosten.
Ausgeschlossen sind vorsätzlich angerichtete Schäden und solche durch Autos, Mopeds, Surfbretter, Motor- und große Segelboote, Hunde, Pferde und auslaufendes Heizöl. Diese Risiken müssen gesondert versichert werden. Die Haltung von Tieren zu landwirtschaftlichen Zwecken ist in der Betriebs-Haftpflichtversicherung eingeschlossen.

**▶▶   Praktischer Hinweis   ◀◀**

Achten Sie darauf, ob auch Schäden abgedeckt sind, die Ihre Kinder verursachen könnten!

Übliche Deckungssummen sind 1 Million DM pauschal für Personen- und Sachschäden oder 1 Million DM für Personenschäden und 300 000,– DM für Sachschäden. Die allgemeinen Versicherungsbedingungen für die Haftpflicht gelten für alle Gesellschaften. In Detailfragen, z. B. Bauherrenrisiko, Schäden im Ausland oder Schäden an gemieteten Sachen, unterscheiden sich die Verträge.
Bei Landwirten ist die private Haftpflicht-Versicherung häufig in die betriebliche Haftpflichtversicherung eingeschlossen.

## Rechtsschutzversicherung

| Rechtsstreit | $\longrightarrow$ | Rechtsschutz- versicherung |
|---|---|---|

Die Versicherung kommt für die Kosten eines Rechtsstreites auf. Sie ersetzt die Kosten des eigenen Anwalts, die Gerichtskosten (Zeugengelder, Sachverständigengebühren, Vollstreckungskosten), die Kosten, die dem Prozeßgegner zu zahlen sind, Strafkautionen bis zu 50000,– DM, Reisekosten bei Gerichtsverfahren im Ausland und Kosten für ein technisches Gutachten bei Kfz-Schäden. Die Übernahme der Kosten erfolgt bis zur Höhe der Deckungssumme.

Bei wenig aussichtsreichen Verfahren kann der Versicherer die Übernahme von vornherein ablehnen. Die Kosten für gewonnene Prozesse müssen von der gegnerischen Partei getragen werden. Die Versicherung ersetzt also nur die eigenen Anwaltskosten und die Kosten für einen verlorenen Prozeß. Vor Vertragsabschluß sollte man sich genau über die zahlreichen Ausschlüsse, z. B. Beleidigungsklagen, informieren.

Dieses Risiko ist, wie bei der privaten Haftpflichtversicherung, häufig im Rahmen der betrieblichen Versicherung mitberücksichtigt.

---

## ▶▶ Praktische Hinweise ◀◀

➪ Überprüfen Sie anhand der Policen, gegen welche Risiken Sie versichert sind und ob nicht manches Ereignis doppelt abgedeckt ist.

➪ Sparen Sie Geld, indem Sie überflüssige Versicherungen kündigen oder gar nicht erst abschließen. Wo es aber um wirkliche Risiken geht, sollten Sie sich in entsprechender Höhe absichern.

---

# 4 Verbraucherrechte

Verbraucherrechte dienen dem Schutz des Verbrauchers vor unlauteren Verkaufspraktiken und Gefährdungen der Gesundheit. In diesem Kapitel werden einige wesentliche Verbraucherrechte herausgegriffen und dargestellt, denn alle Gesetze, Verordnungen und Gerichtsurteile aufzuführen, würde den Rahmen dieses Buches übersteigen.

## *Preis-Auszeichnungs-Verordnung*

Wer bewußt oder preisgünstig einkaufen will, muß neben den unterschiedlichen Qualitäten auch die Preise vergleichen können. Von wenigen Ausnahmen abgesehen, z. B. Antiquitäten oder Pflanzenverkauf unmittelbar vom Freiland, ist insbesondere der Einzelhandel zur Preisauszeichnung verpflichtet.

Stets müssen die Endpreise angegeben werden, die Mehrwertsteuer, Gebühren, Bedienungsgeld usw. enthalten. Bei Barzahlung kann der Händler einen Rabatt bis zu 3% des Rechnungsbetrages einräumen. Mehr ist nach dem Rabattgesetz nicht zulässig. Natürlich kann der Händler von vornherein günstiger anbieten.

● Ausgestellte Waren müssen deutliche Preisangaben tragen, bzw. muß in unmittelbarer Nähe ein Preisschild aufgestellt sein. Dies gilt selbstverständlich auch für die Kataloge von Versandhäusern.

● Wer Dienstleistungen anbietet, z. B. Friseur oder Textilreinigung, muß die Preise für wesentliche Leistungen gut sichtbar im Schaufenster oder Geschäft anbringen. In manchen Fällen, z. B. bei Reisebüros oder Versicherungen, genügt es, wenn Preisverzeichnisse zur Einsicht bereitgehalten werden.

● Gaststätten sind verpflichtet, den Gast bereits vor Betreten des Lokals zumindest grob über das Preisniveau zu informieren. Ein Verzeichnis der wichtigsten Speisen und Getränke mit Preisangabe muß neben dem Eingang hängen. Im Lokal selbst müssen vollständige Preisverzeichnisse aufliegen.

● Bei Beherbergungsbetrieben (Hotels, Gasthöfe, Pensionen) muß in jedem Zimmer der Übernachtungspreis und gegebenenfalls der Preis für das Frühstück angebracht sein.

● Kreditinstitute und Banken sind bei ihren Angeboten verpflichtet, den effektiven Jahreszins anzugeben. Dieser beinhaltet neben dem Normalzins alle Bearbeitungsgebühren, Provisionen, das Disagio usw. Damit kann der Verbraucher die einzelnen Angebote besser vergleichen.

Die Händler sind in ihrer Preisgestaltung weitgehend frei. Die Hersteller dürfen sie nicht verpflichten, bestimmte Preise zu verlangen, Ausnahme sind z. B. Bücher. Erlaubt sind aber Preisempfehlungen. Diese Preise müssen deutlich mit den Worten »unverbindlich« oder »empfohlen« gekennzeichnet sein. An diesen Preis ist der Händler natürlich nicht gebunden, er kann ihn über- oder unterschreiten. Es ist untersagt, die Preise absichtlich zu hoch anzusetzen, sogenannte *Mondpreise,* damit der Handel durch die Unterschreitung der Empfehlung Kunden anlocken kann. In solchen Fällen kann das Bundeskartellamt einschreiten.

Anders ist die Situation bei Sonderangeboten, die häufig einen echten Preisvorteil bieten. In manchen Fällen ist davon im Geschäft nur eine kleine Menge vorhanden, der Händler will damit Kunden ins Geschäft locken. Solche *Lockvogelangebote* sind ebenfalls untersagt. Erlaubt ist dagegen der Hinweis »wird nur in haushaltsüblichen Mengen abgegeben«. Damit soll sichergestellt werden, daß nicht wenige Kunden eine große Menge des betreffenden Produkts erwerben, sondern möglichst viele von dem Angebot profitieren können.

## Gesetz gegen unlauteren Wettbewerb

Durch dieses Gesetz wird irreführende und sittenwidrige Werbung verboten. Irreführend sind sogenannte *Lockvogelangebote*, das heißt Niedrigpreisartikel, die ein insgesamt niedriges Preisniveau vortäuschen sollen. Die Bezeichnungen für die Qualität des Produktes müssen den Tatsachen entsprechen. Wird eine Ware mit dem Wort »Luxus« angepriesen, muß sie auch tatsächlich ein Spitzenprodukt sein.

Unter sittenwidrig versteht man die Belästigung durch aufdringliche Werbung, die eine sachliche Kaufentscheidung unmöglich machen. Dazu gehören unerbetene Telefonanrufe, die Zusendung nicht bestellter Waren, übermäßig wertvolle Werbegeschenke oder das Ansprechen auf der Straße.

Unlauterer Wettbewerb kann das Erzwingen oder Erschwindeln des Zutritts zur Wohnung sein. Dazu zählt auch der Besuch eines Vertreters, wenn Sie nur einen Prospekt oder Katalog angefordert haben.

Werbefahrten, sogenannte Kaffeefahrten, standen längere Zeit im Kreuzfeuer der Kritik. In der Werbung für solche Veranstaltungen muß deutlich zum Ausdruck gebracht werden, daß damit eine Verkaufsveranstaltung verbunden ist. Beim Teilnehmer darf nicht das Gefühl entstehen, daß er zum Kauf verpflichtet ist, er hat nur den angegebenen Kostenbeitrag zu entrichten.

Im Lebensmittel- und Bedarfsgegenstände-Gesetz ist festgelegt, daß Lebensmitteln keine Wirkungen zugeschrieben werden dürfen, die sie nicht haben oder die nicht ausreichend gesichert sind.

Strikt verboten ist krankheitsbezogene Werbung. Aussagen, die sich auf die Verhinderung, Linderung oder Beseitigung von Krankheiten beziehen, sowie ärztliche Ratschläge dürfen nicht in Zusammenhang mit Lebensmitteln gebracht werden. Ebenso ist untersagt, Angstgefühle zu erzeugen. Diese Grundsätze gelten auch für Kosmetika. Es darf nicht der Eindruck erweckt werden, daß die Behandlung in jedem Fall erfolgreich sein wird.

Für Tabakerzeugnisse ist die Werbung in Funk und Fernsehen verboten. Bei jeder Reklame, auf jeder Zigarettenschachtel ist ein Hinweis erforderlich, daß Rauchen gesundheitsschädlich ist.

**➤➤    Praktischer Hinweis    ◄◄**

Wenn Sie unlautere Wettbewerbspraktiken feststellen, wenden Sie sich an die Verbraucherzentralen oder die Industrie- und Handelskammer.

## Gesetz gegen Wettbewerbsbeschränkungen

Dieses Gesetz, bekannter unter dem Namen *Kartellgesetz*, räumt dem Verbraucher keine unmittelbaren Rechte ein. Jedoch soll es garantieren, daß die Vorteile des freien Wettbewerbs dem Verbraucher zugute kommen und seine Stellung am Markt verbessern.

Untersagt sind z. B. Preisabsprachen der verschiedenen Unternehmen, Absprachen über die Preisgestaltung zwischen Händlern und Herstellern und die Marktbeherrschung durch einen Unternehmer oder Zusammenschlüsse von Unternehmern.

Im Kartellgesetz wird geregelt, welche Maßnahmen gegen die Marktbeherrschung ergriffen werden können und wie die Preispolitik größerer Unternehmen überwacht werden kann.

## Rechte aus dem Kaufvertrag

Die Pflichten und Rechte des Verkäufers und des Käufers werden im Bürgerlichen Gesetzbuch (BGB) geregelt. § 433 besagt, daß sich durch den Kaufvertrag der Verkäufer verpflichtet, dem Käufer eine bestimmte Sache zu übergeben. Der Käufer wiederum verpflichtet sich, den vereinbarten Kaufpreis zu zahlen und die gekaufte Sache abzunehmen.

Ist der Kaufvertrag erst einmal geschlossen, ist der Verkäufer rechtlich nicht ohne weiteres verpflichtet, die Ware zurückzunehmen und das Geld auszuzahlen. Auch der Austausch gegen eine andere Ware ist nicht selbstverständlich. Dies muß gesondert vereinbart sein. In der Regel ist der Umtausch gestattet, die Umtauschfrist beträgt im allgemeinen 14 Tage. Der Kassenzettel muß vorgelegt werden. Bei Schluß- oder Räumungsverkäufen schließt der Verkäufer den Umtausch prinzipiell aus.

Hat die neugekaufte Ware *Mängel*, hat der Käufer das Recht zu reklamieren, auch wenn es sich um ein Sonderangebot handelt. Dabei stehen mehrere Möglichkeiten offen:

▷ *Wandlung:* Rückgabe der mangelhaften Ware gegen Rückzahlung des Kaufpreises.
▷ *Minderung:* Ermäßigung des Preises.
▷ *Umtausch:* Lieferung mangelfreier Ersatzware.
▷ *Schadensersatz:* Ersatzzahlung für verursachten Schaden.
▷ *Nachbesserung:* Beseitigung des Mangels.

Bei Handwerksleistungen muß der Kunde zunächst immer die, selbstverständlich kostenlose, Nachbesserung verlangen. Erst wenn diese nicht zum Erfolg führt, stehen dem Verbraucher die anderen Möglichkeiten offen.

Die Verpflichtung zur Nachbesserung besteht auch für Reinigungsunternehmen. Ist das Kleidungsstück so sehr beschädigt, daß diese Möglichkeit ausscheidet, haftet das Unternehmen. Dabei gilt nach wie vor die Haftungsbeschränkung bis zum 15fachen des Reinigungspreises. Wenn Sie ein besonders teures Stück, z. B. einen Ledermantel, zur Reinigung geben, kann es ratsam sein, durch einen Aufpreis unbegrenzte Haftung zu vereinbaren.

Die Reklamation sollte möglichst bald erfolgen. Sechs Monate nach Übergabe der Ware erlöschen die Ansprüche.

Anders ist die Situation bei *Haustür- und Abzahlungsgeschäften.* Für Kaufverträge dieser Art gilt ein *Widerrufsrecht.* Kaufverträge, die an der

## ►► Praktischer Hinweis ◄◄

Heben Sie sich von teuren Kleidungsstücken die Rechnung auf, damit im Schadensfall die Schlichtungsstelle für Textilreinigungsschäden den Schadensersatz festlegen kann.

Haustüre, am Arbeitsplatz, bei Kaffeefahrten, im Bereich einer Privatwohnung oder im Anschluß an ein überraschendes Ansprechen abgeschlossen wurden, können innerhalb einer Woche widerrufen werden. In diese Regelung miteingeschlossen sind auch Werk-, Dienst- oder Maklerverträge, ausgenommen sind Versicherungsverträge und Verträge, die auf eine vorhergegangene Bestellung des Kunden zurückgehen.

Wenn Sie vom Vertrag zurücktreten wollen, genügt es, wenn Sie den schriftlichen Widerruf rechtzeitig absenden, am besten per Einschreiben. Der Verkäufer muß den Verbraucher auf das Recht zum Widerruf schriftlich hingewiesen haben. Ist das nicht geschehen, so verlängert sich das Widerrufsrecht auf einen Monat.

### Beispiel für ein Widerrufsschreiben

Ludwig Meier                          Dorfplatz 11
                                      2030 Eisenstadt

Firma Elektrostern
Stadtplatz 17
5050 Maningen                         10. 01. 1990


Widerruf des Kaufvertrages vom 06. 01. 1990


Sehr geehrte Damen und Herren,

hiermit widerrufe ich den Kaufvertrag vom 06. 01. 1990 über den Kauf eines Heizlüfters Typ HS 307 S.


Mit freundlichen Grüßen

*Ludwig Meier*

**➤➤ Praktische Hinweise ◀◀**

Bevor Sie einen Kaufvertrag unterschreiben, sollten Sie folgende Punkte beachten:
➯ Lesen Sie das Kleingedruckte.
➯ Räumen Sie Unklarheiten aus, lassen Sie sich mündliche Vereinbarungen schriftlich bestätigen.
➯ Überdenken Sie Ihre Entscheidung noch einmal, bevor Sie unterschreiben.
➯ Leisten Sie Anzahlungen nur an sich ausweisende Personen.
➯ Beachten Sie die Zahlungs- und Lieferbedingungen.

## Gesetz betreffend die Abzahlungsgeschäfte (Abzahlungsgesetz)

Dieses Gesetz besagt, daß alle Kaufverträge mit Teilzahlung binnen einer Woche widerrufen werden können. Innerhalb dieser Frist muß der Widerruf abgesendet werden. Da die Beweispflicht beim Käufer liegt, sollten Sie einen Einschreibebrief mit Rückschein schicken.

Der Kaufvertrag muß zudem den Barzahlungspreis, den Teilzahlungspreis, den effektiven Jahreszins, Betrag, Zahl und Fälligkeit der Raten enthalten.

Bei Katalogversandhandel sind diese Angaben aus dem Katalog ersichtlich, eine gesonderte Aufführung bei der Bestellung der Ware ist deshalb nicht erforderlich. Das Widerrufsrecht muß dagegen auf dem Bestellformular abgedruckt sein, ebenso daß die Ware bis eine Woche nach Erhalt zurückgegeben werden kann.

Wird ein Ratenkauf durch eine Bank finanziert, müssen die Raten auch zurückgezahlt werden, wenn die Ware schadhaft war oder nicht geliefert wurde. Beanstandungen müssen beim Verkäufer geltend gemacht werden. In solchen Fällen kann es notwendig werden, daß Sie die Rechtsberatung der Verbraucherzentralen in Anspruch nehmen müssen. Weitere Ausführungen zu diesem Bereich finden Sie im Kapitel Geldverkehr, Zahlungsarten.

# 5 Haushaltsbuchführung

Die Buchführung des landwirtschaftlichen Betriebes ist die Datengrundlage für betriebswirtschaftliche Entscheidungen. Die Haushaltsbuchführung dagegen wird oft als zeitaufwendige und übergenaue Rechnerei abgetan. In der Landwirtschaft sind jedoch Betrieb und Haushalt eine Einheit. Deshalb ist es notwendig, Aussagen über Einkommensverwendung und Vermögenslage machen zu können. Eine ordnungsgemäße Haushaltsbuchführung liefert dafür die Grundlage.

● Sie ermöglicht eine lückenlose Erinnerung an alle finanziellen Vorgänge im Haushalt,
● Kontrolle über die Verwendung des Geldes,
● einen Überblick über die Ausgaben und den Kassenbestand,
● einen sinnvolleren Einsatz der Geldmittel durch größeres Preisbewußtsein,
● allen Familienmitgliedern den Überblick über die Kosten des Haushalts,
● eine Aussage über Stand und Entwicklung des Vermögens.

## Arbeitsplatz

Bei der Buchführung geht es um Ihr bares Geld! Schaffen Sie sich deshalb optimale Arbeitsbedingungen; gestalten Sie den Arbeitsplatz freundlich, denn dann fällt Ihnen die Schreibtischarbeit leichter. Folgende Ausstattung sollte Ihr Arbeitsplatz haben:

● Schreibtisch und Arbeitsstuhl,
● Büromaterial vom Bleistift bis zum Locher, Zettelspieß und Ablagekästen,
● genügend Ordner mit Registern,
● Papierkorb,
● Schreibtischlampe,
● Regal für Ordner,
● Platz für Computer/Schreibmaschine,
● entsprechende Elektroanschlüsse.

### Computer

Immer mehr landwirtschaftliche Betriebe gehen dazu über, die Betriebsbuchführung mit Hilfe eines Computers durchzuführen. Verfügt ein Betrieb bereits über einen Computer, ist es naheliegend, auch die Haushaltsbuchführung zu erfassen.

Es gibt bereits mehrere Buchführungsprogramme für landwirtschaftliche Betriebe, mit denen auch die Haushaltsbuchführung einschließlich einer eigenen Bilanz erstellt werden kann.

Bildschirmaufbau, Tastenbelegung, Bedienung, Datensicherung, Eingabetechnik usw. gelten genauso wie für die Betriebsbuchführung. Die Haushaltsbuchführung wird über das Programm der Betriebsbuchführung aufgerufen. Auch ohne Betriebsbuchführung kann ein vollständiger Haushaltsabschluß erstellt werden.

Wer keinen Computer zur Verfügung hat, kann Haushaltsbuchführung auch mit handschriftlichen Aufzeichnungen durchführen.

## Haushaltsbuch

Im Haushaltsbuch werden die Buchführungsdaten schriftlich erfaßt. Vorteile bieten vorgedruckte Kontierungshefte, die Sie zusammen mit einer Anleitung bei den Ämtern für Landwirtschaft oder den Landwirtschaftskammern bekommen können. Die einzelnen Herausgeber gestalten diese Kontierungshefte zwar unterschiedlich, im Prinzip sind sie jedoch alle einander ähnlich. Gleich sind bei allen Herausgebern die Codenummern für jedes Konto (Bundeseinheitscode).

## Kontenrahmen

Es ist gleichgültig, ob die Buchführung mit einem Computer oder einem Haushaltsbuch erfolgt. Immer liegt ein Kontenrahmen zugrunde, der einzelne Konten enthält, die einen Namen und eine Codezahl haben.

Die Untergliederung des Kontenrahmens hängt von den Besonderheiten der Familie ab. Das Konto »Altenteil« könnte z. B. überflüssig sein,

**Konten der Haushaltsbuchführung**

| Code | Bezeichnung | Kennwerte | | | |
|------|-------------|-----------|---|---|---|
| 100 | Nahrungs- und Genußmittel | Verpflegungsaufwand | Teilversorgungsaufwand | Lebenshaltungsaufwand | Einkommensverwendung/Vollversorgungsaufwand |
| 101 | Naturalentnahmen | | | | |
| 102 | Arbeitserledigung | | | | |
| 104 | Wohnen | | | | |
| 105 | Bekleidung | | | | |
| 106 | Gesundheit und Körperpflege | | | | |
| 107 | Bildung, Freizeit, Familienpflege | | | | |
| 108 | Geschenke, Spenden, Taschengeld | | | | |
| 109 | Verkehr, Post | | | | |
| 110 | Private Steuern | | | Haushaltsaufwand | |
| 111 | Private Versicherungen | | | | |
| 112 | Altenteil | | | | |
| 113 | Aufwendungen für nicht-landwirtschaftliche Einkünfte | | | | |
| 114 | Außergewöhnliche Aufwendungen | | | | |
| 115 | Private Vermögensbildung | | | | |

wenn die Großeltern nicht auf dem Hof leben. Der aufgezeigte Kontenrahmen hat sich jedoch bewährt und sollte beibehalten werden, um die Ergebnisse besser mit anderen vergleichen zu können. Anhand dieses Kontenrahmens ist es für Sie einfach, z. B. den Verpflegungsaufwand pro Person oder die Lebenhaltungskosten Ihrer Familie zu ermitteln.

## Beschreibung der einzelnen Konten

### 100 Nahrungs- und Genußmittel
▷ Zukauf aller Nahrungs- und Genußmittel
▷ Mahlzeiten und Getränke in Gaststätten, Kantinen usw.
▷ Entgelt für Vergaben zur Be- und Verarbeitung von Lebens- und Genußmitteln (Schlachtlohn, Mosten)

### 101 Naturalentnahmen
▷ Wert aller Entnahmen an Nahrungs- und Genußmitteln aus dem landwirtschaftlichen Betrieb (Fleisch, Eier, Geflügel, Wein, Fisch)
▷ Erträge aus dem Obst- und Gemüsegarten (sofern dieser zum Betriebsvermögen gehört)

### 102 Arbeitserledigung
▷ Maschinen und Geräte mit einem Anschaffungswert unter 300,– DM sowie Reparaturen an diesen Gegenständen auch über 300,– DM
▷ Hausrat aller Art mit einem Anschaffungspreis unter 300,– DM
▷ Wasch-, Pflege- und Reinigungsmittel
▷ Entnahmen und Ausgaben für feste Brennstoffe, Öl, Gas, Strom und Wasser
▷ Maschinenmieten und Löhne

### 104 Wohnen

#### Wohnen im eigenen Haus
*Bei Vorliegen einer Betriebsbuchführung*
Umbuchung des Mietwertes aus der Betriebsbuchführung
+ Privatanteile für Müllabfuhr, Kanalgebühr
(Code 31 39 Betriebsbuchführung)
*Liegt keine Betriebsbuchführung vor*
Entweder:
Ortsüblicher Mietwert( bei der Gemeinde zu erfragen)
+ Aufwendungen: Müllabfuhr, Kanalgebühren, Kaminkehrer
Oder:
Abschreibung (2,5% des Neuwertes)
+ Aufwendungen für den Unterhalt

#### Wohnen zur Miete
Es wird die Nettomiete erfaßt, die Nebenkosten (Strom, Wasser, Gas, Heizung) fallen unter Arbeitserledigung.

▷ Kauf von Möbeln, Teppichen, Heimtextilien, Haustextilien, Ziergegenständen, Gartenmöbeln mit einem Anschaffungspreis unter 300,– DM
▷ Zimmerpflanzen – Balkonpflanzen
▷ Schönheitsreparaturen (Malerarbeiten innen)
▷ Entgelt für Vergaben (Teppichreinigung, Bettenreinigung)

### 105 Bekleidung
▷ Bekleidung aller Art, einschl. Arbeitskleidung (soweit nicht als Betriebsaufwand erfaßt), Meterware, Kurzwaren, Bekleidungsstücke mit einem Anschaffungspreis *auch über 300,– DM,* da sie generell als kurzlebig anzusehen sind. Eine Ausnahme bilden z. B. Pelzmäntel, die im Konto »Außergewöhnliche Aufwendungen« verbucht werden
▷ Entgelt für Anfertigung, Änderung, Reparatur und Reinigung dieser Gegenstände

### 106 Gesundheit und Körperpflege
▷ Ausgaben für Gebrauchsgüter: Zahnbürste, Fön, Personenwaage, soweit unter 300,– DM
▷ Ausgaben für Verbrauchsgüter: Arznei, Cremes, Hygieneartikel, Windeln
▷ Ausgaben für Dienstleistungen: Friseur, Atteste
▷ Krankenhaus- und Kuraufenthalt (nur Nebenkosten, z. B. Trinkgeld, Masseur)
▷ Anteilige Arzt- und Zahnarztkosten
▷ Ständige Ausgaben für Heilpraktiker, Masseur, Pfleger u. a.

### 107 Bildung, Freizeit, Familienpflege
▷ Anschaffung, Installation, Reparatur, anteilige Gebühren für Rundfunk, Fernsehen, Zeitungen, Zeitschriften, Schreibmaschine, Sport- und Phonogeräte u. a., unter 300,– DM, soweit nicht in der Betriebsbuchführung erfaßt
▷ Sportbekleidung, Spielzeug
▷ Schulgeld, Schulbücher, Kursgeld, Kindergartengeld, Beiträge
▷ Weihnachtsschmuck, Bastelbedarf
▷ Ausgaben für Familienfeiern, z. B. Tischschmuck, Musik
▷ Grabschmuck, Aufwendungen für Grabpflege
▷ Gebühren im Zusammenhang mit Änderungen des Familienstandes
▷ Aufwendungen für Reisen
▷ Haustiere
▷ Rundfunkgebühren

### 108 Geschenke, Spenden, Taschengeld
▷ Geschenke an Haushaltsfremde und an Haushaltsmitglieder, soweit sie nicht am jeweiligen Konto beteiligt sind, einschließlich Naturalgeschenke
▷ Spenden, Kirchgeld
▷ Trinkgelder, Taschengeld
▷ Entlohnung für Mithilfe von Kindern, soweit kein Ausbildungs- oder Arbeitsverhältnis besteht

## 109 Verkehr, Post

▷ Ausgaben für Personenbeförderungen, Parkgebühren
▷ Anteilige Ausgaben für Kraftfahrzeuge: Steuer, Versicherung, Unterhalt oder Umbuchungsbetrag aus der Betriebsbuchführung
▷ Kosten für sonstige Fahrzeuge, soweit unter 300,– DM (Fahrrad, Mofa)
▷ Postgebühren, Schreibmaterial, Fernsprechgebühren
▷ Bürogeräte

## 110 Private Steuer

▷ Lohn-, Einkommen-, Schenkungssteuer, Hundesteuer (soweit nicht Betriebsaufwand), Kirchensteuer

## 111 Private Versicherungen

(nicht vermögensbildend)
Beiträge zur Alterskasse, Krankenkasse, Rentenversicherung, Unfall-, Haftpflicht-, Rechtsschutzversicherung, Risikolebensversicherung, Berufsunfähigkeitsversicherung

## 112 Altenteil

▷ Geldleistungen an die Altenteiler
▷ Bei getrennter Haushaltsführung: Umbuchung der Naturalleistungen, Mietwert-, Strom-, Wasseranteil
*Beachte:* Nicht vergleichbar mit der Betriebsbuchführung, weil dort z. T. alle Kosten bereits umgebucht sind.

## 113 Aufwendungen für nichtlandwirtschaftliche Einkünfte

(nur wenn diese Einkommensart nicht getrennt abgerechnet oder nicht durch die Betriebsführung erfaßt wird)
▷ Aufwand für private Miethäuser u. ä.
▷ Werbungskosten bei nichtselbständiger Arbeit
▷ Aufwendungen für (entschädigte) Ehrenämter
Aufwendungen für nicht-landwirtschaftliche Einkünfte größeren Umfangs werden zweckmäßigerweise von der Haushaltsbuchführung getrennt.

## 114 Außergewöhnliche Aufwendungen

Maschinen, Geräte und Einrichtungsgegenstände mit einem Anschaffungspreis von über 300,– DM
▷ Heiratsgut und Abfindung
▷ Unterhaltszahlungen
▷ Internatskosten
▷ Sachvermögen über 300,– DM
▷ Private Zinsen
▷ Sonstige *außergewöhnliche* Aufwendungen (Begräbniskosten, Kur- oder Krankenhausaufenthalt)

## 115 Private Vermögensbildung

(nur Erfassung des privaten *Finanzvermögens*)
▷ Aussteuer-, Ausbildungsversicherungen
▷ Prämiensparvertrag, Bausparvertrag
▷ Tilgung von privaten Schulden
▷ Lebensversicherung

# Buchungsarbeit mit Abschluß

## Ausgaben

Ob Sie ein Haushaltsbuch führen oder den Computer »füttern«, in jedem Fall sollten Sie spätestens jeden zweiten Tag Ihre Ausgaben in den »Wochenplan« eintragen (siehe Seite 50).
Alle Belege wie Kassenbons, Quittungen, Kontoauszüge, Rechnungen, evtl. auch den Einkaufszettel als Erinnerungshilfe sammeln Sie auf einem *Zettelspieß.* Der Zeitaufwand für die Buchführung hängt wesentlich von der Vollständigkeit der Belege ab. Wenn auf Bankauszügen, Scheckeinreichungsbelegen oder Kassenbons der Verwendungszweck nicht ersichtlich ist, sollten Sie sofort einen Vermerk darauf notieren. Nur so ist eine korrekte Verbuchung möglich.
Die Gefahr von Ungenauigkeiten ist dann besonders groß, wenn mehrere Personen für den Haushalt einkaufen und gelegentlich etwas aus eigener Tasche bezahlen. Diese Zahlungen müssen als Einnahme des Haushalts verbucht werden.
Es empfiehlt sich, den baren Geldverkehr *täglich* zu buchen. Warten Sie nicht bis zum Wochenende! Nach Vorliegen der Kontoauszüge können am Monatsende der unbare Geldverkehr (Überweisung, Scheck, Dauerauftrag, Abbuchung) und einmalige Ausgaben ergänzt werden.

## Einnahmen

Als Einnahmen sind nur diejenigen zu erfassen, die direkt in die Haushaltskasse oder auf ein privates Bankkonto fließen und nicht in der Betriebsbuchführung erfaßt werden, z. B. Kostgeld, Kindergeld.

## Naturalentnahmen

Dies sind für den Haushalt eigentlich keine Ausgaben, weil die Produkte unentgeltlich vom Betrieb zur Verfügung gestellt werden. Dennoch müssen sie mit ihrem Geldwert erfaßt werden. Dazu gehören Produkte wie Milch, Eier, Geflügel, Schweine, Holz usw., die im Betrieb erzeugt und im Haushalt verbraucht werden. Falls der Hausgarten zum Betriebsvermögen zählt, fallen auch Obst und Gemüse darunter. Der Wert der Naturalentnahmen wird entweder aus der Betriebsbuchführung übernommen oder anhand von Hilfsformularen, die während der Berechnungszeiträume, also z. B. monatlich, geführt werden, errechnet.

## Haushaltsangaben in der Woche vom … bis …

**Haushaltsausgaben in der Woche vom** _1.7._ **bis** _5.7.87_

| Code | Konto | Montag DM | Pf | Dienstag DM | Pf | Mittwoch DM | Pf | Donnerstag DM | Pf | Freitag DM | Pf | Samstag DM | Pf | Sonntag DM | Pf | Übertrag DM | Pf |
|---|---|---|---|---|---|---|---|---|---|---|---|---|---|---|---|---|---|
| | Text | | | | | Groß-einkauf Taschen-geld Geburts-tag Metzger | | Schuh-reparatur Blumen Grab-schm. | | Aufzahl f.Brille Friseur | | Bäcker Gemüse Theater (+Essen) | | Eintritt | | | |
| 100 | Nahrungs-, Genußmittel-zukauf | | | | | 180 | 20 | | | | | 8 | 40 | | | | |
| | | | | | | 35 | – | | | | | 7 | 90 | | | | |
| | | | | | | | | | | | | 48 | 40 | | | 279 | 90 |
| 102 | Arbeits-erledigung | | | | | 25 | – | | | | | | | | | | |
| | | | | | | | | | | | | | | | | 25 | – |
| 103 | | | | | | | | | | | | | | | | | |
| 104 | Wohnen | | | | | | | 12 | – | | | | | | | | |
| | | | | | | | | | | | | | | | | 12 | – |
| 105 | Bekleidung | | | | | 187 | 40 | 5 | 50 | | | | | | | | |
| | | | | | | | | | | | | | | | | 192 | 90 |
| 106 | Gesundheits- und Körper-pflege | | | | | | | | | 150 | – | | | | | | |
| | | | | | | | | | | 45 | – | | | | | | |
| | | | | | | | | | | | | | | | | 195 | – |
| 107 | Bildung, Freizeit, Familienpflege | | | | | | | 37 | 80 | | | 24 | – | 10 | – | | |
| | | | | | | | | | | | | | | | | 71 | 80 |
| 108 | Geschenke, Spenden, Taschengeld | | | | | 30 | – | | | | | | | | | | |
| | | | | | | 45 | – | | | | | | | | | | |
| | | | | | | | | | | | | | | | | 75 | – |
| 109 | Verkehr, Post | | | | | | | | | | | | | | | | |
| 113 | | | | | | | | | | | | | | | | | |
| 114 | Außergewöhnliche Aufwendungen | | | | | | | | | | | | | | | | |
| | **Summe Ausgaben** | | | | | 502 | 60 | 55 | 30 | 195 | – | 88 | 70 | 10 | – | 851 | 60 |

**Kassenstand am Anfang** | **Einzahlungen** | **Auszahlungen** | **Kassenstand am Ende**

Formblatt 1a

## Naturalentnahmen aus dem landwirtschaftlichen Leben

| Monat | Milch Liter | Eier Stück | Hühner Stück | Enten Stück | Schwein Stück | Rind kg | Kalb kg | Getreide dz | Garten Gemüse | Garten Obst kg | Holz m³ | Wein Liter |
|---|---|---|---|---|---|---|---|---|---|---|---|---|
| Juli | 90 | | 2 | | | | | | | | | |
| August | 110 | | | | | | | | | 20 kg Kirschen | | |
| September | 95 | | | | | | | | | | | |
| Oktober | 100 | | | | | | | | | 50 kg Äpfel | | |
| November | 80 | | | | | | | | | | 30 | |
| Dezember | 250 | | | 6 | 1 | | | | | | | |
| Januar | 80 | | | | | | | | | | | |
| Februar | 80 | | | | | | | | | | | |
| März | 70 | | | | | | | | | | | |
| April | 80 | | | | | | | | | | | |
| Mai | 70 | | | | 1 | | | | | | | |
| Juni | 70 | | 6 | | | | | | 70 m² | | | |
| Summe | 1175 | | 8 | 6 | 2 | | | | 2,50 DM je m² | 70 | 30 | |
| Preis je Einheit[1] DM | 0,15 | | 5,- | 5,50 | 225,- | | | | Gartenland | Ø2DM/kg -20% | 30,- | |
| Preis insgesamt DM | 176,25 | | 40,- | 33,- | 450,- | | | | 175,- | 112,- | 900,- | |

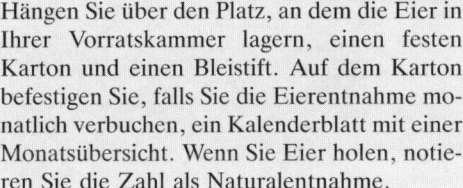

Naturalentnahmen Nahrungsmittel    986,25    DM + 13% MWSt ⇒ 1114,—

Naturalentnahmen Betriebsstoffe    900,—    DM + 5% MWSt ⇒ 945,—

[1] Bewertung lt. Richtsätzen

---

**➤➤ Praktischer Hinweis ◀◀**

Hängen Sie über den Platz, an dem die Eier in Ihrer Vorratskammer lagern, einen festen Karton und einen Bleistift. Auf dem Karton befestigen Sie, falls Sie die Eierentnahme monatlich verbuchen, ein Kalenderblatt mit einer Monatsübersicht. Wenn Sie Eier holen, notieren Sie die Zahl als Naturalentnahme.

## Privatanteile an gemeinsamen Aufwandskonten

Dies sind Aufwendungen, die Betrieb und Haushalt gleichermaßen betreffen, z. B. Strom, Wasser, Pkw. Die Privatanteile können aus der Betriebsbuchführung übernommen werden. Falls diese nicht vorliegt, werden sie anhand von Hilfsformularen ermittelt. Die Anteile an den Gesamtkosten werden überschlägig nach der durchschnittlichen Nutzung kalkuliert (siehe Seite 52).

## Mietwert des Wohnhauses

Nach der Steuergesetzgebung zählt das Wohnhaus in den meisten Fällen zum Betriebsvermögen. Die Aufwendungen für das Wohnhaus, z. B. Instandhaltung, Abschreibung, gehören demnach zum Sachaufwand des Betriebes. Dem Haushalt wurde für die Nutzung des Wohnhauses ein »Mietwert« in Rechnung gestellt. Ab 1998 gehören alle Wohnhäuser zum Privatvermögen; das bedeutet, daß der Mietwert entfällt und dafür die gesamten Aufwendungen für das Wohnhaus dem Haushalt zugerechnet werden.

## Aufwendungen für Nebenbetrieb

Dient die Haushaltsbuchführung zusätzlich der Ermittlung der Aufwendungen für den Nebenbetrieb »Urlaub auf dem Bauernhof« oder für Fremdarbeitskräfte, die im Haushalt mitversorgt werden, sollte eine Liste über zusätzliche Versorgungspersonen geführt werden.

## Ermittlung der Privatanteile an gemeinsamen Aufwendungskosten

| Code | Konto | Monat Juli | Monat Aug. | Monat Sept. | Monat Okt. | Monat Nov. | Monat Dez. | Monat Jan. | Monat Feb. | Monat März | Monat April | Monat Mai | Monat Jun. | Gesamtaufwand | davon für Haushalt % | davon für Haushalt DM |
|---|---|---|---|---|---|---|---|---|---|---|---|---|---|---|---|---|
| 103 | Brennstoffe | 3000,- | | | | | | | | | | | | 3000,- | 50 | 1500,- |
| | Strom | 370,- | | 370,- | | | | 370,- | | | 275,- | | | 1205,- | 40 | 482,- |
| | Gas | | | | | | | | | | | | | | | |
| | Wasser | | | | | | | | | | | | | | | |
| | Arbeitserledigung | 3370,- | | 370,- | | | | 370,- | | | 275,- | | | 4205,- | ✕ | 1982,- |
| 107 | Rundfunk | | }126,- | | | | | 126,- | | | 126,- | | | 378,- | 50 | 189,- |
| | Fernsehen | | | | | | | | | | | | | | | |
| | Zeitungen | | | | | | | | | | | | | | | |
| | Zeitschriften | | | | | | | | | | | | | | | |
| | Bildung, Freizeit, Familienpflege | | 126,- | | | | | 126,- | | | 126,- | | | 378,- | ✕ | 189,- |
| 109 | Schreibmaterial | | | | | | | | | | | | | | | |
| | Telefon | 75,- | 70,- | 77,- | 85,- | 65,- | 110,- | 62,- | 54,- | 70,- | 70,- | 65,- | 60,- | 863,- | 60 | 518,- |
| | Porto | 5,- | 1,- | 2,- | 15,- | 2,- | 28,- | 10,- | 1,- | 1,- | 5,- | 7,- | 15,- | 92,- | 10 | 9,- |
| | Benzin | 80,- | 100,- | 70,- | 90,- | 30,- | 90,- | 30,- | 30,- | 35,- | 50,- | 80,- | 75,- | 760,- | 30 | 228,- |
| | Pkw-Abschreibung und Reparatur | | | 240,- | | | | | | | 3000,- (AfA) | | | 3240,- | 30 | 972,- |
| | Pkw-Versicherungen | | | | | | | 2000,- | | | | | | 2000,- | 30 | 600,- |
| | Verkehr, Post | 160,- | 171,- | 389,- | 190,- | 97,- | 228,- | 2102,- | 85,- | 106,- | 125,- | 152,- | 3150,- | 6955,- | ✕ | 2327,- |
| | Sonstiges | | | | | | | | | | | | | | | |

## Umbuchungen

Die Umbuchungen für Naturalentnahmen, Privatanteile und den Mietwert sind in der Betriebsbuchführung zu finden.

In der unten stehenden Tabelle sind die Fundstellen in der landwirtschaftlichen Betriebsbuchführung zu finden. Die einzelnen Konten sind durch einen einheitlichen Nummern-Code festgelegt und gelten in dieser Form im ganzen Bundesgebiet.

## Umbuchungen aus der landwirtschaftlichen Betriebsbuchführung

| Jahreszusammenstellung der Haushaltsbuchführung | Fundstelle in der landwirtschaftlichen Betriebsbuchführung (Bundeseinheitscode) |
|---|---|
| **Entnahmen**<br>▷ Naturalien (Lebensmittel) ⟶<br>▷ Mietwert ⟶<br>▷ Privatanteile<br>  Arbeitserledigung ⟶<br><br>  Verkehr, Post ⟶<br>  Bildung, Freizeit, Familie bzw. Verkehr, Post ⟶<br><br>  Wohnen ⟶ | 3211 + 3237 (evtl. +3240, 3241, 3242, 3243)<br>3239<br><br>3125 = Maschinen und Geräte<br>3140 = Strom, Heizstoffe, Wasser<br>3126 = Aufwand Pkw<br>3142 = Sonstiger allgemeiner Betriebsaufwand<br>  (enthält aber auch die Telefongebühren)<br>3139 = Betriebssteuern und Abgaben (Abwässer u. ä.) |
| **Sonstiger Aufwand**<br>▷ Private Steuern ⟶<br>▷ Private Versicherungen ⟶<br>▷ Aufwendungen für nicht-landwirtschaftliche ⟶<br>  Einkünfte<br>▷ Private Vermögensbildung ⟶ | <br>2005<br>2004<br>2007<br><br>2006 |

## Wochen-, Monats-, Jahresabschluß

Die beste Buchführung ist sinnlos, wenn nicht in festgelegten Zeitabständen ein Abschluß gemacht wird. Täglich, spätestens am Wochenende werden die baren Ausgaben addiert und mit dem tatsächlichen Kassenbestand verglichen. Nach Ablauf des Monats werden die Summen in die monatliche Erfassung übertragen. Am Monatsende ist diese abzuschließen.

Haushaltsausgaben im Monat _Juli 1987_

| Code | Konto | 1. Woche DM | Pf | 2. Woche DM | Pf | 3. Woche DM | Pf | 4. Woche DM | Pf | 5. Woche DM | Pf | Bank/sonst. Ausgaben DM | Übertrag DM | Pf |
|---|---|---|---|---|---|---|---|---|---|---|---|---|---|---|
| 100 | Nahrungs-, Genußmittelzuk. | 279 | 90 | 302 | 20 | 55 | - | 291 | 70 | / | | | 928 | 80 |
| 102 | Arbeits-erledigung | 25 | - | 17 | 40 | 10 | - | 38 | 10 | / | | | 90 | 50 |
| 103 | | | | | | | | | | | | | | |
| 104 | Wohnen | 12 | - | / | | 4 | 50 | | | / | | | 16 | 50 |
| 105 | Bekleidung | 192 | 90 | 53 | 10 | 3 | 50 | 200 | - | 150 | - | | 599 | 50 |
| 106 | Gesundheits- und Körperpflege | 195 | - | 15 | - | 19 | - | / | | 25 | - | | 254 | - |
| 107 | Bildung, Freizeit, Familienpflege | 71 | 80 | 7 | 40 | 24 | - | 8 | 50 | / | | 25 - | 136 | 70 |
| 108 | Geschenke, Spen-den, Taschengeld | 75 | - | / | | 5 | - | 10.-/4.- | | / | | | 94 | - |
| 109 | Verkehr, Post | / | | 3 | 40 | / | | / | | / | | | 3 | 40 |
| 110 | Private Steuern | | | | | | | | | | | | | |
| 111 | Private Versicherungen | | | | | | | | | | | 64 - | 64 | - |
| 112 | Altenteil | | | | | | | | | | | | | |
| 113 | | | | | | | | | | | | | | |
| 114 | Außergewöhnliche Aufwendungen | / | | | | 425 | 30 | | | | | | 425 | 30 |
| 115 | Private Vermögensbildung | | | | | | | | | | | 180 - | 180 | - |
| | Summe Ausgaben | 851 | 60 | 398 | 50 | 121 | - | 977 | 60 | 175 | - | 269 - | 2792 | 70 |
| | Einnahmen | - | | | | | | 40 | - | | | | 40 | - |

| Kassenstand am Anfang | Einzahlungen | Auszahlungen | Kassenstand am Ende |
|---|---|---|---|
| | | | |

Formblatt 1b

Die ermittelten Daten werden in die Jahreszusammenstellung eingesetzt. Der Jahresabschluß zeigt die jahreszeitlichen Schwankungen der Ausgaben auf. Erst ein Beobachtungszeitraum von einem Jahr gestattet zutreffende Aussagen über den Lebenshaltungsaufwand einer Familie. Im Jahresabschluß werden die laufenden Ausgaben mit den Naturalentnahmen, dem Mietwert, den Privatanteilen sowie sonstigen privaten Aufwendungen, die in der Betriebsbuchführung erfaßt wurden, z. B. Versicherungen, zusammengeführt. Die Jahressummen werden um eventuelle Rückerstattungen z. B. von der privaten Krankenversicherung korrigiert.

## Haushaltsausgaben im Jahr 19../19..

### Haushaltsbuchführung 19 87/88

| Code | Konto | Monat Juli | Monat August | Monat Sept. | Monat Okt. | Monat Nov. | Monat Dez. | Monat Jan. | Monat Feb. | Monat März | Monat April | Monat Mai | Monat Juni | Summe |
|---|---|---|---|---|---|---|---|---|---|---|---|---|---|---|
| 100 | Nahrungs-, Genußmittelzukauf | 929,- | 880,- | 884,- | 797,- | 867,- | 1267,- | 780,- | 810,- | 777,- | 807,- | 1013,- | 913,- | 10724,- |
| 102 | Arbeitserledigung | 90,- | 53,- | 15,- | 72,- | 48,- | 97,- | 34,- | 79,- | 35,- | 58,- | 114,- | 24,- | 779,- |
| 103 | | | | | | | | | | | | | | |
| 104 | Wohnen | 16,- | 7,- | 24,- | — | 12,- | — | — | 54,- | — | 10,- | — | — | 123,- |
| 105 | Bekleidung | 599,- | 341,- | 202,- | 415,- | 1027,- | 633,- | 75,- | 380,- | 274,- | 19,- | 12,- | 515,- | 4432,- |
| 106 | Gesundheits- und Körperpflege | 254,- | 77,- | 198,- | 42,- | 13,- | 68,- | — | 56,- | 14,- | 74,- | 28,- | 33,- | 857,- |
| 107 | Bildung, Freizeit, Familienpflege | 137,- | 290,- | 88,- | 43,- | 65,- | 54,- | 17,- | 74,- | 38,- | 87,- | 437,- | 69,- | 1399,- |
| 108 | Geschenke, Spenden, Taschengeld | 90,- | 84,- | 38,- | 75,- | 75,- | 600,- | 40,- | 40,- | 35,- | 53,- | 110,- | 40,- | 1280,- |
| 109 | Verkehr, Post | 3,- | 27,- | 70,- | — | 4,- | 5,- | 18,- | — | — | — | 43,- | 5,- | 175,- |
| 110 | Private Steuern | — | — | | | | | | | | | | | — |
| 111 | Private Versicherungen | 64,- | — | — | 64,- | — | 18,- | 64,- | — | — | 64,- | — | — | 274,- |
| 112 | Altenteil | — | — | — | — | — | — | — | — | — | — | — | — | |
| 113 | | | | | | | | | | | | | | |
| 114 | Außergewöhnliche Aufwendungen | 425,- | — | 138,- | — | — | 470,- | — | — | — | 300,- | — | 609,- | 1962,- |
| 115 | Private Vermögensbildung | 180,- | 180,- | 180,- | 180,- | 180,- | 180,- | 180,- | 180,- | 180,- | 180,- | 180,- | 180,- | 2160,- |
| | Ausgaben | 2787,- | 1939,- | 1777,- | 1688,- | 2291,- | 3412,- | 1208,- | 1673,- | 1293,- | 1652,- | 1937,- | 2388,- | 24045,- |
| | Einnahmen | 40,- | — | — | — | — | 50,- | 100,- | — | — | — | — | 190,- |

Formblatt 1 c

## Auswertung der Haushaltsbuchführung

### Kenndaten

Die Buchungsergebnisse können je nach Bedarf und Problemlage ausgewertet werden. Sie werden in Form von Kenndaten zusammengestellt. Diese gewähren einen Überblick über die geldwirtschaftliche Situation des Haushalts im abgelaufenen Wirtschaftsjahr.

### Übliche Kenndaten des Haushalts
● Prozentualer Anteil der verschiedenen Einkommensquellen,
● Gesamtaufwand des Haushalts,
● Lebenshaltungsaufwand,
● Lebenshaltungsaufwand pro Person und Jahr,
● Prozentualer Anteil der einzelnen Aufwandsgruppen (Konten) am Gesamtaufwand,
● Verpflegungsaufwand pro Person und Tag,
● Verhältnis von Lebensmittelzukauf zu Naturalentnahmen,
● Private Vermögensbildung pro Jahr.

Diese Kenndaten des eigenen Haushalts können mit den Kenndaten anderer, ähnlicher Haushalte verglichen werden *(Horizontalvergleich)*. Dies regt zum Nachdenken über die eigene Geldverwendung an. Interessant ist auch der Vergleich mit zurückliegenden Wirtschaftsjahren desselben Haushalts *(Vertikalvergleich)*. Besonders wenn sich die Familienzusammensetzung geändert hat, z. B. durch Heirat oder Geburt eines Kindes, sind wichtige Rückschlüsse zu erwarten.

### Jahresabschluß

Darüber hinaus beantwortet der Jahresabschluß die Frage nach Herkunft und Verwendung des Geldes und ermöglicht neue Planungsansätze.

### Verwendung des Geldes
● Wieviel Geld hatte der Haushalt verfügbar? Das ist gerade im landwirtschaftlichen Haushalt interessant, weil die Höhe des Einkommens von Monat zu Monat erheblich schwanken kann.
● Aus welchen Quellen stammen die Einnahmen?
● Deckt das Einkommen den Haushaltsaufwand und die notwendige Eigenkapitalbildung?
● Wieviel Geld muß bei sparsamer Haushaltsführung mindestens für die Lebenshaltung monatlich verfügbar sein?

● In welchen Bereichen wurde besonders viel Geld verbraucht?
● Wie hoch liegen die Aufwendungen pro Versorgungsperson für einzelne Aufwandsgruppen?
● Wie hoch sind die monatlichen festen Belastungen?
● In welchen Bereichen sind Einsparungen möglich?

### Planungsansätze
● Wieviel kann monatlich gespart werden für Investitionen, Sparverträge, vermögensbildende Versicherungen?
● In welcher Höhe können Einlagen in den Betrieb getätigt werden?
● Wieviel Kredit kann im Bedarfsfall für den Haushalt oder Betrieb aufgenommen werden, um die monatlichen Belastungen tragen zu können (Kapitaldienstgrenze)?
● Wie wirken sich Veränderungen der Familienzusammensetzung auf die Aufwendungen aus?
● Wie hoch müssen die Zuwendungen an die Altenteiler veranschlagt werden, um ihnen einen würdigen Lebensabend zu sichern?

### Sonstiges
● Welche Kosten verursacht die Unterbringung und/oder Verpflegung von Fremdarbeitskräften im Haushalt?
● Welche Kosten entstehen durch die Gästebewirtung im Rahmen des Nebenbetriebes »Urlaub auf dem Bauernhof«?

## Kapital- und Vermögensberechnung (Bilanz)

In der Haushaltsbilanz werden Vermögen, Verbindlichkeiten und Eigenkapital des Haushalts ausgewiesen. Der Vergleich der Eigenkapitalbestände am Anfang und Ende eines Wirtschaftsjahres zeigt die Eigenkapitalveränderung auf. Das gesamte Vermögen wird auf der *Aktivseite* zusammengestellt. Dabei wird entsprechend der umfassenden Definition des Haushalts sowohl das »Unterhaltswirtschaftlich angelegte Vermögen« (Haushaltsvermögen) als auch das »Erwerbswirtschaftlich angelegte Vermögen« (Betriebsvermögen) aufgelistet.
Auf der *Passivseite* sind die Verbindlichkeiten des Unterhaltsbereiches (also nur des Haushaltes) festgehalten, wiederum unterteilt in »unterhaltswirtschaftlich« und »erwerbswirtschaftlich«. Aus

**Vermögen und Kapital des Haushalts (Bilanz)** (vereinfacht)

| Aktiva | DM | Passiva | DM |
|---|---|---|---|
| **Unterhaltswirtschaftliches Vermögen** | | Eigenkapital | 652 400,– |
| Gebrauchsvermögen | | Unterhaltswirtschaftliche | |
|   Gebäude und Grundstücke | 250 000,– | Verbindlichkeiten | |
|   Maschinen und Geräte | 10 000,– |   langfristig | 80 000,– |
|   Wohnungseinrichtung | 45 000,– |   mittelfristig | 2 000,– |
|   Fahrzeuge | 12 000,– |   kurzfristig | —,– |
|   Bekleidung | 4 000,– | Erwerbswirtschaftliche Überschuldung | —,– |
|   Wertgegenstände | —,– | | |
|   Sonstiges | —,– | | |
| Verbrauchsvermögen | | | |
|   Lebensmittel | 500,– | | |
|   Heizmaterial | 600,– | | |
|   Sonstiges | —,– | | |
| Finanzumlaufvermögen | | | |
|   Bank | 250,– | | |
|   Kasse | 50,– | | |
| **Erwerbswirtschaftliches Vermögen** | | | |
| Eigenkapital in | | | |
|   landwirtschaftlichen Unternehmen | 380 000,– | | |
|   sonstigen Unternehmen | —,– | | |
|   Immobilien | —,– | | |
| Finanzanlagevermögen | | | |
|   Beteiligungen und Wertpapiere | —,– | | |
|   Vermögensbildende Versicherungen | 24 000,– | | |
|   Sparverträge | 8 000,– | | |
| Aktiva | 734 000,– | Passiva | 734 400,– |

der Differenz zwischen Haushaltsvermögen und Fremdkapital errechnet sich das Eigenkapital.

Die Auswertung der Bilanz gibt Antworten auf die Fragen:

● Wieviel Geld wurde in den Haushalt/Betrieb investiert?
● Wie hat sich das gesamte Haushaltsvermögen verändert?
● Wie haben sich die Sparkonten verändert?

Besondere Bedeutung gewinnen die Aussagen der Haushaltsbuchführung, wenn größere Investitionen im Haushalt oder Betrieb getätigt werden sollen. Zur Ermittlung der Kapitaldienstgrenze ist es unbedingt notwendig, sich über die notwendigen Aufwendungen für »Haushalt« und »Privat« klar zu werden. Nicht selten entstehen ernste Schwierigkeiten, wenn in die Betriebsplanung nur Durchschnittswerte für den Haushalt aufgenommen werden. Investitionen nur in der Hoffnung: »Wir werden es schon irgendwie schaffen« vorzunehmen, ohne sich über die Konsequenzen im klaren zu sein und diese bewußt zu akzeptieren, ist unverzeihlicher Leichtsinn. Gerade im landwirtschaftlichen Unternehmen, in welchem eine Überschuldung oft nicht sofort klar erkennbar wird, ist die Haushaltsbuchführung ein wichtiges und wirksames Hilfsmittel. Sich der eigenen Situation bewußt zu sein, ist der erste Schritt zur Finanzplanung.

# Arbeit

## 1 Arbeitsleistung der Bäuerin

Von der Landfrau wird eine umfangreiche und vielfältige Arbeitsleistung gefordert. Sie versorgt nicht nur den Haushalt, sondern hilft häufig regelmäßig im Betrieb mit. Aus Untersuchungen geht hervor, daß eine Landfrau heute noch durchschnittlich 10–12 Stunden täglich arbeitet. Mehrarbeit im Haushalt ergibt sich aus der Haushaltsstruktur:

● Die Haushalte sind größer.
● Pflegebedürftige Altenteiler müssen versorgt werden.
● Intensive Gartenbewirtschaftung.
● Umfangreiche Vorratshaltung.
● Zusätzliche Betriebszweige, die hauptsächlich von der Bäuerin übernommen werden, z. B. Direktvermarktung.
● Landwirtschaftliche Wohnhäuser sind meist groß und pflegeaufwendig.
● Außerdem sind oft weite Wege zu Schulen, zum Einkaufen, zur Bank und zu Behörden zurückzulegen.

## 2 Arbeitsplanung

### Warum ist Arbeitsplanung notwendig?

Arbeitsplanung mögen manche für umständlich halten. Aber nur mit Hilfe einer durchdachten Planung kann die anfallende Arbeit systematischer und damit zügiger, wirtschaftlich und termingerecht durchgeführt werden. Es bleibt mehr Zeit für Erholung oder Kinderbetreuung, es kommt weniger zu Arbeitsüberlastung und Hetze.

 **Wichtiger Hinweis**

Sie sollten nicht erst vor lauter Arbeit zusammenbrechen, sondern rechtzeitig Ihre Arbeit systematisch planen und organisieren.

Natürlich kann in einem Haushalt nicht alles bis ins Detail nach Plan durchgeführt werden, weil immer wieder Störungen auftreten, etwa durch die Kinder oder Arbeiten im Betrieb. Aber auch unvorhergesehene Ereignisse werfen einen guten Arbeitsplan nicht um, sondern können gerade wegen des Planes gut bewältigt werden.
Zwar wird jede Hausfrau ohnehin eine Art Arbeitsplanung machen, indem sie am Vorabend oder am Morgen in Gedanken den Tag und die anfallenden Arbeiten durchgeht. Effektiver ist es, den Arbeitsplan schriftlich festzuhalten. Das ist nicht nur dann anzuraten, wenn die Hausfrau das Gefühl hat, überarbeitet zu sein, sondern auch bei Bäuerinnen, die gut mit ihrer Arbeit zurecht kommen. Es ist unumgänglich, wenn die Landfrau einen Lehrling oder Hilfskräfte beschäftigt.
Ein *schriftlicher Plan* läßt erkennen, wo Arbeitsschwerpunkte liegen. Bei Arbeitsüberlastung kann gezielt überlegt werden, wo sich Arbeit ein-

sparen läßt. Organisation, Planung und Kontrolle der Hausarbeit ermöglichen es, Schwachstellen aufzudecken und Verbesserungsmaßnahmen durchzuführen. Anhand eines schriftlichen Arbeitsplanes läßt sich die Arbeit auch leichter mit den Familienmitgliedern besprechen und aufteilen.

Beim Aufstellen eines Arbeitsplanes können Arbeitsspitzen verhindert oder abgeflacht werden durch entsprechende Vorbereitungen. So wird z. B. in Zeiten, in denen die Frau im Außenbetrieb mitarbeiten muß, der Speiseplan anders aussehen, als in den arbeitsärmeren Wintermonaten. An ruhigeren Tagen kann vorgekocht und eingefroren werden, an arbeitsreichen Tagen sind dann küchenfertige Produkte vorrätig.

Nicht zuletzt verhindert ein Arbeitsplan auch, daß Arbeiten vergessen werden.

Unterstützung in allen Fragen zur Haushaltsorganisation bzw. Arbeitsplanung geben die Stellen der ländlich-hauswirtschaftlichen Beratung an den zuständigen Ämtern für Landwirtschaft, Landwirtschaftskammern und Beratungsstellen.

### Ziele der Haushaltsplanung

Durchdachte Planung und Organisation des Haushalts verfolgen bestimmte Ziele, die je nach Haushalt unterschiedlich sind:

- Mehr Freizeit,
- mehr Zeit für hochwertige Aufgaben,
- termingerechtere Arbeitserledigung,
- wenig Hetze, ruhiger Arbeitsablauf,
- mehr Einkommen, weniger Ausgaben.

Will eine Familie ihr Einkommen verbessern, müssen sich die Mitglieder überlegen, ob etwa die Bäuerin bestimmte Arbeitsgebiete ausbaut, z. B. Buchführung und Kostenrechnung oder Verarbeitung von Lebensmitteln aus dem Betrieb im Haushalt, und andere umorganisiert, z. B. Wäschepflege oder Hauspflege. So kommt »unterm Strich« manchmal mehr Einkommen heraus, wenn die Bäuerin z. B. landwirtschaftliche Produkte selbst verarbeitet und direkt vermarktet und statt dessen die Wäsche bügeln läßt. Auch wenn diese Denkweise für manche etwas ungewöhnlich sein mag, lohnt es sich, den eigenen Betrieb dahingehend zu überprüfen.

---

 **Praktischer Hinweis**

Mit einem realistischen Ziel vor Augen lassen sich Änderungen im Betriebsablauf leichter durchführen.

---

## 2.1 Planung der Hausarbeit

### Erfassen der Situation des Haushalts

Um ein Ziel zu erreichen, zu dem die Umorganisation der Arbeit notwendig ist, muß zuerst die Arbeitssituation des Haushalts erfaßt werden. Man kann nur etwas ändern, was man gut kennt.

#### Beispiel

Frau Bergmüller hat keine Freizeit. Seit vielen Jahren schon empfindet sie ihre Arbeit als große Last. Ihr Haushalt umfaßt insgesamt 8 Personen: die Altenteiler, das Betriebsleiterehepaar, drei Kinder mit 8, 12 und 13 Jahren und einen männlichen Lehrling. Sie versorgt einen großen Garten, eine Ferienwohnung mit bis zu 4 Gästen während der Sommermonate und hält 80–100 Hühner. Die Eier verkauft sie an einen Gemüsehändler, der wöchentlich zweimal kommt.

Frau Berghofer sagt:»Ich wünsche mir, daß ich wenigstens zwei oder drei Stunden pro Woche richtig frei habe und daß ich mich nicht immer so gehetzt fühlen muß.«

### Arbeitstagebuch

Eine Übersicht über die einzelnen Arbeiten und ihre Erledigung bekommt man, indem man die Tätigkeiten einzeln aufschreibt. Dabei wird nicht nur der Arbeitsbereich genannt, sondern die jeweilige Tätigkeit, also nicht »Hauspflege«, sondern »Staub wischen im Wohnzimmer«. Die Arbeitssituation des Haushalts wird um so genauer erfaßt, je genauer das Arbeitstagebuch geführt wird. Die unterschiedlich anfallenden Arbeiten lassen sich erst nach längerem Aufschreiben über mehrere Monate erfassen. Das ist zwar etwas zeitaufwendig, aber diese Zeit ist hinterher schnell hereingeholt.

### Arbeitsbereiche im Haushalt unterscheiden

Bevor Sie mit dem Arbeitstagebuch beginnen, sollten Sie sich ein System zurechtlegen, nach dem Sie die Arbeiten bereits beim Aufschreiben ordnen. Das erleichtert Ihnen später die Auswertung Ihrer Notizen. Folgende Bereiche sind in jedem Haushalt anzutreffen:

▷ *Haushaltsführung:* Haushaltsbuchführung, Erstellen von Speiseplänen, Einkaufszettel, Schriftwechsel und Telefonate mit Behörden, Arbeitsbesprechung mit Auszubildenden oder Hilfskräften.
▷ *Einkauf*

▷ *Nahrungszubereitung:* Tägliches Zubereiten der Mahlzeiten, Diäten erstellen für kranke Familienmitglieder, Zubereiten von Festtagsessen, Vorkochen.

▷ *Vorratshaltung:* Lagern von Nahrungsmitteln und regelmäßige Kontrolle, Konservierung von Lebensmitteln.

▷ *Spülen und Aufräumen:* Reinigen von Geschirr und Besteck.

▷ *Hausreinigung und -pflege:* Reinigen der Räume, Bettenmachen, Bettwäsche wechseln, kleine Reparaturen ausführen, z. B. Türangeln ölen, Duschkopf entkalken.

▷ *Wäschepflege:* Waschen, Trocknen und Bügeln von Kleidung, Fleckentfernung, Ausbessern von Kleidung.

▷ *Kinderbetreuung:* Tägliche Körperpflege (waschen, Zähne putzen, Haare kämmen), Anziehen, Spiele, Hausaufgaben-Betreuung.

▷ *Pflege kranker und alter Familienmitglieder:* Tägliche Körperpflege, Anziehen, Beschäftigung (vorlesen, spazierengehen, reden).

▷ *Gartenarbeit*

▷ *Außenbereich:* Füttern der Nutztiere, Versorgen der Kleintiere, Rüben hacken.

▷ *Betriebsbuchführung*

▷ *Sonstige Aufgaben:* Ehrenamtliche Tätigkeiten.

## Arbeitszeiten notieren

Zu den einzelnen Tätigkeiten muß ihre jeweilige Dauer genau aufgeschrieben werden. Dazu bedient man sich am besten eines Formulars. Schätzungen liefern sehr ungenaue Ergebnisse, die nicht weiterhelfen.

➤➤ **Praktischer Hinweis** ◀◀

Arbeiten Sie stets »mit der Uhr«. Stellen Sie immer wieder fest, wieviel Zeit Sie für häufig wiederkehrende Arbeiten brauchen, z. B. 25 Minuten zum Wäschewechseln der Ehebetten, 15 Minuten zum Putzen eines großen Fensters, 30 Minuten zum Aufräumen der Küche nach dem Mittagessen.

## Planen und Organisieren im landwirtschaftlichen Haushalt

Wochentag: Montag    Datum: 20.6.1980    Arbeitskraft: Hausfrau
Vollversorgungspersonen*: _____

| Arbeitsbereiche | −6ʰ | −7ʰ | −8ʰ | −9ʰ | −10ʰ | −11ʰ | −12ʰ | −13ʰ | −14ʰ | −15ʰ | −16ʰ | −17ʰ | −18ʰ | −19ʰ | −20ʰ | −21ʰ | −22ʰ | Summe Minuten |
|---|---|---|---|---|---|---|---|---|---|---|---|---|---|---|---|---|---|---|
| Nahrungszubereitung | | 25 | | | | 15 | 60 | | | 15 | | 15 | 15 | | | | | 145 |
| Geschirreinigung | | | 30 | | | | 30 | | | | | | | | | | | 60 |
| Vorratshaltung | | | | | 45 | | | | | | | | | | | | | 45 |
| Garten ▷ Nutzgarten | | | | 35 | | | | | | | | | | | | | | 35 |
| ▷ Wohngarten | | | | | | | | | | | | | | | | | | − |
| Hausreinigung und -pflege | | | | 60 | | | | | | | | | | | | | | 60 |
| Wäsche- und Bekleidungspflege | | | | | 25 | | | | | | | | | | | | | 25 |
| Instandhaltung, Neuherstellung | | | | | | | | | | | | 30 | 15 | | | | | 45 |
| Kinder-, Familien- und Krankenpflege | | 20 | | | | | | 30 | 60 | | | | 15 | 15 | | | | 140 |
| Einkauf | | | | | | | | 30 | 15 | | | | | | | | | 45 |
| Haushaltsführung | | | | | | | | | 15 | | | | | | | | | 15 |
| **Arbeitszeit (Haushalt)** Summe | − | 45 | 30 | 60 | 60 | 60 | 60 | 30 | 30 | 60 | 45 | 60 | 30 | 30 | 15 | − | − | 615 |
| Betrieb | 15 | 15 | | | | | | | | | | | 30 | | | | | 60 |
| Außerbetrieblich | | | | | | | | | | | | | | | | | | − |
| **Arbeitszeit (Erwerbsbereich)** Summe | 15 | 15 | | | | | | | | | | | 30 | | | | | 60 |
| Ehrenamtliche Tätigkeit | | | | | | | | | | | | | | | | | | − |
| **Arbeitszeit (Haushalt + Erwerbsbereich)** Summe | 15 | 60 | 30 | 60 | 60 | 60 | 60 | 30 | 30 | 60 | 45 | 60 | 60 | 30 | 15 | − | − | 675 |

* Personen, die während des Zeitraums der Aufzeichnungen im Haushalt versorgt werden.

## Verbessern der Arbeitssituation des Haushalts

Wenn nun die Situation erfaßt ist, kann kritisch geprüft werden:

● Wurde systematisch oder häufig unsystematisch gearbeitet?
● Welche Aufgabenschwerpunkte haben sich ergeben?
● Sind bestimmte Tätigkeiten in diesem Umfang nötig?

Unsystematisches Arbeiten kostet viel Zeit. Es gibt eine Reihe von »Tricks«, den Arbeitsablauf ruhiger zu gestalten. Stellt sich heraus, daß ein bestimmter Arbeitsbereich besonders viel Zeitaufwand erfordert, sollte geprüft werden, ob dies nicht zugunsten anderer – vielleicht vernachlässigter – Bereiche geändert werden kann.

### Beispiel

Frau Müller hat wesentlich mehr Zeit für die Hausreinigung aufgeschrieben als für die Kinderbetreuung.
Sie überlegt:

▷ Kommen die Kinder wirklich zu kurz?
▷ Konnte ich Hausreinigung und Kinderbetreuung gut miteinander vereinbaren, indem ich das Putzen unterbrach, wenn Julia mich brauchte?
▷ Könnte ich die Hausreinigung rascher und gezielter erledigen, Unterbrechungen abbauen und dafür einmal wöchentlich mit Julia zum Schwimmen gehen?

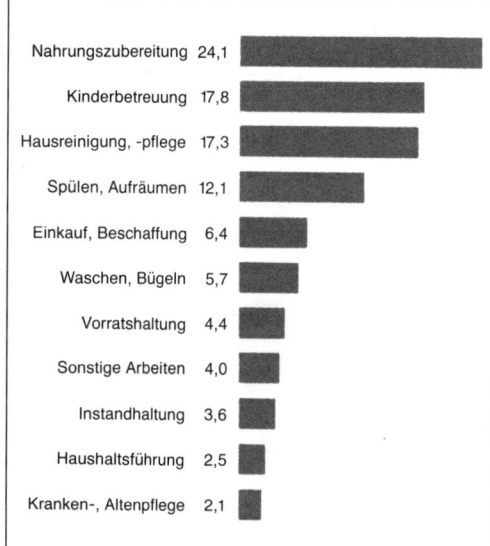

| Tätigkeit | Anteil |
|---|---|
| Nahrungszubereitung | 24,1 |
| Kinderbetreuung | 17,8 |
| Hausreinigung, -pflege | 17,3 |
| Spülen, Aufräumen | 12,1 |
| Einkauf, Beschaffung | 6,4 |
| Waschen, Bügeln | 5,7 |
| Vorratshaltung | 4,4 |
| Sonstige Arbeiten | 4,0 |
| Instandhaltung | 3,6 |
| Haushaltsführung | 2,5 |
| Kranken-, Altenpflege | 2,1 |

Arbeitszeitanteil der verschiedenen Tätigkeiten im Haushalt

### Allgemeine Verbesserungsansätze

Wenn Sie Ihr Arbeitstagebuch auswerten, sollten Sie zunächst die allgemeinen Verbesserungsansätze beachten.

### Weglassen bestimmter Arbeiten

Manche Arbeiten können bei Arbeitsüberlastung entfallen, z. B. Nähen von Kleidung. Die Vorratshaltung kann verringert werden, z. B. weniger Bohnen einwecken, mehr einfrieren. Manche Tätigkeiten können seltener durchgeführt werden, z. B. Staub wischen. In diesem Zusammenhang sollen auch die Ansprüche der Familie überdacht werden. Die Zeit für Nahrungszubereitung könnte verringert werden, wenn nicht jeden Tag ein dreigängiges Menü auf dem Tisch stehen muß. Besonders aufwendige Bäckereien oder Speisen passen ebenfalls nicht oft in den Zeitplan einer überlasteten Landfrau.

### Vergabe von Arbeiten

In Landhaushalten ist es wenig üblich, Arbeiten zu vergeben. Die Bäuerin sollte sich jedoch nicht scheuen, bestimmte Tätigkeiten ausführen zu lassen, wenn sie überlastet ist. Es wäre falscher Ehrgeiz, der der Gesundheit schadet, wenn trotz Arbeitsüberlastung keine Arbeiten vergeben werden. Vergeben wird oft das Waschen und Bügeln von Wäsche, Reinigen des Hauses (Putzfrau). Zur Vergabe gehört auch der Kauf von fertigen Speisen, z. B. Säfte, Marmeladen, Brot.

### Verteilen der Arbeiten auf mehrere Familienmitglieder

Manche Aufgaben können von größeren Kindern ausgeführt werden, ohne daß die Hausaufgaben darunter leiden. Heranwachsende lernen so, wie bestimmte Haushaltätigkeiten zu verrichten sind. Sie entlasten die Hausfrau und bekommen mehr Wertschätzung für die Arbeit der Mutter – ein Aspekt, der für Jungen und Mädchen gleichermaßen wichtig ist.

### Bessere Gestaltung des Arbeitsplatzes

Je besser der Arbeitsplatz gestaltet ist, desto zügiger kann gearbeitet werden. Größe, Anordnung und Ausstattung müssen »stimmen«. Manche Arbeitsabläufe werden schon allein dadurch beschleunigt, daß passende Ordnungseinrichtungen vorhanden sind. Ein Putzschrank, in dem die Geräte und Hilfsmittel zur Hausreinigung griffbereit und übersichtlich untergebracht sind, oder ein Schreibtisch mit Schreibutensilien sind Beispiele dafür.

## Richtige Arbeitstechniken anwenden

Arbeitstechniken sind gekennzeichnet durch Art und Ablauf der Arbeitsbewegungen und durch die Wahl der Werkzeuge, Geräte und Hilfsstoffe. Die richtige Arbeitstechnik spart Zeit und Kraft. Deshalb muß die Ausführung aller Tätigkeiten immer wieder kritisch überprüft und gegebenenfalls geändert werden. Zwar kostet die Umstellung auf eine andere Arbeitstechnik anfangs Zeit, aber sie ist schnell hereingeholt!
Vielfach werden Bohnen oder Äpfel in der Hand geschnipselt. Versuchen Sie das Schnipseln »wie der Fernsehkoch« auf einem Brett. Sie sparen Zeit und Kraft mit dieser Arbeitstechnik.

## Zeitsparende Arbeitsverfahren anwenden

Tiefgefrieren von Gemüse erfordert erfahrungsgemäß weniger Zeitaufwand als Sterilisieren. Man kann mit geringem Mehraufwand an Arbeitszeit statt 4 Portionen 8 zubereiten, den Rest einfrieren und bei Bedarf verwenden.

## Anschaffung und Einsatz von Maschinen oder Geräten

Viele Geräte verkürzen die Arbeitszeit erheblich. Zusätzlich zu Waschmaschine und Elektro- oder Gasherd kann der Einsatz von Wäschetrockner, Bügelmaschine oder Mikrowellengerät zu Arbeitserleichterungen führen.
Die Anschaffung von Maschinen und Geräten ist nur wirtschaftlich, wenn sie gezielt eingesetzt werden. Waffeleisen, elektrisches Dörrgerät oder Joghurtbereiter sollten in dieser Hinsicht kritisch betrachtet werden.

## Aufstellen eines Arbeitsplanes

Das Aufstellen eines Arbeitsplanes erfordert Genauigkeit, denn nur wenn die eingeplante Zeit für eine bestimmte Tätigkeit ungefähr stimmt, kann man nach diesem Plan arbeiten. Keine Angst, wenn dies anfangs noch nicht gelingt. Mit etwas Übung und bewußtem Beobachten bzw. Aufschreiben der Arbeitszeit bekommen Sie einen Überblick über die eigene Arbeitsgeschwindigkeit.
Zwar arbeitet jeder Mensch etwas anders, aber es gibt »Normzahlen« für den Arbeitszeitbedarf. Unterlagen dafür haben die Staatlichen Beratungsstellen für Hauswirtschaft. Diese *Planzeiten* sind ein Anhaltspunkt für das eigene Arbeitstempo, zum anderen sind sie notwendig, wenn der Arbeitszeitaufwand in Rechnung gestellt wird, z. B. bei Gästebetreuung auf dem Bauernhof.

Ein Arbeitsplan läßt sich leichter erstellen, wenn man sich *standardisierter Vordrucke* bedient. Sie sind erhältlich an den Staatlichen Beratungsstellen für Hauswirtschaft an den Ämtern für Landwirtschaft bzw. an den Landwirtschaftskammern.
Arbeitsplanung umfaßt drei Pläne:

- Jahresarbeitsplan,
- Wochenarbeitsplan,
- Tagesarbeitsplan.

## Der Jahresarbeitsplan

Für den Jahresarbeitsplan eignet sich ein Übersichtskalender, den Sie in Ihrer Küche oder an Ihrem Schreibtisch aufhängen sollten (siehe Beispiel auf Seite 62/63). Er bietet einen Überblick über besondere Ereignisse und Arbeiten im Jahresablauf. Hier werden also nicht nur bestimmte Arbeiten eingetragen, z. B. Frühjahrsputz oder Renovierungsarbeiten, sondern auch Geburtstage, Festtage, Ferienzeiten und Urlaub.
Eine zusätzliche wirkungsvolle Planungshilfe ist ein *Fristenplan*. Er ist zu empfehlen in Monaten mit besonders viel Arbeit, z. B. November und Dezember mit Weihnachtsvorbereitungen. Dieser Plan gibt an, bis zu welchem Tag bestimmte Arbeiten ausgeführt sein müssen.
Vorsicht, packen Sie den Plan nicht zu voll! Tragen Sie realistische Arbeitszeiten ein! Vergessen Sie nicht, daß auch die »normale« Arbeit täglich verrichtet werden muß!
Mit einem Fristenplan bekommen Sie eine Übersicht über die einzelnen Arbeiten, sie können fristgerecht und harmonisch nacheinander weggearbeitet werden.
In einen Fristenplan (siehe Beispiel auf Seite 62/63) werden zunächst alle Vorgänge in der voraussichtlichen Reihenfolge eingetragen, danach wird die Zeitdauer geschätzt und eingetragen. Damit Fehleintragungen vermieden werden, Sonn- und Feiertage kennzeichnen, ebenso Tage und Zeiten, die aus anderen Gründen nicht frei verfügbar sind.

## Beispiel für einen Jahresarbeitsplan

| 1. Halbjahr | Januar | Februar | März | April | Mai | Juni |
|---|---|---|---|---|---|---|
| 1. Woche | | Fenster putzen im Obergeschoß, Vorhänge waschen im Erdgeschoß | Kinderzimmer Grund- reinigung | Bad Grund- reinigung | Fenster putzen | Geburtstag Christoph 4. 6. |
| 2. Woche | Weihnachts- zimmer aufräumen und reinigen | | Schlafzimmer Grund- reinigung | Wohnzimmer Grund- reinigung | Flur Grund- reinigung | |
| 3. Woche | Kleiderpflege Kleider neu anfertigen | Faschings- kostüm für Christoph | Ostervor- bereitungen Gartenarbeit beginnt | Küche Grund- reinigung | Pfingsten | Speicher Grund- reinigung |
| 4. Woche | Gefriertruhe abtauen | | Ostern | Sommer- kleidung richten | Winter- kleidung wegpacken | Einkauf für Urlaub |

## Fristenplan für die Vorbereitung des Weihnachtsfestes

| Lfd. Nr. | Vorgang | Dauer Tage | November 15 | 16 | 17 | 18 | 19 | 20 | 21 | 22 | 23 | 24 | 25 | 26 | 27 | 28 | 29 | 30 |
|---|---|---|---|---|---|---|---|---|---|---|---|---|---|---|---|---|---|---|
| 1 | Plan für Geschenke | 1 | | | | | | | | | | | | | | | | |
| 2 | Terminplan | 1 | | | | | | | | | | | | | | | | |
| 3 | Preisvergleiche, Beratung | 1 | | | | | | | | | | | | | | | | |
| 4 | Durchsicht Weihnachtsschmuck | 1 | | | | | | | | | | | | | | | | |
| 5 | Einkauf Backzutaten | 1 | | | | | | | | | | | | | | | | |
| 6 | Päckchen Ausland | 2 | | | | | | | | | | | | | | | | |
| 7 | Basteln | 3½ | | | | | | | | | | | | | | | | |
| 8 | Backen | 3 | | | | | | | | | | | | | | | | |
| 9 | Einkauf Geschenke | 4 | | | | | | | | | | | | | | | | |
| 10 | Adventsschmuck | 1 | | | | | | | | | | | | | | | | |
| 11 | Weihnachtspäckchen Inland | 1½ | | | | | | | | | | | | | | | | |
| 12 | Großeinkauf Lebensmittel | 1 | | | | | | | | | | | | | | | | |
| 13 | Weihnachtsbaum | 1 | | | | | | | | | | | | | | | | |
| 14 | Weihnachtsmenüs vorbereiten | 2 | | | | | | | | | | | | | | | | |
| 15 | Weihnachtspost schreiben | ½ | | | | | | | | | | | | | | | | |
| 16 | Geschenke verpacken | ½ | | | | | | | | | | | | | | | | |
| 17 | Besuch i. Altersheim u. Krankenhaus | ½ | | | | | | | | | | | | | | | | |
| 18 | Einkauf frischer Lebensmittel | ½ | | | | | | | | | | | | | | | | |
| 19 | Kochvorbereitungen | ½ | | | | | | | | | | | | | | | | |
| 20 | Gabentische, Weihnachtsbaum | 1 | | | | | | | | | | | | | | | | |

| 2. Halbjahr | Juli | August | September | Oktober | November | Dezember |
|---|---|---|---|---|---|---|
| 1. Woche | Mithilfe im Außenbetrieb | Keller Grund-reinigung | Winter-kleidung richten | Mast-hähnchen schlachten | Fenster putzen | Weihnachts-vorbereitun-gen |
| 2. Woche | | | Winter-kleidung richten | Geburtstag Hausherr Gäste 7. 10. | | Weihnachts-vorbereitun-gen |
| 3. Woche | | Geburtstag Hausfrau Gäste 18. 8. | Vorrats-haltung | Garten abernten | | Weihnachts-vorbereitun-gen |
| 4. Woche | Geburtstag Anne und Hans 24. 7. | Vorrats-haltung (Marmelade, Gemüse usw.) | Geburtstag Thomas 22. 9. | Sommer-kleidung weg-packen | Weihnachts-vorbereitun-gen Einkauf | Weihnachten |

(Quelle: G. Schwertfeger, Hauswirtschaft und Wissenschaft 2/75, Karl M. Lipp-Verlag, München)

## Beispiel für einen Wochenarbeitsplan

|  | Montag | Dienstag | Mittwoch | Donnerstag | Freitag | Samstag |
|---|---|---|---|---|---|---|
| **Vormittags** | Wohnzimmer, Eßzimmer, Küche, Flur wischen<br><br>Sonntags-kleider ausbürsten, aufräumen | Wäsche bügeln und aufräumen | Im Ober-geschoß Fenster putzen | Im Ober-geschoß Schlafzimmer, Bad, Kinder-zimmer, Flur wischen | Vorratskammer aufräumen, Vorräte auf-füllen, wischen<br><br>Einkaufen |  |
| **Nachmittags** | Wäsche waschen<br><br>Kinder zum Musikunterricht fahren | 14.30 Uhr Arzttermin<br><br>Flickarbeiten | Heizungsraum und Büro wischen | Treppe vor dem Haus-eingang schrubben<br><br>Für die nächste Woche Arbeitsplan, Speiseplan und Einkaufszettel aufschreiben<br><br>Abends Mülltonne herausstellen | Kuchen backen<br><br>Blumen-schmuck richten<br><br>Küche und Flur wischen |  |

## Beispiel für einen Tagesarbeitsplan

| Uhrzeit | Tätigkeit |
|---|---|
| 6.00– 7.00 | Stall |
| 7.00– 7.15 | Frühstück richten, Spülmaschine ausräumen |
| 7.15– 7.45 | Frühstückspause |
| 7.45– 8.00 | Küche aufräumen, Tagesarbeitsplan notieren |
| 8.00– 8.30 | Hansi zum Kindergarten bringen |
| 8.30– 9.15 | Betten machen, Obergeschoß aufräumen, Waschbecken und Toilette putzen |
| 9.15–10.00 | Hühnerstall: Futter auffüllen, Wasserbehälter reinigen, Eier einsammeln und sortieren |
| 10.00–11.30 | Kuchen backen, Mittagessen zubereiten |
| 11.30–12.00 | Hansi vom Kindergarten holen |
| 12.00–12.15 | Mittagessen anrichten, Tisch decken |
| 12.15–13.00 | Mittagessen |
| 13.00–13.45 | Küche aufräumen |
| 13.45–14.30 | Mittagspause |
| 14.30–15.00 | Speisekammer aufräumen und wischen, Vorräte kontrollieren |
| 15.00–16.15 | Lebensmittel-Großeinkauf |
| 16.15–16.30 | Eingekaufte Waren einsortieren |
| 16.30–17.30 | Stallarbeit |
| 17.30–18.15 | Abendessen richten, Tisch decken |
| 18.15–18.45 | Abendessen |
| 18.45–19.00 | Küche aufräumen |
| ab 19.00 | Zeit für Familie und Erholung |

### Der Wochenarbeitsplan

In diesem Plan werden zuerst zeitlich festgebundene Aufgaben, z. B. Termine für Veranstaltungen und Arztbesuche, eingetragen, anschließend wöchentlich wiederkehrende Tätigkeiten ergänzt. Tägliche Arbeiten wie Kochen, Kinderbetreuung werden in diesen Plan nicht eingetragen, er wird jedoch durch den Speiseplan vervollständigt.

Auch dieser Plan darf nicht zu voll gepackt werden. Es müssen Pufferzeiten für Unvorhergesehenes eingeplant sein, damit der Plan weniger störungsanfällig ist. Wenn er zu prall gefüllt ist, können solche Störungen den ganzen Plan durcheinanderbringen. Die Folgen sind unnötiger Streß und meist völlig planloses Vorgehen.

### Der Tagesarbeitsplan

Das Gerüst für diesen Plan bilden Beginn der Arbeit am Morgen, Ende der Arbeit am Abend und die Mahlzeiten. Danach werden weitere zeitlich fest gebundene Tätigkeiten eingetragen, z. B. Kinder zur Schule oder Kindergarten fahren, Mahlzeiten zubereiten, Stallarbeit.

Die zeitlich nicht fest gebundenen Arbeiten, z. B. Bettenmachen, Putzen, Aufräumen, werden so verteilt, daß die biologische Leistungskurve (siehe Seite 67) berücksichtigt wird.

Wichtige, anstrengende Arbeiten sollten zwischen 9 und 12 Uhr oder 16 und 19 Uhr ausgeführt werden.

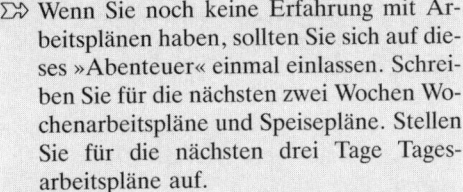

**Praktische Hinweise**

▷ Wenn Sie noch keine Erfahrung mit Arbeitsplänen haben, sollten Sie sich auf dieses »Abenteuer« einmal einlassen. Schreiben Sie für die nächsten zwei Wochen Wochenarbeitspläne und Speisepläne. Stellen Sie für die nächsten drei Tage Tagesarbeitspläne auf.

▷ Kleben Sie Arbeitspläne und Speisepläne mit Klebeband an den Kühlschrank oder den Schrank über der Spüle. So können Sie »im Vorbeigehen« nachlesen.

▷ Halten Sie sich an diese Pläne. Streichen Sie jede Arbeit aus, die Sie beendet haben. Sie werden sehen, daß das Spaß macht!

▷ Schreiben Sie für die dritte Woche keinen Plan. Machen Sie sich *täglich* den Unterschied bewußt zwischen einer »geplanten« und einer »ungeplanten« Woche. Ob Sie sich auch über die Planlosigkeit und den damit verbundenen Zeitverlust ärgern?

Auch in den Tagesarbeitsplan müssen Pufferzeiten eingeplant werden, und wenn diese nicht reichen, können Arbeiten wie Fensterputzen oder Staubwischen verschoben werden. Dies sollte jedoch nicht zur Gewohnheit werden, sonst kommt es immer wieder zu unerwünschten Arbeitsspitzen.

### Zeitplan für einzelne Aufgaben

Manchmal muß der Tagesarbeitsplan ergänzt werden durch einen noch exakteren Plan, vor allem wenn besondere Aufgaben zu erfüllen sind, etwa das Zubereiten eines Festessens für eine große Personenzahl. Die einzelnen Arbeiten werden mit Zeitvorgaben aufgeschrieben. So kann nichts vergessen und pünktlich serviert werden.

 **Praktischer Hinweis**

Planen Sie »von hinten nach vorne«, also:
▷ 20.00 Uhr Essen fertig,
▷ 19.50 Uhr Salat mischen,
▷ 19.45 Uhr Soße abschmecken,
▷ 19.00 Uhr Serviettenkloß ins Kochwasser hängen,
usw.

## 2.2 Hausarbeit und Außenbetrieb

Der ländliche Haushalt unterliegt einem häufigen Wechsel an verfügbarer Zeit für Hausarbeiten. In vielen Betrieben muß die Landfrau im Außenbetrieb regelmäßig mitarbeiten oder bei Arbeitsspitzen kurzfristig einspringen. Bedingt durch die Abhängigkeit von der Witterung unterliegt die Arbeit *jahreszeitlichen Schwankungen*. So bleibt der Landfrau im Winter meist mehr Zeit für den Haushalt als im Sommer, wenn auch der Garten noch zu versorgen ist.

Die Doppelbelastung der Landfrau durch Haushalt und Betrieb ist möglichst gering zu halten. Regelmäßiger Einsatz im Betrieb, z. B. die Stallarbeit, ist leichter einzuplanen und zu verkraften als unvorhergesehenes Aushelfen. Beansprucht ein Landwirt die Hilfe seiner Ehefrau im Betrieb sehr oft und unplanmäßig, muß sie den Haushalt vernachlässigen und sich abhetzen. Beide sollten sich von Fall zu Fall darüber einigen, was Vorrang hat, um die Doppelbelastung zu verringern.

Es gibt Aufgaben im Haushalt, die verrichtet werden müssen, z. B.:

- Speisepläne und Arbeitspläne,
- pünktliche Mahlzeiten,
- abwechslungsreiche, gesunde Ernährung,
- Sauberkeit im Haus,
- Reinigung und Pflege von Kleidung,
- Kinderbetreuung,
- Pflege von Kranken und Alten,
- Gespräche in der Familie,
- Erholung, Ruhepausen,
- Weiterbildung.

Andere Tätigkeiten im Haushalt sind nicht unbedingt nötig. Sie sind eigentlich dem Bereich des Hobbies zuzuordnen und müssen bei Zeitmangel zurückstehen, z. B.:

- Zubereiten aufwendiger Gerichte, selbstgemachte Wurstwaren, aufwendige Vorratshaltung,
- Gemüse selber ziehen,
- Bewirtschaftung eines großen Blumengartens,
- selbstgenähte Kleidung.

Zeitmangel sollte kein Dauerzustand sein. Auch die Landfrau sollte Haushalt, Betrieb und Hobbies vereinbaren können.

In einem gut organisierten Haushalt sind immer entsprechende Vorräte greifbar, mit denen rasch eine komplette Mahlzeit »auf den Tisch gezaubert« werden kann. Die arbeitsärmere Zeit sollte genutzt werden, um vorgefertigte Speisen, vom Sonntagskuchen bis zur Suppeneinlage, einzufrieren. Die Landfrau kann neue Schnellgerichte ausprobieren, den Haushalt in Ruhe durchdenken und ordnen, Ordnungseinrichtungen schaffen, Arbeitspläne notieren. Sie sollte gemeinsam mit ihrem Mann überlegen, ob in arbeitsreichen Zeiten Hilfskräfte eingestellt werden können.

Sind in einem landwirtschaftlichen Betrieb z. B. drei sehr arbeitsreiche Wochen zu erwarten, so kann sich die Landfrau darauf einstellen. Sie kann vorkochen, die Flickwäsche aufarbeiten, Betten vorher frisch beziehen, vielleicht auch das Haus gründlich putzen, bisher liegengebliebene Arbeiten erledigen und für die drei Wochen einen Speise- und Arbeitsplan aufschreiben. So ist diese Zeit besser zu bewältigen, als wenn sich die Landfrau »treiben läßt« und nicht gründlich vorsorgt.

# 3 Arbeitsbelastung

Um die einzelnen Tätigkeiten möglichst schnell und kraftsparend durchzuführen, sollten ergonomische Grundsätze berücksichtigt werden. Ergonomie ist die Lehre von der menschlichen Arbeit. Ihre Erkenntnisse ermöglichen es, die Arbeit dem Menschen und umgekehrt den Menschen an die Arbeit anzupassen.

### Formen der Arbeit

**Dynamische Arbeit** (Bewegungsarbeit)
Bei dieser Arbeit wechseln sich Anspannung und Erschlaffung der Muskeln dauernd ab. Während sich der Muskel entspannt, werden über das Blut neue Energiereserven zugeführt, der Muskel kann sich immer wieder erholen und ermüdet nicht so schnell.
*Beispiele:* Fenster putzen, Staub wischen.

**Statische Arbeit** (Haltearbeit)
Diese Arbeit zwingt den Muskel zu dauernder Anspannung. Der Muskel ist wenig durchblutet, bekommt also auch keine neue Energie zugeführt und ermüdet daher rasch. Statische Arbeit wird vor allem zur Erhaltung des Körpergleichgewichts geleistet, z. B. beim Stehen und Bücken. Diese Arbeit ist nicht sichtbar, kann aber durch die dauernde Muskelanspannung mehr Energie als die sichtbare Bewegungsarbeit beanspruchen. Das ist insbesondere der Fall, wenn Lasten einseitig oder ungeschickt getragen werden, ebenso bei ungünstiger Arbeitshaltung, z. B. Bücken.
*Beispiele:* Tablett tragen, Handrührgerät halten.

# 3.1 Leistungsfähigkeit

Die Leistungsfähigkeit der Menschen ist unterschiedlich. Sie hängt von folgenden Faktoren ab:

▷ *Geschlecht:* Frauen können nicht so viel Kraft für körperliche Arbeiten aufbringen. Dies fällt jedoch nur bei schweren Arbeiten ins Gewicht.
▷ *Alter:* die höchste Leistung kann im Alter zwischen 30 und 40 Jahren erbracht werden. Danach sinkt die Leistungsfähigkeit stetig ab.
▷ *Ausbildung und Übung:* Arbeiten, die richtig erlernt worden sind und oft ausgeführt werden, gehen schneller und leichter von der Hand.
▷ *Körperliche Verfassung:* sie hängt ab vom Gesundheitszustand und von der biologischen Leistungskurve.

▷ *Antriebe:* Wer für eine Arbeit motiviert ist, kann sie leichter und besser ausführen. Zu diesen Antrieben gehören Anerkennung, Interesse, Ehrgeiz, Wille, Zielstrebigkeit, positive Einstellung, Fleiß, Freude und Schwung.

## 3.2 Ermüdung

Arbeit verbraucht Energie und Kraft. Das macht müde, die Leistungsfähigkeit nimmt ab. Anzeichen für Ermüdung sind:

● Wahrnehmungsstörungen, manche Dinge werden übersehen.
● Koordinationsstörungen, die Bewegungen sind nicht mehr so gut aufeinander abgestimmt.
● Verminderte Aufmerksamkeit, mehr Fehler unterlaufen.
● Verminderter Antrieb, Unlustgefühle treten auf.
● Reizbarkeit, Unbeherrschtheit.

Die Ermüdung hängt nicht nur von der Arbeitsbelastung ab, sondern ist auch durch Vorgänge im Körper bestimmt. Veränderungen im Nervensystem und im Hormonhaushalt bedingen Leistungsschwankungen, die willentlich kaum zu beeinflussen sind. Die biologische Leistungskurve verdeutlicht diese Schwankungen während des Tages und sollte bei der Arbeitsplanung berücksichtigt werden. Die Ermüdung ist dann geringer. So sollen Arbeiten, die viel Kraft, hohe geistige oder nervliche Anspannung fordern, vormittags oder im nachmittäglichen Leistungshoch erledigt werden, z.B. Buchführung, Haushaltsplanung, Gartenarbeit, Pflege Bettlägriger. Leichtere Arbeiten und Tätigkeiten, die man gerne macht, können nachmittags ausgeführt werden, z.B. Schuhe putzen, Staub wischen, Nähen, Bügeln. Wenn ständig gegen diese »innere Uhr« gearbeitet wird, kann es zu ernsten Gesundheitsstörungen kommen, z.B. Nervosität, Schlaflosigkeit.

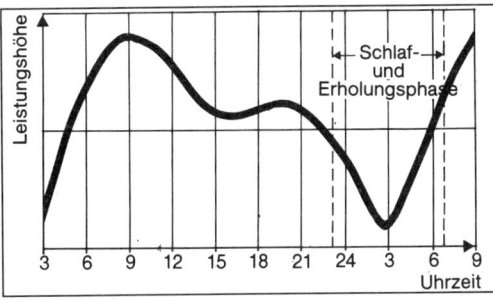

Biologische Leistungskurve des Menschen

Ermüdung wird verzögert, wenn
▷ der Arbeitsplatz zweckmäßig gestaltet ist,
▷ schwere und leichte Tätigkeiten im Wechsel ausgeführt werden,
▷ schlechte Arbeitshaltung vermieden wird,
▷ Kurzpausen eingelegt werden.

## 3.3 Erholung

Ruhepausen sind notwendig, um die Leistungsfähigkeit zu erhalten. Nach schweren körperlichen Arbeiten sind längere Pausen sinnvoll. Leichtere Arbeiten, vor allem geistige Arbeit, sollte durch mehrere kurze Pausen unterbrochen werden. Auf jeden Fall sollten die Pausen systematisch eingelegt werden.

Man kann sich erholen, wenn man nach schweren Arbeiten leichtere verrichtet. Deshalb sollten auf Tage großer Anstrengung solche mit leichterer Arbeit folgen, damit der Körper die Kraftreserven wieder auffüllen kann.

Die beste Erholung schenkt ausreichender Schlaf. Schläft man zu wenig, läßt die körperliche Leistungsfähigkeit nach, ebenso sinken Aufmerksamkeit und Konzentrationsfähigkeit ab, wodurch die Unfallhäufigkeit steigt. Neben einem ruhigen Nachtschlaf sollte die Landfrau auch an den Mittagsschlaf bzw. die Ruhe im mittäglichen Leistungstief denken. Die halbe Stunde Pause wird durch erhöhte Leistungsfähigkeit am Nachmittag schnell hereingeholt.

Zu den Pausen gehören auch arbeitsfreie Tage und Urlaub. Sie ermöglichen nicht nur körperliche Erholung, sondern auch Abstand von den täglichen Arbeiten und damit geistige und seelische Erholung. Jedes Betriebsleiterehepaar sollte sich bemühen, wenigstens einmal pro Jahr einige Tage auszuspannen und aus dem gewohnten Alltag auszubrechen. Mit Überlegung, Arbeitsaufteilung und überbetrieblicher Zusammenarbeit ist ein Urlaub in fast allen Betrieben möglich.

▷▷ Planen Sie Arbeitspausen bereits beim Notieren eines Tagesarbeitsplanes ein.
▷▷ Halten Sie im Wochenarbeitsplan z.B. den Samstag Nachmittag frei. Nutzen Sie ihn für sich persönlich zur Erholung.
▷▷ Tragen Sie in den Jahresplan Urlaubstage ein.

# 4 Arbeits-durchführung

## 4.1 Gestaltung des Arbeitsplatzes

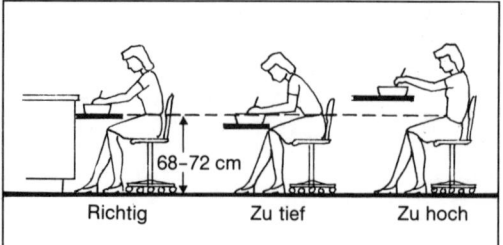

Richtige Arbeitshaltung im Sitzen

Die Gestaltung des Arbeitsplatzes hat einen wesentlichen Einfluß auf Arbeitsdurchführung und Arbeitsergebnis. Ein gut gestalteter Arbeitsplatz ermöglicht einen reibungslosen Ablauf der einzelnen Tätigkeiten und verhindert schnelles Ermüden, weil in natürlicher Körperhaltung gearbeitet werden kann oder weil keine überflüssigen Arbeitsbewegungen ausgeführt werden müssen.

### Körperhaltung

Durch die richtige Körperhaltung kann Kraft gespart und dadurch die Tätigkeit wirkungsvoller und weniger ermüdend ausgeführt werden. Gesundheitsschäden durch einseitige Haltung werden vermieden, z. B. Wirbelsäulenschäden. Die verschiedenen Körperhaltungen sind unterschiedlich anstrengend, verbrauchen daher auch unterschiedlich viel Energie. Bücken, Überkopfarbeiten und langes Stehen wirken sehr schnell ermüdend.

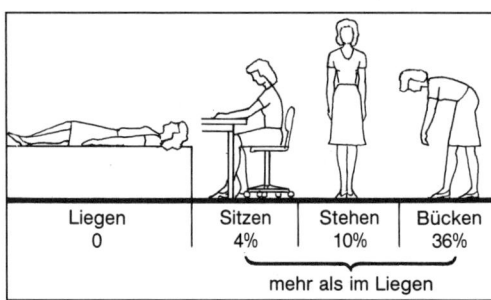

| Liegen 0 | Sitzen 4% | Stehen 10% | Bücken 36% |

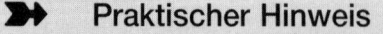

mehr als im Liegen

Energieverbrauch bei unterschiedlicher Arbeitshaltung ohne Arbeitsleistung

### Sitzen

Wie aus der Abbildung ersichtlich ist, erfordert Stehen viel mehr Kraft als Sitzen, außerdem entlastet Sitzen die Beine.

➤➤ **Praktischer Hinweis** ◀◀

Führen Sie möglichst viele Tätigkeiten im Sitzen aus.

Anfangs bedeutet es für viele Hausfrauen eine Umstellung, wenn sie beim Gemüseputzen oder Bügeln sitzen. Mit etwas Übung geht die Arbeit im Sitzen genauso schnell von der Hand und die Beine tun nicht weh. Sitzen ist vor allem bei langdauernden Tätigkeiten anzuraten. Für kurze Arbeiten lohnt es sich manchmal nicht, sich zu setzen. Stehen ist dann günstiger als Sitzen, wenn Schweres bewegt oder weit gegriffen werden muß, z. B. beim Zusammenlegen von Bettwäsche.

➤➤ **Praktische Hinweise** ◀◀

↪ Ihre Arbeitshaltung sollte ungezwungen und natürlich sein.
↪ Die Sitzhöhe wählen Sie so, daß Ihr Rücken gerade und im Bereich der Lendenwirbelsäule unterstützt ist. Der Schultergürtel soll entspannt sein, die Oberarme hängen locker und die Unterarme sind leicht angewinkelt.

Voraussetzung für natürliche Sitzhaltung ist ein gut geformter *Arbeitsstuhl*. Er muß folgende Anforderungen erfüllen:

● Der Stuhl muß Körperbewegungen zulassen, z. B. Beugen nach vorne und hinten.
● Die Rückenlehne soll in Höhe der Lendenwirbel die Wirbelsäule abstützen.
● Die Sitzfläche muß genügend groß und nach vorne abgeschrägt sein, damit sie nicht gegen die Oberschenkel drückt und zu Durchblutungsstörungen bei längerem Sitzen führt.
● Der Stuhl muß höhenverstellbar sein.
● Der Stuhl muß 5 Rollen haben, damit er kippsicher ist.

### Bücken

Bücken ist sehr anstrengend. Viel Arbeit in gebückter Haltung führt zu Rückenschmerzen bis hin zu bleibenden Bandscheibenschäden.

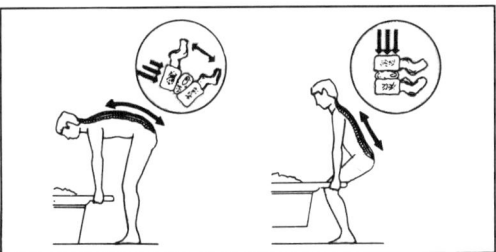

Heben von Lasten und die Auswirkung auf die Wirbelsäule

## 📯 Praktische Hinweise 📯

↣ Vermeiden Sie Bücken. Stellen Sie den Einkaufskorb auf einen Stuhl, wenn sie ihn ausräumen. Auch der Wäschekorb wird auf einen Stuhl gestellt, wenn Sie Wäsche aufhängen.

↣ Heben Sie niemals eine Last »aus dem Rücken heraus« an. Gehen Sie in die Knie und halten Sie Ihren Rücken gerade, wenn Sie einen vollen Eimer oder ein Kind hochheben.

Bücken kann manchmal durch die richtige Wahl der Arbeitsmittel vermieden werden. Schrubber und Besen sollten ihnen bis zur Nasenspitze reichen. Mit einem zu kurzen Stiel muß man sich bücken, zu langer Stiel behindert.

## *Arbeitsbewegungen*

Bewegungen bei der Arbeit kosten Kraft, daher ist jede unnötige Bewegung zu vermeiden. Folgende *Grundsätze* sollten Sie beachten:

● Die Bewegungen sollten harmonisch ineinander übergehen. Ruckartige Bewegungen sind zu vermeiden.
– Führen Sie das Fensterleder beim Fensterputzen in einer weichen Schlangenlinie über die

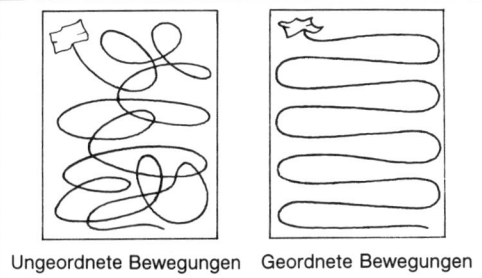

Ungeordnete Bewegungen    Geordnete Bewegungen

Arbeitsbewegungen beim Fensterputzen

Scheibe, anstatt in einer ruckartigen Zickzackbewegung zwischen den Rahmen hin- und herzuputzen.
● Kreisbewegungen sind kraftsparender auszuführen als Zickzackbewegungen.
– Beim Wachsen von Holzböden arbeiten Sie in kreisenden Bewegungen.
● Beide Hände arbeiten zusammen. Die Handgriffe gehen besser ineinander über, die Hände können abwechselnd ausruhen.
– Räumen Sie Ihre Spülmaschine mit beiden Händen aus.
– Beschicken Sie Ihre Waschmaschine mit beiden Händen.
– Wechseln Sie beim Fensterputzen die Arbeitshand. Auch die linke Hand kann Wischlappen und Fensterleder gezielt führen.
– Setzen Sie auch beim Bügeln beide Hände ein. Eine Hand bereitet vor, die andere führt das Eisen, und zwar abwechselnd.
● Bewegungen sollten nicht gegen die Schwerkraft ausgeführt werden.
– Vermeiden Sie Arbeiten in oder über Kopfhöhe.
– Verwenden Sie Leiter oder Tritthocker, um starkes Strecken zu vermeiden.
– Bringen Sie Ihre Wäscheleine in einer Höhe an, die Ihrer Körpergröße entspricht. Hängen Sie kleine Wäschestücke auf einen Ständer.

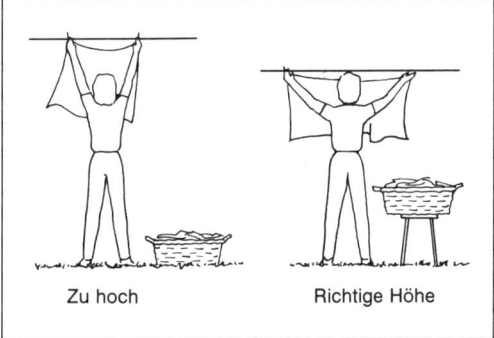

Zu hoch    Richtige Höhe

Die richtige Höhe der Wäscheleine

● Bewegungen, bei denen die Arme überkreuzt werden, sind zu vermeiden, weil dadurch die Schultermuskulatur stark beansprucht wird.
– Wenn Spülbecken, Abtropffläche und Stellfläche für sauberes und schmutziges Geschirr nicht richtig angeordnet sind, kommen Überkreuzgriffe häufig vor.
– Stellen Sie Wäschekorb und Klammernbehälter so auf, daß Überkreuzgriffe nicht nötig sind, wenn Sie Wäsche aufhängen.

# 4.2 Arbeitsgrundsätze: REFA-Leitsätze

In der Industrie sind Arbeitsstudienexperten – REFA-Fachleute – mit der Gestaltung der Arbeit beauftragt. Der REFA-Fachausschuß – **Reichsausschuß für Arbeitszeitermittlung** – für Hauswirtschaft im Verband für Arbeitsstudien und Betriebsorganisation e. V. sieht seine Aufgabe darin, die in der Industrie bewährten Maßnahmen für den Haushalt anwendbar zu machen. Von den 24 REFA-Leitsätzen zur Arbeitsgestaltung in der Industrie hat der REFA-Fachausschuß für Hauswirtschaft die folgenden 10 Leitsätze ausgewählt. Sie sind das Ergebnis langjähriger Untersuchungen und vielfacher Erprobungen in der Praxis und Voraussetzung für die Verbesserung einer Arbeit.

## Leitsatz 1

> Der Arbeitsplatz soll dem Bewegungsablauf der Arbeit und dem arbeitenden Menschen soweit wie möglich angepaßt werden. Er soll weder größer noch kleiner sein, als zur ungehinderten Ausführung der Arbeit nötig ist.

An einem zu geräumig gestalteten Arbeitsplatz legen Sie unnötig viele Wege zurück. Es gehen Zeit und Kraft verloren, wenn eine Küche zu groß ist. Ein zu kleiner Arbeitsplatz engt die Bewegungsfreiheit ein, die Unfallgefahr ist erhöht.

Grundlage für die Gestaltung des Arbeitsplatzes ist der *Greifraum*. Dieser Raum bzw. die Fläche kann erreicht werden, ohne den gesamten Körper zu bewegen oder aufzustehen.

Für den *inneren Greifraum*, der den Bewegungsradius der Unterarme beschreibt, gilt eine durchschnittliche Tiefe von 35–45 cm und eine Breite von 80–110 cm. Bei Arbeiten, die im inneren Greifraum durchgeführt werden, sollten alle für diese Bewegungen benötigten Geräte und Hilfs-

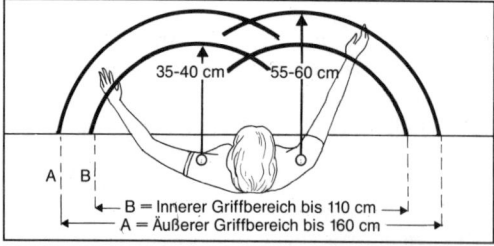

Horizontaler Greifraum
(A = Äußerer Greifbereich, B = Innerer Greifbereich)

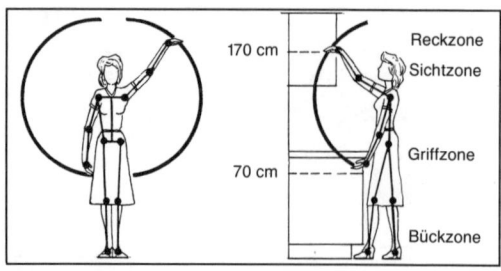

Vertikaler Greifraum

mittel innerhalb dieser Fläche bereitstehen, damit unnötige Anstrengung vermieden wird.

Der *äußere Greifraum* beschreibt den Bewegungsraum bei ausgestreckten Armen. Er ist durchschnittlich 55–60 cm tief und 140–160 cm breit. Für Arbeiten, die mit größeren, ausladenden Bewegungen verbunden sind, sollte eine genügend große Arbeitsfläche zur Verfügung stehen. Bei Berücksichtigung der Greifräume kann die Arbeit ohne Wechsel des Arbeitsplatzes oder Aufstehen ausgeführt werden.

Neben den horizontalen Greifräumen ist auch der vertikale Greifraum zu beachten. Der innere Greifraum liegt hier im Radius der Unterarme, wenn die Oberarme locker herabhängen. Der äußere Greifraum liegt innerhalb des Radius der ausgestreckten Arme.

Die Beachtung des vertikalen Greifraumes bringt Arbeitserleichterung durch Kraftersparnis. Deshalb werden Gegenstände, die häufig gebraucht werden, nicht in das oberste oder unterste Fach des Küchenschrankes gestellt, denn Bücken und Strecken kostet Kraft. Der richtige Platz für diese Gegenstände ist die Griff- bzw. Sichtzone.

### Beispiele

▷ Wenn Sie bei der Weihnachtsbäckerei Linzer Törtchen zusammensetzen, stellen Sie alle Arbeitsmittel in den inneren Greifraum: rechts das Backblech mit den gebackenen Plätzchen, links davon die Konfitüre zum Zusammensetzen, links davon die flüssige Kuvertüre zum Tauchen, links davon die Folie zum Ablegen der Plätzchen.

▷ Haben Sie ein Baby zu versorgen, sollten Sie den Wickelplatz so gestalten, daß im inneren Greifraum das Baby gewickelt wird, jedoch im äußeren sowie im vertikalen Greifraum die Pflegemittel, Wäsche und frische Windeln untergebracht sind, die Sie jeden Tag mehrmals zum Wickeln brauchen. So haben Sie das Baby und das Wickeln »im Griff«. Der Wickelplatz muß also ausreichend groß sein.

▷ Die Wand über Ihrem Arbeitsplatz in der Küche gehört zum äußeren Greifraum. Sie könnten dort Topflappen und andere häufig gebrauchte Arbeitsgeräte griffbereit aufhängen.

## Leitsatz 2

> Das Arbeiten in richtiger Höhe und möglichst bequemer Körperhaltung erspart unnötige Anstrengung.

Je natürlicher die Körperhaltung ist, desto länger kann ermüdungsfrei gearbeitet werden. Ausschlaggebend sind die Höhe der Arbeitsfläche beim Sitzen und Stehen sowie die Höhe des Arbeitsstuhles. Berücksichtigt werden muß auch der Bewegungsraum für die Füße und Beine.

### Die richtige Arbeitshöhe

Zu hohe Arbeitsflächen führen zu Arbeiten mit hochgezogenen Schultern, zu niedrige Arbeitsflächen zu dauernder Beugehaltung. Solche ungünstigen Körperhaltungen machen nicht nur schnell müde, sie können auch zu Schäden an der Wirbelsäule führen. Typische Beispiele für die schnelle Ermüdung bei gebeugter Haltung sind das Unkrautjäten oder Erdbeerenpflücken.

Beim Sitzen kann die richtige Arbeitshöhe verhältnismäßig einfach eingehalten werden durch einen höhenverstellbaren Stuhl. Schwieriger ist dies beim Arbeiten im Stehen. Deshalb ist es bei der Anschaffung einer neuen Küchen- oder Arbeitsraumeinrichtung besonders wichtig, auf die Arbeitshöhe der Einrichtungsgegenstände zu ach-

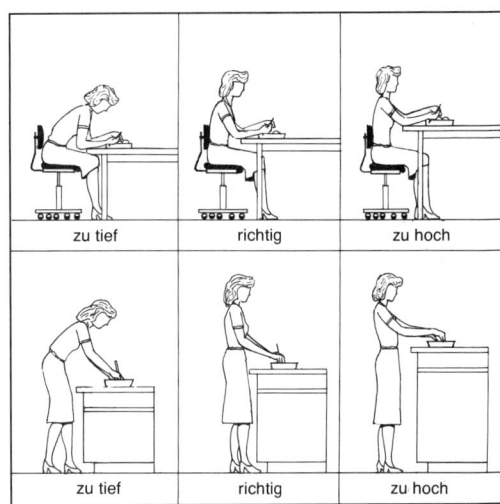

Körperhaltung im Sitzen und im Stehen

ten. Die Höhe von Küchenschränken ist genormt. Einige Hersteller bieten jedoch auch Einrichtungen mit besonders hoher Arbeitsfläche für große Hausfrauen an. Bei einer Körpergröße von mehr als 170 cm sollte die Arbeitshöhe bei 90 cm liegen, um ermüdungsfrei arbeiten zu können. Kleine Frauen sollten in ihrer Küche einen tiefergelegenen Arbeitsplatz einplanen. Von der Normhöhe von 85 cm kann wegen der Höhe von Herd oder Spülmaschine nicht abgewichen werden.

### Richtmaße für Arbeitshöhen

| Arbeitsplatz | *Nicht unter*schreiten cm | *Nicht über*schreiten cm | Empfohlene Höhe (Kompromiß) cm |
|---|---|---|---|
| **Arbeitsplatz im Sitzen** | | | |
| Höhe der Tischplatte | | | |
| ▷ Küchenarbeit | 65 | 70 | 67 |
| ▷ Bügeln | 60 | 65 | 63 |
| ▷ Nähen | 67 | 72 | 70 |
| Fuß-Einrückraum | 40 | – | 50 |
| Knie-Einrückraum | 24 | – | 30 |
| Sitzhöhe/Stuhlhöhe (Maximalwert für nicht verstellbare Arbeitsstühle) | 40 | Fußstütze benützen | 45 |
| **Arbeitsplatz im Stehen** | | | |
| Höhe der Tischplatte | | | |
| ▷ Küchenarbeit | 80 | 90 | 85/90 |
| ▷ Spülen | 85 | 95 | 90 |
| ▷ Bügeln | 75 | 85 | 80 |
| Fuß-Einrückraum | 10 | – | 15 |

Ausziehbretter in der Küche sind vorgesehen für Arbeiten im Sitzen. Im Stehen kann am Auszieh-brett mit manchen Geräten gearbeitet werden, z. B. Küchenmaschine, Fleischwolf, Handrühr-gerät.

### Bewegungsraum für Füße und Beine

Beine und Füße dürfen beim Arbeiten nicht ein-geengt sein. Mangelhafte Beinfreiheit hat eine angespannte Bauch- und Rückenmuskulatur, also ungesunde Körperhaltung zur Folge.

Übersichtliche Vorratshaltung

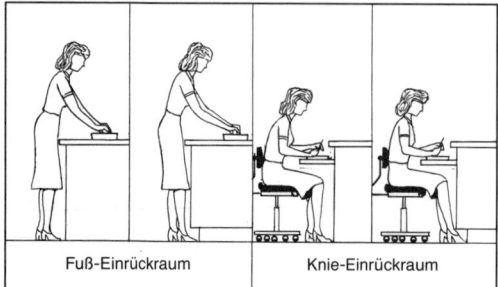

Einrückräume

### ▶▶  Praktischer Hinweis  ◀◀

Schaffen Sie sich für die Haushaltsbuchfüh-rung einen bequemen Arbeitsplatz. Im inne-ren Greifraum liegt ihre Schreibunterlage, im äußeren Greifraum sind die Akten aufgestellt. Geordnete Schreibutensilien, ein guter Ar-beitsstuhl, richtige Höhe Ihres Schreibtisches, ausreichender Fußraum und gute Beleuchtung erleichtern Ihnen die Arbeit.

### Leitsatz 3

Geräte, Arbeitsmittel und Materialien sollen am Arbeitsplatz stets übersichtlich und griffbe-reit sein.

Geräte sind griffbereit, wenn sie übersichtlich, sauber und ordentlich aufbewahrt werden. Nur dann wird langes Suchen vermieden. Praktische Hilfsmittel vor allem für kleinere Gegenstände sind verschiedene Ordnungseinrichtungen, z. B. Schubladeneinteilungen, Körbchen für Säme-reien, Gitter oder Stange neben oder über dem Herd für Kellen, Bratenwender, Schaumlöffel, Topflappen usw.
Beim Einordnen ist der Greifraum besonders zu beachten.

### ▶▶  Praktische Hinweise  ◀◀

↳ An der Spüle sollten Sie Reinigungsmittel, Spültücher, -bürste, Trockentücher, Ab-tropfkorb und Abfalleimer griffbereit auf-bewahren.
↳ Überlegen Sie, ob sie alles, was Sie zum Kaffeekochen täglich brauchen, griffbereit eingeordnet haben. Griffbereit heißt, daß Sie Filtertüten und Kaffeemehl greifen können, ohne andere Gegenstände zur Seite schieben zu müssen. »Geizen« Sie mit Handgriffen – gerade bei Arbeiten, die täglich anfallen!

### Leitsatz 4

Das Tragen schwerer Lasten kann oft durch Fahren oder einfache Tragevorrichtungen we-sentlich erleichtert werden.

Im Haushalt werden verschiedene Arbeitsmittel oft an verschiedenen Stellen im Haus gebraucht. Daher ist es praktisch, sie z. B. auf einem Putz-wagen zu transportieren. Weitere Erleichterun-gen bieten Geschirr- oder Teewagen für das Haus. Nur ohne Türschwellen können die Wagen ohne Hindernisse »fahren«. Daran sollten Sie bei bauli-chen Maßnahmen denken. Beim Einkaufen lei-stet ein Einkaufswagen gute Dienste. Schubkar-ren oder Leiterwagen in Hof und Garten erleich-tern viele Transportarbeiten.
Schieben ist übrigens leichter als Ziehen und große Rollen laufen besser als kleine!

### Tragen von Lasten

Eine Last trägt sich am leichtesten, wenn der tragende Arm am Körper anliegt und senkrecht nach unten hängt. Tragen am abgespreizten oder angewinkelten Arm ist sehr anstrengend. Nach Möglichkeit sollte die Last gleichmäßig auf beide Arme verteilt werden.

Günstigere Belastung beim Tragen mit Hilfsmitteln

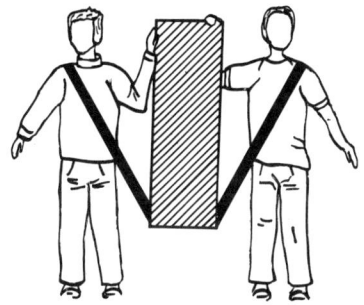

Hilfsmittel (Gurte) auch bei mehreren Trägern verwenden

Gefährliche Hohlkreuzhaltung und Verdrehung der Wirbelsäule sind schlecht, Schwerpunkt der Last beachten!

Richtiges Tragen von Lasten

Beim Tragen von Lasten ist die Form des Gefäßes wichtig. Ovale, schmale und tiefe Behälter lassen sich leichter tragen als breite, flache. Ovale Eimer trägt man leichter als runde.

### ⯈⯈ Praktische Hinweise ⯇⯇

⇝ Vielleicht können Sie die gebügelte Wäsche auf Ihrem Teewagen stapeln und nach dem Auskühlen von Zimmer zu Zimmer fahren, um sie in die Schränke einzuordnen.
⇝ Auf dem Rücken tragen Sie Lasten leichter als in der Hand. Überlegen Sie, ob Sie für manche Transportarbeiten einen Rucksack oder eine Tragekraxe einsetzen können.
⇝ Achten Sie beim Einkauf von Eimern, Wannen und Körben auf »handliche« Griffe. Die vollen Gefäße lassen sich weniger ermüdend tragen.

### Leitsatz 5

Arbeitsplatz und Arbeitsmittel sind so zu gestalten, daß Verletzungen ausgeschlossen sind und sich der Arbeitende nicht gehemmt fühlt durch die Angst, sich verletzen zu können.

Die Zahl der Unfälle im Haus ist sehr hoch. Viele dieser Unfälle könnten vermieden werden, wenn die Sicherheit von Arbeitsplätzen und Hilfsmitteln beachtet werden würde. Den größten Anteil der Unfälle machen Stürze aus. Deshalb sollten Sie *alle* Stolperstellen im Haushalt beseitigen:

● Trittsichere Bodenbeläge wählen.
● Treppen nicht bohnern, Teppiche auf Treppen sicher verankern.
● Beim Fensterputzen oder anderen Arbeiten in der Höhe Sicherheitsleitern benutzen.
● Fußabstreifer und Teppiche mit Rutschbremsen unterlegen.
● Schadhafte Treppen oder Bodenbeläge umgehend ausbessern lassen.

### ⯈⯈ Praktischer Hinweis ⯇⯇

Verbauen Sie in Haus, Hof und Garten die Wege nicht mit abgestellten Gegenständen. Räumen Sie dort stets ordentlich auf. Selbst irgendwo umherliegende Hausschuhe sind eine Unfallgefahr!

## Leitsatz 6

> Gute und regelmäßige Entlüftung, richtige Temperatur und Luftfeuchtigkeit am Arbeitsplatz vermindern die Ermüdung des Arbeitenden. Unvermeidbare Dünste, Staub und Abfälle sollten unmittelbar beseitigt werden.

In der Küche und im Hausarbeitsraum entstehen Dämpfe, die bei unzureichender Lüftung als unangenehm empfunden werden. Abhilfe schafft gründliches Lüften bzw. die Dunstabzugshaube. Staub wird nicht nur beim Staubwischen und Kehren aufgewirbelt, sondern auch beim Staubsaugen. Neuere Geräte sind mit Mikrofiltern ausgerüstet, die auch feinste Staubteilchen filtern.

## Leitsatz 7

> Gute Beleuchtung des Arbeitsplatzes und eine geeignete Farbgebung im Arbeitsraum erleichtern die Arbeit, erhöhen die Sicherheit.

Je heller der Arbeitsplatz, desto weniger schnell ermüden die Augen, läßt die Konzentration nach:

● Deshalb Arbeitsplatz in Fensternähe einrichten. Bei Rechtshändern soll das Licht von links, bei Linkshändern von rechts kommen.
● Wände und Decken in Arbeitsräumen hell tapezieren oder streichen, dunkle Farben »schlukken« Licht.

Bei der künstlichen Beleuchtung sollten Sie darauf achten, daß sie nicht blendet. Wichtig ist in Arbeitsräumen eine helle Allgemeinbeleuchtung, z. B. durch Strahler oder Leuchtstoffröhren. Zusätzlich zu Deckenleuchten sind Lichtquellen notwendig für feine Arbeiten oder Arbeiten, bei denen der eigene Körperschatten stört. Praktisch für Arbeiten in der Küche sind Leuchten an der Unterseite der Oberschränke über den Arbeitsflächen. Sie blenden nicht und leuchten den Arbeitsplatz gut aus (siehe Seite 265/266).
Ältere Menschen brauchen mehr Licht!

### ➤➤ Praktische Hinweise ◀◀

↳ Prüfen Sie, ob alle Treppen in Haus, Hof und Garten gut beleuchtet sind.
↳ Beleuchtete Lichtschalter sind sicherer.
↳ Sorgen Sie für gute Beleuchtung am Hausaufgabenplatz Ihrer Kinder.

## Leitsatz 8

> Griffe an Handgeräten und Maschinen sollen handgerecht geformt sein.

Handgerechte Griffe liegen gut in der Hand. Handliche Griffe sind an Messern, Schälern, Schneebesen, Bügeleisen, Handrührgerät usw. wichtig, weil mit ihnen über einen längeren Zeitraum gearbeitet wird. Deshalb sollten Sie beim Kauf testen, ob das Gerät gut in der Hand liegt. Der Griff muß mit der Hand umfaßt werden können. Zu dünne Griffe führen zu unnatürlicher Haltung und Verkrampfungen der Hand. Günstig sind abgerundete Griffe.

## Leitsatz 9

> Arbeitsmittel sollen so gestaltet sein, daß die statische Belastung möglichst gering ist (Eigengewicht) und die Benutzung mit beiden Händen ermöglicht wird.

Die Arbeit mit beiden Händen ist wirtschaftlicher, es kann schneller und ermüdungsfrei gearbeitet werden. Viele Arbeiten werden nicht mit beiden Händen gleichzeitig ausgeführt, dann sollten rechte und linke Hand abgewechselt werden, z. B. beim Fensterputzen. Das erfordert etwas Übung, erleichtert aber die Arbeit, weil sich jede Hand immer wieder »ausruhen« kann.
Die statische Arbeit (siehe Seite 66) ist um so größer, je schwerer ein Arbeitsgerät ist und je länger es ohne Bewegung gehalten werden muß, z. B. Handrührgerät. Beim Kauf sollte deshalb das Gewicht beachtet werden. Um die statische Arbeit zu vermindern, bewegen viele Hausfrauen das Handrührgerät in der Rührschüssel.

## Leitsatz 10

> Arbeitsmittel, Gebrauchsgegenstände und Geräte sowie Möbel müssen im Haushalt regelmäßig gereinigt werden; deshalb sollte auf Möglichkeiten leichter und gründlicher Reinigung geachtet werden.

Glatte, porenfreie Oberflächen lassen sich leichter und schneller reinigen als angerauhte Flächen. Ecken sind mühsam zu säubern. Verzierungen sind an Arbeitsmitteln überflüssig, sie erschweren nur die Pflege.

## ➤➤ Praktische Hinweise ◀◀

↪ Denken Sie bereits bei der Auswahl eines *jeden* Gebrauchsgegenstandes vor dem Kauf an die Reinigung und Pflege.

↪ Küchenmöbel im Landhausstil sind gefällig. Die vielen Türfüllungen oder Zierleisten sind jedoch pflegeaufwendig.

↪ Kleine Fliesen haben viele Fugen. Sie sind pflegeaufwendiger als große Fliesen mit weniger Fugen. Denken Sie daran bei Baumaßnahmen.

↪ Mattierte Flächen sind pflegeleichter als hochglänzende, auf denen jeder Streifen sichtbar wird. Achten Sie darauf beim Kauf einer Ceranplatte, von Edelstahltöpfen, Edelstahlspülen usw.

# 4.3 Rationalisierung der Arbeit

Die Arbeit rationalisieren heißt, sie so zu gestalten, daß sie *leichter, schneller, besser* und *sicherer* gemacht werden kann. Sie sollten deshalb bei jeder Tätigkeit kritisch überlegen:

● Welche Arbeitserleichterungen kann ich einsetzen?

● Wie geht die Arbeit schneller?

● Wie komme ich zu noch besseren Arbeitsergebnissen?

● Habe ich alles vermieden, was gefährlich ist?

Der erste Schritt zu rationeller Arbeit ist Arbeitsplanung. Beim Erarbeiten des Arbeitsplanes wird überlegt, was wer wann wo und wie macht.

### Organisatorische Rationalisierung

*Das Was*, also die anfallende Arbeit, wird hinterfragt, ob sie unbedingt notwendig ist. Es entfallen überflüssige Arbeiten automatisch.
Ist eine Arbeit als notwendig eingestuft worden, wird *das Wann* festgelegt. Schwere Arbeiten werden entsprechend der biologischen Leistungskurve auf den Vormittag verlegt, leichte auf den frühen Nachmittag.
*Das Wo* beschreibt den Arbeitsplatz und seine Gestaltung. Er muß richtig gestaltet sein. Sie sollten z. B. auf Dauer nicht damit zufrieden sein, die Haushaltsplanung und -buchführung am Couchtisch erledigen zu müssen. Richten Sie sich einen praktischen und hübschen Arbeitsplatz ein. Eine

gute Möglichkeit findet sich in jedem Haushalt. Auch wenn manche Landfrau meint, *das Wer* sei keine Frage, lohnt es sich dennoch darüber nachzudenken. Kleine Botengänge oder Einkäufe können Kinder gut übernehmen, auch der Ehemann kann um manche Hilfe gebeten werden.

## ➤➤ Praktische Hinweise ◀◀

Sie arbeiten rationell, wenn Sie

↪ systematisch arbeiten (denken Sie immer wieder an die REFA-Leitsätze und wenden Sie sie bewußt an),

↪ konzentriert arbeiten (lassen Sie sich möglichst wenig ablenken, z. B. durch ein ständig eingeschaltetes Radio oder Fernsehgerät, es gibt ohnehin genügend Störungen bei der Hausarbeit),

↪ nach der Uhr arbeiten (prüfen Sie immer wieder, wieviel Zeit Sie brauchen).

*Das Wie* einer Arbeit ist in den REFA-Leitsätzen beschrieben.

## ➤➤ Praktische Hinweise ◀◀

↪ Gleichartige Arbeiten sollten Sie nacheinander verrichten. Erst alle Äpfel schälen, dann klein schneiden. Erst alle Schuhe ausbürsten, dann eincremen, dann polieren. So werden unnötige Handgriffe und Wege vermieden.

↪ Arbeiten Sie von rechts nach links bzw. oben nach unten. Wenn Sie im Schlafzimmer abstauben, beginnen Sie rechts der Türe und beenden die Arbeit links der Türe. Sie gehen systematisch im Kreis und stauben von oben nach unten ab.

↪ Überlegen Sie, ob umfangreichere Arbeiten in einer Großaktion oder in kleinen, aber zügigen Schritten weggearbeitet werden. Sie könnten z. B. alle Gardinen im Haus abnehmen, waschen und wieder aufhängen oder aber Zimmer für Zimmer vornehmen. Beides hat Vor- und Nachteile.

↪ Der Einkauf wird rationeller, wenn immer ein Schreibblock in der Küche liegt, auf den fehlende Lebensmittel geschrieben werden. Gewöhnen Sie sich einen Rhythmus fürs Einkaufen an, z. B. monatlich einen Großeinkauf, wöchentlich frische Lebensmittel. »Was man nicht im Kopf hat, muß man in den Beinen haben«!

▷ *Sucharbeiten:* Suchen ersparen Sie sich, wenn übersichtliche Ordnungseinrichtungen vorhanden sind, in denen Ordnung herrscht. Ordnungstopf für Arbeitsgeräte beim Kochen, Wäscheklammernbeutel, Pinnwand, Gefriertruhenbuch, Schlüsselbrett, Schubfachunterteilungen, Hakenleisten sind Beispiele.

▷ *Aufräumungsarbeiten:* Sie sind zu vermindern, wenn schon Kinder zur Ordnung angehalten werden und Erwachsene ebenfalls benutzte Gegenstände aufräumen und nicht nur weglegen.

▷ *Ausbesserungsarbeiten:* Sie entfallen, wenn unzweckmäßige Kinder- und Arbeitskleidung schon beim Kauf vermieden wird. Sie müssen weniger flicken, wenn Sie bereits kleine Schäden ausbessern. Strümpfe zerreißen seltener, wenn rissige Stuhlbeine oder Tischkanten geglättet werden.

▷ *Reinigungsarbeiten:* Sie sind zu verringern, wenn nicht gedankenlos in Arbeitskleidung und mit Arbeitsschuhen durchs Haus gelaufen wird. Die Schmutzschleuse ist eine wichtige Ordnungseinrichtung in jedem Landhaushalt. Schuhe und Kleider sind nach der Stallarbeit zu wechseln, dann wird weniger Schmutz in das Haus getragen. Halten Sie alle Familienmitglieder dazu an, die Hände sauber zu waschen, bevor das Handtuch benutzt wird. Es summiert sich, wenn Sie wöchentlich z. B. vier Handtücher zusätzlich waschen müssen.

## Technische Rationalisierung

Durch die Technik sind viele Hausarbeiten leichter und schneller zu verrichten. Nicht immer bringt jedoch der Einsatz eines Gerätes Zeitvorteile, weil es hervorgeholt, gereinigt und wieder aufgeräumt werden muß. So lohnt es sich z. B. nicht, Gemüse für ein oder zwei kleine Portionen im Schnitzelwerk der Küchenmaschine zu zerkleinern, weil der Reinigungsaufwand im Vergleich zur Arbeitserleichterung zu hoch ist.

Die Entscheidung für den Kauf oder Einsatz eines Haushaltsgerätes ist von verschiedenen Einflüssen abhängig:

● von der körperlichen Belastung, z. B. Teppiche auf der Teppichstange klopfen oder saugen.

● vom Zeitbedarf, z. B. Gemüse mit dem Messer schneiden oder mit dem Schnitzelwerk der Küchenmaschine zerkleinern.

● von den Kosten, z. B. Wäsche im Trockner oder auf der Leine trocknen.

● vom Arbeitsergebnis, z. B. stark verschmutzte Bratreine von Hand oder in der Spülmaschine reinigen.

Ohne technische Geräte ist es sehr schwer, die Hausarbeit zu bewältigen, denn es mangelt an Hilfskräften, und die Ansprüche der Familienmitglieder sind heute höher denn je. Eine gute technische Ausstattung ist deshalb für jeden Haushalt wünschenswert.

Wie wichtig die einzelnen Punkte für den jeweiligen Haushalt sind, muß jede Hausfrau selbst entscheiden. (Weitere Entscheidungshilfen siehe Kapitel Technik im Haushalt, Seite 315.)

Zur technischen Rationalisierung gehören auch die räumlichen Gegebenheiten. Sinnvolle Zuordnung von Küche, Speisekammer und Hauswirtschaftsraum sparen Wege. Die praktische Einrichtung dieser Räume trägt wesentlich zu rationellem Arbeiten bei. Eine Schmutzschleuse zwischen Haus und Außenbetrieb verringert den Schmutzanfall im Wohnbereich. Auch die Auswahl der Fußböden, ob pflegeleicht oder pflegeaufwendig, trägt zur Rationalisierung bei.

# Grundlagen der Ernährung

## 1 Ernährungssituation

Zu viel, zu fett, zu süß und zu viel Alkohol – so läßt sich in kurzen Worten die Ernährungssituation eines Großteils unserer Bevölkerung beurteilen. Größtes Problem der Menschen in den Industriestaaten ist nicht Mangel, sondern Überfluß an Nahrung. Leider ist falsche Ernährung keine Bagatelle, sondern Ursache vieler Erkrankungen. Dem Körper machen vor allem die überflüssigen Pfunde zu schaffen mit allen ihren Folgen: Abnutzungserscheinungen am Skelett (Gelenke, Wirbelsäule), Herz- und Kreislauferkrankungen, Krampfadern, Zuckerkrankheit, Gicht bis hin zu Komplikationen bei Operationen.

Trotz der Überfütterung bestehen Versorgungslücken bei Calcium, Eisen, manchen B-Vitaminen und Jod. Grund dafür sind die Verzehrsgewohnheiten mit zu geringem Anteil an Milch, Seefisch, Getreideprodukten, Kartoffeln und Hülsenfrüchten. Ebenfalls mangelhaft ist die Versorgung mit Ballaststoffen; sie sind wichtig für eine geregelte Verdauung. Anstelle ballaststoffreicher Kost besteht die tägliche Nahrung immer mehr aus »leeren Kalorien«, z. B. Alkohol und Zucker, die dem Körper nur Energie, aber keine Vitamine, Mineralstoffe oder wichtige Nährstoffe liefern.

Typisch für die »moderne« Ernährung ist auch der hohe Anteil an Genußgiften; dazu gehören Koffein, Alkohol und Nikotin.

## 2 Energiehaushalt des Körpers

### 2.1 Joule bzw. Kalorie

Durch die Nahrung wird dem Körper Energie zugeführt, die er braucht für den Aufbau und die Erhaltung des ganzen Organismus. Außerdem wird aus der Nahrungsenergie Arbeitskraft und Wärme gewonnen.

Maß für die Energie ist 1 Joule (abgekürzt J). Die alte, aber immer noch gebräuchliche Einheit ist 1 Kalorie (abgekürzt 1 cal).

1 Kilojoule bzw. 1 Kilokalorie sind 1000 Joule bzw. 1000 Kalorien (abgekürzt kJ bzw. kcal). In kJ bzw. kcal wird der Energiegehalt der Nahrung angegeben.

> 1 kcal entspricht ungefähr 4,2 kJ.

Aus den einzelnen Bestandteilen der Nahrung können unterschiedliche Mengen an Energie gewonnen werden:

| | | |
|---|---|---|
| 1 Gramm Fett | liefert | 38 kJ = 9,3 kcal |
| 1 Gramm Kohlenhydrate | liefert | 17 kJ = 4,1 kcal |
| 1 Gramm Eiweiß | liefert | 17 kJ = 4,1 kcal |
| 1 Gramm Alkohol | liefert | 30 kJ = 7,0 kcal |

Vitamine, Mineralstoffe und Wasser liefern keine Energie.

## 2.2 Grundumsatz und Leistungsumsatz

Der Energiebedarf des Körpers setzt sich zusammen aus dem Grundumsatz und dem Leistungsumsatz.

Der *Grundumsatz* ist die Energie, die ein ruhender Mensch in 24 Stunden braucht für Gehirn-, Herztätigkeit, Drüsenarbeit, Atmung, das Funktionieren aller Organe und zur Aufrechterhaltung der Körpertemperatur. Er ist abhängig von Körpergröße, Gewicht, Alter, Klima und liegt durchschnittlich bei 6300 kJ (1500 kcal).

Der *Leistungsumsatz* ist die Energie, die der Körper zusätzlich braucht, wenn er eine Tätigkeit ausführt. Die Höhe des Leistungsumsatzes ist abhängig von der Schwere und Dauer der Arbeit, die verrichtet wird.

Heute gehört der Landwirt übrigens nicht mehr wie früher zur Gruppe der Schwerarbeiter, von einzelnen Tätigkeiten wie Waldarbeit abgesehen. Die Automatisierung hat ihm sehr viele schwere Arbeiten abgenommen.

Wird dem Körper mehr Nahrung und damit Energie zugeführt als er braucht, speichert er sie in Form von Fettgewebe, das Körpergewicht nimmt zu.

Da in der modernen Arbeitswelt die körperlichen Arbeiten vorwiegend von Maschinen übernommen werden und die Menschen ihre Energiezufuhr dem veränderten Bedarf nicht ausreichend anpassen, ist etwa ein Drittel der Bevölkerung übergewichtig.

Ob Sie selbst zu den Übergewichtigen gehören oder nicht, läßt sich mit einer einfachen Formel berechnen:

> *Normalgewicht*
> Körpergröße in cm − 100 = ... kg Körpergewicht

**Beispiel**

Das Normalgewicht einer Frau von 170 cm Größe beträgt: 170 − 100 = 70 kg

Diese Formel gilt nicht bei sehr großen oder sehr kleinen Personen sowie Kindern und Jugendlichen.

### Energieverbrauch bei verschiedenen Arbeiten

| Art der Arbeit | Energieverbrauch/ Minute | |
|---|---|---|
| | kJ | kcal |
| Fensterputzen | 14 | 3 |
| Wohnung aufräumen | 8 | 2 |
| Wäsche bügeln (von Hand) | 11 | 3 |
| Teppich klopfen | 25 | 6 |
| Wäsche aufhängen | 21 | 5 |
| Geschirr spülen | 11 | 3 |
| Wiener Walzer tanzen | 24 | 6 |
| Spazierengehen | 13 | 3 |
| Schwimmen | 29 | 7 |
| Treppen steigen | 35 | 8 |
| Schlepper fahren | 7 | 1,5 |
| Unkraut jäten | 8 | 1,8 |
| Erdbeeren pflücken | 14 | 3,5 |

### Energieverbrauch bei unterschiedlicher Tätigkeit

| Schweregrad der Tätigkeit | Energiebedarf/Tag | | | |
|---|---|---|---|---|
| | Frau (60 kg) | | Mann (70 kg) | |
| | kJ | kcal | kJ | kcal |
| Leichte körperliche Tätigkeit (Büroangestellte, PKW-Fahrer) | 9 500 | 2 260 | 10 000 | 2 380 |
| Mittelschwere körperliche Tätigkeit (Hausfrau, Verkäuferin, Maler, Traktorfahrer) | 11 300 | 2 690 | 12 100 | 2 880 |
| Schwere körperliche Tätigkeit (Bauarbeiter, Waldarbeiter, Hochleistungssportler) | 13 500 | 3 210 | 15 000 | 3 570 |

# 3 Inhaltsstoffe der Lebensmittel

## 3.1 Eiweiß

### Aufgaben im Körper

Eiweiß hat als Baustoff im Körper sehr wichtige Aufgaben und kann von keinem anderen Nährstoff ersetzt werden. In jeder Zelle des Körpers, in Blut, Lymphe, Hormonen, Enzymen, Antikörpern kommt Eiweiß vor.
Die kleinsten Bausteine von Eiweiß sind die *Aminosäuren*. Etwa 20 verschiedene Aminosäuren sind für den Menschen wichtig, acht davon sind essentiell, das heißt, sie müssen mit der Nahrung zugeführt werden. Der Körper kann sie nicht selbst bilden.

### Bedarf

Eiweiß kann im Körper nicht gespeichert werden, deshalb muß es täglich mit der Nahrung zugeführt werden.

> Der Eiweißbedarf des Erwachsenen liegt bei etwa 0,8 g pro kg Körpergewicht und Tag.

10–15% der Gesamt-Energiezufuhr sollten mit Eiweiß gedeckt werden. Bei abwechslungsreicher Kost ist der Eiweißbedarf gedeckt.
Über den Bedarf hinaus aufgenommenes Eiweiß baut der Organismus in Fett und Kohlenhydrate um. *Eiweißmangel* ruft schwere gesundheitliche Schäden hervor: verminderte Leistungsfähigkeit und Widerstandskraft gegen Krankheiten, schwere Entwicklungsschäden bei Kindern, verzögerte Wundheilung.
Hinsichtlich der Qualität von Nahrungseiweiß gibt es Unterschiede: Je ähnlicher es dem menschlichen Körpereiweiß ist, desto wertvoller ist es, weil daraus Körpereiweiß gebildet werden kann. Man spricht von hoher *biologischer Wertigkeit*.
Tierisches Eiweiß in Eiern, Milch und Fleisch ist biologisch hochwertig. Aber auch pflanzliche Lebensmittel wie Kartoffeln, Nüsse, Hülsenfrüchte und Soja enthalten hochwertiges Eiweiß. Pflanzliches Eiweiß kann bei geeigneter Mischkost mit tierischem Eiweiß aufgewertet werden (Ergänzungswirkung). Dabei wird nicht nur minderwer-

tiges Eiweiß aufgewertet, sondern auch hochwertiges noch hochwertiger, es tritt also ein doppelter Effekt ein.
*Gute Eiweißergänzungswirkung* verschiedener Lebensmittel (= Erhöhung der biologischen Wertigkeit).

- Eier mit Kartoffeln,
- Fleisch mit Kartoffeln,
- Fleisch mit Getreide,
- Kartoffeln mit Milchprodukten,
- Hülsenfrüchte mit Ei, Getreide oder Milch,
- Getreide mit Milch oder Ei.

Demgemäß bieten folgende Speisen hochwertige Eiweißversorgung:

- Pellkartoffeln mit Quark,
- Kartoffelteig,
- Reisauflauf,
- Bohnen mit Eiern,
- Omelett.

Die Reihe läßt sich beliebig fortsetzen.
Die Erhöhung der biologischen Wertigkeit tritt nur dann ein, wenn die sich ergänzenden Eiweiße möglichst gleichzeitig, also zu einer Mahlzeit gegessen werden.

 **Praktischer Hinweis**

Wenn Sie den Speiseplan zusammenstellen, sollten Sie an die Ergänzungswirkung des tierischen und pflanzlichen Eiweißes denken.

### Eigenschaften von Eiweiß

Eiweiß *gerinnt* bei Einwirkung von Hitze, Säuren, Alkohol, Laugen, Lab und Schwermetallsalzen. Das Eiweiß ballt sich zusammen, gibt Wasser ab und wird fester. Gut zu beobachten ist die Eiweißgerinnung beim Braten von Eiern.
Fleisch sollte beim Garen in kochendes Wasser oder heißes Fett gelegt werden. Das Eiweiß an der Oberfläche gerinnt rasch und verhindert, daß Fleischsaft austritt. Kartoffeln enthalten ebenfalls wertvolles Eiweiß, das in kaltem Wasser ausgelaugt wird. Salzkartoffeln sollten Sie daher nicht in kaltem Wasser zusetzen, sondern in die kochende Flüssigkeit einlegen.
Die Bildung einer Haut auf gekochter Milch ist auf die Eiweißgerinnung zurückzuführen. Man kann die Hautbildung verhindern, indem die Milch während des Erhitzens mit einem Schneebesen kräftig durchgerührt wird.

Bestimmte Eiweißstoffe gerinnen bei etwa 70 °C. Deshalb sollten Sie mit Ei legierte Suppen und Soßen nicht aufkochen, es bilden sich sonst kleine Flocken.

Eiweiß ist *wasserlöslich*. Deshalb sollten Lebensmittel wie Fleisch, Fisch, Gemüse, Kartoffeln im Ganzen gewaschen und in möglichst wenig Wasser gegart werden. Das Kochwasser kann man weiterverwenden für Suppen und Soßen.

Eiweiß *quillt*, es nimmt Wasser auf. Deshalb sollte man z. B. Pfannkuchenteig nicht sofort backen, sondern einige Zeit ruhen lassen. Dabei quellen die Eiweißstoffe, der Teig wird elastischer, Sie können dünnere Pfannkuchen backen.

Gerüsteiweiß, wie es in Haut, Knochen und Knorpeln enthalten ist, löst sich bei längerem Kochen in Wasser: Nach dem Abkühlen erstarrt es. Gut zu beobachten ist diese Eigenschaft bei der Herstellung von Sülzen. Gelatine wird ebenfalls aus Gerüsteiweiß hergestellt.

### Eiweißreiche Lebensmittel

Milch und Milchprodukte (Käse, Quark, Joghurt, Kefir, Dickmilch) Fleisch, Geflügel, Innereien, Wurst, Fisch, Eier, Getreideerzeugnisse, Kartoffeln, Hülsenfrüchte, Soja und Sojaprodukte (Tofu, Miso).

## 3.2 Fett

### Aufgaben im Körper

Fett übt im menschlichen Körper eine Schutzfunktion aus. So umgibt Fettgewebe alle empfindlichen Organe, wie Nieren, Augen, Herz, um Druck und Stoß von außen zu dämpfen. Eine Fettschicht lagert direkt unter der Haut, um den Körper vor Wärmeverlusten zu schützen. Außerdem dient Fett als Energiereserve. Depotfett wird angelegt, wenn mehr Nahrungsenergie aufgenommen wird als der Körper braucht. Abgebaut werden die Reserven bei zu niedriger Nahrungsaufnahme.

Wichtig ist Fett auch als »Lösungsmittel« für die fettlöslichen Vitamine A, D, E und K. Nur bei gleichzeitiger Aufnahme von Fett können diese Vitamine vom Körper verwertet werden. Von Karottenrohkost könnte z. B. der hohe Vitamin-A-Gehalt nicht genutzt werden, wenn nicht gleichzeitig Fett (mit der Salatmarinade) gegessen wird.

### Bedarf

> Der Fettbedarf des Erwachsenen liegt bei 1 g pro kg Körpergewicht und Tag.

30% des täglichen Energiebedarfs sollten mit Fett gedeckt werden. Leider wird dieser Prozentsatz in der Bundesrepublik Deutschland weit überschritten. Die Folge ist Übergewicht, auch Fettstoffwechselstörungen können auftreten.

Ohne Fett ist die Ernährung minderwertig. Linolsäure ist die wichtigste essentielle Fettsäure. Sie muß mit der Nahrung zugeführt werden. Ein Mangel führt zu schweren Stoffwechselstörungen (Hautveränderungen, Störungen im Wasserhaushalt, Fortpflanzungsstörungen).

Der *Fettverbrauch* setzt sich zusammen aus Streichfett (Butter, Margarine), Kochfett (Öl, Plattenfette) und den sogenannten »versteckten« Fetten. »Versteckte« Fette sind enthalten in fetten Wurst- und Käsesorten, fettreichen Kuchen und Cremes, fettreichen Fischen (Aal, Hering), Schokolade, Nüssen, Pommes frites.

Qualitativ werden die Fette eingeteilt in Fette mit *einfach und mehrfach ungesättigten Fettsäuren* und in Fette mit *gesättigten Fettsäuren*. Einfach ungesättigte Fettsäuren sind enthalten in Olivenöl, Erdnußöl, Schweineschmalz. Mehrfach ungesättigte Fettsäuren sind enthalten in Sonnenblumenöl, Sojaöl, Maiskeimöl, Weizenkeimöl, Distelöl. Gesättigte Fettsäuren sind enthalten in Kokosfett, Rinder- und Hammeltalg, Butterschmalz und gehärteten Fetten.

Der Anteil an mehrfach ungesättigten Fettsäuren sollte hoch sein, weil dadurch der Cholesteringehalt des Blutes gesenkt werden kann; noch wirkungsvoller ist die Verringerung der Fettmenge in der Nahrung insgesamt. Hoher Cholesteringehalt im Blut gilt als Ursache für Herzinfarkt und Erkrankungen der Blutgefäße, z. B. Arteriosklerose (Arterienverkalkung).

*Cholesterin* ist ein fettähnlicher Stoff und kommt nur in tierischen Lebensmitteln vor. Der Körper braucht Cholesterin, um Gallensäuren, Hormone und Vitamin D aufzubauen. Besonders viel Cholesterin ist in der Haut und im Nervengewebe enthalten. Cholesterin wird zum größten Teil vom Körper selbst aufgebaut, zum Teil durch die Nahrung aufgenommen. Einfluß auf den Cholesterinspiegel im Blut hat auch die Zusammensetzung des Nahrungsfettes: gesättigte Fettsäuren erhöhen ihn, mehrfach ungesättigte Fettsäuren wirken senkend.

## Cholesteringehalt verschiedener Lebensmittel

| Lebensmittel | Cholesteringehalt in mg je 100 g |
|---|---|
| **Fleisch und Wurst** | |
| Rindfleisch, mager | 70 |
| Rinderzunge | 108 |
| Schweinefleisch, mager | 70 |
| Schweinezunge | 140 |
| Kalbfleisch | 70 |
| Kalbszunge | 140 |
| Schweineherz | 150 |
| Hirn (Schwein) | 2000 |
| Kalbsleber | 360 |
| Schweineniere | 365 |
| Wild (Reh, Hirsch) | 110 |
| Brathuhn | 81 |
| Ente | 75 |
| Gans | 75 |
| Lammkeule | 70 |
| Schinken, roh | 85 |
| Wiener Würstchen | 65 |
| Leberwurst | 85 |
| Bratwurst | 100 |
| **Fisch** | |
| Forelle | 55 |
| Kabeljau | 50 |
| Krabben | 150 |
| **Milch und Milchprodukte** | |
| Frische Milch, 3,5% Fett | 10 |
| Fettarme Milch, 1,5% Fett | 5 |
| Schlagsahne, 30% Fett | 110 |
| Doppelrahmfrischkäse, 60% Fett i. Tr. | 105 |
| Camembert, 50% Fett i. Tr. | 70 |
| Emmentaler, 45% Fett i. Tr. | 90 |
| Gouda, 45% Fett i. Tr. | 115 |
| Schmelzkäse, 45% Fett i. Tr. | 70 |
| 1 Ei | 280 |
| **Fette** | |
| Butter | 240 |
| Butterschmalz | 340 |
| Schweineschmalz | 85 |
| **Sonstiges** | |
| Weißbier | 0 |
| Obst, Nüsse | 0 |
| Gemüse, Kartoffeln | 0 |

## Eigenschaften der Fette

Fett ist *in Wasser unlöslich*. Es ist leichter als Wasser, deshalb schwimmt es auf der Oberfläche. Fettbrände können daher nicht mit Wasser gelöscht werden, sondern müssen erstickt werden! Bei einem Fettbrand im Kochtopf sollten Sie besonnen einen Deckel auflegen.

Fett *schwimmt an der Oberfläche* von Fleischbrühe oder fetten Soßen von Schweine- oder Gänsebraten. Sie können entfettet werden durch vorsichtiges Abschöpfen der Fettschicht. Eine andere Möglichkeit des Entfettens bietet sich, wenn man die Brühe erkalten läßt. Das Fett wird fest und kann abgehoben werden.

Fett *sättigt* sehr gut und verbessert den Geschmack von Speisen.

Fett verdirbt, es wird *ranzig* bei Einwirkung von Luftsauerstoff, Hitze und Sonnenlicht, Mikroorganismen und Metallspuren. Fette und Öle müssen daher dunkel und kühl, sowie luftgeschützt und verschlossen gelagert werden. Vitamin E verzögert den Fettverderb und ist in vielen Fetten von Natur aus vorhanden. Wegen ihrer begrenzten Lagerfähigkeit sollten Fette und Öle in kleinen Mengen gekauft werden. Ranzige Fette sind nicht mehr für den Verzehr geeignet; sie sind gesundheitsschädlich!

Fette mit hohem Wasseranteil (Butter, Margarine) können nicht hoch erhitzt werden, sonst beginnen sie zu spritzen und verkohlen.

Fette haben einen höheren Siedepunkt als Wasser. Dadurch kann man in heißem Fett schneller garen, außerdem bilden sich geschmacksgebende Röststoffe.

Beim Erhitzen zersetzen sich Fette und beginnen zu rauchen. Die Temperatur, bei der ein Fett zu rauchen beginnt, heißt *Rauchpunkt*. Kokosfett raucht bei etwa 200 °C. Je höher der Rauchpunkt, desto besser ist das Fett für hohe Erhitzung beim Braten geeignet. Fette sollten aber nie bis zum Rauchpunkt erhitzt werden; sie riechen dann nicht nur stechend-brenzlig, sondern sie sind auch gesundheitsschädlich!

Fette mit einem hohen Anteil an ungesättigten, kurzkettigen Fettsäuren sind weich oder flüssig. Sie haben einen niedrigen *Schmelzpunkt* (z. B. Butter, Sonnenblumenöl). Fette mit einem hohen Anteil an gesättigten Fettsäuren sind fest und haben einen hohen Schmelzpunkt (z. B. Rindertalg). Sie sind schwer verdaulich. Bei gehärteten Fetten wird durch chemische Verfahren der Schmelzpunkt erhöht, es entstehen Fette, die sich hoch erhitzen lassen.

**Rauchpunkt verschiedener Fette**

| Fett | Rauchpunkt in °C |
|---|---|
| Butterfett | 175 |
| Rindertalg | 210 |
| Schweinefett | 160 |
| Kokosfett | 185–205 |
| Maiskeimöl | 200 |
| Olivenöl | 138 |
| Sonnenblumenöl | 210–225 |
| Weizenkeimöl | 135 |

**Schmelzpunkt verschiedener Fette**

| Fett | Schmelzpunkt in °C |
|---|---|
| Butter | 28–38 |
| Schweinefett | 28–40 |
| Rindertalg | 42–49 |
| Kokosfett | 20–28 |
| Olivenöl | |
| Maiskeimöl | unter 5 |
| Sonnenblumenöl | |

Fette sind *emulgierbar.* Sie verteilen sich in Flüssigkeiten in feinste Tröpfchen. Beispiel dafür ist die Butter. Sie enthält etwa 82% Fett und 16% Wasser. Bei der Verdauung werden Fette durch Gallensäuren emulgiert, also in feinste Tröpfchen zerkleinert. Bereits emulgierte Fette sind nicht so lange haltbar wie reine Fette.

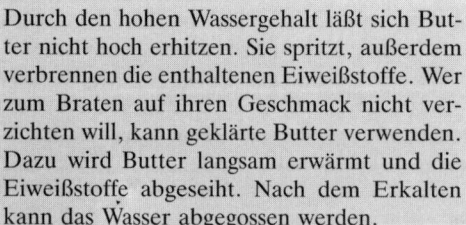

**➤➤ Praktischer Hinweis ◀◀**

Durch den hohen Wassergehalt läßt sich Butter nicht hoch erhitzen. Sie spritzt, außerdem verbrennen die enthaltenen Eiweißstoffe. Wer zum Braten auf ihren Geschmack nicht verzichten will, kann geklärte Butter verwenden. Dazu wird Butter langsam erwärmt und die Eiweißstoffe abgeseiht. Nach dem Erkalten kann das Wasser abgegossen werden.

## Fettreiche Lebensmittel

Speisefette und -öle, fritierte Lebensmittel (z. B. Kartoffel-Chips), Nüsse, Avocado, Torten, fettes Fleisch (Wammerl, Speck), fette Wurstsorten (Mettwurst, Leberwurst), fette Käsesorten, fette Fische (Aal, Hering), Schokolade.

# 3.3 Kohlenhydrate

## Aufgaben im Körper

Wichtigste Aufgabe der Kohlenhydrate ist es, dem Körper Energie zu liefern. Eingeteilt werden die Kohlenhydrate in Einfach-, Doppel- und Vielfachzucker. Die bedeutendsten Einfachzucker sind Traubenzucker und Fruchtzucker. Zu den Doppelzuckern gehören Rüben- und Rohrzucker, Malzzucker und Milchzucker. Die wichtigsten Vielfachzucker sind Stärke und Cellulose.

### Einfachzucker

*Traubenzucker* spielt im Körper eine besonders wichtige Rolle. Er ist Hauptenergielieferant für das Gehirn und kann von allen anderen Organen verwendet werden. *Fruchtzucker*, in Obst und Gemüse enthalten, wird bei der Verdauung langsam in Traubenzucker umgebaut. Er wird als Zuckeraustauschstoff bei Diabetikern verwendet.

### Doppelzucker

*Rübenzucker* ist der normale Haushaltszucker und gilt als wichtigstes Süßungsmittel.
*Milchzucker* ist vor allem für den Säugling wichtig, weil er für ihn das einzige Nahrungskohlenhydrat darstellt. Er hat leicht abführende Wirkung. Die Milchzucker- und damit Milchunverträglichkeit beruht darauf, daß beim Betroffenen ein Enzym fehlt, das den Doppelzucker spaltet. Der Milchzucker gelangt ungespalten in den Darm und verursacht Durchfall und Blähungen. Die Milchzuckerunverträglichkeit nimmt im Alter zu. Trotzdem braucht nicht auf Milchprodukte verzichtet zu werden: Bei gesäuerten Milchprodukten, z. B. Joghurt, Kefir, Dickmilch, ist der Zucker bereits vergoren und stört damit die Verdauung nicht.

### Vielfachzucker

*Stärke* spielt mengenmäßig als Kohlenhydrat die wichtigste Rolle. Rohe Stärke z. B. von Kartoffeln, kann der Körper nicht verwerten, gegarte Stärke dagegen sehr gut. Stärke wird während der Verdauung in Einfachzucker gespalten. Der Blutzuckerspiegel steigt deshalb langsam an, so daß Stärke wichtig ist in der Kohlenhydrat-Versorgung von Diabetikern.
*Cellulose* ist ein Vielfachzucker, der vom menschlichen Körper nicht verdaut werden kann, also auch keinen Nährwert und keine Energie liefert.

Allerdings hat Cellulose die wichtige Aufgabe, als Ballaststoff die Darmtätigkeit anzuregen. Ballaststoffe füllen den Darm und fördern dadurch die Darmbewegung und -entleerung. Ballaststoffe können aber nur dann Darmträgheit verhindern, wenn gleichzeitig reichlich Flüssigkeit getrunken wird. Ballaststoffreiche Lebensmittel gehören zu einer abwechslungsreichen Kost.

Ballaststoffreiche Ernährung ist ein geeignetes und gesundes Mittel, den Körper zu »überlisten«: Das Hungergefühl wird unterdrückt.

> Die wünschenswerte Zufuhr an Ballaststoffen liegt bei mindestens 30 g pro Tag.

Diese Menge deckt nur eine Kost, bei der sehr viel Wert auf frisches Obst, rohes Gemüse und Vollkornprodukte gelegt wird.
Kohlenhydrate werden nur als Einfachzucker vom Körper aufgenommen. Einfachzucker in der Nahrung, z. B. Traubenzucker, spenden daher dem Körper sofort Energie, weil sie direkt ins Blut übergehen. Vielfachzucker müssen während der Verdauung erst in Einfachzucker aufgespalten werden. Sie liefern im Vergleich zu Traubenzucker über längere Zeit Energie.

### Ballaststoffgehalt verschiedener Lebensmittel

| Lebensmittel | Gesamtballaststoffe mg/100 g |
|---|---|
| **Getreideprodukte** | |
| Weizenkleie | 40,0–50,0 |
| Knäckebrot | 13,0–24,0 |
| Roggenvollkornbrot | 6,4– 8,2 |
| Vollkornnudeln | 6,0– 8,0 |
| Haferflocken | 7,0 |
| Weizenschrotbrot | 6,3– 7,1 |
| Hirse | 3,5– 8,0 |
| Mehrkornbrot | 5,6 |
| Roggenmischbrot mit | |
| Schrotanteilen | 4,9– 6,0 |
| Mehrkornbrot | 5,6 |
| Roggenmehlbrot | 4,3– 5,7 |
| Roggenmischbrot | 4,0– 5,6 |
| Weizenmischbrot | 3,4– 4,9 |
| Buchweizen | 3,0– 4,0 |
| Weizenbrötchen | 3,3– 3,7 |
| Weizenbrot | 2,9– 3,7 |
| Toastbrot | 3,1 |

| Lebensmittel | Gesamtballaststoffe mg/100 g |
|---|---|
| **Obst** | |
| Himbeeren | 3,8– 8,5 |
| Stachelbeeren | 4,4 |
| Johannis-   schwarz | 4,4 |
| beeren    rot | 3,6– 3,9 |
| Birnen | 2,4– 2,8 |
| Erdbeeren | 1,8– 2,7 |
| Äpfel | 1,9– 2,3 |
| Orangen | 1,9 |
| Ananas | 1,7 |
| Pfirsich | 1,4 |
| Banane | 1,3 |
| Kirsche | 1,0 |
| **Gemüse und Kartoffeln** | |
| Erbsen, frisch | 4,6 |
| Broccoli | 3,2 |
| Rettich | 2,7 |
| Rosenkohl | 2,3– 2,5 |
| Wirsing | 2,4 |
| Blumenkohl | 2,2– 2,4 |
| Rotkohl | 2,1– 2,6 |
| Porree | 1,5– 4,0 |
| Möhren | 1,5– 3,0 |
| Sauerkraut | 2,2 |
| Kartoffeln | 2,1– 2,2 |
| Weißkohl | 1,9– 2,3 |
| Rote Bete | 1,9 |
| Paprika | 1,4– 2,2 |
| Spinat | 1,7 |
| Zwiebeln | 1,7 |
| Kohlrabi | 1,6 |
| Tomaten | 0,9– 1,8 |
| Kopfsalat | 1,3 |
| Chinakohl | 0,9 |
| Gurken | 0,4– 1,0 |
| **Getrocknete Hülsenfrüchte** | |
| Kidneybohnen | 19,3 |
| Weiße Bohnen | 18,0 |
| Grüne Erbsen | 16,8 |
| Rote Bohnen | 14,2 |
| Gelbe Erbsen | 11,3 |
| Linsen | 11,2 |
| Kichererbsen | 10,2 |

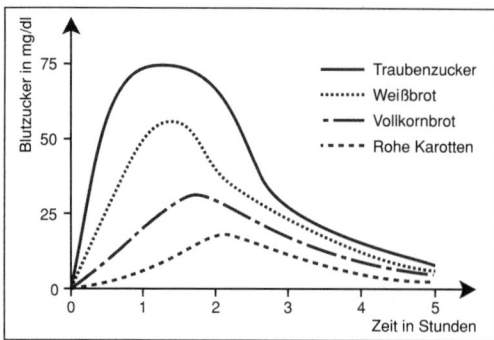

Blutzuckerspiegel nach verschiedenen Mahlzeiten

Ein gleichmäßiger *Blutzuckerspiegel* ist wichtig für gleichbleibende körperliche und geistige Leistungsfähigkeit. Er schwankt nicht so stark bei Zufuhr von Vielfachzuckern, weil diese nach und nach in Einfachzucker abgebaut werden; dagegen steigt er rasch an beim Verzehr von Lebensmitteln, die einen hohen Anteil an Einfachzuckern haben, z. B. Süßigkeiten. Bei erhöhtem Blutzuckerspiegel schüttet die Bauchspeicheldrüse das Hormon *Insulin* aus, das die Einfachzucker zur Leber führt. Die Leber speichert den nicht sofort benötigten Zucker. Allerdings ist dieser Speicher nicht sehr groß, er reicht für etwa einen Tag. Diabetiker müssen besonders auf einen gleichmäßigen Blutzuckerspiegel achten, weil bei dieser Krankheit zuwenig Insulin gebildet wird; der Körper kann große Mengen an Einfach- und Doppelzuckern nicht verarbeiten.

## Bedarf

Kohlenhydrate sollen etwa 50–65% der Gesamtenergie-Aufnahme decken, das entspricht etwa 5 g je kg Körpergewicht und Tag.

Da Kohlenhydrate nur in geringem Umfang gespeichert werden, müssen sie jeden Tag in der Ernährung enthalten sein. Überschüssig zugeführte Kohlenhydrate werden vom Körper in Fett umgewandelt und als solches gespeichert.

## Eigenschaften der Kohlenhydrate

Einfach- und Doppelzucker sind *wasserlöslich* und *ziehen Wasser an* (= hygroskopisch). Feucht gelagerter Zucker verklumpt deshalb.
Rohr- und Rübenzucker *schmilzt* bei trockener Erhitzung, färbt sich braun und schmeckt nicht mehr so süß, es entsteht Karamel.

Rübenzucker wirkt in hoher Konzentration keimhemmend. Diese Eigenschaft macht man sich bei der Marmeladenherstellung zunutze.
In Wasser gelöster Zucker kann zu Alkohol vergoren werden durch Hefen (während der Weinherstellung, beim Mosten).
*Stärke* ist roh nicht wasserlöslich. Beim Erhitzen in Wasser *verkleistert* sie bei Temperaturen von 60–70 °C. Bei trockener Erhitzung wird Stärke braun, bekommt dadurch einen besseren Geschmack, aber bindet nicht mehr so gut. Die Stärke wird dabei zu Dextrin abgebaut, was als Heilnahrung in der Säuglingsernährung gilt.
Stärke quillt in Flüssigkeiten, deshalb wird sie als Bindemittel von Soßen und Pudding verwendet.
Stärke klumpt nicht, wenn sie mit kalter Flüssigkeit angerührt und dann erst in die heiße Flüssigkeit eingerührt wird.
Stärke wird durch Kochen mit Säure, z. B. Obstsäure, zu Traubenzucker abgebaut. Mit Stärke gebundene Obstspeisen sollten daher nicht zu lange gekocht oder aufbewahrt werden, weil sie dann wieder flüssig werden.
Stärkehaltige Speisen, die beim Kochen die Form behalten sollten, z. B. Klöße, Nudeln, werden in kochende Flüssigkeit gegeben. Die Oberfläche verkleistert sofort und erhält dadurch die Form.
Bei breiigen Gerichten werden die stärkehaltigen Zutaten kalt zugesetzt, sie quellen dann besser.

## Kohlenhydratreiche Lebensmittel

▷ *Stärkehaltige Lebensmittel:* Getreide und Getreideerzeugnisse (Teigwaren, Reis, Mehl, Grieß, Brot, Grütze, Graupen). Kartoffeln, Hülsenfrüchte und Gemüse enthalten neben Stärke auch Cellulose.
▷ *Zuckerhaltige Lebensmittel:* Haushaltszucker, Süßigkeiten, Honig, Kuchen, Gebäck, süße Obstsorten.

# 3.4 Vitamine

## Aufgaben im Körper

Vitamine liefern dem Körper keine Energie, sind aber für den Ablauf aller Stoffwechselvorgänge unentbehrlich. Als Bestandteil vieler Enzyme und Hormone wirken die Vitamine bei der Regelung des Stoffwechsels, der Blutbildung, Knochenbildung, beim Sehvorgang mit. Eingeteilt werden sie in *fettlösliche* (Vitamin A, D, E, K) und *wasserlösliche* Vitamine (Vitamin C und B-Vitamine).

## Vitamine: Vorkommen und Folgen von Mangelerscheinungen

| Vitamin | Vorkommen | Mangelerscheinungen |
|---|---|---|
| **Wasserlösliche Vitamine** $B_1$ | Hefe, Getreidekeime, Vollkornreis, Eier, Vollkornprodukte, Schweinefleisch, Innereien, Pilze, Erbsen, Kartoffeln | Verminderte Leistungsfähigkeit, Lähmungen, Krämpfe, Muskelschwund, Herzversagen, Appetitmangel, Müdigkeit, Nervenstörungen, Gewichtsverlust |
| $B_2$ | Milch, Fleisch, Backwaren, Hefe, Milchprodukte, Nährmittel, Leber, Ei, Orangensaft | Einreißen der Mundwinkel, Wachstums- störungen, Blutarmut, Rötung und Schuppung der Haut um Augen, Lippen, Nase, brüchige Fingernägel, Entzündung der Zungenschleimhaut |
| $B_6$ | Fleisch, Fisch, Eigelb, Hefe, Walnüsse, Weizenkeime, Innereien, Haferflocken, Gemüse, Kartoffeln | Wachsstumsstörungen, Hauterkrankungen, Störungen im Nervensystem, Appetitlosigkeit |
| $B_{12}$ | Leber, alle tierischen Lebensmittel | Blutarmut, Nervenschädigung, Verdauungs- störungen, Schwellung der Zunge |
| Folsäure | Vollkornprodukte, Kartoffeln, Soja, Weizenkeime, Hefe, grüne Salate, Gemüse, Zitrusfrüchte, Leber | Blutarmut, Schleimhautveränderungen in Magen, Darm und Mund, Infektanfälligkeit, Hautkrankheiten, Fehlgeburten |
| Niacin | Gemüse, Hefe, Fleisch, Innereien, Kartoffeln, Getreideprodukte | Rötung der Haut, Störungen der Hautpigmentierung, Erbrechen, Durchfall, Störungen im Nervensystem |
| Pantothensäure | In allen Lebensmitteln | Mangel nicht zu beobachten |
| Biotin | In allen Lebensmitteln | Mangel nicht zu beobachten |
| C | Zitrusfrüchte, schwarze Johannisbeeren, Hagebutten, Paprika, Kartoffeln, Sauerkraut, Fleisch, Petersilie, Erdbeeren | Appetitlosigkeit, Infektanfälligkeit, Müdigkeit, Leistungsschwäche, Blutarmut, verzögerte Wundheilung |
| **Fettlösliche Vitamine** A | Leber, Eigelb, Butter, Margarine Möhren, grüne Gemüse, Petersilie (Vorstufe von Vitamin A) | Verhornen der Haut und Schleimhäute, Nachtblindheit, Geschwülste und Verhornungen von Gewebe, Austrocknen der Augenhornhaut, Wachstumsstörungen an Skelett und Zähnen |
| D | Fisch, Leber, Butter, Margarine, Eier Hefe, Pilze, Spinat (Vorstufe von Vitamin D) | (Rachitis), Knochenerweichung, Knorpelschwellung |
| E | Sonnenblumenkerne und -öl, Mais-, Weizenkeimöl | Nicht bekannt |
| K | In allen Lebensmitteln | Verzögerte Blutgerinnung, Mangel kaum bekannt |

## *Bedarf*

Vitamine kann der Körper nicht selbst bilden, sie müssen mit der Nahrung zugeführt werden. Bei zu niedriger Vitaminzufuhr kommt es zu Mangeler- scheinungen wie Müdigkeit, Konzentrations- schwäche, Leistungsabfall bis hin zu erhöhter Anfälligkeit für Infektionen. Die Versorgung mit Vitaminen ist in unserer Bevölkerung weitgehend gedeckt, nur bei manchen B-Vitaminen kommt es teilweise zu Unterversorgung. Ursache dafür dürfte sein, daß zu wenig Vollkorn- und Milchprodukte gegessen werden, die gute Vitamin-B-Lieferanten sind.

*Vitaminmangel* kommt am häufigsten vor bei Kindern, Jugendlichen und bei älteren Menschen, die sich sehr einseitig ernähren und wenig frisches Obst essen. Vitamine sind bereits in kleinen Mengen wirksam und werden als »fertige« Vitamine oder deren Vorstufen mit der Nahrung aufgenommen.

Der Bedarf an den einzelnen Vitaminen kann nicht genau festgelegt werden. Bei Schwangerschaft, Krankheit, in der Stillzeit oder bei schwerer körperlicher Arbeit ist der Bedarf erhöht. Am zuverlässigsten deckt man den Vitaminbedarf, wenn täglich frisches Obst, Gemüse, Vollkornprodukte und frische Kräuter auf dem Speiseplan stehen. Die fettlöslichen Vitamine sind in Eiern, Keimölen, Butter und Fisch enthalten.

Es ist »in Mode« gekommen, Vitaminpräparate einzunehmen; das ist ohne ärztliche Verordnung unnötig und kann sogar gefährlich sein.

## Eigenschaften der Vitamine

Hitze, Sauerstoff und Licht zerstören Vitamine. Vitaminreiche Lebensmittel sind daher dunkel und kühl zu lagern. Das Warmhalten von Speisen ist zu vermeiden. Es ist günstiger, die Speisen abkühlen zu lassen und dann erneut zu erhitzen.

Fettlösliche Vitamine können im Fettgewebe *gespeichert* werden. Wasserlösliche Vitamine sind auch speicherbar, allerdings in geringeren Mengen.

### ⏩ Praktische Hinweise ⏪

⇨ Frisches Obst und Gemüse möglichst nicht auf Vorrat kaufen oder ernten, sie verlieren bei längerer Lagerung viele wertvolle Vitamine. Blumenkohl z. B. enthält nach zweitägiger Lagerung in einer Speisekammer mit 20 °C Raumtemperatur bereits 25% weniger Vitamin C.

⇨ Gemüse und Obst erst kurz vor der Verwendung zerkleinern und waschen.

# 3.5 Mineralstoffe

## Aufgaben im Körper

Mineralstoffe sind lebensnotwendig. Sie sind Bausteine von Knochen und Zähnen, kommen im Blut und in der Schilddrüse vor. Außerdem unterstützen sie die Funktion der Enzyme und spielen eine wichtige Rolle bei der Erregbarkeit von Nervenzellen.

Je nach Menge im Körper unterscheidet man *Mengen-* und *Spurenelemente.*

| Mengenelemente | | Spurenelemente |
|---|---|---|
| Calcium ⎱ Magnesium ⎰ | in Knochen und Zähnen | Eisen – in Blut und Leber Fluor – in Zähnen Jod – in der Schilddrüse |
| Phosphor Natrium Kalium Chlor | in Körperflüssigkeiten | Selen |

Mineralstoffe werden im Körper weder gebildet noch im Stoffwechsel verbraucht. Mit Schweiß und Harn scheidet man jedoch Mineralsalze aus. Diese müssen dem Körper mit der Nahrung wieder zugeführt werden. Große Schweißverluste durch Schwerarbeit oder Sport bei großer Hitze müssen umgehend durch mineralstoffhaltige Getränke ausgeglichen werden, um Leistungsminderung oder Muskelkrämpfe zu vermeiden.

## Bedarf

Alle Mineralstoffe müssen mit der Nahrung aufgenommen werden, der Körper kann sie nicht bilden. Bei abwechslungsreicher Mischkost mit frischem Obst und Gemüse, Vollkornprodukten, Milch, Fisch und Fleisch ist der Mineralstoffbedarf normalerweise gedeckt.

Lediglich bei Eisen, Calcium und Jod kommen Mangelerscheinungen vor. *Jodmangel* tritt überwiegend in Süddeutschland auf, weil hier das Trinkwasser jodarm ist und wenig Seefisch gegessen wird. Jodarme Ernährung führt zu Kropfbildung und bei Kindern und Jugendlichen zu Entwicklungsstörungen.

### ⏩ Praktischer Hinweis ⏪

Bei jodarmem Wasser jodiertes Speisesalz verwenden.

## *Bedeutung der Mineralstoffe*

### Mineralstoffe: Vorkommen, Aufgaben und Mangelerscheinungen

| Mineralstoffe | Vorkommen | Aufgaben | Mangelerscheinungen |
|---|---|---|---|
| **Mengenelemente**<br>Calcium | Milch, Milchprodukte, Butter, Hartkäse, Eigelb, Nüsse, Lachs, Lebertran | Erregbarkeit der Nerven und Muskeln, Blutgerinnung, Baustein von Knochen und Zähnen | Krämpfe, Wachstumsstörungen, Knochenerweichung, Lähmungen |
| Phosphor | In allen Lebensmitteln | Baustein von Knochen und Zähnen, Bestandteil in Muskeln, Gehirn, Leber, Regulation vieler Stoffwechselvorgänge | Mangel nicht bekannt |
| Magnesium | In grünem Gemüse, Milch, Käse, Fisch, Haferflocken | Nervenerregung, Muskelerregung, Knochenbestandteil, aktiviert Enzyme | Kribbeln, Nervosität |
| Natrium | Kochsalz, salzhaltige Lebensmittel wie Käse, Wurst, Brot | Aktiviert Enzyme, reguliert den Wasserhaushalt | Selten, kann vorkommen bei starken Verlusten durch Erbrechen und Durchfall und führt dann zu Übelkeit und Müdigkeit |
| Kalium | In allen pflanzlichen Lebensmitteln | Aktiviert Enzyme, ist bei der Erregbarkeit der Muskeln und Nerven beteiligt | Selten, nur bei Durchfall oder einseitiger Abmagerungsdiät, führt dann zu Muskelschwäche, Blutdruckabfall und Herzmuskelstörungen |
| Chlor | Kochsalz, salzhaltige Lebensmittel | Bestandteil des Magensaftes, Regulation des Wasserhaushalts der Zellen | Selten, nur bei häufigem Erbrechen |
| **Spurenelemente**<br>Eisen | Fleisch, Schnittlauch, Leber, Eigelb, Hülsenfrüchte, Vollkornbrot | Bestandteil der roten Butkörperchen und von Enzymen | Blutarmut, Müdigkeit, Wachstumsstörungen, verringerte Widerstandskraft, Aufreißen der Mundwinkel |
| Jod | Jodiertes Speisesalz, Seefisch, Milch | Wichtig im Energiehaushalt, Bestandteil des Schilddrüsenhormons | Kropf<br>Mangel kommt vor allem vor in Gegenden mit geringem Jodgehalt des Trinkwassers |
| Fluor | Seefisch, Fleisch, Eier, Schwarztee | Bestandteil von Knochen und Zähnen, hemmt Zahnverfall | Anfälligkeit der Zähne gegen Karies<br>Ausreichende Versorgung ist vor allem bei Kindern wichtig, weil im Kindesalter das schützende Fluor in die Zähne eingelagert wird. |
| Zink | Innereien, Fleisch, Gemüse, Vollkornbrot, Fisch, Milch | Aktiviert Enzyme, reguliert das Geschmacksempfinden, wichtig für das Dämmerungssehen | Wachstumsstörungen, Hautveränderungen, Haarausfall, psychische Störungen |

*Eisenmangel* hat Blutarmut zur Folge. Junge Frauen sind häufig von Eisenmangel betroffen, aber auch viele ältere Menschen. Wer an Eisenmangel leidet, sollte bedenken, daß das Eisen aus tierischen Lebensmitteln besser verwertbar ist als aus pflanzlichen. Insgesamt wird die Verwertbarkeit erheblich gesteigert, wenn die Kost mit vitaminreichen Lebensmitteln, vor allem Vitamin C ergänzt wird.

*Calciummangel* tritt oft während der Schwangerschaft und Stillzeit sowie bei älteren Menschen auf. Folgen sind Knochenerweichung, Zahnausfall, Zahnerkrankungen und Muskelkrämpfe. Mangelhafte Versorgung mit Calcium wird vor allem bei Frauen während und nach den Wechseljahren beobachtet. Folge davon ist Knochenbrüchigkeit (Osteoporose). Da Vitamin D die Aufnahme von Calcium in den Knochen fördert, ist ausreichende Versorgung mit diesem Vitamin in Form von Fisch, Eiern, Butter, Margarine, Milch wichtig. Regelmäßige körperliche Aktivität wirkt der Knochenbrüchigkeit ebenfalls wirksam entgegen.

## 3.6 Wasser

Wasser ist im menschlichen Körper vor allem *Baustoff*. Der Mensch besteht etwa zur Hälfte aus Wasser. Wasser ist in jeder Zelle und in den Körperflüssigkeiten (Blut, Lymphe, Speichel) enthalten. Es dient als *Quellmittel* und bedingt zusammen mit den Mineralstoffen die Gewebespannung. Mit abnehmender Quellfähigkeit des Körpers im Alter nimmt auch die Gewebespannung ab, die Haut wird schlaff, es bilden sich Falten.

Wasser ist Voraussetzung für alle Stoffwechselvorgänge in seiner Eigenschaft als *Lösungs- und Transportmittel* im Körper. Eine wichtige Rolle spielt Wasser auch im *Wärmehaushalt* des Körpers. Beim Schwitzen gibt der Körper Wasser über die Haut ab. Das Wasser verdunstet und wirkt dadurch kühlend; Wärme wird nach außen abgeführt. Bei feuchtheißem Wetter kann es zu einem Hitzschlag kommen. Die Haut kann wenig Wärme durch Schwitzen abgeben, es kommt zu einem Hitzestau im Körper. Ohne Wasser kann der Mensch nur wenige Tage leben.

> Der tägliche Wasserbedarf eines Erwachsenen liegt bei etwa 2,5 Liter.

Knapp die Hälfte davon nimmt man über den Wassergehalt der Lebensmittel auf, der Rest sollte mit Getränken und Suppen zugeführt werden. Das Durstgefühl regelt die Wasseraufnahme. Ausgeschieden wird Wasser über Haut, Atmung, Niere und Darm.

Der Bedarf ist erhöht bei schwerer körperlicher Arbeit, bei Erbrechen und Durchfall, bei Fieberkrankheiten, bei sehr salzhaltiger Kost und in Gegenden mit heißem, trockenem Klima.

> Bei Kindern ist der Wasserbedarf pro kg Körpergewicht etwa dreimal so hoch wie beim Erwachsenen.

# 4 Was ist gesunde Ernährung?

Gesunde Ernährung führt dem Körper alle notwendigen Nährstoffe, Mineralstoffe und Vitamine in der Menge zu, die er braucht. Damit ist gesunde Ernährung der Grundstein für körperliches Wohlbefinden, Gesundheit und Leistungsfähigkeit.

Je nach Alter, Geschlecht und Tätigkeit braucht jeder Mensch eine andere Nahrungszusammenstellung.

**Nährstoffbedarf**

| Nährstoffe | Je kg Körpergewicht und Tag | % der Nahrung |
|---|---|---|
| Eiweiß | 0,8 g | 10–15 |
| Fett | 1 g | 25–35 |
| Kohlenhydrate | 5 g | 50–65 |

## 4.1 Gesunde Ernährung des Erwachsenen

Abweichungen von diesen Faustzahlen sind nicht lebensgefährlich, führen aber auf die Dauer zu Fehlernährung.

● Bevorzugen Sie Nahrungsfette mit hohem Anteil an ungesättigten Fettsäuren (Sonnenblumenöl, Keimöle). Unterschätzen Sie nicht die »versteckten Fette« in Wurst, Käse, Soßen.

● Wählen Sie fettarme Zubereitungsarten.

## Kochsalzgehalt verschiedener Lebensmittel

| Lebensmittel | Kochsalzgehalt in g/100 g |
|---|---|
| **Brot** | |
| Roggenbrötchen | 1,3 |
| Brötchen (Weiß-) | 1,2 |
| Knäckebrot (Roggen-, Weizen) | 1,0 |
| Mischbrot (Roggen-, Weizen) | 1,0 |
| Roggenschrot-, Roggenvollkornbrot | 1,0 |
| Weißbrot | 1,0 |
| Toastbrot | 0,8 |
| Weizenschrot-, Weizenvollkornbrot | 0,8 |
| Pumpernickel | 0,7 |
| Zwieback | 0,7 |
| **Fleischerzeugnisse** | |
| Schinken, roh | 6,3 |
| Bündner Fleisch | 5,3 |
| Speck, durchwachsen | 4,4 |
| Salami, Cervelatwurst | 3,2 |
| Knackwurst | 3,0 |
| Mettwurst, Streichmettwurst | 2,7 |
| Schwartenmagen | 2,7 |
| Kasseler | 2,4 |
| Schinken, gekocht | 2,3 |
| Wiener Würstchen | 2,3 |
| Corned Beef | 2,0 |
| Jagdwurst, Leberwurst, Schinkenwurst, Räucherspeck | 2,0 |
| Frankfurter Würstchen | 1,9 |
| Bockwurst, Geflügelleberwurst, Leberpastete | 1,7 |
| Bierschinken, Blutwurst | 1,6 |
| Fleischkäse, Mortadella | 1,5 |
| Bratwurst, Gelbwurst | 1,3 |
| Leberwurst, mager | 1,0 |
| **Fischerzeugnisse** | |
| Salzhering | 15,1 |
| Seelachs in Öl | 7,3 |
| Matjes | 6,3 |
| Bismarckhering | 2,6 |
| Rollmops | 2,3 |
| Schillerlocken | 1,7 |
| Brathering | 1,4 |
| Hering in Tomatensoße | 1,3 |

| Lebensmittel | Kochsalzgehalt in g/100 g |
|---|---|
| **Fischerzeugnisse** (Forts.): | |
| Ölsardinen | 1,3 |
| Aal, geräuchert | 1,2 |
| Forellenfilet, geräuchert | 1,2 |
| Thunfisch in Öl | 0,9 |
| Makrele, geräuchert | 0,7 |
| Bückling | 0,2 |
| **Käse** | |
| Edelpilzkäse | 3,7 |
| Harzer | 3,6 |
| Limburger | 3,1 |
| Schmelzkäse | 2,9 |
| Münsterkäse | 2,7 |
| Tilsiter | 2,3 |
| Camembert | 2,1 |
| Gouda | 2,1 |
| Chester | 1,7 |
| Edamer | 1,7 |
| Emmentaler | 1,1 |
| Doppelrahmfrischkäse | 0,7 |
| **Sauerkonserven** | |
| Salzgurken (Dillgurken) | 2,4 |
| Gewürzgurken | 1,2 |
| Mixed Pickles | 1,0 |
| Sauerkraut | 0,9 |
| Tomatenpaprika | 0,8 |
| **Verschiedenes** | |
| Oliven, schwarz | 8,2 |
| Oliven, gefüllt mit Paprika | 5,0 |
| Salzstangen, -brezeln | 4,5 |
| Senf | 3,3 |
| Tomatenkechup | 3,3 |
| Cornflakes | 2,3 |
| Salzmandeln | 2,0 |
| Kräcker | 2,0 |
| Kartoffelsticks | 1,5 |
| Tomatenmark, gesalzen | 1,5 |
| Mayonnaise, 80% Fett | 1,2 |
| Mayonnaise, 50% Fett | 1,1 |
| Kartoffelchips | 1,1 |

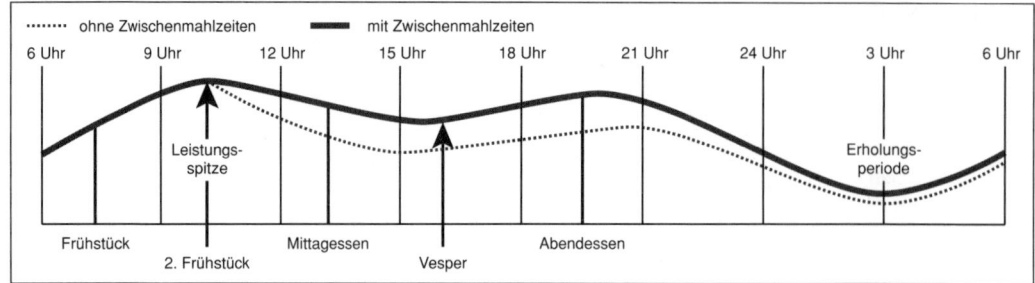

Zwischenmahlzeiten halten fit

● Meiden Sie Zucker und stark gezuckerte Lebensmittel und Getränke; Zucker liefert nur Energie, aber keine Vitamine und Mineralstoffe.
● Bringen Sie täglich Vollkornprodukte auf den Tisch.
● Ballaststoffreiche Lebensmittel sind unerläßlich für eine geregelte Verdauung.
● Schränken Sie die Kochsalzzufuhr ein. Der Bedarf an Kochsalz liegt bei etwa 5 Gramm pro Tag. Durchschnittlich werden 12–15 Gramm pro Tag aufgenommen! Kochsalz belastet den Kreislauf und kann Bluthochdruck begünstigen. Bevorzugen Sie zum Würzen Kräuter und Gewürze, Kochsalz ist nicht für alle Gerichte notwendig.
● Sie sollten Alkohol meiden. Er liefert nur »leere Kalorien« ohne wertvolle Nährstoffe und kann zu Alkoholismus führen.
● Sie sollten schonend kochen, damit die Nährstoffverluste möglichst gering sind.
● Nehmen Sie statt drei großer lieber fünf kleine Mahlzeiten ein.
● Achten Sie auf genügend Flüssigkeitszufuhr. 2–3 Liter braucht der Körper täglich. Davon entfallen normalerweise 1,5 Liter auf Getränke und Suppen, der Rest ist durch den Flüssigkeitsgehalt der Lebensmittel gedeckt.
● Bevorzugen Sie eiweißreiche, fettarme Lebensmittel, z. B. mageres Fleisch, Fisch, Milchprodukte.
● Bevorzugen Sie vitamin- und mineralstoffreiche Lebensmittel. Planen Sie Obst und Gemüse, Eier, Butter, Keimöle und Vollkornprodukte täglich im Speiseplan ein.

## 4.2 Gesunde Ernährung von Kindern und Jugendlichen

Für die geistige und körperliche Entwicklung von Kindern und Jugendlichen ist eine abwechslungsreiche Ernährung Grundvoraussetzung. Eiweißmangel kann die geistige Entwicklung beeinträchtigen. Überernährung und Fettleibigkeit ist häufig Ursache für psychische Störungen, weil Kinder von Altersgenossen gehänselt werden. Außerdem führt Fettleibigkeit bei Kindern oft zu Fuß- und Haltungsschäden.
Gesunde Ernährung ist nicht zuletzt deshalb wichtig, weil Kinder von klein auf lernen, sich richtig zu ernähren und vernünftig zu essen. Damit haben sie als Erwachsene weniger Eß- und Figurprobleme, können ihr Leben aktiver gestalten und leiden als ältere Menschen weniger unter ernährungsbedingten Krankheiten.
Da Kinder und Jugendliche ihre Körpersubstanz nicht nur erhalten, sondern auch aufbauen müssen, haben sie pro Kilogramm Körpergewicht einen höheren Bedarf an Nährstoffen als ein Erwachsener.
Der Bedarf an *Calcium* ist erhöht, weil das Skelett von Kindern und Jugendlichen noch wächst. Milch und Milchprodukte sind ideale Calciumlieferanten. Gleichzeitig liefert Milch wertvolles Eiweiß. Der hohe Eiweißbedarf sollte außerdem durch Fisch, Eier, Kartoffeln, Fleisch, Vollkornprodukte und Hülsenfrüchte gedeckt werden.
Bei der *Kohlenhydratversorgung* ist stets darauf zu achten, daß Kinder nicht zuviel Zucker und Süßigkeiten essen. Sie haben sonst bei den Mahlzeiten keinen Appetit. Außerdem fördert Zucker Karies und Zahnverfall. Zucker gehört zu den sogenannten »leeren« Energieträgern. Er liefert also nur Energie, aber keine wertvollen Nährstoffe. Bestens geeignet als Kohlenhydratlieferanten sind Obst, Gemüse und Vollkornprodukte.

Als geeignete *Fette* gelten in der Kinder-Ernährung Butter und Öle mit hohem Gehalt an mehrfach ungesättigten Fettsäuren, z. B. Sonnenblumenöl, Keimöle.

Auf ausreichende Zufuhr an *Vitaminen* ist großer Wert zu legen. Vitamin B 1 und B 2 sind in Schweinefleisch, Vollkornprodukten und Milch enthalten. Der Bedarf an den Vitaminen $B_6$, $B_{12}$, Folsäure und Niacin ist durch eine abwechslungsreiche Kost abgedeckt. Dagegen muß auf die Versorgung der Kinder mit *Vitamin C* gerade während der Wintermonate besonders geachtet werden. Durch mangelnde Vitamin-C-Versorgung besteht eine höhere Anfälligkeit für Infekte. Durch Orangensaft, viel Obst und Gemüse kann vorgebeugt werden. *Vitamin A* ist in Eigelb, Butter, Karotten und Petersilie enthalten und wird mit einer abwechslungsreichen Kost ausreichend zugeführt. *Vitamin E* ist in Speiseölen enthalten, Vitamin K kommt in praktisch allen Lebensmitteln vor. Damit ist die Versorgung der Kinder gesichert. Anders verhält es sich mit *Vitamin D*. Die Muttermilch enthält nicht genügend Vitamin D, das Säuglinge zum Aufbau des Skeletts reichlich brauchen. Deshalb empfehlen Kinderärzte, während der ersten Lebensjahre täglich Vitamin D in Form einer kleinen Tablette zu geben.

Bei den *Mineralstoffen* kommt es leicht zu einem Mangel an Eisen und Jod. Eisen ist enthalten in Fleisch, Leber, Eigelb, Vollkornprodukten, grünem Gemüse und frischen Kräutern. Jod findet sich in Seefisch und jodiertem Speisesalz.

Besonders hoch ist bei Kindern und Jugendlichen der *Flüssigkeitsbedarf*. Als Durstlöscher sind Mineralwasser, leicht gesüßter Früchtetee oder frisch gepreßte Säfte geeignet. Limonaden, manche Fruchtsaftgetränke (z. B. Nektar) ebenso Cola-Getränke enthalten viel Zucker, Milch gilt wegen ihres hohen Energiegehaltes als Lebensmittel. Sie ist für Kinder, die zu höherem Körpergewicht neigen, weniger als Durstlöscher geeignet.

Alkoholhaltige Speisen (Kuchenfüllungen, Nachspeisen) und Getränke sind für Kinder völlig abzulehnen. Zu schnell gewöhnen sich Kinder an den Geschmack von Alkohol.

Wichtig ist für Kinder und Jugendliche *regelmäßige Nahrungszufuhr*. Warme Mahlzeiten und kleine Zwischenmahlzeiten (Obst, Milchprodukte) vermindern die Gefahr des Naschens. Wichtigste Mahlzeiten sind das erste und zweite Frühstück. Sie werden von Müttern und Schülern häufig vernachlässigt. Das erste Frühstück ist der Start in den Tag. Es muß in Ruhe eingenommen werden. Das Pausenbrot ist unerläßlich, weil es die Leistungsfähigkeit während des langen Schultages erhält.

Häufig klagen Mütter, daß ihr Kind zuwenig ißt. Meist bekommen die Kinder dann alles zu essen, auch viele Süßigkeiten, nur damit sie »wenigstens etwas essen«. Das sollte auf jeden Fall vermieden werden. Kein Kind sollte man zum Essen zwingen, denn es besteht die Gefahr, daß man es zum »Fresser« erzieht, der sein Leben lang Gewichtsprobleme hat.

### Beispiele für beliebte Pausenverpflegung

▷ 1 Scheibe Vollkornbrot, dünn mit Butter bestrichen, 2 Scheiben gekochter Schinken
▷ 1 Scheibe Vollkornbrot, dünn mit Butter bestrichen, 1 Scheibe Hartkäse (keine scharfe oder stark riechende Sorte), darüber eine Lage Apfelscheiben
▷ 1 Scheibe Vollkornbrot, 3 Scheiben Wurst, darunter 1 Salatblatt
▷ 1 Scheibe Mischbrot, mit Leberwurst bestrichen, darüber eine Lage Gurkenscheiben
▷ 1 Scheibe Mehrkornbrot, mit Butter bestrichen und mit Radieschen-Scheiben belegt, darüber 1 EL feingeschnittener Schnittlauch
▷ 1 Sonnenblumen- oder Vollkornbrötchen mit je 1 Scheibe Salami und Hartkäse, frisch gehackte Petersilie

Dazu gibts jeweils ein Stück Obst (Apfel, Banane, Orange, Birne, Mandarinen) oder ein Stück rohes Gemüse (Möhre, Kohlrabi, Radieschen), sowie ein Getränk (Milch, Milchmischgetränk, Saft) oder einen Becher Joghurt.

## 4.3 Gesunde Ernährung während der Schwangerschaft und Stillzeit

»Für zwei essen« – das ist während der Schwangerschaft vollkommen falsch. Nicht die Menge, sondern die Qualität der Nahrung ist ausschlaggebend für eine werdende Mutter. Bei zu üppiger Kost kommt es zu Übergewicht, was zu Krampfadern, Ödemen und Bluthochdruck führen kann bis hin zu Komplikationen bei der Geburt. Fasten und falsche Ernährung dagegen führen zu Wachstumsstörungen beim Kind.

Ab dem 4. Schwangerschaftsmonat ist der Bedarf an Eiweiß erhöht auf 1,5 Gramm pro kg Körpergewicht und Tag. Zu achten ist auf hochwertiges Eiweiß, wie es in Milch, Milchprodukten, Fleisch, Fisch, Geflügel, und Eiern enthalten ist. Zu niedrige Eiweißzufuhr kann zu einer Fehlgeburt führen oder geistige Entwicklungsstörungen des Kindes hervorrufen.

Die Hälfte des Energiebedarfs sollten Schwangere mit Kohlenhydraten abdecken. Kartoffeln, Brot, Gemüse, Obst sind ideale Lieferanten. Zuckerhaltige Lebensmittel wie Torten und Schokolade sollten vermieden werden. Ballaststoffreiche Speisen gehören dagegen unbedingt auf den täglichen Speiseplan. Sie gewährleisten eine geregelte Verdauung. Blähende Speisen sind wenig empfehlenswert, denn sie beeinträchtigen das Wohlbefinden der Schwangeren.

Die Fettmenge sollte 35% der Nahrungsmenge nicht übersteigen. Öle mit hohem Gehalt an mehrfach ungesättigten Fettsäuren (Sonnenblumenöl, Maiskeimöl, Weizenkeimöl) sowie Butter sind für die Schwangeren-Ernährung gut geeignet.

Schwangere brauchen 2,5 Liter Flüssigkeit pro Tag. Treten Wassereinlagerungen ins Gewebe (Ödeme) auf, kann der Arzt die Flüssigkeitszufuhr beschränken. Mineralwasser, Tee, Obstsäfte sind geeignete Durstlöscher, Limonaden und süße Obstsäfte enthalten viel Zucker und sollten gemieden werden. Kaffee und schwarzen Tee sollten Schwangere nur mäßig trinken. Alkoholgenuß sollte ganz unterbleiben, ebenso das Rauchen.

Mit den Mineralstoffen Eisen, Jod und Calcium sind Schwangere häufig unterversorgt. Vorbeugen kann man mit Milch, Schnittlauch, Petersilie, Eigelb, Leber, Herz, Weizenkeimen, Seefisch, Fleisch. Ebenfalls erhöht ist der Bedarf an den Vitaminen A, D, C und K, sowie an den B-Vitaminen. Abwechslungsreiche Mischkost mit viel frischem Obst und Gemüse sichert am zuverlässigsten den Bedarf.

Während der Stillzeit ist der Nährstoffbedarf wesentlich höher als in der Schwangerschaft. Der Mehrbedarf hängt von der Milchproduktion ab und beträgt durchschnittlich knapp 4200 kJ (1000 kcal) pro Tag. Erhöht sind auch Eiweiß-, Calcium-, Eisen-, Jod- und Vitaminbedarf, sowie der Flüssigkeitsbedarf. Abwechslungsreiche Kost ist also auch nach der Geburt des Kindes sehr wichtig.

## 4.4 Gesunde Ernährung des älteren Menschen

Mit zunehmendem Alter sinkt der Energiebedarf des Organismus. Der Grundumsatz nimmt ab, außerdem haben ältere Menschen meist weniger körperliche Bewegung.

Die Ernährung des Älteren sollte *eiweißreich* sein. Lebensmittel mit biologisch hochwertigem Eiweiß sind daher unentbehrlich: Fleisch, Fisch, Geflügel, Eier, Milch, Milchprodukte. Dagegen ist auf eine *Senkung der Fett- und Kohlenhydratzufuhr* zu achten. Günstige Fette sind Keimöle und Butter. Fettreiche Lebensmittel wie fette Wurst- und Fleischarten, Cremes, Torten, fritierte Speisen kommen nur selten auf den Tisch.

Bei den Kohlenhydraten sollte die Zufuhr an *Zucker eingeschränkt* werden, weil dadurch die Bauchspeicheldrüse entlastet werden kann. Unentbehrlich sind dagegen *ballaststoffreiche* Lebensmittel, also Vollkornprodukte und frisches Gemüse, weil sie Darmträgheit vorbeugen.

Kritisch ist bei fast allen älteren Menschen die Versorgung mit *Flüssigkeit*, weil Ältere zuwenig trinken. Auch im Alter ist eine tägliche Trinkmenge von etwa 1,5 Liter unerläßlich.

Besondere Beachtung verdient bei Älteren die Versorgung mit *Calcium* durch Milch und Milchprodukte. Weil Milch aber im Alter häufig nicht mehr vertragen wird, sind gesäuerte Milchprodukte zu empfehlen (Joghurt, Dickmilch, Kefir). Sie sind leichter verdaulich.

Auf die Versorgung mit *Eisen* muß bei älteren Menschen besonderer Wert gelegt werden, denn damit kann der sogenannten Altersschwäche vorgebeugt werden. Eisenreiche Lebensmittel sind Fleisch, Vollkornprodukte, Weizenkeime, Paprika, frische Kräuter, Leber, Eigelb.

Die Vitaminversorgung sichert man am einfachsten durch täglichen Verzehr von frischem Obst und Gemüse, sowie Fleisch und Getreideerzeugnissen.

Wer für ältere Menschen kocht, sollte daran denken, daß sich im Alter das Geschmacksempfinden ändert. Die Empfindlichkeit für »salzig«, »sauer« und »bitter« nimmt zu. Deshalb ist sparsam mit Würzmitteln umzugehen. Auch der Geruchssinn läßt mit zunehmendem Alter nach. Schönes Anrichten und Abwechslung im Speiseplan sind wichtig, sonst bleibt der Appetit aus.

Die Lebensmittel sollten *schonend zubereitet* werden, damit die Nährstoffe möglichst vollwertig erhalten bleiben. Dünsten, Dämpfen und Grillen sind bevorzugte Garmachungsarten. Scharfes Anbraten oder Fritieren sind weniger geeignet, weil die Speisen durch die Röststoffe schwerer verdaulich sind. Wie bei jüngeren Menschen sollte die Nahrungszufuhr auf 5–6 kleinere Mahlzeiten über den ganzen Tag verteilt werden, das Essen ist dann bekömmlicher.

Richtige Ernährung im Alter ist häufig ein Problem. Man sollte daher nicht erst ab dem »Pensionsalter« die Ernährung umstellen, sondern sich im Laufe der Jahre schrittweise umerziehen.

# 5 Besondere Ernährungsformen

Zu den besonderen Ernährungsformen gehören z. B. Schnitzer-Diät. Hay'sche Trennkost, Makrobiotik. Diese Diäten propagieren die verstärkte Aufnahme bestimmter Lebensmittel und damit eine Verschiebung der Nährstoffverhältnisse. Sie sind nicht zu empfehlen, weil es zu Mangelerscheinungen durch einseitige Ernährung kommen kann.

Besondere Ernährungsformen sind Vollwerternährung, Vegetarismus und leichte Vollkost. Diese drei Formen haben Vorzüge, die eine Bereicherung für jeden Speiseplan darstellen können.

## 5.1 Vollwerternährung

Bei der Vollwerternährung gilt der Grundsatz, die Lebensmittel möglichst *naturbelassen* zu essen. Dabei wird großer Wert gelegt auf geringe Schadstoffgehalte und weitgehende Rückstandsfreiheit.

Als beste Qualität gelten in der Vollwerternährung unverarbeitetes Getreide und Getreidekeimlinge, frisches Obst und Gemüse, Frischmilch, Vollkornmehl, Nüsse, Samen, naturbelassene Fette und kaltgepreßte Öle.

Fleisch und Wurstwaren werden nur selten gegessen (nur Rind, Geflügel oder Lamm). Zucker, Weißmehl und konservierte Lebensmittel sind ebenfalls weitgehend aus dem Speiseplan gestrichen, ebenso Alkohol, Kaffee und Nikotin. Vollwertkost deckt den täglichen Nährstoff-, Vitamin- und Mineralstoffbedarf ideal und führt durch den hohen Ballaststoffgehalt nicht so schnell zu Übergewicht wie »Normalkost«.

## 5.2 Vegetarische Ernährung

Vegetarisch heißt pflanzlich. Die Anhänger dieser Ernährungsform teilen sich in die gemäßigten Ovo-lacto-Vegetarier, die Lacto-Vegetarier und die ganz strengen Vegetarier (Veganer).

Die *Ovo-lacto-Vegetarier* essen weder Fleisch noch Fisch, jedoch Eier (Ovo), Milch (lacto) und Milchprodukte. Viel Rohkost, wenig Alkohol kennzeichnen ebenfalls ihre Eßgewohnheiten.

*Lacto-Vegetarier* nehmen von den tierischen Lebensmitteln nur Milch und Milchprodukte zu sich. Eier werden abgelehnt.

*Strenge Vegetarier* (Veganer) lehnen alle Lebensmittel ab, die von Tieren stammen, also auch Milch, Eier, sogar Honig. Sie meiden Alkohol und essen viel Rohkost.

Pflanzliche Lebensmittel enthalten weniger Eiweiß als tierische. Deshalb ist ausreichende Eiweißversorgung nicht einfach. Diese gelingt durch geschicktes Kombinieren von Lebensmitteln, die Eiweiß mit hoher biologischer Wertigkeit enthalten. Soja und Sojaprodukte spielen daher in der Ernährung von Vegetariern eine große Rolle.

Abwechslungsreiche Ovo-lacto-Kost ist vollwertig und versorgt den Körper mit allen notwendigen Nährstoffen. Diese Kost hat den Vorteil, daß sie ballaststoffreich und energiearm ist.

Die Kost der Veganer führt häufig zu Mangelversorgung mit Vitamin $B_{12}$, Calcium, Eisen und Eiweiß. Strenger Vegetarismus eignet sich deshalb nicht für die bedarfsgerechte Ernährung von Schwangeren und während der Stillzeit sowie für Kinder.

Diese Kostformen haben Vorteile: Fettarm, kochsalzarm, ballaststoffreich. Oft wird die Ernährung der Veganer auch als besonders purinarm dargestellt. Dies trifft nur dann zu, wenn wenig Soja gegessen wird; Soja enthält sehr hohe Mengen an Purinen. Purine sind Abbauprodukte aus dem Stoffwechsel der Zellen, die zu Gicht führen können.

# 6 Ernährung bei verschiedenen Krankheiten

## 6.1 Ernährung bei Übergewicht

### Reduktionsdiät

Laut Ernährungsbericht der DGE (Deutsche Gesellschaft für Ernährung) ist in der Bundesrepublik Deutschland jeder Dritte übergewichtig. Kein Wunder, daß jeden Tag neue sensationelle Abmagerungskuren wie Pilze aus dem Boden schießen. Leider bleibt bei den meisten dieser vielversprechenden Diäten der Erfolg aus, außerdem gefährdet ein Großteil dieser Wunderkuren durch sehr einseitige Ernährung die Gesundheit.

Am sinnvollsten und wirksamsten nimmt man ab, wenn man den Körper langsam auf energieärmere Kost umstellt. Einige *Regeln* muß man dabei beachten:

● Bei jeder Mahlzeit etwas weniger essen, als man gewohnt ist.
● Fettreiche Lebensmittel vermeiden; Streichfett sparen, billigen Käse (Magerquark, Harzer Käse, Romadur) bevorzugen, sie enthalten wenig versteckte Fette. Nüsse, fette Wurst- und Käsesorten vermeiden, ebenso fette Soßen, Schokolade, fritierte Lebensmittel, Sahne, Mayonnaise.
● Zucker und zuckerhaltige Lebensmittel meiden, also Schokolade, Trockenfrüchte, Kuchen, Torten, Konfitüre, Honig.
● Alkohol meiden, er enthält nur Energie, aber keine wertvollen Nährstoffe.
● Ballaststoffreiche Lebensmittel bevorzugen, sie wirken sättigend, regen die Verdauung an.
● Eiweißreiche Lebensmittel wie magere Milchprodukte, mageres Fleisch, mageren Fisch häufig auf den Speiseplan setzen.
● Vitamin- und mineralstoffreich essen: Obst, Gemüse, Vollkornprodukte.
● Kochsalz sparen, mit Kräutern würzen.
● Reichlich trinken, aber energiearme Getränke wählen: Mineralwasser, ungesüßten Früchtetee.
● Fettarme Zubereitungsarten wählen: dämpfen, grillen, garen in Folie, kochen.
● Nebenbeschäftigung beim Essen vermeiden (lesen, fernsehen).
● Langsam essen und gut kauen.
● Speisen appetitlich anrichten und gut abschmecken; eine Diät, die gut schmeckt, hält man leichter und länger durch.
● Reste nicht aufessen, z. B. vom Teller der Kinder.
● 5–6 kleine Mahlzeiten am Tag einnehmen, dann kommt es nicht zu plötzlichen Heißhungeranfällen, bei denen man unkontrolliert ißt.
● Beim Frühstück kohlenhydratarm essen, dadurch wird der Kohlenhydratstoffwechsel gebremst und damit auch das Hungergefühl.

### Beispiel

für ein solches Frühstück: Ungesüßter Tee oder Kaffee, Milch, 1 Scheibe Vollkornbrot mit Kräuterquark oder 2 Scheiben Knäckebrot mit Butter, dazu ein weichgekochtes Ei
Eine andere Frühstücksvariante: Müsli aus Joghurt, frischem Obst und 1 EL eingeweichtem Getreide mit 1 EL Sonnenblumenkernen.

Bei der Entstehung von Übergewicht spielen nicht selten *psychische Probleme* eine Rolle (Kummerspeck). Eine Abmagerungsdiät wird nur dann ein Dauererfolg sein, wenn es gelingt, diese Probleme nicht über das Essen zu »verarbeiten«.
*Körperliche Bewegung* hilft beim Abbau von Pölsterchen, denn dabei wird Energie verbraucht und die Beschäftigung lenkt von Gedanken ans Essen ab. An diesem Punkt wird manche Landfrau denken, sie sei ohnehin den ganzen Tag auf den Beinen. Mag sein, aber trotzdem sollte sie sich Zeit nehmen für regelmäßige Gymnastik, die gezielt verschiedenste Muskelgruppen beansprucht. Dabei wird nicht nur Energie verbraucht, Gymnastik steigert besonders das körperliche Wohlbefinden. Vorschläge für Übungen siehe Seite 474.
Die Familienmitglieder sollten dem »Abnehmer« helfen, indem sie ihn immer wieder loben und ihn nicht »in Versuchung führen«.

## Nulldiät

Bei dieser Diät verzichtet man völlig auf das Essen; es wird jedoch Wert darauf gelegt, viel zu trinken, etwa 4,5 Liter pro Tag mit Mineralwasser oder ungesüßtem Tee.
Mit einer Nulldiät werden kurzfristig schnelle Gewichtsabnahmen erreicht, allerdings lernt der Betroffene dabei nicht »richtig zu essen«. Die üppigen Eßgewohnheiten werden nicht abgelegt. Dadurch besteht die Gefahr, daß nach der anstrengenden Kur das Gewicht stetig wieder ansteigt.
Eine längerdauernde Nulldiät belastet den Körper erheblich und darf deshalb nur unter ärztlicher Kontrolle durchgeführt werden (Todesfälle bekannt). Jedoch sind Fasttage, an denen viel getrunken wird, und das Weglassen einzelner Mahlzeiten durchaus geeignet, das Gewicht zu normalisieren.

## Modifiziertes Fasten

Dem Eiweißabbau, wie er als Folge einer radikalen Nulldiät auftritt, soll vorgebeugt werden. Täglich führt man dem Körper etwa 1000–1700 kJ (250–400 kcal) zu. Diese »Kost« besteht aus industriell hergestellten Gemischen aus hochwertigem Eiweiß, Mineralstoffen und Vitaminen. Modifiziertes Fasten sollte ebenfalls nur unter ärztlicher Aufsicht durchgeführt werden.

## Diäten mit extremer Nährstoffverteilung

Beispiele für diese Diäten sind Eierdiät, Kartoffeldiät, Atkins-Diät, Reis-Diät. Sie werden oft in Zeitschriften angepriesen. Ein bestimmter Nährstoff wird in besonders hohen Mengen zugeführt. Diese Diäten haben langfristig nur selten Erfolg, denn sie führen zu keiner Umstellung der falschen Eßgewohnheiten und belasten den Organismus. (Siehe Übersicht Seite 96/97.)

## Medikamentöse Kuren

Appetitzügler, Abführmittel oder Schilddrüsenhormone werden eingenommen, um das Hungergefühl zu unterdrücken, die Verdauung und Stoffwechseltätigkeit anzuregen. Die Gefahr bei diesen Medikamenten liegt darin, daß sich der Körper schnell daran gewöhnt und die Wirkung verloren geht. Auch bei dieser Methode ist der Langzeiterfolg nicht groß; denn der Übergewichtige lernt nicht, sich »richtig zu ernähren«. Im übrigen ist von medikamentösen Kuren auch wegen der Nebenwirkungen abzuraten.

## Energiereduzierte Lebensmittel, Füllstoffe, Quellmittel

Der »normalen« Nahrung werden unverdauliche Quell- und Füllstoffe zugegeben. Dadurch wird das Sättigungsgefühl größer, das Hungergefühl unterdrückt. Nachteil ist, daß falsche Eßgewohnheiten nicht verändert werden.

# 6.2 Ernährung bei Magersucht und Bulimie

Magersucht beginnt vorwiegend bei jungen Mädchen in der Pubertät und hat meist psychische Ursachen. Diese Krankheit wird häufig durch ein abnormes Schlankheitsideal unterstützt. Eine »Diät« wird wenig Erfolg haben, Magersucht muß von einem guten Arzt geheilt werden.
Bulimie, Stierhunger, Eßbrechsucht: Diese drei Begriffe beschreiben die gleiche Krankheit, die übrigens die häufigste Frauenkrankheit in der Bundesrepublik ist. Betroffen sind vor allem Frauen im Alter von 20–30 Jahren, die nach Heißhungeranfällen das Gegessene freiwillig erbrechen oder Abführmittel schlucken. Diese Krankheit ist nur zu beheben mit ärztlicher Hilfe und Beratung.

# 6.3 Ernährung bei Magenbeschwerden

Hier gelten die Regeln der *leichten Vollkost*. Spezielle Diäten bei Magenbeschwerden werden nicht mehr empfohlen.

## Leichte Vollkost

Leichte Vollkost, früher auch Schonkost genannt, ist eine Kostform, die nicht nur bei Krankheit zu empfehlen ist, sondern auch für Gesunde alle notwendigen Nährstoffe liefert, gut schmeckt und den Organismus wenig belastet. Leichte Vollkost ist generell zu empfehlen bei Bettlägerigen und alten Menschen. Auch in der Kinderernährung ist diese Kost ideal; sie ist bekömmlich und belastet die Verdauungsorgane wenig. Vom Arzt wird leichte Vollkost häufig verordnet nach schweren Infektionskrankheiten sowie bei Magen-Darmstörungen, z. B. Magenschleimhautentzündung.

Folgende *Regeln* kennzeichnen die leichte Vollkost:

- Alle Speisen aus dem Speiseplan streichen, die der Kranke erfahrungsgemäß nicht verträgt.
- Nicht zu kalt oder zu heiß essen.
- Keine sehr süßen Speisen essen.
- Scharfe Gewürze und scharf gewürzte Speisen meiden.
- Alkohol und Kaffee führen zu vermehrter Bildung von Magensäure und sollten daher vermieden werden.
- Nicht zu fettreich essen, dieses Essen liegt »schwer im Magen«.
- Blähende Kost vermeiden (Hülsenfrüchte, frisches Brot und Gebäck, Kohl, Zwiebeln, Knoblauch, Rettich, Paprikaschoten, Pflaumen).
- Schonende Zubereitungsarten wählen: kochen, dämpfen, dünsten.
- Scharfes Anbraten vermeiden, die Röststoffe sind schwer verdaulich.
- Kleine Mahlzeiten einnehmen.
- In Ruhe essen.
- Gründlich kauen, Speichel wirkt neutralisierend und fördert die Verdaulichkeit.
- Abwechslungsreich essen.

## Schlankheitsdiäten im Überblick

Zusammensetzung, Vor- und Nachteile einiger gebräuchlicher Diäten zur Gewichtsnormalisierung

| Name, Bezeichnung | Zusammensetzung | Angepriesene Eigenschaften | Kritische medizinische Bemerkungen | Bemerkungen |
|---|---|---|---|---|
| **Kohlenhydratreich** | | | | |
| Reis-Diät (Kempner) | Reis und Apfelmus (nach 4 Wochen Fleisch und Gemüse) | Entwässernd; rasche Gewichtsabnahme | Einseitig; Protein- und Vitaminmangel | Eintönig; für Schalttage geeignet |
| Schrotkur | Trockensemmeln, Reis und Grießbrei, Obst, Nüsse, Rohgemüse und Wein; Durst- und Hungertage, 300 bis 1000 kcal/Tag | Als Diätkur angepriesen; rascher Gewichtsverlust | Einseitig; Mineral- und Vitaminmangel; Alkohol (!) | Wirkt rasch überdrüssig; kurzdauernder Erfolg |
| Kartoffel-Diät | Kartoffeln, Gemüse, Obst, Magermilchprodukte | Gut verträglich; verdauungsfördernd (ballaststoffreich) | Einseitig | Für kurze Zeit praktikabel |
| **Eiweiß- und/oder fettreich** | | | | |
| Mayo-Diät | Viel Eier, mageres Fleisch, ausgewähltes Obst und Gemüse, wenig Fett | Umstimmung des Stoffwechsels; rasche Gewichtsabnahme | Einseitig; cholesterinreich | Wirkt rasch überdrüssig, »Mayo«: irreführender Name |
| Punkte-Diät | Fleisch, Fett, Käse; Alkohol gestattet | Umstimmung des Stoffwechsels; rasche Gewichtsabnahme »Schlemmerdiät« | Einseitig; cholesterinreich; übersäuernd; Vitaminmangel; Alkohol (!) | Riskant für Herz- und Gichtkranke |
| Atkins-Diät | Fleisch, Speck, Eier, Käse, Sahne | | | |
| **Mischkost (Kalorienreduziert)** | | | | |
| Brigitte-Diät | Ausgeglichen, 15% Eiweiß, 30% Fett, 55% Kohlenhydrate, 1000 bis 1500 kcal/Tag | Allmähliche Gewichtsreduktion | Empfehlenswert | Als Langzeitdiät geeignet |
| Weight Watchers | Fettarme, relativ eiweißreiche, vollwertige Mischkost, ca. 1200 kcal/Tag | Allmähliche Gewichtsreduktion | Empfehlenswert | Psychologische Stützung durch Gruppe |
| Formuladiäten | Nährstoffgemische mit konstanter Zusammensetzung, mit Obst und Gemüse kombinierbar, unter 1000 kcal/Tag | Unterschiedlich, je nach Marke; Gewichtsabnahme bis 2 kg wöchentlich | Keine Einwände | Eintönig und teuer; leicht anzuwenden; als Langzeitdiät geeignet |

Zusammensetzung, Vor- und Nachteile einiger gebräuchlicher Diäten zur Gewichtsnormalisierung

| Name, Bezeichnung | Zusammensetzung | Angepriesene Eigenschaften | Kritische medizinische Bemerkungen | Bemerkungen |
| --- | --- | --- | --- | --- |
| **Fastenkuren** Null-Diät | Nur kalorienfreie Getränke (Wasser, Tee), 0 kcal | Rasche Gewichtsabnahme | Eiweiß-, Mineralstoff- und Vitaminmangel | Ärztliche Überwachung! Nur kurzfristig durchführbar |
| Gemüsesaftfasten | Nur Frucht- und Gemüsesäfte, Mineralwasser und Tee, 100–300 kcal/Tag | Rasche Gewichtsabnahme | Eiweißmangel | Kurzfristig durchführbar; für Schalttage geeignet |
| Modifiziertes Fasten | Eiweiß und Kohlenhydrate, viel Flüssigkeit, 300 kcal/Tag | Rasche Gewichtsabnahme | Wenn nicht angereichert: Eiweiß-, Mineralstoff- und Vitaminmangel | Zur Einleitung einer länger-dauernden Abmagerungskur |
| »Schalttage« | Abwechslungsweise Obst-, Obstgemüse-, Quark-, Reis-, Milch- oder/und Kartoffeltage | Entschlackung, Entwässerung des Körpers | Unbedenklich, wenn an den anderen Tagen normale Kost gegessen wird | Gefahr, daß an den »Eßtagen« kompensiert wird |
| **Außenseiter-methoden** Haysche Trennkost | Ein Fünftel Brot, Käse, Fleisch, Eier; vier Fünftel, Gemüse, Salate und Früchte | Verspricht Heilung bei Krankheiten | Trennung von Eiweiß und Kohlenhydraten, ernährungswissenschaftlich unsinnig; nicht gesundheitsschädlich | Kohlenhydrate und Protein müssen getrennt gegessen werden |
| Makrobiotische Kost | Je nach Stufe, Getreide, Nüsse, Bohnen, Samen. Höchste Stufe: reine Getreide-(Vollkorn-)ernährung | Verspricht Gesundheit nach Yin-Yang-Prinzip; rascher Gewichtsverlust | Endstufen gesundheitsgefährdend | Lebensphilosophie |
| Ahornsirup, Zitronensaft, Grapefruitsaft, usw. | Fruchtsäfte, Gemüsesäfte, Tee und Honig | Umstellung des Stoffwechsels; Gewichtsreduktion | Einseitig; Eiweiß-, Vitaminmangel; ernährungsphysiologisch unhaltbar | Eintönig; verleidet rasch; kurzlebige Modewelle |

# 6.4 Ernährung bei Durchfall

Durchfall kann verschiedene Ursachen haben: akute Darmentzündung, Lebensmittelvergiftung, Diätfehler, Allergie, Virusinfektion.

Wichtig bei Durchfall ist reichliche Flüssigkeitsaufnahme in Form von ungesüßtem Tee. Gut vertragen werden Zwieback, Bananen, Haferschleim, Reis, Quark, Eier. Ansonsten gelten die Regeln der leichten Vollkost. Ein altes bewährtes Hausmittel gegen Durchfall ist geriebener Apfel, der mehrmals am Tage gegessen wird. Andere Lebensmittel werden nicht aufgenommen, reichlich trinken ist jedoch wichtig.

Wenn Kinder Durchfall haben, kann man nach Rücksprache mit dem Kinderarzt mit Salzgebäck und teelöffelweise Cola-Getränk helfen.

Durchfall läßt meistens nach 2–3 Tagen nach. Sollte er länger dauern, ist unbedingt der Arzt aufzusuchen. Dies gilt vor allem bei Kindern und älteren Menschen.

# 6.5 Ernährung bei Darmträgheit

Darmträgheit ist eine typische Zivilisationskrankheit. Durch die »moderne« Ernährung mit hochkalorischen Lebensmitteln, die kaum Ballaststoffe enthalten, und Bewegungsarmut wird Darmträgheit häufig hervorgerufen.

Schokolade, Rotwein, schwarzer Tee, Kakao, Heidelbeeren fördern die Darmträgheit. Ballaststoffreiche Lebensmittel, also Vollkornprodukte, rohes Obst, Gemüse, Salate, viel Flüssigkeit verhindern Darmträgheit. Hilfreich ist, morgens auf nüchternem Magen ein Glas lauwarmes Wasser oder über Nacht eingeweichte Trockenpflaumen zu essen. Buttermilch, Sauermilcherzeugnisse und Apfelsaft fördern ebenfalls die Verdauung.

# 6.6 Ernährung bei Diabetes

Diabetes, im Volksmund auch Zuckerkrankheit genannt, ist eine Stoffwechselkrankheit, bei der die Kohlenhydratverwertung gestört ist.

Normalerweise wird für die Kohlenhydratverwertung von der Bauchspeicheldrüse das Hormon *Insulin* ausgeschüttet, das die Aufnahme des Traubenzuckers aus dem Blut in die Zellen ermöglicht und damit für einen gleichmäßigen Blutzuckerspiegel sorgt. Beim Zuckerkranken wird zuwenig Insulin gebildet. Dadurch kommt es zu einer Anhäufung des Zuckers im Blut, wenn kohlenhydratreiche Lebensmittel gegessen werden. Zu hohe Blutzucker-Konzentration führt zu akuten Beschwerden, von starkem Durstgefühl, Sehstörungen bis hin zu Bewußtlosigkeit. Gefürchtete Spätschäden bei Diabetes können Erblindung, Gefäßerkrankungen, Herzinfarkt sein.

Die wichtigste Regel für den Zuckerkranken lautet daher, Kohlenhydrate in einer Form zu essen, die keinen rapiden Zuckeranstieg hervorrufen. Dazu gehört z. B. Stärke in Brot oder Gemüse. Stärke wird im Körper nur langsam zu Traubenzucker abgebaut. Verboten sind für Diabetiker Zucker und zuckerhaltige Speisen, weil Traubenzucker sofort ins Blut übergeht und den Blutzuckerspiegel sprunghaft erhöht.

Beim Diabetes gibt es zwei Formen: Typ I und Typ II. Typ I tritt akut auf bei meist jüngeren Menschen, auch Kindern. Ursache ist ein echter Insulinmangel, es wird zuwenig oder gar kein Insulin gebildet. Die Patienten sind auf Insulin-Spritzen angewiesen. Beim Typ II, auch *Altersdiabetes* genannt, handelt es sich meist um ältere, übergewichtige Patienten mit einem relativen Insulinmangel. Er wird durch eine Schwäche der Bauchspeicheldrüse hervorgerufen. Etwa 80% der Diabetiker gehören zum Typ II und könnten ihre Krankheit allein mit konsequenter Diät einstellen.

*Ernährungsregeln* für Diabetiker:

● Der Diabetiker sollte Übergewicht abbauen.
● Die tägliche Kohlenhydratmenge in der Nahrung wird vom Arzt genau festgelegt, angegeben in Broteinheiten (BE).
● Der tägliche Energiebedarf sollte auf 5–7 kleine Mahlzeiten verteilt werden, da nach kleinen Mahlzeiten der Blutzuckerspiegel nicht so hoch ansteigt. Besondere Bedeutung hat eine Spätmahlzeit am Abend, damit während der Nacht der Blutzuckerspiegel nicht so weit absinkt.
● Der Kohlenhydratbedarf wird mit Lebensmitteln gedeckt, die keine Einfach- und Doppelzucker, aber einen hohen Anteil an Vielfachzuckern enthalten (siehe auch Seite 82).
● Ballaststoffreich und fettarm essen!
● Ein Drittel der vom Arzt berechneten Kohlenhydrate sollten in Form von Obst und Gemüse gegessen werden.
● Zucker und zuckerhaltige Speisen und Getränke sind verboten: Eis, Honig, Süßigkeiten, Kuchen, Plätzchen, Marmelade.
● Milchzucker darf gegessen werden, er wird langsam gespalten, in größeren Mengen kann er Durchfall verursachen.

● Zuckeraustauschstoffe (siehe Seite 136) belasten den Kohlenhydratstoffwechsel nicht und können daher zum Süßen verwendet werden. Der Energiegehalt ist aber ähnlich dem des Zuckers und muß beachtet werden.

● Süßstoffe belasten den Blutzuckerspiegel ebenfalls nicht, sie haben keinen Nährwert und müssen nicht mitberechnet werden.

● Kohlenhydratarme Getränke sind zu wählen. Alkohol ist zu meiden, er liefert viele »leere« Kalorien.

● Rauchen ist verboten wegen der Gefahr von Blutgefäßschäden.

● Regelmäßige körperliche Betätigung ist wichtig.

# 6.7 Ernährung bei Gicht

Gicht ist eine typische Wohlstandskrankheit und betrifft hauptsächlich Männer. Sie wird hervorgerufen durch einen erhöhten Harnsäuregehalt im Blut. Harnsäure wird im Körper gebildet beim Abbau von Purinen. Purine sind in allen pflanzlichen und tierischen Lebensmitteln in unterschiedlicher Menge enthalten. Sie werden beim Stoffwechsel der Zellen gebildet.

Die typischen Gichtschmerzen werden dadurch verursacht, daß bei zu hoher Harnsäurekonzentration im Blut die Harnsäure in Form von Kristallen ausfällt und sich in den Gelenken ablagert. Folgende Regeln gelten für Gichtkranke:

● Purinreiche Lebensmittel sind einzuschränken: Hülsenfrüchte, Ölsardinen, Fleischbrühe. Innereien sind verboten. Fleisch enthält viele Purine. Es sollte selbst vom Gesunden nur 3–4 mal wöchentlich gegessen werden, vom Gichtkranken seltener.

● Alkohol ist zu meiden, er behindert die Harnsäure-Ausscheidung. »Genehmigt« wird täglich ein Glas Bier oder Wein.

● Fettarme Kost sollte bevorzugt werden.

● Reichliche Flüssigkeitszufuhr ist wichtig (etwa 2 Liter pro Tag), um die Harnsäure-Ausscheidung zu beschleunigen.

● Tee, Kaffee, Kakao sind erlaubt, entgegen früherer Verbote.

● Gichtkranke sollten das Normalgewicht anstreben.

● Der Gichtkranke soll nicht ausschweifend schlemmen und nicht fasten. Beim Schlemmen besteht die Gefahr, daß er zu viele purinreiche Lebensmittel genießt; beim Fasten werden vom Körper sehr viele Purine freigesetzt.

**Puringehalt verschiedener Lebensmittel**

| Lebensmittel | Purin-N in mg je 100 g |
|---|---|
| **Fleisch und Fleischwaren** | |
| Schweinefleisch, mittelfett | 39 |
| Schweinekotelett | 56 |
| Rindfleisch, mittelfett | 34 |
| Hackfleisch (halb und halb) | 44 |
| Kalbfleisch, mittelfett | 54 |
| Lammfleisch, mittelfett | 50 |
| Bries (Kalb) | 380 |
| Leber (Schwein) | 93 |
| Niere (Kalb) | 70 |
| Schinken, geräuchert roh | 21 |
| Schinken, gekocht | 44 |
| Speck, durchwachsen | 26 |
| Mettwurst (Braunschweiger Art) | 44 |
| Salami | 48 |
| Cervelatwurst | 51 |
| Bierschinken | 61 |
| Fleischwurst | 33 |
| Mortadella | 55 |
| Frankfurter Würstchen | 55 |
| Bratwurst | 53 |
| Leberwurst | 51 |
| Blutwurst | 35 |
| Corned beef, deutsch | 36 |
| Fleischbrühe | 58 |
| Reh | 32 |
| Suppenhuhn | 29 |
| Putenfleisch ohne Knochen | 55 |
| **Fische und Fischwaren** | |
| Forelle | 130 |
| Heilbutt | 40 |
| Hering (ganzer Fisch) | 61 |
| Kabeljau | 45 |
| Lachs in Dosen | 63 |
| Schellfisch | 77 |
| Bückling | 100 |
| Ölsardinen (nur feste Teile) | 230 |
| Fischstäbchen | 41 |
| Thunfisch in Öl | 83 |
| **Getreideerzeugnisse** | |
| Eierteigwaren | 26 |
| Haferflocken | 78 |
| Weizenmehl | 23 |
| Knäckebrot (Roggenbröd) | 46 |

## Puringehalt (Fortsetzung)

| Lebensmittel | Purin-N in mg je 100 g |
|---|---|
| **Getreideerzeugnisse** | |
| Toastbrot | 43 |
| Weißbrot | 30 |
| Weizenvollkornbrot | 35 |
| **Gemüse** | |
| Brokkoli | 20 |
| Lauch | 23 |
| Paprika | 23 |
| Rosenkohl | 25 |
| Spinat | 27 |
| Champignons | 37 |
| **Nüsse, Obst** | |
| Erdnuß | 31 |
| Banane | 24 |
| **Trockenobst** | |
| Pflaume | 27 |
| Rosinen | 45 |
| **Akoholhaltige Getränke** | |
| Rotwein, deutsche Lage | 0,4 |
| Vollbier, hell | 2,7 |
| Weißwein, deutsche Lage | 0,4 |

## 6.8 Ernährung bei Bluthochdruck

Etwa 15% der Erwachsenen haben zu hohen Blutdruck. Als Normalbereich gelten für den Erwachsenen Blutdruckwerte bei 140/90. Ab 160/95 beginnt der kontrollbedürftige Hochdruck.

Der Blutdruck ist nicht immer gleich hoch. Er wird unter anderem vom Herzrhythmus, Streß und Ernährung beeinflußt. Nur ein Arzt kann deshalb eindeutig feststellen, wann beim einzelnen Bluthochdruck vorliegt; das gilt insbesondere auch für ältere Menschen. Bluthockdruck ist ein bedeutender Risikofaktor für Arterienverkalkung (Atherosklerose), Angina pectoris und schließlich für den Herzinfarkt.

Für Hochdruck-Patienten lassen sich folgende Regeln aufstellen:

● Kochsalz sparen! Der durchschnittliche Verbrauch liegt viel höher als der tatsächliche Bedarf von 5 Gramm pro Tag! Diese 5 Gramm sind allein schon in den Lebensmitteln (Brot, Käse) enthalten, Salzen der Speisen ist also rein vom Kochsalzgehalt her gesehen völlig überflüssig. Durch Würzen mit Kräutern kann man auf kochsalzärmere Kost umstellen. Flüssige Würzen, Brühen, fertige Soßen und Marinaden enthalten viel Salz!

● Speisen sollten Sie nicht nachsalzen.

● Natriumarme Mineralwässer sind zu bevorzugen (auf dem Etikett angegeben).

● Kaliumreiche Kost (Soja, Grünkohl, Petersilie, Spinat, Aprikosen, Bananen, Rosinen, Kartoffeln) wird im Speiseplan bevorzugt.

● Übergewicht sollte abgebaut werden.

● Alkohol steigert den Blutdruck, daher wird er nur mäßig getrunken.

● Rauchen ist einzustellen, weil dadurch die Gefahr von Gefäßschäden steigt.

● Für geregelten Lebensablauf ist zu sorgen, Streß, Aufregung und Ärger sind zu meiden.

Bluthochdruck wird nicht grundlos als »Managerkrankheit« bezeichnet.

## 6.9 Ernährung bei zu hohem Cholesterinspiegel

Die wichtigste Maßnahme bei zu hohem Cholesterinspiegel besteht in einer Verringerung der Zufuhr tierischer Fette; es sind fettreiche Lebensmittel (siehe Seite 81) also zu meiden. Der Patient sollte auch auf die Art des Fettes achten: Pflanzliche Fette enthalten mehr ungesättigte Fettsäuren als tierische; ungesättigte Fettsäuren können den Cholesterinspiegel senken. Lebensmittel mit hohem Gehalt an Cholesterin sollten gemieden werden, dazu gehören vor allem Eier (Eigelb), Innereien, Schweinefleisch und alle tierischen Fette. Jeden Tag frisches Obst und Gemüse zu essen sowie auf ballaststoffreiche Kost (siehe Seite 83) zu achten, das gehört zu den Regeln einer cholesterinarmen Ernährung.

Nach neuesten Untersuchungen senkt Haferkleie den Cholesterinspiegel, in gleicher Weise wirken Haferflocken. Das heißt nun nicht, daß eine Portion Hafer täglich von allen Cholesterinproblemen befreit. Planen sie jedoch Haferflocken oder -kleie regelmäßig in den Speiseplan ein!

Nicht nur eine richtige Ernährung kann den Cholesteringehalt im Blut senken, wichtig sind auch viel Bewegung, Verzicht auf Nikotin und – wenn dies nicht der Fall ist – Erreichen des Normalgewichts.

# Lebensmittel

## 1 Pflanzliche Lebensmittel

### 1.1 Getreide

Getreide ist die älteste Nutzpflanze der Menschen und gehört zu den wichtigsten Kohlenhydratlieferanten in unserer Ernährung.
Trotz des Trends zu biologisch wertvoller Nahrung wird zuwenig das ganze Korn verzehrt. Aus dem Mehlkörper (Stärke) wird weißes Mehl gewonnen, die wertvollen Randschichten werden für Tierfutter verwendet.

#### Weizen

Weizen gilt als das wichtigste Brotgetreide. In den Randschichten des Weizenkorns ist der Gehalt an Eiweiß, Vitaminen und Mineralstoffen besonders hoch. Deshalb sind Weizen-Vollkornprodukte so wertvoll für die Ernährung.
Für die *Backfähigkeit* von Weizenmehl sind der *Klebergehalt* und die Kleberqualität ausschlaggebend. Kleber besteht aus verschiedenen Eiweißstoffen, die bei der Teigbereitung Wasser aufnehmen. Dadurch wird der Teig elastisch und bleibt beim Backen locker. Je höher der Klebergehalt eines Mehles ist, desto lockerer wird das Gebäck. Weizenkleber wird auch verwendet für die Eiweißanreicherung von diätetischem Brot, zur Herstellung von Speisewürzen (gekörnte Brühe, Brühwürfel) und Klebstoffen.
Weizen wird verarbeitet zu Mehl, Grieß, Brot, Gebäck, Teigwaren und Nährmitteln. Außerdem dient Weizen zur Herstellung von Stärke, Malzersatz, Kaffee-Ersatz und Branntwein.

#### Bulgur

Bulgur ist geschroteter und gekochter Weizen. Er wird auch *türkischer Reis* genannt, verwendet wird er als Brei.

#### Hafer

Besonderes Kennzeichen von Hafer ist der relativ hohe Fettgehalt. Außerdem enthält Hafer sehr hochwertiges Eiweiß und hat einen hohen Vitamin-$B_1$-Gehalt. Hafer enthält keinen Kleber und kann daher nur in Mehlmischungen zum Brotbakken verwendet werden.
Hafer ist leicht verdaulich und wirkt, zu Haferbrei verkocht, lindernd bei Magen-Darm-Erkrankungen. Er wird für Haferflocken, Hafermehl und Hafergrütze verwendet.

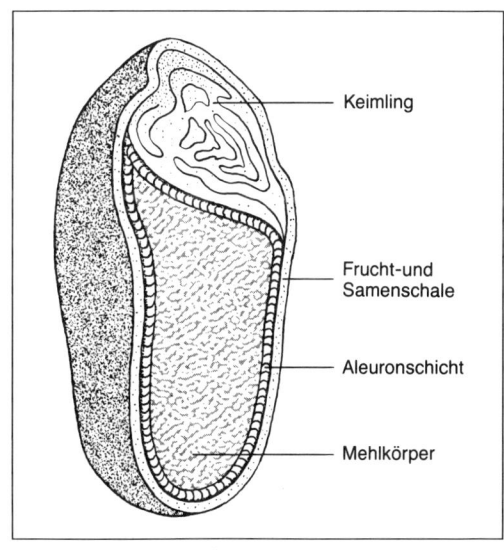

Querschnitt durch ein Getreidekorn

Keimling

Frucht- und Samenschale

Aleuronschicht

Mehlkörper

## Roggen

Roggen ist ebenfalls ein Brotgetreide. Er hat einen sehr hohen Mineralstoffgehalt. Roggen enthält wie Weizen Klebereiweiß. Allerdings verhält sich Roggenkleber beim Backen anders, er quillt nur unter Einfluß von Säure. Deshalb kann Roggenmehl nur mit Sauerteig zu Brot verarbeitet werden.

## Gerste

Gerste enthält zwar Eiweiß, jedoch kein Klebereiweiß und wird deswegen nicht zum Brotbacken verwendet. Brot oder Gebäck mit Gerstenmehl würde nicht »aufgehen«. Gerste kann jedoch für flache Brote anderen Mehlsorten zugesetzt werden.
Verwendet wird Gerste vorwiegend zum Brauen von Bier, zur Herstellung von Graupen, Gerstenmehl und Gerstenflocken. Gerstenprodukte eignen sich gut für kernig-würzige Suppen und Breie, die lindernde Wirkung bei Magen-Darm-Erkrankungen haben. Gerste ist auch Rohstoff für Malzkaffee. Dazu wird Gerste gemälzt, das heißt zum Keimen gebracht und anschließend wärmebehandelt. Dabei bilden sich Farb- und Geschmacksstoffe.

## Reis

Reis ist eiweiß- und fettarm, aber reich an Stärke. Er enthält Vitamin $B_1$ und $B_2$ sowie nennenswerte Mengen an Kalium. Reis wirkt entwässernd und ist leicht verdaulich. Deshalb wird er auch in der Krankenernährung eingesetzt.
Nach der Ernte wird Rohreis entspelzt. Das Reiskorn ist dann noch vom Silberhäutchen umgeben. In dieser Form wird Reis als Cargo- oder Braunreis auf dem Weltmarkt gehandelt.

### Reisangebot nach der Bearbeitung

▷ *Braunreis (Naturreis):* Ist der entspelzte Reis, der noch das Silberhäutchen und den Keimling enthält. Das Silberhäutchen enthält sehr viele Mineralstoffe und Vitamine, der Keimling verhältnismäßig viel Fett. Braunreis ist deshalb nicht lange haltbar.
▷ *Weißreis:* Ist geschälter, geschliffener und polierter Reis ohne Silberhäutchen und ohne Keimling. Aufgrund seines geringen Fettgehalts ist er lange lagerfähig. Allerdings gehen mit dem Entfernen von Silberhäutchen und Keimling wertvolle Inhaltsstoffe verloren.

Nach der Form unterscheidet man bei Braun- und Weißreis zwei Sorten:

▷ *Langkorn-* oder *Patnareis* (Tafel-, Brühreis): Ist hart und glasig. Er bleibt beim Kochen körnig und locker. Deshalb eignet er sich gut als Beilage, für Salate, als Suppeneinlage, für Reisrand, Risotto (Avorio-Reis), Fisch-, Eier- und Gemüsegerichte.
▷ Rundkornreis (Milchreis): Hat eine weiche, stumpfe Oberfläche. Er wird während des Garens weich und klebrig. Deswegen wird er für Reisbrei, Aufläufe und Puddings verwendet.

Rundkornreis ist billiger als Langkornreis.

### Reisangebot nach der Qualität

Die Qualitätsunterschiede ergeben sich aus den unterschiedlichen Bruchanteilen:

● Spitzenreis enthält maximal 5% Bruchanteil.
● Standardreis enthält maximal 15% Bruchanteil.
● Haushaltsreis enthält maximal 25% Bruchanteil.
● Vollreis: Alle Bruchanteile sind abgesiebt.
Die Bezeichnung »Vollreis« steht also nicht, wie oft angenommen, für besonders vitaminreichen Reis.

### Reisangebot nach der Aufbereitung

▷ *Parboiled Reis (Vollwertreis):* Vor dem Entfernen des Silberhäutchens wird der Reis mit Wasserdampf und Druck behandelt. Dabei »wandern« die Vitamine und Mineralstoffe aus dem Häutchen zum größten Teil in das Korn. Parboiled Reis ist also vitamin- und mineralstoffreicher als normaler Weißreis. Die typische gelbliche Färbung verschwindet während des Kochens. Parboiled Reis ist besonders kochfest, quillt sehr stark und ist ergiebig.
▷ *Schnellkochreis (Quick- und Minutenreis):* Ist ein geschliffener, vorgegarter und wieder getrockneter Weißreis. Er braucht nicht gekocht zu werden, sondern nur einige Minuten in heißem Wasser ziehen. Diese Zeit- und Energieeinsparung muß allerdings mit einem höheren Preis bezahlt werden.
▷ *Kochbeutelreis:* Ist meist Langkornreis, der genau abgewogen in Kunststoffbeuteln verpackt ist, die beim Garen nicht entfernt werden müssen. Dieser Reis läßt sich einfach handhaben. Kochbeutelreis ist teurer als loser Weißreis.

**Küchenpraxis**

▷ Reis quillt beim Kochen etwa um das Drei-fache seines Volumens auf. Durchschnitt-lich rechnet man 2½ Tassen Wasser pro Tasse Reis.

▷ Braunreis ist besonders körnig, quillt aber weniger stark auf als Weißreis und benötigt die doppelte Zeit zum Garen. Er schmeckt jedoch sehr würzig und enthält trotz der längeren Garzeit mehr Vitamine.

▷ Sie sollten den Reis »dünsten« statt »ko-chen«. Nach dem »Kochen« wird das über-schüssige Kochwasser abgegossen, damit gehen wertvolle Inhaltsstoffe verloren. Beim Dünsten wird nur so viel Flüssigkeit zugegeben, wie der Reis beim Quellen auf-nehmen kann; das Abgießen von Wasser entfällt.

▷ Reicht die Flüssigkeit nicht, ist das ein Zei-chen, daß zu viel verdampft ist, etwa durch einen schlecht schließenden Deckel, zu starke Wärmezufuhr oder zu häufiges Lüf-ten des Deckels.

▷ Nutzen Sie die Restwärme der Elektro-platte, indem Sie den Reis kräftig ankochen und ihn auf der abgeschalteten Platte mit geschlossenem Deckel ausquellen lassen.

### Wilder Reis

Wilder Reis ist eigentlich kein Reis. Es handelt sich vielmehr um die Samen eines Grases. Wilder Reis schmeckt nußartig und hat ein sehr intensives Aroma. Er wird als Beilage verwendet und ist sehr teuer.

## Mais

Der in der Bundesrepublik Deutschland erzeugte Mais wird als Futtergetreide verwendet, Gemüse-mais wird nur vereinzelt angebaut. In vielen Ent-wicklungsländern bildet Mais die Ernährungs-grundlage.

Bekannt sind bei uns die Maisprodukte Corn-flakes, Popcorn und Maisgrieß (Polenta). Mais wird auch zu Stärke oder Maismehl verarbeitet. Maiskeime liefern wertvolles Öl. Zum Brotbak-ken wird Maismehl oder -schrot nur in südlichen Ländern verwendet. Maisbrot schmeckt süßlich, ist bröselig und trocknet schnell aus.

Für Gemüsemais wird eine süß schmeckende Maisart, der Zuckermais verwendet. Die Kolben werden halbreif (milchreif) geerntet und frisch oder konserviert verkauft. Unreifer Mais wird in Essig eingelegt und als Bestandteil von »Mixed Pickles« angeboten.

## Hirse

Hirse gilt als die Getreideart, die vom Menschen am frühesten kultiviert wurde. Bei uns wird Hirse kaum mehr angebaut, die Haupterzeugung stammt aus den Entwicklungsländern. Dort dient Hirse zum Teil als Ernährungsgrundlage.

Mit anderen Mehlen gemischt ergibt Hirsemehl besonders knuspriges Brot. Hirse enthält sehr viel Stärke, deshalb wird daraus in geringen Mengen auch Alkohol gebrannt. Bei der Verarbeitung wird Hirse entspelzt und geschält. Die geschälten Hirsekörner werden zu Mehl, Grieß oder Flocken weiterverarbeitet. Zu kaufen gibt es Hirse als ganzes Korn oder in Form von Hirseflocken.

Hirse hat einen feinwürzigen Geschmack und kann gut als Beilage ähnlich wie Reis verwendet werden. Allerdings quillt sie viel mehr als Reis. Hirse wird auch für Suppen und Breie verwendet.

## Dinkel

Dinkel gehört botanisch zur Weizenfamilie und wurde früher sehr häufig angebaut. Seine Bedeu-tung nimmt seit einigen Jahren im Rahmen der Vollwerternährung wieder zu. Dinkel kann sehr umweltfreundlich angebaut werden, Beizen und Pflanzenschutzmittel sind nicht nötig, er braucht auch wenig Stickstoffdünger. Dinkel liefert sehr ei-weißreiches Mehl mit hohem Klebergehalt. Back-waren mit hohem Anteil an Dinkelmehl bleiben länger frisch als Gebäck aus reinem Weizenmehl.

### Grünkern

Grünkern ist unreifer Dinkel. Dinkel wird halb-reif geerntet und anschließend geröstet. Dadurch bekommt er das herzhafte, würzige Aroma. Zu kaufen gibt es Grünkern und Dinkel als ganzes Korn, Schrot, Grieß oder Mehl.

**Küchenpraxis**

▷ Aus Dinkelmehl lassen sich besonders ker-nige Spätzle (schwäbische Nudelspezialität) herstellen. Auch zum Kuchenbacken ist Dinkelmehl sehr gut geeignet; es zeichnet sich durch nußartigen Geschmack aus.

▷ Grünkernerzeugnisse sind feine Suppenein-lagen, lassen sich aber auch für Aufläufe und Bratlinge verwenden.

## Buchweizen

Buchweizen ist streng genommen kein Getreide, ist aber in seiner Zusammensetzung dem Getreide ähnlich und läßt sich auch so verarbeiten. Er wird nach der Ernte geschält. Zu kaufen gibt es ihn als ganzes Korn, Grütze, Flocken oder Mehl.
Buchweizen gibt den Gerichten einen kräftigen, nußartigen, leicht bitteren, aber angenehmen Geschmack. Ganze, geröstete Körner sind beliebt als Beilage, Grütze verwendet man für herzhafte Breie, Suppen und Aufläufe. Buchweizenmehl eignet sich gut zum Brotbacken in Mischung mit anderen Mehlen. Aus Buchweizenmehl werden die bekannten »Blinis« (Buchweizenpfannkuchen) zubereitet. Auch für Fladen und flache Kuchen kann Buchweizenmehl genommen werden.

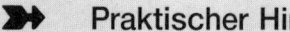 **Praktischer Hinweis**

Buchweizen sollten Sie vor der Verwendung heiß waschen. Dadurch entfernen Sie die äußere Schicht, deren Inhaltsstoffe Allergien auslösen können.

## 1.2 Getreideerzeugnisse

### Mehl und Schrot

Bei der Herstellung von Mehl werden die Getreidekörner zunächst gründlich gereinigt und dann in mehreren Arbeitsgängen zerkleinert und gemahlen.
Je nach *Feinheitsgrad* unterscheidet man

- Schrot (am gröbsten),
- Grieß,
- Dunst,
- Mehl (am feinsten).

Unabhängig von der Feinheit ist der *Ausmahlungsgrad*. Er gibt an, welcher Anteil des Getreidekorns im Mahlerzeugnis enthalten ist. Je höher der Ausmahlungsgrad ist, desto dunkler, eiweiß-, mineralstoff-, vitamin-, fett- und ballaststoffreicher ist das Mehl. Je niedriger der Ausmahlungsgrad ist, desto heller und stärkereicher ist das Mehl.
Der unterschiedliche Ausmahlungsgrad ist erkennbar an der Typenzahl des Mehles. Je höher die Typenzahl ist, desto höher ist der Ausmahlungsgrad.

### Mehltypen

| Weizen | Roggen |
|---|---|
| Type 405 (Auszugsmehl) | Type 610 |
| Type 550 | Type 815 |
| Type 630 | Type 997 |
| Type 812 | Type 1150 |
| Type 1050 | Type 1370 |
| Type 1200 | Type 1590 |
| Type 1600 | Type 1740 |
| Type 1700 (Backschrot) | Type 1800 |
| Type 2000 | |

Die Zahl gibt jeweils an, wieviel unverbrennbare Mineralstoffe (Asche) enthalten sind. Type 1800 bedeutet z.B., daß in 100 Gramm Backschrot etwa 1800 Milligramm Asche enthalten sind.
Keine Typenbezeichnung haben Vollkornmehl und -schrot. Ihr Ausmahlungsgrad beträgt 100%, das heißt, sämtliche Bestandteile des Korns (Keimling, Schale, Mehlkörper) sind enthalten.
Die *Farbe* des Mehles hängt vom Ausmahlungsgrad ab. Hohe Ausmahlung ergibt dunkles Mehl, niedrige Ausmahlung ergibt helles Mehl. Auch die Getreideart hat einen Einfluß auf die Mehlfarbe, so ist Roggenmehl beispielsweise dunkler als Weizenmehl.
Hinsichtlich des *Nährwertes* von Mehlerzeugnissen aus konventionellem (herkömmlichem) und alternativem Anbau besteht kein Unterschied.
Sehr gute *Backeigenschaften* haben niedrig ausgemahlene Mehle, z.B. Type 405. Mehle mit höherer Typenzahl können aber auch zum Backen verwendet werden, evtl. gemischt mit Type 405.

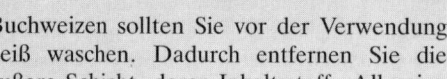 **Praktische Hinweise**

↳ Selbstgebackene Brötchen schmecken ausgezeichnet mit hoch ausgemahlenen Mehlen (z.B. Type 1050 oder Type 1600).
↳ Blätterteig gelingt mit Type 550 am besten.
↳ Für Biskuit hat sich Auszugsmehl (Type 405) bewährt.

### Einkauf

- Beim Einkauf von Mehl lohnen sich Preisvergleiche, denn teueres Mehl ist nicht immer besser als billiges. Gutes Mehl erkennen Sie daran, daß es locker und griffig ist und einen frischen, aromatischen Geruch hat. Es kann kühl, luftig und trocken etwa ein Jahr lang gelagert werden.

● Beim Kauf von *Vollkornmehl* muß unbedingt das Mindesthaltbarkeitsdatum beachtet werden, weil diese Mehle durch den Fettgehalt des Keimlings ranzig werden können. Frisch gemahlenes Vollkornmehl hält sich nur etwa zwei Wochen. Überlagertes Vollkornmehl schmeckt ranzig und bitter.

● *Instant-Mehl* wird durch Wärmebehandlung aus Weizenmehl hergestellt. Es läßt sich in kaltem Wasser anrühren, klumpt nicht, ist aber viel teurer als normales Mehl.

● In *Fertigmehlen* sind wichtige Backzutaten schon gemischt, z. B. Zucker, Backpulver, Milch-, Eipulver. Sie werden für Kuchen oder Kleingebäck verwendet. Fertigmehle bieten zwar Zeitersparnis, sind jedoch teuer.

● Getreide und Getreideprodukte sollten Sie in luftdurchlässigen Kartons oder Leinensäcken aufbewahren, nicht in Kunststoffbehältern.

### Getreide selber mahlen

Wer Getreide selber mahlen möchte, sollte dafür stets gereinigtes Getreide verwenden, aus dem gesundheitsschädliche Bestandteile, z. B. Mutterkorn, ausgesiebt sind. Mutterkorn kann in Weizen und Roggen vorkommen. Es tritt besonders häufig bei alternativ erzeugtem Getreide auf. Mutterkorn entsteht durch einen Pilz an der Getreideähre. Statt des eigentlichen Korns entwickelt sich ein Korn von dunkler Farbe. Es enthält giftige Stoffe, die zu Erbrechen, Durchfall bis hin zu schweren Vergiftungen und Herzkrämpfen führen können.

Mehl und Brot enthalten kaum Mutterkorn, lose gekauftes Getreide sollte jedoch sorgfältig aussortiert werden.

### Getreide selber ankeimen

Das Einweichen von Getreidekörnern bzw. -schrot erhöht die Verdaulichkeit und verkürzt die Garzeit. Jedoch sollte man zum Einweichen statt Wasser Sauermilcherzeugnisse verwenden und die Getreidekörner in den Kühlschrank stellen, weil dadurch die Keimvermehrung in Grenzen gehalten werden kann. Vor der Verwendung der Keimlinge sollten diese mit heißem Wasser überbraust werden. Schimmelige Getreidekeimlinge dürfen nicht verzehrt werden, sie sind gesundheitsschädlich.

Gekeimtes Getreide wird im Rahmen der Vollwerternährung vermehrt gegessen in Gemüse, Salat, als Brotbelag oder in Müsli.

## Nährmittel

Nährmittel sind Getreide- und Stärkeerzeugnisse, die nicht zur Herstellung von Brot und Backwaren verwendet werden. Zu den Nährmitteln zählen:

● Teigwaren,
● Grieß,
● Graupen,
● Grütze,
● Flocken,
● Stärke.

### Teigwaren

Teigwaren (Nudeln) werden aus Weizengrieß oder -mehl, Roggen- oder Weizenvollkornmehl und Wasser hergestellt. Die zusätzliche Verwendung von Eiern verbessert die Qualität. Nach der Teigbereitung werden die Teigwaren getrocknet.

Je nach Zutaten werden folgende Teigwaren angeboten:

▷ *Eifreie Teigwaren:* Enthalten keine Eier oder weniger Eier als für Eierteigwaren vorgeschrieben.

▷ *Eierteigwaren:* Auf 1 kg Mehl oder Grieß kommen mindestens 2,25 Eier von je 45 g Gewicht oder 2,25 Eidotter von je 16 g Gewicht.

▷ *Teigwaren mit hohem Eigehalt:* Auf 1 kg Mehl oder Grieß kommen mindestens 4 Eier oder Eidotter.

▷ *Frischei-Teigwaren:* Auf 1 kg Mehl kommen je nach Bezeichnung 2,25, 3 oder 4 Eier.

▷ *Hartgrieß-Teigwaren:* Sind nur aus Hartweizengrieß hergestellt, sie behalten beim Garen ihre Form sehr gut, schmecken kernig und würzig.

▷ *Grießteigwaren:* Sind hergestellt aus Weichweizengrieß oder Mischungen von Hart- und Weichweizengrieß, aber ohne Mehl. Sie behalten beim Garen ihre Form gut.

▷ *Mehlteigwaren:* Sind aus Weizenmehl oder Mischungen von Weizenmehl mit Hart- oder Weichweizengrieß hergestellt. Bei diesen Teigwaren muß die Kochzeit genau eingehalten werden, sonst werden sie klebrig und matschig. Selbstgemachte Nudeln verkleben besonders stark, wenn sie zu lange gekocht werden.

▷ *Teigwaren besonderer Art:* Sind Teigwaren mit besonderen Zusätzen, z. B. Gemüse, Lezithin, Klebereiweiß. Bekannte Beispiele sind grüne und rote Nudeln mit Spinat- bzw. Tomatenzusätzen.

## Küchenpraxis

▷ Teigwaren quellen beim Garen etwa auf das 2,5fache ihres Trockenvolumens auf. Sie werden trocken in reichlich sprudelnd kochendes Salzwasser gegeben, damit sie ihre Form gut behalten. Danach werden sie sofort umgerührt, damit sie nicht zusammenkleben.

▷ Die Garzeit von Teigwaren ist unterschiedlich je nach Dicke. Sie sollten aber nicht zu weich gekocht werden, sonst verlieren sie Form und Geschmack. Am besten schmecken Teigwaren, wenn sie noch »Biß« haben.

▷ Vollkornnudeln haben eine etwas längere Garzeit als »normale« Nudeln.

▷ Nudeln kochen nicht so leicht über, wenn Sie dem Kochwasser einen Schuß Speiseöl zugeben.

▷ Gegarte Nudeln werden abgegossen und kurz mit kaltem Wasser überbraust, damit sie nicht verkleben.

## Einkauf

● Gute Kochfestigkeit, reine Farbe und frischer, arteigener Geschmack und Geruch sind Merkmale guter Teigwaren. Damit der Verbraucher nicht irregeführt werden kann, ist es nicht erlaubt, Teigwaren in gelb-eingefärbtes durchsichtiges Material zu verpacken.

● Bei Teigwaren sind Preisvergleiche bares Geld. Da sie gut lagerfähig sind, lohnen sich günstige Großeinkäufe.

## Grieß

Grieß stammt fast ausschließlich von Weizen. Das Weizenkorn wird weniger fein zerkleinert als bei Mehl oder Dunst; Schalen- und Mehlteile werden abgetrennt. Im Handel sind feiner, mittlerer und grober Grieß erhältlich.

▷ *Hartweizengrieß:* Wird zwar beim Kochen weich und locker, bleibt aber insgesamt schnittfest und zeichnet sich durch einen herzhaftkernigen Geschmack aus. Er eignet sich zum Herstellen von Teigwaren, Knödeln, Suppeneinlagen und Nockerl, Aufläufen.

▷ *Weichweizengrieß:* Empfiehlt sich für Gerichte, die weicher gekocht und cremig sein sollen wie Breie, Suppen und Puddings.

▷ *Fertiggrieß:* Braucht nur kurz aufgekocht oder mit Flüssigkeit angerührt werden. Vermischt mit anderen pulverisierten Zutaten, z. B.

Milchpulver, Fruchtpulver oder Kakao, wird er auch als Fertigbrei angeboten.

▷ *Kindergrieß:* Ist feinkörnig und enthält oft Geschmackszutaten sowie Vitamin- und Mineralstoffzusätze.

▷ *Maisgrieß:* Ist gelb und gröber als Weizengrieß. Er ist die Hauptzutat für »Polenta«, einen steifen Maisbrei, der in Scheiben geschnitten und gebraten wird. Aus Maisgrieß werden viele Knabberartikel hergestellt. Unter hohem Druck und bei hoher Temperatur wird der Grieß zu einer einheitlichen Masse verarbeitet und durch Düsen gepreßt zu Ringen, Brezeln, Hütchen oder Figuren. Durch Besprühen mit Speiseöl oder Aromen entstehen dann z. B. Erdnußflips.

## Graupen

Graupen werden meist aus Gerste, selten aus Weizen hergestellt. Die Getreidekörner werden entspelzt, mehrmals geschliffen und poliert. Dabei werden die Frucht- und Samenschale fast vollständig entfernt, das Korn wird mehr und mehr abgerundet, es entstehen Graupen. Je kleiner die Graupen sind, desto höher ist der Preis. Besonders kleine rundgeschliffene Graupen werden als *feine Perlgraupen*, die größeren als *Perlgraupen* und grobe Graupen als *Rollgerste* bezeichnet.
Verwendet werden Graupen für Suppen und Süßspeisen und als Dickungsmittel, z. B. in Suppen. Sollen Graupen körnig bleiben, werden sie in die kochende Flüssigkeit eingerührt. Wenn sie breiig werden sollen, gibt man sie in kalte Flüssigkeit.

## Grütze

Grütze wird durch grobes Schroten von geschältem Getreide hergestellt, vor allem Hafer, Gerste, Grünkern, Buchweizen. Grütze gibt es in den Sorten fein, mittel und grob.
Aus Grütze werden Suppen und Breie zubereitet, man verwendet sie auch zum Andicken von Suppen. Hafergrütze ist Bestandteil der vor allem in Norddeutschland bekannten Grützwurst.

## Flocken

Flocken werden hergestellt aus Hafer, Mais und Gerste. Die ganzen Getreidekörner werden mit Dampf und Hitze behandelt und anschließend gequetscht. Aufgrund des Fettgehalts sind Flocken nur etwa ein halbes Jahr ohne Geschmacksveränderungen haltbar.

Haferflocken gibt es in verschiedenen Formen zu kaufen:

▷ *Großblattflocken:* Sind besonders kernig und grob, sie eignen sich daher sehr gut für Müsli.
▷ *Kleinblattflocken:* Sind zart und können gut verwendet werden für Gebäck und Aufläufe sowie zum Binden von Gemüsegerichten und Hackfleisch.
▷ *Instant-Flocken:* Sind hergestellt aus Hafervollkornmehl. Sie lösen sich in Flüssigkeiten sofort auf. Verwendet werden sie in der Sportlerernährung und als Säuglings-Flaschennahrung. Zartes Gebäck gelingt mit Instant-Flocken ebenfalls, auch als Bindemittel für Suppen und Soßen eignen sie sich.

Flocken aus Mais werden als *Corn-flakes* bezeichnet. Der Zusatz von Zucker und/oder Malzextrakt gibt ihnen die gelbbraune Farbe. Durch Rösten entsteht der typische Geschmack. Corn-flakes werden, gemischt in Müsli oder Milch, gerne zum Frühstück gegessen.

## Stärke

Man unterscheidet Reis-, Mais-, Weizen- und Kartoffelstärke. Stärke wird gewonnen durch Zerkleinern des Getreides bzw. der Kartoffeln und Auswaschen mit Wasser.
Stärke ist ein Kohlenhydrat und enthält weder Eiweiß, Fett, noch Vitamine oder Mineralstoffe. Sie ist geruchlos und ohne Eigengeschmack. In kaltem Wasser ist Stärke unlöslich, sie setzt sich ab. Sie quillt bei Temperaturen von 60–70 °C und wird deshalb zum Andicken von Suppen und Soßen verwendet. Im Vergleich zu Suppen, die mit Mehl angedickt wurden, sehen stärkeangedickte Suppen und Soßen »glasig« aus. Stärke wird auch für Gebäck, Flammeri und Cremes verwendet. Vorgefertigt gibt es Stärke als Pudding-, Soßen- oder Suppenpulver sowie als Tortenguß. Stärkemehl macht Gebäck sandig und feinporig. Es gibt auch Instant-Produkte, die nicht gekocht, sondern nur kalt angerührt werden müssen.
*Modifizierte Stärken* steht häufig auf der Zutatenliste von abgepackten Lebensmitteln. Dahinter verbirgt sich Stärke, die chemisch oder physikalisch aufbereitet wurde und dann z. B. in kalter Flüssigkeit quellfähig ist.
*Sago* ist ein Stärkeerzeugnis aus Kartoffeln. Echter Sago stammt aus dem stärkereichen Mark der Sagopalme. In der Küche werden beide Arten verwendet als Suppeneinlage und Bindemittel für Süßspeisen.

## Brot und Gebäck

Brot wird hergestellt aus Getreidemahlerzeugnissen wie Mehl und Schrot, Trinkwasser und Teiglockerungsmitteln. Es können zusätzlich in begrenzten Mengen andere Lebensmittel, z. B. Milch, Gewürze, Rosinen, Kleie usw. zugesetzt werden.
In der Bundesrepublik Deutschland werden rund 200 Brotsorten angeboten, die sich durch die verwendeten Rohstoffe, die Teigbereitung oder das Backverfahren unterscheiden.

### Spezialbrote
Von Spezialbroten spricht man bei:

● Verwendung besonderer Zutaten, z. B. Buttermilch;
● Verwendung von anderen Getreidearten als Weizen und Roggen, z. B. Mehrkornbrote. Es werden Mehle, Schrote oder Flocken von Mais, Gerste, Hafer zugesetzt;
● besonderer Teigführung, z. B. Simonsbrot. Die Getreidekörner werden gequollen, feucht gequetscht und mit Sauerteig oder Hefe zu einem Teig angesetzt. Loosbrot ist ein Vollkornbrot aus Roggen ohne Sauerteiggärung;
● Anwendung besonderer Backverfahren, z. B. Knäckebrot, Pumpernickel, Knusperbrot;
● nährwertverminderten Broten: Brote, die im Nährstoffgehalt und/oder Brennwert verändert sind. Diese Veränderung muß deutlich gekennzeichnet sein. Es gibt eiweißangereichertes, kohlenhydratvermindertes, ballaststoffangereichertes und brennwertvermindertes Brot;
● Diätbroten: Brote, die bei einer bestimmten Diät eingesetzt werden und normales Brot ergänzen oder ersetzen, z. B. kochsalzarmes, glutenfreies Brot, Diabetikerbrot;
● vitaminisierten Broten.

### Einkauf und Lagerung
● Der Verbraucher hat ein Recht darauf, nur frisches, also am Verkaufstag gebackenes Brot zu erhalten. Ist dies nicht der Fall, muß es deutlich gekennzeichnet werden.
● Verpacktes Schnittbrot darf Konservierungsstoffe enthalten. Die meisten Großbäckereien verzichten jedoch mittlerweile auf diese Zusätze, indem sie das fertige Brot nochmals erhitzen und dadurch Keime abtöten.
● Verpacktes Brot hält sich in der Originalverpackung am längsten. Unverpacktes Brot hält sich am besten in sauberen, trockenen Behältern, die gut schließen, aber luftdurchlässig sind

## Ausgewählte Brotsorten

| Brotsorten | Lagerfähigkeit | Besonderheiten |
|---|---|---|
| **Roggenanteile mindestens 90%**<br>Roggenbrot<br>Roggentoastbrot<br>Roggenschrotbrot<br>Roggen-Vollkornbrot | 7–9 Tage | Kerniger, aromatischer Geschmack; je höher der Roggenanteil, desto würziger |
| **Roggenanteile 50–89%**<br>Roggenmischbrot<br>Roggenschrotmischbrot<br>Roggen-Weizen-Vollkornbrot | 5–6 Tage | Sauerteig und zunehmend Hefeführung; je höher der Roggenanteil, desto länger lagerfähig |
| **Weizenanteile mindestens 90%**<br>Weißbrot<br>Weizentoastbrot<br>Grahambrot<br>Weizen-Vollkornbrot | 1–2 Tage, Brötchen (Semmeln) bis zu 1 Tag, Toastbrot 8 Tage | Milder Geschmack; verpacktem Toastbrot werden häufig Schimmelverhütungsmittel zugesetzt |
| **Weizenanteile 50–89%**<br>Weizenmischbrot<br>Weizenschrotmischbrot<br>Weizen-Roggen-Vollkornbrot | 3–5 Tage, je nach Roggenanteil | Sauerteig und zunehmend Hefeführung; je höher der Weizenanteil, desto milder |

wie Brotkasten oder Steinguttopf. Die Anschnittfläche des Brotes kann mit Wachspapier oder Klarsichtfolie vor dem Austrocknen geschützt werden.

● Im Kühlschrank sollte Brot nur ausnahmsweise gelagert werden, denn es wird bei niedrigen Temperaturen schneller altbacken. Verpacktes Toastbrot und Pumpernickel können im Kühlschrank aufbewahrt werden, weil diese Sorten ohnehin nicht schnell altbacken werden.

● Knäckebrot sollte trocken und getrennt von anderen Brotsorten gelagert werden, sonst nimmt es Feuchtigkeit auf und wird weich und zäh.

● Helle Brotsorten sind generell weniger lang haltbar als dunkle Sorten; Vollkornbrot hält sich lange frisch, Weizenbrot wird schnell altbacken, mit steigendem Roggenmehlanteil steigt die Haltbarkeit.

● Für längere Vorratshaltung von Brot ist Einfrieren gut geeignet. Dazu wird frisches Brot gut verpackt und schnell unter − 18 °C gefroren. So bleibt es mehrere Wochen lagerfähig. Energiesparend wird es ohne Verpackung bei Zimmertemperatur aufgetaut. Bei Zeitmangel kann es im Mikrowellengerät oder im Backofen aufgetaut werden.

## Feine Backwaren

Feine Backwaren enthalten außer Mehl, Wasser und Teiglockerungsmitteln verfeinernde Zutaten wie Butter, Eier und Zucker. Sie werden durch Rösten, Trocknen oder Backen hergestellt und in Feinbackwaren und Dauerbackwaren eingeteilt. Zu den Feinbackwaren gehören z. B. Baumkuchen, Bienenstich, Blätterteig, Florentiner, Stollen. Es sind genaue Qualitätsanforderungen festgelegt. so dürfen z. B. »extrafeine« Florentiner keine kakaohaltige Fettglasur als Überzug haben, sondern nur reine Schokolade.

Feinbackwaren sollten nur kurzfristig und unter der Tortenhaube oder in Folie aufbewahrt werden. Einfrieren verlängert die Haltbarkeit.

*Dauerbackwaren* werden in besonderer Weise gebacken oder getrocknet, z. B. Kekse, Kräcker, Salzstangen, Zwieback, Waffeln, Makronen. Trocken-rösche Dauerbackwaren sind in ungeöffneten Packungen meist etwa 1 Jahr haltbar. Geöffnete Packungen sollten Sie in gut schließenden Dosen oder Gläsern aufbewahren. Fettreiche Dauerbackwaren, z. B. Elisenlebkuchen, sind nicht für lange Lagerung geeignet. Mürbgebäck kann fettreich sein, es hält sich durchschnittlich ein halbes Jahr.

# 1.3 Gemüse und Pilze

**Ernährungsphysiologie**

Gemüse gehört zu den Lebensmitteln, die dem Körper wenig Energie, viel Wasser, Ballaststoffe, Vitamine und Mineralstoffe liefern. Gemüse enthält außerdem Aroma- und Würzstoffe, die die Verdauung fördern. Damit diese wertvollen Inhaltsstoffe nicht verloren gehen, sind richtiger Umgang, richtige Lagerung und Zubereitung wichtig.

**Einkauf**

Gemüse gibt es bei uns zu jeder Jahreszeit in reichhaltigem Angebot. Wer Gemüse zukauft oder generell kauft, bekommt die beste Qualität für verhältnismäßig günstige Preise, wenn das Saisonangebot ausgenutzt wird. So erhält man im August z. B. bessere und billigere Tomaten als im Februar. Preisvergleiche lohnen sich, Wochenmärkte und Kauf direkt beim Erzeuger sind meistens am günstigsten.

Beim Kauf ist auf Frische zu achten. Angewelktes Gemüse liefert mehr Abfälle bei der Zubereitung und hat schon viele seiner wertvollen Inhaltsstoffe verloren. Frische läßt sich daran erkennen, daß das Gemüse fest ist. Gurken müssen sich beispielsweise fest anfühlen, nicht gummiartig und weich. Gelbe Rüben sind nicht mehr frisch, wenn sie biegsam und zäh sind. Blätter dürfen nicht welk und vergilbt herabhängen. Alle Pflanzenteile müssen ihre natürliche Farbe aufweisen; Brokkoli darf nicht gelblich verfärbt, die Schnittstellen von Spargel dürfen nicht bräunlich und ausgetrocknet sein.

Gemüse kann nicht in stets gleichbleibender Qualität angeboten werden. Deshalb gibt es die Einteilung in *Güteklassen* (Handelsklassen). Damit hat der Käufer die Möglichkeit, die Ware nach Qualität und Preis zu vergleichen.

**Güteklassen für Gemüse**

| Extra | Höchste Qualität, fehlerlos |
|---|---|
| I | Gute Qualität, leichte Form-, Farb- und Entwicklungsfehler |
| II | Konsumware, kleine Fehler, Haltbarkeit und Genießbarkeit sind nicht wesentlich herabgesetzt |
| III | Für den Verzehr geeignet, aber fehlerhaft |

Die Einteilung in Güteklassen erfolgt nach Größe, Aussehen, Geruch, Geschmack und Gewicht, also nur nach äußeren Merkmalen. Handelsklassen sagen nichts aus über die wertgebenden Inhaltsstoffe an Vitaminen und Mineralstof-

---

**Küchenpraxis**

▷ Gemüse sollten Sie möglichst frisch verarbeiten. Lange Lagerzeiten führen zu erheblichen Vitaminverlusten.

▷ Gemüse wird im ganzen und gründlich gewaschen. So können Schadstoffe entfernt werden, die sich an der Oberfläche befinden, z. B. Blei.

▷ Gemüse sollten sie beim Putzen nicht in Wasser liegen lassen, denn große Vitaminverluste sind die Folge.

▷ Erst kurz vor der Verwendung wird Gemüse zerkleinert.

▷ Sie sollten Gemüse in möglichst wenig Wasser garen und das Kochwasser von nitratarmem Gemüse weiterverwenden. Dagegen sollten Sie das Kochwasser von nitratreichem Gemüse (siehe Seite 112) weggießen.

▷ Halten Sie Garzeiten ein und kochen Sie Gemüse nicht zu weich. Mit »Biß« schmeckt es besser und weniger Vitamine werden zerstört.

▷ Helle Gemüse (Blumenkohl, Sellerie) verfärben sich nicht, wenn dem Kochwasser etwas Zitronensaft oder Essig zugefügt wird.

▷ Gekochte Salate werden mit warmer Marinade angemacht und sollten genügend lange durchziehen.

▷ Für Rohkost sollten Sie Gemüse besonders sauber waschen und putzen, hartes Gemüse sehr fein schneiden.

▷ Wenn Sie Weißkohl oder Rotkohl nach dem Schneiden stampfen, wird es zarter und nimmt die Marinade besser an.

## Hauptangebotszeiten inländischer Gemüsearten im Freiland

| Gemüseart | April | Mai | Juni | Juli | Aug. | Sept. | Okt. | Nov. | Dez. | Jan. | Feb. | März |
|---|---|---|---|---|---|---|---|---|---|---|---|---|
| **Wurzelgemüse** | | | | | | | | | | | | |
| Gelbe Rüben (Möhren) | | | | ■ | ■ | ■ | ■ | ■ | ■ | | | |
| Sellerie | | | | | ■ | ■ | ■ | ■ | ■ | ■ | | |
| Meerrettich | | | | | | ■ | ■ | ■ | ■ | ■ | | |
| Rettich | | | | ■ | ■ | ■ | ■ | ■ | ■ | | | |
| Radieschen | | ■ | ■ | ■ | ■ | ■ | ■ | ■ | ■ | | | |
| Schwarzwurzeln | | | | | | | ■ | ■ | ■ | ■ | | |
| Rote Rüben (Rote Beete) | | | | | | | ■ | ■ | ■ | ■ | | |
| **Blattgemüse** | | | | | | | | | | | | |
| Kopfsalat | ■ | ■ | ■ | ■ | | | | | | | | |
| Endivien | | | | | | ■ | ■ | ■ | | | | |
| Feldsalat | ■ | ■ | | | | | | ■ | ■ | | ■ | ■ |
| Spinat | ■ | ■ | ■ | | | | ■ | ■ | | | | |
| Mangold | | ■ | ■ | ■ | ■ | ■ | ■ | | | | | |
| Gartenkresse | ■ | ■ | | | | | | | | | | |
| **Kohlgemüse** | | | | | | | | | | | | |
| Wirsing | | | | ■ | ■ | ■ | ■ | ■ | ■ | | | |
| Blumenkohl | | | ■ | ■ | ■ | ■ | ■ | | | | | |
| Brokkoli | | | ■ | ■ | ■ | ■ | ■ | ■ | | | | |
| Weißkraut | | | ■ | ■ | ■ | ■ | ■ | ■ | ■ | | | |
| Chinakohl | | | ■ | ■ | ■ | ■ | ■ | | | | | |
| Rosenkohl | | | | | | ■ | ■ | ■ | ■ | | | |
| Grünkohl | | | | | | | ■ | ■ | ■ | ■ | | |
| Rotkohl | | | | ■ | ■ | ■ | ■ | ■ | ■ | | | |
| **Stengel- und Sproßgemüse** | | | | | | | | | | | | |
| Kohlrabi | | ■ | ■ | ■ | ■ | ■ | ■ | ■ | | | | |
| Spargel | ■ | ■ | ■ | | | | | | | | | |
| Rhabarber | ■ | ■ | ■ | ■ | | | | | | | | |
| Chicorée | | | | | | | ■ | ■ | ■ | ■ | ■ | ■ |
| Bleichsellerie | | | | | | ■ | ■ | ■ | ■ | ■ | ■ | ■ |
| **Zwiebelgemüse** | | | | | | | | | | | | |
| Zwiebeln | | | | | | ■ | ■ | ■ | ■ | | | |
| Lauch (Porree) | | | | ■ | ■ | ■ | ■ | ■ | ■ | | | |
| Fenchel | ■ | ■ | | | | | | | | | | |
| **Fruchtgemüse** | | | | | | | | | | | | |
| Gurken | | | | ■ | ■ | ■ | ■ | ■ | | | | |
| Tomaten | | | | ■ | ■ | ■ | ■ | ■ | | | | |
| Kürbisse | | | | | ■ | ■ | ■ | ■ | | | | |
| Gemüsepaprika | | | | ■ | ■ | ■ | ■ | ■ | | | | |
| Zucchini | | | | ■ | ■ | ■ | ■ | ■ | | | | |
| Bohnen grün | | | ■ | ■ | ■ | ■ | ■ | | | | | |
| Erbsen | ■ | | ■ | ■ | ■ | | | | | | | |

Großes Angebot / weniger großes Angebot

Warenzeichen von Organisationen des alternativen Landbaus

fen, sondern nur etwas über die äußere Beschaffenheit wie Größe und Form. Die äußerlich schönsten Erzeugnisse sind jedoch nicht unbedingt die für die Ernährung wertvollsten.

Wer »biologisches« oder »naturgemäß erzeugtes« Gemüse kauft, sollte vorsichtig sein. Diese Begriffe sind nicht geschützt, jeder darf seine Produkte so auszeichnen. Wer sicher gehen will, sollte auf die Warenzeichen des alternativen Landbaus achten. Betriebe, die Produkte alternativ erzeugen, unterliegen strengen Kontrollen z. B. hinsichtlich Pflanzenschutz und Düngung.

## Lagerung
● Lagern Sie Gemüse kühl, dunkel und bei hoher Luftfeuchtigkeit. Am besten geeignet ist ein kühler Keller. Kleine Mengen können im Gemüsefach des Kühlschrankes bevorratet werden.
● Wurzelgemüse wie Sellerie, Gelbe Rüben, aber auch Lauch kann in Sand oder Erde im Keller eingeschlagen werden, es übersteht längere Lagerung sehr gut.
● Blattgemüse und Kräuter sind nur kurze Zeit lagerfähig. Salat wird in Zeitungspapier gewik-

kelt, Kräuter werden in ein feuchtes Tuch eingeschlagen oder in einem dichten Plastikbehälter verwahrt.
● Fruchtgemüse wie Zucchini und Gurken sind nur einige Tage im Kühlschrank haltbar.
● Gemüse und Obst sollten nicht zusammen gelagert werden. Sie beeinflussen sich gegenseitig negativ, die Lagerfähigkeit nimmt ab.
● Laub entzieht Möhren, Sellerie, Rettich, Radieschen, Kohlrabi usw. Feuchtigkeit beim Lagern. Deshalb wird es entfernt, wenn das Gemüse ein paar Tage im Kühlschrank liegt.
● Vor dem Einfrieren wird Gemüse blanchiert.
● Winterharte Gemüse wie Rosenkohl oder Grünkohl werden erst bei Bedarf geerntet.

## Lohnt sich ein Gemüsegarten?
Auch wenn oft davon gesprochen wird, daß ein eigener Garten nur viel Arbeit mache und Gemüse ohnehin billig zugekauft werden könne, noch dazu das ganze Jahr frisch, ziehen die meisten Bäuerinnen Gemüse und Obst selber heran. Es gibt viele Gründe, einen eigenen Gemüsegarten anzulegen:
● Gemüse kann frisch geerntet werden. Vitaminverluste, wie sie durch den Transport oder die Lagerung im Geschäft entstehen, brauchen Hobbygärtner nicht in Kauf zu nehmen.
● Gemüse kann so herangezogen werden, wie man es haben will, z. B. mit wenig Düngung oder Pflanzenschutz.
● Wer frisches Gemüse nur aus dem Garten holen muß, ißt erfahrungsgemäß auch mehr von dem gesunden Grün, was auf Dauer nicht ohne günstige Wirkung auf die Gesundheit bleibt.
● Gerade Kräuter verlieren bei längerer Lagerung schnell an Aroma und Geschmack, darüber hinaus sind sie auch verhältnismäßig teuer, wenn sie gekauft werden müssen.
● Wer einen eigenen Garten hat, hat Freude daran, wie die Kulturen heranwachsen und geerntet werden können. Gartenarbeit sehen viele Bäuerinnen nicht als Belastung an, sondern als Ausgleich zur täglichen Arbeit.

## Unerwünschte Stoffe im Gemüse

### Nitrat
Nitrat ist ein wichtiger Stoff im Stickstoffkreislauf der Natur. Zu hohe Mengen Nitrat in Lebensmitteln können gesundheitsschädlich sein, denn Nitrat wird durch Bakterien im Darm in das schädliche Nitrit umgewandelt. Nitrit behindert den

## Nitratgehalt verschiedener Gemüsearten

| Hoher Nitratgehalt 1000–4000 mg/kg Frischmasse | Mittlerer Nitratgehalt 500–1000 mg/kg Frischmasse | Niedriger Nitratgehalt 0 bis unter 600 mg/kg Frischmasse |
|---|---|---|
| Chinakohl | Auberginen | Grüne Bohnen |
| Eissalat | Blumenkohl | Chicorée |
| Endivien | Gelbe Rüben (Möhren) | Frische Erbsen |
| Feldsalat | Kohlrabi | Gurken |
| Fenchel | Sellerie | Kartoffeln |
| Grünkohl | Zucchini | Paprika |
| Kopfsalat | | Rosenkohl |
| Mangold (Stiel) | | Tomaten |
| Radieschen | | Zwiebeln |
| Rettich | | |
| Rote Bete | | |
| Spinat | | |
| Weißkohl | | |
| Wirsing | | |

Sauerstofftransport im Blut. Besonders gefährdet sind Säuglinge, sie bekommen Blausucht. Deshalb unterliegt die industriell hergestellte Säuglingsnahrung strengen Kontrollen und darf einen Höchstwert an Nitrat nicht überschreiten. Wenn Sie für Säuglingsnahrung Gemüse aus dem eigenen Garten verwenden, sollten Sie sparsam mit Stickstoff düngen, denn hohe Stickstoffgaben erhöhen den Nitratgehalt im Gemüse.

Nitrat ist außerdem bedenklich, weil aus Nitrit und Aminen (Eiweißstoffe) im Körper krebserregende Nitrosamine gebildet werden können.

### ▶▶ Praktische Hinweise ◀◀

↦ Gemüse, das mittags geerntet wird, enthält weniger Nitrat als morgens geerntetes Gemüse.

↦ Durch die Zubereitung kann der Nitratgehalt verringert werden, indem man die äußeren Blätter, große Blattrippen, Stengel und Strünke entfernt.

↦ Beim Kochen oder Blanchieren geht ebenfalls ein großer Teil des Nitrats verloren, er geht ins Kochwasser über. Das Kochwasser von nitratreichem Gemüse sollten Sie also nicht weiterverwenden.

↦ Nitratreiche Speisen, z. B. Spinat, sollten nicht aufgewärmt werden, weil sich während des Abkühlens Bakterien vermehren, die Nitrit bilden.

Nitrat reichert sich in den einzelnen Gemüsearten in ganz unterschiedlichen Mengen an. Gemüse aus Treibhausanbau hat höhere Nitratgehalte als Gemüse aus dem Freiland.

Der Verbraucher kann dem Nitrat also »aus dem Weg gehen«, indem er nitratreiche Gemüse nicht allzu häufig ißt und im eigenen Gemüsegarten sparsam mit Stickstoffdünger umgeht. Nitrat baut sich in der Pflanze im Laufe des Tages ab.

### Oxalsäure

Viele Gemüsearten haben von Natur aus einen hohen Oxalsäuregehalt. Dieser kann durch übermäßiges Düngen erhöht sein. Besonders reich an Oxalsäure sind Rhabarber, Spinat und Sauerampfer.

Oxalsäure bildet mit dem Knochenbaustein Calcium das schwer lösliche Calcium-Oxalat, blockiert also diesen wertvollen Mineralstoff.

Kleine Mengen Oxalat werden vom Körper ausgeschieden, die Aufnahme größerer Mengen kann zu Nierenschäden führen.

### ▶▶ Praktischer Hinweis ◀◀

Oxalsäure verändert das Milieu im Mund. Sie haben das Gefühl, Ihre Zähne seien rauh, wenn Sie Spinat oder Rhabarber gegessen haben.

## Solanin

In den unreifen bzw. grünen Teilen der Karfoffel ist das giftige Solanin enthalten. Es kommt vor allem in der Schale, aber auch in den Keimen vor. Besonders häufig findet man grüne Stellen bei Kartoffeln, die zu hell gelagert werden oder vor der Ernte nicht vollständig mit Erde bedeckt waren.

Beim Verzehr größerer Mengen solaninhaltiger Kartoffeln treten Vergiftungserscheinungen wie Mattigkeit, Kopf- und Leibschmerzen, Erbrechen und Durchfall, auf.

Erhitzen reicht nicht aus, um das Solanin unschädlich zu machen. Grüne Teile und Keime müssen großzügig entfernt werden. Grüne Kartoffeln sollten Sie reklamieren, der Händler muß sie umtauschen.

Grüne Tomaten und unreife Auberginen enthalten ebenfalls Solanin und dürfen deshalb weder gekocht noch roh gegessen werden.

## Schwefeldioxid

Schwefeldioxid ist einer der ältesten Konservierungsstoffe. Es hemmt das Wachstum von Bakterien, schützt die Lebensmittel vor Verderb und Verfärbung. Andererseits wirkt es nachweislich schädlich, indem es das Vitamin $B_1$ zerstört, Enzyme hemmt sowie Kopfschmerzen und Übelkeit verursachen kann. Um das gesundheitliche Risiko gering zu halten, regeln Rechtsvorschriften, welche Lebensmittel in welcher Menge geschwefelt werden dürfen. Um die Schwefelaufnahme so niedrig wie möglich zu halten, sind ungeschwefeltes Trockenobst und die Verarbeitung von frischer Ware vorzuziehen. Wenn geschwefeltes Trockenobst roh verzehrt wird, sollte es heiß gewaschen werden.

## *Wurzelgemüse*

### Gelbe Rüben (Möhren)

Gelbe Rüben enthalten viel Carotin = Provitamin A, die Vorstufe von Vitamin A. Dieses kann vom Körper nur verwertet werden, wenn gleichzeitig Fett aufgenommen wird (z. B. mit der Marinade oder Soße). Wegen ihrer leichten Verdaulichkeit eignen sich Gelbe Rüben sehr gut in der Krankenernährung. Sie sind sehr vielseitig verwendbar als Rohkost, gekochter Salat, Gemüse, für Eintöpfe, als Suppengemüse, frisch gepreßt als Saft.

Gelbe Rüben werden während des ganzen Jahres angeboten. Häufig sind sie in Beutel abgepackt.

Etwa ab Mitte Juni gibt es Möhren mit Laub aus Freilandanbau; sie sind besonders jung und zart und für den Frischverzehr gedacht.

▷ *Karotten:* Sind kleine, runde Möhren, die fast ausschließlich industriell verarbeitet werden.
▷ *Waschmöhren:* Werden hauptsächlich während der Sommermonate angeboten, sie schmecken verhältnismäßig wäßrig, aber sehr zart und süß, sie sind nicht lange lagerfähig.
▷ *Herbst- und Wintermöhren:* Sind gröber, fester und aromatischer. Sie eignen sich gut für längere Lagerung und zum Tiefgefrieren.

 **Praktischer Hinweis**

Roh geriebene Gelbe Rüben werden durch Luftsauerstoff sehr schnell braun. Das läßt sich vermeiden, indem man einige Spritzer Zitronensaft, Essig oder eine Messerspitze Vitamin C = Ascorbinsäure, die Sie in der Apotheke kaufen können, zugibt.

### Knollensellerie

Sellerie enthält viel Phosphor und Kalium, bekannt ist seine harntreibende Wirkung.

In der Küche wird sowohl die Knolle, als auch das Laub verwendet. Beide Pflanzenteile sind geschmackvolle Suppengemüse. Aus Sellerie können feine, rohe Salate (z. B. Waldorfsalat), gekochte Salate, gedämpfte oder panierte Beilagen hergestellt werden. Er kann tiefgefroren oder sterilisiert werden.

 **Praktischer Hinweis**

Zerkleinerter Sellerie verfärbt sich durch Luftsauerstoff grau. Das läßt sich vermeiden durch Zugabe von etwas Essig, Zitronensaft oder Ascorbinsäure = Vitamin C.

### Topinambur

Topinambur enthält Inulin, ein Kohlenhydrat, das aus Fruchtzucker besteht und beim Stoffwechsel kein Insulin verbraucht. Deshalb ist dieses Gemüse ideal in der Diabetikerernährung. Die mehrjährige Pflanze ähnelt äußerlich der Sonnenblume, gegessen werden die Wurzelstöcke.

Topinambur kann roh, gedünstet, gebacken oder gebraten gegessen werden. Als Beilage zu Wild und Geflügel, auch in Suppen und Mischsalaten wird es gereicht. Topinambur hat eine kurze Garzeit von 5–10 Minuten. Die Schale kann mitgegessen werden.

## Pastinake

Pastinaken enthalten ätherische Öle und schmecken leicht süßlich. Sie ähneln in der Form den Gelben Rüben, sind jedoch von gelblich-weißer Farbe. Sie enthalten mehr Vitamine und Mineralstoffe als Gelbe Rüben.

Verwendet werden Pastinaken gegart als Beilage zu Fleisch, als Gewürz in Suppen und Soßen oder roh in Salaten.

## Schwarzwurzeln

Schwarzwurzeln enthalten viel Eisen und Eiweiß. Wegen ihres hohen Gehalts an Schleimstoffen werden sie bei Magenkrankheiten gut vertragen. Sie sind leicht verdaulich und gut für die Diabetikerernährung. Geschmacklich sind sie dem Spargel ähnlich, jedoch intensiver im Aroma.

Schwarzwurzeln werden ausschließlich gegart gegessen. Man reicht sie als Beilage zu Fleisch oder bereitet sie als Auflauf zu.

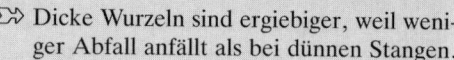

### ➤➤ Praktische Hinweise ◄◄

↪ Beim Schälen der rohen Wurzeln empfiehlt es sich, Handschuhe zu tragen, weil der Saft sehr stark färbt. Am einfachsten lassen sich Schwarzwurzeln nach dem Kochen schälen.

↪ Damit geschälte oder geschabte Schwarzwurzeln weiß bleiben, wird dem Kochwasser Zitronensaft oder Essig beigefügt. Zusätzlich etwas Zucker verstärkt den Geschmack dieses Gemüses.

↪ Beim Einkauf sollten Sie dicke und gerade Wurzeln bevorzugen. Sie lassen sich leichter schälen und werden gleichmäßig gar.

## Radieschen

Radieschen enthalten wie Rettich ätherische Öle. Sie schmecken ganz frisch am besten. Werden Radieschen nicht gleich nach der Ernte oder dem Einkauf gegessen, entfernt man das Laub, es entzieht den Radieschen die Feuchtigkeit und läßt sie schneller welken.

## Rettich

Rettich enthält ätherische Öle, wirkt harntreibend und fördert die Produktion von Gallensaft. Milder Rettich ist gut verträglich, scharfe Sorten verursachen bei empfindlichen Personen Magenschmerzen.

Rettiche werden meist in Scheiben geschnitten und gesalzen zu Butterbrot gegessen, aber auch

geraspelt oder gehobelt als Salat oder Gemüse zubereitet.

*Roter Rettich* ist meist schärfer als weißer. Sehr kräftig im Geschmack sind Freilandrettiche, Treibhausrettich ist besonders zart.

Äußerlich kann der Verbraucher die Qualität von Rettich nicht ohne weiteres erkennen. Große Rettiche haben meist weniger Geschmack und sind manchmal holzig.

## Meerrettich (Kren)

Meerrettich enthält ätherische Öle, die die Verdauung fördern. Frischer Meerrettich hat ein sehr intensives Aroma, das sich jedoch verflüchtigt, wenn er gerieben ist. Verwendet wird Meerrettich zum Würzen von Soßen, bekannt ist z. B. Meerrettichsoße zu gekochtem Rindfleisch, Meerrettichsahne zu Fisch. Auch als Zutat in Beizen wird Meerrettich gerne genommen.

### ➤➤ Praktische Hinweise ◄◄

↪ Dicke Wurzeln sind ergiebiger, weil weniger Abfall anfällt als bei dünnen Stangen.

↪ Braunwerden von geriebenem Meerrettich läßt sich vermeiden durch Zugabe von etwas Milch, Mehl, Zitronensaft oder Essig.

↪ Meerrettich sollten Sie nicht aufkochen lassen, weil das Aroma verloren geht.

### Rote Rüben (Rote Bete)

Rote Rüben enthalten B-Vitamine, Kalium, Phosphor und Schwefel. Blutreinigende Wirkung wird ihnen seit altersher nachgesagt. Sie werden hauptsächlich als gekochter Salat zubereitet, schmecken aber auch gemischt mit anderen Gemüsen gut als Rohkost.

### ➤➤ Praktische Hinweise ◄◄

↪ Zum Kochen sollten nur unbeschädigte Rüben verwendet werden, denn aus angeschlagenen Rüben tritt sehr viel Saft aus.

↪ Rote Rüben lassen sich nach dem Kochen leicht schälen, wenn sie kurz mit kaltem Wasser überbraust werden.

↪ Wer in der Küche auf Lebensmittelfarbe verzichten möchte, kann den Saft der Roten Rüben zum Färben verwenden, z. B. von Puderzuckerglasur oder Marzipan.

↪ Beim Einkauf sollten Sie darauf achten, daß die Rüben nicht angeschlagen sind.

## Blattgemüse

### Kopfsalat

Kopfsalat ist die bedeutendste Sorte der Salate. Er gehört jedoch zu den vitaminärmsten Gemüse-arten und sollte deshalb immer mit anderem Ge-müse kombiniert werden, z. B. als gemischter Sa-lat mit Möhren, Paprika oder Tomaten. Kopfsalat hat wenig Eigengeschmack und eignet sich sowohl für pikante als auch süßliche Marinaden.
Frischen Kopfsalat erkennt man am hellen, safti-gen Anschnitt des Strunks. Feste, geschlossene Köpfe sind besonders ergiebig.

### Bataviasalat

Bataviasalat hat einen intensiveren Geschmack als Kopfsalat, hat festere Blätter und hält sich länger frisch. Er eignet sich ebenfalls gut für Mi-schungen mit anderem Gemüse.

### Eichblattsalat

Eichblattsalat hat einen zarten, frischen Ge-schmack und verträgt sich gut in Mischungen mit anderen Salaten.

### Eissalat

Eissalat schmeckt herzhaft frisch. Geschätzt wird er besonders wegen seiner knackigen Blätter. Bei Eissalat fällt wenig Abfall an, er läßt sich leicht putzen.

### Endivien

Endivien wird als Sommer- oder Winterendivien angeboten. Sommerendivien ist gröber und grü-ner als gebleichter Winterendivien. Beide Sorten haben einen leicht bitteren Geschmack. Deshalb eignet sich Endivien zum Mischen abwechslungs-reicher Salate mit Äpfeln oder Orangen.

 **Praktischer Hinweis**

Endivien kann über längere Zeit im Keller gelagert werden, wenn er mit der Wurzel aus-gezogen wurde.

### Feldsalat

Feldsalat wird auch *Rapunzel-* oder *Ackersalat* genannt. Er enthält viel Eisen. Seine kräftigen Blätter haben einen feinwürzigen Geschmack. Feldsalat erfordert einen hohen Zeitaufwand beim Putzen, wenn er nicht sachgemäß geerntet wurde. Zubereitet wird er mit Joghurt-Dressing oder Essig-Öl-Marinade.

### Mangold

Mangold hat einen spinatähnlichen, kräftigen, leicht erdigen Geschmack. Er wird ausschließlich als gegartes Gemüse gegessen.
Außer *Blattmangold* gibt es *Stielmangold*, von dem nur die Stiele verwendet werden. Er wird ähnlich wie Spargel zubereitet.

### Spinat

Spinat enthält viel Eisen, jedoch liegt das Eisen im Spinat in einer Form vor, die vom menschlichen Körper nur schlecht verwertet werden kann. Spi-nat wird als Gemüse oder Suppe gegessen.

 **Praktischer Hinweis**

Spinat sollte nicht aufgewärmt oder lange warm gehalten werden, weil das enthaltene Nitrat in schädliches Nitrit umgewandelt wird.

### Radicchio

Radicchio ist ein roter Kopfsalat mit kräftigen Blättern. Er schmeckt leicht bitter und wird gern mit anderen Salaten oder Gemüse gemischt.

### Romanasalat

Romanasalat kommt auch unter der Bezeichnung *Römersalat* oder *Bindesalat* in den Handel. Die Blätter sind gekraust und verhältnismäßig dick. Im Geschmack ist Romanasalat etwas kräftiger als Kopfsalat. Romanasalat schmeckt besonders gut mit pikanter Marinade.

### Gartenkresse

Gartenkresse wird geschätzt wegen ihres hohen Vitamin-C-Gehaltes und ihres besonders würzi-gen Geschmacks. Sie wird verwendet zum Verfei-nern von rohen und gekochten Salaten, Kräuter-quark und Soßen.

## Kohlgemüse

### Wirsing

Wirsing enthält Vitamin A, $B_1$, $B_2$ und C sowie Kalium, Phosphor und Calcium. An der stark gewellten Oberfläche der Blätter können sich Schadstoffe aus der Luft ablagern. Deshalb ist gründliches Waschen vor dem Zubereiten beson-ders wichtig.
Wirsing ist ein Kohlgemüse mit zartem Ge-schmack und kurzer Garzeit. Zubereitet wird er als Gemüse und Suppe.

## Blumenkohl

Blumenkohl ist reich an Eisen, Kalium und Vitamin C. Er ist leicht verdaulich und eignet sich für Krankenkost. Weil der Strunk viel Nitrat enthält, sollte er vor der Zubereitung herausgeschnitten werden.

Zubereitet wird Blumenkohl als roher oder gekochter Salat, Suppe, Gemüse, Auflauf.

**➤➤ Praktische Hinweise ◄◄**

➤➤ Vor der Zubereitung werden die Röschen kurze Zeit in Essig- oder Salzwasser gelegt, um Raupen und andere Tierchen zu entfernen.

➤➤ Blumenkohl kocht weiß, wenn dem Kochwasser etwas Milch zugegeben wird.

➤➤ Röschen, die nicht rein weiß, sondern violett oder gelblich verfärbt sind, haben direkte Sonneneinstrahlung abbekommen. Normalerweise wird die Rose durch ein Blatt vor der Sonne geschützt. Farbveränderung ist ein reiner Schönheitsfehler, keine Geschmacksveränderung.

## Brokkoli

Brokkoli ist dem Blumenkohl ähnlich, jedoch grün und von intensiverem Geschmack. Brokkoli enthält erheblich mehr Vitamine und Mineralstoffe als Blumenkohl. Zubereitet wird Brokkoli als Gemüse, Suppe oder Auflauf.

**➤➤ Praktische Hinweise ◄◄**

➤➤ Wie Blumenkohl sollte man auch Brokkoli kurze Zeit in Essig- oder Salzwasser legen.

➤➤ Die Röschen von Brokkoli garen gleichmäßig, wenn der Strunk kreuzweise eingeschnitten wird.

## Weißkohl (Weißkraut)

Weißkraut ist ein sehr preiswertes und vielseitiges Gemüse. Es wird als Salat, Gemüse oder Suppe zubereitet.

**➤➤ Praktische Hinweise ◄◄**

➤➤ Der strenge Geruch von Kohl kann vermindert werden, wenn Sie dem Kochwasser etwas Zucker beigeben.

➤➤ Die blähende Wirkung von Kohl wird verringert durch Würzen mit Kümmel.

## Chinakohl

Chinakohl ist eines der wenigen Kohlgemüse, das nicht bläht. Er hat einen zarten, feinen Geschmack und besonders knackige Blattrippen. Zubereitet wird er hauptsächlich als Salat, manchmal gemischt mit Obst (Mandarinen, Orangen, Grapefruits), aber auch als gegartes Gemüse ist er beliebt.

**➤➤ Praktischer Hinweis ◄◄**

Beim Einkauf darauf achten, daß die Köpfe geschlossen und die Blattrippen durchsichtig weiß sind. Braune oder schwarze Blattrippen deuten darauf hin, daß der Chinakohl bereits gefroren war.

## Rosenkohl

Rosenkohl ist reich an Kalium, Phosphor, Eisen, Vitamin A, $B_1$, $B_2$ und C. Er enthält zudem viel Eiweiß. Rosenkohl schmeckt leicht bitter. Wenn er eine Frostnacht im Freiland hinter sich hat, wird er süßlicher, zarter und leichter verdaulich.

Frischer Rosenkohl hat feste, geschlossene Röschen. Vom Strunk abgetrennte Röschen halten sich nur wenige Tage, sie werden schnell gelb und schmecken dumpf.

**➤➤ Praktische Hinweise ◄◄**

➤➤ Rosenkohl gart gleichmäßig, wenn die Unterseite der Röschen kreuzweise eingeschnitten wird.

➤➤ Den strengen Geruch können Sie mildern, wenn Sie dem Kochwasser etwas Zucker zugeben.

Rosenkohlröschen kreuzweise einschneiden

### Grünkohl

Grünkohl enthält sehr viel Eisen. Er schmeckt am besten, wenn er bereits einmal gefroren war, denn dadurch verliert er Bitterstoffe. Grünkohl muß wegen seiner stark gekräuselten Blätter sehr gründlich gewaschen werden, damit abgelagerte Schadstoffe aus der Luft entfernt werden.

Zubereitet wird Grünkohl als Gemüse mit herzhafter Einlage (geräucherte Würste, Kasseler, Pökelfleisch). In Norddeutschland wird aus Grünkohl das traditionelle Gericht »Grünkohl und Pinkel« zubereitet.

### Rotkohl (Blaukraut)

Rotkohl gilt als typisches Wintergemüse. Es zählt zu den klassischen Beilagen zu gebratenem Wild und Geflügel. Auch als roher Salat wird Rotkohl geschätzt.

> ➤➤   **Praktischer Hinweis**   ◀◀
>
> Rotkohl behält beim Garen seine kräftig rote Farbe, wenn Sie Essig zugeben.

## Stengel- und Sproßgemüse

### Kohlrabi

Man unterscheidet *grünen* und *violetten* Kohlrabi. Geschmacklich besteht kein Unterschied. Violetter Kohlrabi bleibt etwas länger frisch und wird im Garten während der Sommermonate nicht so schnell holzig.

Kohlrabi schmeckt frisch und jung am besten. Die Herzblätter werden zum Würzen verwendet. Zubereitet wird er als Suppe, Gemüse, für Eintopf, Aufläufe. Junger Kohlrabi schmeckt auch roh. Lange gelagerten Kohlrabi erkennt man an den vergilbten Herzblättern. Spät geernteter oder lange gelagerter Kohlrabi ist holzig. Da Kohlrabi auch nach der Ernte noch verholzen kann, empfiehlt sich baldiger Verbrauch.

### Spargel

Spargel ist ein sehr energiearmes Gemüse. Er enthält viel Vitamin $B_1$, $B_2$ und C sowie Kalium und Ballaststoffe. Spargel ist ein ideales Diabetikergemüse, weil er wenig Kohlenhydrate enthält (400 g entsprechen 1 Broteinheit). Er wirkt durch den hohen Kaliumgehalt entwässernd.

Spargel wird vorsichtig gegart, damit er nicht zu weich wird, sondern noch »Biß« hat. Zusammen mit Butter und frischen Kartoffeln gilt Spargel als Delikatesse. Besonders begehrt sind Spargelspit-

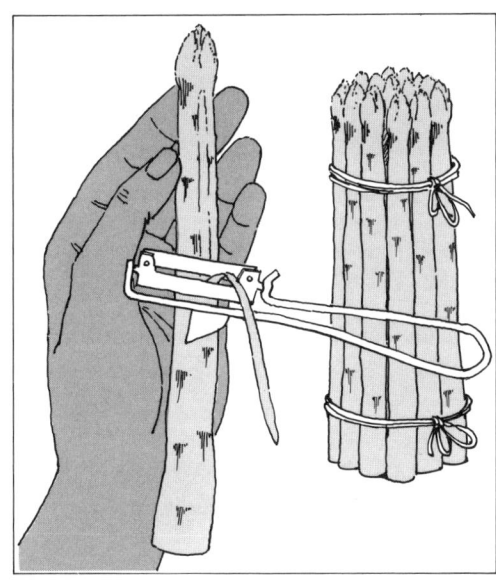

Spargel vorbereiten

zen. Abschnitte und Schalen werden für Suppen und Soßen ausgekocht. Als Salat oder Gemüse kann Spargel vielseitig zubereitet werden.

Es gibt *Grün-* und *Bleichspargel*. Bleichspargel wächst unterirdisch, Grünspargel oberirdisch. Geschmacklich ist kaum ein Unterschied zwischen den beiden Sorten. Bleichspargel ist teurer. Grünspargel muß nicht geschält werden.

Frischer Spargel fühlt sich fest an und knackt bei leichtem Druck. Die Schnittstellen sind weiß und saftig. Wird Spargel nicht am Tag der Ernte oder des Einkaufs gegessen, schlägt man ihn in ein feuchtes Tuch und lagert ihn kühl.

> ➤➤   **Praktische Hinweise**   ◀◀
>
> ▷▷ Vor dem Schälen wird Spargel kalt abgespült, danach von oben nach unten geschält. Der Spargelschäler wird unter dem Köpfchen angesetzt. Das untere Ende wird etwas dicker geschält, weil dort die holzige Schale dicker ist.
>
> ▷▷ Beim Schälen von Spargel sollten Sie nicht zu großzügig vorgehen, weil er sehr teuer ist. Übertriebene Sparsamkeit ist aber auch nicht angebracht, sonst stören holzige Fäden beim Essen.
>
> ▷▷ Große Mengen Spargel lassen sich gut in der Fettauffangpfanne im Backrohr garen.
>
> ▷▷ Eine Prise Zucker im Kochwasser verstärkt den Eigengeschmack des Spargels.

## Rhabarber

Rhabarber enthält viel Vitamin A und C, sowie Oxalsäure. Er hat blutreinigende und darmregulierende Wirkung. Rhabarberblätter sind giftig, sie dürfen nicht gegessen werden.

Am besten schmeckt rotstieliger, rotfleischiger Rhabarber, auch Himbeer-Rhabarber genannt. Geschmacklich gut ist auch rotstieliger, grünfleischiger Rhabarber. Grünstieliger, grünfleischiger Rhabarber ist verhältnismäßig sauer, denn er enthält viel Oxalsäure.

Verwendet wird Rhabarber als Kompott, als Saft, für Süßspeisen, in Konfitüren und als Kuchenbelag.

### ➤➤ Praktische Hinweise ◄◄

↪ Junger, zarter Rhabarber wird nicht geschält.

↪ Rhabarber sollten Sie nur in Emaille- und Edelstahltöpfen kochen, nicht in Aluminiumtöpfen. Diese färben sich dunkel und der Rhabarber bekommt einen unangenehmen Beigeschmack.

↪ Der herbe Geschmack von Kompott wird gemildert durch die Zugabe von frisch gepreßtem Orangensaft.

## Chicorée

Chicorée ist ein gebleichtes Gemüse, das etwa eine Woche haltbar ist. Bei zu langer Lagerung wird Chicorée bitter.

Verwendet wird er als Salat und für Aufläufe.

## Stangensellerie (Bleichsellerie)

Stangensellerie hat einen schwächeren Geschmack als Knollensellerie. Gesundes Laub kann mitverwendet werden.

Stangensellerie schmeckt sehr gut als Gemüse, in gemischten Salaten oder gefüllt mit Käsecreme.

## *Zwiebelgemüse*

## Knoblauch

Knoblauch gilt weniger als Gemüse denn als Gewürz mit vielfältiger Heilwirkung. Knoblauch enthält ätherische Öle. Er hilft bei Verdauungsstörungen wie Blähungen oder chronischen Darminfektionen.

Knoblauch wird verwendet zum Würzen von Lammfleisch, Fleischteigen, Salaten und Soßen. »Knoblauchfans« lieben in Öl eingelegte geschälte Zehen.

## Zwiebeln

Zwiebeln enthalten die Vitamine A, $B_1$, $B_2$ und C sowie Calcium und Phosphor. Sie wirken antibakteriell und regen die Verdauung an.

Zwiebeln werden meist nur als Gewürz verwendet, sie lassen sich auch als selbständige Gerichte zubereiten: gefüllt, überbacken, als Salat, Suppe, Kuchenbelag.

Besonders mild, fast süßlich ist die große *Gemüsezwiebel*. Es gibt weiße und rote Sorten.

*Schalotten* sind eine kleine Zwiebelsorte, die besonders scharf ist. Sie werden deshalb zum Würzen von Fleisch und Soßen verwendet.

*Lauchzwiebeln* (Frühlingszwiebeln) werden mit dem Laub gegessen, sie werden auf Butterbrot gelegt oder unter Salate gemischt.

### ➤➤ Praktische Hinweise ◄◄

↪ Zwiebelringe werden besonders schön braun und kroß, wenn man sie beim Braten mit etwas Zucker bestreut.

↪ Angeschnittene Zwiebeln sollten Sie möglichst bald verbrauchen, denn sie entwikkeln an der Luft einen unangenehmen Geschmack.

↪ Geschnittene Zwiebeln geben Sie für kurzzeitiges Aufbewahren nicht in Kunststoffschüsseln, sondern in Porzellan- oder Glasgeschirr, das den Geruch nicht annimmt.

↪ Zwiebeln müssen trocken und dunkel aufbewahrt werden. Die Keime von Zwiebeln kann man essen.

↪ Lagernde Zwiebeln sollten Sie regelmäßig überprüfen, denn angefaulte Zwiebeln »stecken« die gesunden Zwiebeln »an«.

## Lauch (Porree)

Lauch ist reich an B-Vitaminen und Vitamin C, außerdem enthält er Eisen und Calcium. Er wirkt entwässernd. Lauch wird vielseitig zubereitet als Suppe, Gemüse oder Auflauf.

*Sommerlauch* ist zarter als *Winterlauch*, jedoch nicht so gut lagerfähig.

### ➤➤ Praktischer Hinweis ◄◄

Lauch sollte von der Wurzel zu den Blättern hin gewaschen werden, damit eingeschlossener Sand herausgewaschen wird. Dazu schneidet man die Stangen längs bis zur Mitte ein und biegt sie unter fließendem Wasser auf.

# Fruchtgemüse

## Gurken

Gurken enthalten wenig Vitamine, Mineralstoffe und Energie, jedoch viel Ballaststoffe und Wasser. Die Schale von Gurken kann mitgegessen werden. Gurken haben einen geringen Eigengeschmack, sind aber sehr erfrischend. Sie sollten möglichst frisch gegessen werden. Zu lange gelagerte Gurken werden schwammig und schmecken dumpf.

Schlangengurken haben wenig Kernhaus, dicke kurze Gärtnergurken haben meist viel Kernhaus. Gurken werden zubereitet als Salat, Sauerkonserve oder Gemüse.

> **➤➤ Praktische Hinweise ◀◀**
>
> ➣ Schälen Sie Gurken von der Blüte zum Stiel. Häufig sitzen im Stengelansatz Bitterstoffe, die durch unsachgemäßes Schälen auf die ganze Gurke übertragen und durch Waschen nicht mehr entfernt werden können.
>
> ➣ Gurken sollen nicht zusammen mit Tomaten gelagert werden, weil Tomaten ein Gas ausscheiden, das die Gurken schnell vergilben läßt.

## Tomaten

Tomaten enthalten Vitamin A und C, sowie Kalium, Magnesium und Calcium. Unreife Tomaten dürfen weder gekocht, noch roh gegessen werden, sie enthalten das gesundheitsschädliche Solanin (siehe Seite 113).

Tomaten gibt es in verschiedenen Größen und Formen von großen *Fleischtomaten* bis zu kleinen *Cocktailtomaten*. Die Größe sagt wenig aus über die Qualität, meist sind kleine Tomaten aromatischer als große. Verwendet werden Tomaten für Salate, Suppen, Soßen und gegrillt als Beilage. Für die Vorratshaltung werden Tomaten zu Mark gekocht und eingefroren.

> **➤➤ Praktischer Hinweis ◀◀**
>
> Tomaten sollten nicht im Kühlschrank gelagert werden, sie verlieren bei Kälte ihr Aroma.

## Paprika

Gemüsepaprika ist reich an Vitamin C. Die Kerne und inneren Scheidewände enthalten einen Stoff, der die Schleimhäute im Magen und Darm angreift. Sie sollten diese deshalb sorgfältig entfernen!

Es gibt grünen, gelben, orangefarbenen und roten Paprika. Verzehrt wird er als Salat, Gemüse, gefüllt oder als Sauerkonserve.

Paprika hält sich im Kühlschrank etwa 1 Woche. Für längere Lagerung wird er zerkleinert und geputzt eingefroren.

> **➤➤ Praktischer Hinweis ◀◀**
>
> Paprika wird von magenempfindlichen Personen schlecht vertragen. Er ist bekömmlicher, wenn er ohne Haut gegessen wird. Gehäutet werden kann er nach Übergießen mit heißem Wasser. Die Haut löst sich auch leicht, wenn die Paprikaschote kurz im Mikrowellengerät erhitzt wird. Schale dazu vorher einige Male einstechen.

*Peperoni* ist Gewürzpaprika, schmeckt sehr scharf und wird verwendet als Gewürz für Eintöpfe und Soßen, als Belag auf Pizza sowie als Sauerkonserve. *Chillies* sind besonders scharfe Peperoni.

## Zucchini

Junge, kleine Zucchini haben einen feinen, zarten Geschmack. Man verwendet sie als Gemüse, Auflauf, roh in gemischten Salaten oder geraspelt in Kuchen.

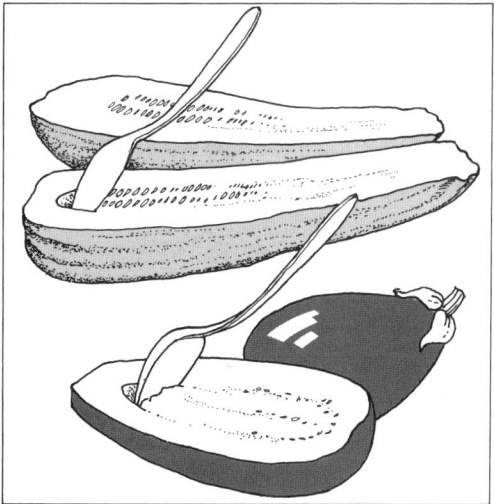

Aushöhlen von Zucchini und Aubergine

Größere Zucchini können mit Hackfleisch oder Getreide gefüllt und mit Käse überbacken werden. Die Schale kann verzehrt werden; man entfernt sie nur bei älteren, großen Früchten, denn sie haben eine harte, derbe Schale.

> **Praktischer Hinweis**
>
> Bei warmem Wetter sollten Sie die Zucchini in ihrem Garten täglich kontrollieren und gegebenenfalls ernten, denn sie wachsen sehr schnell.

### Kürbis
Kürbisse werden verwendet für Kompott und Suppen. Süßsauer eingelegte Kürbisstücke gelten als gute Beilage zu Fleisch.

### Melonen
Melonen sind energiearm und schmecken angenehm süß. Sie sind wertvoll, weil sie beachtliche Mengen an Mineralstoffen enthalten. Sie gelten als harntreibend, verdauungsfördernd und blutreinigend, sollten aber nicht in übergroßen Mengen verzehrt werden, da es sonst zu Magen- und Darmstörungen kommen kann.

Melonen schmecken gekühlt am besten. Sie eignen sich als Vorspeise, zusammen mit rohem Schinken. Der Reifegrad von Melonen kann festgestellt werden durch Klopfen mit dem Finger: klingt es hohl, das heißt »singt« die Melone, ist sie reif.

▷ *Wassermelonen:* Sind verhältnismäßig groß, haben eine dunkelgrüne Schale und ein kräftig rotes Fruchtfleisch. Die braunen Kerne kann man mitessen.
▷ *Honigmelonen:* Schmecken sehr süß, sind kleiner, haben eine gelbe Schale; das Fruchtfleisch ist hellgelb.
▷ *Netzmelonen:* Haben eine netzähnlich strukturierte Schale. Das Fruchtfleisch ist hellorange gefärbt und schmeckt vollmundig süß.

### Frische Erbsen
Erbsen sind kohlenhydrat- und eiweißreich. Sie sind schwer verdaulich und können Blähungen hervorrufen.

Erbsen werden unterteilt in Palerbsen, Markerbsen und Zuckererbsen. *Zuckererbsen,* auch Zuckerschoten genannt, werden mit der Hülse und den noch wenig entwickelten Samen als feines Gemüse gegessen. *Markerbsen* schmecken süßlich, *Palerbsen* mehlig. Angeboten werden beide Sorten als Konserven oder tiefgefroren.

> **Praktischer Hinweis**
>
> Erbsen sollten nicht roh gegessen werden, sie enthalten wie Bohnen das giftige Phasin.

### Grüne Bohnen
Bohnen enthalten sehr viel Eiweiß, das jedoch leicht verderblich ist. Beim Einkochen ist deshalb darauf zu achten, daß die angegebene Einkochzeit nicht unterschritten wird, sonst besteht die Gefahr, daß die Bohnen verderben.

Bohnen enthalten Kalium, Eisen, Calcium, Magnesium, Vitamin A, $B_1$, $B_2$, C und reichlich Ballaststoffe. Es gibt Stangen-, Busch- und Prinzeßbohnen in grüner, gelber oder violetter Farbe. Stangen- und Buschbohnen werden für Salate, Gemüse und Eintöpfe verwendet. Prinzeßbohnen sind früh geerntete Bohnen; sie sind zart und werden als feine Gemüsebeilage gereicht. Sie haben einen höheren Nitratgehalt als »ausgewachsene« Bohnen.

> **Praktische Hinweise**
>
> ⇨ Bohnen, die zu spät geerntet wurden, sind fadig und haben keine so kräftige Farbe mehr.
> ⇨ Rohe Bohnen enthalten das giftige Phasin, das durch Kochen zerstört wird. Deshalb sollten Bohnen nicht roh verzehrt werden.

## Hülsenfrüchte

Hülsenfrüchte sind die reifen, getrockneten Samen von Erbsen, Bohnen und Linsen. Auch Sojabohnen und Erdnüsse gehören zu den Hülsenfrüchten.

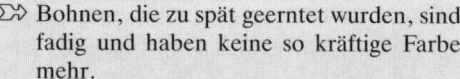

> **Praktische Hinweise**
>
> ⇨ Ungeschälte Erbsen und Bohnen sollten über Nacht eingeweicht werden, ebenso Linsen. Zum Garen verwendet man das Einweichwasser mit. Einweichen verkürzt die Garzeit.
> ⇨ Hülsenfrüchte sollten Sie erst nach dem Garen salzen, sonst werden sie nicht weich.
> ⇨ Hülsenfrüchte sind gut haltbar bei trockener, luftiger Lagerung, ungeschälte Hülsenfrüchte bis zu einem Jahr, geschälte bis zu einem halben Jahr.

Hülsenfrüchte enthalten sehr viel Eiweiß, Kohlenhydrate und Ballaststoffe, sowie Mineralstoffe und Vitamine. Sie sind schwer verdaulich und wirken blähend. Wer Hülsenfrüchte nicht verträgt, sollte geschälte verwenden. Auch Kräuter verbessern die Bekömmlichkeit, z. B. Knoblauch, Thymian, Fenchel, Muskat.

Gleichmäßige, glatte, glänzende Oberfläche und dünne Schalen zeugen von guter Qualität. Überalterte, unausgereifte oder notreife Hülsenfrüchte sind grau und runzlig.

### Erbsen

Erbsen werden in verschiedenen Größen, geschält oder als Splittererbsen angeboten.

Vor der Zubereitung werden sie eingeweicht und zu Suppe oder Pürree weiterverarbeitet.

Bei geschälten Erbsen ist die dünne Schale über dem Samen abgeschliffen. Die Erbsen sind dadurch leichter verdaulich und brauchen nicht eingeweicht zu werden.

Erbswurst ist eine Suppenkonserve, die aus Erbsmehl und Würzzutaten besteht. Erbswurst muß nur aufgekocht werden.

### Bohnen

Bohnen gibt es in verschiedenen Farben und Größen zu kaufen, die jedoch nichts über die Qualität aussagen. Weiße Bohnen werden beim Kochen schneller weich als rote Bohnen.

Verwendet werden Bohnenkerne für Salate und Eintöpfe.

### Linsen

Linsen gibt es in verschiedenen Größen. Je kleiner sie sind, desto niedriger ist der Preis, weil der Schalenanteil hoch ist. Der Geschmack nimmt jedoch mit dem Schalenanteil zu.

Frische Linsen sind grün, später werden sie braun, ohne sich jedoch in Geschmack oder Kocheigenschaften zu verändern.

### Sojabohnen

Sojabohnen haben einen hohen Fettgehalt und enthalten viel biologisch hochwertiges Eiweiß.

▷ *Sojasamen:* Können zubereitet werden wie die einheimischen Hülsenfrüchte.

▷ *Sojamehl:* Schmeckt süßlich und wird hauptsächlich zum Backen verwendet. Da es viel Wasser bindet, sollte man mehr Flüssigkeit zugeben als bei anderen Mehlen.

▷ *Sojasoße:* Ist eine Würzsoße, mit der süßsaure Gerichte abgeschmeckt werden.

▷ *Tofu (Sojaquark):* Steht häufig auf dem Speiseplan von Vegetariern als wertvolle Eiweißquelle. Verwendet wird Tofu für Kuchen, Soßen und Aufläufe. Tofu hat keinen Eigengeschmack und läßt sich daher sehr vielfältig verwenden.

▷ *Miso (Sojapaste):* Dient als Suppeneinlage und zum Würzen von Gemüse, Fleisch und Fisch.

▷ *Sojabohnenkeimlinge:* Sind sehr vitamin- und mineralstoffreich, sie schmecken gut in gemischten Salaten oder als Gemüse. Vor der Verwendung werden sie unter fließendem Wasser gewaschen.

## Wildgemüse

Wildgemüse sind Gemüse, die »wild« wachsen, das heißt auf freiem Feld, z. B. Löwenzahn, Sauerampfer. Häufig sind sie in Mineralstoff- und Vitamingehalt den Kulturgemüsen weit überlegen. Sie haben meist sehr intensiven Geschmack und viel Aroma, wirken daher appetitanregend. Nicht selten sind sie zugleich Heilpflanzen.

Wildgemüse sind aber nur dann zu empfehlen, wenn sie jung und an einem geeigneten Ort gesammelt werden. Von Straßenrändern, intensiv genutzten und folglich auch gedüngten Wiesen ist abzuraten. Geeignete Stellen sind brachliegende Flächen, der eigene Garten und nicht kultiviertes Gelände. Dabei sollte man nicht alles wild »abgrasen«, sondern gezielt bestimmte Sorten pflücken.

*Vorsicht:* Es gibt auch giftige Kräuter!

In der Küche werden Wildgemüse als Salat, Gemüse, zum Würzen von Soßen und Quark oder als Brotbelag verwendet. Frisch geschnitten schmeckt Wildgemüse gut in Suppen. Omeletts erhalten durch feingewiegte Wildgemüse einen würzigen Geschmack.

Da manche Wildgemüse Bitterstoffe enthalten, sollten Sie milde und bittere Arten mischen.

### Verwendung von Wildgemüse

| Als Gemüse | In Suppen | Für Salat |
|---|---|---|
| Wiesenkerbel | Großer Sauerampfer | Gänseblümchen |
| Bärenklau | | Löwenzahn |
| Großer Wiesenknopf | Franzosenkraut | Huflattich |
| Große Brennessel | | Wegmalve |
| Breitwegerich | | Winterkresse |
| Spitzwegerich | | Hirtentäschelkraut |
| Giersch | | Vogelmiere |
| Guter Heinrich | | |

## *Exotische Gemüse*

Als exotisch sollen hier Gemüsearten aufgeführt werden, die bei uns kaum oder gar nicht angebaut werden, weil sie nur in tropischem oder subtropischem Klima gut gedeihen.

### Auberginen

Auberginen werden nicht roh verzehrt. Sie werden gedünstet, gebraten, geschmort, gefüllt mit Hackfleisch und Getreide sowie in Aufläufen und Eintöpfen verwendet. Die Schale kann mitgegessen werden. Auberginen enthalten viel Ballaststoffe, sind also verdauungsfördernd.

## ➤➤ Praktische Hinweise ◄◄

➪ Beim Einkauf darauf achten, daß die Schale nicht runzlig ist. Unreife Auberginen erkennt man daran, daß die Schale auf Druck nicht nachgibt.

➪ Bei kühler Lagerung halten sich Auberginen etwa 1 Woche.

➪ Die Bitterstoffe entzieht man, indem die Früchte in Scheiben geschnitten und kräftig gesalzen werden. Danach läßt man sie etwa eine halbe Stunde »weinen« und tupft die Flüssigkeit mit Küchenkrepp ab.

➪ Soll die Schale entfernt werden, tauchen Sie die Früchte kurz in kochendes Wasser oder überbrühen sie.

➪ Fertig gegarte Auberginen können eingefroren werden und halten sich etwa 3 Monate.

➪ Rohe Auberginen müssen vor dem Einfrieren blanchiert werden, etwas Zitronensaft im Kochwasser verhindert, daß sie braun werden. Tiefgekühlt sind sie etwa 9 Monate haltbar.

### Artischocken

Artischocken sind nur gekocht genießbar. Unter fließendem Wasser werden die Artischocken zunächst gewaschen, die unteren Blätter werden entfernt und der Stiel wird abgeschnitten. Danach werden die Artischocken im Salzwasser gekocht. Gegarte Artischocken werden mit verschiedenen pikant abgeschmeckten Soßen serviert. Beim Essen werden die einzelnen Blätter herausgezogen und das fleischige Ende ausgesogen.
Der Blütenboden der Artischocken ist am wertvollsten. Artischockenböden werden gefüllt, überbacken oder als Sauerkonserve verwendet. Sie gelten als Delikatesse.

Rundköpfige Formen haben einen größeren Boden. Dunkel gefärbte Hüllblätter sind ein Zeichen dafür, daß die Ware nicht mehr frisch ist. Geöffnete Artischocken sind überreif.

## ➤➤ Praktischer Hinweis ◄◄

Verwenden Sie zum Kochen von Artischocken keinen Aluminiumtopf, denn die Artischocken würden sich dunkel verfärben.

### Zuckermais

Zuckermais ist eine besondere Maissorte, deren Kolben in der Milchreife geerntet werden. Zuckermais sollte möglichst frisch gegessen werden, sonst schmeckt er nicht süßlich, sondern mehlig.
Zuckermais wird ohne Blätter und Fäden in Salzwasser gegart, anschließend mit Butter beträufelt und als Vorspeise serviert.
Sollen die Körner weiterverarbeitet werden zu Salat oder Gemüse, werden sie mit dem Messer vom Kolben gestreift.
Zuckermais kann tiefgefroren werden.

### Paksoi

Paksoi ist ein Kohlgemüse, das geschmacklich dem Chinakohl ähnlich ist, jedoch würziger schmeckt. Von Paksoi werden hauptsächlich die Stiele verwendet als Gemüse oder Salat. Paksoi ist nicht lange haltbar.

### Fenchel

Fenchel hat einen typischen, anisartigen Geschmack und enthält viel Vitamin C.
Beim Einkauf ist darauf zu achten, daß die äußeren Knollenblätter fleischig und weiß sind. Die feinen inneren Blätter sollen noch frisch und grün sein.
Vor der Zubereitung werden die Wurzelscheiben abgeschnitten und braune Stellen ausgeschnitten. Die Stengel sind holzig und werden entfernt. Das feine Blattgrün kann als Würze oder Garnitur verwendet werden.
Fenchel wird roh oder gegart gegessen. Für Salat wird Fenchel in sehr dünne Scheiben geschnitten. Wird aus Fenchel warmes Gemüse zubereitet, reicht es, die Knolle zu vierteln oder zu halbieren. Fenchel schmeckt auch sehr gut gefüllt mit Hackfleisch oder Getreide.

## Pilze

In diesem Kapitel soll nur Allgemeines über Pilze und ihre küchenmäßige Verarbeitung behandelt werden. Spezielle Fragen sollten mit Hilfe von Fachliteratur beantwortet werden.

Pilze sind sehr beliebt wegen ihres außerordentlich intensiven Aromas. Wer selber auf die Suche geht, sollte sich an einige *Regeln* halten:

● Pilze sollten Sie in Körben transportieren, weil sie sehr druckempfindlich sind.
● Pilze werden nicht ausgerissen! Man verletzt dabei die Wurzel, das Pilzmyzel; es wachsen keine Pilze mehr nach.
● Pilze werden kurz über dem Boden abgeschnitten oder ganz vorsichtig abgedreht.
● So gut Pilze schmecken, so lebensgefährlich können sie sein. Anfänger sollten sich daher nur mit einem guten Pilzbuch auf die Suche machen, besser aber die »Beute« von einem erfahrenen Pilzkenner begutachten lassen oder bei einer Pilzberatungsstelle.
● Wer nicht genau weiß, ob ein Pilz giftig ist, nicht verwenden, Sorglosigkeit ist gefährlich.

In der Küche werden die Pilze sortiert, gründlich geputzt und aufgeschnitten. Verwendet werden Pilze für Suppen, Soßen, Pilzragout, als Füllung, Salat oder gedünstet.

### ➤➤ Praktische Hinweise ◀◀

▷▷ Pilze verderben rasch, deshalb möglichst am Tag der Ernte verzehren.
▷▷ Pilze nicht waschen, denn sie verlieren dabei an wertvollem Aroma.
▷▷ Pilze sind schwer verdaulich. Magenempfindliche Personen sollten sie deshalb nicht als Abendmahlzeit essen.
▷▷ Da Pilze hohe Gehalte an Schwermetallen haben, sollten Sie pro Woche nicht mehr als 1–2 Pilzmahlzeiten einplanen! Der Schwermetallgehalt kann verringert werden durch Entfernen der Lamellen- bzw. Röhrenschicht sowie der Huthaut.
▷▷ Reste von Pilzmahlzeiten nicht aufwärmen! Pilze enthalten leicht verderbliches Eiweiß, das zu Vergiftungen führen kann. Sollte es zu einer Vergiftung kommen, sofort den Notarzt verständigen!
▷▷ Pilze, die nicht sofort verbraucht werden, können konserviert werden, z. B. durch Trocknen, Einlegen in Essig, Einfrieren, Sterilisieren.

## Gemüsedauerwaren

Zu den Gemüsedauerwaren gehören Gemüseerzeugnisse, die durch Hitze, Säuern, Salzen, Trocknen oder Tiefgefrieren haltbar gemacht wurden. Sie bringen Zeit- und Energieersparnis bei der Zubereitung; es fällt nur wenig Abfall an.

### Gemüsekonserven

Das Gemüse wird über 100 °C erhitzt; Konservierungsstoffe sind nur bei Champignons erlaubt. Auf die Verarbeitungsformen »geschält«, »passiert«, »ganz« wird hingewiesen. Als Konserven werden viele Gemüsearten angeboten, z. B. Karotten, Erbsen, Spargel, Champignons, Bohnen, Rote Rüben, Rotkraut, Mischgemüse.

### ➤➤ Praktische Hinweise ◀◀

▷▷ Beim Einkauf von Gemüsedauerwaren sollten Sie die Kennzeichnung genau lesen:
▷▷ Nettogewicht, Gemüse-Einwaage
▷▷ Zusatzstoffe, z. B. geschwefelt, mit Konservierungsstoff
▷▷ Herkunft des Produkts (Hersteller, Abpacker, Verkäufer)
▷▷ Tiefkühlgemüse sollten Sie nur aus eisfreien, nicht zu voll gepackten Truhen kaufen. Angetaute Ware erkennt man am Reif an der Packung, manchmal auch daran, daß der Inhalt der Packung nicht mehr lose, sondern zu einem Klumpen zusammengefroren ist.

### Tiefgefrorenes Gemüse

Vorgegartes Gemüse, das in Aussehen und Geschmack ähnlich dem frischen Gemüse ist, wurde eingefroren. Es ist küchenfertig zubereitet und bringt viel Zeitersparnis, liegt jedoch im Preis verhältnismäßig hoch. Angeboten werden fast alle Gemüsearten.

### Trockengemüse

Angeboten werden vor allem Würzkräuter, Suppengrün, Zwiebeln, Pilze, Linsen, Erbsen, Bohnenkerne.

### Sauerkonserven

Gemüseerzeugnisse werden durch Säuern mit Salz oder Essig haltbar gemacht, zum Teil sind sie zusätzlich erhitzt worden. Als Sauerkonserven werden angeboten: Sauerkraut, Gurken, Mixed Pickles, Peperoni, Kapern, Oliven, Maiskolben, ...

## Gemüsesaft

Unverdünnter Saft aus vergorenem oder unvergorenem Gemüse ist durch Wärmebehandlung haltbar gemacht. Angeboten werden Tomatensaft, Karottensaft, Sauerkrautsaft.

## Gemüsetrunk

Gemüsetrunk ist mit Wasser verdünnt. Der Gemüsesaft- oder Gemüsemarkanteil muß mindestens 40% betragen. Als Zutaten sind Salz, Essig, Zucker und Geschmacksverstärker erlaubt. Haltbar gemacht ist Gemüsetrunk durch Wärmebehandlung.

## Lagerung

● Kühl, trocken, Gläser möglichst dunkel lagern, vor Frost schützen, denn Konservendosen sind nicht frostbeständig.

● Konserven nicht länger als 2 Jahre, Gefriergemüse nicht länger als ½ Jahr lagern.

● Aufgetriebene Konserven (Bombagen) sind nicht mehr für den Verzehr geeignet, der Inhalt ist verdorben. Das gleiche gilt für Gläser, die nicht mehr ordnungsgemäß mit einem Vakuum verschlossen sind.

● Eingedellte Dosen nicht kaufen. Die Dose könnte innen beschädigt sein, Metallsplitter können unter das Lebensmittel gemischt sein.

● Den Inhalt geöffneter Dosen in Glas- oder Porzellanbehälter umfüllen, weil sich von verzinkten Dosen bei Luftzutritt Zink löst und in das Lebensmittel übergeht.

# 1.4 Kartoffeln

## Ernährungsphysiologie

Kartoffeln sind ein preiswertes, gesundes Nahrungsmittel, das hochwertiges Eiweiß, viel Vitamin C, Eisen und Kalium enthält. Sie sind leicht verdaulich und daher gut geeignet für Krankenkost. Durch ihren hohen Gehalt an Kalium wirken sie entwässernd. Durch die günstige Nährstoffzusammensetzung sind Kartoffeln bestens verwendbar für die Ernährung bei Diabetes, Nierenkrankheiten, Gicht, Zöliakie, Bluthochdruck sowie bei leichter Vollkost und bei Abmagerungsdiäten. Zu unrecht ist die Kartoffel als »Dickmacher« verschrien, 100 Gramm Kartoffeln enthalten nur 285 kJ (68 kcal). »Dick« machen nicht die Kartoffeln, sondern die Zutaten bei verschiedenen Kartoffelgerichten wie Fett, Sahne oder Käse (siehe Abbildung rechts).

---

**Küchenpraxis**

▷ Garen Sie Kartoffeln möglichst mit der Schale, um die wertvollen Inhaltsstoffe zu erhalten.

▷ Frühkartoffeln haben eine sehr zarte Schale, die mitgegessen werden kann.

▷ Kochen Sie Salzkartoffeln in wenig Wasser.

▷ Vermeiden Sie langes Warmhalten.

▷ Schneiden Sie grüne Stellen großzügig weg, sie enthalten das giftige Solanin.

▷ Schneiden Sie Keime großzügig aus, sie enthalten ebenfalls Solanin.

▷ Braunwerden geriebener Kartoffeln läßt sich vermeiden, wenn man einige Tropfen Essig zugibt.

## Einkauf

Die verschiedenen Kartoffelsorten sind geschmacklich recht unterschiedlich. Die Sorten lassen sich unterscheiden nach dem Erntezeitpunkt und den Kocheigenschaften.

*Frühkartoffeln* gibt es bereits ab Juni. Frühe Sorten eignen sich nicht für längere Lagerung. Zum Einkellern werden hauptsächlich mittelfrühe und mittelspäte Sorten verwendet.

Beim Einkauf kann die Qualität an den Handelsklassen erkannt werden. Es gibt die Handelsklassen Extra, I, II und Drillinge (sehr kleine Kartoffeln). Die Handelsklassen-Verordnung enthält außerdem Bestimmungen über Größensortierung, Verpackungsmaterial, Kennzeichnung und Mängel an Kartoffeln. Darüber hinaus ist der Kochtyp ein wichtiges Merkmal für den Einkauf von Kartoffeln.

## Kochtyp und Verwendung

| Kochtyp | Verwendung |
|---|---|
| Festkochend | Kartoffelsalat, Salz-, Pell-, Bratkartoffeln. |
| Vorwiegend festkochend | Salz-, Pell-, Bratkartoffeln; die Schale springt beim Garen auf. |
| Mehlig-kochend | Kartoffelbrei, -puffer, -klöße, -suppen, -eintopf; die Schale springt beim Garen auf, die Kartoffeln sind locker und trocken. |

Kartoffeln reagieren sehr empfindlich auf falsche Behandlung bei Ernte und Transport. Deshalb sollten Sie beim Einkauf auf einige Merkmale achten:

● Abgepackte Kartoffeln sind mit Sorte, Kochtyp und Handelsklasse ausgezeichnet.
● Kartoffeln, die austreiben oder sonstige Mängel aufweisen, z. B. grüne Stellen, sind nicht lagerfähig und weniger wertvoll.
● Riechen Sie an der Tüte! Angefaulte Kartoffeln erkennt man deutlich am unangenehmen Geruch.
● Sind die Kartoffeln in der Verpackung feucht, kann dies ein Zeichen für Frostschäden sein. Angefrorene Kartoffeln schmecken süßlich.
● Bei lose verkauften Kartoffeln sollten Sie nach Sorte und Kochtyp fragen. Vor größeren Einkäufen lohnt es sich, Probekäufe zu tätigen.
● Kartoffeln, die eingelagert werden sollen, müssen gesund, sauber und trocken sein.

### Lagerung
● Abgepackte Kartoffeln aus der Verpackung nehmen.
● Beim Einlagern die Sorten nicht mischen und vorsichtig mit den Kartoffeln umgehen: nicht werfen, sonst bekommen sie weiche Stellen und graue Flecken.
● Für die Lagerung eignen sich kühle, trockene und dunkle Keller. Die optimale Lagertempera-

tur liegt zwischen 4 und 6 Grad. Bei höheren Temperaturen schrumpfen und keimen die Kartoffeln schneller. Falls ein geeigneter Vorratsraum fehlt, ist es sinnvoll, kleine Mengen zu kaufen.
● Kartoffeln dürfen keinesfalls gefrieren, sonst schmecken sie süßlich und faulen schneller.
● Bei Lagerung in einem zu hellen Raum werden Kartoffeln grün, es entwickelt sich das schädliche Solanin (siehe Seite 113).
● Der Raum, in dem Kartoffeln gelagert werden, sollte gut belüftbar sein, sonst keimen die Kartoffeln schneller.
● Kartoffeln nicht auf dem Boden, sondern auf einem Lattenrost oder in Holzkisten lagern, damit von allen Seiten Frischluft zutreten kann.
● Keimende Kartoffeln jeweils für den Tagesbedarf entkeimen.

## Kartoffelerzeugnisse

Speisekartoffeln werden zunehmend in verarbeiteter Form angeboten. Vorteile der verarbeiteten Produkte sind die große Vielfalt, aber auch die Zeitersparnis bei der Zubereitung, die ihren Preis hat.

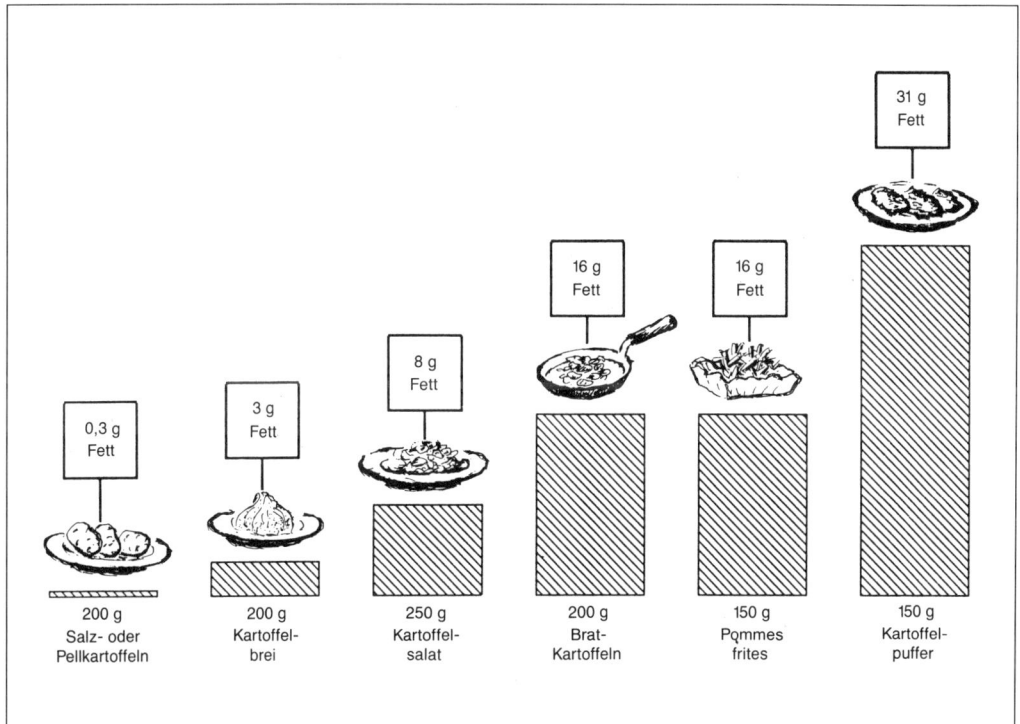

Fettgehalt verschiedener Kartoffelspeisen (pro Portion)

## Naßkonserven

Sterilisierte Kartoffeln, die in Gläser oder Dosen abgefüllt sind, müssen nicht mehr gekocht, sondern meist nur noch auf etwa 60 °C erhitzt werden. Häufig sind festkochende Sorten verwendet.

## Tiefkühlerzeugnisse

▷ *Kartoffelklöße:* Sie werden meist »halb und halb« angeboten, d. h. sie bestehen je zur Hälfte aus gekochten und rohen Kartoffeln. Für die Zubereitung werden sie in kochendes Wasser gegeben.

▷ *Pommes frites:* Sie sind bereits vorfritiert und müssen ein zweites Mal in heißem Fett oder auf dem Backblech gebacken werden.

▷ *Kartoffelpuffer (Reiberdatschi):* Sie müssen nur noch kurz in heißem Fett gebacken werden.

▷ *Kartoffelkroketten:* Sie sind bereits vorgebakken und brauchen nur noch kurz in heißem Fett aufgebacken werden. Es gibt auch Kroketten, die im Backofen erwärmt werden.

## Trockenprodukte

▷ *Kloßpulver (Knödelpulver, Kloßmehl):* Es besteht aus getrockneten rohen oder gekochten Kartoffeln mit Geschmackszutaten. Das Pulver muß in Wasser quellen. Aus dem Teig werden Klöße geformt, die man in heißem Wasser garziehen läßt.

▷ *Kartoffelpüree:* Es wird hergestellt aus rohen Kartoffeln, die gekocht, zerkleinert und getrocknet werden. Zubereitet wird Kartoffelpüree durch Einrühren des Pulvers in heiße Milch. Geöffnete Packungen sollten bald verbraucht werden.

▷ *Kartoffelstärke:* Die Stärke wird durch starkes Zerkleinern der Kartoffeln und anschließendes Auswaschen mit Wasser gewonnen. Verwendet wird Kartoffelstärke zum Binden von Suppen und Soßen, als Tortenguß, sowie zum Bakken. Stärke macht Gebäck feinporig und sandig.

## Kartoffel-Knabbergebäck

Knabbergebäck gibt es in den unterschiedlichsten Geschmacksrichtungen und Formen. Es ist meist in Fett gebacken und daher sehr energiereich. Der Inhalt geöffneter Packungen sollte bald verbraucht werden.

# 1.5 Obst

## Ernährungsphysiologie

Obst liefert – mit Ausnahme von Schalenobst – wenig Energie, viel Wasser, Vitamine und Mineralstoffe. Der Vitamingehalt hängt jedoch sehr von der Sorte ab. Obst enthält appetitanregende Fruchtsäuren und Aromastoffe. Die im Obst enthaltenen Kohlenhydrate können vom Körper schnell aufgenommen werden, weil sie als Traubenzucker oder Fruchtzucker vorliegen. Obst ist daher ein schneller Energiespender.

## Vitamin-C-Gehalt verschiedener Apfelsorten

| Apfelsorte | mg/100 g Frischsubstanz |
|---|---|
| Freiherr v. Berlepsch | 23,5 |
| Ontario | 20,6 |
| Boskop | 16,4 |
| Weißer Klarapfel | 15,3 |
| Jonathan | 8,8 |
| Golden Delicious | 8,0 |
| Morgenduft | 3,6 |

*Pektine* im Obst bewirken nicht nur, daß Säfte und Konfitüren gelieren. Sie binden giftige Zersetzungsprodukte der Darmbakterien. Das erklärt die heilende Wirkung eines roh geriebenen Apfels bei Durchfallerkrankungen.

Die *Gerbstoffe* im Obst wirken entzündungshemmend im Magen-Darmtrakt. Die Cellulose aus Obst liefert Ballaststoffe und hat damit verdauungsfördernde Wirkung.

Obst kann auch schädliche Stoffe enthalten, z. B. Blei, wenn der Obstgarten in der Nähe einer vielbefahrenen Straße liegt. Auch Pflanzenschutzmittel, die während der Vegetationszeit angewendet werden, sind bei der Ernte möglicherweise noch zum Teil im Obst enthalten.

Da sich Schadstoffe hauptsächlich an der Oberfläche ablagern, sollte Obst vor dem Verzehr immer gründlich gewaschen werden, vor allem Obstsorten mit behaarter Haut (Pfirsiche, Aprikosen). Auch Schälen vermindert den Schadstoffgehalt, allerdings gehen dabei auch viele wertvolle Inhaltsstoffe verloren, die z. B. beim Apfel direkt unter der Schale sitzen.

Zum Teil werden Obsterzeugnissen der besseren Haltbarkeit wegen verschiedene Zusatzstoffe zugegeben. Diese unterliegen strengen Kontrollen und müssen auf der Verpackung angegeben sein.

**Küchenpraxis**

▷ Von gespritzten Zitrusfrüchten sollte die Schale nicht verwendet werden. Auch Schalen, die als »gewachst« gekennzeichnet sind, eignen sich nicht für den Verzehr. Unbehandelte Zitrusfrüchte sind durch den Zusatz »ungespritzt« gekennzeichnet; man kann sie auf dem Markt, im Bioladen und Reformhaus kaufen.

▷ Faulstellen und Schimmelbefall müssen großzügig ausgeschnitten werden, sie enthalten Giftstoffe. Wichtig ist dies nicht nur beim Rohverzehr, sondern auch bei Obst, das gegart oder konserviert wird.

▷ Obst verliert wertvolle Inhaltsstoffe, wenn es lange im Wasser liegt, deshalb sollten Sie Obst gründlich, aber kurz waschen und nicht wässern.

▷ Zerkleinertes Obst wird möglichst frisch gegessen oder weiterverwendet.

▷ Obst für Kompott sollten Sie wegen der kürzeren Garzeit mit heißem Wasser zusetzen. Das fertige Kompott wird nicht bei Zimmertemperatur, sondern gut gekühlt aufbewahrt.

▷ Vitamin-C-Verluste beim Zerkleinern kann man ausgleichen durch Zugabe von Zitronensaft oder Ascorbinsäure = Vitamin C. Außerdem wird empfindliches Obst (Birnen, Äpfel, Bananen) dann nicht braun.

## Einkauf

Wie Gemüse kommt auch Obst in verschiedenen Handelsklassen auf den Markt.

## Handelsklassen von Obst

| Extra | Beste Qualität, makellose Früchte |
|-------|-----------------------------------|
| I | Hochwertige Ware ohne Fehler |
| II | Gute Ware mit kleinen Fehlern |
| III | Fehlerhafte Ware, aber voll genußtauglich |

Die Handelsklasse wird wie beim Gemüse ebenfalls nur nach äußeren Merkmalen wie Größe und Gewicht vergeben. Da äußere Kennzeichen nichts über den Geschmack aussagen, lohnt es sich oftmals doppelt, eine »schlechtere« Handelsklasse zu kaufen.

Sie sollten beim Einkauf voll ausgereiftes Obst bevorzugen. Zu früh geerntetes Obst schmeckt wenig aromatisch und läßt sich nicht lange lagern. Reifes Obst verbreitet einen typischen aromatischen Duft, z. B. Aprikosen, Pfirsiche, Äpfel und Birnen. Überreifes Obst hat häufig Faul- und Druckstellen.

Früchte aus dem Inland sollten bevorzugt werden. Sie wurden ausgereift geerntet, haben kürzere Transportwege hinter sich und schmecken meist besser.

## Lagerung

● Frischobst hält sich am besten in kühlen Kellerräumen bei 4 °C mit hoher Luftfeuchtigkeit.

● Nur gesunde, trockene Früchte sind zum Einlagern geeignet.

● Obst und Gemüse sollten nicht im gleichen Raum gelagert werden, sie beeinflussen sich negativ. So führen Äpfel z. B. dazu, daß Kartoffeln schneller keimen. Falls nur ein Vorratsraum zur Verfügung steht, sollten Sie das Obst locker verpacken.

● Gelagertes Obst sollten Sie regelmäßig überprüfen, denn faulende Früchte »stecken« die gesunden »an«.

● Wenn Sie Äpfel einlagern, Obst sterilisieren oder einfrieren möchten, lohnt es sich meist, direkt beim Erzeuger zu kaufen.

● Wer alternativ erzeugtes Obst kaufen will, orientiert sich an den Markenzeichen für den alternativen Anbau (siehe Seite 111).

● Obst aus dem eigenen Garten sollten Sie nicht zu früh ernten, denn die Lagerfähigkeit verschlechtert sich dadurch. Den richtigen Zeitpunkt erkennt man daran, daß sich die Früchte bei leichtem Drehen des Stiels problemlos vom Zweig lösen.

● Manche Obstsorten wie Zitronen und Mandarinen verlieren im Kühlschrank ihr Aroma. Bananen gehören ebenfalls nicht in den Kühlschrank, denn sie werden dort schnell braun und weich.

● Weiches Obst, vor allem Beeren eignen sich nur für eine sehr kurze Lagerung von 1–2 Tagen. Deshalb erst bei Bedarf pflücken oder kaufen.

● Schalenobst (Nüsse, Mandeln) kühl, trocken und in geschlossenen Gefäßen lagern. Nüsse werden sonst schnell ranzig.

● Kleinere Mengen Obst können im Gemüsefach des Kühlschranks aufbewahrt werden. Hier verliert Obst jedoch sehr viel Feuchtigkeit. Das Austrocknen kann etwas verhindert werden durch Einpacken in Folie oder geschlossene Gefäße.

# Kernobst

## Äpfel

Es gibt zahlreiche Sorten. Sie unterscheiden sich in Erntezeitpunkt, Haltbarkeit, Kocheigenschaften und Geschmack. Die Sommersorten, wie z. B. der Klarapfel, sind in erster Linie für den Frischverzehr geeignet, während säuerliche, späte Sorten wie der Boskop gute Lager- und Kocheigenschaften haben.

Neben dem Frischverzehr finden Äpfel Verwendung für Kompott, Saft, Wein, Apfelkraut (Süßungsmittel), Apfelgelee, Trockenobst, als Kuchenbelag und in süßen Aufläufen.

Gelee wird aus unreifen Äpfeln (Fallobst) hergestellt, weil diese reich an Pektin sind und daher gut gelieren. Dabei ist zu beachten, daß die Äpfel gewaschen und grob zerkleinert werden, ohne Schale und Kernhaus zu entfernen.

## Birnen

Birnen sind eine sehr milde Kernobstart mit wenig Fruchtsäure. Sie werden auch von magenempfindlichen Personen sehr gut vertragen. Birnen werden frisch gegessen oder sterilisiert, sehr gut geeignet sind sie auch für Mehrfruchtmarmeladen. Geschälte und zerkleinerte Birnen färben sich durch Luftsauerstoff schnell braun. Dies kann man durch Beträufeln mit Zitronensaft verhindern.

Für lange Lagerung eignen sich nur wenige Birnensorten.

## Quitten

Quitten sind roh nicht genießbar. Sie enthalten sehr viel Pektin. Deshalb gelieren sie sehr gut. Sie werden für Gelee, Saft, Konfitüre, als Kompott oder Trockenobst verwendet. Quittenprodukte haben einen frischen, angenehm säuerlichen Geschmack.

# Beerenobst

## Himbeeren

Himbeeren enthalten viel Vitamin C und Calcium. Gartenhimbeeren schmecken aromatisch mild. Verwendet werden sie außer für den Rohverzehr zu Herstellung von Saft, Konfitüre, Gelee, als Kuchenbelag und für Nachspeisen.

## Erdbeeren

Erdbeeren haben einen hohen Gehalt an Vitamin C, aber einen niedrigen Energiegehalt. Sie werden frisch gegessen und für Konfitüre, Saft, Kuchenbelag, Bowlen, Milchmixgetränke und Nachspeisen verwendet. Besonders aromatisch schmecken kleine Erdbeeren und Walderdbeeren.

## Brombeeren

Brombeeren schmecken säuerlich. Der Geschmack ist nur dann gut, wenn die Früchte ausgereift, d. h. schwarz sind. Sie werden verwendet zum Frischverzehr, zur Herstellung von Konfitüre, Gelee, Saft, als Kuchenbelag, für Nachspeisen und Fruchtsoßen.

## Johannisbeeren

Johannisbeeren enthalten sehr viel Vitamin C. Rote und gelbe Johannisbeeren haben einen herbfrischen Geschmack und eignen sich zum Frischverzehr, zur Herstellung von Saft, Konfitüre, Gelee und als Kuchenbelag. Schütteljohannisbeeren können die üblichen Preiselbeeren als Beilage zu Fleisch und Wild ersetzen.

## Stachelbeeren

Es gibt gelbe und rote Stachelbeeren, die sich geschmacklich kaum unterscheiden. Da Stachelbeeren verhältnismäßig fest sind, halten sie sich einige Tage. Verwendet werden sie zum Frischverzehr, zur Herstellung von Saft, Kompott und als Kuchenbelag.

## Heidelbeeren (Blaubeeren)

Heidelbeeren gibt es seit einigen Jahren als Kulturpflanze für den Garten. Kulturheidelbeeren sind größer als wildwachsende, haben aber weniger Geschmack und Aroma. Sie sind fester, das Fruchtfleisch ist rot.

## Weintrauben

Trauben enthalten viele Mineralstoffe und Vitamine, aber auch viel Traubenzucker und haben daher einen hohen Energiegehalt.

Blaue und weiße Trauben unterscheiden sich geschmacklich kaum. Sie werden frisch gegessen, als Obstkuchenbelag, für Nachspeisen und vor allem zum Herstellen von Wein verwendet.

## Preiselbeeren

Kulturpreiselbeeren sind größer und haben einen milderen Geschmack als die Wildform. Roh werden Preiselbeeren kaum gegessen, man verwendet sie als Kompott zu Wild und Fleisch oder als Konfitüre.

## Steinobst

### Kirschen
Es gibt Süß- und Sauerkirschen. Süßkirschen enthalten Vitamin $B_1$, $B_2$, C; Sauerkirschen zusätzlich Vitamin A. Beide Sorten sind reich an Phosphor und Eisen.
*Sauerkirschen* werden meist verarbeitet als Kompott, Saft, Gelee oder Konfitüre. Man verwendet sie gegart oder sterilisiert für Nachspeisen und als Kuchenbelag. Sauerkirschen, auch Weichseln, enthalten genauso viel Fruchtzucker wie Süßkirschen, haben aber einen viel höheren Fruchtsäureanteil.
*Süßkirschen* werden fast ausschließlich frisch gegessen. Man kann sie auch als Kuchenbelag verwenden. Zur Herstellung von Konfitüre sind sie weniger geeignet, weil sie schlecht gelieren.

### Zwetschgen (Zwetschen)
Zwetschgen sind blau und haben ein gelbes Fruchtfleisch. Der Stein reifer Zwetschgen läßt sich leicht lösen. Man ißt sie frisch, als Konserve oder Kompott. Sie werden häufig als Kuchenbelag oder zu Konfitüre verarbeitet oder in Alkohol eingelegt.

### Pflaumen
Pflaumen sind rundlicher als Zwetschgen, das Fruchtfleisch ist weicher und wäßriger, häufig löst sich der Stein schlecht. Pflaumen werden hauptsächlich frisch gegessen. Als Kuchenbelag eignen sie sich weniger gut, weil sie sehr viel Saft abgeben.

### Reineclauden
Reineclauden sind gelb, grün oder rot. Große, runde Sorten eignen sich sehr gut zum Sterilisieren, sie schmecken aber auch frisch sehr gut.

### Mirabellen
Mirabellen enthalten viel Vitamin C, Kalium und Eisen. Sie sind gelb-orange, schmecken sehr süß und aromatisch. Man ißt sie frisch oder als Kompott. Mirabellen reifen nicht nach, wenn sie geerntet sind.

### Pfirsiche und Nektarinen
Frische Pfirsiche enthalten Calcium und Eisen, Provitamin A (Vorstufe von Vitamin A), reichlich Vitamin C und B-Vitamine. Pfirsiche und Nektarinen unterscheiden sich nur in der Haut. Pfirsiche sind behaart, Nektarinen glatt und unbehaart.

Beide Früchte eignen sich sowohl zum Frischverzehr als auch zum Einmachen. Sie werden zu Kuchenbelag, Rumtopf, Bowle, Mixgetränken oder Konfitüre verarbeitet.

## ➤➤   Praktischer Hinweis   ◄◄
Die Haut der Früchte läßt sich leicht abziehen, wenn sie kurz in kochendes Wasser gelegt werden.

### Aprikosen
Aprikosen enthalten sehr viel Vitamin A und Calcium. Sie sind weniger saftig als Pfirsiche, kleiner und haben eine nur leicht behaarte Haut. Sie werden frisch gegessen, zu Kompott, Kuchenbelag, Konfitüre oder Trockenobst verarbeitet.

## Schalenobst

Schalenobst ist sehr energiereich, weil es sehr viel Fett enthält. Es hat aber auch einen hohen Gehalt an biologisch hochwertigem Eiweiß und Mineralstoffen (Calcium, Phosphor, Magnesium, Eisen). Im Gegensatz zu anderem Obst enthält es wenig Wasser. An Vitaminen sind besonders Vitamin A und E sowie die B-Vitamine hervorzuheben. Schalenobst wird schnell ranzig oder schimmelig, wenn es nicht dunkel, kühl und trocken gelagert wird. Nüsse sind (mit oder ohne Schale) bis 18 Monate lagerfähig in der Gefriertruhe.

## ➤➤   Praktische Hinweise   ◄◄
⇨ Ranzige oder schimmelige Nüsse müssen Sie unbedingt wegwerfen, sie können giftige Aflatoxine (siehe Seite 205) enthalten!
⇨ Größe und Form spielen für den Geschmack der Nüsse keine Rolle. Wichtig ist Frische. Dies ist erkennbar am Abpack- bzw. Mindesthaltbarkeitsdatum. Abgepackt werden Nüsse genau ein Jahr vor Ablauf des Mindesthaltbarkeitsdatums.
⇨ Deutlich erkennbar ist das Alter von Nüssen an der Farbe. Je jünger eine Nuß ist, desto weißer ist ihr Fleisch, je älter sie ist, desto gelblicher ist es.
⇨ Gemahlene Nüsse schmecken intensiver, wenn sie erst kurz vor der Verwendung gemahlen werden. Es ist also geschmacklich besser, ganze Nüsse zu kaufen.
 – Besonders harte Nüsse lassen sich leicht knacken, wenn sie gefroren sind.

## Mandeln

Mandeln gibt es mit oder ohne Schale bzw. Haut, gemahlen oder in verschiedenen Formen zerkleinert, z. B. gehackt, gestiftelt. Mandeln werden hauptsächlich zum Backen verwendet.

Bittere Mandeln enthalten einen gesundheitsschädlichen Stoff (Amygdalin). Schon 2 Bittermandeln können für kleine Kinder lebensgefährlich sein.

### ▶▶   Praktischer Hinweis   ◀◀

Mandeln lassen sich leicht häuten, wenn man sie einige Minuten in heißes Wasser legt.

*Marzipan* ist ein Mandelerzeugnis aus feinstgeriebenen Mandeln, Puderzucker und Rosenwasser. Bei *Persipan* sind die Mandeln durch Aprikosenkerne ersetzt.

## Walnüsse

Walnüsse wachsen in Deutschland. Die meisten werden jedoch aus Mittelmeerländern und Kalifornien importiert.

Deutsche Walnüsse sind unbehandelt, importierte dagegen meist gewaschen, gebleicht und geschwefelt. Walnüsse werden hauptsächlich zum Backen verwendet.

Eine besondere Spezialität sind *Schälnüsse*, das sind noch nicht ganz ausgereifte Walnüsse. Die dünne, bittere Schale um den Kern wird abgezogen, der geschälte Kern schmeckt mild-nussig.

Getrocknete Walnüsse haben einen typischen, würzigen Geschmack.

## Haselnüsse

Haselnüsse schmecken milder als Walnüsse. Es gibt sie ganz, gemahlen oder in verschiedenen Formen zerkleinert, z. B. gehackt. Verwendet werden sie hauptsächlich zum Backen.

### ▶▶   Praktischer Hinweis   ◀◀

Haselnüsse lassen sich leicht häuten, wenn man sie im Backofen einige Minuten röstet. Danach kann die Schale zwischen zwei Küchentüchern abgerieben werden.

## Kastanien (Maroni)

Eßkastanien enthalten viel Kalium. Sie haben eine leicht mehlige Konsistenz, die an Kartoffeln erinnert. Maroni werden gegart und geschält zu Wein gegessen oder als Füllung für Fleisch verwendet. Maroni-Püree gilt als feine Beilage.

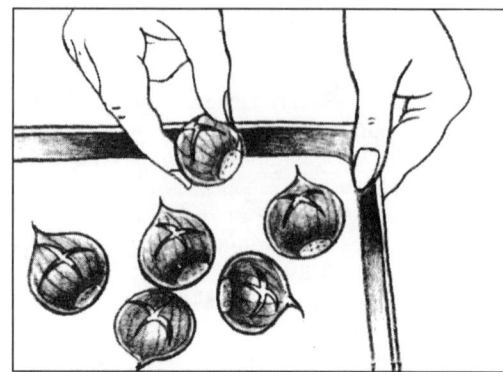

Maroni kreuzweise einschneiden

Zum Garen werden die Maroni kreuzweise an der gewölbten Seite eingeschnitten und in den Backofen gelegt. Danach lassen sich Haut und Fäden leicht entfernen.

## Pistazien

Pistazien sind hellgrün und haben einen leichten Nußgeschmack. Verwendet werden sie gesalzen und geröstet zum Knabbern, auch in Speiseeis, Wurstwaren oder als Verzierung von Pralinen und Plätzchen.

## Pekanüsse

Pekanüsse sehen ähnlich wie Walnüsse aus, schmecken aber milder. Sie werden fast ausschließlich als Knabberartikel verwendet.

## Paranüsse

Paranüsse haben einen milden, süßlichen Geschmack. Sie werden ebenfalls fast nur als Knabberartikel verwendet.

## Cashewnüsse

Cashewnüsse haben einen leicht süßlichen, angenehm milden Geschmack. Meist werden sie zum Knabbern angeboten. Die Haut um den Nußkern ist hochgiftig, sie muß unbedingt entfernt werden.

## Erdnüsse

Erdnüsse sind eine bedeutende Ölfrucht, aus der wertvolles Speiseöl und Erdnußbutter gewonnen wird. Angeboten werden sie mit oder ohne Schale, gesalzen und geröstet.

## Kokosnüsse

Kokosnüsse wachsen auf Kokospalmen. Kokosmilch schmeckt süßlich und wirkt erfrischend. Aus Kokosnüssen wird Kokosfett gewonnen, aus dem Fruchtfleisch Kokosflocken.

## Wildfrüchte

Wildfrüchte sind eßbare Früchte von wildwachsenden Sträuchern, Bäumen und Hecken. Wildfrüchte haben hohe Gehalte an Vitaminen und Mineralstoffen. Sie schmecken sehr aromatisch und intensiver als Kulturpflanzen, z. B. Walderdbeeren, Himbeeren. Ebereschen, Holunderbeeren, Brombeeren und Heidelbeeren enthalten sehr viel Eisen. Hagebutten und Sanddorn sind hervorragende Vitamin-C-Spender.

 **Wichtiger Hinweis**

Wildfrüchte sollten nicht in der Nähe stark befahrener Straßen gepflückt werden, da sich Schadstoffe der Autoabgase auf den Früchten ablagern. Grundsätzlich sollten Sie beim Sammeln von Wildfrüchten schonend mit den Pflanzen umgehen. Sie sollten bei der Kreisverwaltungs- oder Forstbehörde nachfragen, ob das Sammeln erlaubt ist.

**Wildfrüchte**

| Wildfrucht | Reifezeit | Küchenpraxis |
|---|---|---|
| Ebereschen (Vogelbeeren) | Spätherbst | Nach den ersten Frösten sammeln: Sie verlieren Bitterstoffe, wenn sie über Nacht in Essigwasser eingelegt werden, Danach gut spülen. Reif sind die Früchte, wenn sie sich leicht vom Stengel lösen. *Verwendung:* Likör, Wein, Kompott, Konfitüre, wie Preiselbeeren zu Wild und Fleisch |
| Brombeeren | Spätsommer | Lösen sich erst dann leicht vom Strauch wenn sie ganz reif sind. *Verwendung:* Frischverzehr, Konfitüre, Rumtopf, Kuchenbelag |
| Hagebutten | Herbst | Werden nach den ersten Frösten gepflückt, sind roh nicht genießbar. *Verwendung:* Konfitüre, Tee, Hiffenmark |
| Heidelbeeren | Sommer | Kleiner, aber aromatischer als die Kulturform. *Verwendung:* Frischverzehr, Kompott, Kuchenbelag, Konfitüre, Nachspeise, Fruchtsoße |
| Himbeeren | Sommer | Sehr aromatisch. *Verwendung:* Frischverzehr, Kuchenbelag, Konfitüre, Gelee, Saft, Süßspeisen, Fruchtsoße |
| Holunder (Fliederbeeren) | Spätsommer | Dürfen nur gekocht gegessen werden! Roh führen sie zu Übelkeit, Erbrechen und Durchfall. Der Saft ist sehr Vitamin-C-reich und hilft gegen Erkältungskrankheiten. Holunder enthält viel Kalium, Magnesium, Phosphor und Eisen. *Verwendung:* Kompott, gemischte Konfitüren, Saft |
| Preiselbeeren | Spätsommer | Reif pflücken, weil sie nicht nachreifen. *Verwendung:* Kompott, Konfitüre, zu Wild und Fleisch |
| Sanddorn | Spätsommer | Beeren platzen beim Pflücken leicht. Sie sind reich an Vitamin C, A, E und B-Vitaminen. *Verwendung:* Saft, Konfitüre |
| Schlehen | Herbst | Werden nach den ersten Frösten gepflückt. *Verwendung:* In Essig und Zucker gekocht als Beilage zu Fleisch, Likör, Saft, Wein und Konfitüre |
| Walderdbeeren | Sommer | Sehr aromatisch. *Verwendung:* frisch essen |

## *Südfrüchte*

### Zitronen

Zitronen enthalten sehr viel Vitamin C. Zitronensaft wird verwendet zum Abschmecken verschiedenster Speisen.

Häufig wird er eingesetzt gegen das Braunwerden
von Obst und Gemüse nach dem Schälen oder
während des Garens.

Die unbehandelte Schale wird verwendet als Gewürz in Kuchen und Getränken.

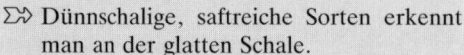

### ▶▶   Praktische Hinweise   ◀◀

↪ Dünnschalige, saftreiche Sorten erkennt
  man an der glatten Schale.
↪ Zitronen sollten nicht im Kühlschrank gelagert werden, sie verlieren ihr Aroma.

### Limetten

Limetten sind kleiner als Zitronen und haben
meist eine grüne Schale. Sie sind saurer als Zitronen und werden verwendet in Mixgetränken und
zum Verzieren.

### Mandarinen

Mandarinen sind im Vergleich zu Orangen kleiner
und abgeflacht. Die Schale löst sich leicht.

### Zuchtsorten und ihre Eigenschaften

| Sorten | Eigenschaften |
|---|---|
| Satsumas | Früh reif, wenig Kerne, sehr süß, milder Geschmack |
| Tangerinen | Sehr klein, wenig Kerne, süßer Geschmack |
| Tangelos | Kreuzung zwischen Grapefruits und Tangerinen, etwa so groß wie Orangen, süß und kernlos |
| Clementinen | kernlos, sehr süß und aromatisch |

### Orangen

Orangen enthalten sehr viel Vitamin C. Sie werden das ganze Jahr über angeboten. Die beste
Qualität gibt es bei uns während der Wintermonate zu kaufen. Orangen werden immer reif
geerntet, weil sie nicht nachreifen.

### Exotische Früchte

| Frucht | Geschmack | Verwendung |
|---|---|---|
| Avocado | Nußartig, mild | Roh als Vorspeise, Brotaufstrich, in feinen Salaten. Harte Früchte bei Zimmertemperatur reifen lassen. Große Früchte sind günstiger als kleine, rauhschalige Avocados sind von der gleichen Qualität wie glattschalige, jedoch billiger. |
| Cherimoya | Leicht, süßlich | Obstsalat, Dessert |
| Guave | Aromareich, süß, saftig | Rohverzehr, Kompott, in Obstsalat, auf Obstkuchen |
| Kaki | Sehr süß und saftig, un-reif sehr sauer, fast bitter | Rohverzehr, in Obstsalat, als Konfitüre, Quarkspeise |
| Kiwi | Mild, säuerlich | Rohverzehr, Kuchenbelag, in Getränken und Obstsalat |
| Kumquat (Zwergorange) | Würzig, süß bis säuerlich | Cocktailfrucht |
| Litchi | Himbeerähnlich | Rohverzehr, in Getränken |
| Mango | Süß, herb | Rohverzehr, in Quark oder Joghurt, als Saft, Kompott |
| Mispel | Aromatisch, erfrischend | Rohverzehr, Konservenware |
| Papaya | Ähnlich wie Honigmelone | Rohverzehr, Kompott, Kerne sind ungenießbar |
| Passionsfrucht (Maracuja) | Säuerlich, aromatisch | Rohverzehr, Fruchtsalat, Saft, Süßspeisen |

Helle Sorten mit orangerot-gelblichem Fruchtfleisch schmecken besonders süß. Blutorangen sind kleiner, saftiger und säuerlicher.

### Grapefruits
Grapefruits haben eine gelbe Schale und sind größer als Orangen. Der Saft enthält sehr viel Vitamin C, schmeckt jedoch bitter. Sie schmecken am besten, wenn sie sich fest anfühlen, aber auf Druck nachgeben.
*Pampelmusen* sind größer, haben eine dicke Schale und weniger Aroma.

### Bananen
Bananen gehören zu den energiereichsten Obstarten. Den besten Geschmack haben Bananen, wenn sie intensiv gelb sind. Grüne Bananen sind sehr fest und haben wenig Aroma. Überreife Bananen sind matschig. Geschätzt werden Bananen in der Ernährung von Kleinkindern sowie bei Magen-Darm-Störungen.

**➤➤ Praktischer Hinweis ◀◀**

Bananen sollten nicht im Kühlschrank gelagert werden, sonst leiden Geschmack und Aussehen.

### Ananas
Frische Ananas schmecken angenehm säuerlich, allerdings fällt beim Schälen viel Abfall an. Reife Ananas erkennt man daran, daß sich die Blätter leicht herausziehen lassen. Überlagerte Ananas haben Druckstellen und fühlen sich weich an. Frische Ananas werden verzehrt als Nachtisch oder in Getränken (Bowle). Ananasstücke schmecken gut zu mildem Hartkäse. Konservenware wird meist als Kuchenbelag verwendet.

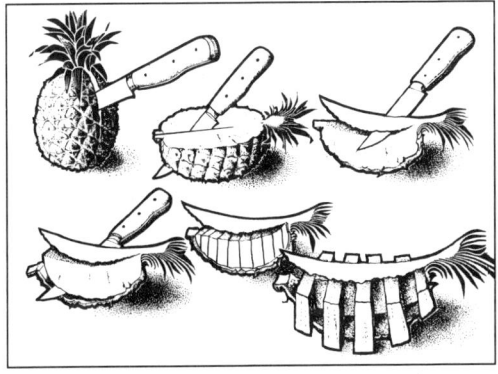

Ananas zerteilen

# 1.6 Obsterzeugnisse

## *Tiefgekühltes Obst*
Tiefgekühlt wird hauptsächlich Beerenobst angeboten. Tiefgekühlte Obsterzeugnisse haben den Vorteil, daß sie sehr nährstoffschonend konserviert sind, außerdem bleiben Aussehen und Geschmack weitgehend erhalten.
Rasches Schockgefrieren bei $-40\,°C$ verhindert, daß sich große Eiskristalle bilden, die die Zellen platzen lassen und dazu führen, daß beim Auftauen sehr viel Saft austritt. Wird das Obst gezuckert oder in Zuckerlösung eingelegt, muß dies auf der Packung vermerkt sein.
Tiefgekühltes Obst ist etwa 1 Jahr lagerfähig. Als Kuchenbelag wird Beerenobst gefroren verarbeitet.

## *Obstkonserven*
In Gläsern oder Dosen wird Obst haltbar gemacht durch Pasteurisieren (erhitzen über $80\,°C$) oder Sterilisieren (erhitzen über $100\,°C$). Als Konservenware wird mittlerweile fast jede Obstsorte angeboten in verschiedenen Verarbeitungsformen, z. B. entsteint, geviertelt, ganz.
Nicht erlaubt sind bei Obstkonserven Farbstoffe. Nur einige Erzeugnisse, z. B. Kirschen oder Erdbeeren dürfen gefärbt sein.
Obstkonserven sind 1–2 Jahre haltbar bei kühler, trockner Lagerung in einem dunklen Raum bei möglichst gleichbleibender Temperatur.

**➤➤ Praktische Hinweise ◀◀**

↪ Gewölbte Deckel (Bombagen) bei Obstkonserven sind ein Zeichen dafür, daß der Inhalt bereits verdorben ist. Solche Dosen sollten Sie nicht kaufen.
↪ Der Inhalt geöffneter Konservendosen sollte in Küchengeschirr umgefüllt werden, weil sonst die Gefahr besteht, daß Zink in das Lebensmittel übergeht.

## *Trockenobst*
Als Trockenobst werden Äpfel, Birnen, Pflaumen mit oder ohne Stein, Rosinen, Feigen, Datteln, Ananas und Bananen angeboten.
Beim Trocknen wird dem Obst Wasser entzogen. Deshalb ist Trockenobst verhältnismäßig mineralstoff-, energie- und ballaststoffreich.

Bei der industriellen Herstellung werden Trockenfrüchte zum Großteil geschwefelt. Das verlängert die Haltbarkeit und verhindert, daß sich helles Obst verfärbt. Geschmacklich hat das Schwefeln keinen Einfluß. Wer geschwefelte Erzeugnisse kauft, sollte daran denken, daß sie bei vielen Menschen Beschwerden hervorrufen, z. B. Kopfschmerzen, Übelkeit. Kennzeichnungspflichtig sind geschwefelte Erzeugnisse ab einer Menge von 50 Milligramm Schwefel pro Kilogramm Obsterzeugnis.

Trockenobst können Sie selbst herstellen, indem Sie das Obst im Backofen bei niedriger Temperatur (etwa 80 °C) trocknen (siehe Seite 238). Die Backofentüre sollte einen Spalt weit offen bleiben, damit die verdampfende Flüssigkeit entweichen kann. Aufbewahrt werden Trockenfrüchte in verschließbaren Dosen oder Gläsern.

Qualitativ hochwertiges Trockenobst hat eine weiche Oberfläche und ist gut quellfähig. Manchmal hat Trockenobst einen hellen Überzug, z. B. Datteln oder Feigen. Der Grund dafür ist auskristallisierter Zucker an der Oberfläche.

*Rosinen* werden hergestellt aus Weinbeeren, die an der Luft getrocknet werden. Es gibt sie gebleicht und ungebleicht. Gebleichte Ware ist geschwefelt, damit sich die Beeren nicht verfärben und länger halten. Ungebleichte Ware wird nicht behandelt.

*Korinthen* sind dunkel, kernlos, klein und haben einen intensiven Geschmack. *Sultaninen* sind hell, kernlos und relativ groß.

Bei kühler, trockener Lagerung hält sich Trockenobst bis zu 2 Jahre und kann auf Vorrat eingekauft werden.

## Kandierte Früchte

Kandierte Früchte werden hergestellt, indem man die ganzen Früchte, die Fruchtschale oder Wurzel in eine konzentrierte Zuckerlösung einlegt. Am bekanntesten sind *Zitronat* und *Orangeat*. Zitronat ist die kandierte Schale der Zidratfrucht, Orangeat die kandierte Schale der Bitterorange. Zu den kandierten Früchten zählen auch Cocktailkirschen und kandierte Ananas.

### Wichtiger Hinweis
Kandierte Früchte dürfen geschwefelt sein.

## Konfitüren und Gelees

Konfitüren und Gelees bestehen aus Zucker und Obstpülpe. Als Zusatzstoffe sind Pektin, Geliersaft, Stärkesirup, Wein- und Milchsäure sowie Farb- und Konservierungsstoffe erlaubt.

*Konfitüre* wird in den Qualitätsstufen »Extra« und »Einfach« angeboten. »Extra«-Qualität enthält mehr Früchte als »einfache«. Hergestellt sind Konfitüren aus Zucker und Obstpülpe einer oder mehrerer Fruchtarten durch Einkochen.

*Marmelade* ist hergestellt aus Zucker und Erzeugnissen von Zitrusfrüchten (Pülpe, Saft, Fruchtfleisch). Zitrusfrüchte mit gewachster Schale dürfen nicht verarbeitet werden.

*Gelee* wird hergestellt aus Zucker und Obstsaft einer oder mehrerer Fruchtarten durch Einkochen. Angeboten werden die Qualitätsstufen »Extra« und »Einfach«. »Extra«-Qualität hat einen höheren Fruchtanteil.

*Pflaumenmus* (Zwetschgenmus) wird hergestellt durch Einkochen frischer oder getrockneter Pflaumen bzw. Zwetschgen unter Zusatz von Zucker und Geschmacksstoffen.

*Obstkraut* ist ein süßer Brotaufstrich, der hergestellt wird aus dem abgepreßten und eingedickten Saft von gekochten Birnen und Äpfeln.

# 1.7 Süßungsmittel

## Zucker

### Ernährungsphysiologie

Zucker wird hergestellt aus Zuckerrüben oder Zuckerrohr. Er ist ein schneller Energiespender, leicht verdaulich und geht sofort ins Blut über. Zucker ist ein reines Kohlenhydrat, er enthält keine Vitamine oder Mineralstoffe und wird deshalb als »leerer Energieträger« eingestuft. Er wird manchmal als »Vitamin-B-Räuber« bezeichnet, weil bei hohem Zuckerverzehr der Vitamin-B$_1$-Bedarf steigt. Dies ist insofern problematisch, als die Versorgung mit diesem Vitamin ohnehin nicht ausreichend ist. Zucker wird oft als Ursache für Übergewicht angesehen. An dessen Entstehung ist jedoch zu üppiges Essen insgesamt beteiligt.

Rohzucker ist nicht gesünder als raffinierter Weißzucker. Die in Rohzucker enthaltenen Mineralstoffe sind unbedeutend.

Aufgenommen wird Zucker in reiner Form oder durch zuckerhaltige Speisen, z. B. Schokolade, Bonbons und andere Süßwaren sowie Speiseeis und Konfitüren.

## Verwendung

▷ *Süßungsmittel:* Für Backwaren, Süßspeisen, aber auch in pikanten Speisen, z. B. Salaten, rundet eine Prise Zucker den Geschmack ab. Je feiner der Zucker ist, desto leichter löst er sich.

▷ *Konservierungsmittel:* Für Konfitüren, Gelees, Obstsäfte. Durch hohe Zuckerkonzentrationen wird das Wachstum verderbniserregender Kleinstlebewesen gehemmt. Durch Zuckerzugabe bleiben bei Obst und Obsterzeugnissen Aroma, Geschmack, Farbe besser erhalten.

▷ *Farb- und Aromastoff:* Als *Karamel* (trocken erhitzter Zucker) in Süßspeisen und Glasuren. Durch das Karamelisieren verliert der Zucker seine Süßkraft. *Zuckercouleur* entsteht aus dunkel karamelisiertem Zucker. Verwendet wird Zuckercouleur zum Färben von Lebensmitteln, z. B. von Brotrinde, als Zusatz in Soßenpulver.

## Einkauf

Zucker kommt in zwei Qualitäten in den Handel:

▷ *Weißzucker:* Ist die einfachere Sorte mit weniger reiner Farbe. Er reicht für normale Ansprüche aus und ist billig.

▷ *Raffinade:* Ist der Zucker von höchster Qualität und Reinheit und deshalb teurer als Weißzucker.

## Lagerung

Bei trockener Lagerung ist Zucker fast unbegrenzt haltbar. Bei zu feuchter Lagerung verklumpt Zucker, vor allem Puderzucker. Für längere Aufbewahrung von Zuckersorten eignen sich gutschließende Gläser oder Dosen.

## Verarbeitungsformen von Zucker

| Zuckerart | Eigenschaften und Verwendung |
|---|---|
| Puderzucker | Fein gemahlener, staubähnlicher Zucker für Glasuren und zum Bestäuben von Gebäck und Süßspeisen. |
| Würfelzucker | Aus Raffinade (weißer Würfelzucker) oder Kandisfarin (brauner Würfelzucker) gepreßt |
| Hagelzucker | Hagelkornähnlicher Zucker, der verwendet wird zum Bestreuen von Gebäck und Desserts |
| Zuckerhut | In Kegelform gepreßte Raffinade, wird verwendet für Feuerzangenbowle und Punsch |
| Einmachzucker | Grobkörnige Raffinade, die sich langsam auflöst und wenig schäumt, wird verwendet zur Herstellung von Konfitüren und Gelee |
| Gelierzucker | Besteht aus Raffinade, die mit Obstpektinen und Zitronen- oder Weinsäure angereichert ist. Gelierzucker süßt und geliert zugleich in kürzester Zeit. Durch die kürzere Kochzeit bleiben beim Kochen von Konfitüre Farbe und Aroma der Früchte besser erhalten. |
| Kandis | Gibt es weiß und braun, beide entstehen durch langsames Kristallisieren von reinen Zuckerlösungen. Braunem Kandis wird karamelisierter Zucker zugegeben. |
| Kandisfarin | Brauner Zucker mit Karamelgeschmack, er wird aus braunem Kandissirup gewonnen und für Backwaren verwendet. |
| Vanillezucker | Mischung aus weißem Zucker und Mark von echter Vanille. Vanillezucker kann man selber herstellen, indem ein Stück Vanilleschote in ein geschlossenes Glas mit feinem Zucker gelegt wird. Der Zucker nimmt den Vanillegeschmack an. |
| Vanillinzucker | Mischung aus weißem Zucker und künstlich hergestelltem Vanille-Aroma |
| Traubenzucker | Wird aus Stärke gewonnen und hat eine geringere Süßkraft als Zucker |
| Milchzucker (tierisch) | Wird aus Milch gewonnen, wird in der Säuglings- und Kinderernährung verwendet sowie zur Regulierung der Verdauung. Milchzucker wirkt leicht abführend. |

# Honig

Honig wird von Bienen erzeugt, Ausgangsstoff ist Blütennektar. Er hat eine geringere Süßkraft als Zucker, schmeckt jedoch angenehm aromatisch. Honig besteht aus Traubenzucker, Fruchtzucker, Mehrfachzuckern und Wasser. Er enthält geringe Mengen an Vitaminen, Enzymen, Mineralstoffen, Säuren, Hormonen und Blütenpollen.

Honig ist leicht verdaulich und geht schnell ins Blut über, dient also als rascher Energiespender. Bei regelmäßigem Genuß von z. B. täglich 1 Eßlöffel wird dem Honig eine blutreinigende und heilende Wirkung zugeschrieben. Frischer Blütenhonig soll bei regelmäßigem Genuß gegen Pollenallergien helfen.

Je nach Ausgangsstoffen werden Honigarten unterschieden. Zu den *Blütenhonigen* gehören z. B. Linden-, Akazien-, Rapshonig. Blütenhonige haben einen milden Geschmack. *Honigtauhonige* sind dunkler als Blütenhonige und schmecken würziger, z. B. Tannenhonig, Fichtenhonig.

## Einkauf

Als Honig darf nur reiner Bienenhonig ohne jegliche Zusätze bezeichnet werden. Die großen Preisunterschiede bei Honig erklären sich daraus,

---

**Küchenpraxis**

▷ Honig kann gut zum Backen verwendet werden. Gebäck mit Honig bleibt lange frisch (Weihnachtsgebäck). Teigen, in denen Zucker durch Honig ersetzt wird, muß weniger Flüssigkeit zugegeben werden.

▷ Metallgegenstände, z. B. Silberlöffel, werden durch die im Honig enthaltenen Säuren angegriffen und verfälschen den Geschmack.

▷ Bei längerer oder zu kühler Lagerung kristallisiert Honig aus und wird fest. Durch vorsichtiges Erwärmen im Wasserbad bei etwa 40 °C kann der Honig wieder verflüssigt werden. Durch höhere Erhitzung werden wertvolle Inhaltsstoffe zerstört. Geben Sie deshalb Honig erst an die fertige Speise und erhitzen Sie ihn nicht mit.

▷ Bei dunkler Lagerung hält sich Honig mehrere Monate. Das Honiggefäß sollte immer gut verschlossen sein, weil Honig sehr leicht Fremdgeruch annimmt und Feuchtigkeit anzieht.

---

daß Importhonig zu sehr niedrigen Preisen angeboten wird, weil im Erzeugungsland die Kosten sehr niedrig und die Erträge sehr hoch sind.

Honig von guter Qualität ist klar, zähfließend, hat einen guten Geschmack und keinen Fremdgeruch. Honig von geringerer Qualität kann trüb sein, fließt leicht und ist unregelmäßig kandiert.

# Invertzuckercreme (Kunsthonig)

Kunsthonig ist eine alte Bezeichnung von Invertzuckercreme. Sie ist ein Honigersatz, der aus Rüben- oder Rohrzucker besteht. Invertzuckercreme darf gefärbt und aromatisiert werden. Sie ist viel billiger als Honig und wird ausschließlich zum Backen, z. B. für Lebkuchen, verwendet.

# Zuckeraustauschstoffe

Zuckeraustauschstoffe sind natürliche Stoffe, die im Austausch gegen Zucker eingesetzt werden. Wichtig sind sie in der Ernährung von Diabetikern, weil Zuckerkranke keinen »normalen« Zucker verwenden dürfen. Sie werden vom Körper langsamer aufgenommen als Zucker und belasten daher den Blutzuckerspiegel weniger. Außerdem werden sie zum größten Teil ohne Insulin verwertet.

Zuckeraustauschstoffe wirken leicht abführend. Die am häufigsten verwendeten Zuckeraustauschstoffe sind *Fruktose* und *Sorbit*. *Xylit* und *Mannit* werden vorwiegend in der Lebensmittelverarbeitung eingesetzt. In den Handel kommen Zuckeraustauschstoffe unter verschiedenen Bezeichnungen, z. B. von den Firmen Sionon, Schneekoppe.

Zuckeraustauschstoffe schmecken mit Ausnahme von Fruchtzucker weniger süß als Zucker, enthalten aber ähnlich viel Energie, das heißt, sie müssen bei der Berechnung des Energiebedarfs bzw. der Broteinheiten berücksichtigt werden. Sie eignen sich zum Kochen, Backen, Einfrieren und Einkochen von Speisen. Lagern lassen sich Zuckeraustauschstoffe nur in fest schließenden Dosen oder Gläsern, weil sie wasseranziehend sind und an der Luft schnell verklumpen.

# Süßstoffe

Süßstoffe sind künstlich hergestellte Ersatzprodukte für Zucker. Kennzeichnend ist, daß sie eine viel höhere Süßkraft (10–15fach) als Zucker haben und keine Energie liefern. Süßstoffe müssen sehr vorsichtig dosiert werden.

Die bekanntesten Süßstoffe sind *Cyclamat, Saccharin,* in neuerer Zeit auch *Aspartam.* Zu kaufen gibt es diese Stoffe unter verschiedenen Handelsbezeichnungen, z. B. assugrin, ilgon, natreen. Süßstoffe gibt es in Tablettenform oder flüssig. Häufig taucht die Frage auf, ob Süßstoffe gesundheitsschädlich sind. In den USA sind einige Süßstoffe verboten, weil sie in Tierversuchen schädliche Wirkung zeigten. In der Bundesrepublik Deutschland konnten jedoch keine nachteiligen Wirkungen nachgewiesen werden.

## 1.8 Pflanzliche Fette

### Ernährungsphysiologie

Pflanzliche Fette werden durch Auspressen fettreicher Samen und Früchte gewonnen. Die meisten pflanzlichen Fette sind Öle, d. h. flüssige, wasserfreie Fette. Dazu gehören Sonnenblumenöl, Leinöl, Sojaöl, Olivenöl, Rapsöl, Baumwollsamenöl und Keimöle. Kokosfett ist ein festes Fett.

Pflanzliche Fette sind zum Teil *gehärtet.* Da gehärtete Fette wenig ungesättigte Fettsäuren enthalten, sind sie für die menschliche Ernährung weniger wertvoll. Unbehandelte Öle, z. B. Sonnenblumenöl und Keimöle, enthalten dagegen sehr viel ungesättigte Fettsäuren.

*Kalt gepreßte (geschlagene)* Öle sind reich an ungesättigten Fettsäuren und fettlöslichen Vitaminen, werden schnell ranzig. Gekennzeichnet sind diese Öle mit den Bezeichnungen »naturrein« oder »naturbelassen«.

### Einkauf

▷ *Speiseöle:* Sie werden nach einer bestimmten Ölpflanze benannt, z. B. Olivenöl, Sonnenblumenöl, und dürfen nur aus dem reinen Öl dieser Pflanze bestehen. Bezeichnungen wie Tafel-, Salat- und Backöl können Mischungen sein. Mischungen verschiedener Öle gibt es auch bei Markenölen. Hier ist jedoch gewährleistet, daß Geschmack und Qualität gleichbleibend sind.

▷ *Plattenfette:* Sie sind fest, z. B. Kokosfett und haben eine vergleichsweise gute Haltbarkeit (etwa 1 Jahr), weil sie weniger empfindlich gegenüber Luftsauerstoff sind.

▷ *Margarine:* Sie besteht aus pflanzlichen Ölen, Wasser, Magermilch, Emulgatoren, Aroma- und Farbstoffen; manchmal ist sie mit Vitaminen angereichert. Kochsalzarme Margarine oder Margarine mit einem hohen Anteil an mehrfach ungesättigten Fettsäuren wird angeboten.

Der Fettgehalt von Margarine darf nicht unter 80% liegen. Verwendet wird Margarine als Brotaufstrich, zum Backen, Braten und Kochen. Wegen des hohen Wassergehalts läßt sich Margarine nicht hoch erhitzen.

---

**Küchenpraxis**

▷ Pflanzenöle oder daraus hergestellte gehärtete Fette lassen sich meist sehr hoch erhitzen. Sie eignen sich daher zum Fritieren und Anbraten. Außerdem werden sie zum Kochen, Backen, Braten und für Salatmarinaden verwendet.

▷ Öle verderben rasch. Deshalb sollten sie kühl, dunkel und gut verschlossen aufbewahrt werden. Öle halten ungeöffnet ½–1 Jahr, geöffnet sollten sie nach 2 Monaten aufgebraucht sein.

▷ Margarine wird im Kühlschrank gelagert.

▷ Plattenfette halten bei kühler Temperatur bis zu 2 Jahre.

---

### Margarinesorten

| Sorten | Eigenschaft und Verwendung |
|---|---|
| Haushaltsmargarine | Standardware aus pflanzlichen und/oder tierischen Fetten; geeignet als Brotaufstrich, zum Backen und Kochen |
| Pflanzenmargarine | Mindestens 97% des Fettanteils sind pflanzlich; geeignet als Brotaufstrich, zum Kochen und Backen |
| Kochmargarine | Auch *Tafelmargarine* genannt, nur zum Kochen, Braten und Backen geeignet |
| Schmelzmargarine | Auch *Margarineschmalz* genannt, ist fest und wasserfrei, kann höher erhitzt werden als normale Margarine; geeignet zum Kochen, Braten, Backen |
| Halbfettmargarine | Hat einen sehr niedrigen Fettgehalt, der zwischen 39 und 41% liegt; nur als Brotaufstrich geeignet. |

# 2 Tierische Lebensmittel

## 2.1 Fleisch

### Ernährungsphysiologie

Fleisch ist wegen seines hohen Gehalts an biologisch hochwertigem *Eiweiß* ein wertvoller Bestandteil unserer Ernährung. Fleisch trägt wesentlich bei zur Mineralstoffversorgung, vor allem mit Eisen, das der Körper sehr gut verwertet. Auch Zink ist in gut verwertbarer Form enthalten.

Bedeutung hat Fleisch auch als Vitamin-Lieferant. So enthält z. B. Schweinefleisch sehr viel Vitamin $B_1$. Auch die Vitamine $B_6$, $B_{12}$ und C kommen in nennenswerten Mengen vor.

Zuviel Fleisch wirkt sich ungünstig auf bestimmte Erkrankungen aus, z. B. Gicht. Häufig wird Fleisch, insbesondere Schweinefleisch, eine gesundheitsschädliche Wirkung nachgesagt wegen sogenannter *Sutoxine*. Die bisherigen wissenschaftlichen Untersuchungen konnten jedoch keinen Beweis für das Vorhandensein solcher Giftstoffe liefern.

### Einkauf

Nach dem *Fleischbeschaugesetz* muß Schlachtfleisch (= das Fleisch von Rindern, Schweinen, Schafen, Ziegen und Pferden) amtlich untersucht werden. Verschiedene Stempel kennzeichnen die Tauglichkeit für den menschlichen Verzehr.

Nur taugliches Fleisch mit dem runden Stempel kommt in den Handel. Über die Freibank darf minderwertiges und bedingt taugliches Fleisch verkauft werden. Minderwertig ist Fleisch, wenn Farbe, Geruch, Haltbarkeit oder Geschmack geringe Abweichungen von der Norm aufweisen.

Fleisch von Schweinen und Wildschweinen unterliegt zusätzlich der *Trichinenschau*. Trichinen sind Würmer, die man mit bloßem Auge nicht sehen kann. Werden sie mit dem rohen Fleisch gegessen, dringen sie durch die Darmwand in den Körper und kapseln sich in einem Muskel ab. Der Körper will den Eindringling abwehren und reagiert mit Übelkeit, Muskelschmerzen, bis hin zu Muskellähmung und Tod. Auf *Rückstände* wie Antibiotika, Hormone und Arzneimittel wird Fleisch nur stichprobenartig untersucht.

Nach der *Hackfleisch-Verordnung* darf Hackfleisch nur am Tag der Herstellung verkauft werden. Sie schreibt den Höchstfettgehalt vor:

### Hackfleischsorten und ihr Fettgehalt

| Hackfleischsorte | Fettgehalt |
|---|---|
| Rinderhackfleisch | bis 20% |
| Schweinehackfleisch | bis 35% |
| Mischungen | bis 30% |
| Schabefleisch (Tatar, Beefsteak) | bis 6% |

*Formfleisch* ist Fleisch, das aus kleinen Fleischstückchen durch Mischen und Pressen »zusammengeklebt« wird. Die Herkunft kann nicht nachvollzogen werden, deshalb kann geringwertiges Fleisch verwendet werden. Das wohl bekannteste Formfleisch ist der Preß-Vorderschinken.

*PSE-Fleisch* erhielt seine Bezeichnung durch die Abkürzungen für pale (= blaß), soft (= weich) und exudative (= wäßrig). Diese drei Eigenschaften kennzeichnen PSE-Fleisch. Es kommt fast ausschließlich bei Schweinefleisch vor. PSE-Fleisch verhält sich bei der Zubereitung anders als normales Fleisch: Es schrumpft erheblich und wird beim Garen trocken und zäh. Es hat also einen geringen Genußwert, ist aber nicht ungesünder als anderes Fleisch. Die Ursachen für den PSE-Charakter von Fleisch sind nicht genau geklärt. Einen großen Einfluß hat die Züchtung fettarmer, muskelfleischreicher Schweine. Aber auch die Schlachtbedingungen können sich auf die Fleischqualität so auswirken, daß das Fleisch als PSE-Fleisch eingestuft wird.

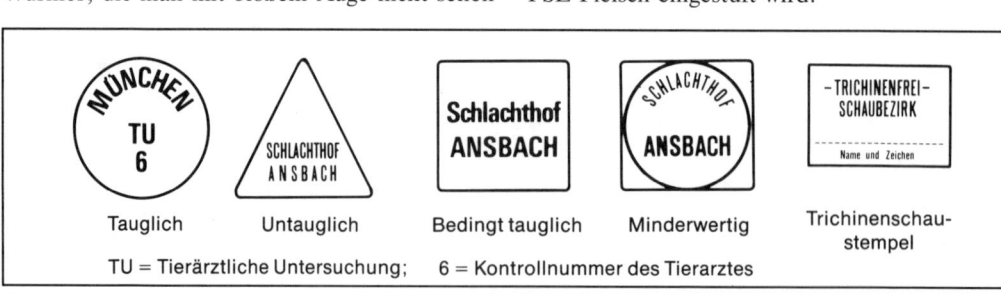

Qualitätsstempel bei Fleisch

*DFD-Fleisch* erhielt seinen Namen durch die Abkürzungen für dark (= dunkel), firm (= fest) und dry (= trocken). Diese Eigenschaften kennzeichnen DFD-Fleisch. Es kommt hauptsächlich bei Rindfleisch vor, aber auch bei Schweinefleisch. (Beide Qualitätsmängel – PSE und DFD – sind beim Schwein hauptsächlich auf die physiologisch und genetisch bedingte Streßanfälligkeit zurückzuführen.)

Weil gute Fleischqualität nicht immer sichtbar ist, braucht man beim Einkauf von Fleisch viel Erfahrung oder gute Beratung.

## ➤➤ Praktische Hinweise ◀◀ für den Einkauf

↪ *Fleischfarbe:* Fleisch von jungen Tieren ist kräftig rot, hat feine Fleischfasern, das Fett ist weiß. Gut abgehangenes, mürbes Rindfleisch ist dunkler als Schweinefleisch, es sollte jedoch nicht zu dunkel, fest und trocken sein.

↪ *Marmoriertes Fleisch,* das heißt Fleisch, das von Fett durchzogen ist, hat mehr Geschmack als mageres Fleisch.

↪ *Gulasch* wird in sehr unterschiedlicher Qualität und Preislage angeboten. Geschmacklich sind Ochsen- und Färsenfleisch sehr gut geeignet, auch Fleisch von jungen Kühen ergibt gutes Gulasch; Bullenfleisch schmeckt weniger gut. Natürlich ist auch auf den Fettanteil zu achten, er sollte nicht über 20% liegen.

↪ Bei verpacktem Frischfleisch auf das Abpack- und Mindesthaltbarkeitsdatum achten, keine beschädigten Packungen kaufen.

↪ Tiefgefrorenes Fleisch kritisch prüfen. Rauhreif an der Packung deutet darauf hin, daß das Fleisch bereits angetaut oder zu wenig kühl gelagert war. Nach dem Auftauen sollten Sie das Fleisch möglichst schnell verbrauchen. Es sollte nicht nochmals eingefroren werden, weil die Qualität sehr darunter leidet.

↪ Sonderangebote kritisch prüfen. Achten Sie auch bei niedrigem Preis auf gute Qualität. Die Nachfrage nach Fleisch zum Braten und Kurzbraten ist groß. Deshalb ist Kochfleisch relativ preisgünstig. Aus preisgünstigem Fleisch können sehr schmackhafte und vielseitige Gerichte hergestellt werden, die die Haushaltskasse entlasten.

↪ Preise von Fleisch kann man nur dann vergleichen, wenn man weiß, was folgende Abkürzungen bedeuten:

*w. gew.* = wie gewachsen, das heißt mit Knochen, Speck und Schwarte.

*o. Kn.* = ohne Knochen.

*m. B.* = mit Beilage. Zum knochenlosen Fleisch wird ein bestimmter Teil Knochen hinzugewogen.

*Geschnetzeltes* = kleine dünne Fleischstreifen, die sich zum Kurzbraten und für schnelle Schmorgerichte eignen. Wenn keine Tierart angegeben ist, handelt es sich um Kalbfleisch.

↪ PSE-Fleisch erkennen und vermeiden: Sehr blasses und extrem mageres Fleisch ist nicht von bester Qualität. Bei abgepacktem Fleisch ist ausgetretener Fleischsaft ein sicheres Zeichen für PSE-Fleisch. Vor allem Rücken- und Schinkenanteile haben häufig PSE-Eigenschaften, Schulter- und Nackenteile seltener.

↪ Der Kauf von Schweinehälften ist nicht unbedingt anzuraten. Durch den Kauf von Einzelstücken sparen Sie den Aufwand für das Zerlegen, Verpacken und Lagern.

### Lagerung

Fleisch wird nach dem Einkauf aus der Verpackung genommen und zugedeckt im Kühlschrank gelagert. Rohes Fleisch hält sich gut gekühlt etwa 4 Tage. Hackfleisch sollte innerhalb von 12 Stunden verbraucht sein. Die Lagerdauer von Fleisch kann durch Einlegen in Beize erhöht werden. Fleisch nimmt Fremdgerüche an, nicht zusammen mit stark riechenden Lebensmitteln lagern!

### Küchenpraxis

Fleisch ist ein leicht verderbliches Lebensmittel. Wenn es nicht sofort nach dem Einkauf zubereitet wird, muß es im Kühlschrank gelagert werden. Fleisch sollten Sie auf keinen Fall schon am Tag vor dem Verzehr anbraten, denn es bietet ideale Wachstumsbedingungen für Mikroorganismen.

Schweinefleisch wird möglichst frisch gegessen. Rindfleisch entwickelt durch *Abhängen* einen besseren Geschmack und wird zarter. Zum Braten ist es erst 5–8 Tage nach dem Schlachten gut geeignet. Gut abgehangenes Rindfleisch erkennt man daran, daß ein Fingerdruck längere Zeit sichtbar bleibt.

### Regeln für die Zubereitung

● Die unterschiedliche Zusammensetzung und damit auch Zartheit erfordert unterschiedliche *Garmethoden* einzelner Teilstücke. So werden z. B. Filets zum Kurzbraten, Bruststücke zum Kochen verwendet.

● Vor der Zubereitung wird Fleisch im Ganzen kurz unter fließendem Wasser gewaschen, anschließend trockengetupft.

● Salzen fördert den Saftaustritt. Deshalb kleine Fleischstücke wie Gulasch oder Naturschnitzel erst nach dem Anbraten, Kurzbratstücke und Innereien erst nach dem Garen salzen. Nur große Bratenstücke und paniertes Fleisch werden vor dem Garen gesalzen.

● Fettränder an flachen Fleischstücken, z. B. an Steaks oder Schnitzeln, einschneiden, dann wölbt sich beim Anbraten das Fleisch nicht nach oben und bräunt gleichmäßig.

● Weniger zartes Fleisch wird mürbe, wenn es über Nacht oder einige Tage in Beize gelegt wird, z. B. Buttermilch- oder Essigbeize.

● Fleisch in heißem, jedoch nicht zu heißem Fett anbraten. Dann tritt wenig Saft aus, der Geschmack ist gut und die Fasern sind mürbe.

● Beim Wenden sollten Sie Fleischstücke nicht anstechen, sonst tritt unnötig Saft aus.

● Tiefgefrorenes Fleisch während des Auftauens aus der Verpackung nehmen, aber zudecken. Den ausgetretenen Saft weggießen. Angetautes Fleisch können Sie weiterverarbeiten, dann bleibt der Fleischsaft besser erhalten, das Fleisch schmeckt zarter.

● *Garprobe:* Bratenfleisch ist gar, wenn sich der Braten bei Druck fest anfühlt. Fühlt er sich weich an, ist er innen noch roh, gibt er federnd nach, ist er innen rosa. Am einfachsten ist die Garprobe mit einem Bratenthermometer. Bei einer Temperatur von 64 °C im Bratenkern ist das Stück gar.

● *Garzeiten* einhalten. Zu langes Garen macht Fleisch zäh und trocken. Je nachdem wie stark Fleisch durchgebraten ist, unterscheidet man

*well done* = durchgegart
*medium*   = innen rosa (Filet, Steak)
*english*  = innen roh (Roastbeef, Steak)

● Garen im Dampfdrucktopf verkürzt die Garzeit von gekochtem oder gedünstetem Fleisch.

● Fleisch zum Kochen kann in kaltem oder heißem Wasser zugesetzt werden.

● *Hackfleisch* ist vielseitig verwendbar und braucht nur kurz gebraten zu werden. Durch die starke Zerkleinerung ist jedoch die Gefahr des Verderbs besonders groß. Deshalb auf ununterbrochene Kühlung achten, nach dem Einkauf sofort in den Kühlschrank legen, innerhalb von 12 Stunden verwerten. Genauso leicht verderblich wie Hackfleisch sind frische Bratwürste, Hackfleischbällchen, Hackepeter usw.

● Braten nicht sofort nach dem Garen aufschneiden, sondern noch etwa 10 Minuten neben dem Herd »ruhen« lassen. So bleibt das Bratenfleisch zart, der Saft geht nicht verloren.

### Tranchieren von Fleisch

Beim Tranchieren wird grundsätzlich gegen die Fleischfaser geschnitten. Nur mit einem scharfen Messer können Sie appetitliche Portionsstücke aufschneiden.

● Ist die Kruste eines Schinkens oder gebratenen Eisbeins so knusprig, daß man sie nicht schneiden kann, so wird sie abgelöst und gesondert in Portionsstücke aufgeteilt.

● Ist das Bratenstück zusammengebunden (Rollbraten), so sollten die Schnüre schon in der Küche gelöst werden.

● Bei Schinkenbraten empfiehlt es sich, über den Knochen eine Papiermanschette zu ziehen. Das sieht hübsch aus und der Knochen läßt sich beim Tranchieren besser anfassen.

● Bei einem Rippenbraten, Kotelettstück oder Kasseler trennt man die Rippen vorher durch Einhacken so, daß sie sich beim Tranchieren leicht mit dem Messer teilen lassen.

● Sie sollten nur so viele Bratenscheiben aufschneiden, wie ungefähr gegessen werden. Kalter Braten bleibt im Stück saftiger.

● Geschnittenes Fleisch wird auf einer vorgewärmten Platte angerichtet und mit wenig heißer Soße übergossen.

## Schweinefleisch

Die Qualität hängt ab von Alter, Rasse und Mastmethode. Die beste Qualität hat Fleisch von Schweinen, die mit Küchenabfällen gemästet wurden, wie dies auf vielen Bauernhöfen üblich ist.

### Die einzelnen Teilstücke

#### Schinken (Schlegel, Keule)
Ist ein teures Fleischstück. Aus Ober- und Unterschale werden Schnitzel geschnitten. Aus Oberschale, Unterschale, Nuß und Schinkenspeckstück (Hüfte) kann ein magerer Schinkenbraten mit Fett und Schwarte geschnitten werden.

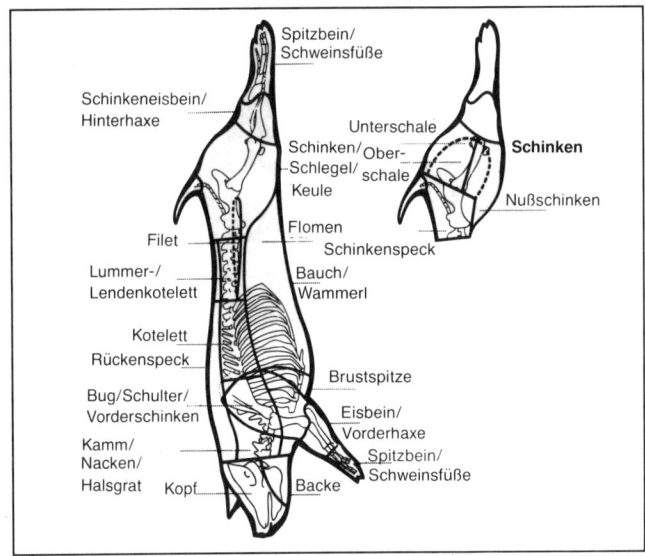

Lage und Bezeichnung der Teilstücke beim Schwein

knochenarm, zum Teil mit ange-
wachsenem Filetstück. Stiel-(Mittel-)
kotelett ist ebenfalls mager, hat
aber einen höheren Knochenanteil.
Halskoteletts sind größer, haben
mehr Knochen und durch ihren höheren Fettanteil einen sehr guten
Geschmack.
Die Zartheit eines Koteletts hängt
vom Zuschnitt ab, die ideale Dicke
beträgt 2 cm. Dünnere Koteletts
bleiben beim Garen nicht so saftig.

### Filet

Ist das teuerste Teilstück. Es ist fein-
faserig und gut marmoriert. Verwendet wird es zum Kurzbraten, für
Steaks, als Filetbraten oder als Fon-
duefleisch.

### Bug (Schulter)

Besteht aus der Dicken Schulter, dem Blatt und
dem Falschen Filet. Es ist ein typisches Stück für
Schweine- und Rollbraten. Das durchwachsene,
saftige und aromatische Fleisch eignet sich auch
für herzhaftes Gulasch, als Geschnetzeltes und für
andere Schmorgerichte.

### Nacken (Kamm)

Ist ein sehr zartes, geschmacklich sehr gutes Teilstück mit dünnen Fetteinlagerungen. Es wird verwendet als Nackenbraten oder Nackenkotelett.
Bekannte Nackenstücke sind Cordon bleu, Surfleisch, Pökelrippchen, Kasseler Rippenspeer,
Kasseler Rauchbraten.

### Kotelettstück (Karbonade)

Ergibt Koteletts. Wenn die Rippen ausgelöst sind,
entstehen Rollbraten oder Schweinesteaks. Kotelett ist übrigens nicht gleich Kotelett: Lummer-
(Lenden-, Filet-)kotelett ist besonders mager und

### Eisbein (Haxe)

Eignet sich zum Kochen und Braten. Die Gardauer ist verhältnismäßig lang, weil dieses Teilstück von zähen Sehnen durchzogen ist.

### Schweinebauch (Bauchfleisch, Wammerl)

Ist besonders aromatisch wegen des hohen Fettgehalts. Es wird mit Schwarten und Knochen oder
ohne Knochen angeboten. Zusammen mit den
fünf vorderen Rippenpaaren ergibt der Schweine-
bauch die Dicke Rippe.

Für Sülze werden Ohren, Backe, Spitzbeine und
Schwänzchen in kaltem Wasser zugesetzt. Schwei-
nebacke eignet sich auch bestens für Eintopfge-
richte.

### Zubereitungsarten für Schweinefleisch

| Grillen und Kurzbraten | Braten | Schmoren | Kochen |
|---|---|---|---|
| Filet (Lende) | Oberschale | Bug (Schulter) | Nacken |
| Kotelett (Rücken) | Unterschale | Bauch | Bauch |
| Nacken (Kamm) | Kamm | Haxe (Eisbein) | Eisbein (Haxe) |
| Schnitzel (Oberschale, Unterschale) | Filet (Lende) | Brustspitze (Dicke Rippe) | |
| | Kotelett | | |

# Rindfleisch

Das Alter des Schlachttieres ist ein wichtiger qualitätsbestimmender Faktor. Etwa 70% des Fleisches stammen von Jungrindern. Dieses Fleisch hat eine hell- bis mittelrote Farbe und »geht auf« beim Kochen und Braten, es scheint größer zu werden. Das Fett ist fast weiß, die Knorpel sind ebenfalls hell. Rindfleisch von älteren Tieren hat eine dunkelrote Farbe und ist etwas grobfaseriger. Je älter das Schlachttier, desto weniger zart ist das Fleisch.

Die Brat- und Geschmackseigenschaften sind um so besser, je ausgemästeter das Tier ist. Denn dieses Fleisch hat eine bestimmte Fetteinlagerung (Marmorierung) und einen Fettrand. Beide Merkmale stehen für gute Qualität.

Die wichtigsten Anhaltspunkte beim Einkauf von Rindfleisch sind

- Fleischfarbe
- Fleischfaser
- Fleischmaserung (Marmorierung) und Fettfarbe

## Die einzelnen Teilstücke

### Keule

Besteht aus Oberschale, Unterschale (Schwanzstück), Kugel und Blume (Hüfte). Das Fleisch der Keule wird für Rouladen und zum Braten verwendet. Die Blume von jungen Tieren eignet sich für Kurzbratstücke (Steaks). Das Fleisch von der Unterschale und Hüfte ist sehr gutes Kochfleisch, z. B. für die in Süddeutschland bekannte Spezialität »Tafelspitz«.

### Roastbeef (Rostbraten, Lendenbraten)

Gilt als der beste Teil des Rinderrückens. Es ist ein sehr mürbes Teilstück, das überwiegend als ganzer Braten verwendet wird, der schnell gar ist und sehr saftig bleibt. Auch von älteren Tieren eignet sich Roastbeef zum Kurzbraten.

### Filet (Lende)

Ist das zarteste und teuerste Teilstück. Das dikkere Ende wird verwendet für Filetbraten, Steaks, Fondue, die dünne Spitze für Filetgulasch.

### Schulter (Bug)

Teilt sich in Dickes Bugstück, Schaufelstück und Falsches Filet. Der Dicke Bug ist bestes Bratenfleisch. Schaufelstück und Falsches Filet sind weniger zart, können aber ebenfalls zum Braten verwendet werden. Einlegen in Beize macht diese beiden Teilstücke mürbe, z. B. für Sauerbraten.

### Spannrippe (Quer-, Flachrippe)

Ist das Fleisch vom Brustkasten. Es ist mit Rippenknochen durchzogen und eignet sich gut zum Kochen.

### Hohe Rippe (Hochrippe)

Ist bestes Kochfleisch, weil es gut marmoriert ist und zarte Fasern hat. Bei jungen Tieren kann dieses Teilstück auch zum Braten verwendet werden.

### Brust

Ist ein kerniges, festes Kochfleisch mit Fetteinlagerungen. Der Brustkern enthält das Brustbein. Die Nachbrust enthält weniger Knochen und ist meist magerer. Besonders geschätzt ist gepökelte Rinderbrust. Sie wird einige Tage in eine milde Pökelsalzlösung eingelegt und danach gekocht.

### Beinscheiben

Bestehen aus dem eingewachsenen Knochen und magerem Fleisch. Beinscheiben sind ein festes Kochfleisch, das eine sehr gute, kräftige Brühe ergibt. Gut mariniert, bleiben sie saftig und – bei richtiger Garzeit – auch zart.

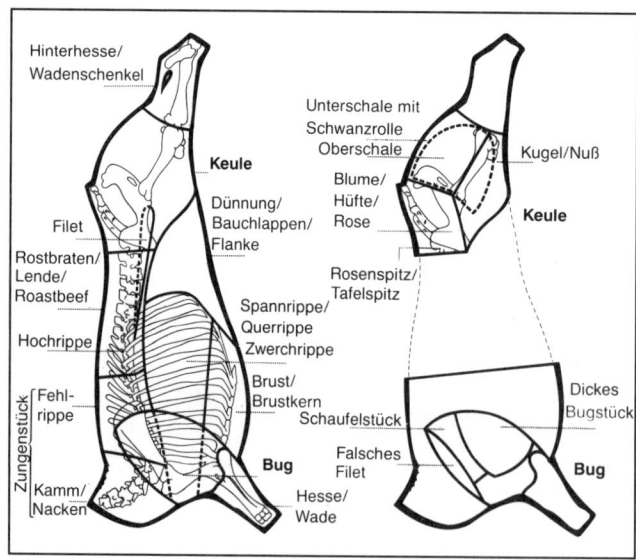

Lage und Bezeichnung der Teilstücke beim Rind

## Zubereitungsarten für Rindfleisch

| Grillen und Kurzbraten | Braten | Schmoren | Kochen |
|---|---|---|---|
| Roastbeef | Roastbeef | Zungenstück (Kamm, Fehlrippe) | Schwanz |
| Filet (Lende) | Filet | Brust, Spannrippe | Dicker Bug |
| Oberschale | Oberschale (innere Rose) | Schaufelstück (Bug) | Spannrippe (Zwerchrippe) |
| Kugel | Schwanzstück | Dünnung (Lappen) | |
| Blume | Kugel (Sternrose) | Hinterhesse (Waden) | |
| | Blume (Hüfte, Rosenspitz) | | |

## Kalbfleisch

Kalbfleisch hat eine rosa bis hellrote Farbe. Die Fleischfarbe hat nichts zu tun mit der Fleischqualität. Besonders helles Fleisch ist weder gesünder noch geschmacklich besser als dunkleres Kalbfleisch.

### Die einzelnen Teilstücke

#### Keule (Schlegel)
Ist besonders hochwertig und besteht aus Oberschale (Langes Frikandeau), Blume (Hüfte), Kugel (Nuß) und Unterschale (Kurzes Frikandeau). Alle Teile der Keule eignen sich sehr gut für Schnitzel.

#### Rücken (Nacken, Kotelettstück)
Wird für Kalbskoteletts ausgelöst oder zum Braten verwendet.

#### Filet
Ist das zarteste und teuerste Teilstück. Es wird fast ausschließlich zum Kurzbraten für Steaks, die Filetspitze für Filetgulasch verwendet.

#### Schulter (Bug)
Ist ein gutes Bratenstück. Ausgelöste Teile dienen als Geschnetzeltes, Ragout oder Frikassee.

#### Brust mit Dünnung/Flanke
Ist ein guter Braten und kann gefüllt werden. Aus der Brust wird häufig Gulasch oder Frikassee angeboten, selbst kleine Kurzbratstücke können aus der Brust geschnitten werden. Für Rollbraten wird meistens die Flanke verwendet.

#### Haxen
Haben kräftiges, mageres Fleisch und sind beliebte Braten. In Scheiben geschnittene Haxen werden für Osso buco verwendet.

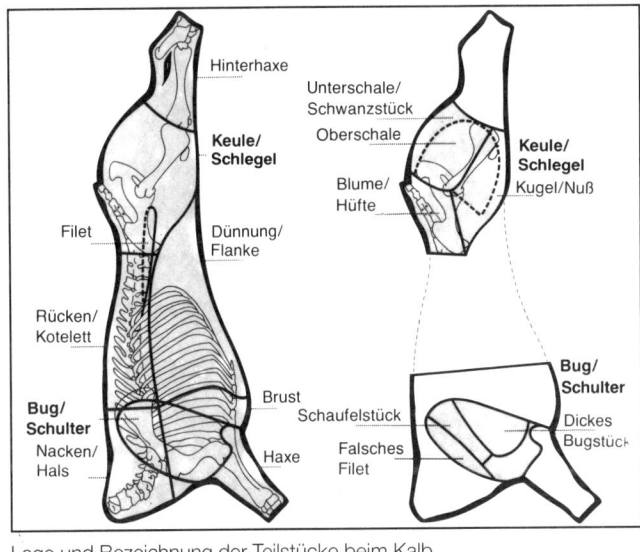

Lage und Bezeichnung der Teilstücke beim Kalb

## Zubereitungsarten für Kalbfleisch

| Grillen und Kurzbraten | Braten | Schmoren | Kochen |
|---|---|---|---|
| Filet (Lende) | Oberschale | Nacken (Hals) | Nacken |
| Kotelett (Rücken) | Kugel | Brust | Brust |
| Haxe | Blume (Hüfte) | Bug (Schulter) | Dünnung |
| Oberschale | Rücken, Filet | Haxe | Haxe |
| Hüfte, Kugel | Brust | | |

## Schaffleisch

Die Qualität hängt ab von Alter und Geschlecht des Tieres. Je jünger, desto zarter und wohlschmeckender ist das Fleisch. Wie Rindfleisch sollte auch Schaffleisch einige Tage abhängen, damit es zart und mürbe wird.

Schaffleisch sollte möglichst heiß gegessen werden, weil sonst der manchmal unangenehme Geschmack des Fettes den Geschmack des Fleisches beeinträchtigt.

*Hammelfleisch* stammt von kastrierten männlichen oder nicht zur Zucht benutzten weiblichen Tieren, die nicht älter als 2 Jahre sind.

*Schaffleisch* stammt von weiblichen oder kastrierten männlichen Tieren, die älter als 2 Jahre sind.

Besonders preisgünstig wird Schaffleisch im Herbst angeboten.

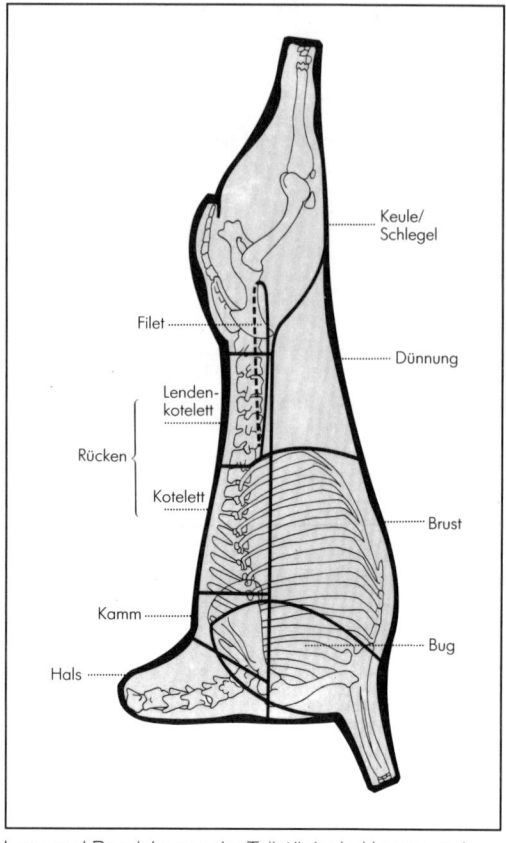

Lage und Bezeichnung der Teilstücke bei Lamm und Hammel

### Die einzelnen Teilstücke

#### Keule
Wird als Braten verwendet.

#### Schulter (Bug)
Eignet sich ebenfalls zum Braten. Die äußere Fettschicht sollte vorher abgetrennt werden, sie schmeckt vielen zu penetrant.

#### Rücken
Wird für Koteletts verwendet. Weil Lammkoteletts sehr klein sind, werden häufig Doppelkoteletts geschnitten. Teile des Rückens werden auch für Rollbraten verwendet.

#### Filet
Ist sehr zart. Es wird im ganzen gebraten oder zum Kurzbraten verwendet.

#### Hals (Nacken, Kamm)
Wird zu Gulasch und Eintöpfen verarbeitet.

#### Brust und Dünnung
Beide eignen sich ebenfalls für Gulasch und Eintöpfe.

### Zubereitungsarten von Schaffleisch (Lamm, Hammel)

| Grillen und Kurzbraten | Braten | Schmoren | Kochen |
|---|---|---|---|
| Scheiben von Keule (Schlegel) | Keule | Keule | Bug |
| Lende (Sattel, Chops) | Lende | Bug | Brust |
| Filet | Brust | Brust | Dünnung |
| Brust | Filet | Dünnung | Hals |
| | Bug (Blatt, Schulter) | Kamm (Halskotelett) | |
| | Dünnung (Lappen, Bauch) | Hals | |
| | Kamm (Halskotelett) | | |
| | Hals | | |

# Geflügel

## Ernährungsphysiologie

Geflügelfleisch hat einen hohen Eiweißgehalt. Es enthält viele essentielle Aminosäuren (Eiweißbausteine), die der Körper nicht selbst aufbauen kann.

Geflügelfleisch enthält bedeutende Mengen an Mineralstoffen und Vitaminen, vor allem B-Vitamine, Eisen und Phosphor.

Der Energiegehalt von Geflügelfleisch hängt vom Fettgehalt ab.

## Fett- und Energiegehalt von Geflügelfleisch im Vergleich zu Schweinefleisch

| Fleischart | Fettgehalt je 100 g | Energiegehalt je 100 g |
|---|---|---|
| Hähnchen | 5 g | 602 kJ (144 kcal) |
| Truthahn | 15 g | 968 kJ (231 kcal) |
| Ente | 17 g | 1017 kJ (243 kcal) |
| Suppenhuhn | 20 g | 1147 kJ (274 kcal) |
| Gans | 30 g | 1521 kJ (364 kcal) |
| Schweinefleisch (mittelfett) | 35 g | 1651 kJ (395 kcal) |

Mageres Geflügelfleisch, z. B. von Hähnchen oder Pute, ist bekömmlich und leicht verdaulich. Es kann daher sehr gut bei Diätkost verwendet werden. Ente und Gans gehören zu den schwer verdaulichen Geflügelfleischarten.

## Einkauf

Geflügelfleisch ist in die *Handelsklassen* A, B und C eingeteilt. Handelsklasse »Extra« gibt es nur für Hähnchen der Klasse A, die über 1200 g wiegen. Festgelegt werden die Handelsklassen nach äußeren Merkmalen, z. B. gleichmäßiger Fettansatz, Vorhandensein von Federkielen und Haarfedern.

## Vorbereiten von nicht küchenfertigem Geflügel

Nicht küchenfertiges Geflügel ist nicht gerupft und ausgenommen.

*Trocken gerupft* werden Enten und Gänse, also Geflügel, dessen Federn weiterverwendet werden, sowie Tauben und Wildgeflügel. Hähnchen, Truthähne und Suppenhühner können *naß gerupft* werden. Dazu werden sie vor dem Rupfen mit heißem Wasser (60–70 °C) überbrüht. Verbliebene Federkiele (Stoppeln) werden mit einem spitzen Messer herausgezogen, Flaumhaare werden über einer Flamme abgesengt.

## Geflügelangebot

| Geflügelart | Verkehrsbezeichnung | Eigenschaften |
|---|---|---|
| Hühner | Suppenhuhn | Nach der Geschlechtsreife geschlachtet, verwendet für Suppenfleisch, Frikassee, Ragout, Salate. Gewicht etwa 1,5 kg. |
| | Brathähnchen (700–1200 g) Poularde (ab 1200 g) Junger Hahn (ab 1800 g) | Vor der Geschlechtsreife geschlachtet, männlich oder weiblich, verwendet zum Braten, Schmoren, Grillen, für Salate, zum Backen |
| Enten | Junge Enten | Vor der Geschlechtsreife geschlachtet, Brustbeinfortsatz ist noch biegsam. |
| | Enten | Nach der Geschlechtsreife geschlachtet, Gewicht 2–3 kg |
| Gänse | Frühmastgänse (4–5 kg) | Vor der ersten Federreife geschlachtet |
| | Junge Gänse (5–7 kg) | Nach der ersten Federreife geschlachtet |
| | Gänse (6–8 kg) | Nach der Geschlechtsreife geschlachtet, Brustbeinfortsatz verknöchert |
| Puten (Truthühner) | Junge Truthühner Babyputer mit 2–6 kg | Brustbeinfortsatz biegsam |
| | Truthühner Zerlegepute mit 5–11 kg | Brustbeinfortsatz verknöchert |
| Geflügelteile | Hälfte, Brust, Schenkel (Keule), Oberschenkel, Unterschenkel | Die Bezeichnung der Teile muß jeweils in Verbindung mit dem ganzen Tier genannt werden, z. B. Hähnchenschenkel |

## Zubereitungsarten von Geflügel

| Grillen | Braten | Schmoren | Kochen |
|---|---|---|---|
| Kurzbraten | | | |
| Hähnchen | Ganzes Geflügel | Hähnchen, portioniert | Suppenhuhn |
| Poularden | Hähnchenschenkel | Hähnchenschenkel | Hühnerklein |
| Grillenten | Putenkeulen | Putenkeulen | Putenklein |
| Hähnchen-, Poularden-, Entenbrust | | | |
| Brustfilet | | | |
| Putenschnitzel, -steak | | | |

## ➤➤ Praktische Hinweise ◀◀ für den Einkauf

➠ Beim Kauf von tiefgefrorenem Geflügel darauf achten, daß das Geflügel in übervollen Truhen nicht oberhalb der Kühlmarkierung liegt, denn dann besteht die Gefahr, daß es bereits angetaut ist.

➠ Kaufen Sie nur Geflügel in unbeschädigter Verpackung.

➠ Schneebildung innerhalb der Verpackung, weiße oder bräunliche Verfärbungen deuten auf mindere Qualität hin oder sind Zeichen dafür, daß das Geflügel bereits angetaut war.

➠ Gefrorenes Geflügel sollten Sie auf dem Weg vom Geschäft nach Hause vor dem Antauen schützen durch Einschlagen in Zeitungspapier oder Isolierbeutel.

Sowohl bei trockenem wie nassem Rupfen müssen Sie die Rupfrichtung beachten, das heißt, Sie sollten in der Richtung rupfen, in der die Federn aus der Haut wachsen. Mit einer Hand hält man das Geflügel, mit der andern werden kleine Büschel von Federn herausgezogen. Man beginnt am Bauch, dann rupft man den Rücken, den Schwanz, die Flügel und zum Schluß den Hals. Trocken gerupftes Geflügel wird nach dem Rupfen mit Brühpech bestrichen und mit heißem Wasser wieder abgewaschen. Anschließend lassen sich die Stoppeln leicht entfernen.

Zum *Ausnehmen* wird die Haut am Hals vorsichtig eingeschnitten und Kropf, Luft- und Speiseröhre herausgenommen. Anschließend wird der Darmausgang ausgeschnitten und der Bauch bis zum Brustbein aufgeschnitten. Dann faßt man mit dem Zeige- und Mittelfinger hinter den Magen und zieht mit ihm die Eingeweide heraus. Sie sollten vorsichtig vorgehen, damit auf keinen Fall die Galle ausläuft, sie macht das Fleisch bitter. Leber, Herz und Magen können verarbeitet werden. Därme, Lunge und Galle gehören in den Abfall. Der Magen wird aufgeschnitten und die innere Haut samt Mageninhalt abgezogen.

Zum Schluß werden die Flügelspitzen abgehackt, ebenso die Füße und der Kopf. Bei Enten und Gänsen werden Kopf, Hals, Magen, Leber, Herz, Füße und Flügelteile (Geflügelklein) verwendet für Suppen, Soßen und Füllungen.

### Regeln für die Zubereitung

● Vorbereitetes Geflügel, ob frisch oder aufgetaut, sollten Sie vor der Zubereitung unter fließendem Wasser gründlich waschen und gut abtropfen lassen. Anschließend würzen Sie es, salzen aber nur innen. Wird die Haut vor dem Garen gesalzen, wird sie lederartig. Das Salzen kann gegen Ende der Garzeit oder nach dem Zubereiten erfolgen.

● Wenn *Geflügel gefüllt* wird, sollten Sie unbedingt darauf achten, daß der Bauch nicht zu prall gefüllt wird. Die Fülle dehnt sich aus und könnte dazu führen, daß das Geflügel aufplatzt.

● Schwere, fleischreiche Tiere trocknen beim Braten weniger aus als kleine.

### Dressieren von Geflügel

Vor dem Garen wird Geflügel dressiert, das heißt in die richtige Form gebracht, damit abstehende, dünne Teile wie Flügel nicht austrocknen.

● Bei *kleinem Geflügel* werden die Flügel unter dem Rücken verschränkt, die Schenkel fest zusammengebunden oder vor der Bürzeldrüse in die Haut gesteckt.

● *Großes Geflügel* legen Sie auf den Rücken und biegen die Halshaut auf den Rücken. Mit der eingefädelten Dressiernadel stechen Sie seitlich unter dem Kniegelenk durch, führen die Nadel durch den Rumpf und durchstechen das andere Bein ebenfalls. Den Faden ziehen Sie bis auf ein kleines Stück durch, drehen das Geflügel um und ziehen den Faden durch den Flügel, die Halshaut am Rücken und den zweiten Flügel. Die beiden Fadenenden ziehen sie kräftig zu-

**Küchenpraxis**

Bei Geflügel ist die Gefahr der *Salmonelleninfektion* besonders groß. Frisch geschlachtetes Geflügel sollte nicht am gleichen Tag verarbeitet oder gegart werden, damit es reift und zart wird. Es sollte nicht unverpackt zusammen mit anderen Lebensmitteln wie Salat oder Obst gelagert werden.

Zum Aufbewahren und Bearbeiten von Geflügel möglichst Geschirr und Geräte verwenden, die sehr heiß gewaschen werden können, damit anhaftende Keime nicht auf andere Lebensmittel übertragen werden.

Geflügelfleisch muß gut durchgaren, weil Salmonellen hohe Temperaturen über 90 °C nicht überstehen. Wird das gegarte Fleisch kalt gegessen, sollte es sofort nach dem Garen abgekühlt und kühl aufbewahrt werden.

*Gefrorenes Geflügel* wird zum Auftauen aus der Verpackung genommen und auf ein Sieb gelegt, damit die Auftauflüssigkeit abtropfen kann. Die Auftauflüssigkeit muß wegen der Gefahr einer Salmonelleninfektion vollständig weggeschüttet werden. Spüle, Geschirr, Arbeitsfläche und Hände müssen Sie gründlich unter fließend heißem Wasser mit etwas Spülmittel waschen.

Gefrorenes Geflügel im Kühlschrank oder bei Zimmertemperatur auftauen lassen. Im Backofen oder an der Heizung geht das Auftauen zwar schneller, das Fleisch schmeckt dann jedoch nicht mehr so gut. Außerdem können sich bei höheren Temperaturen Keime sehr schnell vermehren.

▷ Geflügelteile oder Suppenhühner können unaufgetaut verwendet werden.
▷ Aufgetautes oder angetautes Geflügel sofort verarbeiten, auf keinen Fall wieder einfrieren.
▷ Frisch geschlachtetes Geflügel 2 Tage reifen lassen bei kühler Lagerung.

sammen und verknoten sie. Nun ziehen Sie einen Faden rechts und links der Bürzeldrüse durch, dann durch die Haut an der Brustspitze und umschließen damit die Beine. Den Faden verknoten Sie fest und schneiden ihn ab.

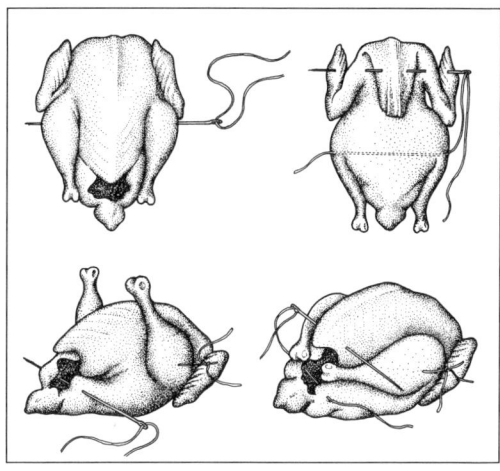

Dressieren von großem Geflügel

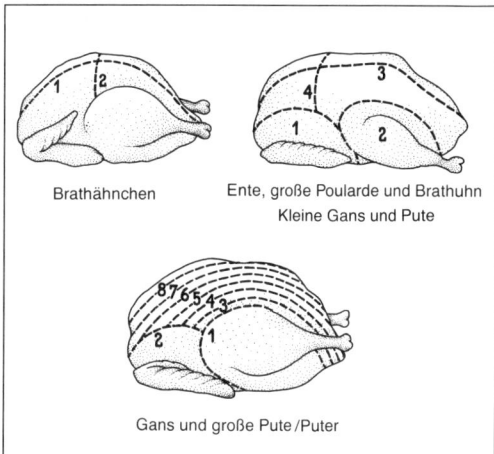

Brathähnchen          Ente, große Poularde und Brathuhn
                      Kleine Gans und Pute

Gans und große Pute /Puter

Geflügel tranchieren (Ziffern in der Reihenfolge der Arbeitsschritte)

**Tranchieren von Geflügel**
● *Kleineres Geflügel* wird halbiert, geviertelt und mit der Innenseite nach unten serviert.
● *Großes Geflügel* legen Sie auf den Rücken und halten es mit der Gabel an der Brust fest. Die Beine werden vom Rumpf weggebogen und im Gelenk am Rumpf durchschnitten. Nun können Sie die Brust ablösen und in zentimeterbreite Streifen schneiden. Die Flügel lassen Sie jeweils am äußeren Bruststreifen. Den Rücken können Sie abtrennen und in 3–4 Teile teilen.

## Wild und Wildgeflügel

Wildfleisch (Wildbret) stammt von jagdbaren Tieren, d. h. nicht als Haustiere gehaltenen Tieren: von Rehen, Hirschen, Gemsen, Wildschweinen, Hasen, Fasanen, Rebhühnern, Schnepfen und Enten.

In der Bundesrepublik Deutschland darf Wild nur zu bestimmten Zeiten gejagt werden. Deshalb ist das Angebot an frisch geschossenem inländischem Wildfleisch auf diese Zeit beschränkt. Während der Schonzeiten wird tiefgefrorenes oder ausländisches Wildbret angeboten.

### Ernährungsphysiologie

Wildfleisch ist dunkelrot bis braunrot, sehr eiweißreich und fettarm. Außerdem ist es zart, deshalb leicht verdaulich und bekömmlich und damit für Krankenkost geeignet. Geschätzt wird an Wild der typische Geschmack. Wildbret enthält die Mineralstoffe Calcium, Phosphor und Eisen in nennenswerten Mengen, ebenso Vitamin $B_1$ und $B_2$.

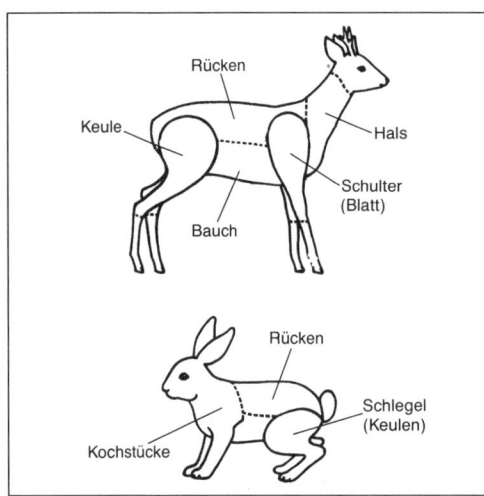

Teilstücke von Schalenwild und Hase

### Einkauf und Verwendung

▷ *Reh:* Geschmacklich sehr gutes Fleisch. Der Rücken hat die beste Qualität, danach kommen Keule und Schulter.
▷ *Hirsch:* Bis zum Alter von 3 Jahren zartes Fleisch. Grobes und zähes Fleisch haben alte Tiere.
▷ *Damwild:* Geschmacklich wie Rehfleisch einzustufen, aber zarter in seiner Beschaffenheit.
▷ *Schwarzwild (Wildschweine):* Jungtiere haben sehr zartes und wohlschmeckendes Fleisch; äl-

tere Tiere haben zähes Fleisch, das manchmal einen ausgeprägten Geschlechtsgeruch aufweist.
▷ *Hase:* Bis zum Alter von 8 Monaten sehr zart.
▷ *Kaninchen:* Kleiner als Hasen; zartes, leicht süßliches Fleisch.
▷ *Rebhuhn:* Geschmacklich sehr gutes Fleisch, das besonders zart von Jungtieren ist.
▷ *Fasan:* Schmackhaftes, zartes Fleisch mit kurzer Gardauer.

 **Praktische Hinweise** ◀◀

↳ Der Kauf von Wild ist Vertrauenssache. Deshalb sollten Sie nach dem Alter des Tieres fragen.
 – Hasen schmecken am besten mit 3–8 Monaten. Man erkennt junge Hasen daran, daß sie am Bauch noch Flaumhaare haben.
↳ Rehe haben zartes Fleisch bis zum Alter von 3 Jahren, Hirsche und Wildschweine im ersten Lebensjahr.
↳ Fleisch älterer Tiere ist grobfaseriger und schmeckt strenger.
↳ Junges Wildgeflügel erkennen Sie daran, daß die Ständer (Füße) noch hell sind. Außerdem ist das Brustbein noch biegsam und der Schnabel weich.

### Verwendung von Wildbret

| Verwendung | Teilstück |
|---|---|
| Braten | Vor allem Fleisch junger Tiere: Rücken (Ziemer) oder Schlegel von Hase, Reh, Hirsch; Blatt von Reh und Hirsch; Leber von Wild (Hasenleber sollte nicht gegessen werden wegen des hohen Gehalts an schädlichen Schwermetallen), Wildgeflügel, Hase, Kaninchen |
| Schmoren, Dünsten | Bratenstücke von älteren Tieren: Bug von Reh und Hirsch für Gulasch; Herz von Reh und Hirsch, Wildgeflügel, Hase, Wildkaninchen |
| Grillen | Rücken vom Hasen; Steaks aus dem Rücken von Reh und Hirsch; Schnitzel aus der Keule von Reh und Hirsch; Rehleber |
| Ragout | Brust- und Bauchlappen, Hals, Kopf, Herz von Wildgeflügel, Hase, Wildkaninchen |

▷ *Wildtaube:* Junge Tiere haben sehr zartes, gutes und besonders leicht verdauliches Fleisch, das in der Krankenkost gerne eingesetzt wird.

▷ *Wildente:* Schmeckt häufig tranig. Der Geschmack kann gemildert werden durch Einlegen in Beize oder Salzwasser.

---

**Küchenpraxis**

Wild muß *abhängen*, damit es zart und aromatisch wird. *Hautgout* wird der typische Wildgeschmack genannt. Bei kühler Lagerung (−2 bis +2 °C) soll Wildfleisch 8–10 Tage abhängen.

Abgehangenes Wildfleisch kann tiefgefroren werden. Wegen des niedrigen Fettgehalts hält es sich (ungespickt) bis zu 10 Monaten. Vor der Verwendung wird tiefgefrorenes Wildbret aufgetaut, kleinere Stücke können auch angetaut weiterverarbeitet werden.

Fleisch älterer Tiere wird durch *Beizen* (Essig-, Buttermilch-, Weinbeize) mürber und milder im Geschmack. Wildfett hat einen sehr intensiven Eigengeschmack und sollte vor dem Garen entfernt werden. Wildbret wird vor dem Zubereiten nicht gewaschen, sondern mit einem feuchten Lappen, der eventuell in Essigwasser getränkt wurde, gründlich abgerieben.

---

**Häuten von Wildbret**

Wildbret, das gebraten werden soll, wird vorher gehäutet, das heißt, die feine Haut über den Muskelfasern wird vorsichtig abgezogen. Dazu mit einem spitzen, scharfen Messer vorsichtig zwischen Haut und Muskelfasern fahren. Die Haut mit einer Hand festhalten, mit der anderen Hand das Messer führen und die Haut schneiden.

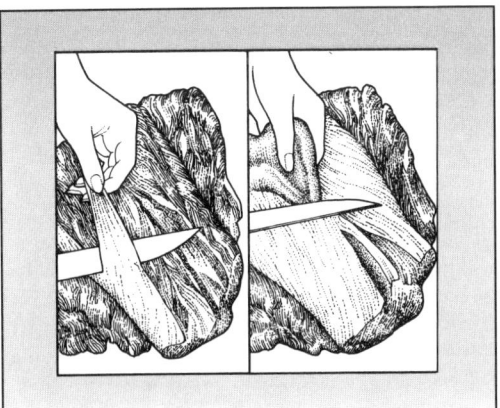

Häuten von Wildbret

**Bardieren von Wildbret**

Damit Wild beim Braten nicht austrocknet, decken Sie es mit Speckscheiben ab und vermeiden sehr starke Brathitze.

Gespickt wird mit einer Spicknadel. Dabei wird das Fleisch mit Speckstreifen durchzogen. Weniger Saft geht verloren, wenn nicht gespickt, sondern der Speck nur aufgelegt wird. Die Speckscheiben können festgebunden werden (bardieren). Kurz vor dem Ende der Garzeit sollten Sie die Speckscheiben abnehmen, damit der Braten bräunt.

Der Braten ist gar, zart und saftig, wenn er innen noch rosa, aber nicht blutig ist.

Bardieren eines Rehrückens

**Tranchieren von Wildbret**

● *Rehrücken:* An einer Seite der Wirbelsäule am Knochen entlangschneiden und mit einem weiteren Schnitt am unteren Knochen entlang das Filet ablösen. Fleisch quer oder schräg in gleichmäßige Scheiben schneiden. Zum Schluß die zerschnittenen Filets wieder auf den Knochen zurücklegen.

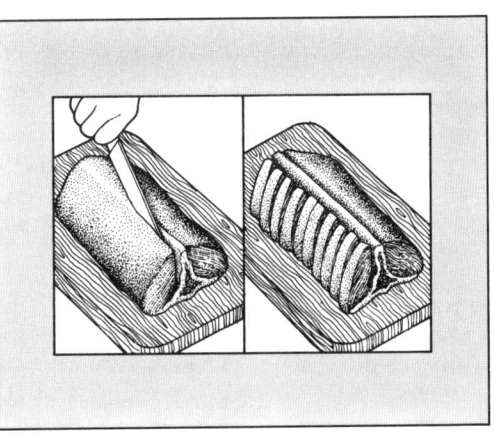

Tranchieren eines Rehrückens

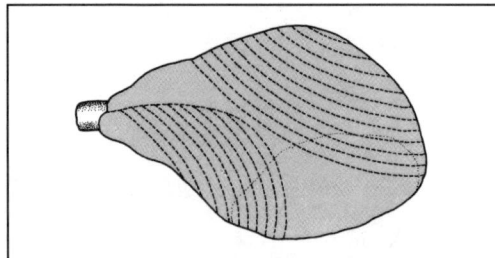

Tranchieren einer Reh- oder Hirschkeule

● *Keule:* Die Keule wird so festgehalten, daß die Nuß oben liegt. Die Nuß ist der Muskel an der Innenseite der Keule zwischen oberstem Gelenk und Knie. Die Schale ist der Muskel an der äußeren Seite. Es wird senkrecht zur Faser geschnitten. Die Scheiben möglichst groß schneiden. Die Nuß wird vor der Schale geschnitten.
● *Hase und Kaninchen:* Rückenfilets an beiden Seiten ablösen und in Scheiben schneiden. Hinterläufe und Vorderläufe abtrennen. Das Gerippe umdrehen und die kleinen Innenfilets lösen.
● *Wildgeflügel:* Siehe Geflügel (Seite 145).

## Innereien

Zu den eßbaren Inneren von Haus- und Wildtieren gehören Herz, Lunge, Leber, Nieren, Bries, Zunge, Hirn, Milz, Euter und Magen.

### Ernährungsphysiologie
Innereien sind fettarm und enthalten zum Teil hohe Mengen an Mineralstoffen. So ist z. B. Schweineleber ein guter Lieferant für Eisen, ebenso Schweineniere. Innereien leisten auch einen Beitrag für die Versorgung mit Vitamin A. Allerdings ist bei Innereien der Gehalt an schädlichen Schwermetallen, z. B. Blei und Quecksilber, deutlich höher als im Muskelfleisch der Schlachttiere. Hirn enthält sehr viel Cholesterin. Bei erhöhtem Harnsäurespiegel (Gicht) sollte auf Innereien verzichtet werden, weil sie den Harnsäurespiegel im Blut deutlich erhöhen.
Innereien sollten aufgrund der hohen Schwermetallbelastung nicht öfter als einmal pro Woche gegessen werden, noch besser nur einmal pro Monat.

### Einkauf und Verwendung
▷ *Leber:* Schmeckt um so besser, je jünger das Schlachttier war. Diesen Unterschied schmeckt man am deutlichsten bei Rinderleber. Kalbsleber ist locker, hell, hat einen milden Geschmack und bleibt beim Braten saftig. Rinderleber ist braunrot und je älter das Tier, desto weniger zart. Schweineleber ist nicht glatt wie Rinder- oder Kalbsleber, sondern fein porös. Der Qualitätsunterschied zwischen älteren und jungen Tieren fällt nicht sehr deutlich auf. Schafleber ist hell und sehr zart. Gefrorene Leber büßt durch die Lagerung Geschmack und Zartheit ein. Verwendet wird Leber fast ausschließlich zum Kurzbraten, als Geschnetzeltes, gegrillt oder gebacken.

**➤➤ Praktische Hinweise ◀◀**

↣ Rinderleber, die einige Stunden vor der Zubereitung in Milch eingelegt wurde, verliert dadurch den leicht bitteren Geschmack und wird zarter.
↣ Leber darf erst nach dem Garen gesalzen werden, sonst wird sie hart.

▷ *Zunge:* Ist sehr mageres, festes Fleisch, das verhältnismäßig teuer ist. Sie wird roh oder gepökelt angeboten. Verwendet wird Zunge gekocht als warmes Gericht mit Soße, kalt dünn aufgeschnitten oder in Sülze.
▷ *Herz:* Schmeckt um so besser, je jünger das Schlachttier war. Rinder- und Schweineherz sind qualitätsmäßig etwa gleich. Kalbsherz hat die beste Qualität, es hat einen feinen Geschmack und ist noch sehr zart. Verwendet wird Herz als Braten oder in Scheiben geschnitten zum Kurzbraten.
▷ *Hirn:* Schmeckt von allen Tierarten etwa gleich. Es ist leicht verderblich und sollte daher möglichst am Tag des Schlachtens gegessen werden. Hirn ist leicht verdaulich. Es wird vor der Zubereitung gehäutet und von kleinen Blutgefäßen befreit. Hirn wird gekocht oder gebraten. Hirn, das gebraten werden soll, muß vorher blanchiert werden.
▷ *Bries (Kalbsmilcher, Kalbsmilch):* Kann nur vom Kalb gewonnen werden, weil sich diese Drüse im Laufe des Wachstums zurückbildet. Kalbsbries ist ähnlich zart wie Hirn, jedoch fester. Bries gilt gebraten als Delikatesse.
▷ *Nieren:* Schwein, Rind und Kalb unterscheiden sich deutlich. Schweinenieren sind glatt und kleiner als Rindernieren, die Einkerbungen haben. Bei Kalbsnieren wird das umgebende Fett nicht ganz abgetrennt, Schweine- und Rindernieren werden vollständig entfettet. Die inneren Harnwege und die weißen zähen Häute werden herausgetrennt. Nieren werden verwendet zum Kurzbraten oder Grillen.

# 2.2 Fleischerzeugnisse

Das Angebot an Wurstwaren ist fast unübersehbar groß. Qualitätsmäßig lassen sich Wurstwaren einteilen in:

▷ *Spitzenqualität:* Wird hergestellt aus magerem und sehnenarmem Fleisch.
▷ *Mittlere Qualität:* Wird hergestellt aus grob entsehntem und grob entfettetem Fleisch. Sie darf neben dem Sortennamen auch unter der Zusatzbezeichnung »Land-«, »Bauern-«wurst verkauft werden, z. B. Bauernleberwurst.
▷ *Einfache Qualität:* Enthält neben Sehnen und fettgewebsreichem Fleisch auch Schwarten, Kochwürste auch Innereien. Einfache Qualität gibt es nur von bestimmten Wurstwaren, z. B. Plockwurst, Mettwurst, Fleischwurst.

Wurstwaren, in deren Bezeichnung nicht auf eine besondere Tierart, z. B. Truthahn, hingewiesen ist, werden aus Schweine-, Rind- oder Kalbfleisch oder aus Mischungen dieser Fleischarten hergestellt. Wurstwaren enthalten zum Teil sehr viel »versteckte Fette«, haben also einen hohen Energiegehalt. Sehr mager sind Wurstwaren aus Geflügelfleisch.

### Fettgehalt ausgewählter Wurstsorten

| Wurstsorte | Fettgehalt in % (durchschnittlich) |
|---|---|
| Cervelatwurst | 43 |
| Plockwurst | 50 |
| Knackwurst | 34 |
| Mettwurst (Braunschweiger) | 52 |
| Deutsche Salami | 50 |
| Bierschinken | 19 |
| Fleischwurst | 27 |
| Mortadella | 33 |
| Göttinger (Blasenwurst) | 40 |
| Wiener Würstchen | 21 |
| Fleischkäse (Leberkäse) | 23 |
| Gelbwurst (Hirnwurst) | 33 |
| Leberwurst | 41 |
| Blutwurst | 39 |

Eine gesetzliche Vorschrift, daß der Fettgehalt der Wurst angegeben werden muß, gibt es nicht. Jedoch wird Wurst häufig freiwillig gekennzeichnet, in der Metzgerei auf einer Informationstafel, bei verpackter Wurst auf dem Etikett.

## Schinken und Speck

Diese Produkte sind Fleischstücke meist vom Schwein, die durch Salzen, Pökeln oder Räuchern haltbar gemacht wurden.

### Speck
Speck ist der Rückenspeck vom Schwein, der trocken oder feucht eingesalzen oder gepökelt und anschließend geräuchert wurde. *Durchwachsener Speck* ist Bauchspeck mit etwas Muskelfleisch.

### Schinken
▷ *Kochschinken:* Werden in der Regel aus Schweinefleisch hergestellt. Wenn dies nicht der Fall ist, wird auf die Tierart gesondert hingewiesen. Bei Schinken handelt es sich um Hinterschinken oder Keule. Schinken aus der Schulter wird als Vorderschinken oder Schulterschinken gekennzeichnet. Formschinken ist Schinken aus Fleischteilen, die zusammengesetzt wurden.
Kochschinken werden gepökelt, kurz geräuchert und gekocht.
▷ *Rohschinken:* Stammen vorwiegend aus Teilstücken der Hinterkeule vom Schwein. Sie werden meist mit Nitritpökelsalz behandelt. Nach einigen Wochen Pökelzeit werden sie kalt geräuchert. Zum Rohschinken gehören Knochenschinken (Westfälischer, Hamburger, Schwarzwälder, Heideschinken), Holsteiner Katenschinken, Nußschinken, Schinkenspeck, Blasenschinken (Kammstücke), Kasseler Kamm, Kasseler (Kotelettstrang), Lachsschinken (Kotelettstrang), Schwarzgeräuchertes.

## ▶▶ Praktische Hinweise ◀◀

↪ Gekochter Schinken wird im Kühlschrank gelagert, dort ist er einige Tage haltbar.
↪ Geräucherter Schinken soll nicht für längere Zeit im Kühlschrank aufbewahrt werden; er beginnt zu schimmeln, weil die Luftfeuchtigkeit dort zu hoch ist. Maximale Lagerdauer sind zwei Wochen.
↪ Am besten wird geräucherter Schinken in einem luftigen, trockenen, unbeheizten Raum oder Speiseschrank aufbewahrt. Dann hält er sich bis zu einem halben Jahr.
  – Steht kein geeigneter Raum zur Verfügung, kann der Schinken portionsweise eingefroren werden. Je nach Fettgehalt kann er 4 bis 6 Monate lagern.

## Rohwürste

Rohwürste werden aus zerkleinertem, rohem Fleisch und Speck, sowie Salzen, Zucker und Gewürzen hergestellt. Durch Säuern, Salzen, Trocknen und Räuchern werden sie konserviert. Auch wenn die Wurst fertig ist, ist das enthaltene Fleisch noch roh – wie beim rohen Schinken. Durch das lange Trocknen sind Rohwürste lange lagerbar.

Man unterscheidet *schnittfeste* Rohwürste (Cervelatwurst, Salami, Plockwurst) und *streichfähige* Rohwürste (Teewurst, Mettwurst). Charakteristisch für schnittfeste Rohwürste ist, daß sie lange getrocknet sein müssen. Während dieser Zeit entfaltet sich das Aroma, der Fleischsaft verdunstet; daraus ergibt sich die lange Haltbarkeit.

Salami gibt es in unterschiedlichen Qualitäten. Spitzenqualität erkennt man an dem Naturschimmelbelag auf der Haut. Häufig wird der Naturschimmel nachgeahmt durch eine weißbeschichtete Haut. Diese Salami gehört zur mittleren Qualität.

**➤➤ Praktischer Hinweis ◄◄**

Rohwürste wie rohen Schinken nicht im Kühlschrank, sondern in einem kühlen, gut gelüfteten Raum lagern oder einfrieren. Sie sollten nach 2 Monaten verbraucht werden, sonst geht das Aroma verloren.

## Brühwürste

Brühwürste werden aus Fleisch, Speck, Salz und Gewürzen unter Verwendung von Wasser hergestellt. In speziellen Zerkleinerungs- und Mengmaschinen (Kutter) werden die Zutaten zu einer einheitlichen Masse, dem Brät, verarbeitet, anschließend in Därme gefüllt und gebrüht. Durch das Erhitzen wird die Wurst schnittfest. Vielen Brühwürsten wird Nitritpökelsalz zugesetzt. Sie behalten deshalb auch nach der Erhitzung die frischrote Fleischfarbe.

Brühwürste enthalten 20–35% Fett. Bekannte Arten sind Fleischwurst, Leber-(Fleisch-)käse, Bierschinken, Lyoner, Jagdwurst, Bockwürstchen, Knackwürstchen, Frankfurter Würstchen.

**➤➤ Praktischer Hinweis ◄◄**

Brühwürste können einige Tage im Kühlschrank gelagert oder bis zu 2 Monaten eingefroren werden.

## Kochwürste

Kochwürste werden überwiegend aus gebrühtem oder vorgekochtem Fleisch, Speck oder Innereien hergestellt. Nach dem Abfüllen in Därme oder Dosen werden sie nochmals gekocht und zum Teil auch geräuchert.

Kochwürste enthalten 15–50% Fett. Besonders magere Kochwürste sind Sülzen und Aspikwaren mit 5–15% Fettgehalt.

Zu den Kochwürsten gehören Leberwurst, Blutwurst, Rotwurst, Zungenwurst, Sülzen, Aspikwaren, Sülzwürste (Pressack, Schwartenmagen, Corned beef).

**➤➤ Praktischer Hinweis ◄◄**

Kochwürste sind bei kühler Lagerung nur wenige Tage haltbar. Sie können eingefroren werden.

## 2.3 Fisch

### Ernährungsphysiologie

Fische sind ein wertvolles Lebensmittel. Sie enthalten hochwertiges Eiweiß und sind Hauptlieferanten für das Spurenelement Jod. Außerdem enthält Fisch bedeutende Mengen an Vitamin $B_1$, A und D, Eisen, Calcium, Phosphor und Kalium. Fisch enthält nur in Spuren Kohlenhydrate, eignet sich also sehr gut für die Diabetiker-Ernährung. Fisch ist leicht verdaulich und bekömmlich und deshalb wertvoll in der Krankenkost. Der Fettgehalt der Fische ist unterschiedlich. So enthält z. B. Kabeljau nur in Spuren Fett, Aal dagegen 25 Gramm Fett je 100 Gramm. Zu den Magerfischen gehören Renke, Hecht, Forelle, Schleie, Heilbutt, Kabeljau, Schellfisch, Scholle, Seelachs, Rotbarsch. Zu den Fettfischen gehören Aal, Hering, Makrele, Lachs, Sardinen, Thunfisch.

Aufgrund des hohen gesundheitlichen Wertes ist es empfehlenswert, mindestens einmal pro Woche Fisch zu essen. Dabei ist auch auf fettarme Zubereitung zu achten.

### Einkauf

Generell ist beim Einkauf zwischen Seefischen und Süßwasserfischen zu unterscheiden.

▷ *Seefische:* Hering, Rotbarsch, Sprotte, Kabeljau, Seelachs, Wittling, Seehecht, Schellfisch, Makrele, Thunfisch, Lachs, Sardinen, Seezunge, Steinbutt, Heilbutt, Scholle, Flunder.

▷ *Süßwasserfische:* Forelle, Karpfen, Schleie, Aal, Hecht, Zander, Barsch, Weißfische (Plötze, Rotfeder, Blei, Brachse, Döbel, Karausche), Felchen, Renke.

Bei Fisch ist Frische besonders wichtig. Das ist an einigen Merkmalen zu erkennen:

● Frischer Fisch hat einen typischen Geruch. Sehr aufdringlicher, intensiver Geruch kann ein Hinweis auf längere Lagerung sein.
● Frischer Fisch hat eine glänzende Haut, der anhaftende Schleim ist klar.
● Fischfleisch ist fest und elastisch, bei Druck mit dem Finger bleibt kein Grübchen. Dies läßt sich im Geschäft jedoch kaum überprüfen.
● Die Kiemen sind geöffnet und hellrot.
● Die Augen sind prall, die Hornhaut des Auges ist durchsichtig. Milchig trübe Augen sind ein Zeichen für längere Lagerzeit.
● Fischfilet sieht man die Frische nicht immer an. Sauberkeit im Geschäft, erkennbar am frischen Geruch, ist ein Hinweis. Fischfilet soll gut in Eis eingeschichtet sein. Frisches Filet sieht glasig aus, zu lange gelagertes hat trockene, verfärbte Ränder.

## ➤➤ Praktischer Hinweis ◄◄

Es ist preisgünstiger, große Fische zu kaufen, weil sie ein günstigeres Fleisch-Gräten-Verhältnis haben.

### Küchenpraxis

Fisch ist ein leicht verderbliches Lebensmittel. Deshalb sollten Sie besonders sorgfältig und sauber damit umgehen. Frischfisch kann im Kühlschrank nur 1 Tag aufbewahrt werden. Für längere Lagerung eignet sich Gefrieren.

▷ Frischfisch, der nicht am Einkaufstag verbraucht wird, abgedeckt an der kältesten Stelle (unter das Verdampferfach) des Kühlschranks lagern.
▷ Gegarten Fisch und Reste von Fischmahlzeiten nicht länger als höchstens 2 Tage im Kühlschrank aufbewahren.
▷ Tiefgefrorene Fische nur angetaut, nicht vollständig aufgetaut weiterverwenden. Angetauten Fisch dürfen Sie nicht wieder einfrieren.
▷ Bei geringsten Veränderungen in Geschmack und Geruch Fisch oder Fischerzeugnisse nicht mehr verwenden.

### Säubern

● *Ausnehmen durch den Bauch:* Schneiden Sie den Bauch mit einem scharfen, spitzen Messer vom Darmausgang bis zum Kopf auf und nehmen vorsichtig die Eingeweide heraus, damit die Galle nicht verletzt wird. Gallenflüssigkeit macht das Fleisch bitter und ungenießbar. Sie können Leber, Milch oder Rogen z. B. für Fischsuppe verwenden. Die Fischniere (dunkler Strang am Rücken) wird mit einem Messer herausgeschabt. Plattfische werden ausgenommen, indem unterhalb des Kopfes eingeschnitten wird. Die Flossen werden stark zugeschnitten.

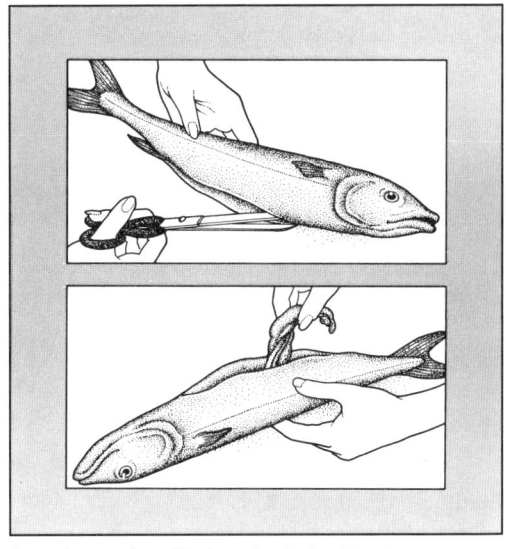

Ausnehmen eines Fisches durch den Bauch

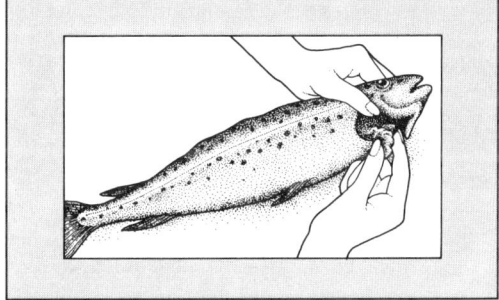

Ausnehmen eines Fisches durch die Kiemen

● *Ausnehmen durch die Kiemen:* Große Fische werden am Hals eingeschnitten. Die Eingeweide werden durch die Kiemenöffnung zusammen mit den Kiemen herausgezogen. Die Niere wird mit einem kleinen Löffel abgeschabt. Gründliches Waschen ist besonders wichtig.

● *Schuppen:* Legen Sie den Fisch auf ein Brett und schuppen gegen die Schuppenrichtung, also vom Schwanz zum Kopf. Den Schwanz halten Sie dabei mit einem Tuch fest.

Nach dem Schuppen schneiden Sie bei großen Fischen die Rücken- und Schwanzflossen ab und waschen den Fisch gründlich unter fließendem Wasser.

## ➤➤ Praktischer Hinweis ◄◄

Wenn Fisch »blau« zubereitet werden soll, wird er nicht geschuppt. Nur die unbeschädigte Schleimschicht, die die Haut abdeckt, bewirkt die blaue Farbe.

### Säuern

Der Fisch wird rundherum, ganze Fische auch innen mit Zitronensaft oder Essig beträufelt. Dadurch wird der Fischgeruch gebunden und das Fischfleisch fester. Sie sollten die Säure etwa 15 Minuten einwirken lassen. Verwenden Sie kein Holzschneidebrett, denn auf Holz entwickelt Fisch einen unangenehmen Geschmack.

### Salzen

Salzen Sie Fisch erst kurz vor dem Garen, damit möglichst wenig Saft austritt. Grillfische werden erst nach dem Garen gesalzen.

### Entgräten eines rohen Fisches

Schneiden Sie die Brustflossen ab, öffnen Sie die Bauchseite bis zum Schwanz und klappen Sie den Fisch auf. Dicke Gräten lösen Sie mit einem Messer vom Fischfleisch. Bei Fischen mit kleinen Gräten lösen Sie das Fleisch mit den Fingern ab. Am Rückgrat entlang sollten Sie das Fleisch besonders vorsichtig lösen, damit Sie nicht die Rückenhaut durchschneiden. Nun schneiden Sie das Rückgrat am Kopf ab und ziehen es zum Schwanz hin heraus.

### Tranchieren eines gegarten Fisches

Sie schneiden die Haut am Bauch und Rücken ein und ziehen sie vom Kopf zum Schwanz hin ab. Fahren Sie mit dem Fischmesser die Seitenlinie entlang und lösen die obere Filethälfte von den Gräten, ebenso die untere Filethälfte und legen sie beiseite. Nun entfernen Sie die Gräten mit dem Rückgrat und dem Kopf, indem Sie den Schwanz hochheben. Vergessen Sie die »Bäckchen« nicht, sie sind eine Delikatesse. Das verbleibende Fischfilet drehen Sie um und ziehen die Haut ab.

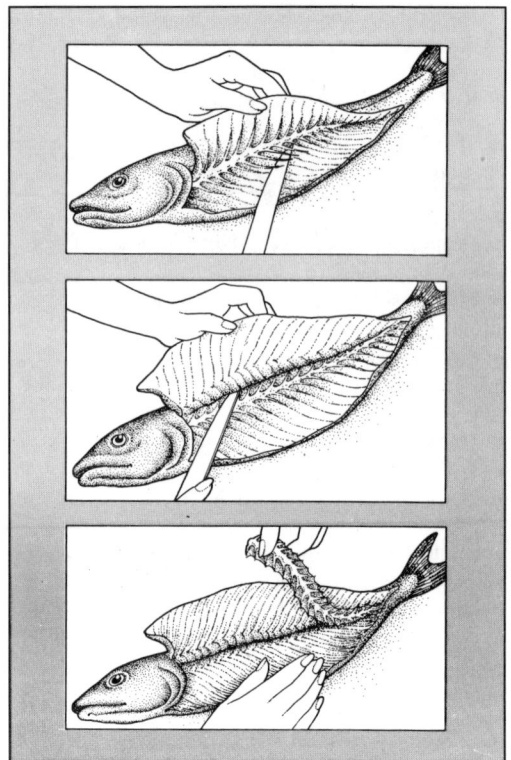

Entgräten eines rohen Fisches

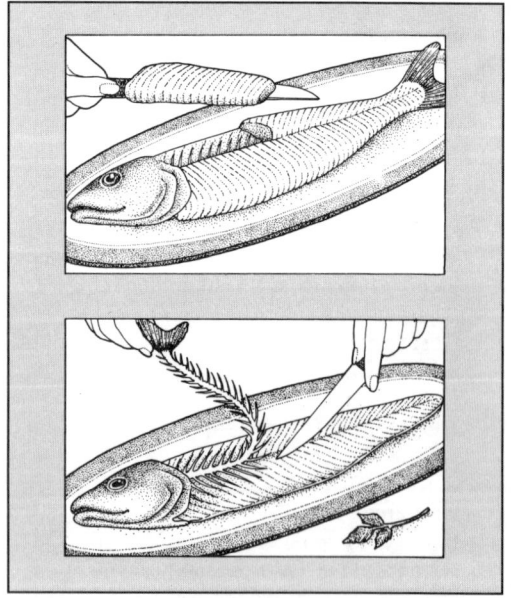

Tranchieren eines gegarten Fisches

## Schalen- und Krustentiere

Zu den Schalentieren gehören Muscheln, Austern und Schnecken, zu den Krustentieren Garnelen, Krabben, Hummer, Langusten und Süßwasserkrebse.

Schalen- und Krustentiere sind sehr wasserreich, eiweißreich, fettarm und leicht verdaulich. Weil das Fleisch von Schalen- und Krustentieren sehr schnell verdirbt, sollte nur äußerst frische Ware gegessen werden.

Krebse, Hummer, Muscheln und Schnecken werden lebend angeboten. Erst bei der Zubereitung kommen sie in kochendes Wasser und werden dadurch getötet. Mit Ausnahme der Auster werden alle Schalen- und Krustentiere gegart. Austern werden überwiegend roh gegessen.

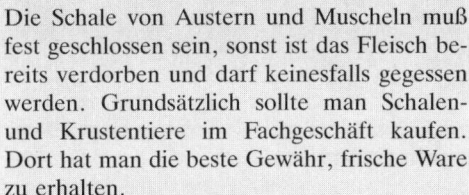

### ➤➤ Wichtiger Hinweis ◀◀

Die Schale von Austern und Muscheln muß fest geschlossen sein, sonst ist das Fleisch bereits verdorben und darf keinesfalls gegessen werden. Grundsätzlich sollte man Schalen- und Krustentiere im Fachgeschäft kaufen. Dort hat man die beste Gewähr, frische Ware zu erhalten.

Schalen- und Krustentiere gelten als Delikatessen und sind sehr teuer. Krustentiere schmecken wie feines Fischfleisch und werden verwendet für feine gemischte Salate, Cocktails (Krabbencocktail), zu feinen Gerichten. Schalentiere (z. B. Muscheln) werden gekocht und mit pikanten Soßen oder in südländischen Reis- und Nudelgerichten, z. B. Paella, gegessen.

## Fischerzeugnisse

Fischerzeugnisse werden aus See- oder Süßwasserfischen durch Trocknen, Salzen, Marinieren, Räuchern, Braten oder Kochen hergestellt. Bekannte Beispiele sind Brathering, Rollmops, Schillerlocken, Räucheraal.

▷ *Getrocknete Fische:* Sie sind durch Trocknen haltbar gemacht. Meist werden Magerfischarten verwendet. Getrocknete Fische sind bei uns kaum gefragt. Sie werden hauptsächlich in südlichen oder sehr weit nördlich gelegenen Ländern verzehrt.

▷ *Räucherfische:* Sie werden kalt oder heiß geräuchert, nachdem sie in Salzlake eingelegt waren. Beispiele für heißgeräucherte Fische sind Bückling (Hering), Räucherrollmops, Räuchersprotten, Räuchermakrelen, Schillerlocken (Dornhai), Speckfisch, Räucheraal, Räucherforellen. Beispiele für kaltgeräucherte Fische sind Lachsheringe, Räucherlachs und Delikateßheringe.

▷ *Salzfische:* Sie werden eingesalzen und dadurch haltbar gemacht. Der bekannteste Salzfisch ist der Salzhering, der in verschiedenen Formen angeboten wird: Matjeshering mit mindestens 12% Fettgehalt, Fetthering, Vollhering mit Milch oder Rogen gefüllt. Weitere Erzeugnisse aus gesalzenen Fischen sind Sardellenfilets, Sardellenringe, Seelachs (Lachsersatz), Kaviar (Rogen verschiedener Fischarten). Echter Kaviar stammt von Störarten, die vorwiegend im Schwarzen Meer vorkommen. Kaviar ist eine sehr teure Delikatesse.

▷ *Marinaden:* Dies sind Fischerzeugnisse oder Fischteile, die durch Einlegen in eine Essig-Salz-Marinade mit Gewürzen haltbar gemacht wurden. Beispiele sind Bismarckhering, Rollmops, Gabelrollmops, Kronsild.

▷ *Bratfischwaren:* Dies sind Fische, die durch Braten, Backen oder Grillen gegart sind und meist als Konserven in den Handel kommen. Die meisten Bratfischwaren sind von Hering oder Makrelen hergestellt.

▷ *Kochfischwaren:* Dies sind Fische, die gekocht oder gedämpft wurden und in Gelee eingelegt sind. Beispiele sind Hering in Gelee, Rollmops in Gelee.

▷ *Fischdauerwaren:* Dies sind Halb- oder Vollkonserven von Fischen. Vollkonserven sind ungekühlt bis zu einem Jahr haltbar. Halbkonserven sind pasteurisiert und gut gekühlt einige Wochen haltbar. Geöffnete Fischkonserven sollten möglichst rasch verzehrt werden.

# 2.4 Milch

### Ernährungsphysiologie

Milch ist ein besonders wertvolles Lebensmittel durch seinen hohen Gehalt an Eiweiß und Mineralstoffen. Das Eiweiß der Milch ist biologisch sehr hochwertig. Es ist arm an Purinen. Dies ist insbesondere wichtig für Menschen, die eine Neigung zu Gicht oder Nierensteinen haben. Das Milchfett ist leicht verdaulich, weil es fein verteilt (emulgiert) ist und einen niedrigen Schmelzpunkt hat.

Milch enthält Vitamine, besonders reichlich Vitamin A, die Vorstufe von Vitamin A (Beta-Carotin), Vitamin D, E und K sowie B-Vitamine. An Mineralstoffen finden sich vor allem Calcium und Phosphor, sowie Kalium, Magnesium, Fluor und Jod. Ein halber Liter Milch deckt 80% des täglichen Calciumbedarfs und 60% des Phosphorbedarfs.

Kohlenhydrate liegen in der Milch in Form von Milchzucker vor. Er liefert Energie und fördert die Aufnahme von Calcium. Milchzucker hat leicht abführende Wirkung. Er ist der verderblichste Bestandteil der Milch. Durch Bakterien wird er vergoren, die Milch wird dann sauer.

### Bearbeitung in der Molkerei

Da Milch ein leicht verderbliches Lebensmittel ist, wird sie zum größten Teil in der Molkerei erhitzt und behandelt, um ihre Haltbarkeit zu verlängern. Durch die Erhitzung werden Bakterien und Krankheitserreger abgetötet. Der Vitamingehalt wird dabei geringer, bedeutend ist der Vitaminverlust jedoch nur bei Steril- und Kondensmilch. Durch die Erhitzung wird Milch leichter verdaulich, bekommt aber auch den typischen »Kochgeschmack«.

### Pasteurisieren

Drei verschiedene Pasteurisierungsmethoden sind zugelassen: *Kurzzeiterhitzung* auf 71–74 °C für mindestens 30 Sekunden (wird hauptsächlich angewandt), *Dauererhitzung* auf 62–65 °C für 30 Minuten, *Hocherhitzung* auf mindestens 85 °C für wenige Sekunden.

### Ultrahocherhitzen

Bei diesem Verfahren wird die Milch für wenige Sekunden auf 135–150 °C erhitzt. Ultrahocherhitzte Milch wird als *H-Milch* bezeichnet. H-Milch ist keine »tote« Milch, wie manchmal behauptet wird, sondern hat ähnliche Vitamin-, Mineralstoff- und Eiweißgehalte wie pasteurisierte Milch.

### Sterilisieren

Bei diesem Verfahren wird die Milch für 10–20 Minuten auf 110–120 °C erhitzt. Sterilmilch ist völlig keimfrei. Durch die lange Erhitzung werden die Vitamine zerstört und das Eiweiß so verändert, daß sie für die Säuglingsernährung nicht geeignet ist.

### Homogenisieren

Bei diesem Verfahren wird das Milchfett gleichmäßig in der Milch verteilt, so daß es sich nicht als Rahmschicht absetzen kann. Durch die feine Verteilung des Fettes werden Verdaulichkeit und Bekömmlichkeit der Milch verbessert, außerdem schmeckt die Milch vollmundiger. Homogenisierte Milch hat keine schädlichen Einflüsse auf die menschliche Gesundheit. Vermutungen, nach denen homogenisierte Milch koronare Herzerkrankungen begünstigt, sind wissenschaftlich nicht nachweisbar.

### Angebotsformen

▷ *Rohmilch (Milch ab Hof):* Hat einen natürlichen Fettgehalt von etwa 4%. Sie wird nicht erhitzt, hat bei guter Kühlung eine Haltbarkeit von etwa 5 Tagen. Rohmilch rahmt auf. Für Säuglinge und Schwangere sollte Rohmilch auf jeden Fall abgekocht werden, weil in unbehandelter Milch Krankheitserreger enthalten sein können.

▷ *Vorzugsmilch:* Liegt im Fettgehalt meist über 3,5%. Sie ist nicht erhitzt oder behandelt. Die Erzeugerbetriebe unterliegen strengen hygienischen Kontrollen. Abgefüllt wird Vorzugsmilch in der Molkerei. Sie ist wie Rohmilch bei guter Kühlung etwa 5 Tage haltbar. Sie rahmt auf.

▷ *Vollmilch (Trinkmilch):* Wird pasteurisiert, häufig auch homogenisiert. Der Fettgehalt liegt bei 3,5–3,8%. Frische Vollmilch ist bis zu 3 Tagen haltbar.

▷ *Fettarme Milch (teilentrahmte Milch):* Wird pasteurisiert und homogenisiert. Der Fettgehalt liegt bei 1,5–1,8%. Oft ist fettarme Milch eiweißangereichert. Sie ist etwa 3 Tage haltbar.

▷ *Entrahmte Milch (Magermilch):* Hat einen Fettgehalt von höchstens 0,3%, wird pasteurisiert und homogenisiert. Oft ist Magermilch eiweißangereichert. Sie ist etwa 4 Tage haltbar.

▷ *H-Milch, Vollmilch:* Hat einen Fettgehalt von 3,5 %, wird ultrahocherhitzt und homogenisiert. Ungeöffnet ist sie mindestens 6 Wochen haltbar (Mindesthaltbarkeitsdatum beachten), geöffnet bis zu 5 Tagen.

▷ *H-Milch, teilentrahmt:* Hat einen Fettgehalt von 1,5–1,8 %, wird ultrahocherhitzt, homogenisiert und häufig eiweißangereichert. Ungeöffnet ist sie mindestens 6 Wochen haltbar, geöffnet bis zu 5 Tagen. Die gleiche Behandlung und Haltbarkeit hat *H-Magermilch* mit einem Fettgehalt von höchstens 0,3 %.

---

**Küchenpraxis**

▷ Milch verfeinert den Geschmack vieler Speisen. Sie kann zu scharf gewürzte Speisen mildern.

▷ Milch bringt in Gemüsegerichten den Eigengeschmack der Gemüse besser zur Geltung.

▷ Milch mindert den Eigengeschmack bestimmter Lebensmittel. So werden z. B. Rinderleber und Wildfleisch häufig in Milch eingelegt, damit ihr Eigengeschmack abgeschwächt wird.

▷ Milch brennt nicht so leicht an, wenn der Topf vorher mit kaltem Wasser ausgespült wird.

▷ Milch bildet keine Haut, wenn sie während des Erhitzens mit dem Schneebesen kräftig gerührt wird.

▷ Milch ist leicht verderblich, luft-, licht- und wärmeempfindlich. Deshalb sollte sie
 – nicht lange offen herumstehen,
 – nicht bei Zimmertemperatur aufbewahrt werden,
 – nicht dem Tageslicht oder künstlichem Licht ausgesetzt werden, es entwickelt sich »Lichtgeschmack«,
 – nicht in der Nähe stark riechender Lebensmittel aufbewahrt werden, weil sie Fremdgerüche annimmt.

▷ Ungeöffnete Steril- und H-Milch braucht nicht gekühlt zu werden. Pasteurisierte Milch muß kühl aufbewahrt werden. Geöffnete H- und Sterilmilch verderben ohne sichtbare Zeichen, sie schmecken jedoch bitter und riechen unangenehm. So überlagerte Milch sollte auf keinen Fall verzehrt werden.

▷ Milch eignet sich nicht zum Einfrieren, das Wasser gefriert aus, der Geschmack ändert sich.

---

▷ *Sterilmilch:* Wird sterilisiert und ist ungeöffnet bis zu 1 Jahr haltbar, geöffnet bis zu 5 Tagen.

▷ *Kondensmilch:* Wird unter Wärmebehandlung eingedickt und anschließend in der Dose sterilisiert. Sie wird in Fettgehaltsstufen von 15 %, 7,5 % und 1 % angeboten. Ungeöffnet ist sie etwa 1 Jahr haltbar, geöffnet bis zu 5 Tagen.

▷ *Milchpulver:* Getrocknete Milch, der durch Erhitzen oder Gefriertrocknen das Wasser entzogen ist.

## 2.5 Milcherzeugnisse

### *Sahne und Milchmischerzeugnisse*

Sahne wird gewonnen durch Zentrifugieren der Milch. Dabei wird der Milch fast vollständig das Fett entzogen.

*Kaffeesahne* (Trinksahne, Sahne, Rahm) hat einen Fettgehalt von mindestens 10 %. *Schlagsahne* (Schlagrahm) muß mindestens 30 % Fett enthalten. Je höher der Fettgehalt, desto besser läßt sich Sahne schlagen. Es ist also wichtig, den Rahm von Rohmilch sorgfältig abzuschöpfen, wenn man ihn für Schlagsahne verwenden will. *Saure Sahne* ist ein gesäuertes Milchprodukt. Süße Sahne, die sauer geworden ist, darf nicht als saure Sahne verkauft werden.

---

**➤➤  Praktische Hinweise  ◀◀**

↳ Sahne kann gut eingefroren werden, sie hält sich etwa 6 Monate.

↳ Am besten schlagen läßt sich Sahne, wenn sie gut gekühlt ist.

---

Milchmischerzeugnisse werden hergestellt aus Milch mit unterschiedlichem Fettgehalt, der andere Lebensmittel zugesetzt sind, z. B. Obst, Zucker, Kakao, Aromastoffe. Beispiele sind Trinkschokolade, Kakao, Bananenmilch, Erdbeermilch.

### *Gesäuerte Milcherzeugnisse*

Die Milchsäuerung beruht darauf, daß Milchsäurebakterien den Milchzucker zu Milchsäure umwandeln. Durch die Säure gerinnt das Milcheiweiß. Gesäuerte Milchprodukte sind dickflüssig und schmecken säuerlich. Da heute die Milch hitzebehandelt ist und rasch gekühlt wird, sind nur noch wenige Milchsäurebakterien enthalten.

**➤➤   Praktischer Hinweis   ◄◄**

Zur Herstellung etwa von *Dickmilch* (saure Milch) im Haushalt reicht es nicht mehr so wie früher, die Milch an einem warmen Ort stehen zu lassen. Sie wird nicht sauer, sondern verdirbt. Nur mit Rohmilch kann auf die alte Weise Dickmilch im Haushalt hergestellt werden, weil das Wachstum der Bakterien nicht durch Erhitzung und Kühlung vermindert ist.

Sauermilchprodukte werden hergestellt durch Zusetzen von speziellen Bakterienstämmen, die die Säuerung der Milch bewirken. Durch die Milchsäuerung entsteht »D – linksdrehende« und »L – rechtsdrehende« Milchsäure. Häufig wird damit geworben, daß bestimmte Sauermilchprodukte »rechtsdrehende« Milchsäure enthalten und diese besonders gesund sei. Richtig ist, daß sowohl die links- als auch die rechtsdrehende Milchsäure vom Körper verwertet werden kann.

**➤➤   Praktischer Hinweis   ◄◄**

Alle Milchprodukte, sofern sie nicht aus H-Milch hergestellt sind, müssen gut gekühlt aufbewahrt werden. Geöffnete Packungen sind nur wenige Tage haltbar.

### Joghurt selbst herstellen

Joghurt läßt sich im Haushalt sehr einfach herstellen mit einem elektrischen Joghurtbereiter. Diese Anschaffung macht sich aber nur bezahlt, wenn in großen Familien täglich Joghurt gegessen wird.

Die Joghurtbereiter arbeiten nach folgendem Prinzip: Milch wird mit Joghurt oder Bakterienkulturen versetzt und danach im Gerät auf etwa 40 °C erwärmt. Der Reifungsvorgang des Joghurts dauert 4–6 Stunden. Verwendet wird zweckmäßigerweise H-Milch, weil sie durch das Sterilisieren keine störenden Bakterien mehr enthält. Der der Milch beigefügte Joghurt muß möglichst frisch sein und den gleichen Fettgehalt haben wie die Milch. Also wird Vollmilch mit Vollmilchjoghurt gemischt. Statt eines fertigen Naturjoghurts können auch Joghurtbakterien genommen werden, die es im Reformhaus gibt.

Wichtig bei der Herstellung von Joghurt ist größte Sauberkeit, denn nur dann hat man die Gewähr, daß sich ausschließlich die Bakterien vermehren, die man im Joghurt haben will.

Wer keinen Joghurtbereiter besitzt, kann Joghurt im Backofen oder auf der Heizung herstellen. Dafür braucht man allerdings einige Erfahrung. Milch und Joghurt werden verrührt, die Milch sollte etwa 40 °C warm sein. Zum Reifen füllt man die Mischung in geschlossene Gläser und stellt sie

### Gesäuerte Milcherzeugnisse

| Milchprodukte | Angebotsformen | Eigenschaften |
|---|---|---|
| Sauermilch-erzeugnisse | Sauermilch mit unterschiedlichem Fettgehalt, z. B. 3,5%, 1,5%, 0,3%;<br>Sauerrahm, saure Sahne, mindestens 10% Fett;<br>Crème fraîche, Schmand, mindestens 40% Fett | Säuerlich, frischer Geschmack, verdauungsfördernd;<br>Saure Sahne mit hohem Fettgehalt (Schmand, Crème fraîche) flockt beim Kochen nicht aus |
| Joghurt-erzeugnisse | Joghurt mit unterschiedlichem Fettgehalt, mit oder ohne Früchten, Fruchtzubereitung oder Fruchtgeschmack | Fruchtjoghurterzeugnisse enthalten verhältnismäßig wenig Früchte und viel Zucker, sie sind teurer als Naturjoghurts |
| Kefir-erzeugnisse | Kefir in verschiedenen Fettgehaltsstufen | Frischer Geschmack, enthält etwas Alkohol<br>Kefir kann selbst hergestellt werden durch Zusetzen von Kefirknöllchen |
| Buttermilch-erzeugnisse | Entstehen beim Buttern;<br>reine Buttermilch, Buttermilch-Mischgetränke | Frischer Geschmack, fettarm, eiweiß- und mineralstoffreich, leicht verderblich, energiearm |
| Molke | Entsteht bei der Herstellung von Käse; in reiner Form angeboten oder als Mischung mit Milch, Säften, Aromastoffen | Frischer, säuerlicher Geschmack, enthält noch den Milchzucker, Mineralstoffe und B-Vitamine; in der Naturheilkunde geschätzt |

an die Heizung. Wichtig ist, daß die Temperatur gleichbleibend etwa 40 °C beträgt.

Aus selbst hergestelltem oder gekauftem Naturjoghurt läßt sich sehr gut Fruchtjoghurt bereiten. Dieser hat den Vorteil, daß er tatsächlich viel Früchte enthält, keine Bindemittel und Farbstoffe und weniger Zucker als der gekaufte. Darüberhinaus ist er viel billiger.

### Kefir selbst herstellen

Zur Herstellung von Kefir braucht man kein besonderes Gerät, nur Kefirknöllchen, die es im Reformhaus zu kaufen gibt. 1 Teelöffel Kefirknöllchen reicht aus, um in 24 Stunden ½ Liter Milch zu Kefir zu machen. Je höher die Temperatur, desto schneller ist der Kefir fertig. Der Topf, der zur Kefirbereitung verwendet wird, sollte immer gründlich gesäubert werden, die Knöllchen von Zeit zu Zeit mit klarem, kaltem Wasser gewaschen werden.

Kefirknöllchen vermehren sich schnell, erkennbar ist dies daran, daß eine bestimmte Menge Milch immer schneller sauer wird. Dann werden die großen Knöllchen ausgelesen, sie bilden mit zunehmendem Alter auch Stoffe, die nicht gut schmecken. Kefirknöllchen können auch eingefroren werden.

### Dickmilch selbst herstellen

Dickmilch kann hergestellt werden aus frischer Milch, der etwas Buttermilch oder etwas fertige Dickmilch zugegeben wird.

## *Käse*

### Ernährungsphysiologie

Käse enthält nur sehr geringe Mengen Kohlenhydrate. Der Fettgehalt ist unterschiedlich je nach Sorte. Der Eiweißgehalt ist um so höher, je geringer der Fettgehalt ist. Das Eiweiß ist biologisch hochwertig.

Käse ist der wichtigste Calciumlieferant unserer Ernährung. Er enthält bedeutende Mengen an Phosphor. An Vitaminen liegen in Käse hauptsächlich die fettlöslichen Vitamine A, D, E und K vor. Käse ist leicht verdaulich. Fettarme Sorten eignen sich gut für Krankenkost.

### Herstellung und Angebot

Käse wird hergestellt aus Milch, der Milchsäurebakterien oder Labferment beigegeben wird, um sie »dickzulegen«. Das Eiweiß der Milch gerinnt und wird ausgefällt, Molke tritt aus. Zu Edelpilzkäse und Schimmelpilzkäse werden zusätzlich unschädliche Pilzkulturen zugesetzt.

Danach wird der Käse je nach Sorte geformt und mit Ausnahme von Frischkäse zum Reifen gelagert. Während der Reifezeit entwickeln sich der typische Geschmack und Geruch der verschiedenen Käsesorten.

Käse wird eingeteilt in verschiedene Fettgehaltsstufen und Sorten.

### Fettgehaltsstufen von Käse

| Fettgehaltsstufe | Fettgehalt i. Tr. (= in der Trockenmasse) |
|---|---|
| Doppelrahmstufe | 85–60% |
| Rahmstufe | mindestens 50% |
| Vollfettstufe | mindestens 45% |
| Fettstufe | mindestens 40% |
| Dreiviertelfettstufe | mindestens 30% |
| Halbfettstufe | mindestens 20% |
| Viertelfettstufe | mindestens 10% |
| Magerstufe | maximal 10% |

Da die verschiedenen Käsesorten unterschiedlichen Wassergehalt haben – Emmentaler enthält z. B. viel weniger Wasser als Quark oder Frischkäse – ist der absolute (tatsächliche) Fettgehalt von verschiedenen Käsesorten gleicher Fettgehaltsstufe unterschiedlich. So enthält z. B. Emmentaler der Doppelrahmstufe je 100 Gramm mehr Fett als 100 Gramm Frischkäse der Doppelrahmstufe.

Je nach Trockenmasse bzw. Wassergehalt werden die unterschiedlichen Käse in Gruppen und Standardsorten eingeteilt.

Neben den Standardsorten gibt es »freie« Käsesorten mit sehr unterschiedlichen Bezeichnungen. Damit der Käufer die einzelnen Käsesorten unterscheiden kann, müssen auf der Verpackung die Standardsorte bzw. Käsegruppe und die Fettgehaltsstufe angegeben sein.

## Standardsorten von Käse

| Gruppe | Standardsorten | Eigenschaften |
|---|---|---|
| **Hartkäse** | Emmentaler | Fett i. Tr. 45%;<br>schnittfest, zart, geschmeidig; duftet und schmeckt mild und aromatisch; nußartiger Geschmack; je älter, desto intensiver |
| | Bergkäse | Fett i. Tr. mindestens 45%;<br>je älter desto fester; mild bis kräftig würziger Geruch und Geschmack; nußartig |
| | Chester (Cheddar) | Fett i. Tr. mindestens 45%;<br>fest, aber nicht hart; mild aromatisch; nicht so kernig wie Bergkäse oder Emmentaler |
| **Schnittkäse** | Gouda | Fett i. Tr. 30–50%;<br>weich bis hart, geschmeidig; milder, zarter Geschmack und Geruch; je älter, desto würziger |
| | Edamer | Fett i. Tr. 30–50%;<br>weich, aber schnittfest; milder, reiner Geschmack; nicht säuerlich |
| | Tilsiter | Fett i. Tr. 30–60%;<br>geschmeidig, schnittfest; leicht herber bis pikanter Geschmack und Geruch; leicht säuerlich, aber nicht sauer |
| | Wilstermarsch | Fett i. Tr. 45–53%;<br>geschmeidig, schnittfest; herber Geschmack, leicht säuerlich |
| **Halbfeste Schnittkäse** | Butterkäse | Fett i. Tr. 45–60%;<br>weich, elastisch, schnittfest; milder, fein säuerlicher Geschmack und Geruch |
| | Steinbuscher | Fett i. Tr. 30–50%;<br>geschmeidig, schnittfest; angenehm milder bis leicht pikanter Geruch und Geschmack je nach Reifegrad |
| | Edelpilzkäse | Fett i. Tr. 45–60%;<br>leicht bröselig; würziger, scharfer Käse |
| | Weißlacker | Fett i. Tr. 45–50%;<br>halbfest, etwas brüchig; sehr pikanter bis scharfer Geruch und Geschmack |
| **Weichkäse** | Camembert | Fett i. Tr. 30–60%;<br>weich und elastisch; fester Kern, wenn noch nicht ganz ausgereift; milder, aromatischer Geschmack; je älter, desto pikanter |
| | Brie | Fett i. Tr. 45–60%;<br>weich und elastisch; milder, aromatischer Geschmack; je älter, desto pikanter |
| | Romadur | Fett i. Tr. 20–60%;<br>weich und elastisch; pikanter, würziger Geschmack |
| | Münster Käse | Fett i. Tr. 45–50%;<br>geschmeidig, weich; mild, leicht pikant |
| | Limburger | Fett i. Tr. 20–50%;<br>weich; kräftig würziger Geschmack |

**Standardsorten von Käse** (Fortsetzung)

| Gruppe | Standardsorten | Eigenschaften |
|---|---|---|
| Frischkäse | Magerquark | Fett i. Tr. 0%;<br>mild, säuerlich |
| | Halbfetter Quark | Fett i. Tr. 20,5%;<br>mild, säuerlich |
| | Vollfetter Quark | Fett i. Tr. 40%;<br>mild, sahnig, säuerlich |
| | Schichtkäse | Fett i. Tr. 10, 20, 40%;<br>mild säuerlich |
| | Cottage cheese<br>(Hüttenkäse) | Fett i. Tr. 20%;<br>körnig, trocken; mild, wenig Eigengeschmack |
| | Rahmfrischkäse | Fett i. Tr. 50%;<br>glatt; mild säuerlich |
| | Doppelrahmfrischkäse | Fett i. Tr. 60%;<br>glatt; mild sahnig |
| | Mascarpone | Fett i. Tr. bis 85% |
| Sauermilchkäse | Bauernhandkäse,<br>Mainzer Handkäse,<br>Korbkäse, Harzer,<br>Olmützer Quargel | Fett i. Tr. maximal 10%;<br>hoher Eiweißgehalt, wenig Fett; elastisch; deftiger, pikanter Geschmack |
| Molkenkäse | Ricotta | Fett i. Tr. 45%<br>mild, sahnig |
| Schmelzkäse | Käse, der aus<br>fehlerhaftem Hart-,<br>Weich- oder Schnitt-<br>käse hergestellt wird | Fett i. Tr. 10–70%;<br>streichfähig bis schnittfest; in verschiedenen Geschmacks-richtungen; enthält sehr viel Salz |

## ⇛ Praktische Hinweise ⇚

⇨ Käse entwickelt seinen Geschmack besser, wenn er etwa 1 Stunde vor dem Verzehr aus dem Kühlschrank genommen wird.

⇨ Je wärmer Käse gelagert wird, desto schneller reift er. Durch kühle Lagerung kann also der Reifungsprozeß hinausgezögert werden.

⇨ Vorsicht bei schimmeligem Käse! Kulturschimmel ist natürlich völlig unschädlich. Aber bei zu langer oder warmer Lagerung können sich schädliche Schimmelpilze vermehren. Man erkennt diesen Verderb daran, daß der Käse untypisch scharf und unangenehm schmeckt und riecht. Besonders leicht schimmeln Frischkäse, Weich-

und Schnittkäse. Da sie einen hohen Wassergehalt haben, besteht die Gefahr, daß die wasserlöslichen Giftstoffe den ganzen Käse durchziehen. Deshalb sollten Sie verschimmelten Käse wegwerfen. Auch angeschimmelte Käsescheiben gehören in den Abfall. Ausgenommen sind nur Hartkäse wie Emmentaler oder Bergkäse. Hier genügt es, das befallene Stück großzügig abzuschneiden.

⇨ Quark ist ein leicht verdaulicher und vielseitiger Eiweißlieferant. Ältere Menschen und jeder, der zu Übergewicht neigt, sollte Magerquark bevorzugen.

⇨ Käse ist eine ideale Beigabe zu Schnellgerichten, z. B. überbackenes Gemüse, Nudeln mit Käsesoße.

## Lagerung

Käse ist ein sehr empfindliches Lebensmittel, das kühl, dunkel und gut verpackt gelagert werden muß. Licht verändert den Geschmack von Käse. Er sollte 1 Stunde vor dem Verzehr aus dem Kühlschrank genommen werden.

● Abgepackter Käse hält sich am besten in der Originalverpackung.

● Frischkäse wird im Kühlschrank aufbewahrt. Die übrigen Käsesorten lagern Sie am besten in einer kühlen Speisekammer oder einem geeigneten Kellerraum bei etwa 12 Grad.

● Damit Hartkäse nicht austrocknet und das Aroma behält, wird er locker in Folie verpackt (Käse muß atmen können) oder in ein mit Salzwasser getränktes Leinentuch eingeschlagen. Dieses muß täglich gewechselt werden, damit sich kein Schimmel bilden kann.

● Je mehr Trockenmasse ein Käse hat, desto länger ist er haltbar. Sehr lange haltbar ist Schmelzkäse.

● Käse »am Stück« hält sich besser als geschnittener Käse.

● Frisch geriebener Käse muß sofort verbraucht werden. Getrockneter, geriebener Käse hält sich im Kühlschrank etwa 2 Wochen.

● Wärmebehandelte Käsesorten (auf der Packung vermerkt) sind besonders lange haltbar. Richten Sie sich nach dem Mindesthaltbarkeitsdatum.

# 2.6 Eier

## Ernährungsphysiologie

Das Eiweiß in Eiern ist biologisch hochwertig. Fett liegt nur im Eigelb in Form von Lecithin und Cholesterin vor. Eier enthalten fast alle Vitamine (außer Vitamin C) in hohen Mengen; vor allem der Dotter ist sehr vitaminreich. Im Ei sind auch alle Mineralstoffe enthalten; mengenmäßig besonders hervorzuheben sind Phosphor, Eisen und und Calcium. Kohlenhydrate sind im Ei nur in Spuren vorhanden. Deshalb eignen sich Eier ausgezeichnet für die Ernährung von Diabetikern. Die Nährstoffe des Eies können vom menschlichen Körper sehr gut verwertet werden. Außerdem sind Eier leicht verdaulich und wegen des hohen Nährwertes bestens geeignet für die Krankenernährung. Lediglich hartgekochte und gebratene Eier sind schwerer verdaulich. Rohes Eiweiß kann vom Körper nicht verdaut werden, es wird ungenutzt ausgeschieden.

## Einkauf

Die Farbe des Dotters sagt nichts aus über die Qualität eines Eies. Besonders gelber oder orangefarbener Dotter ist nicht gesünder als helles Eigelb. Die Farbe ist bedingt durch das Futter; so kann z. B. durch Zusatz von Paprika die Dotterfarbe beeinflußt werden.

Auch die Farbe der Eierschale sagt nichts über die Qualität von Eiern aus. Sie ist bedingt durch die Rasse der Legehennen. Grünschalige Eier haben den gleichen Cholesteringehalt wie weiße oder braunschalige.

Eier dürfen nur vermarktet werden, wenn sie den EG-Normen entsprechen. Ausgenommen von dieser Regelung sind Eier, die direkt ab Hof, an der Haustür oder auf dem Markt verkauft werden. Es gibt drei Güteklassen und sieben Gewichtsklassen bei Eiern.

## Güteklassen

| |
|---|
| Klasse A = auch bezeichnet als »frisch« |
| Klasse B = auch bezeichnet als »2. Qualität oder haltbar gemacht« |
| Klasse C = auch bezeichnet als »aussortiert, für die Nahrungsmittelindustrie bestimmt« |
| Extra = Eier, die höchstens 7 Tage alt sind |

Im Handel werden fast nur Eier der Klasse A angeboten.

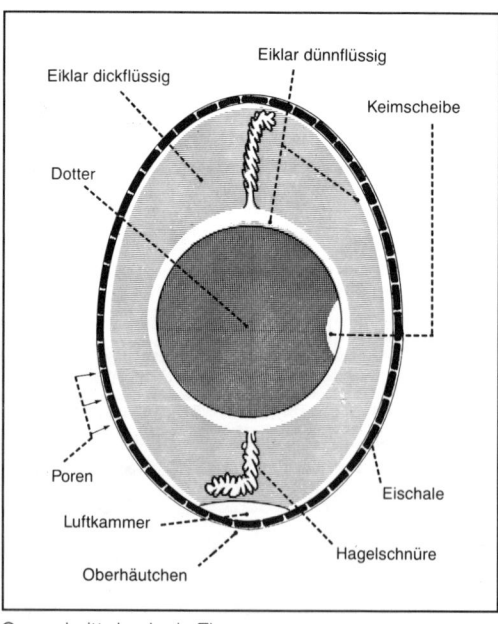

Querschnitt durch ein Ei

## Gewichtsklassen

| | |
|---|---|
| Gewichtsklasse 1 = | mindestens 70 g |
| Gewichtsklasse 2 = | 65–70 g |
| Gewichtsklasse 3 = | 60–unter 65 g |
| Gewichtsklasse 4 = | 55–unter 60 g |
| Gewichtsklasse 5 = | 50–unter 55 g |
| Gewichtsklasse 6 = | 45–unter 50 g |
| Gewichtsklasse 7 = | unter 45 g |

Die sieben Gewichtsklassen gibt es in allen Güteklassen; sie geben das Gewicht eines Eies in Gramm an.

Nur wenn man die Gewichtsklassen vergleicht, kann man auch die Preise für Eier vergleichen. Große Eier sind verhältnismäßig teuer. Für viele Eiergerichte genügen kleine Eier.

Wichtig beim Kauf von Eiern sind:

● Güte- und Gewichtsklasse (z. B. A 1, A 3);
● Kenn-Nummer der Packstelle (PN), deutsche Eier haben als Anfangsziffer eine 2;
● Abpackdatum.

Einer zusätzlichen Kennzeichnung bedürfen *Enteneier* und *Eier anderer Tierarten*. Enteneier dürfen nur verkauft werden mit der deutlichen Aufschrift: »Entenei – 10 Minuten kochen«. Enteneier können Krankheitskeime enthalten, die nur bei längerer Erhitzung abgetötet werden. Sie können deshalb nicht für Schnellgerichte wie Omelett, Pfannkuchen, weiche Eier, Rühreier, Cremes oder Soßen, also Gerichte, die man nur kurz oder gar nicht erhitzt, verwendet werden. Kartons, in denen Eier verkauft werden, müssen neu sein und dürfen grundsätzlich nicht wiederverwertet werden wegen der Gefahr der möglichen Keimübertragung.

## Frischeprobe

Beim Einkauf von Eiern ist auf die *Frische* zu achten. Aufschluß darüber geben das Abpackdatum und die »Schüttelprobe«. Schüttelt man alte Eier, so schwappen sie hörbar, denn die Luftblase ist bereits deutlich größer als bei einem frischen Ei.

Beim aufgeschlagenen Ei erkennt man die Frische an der Dotterwölbung. Bei frischen Eiern ist der Dotter hoch gewölbt und von zähflüssigem Eiklar umgeben. Das Eiklar alter Eier ist dünnflüssig und fließt beim Aufschlagen breit auseinander, der Dotter ist flacher.

**➤➤    Praktischer Hinweis    ◀◀**

Gelegentlich sieht man bei aufgeschlagenen Eiern Blutflecken; die Ursache sind geplatzte Blutgefäße. Die Qualität des Eies ist dadurch nicht gemindert.

### Lagerung

● Eier getrennt von stark riechenden Lebensmitteln aufbewahren. Durch die poröse Schale können Fremdgerüche auf das Ei übergehen.
● Kühl lagern bei 8–10 °C. Ein kühler Keller oder eine Speisekammer sind dem Kühlschrank vorzuziehen. Gut gekühlt sind Eier 3–4 Wochen lagerfähig.
● Schmutzeier bzw. gewaschene Eier sollten nicht mehr aufbewahrt, sondern möglichst schnell verbraucht werden, damit keine Keime ins Innere des Eies wandern.
● Aufgeschlagene Eier können im Kühlschrank 2 Tage aufbewahrt werden. Wird Eigelb aufbewahrt, beträufelt man es mit etwas Wasser, damit die Oberfläche nicht austrocknet. Bei Eiklar ist dies nicht notwendig.

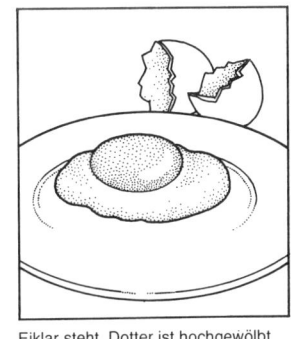

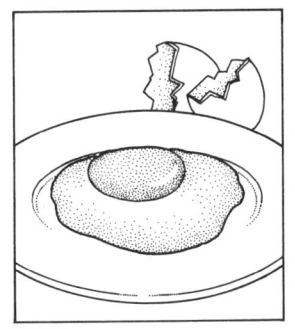

| | | |
|---|---|---|
| Eiklar steht, Dotter ist hochgewölbt | Eiklar und Dotter vermischen sich | Eiklar zerfließt, Dotter wird flacher |

Frischeprobe für ein Ei

● *Eier einfrieren:* Eier können ohne Schale tiefgefroren werden. Zum Einfrieren von Eiern verrühren Sie Eigelb und Eiklar sorgfältig und geben eine Prise Salz oder Zucker zu. Möchten Sie Eidotter einfrieren, wird ebenfalls Salz oder Zucker untergerührt, damit das Eigelb bei der Verwendung nicht gerinnt. Eiklar kann ohne Zusatz eingefroren werden. Die mögliche Lagerdauer beträgt 8–10 Monate. Tiefgefrorene Eier sollten Sie nach dem Auftauen rasch verbrauchen.

## Küchenpraxis

▷ Eier sind ein gutes *Bindemittel* für Flüssigkeit. So können z. B. eireiche Mehlspeisen und Teige weicher gehalten werden als Teige mit wenig Eiern. Auch bei Hackfleischteigen und Suppeneinlagen, z. B. Grießnockerl oder Leberknödel, werden Eier als Bindemittel eingesetzt.

▷ Eier dienen als *Lockerungsmittel* bei Schaummassen. Die eingeschlagene Luft bewirkt ein lockeres Gefüge des Teiges. Häufig wird Eischnee als Lockerungsmittel verwendet.
Ein hoher Anteil an Eiklar macht Gebäck lockerer, jedoch trockener. Ein hoher Anteil an Eigelb macht Teige fester und saftiger, sie werden nicht so schnell altbacken.

▷ Eier sind eine beliebte *Verbesserungszutat* in vielen Speisen. Sie runden den Geschmack ab.

▷ Eier sind *Grundzutat* in vielen Schnellgerichten, z. B. Omelett oder Pfannkuchen.

▷ Eigelb wird zum *Legieren* von Suppen und Soßen verwendet. Dazu vermengt man das Eigelb mit etwas kalter Flüssigkeit und rührt es in die nicht mehr kochend heiße Suppe oder Soße ein. Danach darf nicht mehr aufgekocht werden, sonst flockt das Ei aus. Beabsichtigt man Fadenbildung, wird das Ei oder Eigelb in die kochend heiße Flüssigkeit eingerührt, z. B. bei Einlaufsuppe.

▷ Eiklar *klärt* trübe Flüssigkeiten, z. B. Brühe. Es schließt beim Gerinnen die Trübstoffe ein und kann abgeschöpft werden.

▷ Eiklar wird als *Klebemittel* beim Backen verwendet, z. B. wenn die beiden Hälften von Quarktaschen vor dem Backen zusammengeklebt werden, damit die Quarkmasse nicht ausläuft.

## ▶▶ Praktische Hinweise ◀◀

↳ *Eischnee* gelingt nur dann gut, wenn er in einem völlig fettfreien, trockenen Gefäß geschlagen wird. Spuren von Eigelb erschweren das Schlagen von Eischnee. Die Raumtemperatur sollte möglichst niedrig sein, denn eingeschlagene warme Luft verhindert, daß der Eischnee steif bleibt. Bei Zugabe von etwas Zitronensaft oder Salz bleibt der Eischnee stabiler.
Zucker wird erst zum Schluß langsam zugegeben. Er bewirkt, daß der Eischnee länger fest bleibt. Geschlagen wird, bis der Schnee schnittfest ist. Danach wird er sofort verwendet und unter die kalte oder noch heiße Flüssigkeit oder Masse gehoben. Eischnee gerinnt nicht, wenn vor dem Unterheben einige Eßlöffel heiße Flüssigkeit unter den Eischnee gegeben werden. Eischnee sollten Sie nicht einrühren, sondern vorsichtig unterheben, sonst entweicht die eingeschlagene Luft wieder. Auch sollte man die Schneebesen nicht an der Schüssel abschlagen, denn dadurch klopft man ebenfalls die Luft aus dem Eischnee heraus. In lauwarmer Flüssigkeit »fällt« Eischnee sehr schnell »zusammen«.

↳ Eiklar von Eiern, die nicht älter als 24 Stunden sind, läßt sich nicht zu Eischnee schlagen.

↳ Sehr frische Eier, die hart gekocht wurden, sind schlecht zu schälen. Hartgekochte Eier lassen sich leichter schälen, wenn sie nach dem Kochen mit kaltem Wasser »abgeschreckt« werden.

↳ Beim Kochen von Eiern bildet sich manchmal eine grün-graue Schicht um den Dotter. Das ist nicht gesundheitsschädlich. Dieser Schönheitsfehler kann vermieden werden, wenn die rohen Eier in kaltes Wasser gelegt und dann zum Kochen gebracht werden.

↳ Eier platzen beim Kochen nicht, wenn dem Kochwasser 1 Teelöffel Salz oder Essig beigegeben wird oder die Eier an der stumpfen Seite angestochen werden.

↳ Spiegeleier sollten erst kurz vor dem Servieren gesalzen werden, sonst bilden sich Flecken auf dem Eigelb.

↳ Bei der Herstellung von Mayonnaisen müssen alle Zutaten die gleiche Temperatur haben, sonst gerinnt das Ei.

# 2.7 Tierische Fette

## Butter

Butter ist ein leicht verdauliches Fett. Es ist emulgiert und hat einen niedrigen Schmelzpunkt. Butter enthält die Vitamine A, D und E.

Butter besteht aus mindestens 82% Fett und höchstens 16% Wasser. Der Rest setzt sich zusammen aus Milchzucker, Eiweiß, Vitaminen und Mineralstoffen. Gesalzene Butter ist als solche gekennzeichnet und enthält 0,1 Gramm Kochsalz je 100 Gramm Butter.

Butter wird aus Sahne (Rahm) gewonnen. Wurde die Sahne vor dem Buttern mit Milchsäurebakterien gesäuert, entsteht *Sauerrahmbutter*. *Süßrahmbutter* wird aus nicht gesäuerter Sahne hergestellt. Für 1 Kilogramm Butter braucht man die Sahne von etwa 23 Liter Milch.

Winterbutter ist heller, weil die Kühe im Winter weniger Grünfutter fressen. Blasse Winterbutter darf mit Beta-Carotin, der Vorstufe von Vitamin A, gelb gefärbt werden.

Butter ist unter den Verkehrsbezeichnungen *Butter*, *Deutsche Markenbutter* und *Deutsche Molkereibutter* im Handel. Marken- und Molkereibutter unterliegen Güteklasse-Prüfungen, »Butter« nicht.

*Ausländische Butter* unterliegt der gleichen Kontrolle und Beurteilung wie inländische Butter.

---

**Küchenpraxis**

▷ Butter kann wegen des neutralen, feinen Geschmacks vielseitig verwendet werden, z. B. zum Backen, für Cremes.

▷ Wegen des hohen Wassergehalts eignet sie sich nicht für hohe Erhitzung. Sie spritzt und die Eiweißanteile verbrennen.

▷ Feste Butter aus dem Kühlschrank kann schneller schaumig gerührt werden, wenn die Schüssel vorher heiß ausgespült wurde.

▷ Butter macht Gebäck besonders mürbe.

▷ Im Kühlschrank hält sich Butter etwa 3 Wochen. Sie eignet sich gut zum Einfrieren, sollte aber nicht länger als ½ Jahr eingefroren werden.

▷ Butterschmalz hält sich bei 10–15 °C etwa 2 Jahre.

▷ Butterschmalz eignet sich sehr gut zum Fritieren und Braten, es läßt sich hoch erhitzen und gibt den Speisen einen guten Geschmack.

---

*Butterreinfett (Butterschmalz)* entsteht durch Ausschmelzen von Butter. Es besteht zu 99% aus Fett, ist also fast wasserfrei und eignet sich dadurch sehr gut zum Erhitzen. Da es weder spritzt noch bräunt, ist es ein sehr gutes Back- und Bratfett, das den Speisen einen ausgezeichneten Geschmack gibt. Butterreinfett ist sehr lange haltbar.

*Milchhalbfett* enthält 39–41% Fett. Zusätze von Milcheiweiß, Milchsäurebakterien, Zitronensäure, Beta-Carotin, Salz und Gelatine sind erlaubt. Milchhalbfett eignet sich wegen des hohen Wassergehalts nicht zum Kochen und Backen. Es wird als energiearmer Brotaufstrich verwendet.

## Schlachtfette

Schlachtfette werden gewonnen durch Ausschmelzen (Auslassen) von Fettgewebe geschlachteter Tiere.

▷ *Schweinefett (Schweineschmalz):* Entsteht durch Ausschmelzen von Bauchwand-, Gekröse-, Netz- oder Bauchfett. Es ist weiß und streichfähig. Schweinefett enthält reichlich ungesättigte Fettsäuren und ist leicht verderblich.

▷ *Griebenschmalz* besteht aus gewürztem oder ungewürztem Schweinefett und Grieben aus frischem Rückenspeck. Grieben entstehen beim Auslassen von Fett aus kleinen Muskelfleischanteilen im Fettgewebe.

▷ *Rindertalg:* Ist das ausgeschmolzene Fett von Rindern. Er ist sehr schwer verdaulich und hat einen hohen Schmelzpunkt. Er ist gelb und fest. Verwendet wird er in der Küche kaum, industriell wird daraus »Ziehmargarine« hergestellt, die Bedeutung hat im Bäckerhandwerk.

▷ *Gänsefett (Gänseschmalz):* Wird gewonnen durch Ausschmelzen des Brust- oder Eingeweidefettes von Gänsen. Es ist weich und gelb. Verwendet wird es als Brotaufstrich oder für bestimmte Speisen, z. B. Grünkohl.

---

**Küchenpraxis**

▷ Fett ist leichter als Wasser und »schwimmt« deshalb an der Oberfläche. Fette Suppen oder Soßen können daher leicht entfettet werden, indem man die Fettschicht vorsichtig abschöpft, mit einem saugfähigen Küchentuch »abzieht« oder von der erkalteten Flüssigkeit abhebt.

▷ Schlachtfette kann man kühl und dunkel, verpackt und getrennt von stark riechenden Lebensmitteln, etwa 6 Monate lagern.

# 3 Würzmittel

Würzmittel sind Aromaträger, die Lebensmitteln einen bestimmten Geschmack verleihen oder deren Eigengeschmack verstärken. Zu den Würzmitteln gehören Gewürze, Kräuter und Würzsoßen.

### Ernährungsphysiologie

Würzmittel enthalten keine Energie, mit Ausnahme von Würzsoßen. Kräuter und Gewürze verbessern den Geschmack von Speisen, wirken daher appetitfördernd. Die enthaltenen ätherischen Öle fördern die Verdauung. Bestimmte Gewürze wie Kümmel oder Majoran verbessern die Bekömmlichkeit verschiedener Lebensmittel, z. B. von Kohlarten. Kräuter und Gewürze helfen, beim Würzen Kochsalz zu sparen.
Frische Küchenkräuter enthalten bedeutende Mengen an Vitaminen und Mineralstoffen. Damit diese wertvollen Stoffe nicht verloren gehen, werden frische Kräuter nicht mitgekocht, sondern kurz vor dem Servieren beigegeben.

---

**Küchenpraxis**

▷ Mild, aber sorgfältig würzen. Nur dann wird der Eigengeschmack der Speisen angenehm betont und nicht überdeckt. Zu scharfes Würzen macht zudem sehr durstig.

▷ Gewürze schmecken frisch gemahlen am besten. Deshalb sollten Sie keine großen Vorräte anschaffen.

▷ Frische Küchenkräuter sollten Sie möglichst oft verwenden, denn sie sind wertvolle Vitamin- und Mineralstoffspender. Frisch haben sie das intensivste Aroma. Sie können aber auch tiefgefroren oder getrocknet verwendet werden.

▷ Manche Kräuter verlieren beim Tiefgefrieren an Geschmack, z. B. Majoran und Bohnenkraut. Basilikum, Dill, Estragon, Salbei und Thymian haben dagegen nach dem Einfrieren eine höhere Würzkraft. Fertiggerichte sollten Sie vor dem Einfrieren deshalb nur schwach würzen.

▷ Speisen sollten nach Möglichkeit nicht »irgendwie« gewürzt werden, sondern mit den für bestimmte Lebensmittel typischen Gewürzen, z. B. Kartoffelgerichte mit Majoran, Kohl mit Kümmel, Kalbfleisch mit Rosmarin, Schweinefleisch mit Knoblauch, Lammfleisch und Thymian.

---

 **Wichtiger Hinweis**

Vorsicht! Muskatnuß ist in größeren Mengen giftig! Für Kinder ist eine Dosis von 2 Stück tödlich.

### Lagerung

● Frische Küchenkräuter verwelken. Werden sie nicht sofort nach der Ernte oder dem Einkauf verwendet, werden sie in ein Glas mit Wasser gestellt oder in ein feuchtes Küchentuch gewickelt und im Gemüsefach des Kühlschranks gelagert.

● Frische Kräuter aus dem eigenen Garten können eingefroren werden. Dazu hackt man die gewaschenen Kräuter und füllt sie in Dosen. Einige Gewürze halten ihr Aroma besser, wenn sie in Wasser eingefroren werden, z. B. Schnittlauch. Dazu gibt man die Kräuter mit Wasser in die Eiswürfelschale. Wenn sie gefroren sind, können sie in Dosen oder Tüten umgefüllt werden.

● Kräuter nicht länger als ½ Jahr einfrieren. Danach verlieren sie zunehmend ihr Aroma und schmecken nach Heu.

● Getrocknete Kräuter und Gewürze dunkel, kühl und fest verschlossen aufbewahren, z. B. in Schraubgläsern, damit das Aroma nicht »ausraucht« oder auf andere Lebensmittel übergeht.

● Kräuter können in Essig oder Öl eingelegt werden. Dabei erhält sich nicht nur das Aroma der Kräuter, auch Essig oder Öl bekommen einen aromatischen Geschmack. Die Kräuter werden gewaschen, gut abgetropft, in Gläser gefüllt und dann mit gutem Öl oder Essig übergossen.

### Kräuter selbst trocknen

Werden Kräuter getrocknet, so werden sie in Büscheln luftig aufgehängt oder die Blätter abgezupft und im Liegen auf einem Tuch getrocknet. Zum Trocknen sind luftige, schattige Plätze ideal; in der prallen Sonne verfliegen die Aromastoffe sehr schnell. Die Kräuter sind erst dann trocken, wenn sie sich zwischen den Fingern zerreiben lassen.
Im Mikrowellengerät können Sie kleine Kräutermengen in ganz kurzer Zeit trocknen.

## Gebräuchliche Gewürze und ihre Verwendung

| Gewürz | Geschmack | Verwendung | Besonderheiten |
|---|---|---|---|
| Anis | Starker, aromatisch süßer Geschmack | Kuchen, Plätzchen, Likör, Tee | Besonders hohe Würzkraft in gemahlenem Zustand, verliert jedoch schnell das Aroma |
| Cayennepfeffer (Chilli) | Sehr scharf | Scharfe Soßen und Eintöpfe | Sehr vorsichtig dosieren |
| Curry | Scharf, süßlich | Reisgerichte, Soßen, Geflügel, Fleisch, Eintöpfe | Vorsichtig dosieren; Mischung aus verschiedenen Gewürzen, deshalb unterschiedliche Sorten |
| Fenchel | Mild, süßlich | Brot, Gebäck, Tee, Likör | Nicht verwechseln mit Gemüsefenchel! |
| Ingwer | Scharf, brennend | Lebkuchen, Plätzchen, Gulasch, Reisgerichte, eingelegte Kürbisse und Birnen | Zum Würzen frische Wurzeln vorziehen; zum Einlegen getrockneten Ingwer verwenden |
| Kapern | Herb, leicht scharf | Ragouts, Frikassee, Soßen, Salate, Eiergerichte | Je kleiner, desto bessere Qualität; eingelegte Knospen des Kapernstrauches |
| Kardamom | Scharf, süßlich-würzig | Lebkuchen, Gewürzplätzchen und Kuchen | Sparsam verwenden, da intensives Aroma |
| Knoblauch | Süßlich, mild bis scharf | Fette Braten, Hammelfleisch, gegrilltes Fleisch, Eintöpfe, Salate | Nicht in heißem Fett anbraten, verliert beim Kochen an Aroma; vor der Verwendung mit etwas Salz zerdrücken |
| Koriander | Scharf, leicht bitter | Brot, Lebkuchen, Wildbeize | Sparsam verwenden |
| Kümmel | Süßlich | Brot, Käse, Quark, Schweinebraten, Hammelfleisch, Kartoffel- und Kohlgerichte, Rote Bete, Irish Stew, Tee, Likör, salziges Gebäck | Gute Ware ist hellfarbig; gemahlener Kümmel ist besonders aromatisch; Körner in Speisen werden vermieden, wenn sie in einem Säckchen mitgekocht werden |
| Lorbeer | Aromatisch, leicht bitter | Beizen, Fischsud, Wildbraten, Ragouts, Sauerbraten, dunkle Soßen | Sparsam verwenden und mitkochen lassen, weil sich der Geschmack langsam entwickelt; gute Ware ist dunkelgrün |
| Muskat | Feinwürzig, leicht bitter | Lebkuchen, Kartoffelspeisen, Soßen, Fleischteig, Wirsing, Kohl | Äußerst sparsam verwenden, schmeckt leicht vor |
| Nelken | Scharf, süßlich, würzig | Gewürzkuchen und -plätzchen, Beizen, Wildgerichte, Rotkraut, Birnenkompott, Likör, Glühwein | Äußerst sparsam verwenden; gute Ware sinkt oder schwimmt mit dem Köpfchen nach oben |
| Paprika | Mild bis brennend scharf, je nach Sorte | Gulasch, Geflügel, Grillgerichte, Käse, Quarkspeisen, Gemüse, Soßen, Kartoffeln, Reis | Verbrennt beim Anbraten oder Backen sehr schnell und wird braun und bitter |
| Pfeffer | Brennend scharf; weißer Pfeffer ist milder als schwarzer | Körner für Beizen, Fischsud, Wild; gemahlen für fast alle pikanten Gerichte | Sparsam verwenden, vor allem bei Krankenkost |

## Gebräuchliche Gewürze und ihre Verwendung (Fortsetzung)

| Gewürz | Geschmack | Verwendung | Besonderheiten |
|---|---|---|---|
| Piment (Nelkenpfeffer) | Würzig, ähnelt Zimt, Nelken und Muskat | Körner für Beizen, Fischsud, Ragouts, Wildbraten, Sauerbraten; gemahlen für Lebkuchen | Häufig in Würzmischungen |
| Safran | Mild, feines Aroma | Reisgerichte, Hammelfleisch | Stark färbend, sehr teuer |
| Senfkörner | Scharf bis stechend | Marinaden, Beizen, zum Einlegen von Gurken; gemahlen zur Herstellung von Senf | Nicht mitkochen |
| Vanille | Feines Aroma | Süßspeisen, süße Soßen, Gebäck, Vanillezucker | Wird als ganze Schote mitgekocht; für Teige wird die Schote aufgeritzt und das Mark herausgeschabt |
| Wacholder | Aromatisch, süßlich, leicht bitter | Wild, Beizen, Soßen, Sauerkraut, Fischsud | Ganz oder zerdrückt verwenden; zerdrückte Beeren nicht lange mitkochen, sie sind sehr intensiv |
| Zimt | Würzig süßlich bis scharf | Stangen für Kompott, Glühwein, Punsch, süße Soßen, Obstspeisen | Zimtstangen werden mitgekocht |

### Gewürzmischungen, Gewürzzubereitungen

*Gewürzmischungen* sind Mischungen verschiedener Gewürze, die meist nach dem Verwendungszweck bezeichnet werden, z. B. Leberwurstgewürz, Lebkuchengewürz, Essiggurkengewürz, Brotgewürz, Fischgewürz.

*Gewürzzubereitungen* sind Mischungen von Gewürzen mit anderen geschmackgebenden Stoffen, z. B. Salz, Glutamat, Zucker. Eine bekannte Gewürzzubereitung ist *Senf*. Er macht fette Speisen bekömmlicher. Er wird verwendet für kalten Braten, Eier, Soßen, Marinaden. Je nach Geschmacksrichtung schmeckt er mild bis scharf. Senf sollte kühl, dunkel und gut verschlossen gelagert werden.

### Essig

Essig ist ein wichtiges Säuerungsmittel. In der Küche wird hauptsächlich Gärungsessig verwendet, d. h. Essig, der durch Vergärung alkoholischer Flüssigkeiten, z. B. Wein, entstanden ist. Echter *Weinessig* ist aus reinem Wein hergestellt und ist von besonders guter Qualität. *Kräuteressig* enthält natürliche Auszüge von Kräutern, er schmeckt besonders würzig. Essig wird als Konservierungsmittel verwendet, weil er keimtötend wirkt. Er sollte kühl und dunkel gelagert werden. Haben sich im Essig Schlieren, sogen. Essig-Älchen gebildet, sollte er nicht mehr für die Zubereitung von Speisen verwendet werden.

### Salz

Salz ist das am häufigsten gebrauchte Würzmittel. Es sollte sparsam verwendet werden, weil das enthaltene Natrium Bluthochdruck fördern kann.

*Jodsalz* ist mit Jod angereichert und kann vorbeugend gegen Kropfbildung angewandt werden. *Meersalz* enthält unwesentlich mehr Mineralstoffe als anderes Salz. *Gewürz-* oder *Kräutersalz* sind mindestens 15% Gewürze oder Kräuter zugesetzt. *Diätsalz* darf nur nach ärztlicher Beratung verwendet werden.

Salz ist unbegrenzt lagerfähig, es sollte jedoch nicht feucht gelagert werden, da es die Feuchtigkeit anzieht und dann verklumpt.

### Glutamat

Glutamat ist ein Geschmacksverstärker, das heißt, es hebt den Eigengeschmack eines Lebensmittels besonders hervor. Es wird für Suppen und Soßen, sowie in Würzsoßen verwendet. Glutamat kann bei empfindlichen Personen Allergien auslösen.

### Sonstige Würzmittel

*Suppenwürze (Speisewürze)* wird aus eiweißhaltigen, meist pflanzlichen Stoffen hergestellt und enthält zusätzlich meist Auszüge aus Gemüse, Kräutern, sowie Salz. Sie sollten Suppenwürze sparsam verwenden, denn sie ist sehr ergiebig.

## Gebräuchliche Küchenkräuter und ihre Verwendung

| Kraut | Geschmack | Verwendung | Besonderheiten |
|---|---|---|---|
| Basilikum | Aromatisch, frisch | Kräutersoßen, Hackfleisch, Gemüsegerichte, vor allem zu Tomaten | Nicht zu üppig verwenden |
| Beifuß | Würzig, etwas bitter | Schweinebraten, Gänsebraten, Beize | Sparsam verwenden |
| Bohnenkraut | Aromatisch, leicht herb | Bohnengerichte, Hülsenfrüchte, Schweinefleisch, Hammelfleisch | Sehr intensives Aroma, deshalb nur kurz mitkochen |
| Borretsch (Gurkenkraut) | Frisches Aroma | Quark, Salate, Kräutersoßen, Kräuterbutter | Nur frisch verwenden |
| Dill | Frisches Aroma, leicht süßlich | Helle Soßen, Salate, Kräutersoßen, Kräuterbutter, Fisch, Quark, zum Einlegen von Gurken | Nicht mitkochen, getrocknet nur noch wenig Aroma |
| Estragon | Würzig, anisartig | Kalbfleisch, Geflügel, Fisch, Eier, zum Einlegen in Essig | Sparsam verwenden, frisch oder getrocknet |
| Kerbel | Aromatisch | Suppen, Soßen, Salate, Quark, Kräuterbutter | Nicht mitkochen, frisch verwenden |
| Liebstöckel (Maggikraut) | Sellerieähnlich | Suppen, Eintöpfe, Fleisch- und Gemüsebrühe | Sehr sparsam verwenden, vor allem wenn es mitgekocht wird |
| Majoran | Aromatisch frisch | Kartoffelsuppe, Gemüsesuppe, Fleischteig, Eintöpfe, fette Braten | Frisch oder getrocknet verwenden |
| Oregano | Sehr würzig | Eintöpfe, Pizza, Tomatensoße | Sparsam verwenden |
| Petersilie | Aromatisch, frisch | Soßen, Kräuterbutter, für alle pikanten Gerichte, Suppen, Salate | Frisch oder tiefgefroren verwenden, reich an Vitamin C und Eisen |
| Pimpinelle | Aromatisch, frisch | Beizen, Fisch, Soßen, Marinaden, zum Einlegen in Essig | Frisch verwenden |
| Rosmarin | Mild, etwas herb, sehr intensiv | Kalbfleisch, Geflügel, Hammelfleisch, Wild, Ragouts | Frisch oder getrocknet verwenden |
| Salbei | Mild, würzig | Leber, Hammelfleisch, Fisch, Kalbfleisch | Sparsam verwenden, frisch oder getrocknet |
| Schnittlauch | Frisch, knoblauchartig | Soßen, Eierspeisen, Salate, Quark, Kräuterbutter, Suppen, Rohkost | Frisch verwenden, nicht mitkochen, reich an Eisen und Vitamin C |
| Thymian | Sehr würzig, etwas scharf | Fleisch-, Wild-, Kartoffelgerichte, Eintöpfe, Fisch, Tomatengerichte, Geflügel | Sparsam verwenden, frisch oder getrocknet |
| Zitronenmelisse | Erfrischendes Zitronenaroma | Fisch, Marinaden, Soßen, Kräuterbutter, Tee, Milchmixgetränke | Nur frisch verwenden |

## Gewürzsoßen

| Soße | Geschmack | Verwendung |
|---|---|---|
| Chillisoße | Sehr scharf, brennend | Zu scharfen Fleischgerichten |
| Cumberlandsoße | Milde, fruchtige Soße | Zu Wild und kaltem Fleisch, kann selbst hergestellt werden |
| Mango-Chutney | Scharf, süß-sauer | Zu Rind-, Lammfleisch und Geflügel |
| Sojasoße | Aromatisch, würzig, süßlich | Für Reis-, Fleisch- und Fischgerichte |
| Tabasco-Soße | Sehr scharf | Nur tropfenweise verwenden für Soßen, Gulasch |
| Tomatenketchup | Würzig, aromatisch | Zu warmem oder kaltem Fleisch, Eierspeisen, Suppen, Soßen, gegrilltem Fleisch; Diabetiker sollten bedenken, daß Ketchup viel Zucker enthält |

*Fleischbrühwürfel* enthalten Fleischextrakt, Auszüge von Kräutern oder Gemüse, Salz und eventuell Fett.

*Gewürzsoßen* – in vielerlei Geschmacksrichtungen angeboten – haben ein kräftiges Aroma und sollten daher sparsam verwendet werden. Zum größten Teil enthalten sie sehr viel Kochsalz.

# 4 Getränke

## 4.1 Alkoholfreie Getränke

### Tafelwasser und Erfrischungsgetränke

#### Ernährungsphysiologie

Tafelwässer sind gesunde Durstlöscher, die keine Energie liefern. Bei den Erfrischungsgetränken ist auf den Zuckergehalt zu achten. Fruchtnektare liefern zum Teil sehr viel Energie.

Koffeinhaltige Limonaden (Cola) sind für Kinder nicht zu empfehlen. Außerdem enthalten sie viel Zucker und beeinträchtigen den Appetit.

**➤➤ Wichtiger Hinweis ◄◄**

Getränke sind bekömmlicher, wenn sie nicht zu heiß oder eiskalt getrunken werden.

Bei Tafelwasser unterscheidet man Mineralwässer, mineralarme Wässer und künstliche Mineralwässer. Wenn sie keine Kohlensäure enthalten, werden sie als »stille Wässer« bezeichnet. Heilwässer müssen eine medizinische Wirkung nachweisen, sie fallen unter das Arzneimittelgesetz.

▷ *Mineralwässer:* Sie werden gewonnen aus natürlichen oder künstlich erschlossenen Quellen. Sie enthalten bestimmte Mengen an Mineralsalzen oder Kohlensäure und müssen am Quellort abgefüllt sein. Mineralwässer mit besonders hohem Kohlensäuregehalt werden als Säuerlinge bezeichnet. Wenn sie einen so hohen Kohlensäuregehalt haben, daß sie aus der Quelle sprudeln, gelten sie als Sprudel.

▷ *Mineralarme Wässer:* Sie werden ebenfalls aus natürlichen oder künstlich erschlossenen Quellen gewonnen. Sie enthalten weniger Mineralsalze bzw. Kohlensäure als Mineralwässer.

▷ *Künstliche Mineralwässer:* Sie bestehen aus Trinkwasser, Mineralwasser oder mineralarmem Wasser, Zusätze von Mineralsalzen und Kohlensäure sind erlaubt. Ein bekanntes Beispiel ist Sodawasser.

Zu den Erfrischungsgetränken zählen:

▷ *Fruchtsäfte:* Das sind reine Säfte von frischen, reifen Früchten ohne Zusatz von Wasser oder Zucker. Manchmal sind natürliche Trübstoffe enthalten, die jedoch die Qualität nicht mindern. Fruchtsäfte mit der Kennzeichnung »aus Konzentrat« wurden aus Konzentrat rückverdünnt zu Saft.

▷ *Fruchtsaftgetränke:* Sie bestehen aus Fruchtsaft, Fruchtsaftgemischen und Wasser. Zucker darf enthalten sein. Der vorgeschriebene Fruchtsaftanteil schwankt von Fruchtart zu Fruchtart; so ist z. B. bei Zitrusfrüchten ein Fruchtsaftanteil von mindestens 6% vorgeschrieben, bei Kernobst von mindestens 30%, bei allen anderen Früchten mindestens 10%.

▷ *Fruchtnektare:* Sie bestehen aus Fruchtsaft oder -mark, Wasser und Zucker. Der Gehalt an Fruchtsaft bzw. -mark beträgt meist zwischen 25 und 50%, bei besonders säurereichen Früchten ist er niedriger. Fruchtnektar darf bis zu 20% zugesetzten Zucker enthalten ohne besondere Kennzeichnung.

▷ *Fruchtsirup:* Er besteht aus Fruchtsaft oder Früchten und höchstens 68% Zucker. Sirup ist sehr süß und wird mit Wasser oder Milch verdünnt.

▷ *Limonaden:* Sie bestehen aus natürlichen Essenzen, Zucker, Genußsäuren (z. B. Zitronen-, Apfel-, Weinsäure) und Wasser. Kohlensäure darf zugesetzt werden. Sie können Fruchtsäfte enthalten und dürfen mit natürlichen Farbstoffen gefärbt sein. Der Zuckergehalt beträgt mindestens 7%. Limonade darf Koffein oder Chinin zugesetzt werden, dies muß jedoch gekennzeichnet werden.

▷ *Brausen:* Dies sind kohlensäurehaltige Erfrischungsgetränke, die künstliche Süßstoffe und künstliche Aromastoffe enthalten. Künstliche Farbstoffe dürfen zugesetzt sein.

## Lagerung
● Tafelwässer sind unbegrenzt haltbar, gekühlt schmecken sie besser.
● Erfrischungsgetränke sollten bei 4–15 °C dunkel gelagert werden. Sie sind 4–6 Monate haltbar. Säfte von Zitrusfrüchten halten bis zu einem Jahr.

# *Tee*

## Ernährungsphysiologie
Schwarzer Tee enthält Koffein und wirkt daher belebend. Er entwickelt seine anregende Wirkung langsamer als Kaffee, die Wirkung hält länger an und klingt langsam ab. Das Koffein wird in den ersten beiden Minuten des »Ziehens« freigesetzt, die Gerbsäuren erst mit zunehmender Ziehdauer. Kurz gezogener Tee ist daher koffeinhaltiger und damit anregender als lang gezogener Tee. Tee enthält Kalium, Fluor und Vitamin $B_1$, dagegen keine Energie. Tee enthält Gerbsäuren, die beruhigend auf Magen und Darm wirken. Er wirkt bei Magen-Darm-Erkrankungen lindernd und hilft gegen Durchfall.

## Anbaugebiete
Klassische Anbaugebiete von Tee sind Indien und Ceylon.
*Assam* ist das indische Hauptanbaugebiet. Es liefert herben, sehr kräftigen Tee. Assam-Tee ist Hauptbestandteil der »Ostfriesen-Mischung«.

*Darjeeling* ist ebenfalls ein indisches Anbaugebiet. Dort wird besonders feiner und aromatischer Tee gewonnen.
*Ceylon* liefert aromastarken, angenehm herben Tee. Besonders fein, aber wenig ergiebig ist »First flush«, der erste Trieb. »Second flush«, der zweite Trieb, liefert schweren, dunklen Aufguß.
*Indonesische* Tees sind kräftig, herb und stark anregend.

## Qualität von Teesorten
Tee wird aus den getrockneten Blättern des Teestrauches gewonnen.
Die Qualität von Tee hängt davon ab, welche Teile der Pflanze verwendet werden.

▷ *Flowery Orange Pekoe (F. O. P.):* Beste Qualität. Der Tee aus zarten, jungen Blattrieben und Knospen ist flaumig behaart, sichtbar an den silberfarbenen Teilchen. Der Tee hat ein ausgezeichnetes Aroma, ist aber nicht sehr kräftig.

▷ *Orange Pekoe (O. P.):* Tee aus ersten, jungen Blättern. Er hat ein feines Aroma und ist kräftiger als F. O. P.

▷ *Pekoe (P.):* Tee aus zweiten, gröberen Blättchen. Daraus entsteht kräftiger, ergiebiger Tee, der jedoch kein so feines Aroma hat.

▷ *Pekoe Souchong (P. S.):* Tee aus dritten, groben Blättern und weniger ergiebig.

▷ *Souchong (S.):* Tee aus groben, breiten Blättern. Daraus entsteht dünner Aufguß, der wenig ergiebig ist.

Tee wird nach der Ernte getrocknet und fermentiert (Fermentation ist eine Art Gärung). Schwarztee ist fermentiert, Grüner Tee wird nicht fermentiert, er enthält mehr Gerbstoffe und schmeckt daher herber. Oolong-Tee ist halbfermentiert und ebenfalls herber als Schwarztee.

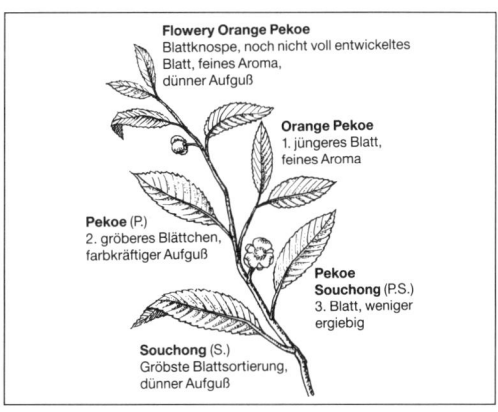

Qualitätsstufen der Teeblätter

## Küchenpraxis

Für die Zubereitung von Schwarztee sind einige Grundsätze zu beachten:

▷ Pro Tasse Tee nimmt man einen Aufgußbeutel oder einen Teelöffel voll Tee.
▷ Die Kanne wird vor dem Aufgießen heiß ausgespült.
▷ Der Tee wird in einem Sieb oder Teenetz aufgebrüht. Das altbekannte Tee-Ei sollte man nach Möglichkeit nicht verwenden, denn es ist viel zu klein, als daß sich das Aroma des Tees entfalten könnte.
▷ Kochendes Wasser wird über den Tee gegossen, dann muß er zugedeckt etwa 5 Minuten ziehen. Lang gezogener Tee schmeckt bitter, kurz gezogener Tee belebt.
▷ Teekannen werden nur mit heißem Wasser (ohne Spülmittel!) ausgespült, damit der Geschmack nicht verfälscht wird.
▷ Die Qualität des verwendeten Wassers beeinflußt den Geschmack des Aufgusses. Bei sehr kalkhaltigem, hartem Wasser empfiehlt sich die Verwendung von kräftigen Teemischungen.
▷ Tee wird trocken und dunkel in dicht schließenden Gläsern oder Dosen gelagert. Er ist 3 Jahre lagerfähig.

Häufig werden die Teeblätter bei der Aufbereitung zerkleinert und gebrochen. Sie werden als »Broken Tee« bezeichnet. Broken Tees sind ergiebiger und brauchen nicht lange zu ziehen. *Fannings* sind kleiner als Broken-Stücke. Sie werden für Tee in Aufgußbeuteln verwendet.

## Teemischungen und aromatisierter Tee

Tee kommt hauptsächlich in Mischungen in den Handel. Dadurch ist ein etwa gleichbleibender Geschmack gewährleistet. Außerdem werden die Mischungen auf unterschiedliche Wassereigenschaften abgestimmt. Für hartes Wasser eignen sich andere Teesorten als für weiches Wasser. Bekannte Teemischungen sind *Ostfriesen-Mischung* (ergibt kräftigen, dunklen Aufguß) und »Englische Mischung« (ergibt milden Aufguß). Aromatisierte Tees werden hergestellt auf der Basis von Schwarztee, der mit Aromen versetzt ist oder getrocknete Früchte oder Blüten enthält. Bekannte aromatisierte Tees sind *Jasmin*-Tee, *Rum*-Tee, *Vanille*-Tee und *Earl Grey*-Tee. Sie sind manchmal so stark aromatisiert, daß der Geschmack des Schwarztees völlig überdeckt wird.

## Teeähnliche Erzeugnisse

▷ *Instant-Tee (Tee-Extrakt):* Ist in Wasser lösliches Pulver, das aus konzentriertem Tee-Auszug hergestellt wird.
▷ *Mate-Tee:* Wird hergestellt aus den Blättern einer Stechpalmenart. Er ist leicht grünlich und hat ein typisches Aroma.

## Kräuter- und Früchtetees

Kräuter- und Früchtetees kommen rein oder gemischt in den Handel. Man kann Kräuter für Tee auch selber sammeln. Allerdings sollte man sich dabei an einige Regeln halten:

● Teekräuter werden am frühen Vormittag gesammelt, nie in der prallen Mittags- oder Nachmittagshitze. Das Aroma ist in dieser Zeit gering. Kräuter werden nicht bei Regen gesammelt.
● Teekräuter am Straßenrand sind ungeeignet. Verschmutzungen und Rückstände von Autoabgasen sind bei diesen Pflanzen meist besonders hoch.
● Getrocknet werden die Kräuter bzw. Früchte nicht in der prallen Sonne, damit sich das Aroma nicht verflüchtigt. Geeignet ist ein luftiger, schattiger Platz. Die Kräuter werden auf Papier oder einem Tuch ausgebreitet und getrocknet. Danach füllt man sie in fest schließende Gläser oder Dosen.

Kräuter- und Früchtetees werden geschätzt wegen ihrer erfrischenden Wirkung. Bekannt sind sie seit altersher als Hausmittel bei Alltagsbeschwerden.

## Küchenpraxis

▷ Früchte- und Kräutertees werden mit kochendem Wasser aufgebrüht. Früchtetees brauchen länger, bis sie ihr Aroma entfalten, sie müssen daher länger ziehen. Kräutertees sollten nicht zu lange ziehen, sonst bekommen sie einen bitteren, herben Geschmack.
▷ Loser Tee ist ergiebiger und von besserer Qualität als Tee in Aufgußbeuteln.
▷ Kalte Früchte- und Kräutertees sind an heißen Tagen eine beliebte Erfrischung, die vor allem bei Kindern den Durst nachhaltiger löschen als zuckerreiche Erfrischungsgetränke.
▷ Früchte- und Kräutertees sollten Sie dunkel und kühl in dicht schließenden Dosen oder Gläsern aufbewahren.

## Kräuter- und Früchtetees und ihre Wirkung

| Teeart | Sammelgut | Wirkung |
|---|---|---|
| Anistee | Früchte (Samen) | Entblähend, verdauungsfördernd, erleichtert die Atmung |
| Baldriantee | Wurzel | Beruhigend, krampflösend, hilft bei Nervosität und Schlaflosigkeit |
| Brennessel | Blätter | Blutreinigend, entwässernd |
| Fencheltee | Früchte (Samen) | Entblähend, krampflösend, regt den Appetit an, erleichtert die Atmung |
| Hagebuttentee | Früchte | Harntreibend, lindert Reizzustände des Darms, hilft bei Entzündungen der Harnwege |
| Hibiscustee (Malventee) | Blüten | Schleimlösend, beliebt als erfrischendes Getränk |
| Holundertee | Blüten | Schweißtreibend, harntreibend, erleichtert die Atmung |
| Huflattichtee | Blüten | Schleimlösend, angenehmer Geschmack nach Honig |
| Johanniskrauttee | Blätter | Beruhigend, vor allem bei längerer Anwendung |
| Kamillentee | Blütenköpfe | Krampflösend, entblähend, entzündungshemmend, wirkt lindernd bei Magen-Darm-Erkrankungen |
| Lindenblütentee | Blüten | Schweißtreibend, fördert die Abwehrkräfte bei Erkältung und Grippe |
| Pfefferminztee | Blätter | Krampflösend, entblähend, kreislaufanregend, hilft bei Bauchschmerzen und Übelkeit |
| Salbeitee | Blätter | Wirkt desinfizierend und hilft daher bei Entzündungen im Hals- und Rachenraum; schwach dosiert wirkt er schweißtreibend, bei längerer Anwendung stärkerer Aufgüsse hilft er gegen nervöses Schwitzen |

## *Kaffee*

Kaffee ist ein beliebtes Genußmittel. Die Kaffeebohnen stammen vom Kaffeebaum. Der Rohkaffee wird sorgfältig verlesen und anschließend geröstet. Beim Rösten entwickeln sich die Geschmacks- und Aromastoffe. Hauptlieferländer für Kaffee sind Süd- und Mittelamerika und Afrika.

### Ernährungsphysiologie

Kaffee-Aufguß liefert keine Energie, dafür enthält er *Koffein*. Dieser Stoff wird schnell vom Körper aufgenommen, regt die Herztätigkeit an, steigert den Blutdruck und regt die Nierentätigkeit an. Kaffeegenuß kann daher zu Schlafstörungen, Durchfall, Schweißausbrüchen und starker Erregbarkeit führen. Die Wirkung von Koffein hält einige Stunden an. Koffein-Unverträglichkeit kann sich unterschiedlich äußern in Kopf- und Magenschmerzen, Übelkeit, Erbrechen, Schwindelgefühl, jagendem Puls oder Unruhe.

Kaffee fördert die Produktion von Magensäure und sollte deshalb bei Magenerkrankungen, z. B. Magenschleimhautentzündung oder Magengeschwür, nicht getrunken werden. Er kann Sodbrennen hervorrufen.

Durch besondere Behandlungsverfahren kann Kaffee *entcoffeiniert* werden und ist dann auch für magenempfindliche Personen gut verträglich. Der Genußwert von Kaffee bleibt durch das Entkoffeinieren voll erhalten.

### Kaffeeähnliche Erzeugnisse

▷ *Löslicher Kaffee (Kaffee-Extrakt, Instant-Kaffee):* Wird hergestellt aus gemahlenem Kaffee, der mit heißem Wasser zu einem Extrakt aufbereitet und anschließend getrocknet wird. Besonders gut bleibt das Kaffee-Aroma erhalten, wenn der Extrakt gefriergetrocknet wird. Kaffee-Extrakt ist gut löslich, auch in kaltem Wasser. Da er Luftfeuchtigkeit anzieht und verklumpt, sollte er immer gut verschlossen aufbewahrt werden.

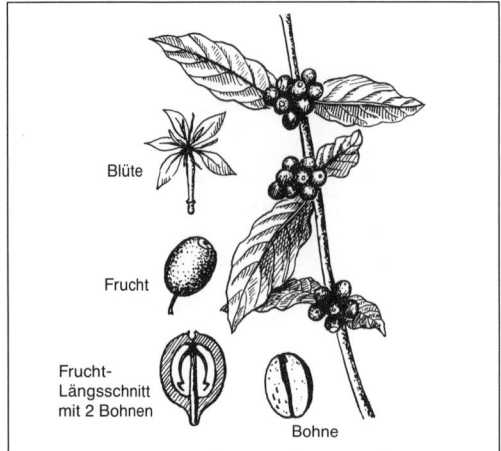

Die Kaffeepflanze

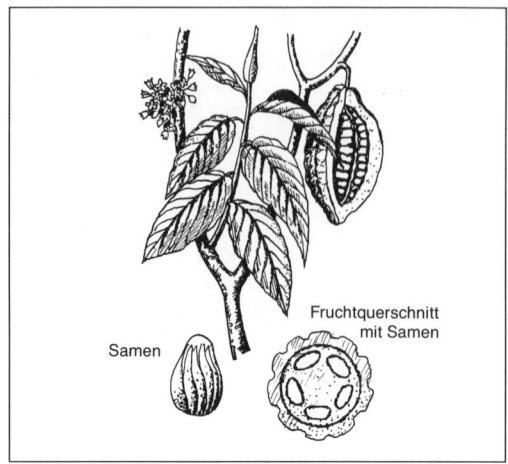

Die Kakaopflanze

▷ *Kaffee-Ersatzstoffe (Surrogate):* Werden aus Pflanzen hergestellt. Wichtige Rohstoffe sind Gerste, Weizen, Roggen, Zichorien und Feigen. Surrogate sind koffeinfreie, aber nach Kaffee schmeckende Getränke. Bekanntestes Beispiel ist Malzkaffee.

▷ *Kaffee-Zusätze:* Bestehen meist aus gerösteten Pflanzenteilen. Sie werden Kaffee beigegeben, um den Geschmack abzurunden und die Farbe zu vertiefen. Besonders häufig werden Kaffee-Zusätze in Österreich verwendet.

---

### Küchenpraxis

▷ Kaffee, der mit weichem Wasser zubereitet wird, schmeckt aromatischer als Aufgüsse mit hartem Wasser.

▷ Kaffee ist ergiebiger, wenn das Mahlgut vorgebrüht wird. Überbrühen Sie das Kaffeemehl im Filter mit etwas kochendem Wasser, dann erst gießen Sie mit sprudelnd kochendem Wasser auf.

▷ Kaffee sollten Sie trocken, kühl und nicht in der Nähe stark riechender Lebensmittel aufbewahren. Er ist stets gut verschlossen zu halten, damit er nicht »ausraucht« und das Aroma verliert. Den Inhalt geöffneter Packungen sollten Sie möglichst schnell verbrauchen.

▷ Vakuumverpackter Kaffee ist ungeöffnet mehrere Monate ohne Qualitätsverlust haltbar.

▷ Gemahlener Kaffee verliert besonders schnell das Aroma. Sie sollten Kaffeebohnen deshalb nicht auf Vorrat mahlen.

---

## Kakao

Kakao wird aus getrockneten und gerösteten Kakaobohnen hergestellt.

### Ernährungsphysiologie

Kakao hat leicht anregende Wirkung, wird aber vor allem wegen seines Geschmacks geschätzt. Er enthält Eiweiß, Fett und Kohlenhydrate. Deshalb ist er ein energiereiches und sättigendes Lebensmittel. Kakao kann Verstopfung fördern, vor allem, wenn er statt mit Milch mit Wasser angerührt wird.

### Angebotsformen

▷ *Schwach entölter Kakao:* Er enthält 20% Fett, hat eine dunkle Farbe, milden Geschmack und volles Aroma. Er ist zwar teurer als stark entölter Kakao, jedoch viel ergiebiger.

▷ *Stark entölter Kakao:* Er enthält etwa 8% Fett, ist heller und weniger ergiebig als schwach entölter. Allerdings löst er sich leichter. Stark entölter Kakao ist leichter verdaulich als schwach entölter.

▷ *Schokoladenpulver:* Es enthält Zucker und mindestens 32% Kakao.

▷ *Haushaltsschokoladenpulver:* Es enthält Zucker und mindestens 25% Kakao.

▷ *Kakaohaltige Getränkepulver:* Dies gibt es in verschiedenen Zusammensetzungen. Die jeweiligen Gehalte an Zucker und Kakao sind auf der Packung angegeben. Der Zuckergehalt ist meist sehr hoch. Sie sind leicht löslich.

▷ *Kakaobutter:* Dies ist das Fett der Kakaobohnen. Es wird extrahiert und zur Schokoladenherstellung verwendet.

**Küchenpraxis**

▷ Kakao zieht die Luftfeuchtigkeit an, verklumpt und ist dann nicht mehr gut löslich. Deshalb sollten Sie Kakao immer in gut schließenden Dosen oder Gläsern aufbewahren.

▷ Kakao sollte kühl gelagert werden. Das Fett kann ranzig werden, der Kakao schmeckt dann bitter. Die durchschnittliche Lagerdauer beträgt etwa 1 Jahr.

# 4.2 Alkoholhaltige Getränke

Alkohol entsteht bei der Gärung zuckerhaltiger Flüssigkeiten. Auch aus stärkehaltigen Rohstoffen, z. B. Getreide oder Kartoffeln, kann durch Umwandlung der Stärke in Zucker Alkohol gewonnen werden.

### Ernährungsphysiologie

Alkohol ist ein Genußmittel, das viel, jedoch »leere« Energie liefert. Er enthält keine Vitamine, Mineralstoffe oder Eiweiß.

| 1 Gramm Alkohol enthält 30 kJ (7,1 kcal) |
| --- |

### Energiegehalt alkoholischer Getränke

| Getränk | Energiegehalt |
| --- | --- |
| 0,2 l Weißwein (mittlere Qualität) | 586 kJ (140 kcal) |
| 0,2 l Rotwein (leichte Qualität) | 552 kJ (132 kcal) |
| 0,2 l Rotwein (schwere Qualität) | 654 kJ (156 kcal) |
| 0,2 l Sekt | 704 kJ (168 kcal) |
| 0,5 l Vollbier, hell | 985 kJ (235 kcal) |
| 0,5 l Vollbier, dunkel | 1005 kJ (240 kcal) |
| 0,5 l Weißbier | 985 kJ (235 kcal) |
| 0,5 l Nährbier | 1170 kJ (224 kcal) |
| 0,02 l Weinbrand (= 2 cl) | 204 kJ (50 kcal) |
| 0,04 l Whisky (= 1 Doppelter) | 420 kJ (100 kcal) |

Durch seinen hohen Energiegehalt fördert Alkohol Übergewicht. In kleinen Mengen wirkt er appetitanregend. Deshalb wird vor dem Essen manchmal ein Aperitif (alkoholisches Getränk) gereicht. In großen Mengen mindert Alkohol den Appetit.

**Schädliche Wirkungen von Alkohol**

Reichlicher und regelmäßiger Alkoholgenuß führt zu schweren gesundheitlichen Schäden (siehe auch Seite 484):

▷ Verminderte geistige und körperliche Leistungsfähigkeit, verringerte Konzentrations- und Denkfähigkeit
▷ Störung des Gleichgewichtssinnes
▷ Erbrechen
▷ Schädigung von Leber und Nieren
▷ Herz- und Kreislaufstörungen
▷ Gehirnschäden
▷ Depressionen
▷ Große Alkoholmengen können zu Bewußtlosigkeit, Lähmung der Atmung und des Nervenzentrums, zu Herzstillstand und Tod führen!
▷ Trunksucht führt zum Verfall der Persönlichkeit. Die Lebenserwartung ist erheblich gemindert.
▷ Alkoholgenuß ist den Erwachsenen vorbehalten. Bei Kindern führt er zu rascher Gewöhnung und Entwicklungsstörungen.
▷ Kuchen und Süßspeisen, die Alkohol enthalten, sind nichts für Kinder! Der Alkohol kann durch Fruchtsaft ersetzt werden.
▷ Entwöhnten Alkoholikern dürfen Sie niemals Alkohol oder alkoholhaltige Speisen vorsetzen. Bereits Spuren von Alkohol, z. B. in einer Soße, können den Betroffenen wieder rückfällig machen!

Alkohol steigert den Bedarf an Vitamin $B_1$. Er wirkt gefäßerweiternd und ruft daher ein Wärmegefühl hervor, das jedoch nicht lange anhält. Im Winter macht Alkohol nur für kurze Zeit warm. Nach dem Genuß alkoholhaltiger Getränke friert man noch mehr, weil durch die erweiterten Blutgefäße mehr Körperwärme abgegeben wird. Alkohol steigert den Blutdruck.

Alkohol wird vom Körper schnell aufgenommen und macht zunächst lustig, führt aber rasch zu Müdigkeit. Kohlensäurehaltige Getränke wie Sekt und heiße Getränke wie Glühwein wirken schneller anregend als kalte Alkoholika.

 **Wichtiger Hinweis**

Alkohol wird in der Leber sehr langsam abgebaut: 0,1 Promille pro Stunde. Kaffee oder reichliches Essen beschleunigen den Abbau von Alkohol nicht!

# Wein

Wein wird hergestellt aus Trauben, die von Stielen befreit, zerquetscht (eingemaischt) und abgepreßt werden. Der Traubensaft (Most) wird in Gärbehälter abgefüllt und einer alkoholischen Gärung unterzogen. Dabei wird der in den Trauben bzw. im Most enthaltene Zucker zu Alkohol vergoren.

Rotwein erhält seine Farbe durch den dunkleren Saft roter Rebsorten und auch dadurch, daß die Maische mit den Bälgen (Traubenschalen) vergoren wird. Dabei geht die Farbe der Schalen in den Wein über.

Eigenschaften und Qualität der Weine sind durch verschiedene Faktoren bedingt: Anbaugebiet, Rebsorte, Witterung, Zeitpunkt der Lese, Gärung und Lagerung des Weines.

## Inhaltsstoffe

### Alkohol

Je nach Jahrgang enthält Wein unterschiedlich viel Alkohol, in guten Jahren etwa 100 Gramm pro Liter, in schlechten Jahren 55–80 Gramm pro Liter. Alkoholreiche Weine werden als schwer, alkoholarme Weine als leicht bezeichnet.

Der Alkoholgehalt ist abhängig vom Zuckergehalt der Trauben. Dieser wiederum hängt ab von der Witterung. Bei warmem, sonnigem Spätsommer- und Herbstwetter gibt es alkoholreichen, bei schlechtem Wetter alkoholarmen Wein.

Der Zuckergehalt des Traubenmostes wird in *Oechsle-Graden* angegeben. Daraus errechnet sich der Alkoholgehalt.

Um den Alkoholgehalt zu erhöhen, darf Land- und Qualitätsweinen Traubenmost zugegeben werden, wenn – bedingt durch schlechtes Wetter – der Zuckergehalt der Trauben sehr gering ist. Bei Qualitätsweinen mit Prädikat ist jegliche Anreicherung verboten.

In sonnenarmen Jahren gibt es daher also verhältnismäßig leichte, d. h. alkoholärmere Qualitätsweine mit Prädikat, sonniges Wetter beschert schwerere Weine.

### Säure

Der Säuregehalt von Wein schwankt je nach Witterung, Lage, Rebsorte und Alter des Weines. Junger Wein enthält mehr Säure als lange gelagerter, Wein von naßkalten Jahrgängen ist säurereicher als der von sonnigen Jahren. Wein darf gesäuert bzw. entsäuert werden, der Umfang ist jedoch genau vorgeschrieben.

### Zucker

Zucker darf dem Most nur vor der Vergärung zugegeben werden, um den Alkoholgehalt zu erhöhen. Um liebliche oder süße Weine herzustellen, ist es erlaubt, deutschen Land- und Qualitätswein bestimmter Anbaugebiete nach dem Vergären mit Traubenmost der gleichen Rebsorte zu süßen. Weine werden gesüßt, damit der Geschmack harmonischer wird.

Von Natur aus sehr süß sind *Beerenauslesen* oder *Trockenbeerenauslesen*. Der Most enthält soviel Zucker, daß er nicht vollständig vergärt und als Restzucker im Wein bleibt.

Wieviel Süße ein Wein enthält, erkennt man an der Bezeichnung »trocken«, »halbtrocken«, »lieblich« oder »süß«. Trockene Weine haben einen geringen Restzuckergehalt, halbtrockene etwas mehr. Liebliche Weine haben weniger als 45 Gramm pro Liter Wein, süße Weine enthalten mehr als 45 Gramm Restzucker pro Liter Wein.

Auch das Deutsche Weinsiegel gibt Auskunft über die Geschmacksrichtung von Wein:

● Rotes Weinsiegel = bei allen Weinen möglich, meist bei lieblichen.
● Grünes Weinsiegel = halbtrockene Weine.
● Gelbes Weinsiegel = trockene Weine, für Diabetiker geeignet.

Deutsches Weinsiegel

### Behandlungsstoffe

Erlaubt sind außer Zucker Hilfsstoffe, z. B. zum Klären, die vollständig abgefiltert werden.

An löslichen und damit im Wein verbleibenden Stoffen, sind erlaubt:

● Schweflige Säure (genaue Höchstwerte sind vorgeschrieben),
● Sorbinsäure (selten verwendet),
● Ascorbinsäure (selten verwendet),
● Wein- und Zitronensäure (in südlichen Weinbauzonen).

### Aromastoffe

Die Duft- und Aromastoffe des Weines bestimmen die sogenannte »Blume« und das »Bukett« des Weines.

## Bedeutende deutsche Rebsorten

| Rebsorte | Eigenschaften des Weines |
|----------|--------------------------|
| Müller-Thurgau | Wein mit geringem Säuregehalt und typischem Muskatgeschmack |
| Kerner | Spritziger, fruchtiger Wein |
| Riesling | Rassiger, edler Wein mit angenehmer Fruchtsäure und typischem Bukett |
| Ruländer | Alkoholreicher, vollmundiger Wein |
| Silvaner | Milder, lieblicher, harmonischer Wein |
| Traminer | Würziger, vollmundiger, aromatischer Wein |
| Blauer Spätburgunder | Rotwein-Rebsorte; edler, alkoholreicher, feuriger Rotwein |
| Portugieser | Rotwein-Rebsorte; leichter, milder Rotwein |

Die Angabe einer Rebsorte ist nur dann erlaubt, wenn der Wein zu mindestens 85% von Trauben dieser Rebsorte stammt.

## Gütegruppen für deutschen Wein

Die Gütegruppen erleichtern dem Käufer die Auswahl. Bei jedem deutschen Wein muß die Gütegruppe auf dem Etikett angegeben sein. Es gibt zwei Gütegruppen:

● Tafelwein (Landwein),
● Qualitätswein, Qualitätswein b. A. (= bestimmter Anbaugebiete), Qualitätswein mit Prädikat.

### Tafelwein

Deutscher Tafelwein ist ausschließlich aus Trauben hergestellt, die im Inland geerntet wurden. Er darf geographische Bezeichnungen tragen, ausgenommen sind aber die Bezeichnungen »bestimmter Anbaugebiete« und »Lagen«. Anreicherung mit Zucker ist erlaubt.
*Landwein* ist Tafelwein guter Qualität. Er enthält etwas mehr Alkohol und muß der Geschmacksrichtung »trocken« oder »halbtrocken« entsprechen.

### Qualitätswein

Qualitätswein oder Qualitätswein b. A. kann deutscher Wein nur dann genannt werden, wenn er amtlich geprüft wurde und mit einer Prüfungsnummer versehen ist. Die Prüfungsnummer wird zugeteilt, wenn der Wein von zugelassenen oder empfohlenen Rebsorten und einem der 11 festgelegten bestimmten Abbaugebiete stammt. Er muß einen bestimmten Mindestalkoholgehalt haben und darf im Rahmen der Bestimmungen mit Zucker angereichert sein.
*Qualitätswein mit Prädikat* darf nur nach amtlicher Prüfung in Verbindung mit dem jeweiligen Prädikat und der Prüfungsnummer diese Bezeichnung tragen.
Für deutsche Weine gibt es folgende *Prädikate*:

● *Kabinett* (Normallese),
● *Spätlese* (späte Lese, vollreife Trauben),
● *Auslese* (vollreife Beeren, kranke und unreife sind aussortiert),
● *Beerenauslese* (edelfaule oder überreife Beeren),
● *Trockenbeerenauslese* (eingeschrumpfte, edelfaule Beeren),
● *Eiswein* (Trauben waren bei der Lese und Kelterung gefroren).

Qualitätsweine müssen aus einer zugelassenen oder empfohlenen Rebsorte und einem bestimmten Anbaugebiet stammen. Vorgeschrieben ist der Mindestalkoholgehalt. Zucker darf nicht zugesetzt werden.

### Angaben auf dem Etikett

Das Etikett ist die »Kennkarte« des Weines. Es informiert über

● Erzeuger,
● Anbaugebiet,
● Jahrgang (mindestens 85% der Trauben müssen aus dem angegebenen Jahr stammen),
● Rebsorte,
● Qualitätsstufe,
● Geschmack,
● Prüfungsnummer,
● Volumen.

RHEINHESSEN
1989er
Binger Scharlachberg
RIESLING · SPÄTLESE
Qualitätswein mit Prädikat
halbtrocken
A.P. Nr. 1234 567 89 00
10% vol                                    0,75 l
ERZEUGERABFÜLLUNG
WEINGUT WALTER, D-6530 BINGEN

Etikett einer Weinflasche

## ➤➤   Wichtige Hinweise   ◄◄

➪ Die Angabe »Für Diabetiker geeignet« darf verwendet werden, wenn der Wein höchstens 4 Gramm Restzucker pro Liter enthält. Zusätzlich zum Restzuckergehalt muß angegeben sein der Alkoholgehalt in Volumenprozent und der Brennwert in kJ oder kcal.

➪ Mittlerweile werden auch entalkoholisierte Weine angeboten.

➪ Wer Wein aus alternativem Anbau will, sollte auf das Warenzeichen des Bundesverbandes Ökologischer Weinbau achten.

**B**undesverband
**Ö**kologischer
**W**einbau e.V.

Warenzeichen des Bundesverbandes Ökologischer Weinbau

## Der Umgang mit Wein

Wein sollte nach dem Transport einige Wochen liegen, denn geschüttelter Wein schmeckt unausgeglichen.

Der beste Aufbewahrungsort für Wein ist ein kühler, luftiger Keller, der gleichmäßig temperiert ist (8–10 °C). Wein wird liegend aufbewahrt, damit der Korken nicht austrocknet. Korken können Fremdgerüche annehmen. Deshalb wird Wein nicht in der Nähe stark riechender Lebensmittel gelagert.

Wein entwickelt seinen Geschmack nur dann voll, wenn er richtig temperiert ist:

● Weißwein etwa 12 °C.
● Rotwein etwa 16 °C.

Qualitativ schlechtere Weine schmecken besser, wenn sie kühler serviert werden. Gute Weine verlieren durch zu warme Temperatur.

Weine, die zum Essen serviert werden, sind meist leichter als Weine, die nach dem Essen gereicht werden. Der richtige Wein zu jedem Essen:

● Zu Vorspeisen: leichte, spritzige Weine.
● Zu hellem Fleisch: milde pikante Weine.
● Zu dunklem Fleisch, Wild: kräftige Rotweine.
● Zu Fisch: kräftiger Weißwein.
● Zu Käse: trockene Weiß- oder Rotweine.

## Schaumwein und Sekt

Schaumweine sind Weine, die ein zweites Mal vergoren werden und die bei der Gärung entstandene Kohlensäure enthalten. Je nach Süßgrad des Schaumweines werden folgende Geschmacksangaben gemacht: extra trocken, trocken, halbtrocken, süß. Trockene Schaumweine sind bekömmlicher als süße.

### Geschmacksbezeichnungen von Schaumwein

| Geschmacksangabe | Restzucker/Liter |
|---|---|
| Extra herb, extra brut | 0– 6 g |
| Herb, brut | 0–15 g |
| Sehr trocken, extra dry | 12–20 g |
| Trocken, sec, dry | 17–35 g |
| Halbtrocken, demisec, demidoux, medium dry | 33–50 g |
| Mild, süß, doux | mehr als 50 g |

### Qualitäten

▷ *Schaumwein:* Alkoholgehalt von mindestens 9,5% Vol. vorgeschrieben.

▷ *Qualitätsschaumwein* oder *Sekt*: Höherer Alkoholgehalt als Schaumwein (mindestens 10% Vol.), deutscher Sekt hat eine amtliche Prüfungsnummer.

▷ *Qualitätsschaumwein b. A.:* Wird hergestellt aus Qualitätswein bestimmter Anbaugebiete.

Die Qualität eines Schaumweines zeigt sich auch daran, wie lang er im Glas perlt. Gute Qualitäten perlen lange.

*Champagner* ist französischer Sekt aus dem Gebiet Champagne.

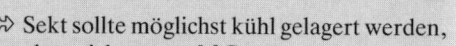

## ➤➤   Praktische Hinweise   ◄◄

➪ Sekt sollte möglichst kühl gelagert werden, aber nicht unter 0 °C.

➪ Flaschen mit Naturkorken sind liegend aufzubewahren.

➪ Sekt sollten Sie gut gekühlt servieren (5–8 °C).

➪ Für Mixgetränke, z. B. Bowle, muß nicht die beste, teuerste Qualität verwendet werden. Der Schaumwein sollte jedoch trocken sein.

## Likörweine

Likörweine werden aus Wein oder Traubensaft unter Zusatz von Alkohol hergestellt. Sie haben einen sehr hohen Alkoholgehalt von etwa 15–22%. Bekannt sind Likörweine auch unter der Bezeichnung Dessert- oder Süßwein.
Meist schmecken Likörweine süß. Es gibt jedoch auch trockene Geschmacksrichtungen. Bekannte Likörweine sind Portwein und Sherry.

## Weinhaltige Getränke

Weinhaltige Getränke werden hergestellt aus Wein, Schaumwein oder Likörwein und Zusätzen, z. B. Früchte, Pflanzen, Eigelb, Sahne. Der Weingehalt muß mindestens 50% betragen. Der Alkoholgehalt darf 20% Vol. nicht überschreiten.

## Weinähnliche Getränke

Weinähnliche Getränke sind Obst- und Fruchtweine, die aus frischem Obstsaft, z. B. von Beeren, hergestellt sind. An der Bezeichnung erkennt man, welcher Ausgangsstoff verwendet wurde, z. B. Heidelbeerwein, Apfelwein, Erdbeerschaumwein.

## Bier

Bier wird in Deutschland nach dem Reinheitsgebot gebraut, es darf nur aus Malz, Hopfen, Wasser und Hefe hergestellt werden.
Seit 1987 darf auch Bier aus dem europäischen Ausland in Deutschland vertrieben werden, das nicht nach dem Reinheitsgebot gebraut ist. Im Ausland sind verschiedene Zusatzstoffe in Bier erlaubt, z. B. ungemälzte Gerste, Mais, Reis, Zucker, Wasserbehandlungsmittel wie Milch-, Essig- und Salzsäure. Bedingt durch verschiedene erlaubte Zusatzstoffe können im Ausland erzeugte Biere zu einem wesentlich niedrigeren Preis verkauft werden als »reines« deutsches Bier.
Unterschieden werden Biere nach ihrem *Stammwürzegehalt*, das ist der gesamte Extrakt aus Malz und Hopfen der unvergorenen Würze. Je höher der Stammwürzegehalt eines Bieres, desto stärker und voller schmeckt es. Die Stammwürze wird in Gewichts-Prozent angegeben. Vollbiere haben einen Stammwürzegehalt von 11–14%, Starkbiere von 16 und mehr %. Der *Alkoholgehalt* liegt bei etwa 3,5–4,5%, bei Starkbier bis 5,5%.
Bier enthält B-Vitamine. Die enthaltenen Extraktstoffe von Hopfen wirken beruhigend.

### Bierarten
▷ *Obergäriges Bier:* Die Hefe sammelt sich nach der Gärung an der Oberfläche des Bieres an (z. B. Malzbier, Kölsch, Weißbier, Alt).
▷ *Untergäriges Bier:* Die Hefe setzt sich im Laufe der Gärung am Boden des Gefäßes an (z. B. Pils, Export, Hell, Märzen, Dunkel, Doppelbock, Bock).

### Biergattungen
Die Biergattungen unterscheiden sich nach dem Stammwürzegehalt.

▷ *Einfachbiere:* Stammwürze 2–5,5%.
▷ *Schankbiere:* Stammwürze 7–8%.
▷ *Vollbiere:* Stammwürze 11–14%.
▷ *Starkbiere:* Stammwürze 16% und mehr (Bockbier 16–17,9%, Doppelbockbier 18% und mehr).

### Biersorten
Beispiele für Biersorten sind Pilsener, Export, Alt, Kölsch, Weizen. Sie unterscheiden sich im Geschmack. So schmeckt z. B. Pilsener bitterer als Weizenbier.
*Alkoholfreies* Bier darf bis zu 0,5% Alkohol, *alkoholarmes* Bier bis zu 1,5% Alkohol enthalten, dazu gehört z. B. Malzbier.

### ▶▶ Praktische Hinweise ◀◀
➪ Bier wird kühl und stehend gelagert. Die Temperatur im Lagerraum sollte nicht schwanken, sie liegt optimal bei 5–7 °C. Bei Lagerung unter 5 °C kann das Bier kältetrüb werden.
➪ Bier sollte nicht zu lange lagern. Die Haltbarkeit ist auf dem Flaschenetikett angegeben.
➪ Die richtige Trinktemperatur von Bier beträgt im Sommer 8–10 °C, im Winter 10–12 °C.

## Spirituosen

Spirituosen sind Getränke mit hohem Alkoholgehalt.
Zu den Spirituosen gehören Branntweine, Liköre, Punschextrakte und alkoholische Mischgetränke.
Der Alkoholgehalt muß aus der alkoholischen Gärung und einem anschließenden Brennverfahren stammen. Künstlich hergestellter Alkohol ist als Zusatz nicht erlaubt.

## Branntwein

Branntwein enthält mindestens 32% Vol. Alkohol. Verschiedene Rohstoffe sind erlaubt:

- Wein bei Weinbrand, Cognac, Armagnac.
- Obst bei Kirschwasser, Zwetschgenwasser.
- Rohrzucker bei Jamaica-Rum, echtem Rum.
- Rübenzucker bei Deutschem Rum.
- Reis bei Arrak.
- Getreide bei Korn, Gin, Whisky, Wodka.
- Kartoffeln bei Klarem.
- Pflanzenwurzeln bei Enzian.

Weinbrand und Cognac wird mit Zimmertemperatur, Obstbranntwein mit etwa 4 °C serviert.

## Liköre

Liköre sind hergestellt aus Branntwein oder künstlich gewonnenem Alkohol, Zucker und aromatischen Stoffen, z. B. Auszügen aus Pflanzen oder Früchten. Der Alkoholgehalt ist unterschiedlich hoch.

Fruchtsaftliköre sind Kirschlikör (z. B. Maraschino) oder Brombeerlikör; zu Fruchtaromalikör gehören Aprikosenlikör, Pflaumenlikör, Schlehenlikör; Kräuterliköre sind Pfefferminzlikör, Kümmellikör.

Liköre werden mit einer Temperatur von 12–14 °C serviert.

## Punschextrakte

Punschextrakte sind Spirituosen, die Zucker enthalten und mit Wasser verdünnt zur Bereitung von Punsch dienen, z. B. »Christkindlpunsch«.

## Alkoholhaltige Mischgetränke

Cocktails sind Mischgetränke, die aus Spirituosen und Fruchtsaft, Essenzen, Wein usw. hergestellt sind. Je nach Mischungsverhältnis sind sie alkoholarm oder alkoholreich. Mixgetränke werden gut gekühlt serviert. Die Wirkung alkoholhaltiger Mischgetränke wird leicht unterschätzt, weil sie meist besonders süffig schmecken.

# Nahrungszubereitung, Vorratshaltung und Lebensmittelrecht

## 1 Zubereiten von Lebensmitteln

### 1.1 Erstellen eines Speiseplans

Ein durchdachter Speiseplan gewährleistet eine gesunde, abwechslungsreiche Ernährung und erleichtert den Einkauf.

Er wird für eine Woche festgelegt, längere Planung kann meist nicht eingehalten werden. Der Speiseplan soll die Möglichkeit bieten, ihn bei Bedarf, z. B. bei günstigen Angeboten, kurzfristig zu ändern.

Beim Erstellen eines Speiseplans ist folgendes zu beachten:

● Die tägliche Kost muß *vollwertig* sein, d. h. den Bedarf an Nährstoffen, Vitaminen und Mineralstoffen aller Familienmitglieder decken. Auch spezielle Kostformen für einzelne Familienmitglieder, z. B. leichte Vollkost, Ernährung bei hohem Harnsäurespiegel, müssen beachtet werden. Nicht nur die Hauptmahlzeiten planen, auch an die Zwischenmahlzeiten denken. Lieber bei den Hauptmahlzeiten einsparen, dafür Zwischenmahlzeiten einnehmen.

● Die Speisenzusammenstellung sollte *vielseitig* sein und auch Wünsche der Familienmitglieder berücksichtigen.

Wird mittags z. B. eine Fleischmahlzeit gereicht, kann für das Abendessen Quark oder Suppe eingeplant werden. Besteht die Mittagsmahlzeit dagegen aus einem Gemüsegericht, wird abends gerne Wurst, Schinken oder kalter Braten gegessen.

● *Essenszeiten* der Familienmitglieder beachten und je nach Familiensituation die Hauptmahlzeit auf Mittag oder Abend verlegen.

● Den *Arbeits- und Zeitaufwand* für die Zubereitung der Speisen beachten. Bei großer Arbeitsbelastung, z. B. während der Ernte, keine aufwendigen Speisenfolgen einplanen. Auch an Sonn- und Feiertagen versuchen, wenig aufwendige bzw. vorbereitete Speisen (Tiefkühlkost, küchenfertige Produkte) einzuplanen. An arbeitsreichen Tagen Lebensmittel mit wenig Vorbereitung verwenden, z. B. statt Kartoffeln oder Klößen als Beilage Reis oder Nudeln.

● *Kosten für die Lebensmittel* bedenken, deshalb Speiseplan nach günstigen Sonderangeboten ausrichten, notfalls den Plan kurzfristig ändern, wenn z. B. das »geplante« Fleisch sehr teuer ist und ein anderes Teilstück besonders günstig angeboten wird. Saisonangebote bei Gemüse und Obst ausnutzen.

Die Kosten müssen nicht für jeden Tag berechnet werden, aber überschlagsmäßig sollte man die Ausgaben einplanen.

● *Garmethoden* abwechseln, z. B. Fleisch nicht immer nur braten, sondern auch dünsten, dämpfen oder kochen.

● *Die richtigen Mengen* einplanen, Reste möglichst bald aufbrauchen, z. B. zum Abendessen aufwärmen bzw. aufbacken oder – falls möglich – sofort portionsweise einfrieren.

● *Lebensmittel aus dem Vorrat* (tiefgefroren, sterilisiert) berücksichtigen, sie bringen bei großer Arbeitsbelastung Zeitersparnis und sind gut geeignet für die »schnelle Küche«.

● Reichlich Gemüse, Salate und Obst einplanen, fettreiche und schwer verdauliche Speisen nicht jeden Tag anbieten oder möglichst meiden.

● Energieaufnahme auf den Tag verteilen.

## Durchschnittliche Verzehrsmengen pro Person

| Nahrungsmittel | | Menge (roh) |
|---|---|---|
| Suppe | Vorspeise<br>Hauptspeise | 0,25 l<br>0,50 l |
| Fleisch | Braten mit Knochen<br>Braten ohne Knochen<br>Steak oder Schnitzel<br>Hackfleischgerichte | 150–200 g<br>100–125 g<br>100–150 g<br>75–100 g |
| Geflügel | Mit Knochen<br>Frikassee, Schnitzel | 200–250 g<br>125–150 g |
| Fisch | Ganzer Fisch mit Gräten<br>Filet | 150–200 g<br>125–150 g |
| Gemüse | Beilage<br>Hauptgericht<br>Rohkost, roher Salat | 150–200 g<br>200–250 g<br>100–125 g |
| Kartoffeln | Beilage<br>Hauptgericht | 200–250 g<br>300–400 g |
| Teigwaren | Beilage<br>Hauptgericht<br>Suppeneinlage | 60– 80 g<br>75–100 g<br>15– 20 g |
| Reis | Beilage<br>Hauptgericht<br>Suppeneinlage<br>Süßspeise | 60– 75 g<br>75–100 g<br>10– 15 g<br>50– 60 g |
| Obst | Frisch, Nachspeise oder Imbiß<br>Kompott | 150–200 g<br>125–150 g |
| Nachspeisen | Joghurt<br>Quark<br>Pudding, Flammeri (fertig) | 100–150 g<br>100–125 g<br>125–150 g |

## Bedarfsmengen

Ein durchdachter Speiseplan erleichtert den Einkauf. Wenn die Bedarfsmengen richtig veranschlagt werden, kauft man weder zuviel noch zuwenig.

## Resteverwertung

Trotz guter Planung bleiben manchmal Reste. Sie werden bis zur Weiterverarbeitung gut gekühlt oder eingefroren.
Reste nur noch dann weiterverarbeiten, wenn sie noch keine Anzeichen von Verderb zeigen. Nicht mehr einwandfreie, überlagerte Lebensmittel zu verarbeiten, ist falsche Sparsamkeit, die gesundheitsschädlich sein kann. Zudem kann eine einzige verdorbene Zutat auch die restlichen Zutaten verderben, sodaß das ganze Gericht weggeworfen werden muß.
Aus Resten lassen sich vollwertige und meist »schnelle« Gerichte zubereiten.

## Verteilung der Energiemenge über den Tag

| Mahlzeit | Energieanteil |
|---|---|
| 1. Frühstück | 25–30% |
| 2. Frühstück | 5–10% |
| Mittagessen | 30–35% |
| Zwischenmahlzeit am Nachmittag | 5–10% |
| Abendessen | 20–30% |

**Maße für Getränke**

| Getränk | | Menge |
|---|---|---|
| Kaffee | 1 Portion (2 Tassen) | 2 gehäufte TL Kaffee, 0,25 l Wasser |
| Tee | 1 Portion (2 Tassen, Gläser) | 2 gestrichene TL Tee, 0,25 l Wasser |
| Kakao | 1 Tasse | 1 gestrichener TL Kakao, 0,20 l Milch |
| Wein | 1 Flasche (0,7 l) | 4–5 Gläser |
| Sekt | 1 Flasche (0,75 l) | 6–7 Gläser |

**Resteverwertung in der Küche**

| Reste | Verwendung |
|---|---|
| Weißbrot, Brötchen | Hackfleischteig, Semmelknödel, Semmelschmarrn oder -auflauf, Suppeneinlage, Semmelbrösel (-mehl) |
| Brot | Brotsuppe, Kirschenmichel |
| Fleisch | Ragout, feine gemischte Salate, Aufläufe, Sülze, Reisgerichte |
| Wurst | In Aufläufen und Salaten, für Pizza, belegte Toastbrote |
| Käse | Zum Überbacken verschiedener Gerichte, Käsesuppe, Käsesoße, in gemischten Salaten |
| Gemüse | Gratins, Aufläufe, Suppeneinlage, in Sülzen und Salaten |
| Kartoffeln | Bratkartoffeln, Klöße, Süßspeisen aus Kartoffelteig, Kroketten, Aufläufe |
| Teigwaren, Reis | Suppeneinlage, Aufläufe |
| Klöße | In Scheiben geschnitten und gebacken |

# 1.2 Der richtige Umgang mit Lebensmitteln

Der Wert der Lebensmittel für die Ernährung hängt nicht nur davon ab, wie »gesund« das Lebensmittel ist, sondern vor allem, wie es bei der Zubereitung bzw. Lagerung im Haushalt behandelt wird.

## Nährstoffe schonen

Beim Lagern, Waschen und Garen von Lebensmitteln können viele wertgebende Inhaltsstoffe verloren gehen. Dies wird vermieden, wenn folgende *Grundsätze* beachtet werden:

● Lebensmittel möglichst frisch verwenden, lange Lagerzeiten vermeiden. Sehr lichtempfindlich ist Carotin (Vorstufe von Vitamin A), z. B. in Möhren, Spinat, Aprikosen, Speiseöl, durch lange Sauerstoffeinwirkung werden Vitamin A und C zerstört.

● Gemüse und Obst unzerkleinert und kurz unter fließendem Wasser waschen, nicht im Wasser liegen lassen.
● Fleisch, Fisch und Geflügel ebenfalls unter fließendem Wasser waschen, anschließend trockentupfen.
● Schonende Garmethoden anwenden (siehe Seite 185).
● Beim Garen möglichst wenig Wasser zugeben, überschüssiges Kochwasser wiederverwenden, z. B. zum Aufgießen von Soßen.
● Deckel schließen, damit möglichst wenig Luftsauerstoff in den Topf gelangt.
● Lebensmittel nicht zu lange garen. Je länger Hitze einwirkt, desto mehr leiden die Vitamine darunter; hitzeempfindlich sind besonders Vitamin $B_1$ und C.
● Gegarte Speisen nicht warm halten, sondern möglichst schnell abkühlen und bei Bedarf erneut erwärmen. Dabei gehen weniger Nährstoffe verloren, außerdem können sich schädliche Bakterien nicht so schnell vermehren.

## Schadstoffe verringern

In unserer Nahrung kommen nicht nur erwünschte Stoffe vor, auch gesundheitsschädliche sind enthalten. Die Schadstoffe lassen sich vermindern, wenn man einige *Grundsätze* beachtet:

● Gemüse und Obst gründlich waschen.
● Gemüse und Obst, von dem man weiß, daß es mit Pflanzenschutzmitteln behandelt bzw. in der Nähe einer vielbefahrenen Straße geerntet wurde, schälen. Viele Schadstoffe reichern sich in, unter und auf der Schale an.
● Gemüse und Obst mit behaarter Oberfläche, z. B. Pfirsiche, Stachelbeeren, besonders gründlich waschen, ebenso Kräuter mit gekräuselter Oberfläche, z. B. Petersilie.
● Von geschlossenem Gemüse die äußeren Hüllblätter entfernen, z. B. bei Wirsing, Weißkohl, Chinakohl.
● Das Kochwasser von nitratreichem Gemüse (siehe Seite 111) nicht weiterverwenden.
● Gepökelte Fleisch- und Wurstwaren nicht hoch erhitzen, besonders dann nicht, wenn sie in Kombination mit eiweißreichen Lebensmitteln, z. B. Käse, erhitzt werden.

## Hygiene in der Küche

Sauberes Arbeiten verringert das Wachstum von schädlichen Keimen und Bakterien und verzögert gleichzeitig den Verderb von Lebensmitteln. Folgende *Regeln* sind zu beachten:
● Stets die Hände sauber waschen, auch zwischendurch auf saubere Hände achten, vor allem, wenn Geflügel oder Fleisch zubereitet wird.
● Leicht verderbliche Lebensmittel wie Fleisch, Geflügel, Fisch aus der Verpackung nehmen und kühl lagern. Die Verpackung vernichten, anhaftende Keime (z. B. Salmonellen) können auf andere Lebensmittel übergehen.
● Auftauwasser von Fleisch und Geflügel auf keinen Fall verwenden!
● Gemüse, Obst und andere Lebensmittel, die vor dem Verzehr nicht oder wenig erhitzt werden, nicht mit häufig salmonellenbehafteten Lebensmitteln wie Geflügel in Berührung bringen.
● Geräte, die zum Vorbereiten von Geflügel verwendet wurden, heiß und gründlich spülen.
● Holzschneidebretter regelmäßig gründlich reinigen, in den Ritzen können sich Keime gut vermehren und leicht übertragen werden.
● Fleisch, besonders Geflügel und Wildbret, gut durchgaren, damit hitzeempfindliche Bakterien abgetötet werden.

## Lebensmittel richtig lagern

Richtige Lagertemperaturen und -bedingungen verzögern den Verderb von Lebensmitteln. Sachgemäßes Lagern erfordert auch sorgfältige Verpackung.

## Zubereiten von Lebensmitteln

Bei der Zubereitung von Speisen hält man sich meistens an bestimmte Rezepte. Je nach Erfahrung der Köchin können Rezepte auch abgewandelt werden. Beim Backen von Kuchen und Torten ist davon abzuraten, weil es meist auf das genaue Verhältnis der Zutaten ankommt, ob ein Kuchen gelingt oder nicht.
Rezepte gibt es in Hülle und Fülle, leider halten viele nicht, was z. B. eine Abbildung verspricht. Wer nicht genügend Erfahrung hat, Rezepte zu beurteilen, ob sie »klappen« oder nicht, ist mit einem guten Standardkochbuch am besten beraten.

## Messen und Wiegen

Bei empfindlichen Gerichten, vor allem bei Kuchen, feinen Cremes, ist genaues Abwiegen und Abmessen unerläßlich für das Gelingen. Bei einfacheren Gerichten erleichtert man sich die Arbeit, wenn mit Eßlöffel oder Teelöffel gemessen wird, bei größeren Mengen den Meßbecher verwenden.

### Faustzahlen für Gewichte

| Lebensmittel | 1 gestrichener TL entspricht | 1 gestrichener EL entspricht |
|---|---|---|
| Flüssiges Fett, Öl | 4 g | 10 g |
| Mehl | 4 g | 10 g |
| Speisestärke | 5 g | 15 g |
| Salz | 5 g | 12 g |
| Zucker | 5 g | 15 g |
| Reis | 5 g | 15 g |
| 5 mittelgroße Kartoffeln | etwa 500 g | |
| 5 mittelgroße Äpfel | etwa 500 g | |
| 8 EL Flüssigkeit | etwa ⅛ l | |

**Lagerort und Lagerzeit frischer Lebensmittel**

| Lebensmittel | Lagerort | Lagerzeit |
|---|---|---|
| Fleisch, Geflügel | Kühlschrank | 2 Tage |
| Hackfleisch | Kühlschrank | 12 Stunden |
| Rohe Bratwurst | Kühlschrank | 1 Tag |
| Innereien | Kühlschrank | 1 Tag |
| Brüh- und Kochwurst | Kühlschrank | 4 Tage |
| Rohwurst | Kühle Speisekammer | Einige Wochen |
| Frischer Fisch | Kühlschrank | 1 Tag |
| Geräucherter Fisch | Kühlschrank | 2–4 Tage |
| Eier | Kühle Speisekammer | 3–4 Wochen |
| Milch, Sahne | Kühlschrank | 2 Tage |
| Butter | Kühlschrank | 2 Wochen |
| Pflanzenöle | Kühle Speisekammer | 8 Wochen |
| Plattenfett | Kühle Speisekammer | 6 Monate |
| Vollkornschrot/-mehl | Kühle Speisekammer | 2 Wochen |
| Wurzelgemüse | Keller, Speisekammer | 2–3 Wochen |
| Fruchtgemüse | Keller, Speisekammer | 1 Woche |
| Salate | Keller, Speisekammer | 2–3 Tage |
| Steinobst | Speisekammer | 1 Woche |
| Beerenobst | Kühlschrank | 2 Tage |

Durch richtige Lagerung und Hygiene wird der Verderb verzögert (siehe auch Lebensmittelverderb, Seite 203).

# 1.3 Garmethoden

Die Wahl der Garmethode hängt ab vom Gargut. So eignet sich z. B. zähes Fleisch nur zum Kochen, zartes, junges Fleisch wird kurzgebraten oder gegrillt.

## Kochen

Das Lebensmittel wird in reichlich Flüssigkeit bei 95–100 °C im geschlossenen Topf gegart. Der Großteil der Inhaltsstoffe des Gargutes geht in die Kochflüssigkeit über, ebenso die Geschmacksstoffe. Grundsätzlich sollte die Flüssigkeitsmenge so knapp wie möglich gehalten werden.

Da beim Kochen die wertvollen Inhaltsstoffe ausgelaugt werden, sollte diese Garmethode nicht angewendet werden bei frischem Obst und Gemüse, weil die Nährstoffverluste besonders hoch sind.

Gekochte Lebensmittel sind leicht verdaulich, sie werden daher bevorzugt in der Krankenernährung eingesetzt. Als fettarme Zubereitungsart wird Kochen geschätzt bei Abnahmediäten.

Bei manchen Lebensmitteln ist das Auslaugen dagegen erwünscht, z. B. für eine kräftige Fleisch-, Knochen- oder Geflügelbrühe. Auch bei der Zubereitung von Sülze ist es wichtig, daß die Leimstoffe aus den Knochen und Knorpeln ausgekocht werden, damit die Sülze erstarrt.

Die Nährstoffverluste sind gering, wenn die gekochten Lebensmittel die Flüssigkeit vollständig aufsaugen, z. B. Hülsenfrüchte, Grieß und Reis, die mit Milch zu einem Brei gekocht werden.

*Anwendung:* Bestimmte Fleischstücke, Hülsenfrüchte, bestimmte Gemüse (z. B. Blumenkohl), Kartoffeln, Teigwaren, Reis.

**➤➤ Praktische Hinweise ◀◀**

↪ Beim Garen von Salzkartoffeln nur so viel Wasser zugeben, wie die Kartoffeln aufsaugen; das ist Erfahrungssache.

↪ Fleisch sollte nicht sprudelnd kochen, sondern nur ziehen (simmern).

↪ Im Dampfdrucktopf ist die Garzeit erheblich verkürzt, besonders bei Lebensmitteln, die eine sehr lange Garzeit haben.

## Die verschiedenen Garmethoden

| Blanchieren | Kochen | Pochieren. Garziehen |
| Dämpfen | Dünsten | Schmoren |
| Glasieren | Fritieren | Gratinieren |
| Kurzbraten / Braten in der Pfanne | Braten im Ofen | Grillen |
| Grillen am Drehspieß | Backen | Backen |

## Garziehen

Beim Garziehen werden die Lebensmittel in kochendes Wasser gegeben, einmal kurz aufgekocht und dann knapp unter dem Siedepunkt gegart.
*Anwendung:* Bei zarten, empfindlichen Lebensmitteln, die schnell garen und leicht zerfallen oder zerkochen würden, z. B. Klöße, Nockerl, feine Gemüse, Fisch, Kompott.

## Dämpfen

Die Lebensmittel werden im heißen Wasserdampf gegart; sie liegen auf einem Siebeinsatz über dem kochenden Wasser.
Die Nährstoffe, Vitamine und Mineralstoffe sowie der Geschmack bleiben besser erhalten als beim Kochen, Dämpfen dauert allerdings länger als Kochen. Gedämpfte Lebensmittel sind leicht verdaulich. Dämpfen hilft als fettlose Zubereitungsart außerdem, Energie einzusparen.
Zum Dämpfen braucht man einen Topf, der fest verschließbar ist. Geeignet ist ein spezieller Dämpftopf, ein Kochtopf mit Siebeinsatz oder der Dampfdrucktopf mit Siebeinsatz.
*Anwendung:* Kartoffeln, Gemüse, Fisch.

## Dünsten

Beim Dünsten wird das Gargut im eigenen Saft gegart, falls nötig wird wenig Flüssigkeit angegossen. Wichtig ist, daß der Kochtopf geschlossen bleibt, damit die Flüssigkeit nicht verdampft.
Dünsten ist die schonendste Garmethode, bei der Vitamine und Mineralstoffe weitgehend erhalten bleiben. Durch geringe Fettzugabe und das milde Anbraten sind gedünstete Lebensmittel leicht verdaulich, der Geschmack bleibt weitgehend erhalten, Fleisch, Fisch und Geflügel bleiben saftig und zart.
Gedünstet werden kann im »normalen« Kochtopf, im Dampfdrucktopf, im Mikrowellengerät oder auch in Brat- oder Alufolie.
*Anwendung:* Fleisch, Fisch, Geflügel, Gemüse.

## Braten

Beim Braten wird das Lebensmittel rundherum braun. Gebraten wird meist *im Backrohr*, sodaß die heiße Luft von allen Seiten einwirken kann. Gebratenes hat durch das Anbraten und Bräunen einen sehr guten Geschmack, durch die rasche Krustenbildung bleibt Fleisch saftig. Gebratene Lebensmittel sind wegen der Röststoffe, die beim Anbraten entstehen, schwer verdaulich.

Beim Braten *in der Pfanne* wird das Bratenstück rundherum in heißem Fett gut angebräunt, danach aufgegossen und bei geschlossenem Topf durchgegart. Braten in der Pfanne ist geeignet für kleine Bratenstücke.
Besonders saftig und leicht verdaulich ist Fleisch, vor allem Geflügel, das *im Tontopf* (»Römertopf«) gebraten wird. Der Tontopf wird vor der Verwendung einige Stunden gewässert, das Lebensmittel kann ohne Fettzugabe gegart werden. Saft und Aroma bleiben sehr gut erhalten.

>> **Praktische Hinweise** <<

▷▷ Bratenstücke beim Wenden oder bei der Garprobe nicht anstechen, damit der Fleischsaft nicht austritt. Backschaufeln dazu verwenden.
▷▷ *Garprobe* mit einem *Löffel*: Durchgebratenes, gares Fleisch gibt auf Druck nicht mehr nach. Braten, die innen noch rosa oder blutig sind, geben auf Druck nach. Ob ein Braten gar ist, erkennt man auch an der *Farbe des Fleischsaftes*: Farblos oder grau bei garem Fleisch, hellrot bei fast durchgebratenem Fleisch, rot und blutig bei wenig gebratenem Fleisch, z. B. Roastbeef.
▷▷ Eine weitere Methode, den Garzeitpunkt festzustellen, ist ein *Bratenthermometer.* Es gibt die Temperatur im Inneren des Bratens an. Der Braten ist gar bei einer Temperatur im Fleischinneren von 64 °C.

## Kurzbraten

Das Fleisch wird in heißem Fett gebraten, gesalzen wird nach dem Garen, damit das Gargut saftig bleibt. Die entstehenden Röststoffe verbessern den Geschmack, machen das Gebratene aber schwer verdaulich.
*Anwendung:* Bei sehr zartem, saftigem Fleisch z. B. Filetscheiben, Steaks, auch Roastbeef.

## Schmoren

Beim Schmoren wird in heißem Fett scharf angebraten, anschließend wenig Flüssigkeit aufgegossen. Schmorgerichte haben durch die Röststoffe vom Anbraten einen herzhaften, aromatischen Geschmack, allerdings sind sie schwer verdaulich.
*Anwendung:* Gulasch, Rouladen, Schmorbraten in der Pfanne.

## Grillen

Beim Grillen garen die Lebensmittel durch Strahlungshitze auf dem Rost oder am Spieß. Durch die starke Hitze bildet sich um das Grillgut sofort eine Kruste, Saft und Aroma bleiben erhalten.

Da die Gardauer sehr kurz ist, eignen sich Grillgerichte gut für die »schnelle Küche«. Zudem bereitet Grillen nur einen geringen Arbeitsaufwand. Gegrilltes Fleisch ist leicht verdaulich und bekömmlich, weil es fettlos gegart werden kann. Es eignet sich bei Krankenkost und Abnahmediäten. Besonders bekömmlich ist Gegrilltes, wenn es in Alufolie eingeschlagen wird. Die Grilldauer verlängert sich allerdings.

*Anwendung:* Zartes Fleisch, nicht gepökelte Wurstwaren, junges, zartes Geflügel, Fische, Gemüse (Tomaten, Zwiebeln, Zucchini, Champignons), sogar Obst (Bananen, Pfirsiche), als Nachtisch serviert.

## Backen

Beim Backen werden Lebensmittel in heißer Luft im Backrohr (Strahlungshitze oder Umluft) bei Temperaturen zwischen 150 und 250 °C gegart. Bei Teigen gerinnen (koagulieren) die Eiweißstoffe und bilden das Gerüst für das Gebäck, das durch die Hitze stabilisiert wird. Am Rand bildet sich eine mehr oder weniger dicke Kruste mit besonders gutem Geschmack, außerdem verhindert sie schnelles Austrocknen des Gebäcks.

*Anwendung:* Kuchen, Gebäck, Kleingebäck, Aufläufe.

---

**▶▶ Praktische Hinweise ◀◀**

▷ *Garprobe:* Bei Gemüse und Obst erkennt man an der äußeren Beschaffenheit, wenn es gar ist. Fisch ist gar, wenn er auf Druck nicht mehr nachgibt und das Fleisch milchig ist.
Fleisch wird mit der »Druckprobe« geprüft: Gibt es auf Druck nach, ist es innen rot, gibt es federnd nach, ist es rosa, gibt es nicht nach, ist es durchgegart.

▷ Magere Grilladen (Lebensmittel, die gegrillt werden) mit Öl oder Fett bepinseln, damit sie nicht austrocknen. Den Rost ebenfalls ölen, damit das Grillgut nicht festbrät.

▷ Dünne Grilladen nahe am Grill garen. Dicke Grilladen nur zu Beginn nahe am Grill anbräunen, zum Fertiggaren etwas tiefer einschieben, damit die Kruste nicht verbrennt.

▷ Gesalzen wird Grillfleisch erst in garem Zustand, damit der Saft erhalten bleibt.

▷ Gegrilltes nicht lange warm halten, es wird trocken und zäh.

▷ Grilladen *am Spieß* (Bratenstücke, Geflügel, Spießchen) gleichmäßig aufstecken. Geflügel unbedingt dressieren, damit die abstehenden Teile nicht austrocknen und verbrennen.

▷ Beim Grillen auf dem *Holzkohlengrill* darauf achten, daß das Fett nicht auf die glühenden Kohlen tropft, z. B. indem der Rost mit Alufolie abgedeckt wird. Das tropfende Fett verbrennt, es lagern sich gesundheitsschädliche Stoffe auf dem Grillgut an (Benzpyren). Lebensmittel erst auf den Rost legen, wenn die Kohlen bereits durchgeglüht sind, dann legt sich weniger Rauch auf das Grillgut.

▷ Mariniertes Fleisch vor dem Auflegen trockentupfen.

---

**▶▶ Praktische Hinweise ◀◀**

▷ Je flacher das Gebäck, desto mehr Hitze wird zugeführt.

▷ Bei sehr schweren, zutatenreichen Teigen wird langsamer gebacken, jedoch auch nicht zu langsam, damit der Teig, bevor er das Gerüst bildet, nicht »zusammenfällt«.

▷ Gebäcke und Aufläufe fallen nach dem Backen nicht so leicht zusammen, wenn sie nicht sofort aus dem Backrohr genommen werden, sondern im warmen Rohr noch etwas ruhen. Das kann man besonders gut beobachten bei Käsekuchen.

## Fritieren

Beim Fritieren werden Lebensmittel schwimmend in heißem Fett gegart.

Zum Fritieren wird das Gargut meist mit Backteig oder Panade umhüllt und dann in heißes Fett gegeben. Durch die hohen Temperaturen ist die Garzeit sehr kurz, das Gargut bleibt saftig, bräunt, die Röststoffe entwickeln einen guten Geschmack. Fritieren ist eine Garmethode, die nur in Ausnahmen angewendet werden sollte, weil die durchschnittliche Fettzufuhr ohnehin viel zu hoch ist (siehe Seite 80).

Wichtig ist die Temperatur des Fettes. Grundsätzlich werden nur Fette verwendet, die einen hohen

Rauchpunkt haben, d. h. sich hoch erhitzen lassen, ohne zu verbrennen. Dann bildet sich rasch eine gleichmäßige Kruste, die das Lebensmittel vor dem Austrocknen schützt. Das Fett darf nicht zu heiß sein, sonst verbrennt das Gargut an der Oberfläche schnell und ist innen, noch nicht gar. Die Temperatur darf aber auch nicht zu niedrig sein, sonst saugt sich das Gargut voll Fett.

Ob Fritierfett bereits genügend heiß ist, kann man mit einem einfachen Trick feststellen: Hält man den Stiel eines hölzernen Kochlöffels in das Fett, steigen daran Bläschen hoch.

Auf keinen Fall darf das Fett erhitzt werden, bis es raucht. Es entwickeln sich schädliche Stoffe, das eingelegte Gargut würde verbrennen.

*Anwendung:* Backhähnchen, Fondue, Wiener Schnitzel, Fisch, Pommes frites, Schmalzgebäck, z. B. Krapfen, Brandteig.

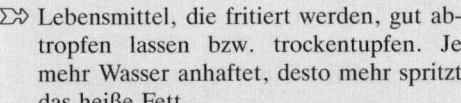

## Praktische Hinweise

- ▷ Lebensmittel, die fritiert werden, gut abtropfen lassen bzw. trockentupfen. Je mehr Wasser anhaftet, desto mehr spritzt das heiße Fett.
- ▷ Gargut vorsichtig einlegen (mit Gabel oder Backschaufel), Verbrennungsgefahr! Fertige Lebensmittel mit Schaumkelle herausheben, Fett auf Küchenkrepp abtropfen lassen.
- ▷ Vorsicht geboten ist besonders dann, wenn kleine Kinder in der Küche sind. Zum Abkühlen das Fett auf keinen Fall auf den Boden stellen, allzu leicht wird es umgestoßen und verursacht gefährliche Brandwunden.
- ▷ Fritiertes, bei dem der Deckel aufgelegt wird, z. B. Berliner Pfannkuchen oder bestimmte Krapfen, Deckel waagerecht abheben, damit der entweichende Wasserdampf nicht ins heiße Fett tropft.
- ▷ Fritierfett nicht öfter als 3–4mal verwenden, auf keinen Fall, wenn es bereits dunkel gefärbt ist und einen deutlich fischigen Geruch hat beim Erwärmen. Merkmale von verdorbenem Fritierfett sind auch stechend scharfer Geruch beim Erwärmen, bläulicher Rauch, braune, trübe Farbe oder starkes Schäumen, wenn das Bratgut eingelegt wird.
- ▷ Verdorbenes, altes Fett nicht mit frischem mischen, dabei verdirbt auch das frische Fett sehr schnell.
- ▷ Verdorbenes bzw. übriggebliebenes Fett nicht in den Ausguß schütten, das Fett wird beim Abkühlen fest und verstopft den Abfluß. Altes Fett im Topf abkühlen lassen und nach dem Erstarren in die Mülltonne geben. Abgekühltes Öl in eine alte Kunststofflasche füllen und ebenfalls zum Müll geben.

## Pfannenrühren

Bei mäßiger Wärmezufuhr wird das Gargut gleichmäßig angebraten und nur kurz gegart. Gemüse und Fleisch bleiben saftig und aromatisch und haben »Biß«, d. h., sie sind nicht ganz weich gegart.

*Anwendung:* Für zartes, in feine Streifen geschnittenes Fleisch und Gemüse.

## Garen in Folie

Garen in Folie kann man im Backrohr, in kochendem Wasser, auf der Kochplatte, im heißen Dampf oder unter dem Grill bzw. auf dem Grillrost. Es hat den Vorteil, daß der Saft der Gargutes nicht verdampft, das Lebensmittel gart im eigenen Saft. Es fällt wenig Geschirr an, der Herd wird

## Praktische Hinweise

- ▷ Zum Foliengaren dickere Folien verwenden, dünne reißen sehr leicht ein, der Saft würde auslaufen.
- ▷ Folie nicht zu knapp abreißen, damit das Gargut locker eingeschlagen werden kann.
- ▷ Die Folie auf der Innenseite (gleichgültig, ob matte oder glänzende Seite) dünn mit Butter oder Öl einpinseln.
- ▷ Gargut in die Mitte der Folie legen (nicht mehr als zwei Portionen auf jedes Folienstück und locker in die Folie einschlagen, weil sich Lebensmittel beim Erwärmen ausdehnen.
- ▷ Beim Garen auf der Kochplatte oder in der Pfanne auf höchster Stufe vorheizen, Päckchen auflegen und bei mäßiger Hitze garen.
- ▷ Beim Garen im Backrohr Päckchen in den gut vorgeheizten (250 °C) Ofen geben. Wegen des hohen Energieaufwandes nur größere Mengen im Backrohr garen.
- ▷ Beim Garen im heißen Wasser oder Dampf das Päckchen auf Siebeinsatz legen.

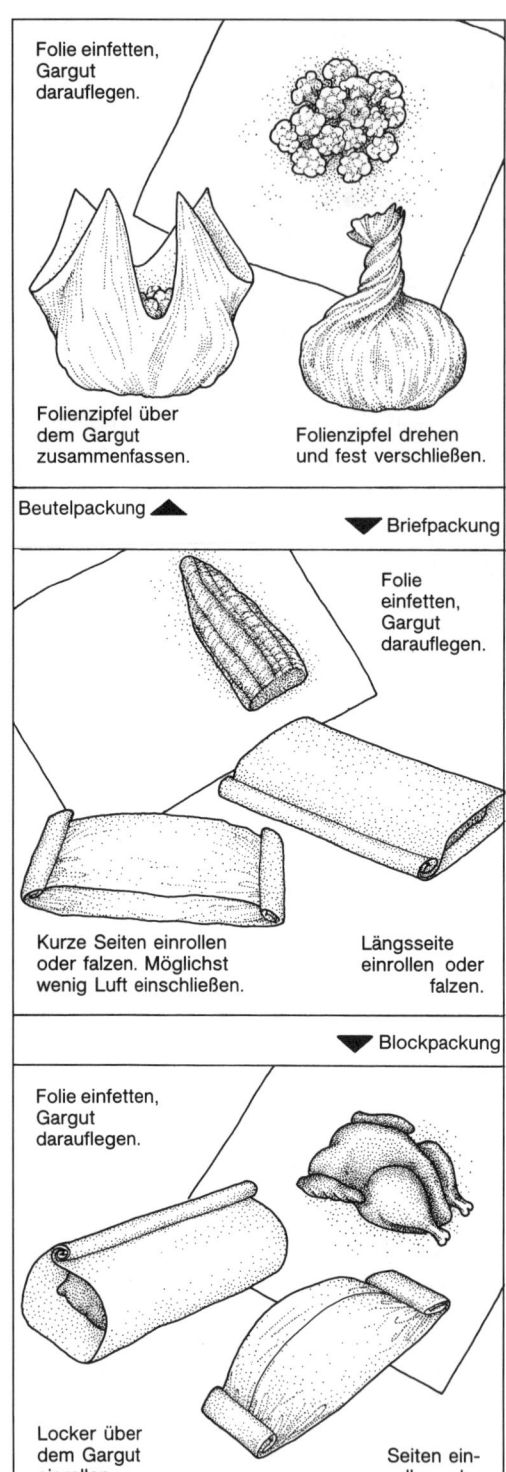

Folie einfetten, Gargut darauflegen.

Folienzipfel über dem Gargut zusammenfassen.

Folienzipfel drehen und fest verschließen.

Beutelpackung ▲

▼ Briefpackung

Folie einfetten, Gargut darauflegen.

Kurze Seiten einrollen oder falzen. Möglichst wenig Luft einschließen.

Längsseite einrollen oder falzen.

▼ Blockpackung

Folie einfetten, Gargut darauflegen.

Locker über dem Gargut einrollen oder falzen.

Seiten einrollen oder falzen.

Grundformen für das Verpacken in Folie

kaum verschmutzt, das Gericht kann in der Folie serviert werden. Allerdings wird durch die längere Garzeit mehr Energie verbraucht. Außerdem fällt durch die Alufolie »wertvoller« Abfall an.

Foliengegarte Lebensmittel haben eine etwas längere Garzeit, aber sie sind besonders leicht verdaulich, der arteigene Geschmack und das Aroma bleiben bestens erhalten. Zudem ist Alufolie so dicht, daß Geruch und Geschmack des verpackten Lebensmittels nicht übertragen werden.

*Anwendung:* Gemüse, Obst, Kartoffeln, portioniertes Fleisch und Geflügel, Fisch, aber auch zum Aufwärmen bereits gegarter Lebensmittel ohne Aromaverlust.

## Garen im Bratbeutel (Bratschlauch)

Garen im Bratbeutel ist ebenfalls eine sehr nähr- und geschmacksstoffschonende Zubereitungsart. Im Bratbeutel gegarte Speisen sind leicht verdaulich und sehr aromatisch. Da sie im eigenen Saft garen, sind sie sehr fettarm. Zudem wird Küchen-

### ➤➤ Praktische Hinweise ◀◀

⇨ Beschreibung der jeweiligen Bratfolie genau beachten!

*Achtung:* Backrohr nicht heißer einstellen als angegeben, bei höheren Temperaturen schmilzt der Beutel und legt sich als Schicht auf das Lebensmittel! In der Regel sollte eine Temperatur von 200 °C oder Gas Stufe 3 nicht überschritten werden. Bratbeutel auf keinen Fall unter den eingeschalteten Grill legen.

⇨ Gargut in den Bratbeutel einlegen, Beutel mit beigelegtem Clip locker verschließen. Beutel groß genug bemessen.

⇨ Bratbeutel an der Oberseite einige Male einstechen, damit Wasserdampf entweichen kann und der Beutel nicht platzt.

⇨ Beutel auf den Rost ins kalte Bratrohr legen – nicht in einen Topf, die Temperatur am Topfboden wird zu hoch, der Beutel würde schmelzen.

⇨ Der Bratbeutel darf die Backofenwand nicht berühren, sonst schmilzt er.

⇨ Nach Belieben den Beutel gegen Ende der Garzeit aufschneiden und das Gargut leicht bräunen lassen.

⇨ Im Bratbeutel gegarte Lebensmittel zum Einfrieren mit dem Beutel in Gefriertüte geben. Bei Bedarf Bratbeutel wieder erhitzen.

dunst vermieden, das Backrohr bleibt sauber. Ein großer Nachteil des Bratbeutels ist, daß dieses Material nicht verrottet, also die Umwelt belastet. *Anwendung:* Fleisch, Geflügel, Gemüse, Fisch, Eintöpfe, Kartoffeln.

## Garen im Dampfdrucktopf

Dampfdrucktöpfe und -pfannen sind hermetisch verschließbare Töpfe mit Ventilen, in denen mit Überdruck gegart wird. Die Garzeiten sind deutlich kürzer (50–75%), da bei hohem Druck höhere Temperaturen im Topf erreicht werden. Durch die Zeitersparnis kann auch eine Energieeinsparung von bis zu 50% erreicht werden. Besonders vorteilhaft ist der Einsatz eines Dampfdrucktopfes bei Lebensmitteln mit langer Garzeit.
Beim Druckgaren bleiben Geschmack und Aroma der Speisen sehr gut erhalten. Die Nährstoff- und Vitamingehalte sind nicht wesentlich anders als bei hergebrachten Garmethoden.
*Anwendung:* Fleisch, Geflügel, Kartoffeln, Gemüse, Eintöpfe, Hülsenfrüchte.

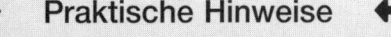

### ➤➤ Praktische Hinweise ◄◄

↝ Die Gebrauchsanweisung des jeweiligen Gerätes genau einhalten!
↝ Garzeiten, wie sie in der Anleitung angegeben sind, genau einhalten. Daran denken, daß die Speisen im heißen Topf auch neben der Herdplatte nachgaren.
↝ Bevor der Deckel geschlossen wird, den Topfrand sauber abwischen, so daß er fettfrei ist, nur dann schließt der Gummi dicht ab.
↝ Lebensmittel nur dann gemeinsam garen, wenn sie etwa gleiche Garzeiten haben.
↝ Dampfdrucktopf nie mit Gewalt öffnen!
↝ Der Geschmack von Gemüse bleibt sehr gut erhalten, wenn es auf dem Siebeinsatz gegart wird.

## Garen im Mikrowellengerät

Das Garen im Mikrowellengerät hat viele Vorteile:

● Fettloses Garen ist möglich.
● Nur wenig Wasser ist notwendig.
● Sehr kurze Garzeiten bei kleinen Portionen.
● Nährstoff- und vitaminschonende Garmethode.
● Eigengeschmack und Farbe der Lebensmittel bleiben erhalten.

### Einsatz des Mikrowellengerätes beim Garen

| Gut geeignete Speisen | Weniger gut geeignete Speisen |
|---|---|
| ▷ Gerichte, bei denen Krustenbildung nicht unbedingt erforderlich oder gewünscht ist | ▷ Gerichte, bei denen Krustenbildung erwünscht ist |
| ▷ Gemüsegerichte und Eintöpfe | ▷ Pfannengerichte wie panierte Schnitzel, Bratwürste, Omletts |
| ▷ Fischgerichte | ▷ Backwaren wie Kuchen und Plätzchen oder Brot |
| ▷ Hackfleisch, Frikassee, Geschnetzeltes | |
| ▷ Suppen, Soßen | ▷ Fritierte Speisen wie Pommes frites |
| ▷ Puddings, Süßspeisen, Kompott | ▷ Eier in der Schale |

Die Garzeit einzelner Speisen in der Mikrowelle ist sehr unterschiedlich, sie hängt auch von der Leistung des Gerätes ab. Hersteller- bzw. Rezeptangaben sind zu beachten, allmählich sammelt man auch Erfahrungswerte. Grundsätzlich sollte die Garzeit knapp eingestellt werden, weil bereits bei kurzem »Überziehen« die Lebensmittel zerkochen. Erhöht man die Menge, gilt die Faustregel: doppelte Menge – doppelte Garzeit.

### ➤➤ Praktische Hinweise ◄◄

↝ Lebensmittel mit fester Haut oder Schale vor dem Garen mehrmals einstechen, damit sie nicht platzen.
↝ Flache Speisen garen schneller als dicke, deshalb z. B. Aufläufe gleichmäßig in der Form verteilen.
↝ Die Wärme verteilt sich gleichmäßiger, wenn die Speisen gelegentlich umgerührt werden.
↝ Speisen, die abgedeckt werden, garen schneller und gleichmäßiger. Hierfür gibt es Spezialgeschirre und Mikrowellenfolie.

# 1.4 Geräte für die Nahrungszubereitung

## Töpfe

Wer Töpfe kaufen will, hat es nicht leicht. Das Angebot ist fast unübersehbar, und die Preisunterschiede sind sehr groß. Das erste Merkmal, nämlich die *Größe* des Topfes, muß die Hausfrau selber wissen. Weite, große Töpfe verwendet man meist zum Kochen von Konfitüre oder auch zum Ziehenlassen von Klößen. Hohe Töpfe werden für die Zubereitung von Gemüse oder gekochtem Fleisch verwendet, kleine Töpfe für Soßen oder kleine Portionen.

Da Töpfe häufig verwendet werden und eine lange Lebensdauer haben sollen, lohnt es sich, vor dem Kauf genau zu überlegen, aus welchem *Material* der Topf sein soll und welche Eigenschaften dieses Material hat.

### Topfmaterial

#### Edelstahl
● Hochwertiger Stahl, durch Zusatz von Chrom, Mangan oder Nickel *rostfrei.*
● Unbegrenzt haltbar, stoß-, schlag- und säurefest.
● Leicht zu reinigen. Spülmittellauge oder schäumende Schwämmchen garantieren eine glänzende Oberfläche. Edelstahlgeschirr ohne Dekor ist spülmaschinenfest. Kalkablagerungen auf Edelstahl können problemlos mit heißer Essiglösung abgerieben werden.
● Die Wärmeleitfähigkeit ist verhältnismäßig schlecht. Zur besseren Wärmeverteilung besitzen Edelstahltöpfe meist einen Sandwich- oder Kompensboden.
● Hoher Anschaffungspreis, aber auch sehr lange Nutzungsdauer (manche Hersteller geben bis zu 25 Jahre Garantie).
● Edelstahltöpfe können auch im Backofen verwendet werden, allerdings müssen sie dann abnehmbare oder hitzebeständige Griffe und Deckelknöpfe haben.
● Nicht geeignet für Induktionskochplatten.
● Fingerabdrücke und Wasserflecken bleiben sichtbar.

#### Emaillierter Stahl
● Email kann durch falsche Pflege Schadstellen bekommen oder abplatzen, dann kann sich Rost ansetzen, die Speisen können leicht anbrennen.

● Besonders haltbar ist schwarzes Emailgeschirr mit kobaltblauer Innenglasur. Helle Emailfarben und buntes Dekor sind weniger gut haltbar. Dunkle Innenglasur bietet sehr gute Bratergebnisse.
● Der *Kochtopfrand* muß gut verarbeitet sein, sonst platzt an diesen Stellen das Email schnell ab. Sehr stoßsicher ist ein aufgeklemmter Metallring. Dieser hat aber den Nachteil, daß sich Wasser und Speisereste zwischen Topfrand und Ring absetzen können. Sehr haltbar ist ein fugenlos verchromter Rand, das Email kann nicht abgestoßen werden, es können sich keine Speisereste ansammeln. Allerdings sind solche Töpfe teurer.

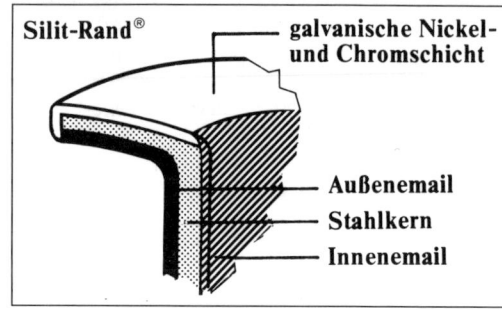

Querschnitt durch einen Kochtopfrand

● Gute Wärmeleitfähigkeit, die Töpfe werden schnell warm und halten die Wärme sehr gut.
● Glatte Oberfläche, daher leicht zu pflegen.
● Preisgünstig.
● Emaillierte Griffe nehmen die Wärme sehr schnell auf, vorteilhaft sind daher backofenfeste Kunststoffgriffe.
● Geeignet für Induktionskochplatten.
● Töpfe mit nicht emailliertem Boden nach dem Spülen sofort aus der Spülmaschine nehmen, damit sich kein Rost ansetzt.
● Sehr beständig gegen Temperaturschwankungen, z. B. wenn in einen heißen Topf kaltes Wasser gegossen wird.

#### Gußeisen
● Sehr schwer.
● Lange haltbar, aber nicht schlagfest.
● Unbehandelt ist es sehr rostanfällig, mit einer Emaillierung ist es leicht zu pflegen.
● Sehr gute Wärmeverteilung und Wärmespeicherung, deshalb gut geeignet zum Schmoren und Braten.
● Nicht in der Spülmaschine reinigen, sondern mit Spülmittellauge, damit immer ein leichter

Fettfilm zurückbleibt, so rostet der Topf nicht. Emailliertes Gußeisengeschirr eignet sich auch zum Spülen in der Maschine.
● Empfohlen wird häufig Nachtrocknen von gußeisernen Töpfen im Backrohr, damit sich an schwer zugänglichen Stellen kein Rost bilden kann.
● Sehr teuer.
● Geeignet für Induktionsherde.

## Aluminium
● Geringes Gewicht.
● Sehr gute Wärmeleitfähigkeit.
● Auf die Dauer bewähren sich nur Töpfe aus dickem Material mit verstärktem Boden, dünne Töpfe verbeulen schnell.
● Unbeschichtetes Aluminiumgeschirr läuft leicht graufleckig an. Eloxiertes Aluminium ist leichter zu pflegen, darf aber nicht gescheuert werden.
● Es ist auch mit einer Antihaftbeschichtung erhältlich.
● Aluminiumtöpfe, die dunkel angelaufen sind, werden wieder hell, wenn sie mit Essigwasser ausgekocht werden.

## Kupfer
● Kupfer ist ein sehr guter Wärmeleiter.
● Kupfer reagiert mit Säuren aus Lebensmitteln, deshalb müssen Kupfertöpfe innen geschützt sein, z. B. mit einer Schicht aus Edelstahl oder Nickel.
● Kupfer läuft sehr schnell an. Auf der glänzenden Oberfläche bleiben Fingerabdrücke und Wassertropfen sichtbar, deshalb sind Kupfertöpfe aufwendig in der Pflege.
● Sehr teuer.

## Feuerfestes Glas-, Keramik- und Porzellangeschirr
● Schlechte Wärmeleitfähigket.
● Sehr empfindlich gegenüber Temperaturschwankungen, vor allem von heiß nach kalt. So springen Glasformen sehr leicht, wenn z. B. mit kaltem Wasser aufgegossen wird.
● Gut geeignet zum Garen im Backrohr oder im Mikrowellengerät.
● Kein eigenes Serviergeschirr notwendig, dadurch bleiben die gegarten Lebensmittel länger heiß.
● Speisen brennen leichter an als in Metalltöpfen.

## Beschichtetes Kochgeschirr
Beschichtetes Kochgeschirr ist mit einer Antihaftschicht ausgestattet (Polytetrafluoräthylen = PTFE). Dieses Material wird auf Aluminium, Edelstahl oder angerauhtes Emaillgeschirr aufgetragen. In den Handel kommt beschichtetes Geschirr unter verschiedenen Markennamen, z. B. »Teflon«, »Hostaflon«, »Silverstone«.

● Speisen brennen nicht an, es kann fettlos gegart werden.
● Pfannen bzw. Töpfe sind leicht zu reinigen.
● Die Beschichtung ist sehr empfindlich, wenn mit harten, scharfen Gegenständen hantiert wird. Deshalb sind Messer, Metallschaber, Bratenwender sowie Gabeln ungeeignet. Plastikschaber und Holzlöffel können der Beschichtung nichts anhaben.
● Vorsicht beim Spülen. Nicht mit Metallreibern, harten Bürsten, Scheuerpulver oder Stahlwolle arbeiten, sondern Spülmittellauge und weiche Bürsten verwenden.
● Vor der ersten Benutzung beschichtetes Geschirr unbedingt gut spülen und mit wenig Öl auspinseln.

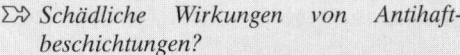

## Wichtige Hinweise

↝ *Schädliche Wirkungen von Antihaftbeschichtungen?*
Die Antihaftbeschichtung hat sich in Tierversuchen als ungiftig erwiesen, allerdings können bei Überhitzung giftige Dämpfe entstehen. Zu Überhitzung kann es kommen, wenn der Topf leer erhitzt wird oder nur zum Teil mit Gargut bedeckt ist, es entstehen dabei aber keine gefährlichen Konzentrationen.
↝ Beschädigte Pfannen, z. B. durch Metallwender, Messer oder harte Spülbürsten, nicht mehr verwenden. Durch die Beschädigung können gesundheitsschädliche Stoffe freiwerden.

## Topfböden

Für wirtschaftliches, energiesparendes Garen ist der Topfboden ausschlaggebend. Beim Kauf eines Topfes lohnt es sich, auf die Qualität des Topfbodens zu achten. Ein erhöhter Preis macht sich im täglichen Gebrauch schnell bezahlt, weil Energiekosten gespart werden können. Gute Topfböden leiten auch die Wärme gut, verbeulen nicht und haben eine ganz leichte Innenwölbung.

## Bodenbeschaffenheit

Die Energie aus der Herdplatte kann nur dann optimal auf den Topfboden übergehen, wenn dieser *eben* auf der Platte aufliegt. Das kann er nur, wenn der Topfboden im kalten Zustand leicht nach innen gewölbt ist, denn während des Erwärmens dehnt sich das Metall aus, der Boden wölbt sich nach unten.

Besonders wichtig ist die Beschaffenheit des Bodens bei Elektro- und Glaskeramikplatten. Aber auch bei Gas ist ein ebener Topfboden erwünscht, damit z. B. erhitztes Fett nicht in der Topfmitte zusammenläuft und ungleichmäßig bräunt.

## Bodendicke

Für die Haltbarkeit eines Topfes ist die Bodendicke entscheidend. Böden mit einer Dicke von weniger als 1,5 mm sind ungeeignet, weil sich bei Hitzeeinwirkung der Boden schnell verziehen kann.

Gute Töpfe haben eine Bodendicke von 2–4 mm, mehr schadet nicht.

Wichtiger Anhaltspunkt beim Topfkauf ist das DIN-Zeichen. Es gibt an, daß der Boden DIN-geprüft ist. Fehlt das Zeichen, muß man sich auf das Augenmaß verlassen und die Dicke des Bodens schätzen durch das Gewicht des Topfes.

## Sandwich- oder Kompensböden

Sandwichböden gibt es bei Edelstahltöpfen, sie sind aus verschiedenen Schichten aufgebaut.

Sinn dieser Schichten ist es, die schlechte Wärmeleitfähigkeit und Wärmeverteilung von Edelstahl zu verbessern. Kupfer und Aluminium leiten die Wärme sehr gut und verteilen sie auch gleichmäßig über dem Topfboden, so kann gleichmäßig erhitzt werden. Dies ist wichtig beim Braten, Dünsten, Schmoren. Werden Lebensmittel gekocht, fällt die ungleichmäßige Wärmeverteilung nicht auf. Deshalb ist ein Sandwichboden bei einem Wasserkessel überflüssig.

Sandwichböden haben den großen Vorteil, daß in entsprechenden Töpfen wasserarm gegart werden kann, das heißt kein Wasser zugegeben werden muß. Der Topf wird leer erhitzt, das Gargut in den heißen Topf gegeben, sofort zugedeckt mit einem dicht schließenden Deckel und die Energiezufuhr gedrosselt. Das Gargut legt sich nicht an, wenn während der Garzeit der Deckel nicht geöffnet wird und kein Wasserdampf entweichen kann.

> ## ➤➤  Praktische Hinweise  ◀◀
>
> ⇒ Sandwichböden helfen, Energie zu sparen, weil sie dicker sind als »normale« Böden und die Hitze gut speichern.
>
> ⇒ Mit dem Vorteil des wasserarmen Garens werben vor allem Firmen, die sehr teure Spezialtöpfe aus Edelstahl herstellen. Diese teuren Töpfe sind jedoch nicht notwendig, auch in billigeren kann wasserarm gegart werden.

Ist der Topf für die Platte:

zu klein,     zu groß,     genau passend,

Herdplatte

geht Energie verloren und besteht Verbrennungsgefahr

wird der Inhalt ungleichmäßig gegart

wird der Inhalt energiesparend und gleichmäßig gegart

Der Topfboden entspannt sich durch Erhitzung, deshalb:

Durchbiegung möglichst klein ist richtig

Durchbiegung in dieser Richtung ist ungeeignet

Herdplatte und Topfboden aufeinander abstimmen

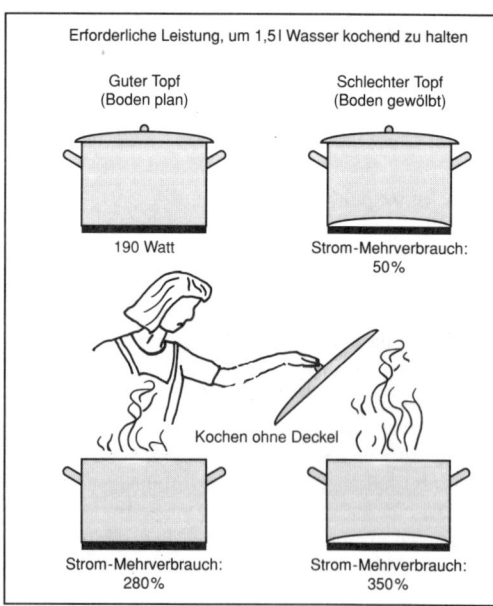

Erforderliche Leistung, um 1,5 l Wasser kochend zu halten

Guter Topf (Boden plan)

Schlechter Topf (Boden gewölbt)

190 Watt

Strom-Mehrverbrauch: 50%

Kochen ohne Deckel

Strom-Mehrverbrauch: 280%

Strom-Mehrverbrauch: 350%

Richtige Töpfe sparen Strom

## Größe des Topfbodens

Der Topfboden soll so groß sein wie die Kochplatte oder etwas größer, keinesfalls aber kleiner, sonst geht Energie verloren, der ungenutzte Kochplattenrand leidet. Da Elektroplatten genormte Größen haben, kann man von bestimmten Topfbodendurchmessern ausgehen.

### Der richtige Topfboden zu Kochplatte

| Kochplatte | Bodendurchmesser |
|---|---|
| 14,5 cm | 16 cm |
| 18   cm | 20 cm |
| 22   cm | 24 cm |

Bei der Angabe des Topfdurchmessers ist darauf zu achten, ob es sich um den Außendurchmesser am oberen Rand handelt oder um den Durchmesser des Bodens.

## Topfdeckel

Deckel müssen gut schließen, damit möglichst wenig Wasserdampf entweicht, wenig Energie verloren geht und der Garvorgang nicht unnötig verzögert wird.

▷ *Aufliegende Deckel:* Sind glatt und daher leicht zu reinigen, allerdings schließen sie nicht immer dicht ab.

▷ *Innenliegende Deckel:* Klappern beim Kochen leicht; in der Rinne, in der der Deckel liegt, sammelt sich Kondenswasser.

▷ *Einsteckdeckel (Zargendeckel):* Schließen gut. Für wasserarmes Garen sind sie notwendig, weil sie bei richtiger Energiezufuhr keinen Wasserdampf entweichen lassen.

## Praktischer Hinweis

*Glasdeckel* haben den Vorteil, daß das Gargut beobachtet werden kann, ohne den Deckel zu lüften. Sie sind jedoch verhältnismäßig teuer und nicht bruchsicher.

## Griffe

Griffe (ebenso der Deckelknopf) sollten nicht wärmeleitend sein, hitzebeständig und spülmaschinengeeignet. *Holzgriffe* werden zwar nicht heiß, vertragen jedoch weder Backofen noch Spülmaschine auf Dauer.

*Kunststoffgriffe* sind oft den hohen Temperaturen im Backrohr nicht gewachsen, deshalb immer auf den Zusatz »backofenfest« achten! *Edelstahlgriffe* sind gut geeignet, weil sie die Wärme schlecht leiten und Hitze vertragen.

Wichtig ist die richtige Größe der Griffe, damit der Topf sicher gehalten werden kann. Günstig ist auch ein Fingerschutz, damit man sich nicht am heißen Topf verbrennt.

Praktisch sind *auswechselbare* Griffe, die Schrauben sollten aber an der Innenseite des Topfes nicht sichtbar sein und außen so weit in den Griff versenkt, daß man mit den Fingern nicht die heißen Schrauben berühren kann. Keine Befestigungsprobleme gibt es bei Gußeisentöpfen, weil hier die Griffe und der Topf aus einem Stück gegossen sind.

## Schüttrand

Ein scharfkantiger Schüttrand sorgt dafür, daß Flüssigkeiten sauber abgegossen werden können, ohne am Topf entlangzulaufen.

Deckelvarianten

## Pfannen

Bei Pfannen gelten im wesentlichen die gleiche Kriterien wie bei Kochtöpfen.

### Wie viele Töpfe und Pfannen sind notwendig?

Diese Frage läßt sich nicht pauschal beantworten, die Zahl und Größe der Töpfe hängt hauptsächlich ab von der Zahl der Haushaltsmitglieder, von den Eßgewohnheiten und von der Art des vorhandenden Herdes.

### Vorschlag für die Kochtopf-Ausstattung eines 4-Personen-Haushaltes

| Topfart | Inhalt Liter | Ø cm |
|---|---|---|
| **Mindestbedarf** | | |
| 1 Stieltopf | 1,5 | 16 |
| 1 Fleischtopf | 2,5 | 20 |
| 1 Fleischtopf | 4 | 20 |
| 1 Gemüsetopf | 5 | 20 |
| 1 Gemüsetopf | 3 | 20 |
| 1 Topf | 2 | 16 |
| 1 Bräter | – | – |
| 1 Pfanne | – | 20 |
| | | |
| **Gute Ausstattung** | | |
| Zusätzlich: | | |
| 1 Fleischtopf | 6 | 20 |
| 1 Gemüsetopf | 9 | 24 |
| 1 Gemüsetopf | 2,8 | 16 |

## Dampfdrucktöpfe

Bei Dampfdrucktöpfen scheiden sich oft die Geister der Hausfrauen; die einen loben ihn in höchsten Tönen, den anderen ist er ungeheuer.

### Vorteile
● Energieersparnis bis zu 50% (vor allem bei Speisen mit langer Garzeit).
● Zeitersparnis.
● Wenig Kochdünste in der Küche.

### Nachteile
● Hoher Anschaffungspreis.
● Kochzeiten müssen genau eingehalten werden.
● Beobachtung des Gargutes nicht möglich.
● Aufwendige Reinigung des Topfes.

Angst braucht man vor dem Dampfdrucktopf nicht zu haben, denn verschiedene Sicherheitseinrichtungen verhindern, daß gefährlicher Überdruck im Topf entsteht. Auch bei unsachgemäßem Hantieren sind Unfälle ausgeschlossen. Wer sicher gehen will, sollte beim Kauf auf das DIN-Zeichen achten, es bietet die Gewähr, daß der Topf auf seine Sicherheit überprüft wurde.

Ob man sich einen Topf aus Aluminium, Edelstahl oder emailliertem Stahl kauft, ist eine Geschmacksfrage. Edelstahltöpfe sind unverwüstlich. Aluminiumtöpfe sind leicht, laufen aber schnell an. Bei emaillierten Stahltöpfen besteht die Gefahr, daß das Email abplatzt.

Die Größe des Topfes ist nicht nebensächlich, denn gerade bei einem kleinen Haushalt kann ein zu großer Dampfdrucktopf die Energieeinsparung deutlich vermindern.

 **Praktische Hinweise** ◀◀

↳ Manche Dampfdrucktöpfe lassen sich schwer öffnen und schließen, den Mechanismus kann man schon beim Kauf prüfen.
↳ Gebrauchsanweisung beachten!
↳ Topf nie ganz füllen, aufkochendes Gargut könnte die Ventile verstopfen.
↳ Nicht zuwenig Flüssigkeit in den Topf geben, sonst kann sich weder Dampf noch Druck bilden.
↳ Vor dem Schließen des Topfes den Rand sauber abwischen und abtrocknen. Verunreinigungen führen dazu, daß der Gummiring nicht mehr dicht schließt und Dampf entweichen kann.
↳ Nie mit Gewalt öffnen!
↳ Dichtungsring und Ventil mit klarem Wasser spülen und luftig aufbewahren.

## Tontopf

Der Tontopf besteht aus unglasiertem Ton, er wird vor dem Garen einige Stunden in Wasser gelegt. Die angesaugte Flüssigkeit wird während des Garens abgegeben und schützt so das Gargut vor dem Austrocknen.

Im Tontopf kann nur im Backrohr gegart werden. Geeignet sind fast alle Gerichte, z. B. Fisch, Fleisch, Geflügel, Eintöpfe, sogar Süßspeisen. Er hat den Vorteil, daß man darin ohne Fett und zusätzliches Wasser, also auch ohne Aufgießen und Beobachten des Bratens, die Lebensmittel im eigenen Saft garen kann. Der typische Geschmack bleibt erhalten, die Speisen sind bekömmlich.

##  Praktische Hinweise

⇨ Vor dem Gebrauch die ganze Form in Wasser legen.

⇨ Ins kalte Backrohr stellen, erst dann den Ofen einheizen.

⇨ Nur im geschlossenen Topf garen. Soll sich eine Kruste bilden, etwa 15 Minuten vor Ende der Garzeit den Deckel abnehmen.

⇨ Nur mit heißem Wasser reinigen, Spülmittel könnte sich nachteilig auf den Geschmack der Speisen auswirken.

Günstig ist auch, daß bei der Verwendung des Tontopfes das Backrohr nicht verschmutzt; allerdings ist die Garzeit etwas länger und der Energieverbrauch höher als beim herkömmlichen Braten.

## Backformen

Das Angebot an Backformen ist sehr vielfältig. Nicht jede Backform ist jedoch für jeden Herd oder jede Teigart geeignet.

## Kleine Küchengeräte

Bei dem großen Angebot von Küchenkleingeräten zählt bei vielen zunächst das Kriterium des Preises. Gerade bei Geräten, die täglich verwendet werden, macht sich der Mehrpreis für Markenfabrikate bezahlt. Weitere Kriterien sind die Form und Handhabung. Die Form bestimmt, ob ein Gerät gut in der Hand liegt und problemlos zu bedienen ist. Scharfe Kanten und Ecken sind ungünstig, weil man sich leicht daran verletzt. Auch auf die gute Reinigungsmöglichkeit sollte bereits beim Kauf geachtet werden.

### Geflügelscheren

Eine Geflügelschere gehört in jeden Haushalt. Es gibt sie heute in sehr unterschiedlichen Qualitäten und Preisen im Handel. Im wesentlichen gibt es drei Herstellungsarten:

● Geschmiedet aus Scherenstahl, vernickelt oder verchromt, manchmal mit Horn- oder Edelholzgriffen.

● Geschmiedet aus rostfreiem Stahl oder einer Spezial-Stahllegierung.

● Gestanzt aus rostfreiem Klingenstahl mit Kunststoffgriffen.

### Material und Eigenschaften von Backformen

| Material | Eigenschaften |
| --- | --- |
| Schwarzblech | Gute Backeigenschaften. Sehr gut geeignet für Elektroherde, aber auch Gasherde. Gebäck bräunt gut und gleichmäßig. |
| Weißblech | Billiger als Schwarzblech, jedoch nicht gut geeignet für Elektroherde. Da ein Teil der Hitze wieder abgestrahlt wird, bräunt der Kuchen vor allem an der Unterseite schlecht. Weißblechformen sind gut geeignet für Gasherde. |
| Aluminium | Matte Aluminiumformen nehmen die Hitze gut auf und geben sie rasch weiter. Gebäck bräunt gleichmäßig. Für Elektro- und Gasherde geeignet. Ähnlich verhalten sich aluminiumbeschichtete Formen. |
| Verzinntes Kupfer | Hervorragende Backeigenschaften in allen Herden, jedoch sehr teuer und aufwendig zu pflegen. |
| Steingut | Für alle Herde geeignet. Gute Backeigenschaften, jedoch längere Backdauer. Steingutformen nehmen die Hitze langsam auf und geben sie langsam ab, deshalb Nachwärme der Form ausnutzen. Besonders gut für schwere, fettreiche Hefe- und Rührteige. |
| Tonformen | Ähnliche Eigenschaften wie Steingut, jedoch mehr für Brot und Hefeteig geeignet, als für süße Teigarten. Vor Verwendung die Form einige Minuten in Wasser legen. |
| Alu-Einwegformen | Für alle Herdarten geeignet, aber Backzeit etwas länger. Arbeitssparend, ermöglichen es, aus einer Teigmenge mehrere kleine Kuchen zu backen. Auf die Dauer teuer und nicht umweltfreundlich. |

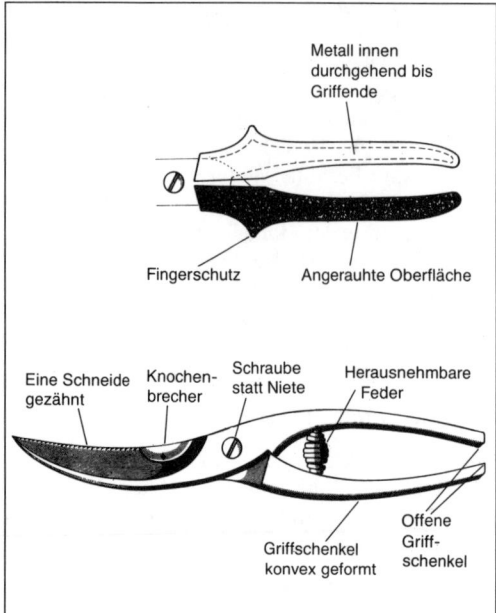

Metall innen durchgehend bis Griffende

Fingerschutz    Angerauhte Oberfläche

Eine Schneide gezähnt    Knochen-brecher    Schraube statt Niete    Herausnehmbare Feder

Griffschenkel konvex geformt    Offene Griff-schenkel

Qualitätskriterien einer Geflügelschere

Am teuersten sind meist Scheren, die aus rostfreiem Stahl geschmiedet sind, jedoch gibt es auch bei den anderen Arten gute Qualitäten, was sich im Preis bemerkbar macht.

Ganz allgemein ist einem größeren Werkzeug immer der Vorzug zu geben, weil es am kraftsparendsten eingesetzt werden kann.

Wer eine Geflügelschere kauft, sollte nicht nur auf den Preis achten, sondern auch die einzelnen Teile der Schere genau unter die Lupe nehmen:

● Eine Schneide sollte gezähnt sein, es erleichtert das Schneiden.

● Ein Knochenbrecher ist unverzichtbar; das ist die Mulde an einer Schneide, nahe dem Gelenk.

● Die Feder sollte herausnehmbar sein, das erleichtert das Reinigen, ausgeleierte Federn können ersetzt werden. Modelle, bei denen man die Feder nicht sieht, müssen zum Federwechsel an den Hersteller eingeschickt werden.

● Scheren, deren Hälften zusammengeschraubt sind, sind genieteten vorzuziehen.

● Die Griffe sollen hinten offen sein.

● Die Sperre stört weniger, wenn sie nicht an den Griffenden sitzt, sondern in der Nähe des Gelenks.

● Geflügelschere beim Kauf testen, ob sie gut in der Hand liegt.

● Kunststoffgriffe sollen angerauht sein und einen Fingerschutz haben, denn mit nassen oder fettigen Händen rutscht man auf Kunststoff leicht.

● Bei billigen Scheren mit Kunststoffgriffen kann es vorkommen, daß das Metall nur einige Zentimeter in den Griff hineinragt, dann kann der Griff bei großem Kraftaufwand abbrechen.

## Schneidbretter

Schneidbretter sind ideale Brutstätten für Keime, weil die feinen Ritzen, die durch das Schneiden entstehen, nur unvollständig gereinigt werden können. Besonders problematisch sind Schneidbretter aus Holz, weil ihre Oberfläche verhältnismäßig weich ist und daher schnell zerklüftet.

● *Holzbretter* haben außerdem den Nachteil, daß sie nicht spülmaschinengeeignet sind und beim langen Liegen im Wasser aufquellen. Außerdem nehmen sie den Geschmack von Lebensmitteln leicht und dauerhaft auf, z. B. von Zwiebeln. Auch Gemüsesaft dringt schnell ein und verfärbt die Oberfläche.

● *Kunststoffbretter* haben eine härtere Oberfläche und sind glatt. Sie nehmen keine Feuchtigkeit auf, können aber ebenfalls zerkratzt (mit Scheuermitteln) oder zerschnitten werden. Kunststoffbretter sind spülmaschinengeeignet.

● *Marmorbretter* bieten Keimen keine Nistplätze, allerdings nimmt die harte Oberfläche Messern die Schärfe. Zudem sind Marmorbretter sehr schwer und zerbrechlich.

    **Praktische Hinweise**    ◀◀

⇨ Damit Schneidbretter während des Gebrauchs nicht wegrutschen, feuchten Lappen unterlegen oder Bretter mit Gumminoppen kaufen.

⇨ Günstig bei Schneidbrettern ist eine Saftrille.

## Fleischgabeln

Sie sollten möglichst groß und zweizinkig sein. Große Gabeln liegen besser und sicherer in der Hand und erleichtern das Festhalten des Fleischstückes.

## Meßbecher

Sie sind in sehr unterschiedlichen Ausführungen auf dem Markt. Durchsichtige Meßbecher sind zwar leicht und billig, sie zerbrechen jedoch schnell und vertragen keine Hitze, wenn sie z. B.

versehentlich auf den heißen Herd gestellt werden. Meßbecher aus lackiertem Stahlblech vertragen Stoß und Wärme, die Lackierung löst sich jedoch mit der Zeit, es kann sich Rost ansetzen. Teuer, aber unverwüstlich und sehr hygienisch sind Meßbecher aus Edelstahl, sie haben lediglich den Nachteil, daß die Einteilung manchmal schwer zu erkennen ist.

## Schäler

Es gibt sie in unterschiedlichen Ausführungen. In der Handhabung sind Pendelschäler sehr gut, allerdings schälen sie etwas dicker als Schäler mit feststehender Klinge. Diese haben auch den Vorteil, daß die Spitze gut ausgearbeitet ist, z. B. zum Ausstechen von Augen aus Kartoffeln. Für Linkshänder gibt es übrigens extra Schäler.

## Messer

Messer gehören zum täglichen Handwerkszeug jeder Hausfrau, sorgfältige Auswahl qualitativ hochwertiger Ware macht sich deshalb bezahlt. Der oberste Grundsatz lautet: für jeden Zweck das richtige Messer. Eine Tomate wird beispielsweise mit einem Sägemesser zerteilt, der Braten jedoch mit einem glatten Messer geschnitten. Kaufen Sie Messer im Fachgeschäft, dort erhalten Sie Qualität und Beratung.
Daran erkennt man ein *gutes Messer*:

● Die Klinge ist sorgfältig geschliffen und verjüngt sich vom Rücken zur Schneide hin.
● Der Rücken ist verhältnismäßig stark; Messer mit schwachem Rücken brechen leicht ab.
● Die Klinge ist fachmännisch gehärtet, wenn sie sich nicht dauerhaft verbiegen läßt; sie federt elastisch in die Ausgangsstellung zurück.
● Der Griff ist gut geformt, das Messer liegt gut in der Hand; leichte Messer liegen nicht gut in der Hand (beim Kauf ausprobieren!).
● Der Griff muß so geformt sein, daß ein Abrutschen der Hand zur Klinge hin vermieden wird.
● Griff und Klinge gehen fugenlos ineinander über, Lebensmittelreste können sich nicht festsetzen.
● Griffe aus Kunststoff sind hygienisch und bleiben länger schön als Holzgriffe, sie schmelzen jedoch auf heißer Unterlage.

Folgende Messer *gehören in jeden Haushalt*:

● Sägemesser zum Schneiden von Brot und Tomaten.

Messer mit Abrutschschutz

● Wellenschliffmesser (Buntmesser) für weiche Lebensmittel, vor allem gekochte Gemüse, z. B. Möhren, Sellerie.
● Kleines Messer mit guter Spitze, z. B. zum Schälen von gekochten Kartoffeln oder zum Putzen von Gemüse.
● Großes Kochmesser zum Schneiden von rohem Fleisch, vor allem aber zum Hacken und Zerkleinern von Zwiebeln, Kräutern und Gewürzen.

>> **Praktischer Hinweis** <<

Der Umgang mit einem Kochmesser erfordert etwas Übung: Den Rücken der Messerspitze mit der linken Hand auf die Arbeitsfläche drücken, mit der rechten Hand den Messergriff halten und die Schneidkante halbkreisförmig auf und ab bewegen.

## Tranchiermesser

Zum Tranchieren kann ein großes Kochmesser verwendet werden, besser geeignet ist jedoch ein eigenes Fleischmesser, es hat eine schmalere Klinge mit einer Länge von mindestens 25 cm.

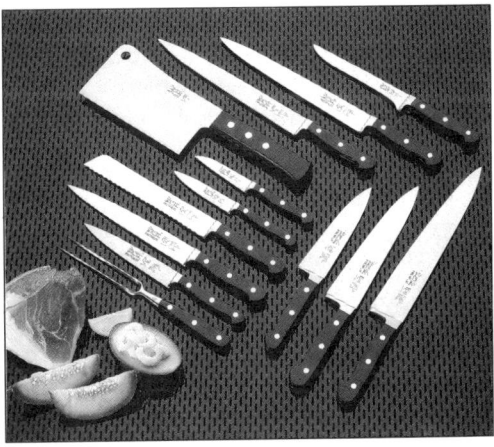
Verschiedene Messer

## Schneebesen

Ein Schneebesen soll leicht sein und aus nichtrostendem Stahl bestehen. Damit die Drahtschlaufen durch gegenseitige Berührung nicht schnell abreißen, sollen sie an der Spitze nicht aufeinanderliegen.

Günstig ist es, einen eigenen Schneebesen mit dünneren Schlaufen für Süßspeisen und einen mit stabileren Schlaufen für Soßen, Kartoffelbrei und Gemüsepürees zu haben.

## Kochlöffel

Kochlöffel braucht man in der Küche in unterschiedlichen Größen, kleine jedoch öfter als große. Obwohl Kochlöffel billig sind, lohnt es sich, auf das Material zu achten. Ahornholz eignet sich gut, es splittert nicht und ist sehr hart. Weil mit einem Kochlöffel auch die »Ecken« eines Topfes erreicht werden müssen, sollte er nicht rund sein. Ein Loch in der Mitte (Tunnelöffnung) erleichtert längeres Rühren, weil der Widerstand geringer ist.

## Bratenwender

Bratenwender, die aus zwei Teilen bestehen und federnd zusammengefügt werden können, sind sehr praktisch, weil sie zugleich als Zange verwendet werden können. Sind in einem Haushalt beschichtete Pfannen vorhanden, müssen die Wender aus Holz oder an der Kante mit Kunststoff beschichtet sein.

## Gemüsereiben

Gemüsereiben sollen eine gute Standfestigkeit haben, die Schlitze sollen scharfkantig sein. Scharfe Kanten erleichtern das Reiben und verhindern, daß durch hohen Druck viel Saft austritt. Der Bördelrand soll geschlossen sein, damit sich Speisereste nicht in den Spalten festsetzen können.

Flache Einzelreiben sind zwar leicht zu reinigen, haben aber keine gute Standfestigkeit. Kombinationen verschiedener Reiben in Kastenform haben einen guten Stand, sind jedoch schwieriger zu reinigen und brauchen mehr Platz.

## Gurkenhobel

Hobel aus Holz sind zwar teurer als Plastikhobel, aber in größeren Haushalten sind sie besser geeignet, weil sie robuster sind. Kunststoffhobel sind leicht und gut zu reinigen, die Messer sollten herausnehmbar sein. Bei Holzhobeln sollen die Messer verstellbar sein, damit sie je nach Lebensmittel eingestellt werden können. Messer aus rostfreiem Stahl sind eine lohnende Anschaffung, weil sie nachgeschärft werden können.

## Teigschaber und Teigkarten

Schaber sollen aus elastischem, aber nicht zu weichem Material bestehen, damit sie sich der Schüsselform gut anpassen.

Teigkarten müssen hart und widerstandsfähig sein. Sie sollen scharfe Kanten haben, damit Teig bei Bedarf auch abgestochen werden kann.

## Nußmühle

Für das Reiben von Schokoladen oder Nüssen von Hand gibt es Trommel- oder Scheibenreiben. Sie sollten unbedingt rostfrei sein. Zu achten ist auf eine genügend große Einfüllöffnung und einen gut geformten Handgriff. Der Zwischenraum von der Tischkante zur Unterkante der Reibe soll nicht zu klein sein, damit auch Schüsseln eingestellt werden können.

Nach dem Reinigen die einzelnen Teile gut trocknen lassen und dann erst zusammensetzen.

## Nudelholz

Beim Nudelholz ist wichtig, daß es gut in der Hand liegt. Beim Kauf testen! Die Achse des Nudelholzes soll nicht feststehend sein, so kann länger ermüdungsfrei gearbeitet werden. Beim Kauf testen, ob das Nudelholz gut läuft. Es gibt auch Nudelhölzer mit Kugellagern im Kern, diese laufen natürlich sehr gut und sind auch sehr stabil, allerdings auch teuer.

## Öffner

Da Öffner Druck und Zug aushalten müssen, sind stabile Ausführungen wichtig. Glockenkorkenzieher sind einfach zu bedienen. Bei Hebelkorkenziehern ist darauf zu achten, daß die Spitze senkrecht nach unten geht, sie läßt sich leichter in den Korken drehen und verbiegt sich nicht bei Zug.

Dosenöffner gibt es in verschiedenen Modellen, wichtig ist einfache Bedingung und stabile Ausführung. Elektrisch betriebene Dosenöffner sind eine teure Anschaffung, die zudem Energie verbraucht!

# 2  Vorratshaltung

## 2.1  Zweck

Vorratshaltung diente früher dazu, Lebensmittel parat zu haben, um in Notzeiten nicht verhungern zu müssen. Heute hat diese Art der Vorratshaltung untergeordnete Bedeutung.
Zwar werden alle Lebensmittel das ganze Jahr über angeboten, trotzdem hat Vorratshaltung nach wie vor Vorteile.

> *Richtige Vorratshaltung hilft Zeit sparen.*

• Durch große Einkäufe spart man Zeit und Kraft.
• Vorgekochte Gerichte sind schnell aufgetaut oder erwärmt.
• Sterilisierte Lebensmittel sind bereits küchenfertig zubereitet.
• Bei Verwendung von Lebensmitteln aus der Vorratshaltung kann die Zeit rationeller eingeteilt werden, z. B. Vorräte in ruhigen Zeiten anlegen und bei Spitzenbelastung verwenden.

> Richtige Vorratshaltung hilft Geld sparen.

• Saisonangebote können ausgenutzt werden, z. B. bei Obst und Gemüse.
• Produkte aus dem eigenen Garten stehen das ganze Jahre zur Verfügung.
• Sonderangebote, z. B. Fleisch, können genutzt werden.

## 2.2  Umfang

Vorratshaltung ist nur dann wirtschaftlich, wenn nicht zuwenig bevorratet wird, aber auch nicht zuviel, so daß Lebensmittel verderben. Der richtige Umfang kann ermittelt werden anhand einiger Stichpunkte:

• *Grundnahrungsmittel* sind die Grundlage der Vorratshaltung, z. B. Mehl, Grieß, Reis, Nudeln. Sie werden regelmäßig in der Küche verwendet und zubereitet. *Luxusnahrungsmittel* lohnen sich für Vorratshaltung nicht, sie werden bei Bedarf gekauft.
• Je nach *Ernährungsgewohnheiten* variiert der Umfang der bevorrateten Nahrungsmittel: Werden in einer Familie Kartoffeln und Nudeln sehr gern gegessen, ist der Vorrat an Reis verhältnismäßig klein. Ähnlich ist es bei den unterschiedlichen Konfitüren oder Säften sowie tiefgefrorenem Gemüse.
• Speisen nur in dem Umfang vorkochen und einfrieren, in dem sie innerhalb der *Lagerdauer* verwendet werden, z. B. Mittagsmahlzeiten für Schulkinder, Kuchen und Gebäck für überraschenden Besuch.
• Bei günstigen Sonderangeboten die Haltbarkeit des Produktes beachten, nur so viel bevorraten, wie innerhalb des *Haltbarkeitszeitraums* gegessen werden kann.

Die *Vorratsmenge* kann überschlagsmäßig berechnet werden (siehe Formel, unten).

### Grundvorrat

Als »eiserne Reserve« sollte immer ein bestimmter Bestand an Lebensmitteln vorrätig sein. Der Vorrat sollte in Form von Trockenprodukten oder Konserven angelegt werden, da das Gefriergerät ausfallen kann.
Für Säuglinge und Kranke, die eine besondere Diät brauchen, müssen Sondervorräte angelegt werden.

## 2.3  Wirtschaftlichkeit

Wirtschaftlich, das heißt zeit- und geldsparend ist Vorratshaltung nur, wenn fertig gekaufte Produkte nicht billiger sind als die selbst hergestellten. Die eigene Lagerung muß weniger kosten als der Preisvorteil bei günstigen Angeboten.

### Formel zur Berechnung der Vorratsmenge

| Durchschnittlich verzehrte Lebensmittelmenge pro Person und Tag | × Anzahl der Verpflegungspersonen | = Täglicher Bedarf | × Häufigkeit pro Woche | = Wöchentlicher Bedarf | × Anzahl der zu bevorratenden Wochen | = Vorratsmenge für den Versorgungszeitraum |
|---|---|---|---|---|---|---|

Die Wirtschaftlichkeit der Vorratshaltung wird beeinflußt durch verschiedene Faktoren:

▷ *Art der Vorratshaltung:* Nur sachgerechte Vorratshaltung ist wirtschaftlich, weil dadurch die Verluste während der Lagerung gering sind.

▷ *Arbeitsbelastung der Bäuerin:* Eine Bäuerin, die arbeitsmäßig voll ausgelastet oder überlastet ist, wird den Vorrat beschränken auf Trockenvorräte, gekaufte Konserven und Tiefkühlkost. Selber einfrieren, trocknen, sterilisieren usw. ist für sie vom Zeitaufwand her nicht sinnvoll. Nicht anzuraten ist umfangreiche Vorratshaltung auch dann, wenn die Bäuerin durch andere Tätigkeiten mehr Geld erwirtschaften kann, z. B. wenn sie Feriengäste betreut oder einer außerbetrieblichen Erwerbstätigkeit nachgeht.

## ▶▶   Praktische Hinweise   ◀◀

⇨ Zugekaufte Güter, die bevorratet werden, sollen auf jeden Fall preisgünstig sein. Teure Güter lohnen sich nicht für längere Vorratshaltung, da bei der Lagerung auch Verluste bzw. Verderb auftreten, die bei kleinen Käufen vermieden werden können. Außerdem verteuert sich das Lebensmittel durch die Kosten, die bei der Vorratshaltung anfallen, z. B. Energiekosten, Kosten für Verpackung.

⇨ Bei Obst und Gemüse für die Einlagerung nicht nur nach der Handelsklasse, also nach äußeren Kriterien einkaufen, sondern nach der Lagerfähigkeit. Überzüchtete, besonders große und schöne Ware ist oft nicht gut lagerfähig (Sorten beachten!).

⇨ Bei Produkten aus dem eigenen Garten ist es zweckmäßig, verschiedene Methoden der Vorratshaltung anzuwenden. So kann z. B. ein Teil des Lauchs in Erde eingeschlagen werden für den Verbrauch während der Herbstmonate. Diese Bevorratung ist kostengünstig und erfordert einen nur geringen Zeitaufwand. Der Rest der Ernte wird blanchiert und tiefgefroren, so bleiben die Inhaltsstoffe besser erhalten als bei gleich langem Sandeinschlag.

⇨ Die Kosten für konservierte Vorräte lassen sich berechnen. Bei allem Denken an Wirtschaftlichkeit sollte jedoch der Vorteil nicht vergessen werden, da bei Selbsteingemachtem der individuelle Geschmack berücksichtigt werden kann.

▷ *Vorhandene Räume und Geräte:* Vorratshaltung kann um so wirtschaftlicher sein, je idealer die räumlichen Voraussetzungen dafür sind. So brauchen z. B. Gefriergeräte in einem kühlen Raum deutlich weniger Energie als in einem warmen Raum. Gelagertes Obst verliert in einem kühlen Raum weniger Gewicht und Inhaltsstoffe als in einem warmen.
Je mehr vorhandene Geräte ausgenutzt werden – Kühltruhe, Entsafter, Sterilisiergerät –, desto niedriger sind die Kosten je kg Lagergut. So entfällt je kg Gefrierkost viel weniger an Abschreibung, wenn das Gerät immer voll oder fast voll ist.

▷ *Verpackung:* Wegwerfpackungen, z. B. Folien, kommen auf Dauer teurer als Behälter, die öfter verwendet werden können, und sie belasten die Umwelt.

▷ *Vorratsgut:* Hochwertige Vorratsgüter bringen mehr Geldersparnis als billige Güter. Tiefgefrorene Erdbeeren oder Himbeeren haben beispielsweise einen höheren Preis als Apfelmus, das problemlos auch sterilisiert werden kann und so weniger Kosten verursacht.

## Geflügel- bzw. Kleintierhaltung

Sie lohnt sich für den eigenen Vorrat und Verbrauch nur, wenn

● die Bäuerin arbeitsmäßig nicht überlastet wird,
● entsprechende Stallungen bereits vorhanden sind oder mit geringem Aufwand verändert werden können,
● in der Familie gern Geflügel gegessen wird.

Beim Kauf der Küken vorausschauen:
Küken so kaufen, daß sie nicht in Zeiten mit hoher Arbeitsbelastung geschlachtet werden müssen. Den Schlachttag nicht unvorbereitet auf sich zukommen lassen; vorkochen und darauf achten, daß das Gefriergerät nicht voll ist.

# 2.4 Lebensmittelverderb

## Veränderungen im Lebensmittel während der Lagerung

Lebensmittel behalten während der Lagerung nicht alle ihre Eigenschaften, sondern verändern sich. Sachgerechte Lagerung verzögert diese Veränderungen.

### Einfluß von Licht und Sauerstoff

Fette und Öle werden ranzig, sie zersetzen sich durch Lichteinwirkung, der Geschmack mancher Lebensmittel ändert sich, z. B. Milch. Lichtempfindliche Vitamine, z. B. Vitamin C, werden zerstört.
*Gegenmaßnahme:* Möglichst dunkel lagern.

### Feuchtigkeit

Trockene Lebensmittel, z. B. Zucker, verklumpen, oder sie quellen, z. B. Knäckebrot.
*Gegenmaßnahme:* Trocken lagern bzw. dicht verschlossen in Gläsern oder Dosen.

### Feuchtigkeitsabgabe

Lebensmittel trocknen aus, z. B. Gebäck, Obst, Gemüse. Besonders viel Feuchtigkeit verdunstet im Kühlschrank oder bei warmen Lagertemperaturen.
*Gegenmaßnahme:* Kühl lagern, Lebensmittel gut verpacken, damit Feuchtigkeit nicht verdunsten kann.

### Fremdgeruch

Geruchsempfindliche Lebensmittel, z. B. Milchprodukte, nehmen Fremdgerüche an.
*Gegenmaßnahme:* Lebensmittel gut verpacken, in dichte Behälter füllen.

### Aromaverlust

Lebensmittel mit intensivem Aroma verlieren ihren Duft, z. B. Kaffee, Tee, Gewürze.
*Gegenmaßnahme:* Lebensmittel gut verpacken, in dichte Behälter füllen.

### Temperatur

Bei zu hoher Lagertemperatur welken Lebensmittel, z. B. Gemüse; hitzeempfindliche Vitamine, z. B. Vitamin C, gehen verloren. Bei zu niedriger Temperatur können ebenfalls Schäden auftreten, z. B. bei Kartoffeln, Bananen; manche Lebensmittel, z. B. Käse, verlieren Aroma und Geschmack.

## Verderb von Lebensmitteln

Der Verderb von Lebensmitteln wird verursacht durch Mikroorganismen (Kleinlebewesen, Keime): Bakterien, Schimmelpilze, Hefen, die sich im Lebensmittel vermehren und Vergiftungen, Fäulnis, Gärung, Ranzigwerden oder Verschimmeln hervorrufen.

Jedes Lebensmittel enthält zwar Keime, diese vermehren sich aber erst, wenn sie günstige Wachstumsbedingungen im Lebensmittel vorfinden:

● Das Lebensmittel muß *Wasser* enthalten, sonst können sich die Keime nicht entwickeln. Diese Eigenschaft der Keime wird ausgenutzt bei der Konservierung durch Trocknen, aber auch durch Gefrieren.

● Der *Säuregrad* des Lebensmittels bestimmt die Aktivität der Verderbniserreger mit: In schwach sauren Lebensmitteln vermehren sich die meisten Keime sehr gut, z. B. in Fleisch, Milch, Fisch, Bohnen, Geflügel. In sehr sauren Lebensmitteln entwickeln sich Mikroorganismen nur selten, z. B. in Zitronen, Rhabarber, Beerenobst.

● Die *Temperatur*, bei der das Lebensmittel gelagert wird, hat den größten Einfluß auf das Wachstum der Keime. Viele für die menschliche Gesundheit schädlichen Keime vermehren sich bei mittleren Temperaturen zwischen 15 und 40 °C. Diesen Temperaturbereich findet man oft beim Warmhalten von Speisen. Keime können sich sehr schnell vermehren, deshalb Warmhalten immer vermeiden.
Bei hohen Temperaturen werden viele Mikroorganismen abgetötet. Mehrere Minuten langes Kochen tötet die meisten Keime oder zerstört deren Gifte, nur Aflatoxine (Gift der Schimmelpilze) werden erst bei 121 °C und 30minütiger Erhitzung unschädlich. Da im Haushalt diese Temperaturen nicht erreicht werden, sind schimmelige Speisen unbedingt wegzuwerfen.

● *Luftsauerstoff* brauchen viele Keime ebenfalls zur Vermehrung. Es gibt aber auch Verderbniserreger, die ohne Sauerstoff aktiv sind. Daher können sich auch in Konservendosen oder vakuumverpackten Lebensmitteln Keime vermehren.

## Verderbniserreger

Bakterien vermehren sich durch Teilung und können so innerhalb kürzester Zeit ein Lebensmittel verderben. Gesundheitsschädlich sind entweder die Bakterien selbst, z. B. Salmonellen, oder die Stoffwechselprodukte, die die Bakterien bilden, z. B. Botulinus-Gift.
Besonders gut und häufig entwickeln sich Bakterien in eiweißreichen Lebensmitteln mit hohem Wassergehalt, z. B. in Fleisch.

## Salmonellen

Von Salmonellen sind besonders häufig folgende Lebensmittel befallen: Geflügel und Geflügelerzeugnisse, Fleisch- und Wurstwaren, Innereien, Hackfleischerzeugnisse, Salate, vor allem Kartoffel- und Geflügelsalat mit Mayonnaise; Speisen mit rohen Eiern.
Gegen Salmonellen kann man *vorbeugen*:

● Lebensmittel gut kühlen.
● Fleisch gut durchgaren, es sollte auch am Knochen nicht mehr rot sein.
● Gegarte Speisen nicht warm halten.
● Hygiene in der Küche: Hände während des Kochens mit Seife waschen, Geschirrtücher und Spüllappen regelmäßig auswechseln, Holzschneidebretter gründlich reinigen.
● Auftauflüssigkeit bei Geflügel wegschütten.

Abgetötet werden Bakterien z. T. durch Erhitzen der befallenen Lebensmittel. Salmonellenbefallene Lebensmittel müssen beispielsweise mindestens 10 Minuten bei 70 °C erhitzt werden.
*Wirkung im Körper:* Erbrechen, Durchfall, Krämpfe, Tod.

## Botulinus-Gift

Eine sehr gefährliche Lebensmittelvergiftung kann durch Bakterien ausgelöst werden, die Botulinus-Gifte bilden. Glücklicherweise sind diese gefährlichen Vergiftungen recht selten. Betroffen sind hauptsächlich eiweißhaltige Konserven wie Erbsen und Bohnen, aber auch Tomaten, Spargel, Spinat, Sellerie und Kohl. Das Gift kann bei haushaltsüblichen Temperaturen nicht vernichtet werden.
*Wirkung im Körper:* Die ersten Anzeichen einer Vergiftung beginnen etwa 8–12 Stunden nach der Nahrungsaufnahme mit Übelkeit, Doppelsehen und Kopfschmerzen. Später kann es zu Funktionsstörungen innerer Organe, Schluck- und Sprachstörungen, durch Atemlähmung bis zum Tod kommen.

Wie erkennt man den Befall von Lebensmitteln mit Botulinus-Giften?

● Am Lebensmittel selbst erkennt man nichts, es riecht und schmeckt nicht anders als ein gesundes Lebensmittel.
● Befallene Konserven haben einen gewölbten Deckel (Bombage), weil im Inneren eine Gasentwicklung stattfindet.
● Bei Glaskonserven ist der Deckel nicht mehr fest, bzw. beim Öffnen zischt Gas heraus. Diese Lebensmittel müssen auf jeden Fall weggeworfen werden.
● Besonders gefährdet sind hausgemachte Konserven, z. B. eingemachte Bohnen; hier muß besonders sorgfältig auf Veränderungen geachtet werden.

## Fäulnis

Fäulnis wird ebenfalls durch Bakterien verursacht. Sie zersetzen vor allem Eiweiß, dabei entstehen übelriechende Gase. In Fäulnis übergegangene Lebensmittel wie Wurst, Fisch, Fleisch, Pilze dürfen nicht mehr gegessen werden.
*Wirkung im Körper:* Erbrechen, Durchfall, Fieber, Krämpfe, Lähmungen, Tod.

## Hefen

Bei den Hefen gibt es schädliche und nützliche Arten. Die nützlichen sind erwünscht bei der Teigherstellung, Bierherstellung oder bei der Reifung von Rohwürsten. Schädliche, sogenannte »wilde« Hefen verderben Lebensmittel, z. B. die Kahmhefe auf Sauerkonserven, sichtbar an der weißen, dicken »Kahmhaut« an der Oberfläche der geöffneten Konserven.
Hefen vergären in kohlenhydratreichen Lebensmitteln bei günstigen Bedingungen (Wärme, Feuchtigkeit) Zucker. Durch die Tätigkeit der wilden Hefen wird der Geschmack der Lebensmittel unangenehm verändert, gesundheitsschädlich sind vergorene Lebensmittel nicht. Hefen wachsen häufig auf Obst und Gemüse bzw. Konserven.

## Schimmelpilze

Auch bei den Schimmelpilzen gibt es »gute« und »böse«. Die erwünschten und unschädlichen Schimmelpilzarten werden Lebensmitteln eingeimpft, z. B. Schimmel an Weichkäse.
Wild wachsenden Schimmel erkennt man häufig als weißlich-grünlichen Belag.
Ungewollt wachsende Schimmelpilze sind gefährlich, weil sie Giftstoffe bilden. Sie wachsen auf fast

allen Lebensmitteln, bevorzugt aber auf Obst und Gemüse, häufig auch auf Brot.

*Aflatoxine:* Sie gehören zu den giftigen Schimmelpilzen. Als Laie kann man die unterschiedlichen Schimmelarten und deren Giftigkeit nicht unterscheiden, daher Vorsicht bei verschimmelten Lebensmitteln. Aflatoxine werden auch durch haushaltsmäßiges Erhitzen nicht abgetötet.

Aflatoxin-gefährdet sind Tomaten, Paprika und Gemüsesäfte. Feuchtigkeit und Wärme unterstützen das Wachstum von Schimmelpilzen.

Aflatoxine gehören zu den Krebsauslösern. Außerdem schädigen sie die Leber und das Nervensystem und führen zu Wachstumsstörungen. Da Aflatoxine wasserlöslich sind, können weiche, wäßrige Lebensmittel nicht mehr gegessen werden. Verschimmelt sind häufig auch Nüsse, Mandeln, Brot und Getreideprodukte. Auch bei diesen Lebensmitteln ist Vorsicht geboten, da sich die unsichtbaren Ausläufer des Schimmels nicht nur an der Oberfläche des Lebensmittels befinden. Abschneiden, z. B. bei Brotrinde oder Obst, reicht daher nicht aus. Das Lebensmittel muß weggeworfen werden. Aflatoxine sind übrigens auch für Tiere schädlich!

**➤➤ Praktische Hinweise ◄◄ zur Vermeidung von Lebensmittelverderb**

➪ Sauberes Arbeiten verhindert starken Keimbefall. Spüllappen, Schwämme und Bürsten zum Spülen sind wahre Brutstätten von Bakterien und Keimen, wenn sie nicht regelmäßig gereinigt werden.

➪ Sämtliche Geräte (Messer, Schneidbretter) können Keime übertragen. Daher alle Gerätschaften gründlich mit heißem Wasser oder Spülmittellösung waschen, besonders wenn Lebensmittel zubereitet werden, die nicht erhitzt werden (Salat).

➪ Warmhalten oder langsames Abkühlen von Speisen vermeiden.

➪ Lebensmittel möglichst kühl lagern.

➪ Verdorbene oder verschimmelte Lebensmittel nicht mehr essen.

➪ Mülleimer regelmäßig leeren, denn auch hier können sich bei Zimmertemperatur Keime schnell vermehren und auf gesunde Lebensmittel übertragen werden.

➪ Küche regelmäßig gründlich reinigen.

➪ Speisen, die mit Milch, Sahne oder Eiern zubereitet wurden, schnell verbrauchen.

Bei Konfitüre, die aus gleichen Mengen Zucker und Obst hergestellt ist, reicht es, die Schimmelschicht großzügig abzuheben und den Rest möglichst schnell zu verbrauchen.

## 2.5 Vorratsschädlinge

Vorratsschädlinge sind in Form von Eiern oder Larven manchmal schon beim Einkauf in den Lebensmitteln vorhanden, zum größten Teil wachsen sie aber erst während der Lagerung. Sie verunreinigen durch Fraßspuren, Kot, Gespinste, abgeworfene Häute die Lebensmittel. Auch wenn sie oft nicht gesundheitsschädlich sind, sind sie ekelerregend, die Lebensmittel können nicht mehr gegessen werden (siehe Seiten 206/207).

### Schutz vor Schädlingen

Vor Vorratsschädlingen schützen am besten Sauberkeit und Ordnung im Vorratsschrank.

● Vorratsräume so einrichten, daß wenig Ritzen und Nischen vorhanden sind.
● Vorratsräume kühl, luftig und trocken halten, Fenster mit Fliegendraht versehen.
● Schränke und Regale regelmäßig reinigen; kein Einlegepapier verwenden, darunter können sich Schädlinge einnisten; Regale wählen, die leicht zu reinigen sind (glatte Kunststoffoberfläche).
● Vorräte regelmäßig kontrollieren!

## 2.6 Frischlagern von Lebensmitteln

Die Lagerung von Lebensmitteln ist um so besser, je mehr die wertvollen Inhaltsstoffe des Lagergutes (Vitamine, Mineralstoffe) erhalten bleiben, je weniger sich Geschmack und Aussehen der Lebensmittel verändern und je weniger Lebensmittel verderben.

Durchdachte Frischlagerung bringt Zeitersparnis, weil größere Einkäufe getätigt werden können. Nur sehr leicht verderbliche Lebensmittel, z. B. Fleisch, Milch, Brötchen, müssen täglich eingekauft werden.

Wer Lebensmittel über längere Zeit lagern will, braucht geeignete Vorratsräume. Für Trockenprodukte und Konserven reicht ein Speiseschrank oder eine Speisekammer. In kühlen Kellerräumen werden Obst, Gemüse, Getränke eingelagert.

## Vorratsschädlinge

| Schädling | Vorkommen | Bekämpfung |
|---|---|---|
| Ameisen | In eiweißreichen und süßen Lebensmitteln | *Biologisch:* Fallen aufstellen, z. B. Schale mit Zuckersirup; Zitronenscheiben auf den Laufstraßen<br>*Chemisch:* mit Puder oder Spray, das an den Laufstraßen aufgetragen wird |
| Mehlmilben | In Mehl und Getreide, erkennbar an der feinen Staubschicht – feine Milbengänge im Mehl, Mehl schmeckt bitter, gesundheitsschädlich | Befallene Vorräte wegwerfen, Vorratsschrank gründlich säubern |
| Mehlmotten (Getreide-Kakao-, Korn-, Obstmotte) | In Mehl, Getreide, Backwaren, Bohnen, Trockenobst | Befallene Vorräte wegwerfen, Vorratsschrank gründlich säubern |
| Küchenschabe | Allesfresser, übertragen Krankheitskeime und Fäulniserreger | *Biologisch:* Backpulver und Borax zu gleichen Teilen mischen und ausstreuen pyrethrumhaltiger Mittel<br>*Chemisch:* Pulver in Fugen und Mauerrisse streuen |
| Fliegen | Allesfresser, Übertragen Krankheitskeime und Fäulniserreger; legen Eier, aus denen Maden schlüpfen, die die Lebensmittel fressen | *Biologisch:* Fliegenpatsche, Fliegengitter, Klebestreifen<br>*Chemisch:* Spray, getränkte Papiere (nur in Ausnahmefällen in der Küche verwenden) |
| Asseln | In pflanzlichen Produkten | Nützlinge, die meist nur in Kellern oder feuchten Räumen vorkommen |
| Kornkäfer Maiskäfer Reiskäfer | Fressen Getreidekörner leer, Getreide wird warm | Befallene Vorräte wegwerfen, Vorratsschrank gründlich säubern |
| Mehlkäfer | In Mehl, Mehlprodukten, Backpulver | Befallene Vorräte wegwerfen, Vorratsschrank gründlich säubern |
| Brotkäfer Bohnenkäfer Getreidekapuziner | In Getreideprodukten, Bohnen, Backwaren, Mahlprodukten, Kaffeebohnen, Tee, Kräutern, Nährmitteln, Trockenpilzen | Befallene Vorräte wegwerfen, Vorratsschrank gründlich säubern |
| Speckkäfer Schinkenkäfer | In Schinken, Rauchwaren, Käse, Schokolade, Trockenfrüchten | Befallene Stellen großzügig ausschneiden, Köder auslegen und Käfer vernichten, Lagerort gründlich reinigen und einige Monate keine gefährdeten Lebensmittel dort lagern |
| Messingkäfer Diebskäfer | In Getreide, Haferflocken, Grieß, Mehl, Zucker | Befallene Vorräte wegwerfen, Lagerort gründlich reinigen und begasen mit chemischen Mitteln, damit auch die Eier in den Bodenritzen getötet werden |
| Mäuse Ratten | Allesfresser, übertragen Krankheiten | Fallen aufstellen, Giftköder nur dann verwenden, wenn keine Kinder oder Haustiere sie finden können |

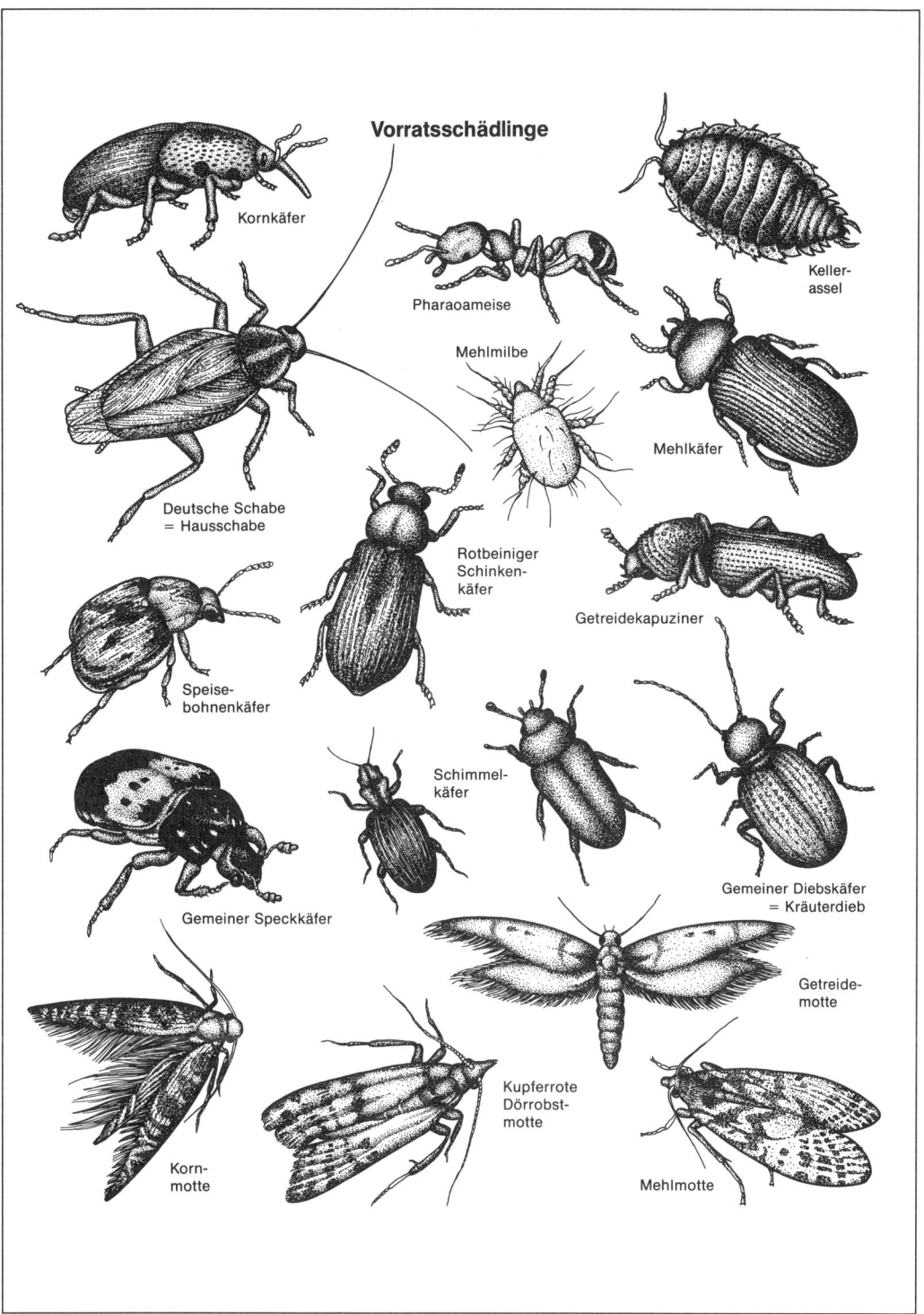

**Vorratsschädlinge**

Kornkäfer

Pharaoameise

Keller-
assel

Mehlmilbe

Mehlkäfer

Deutsche Schabe
= Hausschabe

Rotbeiniger
Schinken-
käfer

Getreidekapuziner

Speise-
bohnenkäfer

Schimmel-
käfer

Gemeiner Diebskäfer
= Kräuterdieb

Gemeiner Speckkäfer

Getreide-
motte

Korn-
motte

Kupferrote
Dörrobst-
motte

Mehlmotte

## Aufbewahrungsort

### Vorratsraum

Eine gute Vorratskammer ist dunkel, gut belüftbar und kühl. Dort können nicht nur Trockenvorräte und Konserven gelagert werden, sie bietet auch Platz für Kühltruhe, Kühlschrank usw. Wichtig ist, daß die Fenster mit Fliegengitter versehen sind.

### Küche

Die Küche als Vorratsraum ist nur ein Notbehelf. Die Temperaturen sind zu hoch, die Küchendämpfe führen zum Verklumpen der Trockenvorräte. In der Küche werden Lebensmittel nur kurzfristig gelagert.

### Keller

*Kühle Kellerräume* sind für die Vorratshaltung von Obst und Gemüse gut geeignet. Erdkeller, bei denen der Boden aus gestampfter Erde ist, wie häufig in alten Bauernhäusern noch der Fall, sind ideale Vorratsräume für Lagergüter, die dunkel, kühl und bei hoher Luftfeuchtigkeit aufbewahrt werden müssen, z. B. Gemüse, Kartoffeln. Ein guter Keller ist gut belüftbar, so daß warme Luft entweichen und kühle Luft einfallen kann. Mit der warmen Luft entweichen auch Stoffwechselprodukte von Lagergütern, z. B. Äpfel, die in hoher Konzentration die Lagerzeit verkürzen würden. Zugluft und Frost zeichnen keinen guten Keller aus, die Zugluft führt zu schnellem Austrocknen des Lagergutes, gefrorenes Lagergut verfault schnell.

In *warmen Kellern* können Birnen, Äpfel und Wurzelgemüse gelagert werden, wenn sie in Polyäthylenbeuteln verpackt werden. Diese Beutel fassen 5–10 kg, man kann sie in Haushaltsgeschäften kaufen. Das Lagergut wird offen einige Tage in den Lagerraum gelegt, damit ein Temperaturausgleich stattfinden kann, und danach gut verschlossen. Beschlägt der Beutel nach einiger Zeit mit Feuchtigkeit, führt dies nicht zum Verderb. Es darf sich jedoch kein Wasser im Beutel sammeln, damit die Früchte nicht verfaulen.

### Dachkammer

Wer keine geeignete Vorratskammer oder Keller zur Verfügung hat, kann ausweichen auf eine kühle Dachkammer. Dort lassen sich Obst und Gemüse lagern. Es ist jedoch zu beachten, daß die Temperaturschwankungen manchmal sehr groß sind, daher sollte eine Isolierschicht (z. B. Wolldecken) über dem Lagergut liegen.

### Garten, Erdmiete

Gemüse kann auch im Garten oder in einer Erdmiete überwintert werden. Diese Methode eignet sich sehr gut für Wurzelgemüse und Lauch.

### Balkon, Terrasse, Garage

Wer Balkon, Terasse oder eine leerstehende *Garage* bzw. Wirtschaftsgebäude als Vorratsräume nutzt, sollte gegen Frost vorsorgen durch entsprechendes Verpacken, z. B. in isolierten Kisten.

### Kühlschrank

Der Kühlschrank eignet sich zur Aufbewahrung leicht verderblicher Lebensmittel und bereits gegarter Speisen. Auch andere Lebensmittel können darin gelagert werden, allerdings trocknen sie im Kühlschrank schnell aus. Grundsätzlich sollen alle Lebensmittel, die im Kühlschrank aufbewahrt werden, abgedeckt oder eingepackt werden, damit die Feuchtigkeit nicht verloren geht und Gerüche nicht übertragen werden. Obst und Gemüse wird in gelochte Frischhaltebeutel verpackt und im Gemüsefach gelagert.

Einige Lebensmittel gehören *nicht in den Kühlschrank,* weil sie ihr Aroma verlieren: Bananen, Zitrusfrüchte, Tomaten, Birnen, Ananas. Der Geruch von Zwiebeln und Knoblauch überträgt sich auf andere Lebensmittel.

## Kontrolle des Vorrats

Sorgfältige Pflege und regelmäßige Kontrolle des Vorrats vermindern Verderb und Verluste.

● Thermometer im Vorratsraum anbringen, evtl. sogar ein Hygrometer (Feuchtigkeitsmesser).
● Vorratsplan konsequent ergänzen bzw. entnommene Ware ausstreichen.
● Faulendes Gemüse und Obst aussortieren, bevor sie gesundes »anstecken«.
● Neue Vorräte immer nach hinten ins Regal bzw. in den Vorratsschrank stellen, erst die ältere Ware verbrauchen.
● Vorräte regelmäßig auf Schädlingsbefall kontrollieren, befallene Ware sofort entfernen und Vorratsraum gründlich reinigen.
● Mindesthaltbarkeitsdatum bei verpacktem Lagergut kontrollieren und entsprechende Lebensmittel verwenden.
● Horden, Gefäße, Regale usw. von Zeit zu Zeit gründlich reinigen und trocknen lassen.
● Vorratsräume jährlich gründlich säubern und mit Kalk weißeln, dadurch wird die Vermehrung von Mikroorganismen verhindert.
● Konserven von Zeit zu Zeit prüfen.

# 2.7 Konservieren von Lebensmitteln

Konservieren hat das Ziel, die Haltbarkeit von Lebensmitteln zu verlängern, indem das Wachstum von Mikroorganismen eingeschränkt oder verhindert wird. Zudem sollen die Inhaltsstoffe der konservierten Lebensmittel vollständig erhalten bleiben.

## Konservierungsmethoden

Es gibt physikalische und chemische Konservierungsmethoden.

### Konservierungsmethoden

| Physikalische Methoden | Chemische Methoden |
|---|---|
| ▷ Kühlen<br>▷ Gefrieren<br>▷ Sterilisieren<br>▷ Pasteurisieren<br>▷ Trocknen | ▷ Zugabe von Zucker, Alkohol, Essig oder chemischen Konservierungsmitteln<br>▷ Milchsäuregärung<br>▷ Alkoholische Gärung<br>▷ Einlegen in Öl, Kalkwasser, Wasserglas<br>▷ Salzen<br>▷ Pökeln<br>▷ Räuchern |

Konservierungsstoffe hemmen die Entwicklung von verderbniserregenden Mikroorganismen.

Zu den *Konservierungsmitteln* im weiteren Sinne zählen Salz, Essig, Zucker, Alkohol, Öl usw. Konservierungsmittel im engeren Sinn sind weitgehend chemisch hergestellte Stoffe, z. B. Sorbinsäure, Benzoesäure, Ameisensäure, Nitrat, Schwefeldioxid, Propionsäure.

Chemisch hergestellte Konservierungsmittel werden im Haushalt nur selten benutzt, z. B. Einmachhilfe, »Gurkendoktor«.

Jede Konservierungsmethode hat ihre Vorteile. Für welche Sie sich entscheiden, hängt von verschiedenen Faktoren ab:

● *Art des Lebensmittels* (Birnen eigenen sich z. B. sehr gut zum Sterilisieren, Erdbeeren zum Einfrieren).

● *Arbeitszeit* (verhältnismäßig »schnelle« Konservierungsmethoden sind Einfrieren, Einsalzen, Einlegen in Öl).

● *Erhaltung der Inhaltsstoffe* (beim sachgemäßen Einfrieren oder der Zubereitung von Gargemüsen gehen z. B. weniger Inhaltsstoffe verloren als beim Trocknen).

● *Kostenaufwand* (der Kostenaufwand ist um so geringer, je weniger Energie und Hilfsmittel für das Konservieren eines bestimmten Lebensmittels benötigt werden, z. B. Lufttrocknen von Kräutern). Der Kostenaufwand schnellt jedoch in die Höhe, wenn z. B. für das Trocknen von Früchten ein Dörrapparat angeschafft wird.

### Haltbarmachen von Lebensmitteln – ein Überblick

| Lebensmittel | Haltbarmachungsverfahren | Vorratsprodukte |
|---|---|---|
| Fleisch | Einfrieren, Sterilisieren, Salzen, Pökeln, Räuchern | Koch-, Brüh- und Rohwurstwaren |
| Fertiggerichte | Einfrieren, Sterilisieren, Einlegen in Fett | |
| Fisch | Einfrieren, Salzen, Räuchern, Einlegen in saure Marinaden | |
| Eier | Einfrieren, Einlegen in Wasserglas oder Kalkwasser | Soleier |
| Milch und Milchprodukte | | Sauermilch, Joghurt, Kefir, Butter, Butterschmalz, Käse |
| Käse | Einfrieren, Einlegen in Öl | |
| Butter | Einfrieren | Butterschmalz |
| Brot und Backwaren | Einfrieren | |
| Obst | Trocknen, Einfrieren, Sterilisieren, Einlegen in Alkohol | Kompott, Konfitüre, Gelee, Mus, Saft, Sirup, Chutney, Likör, Wein, Most |
| Gemüse | Einfrieren, Sterilisieren, Trocknen, Salzen, Einlegen in Essig oder Öl, Milchsäuregärung | Gärgemüse, Mixed Pickles, Chutney, Essig-, Senfgurken, Silberzwiebeln |

## Einfrieren

Gefrieren ist eine Konservierungsmethode, bei der durch sehr tiefe Temperaturen das Wachstum von Mikroorganismen sowie die Zersetzung des Lebensmittels durch eigene Inhaltsstoffe, z. B. Enzyme, gehemmt werden.

*Vorsicht:* Die Mikroorganismen werden nicht abgetötet, daher beim Auftauen sorgfältig vorgehen und Lebensmittel sofort verwenden.

*Tiefgefrieren* bedeutet Lagern bei Temperaturen von maximal −18 °C. *Kühlen* nennt man den Temperaturbereich von +15 bis +4 °C, *Tiefkühlen* den Bereich von +5 bis 0 °C. Im Lebensmittelhandel wird noch unterschieden zwischen tiefgefrorener und gefrorener Ware; gefrorene Ware ist bei −12 °C gelagert.

### Ernährungsphysiologie

Beim Einfrieren verändern sich die Inhaltsstoffe der Lebensmittel kaum, die Vitamine bleiben fast vollständig erhalten. Nur die Beschaffenheit von Lebensmitteln ändert sich, besonders bei Obst, es ist nach dem Abtauen matschig und verliert Flüssigkeit. Diese Veränderung ist darauf zurückzuführen, daß die Eiskristalle die Zellwände zerschneiden, wodurch beim Auftauen Saft austreten kann.

### Wirtschaftlichkeit

Wie wirtschaftlich das Einfrieren von Lebensmitteln ist, kann nicht pauschal gesagt werden, der jeweilige Aufwand müßte für jedes Lebensmittel gesondert berechnet werden. Es gibt jedoch einige *Faustregeln,* die das Einfrieren wirtschaftlicher machen:

● Nur so viel Gefriergeräte anschaffen, wie durchschnittlich gebraucht werden. Werden maximale Vorratsmengen angenommen, steht das Gerät zu oft leer bzw. halbleer. Dann erhöhen sich die Abschreibungs- und Energiekosten je Kilogramm Lagergut.

● Nur hochwertige Güter einfrieren.

● Werden größere Mengen auf einmal vorbereitet und eingefroren, vermindert sich der Zeitaufwand je Kilogramm Lagergut.

### Grundregeln für das Einfrieren

● Nur frische, einwandfreie Ware verwenden mit guten Gefriereigenschaften. Ungeeignet sind z. B. Salat, Weintrauben, Frischkostsalate.

● Die Lebensmittel sorgfältig vorbereiten, z. B. blanchieren.

● Vorschriftsmäßig verpacken, das heißt, keine zu großen Pakete machen, Luft möglichst vollständig aus der Verpackung drücken.

● Die Lebensmittel möglichst schnell einfrieren, die Ware an die kälteste Stelle im Gefriergerät legen (Vorgefrierfach, Außenwände im Gerät).

● Werden größere Mengen, z. B. bei der Hausschlachtung, eingefroren, das Gerät auf »Super«-Stellung schalten.

● Schnelles Einfrieren hat den Vorteil, daß kleine Eiskristalle entstehen, die die Zellwände nicht zerstören. Dadurch tritt beim Auftauen weniger Saft aus.

### Gefriergut richtig verpacken

Sorgfältiges Verpacken verhindert Qualitätsverluste durch Austrocknen und Geruchsübertragungen.

Typisches Anzeichen für mangelhafte Verpackung ist *Gefrierbrand* (Frostbrand). Er ist erkennbar an den weißen oder bräunlichen, meist runden Flecken auf dem Gefriergut. Durch Austrocknen wurde das Zellgewebe geschädigt, die befallene Stelle nimmt beim Zubereiten keine Flüssigkeit auf und bleibt zäh und trocken.

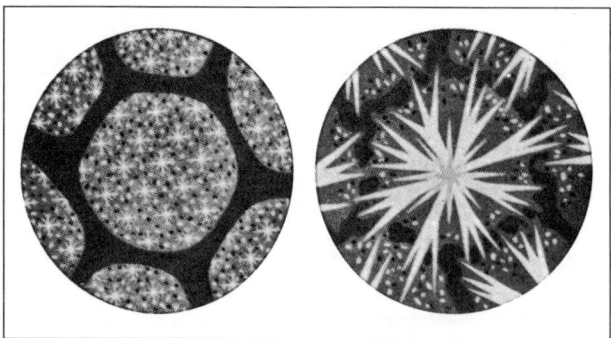

Bildung von Eiskristallen beim Einfrieren: gut erhaltene Zellen mit kleinen Eiskristallen (links) und zerstörte Zellen mit großen Eiskristallen (rechts)

## Geeignetes Verpackungsmaterial für Gefriergut

| Packstoff | Lebensmittel | Hinweise |
|---|---|---|
| **Meterware/Rollen** | | |
| Alufolie extra stark, 0,025 mm | Butter, Käse, Aufschnitt, Torten, Kuchen, alle Teige, Spargel | Für Fleisch, Geflügel und Fisch auch geeignet. Dafür gibt es aber auch preisgünstigere Möglichkeiten (Umweltschutz!). Alufolie friert leicht fest, deshalb vorgefrieren, dann verpacken. Falten wie beim Postpaket, mit gefrierbeständigem Klebeband verschließen. |
| Polyäthylenfolie, Polyäthylenschlauch, mindestens 0,05 mm stark | Fleisch, Geflügel, Fisch, Obst, Gemüse, Kräuter, Backwaren, Teige, Fertiggerichte | Am besten mit Folienschweißgerät vakuum verschließen oder mit Gummiring, Draht bzw. Clips versehen. |
| **Beutel** | | |
| Polyäthylenbeutel, flach oder mit Seitenfalte in verschiedenen Größen, mindestens 0,05 mm stark | Wie Polyäthylenfolien | Wie bei Polyäthylenfolien. Die Beutel sind als »gefriergeeignet« bezeichnet. Nicht geeignet sind Frischhaltefolien |
| Gefrier-Kochbeutel | Fertiggerichte | Speisen können im Beutel aufgetaut und erwärmt werden. Im Mikrowellengerät langsam erwärmen, sonst schmilzt der Beutel. |
| **Behälter mit Deckel** | | |
| Schlagfestes Polystrol oder Polyäthylen | Fertiggerichte, Obst in Zuckerlösung, breiiges Gefriergut, Sahne, Säfte, Backwaren, Milch, Eier | Beim Einkauf Sonderangebote hinsichtlich Deckelverschluß prüfen. Gefriergut nicht zu heiß einfüllen. Behälter nach der Verwendung gut reinigen und auslüften. 2 cm Kopfraum frei lassen. |
| Spezialkunststoffgeschirr für Mikrowelle | Für alle Gefriergüter, besonders für solche, die anschließend im Mikrowellengerät gegart werden. | |
| Alubehälter mit Deckel, Alu-Kuchenformen | Für alle Gefriergüter, außer stark säurehaltigen Produkten | Mehrmalige Verwendung bei sorgfältiger Reinigung möglich. Speisen können im Behälter (ohne Deckel) erwärmt und gegart werden (nicht im Mikrowellengerät!) |
| Glasbehälter mit Kunststoffdeckel (Twist-off-Gläser) | Obst in Zuckerlösung, Fertiggerichte für Babynahrung, Petersilie, Schnittlauch, Dill und andere Kräuter | Vorsicht beim Umpacken – Glas bricht leicht. Aromasicherer Verschluß! 2 cm Kopfraum frei lassen. Im Glas bei Raumtemperatur oder im Mikrowellengerät auftauen. |
| Faltkarton im Beutel | Gemüse, Obst, breiiges Gut | Gebrauchsanweisung beachten. |
| Pergabecher gewachst (z. B. Milchpackung) | Breiiges Gut | Nicht heiß einfüllen, langsam auftauen, sonst löst sich die Wachsschicht auf. Nur einmal verwenden. |
| Hartplastikbecher (z. B. Joghurtbecher) | Für kleine Portionen | Material bricht leicht, besonders auf luftdichten Verschluß achten, nur einmal verwenden. |

## Verpackungsmaterialien

Geeignetes Verpackungsmaterial ist meist gekennzeichnet mit dem Hinweis »gefriergeeignet«. Ungeeignet sind Plastiktüten, die für Kleidung, Spielwaren usw. verwendet wurden, Packpapier, Pergamentpapier, Cellophantüten.

Wieder verwendet werden können alle unbeschädigten Verpackungen. Sie werden sorgfältig gewaschen und getrocknet. Lediglich die Verpackung von Geflügel, Fleisch und Fisch sollte weggeworfen werden.

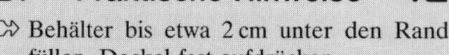

## ➤➤ Praktische Hinweise ◄◄

➮ Behälter bis etwa 2 cm unter den Rand füllen, Deckel fest aufdrücken.

➮ Stapelbare Behälter kaufen, sie sparen Platz.

➮ Aus Folie oder Beutel Luft herausstreifen oder -saugen (mit Strohhalm oder Vakuumpumpe des Folienschweißgerätes).

➮ Möglichst rechteckige Pakete machen, dann sind sie besser stapelbar, im Gefriergerät wird der Raum besser genutzt

➮ Pakete gut verschließen mit Gummiringen, Metallstreifen, kältefesten Klebebändern.

## Beschriften des Gefriergutes

Sorgfältiges Beschriften des Lagergutes bringt Übersicht in das Gefriergerät und verhindert, daß Lebensmittel überlagert werden. Verwendet werden kältebeständige Etiketten oder beschriftbare Klebebänder. Man kann auch mit einem feuchtigkeitsbeständigen Fettstift die Folien oder Beutel direkt beschriften.

Auf das Paket kommen folgende Angaben:

● Inhalt, z. B. Gulasch.
● Menge, z. B. 2 Portionen.
● Zusätze, z. B. Zucker bei Obst.
● Vorbehandlung, z. B. fertig gegart.
● Verpackungsdatum.

Sehr nützlich ist zusätzlich eine *Vorratsliste,* die in der Nähe des Gefriergerätes aufgehängt wird. Auf der Liste werden die eingefrorenen Lebensmittel in der Monatsspalte eingetragen, in der sie spätestens gegessen werden müssen. Wird Gefriergut entnommen streicht man es aus der Liste.

## Auftauen von Gefriergut

### Auftauen bei Zimmertemperatur

Größere Stücke tauen über Nacht auf, kleineres Gefriergut in einigen Stunden. Auftauen bei Zimmertemperatur ist für Brot und Kuchen zu empfehlen, bei Fleisch, Gemüse, Obst sind die Vitaminverluste durch die lange Auftaudauer sehr hoch, außerdem kommt es zu starker Keimvermehrung.

### Auftauen im Kühlschrank

Das Auftauen dauert etwas länger als bei Zimmertemperatur, aber die Keimvermehrung wird gehemmt. Angewendet bei dickeren Fleischstücken, Geflügel und Fisch (falls die Lebensmittel nicht unaufgetaut gegart werden).

### Auftauen im Backofen

Bei schwach eingestellter Unter- und Überhitze oder mit Heißluft (50 °C). Gut geeignet für kleinere Backwaren. Verpackung nicht entfernen, sonst Gefahr des Austrocknens. Brot trocknet stark aus, Obst und Gemüse verlieren viel Saft.

### Auftauen im Mikrowellengerät

Herstellerangaben beachten, sehr kurze Auftauzeiten.

### Auftauen im kalten Wasser

Nur bei geschlossener Verpackung! Etwas schnelleres Auftauen als bei Zimmertemperatur.

### Auftauen im heißen Fett

Küchenfertige Lebensmittel, die fritiert werden, z. B. Kroketten.

## Vorratsliste für Gefriergut

| Januar | Februar | März | April | Mai | Juni |
|---|---|---|---|---|---|
| Ente \| \| \| \| [1)]<br>Poularden \| \|<br>– fertig – | Nuß-<br>kuchen \| \| \|<br>Gulasch \| \| \| | | Schweine-<br>braten \| \| \| \|<br>Sahnetorte \| | ausgelöste<br>Koteletts \| \| \|<br>Quarkstreusel-<br>kuchen \| \| \| \| | Schweine-<br>filet \| \| |
| [1)] Beim Verbrauch jeweils einen Strich durchkreuzen. | | | | | |

**Auftauzeiten** (Verschiedene Möglichkeiten im Vergleich)

| Lebens-mittel | Menge | Voraussichtliche Auftauzeit in Stunden oder Minuten | | | | | |
|---|---|---|---|---|---|---|---|
| | | Kühl-schrank 2–6 °C | Zimmer-tempe-ratur 20 °C | Backofen Ober-/Unterhitze 40–50 °C | Backofen Heißluft 40–50 °C | Mikrowellengerät mit 150 bzw. 450 Watt (oder Auftauautomatik) Auftau-zeit | + Aus-gleichs-zeit[1] |
| | | Stunden | Stunden | Minuten/Stunden | Minuten/Stunden | Minuten | Minuten |
| Koch- und Braten-fleisch-stücke | Je cm Fleisch-höhe | 3 | 1–2 | *Minuten* 35 | *Minuten* 30 | 7–10 + | 3–5 |
| Hähnchen | 1 Stück (0,8 kg) | 12 | 7 | *Stunden* 1,5–2 | *Stunden* 1–1,5 | 30–35 + | 10–15 |
| Ente | 1 Stück (1,5 kg) | 16 | 16 | 2–2,5 | 1,5–2 | 35–40 + | 25–30 |
| Gans, Pute | 1 Stück (5 kg) | 30–35 | 16–18 | 3,5–4 | 3–3,5 | Gänsebrust/Putenkeulen 15 + | 15 |
| Brot | 1 Laib (1 kg) | – | 2–2,5 | *Minuten* bei 180 °C: 20 | *Minuten* bei 160 °C: 15 | bei 450 Watt: 10 + | 10 |
| Brötchen | 4 Stück | – | – | bei 180 °C: 10 | bei 160 °C: 10 | bei 450 Watt: 4 + | 5 |
| Rühr-kuchen | 1 Stück | – | 3 | bei 180 °C: 20 | bei 160 °C: 15 | bei 450 Watt: 3 + | 10 |
| Beeren-obst | 500 g | 8 | 5 | 40 | 35 | 10 + | 10 |
| Steinobst | 500 g | 15 | 10 | 45 | 40 | 12 + | 10 |

[1] Ausgleichszeit = Ruhezeit im Gerät

## ▶▶ Praktische Hinweise ◀◀

↪ Beim Auftauen im Kühlschrank oder bei Zimmertemperatur Verpackung entfernen und auf Teller oder in Schüssel legen. Lebensmittel zudecken.

↪ Geflügel auf ein Sieb legen, damit die Auftauflüssigkeit abtropfen kann. Auftauflüssigkeit nicht verwenden!

↪ Auftauflüssigkeit von Obst und Gemüse auffangen und verwenden.

*Nicht aufgetaut* werden Fleischstücke mit einer Dicke unter 3 cm, Gemüse, Toastscheiben. Generell gehen neuere Untersuchungsergebnisse in die Richtung, daß kürzere Auftauzeiten zu bevorzugen sind, Keime haben weniger Zeit, sich zu vermehren, Aussehen und Struktur von Obst und Gemüse bleiben besser erhalten.

### Einfrieren von Fleisch, Geflügel, Wild

Fleisch, Geflügel und Wildbret sollten erst eingefroren werden, wenn sie gereift sind. Nicht abgehangenes oder gereiftes Fleisch zieht sich beim Auftauen schlagartig zusammen und wird sehr zäh und trocken.

## Fleisch, Geflügel, Wild einfrieren

| Lebensmittel | Arbeitsanleitung | Lagerdauer Monate | Zubereitungshinweise |
|---|---|---|---|
| **Fleisch und Knochen** | | | |
| Bratenstücke von Rind Schwein Kalb Lamm | Portionsstücke max. 2,5 kg/ 10 cm hoch. Bei Hausschlachtung Fleisch entsprechend reifen lassen; gut verpacken; Gefriergerät auf »Superschaltung« stellen; nicht zuviel auf einmal in das Verdampferfach legen; Knochen möglichst herauslösen. | Abhängig von Fettgehalt und unbeschädigter, luftdichter Verpackung<br><br>Rind: bis 12<br>Schwein: 3– 8<br>Kalb: 6– 8<br>Lamm: 8–10 | Braten über 5 cm Höhe langsam auftauen, sonst nur Antauen notwendig. Besonders mürbe wird das Fleisch, wenn es in einer Schüssel langsam aufgetaut wird, in die vorher 1 Eßlöffel Öl gegeben wurde. Wenn es das Rezept vorsieht, Fleisch in Beize auftauen. |
| Kotelett, Schnitzel, Rouladen | Scheiben mit Folie trennen, Knochen entweder herauslösen oder speziell umwickeln, um die Verpackung nicht zu beschädigen. | Wie entsprechende Bratenstücke | Flache Scheiben nur soweit notwendig antauen. Panade hält an gefrorenem Fleisch nicht. Wie Frischfleisch verarbeiten. |
| Gulasch | Je nach späterem Verwendungszweck nach Fleischart bzw. gemischte Fleischsorten verpacken. Evtl. Gulaschstücke einzeln vorgefrieren (z. B. für Eintopfgericht). | Wie entsprechende Bratenstücke | Antauen, bis sich die Stücke voneinander lösen. Gulasch eignet sich besonders zum Einfrieren als Fertiggericht (1× kochen/4× essen). |
| Hackfleisch | Flache Pakete formen – max. 500 g –, es kann auch fertig gewürzt und geformt werden. | 4–6 | So weit antauen lassen, bis Weiterverarbeitung möglich. Idealer Vorrat für viele Hackfleischgerichte. |
| Kochfleisch | Portionsgrößen max. 2,5 kg. Bei Zuschneiden auf spätere Topfgröße achten. Fett und Knochen entfernen. | Wie entsprechende Bratenstücke | Unaufgetaut in Kochflüssigkeit geben. Die Kochzeit ist dadurch ca. 1/3 verlängert. |
| Knochen | Konzentrierte Brühe einfrieren; aus Markknochen Markklößchen herstellen und einfrieren; ebenso Ochsenschwanzsuppe. | Bis 8 | Wasser und gefrorene Brühe zusammen erhitzen. Im kleinen Haushalt eiswürfelgroße Portionen für eine Tasse einfrieren. |
| **Innereien** | | | |
| Hirn | Kalt wässern, in Salzwasser blanchieren, häuten, verpacken. | 3 | Angetaut wie frisch zubereiten |
| Zunge, Herz | Gut waschen, über Nacht im Kühlschrank auskühlen lassen, verpacken. | Bis 12 | Unaufgetaut kochen, Zunge dann enthäuten. |
| Lunge | Roh oder gekocht, in Portionen verpacken. | 3 | Wie üblich zubereiten. Rohe Lunge unaufgetaut kochen. |
| Leber | Enthäuten und durch Fleischwolf drehen oder schaben. In Portionen für Spätzle oder Knödel verpacken. | 3–4 | Leber zerfällt leicht, deshalb verarbeitet einfrieren. |

## Fleisch, Geflügel, Wild einfrieren (Fortsetzung)

| Lebensmittel | Arbeitsanleitung | Lagerdauer Monate | Zubereitungshinweise |
|---|---|---|---|
| **Fleischwaren** | | | |
| Bratwurst | Rohe Bratwurst, gebrühte Bratwurst evtl. einzeln vorgefroren verpacken. | 1–2 4–6 | An- oder aufgetaut, abgetrocknet braten oder grillen. |
| Fleischkäse Leberkäse | Entweder roh in Backform gut verpackt einfrieren oder gegart portionsweise, durch Folien getrennt verpacken. | 3 4–6 | Angetaut im Backofen oder Mikrowellengerät fertig garen. |
| Kasseler | Portionsweise, durch Folien getrennt, oder vorgefroren verpacken. | 1–2 | Je nach Verwendungszweck auftauen oder angetaut wie üblich garen. |
| Schinken roh oder gekocht | Portionsweise, am besten in Alufolie verpackt, einfrieren. | 1–3 | Wie frischen Schinken verarbeiten bzw. lagern. |
| Kochwurst | Portionsweise in Beutel verpacken. | 2–4 | Blut- und Leberwürste werden je nach Rezeptur leicht grießig. |
| Brühwurst Aufschnitt Würstchen | Geschnitten, am besten verschiedene Sorten portionsweise in Alufolie verpacken. Ganze Würstchen zusätzlich in Beutel geben, weil Därme wasser- und aromadurchlässig sind. | 2–4 Je nach Fettgehalt | Wie üblich verwenden. Lagerdauer im Kühlschrank wie Frischware. |

*Anmerkung* Geräucherten Speck, Rohwurst u. a. nur in Ausnahmefällen einfrieren. Es ist zur Erhaltung der Qualität besser und wirtschaftlicher, diese Produkte an einem kühlen Ort aufzubewahren.

| Lebensmittel | Arbeitsanleitung | Lagerdauer Monate | Zubereitungshinweise |
|---|---|---|---|
| **Geflügel** Hähnchen Suppenhuhn Ente | Küchenfertig herrichten, 1 Tag im Kühlschrank lagern, dressieren, Knochenenden mit Alufolie umwickeln, möglichst vakuum verpacken. Zum Schutz der Verpackung von anderem Gefriergut evtl. in Baumwollsäckchen oder in eigenem »Gefrierkorb für Geflügel« sammeln. | Je nach Fettgehalt 8–10 (Suppenhuhn) Bis 4 (Ente) | Ohne Verpackung, nicht in der Tropfflüssigkeit auftauen lassen. Gut durchgaren. Unaufgetaut in Kochflüssigkeit geben (1/3 längere Kochzeit). Angetaut würzen und wie frische Ente zubereiten. |
| Gans | Evtl. portionsweise einfrieren. | Bis 4 | Aufgetaut zubereiten. |
| Pute | Evtl. »Putenschnitzel«, »Putenbrust« usw. getrennt verpacken. | 10–12 | Ganze Pute aufgetaut verarbeiten. Portionsstücke unaufgetaut zubereiten. |
| **Wild** Hirsch, Reh, Hase, Kaninchen | Wildfleisch ca. 2 Tage abhängen lassen. Fleisch nicht waschen, sondern mit Küchenkrepp abwischen. Portionieren, gut verpackt einfrieren. Kleinfleisch gewürfelt (für Ragout) oder durch Fleischwolf gedreht (für Pasteten) einfrieren. | 10–12 gespickt eingefroren: 3 | Kurzbratstücke müssen nicht aufgetaut werden. Evtl. in Beizflüssigkeit auftauen lassen. Für die Zubereitung mit Speck umwickeln (ist besser als gespickt einfrieren, da das Fett leicht ranzig wird). |
| Wildgeflügel | Fleisch 3 Tage reifen lassen, wie »Geflügel« vorbereiten, verpacken. | 8–10 | Je nach Rezept mit Speckscheiben umwickelt zubereiten. |

## Dauer der Fleischreifung

| Fleischart | Dauer bei Lagerung im Kühlraum (1–3 °C) |
|---|---|
| Schweinefleisch | 1 Tag |
| Rindfleisch | 5–8 Tage (Kochfleisch etwas kürzer, Braten- und Kurzbratstücke bis 10 Tage) |
| Kalbfleisch | 2 Tage |
| Lammfleisch | 3–5 Tage |
| Wildbret | 6–8 Tage |
| Geflügel | Bis zu 1 Tag (Pute 15 Stunden, Hähnchen 5 Stunden) |

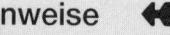 **Praktische Hinweise**

☼ Mageres Fleisch hält sich länger als fettes oder gespicktes Fleisch.

☼ Fleisch mit Knochen möglichst entbeinen, damit weniger Gefrierraum benötigt wird. Abstehende Knochen (z. B. bei Koteletts) mit Pergamentpapier umwickeln, damit sie die Verpackung nicht durchstoßen.

☼ Portionen nicht größer abpacken als für eine Mahlzeit. Nicht mehr als 2,5 kg große Pakete machen, sonst dauert das Einfrieren bzw. Auftauen sehr lange.

☼ Zwischen Einzelportionen, z. B. Schnitzel oder Koteletts, Folien- oder Pergamentpapierblätter legen, sie verhindern das Zusammenfrieren.

☼ Hackfleisch nur ganz frisch einfrieren.

☼ Knochenbrühe portionsweise einfrieren in entsprechenden Behältern; für einzelne Portionen im Eiswürfelfach vorgefrieren, in gefrorenem Zustand in Beutel umfüllen.

☼ Herz und Lunge können roh oder zubereitet eingefroren werden, Leber und Nieren nur roh.

☼ Geflügel kann auch gefüllt eingefroren werden, dann verkürzt sich die Lagerzeit auf etwa 3 Monate.

☼ Innereien von Geflügel separat verpacken und in die Bauchhöhle stecken oder extra einfrieren.

☼ Geflügelteile einzeln einfrieren, nach dem Einfrieren jeweils benötigte Menge in einen Beutel zusammenpacken.

☼ Wurstwaren eignen sich zum Einfrieren. Aufgrund ihres meist hohen Fettgehaltes ist die Lagerzeit jedoch viel kürzer als bei Fleisch. Rohwürste und roher Schinken halten sich bei sachgemäßer Lagerung in einer kühlen Vorratskammer übrigens länger als im Gefriergerät.

Die Werte in der obigen Tabelle gelten für Fleisch, das selber geschlachtet wurde. Bei Großeinkäufen in Metzgereien kann man davon ausgehen, daß das Fleisch bereits abgehangen ist; vorsichtshalber danach fragen!

### Einfrieren von Milch, Butter, Käse, Eiern

Diese Lebensmittel werden üblicherweise nur bei besonderen Angeboten kurzfristig eingefroren.

 **Praktische Hinweise**

☼ Milch eignet sich nicht generell zum Einfrieren; am besten geeignet ist fettarme, homogenisierte Milch.

☼ Joghurt und Dickmilch flocken aus, ebenso saure Sahne.

☼ Süße Sahne kann gut eingefroren werden. Sie läßt sich leichter schlagen, wenn sie langsam (im Kühlschrank) aufgetaut wird. Aufgetaute Sahne flockt in Kaffee oder Tee aus.

☼ Geschlagene Sahne wird zum Einfrieren in Rosetten auf ein Blech gespritzt und kann unaufgetaut verwendet werden.

☼ Butter wird zum Einfrieren in Alufolie verpackt.

☼ Hartkäse kann eingefroren werden, jedoch läßt die Qualität sehr nach.

☼ Quark kann ohne Qualitätsminderungen eingefroren werden.

☼ Kefirknöllchen können bis zu 9 Monate gefroren werden, ohne ihre Aktivität einzubüßen.

☼ Eier werden zum Einfrieren aufgeschlagen. Eiweiß kann ohne weitere Zusätze eingefroren werden, bei Eigelb oder verrührten Eiern 2 g Salz oder 5 g Zucker auf 100 g zugeben, damit die Eimasse nicht eindickt.

## Milch, Milchprodukte und Eier einfrieren[1]

| Lebensmittel | Arbeitsanleitung | Lagerdauer Monate | Zubereitungshinweise |
|---|---|---|---|
| Homogenisierte Milch | Verkaufspackung kann verwendet werden. Glasflaschen sind ungeeignet. | 2–3 | Zu Süßspeisen, Aufläufen und Gebäck wie frische Milch verarbeiten. |
| Butter | Wenn längere Lagerzeit als 1 Monat, dann zusätzliche Verpackung notwendig. Süßrahmbutter, ungesalzen, am besten geeignet. | 6–8 | Aufgetaute Butter kann wie frische Butter verwendet werden. Arbeitssparend ist es, Kräuterbutter in größerer Menge herzustellen und, portionsweise verpackt, einzufrieren. |
| Süße Sahne (Rahm) | Je höher der Fettgehalt, desto besser die Gefriereignung. Sahne mit Zuckerzusatz bleibt schlagfähiger. Portionsweise einfrieren (evtl. ½ Becher). | Ungeschlagen: 3–4 Geschlagen: 2–3 | Für Kaffee nicht mehr geeignet (flockt aus!). Arbeitssparend ist es, Garnituren vorzufrieren, dann zu verpacken und bei Bedarf zu verwenden. |
| Quark (Topfen) | Kann, richtig portioniert, gleich in der Verkaufspackung gefroren werden. Bei langer Lagerzeit zusätzliche Verpackung notwendig. | Nicht zubereitet: bis 12 Zubereitet: bis 6 | Quark kann mit Salz und Kräutern bzw. Zucker und Früchten in kleinen Mengen (Joghurtbecher) eingefroren werden. Gut geeignet für Zwischenmahlzeiten. |
| Käse | Je höher der Fettgehalt, desto besser die Gefriereigenschaften. Am besten ist die Verpackung in Alufolie. | 2–4 | Fonduekäse kann im erhitzten Wein aufgetaut werden. In der Verpackung entsteht beim Auftauen Kondenswasser, das den Verderb begünstigt. |
| Eier | Auf 100 g Eimasse oder 100 g Eigelb 2 g Salz bzw. 5 g Zucker zugeben. Getrennt oder gemischt in Behältern einfrieren. Evtl. im Eiwürfelbehälter je Abtrennung 1 Eigelb vorgefrieren, dann die Würfel verpacken. | 8–10 | Verarbeitung zu Rühreiern, Pfannkuchen, Gebäcken, Teigen. Die Mengen berechnen Sie so: 1 Ei = 50 g Eimasse 1 Eigelb = 20 g 1 Eiweiß = 30 g |

[1] Für das Gefrierkonservieren ungeeignet: Milch direkt vom Erzeuger, Joghurt, saure Sahne mit einem Fettgehalt von nur 10%, Dickmilch, gekochte Eier

**Gemüse einfrieren**

| Gemüseart, gefriergeeignete Sorten | Blanchierzeit Minuten | Arbeitsanleitung |
|---|---|---|
| Artischocken | 5<br>+ Ascorbinsäure | Unter fließendem Wasser gründlich waschen, Stiele und harte Spitzen abschneiden. Platzsparend ist es, nur die Böden einzufrieren oder nur junge Blütenköpfe zu verwenden. Vor dem Verzehr in Salzwasser geben. |
| Auberginen | 2<br>+ Ascorbinsäure | Schälen, in Scheiben schneiden.<br>Für Gemüse, Ratatouille oder zum Überbacken. |
| Blumenkohl | Ganzer Kopf: 4, Röschen: 2<br>+ Ascorbinsäure | Frisch geerntete, feste, ganze weiße Köpfe verarbeiten.<br>Ganzen Kopf oder gleichmäßig geteilte Röschen in warmes Salzwasser legen (evtl. vorhandene Raupen werden dadurch herausgelöst). Besonders vorteilhaft ist eine Vakuumverpackung. |
| Gelbe, grüne Bohnen | 3 | Waschen, abspitzen und evtl. abfädeln, in gleichlange Stücke brechen oder schneiden. Schnittbohnen weniger geeignet. Mit Bohnenkraut einfrieren.<br>Gefrieren ist für die Haltbarmachung von Bohnen im Haushalt die günstigste Konservierungsart, weil sporenbildende Bakterien dabei am sichersten unwirksam gemacht werden. |
| Dicke Bohnen Puff-, Saubohnen | 4 | Enthülsen, verlesen.<br>Für die spätere Verwendung als Salat gar kochen, nicht blanchieren. |
| Brokkoli (Spargelkohl) | 3 | Die rechtzeitig vor dem Öffnen der Blütenknospen geernteten Röschen werden gewaschen und gleichmäßig geteilt. Ist der Stiel nicht mehr weich, muß er geschält werden. Brokkoli nicht in sprudelndem Wasser blanchieren, denn er ist sehr empfindlich. |
| Chicorée | 4 | Waschen, halbieren und bitteren Kegel entfernen. Bei der Zubereitung warm verzehren oder mit Käsesauce überbacken. Für Salat nicht mehr geeignet. |
| Erbsen Mark- und Palerbsen | 2 | Enthülsen, waschen, junge zuckerreiche Sorten sind besser geeignet als überreife, stärkehaltige. Erbsen können mit Karotten gemischt werden. |
| Fenchel | 4<br>+ Ascorbinsäure | Waschen, halbieren oder vierteln, blanchieren.<br>Je nach Rezept vor dem Verzehr zubereiten. |
| Gurken für Gemüse | – | Waschen, schälen, entweder in 6 cm lange und 1½ cm dicke Stücke schneiden, nicht blanchieren, und in Beutel verpacken oder Gurken halbieren, mit Hackfleisch füllen, in Alufolie verpacken und als gefülltes Gemüse zubereiten. Evtl. gleich Dill u. a. Kräuter in die Packung geben. |
| Gurken für Salat | – | Nur bedingt geeignet. Schlanke, festfleischige Salatgurken mit wenig entwickelter Samenanlage werden gewaschen, geschält, in ca. 3 mm dicke Scheiben geschnitten und verpackt (Kostprobe am Stielende, denn bittere Gurken sind nicht brauchbar!). Bei Zimmertemperatur auftauen. Gurken nach spätestens 6 Monaten verbrauchen, evtl. unter Kartoffelsalat mischen. |
| Kräuter | – | Schnittlauch schneiden, Petersilienstengel entfernen und fein wiegen, andere Kräuter entweder geschnitten einfrieren oder im gefrorenen Zustand zerreiben, z. B. Dill. |
| Grüne, blaue Kohlrabi | 3 | Waschen, schälen, halbieren und in gleichmäßige Stifte schneiden. Junge Blätter kurz blanchieren, zerkleinern und mitgefrieren. |

## Gemüse einfrieren (Fortsetzung)

| Gemüseart, gefriergeeignete Sorten | Blanchierzeit Minuten | Arbeitsanleitung |
|---|---|---|
| Meerrettich | – | Waschen, schneiden, reiben bzw. im Mixer pürieren, mit Zitronensaft verrühren und roh einfrieren. Bei der Zubereitung in kochender Flüssigkeit auftauen und Sauce zubereiten. Meerrettich kann auch mit Sahne oder geriebenen Äpfeln vermischt eingefroren werden. |
| Möhren, Karotten, Gelbe Rüben | 3 | Waschen, schaben, gleichmäßig in Stifte schneiden, oder Karotten 5–8 Minuten im ganzen kochen, dann schälen, schneiden und verpacken. Wirtschaftlich ist es, wenn bei der Ernte im Hausgarten nur die kleineren Möhren zu Gefriergut verarbeitet werden, denn große können auch in Sand oder im Keller gut aufbewahrt werden. |
| Paprika | 2 oder roh einfrieren | Waschen, Samen und weiße Fächer sorgfältig entfernen, zerschneiden. Als frischer Salat ungeeignet, aber als Gemüse oder als Beigabe zu Tomatensauce gut. Die Haut wird leicht zäh und schwerer verdaulich. |
| Pilze | – | Wie üblich vorbereiten, mit Zitronensaft beträufeln, in Butter andünsten, ausgekühlt sofort verpacken. Pilze werden nicht blanchiert. Werden sie roh eingefroren, ist ihre Lagerdauer 3–6 Monate. |
| Rhabarber | – | Siehe Tabelle Obst (Seite 222). |
| Rosenkohl | 3 | Vor der Ernte soll Rosenkohl einmal durchgefroren sein. In Salzwasser waschen, putzen, Strunk kreuzweise einschneiden, nicht in Dampf blanchieren (wird bitter), gut verpacken. |
| Sauerkraut | – | Wenn Sauerkraut vor Übersäuerung (wegen langer Lagerzeit oder zu hohen Lagertemperaturen) geschützt werden soll, dann kann es portionsweise gefroren werden. Für rohen Sauerkrautsalat ist es dann zwar ungeeignet, aber gekocht ist kaum ein Geschmacksunterschied feststellbar. |
| Schwarzwurzeln | Wenn blanchiert wird: 5 + Ascorbinsäure | Zarte, nicht holzige Stengel waschen, knapp garen, schälen, in 5 cm lange Stücke schneiden, mit Zitronensaft beträufeln, einfrieren. Nicht dampfblanchieren, schmeckt dann bitter. |
| Sellerie und Rote Rüben (Rote Bete) | Wenn blanchiert wird: 4 + Ascorbinsäure | Ungeschält knapp garen, schneiden, mit Zitronensaft einfrieren. Diese Konservierungsart ist für Suppengemüse günstig, sonst ist es wirtschaftlicher, Rote Rüben und Sellerie frisch zu bevorraten. |
| Spargel Bleichspargel Grünspargel | 3–4 je nach Dicke | Entweder waschen, schälen, blanchieren oder ungeschält blanchieren und vor der Zubereitung in angetautem Zustand schälen. Es gibt in Haushaltsgeschäften preisgünstig spezielle Spargelschälmesser, deren Anschaffung sich lohnt! Unblanchiert eingefrorener Spargel ist nur bis 6 Monate lagerfähig und wird bei der Zubereitung leicht zäh. |
| Spinat Grünkohl Mangold | 1–2 | Stiele entfernen, waschen, blanchieren, hacken oder passieren, in 500-g-Paketen einfrieren, weil dann das Auftauen schonender möglich ist. Als »Rahmspinat« ebenfalls gute Gefriereigenschaft. |
| Suppengemüsemischung | 2–4 + Ascorbinsäure | Möhren, Lauch, Petersilienwurzeln und -grün, Sellerieknollen und -laub werden küchenfertig hergerichtet, blanchiert und in kleine Portionen abgepackt. Für eine Lagerzeit von 2–3 Monaten kann das Gemüse auch roh eingefroren werden. |

**Gemüse einfrieren** (Fortsetzung)

| Gemüseart, gefriergeeignete Sorten | Blanchierzeit Minuten | Arbeitsanleitung |
|---|---|---|
| Tomaten, ganz | – | Waschen, kleine Tomaten im ganzen einfrieren, als Salat nach dem Auftauen nicht mehr verwendbar. Geeignet für Pizza, Suppen, Saucen und Mischgemüse. Die Schale wird beim Gefrieren zäh, deshalb in gefrorenem Zustand in kochendes Wasser geben, bis die Schale platzt, an der Blüte kreuzweise einschneiden, gegenüberliegend mit 2 Fingern fassen und abziehen. |
| Tomaten für Saft und Mark | | Entweder vorgekocht die ganze Frucht pürieren, nach Belieben eindicken und in Behälter verpacken, oder Tomaten vierteln, 10 Minuten ohne Wasser dämpfen, Saft abseihen, Mark einfrieren, oder Tomaten roh mixen, einfrieren. |
| Zuckermais | 7 | Körner sollen milchreif geerntet werden, also dann, wenn das Korn hellgelb, saftig und weich ist. Die Hüllblätter werden entfernt und die Kolben gewaschen, blanchiert, ausgekühlt verpackt. Bei der Zubereitung 30 Minuten in Salzwasser kochen. |
| Zucchini | – | Waschen, schälen, in ca. 3 mm dicke Scheiben schneiden, einfrieren. Lagerzeit: bis 6 Monate. Bei der Zubereitung als Gemüse mit Salz, Pfeffer, Zitronensaft, saurer Sahne und Dill abschmecken. |

▷ Zubereitung in der Regel ohne Auftauen. Gekochte Salate werden geschmackvoller, wenn das Gemüse beim Auftauen gegart wird und das Abkühlen in der Marinade erfolgt.
▷ Die Kochzeit ist gegenüber frischem Gemüse bis zur Hälfte verkürzt.
▷ Lagerdauer in der Regel bis zu 12 Monaten.
▷ Ascorbinsäurezusatz (= Vitamin C): 2 g/5 l Blanchierwasser.
▷ *Nicht geeignet* für Gefrierkonservierung sind: Chinakohl, Eissalat, Feldsalat, Kopfsalat, Radieschen, Rettich, Zwiebeln, Knoblauch.
▷ Weißkraut, Rotkraut, Wirsing, Porree (Lauch) werden aus wirtschaftlichen Gründen frisch gelagert. Als fertige Gemüsespeise zubereitet, z. B. Eintopf, ist Einfrieren sinnvoll.

## Einfrieren von Gemüse

Einfrieren eignet sich sehr gut als Konservierungsmethode für Gemüse. Vitamine und Geschmack bleiben weitgehend erhalten.
*Nicht gefriergeeignet* sind: Blattsalate, Rettich, Radieschen, Kresse, rohe Zwiebeln, roher Knoblauch, ganze Tomaten, sie werden frisch gegessen. Bei einigen Gemüsen ist es wirtschaftlicher, sie nicht im Gefriergerät, sondern im Keller oder im Sandeinschlag zu lagern: Kohlarten, Gelbe Rüben (Möhren), Zwiebeln, Schwarzwurzeln, Lauch, Sellerie.
Gemüse muß vor dem Einfrieren blanchiert werden.

## Blanchieren von Gemüse
Blanchieren ist ein kurzzeitiges Erhitzen des Gemüses in Wasser, Wasserdampf oder im Mikrowellengerät und anschließendes sehr rasches Abkühlen.

Blanchieren trägt wesentlich dazu bei, die Qualität von Gemüse während des Gefrierens zu erhalten. Durch die Erhitzung wird die Aktivität der Enzyme verringert, dadurch wird die Verderblichkeit herabgesetzt.

Blanchiertes Gemüse verliert während der Lagerung viel weniger Vitamine (besonders Vitamin C) als roh eingefrorenes. Außerdem vertieft Blanchieren die Farbtöne von Gemüse, z. B. bei Bohnen und Erbsen, und es trägt dazu bei, daß das Aroma erhalten bleibt. Auch einige Schadstoffe werden durch das Blanchieren verringert (Nitrat, Oxalsäure, Bitterstoffe).
*Nicht blanchiert* werden Gurken, Kräuter, Pilze Rhabarber, Paprika, Zucchini. Verzichtet man bei den übrigen Gemüsearten auf das Blanchieren, entwickeln sie während der Lagerung einen eigenartigen, unangenehmen Geschmack und sind nicht so lange lagerbar.

## So wird blanchiert

Höchstens 1 kg geputztes, zerkleinertes Gemüse auf einmal in reichlich kochendes Wasser geben, gut durchschwenken und je nach vorgeschriebener Blanchierzeit im heißen Wasser lassen. Zeit genau einhalten (siehe Tabelle Seite 218)! Danach Gemüse abseihen und sofort in reichlich eiskaltes Wasser geben, um den Garprozeß zu beenden. Nach dem Abkühlen gut abtropfen lassen und in Beutel verpacken.

Praktisch ist ein *Blanchierkorb,* er wird mit dem Gemüse in das kochende Wasser bzw. in das Eiswasser gehängt. Das Kochwasser kann wieder verwendet werden (Energieersparnis); das Eiswasser muß für jede Portion erneuert werden, damit rasches Abkühlen gewährleistet ist.

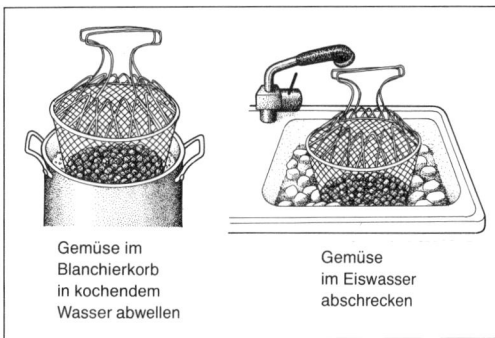

Gemüse im Blanchierkorb in kochendem Wasser abwellen

Gemüse im Eiswasser abschrecken

Blanchieren von Gemüse im Blanchierkorb

In Wasserdampf kann ebenfalls blanchiert werden, dazu kann der Dampfentsafter verwendet werden. Die Blanchierzeit verlängert sich auf 3–5 Minuten. Abgekühlt wird wie beim Blanchieren in Wasser.

## ➤➤ Praktische Hinweise ◄◄

↪ Gemüse sorgfältig waschen, putzen und zerkleinern.

↪ Bei hellem Gemüse, z. B. Blumenkohl, Sellerie, dem Blanchierwasser etwas Zitronensaft zugeben, das verhindert Braunwerden.

↪ Gut abgetropftes Gemüse portionsweise verpacken. Pakete flach und rechteckig formen, damit der Gefrierraum gut genutzt werden kann. Nicht mehr als 1 kg Gemüse verpacken!

↪ Gefrorenes Gemüse kann meist unaufgetaut weiterverarbeitet werden.

↪ Küchenkräuter sauber waschen, abtropfen lassen, fein schneiden und in aromadichte Behälter füllen. Bewährt hat es sich, Kräuter im Eiswürfelbehälter einzufrieren und danach in Beutel umzufüllen.

↪ *Rollgefrieren* eignet sich für Erbsen und zerkleinertes Gemüse, z. B. Brechbohnen, gewürfelte Gelbe Rüben. Bei dieser Methode wird das Gefriergut in eine Schüssel mit Deckel gefüllt, die Schüssel nur etwa ⅓ füllen. Während des Gefrierens wird etwa alle 30 Minuten der Schüsselinhalt kräftig geschüttelt, dadurch wird verhindert, daß das Gemüse zusammenfriert. Nach dem vollständigen Frieren kann das Gemüse in Beutel umgefüllt werden und das Gefriergut genau dem Bedarf entsprechend entnommen werden. Diese Methode ist auch sehr gut geeignet für Beerenobst.
*Nachteil:* sehr arbeitsaufwendig, vor allem, wenn das Gerät im Keller steht.

## Einfrieren von Obst

Für viele Obstsorten ist Einfrieren eine gut geeignete Konservierungsart. Die Vitamin-C-Verluste sind bei Gefrierlagerung besonders niedrig.

Obst wird überwiegend roh gefroren. Äpfel, Birnen, Pfirsiche und Aprikosen werden in Stücke geschnitten und blanchiert. Blanchieren ist auch bei Mirabellen zu empfehlen.

Nach dem Blanchieren wird das Obst in Zuckerlösung (35–40prozentig) eingefroren. Ohne Zuckerzusatz wird Obst gefroren, das für Konfitürenherstellung, als Kuchenbelag, zum Mitbacken in Kuchen oder Aufläufen oder für Diabektiker eingefroren wird. Ansonsten ist Zuckerzusatz zu empfehlen, weil dadurch Geschmack, Farbe und Form besser erhalten werden.

## ➤➤ Praktische Hinweise ◄◄

↪ Packungen sollten nicht schwerer als 1 kg sein, sonst dauert das Auftauen sehr lange, es tritt mehr Saft aus.

↪ Keine Metallbehälter verwenden, die Obstsäure könnte das Metall angreifen, der Geschmack des Obstes verändert sich.

↪ Beerenobst für Kuchenbelag auf Blechen vorgefrieren und erst dann in Beutel füllen.

↪ Kleine Mengen gefrorenes Obst können im Mikrowellengerät sehr schnell zu Konfitüre verarbeitet werden. Geschmack, Vitamine und Farbe bleiben sehr gut erhalten.

## Obst einfrieren

| Obstart, gefriergeeignete Sorten | Streuzucker-zusatz je 500 g Obst | Zuckerlösung | Arbeitsanleitung |
|---|---|---|---|
| | | oder | |
| Äpfel | – | 35%ig Schnitze bedecken | Schälen, achteln, Kerngehäuse entfernen, in schwache Kochsalz- oder 35%ige Zucker-lösung tauchen. 2 Minuten blanchieren (2 g Ascorbinsäure in das Blanchierwasser). Verwenden für Kompott, Süßspeisen, Eis – ohne Zucker als Kuchenbelag. |
| Aprikosen | – | 40%ig + Ascorbinsäure Früchte bedecken | Festfleischige Früchte waschen, kurz in heißes Wasser tauchen, schälen, dann ent-steinen. Für Kompott ist Sterilisieren günstiger. Verwenden für Süßspeisen, Mix-getränke, Eis, Torten und als Kuchenbelag. |
| Birnen | – | 20–40%ig + Ascorbinsäure | Verarbeitung und Verwendung wie Äpfel. Wirtschaftlicher ist aber die Haltbarmachung des Kompottes durch Sterilisieren. |
| Brombeeren | 50 g | 40%ig | Nur vollreife Früchte verwenden (Aroma-bildung), evtl. vorgefrieren, wenn Verwendung als Kuchenbelag. Für Süßspeisen, Kaltschalen, Getränke, Konfitüre. |
| Erdbeeren | 75 g | – | Waschen und entstielen. Für Kompott und Bowle: halbieren, in Behälter mit oder ohne Zucker einfrieren. Für Kuchenbelag: gleichmäßige, kleine, feste Früchte auf einem Blech vorgefrieren, nach 4 Std. in Beutel verpacken. Diese Erdbeeren sind auch für die Garnitur von Süßspeisen und Torten geeignet. Für Süßspeisen, Konfitüre, Tortenfüllungen, Fruchtsaucen, Eis: Die rohen Erdbeeren wer-den im Mixer mit oder ohne Zucker zer-kleinert, portionsweise in Behälter gefüllt und eingefroren. Diese Methode ist platzsparend und ideal für die Erdbeerhaltbarmachung. |
| Hagebutten | 150 g | – | Je nach späterem Verwendungszweck mit und ohne Zucker. Früchte halbieren, kurz aufkochen und durch Fruchtpresse geben oder Kerne entfernen und pürieren. Verwenden für Konfitüre, Fruchtsaucen, Milchmixgetränke. |
| Heidelbeeren | 100 g | – | Waschen, verlesen, für Kuchenbelag ohne Zucker verarbeiten. Verwenden für Konfitüre, Süßspeisen, Kompott. |
| Himbeeren | 75 g | 35%ig | Die Form der Früchte leidet beim Waschen sehr. Möglichst vorfrosten, dann können die Früchte für Kuchenbelag und Verzierung ver-wendet werden, siehe Erdbeeren. |

## Obst einfrieren (Fortsetzung)

| Obstart, gefriergeeignete Sorten | Streuzuckerzusatz je 500 g Obst | Zuckerlösung | Arbeitsanleitung |
|---|---|---|---|
| | | oder | |
| Johannisbeeren rote, schwarze und weiße, alle Sorten geeignet. | 100 g | 40%ig | Nach dem Waschen entstielen. Auftauen evtl. mit Wasserzugabe (heiß). Verwendung für Konfitüre (Mischungen), Fruchtsaucen, Eis, Süßspeisen. |
| Kirschen, süß | 75 g | 35%ig | Feste, dunkle Sorten auswählen, helle Sorten zeigen Verfärbungen. Entsteinen, weil durch eine längere Lagerdauer bittermandelähnlicher Geschmack entstehen kann. |
| Kirschen, sauer | 75 g | 45%ig | Festfleischige Früchte auswählen, entsteinen, mit Zucker einfrieren. Den beim Entsteinen anfallenden Saft zur Zuckerlösung geben. Verwendung für Kompott oder Obstsalat. |
| Konfitüren | Bis 250 g Fruchtzucker | – | Früchte pürieren, bis 10 Minuten sprudelnd kochen, abgekühlte Masse einfrieren. Diese Konfitüre enthält so wenig Zucker, daß sie ohne zusätzliche Konservierung nicht haltbar ist. Für Diabektiker geeignet (mit Anrechnung). |
| Mirabellen | 50 g | 35%ig | Waschen, verlesen, entsteinen, feste, nicht leicht bräunende Sorten auswählen. Verwendung für Süßspeisen, Kompott, Konfitüre. |
| Pfirsiche | – | 40%ig + Ascorbinsäure | Kurz in kochendes Wasser tauchen, Haut abziehen, in ascorbinsäurehaltiges Wasser legen, halbieren, entsteinen, einfrieren. Pfirsiche bringen nur befriedigende Ergebnisse bei Gefrieren. Verwenden für Kompott und Süßspeisen (Sterilisieren günstiger). |
| Preiselbeeren | – | 40%ig | Wie Johannisbeeren. |
| Rhabarber | 100 g | 40%ig | Kann roh in Stücke geschnitten oder als fertiges Kompott eingefroren werden. Verwendung für Konfitüre, Mischkompott. |
| Stachelbeeren | 100 g | 35%ig | Waschen, entstielen und Blüten entfernen. Im ganzen oder püriert einfrieren. Verwendung für Konfitüren, Fruchtsaucen, als Kuchenbelag. |
| Zwetschgen | – | 40–45%ig | Pflaumensorten weniger gefriergeeignet, die »Hauszwetschge« jedoch gut. Waschen, entsteinen, für Kuchenbelag nicht gezuckert, für Kompott gezuckert, auch roh verwertbar. Gibt dem Obstsalat guten Geschmack. |

▷ Zuckerlösung: 35%ige: 270 g Zucker auf ½ l Wasser ⎫ Wasser erhitzen, Zucker auflösen, abgekühlt über die
              40%ige: 335 g Zucker auf ½ l Wasser ⎬ Früchte geben. Notwendig bei Birnen, Kirschen,
              45%ige: 410 g Zucker auf ½ l Wasser ⎭ Mirabellen, Aprikosen, Pfirsichen, Zwetschgen.
▷ Trockenzucker: 1 Teil Zucker auf 4–6 Teile Obst. Bei Heidelbeeren, Johannisbeeren, dunklen Sauerkirschen, Brombeeren, Erdbeeren, Himbeeren.
▷ Ascorbinsäure (0,1%) verhindert unerwünschte Bräunung (1 g/l).

## Backwaren einfrieren und auftauen

| Lebensmittel | Lager-dauer | Auftauen | | | | Hinweise |
| | | im Kühl-schrank | bei Zimmer-tempe-ratur | im Back-ofen | im Mikro-wellen-gerät, Auftau-stufe | |
| | Monate | Stunden | Stunden | Minuten | Minuten | |
| **Brot** | | | | | | |
| Brötchen, Brezeln, Stangengebäck | 3 | – | – | 200 °C 4–5 + Aus-kühlen | 1–2 | 1–2 Tassen Wasser auf den Backofenboden geben. |
| Weißbrot, Toastbrot, Grau-brot, Mischbrot (1000 g) | 3–6 | 6–8 | 3–4 | 100 °C 30 + 200 °C 10 | 8–10 | Brotscheiben können gut im Toaster aufgetaut werden. 2 × 1 Tasse Wasser auf den Backofenboden geben. |
| Vollkornbrot, Pumpernickel, Grahambrot (500 g) | 2 | 4–8 | 2–4 | – | 2–3 | Für kleine Haushalte bzw. Diabetiker: Gemischte Tagesration in einen Beutel oder Alufolie verpacken. |
| **Teige** | | | | | | |
| Blätterteig, Quarkblätterteig | 4–6 | 5–6 | 1–2 | – | 2–3 | Jeweils rechteckige 250-g-Portionen formen, in Alufolie verpacken. Auftauen, bis sich der Teig wie üblich formen läßt. |
| Hefeteig 500 g Mehl / 50 g Hefe / 1 TL Backpulver | 2 Monate | 5–6 | 2–3 | – | – | Vor dem Einfrieren Hefeteig nicht ruhen lassen. In Behältern einfrieren. |
| Mürbteig | 2–3 | 5–6 | 3–4 | – | 2–3 | In Alufolie verpacken, nur soweit antauen lassen, bis Verarbeitung möglich. |
| Rührteig, Backpulverteig | 2–3 | 5–6 | 2 | – | – | In Alu-Kuchenformen verpacken, nach dem Auf-tauen Packung öffnen und backen. |
| Brotteig, Sauerteig mit Hefezusatz | 2 | – | ca. 12 | – | – | Vor dem Einfrieren nicht gehen lassen, Brotteig verbacken, wenn doppeltes Volumen erreicht ist. |
| **Gebäck, Kuchen, Torten** | | | | | | |
| Blätterteiggebäck, z. B. Pasteten | 1 | – | – | 220 °C 8 | 6–7 | Glasieren nach dem Auf-tauen. Evtl. auch in der Pfanne trocken erwärmen. |
| Hefekleingebäck, Blech-kuchen | 1 | – | – | 170 °C 10 | 5–6 | Wenn in Alufolie verpackt, in das Rohr einschieben; auf Glas- oder Porzellanplatte im Mikrowellengerät. |

**Backwaren einfrieren und auftauen** (Fortsetzung)

| Lebensmittel | Lager-dauer | Auftauen | | | | Hinweise |
| | | im Kühl-schrank | bei Zimmer-tempe-ratur | im Back-ofen | im Mikro-wellen-gerät, Auftau-stufe | |
| | Monate | Stunden | Stunden | Minuten | Minuten | |
|---|---|---|---|---|---|---|
| Rührkuchen, Kastenkuchen | 4–6 | – | 4–6 | 100 °C 10 | 10 | Günstig zum Auftauen im Mikrowellengerät. Evtl. mit Puderzuckerglasur einfrieren. |
| Biskuittortenboden | 6–8 | – | 1–2 | – | 5 | Auftauen, bis Weiter-verarbeitung möglich. |
| Biskuitrolle, gefüllt | 4 | 2 | 1 | – | Antauen 4 | Backofen: Portionsstücke in Alufolie verpacken. Mikrowelle: Vorsichtig, nach Kontrolle nochmals einstellen. |
| Buttercremetorten, Sahnetorten | 1–3 | 4–6 | 3–4 | – | Antauen 5–8 Portions-stücke 2–3 | Mikrowelle: Vorsichtig, nach Kontrolle nochmals einstellen. Evtl. vor dem Gefrieren in Portionen schneiden. |
| Quarksahnetorte | 2 | 10–12 | – | – | Antauen 2–3 | Aufgeschnitten einfrieren, verkürzt die Auftauzeit. |
| Kleingebäck, Weihnachts-plätzchen | 1–3 | – | 0,5 | – | 2–3 | Besonders um Arbeits-spitzen vor Festtagen aus-zugleichen. Nach Sorten getrennt einfrieren. Geschmack! |

## Einfrieren von Backwaren

Zum Einfrieren eignen sich Brot, Brötchen, die meisten Kuchen, Torten und Kleingebäck. *Ungeeignet* sind Baisers und Makronen, sie werden zäh. Buttercremfüllungen, die mit Pudding (Flammeri) hergestellt wurden, werden wäßrig, Zuckerglasuren und Puderzucker werden fleckig. Obstkuchen mit Guß wird ebenfalls fleckig und unansehnlich.
Backwaren behalten ihre Qualität sehr gut, wenn sie ganz frisch eingefroren werden und rasch auftauen. Gebäck kann gut aufgetaut werden im Heißluftherd. Brot wird am besten bei Zimmertemperatur aufgetaut. Tortenböden werden angetaut, belegt und mit Guß überzogen.

 **Praktische Hinweise**

⊳⊳ Backwaren gut verpacken, sie trocknen im Gefriergerät sehr schnell aus.
⊳⊳ Garnierte Torten unverpackt einige Stunden vorgefrieren, erst dann verpacken, damit die Verzierung nicht zerstört wird.

## Einfrieren von Fertiggerichten

Einfrieren von Fertiggerichten bringt große Zeit- und Energieersparnis. Die Lagerzeit von 3 Monaten sollte nicht überschritten werden.

Zum Einfrieren eignen sich:

● Klare und gebundene Suppen, Suppeneinlagen (z. B. Pfannkuchenstreifen).
● Fleischgerichte, besonders Gerichte mit Soße.
● Aufläufe mit Reis und Teigwaren; Kartoffeln sind weniger gut geeignet.
● Klöße, Kartoffelkroketten.
● Süßspeisen, z. B. Quarkcreme.

*Nicht gut geeignet* sind Gerichte mit Kartoffeln und Leber, hartgekochten Eiern und Sahnesoßen.

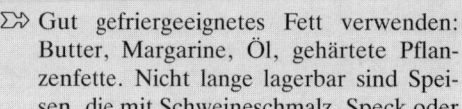

## Praktische Hinweise

☞ Gut gefriergeeignetes Fett verwenden: Butter, Margarine, Öl, gehärtete Pflanzenfette. Nicht lange lagerbar sind Speisen, die mit Schweineschmalz, Speck oder Erdnußbutter zubereitet sind.
☞ Vorsichtig würzen: Manche Gewürze verändern beim Gefrieren ihren Geschmack, z. B. Bohnenkraut, Muskat, Majoran, Dill, Paprika, Knoblauch, Zwiebeln, Pfeffer, Basilikum, Curry.
☞ Soßen erst nach dem Auftauen mit Ei, Sahne oder Milch verfeinern. Als Bindemittel eignet sich Vollkornmehl sehr gut.
☞ Garzeit der Gerichte knapp bemessen, dann sind die aufgetauten Speisen nicht zu weich.
☞ Speisen nach dem Auftauen durchkochen!
☞ Aufgetaute oder angetaute Fertiggerichte nicht wieder einfrieren.
☞ Fleischgerichte mit Soße einfrieren.
☞ Auftauen im Wasserbad oder im Kochtopf mit wenig Flüssigkeit, auch im Backofen oder Mikrowellengerät.
☞ Speisen nach dem Erwärmen sofort verzehren.

## *Sterilisieren und Pasteurisieren*

Sterilisieren und Pasteurisieren sind Konservierungsmethoden, bei denen durch Erhitzen verderbniserregende Mikroorganismen und Enzyme zerstört werden. Durch Luftabschluß wird verhindert, daß erneut Keime das Lebensmittel verderben können.

Die beiden Verfahren unterscheiden sich durch die Höhe der angewandten Temperaturen. Pasteurisiert wird bei Temperaturen zwischen 75 und 100 °C, sterilisiert bei bis zu 130 °C. Demnach wird beim Einkochen (Einwecken, Einmachen) im Haushalt eigentlich pasteurisiert, im Sprachgebrauch hat sich jedoch die Bezeichnung Sterilisieren eingebürgert.

Zwar ist Sterilisieren oft mit mehr Arbeitsaufwand verbunden als beispielsweise Einfrieren. Sterilisierte Produkte haben jedoch den Vorteil, daß sie fast verzehrsfertig sind und daher bei Arbeitsspitzen gut verwendet werden können.

## Veränderungen im Lebensmittel

Durch die Hitzeeinwirkung verändern sich Nährstoffe und Genußwert der Lebensmittel. Folgende Veränderungen sind zu bedenken:

● Einige Eiweißstoffe werden durch das Erhitzen leichter verdaulich, andere dagegen ausgelaugt oder zerstört.
● Das Wasserbindungsvermögen von Eiweißstoffen nimmt ab, dadurch kann Fleisch oder Fisch zäh werden.
● Kohlenhydrate werden leichter verdaulich, da Stärke quillt und Zucker gespalten werden.
● Die Vitamin-Verluste sind zum Teil sehr groß. Sie sind um so geringer, je schneller das Lagergut verarbeitet wird und je dunkler und kühler die sterilisierten Lebensmittel gelagert werden.

## Hilfsmittel zum Sterilisieren und Pasteurisieren

### Dosen

Dosen sind sehr gut geeignet zum Pasteurisieren von Fleisch und Wurstwaren, weil das Fett nicht durch Licht verändert werden kann. Obst und Gemüse können nur in Dosen eingemacht werden, die beschichtet sind, damit die Säure das Dosenmaterial nicht angreift.

Dosen haben den Vorteil, daß sie gut stapelbar sind, unzerbrechlich und große Mengen auf einmal in einem Kessel erhitzt werden können.

### Gläser

Rillen-, Flach- oder Massivrandgläser. Rand darf nicht angeschlagen sein, sonst kann Luft eindringen, das sterilisierte Lebensmittel verdirbt.

Beim Neukauf *Rundrandgläser* wählen. Bei diesen Gläsern ist der Deckel nach innen gewölbt.

Dadurch ist der »Kopfraum«, also der Zwischenraum zwischen Deckel und Füllgut, sehr gering; es wird wenig Luft eingeschlossen, die oberste Schicht des Füllgutes verfärbt sich nicht, der Geschmack bleibt unverändert.
*Schraubdeckelgläser* können ebenfalls sehr gut zum Pasteurisieren verwendet werden. Meist muß der Deckel nach mehrmaligem Gebrauch ausgewechselt werden.

## ▶▶ Praktische Hinweise ◀◀

⇨ Verwendete Gläser, Dosen oder Flaschen gründlich reinigen, mit klarem Wasser nachspülen und abtropfen lassen, nicht abtrocknen.
⇨ Gummiringe in klarem Wasser 5 Minuten auskochen.
⇨ Beim Einfüllen von heißem Einmachgut Gläser auf feuchtes Tuch stellen, dann springen sie nicht.
⇨ Bis etwa 2 cm unter den Rand einfüllen, beim Einmachen von Wurst Behälter nur zu ⅔ füllen.
⇨ Für jeden Einkochvorgang jeweils gleich große Gläser verwenden.
⇨ Bevor der Gummiring aufgelegt wird, Glasrand sauber abwischen.
⇨ Deckel auflegen und Klammern aufschieben (bei jeder Methode sind Klammern notwendig!).
⇨ Falls kein Einmachtopf verwendet wird, gefälteltes Geschirrtuch auf den Topfboden legen; die Gläser dürfen den Topfboden nicht berühren.
⇨ Die Einkochzeit wird gerechnet ab dem Zeitpunkt, bei dem die vorgeschriebene Temperatur erreicht ist.
⇨ Nach der jeweiligen Sterilisierzeit die Gläser aus dem Einmachtopf oder Herd nehmen, zum Auskühlen mit einem Tuch bedecken. Zugluft vermeiden.
⇨ Klammern nach einem Tag abnehmen und prüfen, ob die Deckel halten.
⇨ Einmachgut regelmäßig kontrollieren. Gläser, die nach dem Einkochen schon aufgehen, können ein zweites Mal sterilisiert oder sofort verbraucht werden. Öffnen sich Gläser erst nach einigen Tagen oder Wochen, ist Vorsicht geboten, der Inhalt des Glases könnte verdorben sein mit dem gefährlichen Botulismus-Gift (siehe Seite 204).

### Flaschen
Flaschen werden verwendet für Säfte. Als Verschluß dienen Gummikappen; auch Flaschen mit Schraubkappen können sehr gut verwendet werden.

### Gummiringe
Gummiringe halten nur dann gut, wenn sie elastisch sind. Mit zunehmendem Alter werden sie brüchig und schließen das Einmachglas nicht mehr dicht ab, der Inhalt verdirbt.

### Klammern
Federklammern passen fast auf alle Gläser. Für das Einkochen im Mikrowellengerät gibt es Kunststoffklammern.

### Einfüllring und Trichter
Sie erleichtern das Abfüllen und verhindern, daß der Rand des Glases oder der Flasche abgetropft wird.

## Die Wahl der Methode

Je nach Vorratsumfang und vorhandenen Geräten kann ausgewählt werden zwischen folgenden Einkochmethoden:

● Einmachtopf mit Deckel, Thermometer und Siebeinsatz.
● Einkochautomat (Anschaffung lohnt sich nur bei Haushalten, die viel einmachen).
● Backofen.
● Schnellkochtopf (eignet sich für kleinere Mengen).
● Mikrowellengerät (eignet sich vor allem für kleinere Mengen).

### Einmachtopf
Im Wasserbad des Einmachtopfes können Fleisch, Fleischwaren, Gemüse und Obst sterilisiert werden. Es dürfen immer nur so viele Gläser eingestellt werden, daß sie sich gegenseitig nicht berühren (sie könnten sonst beim Erwärmen springen).
Kaltes oder lauwarmes Wasser wird bis zu der Höhe der Flüssigkeit in den Gläsern aufgefüllt. Gläser nicht in heißes Wasser stellen, der Inhalt der Gläser würde dann nicht gleichmäßig erwärmt, der Kern des Einmachgutes wird zu kurz erhitzt und verdirbt!
Gleich große Gläser und gleiches Einmachgut gemeinsam sterilisieren, dann sind die Erhitzungszeiten ebenfalls gleich.

## Einkochen im Einkochtopf

| Tempe-ratur | Einmachgut | Einkochzeit für Gläser und Dosen in Minuten | | |
|---|---|---|---|---|
| | | ½–¾ Liter | 1–1½ Liter | 2 Liter |
| 75 °C | Fruchtsäfte in Flaschen oder Ballonen | Der Einkochvorgang ist abgeschlossen, wenn im Innern der Behälter die Temperatur erreicht ist (Stabthermometer). | | |
| 80 °C | Berberitzen, Brombeeren, Ebereschen, Hagebutten, Heidelbeeren, Himbeeren, Johannisbeeren, Preiselbeeren, Schlehen, Stachelbeeren, Weinbeeren | 20 | 30 | |
| | Erdbeeren | 20 | 20 | |
| 85 °C | Aprikosen, Kirschen süß und sauer, Mirabellen, Reneclouden, Pfirsiche, Pflaumen, Zwetschgen | 20 | 30 | |
| 90 °C | Ananas, Äpfel, Birnen, Einkochen von Mus | 30 | 45 | |
| | Gurken: Essig-, Salz-, Senfgurken, Kürbis (vorgekocht), Melonen, Tomatenmark, Tomatenketchup, Zwiebeln | 20 | 30 | 40 |
| | Tomaten, Mixed Pickles | 30 | 40 | |
| 100 °C | *Roh eingefüllt:* | | | |
| | Paprika, Paprika-Tomaten-Gemüse | 60 | | |
| | Kastanien | 90 | 120 | |
| | Zuckererbsen | 120 | 135 | 150 |
| | Fleisch, Geflügel, Fisch | 150 | 180 | 200 |
| | *Vorgekocht:* | | | |
| | Mais, Rhabarber, Rote Bete (Rüben) | 20 | 30 | 40 |
| | Bohnen in Essiglösung | 60 | 80 | 90 |
| | Artischocken, Bleichsellerie, Blumenkohl, Kohlrabi, Puffbohnen (dicke Bohnen, Saubohnen), Selleriesalat | 90 | 120 | |
| | Bohnen } bei einmaligem Einkochen Erbsen } oder am 1. Tag/2. Tag | 120 60/60 | 135 70/70 | 150 80/80 |
| | Möhren, Pastinaken, Rosenkohl, Rotkraut (Blaukraut), Sauerkraut, Schwarzwurzeln, Sellerie, Spargel, Weißkraut | 120 | 135 | 150 |
| | Pilze | 75 | 90 | |
| | *Fleischgerichte,* z. B. Braten, Gulasch, Ragout, Rouladen, Salzfleisch, Sülze, Suppenhühner | 60 | 75 | 90 |
| | Fertige, heißeingefüllte Gerichte | 30 | 30 | |
| | Blutwurst, Leberwurst, Preßsack | 120 | 150 | 180 |
| | Pasteten, Wurstwaren | 100 | 120 | 150 |
| | Kuchenteige | | 120 | |

## Einkochen im Backofen

| Einmach-gut | Gläser-zahl | × Fassungs-vermögen | Temperatur-einstellung | | Einkochzeit in Minuten | | | |
|---|---|---|---|---|---|---|---|---|
| | | | Heißluft | Ober- und Unterhitze oder nur Unterhitze | Bis zum Perlen ca. | Zurück-geschal-tet auf 120 °C | Nach-garen ohne Tempe-ratur | Summe ca. |
| Beerenobst | 4 | × 1 l | 150 °C | 170 °C | 70– 80 | – | 25 | 100 |
| Steinobst | 5 | × 1 l | 160 °C | – | 70– 85 | – | 30 | 115 |
| Kernobst | 6 | × 1 l | – | 180 °C | 85– 95 | – | 30 | 125 |
| Tomaten | 5 | × 1½ l | 160 °C | 180 °C | 85–100 | – | 30 | 130 |
| | 6 | × 1½ l | – | 180 °C | 100–110 | – | 30 | 140 |
| Bohnen | 4 | × 1 l | 150 °C | 170 °C | 70– 80 | 120 | 30 | 230 |
| Erbsen | 5 | × 1 l | 160 °C | – | 75– 85 | 120 | 30 | 235 |
| | 5 | × 1½ l | 160 °C | 180 °C | 110–110 | 120 | 30 | 245 |
| | 6 | × 1½ l | – | 180 °C | 120–130 | 120 | 30 | 280 |
| Essiggurken | 5 | × 1 l | 160 °C | – | 60– 75 | – | 15 | 90 |
| | 6 | × 1 l | – | 180 °C | 85– 90 | – | 15 | 100 |
| Sonstige Gemüse | 4 | × 1 l | 150 °C | 170 °C | 70– 80 | 90 | 30 | 200 |
| | 5 | × 1 l | 160 °C | – | 75– 85 | 90 | 30 | 205 |
| | 5 | × 1½ l | 160 °C | 180 °C | 100–110 | 90 | 30 | 220 |
| | 6 | × 1½ l | – | 180 °C | 120–130 | 90 | 30 | 220 |
| Pilze | 5 | × 1 l | 160 °C | – | 75– 85 | 90 | 30 | 205 |
| | 6 | × 1 l | – | 160 °C | 85– 95 | 90 | 30 | 215 |
| | 5 | × 1½ l | 160 °C | 180 °C | 110–110 | 90 | 30 | 230 |
| | 6 | × 1½ l | – | 180 °C | 120–130 | 90 | 30 | 250 |

*Anmerkung* Das Einkochen von Fleisch, Wurst und Pastetenmasse im Backofen bringt häufig Mißerfolge, weil Zeiten und Temperaturen nur ungenau eingehalten werden können, denn dieses Einmachgut perlt nicht auf. Außerdem werden die Dichtungsgummi durch zu langes Einkochen porös.

### Einkochautomat

Einkochautomaten sind spezielle Geräte zum Einkochen mit eigenem Stromanschluß und Thermostat. Die Methode ist die gleiche wie beim Einkochen im Einkochtopf. Die Anschaffung lohnt sich nur bei großen Familien, in denen viel eingekocht wird.

### Backofen

Beim Sterilisieren im Backofen sind die Herstellerangaben zu beachten. Gut geeignet ist dieses Verfahren für Obst und Gemüse, weniger gut für Fleisch und Fleischwaren, weil während der langen Erhitzung die Gummiringe brüchig werden. Im Backofen werden nur Gläser sterilisiert, Dosen würden platzen.

Gläser in die halb mit Wasser gefüllte Fettauffangpfanne stellen (unterste Schiebeleiste), sie dürfen sich nicht berühren und müssen Abstand von der Backofenwand haben. Den Backofen nicht vorheizen.
Im Heißluftherd können je nach Gläsergröße auch zwei Lagen übereinander eingemacht werden.

### Mikrowellengerät

Einkochen im Mikrowellengerät ist nur für kleine Mengen zu empfehlen, sonst ist der Energieaufwand sehr hoch. Außerdem müssen unbedingt spezielle Kunststoffklammern angeschafft werden.
Herstellerangaben beachten!

## Schnellkochtopf

Einkochen im Schnellkochtopf eignet sich vor allem für kleine Mengen, auch nur für 1 Glas! Der Topf wird 1 cm hoch mit kaltem Wasser gefüllt, die Gläser auf den gelochten Einsatz gestellt. Die Sterilisierzeiten gelten ab dem Steigen des Ventils.

Der Topf darf nicht abgedampft oder mit kaltem Wasser abgekühlt werden, die Gläser würden springen. Bei Zimmertemperatur abkühlen lassen, Topf erst öffnen, wenn das Ventil gesunken ist. Herstellerangaben beachten!

### Einkochzeiten im Schnellkochtopf

| Einmachgut | Einkochzeit in Minuten |
|---|---|
| Empfindliche Früchte, z. B. Kirschen, Beeren | 6– 8 |
| Äpfel, Birnen, Pflaumen | 10–15 |
| Essiggemüse | 10–12 |
| Gemüse | 15–20 |
| Fleisch, Wurstwaren | 20–30 |

## Einmachen von Fleisch und Fleischwaren

Fleisch wird heutzutage kaum noch sterilisiert, es wird überwiegend durch Einfrieren haltbar gemacht. Häufig angewandt wird dagegen das Einmachen von Wurstwaren, vor allem in bäuerlichen Haushalten, in denen noch eine Hausschlachtung erfolgt.

## Einmachen von Gemüse

Sterilisieren von Gemüse wird besonders bei Arten angewandt, die später als Salat zubereitet werden, z. B. Bohnen, Sellerie, Rote Bete (Rote Rüben). Bei Gemüsen, die als warme Beilage gedacht sind, ist Einfrieren besser geeignet, z. B. Kohlrabi, Möhren, Erbsen oder Fenchel.

### ➤➤ Praktische Hinweise ◄◄

➪ Nur Fleisch bester Qualität verwenden, kein zu fettes Fleisch einmachen.

➪ Fleisch von jungen Tieren kann beim Sterilisieren weich und faserig werden.

➪ Vorsichtig würzen, manche Gewürze verändern beim Einfrieren ihren Geschmack.

➪ Mehl zum Binden von Soßen (bei Fertiggerichten) erst vor dem Verzehr zugeben, es könnte beim Sterilisieren ausflocken.

➪ Fertiggerichte vor dem Sterilisieren durchgaren, aber nicht zu weich kochen, da das fertige Gericht nochmals erwärmt wird.

➪ Rohes Fleisch locker in das Glas bzw. die Dose einlegen, es quillt beim Sterilisieren auf.

➪ Dosen können übereinander, von Wasser bedeckt, in den Einkochtopf gesetzt werden. Bei Gläsern wird bis zum Rand der Aufgußflüssigkeit im Glas Wasser aufgefüllt.

➪ Wasser im Einkochtopf langsam erhitzen, damit auch der innere Kern des Sterilisiergutes erhitzt wird; Einmachzeit genau einhalten.

➪ Dosen in kaltem Wasser abkühlen. Steigen Luftbläschen auf, ist dies ein Zeichen dafür, daß die Dose nicht dicht ist. Der Inhalt wird möglichst bald verbraucht, er ist für lange Lagerung nicht geeignet.

### ➤➤ Praktische Hinweise ◄◄

➪ Gemüse, das sterilisiert wird, muß nicht unbedingt blanchiert werden. Es ist jedoch zweckmäßig, weil das Gemüse dann nicht mehr so sperrig ist und mehr davon ins Einmachgefäß paßt. Außerdem werden Enzyme unwirksam gemacht, die den Verderb des Lebensmittels begünstigen.

➪ Blanchiert wird wie beim Einfrieren (siehe Seite 221). Das Blanchierwasser nicht als Aufgußflüssigkeit verwenden, es würde dem Gemüse einen bitteren Geschmack geben.

➪ Säurebeständige Dosen verwenden!

➪ Als Aufgußflüssigkeit wird Salzwasser verwendet (10 Gramm Salz pro Liter Wasser). Bei hellen Gemüsearten wird etwas Zitronensaft zugegeben. Bei Sauerkonserven, z. B. Essiggurken, Paprika, Silberzwiebeln, wird der Sud mit verschiedenen Gewürzen und Essig abgeschmeckt.

## Einmachen von Obst

Für Obst ist Sterilisieren die ideale Konservierungsmethode, die Früchte behalten Geschmack und Aroma sehr gut.

### ➤➤    Praktische Hinweise    ◄◄

⇨ Nur Obst bester Qualität verwenden!

⇨ Je nach späterer Verwendung kann mit Zuckerlösung, aber auch mit reinem Wasser aufgegossen werden. Die Farbe bleibt besser erhalten, wenn Zuckerlösung verwendet wird.

⇨ Bei hellem Obst, z. B. Birnen, etwas Zitronensaft in den Sud geben, die Säure verhindert Braunwerden.

⇨ Glas bis etwa 2 cm unter dem Rand einfüllen.

## Herstellen von Säften

Obstsäfte lassen sich mit verschiedenen Methoden bereiten. Gemüsesäfte verderben rasch und werden daher meist frisch hergestellt.

### ➤➤    Praktische Hinweise    ◄◄

⇨ Damit die Säfte gut schmecken und lange haltbar sind, nur einwandfreies Obst, das nicht überlagert ist oder gar schon Faulstellen hat, verwenden.

⇨ Steinobst wird entstielt, meist zerkleinert und entsteint.

⇨ Kernobst wird nur zerkleinert.

⇨ Beerenobst wird nur entstielt, wenn die Rückstände verwertet werden. Bei Holunder sollten die Stiele entfernt werden, weil sie dem Saft einen bitteren Geschmack geben.

⇨ Klare Fruchtsäfte sind weder geschmacklich besser noch gesünder als trübe Säfte. Der hohe Arbeitsaufwand des Filterns lohnt sich daher im Haushalt nicht.

⇨ Besonders gut schmecken *Mischungen* verschiedener Obstsorten bzw. Säfte, z. B.:
- Apfel-Birnen-Saft im Verhältnis 3:1,
- Apfel-Holunder-Saft im Verhältnis 1:1,
- rote und schwarze Johannisbeeren im Verhältnis 1:1,
- Johannisbeeren und Kirschen im Verhältnis 1:1.

Saftbereitung mit dem Dampfentsafter

### Dampfentsafter

Beim Dampfentsaften erhält man Säfte mit sehr gutem Geschmack und hohem Vitamingehalt, zudem ist die Ausbeute gut. Diese Art der Saftbereitung ist für den Haushalt gut geeignet, weil der Aufwand niedrig ist.

Besonders gut geeignet ist diese Methode für Beerenobst. Steinobst sollte nur dann dampfentsaftet werden, wenn der Rückstand weiterverwendet wird (z. B. zur Herstellung von Konfitüre). Bei Kernobst ist die Ausbeute im Dampfentsafter nicht sehr groß.

Dampfentsafter bestehen aus einem Fruchtsieb, in das das Obst mit eingefüllt wird. Das Sieb sitzt auf einem Saftbehälter, darunter befindet sich ein Topf, der mit Wasser gefüllt wird. Beim Erhitzen dringt der Wasserdampf in das Fruchtsieb und bringt die Früchte zum Platzen, der Fruchtsaft läuft aus.

Die Früchte waschen, zerkleinern und zuckern. Blätter und Stiele bei Beeren müssen nicht entfernt werden, wenn der Rückstand nicht weiterverwendet wird. Nach dem Einzuckern wird nicht sofort entsaftet, damit die Saftausbeute größer ist. Das Obst kann jedoch auch ohne Zuckerzusatz entsaftet werden.

Zum Entsaften wird der Kochtopf mit Wasser gefüllt und rasch erhitzt. Während des Entsaftens nach Möglichkeit keinen Saft abfüllen, damit die Konzentration nicht abnimmt. Vor dem Abfüllen werden die Flaschen mit heißem, klarem Wasser sauber gewaschen, eingefüllt wird bis an den Flaschenrand. Schaum, der sich beim Abfüllen bildet, wird abgegossen. Zum Schluß wird mit Gummikappen die Flasche verschlossen.

## Dampfdrucktopf

Im Dampfdrucktopf wird nach der gleichen Methode wie beim Dampfentsafter gearbeitet. Die Früchte liegen im gelochten Einsatz, darunter fängt der nicht gelochte Einsatz den Saft auf, und am Boden des Topfes befindet sich Wasser.

Entsaften im Dampfdrucktopf kann nur für kleine Mengen empfohlen werden.

## Fruchtpressen

Durch das starke Zerkleinern (Quetschen) der Früchte, ist die Saftausbeute sehr gut. Allerdings werden bei manchen Pressen Mark und Saft nicht getrennt. Dann muß das Gemisch etwa 2 Tage stehen, damit sich das Mark an der Oberfläche absetzen und der Saft abgegossen werden kann. Der Saft wird anschließend einige Minuten gekocht und heiß in Flaschen abgefüllt.

Besonders häufig werden Fruchtpressen für das Entsaften (Keltern) von Äpfeln und Birnen verwendet.

## Saftzentrifuge

Das Herstellen von Säften mit der Saftzentrifuge eignet sich vor allem für kleinere Mengen zum Sofortverbrauch. Bei längerer Lagerung können sich zentrifugierte Säfte geschmacklich verändern.

Wichtig bei einer Saftzentrifuge ist es daher nicht, daß große Mengen an Obst oder Gemüse in einem Arbeitsgang verarbeitet werden können, sondern daß sie leicht zu handhaben ist.

## Saftgewinnung durch Kochen

Bei dieser Methode wird das Obst mit etwas Wasser kurz aufgekocht, anschließend kühl gestellt und anderntags auf ein Tuch zum Abtropfen gegeben. Je weniger der Fruchtbrei ausgedrückt wird, desto klarer ist der Saft.

Der Saft wird einige Minuten aufgekocht, anschließend in Flaschen abgefüllt und mit Gummikappen verschlossen. Die Rückstände enthalten meist noch viel Saft und Geschmack und sollten daher z. B. für Kompott weiterverwendet werden.

## Roher Saft

Die Gewinnung von rohem Saft ist die einfachste Methode, jedoch auch die am wenigsten ergiebige. Am besten geeignet ist die Herstellung von rohem Saft bei Beeren. Sie werden zerdrückt und auf ein Mull- oder Leinentuch gegeben, das an einem umgedrehten Hocker oder Stuhl befestigt wird. Der Saft tropft über Nacht ab und wird anschließend haltbar gemacht durch Erhitzen oder Einfrieren.

Erhitzen ist nicht nötig, wenn das Obst mit Weinstein- oder Zitronensäure (erhältlich in Drogerie oder Apotheke) versetzt wird. Dazu wird das Weinstein- oder Zitronensäurepulver in Wasser aufgelöst und über die Früchte gegossen. Nach einem Tag wird entsaftet. Danach wird der Saft gezuckert (so lange rühren, bis sich der Zucker vollständig gelöst hat), in Flaschen gefüllt und mit Mulläppchen verschlossen.

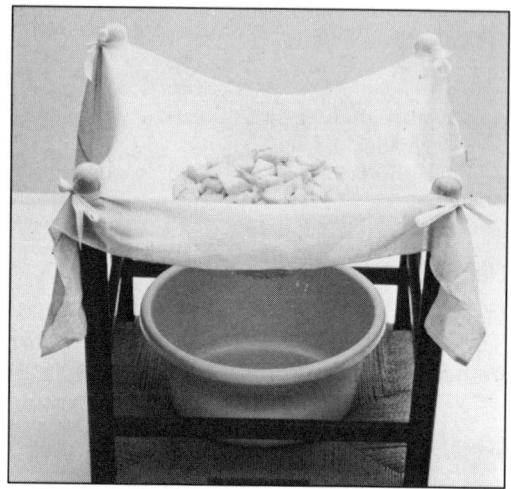

Herstellung von rohem Saft

# Trocknen

Trocknen ist eine der ältesten Konservierungsmethoden. Angewendet wird dieses Verfahren heute hauptsächlich für Obst, Gemüse, Pilze und Kräuter.

Beim Trocknen wird der Lebensmittelverderb verhindert, indem dem Lebensmittel Wasser entzogen wird, der Wassergehalt liegt unter 14%. Wasserentzug bewirkt, daß sich Mikroorganismen auf dem Lebensmittel nicht vermehren können.

## Ernährungsphysiologie

Getrocknete Lebensmittel enthalten die Nährstoffe in konzentrierter Form. Eiweiß, Kohlenhydrate und Fett bleiben vollständig erhalten, bei Eiweiß tritt sogar eine Verbesserung der Verdaulichkeit ein. Der im Verhältnis zum Gewicht hohe Kohlenhydrat-(Zucker-)gehalt bewirkt, daß Trockenobst die Verdauung anregt.

## ⫸ Praktische Hinweise ⫷

⤳ Trocknen von Lebensmitteln sollte nicht länger dauern als vier Tage, deshalb nicht unter Temperaturen von 30 °C trocknen. Dauert der Trockenvorgang zu lang, können sich Schimmel und Fäulnisbakterien bilden.

⤳ Während des Trocknens muß von allen Seiten genügend Luft an die Lebensmittel gelangen, deshalb Trockengut locker aufhängen oder mehrmals wenden, sonst kann sich Schimmel bilden.

⤳ Am leichtesten kann die Luft an das Trockengut gelangen, wenn es auf Rosten oder Gittern liegt (Kuchengitter, Backofengitter). Das Trockengut fällt nicht durch und klebt nicht an, wenn die Gitter mit einem dünnen Tuch umspannt werden.

⤳ Trockengut nur in einer Schicht auf den Rost legen.

⤳ Beim Trocknen im Freien Papier oder dünnes Tuch auf das Trockengut legen als Schutz gegen Ungeziefer und Staub.

⤳ Nicht in praller Sonne trocknen, vor allem Kräuter verlieren dabei ihr Aroma. Ideal ist ein schattiger, luftiger Platz.

⤳ Im Backofen anfangs bei 50 °C, gegen Ende der Trocknungszeit bei 70 °C trocknen. Die Tür einen Spalt offen lassen (z. B. durch Einklemmen eines Kochlöffels), damit die Feuchtigkeit entweichen kann.

⤳ Kräuter und Gemüse sind trocken, wenn sie rascheln bzw. knusprig sind. Obst wird beim Trocknen ledrig, beim Aufschneiden dürfen keine Wassertropfen am Schnitt austreten.

⤳ Aufbewahrt wird Trockengut in fest verschließbaren Dosen oder Gläsern an einem kühlen, dunklen Ort.

Vitamine bleiben nur zum Teil erhalten. Das hitzeempfindliche Vitamin C geht fast völlig verloren, Carotin (Vorstufe von Vitamin A) bleibt dagegen gut erhalten. Vitamin $B_1$ wird zerstört, wenn die Trockenprodukte geschwefelt werden, bei normaler Trocknung bleibt es nur zum Teil erhalten.

*Geschwefelt* werden Trockenprodukte bei industrieller Herstellung, damit sie die Farbe nicht verändern. Da geschwefelte Lebensmittel häufig Unverträglichkeiten hervorrufen (siehe Seite 113), sollte man im Haushalt davon absehen.

Farbveränderungen können zum Teil auch vermieden werden, wenn die Schnittflächen von hellem oder empfindlichem Trockengut mit Zitronensaft oder Salzwasser beträufelt werden.

## Wirtschaftlichkeit

Trocknen im Haushalt wird heutzutage als Konservierungsmethode nur noch bei Kräutern und Pilzen angewendet. Gemüse und vor allem Obst werden nur noch getrocknet zur Herstellung von Spezialitäten, z. B. Früchtebrot, oder als »gesunde Näscherei«.

Der Grund dafür dürfte im hohen Arbeits- und Zeitaufwand, besonders auch im hohen Energieaufwand liegen, der beim Trocknen von Obst und Gemüse anfällt. Kräuter und Pilze dagegen können mit geringem Aufwand an der Luft getrocknet werden.

Trocknen von Obst oder Gemüse im Backofen dauert sehr lange und ist deshalb sehr energieaufwendig. Ein elektrischer Dörrapparat lohnt sich jedoch nur, wenn jedes Jahr große Mengen getrocknet werden; der Energieverbrauch ist allerdings gering.

Sehr gut und schnell kann in der Mikrowelle getrocknet werden, empfehlenswert vor allem für kleine Mengen, z. B. Kräuter.

## Trocknen verschiedener Lebensmittel

### Äpfel

Säuerliche Sorten sind besonders gut geeignet. Geschält oder ungeschält verarbeitet. Blüte und Kernhaus entfernen, in Spalten oder Ringe schneiden (etwa 1 cm dick), vor dem Trocknen mit Zitronensaft beträufeln, damit sie sich nicht verfärben.

Apfelschalen können ebenfalls getrocknet und dann zu Tee verwendet werden.

### Aprikosen

Verfärben sich leicht. Werden sie vor dem Trocknen in Zuckerwasser blanchiert, halten sie die Farbe besser. Selbst getrocknete Aprikosen sind dunkler als gekaufte und schmecken weniger gut.

### Birnen

Kleine Birnen werden im ganzen getrocknet, größere halbiert oder in Spalten geschnitten; die Schnittflächen in Salzwasser tauchen. Ganze Birnen werden vor dem Trocknen gedämpft und anschließend nur so lange getrocknet, daß sie gerade noch etwas weich sind.

## Hagebutten

Stiel und Blütenansatz werden entfernt. Falls daraus Kompott bereitet werden soll, auch die Kerne herausnehmen. Für Tee brauchen Hagebutten nicht entkernt zu werden.

## Zwetschgen

Zwetschgen werden mit und ohne Stein getrocknet. Der Stiel wird erst entfernt, wenn die Früchte bereits etwas angetrocknet sind. Nicht bei zu hohen Temperaturen trocknen, sonst platzt die Haut auf und der Saft entweicht.

## Nüsse und Kerne

An einem luftigen Ort trocknen, da sich bei hoher Luftfeuchtigkeit leicht Schimmel bildet. Nicht bei Temperaturen über 35 °C trocknen, damit das enthaltene Fett nicht ranzig wird.

## Gemüse

Gemüse vor dem Trocknen waschen, zerkleinern und kurz blanchieren. Danach bei Temperaturen unter 60 °C trocknen, bis es knusprig und hart ist. Am häufigsten getrocknet werden Bohnen, Erbsen, Paprika (ohne Kerne), Zwiebeln, Knoblauch, Suppengrün.

## Pilze

Kleine Pilze werden im ganzen, große Pilze geschnitten getrocknet. Vorher sauber putzen, möglichst nicht waschen, damit das Aroma erhalten bleibt. Wichtig: eine Temperatur von 40 °C nicht überschreiten (im Backofen) und nicht in praller Sonne trocknen.

## Kräuter

Kräuter werden vormittags geschnitten, wenn der Tau bereits abgetrocknet ist. Nicht in der Mittagshitze schneiden, das Aroma ist dann sehr schwach. Die Kräuter entweder in Büscheln aufhängen und danach entblättern und verpacken oder liegend trocknen. In der Mikrowelle sind Kräuter in Minutenschnelle getrocknet, sie behalten außerdem die Farbe sehr gut. Getrocknete Kräuter in gut verschließbaren Behältern dunkel aufbewahren.

# Einzuckern und Einlegen in Alkohol

Zucker ist zwar Nährstoff für Mikroorganismen, in zu hohen Konzentrationen vermindert er aber das verfügbare Wasser im Lebensmittel und verschlechtert dadurch die Lebensbedingungen für Keime.

Produkte, deren Zuckergehalt über 55% liegt, sind haltbar, ohne zu schimmeln oder zu vergären. Bei niedrigerem Zuckergehalt muß zusätzlich sterilisiert oder getrocknet oder aber Gelier- oder Konservierungsmittel zugesetzt werden.

Die wohl bekannteste Anwendung der Konservierung mit Zucker ist das Herstellen von Konfitüren, Marmeladen, Gelees, Sirup, Mus, Obstpasteten und kandierten Früchten.

## Ernährungsphysiologie

Zucker liefert viel Energie und macht in hohen Konzentrationen das Lebensmittel unangenehm süß. Deshalb werden heutzutage zunehmend Konfitüren mit Hilfe von Geliermitteln gekocht, damit die Zuckermenge verringert werden kann. Geliermittel bewirken zudem eine Verkürzung der Kochzeit, so daß Vitamine besser erhalten bleiben.

Da mit zunehmender Lagerzeit Vitamin- und Aromaverlust steigen, ist es ratsam, jeweils nur kleinere Mengen an Konfitüre herzustellen und die übrigen Früchte inzwischen einzufrieren. So können später auch gemischte Konfitüren hergestellt werden.

## Wirtschaftlichkeit

Es gibt Konfitüren schon sehr günstig zu kaufen. Nach wie vor werden aber selbstgemachte Konfitüren wegen des guten Geschmacks sehr geschätzt. Dieser ideelle Wert sollte nicht vernachlässigt werden.

Feste Kosten, z. B. für einen Kochtopf, fallen meist nicht an, da ein passender Topf in jedem Haushalt vorhanden ist. Kosten werden verursacht durch den Zukauf von Obst. Für die Herstellung von Konfitüren lohnt es sich, in Obstplantagen selbst zu pflücken oder einzukaufen, falls die Früchte nicht aus dem eigenen Garten kommen. Sehr aromatische Konfitüren in kleiner Menge lassen sich schnell im Mikrowellengerät herstellen. Die Früchte werden dafür am besten in entsprechenden Mengen eingefroren, bei Bedarf aufgetaut und zu Konfitüre verkocht.

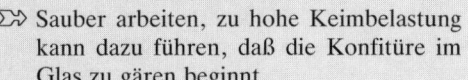

## Praktische Hinweise

▷ Sauber arbeiten, zu hohe Keimbelastung kann dazu führen, daß die Konfitüre im Glas zu gären beginnt.

▷ Kochzeiten genau einhalten, damit Schimmelpilzsporen abgetötet werden.

▷ Die Erhitzungsdauer für Konfitüren und Gelees hängt ab vom Pektingehalt der verwendeten Früchte. Im allgemeinen (= ohne Gelierhilfe) werden Konfitüren 30 Minuten, Gelees 15 Minuten gekocht; wird der Gelierpunkt überschritten, wird das Gelee sirupartig. Bei Verwendung von Gelierhilfen nach Gebrauchsanleitung verfahren.

▷ Konfitüre geliert am besten in einem weiten Topf, da viel Feuchtigkeit verdampfen kann. Der Topf sollte nach Möglichkeit auch hoch sein, denn Obst-Zucker-Mischungen kochen leicht über.

▷ Vor dem Einfüllen der Konfitüren Gelierprobe machen: 1 Tropfen auf trockenen Prozellanteller geben; es wurde lange genug erhitzt, wenn sich in kurzer Zeit ein Häutchen bildet und der Rand des Tropfens auch bei Schräghalten des Tellers nicht verläuft.

▷ Die Größe der Gläser richtet sich nach dem Verbrauch, meist sind aber kleine Gläser praktischer, da der Inhalt schneller verbraucht und damit der Verderb gering gehalten wird. Außerdem kann die Konfitürensorte öfter gewechselt werden.

▷ Gläser mit Twist-off-Deckel (Schraubdeckel) sind besonders praktisch, weil sie bei heißeingefüllter Konfitüre sehr gut halten. Außerdem trocknet die Marmelade nicht ein, was z. B. bei Verwendung von Einmachcellophan der Fall sein kann. Zu empfehlen sind auch Gläser mit Schnappverschluß und Gummiring.

▷ Wird Einmachcellophan verwendet, zieht man das je nach Glas zugeschnittene Stück durch Wasser, wobei eine Seite des Cellophans trocken bleiben soll. Mit der trockenen Seite zum Glas wird das Cellophan über das Glas gespannt, so legt sich die Folie eng an den Glasrand, es kann keine Luft eindringen.

▷ Bei Verwendung von Cellophan kann direkt auf die Konfitüre ein zugeschnittenes Cellophanblättchen gelegt werden, das mit einigen Tropfen hochprozentigem Alkohol beträufelt wird. Dadurch kann Schimmelbildung zusätzlich verhindert werden.

▷ Vor dem Abfüllen der Marmelade Schaum abschöpfen. Wird der Schaum nicht abgeschöpft, bildet sich leicht Schimmel oder es setzen Gärprozesse ein.

▷ Stark schäumende Konfitüren (z. B. Erdbeerkonfitüre) 1 Minute länger kochen. Eine Verlängerung der Kochzeit um 1 Minute ist auch zu empfehlen in verregneten Sommern, weil dann der Zuckergehalt der Früchte niedriger ist.

▷ Gläser sauber mit klarem Wasser ausspülen und abtropfen lassen, nicht austrocknen. Glas beim Einfüllen auf feuchtes Tuch stellen, damit es nicht springt.

▷ Konfitüre, die nach dem Abkühlen nicht fest geworden ist, kann ein zweites Mal erhitzt werden. Nach Möglichkeit sollte sie jedoch sofort für Fruchtsoßen oder Mixgetränke verwendet werden, um die Vitamine nicht völlig zu zerstören.

▷ Gelee nach dem Einfüllen einige Tage nicht bewegen, damit es fest werden kann.

▷ Verschimmelte Konfitüren mit einem Frucht-Zucker-Verhältnis von 1:1 können noch verzehrt werden, wenn die Schimmelschicht großzügig abgehoben wird.

## Gelierhilfen

Gelierhilfen tragen dazu bei, daß Konfitüren in Minutenschnelle gelieren und dadurch Aroma, Farbe und Vitamine besser behalten. Verwendet werden Pektin, Johannisbrotkernmehl und Agar-Agar. Gebrauchsanweisung beachten!

### Pektin

Wird häufig in flüssiger Form zugegeben. *Gelierzucker* bewirkt das gleiche, er ist einfach und sicher in der Anwendung, während des Kochens muß gerührt werden. *Gelierpulver* löst sich nur schlecht in gezuckerten Früchten; deshalb ist es ratsam, die Früchte erst mit dem Pulver zu vermischen, zu erhitzen und erst nach dem Aufkochen den Zucker zuzugeben.

### Gelierpulver 2:1

Enthält nicht nur spezielle Pektine, sondern auch Konservierungsmittel, damit trotz des niedrigen Zuckergehalts die Konfitüre haltbar ist. Diese Gelierpulver haben den Vorteil, daß durch den niedrigen Zuckergehalt auch der Energiegehalt niedriger ist, außerdem kommt das Fruchtaroma besser zur Geltung.

### Johannisbrotkernmehl, Agar-Agar

Für zuckerlose oder zuckerarme Konfitüren gibt es spezielle Apfelpektine. Der Umgang mit Johannisbrotkernmehl und Agar-Agar als Geliermittel erfordert etwas Erfahrung und genaues Einhalten von Temperatur und Erhitzungszeit.

## Zubereitungen

### Obstmus

Besteht aus Obstmark, das durch langes Kochen eingedickt wird. Verwendet werden häufig sehr reife, zuckerreiche Obstsorten (z. B. Zwetschgen, Birnen). Durch die lange Erhitzung gehen viele Vitamine verloren, auch das Aroma kann sich leicht verändern. Das wohl bekannteste Beispiel für Obstmus ist Zwetschgenmus.

### Obstkraut, Sirup

Ist eingedickter Obstsaft, dem kein Zucker (= Obstkraut) bzw. viel Zucker (= Sirup) zugesetzt wurde.

### Obstpaste

Ist dick eingekochte Konfitüre mit hohem Zuckergehalt.

### Kandierte Früchte

Werden hergestellt durch Kochen oder Einlegen der Früchte in Zuckersirup und anschließendes mehrmaliges Nachzuckern.

### Früchte in Zucker und Alkohol

Sie werden verwendet für Soßen über Eis, zum Aufgießen mit Getränken, z. B. Rumtopf mit Sekt. Wegen des hohen Alkoholgehalts sind sie für Kinder nicht geeignet.

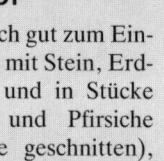

### ➤➤ Praktische Hinweise ◀◀ zum Rumtopf

➪ Folgende Früchte eignen sich gut zum Einlegen in Alkohol: Kirschen mit Stein, Erdbeeren, Birnen (geschält und in Stücke geschnitten), Aprikosen und Pfirsiche (enthäutet und in Stücke geschnitten), Himbeeren (nicht waschen, nur verlesen), frische Ananas und grüne Walnüsse.

➪ Die Früchte werden in Etappen (je nach Reifezeit) in den Topf geschichtet. Für die erste »Lage« Früchte und Zucker im Verhältnis 1:1 mischen und mit mindestens 54%igem Rum übergießen. Niedrigerer Alkoholgehalt läßt die Mischung gären, ein höherer macht die Früchte hart.

➪ Die entsprechend der Erntezeit folgenden Fruchtschichten im Verhältnis 2:1 mit Zucker mischen und ebenfalls wieder mit Rum bedecken.

➪ Die Früchte müssen vollständig mit Alkohol bedeckt sein. Zum Beschweren passenden Teller auflegen.

### Gelierfähigkeit von Obstsorten

| Gut | Mittel | Schlecht |
|---|---|---|
| Äpfel, Stachelbeeren | Rote Johannisbeeren | Erdbeeren |
| Schwarze Johannisbeeren | Brombeeren, Himbeeren | Kirschen, Trauben |
| Quitten, Preiselbeeren | Pfirsiche, Heidelbeeren | Weiße Johannisbeeren |
| Pflaumen | Holunder, Ebereschen | Tomaten, Kürbis |

## Einsalzen/Pökeln

Einsalzen bewirkt, daß den Mikroorganismen das frei verfügbare Wasser als Lebensgrundlage entzogen wird. Die meisten krankheitserregenden Keime sind salzempfindlich, es gibt aber auch salzliebende Bakterien, z. B. Milchsäurebakterien und Hefen.

Kochsalz wird deshalb häufig zugegeben, um andere Konservierungsmittel zu unterstützen.

### Ernährungsphysiologie

Lebensmittel, die durch Einsalzen haltbar gemacht wurden, haben einen sehr hohen Salzgehalt, auch wenn sie vor der Verwendung in Wasser eingelegt werden. Da der Salzverzehr ohnehin weit über der empfohlenen Menge liegt (siehe Seite 90), ist ein häufiger Verzehr eingesalzener Lebensmittel nicht zu empfehlen.

Durch Einreiben oder Einlegen in Salz tritt aus dem Lebensmittel meist Flüssigkeit aus, wodurch das Lebensmittel trocken und fest wird. Dabei werden auch wasserlösliche Vitamine und Mineralstoffe ausgeschwemmt.

Häufig wird das Einsalzen von Fleisch mit *Pökeln* kombiniert. Zum Pökeln wird dem Salz meist Nitratpökelsalz, seltener Salpeter beigemischt. Pökelsalz bewirkt, daß die Fleisch- und Wurstwaren auch beim Erhitzen rot bleiben, einen guten Geschmack haben und länger haltbar sind. Allerdings kann das enthaltene Nitrit schädliche Wirkungen auf den menschlichen Körper haben (siehe Seite 111).

## Räuchern

Räuchern verlängert die Haltbarkeit von gesalzenem oder gepökelten Fleischwaren. Rauch allein genügt nicht, um ein Lebensmittel haltbar zu machen.

Besonders geschätzt ist bei geräucherten Fleischwaren der aromatische, würzige Geschmack.

Rauch enthält verschiedene Bestandteile, z. B. Ruß, Teer, von denen manche gesundheitsschädlich sind, z. B. Benzpyrene (siehe Seite 248). Der Gehalt an gesundheitsschädlichen Stoffen ist um so größer, je höher die Temperatur ist, bei der geräuchert wird.

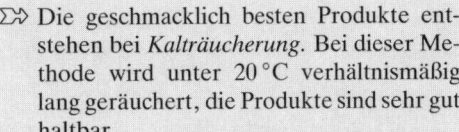

### ▶▶ Praktische Hinweise ◀◀

⮑ Salzen oder Pökeln kann naß oder trocken erfolgen, das heißt mit oder ohne Zusatz von Lake.

⮑ Salzen oder Pökeln von Fleisch allein reicht nicht aus, um es längere Zeit haltbar zu machen, deshalb wird im Anschluß daran meist geräuchert. Gepökeltes oder eingesalzenes Fleisch kann aber auch tiefgefroren werden und dann, z. B. als »Surfleisch«, zubereitet werden, eine Spezialität, die besonders in Süddeutschland bekannt ist.

⮑ Die Fleischstücke dürfen nicht zu lange in der Lake liegen, sie werden sonst zu salzig oder trocken.

⮑ *Schnellpökelung* wird angewendet bei der gewerblichen Herstellung von Räucherwaren. Dabei wird die Lake rasch in das Fleisch gespritzt, anschließend geräuchert. Diese Räucherwaren sind allerdings nicht so lange haltbar wie lange gepökelte und geräucherte Fleischwaren.

⮑ Während des Pökelns das Gefäß mit dem Fleisch kühl stellen und vor Fliegen schützen.

### ▶▶ Praktische Hinweise ◀◀

⮑ Die geschmacklich besten Produkte entstehen bei *Kalträucherung*. Bei dieser Methode wird unter 20 °C verhältnismäßig lang geräuchert, die Produkte sind sehr gut haltbar.

⮑ Ein sehr guter Geschmack entwickelt sich auch, wenn stundenweise, z. B. nachts, nicht geräuchert wird.

⮑ In den Randschichten der Räucherprodukte ist der Anteil an schädlichen Stoffen besonders hoch, deshalb ist es ratsam, vor allem bei Schwarzgeräuchertem, die Randschicht nicht zu essen.

⮑ Über Naturdärme können schädliche Stoffe leichter in geräucherte Wurstwaren gelangen; deshalb möglichst Kunstdärme verwenden.

⮑ Fleisch und Wurst nicht zu lange räuchern, sie werden hart und zäh.

⮑ Räucherwaren luftig aufbewahren, am besten in einer kühlen Speisekammer. Im Kühlschrank verschimmeln Räucherwaren wegen der hohen Luftfeuchtigkeit. Verschimmelte Räucherwaren nicht mehr essen.

## Säuern

Durch Zugabe von Essig in hohen Konzentrationen sind viele Mikroorganismen nicht mehr lebensfähig. Da beim Konservieren mit Essig meist keine sehr hohen Konzentrationen verwendet werden, um den Geschmack der Lebensmittel nicht zu verändern, werden zusätzlich andere Konservierungsarten eingesetzt, z. B. Sterilisieren, Salzen, Zuckern oder Zugabe von Konservierungsmitteln (z. B. »Gurkendoktor«).

### Ernährungsphysiologie

Da Essigsäure bei den Stoffwechselvorgängen im menschlichen Körper gebildet wird, ist sie ein völlig natürlicher Konservierungsstoff, der keinen Höchstmengen unterliegt.

Der Energiegehalt fast aller Sauerkonserven ist gering, es sei denn, es wurde zusätzlich viel Zucker zugegeben.

Der Vitaminverlust durch Säuerung ist unterschiedlich. Vitamin C geht in vielen gesäuerten Produkten zum Großteil verloren, in Sauerkraut dagegen ist der Vitamin-C-Gehalt sehr hoch. Auch Vitamin $B_1$ und Carotin (Vorstufe von Vitamin A) gehen zum Großteil verloren. Mineralstoffe werden im Sud ausgelaugt.

### ▶▶ Praktische Hinweise ◀◀

↪ Gefäße aus Steingut, Glas, Emaille oder lackierte Dosen sind gut geeignet.

↪ Gefäße und Geräte aus Aluminium, Kupfer und Messing werden von Essig angegriffen und sollten daher nicht verwendet werden.

↪ Essig kann selbst hergestellt werden, z. B. aus Wein, der offen an der Luft bei Wärme stehen gelassen wird, bis er sauer ist. Danach durch einen Filter laufen lassen.

## Milchsäuregärung

Bei der Milchsäuregärung werden Lebensmittel, vor allem Gemüse, gesäuert durch die Produktion von Milchsäure aus den Kohlenhydraten, die im Lebensmittel enthalten sind. Diese Umwandlung von Kohlenhydraten in Säure bewirken Bakterien. Dieses Konservierungsverfahren wird meist kombiniert mit Salz, damit sich Hefen und Schimmelpilze nicht vermehren können.

Angewendet wird ein solches Verfahren hauptsächlich bei Gemüse: Weißkraut, Gurken, Bohnen, Rüben, Möhren, Paprika, Pilzen.

### Ernährungsphysiologie

Die Nährwertverluste von milchsauer vergorenem Gemüse sind im Vergleich zur Frischware gering, wenn auch der ausgetretene Saft verwendet wird. Das im Gemüse enthaltene Eiweiß wird leichter verdaulich, zudem nimmt die blähende Wirkung mancher Gemüse ab, z. B. Kohl.

Zwar wird in manchen Lebensmitteln durch das Vergären das Vitamin C zerstört, in Sauerkraut

### ▶▶ Praktische Hinweise ◀◀

↪ Steinguttöpfe sind sehr gut geeignet zum Vergären von Gemüse. Holzfässer haben den Nachteil, daß sie schwer zu reinigen sind.

↪ Steht die Neuanschaffung eines Steinguttopfes an, empfiehlt es sich, einen sogenannten »Kuhltopf« zu kaufen. Dieser Topf hat am oberen Rand eine Rille, in die Wasser gefüllt werden kann und in die der Deckel eingelegt wird. Dadurch ist vollkommener Luftabschluß gewährleistet, das Lagergut muß weniger gesalzen werden und verdirbt nicht so schnell.

↪ Alte Fässer ohne Wasserrinne werden mit einem Tuch oder besser mit einer Plastikfolie abgedeckt. Darüber wird ein passender Holzdeckel gelegt, der mit einem Granitstein beschwert wird. Plastik zum Abdecken ist günstiger als ein Tuch, weil der Luftabschluß dichter ist.

↪ Das Gemüse wird mit scharfen Messern, bzw. Hobeln zerkleinert. Stumpfe Schneiden führen dazu, daß mehr Saft austritt und das Gemüse nicht mehr so saftig schmeckt.

↪ Das Gärgut wird zusammen mit den Gewürzen bzw. Salz fest eingestampft, damit möglichst wenig Luft zwischen dem Gemüse eingeschlossen wird und sich keine Bakterien vermehren können.

↪ Sauberes Arbeiten ist wichtig, sonst gelangen Fäulnisbakterien in das Gärgut und verderben es. Fäulnisbakterien können sich auch vermehren, wenn Gärgemüse zu lange gelagert wird. Die übliche Lagerdauer beträgt etwa 4 Monate bei sorgfältiger Pflege.

↪ 4–6 Wochen nach dem »Einstampfen« ist das Gemüse verzehrfertig.

↪ Nicht zuviel Salz zugeben, es macht das Gemüse hart.

bleibt es dagegen sehr gut erhalten. So galt es früher als wichtigster Vitamin-C-Lieferant während der Wintermonate. 250 g rohes Sauerkraut decken den täglichen Vitamin-C-Bedarf!

Der Energiegehalt von milchsauer vergorenem Gemüse ist verhältnismäßig gering, deshalb finden diese Produkte häufig Anwendung bei Abmagerungskuren.

### Ideale Lagertemperatur

| Die ersten 2 Tage | |
|---|---|
| Sauerkraut | 20–22 °C |
| Gurken | 18–20 °C |
| Andere Gemüse | ca. 20 °C |
| | |
| Nach 2 Tagen | |
| Sauerkraut | 15–18 °C |
| Andere Gemüse | ca. 18 °C |
| | |
| Nach 10 Tagen | 4–10 °C |

### Pflege und Entnahme des Gärgutes

Am einfachsten zu handhaben ist der »Kuhltopf«. Da er Luftabschluß bietet, braucht das Gärgut nicht gepflegt zu werden, es muß bei Bedarf nur entnommen werden.

Bei allen übrigen Gärbehältern muß die Lake über dem beschwerten Holzbrett stehen. Während des Gärens wird die Lake einmal abgeschöpft und der Behälterrand sauber mit klarem Wasser geputzt. Riecht die Lake noch frisch, kann sie wiederverwendet werden, andernfalls gießt man Salzwasser über das Gärgut.

Bildet sich ein hellgrauer Belag an der Oberfläche, muß dieser bei Gärgemüse jeden Tag entfernt werden, bei Sauerkraut genügt ein Abnehmen etwa jede Woche. Dazu werden Stein und Brett abgenommen, die Lake abgeschöpft und die oberste Schicht entfernt. Nachdem Stein, Deckel und Gefäßrand sauber mit klarem Wasser gewaschen wurden, wieder auf das Gemüse legen und mit Salzwasser übergießen.

Beim Entnehmen die oberste Gemüseschicht nicht verwenden. So lange schichtweise Gemüse entnehmen, bis gutes, aromatisch riechendes Gärgut kommt. Gärgut immer gleichmäßig abtragen, damit die Oberfläche möglichst klein ist und wenig Sauerstoff an das Gemüse gelangen kann.

## Alkoholische Gärung

Die alkoholische Gärung wird im Haushalt angewendet bei der Herstellung von Most und Wein.

Das Prinzip der alkoholischen Gärung ist sehr einfach: Aus Trauben- oder Fruchtzucker bilden Hefezellen Alkohol und Kohlendioxid. Der Alkohol bleibt im Getränk, das Kohlendioxid entweicht während der Gärung (sichtbar an den aufsteigenden Bläschen).

Der Alkoholgehalt eines Getränkes hängt davon ab, wieviel vergärbaren Zucker es enthält (Oechsle-Grade). Ist der Zuckergehalt zu niedrig, muß nachgezuckert werden, denn bei zu niedrigem Alkoholgehalt ist der Wein nicht haltbar.

 **Praktische Hinweise** ◀◀

▷▷ Die Bereitung von Wein im Haushalt erfordert große Sorgfalt.

▷▷ Alle Zutaten werden, wie im Rezept angegeben, in den Gärballon gegeben, diesen nur etwa zu ⅔ füllen, denn anfangs bildet sich meist Schaum.

▷▷ Kernobstmost wird bei 15–18 °C vergoren, Beerenmoste bei 20–22 °C. Temperaturschwankungen nach Möglichkeit vermeiden.

▷▷ Die Verwendung von Reinzuchthefen und Nährsalztabletten (in Drogerien erhältlich) ist anzuraten.

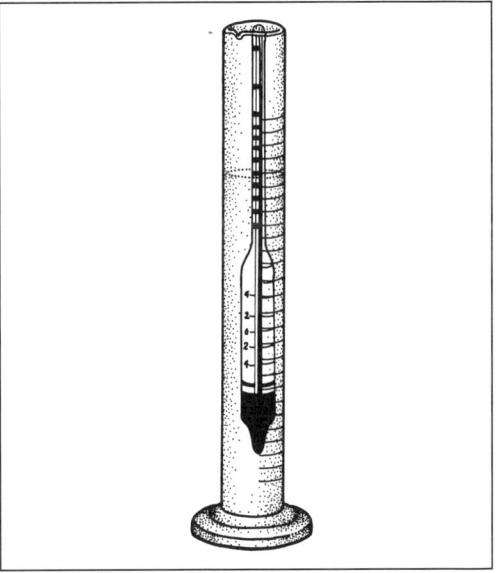

Öchslewaage

## *Einlegen in Öl, Wasserglas, Kalkwasser*

### Einlegen in Öl

In Öl werden vorzugsweise Kräuter und Gemüse eingelegt. Zwar lösen sich die fettlöslichen Vitamine in Öl, doch das Öl wird meist mitverwendet,

---

**➤➤ Praktische Hinweise ◀◀**

➤➤ Geräte und Gefäße sehr sauber auswaschen und mit klarem Wasser nachspülen.

➤➤ Gemüse blanchieren oder bißfest garen, abtropfen lassen und so viel Öl darübergießen, daß das Gemüse vollständig bedeckt ist.

➤➤ Kräuter und Gewürze trocken in das Öl legen.

➤➤ Gefäße kühl und dunkel lagern.

---

da es auch Geschmacks- und Aromastoffe des Eingelegten annimmt.

Ein *Vorteil* dieser Konservierungsmethode liegt in der sehr guten Aroma- und Geschmackserhaltung. Verwendet werden sollten Öle mit wenig Eigengeschmack und nur frische, nicht lange gelagerte Zutaten.

### Einlegen in Wasserglas

Wasserglas wird verwendet zum Konservieren (»Einlegen«) von Eiern. Dazu sollten nur ganz frische Eier verwendet werden. Bestandteile der Lösung gehen nicht in das Ei über.

---

**➤➤ Praktische Hinweise ◀◀**

➤➤ 1 Teil Wasserglas (Natriumsilikat – aus der Drogerie) und 10 Teile Wasser verdünnen.

➤➤ Sauberes Gefäß (sehr gut eignen sich Steinguttöpfe) bereitstellen, die nicht gewaschenen Eier einlegen und mit der Wasserglaslösung vorsichtig bedecken, Gefäß abdecken.

➤➤ Nicht mehr als 5 Schichten Eier übereinanderlegen.

➤➤ Haltbarkeit ca. 3–4 Monate.

---

### Einlegen in Kalkwasser

Kalkwasser wird ebenfalls ausschließlich für die Konservierung von frischen Eiern verwendet. Es hat im Vergleich zum Wasserglas den Nachteil, daß die Schale leicht zum Platzen neigt und das Eiklar sich nicht mehr schlagen läßt.

# 3 Lebensmittelrecht

## 3.1 Lebensmittelüberwachung

Die amtliche Lebensmittelüberwachung schützt den Verbraucher vor gesundheitsschädlichen Lebensmitteln sowie vor Irreführung und Täuschung beim Einkauf. Je nach Bundesland sind für die Lebensmittelüberwachung unterschiedliche Behörden zuständig: Kreisverwaltungen, Polizeibehörden, Ordnungsämter der Städte, Bezirksämter, Landratsämter.

An der Lebensmittelüberwachung kann sich auch der Verbraucher beteiligen, indem er z. B. Produkte, die verdorben sind oder verdorben aussehen, zu den Untersuchungsbehörden schickt oder sie davon benachrichtigt. Die eingeschickten Produkte werden kostenlos untersucht, auch wenn sich ergeben sollte, daß die Beanstandung durch den Verbraucher unberechtigt war.

Die wissenschaftlichen Untersuchungen an den einzelnen beanstandeten Lebensmitteln werden durchgeführt von Landesuntersuchungsämtern, Veterinäruntersuchungsämtern, medizinischen und staatlich-chemischen Untersuchungsämtern.

Grundlage für die Lebensmittelüberwachung ist das *Lebensmittel- und Bedarfsgegenständegesetz* (LMBG). Die wichtigsten Inhalte sind:

● Es dürfen keine gesundheitsschädlichen Lebensmittel hergestellt oder in Verkehr gebracht werden.

● Der Verbraucher darf nicht getäuscht oder irregeführt werden, z. B. durch entsprechende Kennzeichnung oder Aufmachung.

● Gesundheitsbezogene Werbung ist verboten. Es darf also beispielsweise auf der Verpackung nicht damit geworben werden, daß das Lebensmittel bestimmte Krankheiten verhindert, lindert oder gar heilt.

● Erlaubte Zusatzstoffe, das heißt Zusatzstoffe, die nach wissenschaftlichen Erkenntnissen zu keiner Gesundheitsschädigung führen.

● Für die einzelnen Lebensmittelgruppen sind zahlreiche Einzelverordnungen vorgeschrieben, z. B. für Fleisch: Futtermittelgesetz, Tierseuchengesetz, Fleisch-Hygiene-Gesetz.

● Lebensmittel-Kennzeichnungs-Verordnung: Sie regelt die Kennzeichnung von verpackten Lebensmitteln, z. B. Mengenangabe, Mindesthaltbarkeitsdatum.

Ergänzt wird das LMBG durch zahlreiche Zusatz-verordnungen, z. B. Hackfleisch-Verordnung, Fleisch-Verordnung und Pflanzenschutz-Höchst-mengen-Verordnung.

## Wo wird kontrolliert?

Die amtliche Lebensmittelüberwachung kontrol-liert

- Herstellerbetriebe,
- Lebensmittel und -handwerk
(z. B. Konditoreien, Metzergereien),
- Gaststätten und Großhaushalte
(z. B. Kantinen).

## Wie wird kontrolliert?

Amtliche Lebensmittelkontrolleure ziehen Stich-proben, die in Untersuchungsämtern geprüft wer-den. Die Stichproben werden untersucht auf Rückstände, also Reste oder Abbauprodukte von Stoffen, die bei der Produktion angewandt wer-den, z. B. Pflanzenschutzmittel.
Geprüft werden Lebensmittel auch auf Verderb, z. B. auf Keime und Bakterien, die Krankheiten auslösen (Salmonellen, schädliche Schimmel-pilze). Der Prüfung unterliegen auch die Zusatz-stoffe und Verunreinigungen, z. B. Stoffe, die aus der Verpackung in das Lebensmittel übergehen. Für alle diese Stoffe sind *Höchstmengen* oder *Richtwerte* festgelegt. Die Höchstmengen sind so niedrig angesetzt, daß zwischen der Schwelle zur Schädlichkeit und den erlaubten Mengen eine große Sicherheitszone eingebaut ist, so daß Schä-digungen nach heutigem Wissensstand ausge-schlossen sind.

# 3.2 Lebensmittel-kennzeichnung

Gemäß der Lebensmittelkennzeichnungs-Ver-ordnung ist eine einheitliche Kennzeichnung für verpackte Lebensmittel vorgeschrieben. Insge-samt müssen auf der Verpackung fünf Angaben erfolgen:

- Verkehrsbezeichung,
- Menge,
- Name und Anschrift des Herstellers,
Verpackers oder Verkäufers,
- Mindesthaltbarkeitsdatum,
- Zutatenverzeichnis.

Für alle Lebensmittel vorgeschrieben ist die *Preis-angabe* auf der Packung. Erlaubt ist auch eine gut sichtbare Preistafel, z. B. in Metzgereien. Bei »krummen« Packungsgewichten ist zusätzlich der Kilo-Preis auf der Packung anzugeben.
Bei verschiedenen Lebensmitteln sind zusätzliche Angaben vorgeschrieben, z. B. bei Milch der Fett-gehalt.
*Freiwillige* Angaben des Herstellers sind z. B. Nährwertgehalt, Energiegehalt, Teilstück bei Fleisch, Fettgehalt von Wurst.
*Lose Ware* muß nicht so umfassend gekennzeich-net sein. Zusatzstoffe und Preis sind auf einem Schild neben der Ware zu finden.

## Verkehrsbezeichnung

Die Verkehrsbezeichnung gibt Auskunft über die Art des Lebensmittels. Zum Teil sind die Bezeich-nungen durch gesetzliche Bestimmungen festge-legt, z. B. Deutsche Markenbutter.
Lebensmittel müssen so benannt sein, daß der Verbraucher auf Anhieb weiß, um welches Le-bensmittel es sich handelt. Phantasienamen, unter denen sich der Verbraucher nichts Bestimmtes vorstellen kann, sind nicht erlaubt, z. B. Mitter-nachtssuppe, Feriensalat, Leckermäulchensaft. Solche oft sehr werbewirksamen Phantasienamen dürfen nur dann auf der Verpackung stehen, wenn zusätzlich das Lebensmittel verständlich beschrie-ben ist, z. B. als Bohnensuppe mit Fleisch, Gemü-sesalat mit Mayonnaise, Johannisbeersaft.

## Mengenbezeichnung

Die Mengenbezeichnung muß genaue Auskunft über die Menge des in einer Verpackung enthalte-nen Lebensmittels geben. Die Größe der Verpak-kung sagt nicht immer aus, wieviel Inhalt sie hat. Vage und ungenaue Mengenangaben sind nicht erlaubt, z. B. bei Trockensuppe – Inhalt ergibt 4 Teller.
Bei *Flüssigkeiten* muß die Menge in Millilitern (1/1000 Liter) oder Litern angegeben werden. Bei *festen Lebensmitteln* muß das Gewicht in Gramm oder Kilogramm angegeben sein. Manchmal kann die Menge auch in Stück angegeben sein, z. B. bei verpacktem Obst oder Gemüse.
*Keine Mengenangabe* ist vorgeschrieben bei sehr geringen Mengen bzw. Gewichten unter 50 g. Be-kannte Beispiele sind Zucker und Zuckerwaren.
Das *Abtropfgewicht* muß angegeben sein bei fe-sten Lebensmitteln, die in einer Aufgußflüssigkeit liegen, z. B. sterilisierte Essiggurken.

## Mindesthaltbarkeitsdatum

Das Mindesthaltbarkeitsdatum gibt an, bis zu welchem Zeitpunkt das Lebensmittel bei geeigneter Lagerung seine wesentlichen Eigenschaften, z. B. Geruch, Geschmack, Farbe, nicht wesentlich verändert.

*Nach Ablauf* des Mindesthaltbarkeitsdatums können die Lebensmittel in der Regel noch gegessen werden. Auch verkauft werden darf das Produkt noch, das heißt, daß es sich beim Einkauf lohnt, das Mindesthaltbarkeitsdatum zu beachten.

Bei kurzfristiger Überlagerung ist das Lebensmittel meist noch genießbar, bei längerer Überziehung sollte man am Lebensmittel riechen und es vorsichtig versuchen, bevor man es zubereitet oder weiterverarbeitet.

*Nicht überschritten* werden sollte das Mindesthaltbarkeitsdatum, wenn eine Verpackung die Aufschrift trägt »Verbrauchen bis spätestens . . .« oder »Aufgetaut sofort verbrauchen«, wie dies bei leicht verderblichen Waren der Fall ist.

*Kein Mindesthaltbarkeitsdatum* ist vorgeschrieben bei frischem Obst, Gemüse und Kartoffeln, bei Getränken mit mindestens 10 Vol.-% Alkohol, bei Salz, Zucker, bestimmten Zuckerwaren, Backwaren, die ohnehin innerhalb von 24 Stunden verkauft werden (Brötchen, Brot), und bei Lebensmitteln, die von der Kennzeichnungspflicht ausgenommen sind, z. B. Kaffee-Extrakt.

## Zutatenverzeichnis

Wer über die Zusammensetzung eines Lebensmittels Bescheid wissen will, z. B. weil er bestimmte Stoffe nicht verträgt oder ganz einfach wissen will, was er ißt, muß die Zutatenliste lesen.

Wie bei einem Rezept sind die Zutaten aufgezählt. Die *Reihenfolge* gibt an, in welchen Mengenanteilen die einzelnen Zutaten enthalten sind: An erster Stelle steht die Zutat, die gewichtsmäßig den höchsten Anteil hat, an letzter Stelle steht die Zutat, die gewichtsmäßig in der geringsten Menge enthalten ist.

*Kein Zutatenverzeichnis* müssen enthalten: besonders kleine Packungen, z. B. portionierte Konfitüre; frisches Obst, Gemüse und Kartoffeln; alkoholisierte Getränke mit mehr als 1,2 Vol.-%; Erzeugnisse aus nur einer Zutat, z. B. Weizenmehl.

Das Zutatenverzeichnis genau zu lesen, wird ab dem gemeinsamen Binnenmarkt 1992 besonders wichtig, weil dann auch Waren vertrieben werden dürfen, die nicht nach deutschem Gesetz hergestellt sind.

## Zusammengesetze Zutaten

Besteht eine Zutat wiederum aus mehreren Zutaten, z. B. Nudeln in einer Suppe, muß deren Zusammensetzung angegeben sein, wenn sie mehr als 25% der Gesamtmenge ausmacht. Beträgt ihr Mengenanteil weniger als 25%, müssen nur die Zutaten angegeben sein, die im Produkt eine Wirkung haben, z. B. Farbstoffe.

*Beispiele:* Sind in einer Suppe gewichtsmäßig 40% Nudeln enthalten, muß die Zusammensetzung der Nudeln auf der Verpackung angegeben sein. Sind abgepackte Plätzchen mit gefärbten Cocktailkirschen verziert, muß nur der verwendete Farbstoff bzw. dessen E-Nummer angegeben sein.

## Bezeichnung der Zutaten

Die Zutaten müssen mit ihrer Verkehrsbezeichnung, z. B. pflanzliches Öl, aufgeführt werden. Erlaubt sind bei manchen Zutaten auch Sammelnamen, z. B. Speisepilze, Geflügelfleisch. Es muß also nicht genau die Pilzart angegeben sein oder das Geflügel, z. B. Hähnchen, Pute.

Unter den Sammelnamen »Weizenmehlerzeugnis« bei Nudeln sind zusammengefaßt Weizenmehl, Weizengrieß, Weizendunst.

## Lebensmittel-Zusatzstoffe

Zusatzstoffe werden Lebensmitteln zugesetzt, um ihre Verarbeitung zu vereinfachen, ihre Haltbarkeit zu verlängern, ihre Beschaffenheit zu beeinflussen oder sonstige Eigenschaften des Lebensmittels zu verändern. Zweck: Färben, Emulgieren, Konservieren.

Jeder Zusatzstoff, der eingesetzt wird, muß gesetzlich zugelassen sein, das heißt auf seine gesundheitliche Unbedenklichkeit geprüft und Höchstwerte festgelegt werden. Trotz genauer Prüfung kann es vorkommen, daß Zusatzstoffe nicht vertragen werden und beispielsweise Allergien auslösen. Das ist für den Gesetzgeber kein Grund, diese Zusatzstoffe zu verbieten. Ein Blick auf die Zutatenliste hilft dem Verbraucher, Lebensmittel, auf die er allergisch reagiert, zu vermeiden.

## Kennzeichnung der Zusatzstoffe

Die Zusatzstoffe sind zusammengefaßt in folgende Klassen:

### Antioxidationsmittel

Schützen vor dem Verderb durch den Sauerstoff der Luft. Zu den natürlichen Antioxidationsmitteln gehören Ascorbinsäure (Vitamin C) und Tocopherole (Vitamin E). Künstlich hergestellte Antioxidantien sind nur für bestimmte Lebensmittel und in bestimmten Mengen erlaubt.

### Backtriebmittel

Im Haushalt werden sie als Backpulver bezeichnet. Sie erzeugen in Backwaren Gasbläschen und machen sie dadurch locker. Bekannte Backtriebmittel sind Weinstein, Hirschhornsalz, Pottasche.

### Emulgator

Emulgatoren ermöglichen es, daß Zutaten von Lebensmitteln, die sich normalerweise nicht oder nicht dauerhaft mischen lassen, gemischt werden können. Bekannte natürliche Emulgatoren sind Lecithine, z. B. aus Eigelb oder Ölsamen. Es gibt auch künstlich hergestellte Emulgatoren.

### Farbstoff

Farbstoffe dienen dazu, Lebensmittel äußerlich attraktiver zu machen. Zur Zeit sind etwa 40 verschiedene Farbstoffe zugelassen, sie sind fast alle künstlich hergestellt. Als natürliche Färbemittel werden z. B. Säfte verwendet.

### Geliermittel

Sie werden flüssigen Lebensmitteln zugesetzt, die sämig oder fest werden sollen, z. B. Desserts, Soßen.

### Geschmacksverstärker

Das sind Stoffe, die selber wenig Geschmack haben, aber den Eigengeschmack der Lebensmittel betonen oder verstärken. Bekanntes Beispiel ist Glutaminsäure, die gewonnen wird aus Meerespflanzen oder Zuckerrüben.

### Konservierungsstoff

Konservierungsstoffe hemmen das Wachstum von verderbniserregenden Mikroorganismen. Sie sind meist künstlich hergestellt.

### Künstlicher Süßstoff

Diese Stoffe haben meist eine sehr hohe Süßkraft und enthalten keine Energie.

### Mehlbehandlungsmittel

Sie verbessern die Backeigenschaften von Mehl, vor allem von Weizenmehl. Ascorbinsäure (Vitamin C) und bestimmte Eiweißbausteine sind Mehlbehandlungsmittel. Fertigmehle für Brot können auch Emulgatoren und Verdickungsmittel enthalten.

### Modifizierte Stärke

Dabei handelt es sich um chemisch veränderte Stärke, die sich besonders leicht in Wasser löst. Sie gewährleistet, daß sich z. B. bei gekochtem Pudding kein Wasser an der Oberfläche absetzt.

### Schaumverhüter

Sie verhindern starke Schaumbildung bei der Herstellung von Lebensmitteln, z. B. Konfitüre. Bekannte Schaumverhüter sind Öle und Fette.

### Schmelzsalz

Es ermöglicht einwandfreies Schmelzen von Käse ohne Absonderung einzelner Milchbestandteile, z. B. Molke. Schmelzsalz darf nur verwendet werden für Schmelzkäse und Kochkäse.

### Säuerungsmittel

Sie werden Lebensmitteln zugesetzt, um sie sauer zu machen. Bekannte Säuerungsmittel sind Wein-, Essig-, Zitronensäure, aber auch künstlich hergestellte säuernde Stoffe.

### Säureregulator

Säureregulatoren regeln den Säuregrad eines Lebensmittels und geben ihm dadurch eine harmonische Säure.

### Stabilisator

Stabilisatoren verhindern das Entmischen von Stoffen. Sie werden z. B. angewendet bei Desserts. Zu den Stabilisatoren gehören Emulgatoren, Geliermittel, Verdickungsmittel, Phosphate.

### Trennmittel

Trennmittel verhindern das Zusammenkleben von Lebensmitteln, z. B. Bonbons. Sie verhindern z. B. auch, daß Salz verklumpt, und verbessern die Rieselfähigkeit.

### Überzugsmittel

Überzugsmittel schützen Lebensmittel vor dem Austrocknen oder vor Aromaverlust. Verwendet werden Wachse und Harze, z. B. bei Zitrusfrüchten und Käse. Sie müssen gekennzeichnet werden: »Schale nicht zum Verzehr geeignet«.

**Verdickungsmittel**

Sie führen wie Geliermittel dazu, daß flüssige Lebensmittel eine cremige bis feste Beschaffenheit bekommen. Es gibt natürliche (z. B. Johannisbrotkernmehl) und künstliche Verdickungsmittel.

Folgende Zusatzstoffe tragen außer dem Klassennamen auch eine sog. *E-Nummer:* Farbstoff, Konservierungsstoff, Antioxidationsmittel, Trennmittel, künstlicher Süßstoff, Überzugsmittel, Mehlbehandlungsmittel.

## Lebensmittel ohne Kennzeichnungspflicht

Bei der Lebensmittelkennzeichnungs-Verordnung gibt es auch Ausnahmen, für die jedoch die Kennzeichnung durch andere Bestimmungen vorgeschrieben ist. Zu diesen Lebensmitteln gehören: Kakao und Kakaoerzeugnisse, Aromen, verschiedene Getränke (z. B. Perlwein, Schaumwein, weinhaltige Getränke), verschiedene Zuckerarten, Kaffee-Extrakte, Honig.
Von einzelnen Vorschriften befreit sind außerdem frisches Obst und Gemüse, lose verkaufte Lebensmittel.

## 3.3 Schadstoffe in Lebensmitteln

Lebensmittel erhalten nicht nur erwünschte Stoffe, sondern auch schädliche Substanzen, die man zwar meist nicht sehen oder schmecken kann, die aber unserer Gesundheit schaden können. Durch verschiedene Gesetze und Verordnungen wird gewährleistet, daß nur Lebensmittel in den Handel kommen, die bestimmte, unschädliche Höchstmengen an Rückständen nicht überschreiten.
Die Schadstoffe in Lebensmitteln können verschiedene Ursachen haben:

● Umweltverschmutzung, z. B. Schwermetalle, Schadstoffe der Luft.
● Rückstände aus der Produktion, z. B. Pflanzenbehandlungsmittel.
● Schadstoffe, die bei der Zubereitung und Lagerung von Lebensmitteln entstehen, z. B. Benzpyren, Nitrosamine.
● Natürliche Schadstoffe in Lebensmitteln, z. B. Solanin in grünen Kartoffeln (siehe Seite 113).

Die Schadstoffaufnahme kann gering gehalten werden durch abwechslungsreiche Mischkost sowie durch richtige Behandlung von Lebensmitteln im Haushalt. Lebensmittel, die natürliche Gifte enthalten, sollten Sie nach Möglichkeit meiden. Auch Lebensmittel aus besonders belasteten Gebieten vermeiden!

## Schadstoffe durch Umweltverschmutzung

Die häufigsten Schadstoffe durch Umweltverschmutzung (Industrie- und Autoabgase) sind Blei, Cadmium, Quecksilber und chlorierte Kohlenwasserstoffe. Alle diese Stoffe wirken krebserregend oder führen zu Vergiftungen. *Blei* wird ins Knochenmark eingelagert, stört die Blutbildung und schädigt das Nervensystem. *Cadmium* führt zu Leber- und Nierenschäden sowie Schäden an der Schilddrüse. *Quecksilber* ist in hohem Maße krebserregend, ebenso *Chlorkohlenwasserstoffe*. Durch richtige Behandlung im Haushalt können die Schadstoffe zum Teil entfernt werden:

● Obst und Gemüse gründlich waschen, wenn möglich schälen, da sich Schadstoffe häufig unter oder in der Schale befinden.
● Gemüse mit stark gekräuselter Oberfläche, z. B. Grünkohl, besonders sorgfältig waschen.
● Obst mit behaarter Oberfläche ebenfalls gründlich waschen, z. B. Pfirsiche, Stachelbeeren sowie kleinfrüchtiges Beerenobst.
● Bei Gemüse, besonders bei Salaten und Kohl, die äußeren Hüllblätter nicht verwenden.
● Wildfrüchte und Wildgemüse nicht in der Nähe stark befahrener Straßen sammeln.
● Schwermetalle, besonders Blei, kann sich auch aus Keramikgeschirr lösen, das man in südlichen Ländern kaufen kann. Deshalb dieses Geschirr nicht für die Zubereitung von Lebensmitteln verwenden.
● Zinn und Blei aus Konservendosen können in das Lebensmittel übergehen, wenn die Dosen geöffnet sind. Deshalb konservierte Lebensmittel zur weiteren Aufbewahrung in Kochgeschirr umfüllen.
● Schwermetalle aus dem Futter sammeln sich bei Tieren hauptsächlich in den Nieren und der Leber. Innereien deshalb nicht öfter als etwa einmal monatlich essen. Vom Verzehr von Hasenleber oder -nieren ist abzuraten. Leber von älteren Tieren enthält mehr Schwermetalle als Leber von jungen. Nieren sollten nicht öfter als alle 2–3 Wochen auf dem Speiseplan stehen.

## Die wichtigsten E-Nummern und ihre Bedeutung

| E-Nummer | Name | Herkunft | Verwendungszweck | Produkteinsatz | Nebenwirkungen |
|---|---|---|---|---|---|
| **Farbstoffe** | | | | | |
| E 100 | Kurkumin | Extrakt der Kurkumawurzel | Orangegelber Farbstoff | Margarine, Currypulver, Schmelzkäse, Reisfertiggerichte | Keine bekannt |
| E 101 | Lactoflavin (Riboflavin) | Aus Bierhefe oder synthetisch hergestellt | Gelber oder oranger Farbstoff | Schmelzkäse | Keine bekannt |
| E 102 | Tartrazin | Synthetisch hergestellt | Häufig verwendeter gelber Farbstoff | Fertignahrung, Käserinde, Salatsoße, Räucherfisch, Kaugummi, Kuchenmischungen, Dosenerbsen | Hautausschlag, besonders bei Asthmatikern |
| E 150 | Zuckercouleur | Aus Zucker | Brauner Farbstoff, Geschmackszutat | Fertigsuppen und -soßen, Kuchenmischungen, Kuchen, Brot | Unschädlichkeit noch umstritten |
| E 160a | Alpha-, Beta-, Gamma-Carotin | Pflanzlicher Farbextrakt von Möhren, Tomaten, Hagebutten, grünem Blattgemüse | Oranger Farbstoff, Provitamin A | Margarine, Butter, Kuchenmischungen | Keine bekannt |
| **Konservierungstoffe** | | | | | |
| E 200 | Sorbinsäure | Vogelbeere (Eberesche), meist synthetisch gewonnen | Hemmt Wachstum von Schimmelpilzen, Hefen und im sauren Bereich auch von Bakterien | Fischerzeugnisse, Mayonnaise, Salatsoßen, Flüssigei, Milchprodukte, Schnittbrot | Hautreizungen möglich |
| E 210 | Benzoesäure | Preiselbeere, meist synthetisch hergestellt | Tötet im sauren Bereich Pilze und Keime | Fischerzeugnisse, Flüssigei, Salat- und Gewürzsoßen, ausländisches Bier, Marmelade, Fruchtjoghurt, Fleisch- und Gemüsesalate | Kann Allergien auslösen |
| E 214 | Para-Hydroxibenzoesäure-Ester | Synthetisch aus Benzoesäure hergestellt | Stärker keimtötende Wirkung als Benzoesäure | Fischerzeugnisse, Mayonnaise, Salat- und Gewürzsoßen, Fleisch- und Gemüsesalate, Kuchenfüllungen, Dessertsoßen, ausländisches Bier | Kann Allergien auslösen |

**Die wichtigsten E-Nummern und ihre Bedeutung** (Fortsetzung)

| E-Nummer | Name | Herkunft | Verwendungszweck | Produkteinsatz | Nebenwirkungen |
|---|---|---|---|---|---|
| E 220 | Schwefeldioxid (schwefelige Säure) | Synthetisch aus Schwefel oder Gips hergestellt | Wirkt konservierend, antioxidativ und bleichend | Kandierte, glasierte und getrocknete Früchte, Obstpülpe und Obstmarkt, Fruchtsäfte und Fruchtsirupe, Fertigsuppen, Cremedesserts auf Fruchtbasis, Fleischzubereitungen | Zerstört Thiamin (Vitamin B₁), fördert Thiaminmangel |
| E 230 | Biphenyl (Diphenyl) | Synthetisch aus Benzol hergestellt | Hemmt Schimmelbildung | Oberflächenbehandlung von Zitrusfrüchten, »Schale nicht zum Verzehr geeignet« | Bei Arbeiten mit Biphenol Übelkeit, Erbrechen |
| E 236 | Ameisensäure | Drüsensekret der Ameise, synthetisch hergestellt | Hemmt Wachstum von Schimmelpilzen, Hefen und Bakterien, besonders im sauren Bereich | Obstpülpe, Obstmark, Fischerzeugnisse | Harntreibend |
| E 250 | Natriumnitrit (Pökelsalz) | Chemisch oder bakteriell aus Natriumnitrat gewonnen | Konservierend, verleiht hitzebeständige rote Fleischfarbe, Pökelgeschmack | Fleischprodukte, Wurst, Käse | Nitrosaminbildung, Nitrite können Ohnmacht, Erbrechen und Schwindel auslösen |
| E 270 | Milchsäure | Enzymatischer Kohlenhydratabbau durch Milchsäurebakterien | Säuerungsmittel, Aromastoff, verstärkt antioxidierende Wirkung anderer Stoffe, Konservierungsmittel | Margarine, Kindernahrung, Salatsoßen, kohlensäurehaltige Getränke | Eventuell Stoffwechselstörungen bei Neugeborenen |
| **Antioxidantien** | | | | | |
| E 300 | Ascorbinsäure (Vitamin C) | Früchte, Gemüse, durch biologische Synthese hergestellt | Antioxidans für Fette und Öle, verhindert Bräunung von Fruchtmark und Fruchtsäften | Fruchtgetränke, Limonaden, Milchpulver, Dosenmilch, trockene und fritierte Kartoffelerzeugnisse, Suppen | Größere Mengen: Durchfall, langfristig eventuell Nierensteine |
| E 307 | Alpha-Tocopherol | Synthetisch hergestellt | Vitamin E, siehe Ascorbinsäure | Wurstwaren, Kaugummi | Nicht bekannt |

| | | | | | |
|---|---|---|---|---|---|
| **Emulgatoren, Stabilisatoren** | | | | | |
| E 322 | Lecithine | Natürlicher Begleitstoff tierischer und pflanzlicher Fette, meist gewonnen aus Sojabohnen, Mais, Samen | Wirkt antioxidativ, emulgierend, stabilisierend, mindert Viskosität von Schokolade | Schokolade, Pralinen, Margarine, Milchpulver, Kleingebäck | Keine gesundheitsschädigende Wirkung bekannt |
| E 400 | Alginsäure | Braunalgenextrakt | Quillt stark in Wasser, geliert emulgiert und stabilisiert | Pudding, Eiscreme, Konditoreierzeugnisse, Instant-Desserts | Nicht bekannt |
| E 413 | Traganth | Getrocknete Gummiabsonderungen von Sträuchern | Siehe Alginsäure | Konditoreierzeugnisse, Zubereitungen aus Hüttenkäse, Salatsoßen, Streich-, Schmelzkäsezubereitungen | Eventuell Hemmung der Eiweißverdauung im Magen |
| E 440 | Pektine | Zellwände von Obst wie Äpfel, Citrusfrüchte, Rüben | Gelbildung, besonders im sauren Bereich | Marmeladen, Gelees, Obstkuchen, Puddings, Desserts | Keine bekannt |
| **Geschmackverstärker** | | | | | |
| E 621 | Natriumglutamat | Seetang, industrielle Gewinnung aus Weizenkleber oder Zuckerrübenrückständen | Verstärken vorhandenen Geschmacks eiweißhaltiger Lebensmittel | Suppen, Soßen, Fertiggerichte, Wurstwaren, Gemüsekonserven, Würze, Sojasoße | Herzklopfen, Kopf- und Nackenschmerzen, »China-Restaurant-Syndrom«, verboten in Kindernahrung |

● Schwermetalle (vor allem Cadmium) sammeln sich in hohen Konzentrationen in Pilzen an. Auch die radioaktive Belastung ist bei Wildpilzen teilweise sehr hoch. Es ist deshalb zu empfehlen, nicht mehr als zwei Pilzmahlzeiten pro Woche zu verzehren. Die Schwermetallbelastung kann verringert werden durch Entfernung der Lamellen- bzw. Röhrenschicht und Abziehen der Huthaut. Kulturpilze können unbedenklich gegessen werden.

● Auch in Fischen reichern sich Schadstoffe der Umweltverschmutzung an, vor allem Quecksilber. Am höchsten belastet sind Fische aus stark verschmutzten Küstengewässern und Flüssen. Grundhai, Heringshai, Weißer Heilbutt und Blauleng sammeln besonders viele Schadstoffe. Wenig belastet sind Fische aus Süßwasser, aber auch Meeresfische wie Kabeljau und Schellfisch.

## Rückstände aus der Produktion

Bei der Produktion können vielfältige Stoffe in ein Lebensmittel übergehen oder sich dort bilden. Durch richtige Behandlung im Haushalt bzw. Kenntnisse kann die Belastung vermindert werden:

● *Pflanzenschutzmittel* an der Oberfläche von Obst und Gemüse können durch gründliches Waschen oder Schälen entfernt werden. Im eigenen Garten möglichst auf Pflanzenschutzmittel verzichten.

● *Tierarzneimittel* gehen vor allem in die Leber des Schlachttieres über. Deshalb Innereien nicht öfter als einmal pro Monat essen.

● Bei starker *Stickstoffdüngung* nimmt die Pflanze Nitrat auf, das im Körper in schädliches Nitrit umgewandelt wird. Nitrat reichert sich nicht in allen Gemüsearten gleich stark an (siehe Seite 111). Man sollte jedoch im eigenen Gemüsegarten auf starke Stickstoffdüngung verzichten, weil es die Nitratgehalte niedrig hält.

● *Nitrat* geht zum Teil auch in das *Trinkwasser* über. Zwar sind Grenzwerte für Nitrat vorgeschrieben (50 Milligramm pro Liter), doch sollten bei der Säuglingsernährung 10 Milligramm pro Liter nicht überschritten werden. Liegt der Nitratgehalt darüber, ist es empfehlenswert, für die Säuglingsernährung auf Mineralwasser auszuweichen.

## Schadstoffe aus der Verarbeitung

Schadstoffe bei der Verarbeitung können entstehen durch Verderb, z. B. bei zu langer Lagerung der Lebensmittel, aber auch durch Zusätze, die bei der Verarbeitung zugegeben werden, z. B. Nitritpökelsalz.

### Nitritpökelsalz und Benzpyren

Nitritpökelsalz wird bestimmten Wurstsorten, Schinken oder Fleischstücken zugegeben, damit sie eine schöne rote Farbe bekommen, der Geschmack verbessert und die Haltbarkeit verlängert wird. Nitrit ist ein Stoff, der in höheren Konzentrationen im menschlichen Körper giftig wirkt. Da aber der Nitritgehalt im Pökelsalz genau vorgeschrieben ist, kann durch gepökelte Fleisch- und Wurstwaren keine Nitritvergiftung auftreten.

In gepökeltem Fleisch und in Wurstwaren können jedoch *Nitrosamine* entstehen, das sind Verbindungen von Nitrit mit Eiweißstoffen, die als krebserregend gelten. Da die Nitrosaminbildung in gepökelten Fleischwaren bei starker Erhitzung zunimmt, sollten diese Produkte nicht gegrillt oder gebraten werden. Gekochter Schinken sollte

### 》》  Praktische Hinweise  《《

↪ Gepökelte Fleisch- und Wurstwaren nicht hoch erhitzen, z. B. braten oder grillen, weil hohe Temperaturen die Bildung von krebserregenden Nitrosaminen begünstigen. Gleichzeitige Zufuhr von Vitamin C (z. B. Zitronensaft) vermindert die Bildung von Nitrosaminen im Körper. Wie wirksam Vitamin C ist, ist jedoch noch nicht genau erforscht.

↪ Vergiftung bzw. Erkrankung mit Salmonellen kann vermieden werden, wenn Fleisch und Geflügel sorgfältig behandelt werden, z. B. Auftauwasser wegschütten, Arbeitsflächen und -geräte gründlich reinigen. Wichtig ist auch, Geflügel und Hackfleisch durchzugaren.

↪ Speisen nicht warmhalten, sondern abkühlen und erneut erhitzen. Bei den Warmhaltetemperaturen vermehren sich verderbniserregende Bakterien besonders schnell.

↪ Empfindliche eihaltige Lebensmittel wie Mayonnaise immer gut kühlen. Mit Mayonnaise zubereitete Speisen, z. B. Salate, möglichst frisch essen.

nicht mit Käse bei hohen Temperaturen überbacken werden, dabei kommt es zu besonders hoher Nitrosaminbildung, z. B. bei »Hawaii-Toast«.
Bratwürste, Rostbratwürste, Grillwürste und Weißwürste dürfen nicht mit Nitritpökelsalz behandelt werden.

*Benzpyren* ist ein Soff, der oft genannt wird im Zusammenhang mit geräuchertem Schinken oder gegrillten Fleisch- und Wurstwaren. Dieser krebserregende Stoff entsteht, wenn Fett in heiße Glut tropft, z. B. beim Grillen. Der aufsteigende Rauch enthält das Benzpyren und legt sich zum Teil wieder auf Räucher- oder Grillwaren. Schwarzgeräucherte (heißgeräucherte) Produkte sollten daher nur selten gegessen werden. Beim Grillen ist darauf zu achten, daß das Fett nicht direkt in die Holzkohle tropft, indem man beispielsweise Folie über den Grillrost legt. Es dauert dann zwar etwas länger, bis die Stücke gar sind, aber sie sind gesünder.

### Schwefeldioxid

Schwefeldioxid ist einer der ältesten Konservierungsstoffe. Es wirkt nachweislich schädlich, zerstört das Vitamin $B_1$, hemmt Enzyme und kann Kopfschmerzen und Übelkeit verursachen.
Schwefeldioxid hemmt das Wachstum von Bakterien, schützt die Lebensmittel vor Verderb und Verfärbung. Um das gesundheitliche Risiko gering zu halten, regeln Rechtsvorschriften, welche Lebensmittel in welcher Menge geschwefelt werden dürfen. Um die Schwefelaufnahme so niedrig wie möglich zu halten, sind ungeschwefeltes Trockenobst und die Verarbeitung von frischer Ware vorzuziehen. Wird geschwefeltes Trockenobst roh verzehrt, sollte es heiß gewaschen werden.

## Schadstoffbelastung alternativ erzeugter Produkte

Alternativ erzeugte Lebensmittel enthalten ebenfalls Schadstoffe, und zwar nicht nur die natürlichen Gifte, z. B. Phasin in Bohnen. Auch die Schadstoffe aus der Umweltverschmutzung machen vor den Gärten und Feldern alternativ erzeugender Bauern nicht halt. Auch bei der Verarbeitung können diese Produkte falsch behandelt werden, z. B. bei der Lagerung.
Der Gehalt an Rückständen von Pflanzenschutzmitteln ist allerdings geringer, weil auf den Einsatz chemischer Pflanzenschutzmittel verzichtet wird. Vielfach ist auch der Nitratgehalt geringer, weil Stickstoffdünger vorsichtiger dosiert werden.

# Wohnen und Familie

## 1 Ländliches Wohnen

Wohnen ist ein sehr wichtiges Bedürfnis des Menschen; es bedeutet, ein Refugium zu haben, in dem man sich geborgen fühlt. Das Heim ist da, sich zu entspannen und neue Kräfte zu sammeln. Um in einem Haus oder einer Wohnung Wohlbehagen zu schaffen, bedarf es einiger Überlegungen und sorgfältiger Planung.

Ländliches Wohnen unterscheidet sich von städtischem Wohnen, denn die Verbindung von Arbeitsstätte und Wohnhaus strahlt eine eigene Atmosphäre aus. Das landwirtschaftliche Wohnhaus ist meist größer als »Nichtbauernhäuser«, weil (vor allem früher, teils aber auch heute noch) Platz sein muß für drei, zum Teil sogar vier Generationen.

Bauernhäuser haben einen größeren Raumbedarf, weil gerade Hauswirtschaft ein größerer Wert beigemessen werden muß, z. B. durch eine umfangreiche Vorratshaltung, teilweise auch durch die Versorgung von Fremdarbeitskräften. Manche Betriebszweige sind eng mit der Hauswirtschaft verbunden, z. B. Direktvermarktung, Urlaub auf dem Bauernhof. Zusätzliche Einrichtungen sind erforderlich im Bereich der Körperpflege, z. B. »Schmutzschleuse«, da die Haushaltsmitglieder häufig Schmutzarbeiten zu erledigen haben.

Ein Bauernhaus wird traditionell langfristig und nach praktischen Gesichtspunkten geplant, weniger nach sogenannten modischen, kurzlebigen Aspekten. Ausdruck findet dies auch in der Einrichtung: Es können z. B. Einbaumöbel angeschafft werden, weil eine bäuerliche Familie nicht umzieht. Diese »Seßhaftigkeit« erfordert natürlich besonders sorgfältige Überlegungen bei der Planung eines Hauses, denn kurzlebige Modetrends und Baufehler können nachträglich nicht mehr oder nur schwer beseitigt werden.

Viele Bauernhäuser entsprechen allerdings nicht mehr den heutigen Anforderungen an Raumaufteilung, Sanitäranlagen, Heizung und Warmwasserbereitung. Umbauten sind daher häufig unumgänglich. Falls die Bausubstanz schlecht ist, wird man sich sogar Gedanken über einen Neubau machen.

## 2 Raumbedarf und Lage der Räume

Der Raumbedarf hängt ab von der Haushaltsgröße (Zahl der Mitglieder), den Ansprüchen und dem Alter der Haushaltsmitglieder sowie von den finanziellen Möglichkeiten.

### 2.1 Raumgruppen

Im ländlichen Haushalt lassen sich folgende Raumgruppen unterscheiden:

- Wohnbereich.
- Wirtschaftsbereich.
- Schlafbereich.
- Sanitärbereich.
- Altenteil.

### Wohnbereich

Der Wohnbereich umfaßt die Räume, in denen die *Freizeit* verbracht wird, *Gäste* und Besucher empfangen werden, gespielt, evtl. gegessen wird und die *Kinder* betreut werden. Der Raum sollte nicht zu klein sein. Sonne und Wärme sind erwünscht, günstige Himmelsrichtung sind Süden und Westen. Beliebt ist ein angegliederter *Freisitz* im Garten. Der Freisitz sollte überdacht sein und Platz für Stühle und einen Tisch bieten. Dann kann nicht nur im Freien gegessen werden, sondern auch Hausarbeiten können hier erledigt werden. (Ausbürsten von Kleidung, Ausbessern von Kleidung, Bastelarbeiten.)

Der *Eßplatz* kann in einem gesonderten Raum untergebracht sein, möglichst mit direkter Verbindung zu Küche und Wohnraum. Häufiger ist jedoch ein Eßplatz als Teil der Küche oder des Wohnraumes. Ist der Eßplatz in der Küche untergebracht, sollte er vom Küchenteil ein wenig abgesetzt werden, z. B. durch einen Raumteiler (beidseitig zu öffnender Schrank). Die Verbindung von Eßplatz und Wohnraum hat den Vorteil, daß Kinder hier unter der Aufsicht der Mutter Platz zum Spielen und für die Hausaufgaben haben.

Dem Wohnbereich angegliedert sollte ein *Arbeitszimmer* sein, bei Platzmangel reicht auch eine ruhige Ecke im Wohnraum.

## Wirtschaftsbereich

Zum Wirtschaftsbereich gehören Küche, Vorratsräume, Hausarbeitsraum, Schmutzschleuse. Die Wirtschaftsräume sollten nach arbeitswirtschaftlichen Gesichtspunkten eingerichtet werden, günstige Lage ist Norden oder Osten. Von der Küche aus sollte der Hauseingang und die Hofzufahrt überblickt werden können.

Der *Vorratsraum* (Speisekammer) sollte in Küchennähe sein, so spart man Wege und Zeit. Direkter Zugang von der Küche aus ist zwar bequem, meist ist der Raum dann jedoch nicht sehr kühl. Günstig ist ein Fenster zum Belüften oder eine gute Lüftung. Im ländlichen Haushalt reicht meist eine Speisekammer allein nicht aus, um alle Vorräte aufzubewahren. Je nach Haushaltsgröße und Umfang der Vorratshaltung ist ein weiterer Vorratsraum, z. B. für Tockenvorräte, Konserven usw., notwendig bzw. ein kühler, feuchter Kellerraum für Kartoffeln, Gemüse, Obst. Im allgemeinen sind jedoch zwei Vorratsräume ausreichend.

Im *Hausarbeitsraum* wird gebügelt, Kleidung ausgebessert, genäht, gebastelt, evtl. Schreibarbeit erledigt, ausgeruht. Im »nassen« Hauswirtschaftsraum, der zugleich meist als Schmutzschleuse dient, stehen Waschmaschine, Wäschetrockner, die Schmutzwäsche wird hier aufbewahrt, ein

Spülbecken steht zur Verfügung für Handwäsche und andere Reinigungsarbeiten. Günstig sind auch eine Dusche und ein Handwaschbecken, WC sowie Ablagemöglichkeiten für Arbeitskleidung und -schuhe und ein Ordnungsschrank für Putzmittel und -geräte.

In manchen Haushalten wird im Hauswirtschaftsraum auch eingekocht, werden größere Mengen Gemüse geputzt, eingefroren usw. Dafür ist es jedoch günstiger, die Küche optimal zu gestalten. Alle Wirtschaftsräume sollten einander zugeordnet sein, damit lange Wege vermieden werden.

## Schlafbereich

Schlafzimmer liegen am besten nach Osten. Im *Elternschlafzimmer* sollte Platz für ein Kinderbett sein. Die *Kinderzimmer* können auch nach Süden oder Westen liegen, denn Kinder halten sich erfahrungsgemäß auch tagsüber gerne in ihrem eigenen kleinen Reich auf. Nach Möglichkeit sollte jedes Kind sein eigenes Zimmer haben. In alten Bauernhäusern sind die Zimmer z. T. noch sehr groß, so daß die Kinder in einem oder zwei großen Räumen schlafen. Mit zunehmendem Alter der Kinder sollte man sich darum bemühen, so große Räume zu teilen und jedem Kind sein eigenes, wenn auch kleines Zimmer zukommen zu lassen. Vorzusehen sind auch ein *Gästezimmer* und natürlich ein *Zimmer für Auszubildende* oder Fremdarbeitskräfte.

Dem Schlafbereich zugeordnet sein sollte ein *WC* und ein ausreichend *großes Bad*. Die Dusche in der Schmutzschleuse reicht im ländlichen Haushalt nicht aus.

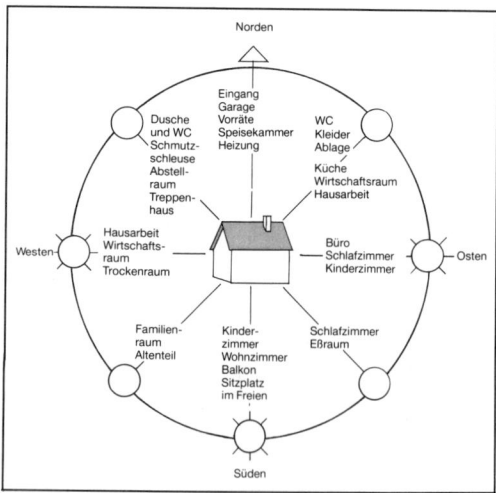

Lage der Räume zur Himmelsrichtung

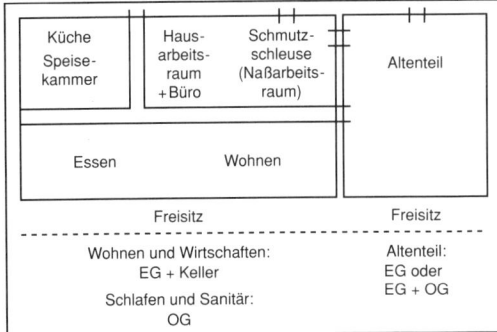

| Küche Speisekammer | Haus-arbeits-raum +Büro | Schmutz-schleuse (Naßarbeits-raum) | Altenteil |
| Essen | | Wohnen | |
| | Freisitz | | Freisitz |
| Wohnen und Wirtschaften: EG + Keller | | | Altenteil: EG oder EG + OG |
| Schlafen und Sanitär: OG | | | |

Anordnung der Räume

## Altenteil

In den meisten bäuerlichen Familien leben und arbeiten drei Generationen miteinander. Um Spannungen von vornherein zu vermeiden, ist es ratsam, eine eigene Altenteiler-Wohnung einzurichten. In manchen Gegenden ist es üblich, ein eigenes Haus für die Altenteiler zu bauen, Wenn dies aus finanziellen Gründen nicht möglich ist, sollte unbedingt ein eigener Wohnbereich im gemeinsamen Wohnhaus geschaffen werden mit Wohnraum, Küche oder Kochnische mit Eßplatz, Schlafraum, Bad und WC, evtl. Abstellraum, Gästezimmer, Hausarbeitsraum. Günstig ist ebenerdige Lage des Altenteils, weil Treppensteigen mit zunehmendem Alter schwieriger wird und weil ein eigener Freisitz angegliedert werden kann.

## 2.2 Raumgrößen

Die einzelnen Raumgrößen hängen ab von der Größe des Hauses. In alten Bauernhäusern sind meist sehr große, aber wenige Räume vorhanden. Kleinere Räume sind vor allem im Wirtschaftsbe-

reich zweckmäßig, Umbauten sind meist leicht durchführbar. Um die richtigen Verhältnisse der einzelnen Raumgruppen einzuhalten, gibt es Anhaltswerte für die einzelnen Raumgrößen (siehe Übersicht unten).

Der Grundriß eines Hauses sollte jedoch nicht nur an der Größe der einzelnen Räume beurteilt werden, es sollten auch andere Gegebenheiten betrachtet werden:

● *Flure* sollten nicht zu eng und verwinkelt sein, sie sollten durch Fenster erhellt werden. In engen Fluren können Möbel nur schwer transportiert werden, außerdem ist keine wohnliche Gestaltung des Flures möglich. Die Verkehrsflächen sollen jedoch nicht zu großzügig sein, damit nicht zuviel Platz verloren geht, der in den anderen Räumen gebraucht wird.
● Die Räume sollten gute Proportionen haben, also nicht zu lang oder zu schmal sein.
● Länge und Zuordnung der Räume zueinander sollten aufeinander abgestimmt sein.
● Genügend Stellfläche in den einzelnen Räumen für die Möbel und ausreichende Bewegungsflächen müssen berücksichtigt werden.
● Alle Räume sollten vom Flur aus zu erreichen sein.
● Genügend sanitäre Einrichtungen müssen vorhanden sein, ab fünf Personen ist ein zweites Bad erforderlich.
● Die Räume sollen gut möblierbar sein, die Anordnungen der Türen und Fenster ist hier wichtig.
● Es ist darauf zu achten, daß die Nutzung verändert werden kann, z. B. daß die Räume bei Bedarf (je nach Familienzyklus) der Betriebsleiterwohnung zugeordnet oder als Altenteilerwohnung genutzt werden können, ohne daß größere Umbauten nötig sind.

### Raumgrößen im bäuerlichen Wohnhaus

| Raum | ca. m$^2$ | Raum | ca. m$^2$ |
|---|---|---|---|
| Wohnzimmer | 30–35 | Arbeitsküche | 8,5–12 |
| ▷ mit Eßplatz | –40 | ▷ mit Eßplatz | 15 –25 |
| Eßplatz | 15–20 | Hausarbeitsraum | 8 –10 |
| Arbeitszimmer (Büro) | 6– 8 | Schmutzschleuse | 8 –10 |
| Schlafzimmer | | Bad | 4 – 6 |
| ▷ 2 Betten | 15–22 | Dusche | 1,6– 2 |
| ▷ 1 Bett | 12–15 | WC | 1,6– 2 |
| Sitzplatz im Freien | 10–12 | Speisekammer | 2 – 3 |
| | | Vorratsräume | 20 |

# 3 Ausstattung des Wohnhauses

## 3.1 Fußböden

Bei Fußböden werden *Unterbau* und *Belag* unterschieden:

● Der Unterbau muß einen guten Wärme- und Schallschutz gewährleisten (Beratung beim Fachmann).
● Der Belag sollte abriebfest, trittweich, trittschalldämmend, fußwarm, unempfindlich gegen haushaltsübliche Säuren, Laugen, Fette und gegen Punktbelastung sein. Er muß sich mit wenig Aufwand reinigen und pflegen lassen, eine lange Lebensdauer besitzen und nicht zuletzt auch gut aussehen.

Für den Pflegeaufwand entscheidend ist die *Oberfläche des Belages*. Glatte Oberflächen, z. B. Linoleum, Kork, PVC, Fliesen, lassen sich leichter reinigen als rauhe Flächen, z. B. rauhe Steinböden. Schwierig zu reinigen sind auch manche Keramikböden, die zwar eine glatte Oberfläche haben, aber häufig auch Vertiefungen, in denen sich Schmutz festsetzt, der von Zeit zu Zeit mit hohem Kraftaufwand abgebürstet werden muß. Abzuraten ist von hochglänzenden Fußbodenbelägen, auch kleinste Verschmutzungen sind sichtbar, der Pflegeaufwand ist sehr hoch.

Im Hinblick auf die Reinigung ist auch wichtig, wie beständig der Belag gegen Säuren und Laugen ist, die in Reinigungsmitteln enthalten sind. Informationen darüber gibt der Hersteller des Bodenbelages (siehe auch Seite 282).

*Farbe und Musterung* des Belages bestimmen die Wirkung im Raum. Stark gemusterte Böden (z. B. Teppichböden) machen einen Raum unruhig; weniger auffällig, aber nicht langweilig sind die Maserung von Holz und Natursteinplatten. Starke Musterungen erschweren die Möblierung, matte Töne mit leichter Maserung sind neutraler. Günstig für die Pflege ist auch, gleichartige Räume, z. B. Wirtschaftsraum und Vorratsraum, mit gleichem Belag zu versehen. Über Geschmack läßt sich zwar nicht streiten, Materialnachahmungen, z. B. »Holz« aus Kunststoff, sollten jedoch vermieden werden.

Die *Elastizität* des Bodenbelages ist in erster Linie wichtig in Räumen, in denen gearbeitet wird. Harte, nicht federnde Beläge machen fußmüde;

weiche, trittelastische Beläge sind angenenehmer. Weniger wichtig ist diese Eigenschaft für Wohn- und Schlafräume; hier ist daran zu denken, daß der Belag fußwarm ist.

### ➤➤ Praktische Hinweise ◀◀

⇨ Nicht mehr als zwei verschiedene Fußbodenmaterialien in einem Stockwerk zu verwenden.
⇨ Wenn das Material gewechselt wird, bei der Farbe bleiben.
⇨ Bei der Auswahl von Fußbodenbelägen für einzelne Räume daran denken, daß der Belag lange halten soll, keine unnötigen Pflegeansprüche stellt und zur Gesamtgestaltung des Wohnhauses paßt.

### *Steinböden*

Steinböden haben sehr lange Lebensdauer. Sie sind beständig gegen Wasser, sind formbeständig, abriebfest und feuersicher. Gegen Säuren und Laugen sind nicht alle Steinböden beständig. Marmor ist beispielsweise nicht säurebeständig. Steinböden sind für Arbeitsräume weniger geeignet, weil sie unelastisch sind. In Wohnräumen werden sie in den letzten Jahren immer häufiger verlegt, jedoch sollten diese Räume mindestens zentralgeheizt sein, am besten ist eine Fußbodenheizung, weil diese Beläge sehr fußkalt sind.

### Natursteinplatten

Solnhofener Platten, Marmor, Granit, Muschelkalk, Natursteinböden wirken sehr schön in Flur und Diele, auf der Terrasse und auch im Wohnraum, sie sind allerdings in der Anschaffung sehr teuer. Aufliegende Teppiche gleichen die Härte und Kälte etwas aus. Damit sich poröse Natursteinböden leichter pflegen lassen, ist es angebracht, die Oberfläche versiegeln zu lassen. Die Versiegelung muß nicht zwangsläufig hochglänzend und damit pflegeintensiver sein.

### Betonwerksteinplatten

Am bekanntesten ist Waschbeton. Er wird aus Betonplatten hergestellt, deren Oberfläche bearbeitet wird. Solche Böden eignen sich für Flure, Dielen, Treppenhäuser, Waschküchen, aber nicht für Wohnräume. Beim Verlegen von Waschbetonplatten ist zu bedenken, daß sie naß sehr rutschig sind.

## Terrazzoböden

Diese Böden werden an Ort und Stelle als farbiger Betonestrich eingebracht und anschließend geschliffen. Sie sind geeignet für Flure, Dielen, Treppenhäuser, Waschküchen.

## *Keramische Bodenbeläge*

Keramische Bodenbeläge eignen sich gut für Sanitärräume, Flur, Diele und Wirtschaftsräume (Vorratsräume, Waschküche), wegen ihrer Härte nur bedingt für Küche und Arbeitsräume. Verlegt werden feinkeramische Fliesen und Klinker. Sie werden in vielen Formaten und Farben angeboten. Falls sie im Freien verlegt werden sollen, ist auf Frostbeständigkeit zu achten.
Werden *Fliesen* im Badezimmer verlegt, müssen die Bodenfliesen eine höhere Beständigkeit aufweisen als Wandfliesen (im Fachgeschäft beraten lassen).
Beliebt sind *Terrakotta*-Böden in Wohnräumen, aber auch in Küchen. Wird Terrakotta in der Küche verlegt, können Platten gewählt werden, die eine Fettschutzversiegelung haben, diese Böden sind wenig pflegeaufwendig.
*Klinker* sind ebenfalls sehr widerstandsfähig und robust. Die leicht rauhe Oberfläche verhindert rasches Ausrutschen, Klinker können auch im Freien verlegt werden.

## *Holzböden*

Holzfußböden sind sehr beliebt, weil sie schön sind, viele Gestaltungsmöglichkeiten (Parkett) bieten, eine gemütliche Atmosphäre im Raum schaffen, elastisch und fußwarm sind. Holzfußböden eignen sich mit Ausnahme der Naßräume für alle Räume. Durch Schleifen und Versiegeln lassen sie sich leicht pflegen.

### Dielenböden und Parkett

*Dielenböden* sind einfache Holzfußböden, die vor allem aus Weichhölzern gemacht werden, z. B. Fichte, Tanne, Kiefer, Lärche, Pitchpine, Redpine.
Für *Parkettböden* werden Eiche, Redpine, Mahagoni verwendet, zu bevorzugen sind einheimische Hölzer. Vielfalt bringen die verschiedenen Parkettarten: Stabparkett, Mosaikpartkett, Riemenparkett. Hinsichtlich der Qualität ist zu unterscheiden zwischen erster, zweiter und dritter Wahl. Zweite und dritte Wahl haben meist eine sehr lebhafte Maserung, was aber nicht unbedingt ein Nachteil ist. Parkettböden werden vorwiegend in Wohnräumen verlegt, Dielenböden in Flur, Diele, Kinderzimmer, Schlafräumen.

### Hirnholzböden

Sie sind sehr strapazierfähig, allerdings auch sehr teuer in der Anschaffung. Bei diesem Fußbodenbelag werden die Jahresringe des Holzes betreten. Fichte und Eiche sind von der Strapazierfäigkeit her als gleich zu beurteilen.

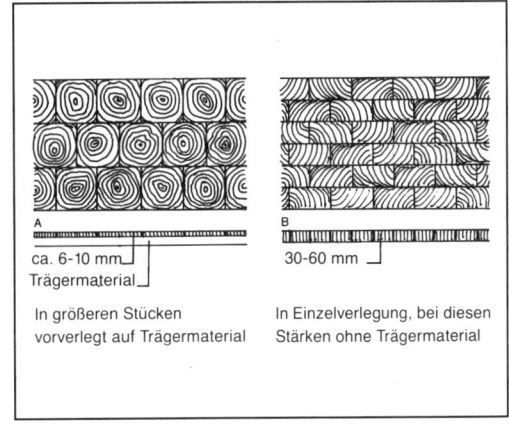

Verlegen von Hirnholzpflaster

## *Linoleum*

Linoleum ist beliebt wegen seiner zahlreichen guten Eigenschaften: fußwarm, elastisch, lösungsmittelunempfindlich, haltbar, pflegeleicht und kostengünstig. Verwendet wird es hauptsächlich in Schlafräumen und Kinderzimmern. Es ist für alle Räume außer den Naßräumen geeignet.

## *Korkplatten*

Korkplatten werden in Räumen verlegt, in denen Fußwärme und Trittschalldämmung besonders wichtig sind, also in Wohnräumen, Kinderzimmern, Hobbyräumen. Kork ist elastisch, fußwarm, gleitsicher. Da die Platten sehr weich sind, ist ein druckfester Unterboden unerläßlich. Bei Fußbodenheizung können Korkplatten nicht verlegt werden, weil sie bestens isolieren und die Wärme nicht durchlassen. Die Oberfläche von Korkplatten ist mit einer dünnen Schicht PVC versehen und damit pflegeleicht, allerdings lösungsmittelempfindlich. Nicht geeignet sind Korkplatten für Naßräume.

## Kunststoffbeläge

PVC-Beläge sind elastisch, fußwarm, pflegeleicht, strapazierfähig, feuchtigkeitsunempfindlich und meist auch lösungsmittelunempfindlich. Die Platten können in unterschiedlicher Größe verlegt werden. Verschweißen der Platten empfiehlt sich in Naßräumen. Besonders geeignet sind PVC-Böden für Sanitär- und Wirtschaftsräume, vor allem für Küchen und Arbeitsräume, in denen im Stehen gearbeitet wird.
PVC-*Verbundbeläge* sind PVC-Bahnen mit einer Unterschicht aus Filz, Kork oder PVC-Schaum. Diese Böden sind besonders elastisch und trittschalldämmend. Für Naßräume sind sie allerdings nicht geeignet.

## Textile Bodenbeläge

Siehe Seite 401.

# 3.2 Fenster und Türen

## Fenster

Die Größe der Fenster hängt ab vom Stil des Hauses, von der Lage zu benachbarten Häusern, Bäumen, Aussicht usw. Grundsätzlich sollten möglichst wenige unterschiedliche Fensterformate an einem Haus vorkommen. Die Fensterfläche sollte ½ bis ⅕ der Grundfläche des Raumes betragen. Je höher der Fensteranteil an einem Haus ist, desto höher sind die Heizkosten. Um die Wärmeverluste durch die Fenster gering zu halten, ist gute Wärmedämmung wichtig.

## Fensterkonstruktionen

● *Einfachfenster* gibt es heute nur noch mit Isolierverglasung, Einfachverglasung isoliert zuwenig. Isolierverglasung besteht aus zwei Glasscheiben, deren Zwischenräume luftdicht abgeschlossen ist.
● *Doppelfenster* gibt es vielfach noch bei alten Häusern, in Neubauten werden sie nicht mehr eingebaut. Das Doppelfenster hat zwei einfach verglaste getrennte Flügel, die nach außen bzw. innen aufschlagen. Der Reinigungsaufwand ist sehr hoch.
● *Kastenfenster* sind wie Doppelfenster gebaut, der Zwischenraum ist größer, beide Flügel gehen nach innen auf. Kastenfenster gibt es ebenfalls ausschließlich bei Altbauten.

● *Verbundfenster* haben zwei zusammengekoppelte, einfach verglaste Flügel, die beim Reinigen getrennt, ansonsten wie ein Flügel bedient werden. Da der Reinigungsaufwand sehr hoch ist, werden sie heute nicht mehr eingebaut.

## Öffnungsarten

● *Kippflügel* werden häufig als Kellerfenster verwendet, zum Reinigen werden sie ausgehängt.
● *Dreh-Kipp-Flügel* sind von Reinigung und Lüftung her optimal, sie werden in Wohnräumen am häufigsten verwendet.
● *Schwingflügel*fenster werden vorwiegend als Dachflächenfenster verwendet.
● *Klappflügel* kommen oft bei Dachfenstern vor, die Reinigung der Außenseite ist schwierig.

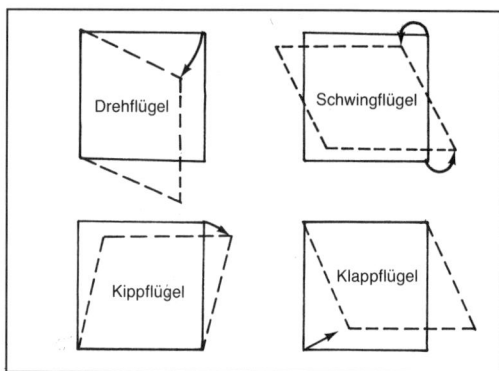

Fenster-Öffnungsarten

## Materialien für Fenster

● *Holzfenster* können nach Maß angefertigt werden; sie sehen schön aus, müssen aber regelmäßig gestrichen werden, damit sie lange haltbar sind. Holz hat einen guten Wärmedämmwert, es geht also wenig Wärme verloren.
● *Metallfenster* sind mit einem nicht rostenden Belag überzogen, verzinkt oder gestrichen. Besonders häufig werden Aluminiumfenster eingebaut, die als besonders beständig gelten, sie werden aber mit der Zeit grau. Edelstahlfenster behalten ihr Aussehen, sind aber sehr teuer.
● *Kunststoffenster* sind witterungsbeständig, feuchtigkeitsunempfindlich und müssen nicht gepflegt (gestrichen) werden.
● Es gibt auch *Kombinationen* von Holz mit Metall und Kunststoff; hier vereinigen sich die Witterungsbeständigkeit des Metalls und Kunststoffs mit dem Wärmedämmwert von Holz.

## Türen

### Außentüren

Außentüren müssen witterungsbeständig, fugendicht und möglichst wartungsfrei sein. Außentüren werden aus Metall, Glas und Harthölzern hergestellt. Bei der Auswahl von Material und Gestaltung den Baustil des Hauses berücksichtigen, z. B. keine Metall-Glas-Tür für ein Bauernhaus mit aufwendiger Holzkonstruktion.

Bei Außentüren nicht zu vernachlässigen ist die Wärmedämmung; Glastüren sollten eine Isolierverglasung haben, doppelwandige Türen eine wärmedämmende Mittelschicht. Wärme geht verloren, wenn die Tür nicht dicht schließt, deshalb eine elastische Schwellendichtung, Dichtungsbürste oder eine Dichtungsschiene anbringen.

### Innentüren

Innentüren gibt es aus Holz, Metall, Glas, Kunststoff sowie verschiedenen Materialkombinationen. Glastüren oder Holztüren mit Glaseinsatz bieten die Möglichkeit, Licht in dunkle Flure zu bringen, allerdings ist bei Glastüren die Unfallgefahr höher. Um Stolpern zu verhindern, Stufen und Türschwellen vermeiden. Die Art der Türen (Material und optische Gestaltung) der Gesamtkonzeption des Hauses anpassen! Türen zu Windfang, Keller, Dachboden, Treppenhaus abdichten (wie oben), um nicht unnötig Wärme zu verlieren.

## 3.3 Wandbekleidung

Wandbekleidungen haben den Zweck, Wände *leichter zu pflegen*, z. B. in Naßräumen. Hier werden die Wände gefliest oder mit einem feuchtigkeitsbeständigen Anstrich versehen.

In Wohnräumen werden die Wände oft verkleidet, um damit eine bestimmte *Raumwirkung* zu erzielen, z. B. Holzvertäfelung. Wichtig ist eine gute Hinterlüftung, damit die Luft zirkulieren kann und sich keine Feuchtigkeit staut.

Die wohl häufigste Art der Wandbekleidung ist das Tapezieren, es ist jedoch aufwendiger als einfaches Streichen der Wände. Tapeten gibt es in den unterschiedlichsten Farben und Mustern. Generell sind kleine, unaufdringliche Muster zu empfehlen, damit die Einrichtungsgegenstände wirken und der Raum nicht zu unruhig wird.

Sehr elegant kann die Bespannung einer Wand mit Stoff sein, ist jedoch sehr teuer.

## 3.4 Gestaltungselemente

### Farben und Muster

Farben können einen Raum sehr verändern, zum Positiven wie zum Negativen. Manche Farben machen einen Raum kühl, andere tauchen ihn in ein warmes Licht. Viele Farben, bunt gemischt, machen einen Raum unruhig. Die Farbgebung wirkt sich auf die Stimmung des in dem Raum lebenden Menschen aus, deshalb ist größter Wert auf eine sorgfältige Farbzusammenstellung, vor allem in Wohnräumen zu achten.

Die Farbgestaltung eines Raumes geht aus von den Möbeln, der Farbe von Decken und Wänden sowie der textilen Ausstattung (Teppiche, Vorhänge, Möbelbezugsstoffe, Kissen).

### Farbwirkung

#### Gelb

Ist die hellste Farbe, sie wirkt leicht, fröhlich, beschwingt. Je heller der Ton, desto mehr strahlt das Gelb; wird es dunkler, verliert es an Leuchtkraft. Gelb ist gut geeignet für Räume an der Nordseite, weil es sie hell und freundlich macht.

#### Orange

Ist eine sehr ausdrucksvolle, aktive Farbe, die warm wirkt. Vor zuviel Orange in einem Raum muß allerdings gewarnt werden, es macht unruhig und kann einen ohnehin lichtdurchfluteten Raum zum »Brennen« bringen. Außerdem erscheint ein üppig orange ausgestatteter Raum kleiner, als er tatsächlich ist. Gut geeignet ist diese Farbe, um bestimmte Einrichtungsgegenstände zur Wirkung zu bringen – natürlich nur, wenn Orange zu den übrigen verwendeten Farben paßt.

#### Rot

Ist eine sehr warme Farbe, die Kraft und Energie ausdrückt. Je heller der Ton, desto fröhlicher wirkt es; je dunkler, desto »würdiger«. Bei Verwendung von Rot ist sehr auf den Ton zu achten: Dunkles Rot kann auch großflächig gut wirken; kräftige, helle Rottöne »überschreien« alles andere und sind daher nur sparsam zu verwenden, z. B. für Blumen, Kerzen, Kissen, Lampe.

#### Grün

Gilt als die ruhigste Farbe. Grüngelb wirkt lebendig und leicht, Blaugrün kühl. Grün ist eine ideale Farbe für Ruheräume.

## Blau

Wirkt ernst, fern und kühl; es gibt dem Gegenstand Tiefe. Die Wirkung hängt ab von Farbmischung und -tiefe. Wände in hellem Blau treten zurück und lassen einen Raum kühl wirken; dunkles Blau wirkt dagegen schwer und ernst.

## Braun

Ist eine warme Farbe und macht einen Raum gemütlich. Dunkle Räume werden durch Brauntöne düster.

## Schwarz

Schluckt das Licht; helle Farben wirken in Kombination mit Schwarz besonders intensiv. Schwarz kann einem Raum eine besondere Note geben.

## Grau

Paßt sich anderen Farben sehr gut an und hebt diese hervor. Allein wirkt es kühl und langweilig, es kann aber mit kräftigen Farben effektvoll kombiniert werden.

## Weiß

Macht einen Raum hell und läßt ihn größer erscheinen.

## Farbwahl

Welche Farben in einem Raum verwendet werden, hängt vom Geschmack des einzelnen ab. Grundsätzlich aber nicht mehr als drei Farbtöne verwenden, damit die einzelnen Gegenstände (Bilder, schöne Möbel) noch wirken können und der Raum nicht unruhig wirkt.
Die Intensität eines Farbtones kann genutzt werden, um den Raum optisch zu verändern. So wirkt z. B. ein Raum höher, wenn die Decke in einem hellen Ton gestrichen wird, während der Fußboden bewußt dunkler gehalten ist.

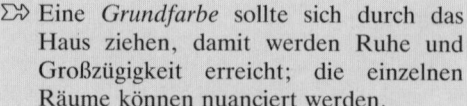

## ➤➤ Praktische Hinweise ◀◀

↳ Eine *Grundfarbe* sollte sich durch das Haus ziehen, damit werden Ruhe und Großzügigkeit erreicht; die einzelnen Räume können nuanciert werden.
↳ Bei der Farbwahl sollten die Wirkung der einzelnen Farben und bestimmte Farb-Vorlieben kombiniert werden mit bereits vorhandenen Farben.

## Muster

Das Bild eines Raumes kann wesentlich beeinflußt werden durch die Verwendung von Mustern oder aber bewußt unigehaltenen Farben. Grundsätzlich ist bei gemusterten Tapeten, Teppichen, Vorhängen usw. mit Vorsicht auszuwählen. Muster sind nicht nur der Mode unterworfen; selbst wenn es noch modern ist, kann es passieren, daß man sich schnell daran stört. Besonders zurückhaltend ist mit großflächigen Mustern umzugehen, alle anderen Einrichtungsgegenstände müssen darauf abgestimmt werden. Groß gemusterte Tapeten machen einen Raum kleiner und unruhig, Bilder wirken nicht, ebenso Möbel oder beispielsweise ein schöner Teppich.
Zu beachen ist, daß nach Möglichkeit nur *ein* Muster in einem Raum vorkommen sollte, Mustermix erweist sich nur selten als gelungen. Als Muster wirken z. B. auch die Möbel; so kann eine lebhafte Maserung des Holzes bereits genügend »Leben« in einen Raum bringen.
Muster können aber wie Farben auch zur optischen Veränderung eines Raumes beitragen. So lassen senkrecht gestreifte Tapeten oder auch senkrecht aufgebrachte Holzverkleidungsbretter einen Raum höher erscheinen als quergestreifte Muster.

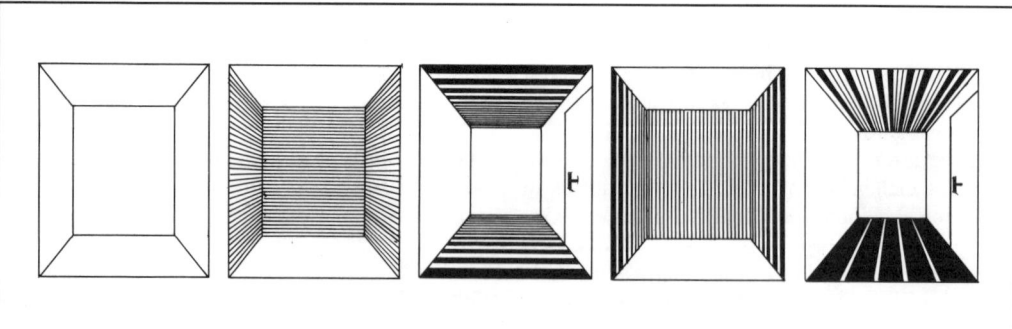

Optisch wird ein Raum durch horizontale Linien verbreitert, durch vertikale Linien geschmälert

# Beleuchtung

Licht ist ausschlaggebend für die Stimmung in einem Raum. Tageslicht ist immer die angenehmste Art der Beleuchtung, auf künstliche Lichtquellen kann jedoch nicht verzichtet werden. Ein hell ausgeleuchteter Raum lädt meist weniger zum gemütlichen Sitzen ein als etwas gedämpftes, aber trotzdem helles Licht.

Bei künstlichem Licht wird unterschieden zwischen direkter und indirekter Beleuchtung. Bei der *direkten Beleuchtung* fällt Licht von einer Decken- oder Stehlampe direkt auf eine bestimmte Stelle. Bei *indirekter Beleuchtung* werden Decke oder Wände angestrahlt, das Licht fällt zurück und beleuchtet den Raum gleichmäßig mit angenehm gedämpftem, warmem Licht.

In einem Raum sollten mehrere Lichtquellen vorhanden sein. Beim Betreten des Raumes wird eine *Allgemeinbeleuchtung* eingeschaltet, nach Bedarf dann andere Lampen zugeschaltet, z. B. am Schreibtisch, am Spiegel, am Lesesessel. Die Allgemeinbeleuchtung ist meist eine Deckenleuchte, die in Form und Farbe unauffällig und neutral wirken soll. Auch indirekte Beleuchtung ist als Allgemeinbeleuchtung gut geeignet.

*Einzelne Leuchten* (Stehlampe) dagegen können durch ihre Formgebung als Gestaltungselemente eingesetzt werden. Sind sie schlicht gehalten, z. B. einfache Strahler, haben sie meist die Aufgabe besonders schöne Einrichungsgegenstände, z. B. Schrank, Bilder, zu betonen.

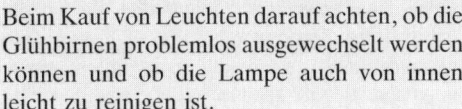

## ➤➤ Praktischer Hinweis ◀◀

Beim Kauf von Leuchten darauf achten, ob die Glühbirnen problemlos ausgewechselt werden können und ob die Lampe auch von innen leicht zu reinigen ist.

# Materialien

Wie bei den Farben gilt auch hier der Grundsatz: Möglichst wenig verschiedene Materialien verwenden. Entscheidet man sich z. B für eine bestimmte Metallart, so sollte dies bei weiteren Metallgegenständen fortgeführt werden.

Die verschiedenen Materialien haben ebenfalls eine ganz spezifische Wirkung im Raum. Holz und Naturfasern wirken warm und angenehm; Metall, Glas und Kunststoff können vornehm und ausgefallen wirken, auf jeden Fall aber kühler.

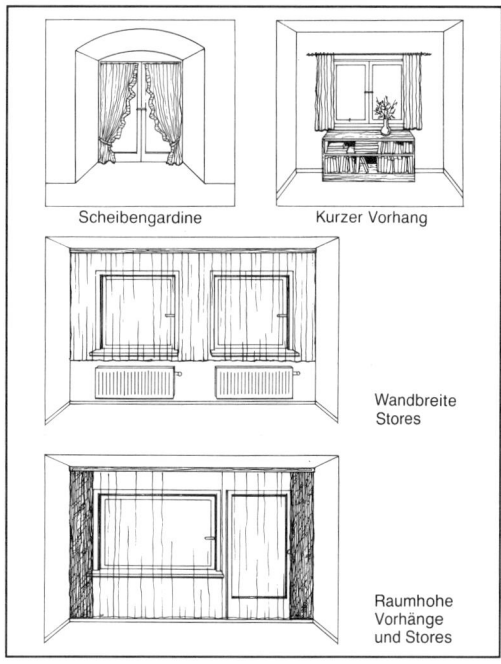

Scheibengardine · Kurzer Vorhang

Wandbreite Stores

Raumhohe Vorhänge und Stores

Möglichkeiten der Fenstergestaltung

# Fensterdekoration

Fenster sind dazu da, Licht und Luft in einen Raum zu bringen. Allzu offener Einblick für Nachbarn oder Vorbeigehende ist allerdings meist nicht erwünscht, es werden Vorhänge und Gardinen aufgehängt. Natürlich ist auch die Wahl der Vorhänge Geschmackssache und kann wenig kritisiert werden, denn jeder sollte sich so einrichten, wie er sich wohlfühlt. Die Auswahl sollte jedoch auf die Gesamtkonzeption der Raumausstattung abgestimmt sein. Verzichtet man auf Stores oder Scheibengardinen, können Landschaft und Garten in den Raum miteinbezogen werden.

Passend zum Material der Vorhänge bzw. Stores und der Möbel sollten die Vorhangstangen ausgesucht werden. Bei Stangen aus Holz, Messing oder Schmiedeeisen werden die einzelnen Ringe ohne Probleme aufgeschoben. Anstrengender ist das Aufhängen von Vorhängen bei Schienen, die in die Decke eingelassen sind.

Vorhänge bieten nicht nur Schutz vor neugierigen Blicken, sondern auch vor starker Sonneneinstrahlung. Bodenlange Vorhänge mit Gardinen wirken wuchtig und schwer, Scheibengardinenen dagegen schlucken wenig Licht und wirken verspielt. Platzsparend und unauffällig sind Stoffrollos (gerafft oder gerollt), z. B. in Küche und Kinderzimmer.

## Möbel

Bei der Anschaffung von Möbeln ist auf gute Verarbeitung zu achten, dann haben sie eine lange Lebensdauer und lohnen den Preis. In großen Möbelgeschäften ist die Auswahl oft unübersehbar, und schnell wird etwas gekauft, was, zu Hause aufgestellt, etwas enttäuscht. In einer großen Einrichtungshalle wirken vor allem Polstermöbel viel kleiner, als sie in Wirklichkeit sind. Also von Spontankäufen absehen, die Maße genau aufschreiben und zu Hause überlegen, ob die Möbel überhaupt Platz haben.

Schöne Möbel lassen eindeutig den Zweck erkennen und haben ausgewogene Proportionen. Zu vermeiden sind Möbel, die aus Tropenhölzern hergestellt sind; sie können nur durch Vernichtung der Regenwälder produziert werden. Zeitlos und trotzdem schön wirken Möbel mit klaren Formen und Linien ohne viel Schnörkel, bei denen das Material wirkt. Nicht vergessen werden sollten gerade in Bauernhäusern alte Möbelstücke. Es muß ja nicht ein ein ganzer Raum oder gar das ganze Haus mit Antiquitäten ausgestattet sein; einzelne Stücke können durchaus mit modernen Möbeln – mit etwas Fingerspitzengefühl – gemischt werden.

Bei Möbeln, die aus beschichteten Spanplatten bestehen bzw. deren Rückwände aus Spanplatten hergestellt sind, darauf achten daß die Platten möglichst vollständig beschichtet sind. An nicht beschichteten Kanten und Flächen ist die Ausdünstung von schädlichem Formaldehyd fünfmal so hoch. Für Möbel dürfen nur Spanplatten der Emissionsklasse E1 verwendet werden (siehe Seite 297).

---

**➤➤ · Praktische Hinweise ◀◀**

➪ Sehen Sie sich Möbel vor dem Kauf genau an, probieren Sie sie aus, z. B. Sitzmöbel, Schubladen.
  – Schranktüren sollen bei 1 Meter Breite mindestens 6 mm dick sein.
  – Stabile Möbelbeschläge (Scharniere, Schlösser) sind wichtig, Kunststoffbeschläge halten großen Beanspruchungen nicht stand.
  – Hinterfragen Sie Werbeaussagen wie »aufwendig«, »hochwertig«. Begutachten Sie Material und Verarbeitung.
➪ Qualitativ hochwertige Möbel mit hoher Gebrauchstauglichkeit sind mit dem RAL-*Gütezeichen* ausgezeichnet.

---

# 4 Einrichtung einzelner Räume

Wer Räume planen und einrichten will, braucht die *Maße* für die einzelnen Einrichtungsgegenstände. Ein Teil der Möbel hat genormte Größen, z. B. Küchenmöbel. Wohnmöbel sind nicht genormt, anhand von Durchschnittswerten und gängigen Größen kann jedoch eine Einrichtung leichter geplant werden. Am leichtesten fällt dies, wenn Möbel maßstabgerecht verkleinert, auf farbiges Papier oder Karton gezeichnet und ausgeschnitten werden; sie können dann in dem ebenfalls maßstabgetreu aufgezeichneten Raum nach Belieben verrutscht werden.

## 4.1 Wohnraum

### Maße für Einrichtungsgegenstände

Bei der Einrichtung von Räumen müssen Norm bzw. Durchschnittsmaße, Sondergrößen und Bewegungsflächen berücksichtigt werden.

▷ *Tisch:* Breite meist 80 cm (besser 90 oder 100 cm), die Länge ist unterschiedlich, z. B. 150, 180 cm usw.
▷ *Stuhl:* 50 × 50 cm, mindestens 15 cm Bewegungsraum, das heißt, an einem Tisch mit 120 cm (130 cm) Länge stehen an einer Seite 2 Stühle.

Der Bewegungsraum zwischen Tisch und Wand sollte mindestens 80 cm betragen. Wenn ein Schrank oder eine Anrichte seitlich neben dem Tisch steht, ist ein noch größerer Abstand günstig, damit problemlos Geschirr entnommen werden kann, wenn der Tisch besetzt ist.

Für die Einrichtung eines Wohnraumes Ratschläge zu geben, ist schwierig, da gerade im Wohnbereich die Auswahl der Ausstattung sehr vom persönlichen Geschmack abhängt, den man jedem lassen sollte. Die folgenden Anregungen sollen also nicht als Vorschrift verstanden werden. Der Wohnraum ist in manchen Familien kein Aufenthaltsraum, sondern ein Raum zum Vorzeigen, zum Repräsentieren. In solchen Wohnzimmern, die gar keine sind, kann man sich kaum wohlfühlen, weil die Einrichtung nicht danach ausgewählt ist, was gemütlich, praktisch und angemessen ist, sondern rein nach optischen Gesichtspunkten. Oberster Grundsatz: *Der Raum muß als Familienraum von allen gern genutzt werden.*

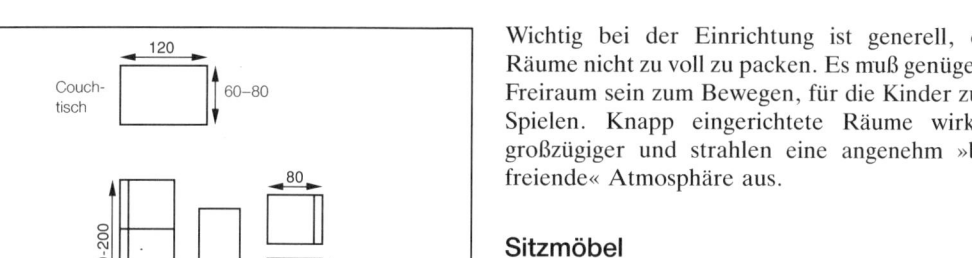

Maße für Wohnmöbel

## Möbel

Die Einrichtung sollte gerade im Bauernhaus unempfindlich, robust und leicht zu reinigen sein, denn im Mehrgenerationen-Haushalt werden Einrichtungsgegenstände viel genutzt. Die Auswahl der Möbel sollte sich an Qualität und guter Verarbeitung orientieren. Gerade bei Möbeln ist gute Qualität meist sehr teuer; doch das sollte kein Grund dafür sein, Billiges zu kaufen, das im Gebrauch weniger praktisch und schneller abgewohnt ist.

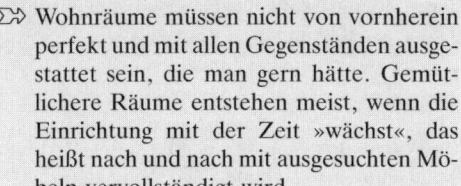

### ➤➤ Praktische Hinweise ◀◀

➭ Wohnräume müssen nicht von vornherein perfekt und mit allen Gegenständen ausgestattet sein, die man gern hätte. Gemütlichere Räume entstehen meist, wenn die Einrichtung mit der Zeit »wächst«, das heißt nach und nach mit ausgesuchten Möbeln vervollständigt wird.

➭ In einer kinderreichen Familie kann es auch angebracht sein, das Wohnzimmer erst dann nach den eigenen Wünschen und weniger nach der Zweckmäßigkeit einzurichten, wenn die Kinder »aus dem Gröbsten raus sind«.

Gemütliche Atmosphäre schaffen alte Möbel, die auf vielen Bauernhöfen noch vorhanden sind. Wo die alten Möbel nicht ausreichen, um sich damit einzurichten, kann sie mit etwas Fingerspitzengefühl durch neue ergänzen. Wer sich weniger gern mit Altem umgibt, kann natürlich auch ganz neu wohnen. *Generell ist beim Möbelkauf auf klare Formen zu achten.* Ausgefallene verschnörkelte Möbelstücke lassen sich meist schlecht mit anderen kombinieren und sind schwer ergänzbar.

Wichtig bei der Einrichtung ist generell, die Räume nicht zu voll zu packen. Es muß genügend Freiraum sein zum Bewegen, für die Kinder zum Spielen. Knapp eingerichtete Räume wirken großzügiger und strahlen eine angenehm »befreiende« Atmosphäre aus.

## Sitzmöbel

Sitzmöbel vor dem Kauf »probesitzen« und auf eine körpergerechte Form achten.

Auf Dauer sitzt man am besten und angenehmsten in Möbeln mit fester Polsterung. Zu starke *Rückwärtsneigung* und tiefe Sitzfläche erschweren, vor allem älteren Menschen, das Aufstehen. Die *Sitzfläche* soll hinten bis zu 4 cm tiefer sein als an den Kniekehlen. *Armlehnen* dürfen nicht zu hoch oder zu tief sein, damit die Arme im Sitzen locker aufliegen.

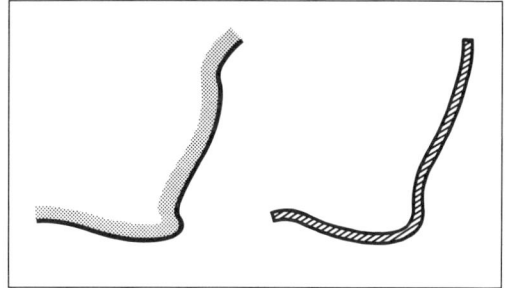

Körpergerechtes Sitzprofil für Ruhesessel (links), für Mehrzwecksitze (rechts)

Auf Strapazierfähigkeit des *Bezugsstoffes* ist zu achten, schlechte Qualität ist schnell abgewetzt und wird unansehnlich. Stoffe in Naturfarben, etwas meliert mit einem Grauton, sind weniger empfindlich als einfarbige Stoffe. In der Farb- und Musterauswahl nach den übrigen Einrichtungsgegenständen richten: Wenn diese z. B. gedeckt und unauffällig sind, kann durch eine bunt gemusterte, farblich passende Sitzecke ein interessanter Kontrast gesetzt werden.

Falls die Sitzmöbel ein Holzgestell haben, sollte der Tisch im gleichen Holz gewählt werden. Sitzmöbel nicht zu groß und wuchtig wählen, sie verändern sonst die Wirkung im Raum.

## Schränke

Schrankwände sind sehr beliebt, weil viele Dinge darin Platz haben, aber auch weil sie »in Mode« sind. Weniger wuchtig und nicht so erdrückend wirken kleinere Schränke. Für einen Wohnraum im Bauernhaus wäre es beispielsweise passend, einen besonders schönen, alten Schrank aufzustellen. Wer lieber einen großen Schrank hat, sollte darauf achten, daß nicht zu viele offene Fächer vorgesehen sind, sie müssen oft abgestaubt werden und können weniger nach praktischen Gesichtspunkten genutzt werden.

## Bilder

Auch bei Bildern ist der persönliche Geschmack entscheidend. Die Wirkung von Bildern kann erheblich verstärkt werden durch das richtige Aufhängen:

● Nicht zu hoch aufhängen, in Augenhöhe wirken Bilder am besten.
● Große Bilder nicht über zierlichen, kleinen Möbelstücken aufhängen, sondern z. B. über einer wuchtigen Truhe.
● Große Bilder brauchen viel Wandfläche, um wirken zu können, nicht mehrere große Bilder an eine Wand bzw. in einen Raum hängen.
● Kleine Bilder (z. B. Fotos) verschiedener Größe können nebeneinander gruppiert werden, Ober- und Unterkante sollten eine Linie bilden. Kleine Bilder nicht zu hoch hängen.
● Bilderrahmen auf die übrige Einrichtung abstimmen, klare Formen wählen, Schnörkel und ausgefallene Formen nehmen dem Bild die Wirkung.
● Bilder auf einen ruhigen Hintergrund hängen, bei stark gemusterter Wand einen großen Rahmen mit breitem Passepartout wählen.

## Sonstige Einrichtungsgegenstände

Die Ausstattung mit reinen Ziergegenständen ist Geschmackssache; generell lieber weniger, aber ausgesuchte Gegenstände aufstellen. Wer eine Vorliebe für umfunktionierte alte Sachen hat, z. B. Milchkannen, Pferdehalfter, Wagenräder, sollte sich auf deren ursprüngliche Aufgabe besinnen und sie nicht in Lampen, Schirmständer oder Spiegel verwandeln.
Meist wird auch der Fernseher im Wohnzimmer aufgestellt. Am besten wird das »Prachtstück« in Ruhezeiten in einem Schrank versteckt. Beim Aufstellen darauf achten, daß zur Sitzgruppe ein genügend großer Abstand besteht.

## 4.2 Eßzimmer/Eßplatz

Der *Eßplatz* kann in Küche, Diele oder Wohnraum vorgesehen sein, manchmal steht auch ein eigener Raum zur Verfügung. In jedem Fall darf die Entfernung von der Küche nicht zu groß sein. Der Eßplatz in der Küche oder im Wohnraum kann durch ein raumhohes Regal abgetrennt werden, es bietet zugleich Platz für Geschirr, Besteck, Servietten, Gläser usw. Eine Durchreiche von der Küche zum Eßplatz ist nur dann empfehlenswert, wenn sie im Eßbereich durch einen Abstellplatz oder den Eßtisch erweitert wird. Überflüssig ist eine Durchreiche, wenn der Weg von der Küche zum Eßplatz kurz ist.
Der *Fußboden* im Eßbereich sollte wischbar sein, Teppichböden sind gerade in ländlichen Haushalten nicht zu empfehlen. Holz- und Steinfußböden wirken gemütlicher und sind fußwärmer, wenn im Sitzbereich ein Teppich liegt (Fleckerl-, Binsen-, Maisblatteppich).
Als *Beleuchtung* für den Eßplatz ist eine höhenverstellbare Pendelleuchte praktisch. Sie sollte so tief hängen, daß Blendung vermieden wird.

**>> Praktischer Hinweis <<**

Wenn Küche und Eßplatz in einem Raum bzw. nicht durch eine Türe getrennt sind, sollte eine Dunstabzugshaube eingerichtet werden, um Geruchsbelästigung zu vermeiden.

### Eßtisch

Pro Person müssen 55 cm Platz zur Verfügung stehen, um ausreichende Ellenbogenfreiheit zu haben. Die Tischgröße soll so gewählt werden, daß auch Gäste bewirtet werden können und nicht an zwei getrennten Tischen oder gar in zwei verschiedenen Zimmern serviert werden muß. Günstig sind hierfür Tische zum Ausziehen oder Ausklappen (auf stabile Verarbeitung achten!). Notfalls kann für größere Einladungen ein gleich hoher Tisch angeschoben werden.
*Tischplatten* aus Naturholz sind zwar etwas schwieriger zu reinigen als Kunststoffplatten, sie sehen jedoch schöner aus und verziehen sich nicht oder schmelzen, wenn heiße Schüsseln oder Töpfe darauf abgestellt werden.
Tische gibt es in den *Normgrößen* 130 × 80, 180 × 80 cm oder in jeder beliebigen Breite und Länge bei Maßanfertigung. Tischbeine stören beim Sitzen nicht; falls Zargen vorhanden sind, auf genügend Beinfreiheit achten.

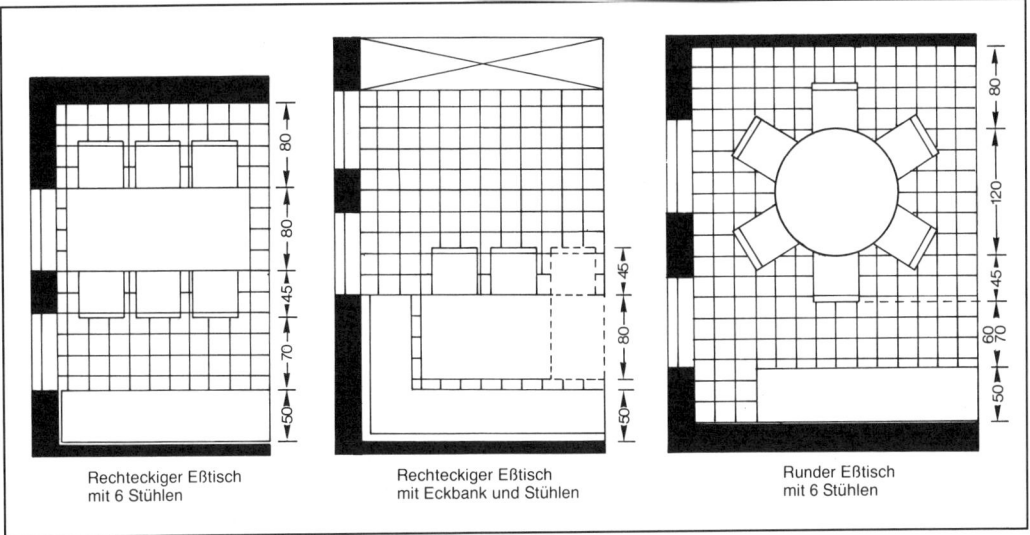

Rechteckiger Eßtisch
mit 6 Stühlen

Rechteckiger Eßtisch
mit Eckbank und Stühlen

Runder Eßtisch
mit 6 Stühlen

Größe des Eßplatzes

Ein runder Tisch beansprucht mehr Fläche als eckige Tische. Am wenigsten Platz wird benötigt mit einem rechteckigen Tisch und einer Eckbank. Die Eckbank so aufstellen, daß möglichst wenige Personen das Licht (Fenster) im Rücken haben.

## Stühle

Die Stühle müssen aufrechtes Sitzen ermöglichen und im Bereich der Lendenwirbelsäule gut abstützen. Beim Kauf ausgiebige »Sitzprobe« machen! Solide Verarbeitung ist bei Stühlen genauso wichtig wie beim Tisch!
Pro Stuhl muß eine *Stellfläche* von 50 × 50 cm eingeplant werden, auf genügend Bewegungsfreiheit ist zu achten. Von der Wand muß der Abstand des Stuhles mindestens 30 cm betragen. Steht ein Schrank oder eine Anrichte hinter den Stühlen, muß so viel Platz frei bleiben, daß sich Türen und Schubladen öffnen lassen, ohne den Sitzenden zum Aufstehen bitten zu müssen.
Um den Eßplatz bei Bedarf erweitern zu können, sind einige *Reservestühle* vorzusehen; falls sie nicht reichen, können auch Klappstühle zugestellt werden.
*Bezüge* oder *Polster* müssen leicht abzunehmen und problemlos zu reinigen sein.
Eine *Eckbank* am Eßplatz ist platzsparend und wirkt gemütlich. *Truheneckbänke* bieten darüber hinaus Platz für allerlei Gegenstände, z. B. Kinderspielzeug; es ist jedoch darauf zu achten, daß die Truhe nicht zu tief ist, damit die Beinfreiheit nicht eingeschränkt wird.

## 4.3 Schlafzimmer

Schlafzimmer werden im Gegensatz zu Kinderzimmern fast ausschließlich fürs Schlafen genutzt, das Elternschlafzimmer gelegentlich auch als ungestörter Ort für Schreibarbeiten. Grundsätzlich sollten Schlafzimmer ruhig liegen, das heißt nicht zur Straßenseite.
Elternschlafzimmer werden auch heute noch oft im größten und sonnigsten Zimmer im ersten Stock eingerichtet, obwohl diese Vorteile durch ein Kinderzimmer viel mehr genutzt würden, denn Kinder halten sich auch tagsüber öfter in ihren Zimmern auf. Elternschlafzimmer auf der Nordseite haben auch den Vorteil, daß sie im Sommer angenehm kühl bleiben. Günstig ist eine Zuordnung des Elternschlafzimmers zu den Stallgebäuden, um Unruhe der Tiere zu hören.
Schlafzimmer *für Gäste* sollten zweckmäßig, aber nicht zu nüchtern eingerichtet sein. Ein bequemer Sessel und ein Tischchen mit Lampe werden gerne genutzt, um einen Brief zu schreiben oder sich einmal ungestört mit einem Buch zurückzuziehen. Schlafzimmer für Gäste sollten mit einem Waschbecken bzw. Duschraum ausgestattet sein.
Ein Teppichboden als Fußbodenbelag ist zwar angenehm warm, aber es wird problematisch, wenn der Raum längere Zeit für die Krankenpflege genutzt werden muß. Günstiger sind lose Teppiche auf Holzfußboden. Farben und Muster in Schlafzimmern sollten harmonisch und beruhigend wirken, grelle Leuchtfarben und unruhige Muster sind zu vermeiden.

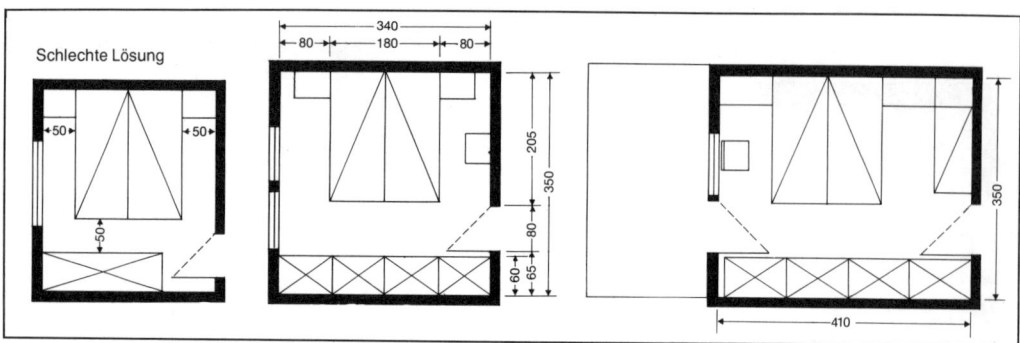

Möblierungsbeispiele für das Schlafzimmer

## Möbel

Durch die obligatorische Einrichtung des Schlaf-
zimmers mit Doppelbett, Kleiderschrank und
Nachtschränkchen kann die Aufstellung der Möbel nur wenig variiert werden. Wichtig sind in
jedem Fall genügend Bewegungsfläche vor dem
Schrank sowie zwischen Wand und Bett, um auch
unter den Betten leicht wischen oder staubsaugen
zu können. Die Bewegungsfläche kann erweitert
werden durch Einbauschränke und Schiebetüren
statt Flügeltüren. Etwas ungewohnt, aber Platz
schaffend ist die Anordnung der beiden Betten im
rechten Winkel. Erleichtert wird dadurch auch die
Reinigung des Zimmers.

## Betten

Das Ehebett sollte aus zwei Einzelbetten bestehen, die bei Bedarf auch einzeln aufgestellt bzw.
auseinander gerückt werden können, z. B. bei
Krankheit. Ein gutes Bett ist nicht zu schwer,
leicht auseinanderzunehmen und einfach zu reinigen (Matratzen, siehe Seite 403).
Zu jedem Bett gehört eine *Ablagemöglichkeit* für
Bücher, Wecker, usw. sowie eine blendfreie *Leselampe*. Die Leselampe sollte keinen zu großen
Lichtkegel werfen, damit der nebenan Schlafende
nicht gestört wird. Zusätzlich ist die Allgemeinbeleuchtung notwendig, die auch vom Bett aus bedient werden kann.

## Schränke

Bei Kleider- und Wäscheschränken auf sinnvolle
Inneneinteilung achten. Verstellbare Böden,
Kleiderstangen, Schubladen und Züge ermög-
lichen eine gute und übersichtliche Nutzung.
Sehr praktisch sind auch begehbare Kleider-
schränke.

Ablagemöglichkeit für Kleidung (Kleiderhaken
oder -ständer), Spiegel und Sitzgelegenheit vorsehen. Wer keine freie Wandfläche für einen großen
Spiegel hat, kann einen einfachen Spiegel auch an
der Innenseite einer Schranktür befestigen.

## Vorhänge

Bei der Auswahl der Vorhänge überlegen, ob sie
verdunkeln müssen oder nicht. Farbe und Material sind der persönlichen Stilrichtung überlassen,
wobei die Gestaltungsgrundregeln nicht vergessen werden sollten.
Im übrigen kann der Schlafraum nach Belieben
mit Bildern und Raumschmuck ausgestattet werden. Sparsame Dekoration vermindert den
Pflege- und Reinigungsaufwand (daran denken,
daß der Schlafbereich durch das Bettenmachen
verstaubt).

Beleuchtung zum Lesen im Bett

# 4.4 Kinderzimmer

Kinderzimmer werden viel zu oft mit wenig Überlegung eingerichtet, nicht selten sind sie ein besserer Abstellraum für unmodern gewordene oder nicht mehr benötigte Möbel. Damit sich Kinder in ihrem Zimmer wohlfühlen, muß zwar die Einrichtung nicht nagelneu und perfekt, aber auf jeden fall sorgfältig überlegt sein.

Zu berücksichtigen ist das Alter des Kindes. Kleinkinder nutzen das Kinderzimmer kaum allein, sie wollen und brauchen die Nähe zur Mutter und zu Erwachsenen wie zu den anderen Kindern. Je älter das Kind wird, desto häufiger will es sich zurückziehen in seine eigenen vier Wände.

Generell sollten Kinderzimmer sonnig, gut zu lüften und gut beheizbar sein. Pro Kind sollte die Raumgröße nicht unter 9 m² liegen. Nach Möglichkeit jedem Kind ein eigenes Zimmer einrichten; das ist wichtig, wenn Kinder älter werden. In alten Bauernhäusern sind oft nur sehr große Räume vorhanden, die dann von mehreren Kindern geteilt werden müssen. Mit etwas Überlegung lassen sich aus einem großen Raum zwei kleine Zimmer machen. Falls dies nicht möglich ist, kann durch ein Regal oder einen Schrank, notfalls durch Pflanzen jedem Kind ein eigener Platz geschaffen werden, an dem es ungestört spielen und lernen kann.

## Einrichtung

Bei der Möblierung von Kinderzimmern ist darauf zu achten, daß möglichst viel Bewegungsraum bleibt. Falls sich zwei Kinder einen Raum teilen müssen, für zwei getrennte Bereiche, zumindest getrennte Arbeitsplätze sorgen, damit sie sich nicht gegenseitig stören.

Die Einrichtungsgegenstände von Kinderzimmern sollten generell robust und gut verarbeitet sein. Sicherheit ist besonders bei Kleinkindern oberstes Gebot. Fenstersperre, Steckdosenschutz, Nachtlicht, Schutzgitter, Teppichgleitschutz gehören dazu.

Kindgerechte Möbel sind der Körpergröße des Kindes angepaßt, haben keine scharfen Ecken und Kanten und »wachsen« zum Teil sogar mit durch entsprechende Verstellmöglichkeiten.

Die Art der Möbel hängt vom Alter des Kindes ab. Für Kleinkinder gehören Kinderbett, Kommode, Wickelbrett, Laufstall und Regal für Spielsachen zur Einrichtung. Ein Teenager will ein Zimmer haben, in das er auch einmal einen Freund einladen kann.

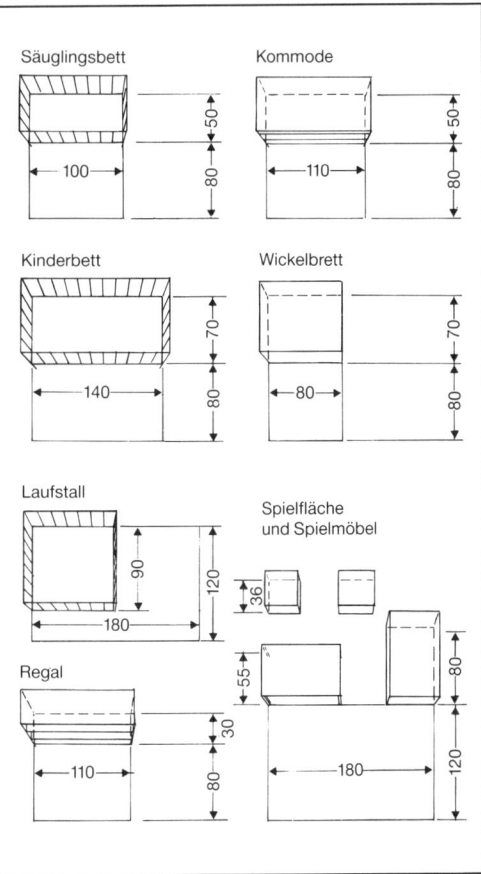

Stellflächen für Kindermöbel

## Bett

*Kleinkinder* brauchen ein Bett mit Gitterstäben. Günstig ist hierbei, wenn einige Stäbe herauszunehmen sind, damit das Kind selbständig ins Bett gehen bzw. aufstehen kann. Ein Kindergarten-Kind braucht das Gitter meist nicht mehr, es kann bei guten Betten abgenommen werden.

Das Bett eines *Schulkindes* hat die Maße eines Erwachsenen-Bettes. Beliebt sind Betten, die tagsüber zu einem Sofa umfunktioniert werden können. Stock- oder Etagenbetten sparen zwar Platz, gehören aber keineswegs zu den idealen Lösungen. Bei der Auswahl ist auf gute Verarbeitung und Stabilität zu achten.

## Schreibplatz

Schulkinder und Jugendliche brauchen zusätzlich einen Schrank und Arbeitsplatz für Schularbeiten. Der Schreibplatz kann aus einer unter dem Fenster angebrachten Platte bestehen oder einem

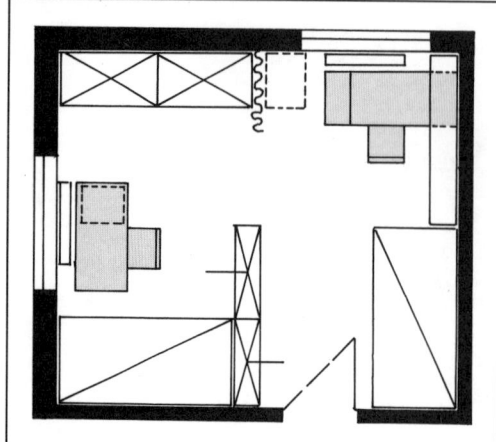

Schreibplatz im Kinderzimmer

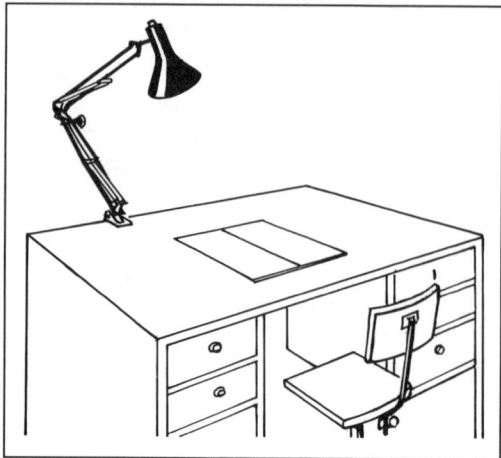

Richtige Arbeitsplatzbeleuchtung

speziellen Tisch, der der Körpergröße des Kindes angepaßt sein muß. Ein guter *Schreibtisch* ist in der Höhe verstellbar, damit er dem wachsenden Kind angepaßt werden kann. Die *richtige Höhe* hat er, wenn die Ellenbogen beim Sitzen flach auf der Tischplatte aufliegen (den Mechanismus im Geschäft ausprobieren).

Dazu gehört natürlich ein höhenverstellbarer *Stuhl* mit leicht nach hinten geneigter Sitzfläche und verstellbarer Rückenstütze.

Eine blendfreie, verstellbare *Lampe* gehört ebenfalls zum Arbeitsplatz. Das Licht soll von der Seite kommen, bei Rechtshändern von links, bei Linkshändern von rechts.

## Schränke und Regale

Weitere Einrichtungsgegenstände sind ein Kleiderschrank und eine Kommode für Spielsachen usw. Bücher sind am besten in einem Regal untergebracht. Kleinkinder lernen früh, ihre Sachen aufzuräumen, wenn einfache Ordnungseinrichtungen vorhanden sind, z. B. Kisten oder große, stabile Schachteln.

## Gestaltung des Zimmers

Beim Kauf von Tapeten, Vorhängen, Rollos, Bettwäsche Kinder und Jugendliche mit aussuchen lassen, denn Kinder und Jugendliche gestalten ihr Zimmer gern selbst. Die Ausstattung mit Zeichnungen, Plakaten und Bildern sollte dem Kind überlassen bleiben.

Die Wände sollten mit wischfester Farbe gestrichen sein, Rauhfasertapeten verführen Kleinkinder zum Zupfen. Bunt gemusterte Tapeten sind für Zimmer von Kleinkindern nicht zu empfehlen, sie beeinträchtigen die Kreativität.

Der Bodenbelag sollte glatt, leicht zu reinigen und fußwarm sein. Holz und Linoleum sind daher geeignet, ebenso Kork, der jedoch verhältnismäßig teuer ist.

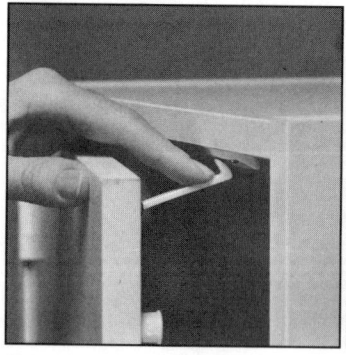
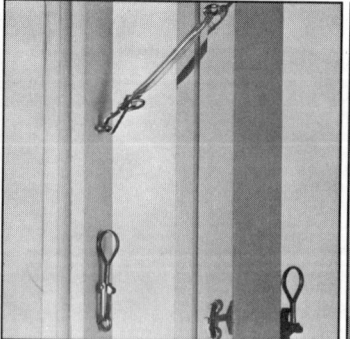

Sicherheitseinrichtungen für Kinder

# 4.5 Küche

In der Küche verbringt die Hausfrau täglich viel Zeit. Sinnvolle Planung des vorhandenen Raumes erleichtert nicht nur die Arbeit, sondern fördert auch die Freude an der Küchenarbeit.

## Küchenkauf

Um sich in der Fülle des Angebotes an Kücheneinrichtungen zurechtzufinden, ist es notwendig,

- zu wissen, was man haben will,
- sich dann bei verschiedenen Anbietern zu informieren,
- diese Angebote in Ruhe zu durchdenken (am besten mit der Familie) und
- erst dann zu entscheiden.

*Elektrogeräte* sind im Elektrofachhandel manchmal billiger als im Möbelhaus oder Küchenfachgeschäft. Erkundigen Sie sich nach dem Preis der einzelnen Geräte.

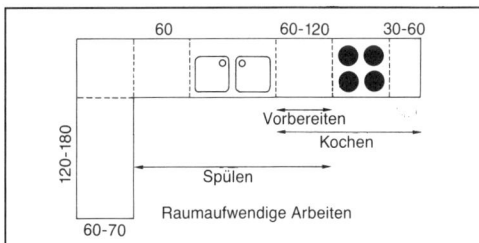

Platzbedarf verschiedener Arbeitszentren

## ➤➤ **Praktische Hinweise** ◄◄

➪ Fragen Sie vor der Planung, ob der *Kostenvoranschlag* kostenlos ist. Nicht nur die Preise vergleichen, sondern auch die Leistungen des Händlers! Niedrige Preise oder Rabatte gehen oft auf Kosten des Service (Ausmessen der Küche, Planung und Erstellen eines Angebotes, Montage, Kundendienst, Anlieferung der Möbel).

➪ Der Kauf im Fachgeschäft lohnt sich allemal. Eine komplette Kücheneinrichtung selbständig zu planen und zu montieren, kann teuer kommen. Das sollte man besser Fachleuten überlassen!

➪ Neutrale und umfassende, kostenlose Beratung bieten auch die Ämter für Landwirtschaft, Abteilung Hauswirtschaft, bzw. die Landwirtschaftskammern.

## Arbeitswirtschaftliche Grundsätze zur Küchenplanung

- *Von rechts nach links* arbeiten, also Herd rechts von der Spüle: Durch diese Anordnung ist der Arbeitsablauf flüssiger (für Rechtshänder).

- An beiden Seiten von Herd und Spüle *Arbeitsflächen* einplanen, rechts vom Herd mindestens 30 cm (besser 60 cm), zwischen Herd und Spüle mindestens 60 cm (besser 90–120 cm), aber nicht mehr als 150 cm.

- Bei *U-Küchen* Herd nicht gegenüber der Spüle aufstellen, sondern an der gleichen Seite oder übereck.

- 4 *Arbeitsplätze* in der Küche einplanen: Kochen und Backen, Spülen und Reinigen, Vorbereiten, raumaufwendige Arbeiten (Einkochen, Plätzchen backen).

- Genügend *Schrankraum* für Geschirr, Vorräte, Geräte, Geschirrtücher, Abfall einplanen.

- *Spüle* nach Möglichkeit mit 2 Becken und Abtropffläche vorsehen. Die Spülbecken nicht zu klein wählen, damit auch Kuchenbleche oder große Töpfe ohne Verrenkungen gespült werden können. Platz für Geschirrspüler vorsehen.

- *Sitz-Arbeitsplatz* einrichten mit herausziehbarem Arbeitsbrett in 65–70 cm Höhe (je nach Arbeitshöhe der Küche) und einem guten Arbeitsstuhl (siehe Seite 68).

- Vor dem Einbau der Küche genügend *Steckdosen* anbringen lassen (nach Plan!).

- Die Höhe der Arbeitsfläche nach der eigenen Körpergröße richten. Es werden Unterschränke in den Höhen zwischen 85 und 95 cm angeboten. Ab einer Körpergröße von 170 sollte die Höhe der Arbeitsfläche 90 cm betragen.

- Für gute *Beleuchtung* sorgen mit blendfreien Lampen, die so angebracht sind, daß man nicht im eigenen Schatten arbeiten muß. Günstig sind Lichtblenden an der vorderen Unterkante der Oberschränke – zusätzlich zur Allgemeinbeleuchtung.

- Geräte nach Möglichkeit so einplanen, daß der Rücken geschont wird, z.B. Backofen und Kühlschrank in Sichthöhe.

- Die Raumeinteilung hängt ab von der Größe des Raumes, der Haushaltsgröße und davon, ob in die Küche auch ein Eßplatz integriert werden soll.

- Geschirr, Kochzutaten, Töpfe, Schütten usw. so zuordnen, daß lange Wege vermieden werden, z.B. Kaffee, Filter, Kaffeemühle und Kaffeemaschine griffbereit zuordnen.

Schatten- und blendfreie Beleuchtung

# Grundformen von Küchen

## Einzeilige Küche

Für kleine Familien und schmale Räume. Eine einzeilige Küche sollte nicht zu lang gezogen sein, damit die Wege nicht zu lang werden.

## Zweizeilige Küche

Teure Eckmöbel entfallen, der Zugang zu Fenster und Heizung ist nicht behindert. Statt eines Fensters ist eine Glastür praktisch als Zugang zum Garten.
*Wichtig:* Für eine zweizeilige Küche muß der Raum mindestens 240 cm breit sein, damit genügend Bewegungsfläche bleibt.

## L-Form

Diese Anordnung ist arbeitswirtschaftlich günstig, wenn der Raum nicht zu groß ist; bei großen Räumen entstehen lange Wege. Praktisch ist die große, durchgehende Arbeitsfläche. In L-Küchen kann ein Eßplatz gut integriert werden.

## U-Form

Teure Eckelemente sind nicht unbedingt notwendig, die Ecken können auch blind sein und als Stauraum für selten gebrauchte Gegenstände dienen. Bei der U-Küche ist der Zugang zum Fenster erschwert. Damit die warme Luft vom Heizkörper abziehen kann, muß die Arbeitsplatte Schlitze haben, das Ventil muß leicht erreichbar sein. Die U-Form kommt nur in Frage, wenn der Raum mindestens 270 cm breit ist.

# Maße zur Küchenplanung

Bevor man sich für die Grundform der Küche entscheidet, muß der Raum genau ausgemessen werden, denn Küchenmöbel sind in der Tiefe genormt: 60 cm bei Unterschränken, 35 cm bei Oberschränken. Herde, Kühlschränke, Spülmaschinen haben ein einheitliches Maß von 60 cm Breite; schmälere Ausführungen sind jedoch auch erhältlich und müssen entsprechend eingeplant werden.

Die Höhe der Küchenunterschränke beträgt normalerweise 85 cm. Es werden inzwischen aber von fast allen Herstellern auch Schränke mit 90–95 cm Höhe angeboten; das ermöglicht ermüdungsfreies Arbeiten auch für größere Personen. Damit keine Stellfläche unter dem Fenster verloren geht, muß die Brüstung des Fensters höher sein als die Küchenunterschränke.

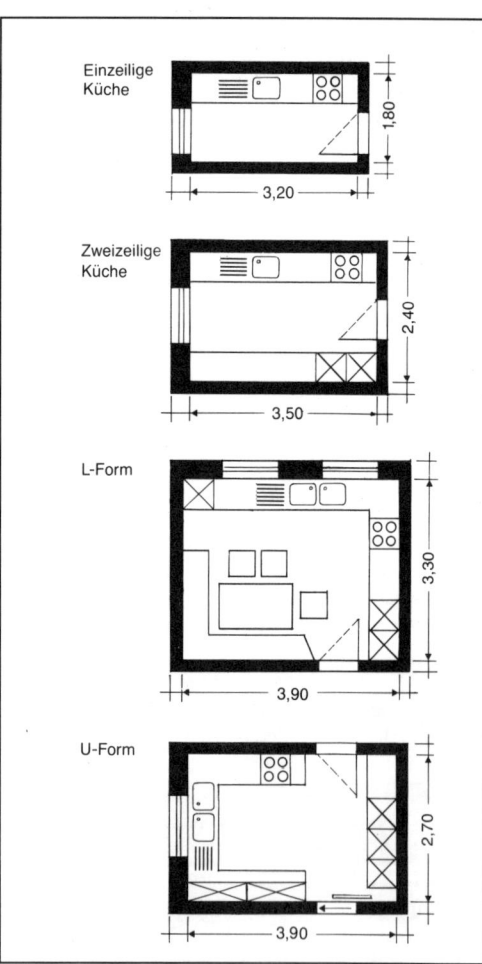

Grundformen von Küchen

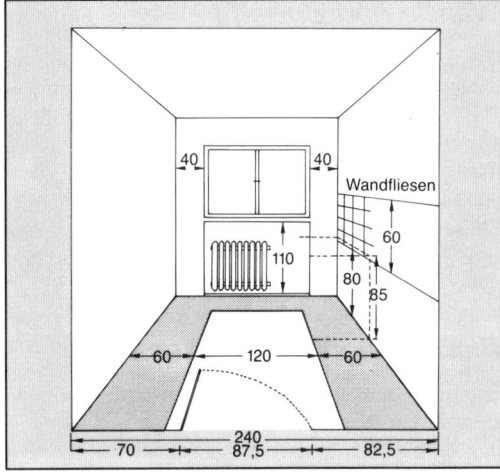

Maße für die Küchenplanung

## ➡ **Praktischer Hinweis** ◀◀

Breite und Höhe von Unter- und Oberschränken variieren je nach Hersteller. Die Hersteller haben verschiedene Rastermaße für ihre Möbel, z. B. 5 cm-, 10 cm-Schritt, so daß sich die Einrichtung auf jeden Raum maßschneidern läßt. Fehlt trotzdem eine bestimmte Breite, werden auch Sonderanfertigungen gemacht, die jedoch unverhältnismäßig teuer sind und deshalb vermieden werden sollten. Die Auswahl von gleichen Rastermaßen macht die Küche billiger und optisch ruhiger.

## *Küchenmöbel*

Wie alle anderen Gegenstände sind auch Küchenmöbel der Mode unterworfen. Manche Hausfrauen wählen wahre Prunkküchen aus, die optisch zwar beeindrucken, aber im täglichen Gebrauch zusätzlich Arbeit schaffen, z. B. durch unzählige Kanten und Bögen. Bei der Auswahl der Küche sollte die *Zweckmäßigkeit* im Vordergrund stehen, das Innenleben ist wichtig, nicht das Äußere.

## ➡ **Praktische Hinweise** ◀◀

➪ Schubladen sind in der Küche ein Verschleißteil; beim Kauf testen, ob sie sich leicht herausziehen lassen (Teleskopschienen) und eine Auszugssicherung haben.
➪ Bei Eckschränken darauf achten, daß man sich die Finger nicht einklemmen kann.

## Fronten

Die *Oberfläche* (Front) kann aus Kunststoff oder Holz sein, Holz (massiv oder furniert) ist verhältnismäßig teuer. Am unempfindlichsten sind matte, glatte Fronten ohne Profil. Flächen ohne Leisten usw. lassen sich leicht reinigen, an Verzierungen lagern sich Staub und Fett ab. Die Farbe hängt vom persönlichen Geschmack ab.
Bei den Schränken ist auf günstige *Griffe*, z. B. Bügelgriffe zu achten, scharfe Kanten führen leicht zu Verletzungen. Scharniere, Türschlösser und Kanten müssen solide verarbeitet sein, weil sie stark beansprucht werden.

## Inneneinteilung

Bezahlt macht sich eine gut geplante Inneneinteilung der Schränke: Zusätzliche Körbe, Roste, Fächer, Behälter, Schütten usw. erleichtern es, Ordnung und Übersicht zu halten. Günstig ist z. B. ein offenes Regal für Holzschneidebretter, sie sind sofort griffbereit und luftig aufbewahrt.

## Auszüge

Auszüge setzen sich als Ordnungseinrichtungen immer mehr durch, sie haben ein großes Fassungsvermögen; vorteilhaft ist auch die bessere Übersicht und der leichtere Zugriff. *Frontauszüge* funktionieren wie eine Schublade, d. h. Frontblende und Auszug sind miteinander verbunden. Beim *Innenauszug* wird erst die Schranktür geöffnet, dann die einzelnen Züge herausgezogen. Voraussetzung für solche Konstruktionen ist ein stabiler Korpus der Schränke, was natürlich einen höheren Preis bedingt. Frontauszüge, die höher sind als Unterschränke, sind unpraktisch, weil sehr viel Kraft aufgewendet werden muß, um sie herauszuziehen, sie sind auch sehr teuer.

## Abdeckplatten/Arbeitsflächen

Wärme-, säuren- und laugenbeständige, schnitt- und kratzfeste Arbeitsflächen wählen! Günstig sind hitzebeständiger Kunststoff, Granit (geschliffen), Edelstahl. Glatte Oberflächen lassen sich leichter reinigen als geriffelte. Arbeitsflächen aus Vollholz sind wieder im Kommen, sie lassen sich, wenn nötig, durch Abschleifen renovieren. Keramikfliesen können zerbrechen, wenn z. B. ein Topf mit der Kante darauffällt, außerdem sind die Fugen schwer sauber zu halten, die Oberfläche erfordert einen hohen Reinigungsaufwand. Arbeitsflächen aus Edelstahl sind sehr teuer.

## Ordnungseinrichtungen

Platz ist in einer Küche nie zuviel, deshalb ist die oberste Devise, den vorhandenen Platz optimal zu nutzen. Hier einige Beispiele dafür.

Der nachträgliche Einbau von verschiedenen Unterbau- oder Nischenkonstruktionen, z. B. Stange oder Aufhängevorrichtungen, Nischenschrank mit Rolladentür, ist auch in alten Küchen möglich. Nicht zu empfehlen sind Karussells für Eckschränke, sie sind teuer, schwer zu reinigen und nehmen Stauraum weg. Besser sind Fachböden, sie sind nicht nur billiger, sondern auch leicht zu reinigen, der Platz kann besser ausgenutzt werden, z. B. für selten benötigte Gegenstände.

## Abfall

*Mülltrennung* ist großzuschreiben! Das ist keine Modeerscheinung, sondern ein Muß für jeden, der umweltbewußt mit dem Müll umgehen will. In vielen Küchenausrüstungen ist *ein* Mülleimer dabei, besser sind Müllbehälter, die die Trennung von kompostierbarem und nichtkompostierbarem Abfall ermöglichen.

Praktisch sind zwei Müllbehälter, die hintereinander in einen Auszug eingebaut sind. Bei einem zweitürigen Unterschrank bietet sich die Möglichkeit an, zwei Schwenkeimer anzubringen. Günstig ist ein Abwurf für organischen Abfall an der Spüle. Nachträglicher Einbau ist möglich! Wenn genügend Platz da ist, kann auch zusätzlich ein Eimer für den organischen Abfall dazugestellt werden. Wer ohnehin eine neue Spüle braucht, sollte ein Modell mit Abwurf wählen.

## Wände und Boden

Da beim Kochen Dämpfe entstehen, sollten Decke und freie Wandflächen mit einem atmungsaktiven Anstrich versehen werden. Die Fläche zwischen Ober- und Unterschränken wird gefliest.

Als Fußbodenbelag eignen sich Linoleum, Kork, Fliesen, PVC-Beläge mit leichter Struktur. Letztere sind elastisch, fußwarm sowie schmutz- und lösungsmittelunempfindlich.

## Planungsfehler vermeiden

● Auf beiden Seiten von Küchentüren mindestens 60 cm Wandfläche einplanen, sonst ragen die 60 cm tiefen Möbel in die Tür.

● Die Fensterbrüstung muß so hoch sein wie die Unterschränke.

● Falls die Spüle vor der Fensterbank steht, auf ausreichend hoch liegende Fensterbrüstung achten, damit der Wasserhahn das Öffnen des Fensters nicht behindert.

● Türen von Schränken und Geräten sollten sich immer zur Arbeitsfläche hin öffnen lassen, dadurch kann bequem gearbeitet werden.

● Der Heizkörper muß etwa 10 cm unter der Arbeitsplatte befestigt sein, damit er in die Planung eingebaut werden kann.

● Auf genügend Abstand zwischen Ober- und Unterschränken achten. Er beträgt normalerweise mindestens 50 cm, an Herd und Spüle ist ein größerer Abstand günstig.

● Auf beiden Seiten des Herdes genügend freie Flächen einplanen.

Fehler in der Küchenplanung

# 4.6 Vorratsräume

Vorratsräume sind im ländlichen Haushalt wichtig, weil eine umfangreiche Vorratshaltung betrieben wird. Da unterschiedliche Lebensmittel bevorratet werden mit speziellen Temperatur- und Feuchtigkeitsansprüchen, sollten verschiedene Vorratsräume zur Verfügung stehen.

Vorratsräume sollten durch ein Fenster lüftbar, kühl und trocken sein, Nord- und Ostseite sind günstig. Die Fenster sind mit einem *Fliegengitter* zu versehen. Bei der Einrichtung von Vorratsräumen die Türbreiten an den Abmessungen der Geräte, z. B. Gefriertruhe, orientieren.

## *Kellerräume, Speisekammer*

Günstig sind zwei getrennte Kellerräume: Ein Raum mit einer Temperatur zwischen +4 und +12 °C und einer Luftfeuchtigkeit von nicht über 80% ist ideal für *Frischvorräte*, z. B. Kartoffeln, Wurzelgemüse, Kohlgemüse. Hier können auch Säfte, Wein, Konserven, Marmeladen aufbewahrt werden.

Ein zweiter Raum sollte für die Lagerung von *Trockenvorräten*, z. B. Mehl, Zucker und Konserven zur Verfügung stehen. Ideal ist dieser Vorratsraum auch als Stellplatz für Kühl- und Gefriergeräte. Die Temperatur sollte auch hier nicht über 12 °C liegen, die Luftfeuchtigkeit möglichst niedrig sein.

Zweckmäßig ist auch eine *Speisekammer* in der Nähe der Küche. Dort werden Lebensmittel gelagert, die bald oder oft gebraucht werden. Häufig finden hier auch Küchengeräte oder Geschirre

Platz, die nur selten benötigt werden, z. B. Einkochautomat, Entsafter, große Tiegel und Pfannen. Direkter Zugang von der Küche aus ist ungünstig, weil Wärme und Dämpfe eindringen können.

## Ausstattung

*Wände und Decken* von Vorratsräumen sollten atmungsaktiv gestrichen sein. Der billigste Anstrich ist Kalk, der überdies auch desinfiziert. Als *Bodenbelag* ist vom Raumklima her gestampfter Lehm für Frischvorräte ideal, ansonsten reichen Plattenbeläge oder Zement-Estrich aus.

Auf gute Allgemeinbeleuchtung achten!

*Vorratsbehälter* wie Obst- und Kartoffelhorden, Körbe müssen ausreichend vorhanden sein. Ein großes Regal ermöglicht übersichtliches Einordnen. Alle Einrichtungsgegenstände, einschließlich Regal, sollten transportierbar sein, damit sie einmal im Jahr im Freien gereinigt und getrocknet werden können. Zwischen den Regalen genügend Bewegungsfläche einplanen.

# 4.7 Wirtschaftsräume

In ländlichen Haushalten steht meist nicht nur ein Wirtschaftsraum zur Verfügung, sondern ein Naßarbeitsraum und ein Trockenarbeitsraum. Grundsätzlich sollten alle Wirtschaftsräume einander zugeordnet sein, um lange Wege zu vermeiden. Wirtschaftsräume müssen beheizbar und gut lüftbar sein.

Auf ausreichende Beleuchtung ist zu achten, denn schwache Beleuchtung führt rasch zu Ermüdung. Günstig sind Leuchtstofflampen; zusätzlich können verstellbare Leuchten für den jeweiligen Arbeitsplatz notwendig sein, z. B. Klemmleuchten.

## *Naßarbeitsraum*

Der Naßarbeitsraum wird in bäuerlichen Haushalten oft gleichzeitig als Schmutzschleuse genutzt. Dusche und WC sind diesem Bereich meist zugeordnet. Der Raum selbst muß Platz für die Naßarbeitszeile, Ordnungseinrichtungen, Arbeitskleidung und Arbeitsschuhe haben sowie evtl. Trockenplatz für nasse Kleidung.

Frischvorräte

Trockenvorräte, Konserven

Beispiel für die Einrichtung von zwei Kellerräumen

## Ausstattung

Folgende *Einrichtungsgegenstände* gehören in den Naßbereich:

● Ein tief gesetzter Schmutzwasserausguß (65 cm).
● 2 Waschbecken, z. B. eine ausgediente Küchenspüle für Handwäsche und andere Reinigungsarbeiten.
● Aufhängevorrichtungen für tropfende Wäsche, evtl. Wäscheständer.
● Waschmaschine und evtl. Trockner und Schleuder.
● Behälter für Schmutzwäsche; in größeren Haushalten mehrere Körbe aufstellen, dann kann die Wäsche z. T. schon vorsortiert werden.
● Schränke für Wasch- und Reinigungsmittel, Besen und andere Reinigungsgeräte sowie Eimer und Wannen bzw. Körbe. Auch Schuhputzzeug ist im Naßarbeitsraum gut untergebracht.
● Ein Tisch, z. B. zum Umtopfen von Pflanzen, Herrichten von Blumenschmuck, Schuhe putzen.
● Schrank für saubere Arbeitskleidung.
● Aufhängevorrichtung für schmutzige Arbeitskleidung.
● Schuhrost für Stiefel und Arbeitsschuhe oder Schuhschrank.

Regale und Schränke sollten aus strapazierfähigem Material bestehen, das sich leicht reinigen läßt, z. B. kunststoffbeschichtete Platten. Auf genügend Bewegungsraum achten, z. B. vor Schränken, Waschmaschine.
Der *Boden* muß wasserundurchlässig und rutschsicher sein. In sich gemusterte oder strukturierte Beläge sind einfarbigen Materialien vorzuziehen, weil sie nicht so oft gewischt werden müssen. Dauerhaft sind Steinfußböden; geriffelte Steinplatten sind zwar rutschsicherer als glatte, sie lassen sich jedoch schwer sauber halten. In der Mitte des Raumes ist ein Gully vorzusehen.
*Wände und Decken* müssen ebenfalls vor Feuchtigkeitsschäden geschützt werden. Oberhalb einer Fliesenhöhe von 160 cm mit einem feuchtigkeitsaufnehmenden Anstrich versehen.

### *Trockenarbeitsraum*

Im Trockenarbeitsraum wird Wäsche gebügelt und gelegt bzw. ausgebessert und genäht. Manchmal ist auch ein Schreibplatz vorgesehen. Für die elektrischen Geräte (Nähmaschine, Bügeleisen) sind genügend Steckdosen einzuplanen.

## Ausstattung

An Einrichtungsgegenständen sind notwendig:

● Ein Tisch zum Legen der Wäsche, Zuschneiden von Stoff usw.: 150 × 80 cm.
● Schränke für die Geräte, z. B. Bügeleisen, Bügelbrett, Ärmelbrett, Vasen, Schnüre, Werkzeug, Putzmittel, Lappen.
● Raumhohe Regale (kunststoffbeschichtete Platten) bieten viel Stauraum, Schubladen und Körbe bringen Ordnung in raumhohe Regale.
● Arbeitsstuhl.
● Ablage für gebügelte Wäsche zum Ausdampfen.
● Haken zum Aufhängen von gebügelten geformten Wäscheteilen.

Der *Bodenbelag* muß nicht wasserfest sein. Gut eignet sich Linoleum, es ist leicht zu reinigen , fußwarm und trittelastisch. Auf gute Beleuchtung achten.

# 4.8 Diele und Flur

Diele und Flur sind die Visitenkarte eines Hauses! Sie sollten zweckmäßig eingerichtet, hell und einladend sein. Die Grundfläche nicht zu knapp bemessen, damit Mäntel und Schuhe bequem aus- und angezogen werden können.

## Ausstattung

An Einrichtungen sind notwendig:

● Schirmständer.
● Kleiderhaken im bequemen Greifbereich (nicht über 160 cm hoch). Daran denken, daß auch Kinder ihre Kleider aufhängen wollen und tiefere Haken anbringen.
● Ablage für Handtaschen, Hüte.
● Schubladen für Schals, Handschuhe, Mützen.
● Schlüsselbrett.
● Spiegel.
● Schuhschrank.
● Sitzgelegenheit.
● Ausreichende Beleuchtung, z. B. am Spiegel beidseitig Lampen anbringen.

Der *Boden* des Flurs muß hohen Beanspruchungen standhalten. Strapazierfähig sind Steinböden (Naturstein oder Kunststein), ebenfalls geeignet, aber sehr teuer ist Hirnholzparkett (siehe Seite 253). Da gerade die Wand im Eingangsbereich starker Beanspruchung ausgesetzt ist, mit atmungsfähiger Farbe streichen.

# 4.9 Bad und WC

Ein gut ausgestattetes Badezimmer ist kein Luxus, es bestimmt den Wohnwert eines Hauses entscheidend mit. Das Bad ist nicht nur für die Körperpflege gedacht, sondern auch Raum zum Entspannen, z. B. bei einem heißen Bad. Im Verhältnis zu seiner Größe ist das Bad ein kostspielig eingerichteter Raum, sorgfältige Planung sollte daher selbstverständlich sein.

## Planung

Günstig ist eine Zuordnung des Sanitärbereiches zum Elternschlafzimmer und den Kinderzimmern.
In großen Familien sind zwei WC's notwendig, von denen eines im Eingangsbereich auch als Gäste-WC gedacht sein kann. Ab 5 Personen sind auch zwei getrennte Waschbereiche erforderlich, z. B. zwei Bäder oder Bad und getrennte Dusche mit Waschbecken.
Damit die Bewegungsflächen nicht zu klein werden, sollte man sich an folgende Mindestgrößen halten:

- Bad: 4–6 m$^2$
- Dusche mit WC: 3–5 m$^2$
- WC: 1,5–2 m$^2$

Kleiner sollten Sanitärräume nicht geplant werden. So können die Reinigungsarbeiten bequem durchgeführt werden, und auch ältere oder unbeweglichere Leute fühlen sich darin nicht beengt.

## Planungsregeln

- Badewanne und Dusche sollen so angeordnet sein, daß sie bei geöffnetem Fenster wenig von Zugluft berührt werden.
- Sanitärräume müssen gut lüftbar sein, damit der Wasserdampf entweichen kann. Die Fenster müssen gut zugänglich sein.
- Türen sollten jederzeit von außen zu öffnen sein, z. B. mit einer Münze (bei entsprechendem Türbeschlag möglich).
- Türen dürfen keine Einrichtungsteile berühren und auch nicht gegen die Wandfliesen schlagen. Stopper im Fußboden vorsehen.
- Sanitärräume müssen heizbar sein.
- Steckdosen sollten mit Schutzdeckel bzw. Kindersicherung versehen und von der Badewanne oder Dusche aus nicht erreichbar sein.
- Eine helle Allgemeinbeleuchtung ist wichtig. Am Spiegel ist eine zusätzliche Lampe erforderlich; darauf achten, daß sie nicht blendet.

## Sanitär-Ausstattung

### Badewanne, Duschwanne

Zwar weisen Mediziner immer wieder darauf hin, daß Duschen für die Haut weniger strapazierend ist als Baden, doch steht in fast jedem Badezimmer eine Badewanne. Sie wird oft weniger für die Reinigung des Körpers verwendet als zur Gesundheitspflege. Ein heißes Bad entspannt und kann evtl. eine drohende Erkältung abwenden.

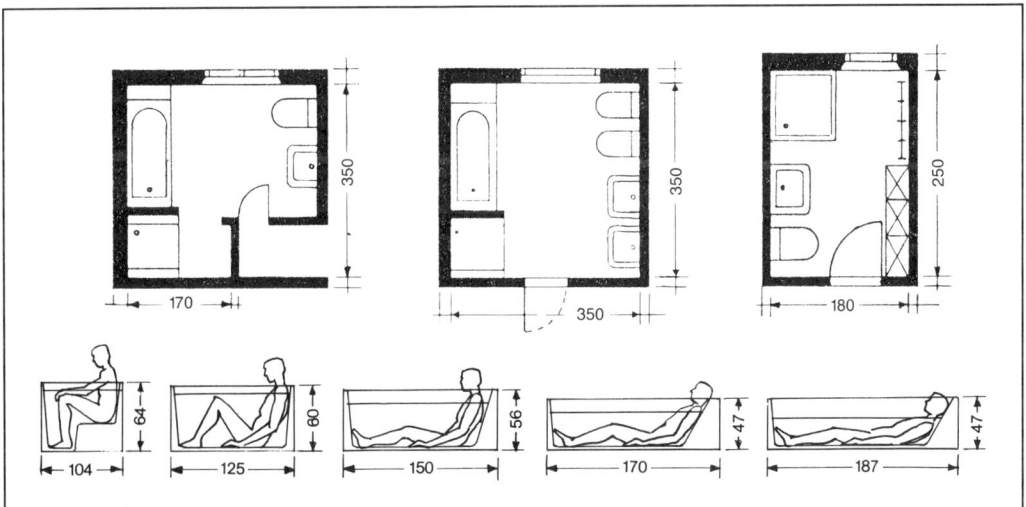

Grundrißbeispiele Bad und WC, Badewannenformen

Der Preis für eine Badewanne hängt ab von Material, Größe und Farbe. Badewannen werden aus Gußeisen oder Stahlblech hergestellt, in neuerer Zeit werden auch Wannen aus Kunststoff angeboten. *Gußeisenwannen* kosten mehr, das schwere Material hält aber das Badewasser länger warm. Zudem haben sie meist eine stärkere Emailleschicht, die auch gegen Kratzer und Stöße widerstandsfähiger ist. *Stahlwannen* sind billiger, leiten aber die Wasserwärme schnell ab. Die gleichen Ausführungen gibt es bei Duschwannen.
*Kunststoffwannen* (Acryl) halten die Wärme gut, sind rutschsicher und leicht zu reinigen, jedoch teuer.

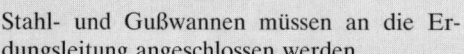

## Wichtiger Hinweis

Stahl- und Gußwannen müssen an die Erdungsleitung angeschlossen werden.

Badewannen gibt es in verschiedenen Größen. Der Wasserverbrauch ist am geringsten bei Wannen mit körpergerechter Form. Günstig für ältere Menschen und Kinder ist eine *Badeduschwanne*. Sie ist verhältnismäßig niedrig, rutschsichere Stoppunkte am Boden, Griffbrücke, Sitzbank und Fußstütze bieten viel Sicherheit. Für ältere Personen wird oft auch eine *Sitzbadewanne* empfohlen, hier kann jedoch der Einstieg genauso problematisch sein wie bei einer normalen Badewanne.
Praktisch als *Ablagen* an der Badewanne sind breite Ränder oder gemauerte, mit Fliesen verkleidete Sockel zwischen Wannenrand und Wand. Zum leichteren Reinigen einen Sockeluntertritt an der vorderen Fliesenwand vorsehen.
Wichtig, und nicht nur für ältere Menschen, ist ein Haltegriff in richtiger Höhe und Richtung.

## Waschbecken

Waschbecken gibt es in zahlreichen *Größen*. Im Bad sollte es mindestens so groß sein, daß man mit abgewinkelten Unterarmen bis zu den Ellenbogen eintauchen kann. Im WC kann es kleiner sein, da hier nur die Hände gewaschen werden.
Von der *Form* her sind geschwungene Beckenformen am einfachsten zu reinigen, es bilden sich keine Schmutzecken.
*Doppelwaschtische* sind zwar platzsparend, aber nicht praktisch, weil bei gleichzeitiger Benutzung der beiden Becken gegenseitige Behinderung unumgänglich ist, darüber hinaus sind sie teurer als zwei einzelne Waschbecken. Praktisch sind Ablageflächen rechts und links vom Beckenrand.

Waschbecken mit *Standfuß* in der Mitte verkleiden nur den Abfluß, es bilden sich Schmutzecken. Wer das Abflußrohr verbauen will, ist mit einem Schränkchen besser beraten. Das Schränkchen darf jedoch nicht zu tief sein, damit man vor dem Waschbecken bequem stehen kann.
Waschbecken werden wie Bade- und Duschwannen in verschiedenen *Farben* angeboten. Die Farbwahl hängt von Modetrends ab, auffälliger Farben wird man rasch überdrüssig. Zu empfehlen sind nach wie vor weiße Sanitärteile, sie kosten meist viel weniger als farbige und unterliegen weniger den Modetrends. Weiße Sanitärteile sind auch sehr pflegeleicht, weil Kalkflecken nicht zu sehen sind, vor allem, wenn matte Oberflächen gewählt werden.

## Dusche

Bequem zum Duschen und Füßewaschen sind Duschwannen mit einer Höhe von 28–35 cm und einer klappbaren Sitzgelegenheit, die an der Wand befestigt ist. Eine Dusche sollte nach Möglichkeit von drei festen Wänden umgeben sein, damit nicht so weit gespritzt wird.
Als Spritzschutz für die vierte Seite werden häufig Kunststoff-Vorhänge verwendet. Sie sollten nach dem Duschen auseinandergezogen werden, damit sich kein Schimmel bildet. Vorhänge aus Frottee sehen zwar schön aus, saugen sich aber während des Duschens voll. Der Spritzschutz kann auch aus Glas bestehen. Häufig werden auch falt- oder schiebbare Kunststoffabtrennungen eingebaut; diese haben aber den Nachteil, daß der Bereich um die Führungsschiene nur mit großem Aufwand sauber gehalten werden kann.

## WC

### Klosettypen

▷ *Flachspül-WC:* Die festen Ausscheidungen werden in der Schüssel aufgefangen, das ermöglicht eine Stuhlkontrolle (wichtig bei Krankheit!). Nachteilig ist die Geruchsbelästigung. Flachspülbecken gibt es als Boden- und Wandmodell.
▷ *Tiefspül-WC:* Diese Form ist nahezu geruchfrei und verschmutzt nur wenig. Möglich ist Boden- und Wandanschluß. Das Tiefspül-WC braucht wie das Flachspülbecken 9 l Wasser für eine Spülung. Manchmal muß zweimal gespült werden, weil Stoffe, die leichter sind als Wasser, nicht sofort mitgenommen werden.

▷ *Absaug-WC:* Dieses System arbeitet mit einem starken Sog, der den Inhalt der Schüssel in das Abflußrohr zieht. Absaug-WC's funktionieren am besten mit Bodenmontage. Mehr als bei anderen Modellen muß beim Absaug-WC darauf geachtet werden, daß keine Abfälle ins WC geworfen werden.

Empfehlenswert sind WC's, die an der Wand befestigt werden, weil darunter leicht gewischt werden kann. Allerdings sind sie in der Anschaffung teurer als die Bodenmodelle.

### Spülungen

▷ *Druckspülungen:* Sie sind wassersparend, allerdings funktionieren sie im Erdgeschoß besser als in Obergeschossen, weil hier der Druck nachläßt. Der Wasserdruck muß vom Fachmann richtig eingestellt werden, sonst können »Schläge« auftreten, die zu Rohrbruch führen können. Der Vorteil von Druckspülungen liegt darin, daß die Wassermenge problemlos variiert werden kann, Wasser wird ohne Unterbrechung oder Wartezeit geliefert. Die Anschaffung ist preiswert.
▷ *Kastenspülungen:* Sie sind leiser als Druckspülungen. Es gibt flache Modelle, die nur knapp über der Toilette hängen. Häufig werden sie auch in die Wand eingebaut, so daß die Stellfläche für das WC gering gehalten werden kann. Kastenspülungen gibt es mit Drucktastenregelung, so daß für das »kleine Geschäft« weniger Wasser durchgespült werden muß.

### Bidet

Das Bidet wird auch *Sitzwaschbecken* genannt. Es erleichtert die Pflege des Intimbereiches, kann aber auch zum Füßewaschen oder als Waschbekken für kleine Kinder benutzt werden.

### Armaturen

Armaturen (vom Fachmann auch Batterie genannt) gibt es in sehr unterschiedlichen Ausführungen. Je nach Design und Material variieren die Preise. Montiert werden Armaturen am jeweiligen Sanitärgerät oder an der Wand. Zum Teil werden sogar »Unterputz-Armaturen« angeboten, sie sind vorteilhaft in engen Duschkabinen und beim Reinigen.
*Einhebelmischbatterien* sind in den letzten Jahren zum Standard geworden. Mit *einem* Hebel kann in kürzester Zeit die gewünschte Wassertemperatur

eingestellt werden; dabei werden Wasser und Energie gespart, der Mehrpreis ist schnell hereingeholt. Bei älteren Armaturen muß die Wassertemperatur mit zwei Knebeln reguliert werden. *Thermomischbatterien* halten eine eingestellte Temperatur (zwischen 25 und 60 °C konstant), sinnvoll ist dies z. B. in der Dusche.
Angeboten werden auch Armaturen mit *Knopfbedienung*; der Knopf muß jeweils herausgezogen werden, was kleinen Kindern und Älteren Schwierigkeiten bereiten kann. Manchmal sind Armaturen mit einem *Drehgriff* aus Kunststoff ausgestattet, diese »Griffkappen« verbessern zwar die Optik, sind aber Schmutzfänger.
Armaturen werden zum Großteil aus verchromtem Vollmessing hergestellt, zum Teil sogar versilbert oder vergoldet angeboten, was natürlich einen entsprechenden Aufpreis bedingt. Auch in verschiedenen Farben (lackiert) gibt es Armaturen. Früher wurden gern hochglänzende Armaturen eingebaut, heute greift man vermehrt zu matten Oberflächen, weil sie pflegeleichter sind.

## Badezimmermöbel

Badezimmermöbel werden von den meisten Herstellern als fertige Kombinationen mit verschiedenen Schränken und Spiegeln angeboten. Diese verhältnismäßig teuren Möbel können im Bad leicht ersetzt werden durch billigere, aber praktische Einzelteile, mit denen die Stellfläche meist lückenloser genutzt werden kann. Es bieten sich an offene Regale, einzelne flache Kästen, Körbe in verschiedenen Größen, Haken und Bügel für Handtücher und Kleidung, Spiegel mit Ablage, Seifenschale, Abfallbehälter. Als Einrichtungsgegenstände sind Möbel mit Kunststoffbezug, aus Metall oder Holz besonders geeignet.

## Wände und Boden

Die Wände in Bad und WC sollten im Spritzbereich (150 cm Höhe bei Bad und WC, 180 cm Höhe in der Dusche) wasserfest sein. Dafür eignen sich Fliesen oder ein abwaschbarer Anstrich. Höher als über den Spritzbereich hinaus zu fliesen, ist unnötig. Freie Wandflächen und die Decke müssen nicht wasserabweisend sein; besser sind wasseraufnehmende Flächen, sie saugen den Wasserdampf auf und geben ihn langsam wieder ab. Es eignet sich auch Holz als Verkleidung, z. B. für die Decke, aber auch für die Wände. Eine Holzverkleidung muß natürlich gut hinterlüftet sein, um Schimmelbildung zu vermeiden.

## Fliesen

Bei der *Auswahl der Fliesen* ist Sorgfalt angebracht. Hochglänzende Fliesen sind wegen des hohen Reinigungsaufwandes nicht zu empfehlen. Ungünstig sind aber auch rauhe oder gefurchte Oberflächen. Sie sind zwar unempfindlicher, aber die Reinigung ist ebenfalls mit hohem Kraft- und Zeitaufwand verbunden. Ideal sind auch hier matte Oberflächen.

Bei der *Auswahl des Fliesenmusters* sollten für kleine Räume keine großen Muster gewählt werden; auch von großformatigen Fliesen sollte abgesehen werden. Kleine Fliesenformate haben den Vorteil, daß sie weniger schmutzempfindlich sind, in einem großen Bad eignen sie sich aber nur als Bodenbelag. Zu vermeiden sind kräftige, dunkle Farben, sie sind sehr pflegeaufwendig. Weiße Fliesen machen das Bad hell und lassen es luftig und sauber erscheinen. Als Bodenbelag sind weiße Fliesen weniger geeignet; hier sind Fliesen mit einer leichten Oberflächenstruktur empfehlenswert, weil sie nicht nur schmutzunempfindlicher, sondern auch rutschsicherer sind.

Farbige und bunt gemusterte Fliesen bestechen im Geschäft zwar durch ihr modernes Design. Man sollte jedoch nicht übersehen, daß es sich auch hierbei um Modeerscheinungen handelt, die nicht nach einigen Jahren wieder ausgetauscht werden. Einfarbige, helle Fliesen müssen nicht langweilig sein, mit entsprechenden Vorhängen, Handtüchern, Lampen usw. kommt auch in eine weißes Bad Farbe und Abwechslung.

---

**➤➤  Praktischer Hinweis  ◄◄**

Auch die Fliesenform ist zu beachten: Mit rechteckigen Fliesen, die quer verlegt werden, wirkt das Bad niedriger, hochformatig verlegt wirkt es höher.

---

## Boden

Als Fußbodenbelag im Sanitärbereich eignen sich Fliesen, aber auch verschweißter PVC-Belag oder rutschsicherer Gumminoppenbelag. Teppichböden sind aus hygienischen Gründen nicht zu empfehlen. Es werden zwar schon Teppiche angeboten mit einer speziellen, keimtötenden Imprägnierung, die Wirkung läßt jedoch im Laufe der Jahre nach. Wer nicht auf kaltem Boden stehen will, ist mit waschbaren Teppichen oder Spezialmatten aus Baumwolle besser bedient.

# 5 Altenteilerwohnung

Eine eigene Wohnung für die Altenteiler ist leider noch nicht in jeder bäuerlichen Familie üblich. Dabei ließen sich durch eigene Wohnbereiche für jung und alt manche Konflikte umgehen. Zwar ist in manchen Haushalten die Einrichtung einer eigenen Wohnung aufgrund der finanziellen oder räumlichen Gegebenheiten schwierig; mit etwas Mühe und Phantasie sowie dem Wunsch nach Harmonie läßt sich aber auf jedem Bauernhof die Möglichkeit dafür schaffen – und wenn es nur ein eigenes Wohnzimmer und eine kleine Kochnische für die Altenteiler ist. Eine ideale Altenteilerwohnung bietet die Möglichkeit, gemeinsam auf einem Hof zu leben und zu arbeiten und trotzdem bei Bedarf ungestört zu sein.

Auf jeden Fall sollte die Frage der Altenteilerwohnung vor der Gründung einer Familie durch den Übernehmer geklärt werden. An oberster Stelle bei der Ausstattung sollte nicht Sparen stehen, denn eine sinnvolle Ausstattung lohnt sich doppelt: für die Altenteiler, weil sie sich in der neuen Umgebung wohlfühlen und lange selbständig bleiben können, für die junge Generation, weil sich die ältere Generation selbst versorgen kann. Unter diesem Gesichtspunkt sollten die folgenden Vorschläge gewertet werden.

## *Größe und Ausstattung einer Altenteilerwohnung*

### Zahl der Altenteiler

Eine Altenteilerwohnung, die nur von 1 Person bewohnt wird, ist selbstverständlich kleiner als eine Wohnung für ein Elternpaar oder Übergeber, bei denen noch Kinder wohnen, die keinen eigenen Hausstand haben. Als alleinstehender Altenteiler wird der Mann mehr Dienstleistungen (Essensbereiten, Wäschepflege) in Anspruch nehmen (müssen) als eine Frau.

### Alter und Gesundheitszustand

Sie haben Einfluß auf die Ausstattung der Wohnung. Gehbehinderte Altenteiler können keine Wohnung brauchen, in der sie Treppen steigen müssen. Bei pflegebedürftigen Altenteilern sollte daran gedacht werden, die Wohnung nicht zu weit entfernt von der jungen Familie einzurichten. Rüstige, noch junge Altenteiler nutzen eine Wohnung mehr als alte Menschen; die Ausstattung sollte entsprechend sorgfältig ausgewählt werden.

# Arten von Altenteilerwohnungen

## Voll zugeordnetes Altenteil

Der oder die Altenteiler haben lediglich einen eigenen Schlafraum zur Verfügung. Die übrigen Lebensbereiche sind in die restliche Familie eingegliedert. Diese Form ist für beide Seiten – jung und alt – auf Dauer sehr belastend, es kann leicht zu Konflikten kommen.

## Teilzugeordneter Altenteil

Für die Altenteiler stehen neben dem Schlafraum auch ein eigenes Wohnzimmer zur Verfügung sowie eine Kochgelegenheit und sanitäre Anlagen. Bei dieser Form werden die Mahlzeiten überwiegend im Kreise der Familie eingenommen, es besteht jedoch die Möglichkeit, sich zurückzuziehen. Das Maß an Gemeinsamkeit ist nicht vorgegeben, sondern kann variiert werden; Konflikte werden spürbar vermieden.

## Selbständiger Altenteilerhaushalt

Diese Form ist ratsam für jüngere Übergeber oder Übergeber, die noch eigene Kinder zu versorgen haben. Entweder ist ein eigenes Haus vorhanden oder aber ein Teil des Hauses wird zu einer Wohnung mit eigenem Eingang umgebaut bzw. angebaut.

Ob eine Altenteilerwohnung im Erdgeschoß oder im Obergeschoß liegt, hat verschiedene Vor- und Nachteile:

▷ **Obergeschoß**
  – Mehr Ruhe.
  – Schönere Aussicht.
  – Treppensteigen.
  – Lasten nach oben tragen.
  – Bei Pflegebedürftigkeit größerer Aufwand.
  – Bei längerer Krankheit Gefahr, allein zu sein.

▷ **Erdgeschoß**
  – Keine Treppen.
  – Keine Transportschwierigkeiten für Wäsche, Lebensmittel usw.
  – Bessere Teilnahme am Familien- und Betriebsgeschehen.
  – Möglichkeit eines Freisitzes.
  – Eingeschränkte Ruhe.
  – Evtl. eingeschränkte Größe.

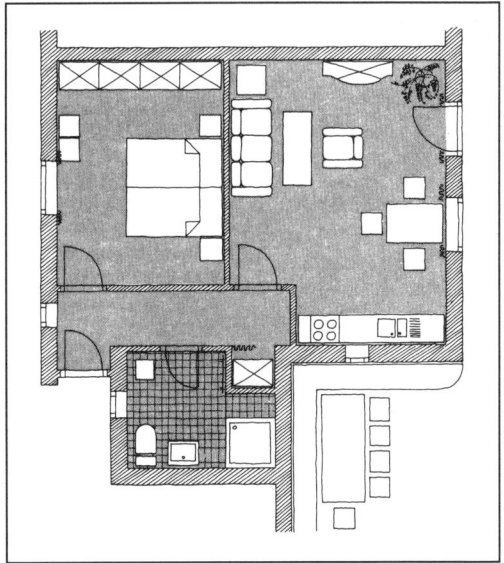

Altenteil im Erdgeschoß oder im Untergeschoß bei Hanglage

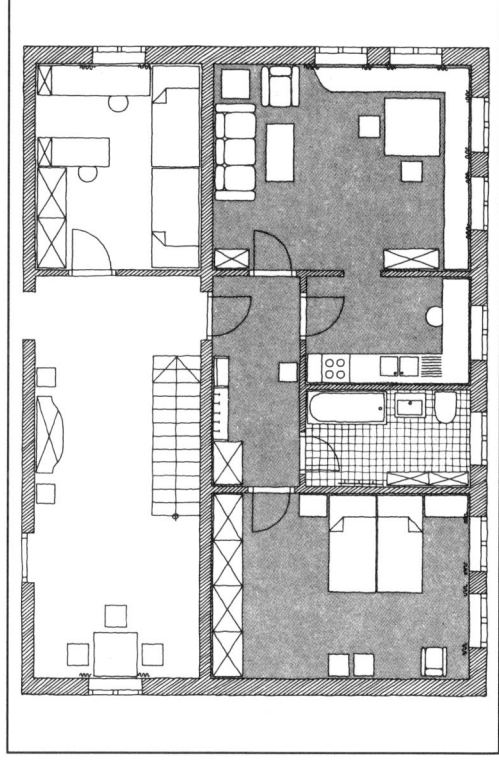

Altenteil im Obergeschoß

## *Ausstattung*

### Küche

Die Größe hängt davon ab, ob die Altenteiler häufig selber kochen bzw. eigene Kinder mitversorgen. Für 2–3 Personen sind etwa 3 m laufende Stellfläche in *einzeiliger Form* ausreichend. Ob die Küche als Wohnküche eingerichtet wird, ist eine Platzfrage, meist ist aber gerade bei Altenteilern die Küche ein beliebter Aufenthaltsort.

### ➤➤ Praktische Hinweise ◄◄

⇨ Backofen und Kühlschrank erhöht einbauen, damit Bücken vermieden wird.
⇨ Unterschränke mit Zügen erleichtern das Einräumen und die Ordnung.
⇨ Sitzmöglichkeit mit Ausziehbrett vorsehen, alte Leute können nicht lange stehen.

### Wohnraum

Der Wohnraum einer Altenteilerwohnung sollte *nicht zu klein* geraten; denn je großzügiger der Wohnraum angelegt ist, desto lieber hält man sich darin auf. Außerdem sollten auch Altenteiler die Möglichkeit haben, Besuch in ihrer Wohnung zu empfangen.
Die *Möbel* für den Wohnraum sind größtenteils ohnehin meist vorhanden, in eine neue Wohnung müssen nicht zwangsläufig auch neue Möbel gestellt werden. Außerdem nehmen die Altenteiler einen Teil ihrer liebgewonnenen Einrichtungsgegenstände gerne mit, dann fällt das Ausziehen aus dem gewohnten Lebensbereich leichter.

### ➤➤ Praktische Hinweise ◄◄

⇨ Nicht zu viele Möbel aufstellen, das erleichtert das Reinigen des Fußbodens.
⇨ Die Sitzmöbel sollten nicht zu tief und nicht zu weich sein, feste Polster erleichtern das Aufstehen.
⇨ Armlehnen an den Sitzmöbeln erleichtern ebenfalls das Aufstehen.
⇨ Möbel mit Rollen und Kufen können leicht verschoben werden.
⇨ Die Möbel sollten stabil sein und eine gute Standfestigkeit haben.
⇨ Neben dem Ruhesessel oder Lehnstuhl eine blendfreie Leuchte vorsehen sowie ein Tischchen für Lesematerial, Brille usw.
⇨ Ausreichend Stauraum vorsehen.

### Schlafraum

Altenteiler nutzen den Schlafraum häufiger (Mittagsschlaf) als noch Berufstätige, deshalb sollte er behaglich eingerichtet sein. Eine Größe von 15–20 m$^2$ dürfte ausreichend sein als Stellfläche für zwei Betten und einen Kleiderschrank. Zwischen den einzelnen Möbelstücken mindestens 80 cm Bewegungsraum zum Putzen einhalten. Wer für das Schlafzimmer neue Möbel anschafft, sollte daran denken, daß zwei einzelne Betten praktischer sind als ein meist fest verbundenes »Ehebett«. Im Krankheits- und Pflegefall können die Betten auseinander gerutscht werden, das Bett des Pflegebedürftigen ist von beiden Seiten zugänglich.

### ➤➤ Praktische Hinweise ◄◄

⇨ Praktisch ist eine Höhe des Bettes von mindestens 45 cm, besser 55 cm, weil sich ältere Menschen schwer tun, von einem tiefen Sitz bzw. Liegefläche aufzustehen.
⇨ Ein verstellbarer Lattenrost wird von vielen Älteren ebenfalls gerne angenommen, weil die Beine hochgelagert werden können bzw. das Kopfteil nach Belieben variiert werden kann.

### Sanitärbereich

Ältere Menschen sind nicht mehr so beweglich wie junge und rutschen auf nassem Boden leicht aus. Deshalb:

● Rutschsicheren Belag wählen.
● Eine Matte mit Stoppunkten in Badewanne und Duschwanne gibt Halt.
● Haltegriffe in Dusche und Badewanne geben Sicherheit.
● Stehen unter der Dusche ist für manche Menschen beschwerlich, deshalb Sitzmöglichkeit vorsehen.
● In die Duschwanne zu steigen fällt leichter als in die Badewanne; deshalb bei knappem Raum besser eine Dusche einbauen.
● Toilette nicht zu tief montieren, das erleichtert das Aufstehen. Haltegriffe neben der Toilette erleichtern ebenfalls das Aufstehen.
● Toilette nicht zu eng, z. B. zwischen Badewanne und Waschbecken, einplanen, genügend Bewegungsfreiheit macht sicherer.
● Toilette an der Wand befestigen, dann kann der Boden ohne Mühe gewischt werden.

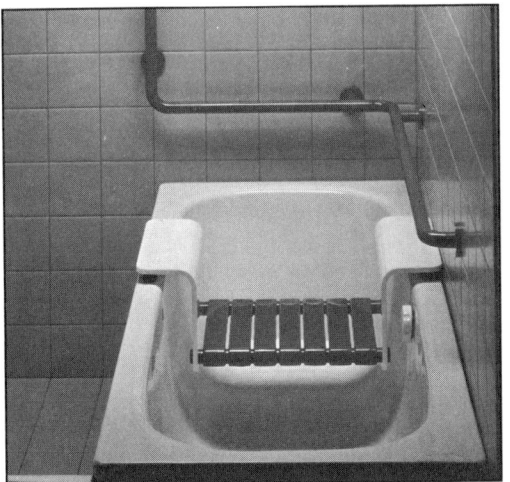

Badewannensitz und -haltegriffe

Handtuchhalter und Stützgriff

• Waschbecken sollten auch im Sitzen benützt werden können, keinen Unterbauschrank einbauen.
– Stabile Handtuchhalter wählen, die bei Bedarf auch als Stütze benutzt werden können.
• Einhebel-Armaturen vorsehen.

## Allgemeine Gestaltungshinweise

• Beliebt ist bei Älteren ein *Freisitz*, er sollte groß genug sein, um einen Tisch und Stühle aufzustellen. Auf windgeschützte Lage achten.
• Die *Fußböden* in der Altenteilerwohnung sollten unempfindlich sein, leicht zu reinigen, trittsicher und fußwarm. Holz, Linoleum, Kork, PVC, Teppichböden erfüllen diese Anforderungen. Teppichböden haben den Nachteil, daß sie zwar bei leichter Verschmutzung leicht zu reinigen (staubsaugen) sind, bei stärkerer Verschmutzung (z. B. Flecken durch verschüttete Flüssigkeiten) aber schwer sauber zu halten sind. Die Auswahl der Bodenbeläge sollte sich ableiten aus der Verwendung des Raumes, durch die vorhandenen Möbel und die Gesamtgestaltung. Lose liegende Teppiche sind in Altenteilerwohnungen nicht angebracht, weil man darauf leicht ausrutscht.
• Alle Räume müssen gut beheizbar sein.
• *Türschwellen vermeiden, Stolpergefahr!*
• An den Treppen einen beidseitigen Handlauf anbringen.
• Lichtschalter mit eingebauter Leuchte werden auch im Dunkeln gefunden.
• Genügend Lampen einplanen, ältere Menschen sehen nicht so gut und stolpern leicht.

# 6 Hausreinigung

## 6.1 Reinigungs- und Pflegemittel

### Reinigungsmittel

Die Anzahl der Reinigungsmittel ist in den letzten Jahren mit der Zahl der unterschiedlichen Materialien im Haushalt erheblich gestiegen. Gleich vorweg sei gesagt, daß diese große Palette an Mitteln nicht benötigt wird.
Reinigungsmittel entfernen Schmutz und eventuelle Pflegemittelschichten.

▷ *Reiniger mit Lösungsmitteln:* Sie werden angewendet bei wasserunlöslichen Verschmutzungen, z. B. Farb- und Lackresten, Klebstoff, Harz, Ölen, Wachsen.
▷ *Reiniger ohne Lösungsmittel:* Diese Reinigungsmittel, auch als *Allzweckreiniger* im Handel, enthalten zum Teil Scheuermittel. Sie sind universell einsetzbar von der Fußbodenreinigung bis zum Fensterputzen. Sie sind eine preiswerte und umweltschonende Alternative zur Palette der Spezialreinigungsmittel. Man wendet sie in verdünnter Lösung an, Nachwischen ist nicht nötig.

Für hartnäckige Verschmutzungen sind *Scheuermittel* notwendig, wobei auf empfindlichen Oberflächen nicht Scheuerpulver, sondern flüssiges Scheuermittel verwendet werden sollte; es enthält feingemahlenen Marmorsand, der weniger kratzt.

## Neutralseife

Neutralseife ist in den letzten Jahren zu einem beliebten Reinigungsmittel geworden. Es handelt sich dabei um keine Seife, sondern um ein *Tensid* (siehe Seite 419). Damit ist Neutralseife im Gegensatz zur Seife unempfindlich gegenüber der Wasserhärte, Neutralseife kann daher in geringeren Mengen angewendet werden als Schmierseife. Neutralseife ist ein Allzweckreiniger, der für Fenster, Geschirr, Fußböden und Arbeitsflächen gleichermaßen geeignet ist; empfindliche Materialien brauchen evtl. zusätzliche Pflege.

Neutralseife wird auch zur Textilreinigung verwendet. Sie ist geeignet für Baumwolle und Feinwäsche, nicht aber für Wolle, weil die Rückfettung fehlt. Bewährt hat sich der Einsatz von Neutralseife bei der Vorwäsche in der Waschmaschine (siehe auch Seite 278) sowie zum Einweichen stark verschmutzter Wäsche.

## Schmierseife

Bei Verwendung von Schmierseife wird ein Teil sofort von den Härtebildnern des Wassers gebunden zu *Kalkseife*. Von Schmierseife muß deshalb so viel genommen werden, daß die Reinigungslösung noch schäumt.

Bei Steinfußböden bleibt nach der Behandlung mit Schmierseife ein schützender Film von Kalkseife zurück. Dies ist bei Neutralseife nicht der Fall, sie pflegt nicht gleichzeitig.

> ### ➤➤ Praktische Hinweise ◄◄
>
> ↪ Schmierseife kann nicht verwendet werden zur Reinigung von Spiegeln und Fensterscheiben, weil ein leichter Fettfilm zurückbleibt.
>
> ↪ *Pastöse Schmierseife* bereitet manchmal Probleme, weil sie sich in Wasser schwer auflösen läßt. Abhilfe schafft Anrühren mit einem Schneebesen in wenig heißem Wasser bzw. die Verwendung von flüssiger Schmierseife.

## Spezialmittel

Zu den Spezialmitteln gehören:

- Sanitärreiniger,
- Rohrreiniger,
- Fensterreiniger,
- Backofenreiniger,
- Metallreiniger.

*Sanitärreiniger* sind stark ätzend, sie dürfen beim Gebrauch nicht auf Schleimhäute oder in die Augen gebracht werden. Ihr Einsatz erübrigt sich, wenn regelmäßig mit Allzweckreiniger, bei stärkeren Verschmutzungen mit Scheuermittel gereinigt wird. Ältere Kalkablagerungen können mit Essigessenz entfernt werden. Diese Mittel sind weniger gesundheitsgefährdend, umweltschonender und billiger.

Auf *Rohrreiniger* sollte ebenfalls verzichtet werden, sie sind stark ätzend und können die Leitungsrohre angreifen. Eine umweltbewußte Alternative ist die herkömmliche Saugglocke oder heißes Wasser.

*Fensterreiniger* sind im Privathaushalt meist ebenfalls überflüssig, Allzweckreiniger tut hier gleiche Dienste, zur Vor- und Nachbehandlung klares Wasser mit etwas Spiritus verwenden.

Teure *Backofenreiniger* können ersetzt werden durch Scheuerpulver oder verseifte Stahlwolle.

Für die Reinigung verschiedener *Metalle*, z. B. Silber, Zinn, Kupfer, gibt es ebenfalls Spezial-Putzmittel. Sie sind verhältnismäßig teuer und enthalten Lösungsmittel. Ein guter Ersatz dafür ist Schlämmkreide oder »Wiener Kalk« (siehe Tabelle Seite 289).

> ### ➤➤ Praktischer Hinweis ◄◄
>
> Gleichgültig, welches Reinigungsmittel verwendet wird: Dosierungsanweisung beachten! Überdosierung belastet nicht nur den Geldbeutel, sondern in erster Linie die Umwelt!

## Desinfektionsmittel

Desinfektion ist im Privathaushalt normalerweise nicht nötig; denn völlige Keimfreiheit kann ohnehin nicht erreicht werden und die haushaltsspezifischen Keime und Bakterien stellen keine Gefahr für die Gesundheit dar. Desinfektion ist allerdings notwendig bei schweren ansteckenden Krankheiten, z. B. Gelbsucht, Tuberkulose, der Arzt weist darauf hin. In diesem Fall genau an die Gebrauchsanweisung des Mittels halten und alles desinfizieren, was mit dem Kranken in Berührung kommt. Auch an Gegenstände denken, die weniger beachtet werden, z. B. Schreibzeug, Spielsachen, Bücher.

Im umweltbewußten Haushalt reichen Allzweckreiniger, Schlämmkreide, Scheuermittel, Essigessenz und Spiritus als Reinigungsmittel aus.

## Pflegemittel

Pflegemittel schützen die Oberfläche und verbessern das Aussehen. *Lösungsmittelfreie* Pflegemittel werden beispielsweise unter der Bezeichnung Selbstglanzemulsion verkauft. Zu den *lösungsmittelhaltigen* Pflegemitteln gehören Bohnerwachse und Wachsfluate, auf beide kann im Haushalt verzichtet werden.

Spezielle Pflegemittel werden für Möbel angeboten, jeder Holzfachmann und Schreiner rät jedoch vom Gebrauch solcher Mittel ab, es genügt in der Regel, die Möbel abzustauben oder leicht feucht abzuwischen.

Außer speziellen Pflege- und Reinigungsmitteln gibt es *kombinierte Mittel*. Die nachfolgend aufgeführten kombinierten Reinigungs- und Pflegemittel sind *lösungsmittelfrei*:

● Wischglanzmittel – hauptsächlich für die Pflege.
● Wischwachse – für Reinigung und Pflege gleichermaßen.
● Wischpflegemittel – hauptsächlich für die Reinigung.

Es gibt auch *lösungsmittelhaltige* Kombinationsmittel, z. B. Cleaner. Auf all diese Mittel kann im Privathaushalt verzichtet werden.

## 6.2 Geräte und Hilfsmittel

Zum wichtigsten Gerät in der Hausreinigung ist in den letzten Jahrzehnten der *Staubsauger* geworden (siehe Seite 358). Obwohl textile Fußbodenbeläge zunehmen, haben Schrubber und Putzlappen nicht ausgedient, auch Besen und verschiedene Bürsten werden nach wie vor benötigt.

## Besen, Bürsten

Bei Besen und Bürsten liegen die Unterschiede im Einzugsmaterial, das pflanzlicher oder tierischer Herkunft sein, aber auch aus synthetischen Fasern bestehen kann.

*Tierische Fasern* sind elastisch und sehr haltbar, was sich im Preis niederschlägt. Biegsamkeit und Anschmiegsamkeit der Borsten verhindern, daß z. B. beim Kehren viel Staub aufgewirbelt wird. Roßhaar wird für exklusive Besen und Bürsten verwendet, Schweineborsten für Flaschenbürsten, Handbürsten, Bohner.

*Pflanzliche Fasern* glänzen nicht und sind auch nicht elastisch. Sie werden für Wasch- und Schuh-

bürsten verwendet oder auch für Schrubber und Straßenkehrbesen.

*Synthetisches Material* ist elastisch, aber nicht so biegsam wie tierische Fasern.

## Schwämme, Tücher

*Echte Schwämme* werden nur für die Körperpflege verwendet. Für Reinigungsarbeiten gibt es Schwämme aus *Kunststoff*. Sie sind sehr haltbar und saugfähig, zum Teil sind sie auf einer Seite mit einer schleifenden Auflage versehen, die bei hartnäckiger Verschmutzung eingesetzt wird. Schwammtücher sind ebenfalls synthetisch hergestellt und vielseitig einsetzbar.

---

 **Wichtiger Hinweis**

Die schleifende Auflage von Schwämmen hinterläßt bei Töpfen, Feinkeramik, Kunststoff und Emaille (vor allem bei Badewannen und Waschbecken) feinste Spuren, die mit der Zeit aufrauhen, das Material matt werden lassen und vor allem für unerwünschte Kalkablagerungen einen idealen Untergrund schaffen.

---

Für die Reinigung des Fußbodens sind *Baumwolllappen* empfehlenswert, sie saugen gut und sind waschbar. Oftmals werden alte Handtücher, Bettlaken usw. als Lappen eingesetzt, um Geld zu sparen. Damit diese Sparsamkeit nicht zu Lasten der Arbeitszeit geht, sollten alte Tücher aber je nach Faserart verwendet werden:

▷ Saugfähige Baumwolle für die Naßreinigung.
▷ Leinen oder dünne Baumwolle zum Polieren, Nachreiben.

Zu achten ist bei Lappen – ob gekauft oder aus der Restekiste –, daß sie gut waschbar bzw. kochecht sind.

## Spezialgeräte

Zu den Spezialgeräten gehören z. B. Wischmop und Sooger. Sie sind geeignet für größere, wenig verschmutzte Flächen. Bücken entfällt, es kann bei Bedarf mit heißem Wasser gewischt werden, die Hände kommen nicht mit dem Wasser in Berührung (wichtig bei Allergien gegen Reinigungsmittel oder Hautschäden).

## *Pflege von Geräten und Hilfsmitteln*

Nach jedem Gebrauch werden Geräte und Hilfsmittel gereinigt, Schrubber an einem luftigen Ort
trocknen lassen, Besen von Fusseln und Haaren
befreien und im Freien ausstauben und aufhängen
oder im Liegen trocknen, wobei der Besen nicht
auf der Unterlage liegen soll. Lappen gründlich in
klarem Wasser auswaschen und trocknen, bei
Bedarf in der Waschmaschine waschen. Besen
und Bürsten von Zeit zu Zeit ebenfalls naß reinigen.

### ➤➤ Praktische Hinweise ◀◀ für den Einkauf

⟴ Geräte in die Hand nehmen und prüfen,
   ob sie gut in der Hand liegen.
⟴ Schrubber und Besen sollten eine Arbeits-
   breite von mindestens 25 cm haben. Der
   Stiel sollte nicht zu lang oder zu kurz sein;
   ideal ist die Länge, wenn der Stil bis Nase
   oder Mund reicht.
⟴ Putzlappen sollen waschbar sein.

### Reinigung von Geräten und Hilfsmitteln zur Hausreinigung

| Gegenstände | Reinigungs- und Pflegemittel | Hilfsmittel | Bemerkungen |
|---|---|---|---|
| **Besen und Bürsten** | | | |
| Pflanzliches Material | Feinwaschmittel, warmes Wasser | Besenkamm | Staub und Flusen entfernen, auskämmen. In Waschmittellösung schnell durchwaschen und kurz nachspülen. Grundsätzlich hängend oder seitlich liegend aufbewahren, Bürstenkörper schonen. |
| Tierisches Material | Schmierseife, Feinwaschmittellösung | Besenkamm | Entstauben, gut auskämmen. In Waschmittellösung schnell durch- waschen und kurz nachspülen. Hängend oder seitlich liegend aufbe- wahren, nicht auf die Borsten stellen, Bürstenkörper schonen, Feuchtigkeit darf nicht einziehen, gut trocknen an luftigem Ort. |
| Synthetisches Material | Schmierseife, Feinwaschmittellösung | Besenkamm, Tuch | Entstauben, auskämmen, siehe tierisches Material. |
| Bürstenkörper | Wachs | | Bürstenkörper und Stiel je nach Oberflächenbehandlung reinigen, evtl. einwachsen. |
| **Schwämme und Tücher** | | | |
| Echte Schwämme | | – | Nach Gebrauch gründlich in klarem Wasser (warm) ausspülen, an luftigem Ort trocknen. |
| Viskose- und Kunststoff- schwämme und -tücher | Schmierseife, mildes Reinigungsmittel | – | Auswaschen, gut nachspülen und trocknen. Von Zeit zu Zeit in der Maschine waschen (60 oder 95 °C), dabei kalt aufsetzen. |
| Baumwollscheuertücher | Voll- oder Hauptwaschmittel | – | In klarem, warmem Wasser ausspülen. Hin und wieder in der Maschine waschen (60 oder 95 °C, (Flusensieb kontrollieren!). |
| Fensterleder (echtes Leder) | Schmierseife, Spülwasser mit Glycerin (1 Teelöffel je Liter), Feinwaschmittellösung | – | Auswaschen, durch das Nachspülen wird das Leder rückgefettet. Auf- hängen zum Trocknen an luftigem Ort (keine Sonne), gelegentlich durch- kneten, damit das Leder weich bleibt. |

# 6.3 Raumpflege

Bei der Hausreinigung wird unterschieden in

▷ Unterhaltsreinigung und
▷ Grundreinigung.

Die *Unterhaltsreinigung* wird täglich bis wöchentlich durchgeführt, manche Arbeiten seltener, z. B. Fensterputzen, die *Grundreinigung* ein- bis zweimal jährlich.

## *Unterhaltsreinigung*

Der Aufwand hängt ab vom Nutzungs- und Verschmutzungsgrad der Räume sowie von den Ansprüchen, die an die Sauberkeit gestellt werden. Regelmäßige Reinigung ist in vielbenutzten Räumen wichtig für das Wohlbefinden. Der Zeitaufwand für Reinigungsarbeiten sollte jedoch überdacht werden, denn laut Statistik wird der größte Teil der Hausarbeitszeit dafür verwendet.

### Aufräumen

Aufräumen gehört zur täglichen Arbeit. Es sollte so gehandhabt werden, daß *nicht nur die Hausfrau* sich um Ordnung kümmert, sondern *alle Haushaltsmitglieder* dabei helfen und z. B. Aschenbecher ausleeren, Zeitungen ordnen, Kissen aufschütteln, Reste, Flaschen, Geschirr aufräumen. Auch in den jeweiligen Schlafzimmern sollten die Familienmitglieder selbständig Ordnung halten. Auch *Kinder* sollten schon früh dazu angehalten werden, ihre Spielsachen aufzuräumen; übertrieben wäre es jedoch, von ihnen zu verlangen, täglich ihr Zimmer akkurat aufzuräumen, das behindert den Spieldrang der Kinder. *Schulkinder* können ihren Schreibplatz selbständig aufräumen und morgens auch die Bettdecke zurückschlagen, evtl. sogar ihr Bett selber machen.
Zum Aufräumen gehört auch das *Lüften* der Räume. Schlecht gelüftete Räume bekommen einen dumpfen, unangenehmen Geruch und können feucht werden. Wichtig im Bad und in den Schlafräumen! Auch in der Altenteilerwohnung auf regelmäßiges Lüften achten.

### Abstauben, Abwischen

Abstauben ist ein- bis zweimal wöchentlich notwendig in viel begangenen Räumen, z. B. im Wohnzimmer. Zum Staubwischen weiche, saubere Tücher verwenden, die hinterher gewaschen werden.

*Kunststoffoberflächen* lassen sich am einfachsten mit einem feuchten Haushaltsvlies abstauben, dem Wasser kann etwas Spülmittel zugesetzt werden, besonders bei Fensterbrettern, Heizkörpern, Lampen und Fliesen. *Holz* wird mit einem trockenen Tuch abgestaubt.

### Arbeitsgrundsätze

*Systematisches Arbeiten* spart Zeit und verhindert, daß einzelne Stücke vergessen werden.

● Von oben nach unten arbeiten.
● An der Tür beginnen und entgegen dem Uhrzeigersinn alle Einrichtungsgegenstände abwischen.
● Ruhige, gleichmäßige Bewegungen machen. Dies ist wichtig vor allem beim trockenen Staubwischen, damit der Staub nicht nur aufgewirbelt wird.
● Staub- und Wischtücher oft waschen.

### Bodenreinigung

#### Nichttextile Bodenbeläge

Für die *Feuchtreinigung* von nichttextilen Böden gibt es lösungsmittelfreie und lösungsmittelhaltige Reinigungsmittel. Lösungsmittelhaltige Mittel dürfen nicht bei allen Bodenbelägen angewendet werden. Richtig gereinigt werden kann ein Boden also nur, wenn das Material bekannt ist. Bei Holz und Stein ist dies nicht schwierig, bei Belägen aus Kunststoff können Zweifel auftauchen.

> ▶▶ **Praktischer Hinweis** ◀◀
>
> Schon beim Einkauf den Händler oder Hersteller fragen, wie das Material gereinigt und gepflegt werden soll, ob es empfindlich ist gegen Behandlung mit Wasser, Säuren, Laugen oder Lösungsmittel.

Beim *Feuchtwischen* (z. B. mit Sooger) in Schlangenlinien systematisch vor sich her wischen, Gerät nicht vom Boden aufheben. Genauso vorgehen, wenn Pflegemittel aufgebracht werden sollen, z. B. Wachs, Emulsionen.
Bei der *Naßreinigung* wird der Fußboden mit dem Schrubber oder dem Scheuertuch naß gereinigt. Dabei in aufrechter Haltung den Raum Stück für Stück naß reinigen und anschließend mit gut ausgewrungenem Scheuertuch trocknen. Am Raumende anfangen, zur Tür hin arbeiten. Bei sehr verschmutzten Räumen Wischwasser wechseln.

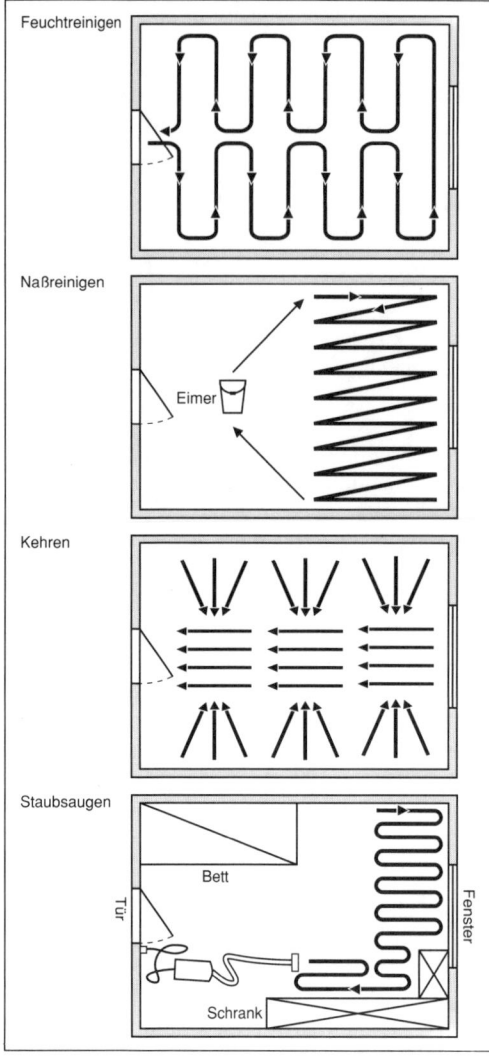

Systematisches Reinigen

*Trockene Reinigung* nichttextiler Böden (Stein, Kunststoff) kann mit dem Staubsauger erfolgen oder mit dem Besen. Beim Kehren in ruhigen Bewegungen arbeiten, zunächst von den Ecken oder dem Rand zur Raummitte hin kehren, dann von sich weg in Richtung zur Tür.

## Textile Bodenbeläge

Trockene Reinigung der Teppiche wird hauptsächlich mit dem *Staubsauger* durchgeführt. Dabei die Düse langsam über den Belag führen, damit Schmutz und Staub aufgenommen werden können. Die Fläche in Abschnitten nach Reichweite der Arme möglichst ohne Bücken, systematisch absaugen. Lose Teppiche absaugen oder im

Freien auf der Rückseite ausklopfen, anschließend die Vorderseite abbürsten. Sehr wirkungsvoll lassen sich einzelne Teppiche im Winter reinigen: Sie werden mit der Oberseite nach unten in den Schnee gelegt und kräftig geklopft.

Wer zum Staubsauger einen *Bürstvorsatz* besitzt (siehe Seite 361), sollte ihn bei Langflor-, Berber- und handgeknüpften Orientteppichen sowie bei wollener Auslegeware nicht für die Reinigung benutzen. Die übliche Auslegeware aus Polyamid hält eine häufige Behandlung mit dem Bürstvorsatz sehr gut aus; überhaupt nicht vertragen wird der Bürstvorsatz von griechischen Flokati-Teppichen.

## Empfindlichkeit der wichtigsten Bodenbeläge

| | |
|---|---|
| Holz, natur | Wasserempfindlich durch die poröse Oberfläche |
| Holz, versiegelt | Wasserunempfindlich |
| Kork, PVC-beschichtet | Lösungsmittelempfindlich |
| Stein | Säureempfindlich |
| Fliesen, Kacheln | Unempfindlich gegen Lösungsmittel, Säuren, Alkalien und Wasser |
| Linoleum | Alkalienempfindlich |
| PVC-Kunststoff | Lösungsmittelempfindlich |
| Florbest-Kunststoff/ Kunstharz | Lösungsmittel- und alkalienempfindlich |

*Bewegliche Teppiche* können auch chemisch gereinigt werden, der Umwelt zuliebe nicht zu oft! Kleinere Fleckerlteppiche können in der Waschmaschine gewaschen werden. Große, waschbare Teppiche können im Freien mit Feinwaschmittellauge abgebürstet werden, anschließend gründlich mit klarem Wasser nachspülen und im Freien zum Trocknen aufhängen. Naßreinigung von Teppichen im Sommer durchführen, weil sie bei hohen Temperaturen schneller trocknen.

*Teppichböden* werden nur selten feucht gereinigt.

Flächige Feuchtreinigung durch Shampoonieren sollte nach Möglichkeit lange hinausgezögert werden, weil hinterher die Teppiche schneller anschmutzen.

Für die Reinigung von Teppichböden werden zahlreiche Reinigungsmittel angeboten in Sprayform, als Schaumreiniger oder Pulverreiniger. Sprays sind im Einsatz teuer und enthalten oft FCKW (siehe auch Seite 544); sie werden hauptsächlich bei sehr empfindlichen Belägen oder Polstern angewendet. Reinigungsmittel möglichst

## Reinigen von Bodenbelägen

| Gegenstände | Reinigungs- und Pflegemittel | Geräte/ Hilfsmittel | Bemerkungen |
|---|---|---|---|
| **Teppiche** <br> Teppich, geknüpft (Orient, Berber) | Essigwasser, Feinwaschmittelschaum, handelsübliche Teppichreinigungsmittel, Fleckenmittel, trockener Schnee | Staubsauger, Teppichbürste, Teppichklopfer. | Saugen, ausbürsten, leicht klopfen. Wertvolle Teppiche in den ersten 2 Monaten nicht saugen, später nur mit niedriger Saugleistung. Mit der Oberseite in den Schnee legen, klopfen, gut trocknen lassen – farbauffrischend, staubbindend, dabei nicht durchnässen. Fleckenmittel an unsichtbarer Stelle testen. Oberfläche oder Faser nicht aufrauhen, dadurch werden sie schmutzanfälliger. Chemische Reinigung in großen Zeitabständen (6–10 Jahre). |
| Teppich, gewebt (Fleckerlteppich, Schafwollteppich, Flokati) | Feinwaschmittelschaum sonst wie Teppich, geknüpft | Staubsauger, Teppichbürste, Teppichklopfer. | Bei Wolle Feinwaschmittelschaum verwenden. Baumwollteppiche und Flokati sind meist waschbar. Sonst wie Teppich, geknüpft, behandeln. |
| Maschinenteppich (Bouclé, Velours) | Wie Teppich, geknüpft | Staubsauger, Teppichbürste, Teppichklopfer. | Wie Teppich, geknüpft, behandeln. |
| **Textile Bodenbeläge** <br> Schlinge, Velours, Nadelfilz, -vlies | Essigwasser, Feinwaschmittelschaum, handelsübliche Teppichreinigungsmittel, Fleckenmittel | Staubsauger, Schwamm, Schrubber | Saugen, Universaldüse bei allen Teppichbodenarten. Je nach Beanspruchung 1–2 mal wöchentlich Bürstsauger oder Turbodüse einsetzen, lose verlegte Teppiche können auch mit einem Klopfbürstsauger bearbeitet werden. Teppichboden bei einer Reinigung nie durchfeuchten, Untergewebematerial beachten. |
| | | Pulverreinigungsgerät, Shampooniergerät, Sprühextraktionsgerät | Vorsichtig anwenden. Während des Trocknens darf der Boden nicht begangen werden. Je mehr Reinigungsmittel im Teppich verbleibt, um so größer ist die Wiederanschmutzungsgefahr. |
| | | Kombinationsgerät aus Shampoonieren und Extrahieren | Das Kombinationsgerät kann nur durch die gewerbliche Reinigung in Anspruch genommen werden. |
| **Nichttextile Bodenbeläge** <br> Holz; Hirnholzpflaster, Parkett, unversiegelt | Schmierseife, lösungsmittelhaltiges Reinigungsmittel, flüssiges Bohnerwachs | Besen, Schrubber, Wischtuch | Kehren, Feuchtreinigung mit Schmierseife. Bei einer Grundreinigung lösungsmittelhaltiges Reinigungsmittel verwenden. |
| Holz; Hirnholz; Parkett, versiegelt | Schmierseifenwasser, mildes Reinigungsmittel | Schrubber, Wischtuch, Mop | Feucht reinigen, keine Scheuermittel verwenden. |

**Reinigen von Bodenbelägen** (Fortsetzung)

| Gegenstände | Reinigungs- und Pflegemittel | Geräte/ Hilfsmittel | Bemerkungen |
|---|---|---|---|
| **Nichttextile Bodenbeläge** | | | |
| Steinböden | Schmierseife, mildes Reinigungsmittel, Spezialsteinpflege | Schrubber, Wischtuch | Schmierseife wirkt rückfettend auf Stein, gibt matten Glanz. Spezial-steinpflege je nach Beanspruchung 1–2 mal pro Jahr verwenden. |
| Linoleum | Schmierseife, lösungsmittel-haltiges Reinigungsmittel, Bohnerwachs (Hartglanz-wachs), Wischpflegemittel, Wischwachs) | Schrubber, Wischtuch | Bei einer Grundreinigung können die noch vorhandenen Wachsschichten an wenig belaufenen Stellen mit einem lösungsmittelhaltigen Reiniger entfernt werden. Anschließend Wischwachs auftragen. |
| Kunststoff mit Kunst-harz/Florbest; Kunststoff/PVC, genarbt, glatt; Vinylharz-Asbest-Flexplatten, korkbeschichtet, PVC-beschichtet | Schmierseife, Reinigungsmittel, Wischwachs, Wischpflegemittel | Schrubber, Wischtuch | Bei einer Grundreinigung müssen die noch vorhandenen Wachsschichten an wenig belaufenen Stellen eingeweicht und anschließend abgeschabt werden. Es darf kein lösungsmittelhaltiger Reiniger verwendet werden. |

## ▶▶   Praktischer Hinweis:   ◀◀
## Flecken entfernen

Flecken sollten sofort entfernt werden, denn sie können in angetrocknetem Zustand nicht mehr oder nur mit hohem Aufwand wieder entfernt werden. Flecken mit lauwarmer Fein-waschmittellauge auswaschen, anschließend mit klarem Wasser nachbehandeln und mit einem saugfähigen Tuch trocknen. Den Flek-ken immer von außen nach innen behandeln, damit er nicht größer wird.

Spezielle Fleckenmittel bringen meist wenig Erfolg, sie sind teuer und meist lösungsmittel-haltig; bei der Anwendung ist darauf zu ach-ten, daß die entweichenden Dämpfe nicht ein-geatmet werden und der Raum gründlich ge-lüftet wird.

schnell und gleichmäßig auftragen, nach der ange-gebenen Einwirkzeit gründlich absaugen, Tep-pich erst wieder begehen, wenn er ganz trocken ist.

Die Reinigung von Teppichböden steckt noch in den Kinderschuhen, daher Teppichböden nur in Räumen verlegen, wo sie wenig angeschmutzt werden.

### Arbeitsgrundsätze

● Vor Beginn der Arbeit alle Geräte herrich-ten, z. B. Besen, Kehrrichtschaufel, Staubsau-ger, Staubtücher, Schrubber, Wischwasser.

● Alle beweglichen, kleinen Einrichtungsgegen-stände hochstellen, damit sie beim Wischen nicht stören, z. B. Papierkorb, Stehlampe, kleine Teppiche, Hocker, Stühle.

● Zimmer erst nach dem Trocknen des Fußbo-dens wieder einräumen.

● Während der Reinigung Zimmer lüften.

● Ecken auch bei der Unterhaltsreinigung nicht vernachlässigen.

● Bei Teppichböden Schmutz und Flecken sofort entfernen. Auf glatten Böden Feuchtig-keit auftrocknen, wichtig bei Holzfuß-böden.

### Fensterputzen

*Wie oft* Fenster geputzt werden müssen, hängt hauptsächlich von der Lage des Hauses ab. An viel befahrenen Straßen ist es häufiger erforder-lich als in ruhigen Einzellagen. Die Häufigkeit der Fensterreinigung hängt aber auch von der Ar-beitsbelastung der Hausfrau ab. Bevor jedoch die Fenster zu oft geputzt werden, sollte überlegt werden, ob diese Zeit nicht sinnvoller zu nutzen ist, z. B. in der Kinder- oder Altenbetreuung.

Zum Fensterputzen *trittsichere Leiter* bereitstellen sowie alle anderen Utensilien: warmes Wasser mit Reinigungsmittel, Haushaltsvlies oder andere Lappen, fusselfreie Tücher zum Polieren oder Fensterleder, Handbesen zum Entfernen von Spinnweben. Spezielle Fensterreinigungsmittel sind nicht notwendig, es reicht, dem Wasser etwas Allzweckreiniger oder Spülmittel zuzusetzen. Damit können Rahmen, Fensterbretter und Fensterscheiben abgewischt werden.

Zuerst Rahmen reinigen, dann die Fensterscheiben, das Glas wird anschließend sofort trockengerieben oder vorher noch mit etwas Spirituswasser nachgewischt. Zeitungspapier zum Polieren von Fensterscheiben kann Kratzer hinterlassen. Mit etwas Übung können die Scheiben mit einem Gummiabzieher sauber getrocknet werden, für kleine Scheiben sind Gummiabzieher unpraktisch.

### Arbeitsgrundsätze

● Fenster, Fensterläden, Jalousetten abkehren, evtl. abwischen.
● Vorhangstangen abwischen.
● Fensterrahmen und Fensterbretter von innen und außen naß abwischen.
● Fensterglas von innen nach außen reinigen.
● Scheiben in Schlangenlinien systematisch von oben nach unten reinigen bzw. polieren.
● Fensterleder bzw. Lappen zum Nachreiben keilförmig falten, dadurch werden auch Ecken erreicht.
● Nicht putzen, wenn die Sonne auf das Fenster scheint; das Wasser verdunstet dann sehr schnell, die Scheiben werden nicht blank.

## Reinigen von Türen

Die Reinigung hängt ab vom Material der Tür: Glastüren oder Türen mit Glasfüllung werden geputzt wie Fenster; lackierte Türen und Kunststofftüren sowie furnierte Türen werden mit Reinigungsmittellösung feucht abgewischt und nachgetrocknet. Den oberen Falz der Türzarge und die Füllungen nicht vergessen, hier legt sich der meiste Staub ab. Die Türbeschläge werden je nach Material abgewischt und trockengerieben bzw. speziell behandelt (siehe Tabelle Seite 289).

## Weitere Arbeiten in einzelnen Räumen

### Wohnzimmer
● Zimmerpflanzen gießen, trockene Blätter entfernen.
● Das Wasser von Schnittblumen wechseln (nicht zu oft, dann halten sie länger).
● Blumenübertöpfe abwischen.
● Fensterbretter abwischen.
● Aus Kachelofen, Kamin oder Einzelofen Asche entfernen, neues Heizmaterial einlegen.

### Eßzimmer
● Tischdecke täglich ausschütteln oder mit Tischbesen abkehren. Tischsets sind nur eine Erleichterung, wenn weniger als fünf Personen verköstigt werden.

### Schlafzimmer
● Betten machen (Bettlaken spannen, Kopfkissen aufschütteln, Oberbett aufschütteln und je nach Größe halb falten). Tagesdecken sehen schön aus, sind aber in reinen Schlafräumen nicht notwendig und bedeuten einen zusätzlichen Arbeitsaufwand.
● Bettwäsche regelmäßig wechseln. Über den Mittelteil der Matratze Bettuch oder Moltontuch quer spannen, um die Matratze zu schonen.
● Hin und wieder (ca. alle 3 Monate) Bettzeug auf dem Balkon oder im Fenster lüften; bei trockener Witterung und bewölktem Himmel ideal, in praller Sonne trocknen die Federn aus und brechen.

### Kinderzimmer
● Bettenmachen.
● Spielsachen mit den Kindern aufräumen. Das Kinderzimmer muß nicht täglich akkurat aufgeräumt sein, das behindert den Spieldrang der Kinder.

### Sanitärräume
● Waschbecken und WC täglich reinigen. Meist genügt ein Allzweckreiniger, bei hartnäckigen Verschmutzungen flüssige Scheuermittel oder Essig verwenden. Zum Reinigen des WC's gesonderten Lappen verwenden.
● Dusche, Badewanne wöchentlich reinigen.
● Armaturen und Fliesen nach dem Reinigen trockenreiben, ebenso Spiegel und Ablagen.
● Der Reinigungsaufwand kann verringert werden, wenn jedes Haushaltsmitglied sich bemüht, Waschbecken, Dusche, Badewanne, WC so zu hinterlassen, daß es jeder gern benutzt.

## Hausarbeitsraum

- Arbeitsflächen, Waschbecken wöchentlich reinigen.
- Geräte und Putzmittel nach jedem Gebrauch ordentlich aufräumen.
- Defekte Geräte zur Reparatur bringen.

## Vorratsräume

- Täglich oder dauernd lüften.
- Vorräte nur sauber in die Regale legen.

## Küche

- Die Arbeitsflächen täglich naß abwischen und nachtrocknen. Wöchentlich auch in Ecken und Ritzen mit einer Bürste säubern.
- Griffe, Griffleisten, Schranktüren mit heißer Spülmittellösung abwaschen und nachtrocknen.
- Herd nach jedem Gebrauch reinigen, Backofen bei Bedarf. Die Verschmutzung des Herdes kann in Grenzen gehalten werden, wenn bereits beim Kochen aufgepaßt wird: Milch, Nudel- oder Kloßwasser nicht überkochen lassen, bei Pfannengerichten flaches Sieb auflegen, um Fettspritzer zu vermeiden.
- Dunstabzugshaube mindestens wöchentlich mit heißer Spülmittellösung abwischen, Fettfilter wechseln oder reinigen.
- Spülbecken bei Bedarf mit flüssigem Scheuermittel ausreiben, nachspülen und trocknen. Kalkflecken mit in Essig getauchter Watte über Nacht einweichen.
- Kühlschrank mindestens einmal monatlich reinigen mit Spülmittellösung, anschließend mit Essigwasser nachwischen und gut austrocknen. Verschüttete Flüssigkeiten sofort nachwischen.
- Gewürzstreuer, Essig- und Ölflaschen, die offen im Regal stehen, wöchentlich abwischen.

## Grundreinigung

Die Grundreinigung der einzelnen Räume wird 1–2 mal jährlich durchgeführt. Dabei wird nicht nur geputzt, sondern auch neu geordnet bzw. Unbrauchbares aussortiert. Um eine Arbeitsüberlastung zu vermeiden, werden die einzelnen Räume nicht gleichzeitig gereinigt, sondern im Laufe von einer oder zwei Wochen. Arbeitsplan anlegen (siehe auch Seite 61).
Um die Arbeit übersichtlicher zu machen, werden zunächst alle leicht beweglichen Einrichtungsgegenstände gereinigt und aus dem Raum entfernt, z. B. Bilder, Stehlampen, Stühle, Sessel, Teppiche. Fenster, Heizkörper und Türen werden geputzt, die Wände abgesaugt oder abgekehrt.

## Schränke

Bei der Grundreinigung werden die Schränke ausgeräumt, das alte Schrankpapier entfernt und die Einlegeböden, Seiten- und Rückwände mit Reinigungsmittellösung ausgewischt und gut nachgetrocknet. Bis zum Einräumen bleibt der Schrank offen stehen, um gründlich austrocknen und auslüften zu können. Außen wird der Schrank feucht abgewischt und gut nachgetrocknet; Rückseite und Oberseite nicht vergessen. Die Schubladen entleeren und ebenfalls auswischen und trocknen lassen. Der Inhalt der Schränke wird neu geordnet und Überflüssiges aussortiert.

## Zimmerpflanzen

Zimmerpflanzen werden bei Bedarf in der Badewanne abgebraust, gut tut ihnen auch ein Tag im Freien bei warmem Regen. Welke Blätter und Blüten werden entfernt, die Übertöpfe gereinigt. Bei Bedarf wird umgetopft.

## Böden

Böden werden gereinigt, wie bei der Unterhaltsreinigung beschrieben, besonders sorgfältig werden Ecken und Nischen geputzt.

## Arbeiten in den einzelnen Räumen

### Schlafzimmer

Kleider- und Wäscheschrank ausräumen und gründlich reinigen. Selten getragene Kleidungsstücke im Freien auslüften, dabei gehen eventuell vorhandene Motteneier zugrunde, sie vertragen kein Tageslicht. Nicht mehr getragene Kleidung aussortieren und an Bekannte verschenken oder für Altkleidersammlung spenden. Wäsche neu ordnen.
Bettwäsche abziehen und waschen, Kopfkissen und Oberbett lüften. Matratzenschoner und Tagesdecke ebenfalls waschen, Wolldecken können bei Bedarf auch gewaschen werden, zumindest aber gelüftet. Matratzen werden abgebürstet oder gründlich abgesaugt und zum Lüften ins Freie gestellt. Bettgestell und Lattenrost mit Reinigungsmittellösung abwischen und trocknen.
Gardinen werden gewaschen, Spiegel geputzt, Nachtschränkchen und andere Kleinmöbel ebenfalls gereinigt.
Nach der Fußbodenreinigung werden alle Möbel wieder an ihren Platz gestellt und bei Bedarf noch gelüftet.

## Kinderzimmer

Im Kinderzimmer wird ähnlich vorgegangen wie im Schlafzimmer. Waschbares Spielzeug wird mit Spülmittellösung abgewaschen und getrocknet. Kleine Kinder können bei der Reinigung ihres »Reiches« mithelfen, indem sie ihre Spielsachen aufräumen, größere Kinder können bereits mithelfen, ihre Wäsche zu ordnen. Nicht mehr passende Kinderkleidung wird aussortiert.

## Wohnzimmer

Die Grundreinigung des Wohnzimmers beansprucht besonders viel Zeit, weil hier die meisten Einrichtungsgegenstände und Schmuckgegenstände gereinigt werden müssen. Ziergegenstände mit Reinigungsmittellösung abwischen bzw. speziell reinigen (siehe Seite 289), Schränke ausräumen, Polstermöbel absaugen oder abbürsten, falls möglich die Bezüge waschen. Bücherregal ausräumen, Bücher und Nippsachen abstauben und wieder einordnen. Vorhänge und Gardinen waschen, Fenster putzen. Plattenspieler, Tonbandgerät usw. feucht abwischen und nachtrocknen.

## Sanitärräume

Die Grundreinigung der Sanitärräume unterscheidet sich kaum von der Unterhaltsreinigung. Zusätzlich werden Vorhänge und Teppiche gewaschen. Die gesamte Fliesenfläche wird Stück für Stück mit warmer Reinigungsmittellösung abgewaschen und trockengerieben. Graue Fugen mit Scheuermittel und harter Bürste reinigen. Ablagen, Schränke ausräumen, feucht auswischen, nachtrocknen, Inhalt neu ordnen. Spiegel, Türen und Fenster putzen. Zahnputzgläser spülen und trocknen, Zahnbürsten bei Bedarf erneuern.
Waschbecken, Duschbecken, Badewanne mit Allzweckreiniger, bei stärkeren Verschmutzungen mit Scheuermilch reinigen, nachspülen, trockenreiben; die Unterseite des Waschbeckens nicht vergessen. Überlauf, Abfluß, Abflußsieb und Stöpsel reinigen, indem sie in Essig eingelegt werden. Kalkablagerungen mit essiggetränkter Watte über Nacht einweichen.
Duschvorhänge aus Plastik abnehmen und in der Badewanne mit Scheuermittel abbürsten, mit klarem Wasser nachspülen, trocknen lassen. Schadhafte oder verschimmelte Vorhänge ersetzen.

## Küche

Küchenschränke ausräumen, auswischen, nachtrocknen (von oben nach unten arbeiten). Verunreinigungen durch Topfböden mit Scheuermittel entfernen. Ältere Küchenschränke mit Schrank-

papier auslegen. Gläser, Geschirr, Arbeitsgeräte wieder sorgfältig und übersichtlich einordnen, bei Bedarf Töpfe, Arbeitsgeräte, Pfannen gründlich reinigen. Unbrauchbares oder Schadhaftes aussortieren. Schränke außen mit warmer Reinigungsmittellösung abwischen und nachtrocknen. Arbeitsplatte völlig abräumen und vor allem in den Ecken gründlich säubern. Fliesen ebenfalls abwaschen und nachtrocknen. Fest an der Wand installierte Geräte, z. B. Waage, verschiedene elektrische Kleingeräte, nicht vergessen.
Kühlschrank ausschalten, ausräumen, eingetrocknete Reste wegwerfen, Roste, Einlegeböden und Schublade herausnehmen und reinigen. Seitenwände, Roste und Schubladen mit Reinigungsmittellösung auswischen, mit Essigwasser nachwischen (bindet Gerüche) und gut austrocknen.
Übrige Küchengeräte, z. B. Herd, Spülmaschine, bedürfen keiner besonderen Reinigung, sie werden ohnehin laufend abgewischt. Die Spüle mit Scheuermittel ausreiben, Kalkflecken mit essiggetränkter Watte einweichen. Gewürzbord, Regale mit Kochbüchern usw. feucht abwischen.

## Hauswirtschaftsraum

Waschbecken reinigen, Fliesen abwaschen und gründlich nachtrocknen. Schränke und Regale ausräumen, auswischen und Inhalt neu einordnen. Geräte wie Waschmaschine und Trockner feucht abwischen und nachtrocknen, evtl. Flusensieb der Waschmaschine reinigen. Schmutzwäschebehälter feucht auswischen und gründlich austrocknen lassen, Wäschekorb im Freien trocknen. Walzenbezug der Bügelmaschine waschen. Besen, Bürsten in lauwarmer Waschmittellauge waschen und an der Luft trocknen, Rohholzstiele mit Scheuermittel schrubben. Schaufel, Eimer, Wannen usw. mit Reinigungsmittellösung abwaschen und nachtrocknen. Eingetrocknete Putzmittel und leere Behälter wegwerfen.

## Vorratsräume

Regale ausräumen, Inhalt überprüfen, Verdorbenes aussortieren, ältere Vorräte für den alsbaldigen Verbrauch nach vorne stellen. Gefriergeräte bei Bedarf abtauen. In Kellerräumen einmal jährlich Regal ausräumen und im Freien abwaschen und lüften – sonnigen Tag wählen. Um das Einnisten von Ungeziefer zu unterbinden, etwa alle 2 Jahre die Wände kalken. Fußboden schrubben oder mit grobem Besen kehren.
Dachboden etwa einmal jährlich reinigen: Wände abkehren, Boden entrümpeln, kehren und naß wischen, gründlich lüften.

# 7 Reinigung von Gebrauchs- gegenständen

## 7.1 Geschirr

In vielen Haushalten wird das Geschirr mit der Maschine gespült, große Töpfe oder andere sperrige Geschirrteile werden jedoch meist mit der Hand gespült.

### Geschirrspülen von Hand

Am schnellsten läßt sich Geschirr in einer Zwei-Becken-Spüle reinigen, weil hier das Nachspülen ohne großen Aufwand erledigt werden kann. Rechtshänder sollten grundsätzlich von rechts nach links arbeiten.

### Arbeitsgrundsätze
● Vor dem Spülen werden Essensreste entfernt, das Geschirr gestapelt, Besteck in ein Gefäß gegeben.
● Angetrocknete Verschmutzungen werden eingeweicht, bei überwiegend fetthaltigen Verschmutzungen heißes Wasser, bei eiweiß- und kohlenhydrathaltigen Essensresten kaltes Wasser verwenden.
● Geschirr nach dem Material und dem Verschmutzungsgrad spülen, erst Gläser und Porzellan, dann Besteck und Töpfe; bei Bedarf Spülwasser wechseln.
● Spülwasser hat eine Temperatur zwischen 50 und 60 °C. Spülmittel erst zugeben, wenn das Wasser eingelaufen ist, damit sich weniger Schaum entwickelt.
● Geschirr stapelweise ins Spülwasser einsetzen, spülen, im zweiten Becken mit heißem, klarem Wasser nachspülen und stapelweise auf die Abtropffläche stellen.
● Beim Spülen, vor allem von stark verschmutztem Geschirr, nicht »frei« arbeiten, sondern das Geschirr am Boden des Spülbeckens aufsetzen, so kann mit mehr Druck und ermüdungsfreier gearbeitet werden.
● Geschirr mit sauberem, saugfähigem Tuch trocknen. Sehr saugfähig sind Geschirrtücher aus Baumwolle; Halbleinentücher (Kette Leinen, Schuß Baumwolle) sind ebenfalls saugfähig und zusätzlich sehr haltbar.

● Gläser werden mit Leinen oder Halbleinentüchern getrocknet, damit keine Fussel auf dem Glas bleiben und es schön blank wird.
● Nach dem Spülen Bürsten und Lappen auswaschen und zum Trocknen aufhängen.

### Geschirrspülen mit der Maschine

Beim maschinellen Geschirrspülen übernimmt das Gerät den Großteil der Arbeit.

### Arbeitsgrundsätze
● Geschirr so in die Körbe einordnen, daß es nicht gegeneinanderschlagen kann. Geschirr von hinten nach vorne einräumen.
● Besteck mischen, damit es sich nicht ineinanderlegen kann.
● Falls schmutziges Geschirr in der Spülmaschine ist, das Gerät schließen, dann trocknen die Essensreste weniger an, evtl. zwischendurch kalt vorspülen.
● Vor dem Einschalten Wasserhahn öffnen und Spülmittel zugeben.
● Nach Ablauf des Programms Wasserhahn schließen (bei Maschinen mit »Wasserstop« ist dies nicht notwendig), Geschirr ausräumen und dabei prüfen, ob es sauber ist.
● Besteck muß evtl. nachpoliert werden.
Weitere Hinweise siehe Seite 362.
● Holzbretter und Holzgriffe vertragen das Maschinenspülen meist nicht.

## 7.2 Gegenstände aus verschiedenen Materialien

Im Haushalt gibt es viele Gebrauchs- und Schmuckgegenstände aus den verschiedensten Materialien. Um ihren Wert und ihre Gebrauchstauglichkeit zu erhalten, müssen sie regelmäßig gereinigt werden. Da jedes Material andere Eigenschaften hat, z. B. Wasser-, Säuren-, Laugenbeständigkeit, muß auch die Reinigung und Pflege darauf abgestimmt sein.

## Reinigung und Pflege von Werkstoffen und Gebrauchsgegenständen im Haushalt

| Werkstoffe/ Gegenstände | Reinigungs- und Pflegemittel | Geräte/ Hilfsmittel | Bemerkungen |
|---|---|---|---|
| **Keramik** | | | |
| Tonwaren, glasiert | Mildes Spülmittel + heißes Wasser, Schlämmkreidebrei | Tuch, Schwamm oder Bürste | Meist spülmaschinenfest. Keine Scheuermittel verwenden, da sie den Glanz der Glasur beeinträchtigen. Bei Teerrändern Spülmittel konzentriert auf ein Tuch oder einen Schwamm geben. |
| Tonwaren, unglasiert | Heißes Wasser | Bürste | Kein Spülmittel und Scheuermittel verwenden, da sie die Poren verstopfen. |
| Porzellan | Spülmittel + heißes Wasser, Schlämmkreidebrei, flüssiges Scheuermittel, Essig-Salz-Lösung, Auskochen in Reinigungsmittel-Lösung | Tuch, Schwamm oder Bürste | Meist spülmaschinenfest. Vorsicht bei Goldrandgeschirr in der Maschine! Kalkablagerungen mit Essig-Salz-Lösung entfernen. |
| **Glas** | Spülmittel + heißes Wasser, Spiritus, Essig-Salz-Lösung | Fusselfreie Tücher (Leinen oder Halbleinen) | Meist spülmaschinenfest; Ausnahme sind Gläser mit Schliff; Wassertemperatur nicht über 60 °C. Keine sandigen Reinigungsmittel verwenden. Kalkablagerungen mit Essig-Salz-Lösung entfernen. |
| **Metalle** | Alle Metalle vor einer gründlichen Reinigung in heißem Wasser anwärmen! | | |
| Weißblech, Schwarzblech | Spülmittel + heißes Wasser, Schlämmkreidebrei | Weiche Bürste, Tuch | Sehr vorsichtig reinigen, nicht kratzen, abgenutzte Stellen können rosten, gut trocknen. |
| Verzinktes Eisen | Spülmittel + heißes Wasser, Scheuermittel | Weiche Bürste, Tuch | Siehe Weiß-/Schwarzblech. |
| Gußeisen | Spülmittel + heißes Wasser | Weiche Bürste, Tuch | Nicht kratzen, nicht in der Maschine spülen, gut trocknen (Rostgefahr!). |
| Emaillierter Stahl | Spülmittel + heißes Wasser, mildes Reinigungsmittel, Schlämmkreidebrei, flüssiges Scheuermittel, Essig-Salz-Lösung | Weiche Bürste, Tuch | Nicht kratzen, stoßempfindlich, bei hartnäckigen Verschmutzungen einweichen. Kochgeschirr mit abgeblätterter Emaille nicht mehr benützen. Kalkablagerungen mit Essig-Salz-Lösung entfernen. |
| Verchromter Stahl | Spülmittel + heißes Wasser, mildes Reinigungsmittel, Schlämmkreidebrei, Metallputzmittel | Weiche Bürste, Tuch | Oberfläche vorsichtig behandeln (Rostgefahr!). |
| Edelstahl, Rostfreier Stahl | Spülmittel + heißes Wasser oder mildes Reinigungsmittel, Schlämmkreidebrei, Metallputzmittel, verseifte Stahlwolle (nur für Topfboden) | Weiche Bürste, Tuch | Nicht kratzen. Nach einer Grundreinigung die Gegenstände gründlich spülen und nachspülen, polieren. Keine sandigen Reinigungsmittel verwenden. |
| Aluminium, unbehandelt | Spülmittel + heißes Wasser, Schlämmkreidebrei, Metallputzmittel, verseifte Stahlwolle | Weiche Bürste, Tuch | Nicht in die Spülmaschine geben, da Fleckenbildung. Wird im Laufe der Zeit unansehnlich. |
| Aluminium, eloxiert | Spülmittel + heißes Wasser, Schlämmkreidebrei | Weiche Bürste, Tuch | Oberfläche vorsichtig behandeln Schutzschicht nutzt sich ab. |

**Reinigung und Pflege von Werkstoffen und Gebrauchsgegenständen im Haushalt** (Fortsetzung)

| Werkstoffe/ Gegenstände | Reinigungs- und Pflegemittel | Geräte/ Hilfsmittel | Bemerkungen |
|---|---|---|---|
| **Metalle** Kupfer, innen verzinnt | Spülmittel + heißes Wasser, Salz | Weiche Tücher | Nicht kratzen, trocken polieren. Mit Salz ausreiben. Nie auf heißem Ofen trocknen, da Verzinnung und Verlötung schmelzen kann. *Vorsicht:* Grünspan ist giftig! |
| Kupfer und Messing, unbehandelt | Spülmittel + heißes Wasser, Wiener Kalk (Brei anrühren) | Weiche Tücher | Oberfläche vorsichtig behandeln, gut trocknen, nachpolieren (Mattglanz). |
| Zinn | Spülmittel + heißes Wasser, Zinnkraut (Ackerschachtelhalm), Schlämmkreidebrei oder Wiener Kalk (Brei anrühren) | Weiche Tücher | Oberfläche vorsichtig behandeln. Zinnkraut einweichen und Oberfläche damit abreiben, nachpolieren (Mattglanz). Zinn keinen starken Temperaturschwankungen aussetzen; nicht in Zeitungspapier gewickelt aufbewahren; vor Feuchtigkeit schützen *(Zinnfraßgefahr)*. |
| Gold (Schmuck) | Schmierseifenwasser | Kleine, weiche Bürste | Nachspülen und nachpolieren. *Vorsicht bei Steinen!* Reinigung durch den Fachmann! |
| Silber (Schmuck) | Schlämmkreidebrei, Silberputzmittel, kontaktgalvanisches Verfahren | Weiche Tücher | Nachspülen und nachpolieren. Kontaktgalvanisches Verfahren gut anzuwenden bei Ketten. *Vorsicht bei Steinen!* |
| Silber (Besteck und Geschirr) | Spülmittel + heißes Wasser, Schlämmkreidebrei, Silberputzmittel, kontaktgalvanisches Verfahren | Weiche Tücher | Spülen und polieren, möglichst nicht in die Spülmaschine geben. Kontaktgalvanisches Verfahren gut anzuwenden bei Gabeln, *nicht* bei künstlich oxidierten Verzierungen. |
| Platin (Schmuck) | Spülmittel + heißes Wasser | Weiche Tücher | Spülen und polieren |
| **Kunststoffe** | Spülmittel + heißes Wasser, mildes Reinigugnsmittel, Schmierseife, Schmierseifenkonzentrat | Weiche Bürste, Tuch | Z. T. spülmaschinenfest, evtl. treten Verformungen auf. Bei stärkeren Verschmutzungen einweichen. Keine rauhen, kratzenden und scharfen Mittel und Gegenstände bei der Reinigung verwenden. |
| **Leder** Arbeitsschuhe | *Außen:* handwarmes Wasser mit Schmierseife, farbige Schuhcreme, Lederfett. *Innen:* handwarmes Wasser mit Essig oder Salmiak | Bürste | Grundsätzlich Pflegemittel nur auf gut gereinigtes und trockenes Leder auftragen, nicht zuviel und zu oft, da Leder luftdurchlässig bleiben muß. Nach dem Tragen sofort Schuhspanner einsetzen. *Nicht* an einer Heizquelle oder in der Sonne trocknen. |
| Straßenschuhe, Straßenstiefel (Glattleder) | *Außen:* feuchtes Tuch, farbige Schuhcreme. *Innen:* Essig- oder Salmiakwasser | Weiche Bürste, weiches Poliertuch, Läppchen zum Auftragen der Creme | Gründlich reinigen und trocknen, dabei Zunge, Schuhbänder und Absatzfront nicht vergessen. Pflegemittel dünn auftragen, hin und wieder silikonhaltige Cremes verwenden, polieren. Schuhe täglich wechseln. Nach dem Tragen sofort Schuhspanner einsetzen. Stiefel nur hängend oder liegend aufbewahren. *Vor dem ersten Tragen* behandeln. |

**Reinigung und Pflege von Werkstoffen und Gebrauchsgegenständen im Haushalt** (Fortsetzung)

| Werkstoffe/ Gegenstände | Reinigungs- und Pflegemittel | Geräte/ Hilfsmittel | Bemerkungen |
|---|---|---|---|
| **Leder** | | | |
| Straßenschuhe, Straßenstiefel (Rauhleder) | Feines Sandpapier, Feinwaschmittelschaum, Wildlederspray (Farbe), Benzin | Wildlederbürste, Wildlederreinigungstuch, Schaumstoffschwamm | Leder immer wieder aufrauhen, silikonhaltige Sprays (wasserabweisend) verwenden. Bei lammfellgefütterten Stiefeln Mottenschutz zur Aufbewahrung. Schneeränder bei Rauh- und Glattleder abwaschen oder mit verdünntem Zitronensaft oder Essig abreiben. Flecken mit Benzin oder Tetrachlorkohlenstoff entfernen. |
| Feine Schuhe | Farbige Schuhcreme | Weiche Bürste, weiche Tücher | Entstauben, polieren. Creme enthält meist ein Reinigungsmittel. |
| Lackschuhe | Lackpflegemittel, Milch oder Öl, halbierte Zwiebel | Weiche Bürste, weiche Tücher | Trocken reinigen, polieren. Vor starken Temperaturunterschieden schützen, Lack springt. |
| Wild-, Wasch-, Nappa- und Schweinslederhandschuhe, Lederhosen (keine Trachtenhosen) | Feinwaschmittellösung, Spülwasser mit Glycerin (1 TL/1 l), Ledermilch | Weiche Bürste, weiche Tücher | Textilkennzeichnung prüfen, ob Handschuhe bzw. Hose waschbar. Handschuhe überziehen, sanft reiben, spülen, nachspülen im Glycerinbad (rückfettend!). Auslegen auf Tuch oder auf Handschuhtrockner aufziehen, halbtrocken immer wieder durchreiben, damit das Leder weich bleibt. Hauchdünn Ledermilch auftragen. |
| Koffer, Mappen, Schulranzen | Feuchtes Tuch, farblose Ledermilch, Benzin oder Spiritus | Weiche Bürste | Leder nie durchnässen, entstauben, keine Schuhcremes verwenden. Pflegemittel nur auf trockenes Leder dünn und gleichmäßig auftragen. Flecken mit Benzin, Tetrachlorkohlenstoff oder Spiritus entfernen. |
| Feine Taschen | Ledermilch | Tuch, weiche Bürste | Entstauben. Anilinleder nur mit besonderen Pflegemitteln behandeln. |
| Lederbekleidung (Nappaleder) | Feuchtes Tuch, Magermilch, Ledermilch | Weiche Bürste, Poliertuch | Entstauben, Pflegemittel dünn und gleichmäßig nur auf trockenes Leder auftragen. Durch Nachreiben überschüssige Mittel entfernen. Reinigung im Fachgeschäft. |
| Lederbekleidung (Veloursleder) | Farbloses Spray | Kleiderbürste, Wildlederreinigungstuch, Spezialreinigungsbürste | Vor dem ersten Tragen imprägnieren, mit und gegen den Strich bürsten. Mäntel und Jacken mit Schal oder Tuch tragen (Speckrand!). Reinigung im Fachgeschäft. |
| Reptilleder | Spezialreptilpflegemittel | Bürste, Reinigungsgummi (schleifmittelfrei) | Entstauben, abradieren, anschließend nachpolieren. Evtl. imprägnieren. |
| Lederimitationen | Feinwaschmittellösung, evtl. Spezialreinigungs- und Pflegemittel | Weiche Bürste, Tuch | Bedürfen keiner aufwendigen Reinigung und Pflege. |

## Reinigung und Pflege von Werkstoffen und Gebrauchsgegenständen im Haushalt (Fortsetzung)

| Werkstoffe/ Gegenstände | Reinigungs- und Pflegemittel | Geräte/ Hilfsmittel | Bemerkungen |
|---|---|---|---|
| **Felle (Rauchwaren)** | | | |
| Pelzleder | Fellspray | Kleiderbürste | Schonend behandeln, entstauben, aufbürsten. Evtl. imprägnieren. |
| Felle und Pelze | Mottenschutz | – | Entstauben, aufschütteln. Trocknen, kühl und dunkel aufbewahren, im Sommer in einem Nessel- oder Leinensack bei ausreichend Platz im Schrank oder Aufbewahrung beim Fachmann (mit Versicherung). Spezialreinigung im Fachgeschäft. |
| **Holz/Möbel** | | | |
| Rohholz | Spülmittel + warmes Wasser, mildes Reinigungsmittel, Scheuerpulver, Bolusbrei, Kalk, feine Stahlwolle oder Sandpapier | Bürste | Mit fettfreier Reinigungslösung behandeln, langsam an der Luft trocknen lassen (nicht an einer Wärmequelle oder in der Sonne). Flecken mit Scheuerpulver und Bürste entfernen. Fettflecken mit Bolusbrei oder Kalk entfernen. Brandstellen, Kratzer und Schnitte mit Stahlwolle oder Sandpapier abreiben. Luftzulässig aufbewahren. |
| Holz, lasiert oder mattiert | Feuchtes Tuch, Politur | Staubtuch | Abstauben. Nicht mit Bürsten oder rauhen Gegenständen bearbeiten, nachtrocknen. Höchstens einmal im Jahr mit Politur behandeln, mit der Maserung arbeiten. |
| Holz, geschliffen; Schleiflack | Feuchtes Tuch, milde Reinigungslösung, Waschbenzin | Weiche Tücher | Abstauben, Oberfläche schonend behandeln, nachtrocknen. Fettflecken mit Waschbenzin entfernen. |
| Holz, gebeizt oder gewachst | Trocken-feuchtes Tuch, milde, warme Kernseifenlösung, Möbelwachs | Weiche Tücher | Abstauben, abreiben, nicht naß reinigen. Mit der Maserung arbeiten, in großen Zeitabständen dünn wachsen, keine Polituren anwenden. |
| Holz, geölt (Teakholz) | Feuchtes Tuch, Teaköl | Weiche Tücher | Gut nachtrocknen. Öl dünn und gleichmäßig auftragen, nachpolieren. |
| Holz, poliert | | Staubtuch | Polierte Flächen nur trocken abreiben. |
| **Polstermöbel** | | | |
| Vollpolstermöbel | Warmes Wasser mit Salmiak (1 El/1 l), handelsübliche Flekkenentfernungsmittel | Staubsauger mit Polsterdüse, weiche Bürste bei Velourstoffen | Mit niedriger Saugstufe saugen, Innenmaterial und Oberstoff leiden sonst darunter. Fleckenmittel an unsichtbarer Stelle testen. Evtl. lassen sich die Bezüge abziehen und können dann bei Materialkenntnis hand- oder maschinengewaschen werden. |
| Ledermöbel (Nappaleder) | Feuchtes Tuch, evtl. milde Feinwaschmittellösung, Ledermilch | Staubtuch | Entstauben, abreiben, nicht durchfeuchten, gut trocknen lassen. Pflegemittel dünn und gleichmäßig auftragen. |
| Ledermöbel (Velourleder) | Feuchter Schwamm | Kleiderbürste, Staubsauger mit weicher Bürste | Nicht zu stark reiben, mit und gegen den Strich arbeiten. |

# 8  Werkstoffe im Haushalt

## 8.1 Keramik

Unter Keramik versteht man alle Gegenstände, die aus tonmineralhaltigen Rohstoffen erzeugt und gebrannt werden. Sie teilen sich in Grobkeramik und Feinkeramik.

### Grobkeramik

Zur Grobkeramik gehören Ziegel, Tonrohre, Klinker, Schamotteziegel usw. Soweit Grobkeramik als Bodenbelag verwendet wird, ist dies im Kapitel Fußböden (Seite 252) abgehandelt.

### Feinkeramik

Zur Feinkeramik gehören Irdenwaren, Steingut, Steinzeug, Porzellan. Porzellan ist das edelste Erzeugnis der Feinkeramik, es kann von den übrigen Arten unterschieden werden durch seine Lichtdurchlässigkeit. Ein Stück muß wie das andere geformt sein. Unebenheiten, rauhe Stellen oder Verformungen werden als 2. Wahl angeboten.

## Glasuren

Die meisten feinkeramischen Waren sind glasiert, um ihre Haltbarkeit zu verbessern und die Gebrauchstauglichkeit zu erhöhen. Nach dem Brand werden die Scherben oder Stücke glasiert. Man unterscheidet Unter-, In- und Aufglasur; die jeweilige Glasur bedingt die Pflegeeigenschaft.

### Tonkeramische Werkstoffe

| Grob | | Fein | |
|------|------|------|------|
| Porös | Dicht | Porös | Dicht |
| Mauerziegel | Klinker | Irdengut | Steinzeug (2% Wasseraufnahmevermögen) |
| Tonrohre | Spaltplatten | Steingut | Bodenfliesen Porzellan (kein Wasseraufnahmevermögen) |

### Feinkeramikarten

| Art | Besonderheiten | Verwendung |
|-----|----------------|------------|
| Töpferware, Irdenware Hafnerware | Meist braun, Scherben porös, kleine Schönheitsfehler gehören zum typischen Erscheinungsbild | Blumentöpfe, »Römertopf«, Vasen, Schalen |
| Majolika | Feiner als Töpferware, deckende Glasuren mit kräftigen Farbmustern | Ziergeschirr |
| Fayence | Scherben wird mit weißer Glasur versehen, darauf Malereien, die in der Glasur liegen | Ziergeschirr |
| Delfter Ware | Typisch sind die Handmalereien in Kobaltblau | Ziergeschirr |
| Steingut | Poröser Scherben, dicker als Porzellan und nicht durchscheinend | Tischgeschirr, Küchengeschirr, Ziergeschirr, Wandkacheln, Fliesen, sanitäre Einrichtungen |
| Steinzeug, Feinsteinzeug | Klang wie Porzellan, der weißlich-lichtdurchlässige Scherben ist dicht gebrannt, auch ohne Glasur wasserundurchlässig | Schüsseln, Krüge, Maßkrüge, Geschirr, Vasen, Einmachtöpfe |
| Porzellan | Lichtdurchscheinend, sehr dicht, Schönheitsfehler nicht erlaubt | Geschirr, Ziergegenstände |

## Unterglasur

Bei dieser Glasur liegt das Dekor, also die Malerei, unter der Glasur. Mit Unterglasur wird nicht nur das Dekor aufgetragen, sondern bei Porzellan auch der Hersteller (auf der Unterseite). Farbige Nummern bezeichnen das Dekor, sie werden benötigt beim Nachkauf von Geschirr.

## Inglasur

Das Dekor wird auf das fertige, weißglasierte Material aufgetragen. Das Stück wird nochmals gebrannt, dabei sinkt die Farbe in die Glasur ein und verbindet sich damit. Den zweiten Brand bei hohen Temperaturen, der bei Unter- und Inglasur gemacht wird, vertragen nicht alle Farben, es können nur sogenannte »Scharffeuerfarben« verwendet werden.

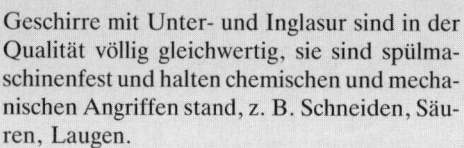

### ➤➤    Praktischer Hinweis    ◀◀

Geschirre mit Unter- und Inglasur sind in der Qualität völlig gleichwertig, sie sind spülmaschinenfest und halten chemischen und mechanischen Angriffen stand, z. B. Schneiden, Säuren, Laugen.

## Aufglasur

Nach dem Glasieren und dem Brennen der Glasur wird das Dekor aufgetragen und einem Schmelzbrand unterzogen, dieser ist jedoch nicht so heiß wie bei In- oder Unterglasur. Die Muster liegen auf der Oberfläche und sind als Unebenheiten zu spüren.

### ➤➤    Praktischer Hinweis    ◀◀

Geschirr mit Aufglasur ist nicht spülmaschinenfest und hält auch anderen mechanischen Beanspruchungen nicht stand, z. B. Schneiden, Kratzen.

## Blei in der Glasur?

Wer Keramik in südlichen Ländern einkauft, sollte daran denken, daß dieses Geschirr an die darin zubereiteten Lebensmittel Blei abgeben kann, das aus Glasur oder Farbe stammt. Blei wird in Glasuren verwendet, wichtig ist, daß die Glasur völlig dicht ist und Blei nicht durchdringen kann. Seit Oktober 1989 gibt es eine Vorschrift, wonach Keramikgeschirr gekennzeichnet sein

muß mit dem Hinweis »für Lebensmittel« oder einem Hinweis auf die Verwendung, z. B. Trinkbecher. Auch bestimmte Symbole, z. B. stilisiertes Glas oder Gabel, sind erlaubt. Diese Vorschrift gilt für alle Länder der Europäischen Gemeinschaft.

## *Hitzebeständigkeit*

Keramikware kann bedenkenlos auf die Herdplatte gestellt werden, wenn es langsam erwärmt wird; empfindlich ist das Material nur gegen hohe Temperaturunterschiede. Töpferware sollte nicht auf eine offene Flamme (Gas) gestellt werden, durch die ungleichmäßige Erwärmung können Spannungen auftreten, die zum Bruch führen.

### ➤➤    Praktische Hinweise    ◀◀<br>für den Kauf von Feinkeramik

➪ Das Geschirr soll von der Form her nicht zu auffällig sein, modische Formen sind kurzlebig.

➪ Auffällige Verzierungen sind häufig ebenfalls der Mode unterworfen, außerdem sollten dann nur einfarbige Tischdecken verwendet werden, damit die Tafel nicht zu unruhig wirkt.

➪ Henkel und Griffe müssen gut greifbar sein, Kannendeckel sollen beim Eingießen nicht herausfallen.

➪ Geschirr sollte gut stapelbar sein, so braucht es weniger Platz und kann schneller transportiert werden.

➪ In Haushalten mit einer Spülmaschine sollte spülmaschinenfestes Geschirr gekauft werden. Fehlt eine entsprechende Kennzeichnung, Dekor prüfen, Unebenheiten deuten auf Aufglasur hin.
Je härter das Material, desto besser ist seine Eignung für die Spülmaschine. Am härtesten ist Porzellan, dann nimmt die Härte von Steinzeug über Steingut bis zu Tonware immer mehr ab.
Nicht günstig für die Spülmaschine ist Geschirr mit gewölbtem Boden, in der Spülmaschine sammelt sich darin Wasser.

➪ Nicht zu vergessen beim Geschirrkauf ist die Einrichtung des Eß- bzw. Wohnraumes, das Geschirr sollte auch hierzu passen.

# 8.2 Holz

Holz ist ein sehr beliebter Werkstoff, vor allem in der Innenausstattung der Räume. Holz ist einfach zu bearbeiten, hat gute Wärme- und Schalldämmung, ist elastisch, sehr haltbar und in Maserung und Farbe sehr vielseitig.

Holz kann Feuchtigkeit aufnehmen und wieder abgeben, wirkt also feuchtigkeitsregulierend. Die Farbe von Holz verändert sich im Laufe der Zeit durch Sonneneinstrahlung, es »dunkelt nach«. Eine wesentliche Eigenschaft des Holzes ist seine Lebendigkeit, es »arbeitet«.

## Holzarten

Früher wurden vorwiegend einheimische Hölzer für die Herstellung von Möbeln verwendet. Mit zunehmender Industrialisierung wurden auch aus anderen Ländern Hölzer eingeführt, z. B. Mahagoni, Teak, Palisander. In den letzten Jahren geht der Trend wieder mehr in Richtung der einheimischen Gehölzarten, nicht nur weil diese Maserungen und Holzfarben besser in unsere Gegend passen, sondern auch weil die Gefahr besteht, daß tropische Regenwälder abgeholzt werden und solche Eingriffe das Gleichgewicht der Natur stören.

## Verarbeitung von Holz

### Massivholz

Holz wird für Möbel selten unverarbeitet verwendet. Massivholzmöbel sind zwar sehr dauerhaft, aber teuer; zudem würde der Baumbestand nicht ausreichen, wenn nur Massivmöbel gekauft würden. Wer Massivholzmöbel kauft, sollte unbedingt auf materialgerechte und solide Verarbeitung achten, denn Vollholz »verzieht« sich bei Temperatur- und Feuchtigkeitsänderungen, wenn

nicht nur Kernholz, sondern auch Splintholz verwendet wurde.

### Furnier

Furnier wird hergestellt durch Sägen, Schneiden oder Schälen eines Baumstammes, entsprechend werden Säge-, Messer- und Schälfurnier unterschieden.

▷ *Sägefurnier:* Ist sehr teuer und wird selten verwendet.
▷ *Messerfurnier:* Wird am häufigsten verwendet.
▷ *Schälfurnier:* Hat die schlechteste Qualität.

Die dünnen Furnierblätter werden zu großen Flächen zusammengesetzt und auf einen Untergrund, z. B. Spanplatten, aufgebracht. Nur beidseitig furnierte Flächen verziehen sich nicht.

Je dünner das Furnier, desto leichter kann es mit der Zeit austrocknen und abspringen. Die Dicke des Furniers kann der Laie beim Einkauf leider nicht feststellen.

### Sperrholz

Sperrholz besteht aus Holzplatten, die rechtwinklig aufeinandergeleimt werden. Dadurch verhindern sie gegenseitig, daß sich die Platten verziehen. Auch bei Sperrholz gibt es verschiedene Arten:

▷ *Furniersperrholz:* Wird hauptsächlich für Füllungen, Fachböden, Rückwände und Verkleidungen verwendet.
▷ *Stabsperrholz (Tischlerplatte):* Soll nicht für hochwertige Arbeiten verwendet werden, da sich die Mittelschicht verziehen kann.
▷ *Stäbchensperrholz:* Ist nach dem gleichen Prinzip aufgebaut wie Stabsperrholz, jedoch stabil. Es verzieht sich nicht so leicht und wird im Möbelbau sehr häufig verwendet, vor allem für Schranktüren und Schreibplatten.

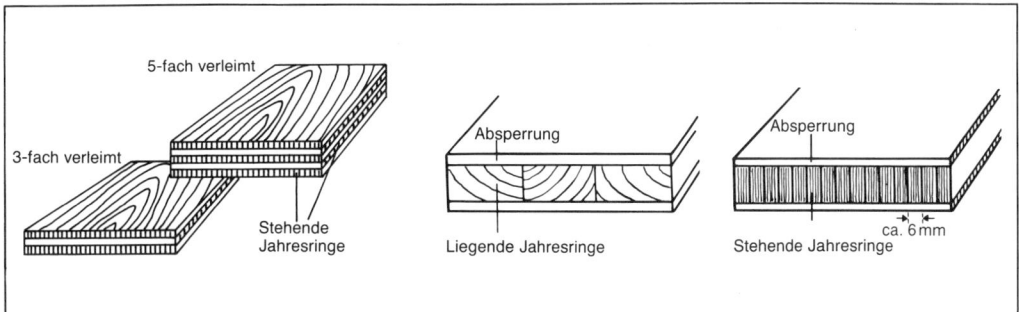

Furniersperrholz (links), Stabsperrholz (Mitte), Stäbchensperrholz (rechts)

## Die gebräuchlichsten Möbelhölzer

| Arten | Erkennungsmerkmal | Verwendung | Hinweis |
|---|---|---|---|
| Ahorn | F Weißgelblich<br>S Zäh, fest, sehr fein | Besonders Tischplatten, Haushaltswaren | Ohne Oberflächenbehandlung Scheuern mit Putzmitteln möglich. |
| Birke | F Hellfarbig<br>S Fest, schlicht bis dekorativ, geflammt | Möbel, Vertäfelungen, Sperrholz, Haushaltswaren, Sportgeräte, Musik-instrumente, Zellstoff | Nach Behandlung oft Ersatz für Nußbaum, Kirsche, Mahagoni |
| Buche | F Weißlich bis hellrot<br>S Dicht, gleichmäßig, fest, fein | Biegeholzmöbel, Möbel, Böden, Konstruktionen, Haushaltswaren | Nach Behandlung oft Ersatz für Mahagoni |
| Eiche | F Braungelb<br>S Sehr fest, gradfaserig | Türstöcke, Türen, Treppen, Decken, Wandverkleidungen, Böden, Möbel, Sitzmöbel | »Gebeizte Eiche«, »gekalkte Eiche«, »geräucherte Eiche«, Mooreiche |
| Esche | F Weißlich bis gelblich oder rötlich<br>S Fest, unregelmäßig, grob | Möbel, auch stark beanspruchte Möbel, Ver-täfelungen, Parkett, Treppen, Konstruktionen, Gestelle, Leitern, Biegeformteile | Sen-Esche ist keine Eschenart! Esche eignet sich gut zum Beizen und Pigmentieren, verfärbt sich gelblich |
| Fichte | F Weißlich, gelblich<br>S Weich, zäh, z. T. ebenmäßig | Tür- und Fensterstöcke, Türen und Fenster, Decken, Wand-verkleidungen, Möbel | Harzhaltig, Oberfläche kann gebürstet oder sandgestrahlt werden |
| Kiefer (Föhre) | F Rötlich bis braunrot<br>S Gradfaserig, feinnervig, mäßig schwer | Tür- und Fensterstöcke, Möbel, Boden-, Wand-verkleidungen, Sitzmöbel | Harzhaltiger als Fichte |
| Kirschbaum | F Rötlich bis rotbraun<br>S Gleichmäßig fein und fest gewachsen | Möbel | Häufig alte Möbel |
| Lärche | F Ziegelrot bis dunkelrot<br>S Zäh, fest, gleichmäßig ausdrucksvoll | Fensterstöcke, Decken-, Wandverkleidung, Böden, Möbel | Oberfläche kann gebürstet oder sandgestrahlt werden, verfärbt sich warmrötlich |
| Mahagoni | F Flachsfarbig, rötlich bis rotbraun<br>S Dicht, feinnervig, zäh | Möbel | Alte Möbel! Achtung: »Echt Mahagoni« oder nur »Echt mahagonifarbig« (gebeizt) |
| Makore | F Rotbraun bis dunkelrot<br>S Fest, dicht, feinnervig, lebhafte Zeichnung | Wandverkleidung, Möbel, Schrankinneneinteilung, Fachböden | Oft Ersatz für Mahagoni |
| Nußbaum | F Graubraun mit dunklen Streifen (bis rotbraun)<br>S Feinnervig, fest | Türstöcke, Türen, Möbel | Alte Möbel! Wurzelmaserung |
| Palisander | F Schokoladenbraun bis rötlich mit schwarzen Streifen<br>S Dicht, fest | Wandverkleidung, Möbel (Kleinmöbel) | Zarter Rosengeruch |
| Rüster (Ulme) | F Hell-dunkelbraun<br>S Zäh, fest, meist gleich-mäßig | Konstruktionen, Möbel | Starke Farbveränderungen, evtl. mit Lichtschutzlack behandeln |

**Die gebräuchlichsten Möbelhölzer** (Fortsetzung)

| Arten | Erkennungsmerkmal | Verwendung | Hinweis |
|---|---|---|---|
| Tanne | F Rötlichweiß über gelblich-weiß bis fast weiß – etwas fahl, oft mit grauviolettem oder bläulichem Schimmer<br>S Deutliche Struktur, gradfaserig, etwas spröde | Konstruktionen, Möbel, Verkleidungen, Türen, Fenster, Masten, Schindeln, Spanwaren | Wird leicht mit Fichte verwechselt, jedoch weniger astig und ohne Harz |
| Teak | F Gelbbraun bis goldbraun oder dunkelbraun<br>S Hart, dicht, zäh | Möbel | Ölhaltig, Teakmöbel gelegentlich leicht mit Teak-Öl einreiben! |
| Wenge | F Braunschwarz<br>S Dicht, fest, hart, grobnervig, gradfaserig | Wandverkleidung, Böden, Treppen, Möbel | Dunkles Holz wirkt meist elegant |
| Zirbelkiefer | F Rötlich bis braunrot<br>S Feinnervig | Wandverkleidung, Möbel | Feste, eingewachsene dunkle Äste; je größer die Aststellen, desto wertvoller! |
| F = Farbe   S = Struktur | | | |

## Spanplatten

Spanplatten werden aus Abfallholz hergestellt, das zerkleinert wird (Späne) und mit Bindemitteln und weiteren Zusätzen (z. B. Pilzschutzmittel, Farbe, Feuerschutzmittel) vermischt und gepreßt wird; dementsprechend preisgünstig sind daraus hergestellte Möbel. Das Bindemittel, das hierbei verwendet wird, enthält *Formaldehyd*, das im Verdacht steht, Krebs zu erregen.

Spanplatten werden vielfältig eingesetzt, vor allem für Türblätter, sie werden auch mit Kunststoff beschichtet und für Möbel verwendet. Diese beschichteten Spanplatten bieten den Vorteil verschiedenster Farben, außerdem verziehen sie sich nicht. Leider kann die Qualität der Spanplatten und Beschichtung vom Laien nicht festgestellt werden.

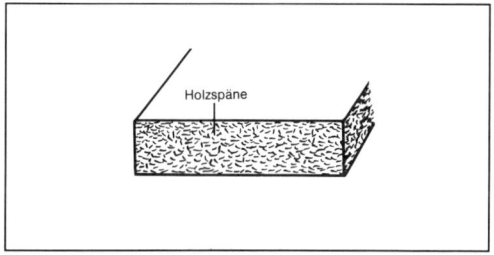

Holzspäne

Spanplatte

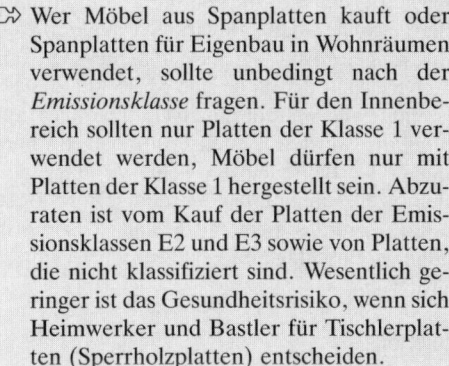

## ➤➤ Praktische Hinweise ◀◀

☞ Wer Möbel aus Spanplatten kauft oder Spanplatten für Eigenbau in Wohnräumen verwendet, sollte unbedingt nach der *Emissionsklasse* fragen. Für den Innenbereich sollten nur Platten der Klasse 1 verwendet werden, Möbel dürfen nur mit Platten der Klasse 1 hergestellt sein. Abzuraten ist vom Kauf der Platten der Emissionsklassen E2 und E3 sowie von Platten, die nicht klassifiziert sind. Wesentlich geringer ist das Gesundheitsrisiko, wenn sich Heimwerker und Bastler für Tischlerplatten (Sperrholzplatten) entscheiden.

☞ Spanplatten sind nicht so stabil wie Stäbchenplatten oder Massivholz und deshalb für Einlegeböden weniger geeignet. Schrauben für Scharniere usw. sollten genügend lang sein, damit das Material nicht ausbricht.

## Holzfaserplatten

Diese Platten werden ebenfalls aus Abfallholz hergestellt, das zerkleinert, mit Bindemitteln versehen und unter Druck und Hitze zusammengepreßt wird. Holzfaserplatten gibt es in unterschiedlichen Härten: *Harte* Platten sind erkenn-

bar an der Siebstruktur auf der Rückseite, *mittelharte* sind beidseitig glatt, aber porös. *Am weichsten* sind poröse Holzfaserplatten, die Oberfläche läßt sich leicht eindrücken.
Verwendet werden Holzfaserplatten zum Isolieren von Dachausbauten, für Trennwände, als Untermaterial für Pinwände, Schubladenböden.

## Oberflächenbehandlung

Die Oberfläche von Hölzern wird behandelt, um sie farblich zu verändern oder mit einer Schutzschicht zu versehen.
Die Holzstruktur kommt am besten zur Geltung, wenn das Holz nur *gehobelt* ist. *Schleifen* trübt die Maserung etwas, glättet aber die Oberfläche. Verschmutzungen können entfernt werden durch vorsichtiges Abreiben mit feinem Schmirgelpapier, Fettflecken werden mit Waschbenzin entfernt.
*Sandstrahlen* wird bevorzugt bei Fichte und Tanne angewendet, es unterstreicht die harten Jahresringe. Ähnlich wirkt Bürsten des Holzes.

### Farbliche Veränderungen

#### Beizen
Verändert die Holzoberfläche farblich. *Negativbeizen* oder Farbstoffbeizen färben die Frühholzzonen zwischen den Jahresringen dunkler als die Jahresringe. *Positivbeizen* oder chemische Beizen unterstreichen die natürliche Maserung des Holzes, indem die Spätholzzonen (Jahresringe) dunkler gefärbt werden. Durch Positivbeizen können weniger wertvolle Hölzer sehr wirkungsvoll in Edelhölzer »umgefärbt« werden. Diese Beizen dürfen allerdings nicht mit Metall in Berührung kommen, Beschläge müssen also vorher entfernt werden.

#### Bleichen
Macht Holzoberflächen heller und gleicht unerwünschte Farbunterschiede aus.

#### Räuchern
Wird bei gerbstoffreichen Holzarten wie Nußbaum und Eiche durchgeführt, dabei können sehr unterschiedliche und auffallende Farbschattierungen entstehen.

### Schutzanstriche

#### Wachs
Das Wachsen von Möbeln muß wohlüberlegt sein, denn gewachste Möbel lassen sich nicht umbehandeln. Zwar erscheint die Oberfläche gewachster Möbel sehr natürlich, der zarte Glanz von Bienenwachs bleibt aber nur bestehen, solange die Oberfläche nicht naß wird; gewachste Möbel nicht feucht abwischen. Eingedrungener Schmutz läßt sich nur schwer entfernen. Verschmutzte Stellen mit Kernseifenlauge abreiben, gut nachtrocknen und polieren, bei Bedarf wieder eine dünne Wachsschicht auftragen.

#### Lackieren
Lacke aus natürlichen Harzen, z. B. Schellack, werden heute nur noch für alte Möbel verwendet. In der Hauptsache werden Nitro-Zellulose-Lacke verwendet. *Säurehärtender Lack* hat eine kratz- und schlagfeste Oberfläche, die auch lösungsmittel- und alkoholbeständig ist; diese Lacke werden zum Versiegeln von Böden und Türen eingesetzt. *Polyesterlacke* machen die Oberflächen sehr hart, aber schlagempfindlich.
Lackierte Flächen sind pflegeleicht, Verschmutzungen bleiben an der Oberfläche und können feucht abgewischt werden.

#### Mattieren
Beim Mattieren werden die Poren des Holzes nicht wie beim Lackieren verschlossen. Als Mittel werden eingesetzt Wachs-Zellulose, Schellack, Nitro-Zellulose und Mischungen.
Mattierte Flächen sind sehr wasserempfindlich, sie dürfen nur trocken abgerieben werden. Flecken und Kratzer mit feiner Stahlwolle abreiben und vorsichtig mattieren.

#### Polieren
Beim Polieren werden die Poren geschlossen, der Überzug ist jedoch elastisch. Polierte Hölzer nur trocken abreiben.

#### Lasieren
Auch bei dieser Behandlung bleiben die Poren offen. Die Schutzschicht ist sehr dünn, bereits bei kleinen Kratzern ist die Holzfarbe wieder sichtbar. Lasuren platzen nicht ab wie Lacke, sondern verwittern mit der Zeit. Sie müssen vor einem neuen Auftrag auch nicht abgeschliffen werden.

 **Praktischer Hinweis** ◀◀
Bei der Behandlung von Hölzern im Innenraum auf den *Blauen Engel* (Umweltschutzzeichen) achten! Lacke, Farben usw., die damit ausgezeichnet sind, enthalten wenig Schadstoffe.

# 8.3 Metalle

## Eisen

Eisen wird im Haushalt verwendet als Weiß- und Schwarzblech, Gußeisen und verzinktes Eisen.

### Weißblech

Weißblech ist dünnes, verzinntes Eisenblech. Es wird hauptsächlich für Kuchenformen und -bleche eingesetzt, auch für Puddingformen und Konservendosen. Gegenstände aus Weißblech sind leicht und preisgünstig. Stellen, an denen sich das Zinn gelöst hat, rosten leicht. Weißblech-Backformen sind nur in Gasbacköfen zu empfehlen.

### Schwarzblech

Schwarzblech ist dünnes, lackiertes Eisenblech. Es wird fast ausschließlich zur Herstellung von Kuchenformen und -blechen verwendet und bringt im Vergleich zu Weißblech viel bessere Backergebnisse. Schwarzblech sollte vorsichtig gereinigt werden, um den dünnen Schutzfilm nicht zu zerstören. Angebrannte Speisen lösen sich leicht, wenn sie einige Zeit eingeweicht werden.

### Gußeisen

Gußeisen ist gegossenes Eisen, es wird verwendet für Töpfe und Pfannen. Gußeisen ist schwer, hat aber den Vorteil, daß es die Hitze gleichmäßig aufnimmt und lange hält. In letzter Zeit sind emaillierte Töpfe aus Gußeisen wieder in Mode gekommen, nachdem sie eine Zeit lang als unmodern galten. Gußeiserne Töpfe sind verhältnismäßig teuer.

### Verzinktes Eisen

Verzinktes Eisen wird im Haushalt kaum noch verwendet wegen des hohen Gewichtes. In der Landwirtschaft ist es noch zu finden als Tränkeeimer und Waschwannen (erkennbar am Eisblumenmuster).

## Stahl

Stahl ist legiertes Eisen oder reines Eisen, das sich schmieden und walzen läßt. Es ist widerstandsfähiger gegen Stoß und Druck und elastischer als Eisen, jedoch rostanfällig.

### Emaillierter Stahl

Emaille ist eine glasharte Schutzschicht, die auf Stahlblech aufgebrannt wird. Sie hat eine sehr glatte Oberfläche und läßt sich leicht reinigen. Emaille ist jedoch nicht widerstandsfähig gegen Stoß, sie blättert ab, die freigelegte Stelle kann rosten. Geschirr mit abgeplatzter Emaille sollte nicht mehr zum Kochen verwendet werden. Die dunklen Emaillefarben wie Schwarz und Dunkelblau sind haltbarer als die hellen. Kochgeschirr aus emailliertem Stahl ist vergleichsweise günstig im Preis, aber nur bei vorsichtiger Handhabung dauerhaft. Verwendet wird emaillierter Stahl außerdem für Gehäuse von Haushaltsgeräten, z. B. Waschmaschinen, Kühlschränke.

### Verchromter Stahl

Dieser Stahl wird hauptsächlich für Armaturen verwendet. Die Chromschicht ist verhältnismäßig dünn und wird leicht abgekratzt; an diesen Stellen können die Gegenstände rosten.

### Rostfreier Edelstahl

Dieses Material ist hergestellt aus Stahl und verschiedenen Beimengungen, z. B. Chrom, Nickel, Mangan. Es hat den Vorteil, daß die Gegenstände durch und durch aus diesem Material bestehen, also durch Kratzer kein rostender Kern freigelegt werden kann. Edelstahl ist sehr dauerhaft und vielseitig einsetzbar, zudem ist es leicht zu reinigen. Edelstahl besitzt eine schlechte Wärmeleitfähigkeit, Töpfe brauchen daher einen zusätzlichen Unterboden aus wärmeleitfähigem Metall, z. B. Kupfer (Sandwichboden).
*Chromstahl* ist besonders hart und wird für Messerklingen, Schlagmesser an Küchenmaschinen, Messer an Allesschneidern verwendet. *Chrom-Nickel-Stahl* wird zur Herstellung von Spülen, zum Auskleiden von Haushaltgeräten, z. B. Spülmaschine, und für Besteck und Töpfe eingesetzt. *Chrom-Mangan-Stahl* hat einen schönen Silberglanz und wird für Bestecke und Ziergegenstände verwendet.

## Aluminium

Aluminium ist sehr leicht, es wird für Kochgeschirre (Gasherde) und Alufolie verwendet. Die Gewinnung von Aluminium ist sehr energieaufwendig, deshalb sollte sparsam damit umgegangen werden, Alufolie läßt sich leicht ersetzen.

## Metalle im Haushalt

| Name | Material | Eigenschaften | Eignung, Verwendung im Haushalt |
|---|---|---|---|
| **Eisen** | | | |
| Weißblech | Eisenblech verzinnt | Leicht, glatte Oberfläche, preiswert, genügende Backeigenschaften | Kuchenbleche, Kuchenformen, Puddingformen, Konservendosen |
| Schwarzblech | Eisenblech lackiert | Leicht, glatte Oberfläche, preiswert, gute Backeigenschaften, Schutzschicht ist empfindlich | Kuchenbleche, Kuchenformen |
| Gußeisen | Graues Roheisen | Sehr schwer, haltbar, rostempfindlich, nicht schlagfest, kann nur gegossen, gebohrt, gefeilt und gesägt werden | Fleischwolf, Fruchtpressen |
| Eisen, verzinkt | Eisenblech mit Zinküberzug | Durch besser geeignete Kunststoffe abgelöst | Evtl. Eimer |
| **Stahl** | | | |
| Stahl, emailliert | Stahlblech unterschiedlicher Stärke mit Emailüberzug | Gute Wärmeleitfähigkeit, glatte Oberfläche, schwer, beständig gegen alle im Haushalt vorkommenden Säuren, abriebfest, stoß- und schlagfest je nach Güte der Emaillierung; dunkle Emaillierung ist haltbarer als helle | Außengehäuse von Elektrogeräten wie Waschmaschinen, Geschirrspülmaschinen usw.; Kochgeschirre (gute Qualitäten mit Chromstahl-Topfrand) |
| Stahl, verchromt | Stahl unterschiedlicher Verarbeitung mit dünnem Chromüberzug | Glatte Oberfläche, hochglänzend, nicht allzu kratzfest, haltbar je nach Stärke des Überzugs | Armaturen, Haushaltsgeräte |
| Chromstahl | Stahl mit 12–18% Chrom | Sehr hart, rostfrei, glatte Oberfläche, fast unbegrenzte Lebensdauer | Messer, Schlagmesser, Bestecke, Waschmaschinentrommeln |
| Chrom-Nickel-Stahl | Hochwertiger Stahl mit 8% Chrom und 8% Nickel | Sehr hart, rostfrei, glatte Oberfläche, unbegrenzte Lebensdauer; besonders widerstandsfähig gegen Korrosion | Bestecke, Kochgeschirre, Spülbecken, Geschirrspülmaschinen |
| Chrom-Mangan-Stahl | Neben 18% Chrom und 8% Nickel Zusatz von 18% Mangan | Sehr hart, rostfrei, glatte Oberfläche, fast unbegrenzte Lebensdauer; dekorativer Silberglanz | Bestecke, Ziergegenstände, Elektrogeräte (Toaster) |
| **Aluminium** | | | |
| Aluminium, unbehandelt oder hochglanzpoliert | Reinaluminium 99,5–99,8% Aluminium; Reinaluminium 99,9% Aluminium | Beste Wärmeleitfähigkeit, leicht, relativ glatte Oberfläche, dünne Oxidschicht schützt vor weiterer Korrosion, empfindlich gegen Sodalaugen; preiswert, nichtrostend | Kochgeschirre, Folie |
| Aluminium, eloxiert | Reinaluminium mit Oberflächenschutz | Schutzschicht verfärbt nicht, höhere Oberflächenhärte, jedoch nicht allzu dauerhaft | Kochgeschirre |
| **Kupfer** | Reinkupfer | Elektrisch leitfähig, hochglänzend, rötlich, Grünspan | Ziergegenstände, elektrotechnischer Werkstoff |
| Messing | Kupfer-Zink-Legierung | Hart, glänzend, gelblich | Ziergegenstände, Beschläge |

**Metalle im Haushalt** (Fortsetzung)

| Name | Material | Eigenschaften | Eignung, Verwendung im Haushalt |
|---|---|---|---|
| **Kupfer**<br>Bronze<br>Neusilber<br>(Alpaka) | Kupfer-Zinn-Legierung<br>Kupfer-Nickel-Zink-<br>Legierung | Hart, matt<br>Hart, glänzend | Ziergegenstände<br>Grundlagen für versilberte<br>Bestecke |
| **Zinn** | Reinzinn | Weich, glänzend,<br>graues Schutzoxid | Ziergegenstände |
| **Edelmetalle**<br>Gold<br><br><br>Silber | Reingold<br>Gold-Kupfer-Legierung<br>Gold-Silber-Legierung<br>Reinsilber<br>Silber-Kupfer-Legierung | Weich, hoher Glanz, beständig<br>gegen jede Korrosion,<br>Legierungen sind härter<br>Weich, glänzend, korrosions-<br>beständig, »läuft an« | Schmuck, Münzen<br><br><br>Schmuck, Ziergegenstände,<br>Bestecke |

Töpfe aus Aluminium sind leicht, billig und leiten die Wärme gut; sie werden allerdings mit dem Gebrauch grau und fleckig. Dieser Belag ist zwar nicht gesundheitsgefährdend, aber unansehnlich. Die Vitamin-C-Verluste sind übrigens in Aluminiumgeschirr nicht größer als in anderen Kochtöpfen.

*Eloxiertes Aluminium* verfärbt sich nicht, die aufgetragene Schutzschicht verlängert die Haltbarkeit. Verwendet wird es bevorzugt bei Dampfdrucktöpfen, um ihr Gewicht niedrig zu halten. Allerdings ist Kochgeschirr aus eloxiertem Aluminium fast so teuer wie Edelstahl.

## Kupfer

Kupfer wird überwiegend in der Elektrotechnik eingesetzt, im Haushalt kommt Kupfer meist als Ziergegenstand vor. In letzter Zeit sind Pfannen und Töpfe aus Kupfer wieder in Mode gekommen, sie sind innen verzinnt. Kupfer hat eine sehr gute Wärmeleitfähigkeit, daraus hergestelltes Kochgeschirr ist jedoch sehr teuer und pflegeaufwendig.

## Zinn

Zinn wird ebenfalls fast nur für Ziergegenstände verwendet, eigentlich zu Unrecht, denn Zinn lebt durch häufigen Gebrauch erst. Gegenstände, die das Gütezeichen für Zinngeräte tragen, können als Servier- und Eßgeschirr verwendet werden. Zinn kann problemlos in der Spülmaschine gereinigt werden.

## Edelmetalle

Edelmetalle sind korrosionsbeständig. Aus *Gold* wird in erste Linie Schmuck hergestellt. Meist wird Gold legiert. Der Goldgehalt wird in Tausendstel der Legierung oder in Karat angegeben.

| | |
|---|---|
| 1000 Teile Feingold = | 24 Karat |
| 750 Teile Feingold = | 18 Karat |
| 585 Teile Feingold = | 14 Karat |
| 333 Teile Feingold = | 8 Karat |

*Doublégold* ist eine dünne Goldschicht auf einem Silber- oder Kupferkern, es ist entsprechend billiger.

*Silber* wird nicht nur für Schmuck, sondern auch für Bestecke verwendet. Es gibt echt silbernes Besteck und versilbertes Besteck. Siehe auch Besteck (Seite 307).

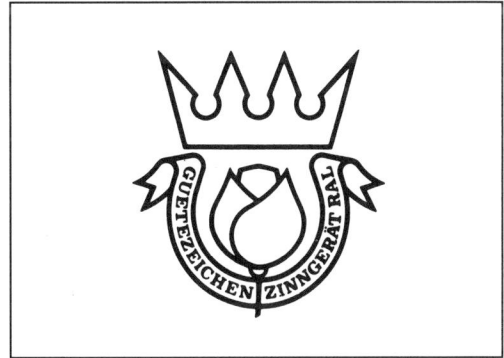

Gütezeichen Zinngerät

# 8.4 Kunststoffe

Kunststoff ist eine Sammelbezeichnung für Materialien aus natürlichen Stoffen, z. B. Zellulose, Kohle oder Kalk, oder aus Materialien, die synthetisch hergestellt werden. Da Kunststoffe in einem bestimmten Herstellungsstadium verformbar (plastisch) sind, werden sie auch als *Plaste*, umgangssprachlich Plastik, bezeichnet.

## Eigenschaften

- Geringes Gewicht.
- Preisgünstig.
- Sehr fest bzw. elastisch.
- In verschiedenen Farben herstellbar.
- Isolieren gut gegen Schall, Wärme, Kälte, Elektrizität.
- Geruchs- und geschmacksfrei.
- Rauhen bei starker mechanischer Bearbeitung schnell auf und verschmutzen dann; deshalb Geschirr aus Kunststoff nicht mit kratzenden Bürsten oder Schwämmen bearbeiten.
- Nehmen intensive Gerüche an, z. B. Zwiebel, Knoblauch.
- Schmelzen bei hohen Temperaturen.
- Belasten die Umwelt, weil bei der Herstellung viel Energie verbraucht wird und Kunststoff im Müll nicht abbaubar ist. Sparsamer Umgang sollte daher für jeden selbstverständlich sein.

## *Kunststoffarten*

### Umgewandelte Naturstoffe

Den Eigenschaften nach gehören sie mehr zu den natürlichen Stoffen. Sie sind jedoch so umgewandelt, daß ihr ursprünglicher Aufbau völlig geändert ist.

### Thermoplaste

Diese Kunststoffe werden bei entsprechender Behandlung, z. B. Erhitzen, wieder weich und formbar. Thermoplaste können also wieder verwendet werden.

### Duroplaste

Diese Kunststoffe werden durch Zusatz bestimmter Stoffe hart, dieser Vorgang ist nicht umkehrbar. Duroplaste können nicht wieder verwertet werden.

Je nach Herstellung und Mischungen verschiedener Stoffe werden zahlreiche Kunststoffe unterschieden.

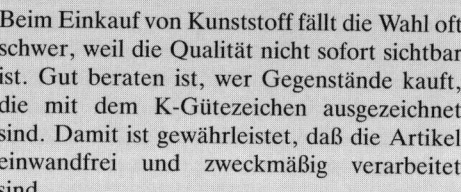

## ➤➤ Praktischer Hinweis ◀◀ für den Einkauf

Beim Einkauf von Kunststoff fällt die Wahl oft schwer, weil die Qualität nicht sofort sichtbar ist. Gut beraten ist, wer Gegenstände kauft, die mit dem K-Gütezeichen ausgezeichnet sind. Damit ist gewährleistet, daß die Artikel einwandfrei und zweckmäßig verarbeitet sind.

Das Gütezeichen »Für Lebensmittel« weist darauf hin, daß der entsprechende Artikel zur Aufbewahrung von Lebensmitteln geeignet ist. Bei guten Markenartikeln findet sich darüber hinaus der Hinweis »Spülmaschinenfest«.

Gütezeichen für Haushaltsgegenstände aus Kunststoff

## Kunststoffe im Haushalt

| Name | Handelsname | Eigenschaften | Beständig gegen | Nicht beständig gegen | Wärmebeständig bis | Verwendung im Haushalt |
|---|---|---|---|---|---|---|
| **Umgewandelte Naturstoffe** | | | | | | |
| Vulkanfiber | Lederstein, Dynos u. a. | Zug- und biegefest, hart, zäh, schlagfest | Säuren, Laugen | Feuchtigkeit; nimmt bis zu 10% Waser auf | – | Koffer, Papierkörbe, Knöpfe |
| Zellulose-Nitrat Zellhorn | Alluroid u. a. | Zäh, fest, biegsam, rißempfindlich | Schwache Chemikalien | Licht | 50 °C | Toilettenartikel, Puppen, Tischtennisbälle |
| Zellulose-Acetat | Cellor, Cellidor, Trolit u. a. | Zäh, fest, biegsam, kratzempfindlich | Licht | Feuchtigkeit | 45 °C | Toilettenartikel, Spielwaren, Verpackungsmaterial |
| Zellglas | Zellophan u. a. | Reißfest, geschmeidig, geschmacks- und geruchsfrei | Alkohol, Laugen, schwache Chemikalien | Hohe Temperaturen | 70 °C | Verpackungsmaterial |
| Kunsthorn | Galalith | Zäh, fest, biegsam | Alkohol, Lösungsmittel | Feuchtigkeit | 70 °C | Knöpfe, Schnallen |
| **Thermoplaste** | | | | | | |
| Acrylglas | Plexiglas, Resartglas, Deglas u. a. | Fast unzerbrechlich, bei Bruch keine scharfen Kanten (Sicherheitsglas) | Alle im Haushalt vorkommenden Chemikalien, Fette, Öle, Benzin | Alkohol, Nagellackentferner, Benzol | Ca. 90 °C | Tortenheber, Eierlöffel, Salatbestecke, Kämme |
| ABS Acrylnitril-Butadien-Styrol | Novodur, Terluran | Hochglänzende Oberfläche, sehr hart | Temperaturunterschiede, Fette, Öle, Benzin | Fleckenwasser, konzentrierte Säuren | Ca. 80 °C | Hochwertige Geschirre und Geräte |
| Polystyrol-Standard | Trolitul, Vestyron, Novadur, Polystyrol u. a. | Hart, nicht schlagfest, nicht sehr kratzfest, glasklar, in allen Farben lieferbar | Säuren, Laugen, Wasser | Benzin, Nagellackentferner, ätherische Öle, Terpentinöl | Ca. 70 °C | Eierbecher, Eierlöffel, Tortenplatten, Kleiderbügel, Kaffedosen |
| Schlagfestes Polystyrol | Trolitul schlagfest, Vestyron Campo u. a. | Schwer zerbrechlich, bieg-, schlag- und stoßfest | Säuren, Laugen, Wasser | Benzin, Nagellackentferner, ätherische Öle, Terpentinöl | Ca. 80 °C | Gehäuse von Elektrogeräten: Staubsauger, Küchenmaschinen usw. |
| Geschäumtes Polystyrol | Styropor | Porig, sehr leicht | Säuren, Laugen, Wasser | Benzin, Nagellackentferner, ätherische Öle, Terpentinöl | Ca. 65 °C | Blumentöpfe, Verpackungsmaterial, Isolierung |

## Kunststoffe im Haushalt (Fortsetzung)

| Name | Handelsname | Eigenschaften | Beständig gegen | Nicht beständig gegen | Wärmebeständig bis | Verwendung im Haushalt |
|---|---|---|---|---|---|---|
| **Thermoplaste** | | | | | | |
| Poly-Acrylnitril-Styrol | Luran u. a. | Kratzfeste Oberfläche, kaum zerbrechlich, nicht schlag- und biegfest | Säuren, Öle, Fette, Aromastoffe | Benzin | Ca. 75 °C, kurzzeitig ca. 100 °C | Kaffee- und Eßgeschirr, Saftgedecke, Schüsseln, Schalen usw. |
| Polyäthylen △ Weichpolyäthylen △ Hartpolyäthylen | Hostalen, Vestolen, Lupolen, Vinoflex u. a. | Geschmacks- und geruchsfrei, unzerbrechlich, nicht schnitt- und kratzfest | Öle, Alkohol, Laugen, Benzin | Kochende Fette und Öle | Ca. 80 °C, kurzzeitig ca. 95 bis 120 °C | Eimer, Schüsseln, Waschkörbe, Verpackungsmaterial (Poly-Beutel) |
| Polypropylen | Hostalen pp, Luparen, Vestolen p u. a. | Ähnlich dem Hartpolyäthylen, kratzfest, höhere Wärmebeständigkeit | Öle, Alkohol, Laugen, Benzin | Kochende Fette und Öle | Ca. 90 °C, kurzzeitig ca. 120 bis 130..133C | Hitzebeständige Haushaltsgeräte, Waschmaschinentrommeln, Elektrogeräte, -gehäuse |
| Polyvinylchlorid PVC △ Hart-PVC △ Weich-PVC | Hostalid, Vestolit, Trovidur, Vinolex, Acella, Skal, D-c-fix u. a. | Fest, stoß- und schlagfest / Geschmeidig, stoß- und schlagfest, wasser- und luftdicht | Öle, Alkohol, Säuren, Laugen, Benzin | Kochende Fette und Öle, Kugelschreiberpaste, Lösungsmittel | Ca. 60 °C / Je nach Zusatz von Weichmachern | Gardinenlaufschienen, Rolläden, Vorhänge, Schürzen, Tischdecken, selbstklebende Folien, Lederimitationen |
| Polycarbonate | Makrolon, Valon | Sehr schlagfest, unzerbrechlich, nagelbar, sterilisierbar | Haushaltsübliche Säuren und Laugen | Aceton, konzentrierte Säuren | Ca. 135 °C | Hochwertige Geschirre und Geräte |
| Polyamide | Nylon, Perlon, Phrilon, Ultramid, Durethan u. a. | Unzerbrechlich, kratz-, stoß- und schlagfest | Lösungsmittel | Säuren und starke Laugen | Ca. 90 °C, kurzzeitig bis 120 °C | Kämme, Mantelhaken, Maschinenteile (Zahnräder) |
| Polytetrafluoräthylen | Teflon, Hostaflon u. a. | Gut gleitend, nicht sehr abrieb- und druckfest | Alle Chemikalien, Säuren, Laugen | Schmelzende Alkalien | −200 °C bis +260 °C | Beschichtung von Kochgeschirren |
| Phenolharz | Bakelit, Alberit, Supraplast, Trolitan u. a. | Sehr schlagfest, oberflächenfest, nicht lichtfest | Wasser, Alkohol, Öle | Geschmacks- und Geruchsstoffe | Ca. 100 °C, kurzzeitig 200 °C | Elektrische Schalter, Stecker, Bügeleisengriffe, dekorative Schichtholzplatten |

| Duroplaste | Handelsnamen | Eigenschaften | empfindlich gegen | | Temperaturbeständigkeit | Verwendung |
|---|---|---|---|---|---|---|
| Harnstoffharze | Rollopas, Resipas u. a. | Sehr schlagfest, oberflächenfest, lichtbeständig | Wasser, Alkohol, Öle | Geschmacks- und Geruchsstoffe | Ca. 100 °C, kurzzeitig 200 °C | Schalter, Steckdosen, Lampenschalen |
| Melaminharze | Melamin, Ultrapas, Formica, Resopal, Duropal u. a. | Schlagfest, kratz-, stoß-, biegefest; geruchs- und geschmacksfrei, hohe Gebrauchstauglichkeit, sehr teuer | Lösungsmittel, schwache Säuren, Benzin | Konzentrierte Säuren und Alkalien | Ca. 110 °C, kurzzeitig höher | Schichtplatten für Möbel; Eßgeschirre, Campinggeschirre, Schüsseln |
| Ungesättigte Polyesterharze | Leguoal, Palatal, Vestopal u. a. | Hart, witterungsbeständig | Feuchtigkeit, Chemikalien | – | Ca. 100 °C, kurzzeitig höher | Tabletts, Spülbecken, Balkonverkleidungen |
| Polyurethane (Elastomere) | Moltopren | Weiche, elastische Schaumstoffe, kautschukähnlich | Feuchtigkeit, Chemikalien | – | | Schwämme, Badematten, Matratzen, Isolierungen |

# 8.5 Leder und Felle (Rauchwaren)

Leder wird hergestellt aus gegerbter Tierhaut. Dicke Häute werden z. T. gespalten, die obere Schicht ergibt das *Volleder*, die unteren Schichten werden als *Spaltleder* bezeichnet, sie sind weniger hochwertig.

## Lederarten

### Nappa- oder Narbenleder

Es wird die Haarseite der Tierhaut verwendet, das Leder ist weich und glatt.

### Veloursleder

Die Rückenseite des Leders wird geschliffen und erhält eine samtige bis rauhe Oberfläche. *Wildleder* gehört zum Veloursleder, es darf nur so genannt werden, wenn es von Wildtieren stammt.

### Nubukleder

Die Haarseite der Tierhaut wird aufgerauht und geschliffen, es ist empfindlicher als Veloursleder.

## Lederfarben

Farbe wird durch verschiedene Methoden in das Leder gebracht:

● Bei der *Anilinfärbung* wird das Leder durch und durch gefärbt. Anilinfarben sind durchscheinend und verdecken die natürliche Struktur des Leders nicht, die Farbe kann nicht abgescheuert werden.
● Eine weitere Möglichkeit ist das *Spritzen* mit Pigmentfarben. Hierbei wird das Leder mit einer deckenden und schützenden Farbschicht versehen, wodurch ein gleichmäßiges Aussehen erzielt wird.
● Die dritte Art ist die *Semi-Anilin-Färbung*, die eine Kombination aus Anilin- und Spritzfärbung ist. Diese Färbung ist unempfindlich.

## Lederimitationen

Lederimitate bestehen aus einem Gewebe mit Kunststoffbeschichtung. Den Gestaltungsmöglichkeiten, der Optik und dem Griff sind dabei keine Grenzen gesetzt, und dem Laien fällt es daher oft schwer, das Naturprodukt Leder von

Lederimitaten zu unterscheiden. Eine Hilfestellung bietet das Textilkennzeichnungsgesetz, denn diesem unterliegen auch Lederimitate, die unter verschiedenen Namen im Handel sind, z. B. Alcantara, Skin Royal. Wenn sie aus mindestens 80% textilem Material bestehen, müssen sie entsprechend gekennzeichnet sein.

Gütezeichen für Leder

Hochwertige Lederimitate zeichnen sich durch einen hohen Tragekomfort aus; sie sind darüber hinaus leichter zu pflegen als Leder, meist sind sie sogar waschbar. Die Wäsche erfolgt mit der Hand oder im Schonwaschgang mit einem Feinwaschmittel ohne optischen Aufheller (Pflegehinweise beachten!). Gedämpft oder gebügelt wird von der linken Seite, um Glanz- und Druckstellen zu vermeiden.

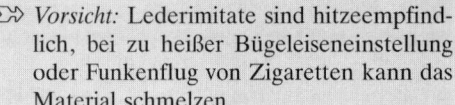

### ➤➤ Praktische Hinweise ◀◀

↪ *Vorsicht:* Lederimitate sind hitzeempfindlich, bei zu heißer Bügeleiseneinstellung oder Funkenflug von Zigaretten kann das Material schmelzen.

↪ Schwierig zu entfernen sind Flecken, Fleckentferner dürfen nicht verwendet werden. Chemische Reinigung bringt meist bessere Ergebnisse als bei echten Lederwaren, die mit Maß- und Formveränderungen reagieren können.

↪ Pflege von Leder siehe Tabelle auf Seite 290.

## Verwendung von Leder

Leder wird für Schuhe, Taschen, Koffer, Handschuhe, Möbel und Bekleidung verwendet. Für *Schuhe* ist Leder ein unübertroffen gutes Material, es nimmt Feuchtigkeit auf und reguliert die Temperatur im Schuh, es schützt gegen Feuchtigkeit und Wärme. Um diese positiven Eigenschaf-

ten zu entfalten, ist es jedoch wichtig, daß nicht nur das Obermaterial des Schuhes Leder ist, sondern daß der Schuh auch mit Leder gefüttert ist.

*Lederkoffer* sind teuer und weniger strapazierfähig als solche aus Kunststoff.

*Oberbekleidung* aus feinem, dünnem Leder ist sehr empfindlich. Enttäuscht sind viele Besitzer, wenn sie ihr »gutes Stück« aus der Chemischen Reinigung abholen, dort verzieht es sich nicht selten und wird kleiner. Unverwüstlich und strapazierfähig sind dagegen Stücke aus festem Leder, z. B. Lederhosen, Arbeitsschuhe.

Wer sich mit *Ledermöbeln* einrichten will, sollte unbedingt auf gute Qualität achten, denn nur gute Ware behält lange ihr schönes Aussehen. Gut beraten ist man im Fachgeschäft.

## Felle (Rauchwaren)

Die Haltbarkeit von Fellen hängt ab von ihrer Güte, der Verarbeitung und der Benutzung. Wer einen Pelz kaufen will, ist am besten beraten im Fachgeschäft. Für die Aufbewahrung gilt, daß Felle genügend Platz brauchen, sie dürfen also nicht im Kleiderschrank eingeengt sein. Günstig ist eine Hülle aus dünnem Baumwollstoff, Kunststoffolien sind ungeeignet . Den Sommer »überlebt« der Pelz am besten beim Kürschner. Pelze nicht in einen Koffer packen, sondern auf dem Kleiderbügel hängend transportieren. Naß gewordene Pelze ausschütteln und luftig zum Trocknen aufhängen.

## 8.6 Glas

### Arten

▷ *Natronglas:* Wird für Fensterscheiben, Flaschen, Gläser, und Gefäße verwendet. Durch besondere Zusätze entsteht *Milchglas.*

▷ *Kalikalkglas:* Auch *Kristallglas* genannt, ist sehr rein, teure Gläser und Spiegel werden daraus hergestellt.

▷ *Kalibleiglas:* Wird verwendet zur Herstellung von Bleikristallgläsern und -gefäßen sowie für optische Gläser.

### Eigenschaften

Glas hat eine glatte Oberfläche, die jedoch verkratzt werden kann. Es ist säuren- und laugenbeständig, aber empfindlich gegen Temperaturwechsel. *Feuerfestes Glas* verträgt zwar hohe

Temperaturen, springt aber leicht, wenn die Temperatur schnell gesenkt wird, z. B. durch Aufgießen mit kaltem Wasser.

## ➤➤ Praktische Hinweise ◀◀ für den Einkauf

➤ Verwendungszweck beachten! Einfache Trinkgläser müssen nicht von bester, teuerster Qualität sein. Gläser für den täglichen Gebrauch können auch aus preiswertem Preßglas hergestellt sein, das außerdem spülmaschinengeeignet ist im Gegensatz zu den meisten Bleikristallgläsern.

➤ Sehr dünne Stiele und bis zum Rand geschliffene Gläser zerbrechen leicht.

➤ Einfache, klare Formen passen zu vielen Geschirrarten.

➤ Vor dem Kauf von Gläsern die Gebrauchstauglichkeiten beachten, z. B. ob der obere Rand nicht zu eng ist, um bequem daraus zu trinken, Standfestigkeit prüfen.

# 9 Tischkultur

## 9.1 Bestecke

### *Material*

#### Edelstahl

Edelstahlbestecke sind beständig gegen Korrosion, sie werden durch die üblichen Speisesäuren nicht angegriffen und sind für den täglichen Gebrauch ideal. Im Gegensatz zu Chromstahl ist Edelstahl nicht magnetisch. Bei Besteck aus Chromstahl besteht die Gefahr des Rostens. Edelstahlbesteck ist preisgünstig und in vielen modischen und klassischen Formen erhältlich. *Heftbestecke* haben eine Klinge aus Edelstahl oder Chromstahl und einen Griff aus Holz, Kunststoff oder Keramik. Beim Kauf ist auf solide Verarbeitung zu achten, die Klinge bzw. Löffel und Gabel müssen fest im Griff sitzen, die Ränder dürfen nicht scharf sein, polierte Oberflächen müssen gleichmäßig glänzen. Besteck mit Holzgriff hat den Nachteil, daß es meist nicht in der Spülmaschine gespült werden kann. Auf entsprechende Kennzeichnung ist zu achten.

#### Silber

Hundertprozentiges Feinsilber gibt es bei Gebrauchsgegenständen wie Besteck nicht, es wäre zu weich und würde sich rasch abnutzen. Deshalb werden Legierungen aus Kupfer und Silber verwendet, Gegenstände daraus werden als *echtsilber* bezeichnet. Der Anteil des chemisch reinen Silbers bei der Legierung wird Feingehalt genannt. Die gebräuchlichste Mischung ist 800er Silber, es besteht aus 800 Teilen Silber und 200 Teilen Kupfer; manchmal ist auch Besteck mit 835 oder 925 Teilen Silber zu sehen. Erkennbar ist echtsilbernes Besteck am Stempel 800. *Versilbertes* Besteck ist wesentlich billiger als echtsilbernes. Das Grundmaterial ist Alpaka, eine Legierung aus Kupfer, Nickel und Zink, auch *Neusilber* genannt; manchmal besteht die Unterlage auch aus Edelstahl. Das fertige Besteck wird mit einer dünnen Feinsilberschicht überzogen. Die eingeschlagene Zahl 90 bedeutet, daß für 12 Gabeln und 12 Löffel 90 Gramm Feinsilber aufgelegt wurden; der Stempel 150 gibt an, daß für die gleiche Menge Besteck 150 Gramm Silber aufgetragen wurden. Erst ab einer Auflage von 150 Gramm und mehr darf von *Massiv-Versilberung* gesprochen werden. Echtsilbernes und versilbertes Besteck sind neu rein äußerlich nicht zu unterscheiden; zu erkennen sind sie nur durch ihre Stempel.

#### Gold

Besteck mit Goldauflage ist sehr teuer. Meist wird nur ein Dekor aus Gold aufgetragen, z. T. ist das Besteck auch ganz vergoldet. Das Basismaterial ist dann Chromnickelstahl oder Echtsilber.

### *Aussehen und Menge*

#### Muster

Bestecke gibt es in sehr unterschiedlichen Mustern. Zu den klassischen Mustern für edle Bestecke gehören *Spaten, Chippendale, Augsburger Faden*. Sie lassen sich gut mit modern gestaltetem wie klassisch geformtem Geschirr kombinieren. Für welches Muster man sich entscheidet, ist Geschmackssache. Auf jeden Fall sollte man sich bemühen, Geschirr und Besteck in der Form aufeinander abzustimmen, z. B. zu rustikalem Geschirr einfache Muster oder Besteck mit Holzgriff, zu zartem Porzellan keine Heftbestecke, zu modernem, geradlinigem Geschirr keine geschwungenen Besteckmuster.

## Welches Besteck wofür?

Von den einzelnen Besteckserien werden meist sehr viele Besteckteile angeboten. Vor dem Kauf genau überlegen, was benötigt wird. Eine umfangreichere *Grundausstattung* mit genügend Gabeln, Messern und Löffeln bringt mehr Nutzen als beispielsweise spezielle Eislöffel, Obstmesser, Obstgabeln oder gar Hummergabeln. Bei der Auswahl der Besteckteile die Essensgewohnheiten der Familie bedenken.

## Wieviel Besteck?

Die Anzahl der benötigten Bestecke wird oft unterschätzt. Die Zahl der Haushaltsmitglieder muß ebenso berücksichtigt werden wie die Gewohnheit, Gäste zu bewirten. Wer eine Spülmaschine hat, braucht ebenfalls mehr Besteck. Schon ein 4-Personen-Haushalt kann mit einem 24 teiligen Besteck (je 6 Gabeln, Löffel, Messer, Dessertlöffel) kaum auskommen. Wird eine Spülmaschine verwendet, ist für drei Mahlzeiten am Tag bereits das Besteck für 12 Personen notwendig. Gespart werden darf auch nicht am Vorlegebesteck (Salatbesteck, Fleischgabeln, Beilagenlöffel, Soßenschöpfer, Suppenschöpfer).

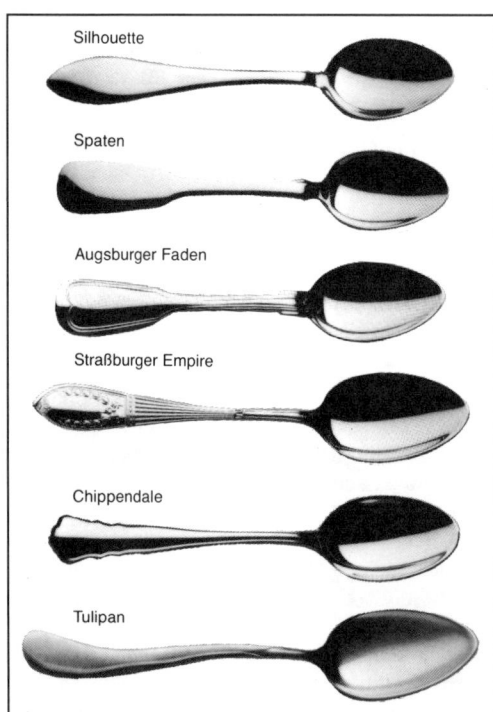

Silhouette

Spaten

Augsburger Faden

Straßburger Empire

Chippendale

Tulipan

Klassische Besteckmuster

# 9.2 Gläser

Noch mehr als beim Besteck werden bei Gläsern täglicher Gebrauch und besondere Anlässe unterschieden. Für den täglichen Gebrauch, vor allem in Haushalten mit Kindern, eignen sich schlichte Preßgläser sehr gut, sie sind preisgünstig, unempfindlich und lassen sich gut in der Spülmaschine reinigen. Gläser mit Dekor kosten meist mehr und sind nicht spülmaschinenfest, das Muster löst sich mit der Zeit ab.

Weißweinglas, Rotweinglas

Für besondere Anlässe sind oft mundgeblasene Gläser vorhanden, mit oder ohne Schliff. Mundgeblasene Gläser sind empfindlicher als Preßglas, in der Spülmaschine zerbrechen sie leicht, wenn sie aneinanderschlagen.

Gläser gibt es in sehr vielen verschiedenen Mustern. Einfache, schlichte Formen passen zu den meisten Geschirren und Bestecken. Aufwendig geschliffene Gläser sind meist teurer und empfindlicher. Zu achten ist auf gute Standfestigkeit; der Stiel von Weingläsern sollte nicht zu dünn sein, er bricht sonst sehr leicht ab. Gute Weingläser verjüngen sich nach oben, damit die Blume des Weines sich entwickeln kann.

Die Anzahl an Gläsern, die benötigt wird, hängt wiederum von der Zahl der Haushaltsmitglieder ab und von der Gewohnheit, Gäste zu bewirten. Beim Kauf von guten Gläsern Markenware bevorzugen, sie kann Jahre nachgekauft werden.

Burgunder   Rotwein   Weißwein   Roséwein   Südwein   Likör   Grog   Biertulpe

Sektflöte   Sektschale   Likörschale   Cocktail   Cognacschwenker   Bowle   Whisky   Stamper

Grundformen für Gläser

## Arten von Gläsern

Wie beim Besteck gibt es auch bei Gläsern für verschiedene Getränke verschiedene Gläser. Erfahrungsgemäß wird nicht die gesamte Bandbreite benötigt, sondern nur Weißwein- und Rotweingläser, Biergläser, Saft- oder Wassergläser, Sektgläser, Stamper, evtl. Likörgläser.

## 9.3 Geschirr

Beim Tafelgeschirr verhält es sich meist wie bei den Gläsern: Ein einfacheres Service ist für den täglichen Gebrauch gedacht, für besondere Anlässe gibt es ein »gutes« Geschirr. Wie bei Gläsern und Besteck gibt es auch bei Geschirr sehr viele unterschiedliche Muster; welches gewählt wird, ist Geschmackssache. Weißes Geschirr hat den Vorteil, daß es sehr vielfältig gedeckt werden kann, mit farbigen und gemusterten Servietten und Tischdecken, Kerzen, buntem Blumen-schmuck. Es ist zudem neutraler als farbig gemustertes Geschirr. Goldrandgeschirr wirkt vornehm, hat aber den Nachteil, daß es nicht geeignet ist für die Mikrowelle. Bei der Menge des Geschirrs ist die Zahl der Haushaltsmitglieder zu berücksichtigen, ebenso, ob oft Gäste bewirtet werden.

## Geschirrteile

Von jedem Service gibt es viele Geschirrteile. Bevor man sich zum Kauf von Unnötigem verleiten läßt, ist zu überlegen, ob diese Ausgabe nicht sinnvoller angelegt werden kann. Ein Teeservice muß meist nicht in so großem Umfang vorhanden sein wie ein Kaffeegeschirr, auch Mokkatassen müssen erfahrungsgemäß nicht in großer Anzahl vorhanden sein. Außerdem kann es ganz reizvoll sein, Mokkatassen mit einem anderen Dekor zu wählen. Wie bei der Auswahl von Besteck und Gläsern sich auch hier nach den Essensgewohnheiten der Familie richten.

## ➤➤ Praktische Hinweise ◀◀ für den Einkauf

➤➤ Ein einfaches, zeitloses, stabiles Geschirr kann für Alltags- wie Festtagszwecke gleichermaßen verwendet werden. Besser nur ein Geschirr kaufen, davon aber ausreichend viele Teile, z. B. auch an Gästebewirtung denken.

➤➤ Wer lieber ein »gutes« und ein Alltagsgeschirr hat, kann Sonderangebote oder günstige Restposten als Alltagsgeschirr verwenden; dann ist auch der Schaden nicht so groß, wenn ein Teil zerschlagen wird. Bei einer großen Familie nicht zuwenig davon kaufen, damit nicht zu oft »gestükkelt«, d. h. mit anderem Geschirr kombiniert werden muß, wenn Geschirrteile zu Bruch gehen.

➤➤ In Haushalten mit Spülmaschine (oder wenn eine Spülmaschine geplant ist) nur Geschirr mit dem Hinweis *spülmaschinenfest* oder *spülmaschinengeeignet* kaufen. Aufglasur ist nicht spülmaschinenfest, man erkennt sie an den Erhöhungen.

➤➤ Falls eine Spülmaschine vorhanden ist, auch beim guten Geschirr darauf achten, daß die Böden von Tassen usw. nicht tief gewölbt sind, darin bleibt nämlich das Wasser stehen.

➤➤ Der Einkauf im Fachgeschäft lohnt sich, trotzdem nach der Nachkaufgarantie fragen.

➤➤ Passende Schüsseln und Platten in verschiedenen Größen gleich dazu kaufen, Sauciere nicht vergessen.

➤➤ Bei Kaffeegeschirr pro 6 Personen 1 Zuckerdose und 1 Sahnekännchen einplanen.

➤➤ Mehr als eine Kaffeekanne wird selten benötigt, denn es kann auch die Kanne der Kaffeemaschine benutzt werden. Gerne benutzt wird ein passendes Stövchen. Günstig sind auch Thermoskannen, weil der Kaffee heiß bleibt; es gibt sie in sehr gefälligen Formen zu kaufen. Spitzenmodelle mit versilberter oder verchromter Oberfläche sind optisch reizvoll, allerdings sehr teuer, sie halten die Wärme auch nicht länger als »normale« Thermoskannen.

➤➤ Geschirr, Besteck und Gläser in Ruhe und nicht unüberlegt kaufen. Prospekte mit nach Hause nehmen und in aller Ruhe durchsehen und die Preise vergleichen.

# 9.4 Tisch decken

Den Tisch ordentlich zu decken, sollte an jedem Tag eine Selbstverständlichkeit sein, auch wenn kein Besuch erwartet wird. Der Arbeitsaufwand dafür ist gering. Ein sauber und schön gedeckter Tisch ist einladend, schafft eine angenehme Atmosphäre und hebt nicht zuletzt die Künste und Mühe der Köchin hervor.

Oft ist das gemeinsame Essen während der Woche die einzige Gelegenheit, mit der Familie zusammen zu sein und zu sprechen; in einer gepflegten Atmosphäre spricht man lieber miteinander.

## *Allgemeine Regeln*

● Eine *Moltondecke*, die genau in den Maßen der Tischfläche zugeschnitten ist, auflegen, damit Besteck und Geschirr nicht so laut klappern und die Tischdecke nicht verrutscht.

● Passende *Tischdecke* oder Tischsets auflegen; manchmal werden auch Tischsets auf die Tischdecke gelegt, um diese zu schonen. Der Stoffüberfall der Tischdecke muß gleichmäßig sein, er beträgt etwa 20 cm.

● Tischdecke und Geschirr aufeinander abstimmen, zu rustikalem Geschirr paßt eine Leinen- oder gemusterte Baumwolltischdecke, zum guten Geschirr wird meist Damast aufgelegt.

● Benötigtes *Geschirr* auf einem Tablett bereitstellen, damit unnötige Wege vermieden werden.

● Geschirr so auflegen, daß sich jeweils zwei Personen gegenübersitzen, also nicht versetzt.

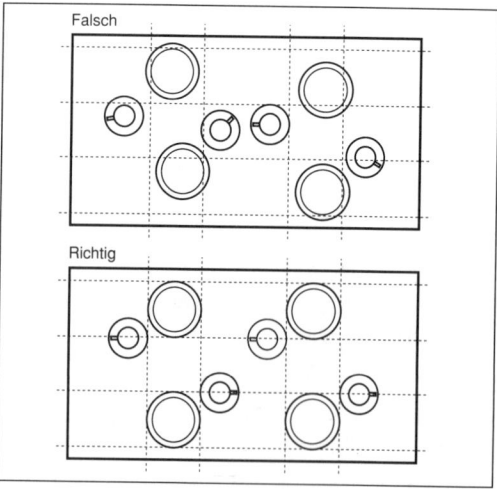

Geschirr regelmäßig anordnen

- Die Teller so einstellen, daß sie fingerbreit von der Tischkante entfernt sind oder mit der Tischkante abschließen.
- *Gläser* bzw. Tassen rechts neben den Teller stellen, Salatteller stehen links oben neben dem Teller.
- *Besteck* liegt gerade neben dem Teller, rechts das Messer – mit der Klinge zum Teller! –, außerhalb der Löffel. Die Gabel liegt links vom Teller, das Dessertlöffelchen bzw. die Dessertgabel liegt oberhalb des Tellers.
- Beim *Kaffeegedeck* steht die Tasse rechts oben neben dem Teller, mit dem Henkel nach rechts, der Löffel liegt auf dem Unterteller, parallel zum Henkel.

- Die *Serviette* liegt links neben dem Teller.
- *Vorlegebesteck* liegt am Tischende.
- Untersetzer oder Warmhalteplatten bereitstellen, ebenso Zahnstocher, Salz, Pfeffer, Korkenzieher, Flaschenöffner.

## Festtagstisch

Bei einem festlich gedeckten Tisch sind einige *zusätzliche Regeln* zu beachten:

- Die *Tischdecke* passend zum Geschirr wählen: Bei weißem Geschirr ist die Auswahl beliebig; bei gemustertem Geschirr die Farbe wiederholen, manchmal paßt auch ein anderer Ton.

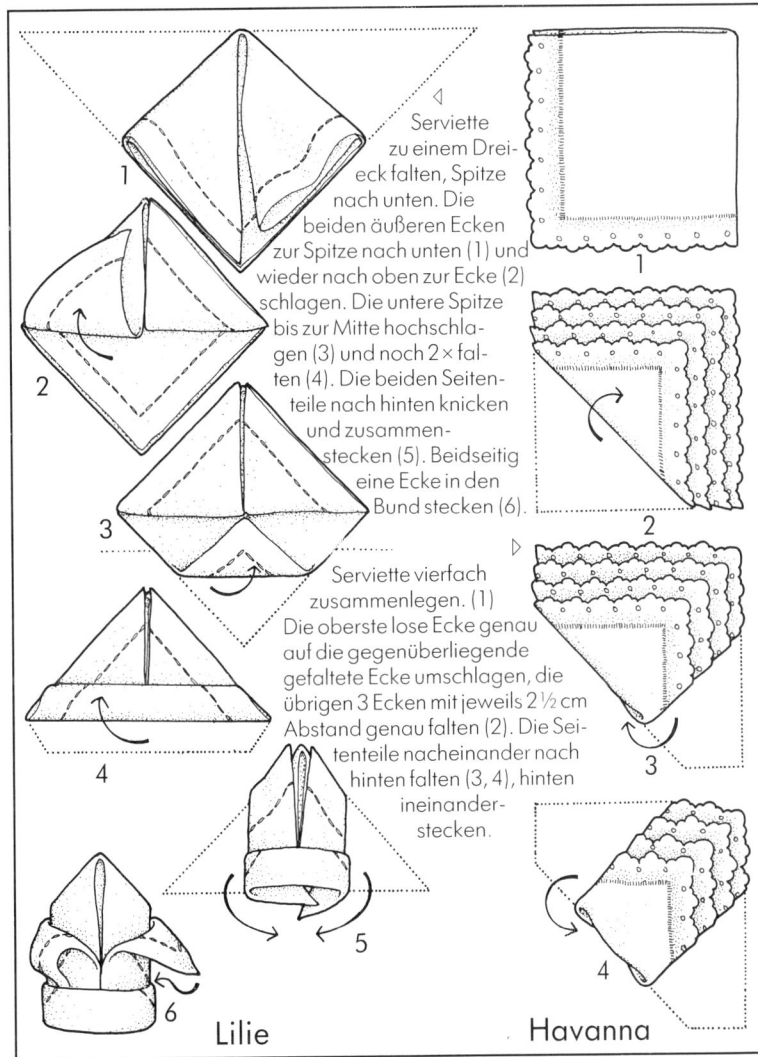

◁ Serviette zu einem Dreieck falten, Spitze nach unten. Die beiden äußeren Ecken zur Spitze nach unten (1) und wieder nach oben zur Ecke (2) schlagen. Die untere Spitze bis zur Mitte hochschlagen (3) und noch 2× falten (4). Die beiden Seitenteile nach hinten knicken und zusammenstecken (5). Beidseitig eine Ecke in den Bund stecken (6).

▷ Serviette vierfach zusammenlegen. (1) Die oberste lose Ecke genau auf die gegenüberliegende gefaltete Ecke umschlagen, die übrigen 3 Ecken mit jeweils 2½ cm Abstand genau falten (2). Die Seitenteile nacheinander nach hinten falten (3, 4), hinten ineinanderstecken.

Servietten falten

Lilie

Havanna

● *Mitteldecken* sind quadratisch und werden übereck auf den Tisch gelegt; sie sind nicht unbedingt nötig, können aber sehr gut wirken.

● *Servietten* können vielfältig gefaltet und dekorativ aufgestellt werden. Gefaltete Servietten sollten sich mit einem Zug entfalten lassen. Besonders gut lassen sich leicht gestärkte und sorgfältig gebügelte Stoffservietten falten.

● Die Teller in gleichmäßigen Abständen und gegenüberliegend decken, pro Gast 60 cm Platz rechnen. Runde Tische sind etwas platzsparender, weil man sich gegenseitig weniger behindert.

● Angelaufenes *Besteck* wird poliert.
Bei einfacher Menüfolge mit Suppe, Hauptgericht und Nachspeise wird das Besteck, wie auf Seite 311 beschrieben, aufgelegt. Werden mehrere Gänge serviert, liegt das Besteck in der Reihenfolge, wie es gebraucht wird, und zwar beidseitig von außen nach innen; Suppenlöffel, Dessertlöffel oder -gabel liegen quer über dem Teller.

● *Gläser* stehen rechts oberhalb vom Teller, schräg oder gerade nebeneinander. Das Glas, das zuerst benutzt wird, steht dem Teller am nächsten.

## Tischschmuck

Beim Schmücken der Tafel sind der Phantasie fast keine Grenzen gesetzt, doch sollte der Tischschmuck nicht zu üppig sein.

### Kerzen

Die Farbe sollte auf das Geschirr abgestimmt sein, ebenso der Halter. Kerzen schaffen eine angenehme Atmosphäre; grelles künstliches Licht direkt am Tisch sollte vermieden werden.

### Blumen

Der Blumenschmuck darf nicht zu hoch sein, damit sich Gegenübersitzende ungehindert unterhalten können. Keine stark duftenden Blumen verwenden , trockene Blätter entfernen, passendes Grün dazustecken. Außer Blumen können auch Gräser und Blätter allein oder kombiniert mit Wildfrüchten sehr dekorativ aussehen.

### Sonstiger Tischschmuck

*Tischkarten* werden aufgestellt, wenn Gäste in bestimmter Tischordnung sitzen sollen. Sehr schön können dezente *Tischbänder* wirken, je nach Anlaß auch Sternchen, Luftschlangen usw.

# 9.5  Servieren

Bei kleineren Einladungen bietet die Hausfrau von ihrem Platz aus die Speisen an, Getränke werden vom Hausherrn eingeschenkt. Die Gläser werden bei Bier und nichtalkoholischen Getränken ganz gefüllt, bei Wein wird nur gut halb gefüllt, vor allem bei großen Gläsern. Die Flasche wird nicht am Glas aufgesetzt, sie wird mit einer leichten Drehung weggenommen, damit kein Tropfen auf die Tischdecke fällt. Beim Einschenken von Bier wird das Glas vom Tisch genommen und eingeschenkt. Die Getränke werden von rechts eingeschenkt bzw. eingestellt. Beim Eingießen von Getränken im Uhrzeigersinn vorgehen.

Kaffee und Tee werden von der Hausfrau eingegossen. Mit der rechten Hand wird die Untertasse mit der Tasse gehalten, mit der linken Hand eingeschenkt.

Beim Abräumen des Tisches werden erst Kannen, Platten und Schüsseln mit den Speisen weggetragen, anschließend die Teller. Werden die Teller zwischen den Gängen gewechselt, werden erst die Teller eingedeckt, anschließend die Speisen.

Bei größeren Festlichkeiten wird den Gästen einzeln serviert nach den allgemein gültigen Regeln.

### Servierregeln

● Speisen (Fleisch, Soße, Beilagen, Salat) werden von links angeboten. Die Platte nahe an den Teller des Gastes führen und nicht zu hoch halten, den danebensitzenden Gast nicht behindern. Entgegen dem Uhrzeigersinn vorgehen, beim ranghöchsten Gast mit dem Servieren beginnen.

● Schüsseln und Platten auf der flachen Hand tragen, besser mit einer Serviette fest umgreifen.

● Von rechts werden gefüllte Suppenteller oder Speiseteller eingestellt.

● Von rechts wird nicht mehr benötigtes Geschirr und Besteck abgeräumt.

1 = Glas für Aperitif
2 = Weißweinglas
3 = Rotweinglas

Gedeck für ein Menü mit mehreren Gängen

# 10 Feste und Feiern

Feste stärken das Familienleben, daran sollte in den Familien öfter gedacht werden – nicht nur von der Hausfrau. Feste zu organisieren, ist ein zusätzlicher Arbeitsaufwand, der von allen Familienmitgliedern getragen werden sollte, dann macht das Feiern noch mehr Freude. Feste werden in manchen Familien nur mit Gästen gefeiert. Warum nicht einmal ein Fest nur mit der Familie?

Es ist nicht damit getan, Feste zu feiern, wie sie fallen. Ein gelungenes Fest will vorbereitet sein, und auch der Zeitpunkt des Feierns muß passen. In einer arbeitsreichen Zeit wird beispielsweise kaum genügend Ruhe sein, ein Fest zu organisieren. Damit ein Fest auch eines wird und in Erinnerung bleibt, ist ein ganz bestimmter Rahmen und ein bestimmtes Gepräge notwendig. Dann werden so schöne Feste wie Weihnachten und Ostern zur beliebten Familientradition ebenso wie Geburtstage oder andere Freudentage der Familienmitglieder.

Was im einzelnen an Bräuchen, Zeremonien und lukullischen Gepflogenheiten geboten wird, ist letztlich nicht so wichtig. Wichtig ist, daß es sich um nicht alltägliche, feierliche Stunden handelt, an die man später gern zurückdenkt. Der Sinn eines Festes kann es nicht sein, daß aufgetischt wird, daß sich »die Balken biegen« und eine abgehetzte Hausfrau am Tisch sitzt.

Die Arbeitsaufteilung sollte nach den Fähigkeiten der einzelnen Familienmitglieder erfolgen: Kleine Kinder übernehmen gern das Schmücken des Tisches, evtl. angeleitet von älteren Geschwistern oder den Eltern; Teenager können in der Küche mithelfen bzw. Getränke besorgen.

Die Bereitschaft zu feiern wird gestärkt, wenn nicht nur bestimmte Geburtstage gefeiert werden, sondern jedes Familienmitglied bedacht wird. Auch die Älteren und kleinen Kinder stehen gern einmal im Mittelpunkt eines Festes.

## Organisation und Vorbereitung

● Überlegen Sie bereits einige Wochen vor dem Fest, in welchem Rahmen gefeiert werden soll, z. B. wie viele Gäste Sie einladen wollen und wo sie bewirtet werden. Evtl. müssen Zimmer ausgeräumt, Stühle, Geschirr ausgeliehen werden.
● Überlegen Sie genau, was es zum Essen geben soll. Ein warmes Festessen mit mehreren Gängen erfordert besonders genaue Planung. Bevor Sie am Festtag ins Schlittern kommen, bitten Sie besser eine gute Bekannte, Ihnen bei der Vorbereitung zu helfen. Wählen Sie Speisenfolgen aus, die Sie bereits einmal zubereitet haben, das bewahrt vor unliebsamen Überraschungen. Wer kein mehrgängiges Menü servieren will, kann mit einem sorgfältig zusammengestellten kalten Buffet auch »Staat machen«.
● Schreiben Sie benötigte Lebensmittel, Getränke, Dekorationsartikel usw. auf und besorgen Sie haltbare Zutaten möglichst frühzeitig.
● Denken Sie daran, daß genügend alkoholfreie Getränke im Haus sind für Kinder, Autofahrer und Gäste, die wenig Alkohol trinken.
● Stellen Sie einige Tage vor dem großen Fest einen genauen Zeitplan auf (siehe Seite 65), damit keine Pannen auftreten.
● Gläser und Geschirr am Vortag bereitstellen, ebenso Tischdecken, Servietten, Kerzen usw.; Fehlendes kann dann noch ohne Hetze organisiert werden.
● Denken Sie daran, einen Tisch und Vasen bereitzuhalten für mitgebrachte Geschenke und Blumen. Überlegen Sie auch, wo die Garderobe der Gäste Platz hat.
● Halten Sie Filme für Fotos bereit, damit Sie die Stimmung einfangen können. Falls Sie ein Gästebuch haben, legen Sie es bereit.
● Musik macht ein Fest erst zum Fest. Falls Sie Live-Musik haben wollen, denken Sie daran, rechtzeitig jemanden zu engagieren.

## Taufe

Die Taufe wird meist im kleineren Rahmen gefeiert, und auf eine besonders festliche Stimmung wird großer Wert gelegt. Decken Sie den Tisch

## ➤➤ Praktische Hinweise ◀◀

⮡ Halten Sie neben den üblichen Getränken Sekt bereit – auch wenn sich die Gäste nur zum Kaffeetrinken treffen –, denn sicherlich trinken Sie gerne auf den neuen Erdenbürger.

⮡ Häufig spielt der Täufling bei »seinem« Fest eine Nebenrolle, weil er sich kaum bemerkbar machen kann. Um so mehr wird er sich freuen, wenn er sich in späteren Jahren auf Fotos bewundern kann und auch Bilder von der Tauffeier gemacht werden. Vielleicht bitten Sie die Gäste, in das neu-angelegte Familienalbum für das Kind einen Wunsch für sein Leben zu schreiben.

besonders sorgfältig, Pastellfarben (für Kerzen, Servietten, Blumen usw.) passen zu diesem Anlaß sehr gut. Sie müssen sich nicht an die herkömmlichen Farben Rosa und Hellblau halten, auch zartes Grün oder Gelb sieht hübsch und dezent aus.

## Geburtstag

Am Familientisch und bei einer Einladung zum Essen können Sie den Platz für das Geburtstagskind besonders schön decken, z. B. mit einer Blumengirlande, so daß er sich von den anderen Plätzen abhebt. Der Feiernde sitzt übrigens in der Mitte der Tafel, denn er ist ja Mittelpunkt des Festes. Warten Sie mit seiner Lieblingsspeise auf, z. B. mit seinem liebsten Dessert oder Kuchen.
Über eine gelungene Tischrede freuen sich alle Geburtstagskinder und sicher auch die Gäste – vorausgesetzt, sie ist originell und nicht zu langatmig. Aber auch über ein Gedicht – gleichgültig, ob jüngere oder ältere Geburtstagskinder gefeiert werden –, evtl. vorgetragen von einem Kind, freut sich die ganze Gesellschaft. Wenn mehrere Kinder dabei sind, können Sie vielleicht ein kleines Ständchen einstudieren, z. B. ein schönes Geburtstagslied oder auch ein einfaches Kinderlied.

## Kindergeburtstag

Kindergeburtstage haben ihren Schwerpunkt in der Gestaltung dieses Festes. Man will möglichst allen Kindern mit einer gemeinsam verlebten Feier Freude bereiten.

### ➤➤    Praktische Hinweise    ◄◄

➯ »Füttern« Sie die kleinen Gäste nicht nur mit Süßigkeiten. Obst, Nüsse, evtl. auch rohes Gemüse mit vielen verschiedenen Saucen sind gute Alternativen.

➯ Gestalten Sie Tischkarten für die Kinder, die sie mit nach Hause nehmen können, z. B. Bananenschiffchen, Tiere aus Obst.

➯ Denken Sie an Spiele für die Kinder, z. B. Sackhüpfen, Flohhüpfen, Brettspiele, Ballspiele. Vielleicht beherrschen Sie kleine »Zaubertricks«, damit können Sie alle Kinder begeistern. Kinder verkleiden sich gerne, dazu brauchen Sie keine vollständigen Kostüme, alte Bettlaken, Tücher, Decken, Hüte usw. regen die Phantasie der Kinder an und machen mehr Spaß als Fertiges.

## Sommerfest

Sommerfeste sind »lockere« Einladungen, mit Schwung und Frohsinn soll gefeiert werden. Damit für das leibliche Wohl die Hausfrau nicht allein sorgen muß, sollte sie sich für die Vorbereitung ruhig trauen, gut bekannte Gäste um Mithilfe zu bitten. Am besten eignet sich dafür die Zubereitung kalter Speisen, z. B. verschiedene Salate, Kuchen und Nachspeisen. Sprechen Sie aber vorher kurz ab, wer was mitbringt, damit es keine Überschneidungen gibt.

### ➤➤    Praktische Hinweise    ◄◄

➯ Lampions, Fackeln, Kerzen, bunte Glühbirnen eignen sich gut als Beleuchtung. Damit die Gäste richtig in Schwung kommen, können Sie evtl. eine Tanzbühne aufstellen oder auf der Terrasse Platz zum Tanzen freihalten.

➯ Jeder Gast freut sich darüber, wenn er von einem Fest etwas mit nach Hause nehmen kann, z. B. eine Bastelei oder ein »Gemälde« eines Kindes. Eine besonders schöne Überraschung wäre ein Los, das jeder beim Eintreffen ziehen und das im Laufe des Abends eingelöst werden kann.

➯ Gesellschaftsspiele wie Eierlauf, Sackhüpfen, Hindernislauf mit verbundenen Augen kommen nicht nur bei Kindern gut an. Noch lustiger wird's, wenn auch die Erwachsenen mitmachen.

➯ Bei Festen im Freien ist genügend Platz für ein Theaterstück. Lustig sind alle Komödienklassiker. Besonders gelungen sind oft frei erfundene Stücke, wozu Phantasie und schauspielerisches Talent gehören.

## Weihnachten, Ostern, Pfingsten, Erntedank

Diese Feste werden in den einzelnen Familien und Gegenden unterschiedlich gefeiert. Da gerade in unserer Zeit viele individuelle Feste das ganze Jahr über gefeiert werden, wäre es schön, die traditionellen Feste gemäß den alten Bräuchen zu feiern. So geht altes Brauchtum nicht völlig verloren, und die Feste sind mit einer besonderen Stimmung verbunden. Falls in Ihrer Familie wenig über alte Traditionen bekannt ist, fragen Sie ältere Menschen danach, sie freuen sich, wenn nicht alles, was alt ist, über Bord geworfen wird.

# Technik im Haushalt

## 1 Wirtschaftlichkeit und Einkauf

### 1.1 Arbeitswirtschaftliche Überlegungen

Der Kauf eines Haushaltsgerätes erfordert Überlegung und sorgfältige Planung, spontane Käufe reuen oft.

Vor dem Kauf eines Haushaltsgerätes sollte immer die Überlegung stehen, ob das Gerät notwendig ist bzw. sinnvoll eingesetzt und ausgelastet werden kann. Die Anschaffung eines noch so preisgünstigen Einkochautomates wird z. B. nur dann Sinn haben, wenn im Haushalt Vorratshaltung in größerem Umfang betrieben wird. Bei anderen Geräten wird dagegen nicht zu überlegen sein, *ob* das Gerät gekauft wird, sondern *welches* Gerät mit welcher Ausstattung gewählt wird. Ist beispielsweise ein Elektroherd fällig, muß überlegt werden, ob mit oder ohne Heißluft, Bratautomatik, Zeitschaltuhr usw.

Mit einem Haushaltsgerät sollen Zeit und Kraft gespart werden. Welcher *Technisierungsgrad* erstrebt wird, hängt von verschiedenen Faktoren ab:

● Zahl der Haushaltsmitglieder: Je größer der Haushalt, desto höher muß der Technisierungsgrad sein, um die Hausfrau zu entlasten. Vorausgesetzt wird hierbei jedoch, daß die Hausarbeit überwiegend von der Hausfrau allein durchgeführt wird.

● Arbeitskräfte und Arbeitsteilung: Je weniger Arbeitskräfte zur Verfügung stehen, desto eher können Haushaltsgeräte ausgelastet und sinnvoll sein.

● Einstellung zur Technik: Eine Hausfrau, die der Technik mit Skepsis gegenübersteht und nicht gern mit Geräten arbeitet, wird diese selten in Gebrauch nehmen, ein hoher Technisierungsgrad ist wenig sinnvoll.

● Schwierigkeit, Zeitbedarf und Beliebtheit einzelner Arbeiten: Wer nicht gern Geschirr spült, wird eine Spülmaschine eher auslasten. Raspeln oder Reiben größerer Mengen Gemüse wird eine Küchenmaschine mit entsprechendem Zubehör erheblich schneller und meist auch besser ausführen, als dies per Hand geschehen kann.

● Manche Arbeiten können vergeben werden, z. B. Mangeln von Bettwäsche und Tischwäsche; eine Bügelmaschine kann dadurch evtl. überflüssig sein.

● Für eine Maschine, die angeschafft werden soll, muß auch der richtige Platz zur Verfügung stehen: Geräte, die unnötig stehen bzw. jedesmal hergeholt werden müssen, werden kaum genutzt.

● Zu prüfen ist auch die technische Seite: Reichen die vorhandenen Strom-, Wasser- und Gasleitungen aus? Falls Zweifel bestehen, den Fachmann fragen.

## 1.2 Geldwirtschaftliche Überlegungen

Hausgeräte kosten nicht nur in der Anschaffung Geld, sie müssen auch instandgehalten werden und brauchen im Betrieb Energie, Wasser usw. Vor dem Kauf eines Gerätes ist daher zu berechnen, wieviel Geld es den Haushalt kostet (Kostenkalkulation). Natürlich ist auch zu überlegen, ob das Gerät gebraucht wird (siehe arbeitswirtschaftliche Überlegungen), denn Geräte, die ungenutzt herumstehen, sind totes Kapital, das überdies Platz wegnimmt.

Zu Anfang einer Berechnung müssen verschiedene Daten ermittelt werden:

● Anschaffungspreis einschließlich Installationskosten, Maurerkosten usw.,
● Nutzungsdauer/Jahre,
● Instandhaltungskosten,
● Verbrauchswerte für Strom, Wasser, Waschmittel usw.

Die Kosten für Energie und Hilfsmittel sind wenig zu beeinflussen, wohl aber bei sachgemäßen Gebrauch und Pflege die Instandhaltungskosten. Der Anschaffungspreis kann ein großes Loch in den Geldbeutel reißen, wenn bei jedem Gerät die Luxusausführung gewählt wird.

### Beispiel für den Kapitalbedarf einer Grundausstattung

| Hausgeräte | Einfach-klasse DM | Mittel-klasse DM | Komfort-klasse DM |
|---|---|---|---|
| Elektroherd | 800,– | 2000,– | 6000,– |
| Kühlschrank 180 l | 500,– | 600,– | 800,– |
| Gefriertruhe 300 l | 900,– | 1100,– | 1300,– |
| Handrührer | 40,– | 80,– | 100,– |
| Kleingeräte | 200,– | 250,– | 350,– |
| Waschvollautomat | 1000,– | 1500,– | 2500,– |
| Bügeleisen | 30,– | 60,– | 100,– |
| Nähmaschine | 400,– | 1500,– | 3000,– |
| Handstaubsauger | 150,– | 220,– | 350,– |
| Kapitalbedarf insgesamt | 4020,– | 7310,– | 14 500,– |

## Kostenberechnung für Haushaltsgeräte

Ein Gerät verursacht Kosten. Die Gesamtkosten ergeben sich aus den Kapital- und Betriebskosten. Um einen Haushalt unter wirtschaftlichen Gesichtspunkten technisieren zu können, sollte ein *Technisierungsplan* aufgestellt werden. Darin schreibt die Hausfrau auf, in welcher Reihenfolge welche Geräte notwendig bzw. erwünscht sind und welche finanzielle Belastung damit verbunden ist.

### Beispiel für den Kapitalbedarf einer Volltechnisierung

| Hausgeräte | Einfach-klasse DM | Mittel-klasse DM | Komfort-klasse DM |
|---|---|---|---|
| Elektroherd | 800,– | 2000,– | 6000,– |
| Mikrowellengerät | 300,– | 800,– | 1500,– |
| Dunstabzugshaube | 300,– | 500,– | 800,– |
| Kühlschrank 180 l | 500,– | 600,– | 800,– |
| Gefriertruhe 300 l | 900,– | 1100,– | 1300,– |
| Gefrierschrank 250 l | 1100,– | 1400,– | 1800,– |
| Handrührer | 40,– | 80,– | 100,– |
| Küchenmaschine | 300,– | 450,– | 1000,– |
| Kleingeräte nach Wahl | 1200,– | 1500,– | 1800,– |
| Waschvollautomat | 1000,– | 1500,– | 2500,– |
| Wäschetrockner (Abluft) | 900,– | 1200,– | 1500,– |
| Bügelmaschine | 1000,– | 1150,– | 1600,– |
| Bügeleisen | 20,– | 80,– | 180,– |
| Nähmaschine | 400,– | 1500,– | 3000,– |
| Geschirrspüler | 900,– | 1400,– | 2200,– |
| Bodenstaubsauger | 250,– | 450,– | 800,– |
| Shampooniergerät | 350,– | 350,– | 350,– |
| Kapitalbedarf insgesamt | 10 510,– | 16 340,– | 27 230,– |

### Kapitalkosten

Die Kapitalkosten ergeben sich aus dem Anschaffungspreis und der Nutzungsdauer. Daraus können die Abnutzungskosten (Abschreibung) berechnet werden.

> Abschreibung = Anschaffungspreis : Nutzungsdauer

Durchschnittliche Nutzungsdauer und Instandhaltungskosten für verschiedene Haushaltsgeräte

| Gerät | Nutzungsdauer in Jahren | Instandhaltungskosten in % des Anschaffungspreises |
|---|---|---|
| Elektroherd | 15 | 3 |
| Gasherd | 15 | 3 |
| Küchenmaschine | 10 | 4 |
| Kleingeräte | 10 | 4 |
| Kompressorkühlschrank | 10 | 3 |
| Gefriergeräte | 10 | 3 |
| Waschmaschine | 10 | 5 |
| Wäschetrockner | 10 | 4 |
| Waschtrockner | 10 | 5 |
| Bügeleisen | 10 | 4 |
| Bügelmaschine | 10 | 3 |
| Geschirrspülmaschine | 10 | 4 |
| Staubsauger | 10 | 4 |
| Dunstabzugshaube | 15 | 3 |
| Nähmaschine | 20 | 2 |

Die *Abschreibung* gibt also an, um wieviel sich der Wert des Gerätes pro Jahr verringert bzw. welche Summe jährlich gespart werden muß, um nach Ablauf der voraussichtlichen Nutzungsdauer ein neues Gerät anschaffen zu können.

Kosten entstehen auch dadurch, daß das Geld, das für das Gerät bezahlt werden muß, nicht gewinnbringend angelegt werden kann, d. h. keine Zinsen bringt. Die Höhe des Zinsanspruchs hängt vom Zinsfuß der Bank ab und vom Anschaffungspreis. Es kann aber nur der halbe Zinssatz angesetzt werden, weil das durch die Abschreibung gewonnene Kapital einen eigenen Ertrag bringt.

> Zinsanspruch pro Jahr = 2–3% vom Anschaffungspreis

Die Kapitalkosten sind fix, d. h., sie ändern sich während der Nutzungsdauer eines Gerätes nicht. Die Kapitalkosten pro Spülgang der Geschirrspülmaschine beispielsweise sind also um so höher, je seltener die Maschine in Betrieb gesetzt wird.

## Beispiel

Bei zweimaligem Spülen pro Tag liegen die Kapitalkosten bei 0,20 DM (nur ein Beispielspreis). Wird nur einmal täglich gespült, sind sie doppelt so hoch, nämlich 0,40 DM. Wer also meint, sparen zu müssen, indem das Gerät möglichst selten benutzt wird, steigert die Kosten pro Spülgang. Die Überlegung, ein Gerät zwar zu kaufen, es aber dann nur selten zu benützen, um zu sparen, ist also unsinnig.

## Betriebskosten

Betriebskosten entstehen, sobald die Maschine in Betrieb genommen wird:

▷ *Instandhaltung* (2–4% des Anschaffungspreises, siehe Tabelle oben, z. B. für Reparaturen).
▷ *Betriebsstoffe*
  a) Energie (z. B. Elektrizität, Öl).
  b) Hilfsstoffe (z. B. Wasser, Waschmittel, Reinigungsmittel, Staubsaugerbeutel).

Die Betriebskosten werden berechnet, indem die Verbrauchswerte (Energie, Hilfsstoffe) mit dem Preis pro Einheit multipliziert werden; z. B. 1 kWh Strom kostet 0,20 DM, dann kostet die Energie für einen Spülgang bei einem Verbrauchswert von 1,9 kWh = 0,38 DM.

## Beispiel einer Kostenkalkulation für eine Spülmaschine[1]

Die Spülmaschine läuft zweimal am Tag, das sind 730 Einsätze im Jahr.

**Angaben allgemein (Datenaufstellung)**

| | |
|---|---|
| Anschaffungspreis | 1200,– DM |
| Nutzungsdauer | 10 Jahre |
| Instandhaltung | 4% vom Anschaffungspreis |

| *Verbrauchswerte je Spülgang* | | *Preis je Einheit* |
|---|---|---|
| ELT | 1,6 kWh | 0,25 DM/kWh |
| Wasser | 22 l | 4,00 DM/m$^3$ |
| Reinigungsmittel | 25 g | 4,50 DM/kg |
| Klarspülmittel | 2 g | 11,00 DM/kg |
| Salz | 30 g | 1,00 DM/kg |
| (Härtebereich 3) | | |

**Kapitalkosten**

| | | |
|---|---|---:|
| Abschreibung | 1200,– DM : 10 | 120,– DM |
| Zinsanspruch | 2% von 1200,– DM | 24,– DM |
| | *Kapitalkosten insgesamt* | 144,– DM |

**Betriebskosten**

| | | |
|---|---|---:|
| Instandhaltung | 4% von 1200,– DM | 48,– DM |
| Betriebsstoffe | | |
| ▷ Energie ELT | 1,6 kWh × 730 = 1168 kWh × 0,25 DM | 292,– DM |
| ▷ Hilfsstoffe | | |
| Wasser | 22 l × 730 = 16,06 m$^3$ × 4,– DM | 64,24 DM |
| Reinigungsmittel | 25 g × 730 = 18,25 kg × 4,50 DM | 82,13 DM |
| Klarspülmittel | 2 g × 730 = 1,46 kg × 11,– DM | 16,06 DM |
| Salz | 30 g × 730 = 21,90 kg × 1,– DM | 21,90 DM |
| | *Betriebskosten insgesamt* | 524,33 DM |

**Gesamtkosten je Jahr**    668,33 DM

| | |
|---|---|
| Kapitalkosten je Spülgang | 0,20 DM |
| Betriebskosten je Spülgang | 0,72 DM |
| Gesamtkosten je Spülgang | 0,92 DM |

[1] Ausgegangen wird bei allen DM-Angaben von Beispielen, die auf geltende Preise und Gebührensätze zu beziehen sind.

Diese Berechnung ist nur ein Beispiel, sie muß für jeden Fall gesondert berechnet werden, da Anschaffungspreis, Nutzungshäufigkeit, Kosten für Hilfsmittel, Energie usw. schwanken.

Vor dem Kauf eines Gerätes ist auch zu überlegen, wieviel Geld gespart werden kann, wenn die entsprechende Arbeit, z. B. Geschirrspülen, Gemüse reiben von Hand, Trocknen auf der Leine, ohne Technik ausgeführt wird.

# 1.3 Kaufentscheidung

## Information

Der erste Schritt für eine richtige Kaufentscheidung ist, gute Informationen einzuholen. Gut heißt in diesem Fall *objektiv*. Objektive, kostenlose Beratung bieten die Beratungsstellen an den Ämtern für Landwirtschaft bzw. Landwirtschaftskammern. Auch Fachzeitschriften und Testzeitschriften stellen oft ausführliche Informationen zur Verfügung.

Information bietet natürlich auch der Fachverkäufer. Hier sollte jedoch nicht übersehen werden, daß er verkaufen will und daher nicht in jedem Fall objektiv berät. Nicht wegfallen sollte auch die Information aus den Firmenprospekten,

**Beispiel für den Verfahrensvergleich**
**Spülen von Hand und Spülen mit der Maschine**[1]

| | Handspülen in 2-Becken Spüle | | Maschinenspülen |
|---|---|---|---|
| **Kosten** | | | |
| *Kapitalkosten* | | | |
| Abschreibung | Werden nicht berücksichtigt, da eine Spüle | | 120,– DM |
| Zinsanspruch | als länger vorhanden angenommen wird. | | 24,– DM |
| | | | |
| *Betriebskosten* | | | |
| Instandhaltung | Unberücksichtigt | – DM | 48,– DM |
| Betriebsstoffe | | | |
| ▷ Energie ELT | 1095,0 kWh / 0,25 DM | 273,75 DM | 292,– DM |
| ▷ Hilfsstoffe | | | |
| Wasser | 27,38 m³ / 4,– DM | 109,52 DM | 64,24 DM |
| Reinigungsmittel | 3,29 kg / 3,– DM | 9,87 DM | 82,13 DM |
| Klarspülmittel | | – DM | 16,06 DM |
| Salz | | – DM | 21,90 DM |
| | | | |
| Gesamtkosten je Jahr | | 393,14 DM | 668,33 DM |
| **Arbeitszeitbedarf** | | | |
| Je Tag | 3 × 30 Minuten = 90 Minuten | | 2 × 15 Minuten = 30 Minuten |
| Je Jahr | 548 Stunden | | 183 Stunden |

[1] Ausgegangen wird bei allen DM-Angaben von Beispielen, die auf geltende Preise und Gebühren zu übertragen sind.

sie enthalten die genauen Angaben über Verbrauchswerte usw., also Grundlagen für die Kostenkalkulation. Allerdings müssen bei den Prospekten Werbung und sachliche Information getrennt gesehen werden.
Wer ein neues Gerät kauft, befragt erfahrungsgemäß Bekannte, die schon damit ausgerüstet sind. So kann man zwar grundsätzliche Gebrauchseigenschaften des Gerätes erfahren, die Ratschläge sind jedoch nur selten von einem auf den anderen Haushalt übertragbar.
Vor dem Kauf ist nochmals genau zu überdenken, welche Extras wirklich notwendig sind. Beim Herd oder Wäschetrockner klaffen die Preise für unterschiedliche Ausstattungen weit auseinander. Entscheidend sollte aber nicht nur der Kaufpreis sein. Die meisten Großgeräte verrichten ihren Dienst sehr viele Jahre, die Verbrauchswerte dürfen daher nicht vernachlässigt werden. Zwar lohnt es sich nicht, alte Geräte in den Müll zu geben, weil sie im Vergleich zu neuen viel mehr Energie und Hilfsmittel brauchen. Bei einer Neuanschaffung sollte aber genau auf verringerte Verbrauchswerte geachtet werden – nicht nur des Geldbeutels, sondern auch der Umwelt willen.

Beim Kauf auch eine *umweltfreundliche technische Ausstattung* des Gerätes überprüfen. Geräte, die nicht repariert werden können, weil z. B. das Gehäuse verschweißt ist, sind nicht gerade umweltfreundlich. Bei Kühl- und Gefriergeräten Modelle wählen, deren Dämmstoffe wenig Fluorchlorkohlenwasserstoffe enthalten.

## Planung

Nach der Information kommt die Überlegung, welches der auf dem Markt angebotenen Geräte für den Haushalt optimal paßt bzw. welche *Ausstattungsmerkmale* der Hausfrau wichtig sind. Dazu legt man am besten eine *Checkliste* (siehe Seite 320) an, in der alle Ausstattungsmerkmale, die möglich sind, aufgeführt werden. Anschließend kommt die Entscheidung, welche Merkmale das Gerät tatsächlich haben soll. Wird z. B. ein Schnellwaschprogramm wirklich gebraucht oder die Dampfeinsprühung im Backofen? Am leichtesten läßt sich dies beantworten, wenn die täglichen Arbeiten und Gewohnheiten im Haushalt bedacht bzw. eine Zeitlang bewußt beobachtet werden.

## Checkliste für den Kauf einer Geschirrspülmaschine

Maße / Aufstellmöglichkeit ......................
Standmodell ...............................
Unterbaumodell ...........................
Spülzentrum ...............................
Fassungsvermögen .......................
Kalt- / Warmwasseranschluß ...................
Dekor-Wechselrahmen, integrierbar ...........
Höhen- und tiefenverstellbare Sockel ...........
Reinigungstemperaturen .....................
Zahl und Art der Programme ..................
Programmauswahl
▷ mechanisch ............................
▷ elektronisch ...........................
Regulierungsmöglichkeiten
▷ Salz ..................................
▷ Klarspüler .............................
Trocknung
▷ Eigenwärme ...........................
▷ Eigenwärme und Nachheizung ............
▷ Eigenwärme, Nachheizung und Umluft .........
Ausstattung der Geschirrkörbe
▷ Höhenverstellbar ........................
▷ Tassenetage ...........................
▷ Herausnehmbare Einsätze ...............
▷ Schrägkorb ............................
▷ Stapelhöhe ............................
Geräuschdämmung .......................
Schutz- und Prüfzeichen ....................
Sicherungen .............................
Verbrauchswerte Normprogramm ..............
Preisvorstellung ...........................
Hersteller? Kundendienst? ...................

Außer der Ausstattung ist zu beachten, welche *Veränderungen des Haushalts* in absehbarer Zeit eintreten werden. Wichtig ist auch die Frage des *Kundendienstes*. So ist es günstig, nicht mehr als drei oder vier verschiedene Hersteller für die verschiedenen Hausgeräte zu haben.

## Kauf

*Wo* gekauft wird, hängt in erster Linie vom Preis ab. *Preisvergleiche* lohnen sich bei jedem Gerät! Besonders günstig werden oft Auslaufmodelle angeboten; ein Kauf ist aber nur anzuraten, wenn sich die neuen Geräte allein im Äußeren unterscheiden. Sind sie technisch verändert worden, ist meist die Beschaffung von Ersatzteilen bzw. die Reparatur schwierig und teuer.

 **Wichtiger Hinweis**

Vom Kauf an der Haustür oder bei Kaffeefahrten ist abzuraten. In Ausstellungen nur dann kaufen, wenn es sich nicht um eine spontane Entscheidung handelt, sondern der Gebrauchswert besonders hoch, der Preisvorteil gegeben und die Frage des Kundendienstes geklärt ist. Nachteil bei Ausstellungen: Es ist kein Vergleich möglich, geschickte Vorführer begeistern durch sensationelle Vorführungen. Nehmen Sie das Gerät selbst in die Hand, versuchen Sie es zu bedienen bzw. zu zerlegen, z. B. Filterbeutel des Staubsaugers wechseln. Nur so läßt sich die Handhabung prüfen.

## Kennzeichnung von Geräten

Beim Kauf ist es auch wichtig, Hersteller-Informationen auf dem Typenschild oder der Produktinformation richtig lesen zu können.

### Typenschild

Auf dem Typenschild sind angegeben:

● Hersteller.
● Type und Gerätenummer (wichtig bei Anforderung von Ersatzteilen oder Kundendienst).
● Spannung: 220 Volt für Wechselstrom ($\sim$ Zeichen für Wechselstrom) 380 Volt für Drehstrom (3 $\sim$ Zeichen für Drehstrom).
● Frequenz.
● Stromstärke.
● *Anschlußwert* (Nennleistung): Diese Zahl gibt an, welche elektrische Leistung das Gerät hat, d. h., wieviel Strom (in kWh) das Gerät pro Stunde Betriebszeit verbraucht. Daraus läßt sich berechnen, wie hoch die Stromleitung abgesichert sein muß bzw. wann ein eigener Stromkreis erforderlich ist.

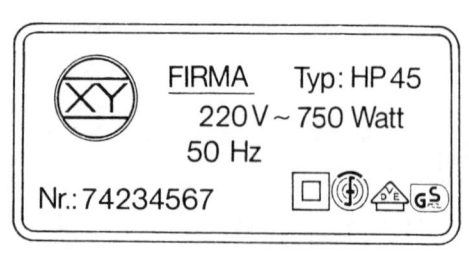

Typenschild

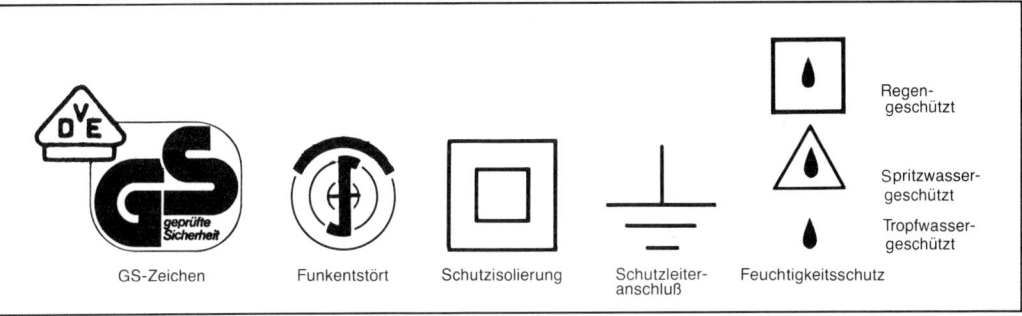

GS-Zeichen    Funkentstört   Schutzisolierung   Schutzleiter-    Feuchtigkeitsschutz
                                                anschluß

Regen-
geschützt

Spritzwasser-
geschützt

Tropfwasser-
geschützt

Schutz- und Prüfzeichen

$$\text{Absicherung} = \text{Leistung} : \text{Spannung}$$

Da die Spannung auf normalen Steckdosen 220 Volt beträgt, können an einen Stromkreis Geräte mit insgesamt ca. 3,5 kW Anschlußwert »gehängt« werden.

- Kurzbetriebszeit: Sie gibt an, wie lange (Minuten) das Gerät ohne Schaden betrieben werden darf, z. B. Handrührgerät KB 10 Minuten.
- Einschaltdauer.

## Schutz- und Prüfzeichen

Schutz- und Prüfzeichen geben die Sicherheit, daß das Gerät den Bestimmungen des *Gerätesicherheitsgesetzes* entsprechen. Die Prüfungen werden durchgeführt von verschiedenen Stellen, z. B. Verband deutscher Elektrotechniker (VDE), Deutscher Verein des Gas- und Wasserfaches (DVGW). An der linken oberen Seite des GS-Zeichens wird die Prüfstelle angegeben.
Auf folgende Zeichen ist besonders zu achten:

▷ *Funkentstört.*
▷ *Schutzisolierung:* Geräte mit Kunststoffgehäuse tragen dieses Zeichen. Kunststoffgehäuse leiten den elektrischen Strom nicht, wenn ein Defekt im Gerät auftritt, was bei Metallgehäuse möglich wäre. Diese Geräte dürfen mit einem Euro-Flachstecker an das Stromnetz angeschlossen werden.
▷ *Schutzleiteranschluß:* Erforderlich bei Geräten mit Metallgehäuse, er leitet eventuell auftretenden Fehlerstrom gefahrlos ab.
▷ *Feuchtigkeitsschutz:* Tropfwassergeschützt, Spritzwassergeschützt, Regengeschützt. Dieser Schutz verhindert, daß Feuchtigkeit auf die stromführenden Teile gelangt, was einen Kurzschluß zur Folge haben kann.

## Produktinformation

Ein orangegelber Aufkleber ist bisher bei Waschmaschinen, Wäschetrocknern, Mikrowellengeräten, Kühl- und Gefriergeräten, Elektroherden und Geschirrspülern üblich. Darauf informiert der Hersteller über Verbrauchswerte auf einen Blick, so daß ein schneller Vergleich verschiedener Geräte möglich ist. Der Blick auf dieses Schild ist wichtiger als die Beurteilung des Designs des Gerätes, denn es gibt Aufschluß über die Kosten, die das Gerät im Einsatz bringt.

# 2 Heizung

Die optimale Lösung zu finden, um ein Wohnhaus zu heizen, ist nicht einfach. Gerade in Bauernhäusern sind vielfach noch alte Heizsysteme vorhanden, die sehr unwirtschaftlich und arbeitsaufwendig sind. Bei Modernisierung oder Neubau eines Hauses sollte die für die jeweiligen Verhältnisse richtige *Heizungsart* gewählt werden, denn nicht jede Heizung eignet sich gleich gut für den Landhaushalt. So steht z. B. auf vielen Höfen Abfallholz als Brennstoff zur Verfügung, der Anschluß an das Gasleitungsnetz ist dagegen nur selten gegeben.

Neben der Art der Heizung ist auch die *Leistungsfähigkeit* der Anlage ausschlaggebend. Die richtige Bemessung der Heizungsanlage ergibt sich aus dem Wärmebedarf eines Hauses. Der Wärmebedarf wiederum hängt ab von Witterungsbedingungen, der Baustoffart, Größe und Wärmedämmung eines Hauses. Er wird vom Fachmann berechnet.

## 2.1 Energieträger

### Überblick

Als Energieträger bieten sich die herkömmlichen Brennstoffe Kohle, Heizöl, Erdgas, Flüssiggas, elektrischer Strom an, aber auch betriebseigene Energieträger wie Holz, Stroh und Biogas. Auch die Abwärme aus Stalluft, Milchkühlung oder Flüssigmistbelüftung sowie Energie aus Wind, Wasser und Sonne können genutzt werden.

Die *Auswahl der Energieart* hängt von der Verfügbarkeit, den baulichen Voraussetzungen, dem Preis, der Umweltbelastung und der Arbeitswirtschaft ab. Holz und Stroh sind z. B. ausreichend verfügbar (vom Standpunkt des landwirtschaftlichen Betriebes aus gesehen), in der Öl- und Erdgasversorgung ist die Bundesrepublik Deutschland auf Einfuhren angewiesen, so daß der Preis für diese Energiearten schwanken und nicht genau vorhergesagt werden kann. Strom ist immer verfügbar, jedoch relativ teuer.

Feste Brennstoffe, Öl und Flüssiggas erfordern Lagerraum. Wird mit Holz geheizt, muß darauf geachtet werden, daß der Arbeitsaufwand für das Schüren in Grenzen gehalten wird. Wer bei der Auswahl der Energieart auch den Aspekt Umweltschutz beachten will, wird sich z. B. für Kohle oder Erdöl nur schwer entscheiden können.

Alle »alternativen« Heizarten sind in der Kosten-Ertrags-Relation verhältnismäßig ungünstig. Biogas, Flüssigmistbelüftung, Wind und Sonne sind als Heizungsgrundlage ungeeignet wegen ihrer geringen Energiedichte. Außerdem liegen gerade bei Sonne die Zeiten der Verfügbarkeit und des Bedarfs weit auseinander. Alternative Energiearten werden meist für die Warmwasserbereitung genutzt.

### Herkömmliche und betriebseigene Brennstoffe

#### Heizöl

Heizöl wird gern verwendet, weil es sich mit geringem technischen Aufwand verbrennen läßt. Es wird hauptsächlich *leichtes Heizöl* eingesetzt (Heizöl EL), *schweres Heizöl* (Heizöl S) kommt nur in sehr großen Anlagen zur Verbrennung. Gelagert wird es in speziellen Tanks in Heizräumen, die bestimmte Auflagen erfüllen müssen, z. B. betonierter Boden, nach außen aufgehende Eisentür. Da Heizöl nicht nur brennbar, sondern auch wassergefährdend ist, müssen die Lagerbehälter und Rohrleitungen bestimmte Anforderungen erfüllen (Fachmann fragen!).

#### Gas

Gas kann in Form von Erdgas, Flüssiggas oder Biogas Energie liefern. Für die Versorgung mit *Erdgas* ist ein Anschluß an das Gasversorgungsnetz notwendig, was allerdings bei den meisten Bauernhöfen nicht gegeben ist. Heizen mit Erdgas hat den Vorteil, daß es keinen Lagerraum braucht und »umweltschonend« verbrennt.

In den meisten Häusern auf dem Lande, die mit Gas geheizt werden, wird *Flüssiggas* verwendet, das in Tanks gelagert wird. Flüssiggas darf nicht in Heizräumen gelagert werden, sondern nur in Räumen, die ebenerdig liegen, oder aber außerhalb des Hauses.

> 1 Kilogramm Flüssiggas entspricht im Heizwert etwa 1,27 Liter Heizöl.

*Biogas* entsteht bei der Vergärung von Biomasse (z. B. Gülle) unter Ausschluß von Sauerstoff.

> 1 Kubikmeter Biogas entspricht etwa 0,6 Liter Heizöl.

Eine wirtschaftliche Nutzung von Biogas ist nur in Betrieben möglich, die das ganze Jahr über viel Heizwärme brauchen, also auch während der Sommermonate, weil die Investitionskosten sehr hoch sind. Ob sich eine Biogasanlage im Vergleich zu einer Ölheizung lohnt, kann nur festgestellt werden, wenn die Heizkosten verglichen werden. Folgende Faustzahlen lassen sich anwenden:

**Heizöl-/Biogaskosten im Rentabilitäts-Vergleich**

| Wenn Heizöl je Liter ... DM kostet | darf Biogas je Liter ... DM kosten |
|---|---|
| 0,65 DM | 0,40 DM |
| 0,50 DM | 0,30 DM |
| 0,30 DM | 0,20 DM |

Da der Heizölpreis auf lange Sicht nicht vorausgesagt werden kann, sind solche »Überschlagsrechnungen« problematisch.

 **Praktischer Hinweis** ◀◀

Vor dem Einbau einer Biogasanlage möglichst umfangreiche Informationen einholen, denn diese Technik ist noch nicht ausgereift.

## Kohle

Verwendet werden hauptsächlich Stein- und Braunkohlebriketts sowie Koks. Kohle wird heutzutage in Einzelöfen nur noch selten verheizt wegen des Arbeitsaufwandes und der Lagerhaltung. Am häufigsten findet man Kohleöfen noch in nicht renovierten Altbauten, vor allem in Räumen, die selten geheizt werden. Kohle kann allerdings auch als Brennstoff für Zentralheizungen eingesetzt werden.
Kohle wird heute vorwiegend in Heizkraftwerken zur Erzeugung von elektrischem Strom verwendet; Strom ist also nur dann eine »saubere Sache«, wenn er vom Standpunkt der Benutzerfreundlichkeit aus gesehen wird. Für die Umwelt bedeuten Heizkraftwerke einen enormen Ausstoß an Schwefeldioxid und Stickoxiden.

## Elektrischer Strom

Strom gilt nicht nur als saubere, sondern auch als bequeme Energieart, weil weder Kaminanschluß, Heizraum, Lagerraum, Wartung noch Bedienungsaufwand nötig ist. Dieser Luxus ist aller-

dings sehr teuer. Strom wird im Kraftwerk mit sehr großen Energieverlusten erzeugt und ist daher eigentlich zum Verheizen zu schade. Zwar wird ein Teil des Stromes aus Primärenergieträgern erzeugt, die völlig rauchgasfrei sind (Wasserkraft, Kernenergie), doch taucht hier das Problem auf, wie sicher z. B. Kernkraftwerke sind.

## Holz

Holz wird als *Scheitholz* oder *Hackschnitzel* verwendet. Hackschnitzel haben den Vorteil, daß sie gut dosierbar sind. Holz darf nur in lufttrockenem Zustand verheizt werden: Je feuchter das Holz, desto niedriger der Brennwert, desto mehr Stickoxide werden frei.
Holz zu verheizen kommt dann in Frage, wenn ein eigener Waldbestand vorhanden ist. Arbeitsaufwendig sind Bergung, Trocknen und Lagern von Holz. Die zur Zeit umweltfreundlichste Holzheiztechnik mit hohem Wirkungsgrad ist die *Hackschnitzel-Vergaseranlage.*

Der Heizwert von 1 Liter Öl wird mit 2,5 Kilogramm Holz, das 15% Feuchtigkeit hat, erreicht.

Heizen mit Holz (oder Kohle) ist heutzutage nicht generell mit einem hohen Bedienungsaufwand verbunden. Es gibt mittlerweile Anlagen, bei denen nicht mehr von Hand nachgeschürt werden muß. Bei modernen *Kombikesseln* läuft zunächst automatisch der Ölbrenner an und zündet das eingelegte Holz, er schaltet sich nach einigen Minuten ab. Nachschüren ist überflüssig bei Hackschnitzelheizungen mit automatischer Zuführung. Preisgünstiger sind Hackschnitzel-Zentralheizungen mit einem Tagesvorratsbehälter.

## Stroh

Das Stroh von Raps, Roggen, Wintergerste und Winterweizen kann als Brennstoff eingesetzt werden. Es wird nicht lose verwendet, sondern gepreßt als Hochdruckballen, Großballen, Häcksel, Strohbriketts und Pellets. Der Feuchtegehalt sollte bei der Verwendung unter 20% liegen.

5 Kilogramm Stroh ersetzen 1 Liter Heizöl.

Stroh braucht wie die anderen festen Brennstoffe Lagerraum. Das Verbrennen von Stroh ist rentabel, wenn billiger geheizt werden kann als zum Vergleichspreis von 0,52 DM je Liter Heizöl.

Problematisch sind bei der Verbrennung von Stroh die Emissionen. Strohheizkessel für die Beheizung eines Wohnhauses und die Brauchwasserbereitung stecken technisch noch in den Kinderschuhen. Wer mit Stroh heizen will, sollte sich vorher über die einzelnen Möglichkeiten mit ihren Vor- und Nachteilen genau informieren.

### Abwärme

Bei der *Milchkühlung* wird Wärme abgegeben, die zur Wassererwärmung verwendet werden kann. Wieviel Wärme dabei genutzt werden kann, hängt natürlich von der Milchmenge ab. Eine komplette Heizung aus der Abwärme bei der Milchkühlung kommt meist nicht in Frage. Die Abwärme kann jedoch sinnvoll genutzt werden für Warmwasser zur Reinigung oder Kälberfütterung, z. T. auch für Warmwasser im Haushalt.

Auch die *Stalluft* kann als Wärmequelle genutzt und mittels eines Wärmetauschers oder einer Wärmepumpe verwertbar gemacht werden. Dieses System hat sich gerade in Rinderställen bewährt, da mit der Wärme auch die Feuchtigkeit der Stalluft abgeführt wird, was die Krankheitsanfälligkeit verringert.

Heizenergie kann auch gewonnen werden aus der *Belüftung von Flüssigmist,* was bei entsprechenden Immissionsschutz-Auflagen erforderlich ist.

---

**➤➤ Praktischer Hinweis ◀◀**

Anlagen zur Nutzung von Abwärme sind nur sinnvoll, wenn mindestens 50% des insgesamt erforderlichen Wärmebedarfs gedeckt werden können. Bei der Planung sind vielfältige Einflüsse zu berücksichtigen, die von Betrieb zu Betrieb sehr unterschiedlich sind, auch wenn sie sich manchmal auf den ersten Blick nicht unterscheiden. In jedem Fall sollte die Beratung eines unabhängigen Fachmannes in Anspruch genommen werden, denn jede Investition muß sich lohnen.

---

## 2.2 Heizungssysteme

Ein Wohnhaus kann mit Einzelöfen oder einer Zentralheizung geheizt werden. Häufig sind beide Heizungssysteme kombiniert, wodurch Energie- und Investitionskosten gesenkt werden können, z. B. für wenig benutzte Räume.

## *Einzelofenheizung*

Die Einzelofenheizung hat den Vorteil, daß die Wärme dort erzeugt wird, wo sie gebraucht wird, und daß sie dem Wärmebedarf angepaßt werden kann. Der Nachteil der Einzelofenheizung ist der geringere Komfort.

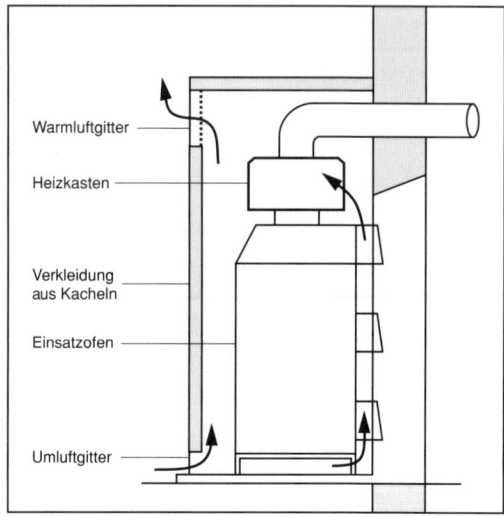

Warmluftgitter

Heizkasten

Verkleidung
aus Kacheln

Einsatzofen

Umluftgitter

Schema eines Warmluft-Kachelofens mit Einsatzofen

### Kachelofen

Besondere Bedeutung als Einzelofen hat der Kachelofen, der vor allem in den letzten Jahren wieder an Beliebtheit gewonnen hat. Geschätzt werden das gute Raumklima und die Wirkung des Kachelofens als Raumgestaltung. Ein Kachelofen kann während der Übergangzeit die Zentralheizung ersetzen.

Vor dem Einbau eines Kachelofens sind einige Punkte zu beachten:

● Ist ein passender Schornstein vorhanden für den Anschluß?

● Hält die Deckenkonstruktion das große Gewicht aus?

● Ist genügend Holz aus eigenem Waldbestand zum Heizen vorhanden?

● Welche Lagermöglichkeiten für Holz bzw. Kohle sind vorhanden?

Kachelöfen gibt es als Grundöfen (Speicheröfen) oder als Warmluftöfen. Beim *Grundofen* ist die Feuerung gemauert, die Wärme wird langsam abgegeben. Beim *Warmluftofen* wird in einer Kachel-Ummantelung ein meist gußeiserner Heizeinsatz aufgestellt.

Grundöfen heizen einen Raum wesentlich langsamer auf als Warmluftöfen. Ein schwerer Grundofen kann aber auch nach dem Ausgehen des Feuers den Raum noch lange temperieren. Beim Warmluftofen dagegen ist die Wärme gut regelbar. Ein Grund- wie auch ein Warmluftofen kann mit der Zentralheizung gekoppelt werden.

Mehrere Räume können mit einem Kachelofen erwärmt werden, wenn über Luftkanäle die Wärme umgeleitet wird. Stören kann dabei die starke Schallübertragung von Raum zu Raum. Kleinere Häuser können mit einem Luftkanalsystem allerdings vollständig geheizt werden.

## Eisenofen

Eisenöfen sind nur noch in Altbauten oder selten genutzten Räumen zu finden. Der Ofen besteht aus Gußeisen und hat einen sehr guten Wirkungsgrad von 70–75%.

## Gaseinzelofen

Gaseinzelofen sind auf dem Lande selten zu finden. Falls ein Raum damit ausgestattet ist, ist auf genügende Sauerstoffzufuhr zu achten.

## Nachtstromspeicherofen

Eine Dauerheizung mit Strom ist sehr teuer durch die hohen Betriebskosten, Investitions- und Wartungskosten sind dagegen gering. Nachtstromspeicheröfen erwärmen sich nachts, wenn der Stromtarif sehr günstig ist, und geben die Wärme tagsüber langsam ab. Speicheröfen sind mit wärmespeicherndem Material ausgestattet sowie einer guten Isolierung. Im Gebrauch sind vorwiegend Geräte der Bauart III: Diese haben einen Ventilator, der die Luft über den warmen Speicherkern führt und in den Raum ausbläst. Das Ein- und Ausschalten des Ventilators wird über ein Thermostat gesteuert.

Heizen mit Nachtstrom ist günstig für einzelne Räume, z. B. in Altbauten, die nicht mit Zentralheizung ausgestattet sind.

## Offener Kamin

Der offene Kamin hat ausschließlich dekorative Bedeutung. Dafür muß ein eigener Schornstein vorhanden sein. Der Wärmewirkungsgrad ist sehr niedrig, das heißt, es geht sehr viel Wärme ungenutzt verloren. Auf einen einwandfreien Abzug des Rauchgases ist zu achten.

## Zentralheizung

Eine Zentralheizung versorgt von einem Heizraum aus das ganze Haus mit Wärme, indem warmes Wasser durch ein Leitungssystem zu den Heizkörpern und damit in die einzelnen Räume geführt wird. Das Wasser wird erhitzt in einem Heizkessel, der mit einer oder zwei Energiearten befeuert wird, z. B. Erdöl, Erdgas, Holz. Das abgekühlte Wasser fließt zum Heizgerät zurück und wird wieder erwärmt.

### Temperaturregulierung

Die Wärme in einem Raum kann geregelt werden, indem die Wasserdurchflußmenge verändert wird: Dreht man das Ventil weit auf, strömt viel heißes Wasser im Heizkörper; es wird mehr Wärme abgegeben als bei schwach geöffnetem Ventil. Eine weitere Möglichkeit, die Temperatur zu regeln, ist das Einstellen der Wassertemperatur (Vorlauftemperatur): Bei niedriger Wassertemperatur, z. B. 50 °C, werden die Räume nicht so warm wie bei einer Wassertemperatur von beispielsweise 80 °C. Die Temperaturregelung am Heizkörper wird per Hand über das Ventil oder Raumthermostat eingestellt, die Wassertemperatur kann über ein Thermostat eingestellt werden.

Es gibt zahlreiche verschiedene Zentralheizungssysteme. Das Prinzip sei an folgender Abbildung erläutert:

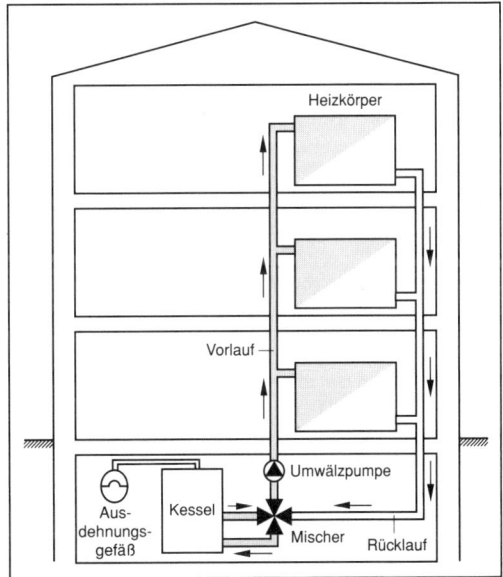

Geschlossene Pumpen-Warmwasser-Zentralheizung (Zweirohrsystem)

Das *Ausdehnungsgefäß* ist notwendig, weil sich Wasser beim Erwärmen ausdehnt; diesen Platz stellt das Ausdehnungsgefäß zur Verfügung. Der *Mischer* ermöglicht es, dem warmen, aus dem Kessel kommenden Wasser kühleres Rücklaufwasser beizumischen und so die eingestellte Temperatur des zufließenden Wassers regulieren zu können.

*Zweirohrsystem* bedeutet, daß das Wasser zum und vom Heizkörper jeweils in einem eigenen Rohrsystem fließt.

*Einrohrheizungen* werden manchmal eingebaut, wenn es sich um eine Altbausanierung handelt. Nachdem bei Einrohrheizungen das abgekühlte Wasser sich mit dem warmen vermischt, müssen die nachfolgenden Heizkörper bei gleichem Wärmebedarf größer sein. Bei mehrstöckigen Häusern ist für jedes Stockwerk eine eigene Ringleitung notwendig, um eine ausreichende Wärmeversorgung zu gewährleisten.

# 2.3 Wärmeerzeugung

Im Heizkessel wird der Brennstoff verbrannt, die entstandene Wärme wird über Heizflächen an das Wasser abgegeben. Heutzutage werden überwiegend Spezialheizkessel verwendet; sie sind optimal auf eine Brennstoffart, z. B. Öl oder Gas, eingestellt und haben einen hohen Wirkungsgrad.

*Umstell-* oder *Wechselbrandkessel* findet man noch in alten Heizungsanlagen. Diese Kessel können entweder mit Öl bzw. Gas oder mit festen Brennstoffen beheizt werden. Wechselbrandkessel werden inzwischen nicht mehr eingebaut, weil sie nicht auf einen bestimmten Brennstoff abgestimmt sind und daher einen niedrigen Wirkungsgrad haben. Will man abwechselnd mit Öl bzw. Gas und festen Brennstoffen heizen, so empfiehlt sich der Einbau eines Kessels mit zwei voneinander getrennten Brennräumen oder von zwei verschiedenen Kesseln.

## Hochtemperaturheizung

Hochtemperaturheizungen waren früher üblich. Sie haben eine *Vorlauftemperatur* zwischen 65 und 90 °C. Diese Heizungen sind inzwischen nur noch in älteren Häusern zu finden. Aus Gründen der Energieersparnis werden überwiegend Niedertemperaturheizungen eingebaut (siehe unten). 90 °C Vorlauftemperatur können den Wärmebedarf bei −15 °C Außentemperatur decken. In der Bundesrepublik Deutschland ist dies jedoch nur äußerst selten notwendig. Rein statistisch liegt bei uns die Temperatur nur an 60 Tagen im Jahr unter +3 °C. Daraus folgt, daß Hochtemperaturheizungen mit großen Wärmeverlusten arbeiten. Wer dies vermeiden will, indem er die Kesseltemperatur senkt, kann damit dem Heizkessel schaden; denn auf Hochtemperatur ausgelegte Kessel vertragen das Kondensat nicht, das sich bei niedrigen Temperaturen bildet. Es kann zu schweren Materialschäden kommen.

Schaden kann dies auch dem Kamin, denn niedrige Kesseltemperaturen bedingen niedrige Abgastemperaturen, es bildet sich ebenfalls aggressives Kondensat, das zu Schäden führen kann. Ob der Kamin niedrigen Abgastemperaturen und damit dem Kondensat standhält, muß vor dem Einbau einer Niedertemperaturheizung von einem Fachmann geklärt werden.

## Niedertemperaturheizung

Niedertemperaturheizkessel sind zum Standard geworden. *Vorlauftemperatur* und *Temperatur des Kesselwassers* liegen unter 75 °C. Die Niedertemperatur-Heiztechnik arbeitet überwiegend mit Temperaturen von 55/45 °C (Vorlauf-/Rücklauftemperatur), bei Fußbodenheizung mit 50/40 °C. Niedertemperaturheizungen arbeiten ohne Mischer, das Wasser wird direkt aus dem Kessel in die Heizkörper gepumpt. Gegenüber dem alten System mit Temperaturen von 90/65 °C ergibt sich beim Niedertemperatursystem gleich viel Wärme bei größerer Heizkörperfläche.

Niedertemperaturheizungen schaffen behaglichere Wärme als die herkömmlichen Heizungen mit hohen Temperaturen. Wo eine *Fußbodenheizung* vorhanden ist, muß die Vorlauftemperatur sehr niedrig eingestellt werden, damit die Temperatur des Fußbodens nicht höher als 26 °C steigt; höhere Temperaturen beeinträchtigen die Behaglichkeit und können die Durchblutung der Beine verschlechtern.

Niedertemperaturheizungen haben den Vorteil, daß sie bestens mit alternativen Heizsystemen gekoppelt werden können. Am besten eignet sich die Kombination mit einer Wärmepumpe (siehe Seite 327), weil bei der Wärmepumpe niedrige Temperaturen den Wirkungsgrad erhöhen.

Neuere Entwicklungen sind Tieftemperatur- und Brennwertkessel sowie Kessel-Brenner-Einheiten (Units). Mit diesen Systemen liegen allerdings noch wenig Erfahrungen vor, sie sind außerdem sehr teuer, z. B. der Brennwertkessel.

## Tieftemperaturkessel

Beim Tieftemperaturkessel wird automatisch völlig abgeschaltet, sobald kein Wärmebedarf vorhanden ist.

## Brennwertkessel

Die Abgase werden innerhalb des Kessels so weit abgekühlt, daß die im Abgas enthaltene Wärme genutzt werden kann, es entstehen sehr hohe Wirkungsgrade. Problematisch ist hierbei allerdings, daß die abgekühlten Abgase nicht mehr genügend Auftrieb haben und mit Druck oder einem Ventilator ausgeblasen werden müssen. Das Kondensat, das sich bildet, ist sehr aggressiv, der Kamin muß daher darauf ausgelegt sein. Die Brennwerttechnik ist bisher am besten bei Gasfeuerungen entwickelt.

## Kessel-Brenner-Einheiten

Kessel, Brenner, Heizungsregler, Umwälzpumpe und Ausdehnungsgefäß sind in einem kompakten Gehäuse untergebracht. Alle Bauteile sind aufeinander abgestimmt und müssen meist nicht mehr eingestellt werden.

## *Zentralheizungsherd*

Diese Heizungsart kommt häufig in landwirtschaftlichen Haushalten vor. Ein größerer Kochherd in der Küche wird mit Holz beheizt, im Herd ist ein Wasserheizregister eingebaut. Mit dem warmen Wasser kann die Zentralheizung entlastet oder ersetzt werden. Ein Zentralheizungsherd kommt in Frage, wenn Holz aus eigenem Waldbestand zur Verfügung steht und für viele Personen gekocht wird. Nachteile sind, daß es im Aufstellungsraum sehr warm wird, daß laufend nachgeschürt werden muß, weil die Feuerung klein ist, und daß Schmutz anfällt.

## *Wärmepumpe*

Eine Wärmepumpe entzieht Wasser, Luft oder Erdreich Wärme. Die Wärmegewinnung mittels einer Wärmepumpe gehört also zu den umweltfreundlichen und energiesparenden Heizmöglichkeiten.
Betrieben wird die Wärmepumpe mit Strom oder Gas. Die maximal erreichbare Wassertemperatur beträgt 55 °C. Die Wärmepumpe arbeitet um so wirtschaftlicher, je niedriger der Temperaturunterschied zwischen dem Energieträger (Luft, Wasser, Erdreich) und der Heizungs- oder Warmwasseranlage ist.
Im landwirtschaftlichen Betrieb bietet sich vor allem die warme Stalluft als Energiequelle für die Wärmepumpe an. Sie kann auch mit der Milchkühlung gekoppelt werden. Man spricht dann von *Wärmerückgewinnung*.
Die Wirtschaftlichkeit von Wärmepumpen ist umstritten. Zur Beheizung eines Wohnhauses sind sie nur sinnvoll, wenn das Heizungssystem auf Niedertemperatur ausgelegt ist oder ohne Vergrößerung der Heizkörper der Wärmebedarf gedeckt werden kann.

# 2.4 Wärmeabgabe

Die Wärme wird an den Raum über den Ofen direkt, z. B. Kachelofen durch Warmluft oder über Heizkörper (Zentralheizung), abgegeben. Je niedriger die Temperatur des Vorlaufwassers ist, desto größer müssen die Heizkörper sein, um den Wärmebedarf zu decken. Die Größe der Heizkörper berechnet der Fachmann; er kann auch sagen, ob vorhandene Heizkörper beim Einbau eines neuen Niedertemperaturkessels ausreichen.
Besonders großflächig wird die Wärme über eine Fußbodenheizung abgegeben.

## *Heizkörper*

Heizkörper geben die Wärme durch Strahlung und Luftanwärmung (Konvektion) ab. Als besonders angenehm wird Strahlungswärme empfunden. Heizkörper können grob eingeteilt werden in Radiatoren und Konvektoren.

## Radiatoren

Radiatoren sind Glieder- oder Plattenheizkörper, die etwa 70% der Wärme durch Konvektion, die restlichen 30% durch Strahlung abgeben. Bei einem *Rippenradiator* liegen sich die warmen Rippen gegenüber, die vorbeistreichende Luft wird erwärmt und steigt nach oben. Der *Plattenheizkörper* ist ein flacher Radiator, der kaum Staub aufwirbelt, weil er die Wärme überwiegend durch Strahlung, weniger durch Luftanwärmung abgibt. Ein flacher Heizkörper kann außerdem schneller geregelt werden, als ein tiefer Rippenheizkörper.

### Konvektoren

Konvektoren sind mit Rippen besetzte Heizrohre, die mit Blech abgedeckt sind. Sie werden in ein Gehäuse eingebaut. Es entsteht eine Kaminwirkung: Die Luft zieht durch und wird erwärmt. Konvektoren wärmen den Raum schnell auf, dabei wird aber viel Staub aufgewirbelt, was zu Reizungen der Nasen- und Rachenschleimhaut führen kann (wichtig für Hausstauballergiker!).

### *Fußbodenheizung*

Bei der Warmwasser-Fußbodenheizung dienen Kunststoffrohrschlangen als Heizkörper. Durch die große Fläche kann und soll die Vorlauftemperatur noch niedriger sein als bei Heizkörpern (unter 50 °C). Die Fußbodenoberflächentemperatur sollte 22 °C, maximal 26 °C erreichen, darüber sind gesundheitliche Schäden für die Beine zu befürchten. Eine Möglichkeit, die Fußbodentemperatur so gering zu halten, ist, Bereiche, in denen man sich besonders viel aufhält, »dünner« mit Schlangen auszulegen, den wenig begangenen Rand dagegen enger. Für Tage, an denen es besonders kalt ist, sollte ein Zusatzheizkörper eingebaut sein, der den Wärmebedarf deckt, ohne die Fußbodenoberfläche unzulässig hoch zu erwärmen. Auch ein zweiter Heizkreislauf am Zimmerrand mit höheren Vorlauftemperaturen kann hier sehr nützlich sein.

Fußbodenheizung kommt vor allem für Neubauten in Frage, weil die Schlangen in den Estrich eingebettet werden müssen. Für Altbausanierung gibt es eine Fußbodenheizung in vorgefertigten Platten, in die die Heizrohre eingelassen sind. Darüber wird eine Folie gelegt und ein Estrich aufgetragen.

> ➤➤ **Praktischer Hinweis** ◄◄
>
> Zimmerpflanzen, die direkt auf dem Boden stehen, vertragen Fußbodenheizung erfahrungsgemäß gut. Probleme tauchen dadurch auf, daß die Luftfeuchtigkeit sehr niedrig ist, was durch Verdunstungsgefäße oder einen Luftbefeuchter geregelt werden kann.

Gut geeignet für die Altbausanierung sind auch *Klimaböden*. Die Wärme wird hierbei über flächige Kunststoffplatten abgegeben, es muß kein Estrich aufgetragen werden. Diese Heizplatten sind allerdings sehr teuer, es fehlt ihnen auch das Speichervermögen eines Estrichs.

Fußbodenheizung eignet sich gut für Bodenbeläge aus Naturstein oder Keramik; sie ist besonders beliebt im Badezimmer. Inzwischen gibt es aber auch geeignete Holzbeläge und Teppichböden, sie sind entsprechend gekennzeichnet.

## 2.5 Regelung der Heizung

Eine genaue Regelung der Heizung spart Energie und deckt den Wärmebedarf optimal. Der Bedarf an Wärme schwankt je nach Witterung und Zahl der Personen, die sich in einem Raum aufhalten. Auch Beleuchtung kann die Raumtemperatur steigern. Nicht zu vergessen ist auch, daß das individuelle Wärmebedürfnis unterschiedlich ist. Gerade nicht benötigte Wärme darf nicht etwa durch Lüften abgeführt werden, vielmehr muß diesen Wärmebedarfsänderungen die Heizung angepaßt werden. Die *Heizungsanlagen-Verordnung* schreibt bestimmte Regelungseinrichtungen bei einer neuen Heizung vor.

Erste Voraussetzung für die Regelung ist die richtige Vorlauf- oder Kesseltemperatur. Am besten kann diese dem Wärmebedarf angepaßt werden durch einen *Temperaturfühler,* der die Außentemperatur »meldet« und dadurch ein Senken bzw. Heben der Wassertemperatur automatisch in Gang setzt. Zusätzlich kann zu bestimmten Zeiten, z. B. nachts oder bei Abwesenheit, eine automatische Absenkung der Wassertemperatur eingestellt werden.

> ➤➤ **Praktische Fragen beim** ◄◄
> **Einbau einer neuen Heizung**
>
> ▷ Wie groß ist der Wärmebedarf des Hauses?
> ▷ Welche Brennstoffe sind verfügbar (z. B. Holz)?
> ▷ Können vorhandene Einrichtungen, z. B. Heizkörper, Kachelofen, weiterverwendet bzw. ergänzt werden?
> ▷ Können bestehende Kamine weiter genutzt werden?
> ▷ Wie teuer darf die Heizung sein?
> ▷ Bei welchem System ist Eigenleistung möglich?
> ▷ Welche Möglichkeiten für die Brennstofflagerung sind vorhanden?
> ▷ Soll die Heizung vollautomatisch funktionieren? Oder kann ein Arbeitsaufwand in Kauf genommen werden?

Die Wärmeabgabe eines Heizkörpers kann geregelt werden durch ein *Thermostat-Ventil*. Die Wärmezufuhr wird gedrosselt oder gesteigert, indem die Durchflußmenge des warmen Wassers beeinflußt wird. Thermostat-Ventile gleichen auch geringeren Wärmebedarf aus, wenn z. B. die Wintersonne einen Raum zusätzlich erwärmt. Praktisch sind Thermostat-Ventile auch, weil sie verhindern, daß die Heizung einfriert. Bei sehr tiefen Temperaturen öffnet sich das Ventil automatisch.

Die Wirksamkeit eines Thermostat-Ventils hängt maßgeblich vom ordnungsgemäßen Einbau und der exakten Bedienung ab.

# 3 Warmwasserversorgung

Wie bei der Heizung der Wärmebedarf bei der Planung berücksichtigt werden muß, so muß bei der Wahl für die Warmwasserbereitung der Bedarf an warmem Wasser grob berechnet werden. Pro Person und Tag rechnet man 40–60 Liter Brauchwasser von 60 °C, wobei in der Landwirtschaft der obere Wert maßgeblich sein dürfte. Zusätzlich muß der Bedarf an warmem Wasser im Betrieb berechnet werden, z. B. für das Tränken der Kälber, Reinigen der Milchkammer oder des Milchtanks.

## 3.1 Versorgungsarten

Nach der Zahl der Entnahmestellen werden folgende Versorgungsarten unterschieden:

● Einzelversorgung,
● Gruppenversorgung,
● Zentralversorgung.

Bei der *Einzelversorgung* liefert ein Gerät warmes Wasser für eine Entnahmestelle, z. B. für ein Kochendwassergerät in der Küche. Einzelgeräte lassen sich dem jeweiligen Bedarf gut anpassen. Sie haben geringe Wärmeverluste, weil die Leitungen kurz sind, doch ist die Anschaffung teuer. Bei der *Gruppenversorgung* werden mehrere Zapfstellen versorgt, die nicht weit auseinanderliegen. Nicht zugeordnete Zapfstellen werden mit Einzelgeräten versorgt. Bei der *Zentralversorgung* liefert ein Gerät das warme Wasser für alle Entnahmestellen.

## 3.2 Arten der Wassererwärmung

Das Wasser wird im Durchfluß oder in einem Speicher erwärmt durch direkte Wärme (Heizschlange) oder indirekte Wärme (Heizungswasser).

### *Zentrale Warmwasserbereitung*

#### Kombination von Heizung und Warmwasserbereitung

Sie stand lange Zeit in dem Ruf, unwirtschaftlich zu sein. Doch bei den neuen Niedertemperaturkesseln ist ein eigenes Zusatzgerät für die Warmwasserbereitung nicht mehr notwendig, und sie arbeiten mit sehr geringen Wärmeverlusten. Nicht empfehlenswert ist die Kombination von

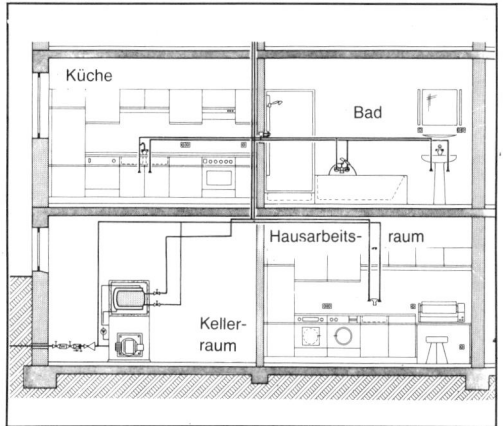

Zentrale Warmwasserversorgung

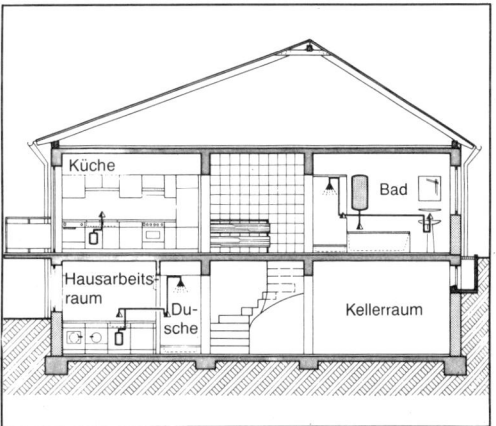

Warmwasser-Einzel- und -Gruppenversorgung

Heizung und Warmwasserbereitung bei alten Heizungsanlagen; die Energieverluste sind im Sommer sehr groß.

In Häusern, in denen keine Zentrale Warmwasserversorgung vorhanden ist, kann mit Elektro- oder Gasgeräten warmes Wasser bereitet werden.

### Durchlauferhitzer

Elektrisch betriebene Geräte sind in der Anschaffung günstig, im Betrieb allerdings teuer, weil sie hohe Anschlußwerte haben (etwa 20 KW). Der Vorteil der Durchlauferhitzer besteht darin, daß sie keine Bereitstellungsverluste haben und komfortabel sind. Sie müssen vom jeweiligen Energieversorgungsunternehmen genehmigt werden. Gasdurchlauferhitzer sind im Betrieb sehr günstig; es ist allerdings eine Abgasanlage erforderlich, und höhere Anschaffungskosten müssen in Kauf genommen werden. Durchlauferhitzer haben den Vorteil, daß sie jede gewünschte Wassermenge liefern, weil das Wasser nicht auf Vorrat wie bei Speichergeräten erhitzt wird.

## *Warmwasserspeicher*

### Kochendwassergerät

Das Kochendwassergerät ist ein offenes, das heißt druckloses, elektrisch beheiztes Gerät zur Erwärmung kleiner Wassermengen. Es arbeitet schnell und eignet sich z. B. für eine Altenteiler-Küche, in der selten gekocht wird. Das Kochendwassergerät muß von Zeit zu Zeit entkalkt werden, z. B. mit Essigwasser.

### Offener Warmwasserspeicher

Dies ist ein druckloser Speicher für 1 Entnahmestelle, häufig ein Kleinspeicher mit 5 oder 10 Litern Inhalt. Bei einem Volumen ab 15 bis 100 Litern sind es Übertischgeräte, häufig als Bade- oder Duschspeicher bezeichnet. Es kann nur eine Zapfstelle versorgt werden. Nachtstrom kann genutzt werden.

### Geschlossener Warmwasserspeicher

Dieses Gerät ist geschlossen, das heißt, es steht unter dem Wasserleitungsdruck und kann daher mehrere Zapfstellen versorgen. Es gibt Größen von 10 bis 100 Liter Inhalt.

# 4  Beleuchtung

Die Auswahl der richtigen Lampe – fachlich richtig ist der Begriff Leuchte – fällt oft nicht leicht. Neben der »Schönheit« muß eine Lampe auch zweckmäßig sein, die Nutzung des Raumes muß berücksichtigt werden.

## *Glühbirnen*

Die Glühbirne macht ihren Namen alle Ehre: Nur 5% der verbrauchten Energie wird in Licht umgewandelt, der Rest in Wärme. Das Licht von Glühbirnen wirkt warm, die Lebensdauer liegt bei etwa 1000 Stunden. Etwas teuere Glühbirnen mit Edelgasfüllung, z. B. Krypton, bringen bei gleichem Energieverbrauch etwa 10% mehr Licht. Lampen mit Reflexschicht (verspiegelt) lenken das Licht um und erzeugen verschieden breite Lichtkegel, je nach Beschichtung.

## *Leuchtstofflampen*

Die Lichtausbeute liegt bei 20%, eine Leuchtstofflampe wird daher auch nicht so heiß wie die Glühbirne. Die hohe Lebensdauer von 6000 Stunden wird durch häufiges Ein- und Ausschalten deutlich verkürzt. Früher waren Leuchtstofflampen bekannt für ihr »kaltes« Licht, heute trifft dies nicht mehr zu. Es gibt verschiedene *Varianten:*

- Tageslichtweiß (wirkt kühl),
- neutralweiß (günstig für Arbeitsbereiche),
- warmweiß (ähnlich wie Glühbirne).

Außerdem gibt es die *True-light-Lampen*, deren Licht dem Tageslicht sehr ähnlich ist. Es wird als angenehm empfunden und wirkt sich besonders in Arbeitsräumen positiv auf das körperliche Wohlbefinden aus.

## *Kompaktleuchtstofflampen*

Diese Lampen gibt es bei uns seit etwa 10 Jahren, auch bekannt als »Energiesparlampen«. Sie sind teuer in der Anschaffung (pro Stück 30–45,– DM), benötigen aber für die gleiche Lichtleistung wie herkömmliche Lampen 70–80% weniger Strom und brennen 5–6 mal so lange. Nachteil: Sie lassen sich nicht dimmen.

Kompaktleuchtstofflampen gibt es in unterschiedlichen Ausführungen:

- Mit Schraubsockel, in den das erforderliche Vorschaltgerät (Starter) eingebaut ist: Diese lassen sich in jede Glühlampenfassung einschrauben. Eine 75 W-Lampe läßt sich so durch eine 15 W-Kompaktleuchtstofflampe energiesparend ersetzen.

● Mit Stecksockel (preisgünstiger): Das Vorschaltgerät ist dann entweder in die Leuchte eingebaut oder in einen gesonderten Adapter. Auf Dauer ist diese Version billiger, weil das Vorschaltgerät nicht jedesmal mitgekauft werden muß.

● Unterschiede im Vorschaltgerät: *Induktive Starter* (erkennbar am hohen Gewicht) sollten mindestens 2 Stunden lang brennen, sonst sind sie nicht wirtschaftlich. *Elektronische Starter* vertragen auch häufiges Ein- und Ausschalten; erkennbar sind sie am flackerfreien Betrieb und dem geringen Gewicht.

## ➤➤ Wichtiger Hinweis ◄◄

Leuchtstofflampen enthalten Quecksilber und gehören daher nach Gebrauch zum Sondermüll.

## *Halogenglühlampen*

Halogenglühlampen bringen helleres Licht und verbreiten es doppelt so lange wie herkömmliche Glühbirnen. Das Licht wirkt weißer und nüchterner als das von normalen Glühbirnen. Es eignet sich gut für die Beleuchtung einzelner Stücke: Die Farben des angestrahlten Gegenstandes werden nahezu originalgetreu wiedergegeben. Halogenlicht läßt sich dimmen, allerdings sollte nicht allzu oft davon Gebrauch gemacht werden, weil die Haltbarkeit dadurch leidet.

## ➤➤ Praktische Hinweise ◄◄

↝ Halogenleuchten möglichst nicht mit bloßen Händen anfassen, denn der Handschweiß auf dem Glaskolben verkürzt die Lebensdauer und mindert die Lichtstärke.

↝ Häufiges Ein- und Ausschalten setzt die Lebensdauer ebenfalls herab.

↝ Selbstmontage von Halogenleuchten ist nicht anzuraten. Es käme zwar billiger als die Montage durch den Fachmann, aber bei den Selbstbausätzen bestehen vielfach noch Sicherheitsprobleme, vor allem bei Niedervolt-Systemen.

Es gibt Halogenlampen, die mit normaler Netzspannung (220 Volt) leuchten und in jede normale Fassung geschraubt werden können *(Hochvolt-Ausführungen)*. Häufiger sind die *Niedervolt-Ausführungen,* die weniger Spannung brauchen, sie wird durch einen Transformator gedrosselt. Niedervolt-Halogenlampen sind teuer in der Anschaffung, sie brauchen aber wenig Strom bei hoher Lichtausbeute. Es gibt Modelle *mit Reflektor,* die das Licht ganz gezielt bündeln. Wer wärmeempfindliche Gegenstände, z. B. Pflanzen, anleuchten will, sollte sich für einen *Kaltlichtreflektor* entscheiden.

## *Welche Beleuchtung für welchen Raum?*

### Wohnraum

Nicht vollkommen ausleuchten, Licht braucht auch Schatten, damit Behaglichkeit entstehen kann. Ohne Kontraste ermüdet das Auge schneller. Als angenehm und interessant wird es empfunden, wenn die einzelnen Bereiche des Wohnraumes gesondert ausgeleuchtet werden.

### Arbeitsplatz

Das Licht sollte direkt von oben oder schräg von oben bzw. von der Seite (bei Rechtshändern von links) kommen. Blendende Lichtreflexe auf der Arbeitsfläche und Schatten durch den eigenen Körper vermeiden.

### Eßplatz

Blendung vermeiden. Gut gelöst werden kann dies durch eine höhenverstellbare Pendellampe. Der Lichtkegel kann nach Belieben vergrößert und verkleinert werden.

### Lesen, Handarbeit

Günstig ist eine direkte, verstellbare Lichtquelle, z. B. Stehlampe, Klemmlampe, das Licht kommt von links hinten. Um den Hell-Dunkel-Kontrast zu mildern, sollte im Raum noch eine weitere Lampe brennen.

### Fernsehen

Ideal ist indirekte Beleuchtung. Blendung und Lichtreflexion auf dem Bildschirm werden vermieden.

## Lichtschalter

Lichtschalter gibt es mittlerweile nicht mehr nur in hellem oder dunklem Kunststoff, sondern auch in sehr vielen anderen Farben, passend z. B. zu Fliesen oder Einrichtungsgegenständen. Auch Kunststoff mit Metallüberzug kann bereits gewählt werden, ebenso Schalter aus Holz, z. B. Eiche.

Die Helligkeit des Lichts kann reguliert werden, wenn ein sogenannter *Dimmer* in den Schalter eingebaut wird.

### ▶▶　Praktischer Hinweis　◀◀

Lichtschalter sollten mit einem Lämpchen versehen sein, damit auch Kinder, ältere Menschen und Gäste den Schalter schnell finden.

# 5　Geräte und Maschinen für die Nahrungszubereitung

## 5.1　Herde

### Elektroherd

Ein Elektroherd ist mittlerweile in fast allen Haushalten zu finden. Zwar sind viele ländliche Haushalte noch mit einem Holzherd ausgerüstet, der Elektroherd als Zweitherd wird überwiegend zum Backen und Zubereiten oder Aufwärmen kleinerer Portionen eingesetzt (ähnliche Funktion hat ein Gasherd als Zweitgerät, siehe Ausführungen auf Seite 337).

### Bauarten

#### Standherd

Das Standgerät ist freistehend und wird zwischen die Küchenmöbel gestellt. Er besteht aus einer Kochmulde mit den Kochstellen und dem Backofen und ist umgeben von einem emaillierten Gehäuse.

Standgeräte sind billiger als Ein- und Unterbaugeräte.

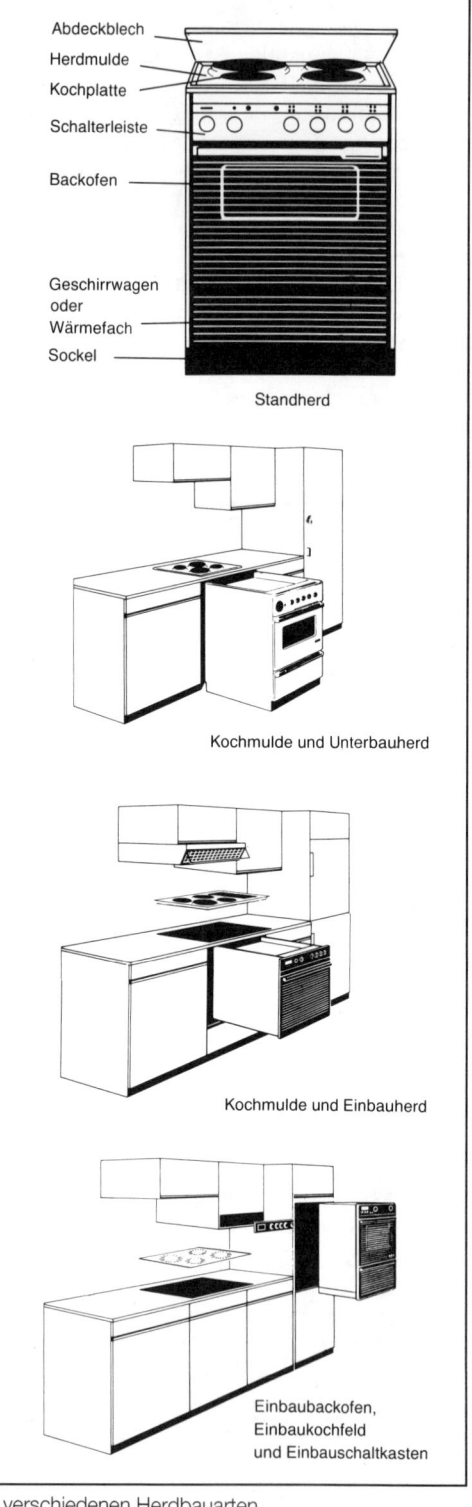

Abdeckblech
Herdmulde
Kochplatte
Schalterleiste
Backofen
Geschirrwagen oder Wärmefach
Sockel

Standherd

Kochmulde und Unterbauherd

Kochmulde und Einbauherd

Einbaubackofen, Einbaukochfeld und Einbauschaltkasten

Die verschiedenen Herdbauarten

## Unterbauherd

Der Unterbauherd ist gebaut wie der Standherd, aber ohne Kochstellen. Er paßt unter eine durchgehende Arbeitsplatte, in die die passende Einbaukochmulde eingelassen wird.

## Einbauherd

Der Einbauherd benötigt einen Umbauschrank und wird mit einer Einbaukochmulde kombiniert. Backofen und Kochmulde können getrennt sein. Die *Einbaukochmulde,* in die die Kochstellen eingelassen sind, gibt es in verschiedenen Ausführungen, z. B. aus Edelstahl oder emailliertem Stahl. Die Kochstellen haben übrigens für alle Herde genormte Größen von 14,5, 18 und 22 cm Durchmesser, manche Hersteller bieten auch eckige Kochplatten an (z. B. für Bräter).
Ein *Einbaukochfeld* besteht aus stoßfester Glaskeramik, die temperaturwechselbeständig ist. Die einzelnen Kochzonen sind erkennbar am eingelassenen Dekor.
Ein *Einbaubackofen* wird in Arbeitshöhe in einen Hochschrank eingebaut, er bietet den Vorteil, daß in Augenhöhe gearbeitet werden kann und z. B. für Kinder keine Verbrennungsgefahr besteht.

## Kleinherd

Kleinherde haben ein Backrohr und nur 2 Kochplatten. Sie sind für Kleinhaushalte und Ferienwohnungen gedacht.

 **Praktischer Hinweis**

Vollherde, also alle Herde außer Kleinherden, brauchen einen eigenen Drehstromanschluß, der Anschlußwert liegt bei 10 Kilowatt.

## Kochstellen

Kochstellen werden unterschieden in die herkömmlichen Kochplatten und die Kochzonen beim Glaskeramikfeld.

## Kochplatten

Kochplatten bestehen aus Gußeisen, auf deren Unterseite sich die Heizleiter befinden, die in eine keramische Masse eingelassen sind. Die Mulde in der Mitte der Kochplatten ist nicht beheizt. Der Überfallrand aus Stahl verhindert, daß Feuchtigkeit unter die Platte dringen kann.

## Glaskeramikfeld

Die Kochzonen, gekennzeichnet durch Dekor, können unterschiedlich beheizt sein: mit Strahlungsheizkörper, Halogenbeheizung oder Induktion.

▷ *Strahlungsheizkörper:* Die Heizleiter sind unter der Glasplatte, die durch Strahlung Wärme abgeben, die Heizkörper scheinen während des Betriebes rotglühend durch das Glas.
▷ *Halogenbeheizung:* Sie wird mittels eines Wolfram-Drahtes, der in einem Quarzrohr liegt, erreicht. Beim Betrieb des Strahlers ist erst eine helle, dann immer dunkler werdende Lichtfarbe zu erkennen. Kochstellen mit Halogen-Beheizung werden schneller heiß (ca. 1 Minute) und reagieren schneller; sie sparen also Energie ein, allerdings sind sie in der Anschaffung teurer.
▷ *Induktion:* Die Wärme wird unmittelbar im Topfboden erzeugt durch elektromagnetische Wechselfelder, der heiße Topf gibt dann die Wärme an die Speisen weiter; die Kochplatte wird nicht heiß. Diese neue Technik funktioniert aber nur mit Töpfen aus emailliertem Eisen oder Gußeisen, sogenannten ferromagnetischen (magnetisierbaren) Materialien. Weil die Wärme im Topfboden entsteht und nicht in der Kochplatte, kann sehr gut reguliert werden, ähnlich schnell wie bei Gas. Es gibt keine Nachwärme, andererseits auch keine langen Aufheizzeiten, bei kurzen Garzeiten geht weniger Energie verloren als bei einer herkömmlichen Elektrokochplatte. Allerdings sind Induktionskochstellen bisher noch sehr teuer (Aufpreis pro Platte etwa 1000,– DM). Sie werden ausschließlich bei Glaskeramik-Kochfeldern angeboten.

 **Wichtiger Hinweis**

Eine Induktionskochplatte muß bei der Post gemeldet werden.

Glaskeramik-Kochfelder (*Ceran*-Kochmulden) sind nach wie vor verhältnismäßig teuer (Aufpreis etwa 1000,– DM), sie bieten jedoch zahlreiche *Vorteile:* Falls das Kochfeld nicht beheizt wird, kann es als Arbeitsfläche dienen, es ist weitgehend stoß- und kratzfest. Ein Topf kann also ruhig mal aus der Hand fallen, wenn er nicht gerade mit der Kante auftrifft. Empfindlich ist Glaskeramik gegen punktförmige Stöße, wenn z. B. aus dem Überschrank ein massiver Salzstreuer herunterfällt. Auf dem Keramikfeld kann auch mit dem Messer geschnitten werden, darunter leidet nur die Messerschärfe. Kratzer auf der Keramikplatte gibt es allerdings leicht, wenn z. B. vom Gemüseputzen Sand auf der Platte liegt und ein schwerer Topf darübergezogen wird.

*Energieverbrauch* und *Zeitbedarf* sind wie bei den herkömmlichen Kochstellen, auch Normal-, Blitz- und Automatikkochstellen (siehe unten) sind wie bei herkömmlichen Kochmulden erhältlich.

Die Pflege ist verhältnismäßig einfach, am besten Verschmutzungen sofort mit warmer Spülmittellauge abwischen. Grobe und festanhaftende Verschmutzungen mit einem Rasierklingenschaber entfernen. Kalk- und Wasserränder, Fettspritzer und metallisch schillernde Verfärbungen mit wenig Spezialputzmittel entfernen. Reinigungsmittelrückstände mit klarem Wasser vollständig abwischen, sie könnten beim Wiederaufheizen ätzend wirken. Keinesfalls kratzende oder aggressive Reinigungsmittel verwenden wie Backofenspray, Scheuersand.

## ➤➤  Praktische Hinweise  ◀◀

➪ Von der heißen Kochzone fernhalten sollte man alles, was anschmelzen könnte, z. B. Kunststoff, Alufolie, besonders Zucker und zuckerhaltige Speisen. Ist versehentlich doch etwas auf der Kochzone angeschmolzen, sofort (im heißen Zustand) mit dem Rasierklingenschaber entfernen, um Oberflächenbeschädigungen zu vermeiden.

➪ Vor dem Anheizen der Kochzonen darauf achten, daß das Kochfeld ganz sauber ist. Am sichersten geht man bei der Reinigung, wenn die *Pflegeanleitung des Herstellers* beachtet wird.

➪ Grundsätzlich nur Töpfe und Pfannen mit sauberem, trockenem Boden auf die Kochplatte setzen; Töpfe mit scharfen Rändern und Graten können beim Verschieben kratzen oder scheuern. Dies gilt besonders für Kochgeschirr aus Gußeisen oder anderes Geschirr mit rauhen Rändern.

### Steuerung der Kochstellen

Bei herkömmlichen Kochplatten und den Kochzonen beim Glaskeramikfeld unterscheidet man Normal-, Blitz- und Automatik-Kochstellen.

▷ *Normal- und Blitzkochstellen:* Sie unterscheiden sich durch die Leistung. Blitzkochstellen haben eine um 500 Watt höhere Leistung als Normalkochstellen. Dadurch heizen sie besonders schnell auf, ansonsten arbeiten sie wie Normalkochstellen. Blitzkochplatten sind erkennbar an einem roten Punkt in der Mitte der Kochstelle.

▷ *Automatik-Kochstellen:* Sie bieten den Vorteil, daß die Hausfrau nach dem Ankochen nicht selbst zurückschalten muß; das Umschalten von der hohen Leistung zum Ankochen auf geringe Leistung zum Fortkochen entfällt. Dieser Vorgang kann zeit- oder temperaturgeregelt sein. Bei der *temperaturgeregelten* Automatik-Kochplatte wird die Temperatur am Topfboden gefühlt und die Platte zum gleichmäßigen Fortkochen selbsttätig aus- und eingeschaltet. Bei *Zeitsteuerung* taktet die Heizung je nach der eingestellten Leistungsstufe (Zeit).

Kochen auf dem Elektroherd ist einfach und problemlos. Ein großer *Nachteil* elektrisch beheizter Kochstellen ist die lange Aufheizzeit und die Nachwärme. Energiesparen erfordert also viel Erfahrung und etwas Fingerspitzengefühl; nur dann kann die Nachwärme genutzt werden.

Für die einzelnen Schalterstellungen gelten folgende Anhaltspunkte:

*Stufenlose Schaltung*

| | |
|---|---|
| 1 | Schmelzen, Erwärmen |
| 2 | Warmhalten, Heißmachen |
| 3 | Abschlagen, Quellen |
| 4 | Dünsten |
| 5 | Dämpfen |
| 6 7 | Kochen |
| 8 9 10 | Braten |
| 11 | Backen |
| 12 | Fritieren |

*Stufenschaltung*

| | |
|---|---|
| ½ | Schmelzen |
| 1 | Warmhalten, Erwärmen |
| 1½ | Dünsten, Dämpfen |
| 2 2½ | Kochen |
| 3 | Fritieren, Anbraten, Aufkochen |

# Backofen

Nach der Art der Wärmeübertragung werden unterschieden:

- Backofen mit Ober- und Unterhitze,
- Backofen mit Umluft (Heißluft),
- Backofen mit Ober-, Unterhitze und Heißluft,
- Backofen mit Mikrowellenteil.

Fast alle Hersteller bieten *Backwagen* an, dadurch ist beidhändiges Arbeiten möglich, die Verbrennungsgefahr ist nicht so hoch.
Die *Backofentür* ist meist mit einem Fenster ausgestattet. Bei einfacher Verglasung ist die Wärmeabstrahlung sehr groß und dadurch auch die Gefahr, daß sich Kinder die Hände daran verbrennen. Mehrfachverglaste Türen werden nicht so heiß, es geht weniger Wärme verloren.

## Backofen mit Ober- und Unterhitze

Die Beheizung erfolgt mit Heizleitern in der Backofendecke und am Backofenboden, es können Temperaturen zwischen 30 und 275 °C eingestellt werden. Die Wärmeübertragung erfolgt durch *Strahlung* und Konvektion (angewärmte Luft), daher kann nur eine Ebene beschickt werden. Die Höhe des Einschubs richtet sich nach der Höhe des Gargutes: Flaches Gargut wird hoch eingeschoben, z. B. Plätzchen in der 2. Schiebeleiste, Napfkuchen oder Braten in der 1. Schiebeleiste. Wann im Backofen die gewünschte Temperatur erreicht ist, wird durch Erlöschen der roten Betriebsanzeige deutlich.

## Backofen mit Umluft (Heißluft)

Die Beheizung erfolgt von der Backofenrückseite aus durch einen ringförmigen Heizleiter, in dessen Mitte sich ein *Ventilator* befindet. Es gibt auch Modelle ohne Ringheizkörper, hier wird die Hitze durch Ober- und Unterhitze erzeugt und durch einen Ventilator umgewälzt. Die Temperaturregelung erfolgt im Bereich zwischen 50 und 200–250 °C. Durch die Luftbewegung kann die Hitze gleichmäßig in das Gargut eindringen, niedrigere Temperaturen bringen die gleiche Garleistung wie hohe Temperaturen bei Ober- und Unterhitze. Die jeweils einzustellende Temperatur liegt etwa 20 °C unter dem Wert für Backöfen mit Ober- und Unterhitze.

*Vorteile des Heißluftherdes*
- Infolge der gleichmäßigen Luftbewegung ist die Wärmeverteilung sehr gut, es können mehrere Ebenen gleichzeitig beschickt werden. Eine Geschmacksübertragung findet nicht statt.

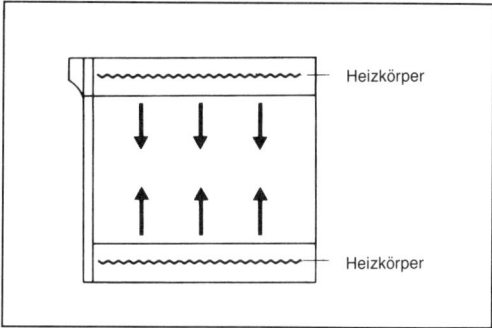

Ober- und Unterhitze (Strahlungswärme)

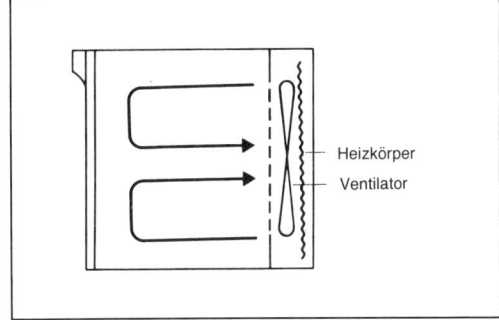

Umluft (Heißluftprinzip)

- Vorheizen ist nicht nötig.
- Gefriergut kann schnell aufgetaut werden.
- Braten bleiben saftiger, die Bräunung ist nicht so intensiv wie beim Herd mit Ober- und Unterhitze.
- Durch die niedrigeren Backofentemperaturen brennen Verschmutzungen weniger stark ein.

## Backofen mit kombinierter Wärmeübertragung

Heutzutage werden die meisten Herde mit kombinierter Ausstattung angeboten, das heißt, der Backofen ist umschaltbar von Ober- und Unterhitze auf Heißluft. Luxusmodelle bieten zusätzlich ein Mikrowellenteil an, doch diese Geräte sind sehr teuer, Aufpreis etwa 1300,– DM; ein gesondertes Mikrowellengerät ist eher zu empfehlen (siehe Seite 337).

**▶▶ Praktischer Hinweis ◀◀**

Beim ersten Aufheizen eines Backofens entstehen Dämpfe, die stechend riechen. Sie können gesundheitsschädlich sein, daher gründlich lüften!

## Zusatzausstattungen

▷ *Grilleinrichtung:* Sie kann fest eingebaut sein oder nachträglich eingesteckt werden (Anschlußwert 2000–2800 Watt). Grillrost und Dreheinrichtung sorgen für gleichmäßige Bräunung des Gargutes. In Backöfen mit kombinierter Ausstattung ist Umluftgrillen möglich, dabei sind Ventilator und Grillheizkörper gleichzeitig eingeschaltet, eine Drehvorrichtung ist daher überflüssig. Die Bezeichnung *Infrarot-Grill* sagt lediglich aus, daß der Grillheizkörper im Betrieb rotglühend wird.

▷ *Zeitschaltautomatik:* Automatisches Garen auf der Kochplatte (nur Automatikplatten!) oder im Backofen ist möglich durch eine Schaltuhr. Sie besteht aus einer Tageszeituhr, die sich nach einer vorgewählten Zeit ein- und ausschaltet.

▷ *Bratautomatik:* Das ist ein Spezialprogramm für Braten. Eingegeben werden Fleischart, Gewicht und Zustand des Fleisches (gefroren oder aufgetaut), der Braten wird erst bei hoher, dann bei niedriger Temperatur gegart.

▷ *Bratenthermometer:* Ein spießförmiges Thermometer wird in das Fleisch gesteckt. Bei Erreichen der eingestellten Temperatur schaltet der Herd automatisch ab.

▷ *Dampfgareinrichtung:* Zur Ober- und Unterhitze kommt ein Dampferzeuger, der die Speisen in Wasserdampf hüllt. Bei dieser Methode sollen weniger Inhaltsstoffe verloren gehen, z. B. bei Gemüse und Fleisch. Günstig ist die Dampfeinrichtung beim Brotbacken.

## Backofenreinigung

Das Reinigen des Backofens ist eine unbeliebte und kraftraubende Tätigkeit, deshalb werden die meisten neuen Herde (bis auf einige Standherde) mit einer speziellen Selbstreinigung angeboten. Unterschieden werden katalytische und pyrolytische Selbstreinigung.

▷ *Katalytische Reinigung:* Die Backofenseitenwände sind mit Spezialblechen ausgekleidet. Die Bleche sind mit einer Spezialemaille beschichtet, die Katalysatoren enthält. Diese bewirken eine Umwandlung der *Fett*verschmutzungen, sie verbrennen und werden als Staub ausgewischt. *Zucker*verschmutzungen bleiben unverändert, sie müssen vorsichtig entfernt werden. Die Emailleschicht ist rauh und darf nicht mit Scheuermittel oder kratzenden Bürsten oder Schwämmen bearbeitet werden. Nach längerem Gebrauch wird die Emaille-

## ⏩ Praktische Hinweise ⏪ für den Kauf eines Elektroherdes

⇛ Einbaugeräte sind teurer als Standgeräte, sie sehen aber in einer geschlossenen Küchenzeile schöner aus und haben weniger Schmutzecken.

⇛ Einbaubacköfen, in einen Hochschrank eingebaut, erleichtern die Bedienung und verhindern, daß sich Kinder verbrennen. Allerdings geht Arbeitsfläche verloren.

⇛ Versenkbare Schalterleisten sind empfehlenswert als Kindersicherung.

⇛ Die Kochmulde sollte leicht zu reinigen sein. Glänzende Edelstahlmulden haben einen hohen Reinigungsaufwand, praktischer ist matter Edelstahl. Emaillierte Mulden springen leicht ab.

⇛ Bei Sonderausstattung kritisch prüfen, ob diese auch genutzt wird. Eine Zeitschaltuhr lohnt sich beispielsweise, wenn die Bäuerin häufig im Außenbetrieb mitarbeitet. Kochen mit der Zeitschaltuhr erfordert Übung und Geschick im Zusammenstellen der Gerichte.

⇛ Glaskeramik-Kochfelder sind teuer in der Anschaffung. Große qualitative Unterschiede gibt es zwischen den unterschiedlichen Modellen kaum. Beim Kauf können daher Preis, Ausstattung der Felder und die Vorliebe für ein bestimmtes Design im Vordergrund stehen. Günstig im Gebrauch sind außer den normalen Kochstellen die Zweikreis- und/oder Bräterzonen für größere Töpfe und ovale Bräter.

⇛ Ein Heißluftherd ist zu empfehlen, wenn häufig große Mengen gebacken oder gebraten werden. Die Hausfrau muß sich allerdings auf diese Technik umstellen (Zeit, Temperatur).

⇛ Pyrolytische Selbstreinigung wirkt gleichbleibend gut. Katalytische Selbstreinigung wird nur mit kleinen Verschmutzungen gut fertig, vor allem Fettverschmutzungen.

⇛ Bei Herd-Mikrowellen-Kombinationen ist die Verschmutzung größer, da der Backofen Metallwände hat. Den Herd regelmäßig reinigen, damit die Mikrowellenleistung nicht nachläßt. Nachteilig ist bei diesen Geräten auch die Arbeitshöhe, wenn die Mikrowelle allein genutzt wird, die Hausfrau muß sich oft bücken.

schicht von Verschmutzungen zugedeckt und kann nicht mehr wirken, dann müssen die Bleche ausgewechselt werden.

▷ *Pyrolytische Reinigung:* Der Backofen wird in einem gesonderten Programm auf etwa 500 °C aufgeheizt, die Verschmutzungen verschwelen und können als Asche ausgewischt werden. Der Reinigungsvorgang dauert etwa 3 Stunden, dabei werden etwa 5 kWh Strom verbraucht. Pyrolytische Selbstreinigung verteuert das Gerät, weil verschiedene technische Zusatzeinrichtungen notwendig sind.

## Gasherd

Gasherde haben immer noch den Ruf, altmodisch zu sein – zu Unrecht, denn mittlerweile bieten sie den gleichen Komfort wie Elektroherde. Gasherde haben darüber hinaus den Vorteil, daß die Hitze sofort zur Verfügung steht, stufenlos regulierbar ist und keine Nachwärme entsteht. Allerdings steht ein Anschluß an das Gasnetz nicht überall zur Verfügung, Ausweichmöglichkeit ist Flüssiggas.

### Bauarten

Wie bei Elektroherden gibt es auch bei Gasherden Stand-, Einbau- und Unterbaugeräte. Die Maße entsprechen denen der Elektroherde. Die Brenner der Kochmulde und des Backofens werden mit Gas beheizt. Es besteht die Möglichkeit, einen Elektrobackofen mit einer Gaskochmulde zu kombinieren.

 **Wichtiger Hinweis**

Gasherde dürfen nur vom Fachmann angeschlossen werden.

### Kochmulde

Die Kochmulde ist mit 4 Brennern ausgestattet, die verschiedene Leistungen bieten. Auch Gaskochstellen können so geregelt sein wie Automatik-Kochplatten beim Elektroherd, das heißt, nach dem Ankochen schaltet der Herd automatisch auf die Fortkochstufe zurück. Die Kochstellen können mit einer Glaskeramikplatte abgedeckt sein.

Die *Zündung* des Gases erfolgt nur noch bei sehr alten Herden von Hand, alle neuen Geräte haben eine Zündeinrichtung. Auch eine Zündsicherung ist bei jedem Gerät vorgesehen, dadurch wird das

Ausströmen von unverbranntem Gas verhindert.

Gaskochstellen bieten nicht nur den Vorteil, daß die Hitzezufuhr genau und schnell reguliert werden kann, sie sind auch leicht zu reinigen. Meist sind die Brennerdeckel mit einem selbstreinigenden Material beschichtet. Ein weiterer großer Vorteil: Jedes Geschirr kann verwendet werden, auch nicht ganz ebene oder gar verbeulte Töpfe.

### Backofen

Der Backofen wird beheizt durch einen Ringheizkörper, Zündung und Zündsicherung wie bei den Brennern. Die Temperatur ist in Stufen von 1–8 regelbar.

Heißluftbetrieb, Zeitschaltautomatik und Grillheizkörper sind beim Gasbackofen ebenfalls möglich, Luxusherde sind damit ausgestattet.

 **Praktische Hinweise für den Kauf eines Gasherdes**

▷ Bevor Sonderausstattung gekauft wird, genau überlegen, ob diese auch genutzt wird.

▷ Aushängbare Backofentür erleichtert die Reinigung.

## Kohleherd

Der Kohleherd spielt heutzutage als reiner Kochherd eine untergeordnete Rolle. Am häufigsten zu finden ist er noch in ländlichen Haushalten. Obgleich nicht mehr täglich darauf gekocht wird, ist er noch regelmäßig in Betrieb, z.B. wenn geschlachtet wird, beim Einkochen von Marmelade oder auch zum Dörren von Obst. Gleichzeitig dient der Kohleherd natürlich als Raumheizung. Der Kohleherd muß von Zeit zu Zeit gekehrt, das heißt entrußt werden. Die Herdplatte täglich reinigen, Verschmutzungen brennen sehr stark ein und können nur schwer entfernt werden. Als Reinigungsmittel sind empfehlenswert Scheuerpulver, Scheuersand, verseifte Stahlwolle.

## Mikrowellengerät

### Funktionsweise

Im Gegensatz zu den gewohnten Garmethoden, bei denen die Wärme dem Lebensmittel von außen nach innen zugeführt wird, z.B. durch Wasser oder Fett, entsteht im Mikrowellengerät die Wärme im Lebensmittel selbst. Ausgelöst wird dieser Vorgang durch die Mikrowellen, das sind elektromagnetische Wellen, die die kleinsten Speisenbestandteile (Moleküle) in Schwingung bringen, so daß sie sich aneinander reiben; durch diese Reibung wird Wärme erzeugt. Garraum und Geschirr werden lediglich durch die Wärmeabgabe der erhitzten Speisen erwärmt. Sobald die Tür des Gerätes geöffnet wird, schaltet sich das Gerät ab.

Die Mikrowellen werden im Gerät vom Magnetron erzeugt und über eine Antenne in den Garraum eingeleitet. Damit sich die Wellen im Gerät gleichmäßig verteilen, werden sie zusätzlich über einen Wellenrührer (Wobbler) geführt. Für eine gleichmäßige Verteilung der Mikrowellen im Gargut kann auch ein Drehteller eingebaut sein.

## Eigenschaften der Mikrowellen

● Mikrowellen werden von Metallen *reflektiert* (zurückgeworfen). Lebensmittel, die sich in geschlossenen Metallgefäßen befinden, z. B. Edelstahltopf, werden nicht erwärmt. Deshalb kann im Mikrowellengerät kein Metallgeschirr verwendet werden. Auch Geschirr mit Metalldekor (Goldrand) ist ungeeignet, es kann zerspringen.
● Mikrowellen *durchdringen* Glas, Keramik, Papier, Pappe, Kunststoff, Porzellan fast verlustlos. Geschirr aus diesen Materialien kann daher in der Mikrowelle gut verwendet werden.
● Mikrowellen werden von Lebensmitteln *aufgenommen (absorbiert)* und in Wärme umgewandelt. Wie schnell sich ein Lebensmittel erwärmt, hängt von Art (Fleisch, Gemüse) und Zustand (gefroren, zimmerwarm) ab. Am schnellsten und gleichmäßigsten erwärmen sich

bzw. garen Lebensmittel mit einem hohen Wasser-, Fett- und Zuckergehalt. Bei flüssigen oder breiigen Speisen hilft kurzes Umrühren, um sie gleichmäßig zu erhitzen.

## Vorteile des Mikrowellengerätes

● *Schonende Zubereitung:* Durch die kurzen Garzeiten werden die hitzeempfindlichen und wasserlöslichen Vitamine geschont. Die Speisen können im eigenen Saft oder mit nur sehr wenig Wasser gegart werden, sie werden nicht ausgelaugt und behalten ihren typischen Geschmack. Starkes Salzen oder Würzen kann wegfallen, ebenso Fettzugabe. Die Bereitung von Diätkost ist problemlos, es bilden sich keine unerwünschten Röststoffe.
● Zubereitung im Serviergeschirr ist möglich.
● *Einfache Bedienung:* Wartezeiten wie z. B. beim Backofen entfallen. Das Gerät schaltet sich automatisch ab. Auch Kinder und ältere Menschen können gut damit umgehen.
● *Einfache Pflege:* Da der Garraum kalt bleibt, kann nichts einbrennen.
● Zeit- und Energieersparnis.

## Sicherheit der Mikrowellengeräte

Mikrowellengeräte werden strengen Sicherheitskontrollen unterzogen und sind so gebaut, daß die Mikrowellen nur bei geschlossenem Garraum erzeugt werden. Sicherheit gewährleisten das TÜV- und GS-Zeichen (siehe Seite 478). Die dennoch austretende sogenannte Leckstrahlmenge ist bereits in 5 cm Entfernung vom Gerät so gering, daß eine Gefährdung ausgeschlossen werden kann. Es sollte jedoch darauf geachtet werden, daß Kinder nicht mit der Nasenspitze an der Garraumtür die Vorgänge im Inneren des Gerätes beobachten. Wer ganz sicher gehen will, sollte alle 3–4 Jahre

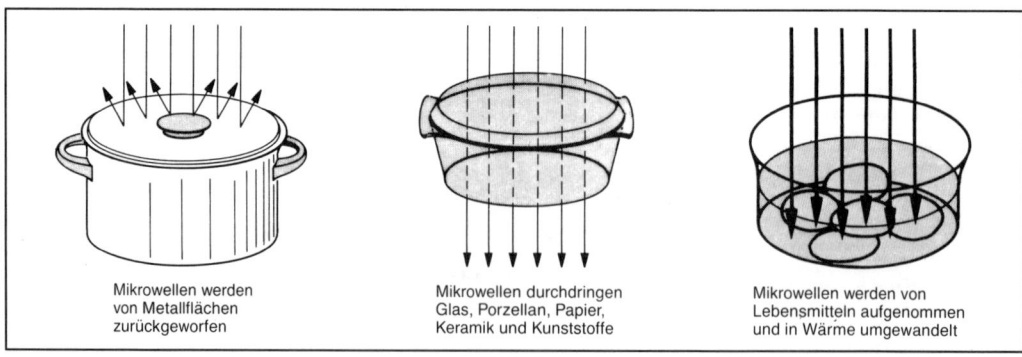

Mikrowellen werden von Metallflächen zurückgeworfen

Mikrowellen durchdringen Glas, Porzellan, Papier, Keramik und Kunststoffe

Mikrowellen werden von Lebensmitteln aufgenommen und in Wärme umgewandelt

Eigenschaften der Mikrowellen

vom Fachmann die Leckrate überprüfen lassen. Die Qualität der Lebensmittel wird durch Garen mit Mikrowellen nicht beeinträchtigt, es bleibt keine Strahlung in den Speisen zurück.

## Anschluß

Der Anschlußwert von Mikrowellengeräten liegt bei 1000–1450 Watt. Etwa die Hälfte davon wird benötigt für die Erzeugung der Mikrowellen, die übrige Leistung steht für das Garen der Lebensmittel zur Verfügung.

Mikrowellengeräte können an jede Schutzkontaktsteckdose angeschlossen werden, die mit mindestens 10, besser 16 Ampere abgesichert ist. Kombinationsgeräte (Mikrowelle plus herkömmliche Beheizungsarten) benötigen eine Absicherung von 16 Ampere. Es sollte darauf geachtet werden, daß nicht zu viele Geräte an diesem Stromkreis hängen (Überlastung vermeiden).

Die Aufstellung eines Mikrowellengerätes muß nicht mehr vom Fernmeldeamt genehmigt werden.

## Ausstattung von Mikrowellengeräten

Zur Grundausstattung gehören Leistungswahl und Zeitwahl.

### Leistungswahl

Beim Einsatz von Mikrowellengeräten ist es wichtig, die Leistung des Gerätes zu regulieren, denn Mikrowellen durchdringen das Lebensmittel nicht gleichmäßig, sondern garen von außen nach innen. Für das Auftauen eines Lebensmittels oder Garen eines dicken Bratenstückes muß z. B. die Leistung reduziert werden, damit nicht die äußeren Schichten schon gar sind, während der Kern noch gefroren ist. Die Leistung kann je nach Bauart des Gerätes *stufenlos* (10–100%) oder mit

### Einsatz der verschiedenen Leistungsstufen

| Leistung in Watt | Praktischer Einsatz |
|---|---|
| **Hohe Stufe** | |
| 750 | Das sind die höchsten und somit am schnellsten arbeitenden Leistungen, die eingesetzt werden zum |
| 720 | |
| 700 | ▷ Garen (z. B. Fisch, Gemüse, Obst, Beilagen usw.) |
| 650 | ▷ Kochen (auch Ankochen) |
| 600 | ▷ Braten (einzelne Fleisch- und Hackfleischgerichte) |
| 500 | ▷ Schmelzen (z. B. Schokolade, Gelatine, Glasuren) |
| | ▷ Erwärmen (z. B. Tellergerichte, vorbereitete Speisen) |
| | ▷ Vorheizen des Bräunungsgeschirrs |
| **Mittlere Stufe** | |
| 360 | Diese Einstellungen sind für das schonende |
| 330 | ▷ Braten (vornehmlich größere Fleischstücke) |
| 300 | ▷ Erhitzen (größere Mengen vorgefertigter und selbsteingefrorener Tiefkühlgerichte) |
| | ▷ Erwärmen (empfindliche Speisen, z. B. Babykost in Flaschen) |
| **Mittlere bis niedrige Stufe** | |
| 240 | Diese Einstellungen eignen sich zum schnellen |
| 210 | ▷ Auftauen (z. B. Fleisch, Geflügel, Brot, Obst) |
| 190 | ▷ Fortkochen (z. B. Eintöpfe, Reis, Grieß) |
| 180 | ▷ Quellen |
| **Niedrige Stufe** | |
| 150 | Diese niedrigen Leistungsstufen eignen sich hervorragend zum |
| 120 | ▷ Auftauen (empfindliche Speisen, z. B. Butter, Quark, Käse oder kleinere Fleisch- |
| 90 | portionen) |
| 75 | ▷ Fortkochen (kleine Mengen bis 750 g, auch Hefeteig gehen lassen) |
| 70 | ▷ Warmhalten (Gulasch, Eintöpfe) |

## Variable Leistungswahl

| Leistung | | Praktische Anwendung |
|---|---|---|
| in Watt | in % | |
| 600 | 100 | Ankochen, Anbraten, Andünsten |
| 540 | 90 | Erhitzen von vorgefertigten Gerichten |
| 480 | 80 | Auftauen vorgefertigter oder selbsteingefrorener Fertiggerichte |
| 420 | 70 | Bratstellung |
| 360 | 60 | Braten und Erhitzen empfindlicher Speisen |
| 300 | 50 | Fortkochen, Schmoren kleiner Mengen |
| 240 | 40 | Fortkochen größerer Mengen |
| 180 | 30 | Auftauen, Quellen lassen |
| 120 | 20 | Warmhalten |
| 60 | 10 | Auftauen empfindlicher Speisen |

*Stufenschaltern* (2–7 Stufen) geregelt werden. Die Mikrowelle gart zwar schnell, aber diese Schnelligkeit darf nicht übertrieben werden, damit genügend Zeit zur Verfügung steht, daß sich die Temperatur im Lebensmittel gleichmäßig verteilt.

Wird ein Mikrowellengerät nicht nur zum Erwärmen, sondern auch zum Kochen verwendet, sollten etwa 4 Leistungsstufen vorhanden sein: 2 Auftaustufen (niedrig für empfindliche Speisen wie Sahnetorten, Butter oder Beeren, höhere Leistung für Fleisch), Fortkochstufe und Garstufe.

### Zeitwahl

Mit dem Zeitschalter wird die Gardauer eingegeben. Nach Ablauf der eingegebenen Zeit schaltet sich das Gerät automatisch ab. Auch bei der Zeitwahl kann zwischen mechanischen und elektronischen Anzeigen gewählt werden. Die *elektronische* Zeiteinstellung erfolgt sekundengenau in Verbindung mit einer Digitalanzeige. Die *mechanischen* Zeitschalter sind sehr leicht zu bedienen (vor allem auch von Kindern und älteren Menschen), diese Geräte sind billiger.

### Sonderausstattung

Als Sonderausstattung werden angeboten: Temperaturwahl, Programmwahl, Automatikprogramm, Rost, Bräunungselement. Dieses Sonderzubehör schlägt sich natürlich im Preis nieder.

## Einsatzbereiche des Mikrowellengerätes

Das Mikrowellengerät (Sologerät) ist kein Ersatz für einen Herd, sondern nur ein Zusatzgerät. Es ist geeignet zum Auftauen, Erwärmen, Garen, Schmelzen und Trocknen von Lebensmitteln. Zeit und Energie können allerdings nur bei kleinen Portionen gespart werden.

### Auftauen

Im Mikrowellengerät kann sehr schnell und schonend aufgetaut werden. So benötigt ein Hähnchen von etwa 1000 g bei Raumtemperatur eine Auftauzeit von etwa 8 Stunden, im Mikrowellengerät mit der Auftaustufe (180–240 W) 20–30 Minuten.

### Erwärmen und Garen

Hierbei ist zu beachten:

> Doppelte Menge – fast doppelte Zeit.

Je größer also die Portion, desto geringer der Zeit- und Energievorteil. 250 g Kartoffeln garen in 7 Minuten, 500 g brauchen fast doppelt so lange. Am rationellsten, zeit- und energiesparendsten gart ein Mikrowellengerät bei kleinen Mengen für 1–2 Personen. Bei Gerichten für 3 Personen ist bei vielen Lebensmitteln die herkömmliche Kochplatte genauso schnell, ab 4 Personen sogar günstiger.

Einige Lebensmittel können nur mit Einschränkungen im Mikrowellengerät gegart werden:

● Die Gerichte bekommen keine knusprigbraune Haut. Backen im herkömmlichen Sinn oder Überkrusten ist nur in Kombinationsgeräten (Mikrowelle kombiniert mit Ober- und Unterhitze oder Heißluft) möglich.

● Manche Gerichte sollten grundsätzlich auf herkömmliche Art zubereitet werden: alle Pfannengerichte (Schnitzel, Kotelett, Bratwürste, Pfannkuchen), viele Backwaren (trockene Kuchen, Brot), fritierte Speisen (Pommes frites, Kroketten), alle Lebensmittel mit fester Schale (Würstchen, Eier).

● Gemüse und Obst mit harter Schale, z. B. Kartoffeln, Paprika, Tomaten, vor dem Garen mehrmals mit einer Gabel anstechen, dann platzen sie nicht auf.

● Ungleichmäßig dicke Teile, z. B. Gemüse, Fische, Hähnchenschenkel, immer sternförmig in die Schüssel legen, dann werden alle Teile zur selben Zeit gar.

## Reinigung und Pflege

Das Mikrowellengerät ist leicht sauberzuhalten. Spritzer brennen nicht fest, der Garraum muß lediglich hin und wieder mit etwas Spülmittellauge ausgewischt werden, ebenso die Garraumtür und die Dichtungen. Keine Scheuermittel oder kratzende Schwämme verwenden!

Falls stark riechende Lebensmittel gegart wurden, verschwindet der Geruch schnell, wenn eine Tasse Zitronenwasser 1–2 Minuten gekocht wird; gleichzeitig lösen sich Verkrustungen an der Garraumwand.

## Geschirr für die Mikrowelle

Geeignet sind alle Geschirre, die nicht oder nur wenig von der Mikrowelle erhitzt werden. Um das festzustellen, wendet man den *Geschirrtest* an:

leeres Gefäß in das Gerät stellen, etwa 30 Sekunden volle Leistung einstellen; bleibt das Geschirr kalt oder handwarm, ist es geeignet (Ausnahme: Steingut kann heiß werden).

Runde Formen sind besser geeignet als ovale oder eckige (außer das Gerät hat keinen Drehteller); größere, flache Formen sind günstiger als kleinere, hohe. Für das Mikrowellengerät muß also kein gesondertes Geschirr angeschafft werden.

### Glas

Mikrowellen durchdringen Glas ungehindert, die Gerichte erhalten die volle Mikrowellenenergie. Außerdem kann der Garvorgang genau beobachtet und im selben Geschirr serviert werden. Ungeeignet ist Glas mit Metalleinschlüssen, z. B. Bleikristall, aber auch sehr feines Glasgeschirr oder Gläser sowie Glasschalen mit einem gerändelten Rand oder Metalldekor. Sie können durch die Wärme des Lebensmittels platzen. Auch bei Glasgeschirr, das einen Sprung hat, besteht diese Gefahr.

### Porzellan

Geschirr aus Porzellan ist gut geeignet. Ausnahme ist Geschirr mit einer Metallauflage, z. B. Gold- oder Silberrand oder sehr dünnes Porzellan.

### Glas- und Vitrokeramik

Dieses Spezialgeschirr wird im Handel als *mikrowellengeeignet* angeboten. Es läßt sich besonders vielseitig einsetzen, denn es verträgt auch die Temperaturen auf dem Herd, im Backofen und Gefriergerät, außerdem ist es spülmaschinenfest. Das Material speichert Wärme sehr gut.

Verschiedene Mikrowellengeschirre

### Keramik, Steingut, Ton

Diese Materialien sind ebenfalls sehr gut geeignet. Es ist darauf zu achten, daß die Gefäße keine großen unglasierten Flächen (z. B. Boden) oder Risse in der Glasur haben, das Geschirr nimmt sonst beim Spülen Feuchtigkeit auf und erwärmt sich im Mikrowellengerät sehr stark.

Bemaltes Steingut ist geeignet, wenn das Dekor unter Glasur sitzt. Es sollte als mikrowellengeeignet gekennzeichnet sein.

Der Tontopf (Römertopf) ist nur bedingt geeignet, er nimmt viel Wärme auf, er kann platzen.

### Kunststoffe

● Kunststoffgeschirr muß Temperaturen von mindestens 140 °C aushalten, damit es sich nicht verformt. Es gibt spezielles Kunststoffgeschirr für die Mikrowelle zu kaufen, das kältebeständig bis –40 °C und hitzebeständig bis 140 °C, 180 °C oder 210 °C ist. Damit kann in einem Gefäß gegart, tiefgefroren, wieder erwärmt und gegebenenfalls serviert werden.

● Kunststoffgeschirr, das als spülmaschinenfest gekennzeichnet ist, eignet sich auch für die Mikrowelle. Kunststoffgeschirr ohne Kennzeichnung ist meist nur zum Auftauen verwendbar.

● Tiefkühldosen ohne weitere Angaben (z. B. hitzebeständig) eignen sich nur zum kurzfristigen Erwärmen auf Eßtemperatur.

● Kunststoffgeschirr aus Melamin und Ornamin (angegeben) eignet sich nicht, es wird heiß.

● Brat- oder Kochbeutel aus Kunststoff können zum Erwärmen und Garen verwendet werden. Sie müssen jedoch vorher eingestochen werden, damit der Dampf austreten kann. Nicht mit Metallklipsen verschließen!

● Klarsichtfolien zum Abdecken der Speisen während des Garens kann man einsparen durch Abdecken mit einem Teller. Es gibt inzwischen spezielle Mikrowellenfolien.

### Metall

Metallgeschirr, Alufolie und Besteck gehören nicht in die Mikrowelle! An Metallen prallen die Mikrowellen ab, gelangen zum Magnetron zurück und können es beschädigen.

*Ausnahmen:* Beim Auftauen von ungleichmäßigen Fleischstücken (Geflügel, Fisch) können die flacheren Teile mit einem kleinen Stück Alufolie abgedeckt werden, damit sie nicht durchgaren; die Folie wird nach der halben Auftauzeit entfernt. Wichtig ist jedoch, daß die Folie mindestens 2 cm von den Garraumwänden entfernt und der

abgedeckte Teil verhältnismäßig klein ist, damit die Wellen nicht abgeschirmt werden.

● Fertiggerichte in Aluschälchen können nach dem Entfernen des Deckels auch in der Schale erwärmt werden. Allerdings dauert das Erwärmen dann länger, weil die Mikrowellen nur von oben an das Gargut gelangen.

● Metallspieße und Rouladennadeln können verwendet werden, wenn die Fleischstücke sehr viel größer sind als die Metallteile.

### Holz und Stroh

Zum kurzen Erwärmen können Strohkörbchen eingesetzt werden. Holzgeschirr ist nur bedingt geeignet, es enthält Wasser, das während des Garvorgangs verdampft, das Holz trocknet aus und reißt auf.

### Papier, Pappe, Pergament

Diese Materialien sind nur für kurze Garzeiten zu empfehlen. Sie sind aber gut geeignet als Unterlage für Toasts oder als Abdeckung, wenn z. B. Frühstücksspeck gebraten wird.

### Bräunungsgeschirr

Mit diesem speziellen Geschirr kann eine Bräunung erzielt werden. Es wird vor der Verwendung bei voller Leistung aufgeheizt, dabei werden Temperaturen bis 330 °C erreicht. Wird nun Gargut daraufgelegt, bräunt es, beim Wenden reicht die Wärme allerdings für die 2. Seite nur bedingt. Die Speisen müssen vollständig aufgetaut sein, bevor sie auf das Bräunungsgeschirr gelegt werden, denn Eiskristalle verhindern die Bräunung.

Der Einsatz des Bräunungsgeschirrs sollte auf Ausnahmen beschränkt werden, weil der Energieverbrauch sehr hoch ist. Eine wesentlich günstigere Methode besteht darin, Fleisch z. B. in der Pfanne anzubraten und in der Mikrowelle fertigzugaren. Außerdem erhalten Fleischstücke mit einer Garzeit von mehr als 20 Minuten auch im Mikrowellengerät eine gewisse Bräunung.

## Wann ist der Kauf eines Mikrowellen-Sologerätes sinnvoll?

Ein Mikrowellengerät mag praktisch sein, wird aber nicht in jedem Haushalt benötigt. Vor dem Kauf sollte man sich also kritisch fragen, ob diese Anschaffung sinnvoll ist.

● Günstig ist das Gerät in Haushalten mit unterschiedlichen Essenszeiten der einzelnen Mitglieder, z. B. Schulkinder. Das Gericht kann portioniert auf dem Teller angerichtet und abgedeckt so lange im Kühlschrank aufbewahrt werden, bis es gegessen wird. Ständiges Aufwärmen oder Warmstellen entfällt.

● Zeitsparend ist das Gerät in Haushalten mit »Sondermahlzeiten« für einzelne Familienmitglieder, z. B. Diätkost, Babykost.

● Günstig ist das Gerät in einem 1- oder 2-Personen-Haushalt, in dem es darauf ankommt, kleine Gerichte schnell und energiesparend zuzubereiten. In diesem Fall ist es besonders rentabel, für mehrere Tage vorzukochen, einzufrieren und portionsweise zu erwärmen.

Falls Sie sich für den Kauf eines Mikrowellengerätes entschieden haben, helfen folgende Tips bei der Entscheidung für ein bestimmtes Garät:

● Die Bauart: *Wandgeräte* benötigen keinen Stellplatz und sind daher günstig für Haushalte mit wenig Stellfläche. *Tischgeräte* werden auf die Arbeitsplatte gestellt, für Kleinhaushalte sind sie auch mit einer Kochstelle zu haben. Beim Kauf die Maße berücksichtigen. *Einbaugeräte* können in einen Küchenhochschrank eingebaut werden, das ist ebenfalls eine platzsparende Alternative.

● Der *Anschlußwert* sollte nicht unter 500 Watt liegen. Die teuren Geräte mit höherem Anschlußwert werden nur dann voll ausgenutzt, wenn häufig gegart wird. Erfahrungsgemäß wird die Mikrowelle jedoch mehr zum Auftauen und Erwärmen genutzt, wofür 500 Watt ausreichend sind.

● Das Gerät sollte einfach zu bedienen sein, damit auch Kinder und Altenteiler damit umgehen können.

● Wird ein Mikrowellengerät hauptsächlich angeschafft, um damit aufzutauen oder kleine Mahlzeiten zu erwärmen, reicht ein einfaches Gerät ohne Zusatzeinrichtungen aus.

## Mikrowellen-Kombinationsgeräte

Ein Mikrowellen-Sologerät hat seine Grenzen bei der Zubereitung von Speisen, es bildet sich keine Kruste, Backen und Braten gelingt also nur bedingt. Diesen Mangel gleichen Kombinationsgeräte aus. Hier sind Mikrowelle und herkömmliche Beheizungsarten (Heißluft, Ober- und Unterhitze, Grill) miteinander kombiniert.
Ein kombinierter Mikrowellenherd hat den Vorteil, daß gleichzeitig die Backofenfunktionen und die Mikrowelle angewendet werden können, es

kann also sehr schnell gegart und gleichzeitig gebräunt werden. Günstig ist dies bei Braten, hier bringt die Mikrowelle einen Zeitgewinn von bis zu 50% und eine Energieeinsparung von etwa 20%. Ein Vorteil ist natürlich auch der geringe Platzbedarf. Nicht anzuraten ist die Kombination von Herd und Mikrowelle für magere Braten, sie bräunen nicht gut und trocknen aus. Beim Backen bringt die Zuschaltung der Mikrowelle nur bessere Ergebnisse bei dicken, saftreichen Gebäcken, z. B.: Apfelstrudel, oder bei Aufläufen. Mehlreiche Teige (Rührteig, Hefeteig) gelingen mit der herkömmlichen Methode besser.

### Vorteile und Nachteile von Kombinationsgeräten

● Kürzere Back-, Brat- oder Grillzeiten (50–60% weniger).

● Bräunung der Speisen.

● Verhältnismäßig hoher Preis.

● Der Garraum kann nur für *einen* Garvorgang genutzt werden. Zwei Geräte können dagegen parallel eingesetzt werden, z. B. Braten im konventionellen Backofen, Garen von Gemüse in der Mikrowelle.

● Höchstleistung von 600 W.

● Magere Braten (Kalb, Rind) gelingen besser im Herd ohne zusätzliche Mikrowelle.

● Kürzere Lebensdauer.

● Erschwerte Reinigung: Da der Garraum heiß wird, brennen Verschmutzungen ein. Bei Geräten mit fest eingebautem Grill nimmt im Laufe der Zeit die Deckenverschmutzung zu, eine einwandfreie Funktion der Mikrowelle wird dadurch nicht mehr erreicht. Längere Garzeiten und erhöhter Stromverbrauch sind die Folge.

● Mit Kombinationsgeräten kann zwar gebraten und gebacken werden, manche Gerichte gelingen jedoch auf herkömmliche Art viel besser: Biskuit, Gebäcke aus Eiweißmasse (Baiser, Makronen), Vollkornbrot, Soufflé, Kleingebäck (Weihnachtsplätzchen), gegrillte Leber, Bratwürste, Steaks.

● Kombinationsgeräte liefern gute Ergebnisse beim Backen von dickeren, saftreichen Gebäcken (Quarktorte, Apfelstrudel) oder bei Aufläufen (Nudelauflauf, Quarkauflauf). Alle mehlreichen Teige (Hefe-, Rühr-, Brandteig), die Zeit zum Quellen und Verkleistern brauchen, gelingen besser mit herkömmlichen Methoden.

● In 1- oder 2-Personen-Haushalten sowie in Ferienwohnungen kann das Kombinationsgerät den Herd ersetzen.

# 5.2 Grillgeräte

Gegrillt werden kann im Elektro- und Gasbackofen, der mit einem Grillheizkörper ausgestattet ist, sowie in separaten Tischgrillgeräten.

## Backofengrill

Im Backofen ist der Grillheizkörper fest *eingebaut* oder einsteckbar. *Einsteckgrills* haben den Vorteil, daß die Backofendecke gut gereinigt werden kann; sie haben einen Anschlußwert von 2000–2800 Watt.
Als Zubehör zu Grillheizkörpern gibt es Grillroste und Drehgrillvorrichtungen, damit z. B. Hähnchen oder Rollbraten gleichmäßig garen und bräunen. Bei Herden mit Umluftgrill ist die Drehvorrichtung nicht notwendig, weil die heiße Luft durch das Gebläse verteilt wird. Früher war es bei fast allen Herden notwendig, beim Grillen die Backofentür einen Spalt zu öffnen, um eine Überhitzung zu vermeiden. Das ist bei den neuen Herden (Elektro wie Gas) nicht mehr notwendig und spart daher viel Energie.

## Tischgrillgeräte

Tischgrillgeräte arbeiten als Strahlungs-, Heißluft- oder Kontaktgrillgeräte. Sie können zwar transportiert werden (z. B. ins Eßzimmer), brauchen aber zusätzlichen Stellplatz. Nachteilig ist auch, daß sie sehr heiß werden und Verschmutzungen stark einbrennen.

### Strahlungsgrill

Beim Strahlungsgrill werden die Speisen durch die abstrahlende Hitze eines Grillheizkörpers gegrillt. Sie haben einen Anschlußwert von 1000–1800 Watt, die Leistung kann in Stufen geschaltet werden (meist 3 Stufen).
Bei manchen Strahlungsgrills kann die Garraumtür ganz verschlossen werden. Zusätzlich ist eine Unterhitze eingebaut, so daß in diesen Geräten auch gebacken werden kann (Backgrill). Ein Backgrill ist sehr geeignet für 1- oder 2-Personen-Haushalte, in denen selten gekocht wird.
Bei der Auswahl eines Strahlungsgrills darf nicht vergessen werden, daß das Gerät nach jedem Gebrauch gereinigt werden muß. Edelstahl als Garraumauskleidung oder für die Außenverkleidung sieht zwar schön aus, ist aber äußerst pflegeaufwendig. Viel leichter reinigen lassen sich emaillierte Oberflächen. Um eine bessere Reflexion der Hitze zu erreichen, können die Innenwände mit Alufolie ausgekleidet werden; dies erleichtert zudem die Reinigung.
Katalytisch beschichtete Innenwände (siehe Seite 336) brauchen nicht gereinigt zu werden. Allerdings sind Geräte mit dieser Ausstattung auch teurer. Die Anschaffung ist dann zu empfehlen, wenn sehr oft gegrillt wird (mindestens einmal wöchentlich).

### Kontaktgrill

Kontaktgrills haben zwei beheizte Flächen, zwischen denen das Grillgut gegart wird, eben durch den Kontakt mit den Heizflächen. Gegrillt werden können flache Grilladen (Steaks, Hackfleisch, Würstchen). Teilweise sind Kontaktgrills auch aufzuklappen, so daß die Grillfläche vergrößert wird, allerdings muß dann das Grillgut gewendet werden. Die Platten von Kontaktgrills sind meist beschichtet, um die Reinigung zu erleichtern, günstig sind herausnehmbare Platten. Kontaktgrills sind häufig vielseitig umzurüsten, z. B. zu Waffeleisen, Raclettegerät. Der Anschlußwert beträgt etwa 2000 Watt.

# 5.3 Küchenmaschinen

Bei den Küchenmaschinen werden Stand- und Kompaktküchenmaschinen sowie Handrührgeräte unterschieden. Kombiniert mit verschiedenem Zubehör, erleichtern sie viele Arbeiten, z. B. Kneten, Rühren, Schnitzeln, Mixen, Raspeln, Reiben. Mit dem Einsatz einer Küchenmaschine werden nicht nur Kraft und Zeit gespart, meist wird auch ein besseres Arbeitsergebnis erzielt als bei entsprechender Handarbeit.

## Standküchenmaschinen

Die Standküchenmaschine besteht aus einem Motorblock mit ein oder zwei Antriebswellen, die verschiedene Drehgeschwindigkeiten haben. Der Antrieb hat hohe Drehzahlen für den Gebrauch von Mixer und Saftzentrifuge. Die Antriebswelle für den niedrigen Drehbereich ist z. B. zum Schlagen von Sahne, Rühren und Kneten von Teig. Standküchenmaschinen haben einen Anschlußwert von 300–600 Watt. Die Leistung kann reguliert werden durch Stufenschalter oder elektronische, stufenlose Schaltung. Stufenlose Schaltung hat den Vorteil, daß auch bei höherer Belastung die Drehzahl gleich bleibt.

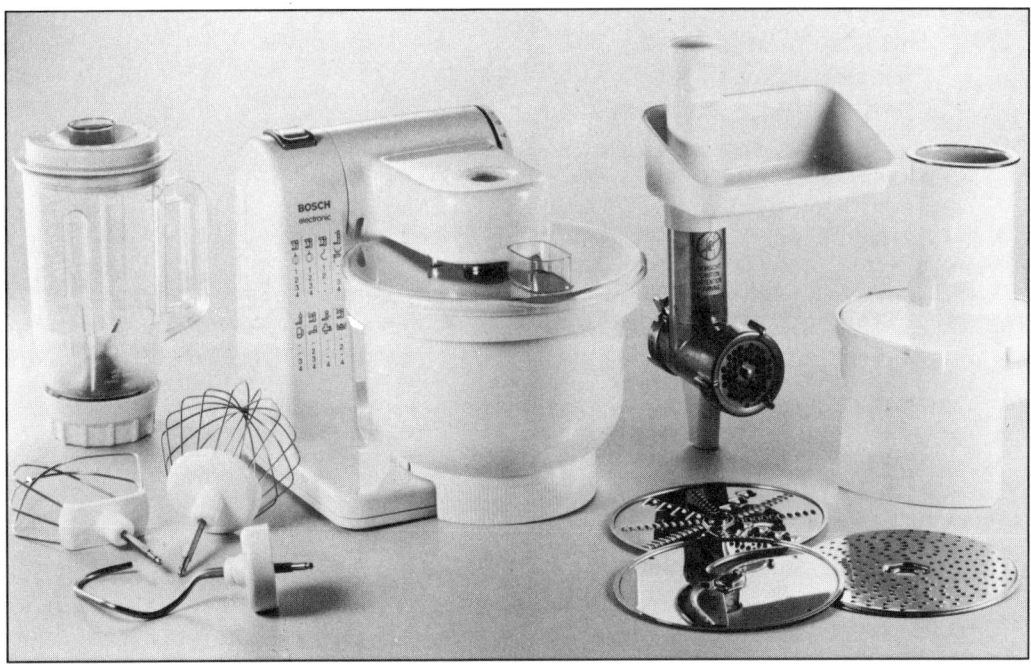

Standküchenmaschine mit Zubehör

## Grundausstattung

Zur Grundausstattung gehören Rühr- und Knet-geräte mit Schüssel, manchmal auch der Mixer. Beim Kauf auf das Fassungsvermögen der Rühr-schüssel achten, es schwankt von 750 g bis zu 6 kg. Für kleinere Haushalte sind große Schüsseln nicht notwendig.

*Knethaken* sind zum Bereiten von schweren Tei-gen vorgesehen: Hefeteig, Mürbteig, Brandteig.
*Rührbesen* werden verwendet zum Rühren von leichteren Kuchenteigen: Rührteig.
Viele Küchenmaschinen haben bei der Grundaus-stattung zusätzlich einen *Schneebesen*, er hat mehr

und feinere Schlaufen als der Rührbesen und wird verwendet zum Schlagen von Sahne, Eischnee, Biskuit.
Der *Mixer* dient zum Zerkleinern, Pürieren, Emulgieren (Mayonnaise) kleiner Mengen. Auch Nüsse oder Mandeln können im Mixer gemahlen werden, allerdings sind sie nicht so gleichmäßig gemahlen wie bei einer speziellen Reibe.

## Zusatzausstattung

Zwar bringt die Standküchenmaschine schon allein durch die Verwendung von Knethaken und Rührbesen Kraft- und Zeitersparnis. Die Vielsei-tigkeit zeigt sich jedoch erst beim Einsatz ver-schiedener Zubehörteile. Die wichtigsten sind:

▷ *Reib-, Schneid- und Schnitzelwerk:* Zum Rei-ben, Schneiden und Raspeln von Gemüse, Obst, Käse, Nüssen. Besonders lohnend ist der Einsatz bei großen Mengen, kleine Mengen sollten besser mit der Hand geschnitten wer-den, weil der Zeitgewinn durch das Spülen der einzelnen Teile erheblich geschmälert wird. Meist werden 4 Zerkleinerungsscheiben ange-boten. Im allgemeinen gilt: feine Scheiben für harte Lebensmittel und Gemüse oder Obst, das roh gegessen wird, die groben Arbeitsscheiben für weiche Lebensmittel oder Gemüse und Obst, das gegart wird.

> ➤➤ **Praktische Hinweise** ◀◀
> **für den Gebrauch eines Mixers**
>
> ⇨ Große Mengen portionsweise nacheinan-der pürieren.
> ⇨ Lebensmittel immer auf das laufende Mes-ser geben, erst die trockenen Zutaten, dann die feuchten.
> ⇨ Schlagwerk des Mixers sofort nach Gebrauch spülen, angetrocknete Speisen-reste lassen sich nur schwer entfernen. Die Verletzungsgefahr an den scharfen Mes-sern ist sehr groß.

➤➤ **Praktische Hinweise** ◄◄
**für den Kauf einer**
**Standküchenmaschine**

⇨ Ernährungsgewohnheiten der Familie:
Für einen Haushalt, in dem viele Lebensmittel frisch verarbeitet werden und selten
auf Fertigprodukte zurückgegriffen wird,
eignet sich eine Standküchenmaschine.
Ebenso, wenn häufig Brot und Kuchen
gebacken werden. Standküchenmaschinen
sind teuer, leisten aber viel.

⇨ Bei einer ausgedehnten Vorratshaltung ist
ebenfalls eine Standküchenmaschine zu
empfehlen.

⇨ Die Größe der Rührschüssel und die Arbeitsleistung des Motors nach der Größe
des Haushalts auswählen.

⇨ Wer selber schlachtet und Fleisch zu Wurst
weiterverarbeitet, sollte sich für eine
Maschine mit dem größeren Fleischwolf
(Größe 7) entscheiden.

⇨ Durch das Eigengewicht der Maschine erhöht sich die Standfestigkeit. Bei leichten

Maschinen werden Vibrationen durch
Gumminoppen abgefangen.

⇨ Günstigen Standort für die Küchenmaschine in der Küche einplanen, damit
sie immer griffbereit ist und entsprechend
häufig genutzt wird.

⇨ Nicht alle Zusatzgeräte sind notwendig,
nicht gebrauchtes Zubehör kostet Geld
und braucht Platz. Vor dem Kauf überlegen, ob das Gerät häufig vermißt wird,
bzw. ob eine Ernährungsumstellung beabsichtigt ist, z. B. mit mehr Rohkost, frischen Säften oder Vollkorngebäck.

⇨ Bei Zubehörteilen auf die Größe des Ein-
füllstutzens achten. Es gibt welche, bei
denen z. B. eine Gurke längs halbiert werden muß oder keine Tomate hineinpaßt.

⇨ Vor Kauf von Zusatzgeräten überlegen,
ob nicht ein gesondertes Gerät günstiger
ist, denn das Aufsetzen von Zubehör ist oft
zeitaufwendig. Zudem sind Einzelgeräte,
z. B. Getreidemühlen, oft leistungsfähi-
ger. Diese Überlegung ist aber nur dann
wichtig, wenn ein Zusatzgerät besonders
häufig gebraucht wird.

▷ *Mixer*, soweit er nicht zur Grundausstattung
gehört.

▷ *Fleischwolf:* Zum Zerkleinern von Fleisch, je
nach Leistung des Motors die genormte Größe
5 oder 7. Zum Fleischwolf gibt es eine Reihe
von Vorsätzen (Fruchtpresse, Spritzgebäck,
Nudelmaschine, Wurststopfer, Nußreibe).

▷ *Saftzentrifuge:* Für die Herstellung von frischen
Obst- und Gemüsesäften. Die Rückstände
bleiben in der Trommel und müssen entfernt
werden. Geräte mit automatischem Auswurf
eignen sich besonders für das Entsaften größerer Mengen.

Als weitere Zubehörteile werden auch angeboten
*Zitruspresse, Getreidemühle, Kartoffelschälgerät*.
Vor dem Kauf sollte man jedoch gründlich überlegen, ob sich diese Anschaffung lohnt bzw. ob
diese Teile oft in Gebrauch genommen werden.
Nach der Verwendung von Zubehör die einzelnen
Teile sofort mit klarem Wasser abspülen, um Verfärbungen zu vermeiden. Außerdem lassen sich
angetrocknete Speisereste meist nur schwer entfernen, weil Zubehör Kanten und Ritzen hat.
Zubehörteile dürfen nur bei ausgeschaltetem Gerät eingesetzt oder abgenommen werden. Darauf
achten, daß die Werkzeuge richtig einrasten.

## Kompaktküchenmaschine

Kompaktküchenmaschinen (Foodprozessoren)
sind kleine Küchenmaschinen, die einen geringen
Platzbedarf haben, nur wenig Zubehör brauchen
und trotzdem viele Funktionen der Standküchenmaschine (für kleine Mengen!) übernehmen. Der
Anschlußwert beträgt meist 500 Watt, die Umdrehungszahlen sind sehr hoch, so daß z. B. Hacken
oder Raspeln sehr schnell geht.
Die Kompaktküchenmaschine besteht aus einem
Motorblock mit einer Antriebswelle, die unterschiedlichen Drehgeschwindigkeiten werden
meist stufenlos geregelt.

### Grundausstattung

Zur Grundausstattung gehören ein *Messer, Knethaken, Schneid-* und *Reibscheiben* und meist auch
ein *Schneebesen*. Im Gegensatz zur Standküchenmaschine können bei der Kompaktküchenmaschine Teige mit dem Messer geschlagen werden.
Es eignet sich natürlich auch zum Hacken (Kräuter, Zwiebeln), Pürieren und Zerkleinern. Da das
Messer rasch rotiert, geht das Pürieren sehr
schnell. Zum Schlagen von Sahne oder feinen
Teigen wird der Schneebesen eingesetzt. Die Zu-

bereitung von Schaummassen und Teigen dauert mit Kompaktküchenmaschinen länger als mit Handrührgeräten oder Standküchenmaschinen. Schneid- und Reibscheiben können z. B. für Salate, Pommes frites, Käse, Schokolade, Nüsse verwendet werden.

## Zusatzausstattung

Bei den Kompaktküchenmaschinen werden weniger Zubehörteile angeboten als bei Standküchenmaschinen: *Getreidemühle, Saftzentrifuge, Zitruspresse.*

## ➤➤ Praktische Hinweise ◀◀ für den Kauf einer Kompaktküchenmaschine

▷▷ Kompaktküchenmaschinen eignen sich für kleine Haushalte, z. B. Altenteiler.

▷▷ Kompaktküchenmaschinen sind vorwiegend zum Zerkleinern und Schneiden zu empfehlen. Sie nehmen also auch Arbeiten ab, die die Standküchenmaschine nicht schafft, z. B. Hacken von Kräutern, Zwiebeln, Nüssen.

▷▷ Kompaktküchenmaschinen sind wie Standküchenmaschinen im Betrieb sehr laut.

▷▷ Die Kompaktküchenmaschine ermöglicht schnelles Arbeiten. Z. B. kann Gurkensalat mit Mayonnaise-Dressing in einem Arbeitsgang zubereitet werden, allerdings muß die Reihenfolge, in der die Zutaten zugegeben werden, vorher genau überlegt werden.

▷▷ Die Zubehörteile sind schnell zu montieren.

▷▷ Die Messer sollten nachschleifbar sein. Falls dies nicht möglich ist, das stumpfe Messer jeweils für harte Lebensmittel verwenden.

## *Handrührgerät*

Handrührgeräte haben sich mittlerweile in fast jedem Haushalt ihren Platz erobert. Nur in kleinen Haushalten können sie eine Küchenmaschine ersetzen, es nimmt wenig Platz weg und ist schnell einsatzbereit. Meist werden sie als Zweitgerät für kleine Mengen oder bestimmte Aufgaben (Sahneschlagen) eingesetzt.

Der Anschlußwert beträgt etwa 150 Watt, die Leistung kann in 3 Stufen oder stufenlos geregelt werden. Handrührgeräte haben eine Doppelantriebsstelle für 2 Knethaken oder Schneebesen. Zum Teil sind sie auch mit einem zweiten Antrieb versehen, an den ein Mixer oder Passierstab angeschlossen werden kann.

Das Handrührgerät muß während der Benutzung gehalten werden. Diese Beweglichkeit hat aber auch Vorteile, denn das Gerät kann problemlos in einem Topf auf dem Herd eingesetzt werden.

## Grundausstattung

Zur Grundausstattung gehören je 2 *Knethaken* und *Schneebesen* und meist eine Wandhalterung. Von der Wandhalterung sollte nach Möglichkeit Gebrauch gemacht werden, damit das Gerät griffbereit am Arbeitsplatz untergebracht ist.

## ➤➤ Praktische Hinweise ◀◀ für den Kauf eines Handrührgerätes

▷▷ Auf Kurzbetriebszeiten achten (KB), denn manche Geräte dürfen nur bestimmte Zeit laufen, z. B. 4 oder 10 Minuten. Die Kurzbetriebszeit ist auf dem Typenschild angegeben, abgekürzt mit KB oder KZ; die Zahl dahinter gibt die maximale Betriebsdauer in Minuten an.

▷▷ Beim Kauf testen, ob das Gerät gut in der Hand liegt. Die Form des Gerätes und die Lage von Einschaltknopf und Auswurftaste sind wichtig für die Handlichkeit.

▷▷ Die maximale Mehlmenge ist oft nicht angegeben, sie beträgt meist 500 g. Sicherheitshalber danach fragen.

▷▷ Quirle aus Flachband sind nicht so gut zum Schlagen von Sahne oder Eiweiß geeignet, Schnee und Sahne werden nicht ganz steif, bzw. dürfen nur gut gekühlt erst bei niedrigeren, dann bei hohen Touren geschlagen werden.

▷▷ Elektronische Schaltung ist teurer Luxus.

▷▷ Wer häufig Hefeteig kneten will, sollte sich für ein leistungsstarkes Gerät mit stabilen Knethaken entscheiden.

▷▷ Als Zusatzgerät zu einer Standküchenmaschine reicht meist ein einfaches, billiges Gerät. Wer allerdings gute Handhabung bevorzugt, sollte sich für ein teueres Gerät entscheiden.

## Zubehörteile

Die Anzahl an Zubehörteilen schwankt je nach Hersteller, meist werden sie nur für teure Geräte angeboten:

▷ *Schneid-* und *Schnitzelvorsatz* mit verschiedenen Schneid- und Reibscheiben.
▷ *Passierstab* zum Durchrühren gegarter Lebensmittel (kleine Mengen).
▷ *Spezialbecher* oder *-schüsseln*, in denen gerührt und zerkleinert werden kann.
▷ *Mixstab* und Pürierbecher mit Spritzschutzdekkel, dieser Schnellmixstab ist sehr praktisch und kann auch empfohlen werden, wenn das Handrührgerät als Zusatzgerät zur Küchenmaschine dient, besonders, wenn öfters kleine Mengen gemixt werden.
▷ *Ständer mit Rührschüssel,* der es ermöglicht, das Gerät beim Kneten und Rühren alleine arbeiten zu lassen.
▷ Weitere Zubehörteile sind Dosenöffner, Kartoffelschälgerät, Mixer.

## Pflege von Küchenmaschinen

Küchenmaschinen brauchen wenig Pflege, die Motoren sind wartungsfrei. Das Gehäuse sollte nach Gebrauch feucht abgewischt werden, damit Lebensmittelreste nicht antrocknen. Wichtig ist es, die Lüftungsschlitze frei von Speiseresten zu halten, ebenso die Antriebsöffnungen. Motor- und Getriebeteile dürfen nicht ins Spülwasser. Messer des Fleischwolfes von Zeit zu Zeit schleifen lassen, stumpfe Messer verlangen dem Motor sehr viel Leistung ab.

## 5.4 Kleingeräte

Das Angebot an elektrischen Kleingeräten ist sehr groß. Vor dem Kauf sollte man sich kritisch fragen, ob das Gerät wirklich notwendig ist und oft benutzt wird. Gerade bei kleinen Geräten ist die Versuchung zum Kauf oft besonders groß, weil der Preis scheinbar nicht ins Gewicht fällt. Vor dem Kauf sollten folgende *Überlegungen* stehen:

● Wie oft wird das Gerät eingesetzt?
● Wo wird es aufbewahrt?
● Wie ist das Arbeitsergebnis?
● Entspricht das Gerät der Haushaltsgröße?
● Ist das Gerät einfach in der Handhabung?
● Ist es sicher im Gebrauch?
● Wieviel Spülarbeit fällt an?
● Werden alle Zusatzteile benötigt?

## Elektromesser

Elektromesser haben im Griff einen Motor. Geschnitten wird mit zwei parallel liegenden, gezahnten Messern, die sich bei laufendem Motor gegeneinander bewegen. Während des Schneidens muß der Einschaltknopf gedrückt werden. Das Schneiden gleichmäßiger Scheiben erfordert Übung.

Zur Anwendung kommt das Elektromesser hauptsächlich bei weichen Lebensmitteln, z. B. Torten, auch gegartes Fleisch läßt sich gut damit schneiden. Harte Lebensmittel oder solche mit einer harten Kruste, z. B. Brot, lassen sich schwer schneiden, außerdem rutscht man mit dem Messer leicht ab, Verletzungsgefahr! Zum Schneiden gefrorener Lebensmittel gibt es Spezialmesser, Gefrorenes läßt sich zwar schneiden, günstiger ist es jedoch, die Lebensmittel antauen zu lassen. Spitze Messer sind günstig zum Schneiden von Kuchen und Geflügel.

### ➤➤ Praktische Hinweise ◀◀

↪ Werden Lebensmittel mit dem Elektromesser geschnitten, darauf achten, daß sie auf einer Platte ohne Rand liegen. Ein nach oben gezogener Rand stört beim Schneiden und kann abbrechen.
↪ Bei Geräten mit Netzanschluß darauf achten, daß nicht ins Kabel geschnitten wird. Elektromesser, die per Akku betrieben werden, bringen dieses Problem nicht, allerdings haben sie keine so hohe Leistung und versagen dann, wenn größere Mengen geschnitten werden sollen.
↪ Die Verletzungsgefahr ist groß, wenn das Gerät unbeabsichtigt noch auf kleiner Stufe eingeschaltet ist.

## Eierkocher

Eierkocher gibt es in verschiedenen Größen (3–7 Eier). Die Eier werden im Dampf gegart, die Gardauer wird bestimmt durch die Menge des eingefüllten Wassers. Sobald das Wasser verdampft ist, meldet ein Signalton, daß die Eier den gewünschten Garzustand haben (weich, mittelhart, hart). Da der Eierkocher weniger Energie braucht, um die gleiche Anzahl Eier zu kochen wie auf herkömmliche Art, könnte ein Eierkocher im ländlichen Haushalt durchaus angebracht sein.

Zitruspresse

## Zitruspresse

Zitruspressen gibt es mit Saftauffangbehälter oder Auslaufvorrichtung. Die Presse wird über einen Druckschalter im Preßkegel eingeschaltet: Sobald die halbierte Frucht auf den Kegel gedrückt wird, läuft der Motor, der Kegel dreht sich. Die Saftausbeute beträgt 65–80 %.

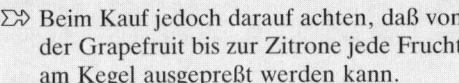

### ➤➤ Praktische Hinweise ◄◄

➯ Beim Kauf jedoch darauf achten, daß von der Grapefruit bis zur Zitrone jede Frucht am Kegel ausgepreßt werden kann.

➯ Eine elektrisch betriebene Zitruspresse ist nur zu empfehlen, wenn täglich frische Zitrussäfte getrunken werden.

## Waffeleisen

Waffeleisen funktionieren wie ein Kontaktgrill, das heißt, zwei Heizflächen werden gegeneinander gepreßt, dazwischen wird der Teig gebacken. Der Reinigungsaufwand ist gering, weil die Heizflächen beschichtet sind. Ein Waffeleisen leistet gute Dienste bei überraschendem Besuch, denn Waffeln sind schnell gebacken und werden gern gegessen. Auch in Haushalten mit mehreren Kindern werden Waffeleisen erfahrungsgemäß häufig benutzt.

## Wasserkocher

Ein Wasserkocher funktioniert wie ein Tauchsieder, eine isolierte Heizschlange erwärmt das Wasser. Im Wasserkocher werden kleine Mengen Wasser wesentlich energiesparender erwärmt als auf der Kochplatte. Mit einem entsprechenden Einsatz können auch Eier darin gekocht oder Babynahrung erwärmt werden.

## Kaffeemaschine

Bei der Kaffeemaschine wird kaltes Wasser in den Behälter gefüllt, das durch einen Durchlauferhitzer erwärmt und auf den Filter geleitet wird. Der Kaffee tropft vom Filter in die Kanne, die auf einer Warmhalteplatte steht. Mit der Kaffeemaschine wird auch die Warmhalteplatte aus- bzw. eingeschaltet. Manche Kaffeemaschinen haben statt einer Warmhalteplatte eine Thermoskanne, diese Geräte sind allerdings verhältnismäßig teuer. Mehr bezahlen muß man auch für eine Maschine mit *Goldfilter;* dieser vergoldete Filter muß nach Gebrauch nur entleert und ausgespült werden, Filterpapier ist nicht nötig. Die Kaffeemaschine kann auch benutzt werden, um Tee aufzubrühen. Beim Kauf kann allein der Preis ausschlaggebend sein, denn auch billige Maschinen brühen gut.

## Joghurtgerät

Ein Joghurtgerät besteht aus einem Wasserbehälter, einem Einsatz, in den die Gläser mit geimpfter Milch gesetzt werden, und einem Deckel. Das Gerät hält eine Temperatur von 40 °C konstant für die gewünschte Zeit. Lohnend ist die Anschaffung, wenn in einem Haushalt oft und gern Joghurt gegessen wird (Joghurtbereitung im Haushalt siehe Seite 158).

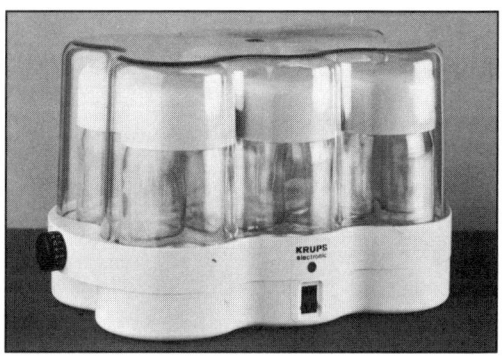

Joghurtgerät

## Friteuse

Eine Friteuse ist ein eckiger oder runder, wärme-isolierter Topf mit Temperaturregelung. Das Fassungsvermögen beträgt 1–4 Liter Öl, Überhitzen des Fettes ist nicht möglich. Es kann bei geschlossenem Deckel, der mit Fettfilter ausgestattet ist, fritiert werden, die Geruchsentwicklung ist daher nicht so stark. Die Bedienung ist bei den einzelnen Geräten sehr unterschiedlich.

### ➤➤ Praktische Hinweise ◄◄

➲ Friteusen, bei denen der Deckel nur aufgesetzt werden kann, wenn am Fritierkorb der Griff abgenommen wird, sind unpraktisch. Günstiger sind Geräte, bei denen der Filterdeckel mit einem Drehknopf verriegelt und gleichzeitig der Fritierkorb ins Fett abgesenkt wird. Beim Entriegeln hebt sich automatisch der Korb aus dem Fett – ohne Spritzer.

➲ Fritiergeräte auf eine kipp- und rutschsichere Unterlage stellen. Wenn das Fett heiß ist, das Gerät nicht mehr bewegen, das heiße Fett könnte herausschwappen.

➲ Vor dem Kauf einer Friteuse ist zu überlegen, ob nicht fettärmeren Garmethoden der Vorzug gegeben wird.

## Folienschweißgerät

Mit einem Folienschweißgerät kann Polyäthylenfolie zusammengeschweißt werden durch einen erhitzten Draht. Je nach Folienstärke ist die Temperatur des Drahtes einstellbar. Die Folie muß falten- und fettfrei in das Gerät eingelegt werden.

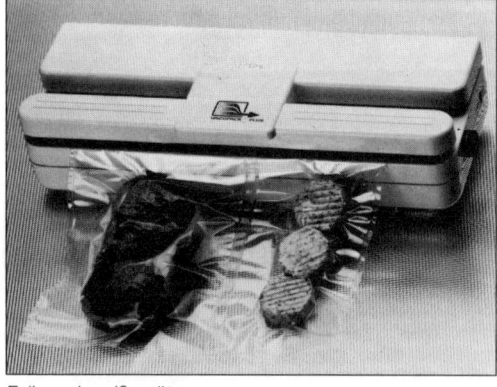

Folienschweißgerät

### ➤➤ Praktischer Hinweis ◄◄

Folienschweißgeräte werden vielfach mit Vakuumpumpe angeboten. Die meisten Geräte sind jedoch technisch noch nicht ausgereift, das Abpumpen der Luft dauert sehr lang, vor allem bei Paketen mit mehr als 500 g Inhalt.

## Saftzentrifuge

Die Saftzentrifuge gibt es mit und ohne Tresterauswurf. Zentrifugen ohne Auswurf müssen zwischendurch entleert werden, sind also eher zu empfehlen, wenn nur kleine Saftmengen zu entsaften sind. Geräte mit Tresterauswurf können auch große Mengen Saft ohne Entleeren pressen, allerdings ist die Ausbeute geringer. Beide Gerätearten sollten sofort nach dem Gebrauch gereinigt werden, angetrocknete Reste lassen sich aus den zahlreichen Kanten und Öffnungen nur mit Mühe entfernen; Spülen mit klarem Wasser reicht. Lohnend ist eine Saftzentrifuge nur, wenn oft frisch gepreßte Säfte getrunken werden.

## Toaster

Im Toaster werden Toast- bzw. Brotscheiben durch die Strahlungswärme von glühenden Drähten geröstet. Automatiktoaster werfen das Brot entsprechend dem eingestellten Bräunungsgrad aus. Bei vielen Toastern wird während des Betriebes das Gehäuse sehr heiß, einige Modelle sind isoliert. Ein Aufsatz zum Aufbacken von Brötchen kann bei fast allen Modellen nachgekauft werden.

## Dosenöffner

Beim elektrischen Dosenöffner wird der Dosenrand zwischen Schneide- und Transportzahnrad gesetzt. Sobald der Hebel gedrückt wird, dreht sich das Zahnrad, der Deckel wird aufgeschnitten, ohne daß sich eine schneidende Kante bildet, an der man sich verletzen kann. Ist die Dose geöffnet, schalten sich die meisten Geräte ab, der Deckel wird von einem Magneten gehalten. Manche Dosenöffner haben einen Messerschleifer, teure Messer sollte besser der Fachmann schleifen. Der Kraftaufwand, eine Dose zu öffnen, ist per Hand zwar größer und oft schwierig, doch lohnt sich ein elektrischer Dosenöffner nur in Haushalten, in denen viel von Konserven Gebrauch gemacht wird.

## Allesschneider

Allesschneider sind elektrisch angetriebene Rundmesser (glatt oder mit Wellenschliff). Mit einem Schlitten werden die Lebensmittel an die Schneide gedrückt, die Scheibendicke läßt sich beliebig einstellen. Geschnitten werden können alle Lebensmittel, besonders gut eignet er sich für Käse, Wurst, Schinken, Braten, Brot. Gefrorene Lebensmittel können nicht geschnitten werden. Ein Allesschneider ist eine Anschaffung, die sich im ländlichen Haushalt durchaus lohnt. Beim Kauf darauf achten, daß die Messer nachgeschliffen werden können.

Vom Allesschneider unterschieden werden muß die Brotschneidemaschine. Sie ist weniger stabil, es kann nur Brot damit geschnitten werden.

## Waage

Beim Kauf einer Küchenwaage darauf achten, daß die Skala bequem und genau abzulesen ist. Auf die Höchstlast achten, vor allem in einem größeren Haushalt. Prüfen, ob sich der Nullpunkt einfach einstellen läßt.

## Einkochautomat

Ein Einkochautomat ist ein Einkochtopf mit eingebauter Heizung, Temperatur und Zeit können eingestellt werden. Das Fassungsvermögen beträgt meist 7 Gläser (je 2 Liter). Praktisch ist ein Einkochautomat deshalb, weil die Temperatur ohne weitere Kontrolle gehalten wird, manche Geräte schalten sich nach Ablauf der eingestellten Einkochzeit automatisch ab. Zu empfehlen ist ein Einkochautomat für ländliche Haushalte, in denen viel eingekocht wird.

## Getreidemühle

Getreidemühlen werden unterschieden nach ihrer Bauform, dem Mahlsystem und dem Material des Mahlwerkes.

### Bauformen

Angeboten werden Komplettgeräte, deren Mahlwerk fest mit dem Motor verbunden ist, sowie Küchenmaschinen oder Motorblöcke mit Mahlvorsätzen. *Komplettgeräte* sind zu empfehlen für Haushalte, in denen sehr viel gemahlen wird, also für das tägliche Müsli, Brot usw. Ein *Küchenmaschinenvorsatz* ist für Haushalte geeignet, die etwa einmal wöchentlich Getreide mahlen, die Zeit zum Umrüsten des Gerätes ist verhältnismäßig lang. Ein *Motorblock mit Mahlvorsatz* ist für Haushalte gedacht, die sehr selten mahlen.

### Mahlsysteme

Die Haushaltsgetreidemühlen arbeiten nach einem von drei verschiedenen Mahlsystemen:

▷ *Scheibenmahlwerk:* Die Mahlscheiben sind horizontal oder vertikal angeordnet, eine Mahl-

### Überblick über die Eigenschaften der häufigsten Getreidemühlen

|  | Stahl | Stein | Keramik |
|---|---|---|---|
| Material des Mahlwerkes | Hochwertiges, gehärtetes Stahl-Kegelmahlwerk, hohe Abriebfestigkeit | Ausschließlich aus natürlich vorkommenden Materialien, fein kristalliner Urgestein-schmirgel, mit gebranntem Magnesitgestein gebunden, selbstnachschärfend | Bio-Keramik-Mahlwerk aus natürlicher Tonerde, bei fast 2000 °C gebrannt, rein, edel und hygienisch, kein Abrieb |
| Mahlgut | Alle Getreide (zum Teil Mais), Ölsaaten, Gewürze, Hülsenfrüchte | Alle Getreide (außer Mais), Hülsenfrüchte | Alle Getreide (zum Teil Mais), Ölsaaten, Gewürze, Hülsenfrüchte |
| Mehlkonsistenz | Grießig, schrotartig | Flockig, weich, volumenreich, Hülsenfrüchte können schmieren | Leicht flockig |
| Handhabung | Stufenlose Einhandbedienung | Stufenlose Einhandbedienung | Stufenlose Einhandbedienung |

scheibe steht fest, die andere dreht sich. Scheibenmahlwerke sind meist aus Stein (Naturstein, z. B. Granit) oder Kunstkorund, (z. B. Basalt mit Magnesiteinlagerungen).

▷ *Kegelmahlwerk:* Das Mahlwerk ist in einen Kegelring eingesetzt, der Kegelring ist feststehend, der Mahlkegel dreht sich. Kegelmahlwerke sind aus Stahl, Stein oder Keramik. Die Einstellung des Feinheitsgrades ist bei Kegelmahlwerken einfacher und in mehr Abstufungen möglich.

▷ *Flachkegelmahlwerk:*  Flachkegelmahlwerke sind eine Kombination aus Kegel- und Scheibenmahlwerken.

## Material des Mahlwerkes

Das Mahlwerk einer Getreidemühle wird aus Stahl, Keramik oder Stein hergestellt, jedes Material hat Vor-, aber auch Nachteile. So mahlen *Stein-* und *Keramikmahlwerke* alle Getreidearten zu schön flockigem Mehl, allerdings können mit Steinmahlwerken Ölsaaten nicht gemahlen werden.

*Stahlmahlwerke* sind unverwüstlich, sie mahlen weniger fein und sind daher zum Mahlen von Getreide für feine Teige, z. B. Biskuit, weniger geeignet. Abhilfe kann geschaffen werden, wenn zweimal gemahlen wird oder die groben Teile herausgesiebt werden.

## Mahlleistung

Die Mahlleistung pro Minute ist ein sehr wichtiges Kriterium bei einer Getreidemühle. Der Anschlußwert von Getreidemühlen liegt zwischen 150 und 900 Watt. Je höher der Anschlußwert ist, desto höher ist die Mahlleistung pro Minute.

## ➤➤ Praktische Hinweise ◀◀ für den Kauf einer Getreidemühle

⇨ Je häufiger die Mühle benutzt wird, desto höher sollte der Anschlußwert sein, damit der Mahlvorgang bei großen Mengen nicht so lange dauert.

⇨ Auf Kurzbetriebszeiten (KB oder KZ) achten, das heißt, daß nach einer bestimmten Betriebsdauer, z. B. 10 Minuten, das Gerät ausgeschaltet werden muß.

⇨ Das Material des Mahlwerkes danach auswählen, was hauptsächlich gemahlen wird, z. B. Getreide, Ölsaaten, Gewürze.

⇨ Wichtig ist die Bedienungsfreundlichkeit. Diese ist gegeben bei Einhandeinstellung des Mahlwerks. Die Mahlwerkseinstellung sollte leicht und schnell verändert und ohne Probleme wieder in die Ausgangsstellung zurückgebracht werden können. Das ist bei Einstellung mit Skaleneinteilung möglich. Günstig sind auch Mühlen, die während des Betriebes eingestellt werden können.

⇨ Die Geräuschentwicklung von Getreidemühlen ist unterschiedlich groß, beim Kauf darauf achten.

⇨ Vor dem Kauf überlegen, ob mit der Mühle vorzugsweise Schrot oder Mehl hergestellt werden soll. Die bessere und flokkigere Qualität für Mehl bringen Steinmahlwerke. Wer häufiger Schrot herstellen will, ist mit einem Stahl- oder Keramikmahlwerk besser beraten.

⇨ Ob Scheiben- oder Kegelmahlwerk ist unwichtig, der Preis hängt ab vom Material. Stein- und Keramikmahlwerke sind sehr teuer.

## Pflege

Eine Reinigung der Getreidemühle ist normalerweise nicht nötig. Wurde jedoch sehr weiches oder feuchtes Getreide vermahlen, oder auch Ölsaaten, die Mühle nicht mit Wasser, sondern mit einer trockenen Bürste reinigen. Wird in unregelmäßigen Abständen gemahlen, die Mühle nach dem Mahlen reinigen, denn die Mehlreste werden ranzig.

Getreidemühle

# 6 Geräte für die Vorratshaltung

## 6.1 Kühlgeräte

### Funktionsweise

Die Kühlwirkung beruht darauf, daß dem zu kühlenden Lebensmittel die Wärme entzogen und abgeführt wird. Dies geschieht über den Kühlkreislauf: Am Verdampfer, der kältesten Stelle des Kühlgerätes, wird Wärme aus dem Kühlschrank abgezogen und an den Kondensator (außen am Kühlgerät) abgegeben.

Ein Kühlschrank funktioniert nach dem *Absorber*- oder dem *Kompressorsystem*, wobei das Kompressorsystem weitaus am häufigsten angewendet wird. Absorberkühlschränke werden nur selten eingesetzt, z. B. in Wohnwägen oder Hotelzimmern, sie können sowohl mit Strom als auch Gas betrieben werden. Absorbergeräte laufen außerdem völlig geräuschlos, allerdings sind Energieverbrauch und Reparaturanfälligkeit höher.

### Bauarten

Kühlschränke gibt es als

- Tischgerät,
- Einbaugerät,
- Unterbaugerät.

Der *Türanschlag* ist wählbar rechts oder links, bei manchen Geräten kann er auch selbst gewechselt werden. Unter- und Einbaugeräte sind dekorfähig oder integrierbar (mit Frontfläche passend zur Kücheneinrichtung).

Die Größe des Kühlschranks richtet sich nach der Größe des Haushalts. Etwa 120 Liter Nutzinhalt sind für einen 2-Personen-Haushalt ausreichend, für jede weitere Person sind 30 Liter anzusetzen.

### Technische Ausstattung

Kühlschränke gibt es in sehr vielen verschiedenen Ausführungen, vom einfachen Kühlschrank bis zum Luxus-Kühlcenter. Außer unterschiedlichen Rosten, Platten, Körben oder Behältern und Fächern kann gewählt werden zwischen Geräten mit und ohne Sterne- bzw. »Kellerfach«.

#### Kühlschränke ohne Sternefach

Kühlschränke ohne Sterne-(Verdampfer-)fach sind nur zum Kühlen geeignet. Sie haben eine Innentemperatur von mindestens 2 °C, der Anschlußwert beträgt 90–240 Watt. Die Vorteile eines solchen Gerätes sind geringe Energiekosten, da keine Minustemperaturen erreicht werden müssen, sowie ein großer Kühlraum, weil der Verdampfer platzsparend in der Rückwand eingebaut ist.

#### Kühlschränke mit Sternefach

Kühlschränke mit Sternefach sind je nach Kälteleistung mit 1–4 Sternen gekennzeichnet. Das Fach ist vom Kühlraum durch eine Klappe oder Tür getrennt. Die Zahl der Sterne wird vom Hersteller nicht willkürlich festgelegt, sondern entspricht Normen:

▷ ⌐ * ⌐ −6 °C: Speiseeis oder Eiswürfel können hergestellt, Gefrierkost etwa 1 Tag aufbewahrt werden.

▷ ⌐ ** ⌐ −12 °C: Gefrierkost hält sich etwa 1 Monat.

▷ ⌐ *** ⌐ −18 °C: Langfristige Lagerung von Gefrierkost bis zu ½ Jahr ist möglich.

▷ ■·*** −18 °C: Sowohl zum langfristigen Lagern als auch zum Einfrieren geeignet.

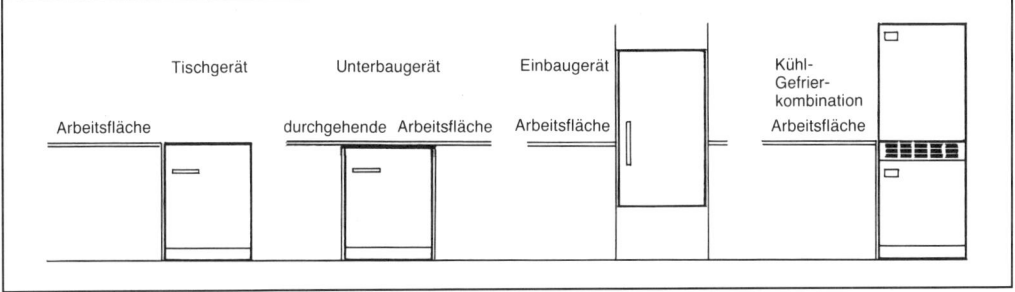

Bauarten von Kühl- und Gefriergeräten

Zukunft in der Küche: Frischezentrum

Ein Kühlschrank mit Sternefach ist zu empfehlen für Haushalte ohne zusätzliches Gefriergerät. Der Anschlußwert beträgt 145–265 Watt. Angeschlossen werden Kühlgeräte an eine normale Schutzkontaktsteckdose.

## Kühlschränke mit Kellerfach

In diesen Luxusmodellen befinden sich drei bzw. vier Temperaturzonen auf kleinstem Raum: Verdampferfach mit Minustemperaturen, Kühlzone und Zone mit Frischhaltetemperatur (+15 °C). Das sog. Kellerfach ist separat zugänglich, meist in Form einer Schublade. Ein Kellerfach ist nur zu empfehlen für Haushalte, die keinen Keller oder keine Speisekammer haben, oder auch für Haushalte älterer Menschen, denen der Weg in den Keller zu beschwerlich ist. Für alle anderen Haushalte ist dieses Fach überflüssiger Luxus und Platzverschwendung. Das vierte Fach ist eine 0 °C-Zone mit hoher Luftfeuchtigkeit.

## Temperaturverteilung im Kühlschrank

Im Kühlschrank herrschen verschiedene Temperaturen, so ist es nahe am Verdampfer z. B. am kältesten, in der Tür am wärmsten. Entsprechend haben die einzelnen Lebensmittel ihren Platz im Kühlschrank.

## Abtauvorrichtung

Auf dem Verdampfer bildet sich durch das Eindringen warmer Luft beim Öffnen des Kühlschranks oder durch eingestellte warme und feuchte Speisen eine Reifschicht, die den Energieverbrauch des Gerätes empfindlich erhöht. Bereits 2 mm Reif bedingen einen Mehrverbrauch an Energie um etwa 15%.

Kühlschränke, die nicht automatisch oder teilautomatisch abgetaut werden, gibt es kaum noch zu kaufen. Doch sind in vielen Haushalten noch alte Geräte im Einsatz. Sobald sich eine Reifschicht auf dem Verdampfer gebildet hat, sollte der Kühlschrank abgetaut werden (durch Ziehen des Stekkers). Die Lebensmittel werden entnommen, das Gerät nach dem Abtauen feucht ausgewischt und anschließend gut getrocknet.

Bei *teilautomatischer Abtauvorrichtung* wird das Abtauen über einen Schalter von Hand eingeleitet. Das Tauwasser sammelt sich in einer Schale, die geleert werden muß. Sobald der Verdampfer abgetaut ist, schaltet sich das Gerät von selbst wieder ein.

Bei Kühlschränken mit *automatischer Abtauvorrichtung* herrscht an der Verdampferplatte nur etwa 0 °C, es bildet sich nur wenig Reif, der bei jedem Ausschalten des Kompressors taut. Das Tauwasser läuft durch eine Rinne nach außen und verdampft. Kühlschränke mit automatischer Abtauvorrichtung werden auch Kühlautomaten genannt.

## *Wartung und Pflege*

● Kühlgerät nicht neben Herd oder Heizung aufstellen, warme Umgebungsluft erhöht den Energieverbrauch.

● Falls es sich um keinen Kühlautomaten handelt, Kühlschrank regelmäßig abtauen.

● Nur abgekühlte, abgedeckte Speisen in den Kühlschrank stellen, Feuchtigkeit begünstigt den Reifansatz.

● Kühltemperatur richtig einstellen. Normalerweise genügen +7 °C; das spart 15% Energiekosten gegenüber einer Temperatur von +5 °C.

● Kühlschranktür nur kurz und möglichst selten öffnen, es dringt warme Luft ein.

● Kondensator an der Rückseite freistehender Geräte mindestens einmal jährlich mit einem Staubsauger oder Pinsel entstauben. Bei abgedeckten Kondensatoren entfällt diese Reinigung.

● Innenraum regelmäßig feucht auswischen (Essigwasser vertreibt unangenehme Gerüche), anschließend gut trocknen.

## ➤➤   Praktische Hinweise   ◀◀
### für den Kauf eines
### Kühlgerätes

⇝ Die Größe entsprechend der Haushaltsgröße wählen, ein halb gefüllter Kühlschrank verbraucht fast genauso viel Energie wie ein gefüllter.

⇝ Ein Gerät mit Sternefach ist nur zu empfehlen für Haushalte ohne zusätzliches Gefriergerät. Steht jedoch das Gefriergerät beispielsweise im Keller, so spart sich die Hausfrau viel Zeit und Wege, wenn der Kühlschrank in der Küche auch ein Sternefach hat, z. B. für tiefgefrorene Kräuter, Eiswürfel.

⇝ Kühlgeräte mit Kellerfach sind gedacht für Haushalte ohne kühlen Lagerraum.

⇝ Vollautomatische Abtauvorrichtung spart Zeit und Energie.

⇝ Gute Isolierung, stabile Roste und Einsätze sind wichtig.

⇝ Ältere Geräte brauchen zwar mehr Strom als neue. Es lohnt sich jedoch nicht, deshalb ein neues Gerät zu kaufen, wenn das alte noch funktionstüchtig ist.

⇝ Verbrauchswert (auf der Produktinformation) beachten und die einzelnen Geräte vergleichen.

⇝ Preisvergleiche lohnen sich, denn die Technik ist ausgereift. Ein deutlicher Mehrpreis ist oft allein durch einige Roste mehr bedingt.

## 6.2  Gefriergeräte

### *Funktionsweise*

Gefriergeräte kühlen nach dem gleichen Prinzip wie Kompressorkühlschränke (siehe Seite 353), die höhere Kälteleistung wird durch ein engeres Rohrsystem erzielt.

Der Anschlußwert beträgt 80–180 Watt. Große Bedeutung hat das Gefriervermögen eines Gerätes, es ist auf der Produktinformation oder in der Gebrauchsanweisung angegeben. Das Gefriervermögen gibt an, welche Menge in kg innerhalb von 24 Stunden eingefroren werden kann (5–15 kg pro 100 Liter Nutzinhalt). Diese Menge auf keinen Fall überschreiten! Wird z. B. die Truhe halb mit frischem Fleisch gefüllt, kann es passieren, daß nach einigen Tagen die in der Mitte liegenden Stücke noch nicht gefroren sind und verderben, bevor sie tiefgefroren sind.

### *Bauarten*

#### Gefrierschrank

Er ist als Unterbau-, Einbau- oder Standgerät erhältlich, dekorfähig und in die Kücheneinrichtung integrierbar. Wechselbarer Türanschlag ist meist möglich. Ein Gefrierschrank hat den Vorteil, daß er wenig Stellfläche benötigt und eine übersichtliche Inneneinteilung mit Fächern und Schubladen bzw. Schubkörben hat. Allerdings sind Gefrierschränke teurer als Gefriertruhen.

#### Kühl-Gefrier-Kombination

Bei diesen Geräten sind Kühlschrank und Gefrierschrank in einem Gehäuse untergebracht. Auf Modelle mit 2 Kompressoren ist zu achten, weil dann der Energieverbrauch nicht so hoch ist. Kühl-Gefrier-Kombinationen sind empfehlenswert für Haushalte mit wenig Stellfläche oder nur geringer Vorratshaltung.

#### Gefriertruhe

Gefriertruhen sind Standgeräte, die von oben beschickt werden. Sie benötigen eine größere Stellfläche als Gefrierschränke, das Gefriergut kann nicht so übersichtlich eingeschichtet werden, die Reinigung ist kraftaufwendiger. Gefriertruhen haben durch die einfache Einteilung ein größeres Fassungsvermögen.

Kühl-Gefrier-Kombination als Einbaugerät

## Größe des Gefriergeräts

Gefriergeräte werden in verschiedenen Größen angeboten. Es gibt

- Gefrierschränke von 50–540 Liter Inhalt,
- Gefriertruhen von 142–492 Liter Inhalt,
- Kühl-Gefrier-Kombinationen: Kühlen 155–242 Liter, Gefrieren 48–138 Liter Inhalt.

Unterschieden werden müssen Brutto- und Nutzinhalt. Das Volumen des gesamten gekühlten Innenraums ergibt den Bruttoinhalt. Der Nutz- oder Nettoinhalt errechnet sich aus dem Bruttoinhalt abzüglich des Raumbedarfs für Körbe und andere Innenausstattung bzw. abzüglich des Raumes oberhalb der Stapelmarke (bei Gefriertruhen, sie dürfen nicht ganz voll gepackt werden). Als Richtwerte für den Nutzinhalt gelten für Gefriertruhen 93–97% des Bruttoinhalts, für Gefrierschränke 80–88% (durch die größere Anzahl an Unterteilungen).

Der Nutzinhalt in Liter ist nicht gleichbedeutend mit dem Gewicht des Gefriergutes in kg, pro 100 Liter Nutzinhalt können in einer Truhe etwa 50 kg, in einem Schrank etwa 40 kg Gefriergut eingelagert werden.

Je nach Umfang der Vorratshaltung muß unterschiedlich viel Gefrierraum pro Person in einem Haushalt gerechnet werden: bei ausgeprägter Vorratshaltung, wie es in den meisten bäuerlichen Haushalten üblich ist, 90–100 Liter Nutzinhalt pro Person; bei geringer Vorratswirtschaft 30–50 Liter Nutzinhalt pro Person.

## Technische Ausstattung

### Super-Schaltung

Schnelles Durchfrieren der eingelagerten Lebensmittel ist ausschlaggebend für die Lebensmittelqualität nach dem Auftauen. Fast alle Geräte haben daher eine *Super-Schaltung* (Dauerbetrieb), die von Hand betätigt werden muß. Wird die Taste »Super« gedrückt, leuchtet eine gelbe Kontrollampe, das Kühlaggregat arbeitet ohne Unterbrechung. So werden Temperaturen unter $-18\,°C$ erreicht, der Gefriergang wird beschleunigt und verhindert, daß bereits Gefrorenes auf über $-18\,°C$ erwärmt wird.

### Kontrolleuchten

Außer der gelben »Super«-Leuchte sind an Gefriergeräten auch eine rote und eine grüne Kontrollampe angebracht. Die grüne zeigt an, daß das Gerät in Betrieb ist; die rote Lampe leuchtet auf, wenn die Innentemperatur unzulässig hoch ansteigt infolge einer Betriebsstörung.

### ➤➤    Praktische Hinweise    ◀◀

↪ Wenn größere Mengen eingefroren werden sollen, schon einige Stunden vorher auf »Super« schalten für Kältereserve.

↪ Zum Einfrieren sollten die Lebensmittel nur an die kälteste Stelle im Gerät gelegt werden, das ist das *Vorgefrierfach*. Die Verdampferröhren sitzen hier sehr eng (Temperaturen bis $-30\,°C$). In modernen Gefrierschränken kann in jedem Fach/jeder Schublade frisch eingefroren werden.

### Abtauvorrichtung

Geräte mit *No-frost-Technik* (Umluftkühlung) sind sehr wartungsfreundlich, das Abtauen entfällt. Bei diesen Geräten wird die gekühlte Luft von einem Ventilator ständig umgewälzt, die Temperaturverteilung im gesamten Innenraum ist sehr gleichmäßig, an den Lebensmitteln bildet sich kein Reif. Allerdings sind diese Geräte in der Anschaffung teurer und haben einen etwas höheren Stromverbrauch.

Es gibt Geräte mit Umluftkühlung, bei denen unbenutzte Schubladen auszuschalten sind. Von dieser teuren Ausstattung wird erfahrungsgemäß nur selten Gebrauch gemacht. Beide Techniken werden nur für Gefrierschränke angeboten.

## Wartung und Pflege

● Durch Reifansatz erhöht sich der Stromverbrauch erheblich, bei einer Dicke von 1 cm bereits um 75%. Daher das Gerät regelmäßig abtauen. Ein günstiger Zeitpunkt zum Abtauen ist bei geringer Füllung des Gerätes: Das Gefriergut herausnehmen und mit Zeitungspapier und Decken zudecken, damit die Kälte möglichst gut gehalten wird. Das Gerät ausstecken, heißes Wasser einstellen, Deckel schließen. Das angetaute Eis abschaben, Innenraum mit Spülmittellösung, anschließend mit Essigwasser auswischen und trocknen. Gefriergut einlegen und Gerät wieder einschalten.
● Auch Geräte, die nicht abgetaut werden müssen (no-frost-system), regelmäßig reinigen.
● Dichtungsgummi fettfrei halten und von Zeit zu Zeit mit Talkumpulver einreiben, dadurch verlängert sich die Haltbarkeit.

### Energieverbrauch pro Monat bei verschieden isolierten Gefriergeräten

| Gerät | Nutzinhalt | Verbrauch |
|---|---|---|
| **Gefrierschränke** | | |
| Normal wärme-gedämmt | 180 l | 33–35 kWh |
| | 270 l | 42–45 kWh |
| Verstärkt wärme-gedämmt | 180 l | 26–28 kWh |
| | 270 l | 32–34 kWh |
| **Gefriertruhen** | | |
| Normal wärme-gedämmt | 200 l | 32–34 kWh |
| | 480 l | 48–50 kWh |
| Verstärkt wärme-gedämmt | 200 l | 21–23 kWh |
| | 480 l | 34–36 kWh |

● Offenen Kondensator an der Rückseite jährlich einmal mit dem Staubsauger oder einem Pinsel entstauben.
● Gefriergerät nicht neben Heizung oder Herd aufstellen, nach Möglichkeit in einem unbeheizten Raum.
● Gefriergut ausgekühlt und gut verpackt einschichten.

## ▶▶ Praktische Hinweise ◀◀ für den Kauf eines Gefriergerätes

⇨ Die Größe des Gerätes hängt ab von der Anzahl der Verpflegungspersonen, vom Umfang der Vorratshaltung und den Kochgewohnheiten. Im bäuerlichen Haushalt wird auf Vorratshaltung erfahrungsgemäß großer Wert gelegt (Garten, Hausschlachtung). Natürlich ist auch zu beachten, wieviel Stellfläche für ein Gerät zur Verfügung steht.

⇨ Kein zu großes Gerät kaufen, damit die Betriebskosten je kg Gefriergut nicht unnötig hoch sind. Beim Kauf des Gerätes nicht von »Spitzeneinlagerungen« ausgehen, sondern von der durchschnittlich vorhandenen Menge an Gefriergut das ganze Jahr über.

⇨ Gefriertruhen brauchen mehr Platz als Gefrierschränke, sind aber nicht so teuer. Vor dem Kauf die Maße der Tür aufschreiben, damit das Gerät ohne Probleme in den Aufstellraum gebracht werden kann.

⇨ Gut isolierte Geräte sind zwar meist teurer, sie haben aber ein höheres Gefriervermögen, die Temperatur wird bei Stromausfall länger gehalten und der Energieverbrauch ist nicht so hoch. Mittlerweile gibt es »Spar-Truhen«, die nur halb so viel Strom brauchen wie bisherige Geräte. Allerdings gibt es bisher keine Norm, ab wann ein Gerät als sparsam bezeichnet werden darf.

⇨ Da bei Gefrier- wie Kühlgeräten die Technik ausgereift ist, ist geringer Energieverbrauch Qualitätsmerkmal Nummer 1.

## 6.3 Geräte für die Vorratszubereitung

### Dörrapparat

Dieses elektrisch betriebene Gerät wird verwendet zum Trocknen größerer Mengen von Obst oder Gemüse. Die Anschaffung ist nur zu empfehlen, wenn sehr viele Lebensmittel getrocknet werden und diese aus eigener Produktion stammen.

### Dampfentsafter

Entsafter bestehen aus 3 Teilen: einem Topf zum Erhitzen von Wasser, darüber der Aufsatz und darin ein Sieb für das Obst, das entsaftet werden soll. Ein Entsafter ist zu empfehlen, wenn in der Familie gern selbstgemachte Säfte getrunken werden bzw. regelmäßig Gelee hergestellt wird.
Es kann zwischen emaillierten und Entsaftern aus Aluminium gewählt werden. Emaillierte Geräte sind schwerer, aber formbeständiger, Entsafter aus Aluminium sind leicht, sie verbeulen jedoch bei unsachgemäßem Gebrauch sehr rasch.

Einkochautomat

### Einkochautomat

Einkochautomaten sind elektrisch betriebene Geräte zum Sterilisieren. Einkochtemperatur und -zeit werden je nach Einstellung automatisch geregelt. Zusätzlich verwendet werden können diese Geräte zum Erhitzen oder Warmhalten größerer Mengen heißer Getränke (z. B. Punsch) oder Suppen, wenn viele Gäste bewirtet werden. Der Einkochautomat ist zu empfehlen für Haushalte, in denen in großem Umfang sterilisierte Vorräte angelegt werden.

### Verschiedene Vorsätze für die Küchenmaschine

Je nach Umfang und Art der Vorratshaltung sind Zusatzteile zur Küchenmaschine empfehlenswert. Wer Hausschlachtungen durchführt, kann einen großen Fleischwolf mit verschiedenen Lochscheiben brauchen. Auch ein Wursteinfüllvorsatz für die Küchenmaschine tut gute Dienste.

# 7  Maschinen und Geräte für die Hauspflege

## 7.1  Bodenpflegegeräte

Für die tägliche oder wöchentliche Grundreinigung ist ein Staubsauger fast in jedem Haushalt vorhanden. Er wird hauptsächlich zur Reinigung von Teppichen und Teppichböden verwendet, aber auch für Möbel, Vorhänge, Textiltapeten und glatte Fußböden. Zur nassen Zwischenreinigung dienen Shampoonier-, Pulverreinigungs- und Sprühextraktionsgeräte. Sie werden bei Bedarf von speziellen Firmen ausgeliehen.
Bohnergeräte sind Spezialgeräte zur Pflege von glatten Fußböden. Scheibenbürsten oder Polierscheiben erzeugen die bohnernde oder polierende Wirkung.

### Funktionsweise

#### Boden- und Handstaubsauger

Ein schnellaufendes Gebläse wird durch einen Motor angetrieben, wodurch die Luft aus dem Staubsaugergehäuse gedrückt wird. Dadurch entsteht im Gehäuse ein *Unterdruck*, so daß über den Saugschlauch Luft mit hoher Geschwindigkeit in das Gehäuse einströmen kann und den darin enthaltenen Schmutz mitnimmt. Der Luftstrom wird durch ein Filtersystem geleitet, in dem der Schmutz zurückgehalten wird; die »entstaubte« Luft entweicht über das Gebläse wieder nach unten.

Wichtig für den Gebrauch von Staubsaugern ist gleichmäßiges und langsames Schieben. Die Arbeitsgeschwindigkeit sollte bei einem halben Meter pro Sekunde liegen. Je länger die Düse auf derselben Stelle gehalten wird, desto sauberer wird der Teppich.

## Bürstsauger

Sie arbeiten nach der *Staubfallmethode*. Hierbei wird der Staub durch Bürsten gelockert und aufgenommen und mit Hilfe des gleich dahinter liegenden Gebläses durch das Staubrohr hochgeblasen; der Staub fällt in den Filter.

## Geräte für die Naßreinigung

Dies sind Spezialmaschinen, mit denen Reinigungsmittel in den Bodenbelag eingearbeitet und/oder mit dem aufgenommenen Schmutz wieder entfernt werden.

## *Bauarten*

### Bodenstaubsauger

Das Gehäuse des Motorblocks hat Schlitten- oder Kesselform und läuft auf Rollen, Rädern oder Kufen während des Saugens auf dem Boden. Der Saugschlauch ist am Gehäuse eingesteckt. Bodenstaubsauger haben einen Anschlußwert zwischen 600 und 1100 Watt.

### Handstaubsauger

Der Motor mit dem Gebläse liegt nicht auf dem Boden, sondern wird an einem Rohr in der Hand gehalten. Der Anschlußwert liegt zwischen 400 und 700 Watt.

### Bürstsauger, Klopfbürstsauger

Der Motor liegt auf dem Boden und ist über ein Rohr mit dem Griff verbunden, an dem er geführt wird. Der Anschlußwert liegt zwischen 350 und 550 Watt.

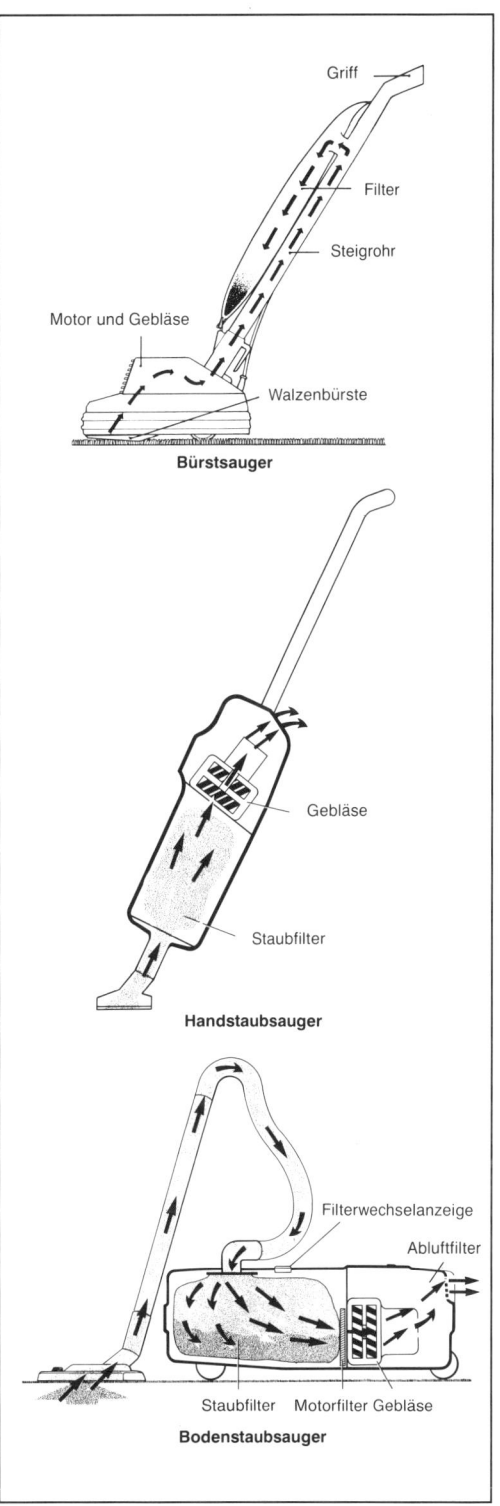

Aufbau und Funktion von Staubsaugern

## Shampooniergerät

Dieses Spezialgerät wird an einem Stiel über den Boden geführt. Es hat einen Flüssigkeitsbehälter für das Shampooniermittel. Bürstenscheiben oder Bürstenwalzen erzeugen den Reinigungsschaum. Der Anschlußwert beträgt 350–500 Watt.

## Pulverreinigungsgerät

Dies ist ebenfalls ein Spezialgerät, das an einem Stiel über den Boden geführt wird. Dabei wird Reinigungspulver mittels Bürsten in den Teppich eingearbeitet.

## Sprühextraktionsgerät

Mit diesem Spezialgerät wird Reinigungslösung auf den Teppich aufgetragen und im gleichen Arbeitsgang abgesaugt. Der Anschlußwert beträgt 700–900 Watt.

## Autostaubsauger

Dieses kleine Handgerät wird über die Autobatterie betrieben.

## Kleinstaubsauger

Hierbei handelt es sich um Handgeräte mit Netzstecker oder aufladbarem Akku.

## Mehrzwecksauger

Sie sind aufgebaut wie Bodenstaubsauger in Kesselform und können außer trockenem Staub auch Flüssigkeiten aufsaugen.

## *Ausstattung*

### Filter

Die meisten Staubfilter sind aus Papier hergestellt; sie werden, sobald sie voll sind, weggeworfen. Einige Geräte haben zusätzlich einen Stoffilter; dieser wird nach jedem Papierfilterwechsel kräftig ausgeschüttelt, aber nicht gewaschen. Er würde verfilzen, die Luftdurchlässigkeit darunter leiden.
Das Fassungsvermögen der Filter ist unterschiedlich. Zum jeweiligen Gerät sollte immer nur der passende Filter gekauft werden. Wie voll der Staubbeutel ist, wird meist mittels einer *Staubfüllanzeige* optisch sichtbar. Ein voller Staubbeutel

> **▶▶   Praktischer Hinweis   ◀◀
> für Hausstauballergiker**
> Teure Geräte haben auch an der Austrittsöffnung der Luft einen Filter, der Feinststaub zurückhalten soll. Diese Geräte mit Mehrfachfiltern werden insbesondere Menschen mit Staballergie empfohlen.

wäre auch ohne Staubfüllanzeige erkennbar, denn die Saugleistung nimmt mit dem Vollerwerden des Beutels ab.

### Saugleistungsregulierung

Die Saugleistung eines Staubsaugers kann der Beschaffenheit des Bodenbelages angepaßt werden; empfindliche Teppiche und Vorhänge werden beispielsweise bei viel niedrigerer Saugleistung gereinigt als Teppichböden. Die Regulierung kann *elektronisch* in Stufen oder stufenlos sowie elektronisch automatisch erfolgen. Bei *elektronisch automatischer* Leistungsregulierung paßt sich die Saugleistung dem voller werdenden Filter an bzw. den unterschiedlichen Teppicharten: bei empfindlichen Teppichen (aus Naturfasern, Wolle, Seide) niedrige Leistung, bei strapazierfähigen hohe Leistung. Bei den anderen Geräten kann die Saugleistung *von Hand* stufenlos oder in Stufen eingestellt werden. Bei manchen Geräten kann die Saugleistung verringert werden durch Zuführen von Nebenluft in das Saugrohr durch einen Luftschieber.

### Kombi- oder Universaldüse, Polster- und Fugendüse

Zur Grundausstattung gehören bei fast allen Modellen diese 3 Düsen.
Die *Kombidüse* dient zum Reinigen von Böden. Für glatte Böden wird der Borstenkranz ausgestellt, für Teppiche wird er versenkt. Ein Dreh- und Kippgelenk erleichtert das Saugen um und unter den Möbeln. Praktisch sind die flachen Kombidüsen von Bodenstaubsaugern, weil man damit unter den meisten Möbeln problemlos saugen kann. Nicht so einfach gelingt dies oft bei Hand- und Bürstsaugern.
Zum Aufnehmen von Fäden und Fusseln hat die Düse einen Fadenheber in der Nähe der Ansaugöffnung. Wichtig ist, daß die Luftkanäle bis zum Rand der Düse reichen, damit auch Schmutz und Staub direkt an Wänden oder Möbeln gut aufgesaugt werden kann.

Die *Fugendüse* ist vorgesehen zum Reinigen von Fugen und Ritzen, die *Polsterdüse* für Möbel, Matratzen, aber auch Kleider und Gardinen.

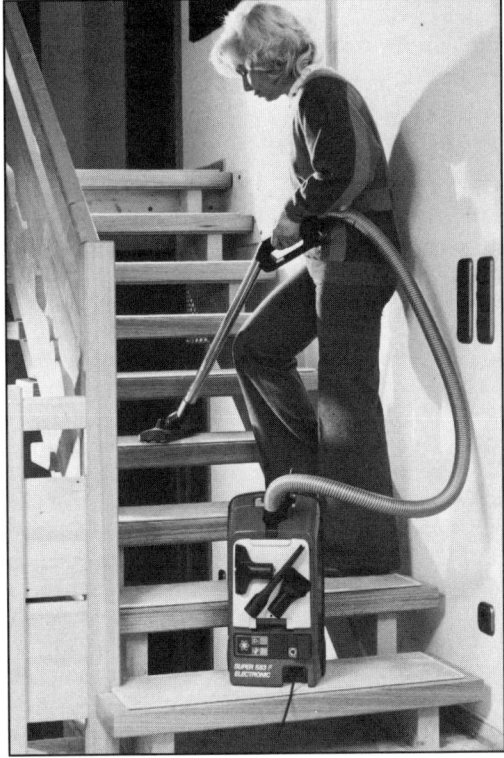

Praktischer Hausstaubsauger mit integriertem Zubehörfach

## Sonderzubehör

Als Sonderzubehör werden *Heizkörperbürste, Möbelbürste* und ein Bürstvorsatz angeboten.
Der *Bürstvorsatz* lockert durch eine Walzenbürste auch tiefer sitzenden Schmutz und richtet den Flor von Teppichen auf. Diese rotierende Bürste beansprucht den Teppich allerdings mehr als die glatte Kombibürste; empfindliche Teppiche, z. B. Seidenteppiche, daher nicht zu oft bürsten. Nicht geeignet ist eine rotierende Bürste für Wollteppiche. Der Bürstvorsatz kann auch elektrisch betrieben sein, Voraussetzung dafür ist eine Steckdose am Grundgerät.
Je nach Hersteller werden noch weitere Zubehörteile bzw. Sonderausstattungen angeboten, die meist einen höheren Preis des Gerätes bedingen: Teleskop- und Verlängerungsrohre, automatische Kabelaufwicklung, Zubehörfach im Gerät, Saugpinsel, Möbelschutzleiste.

## ➤➤ Praktische Hinweise ◄◄ für den Kauf von Boden- und Handstaubsauger

⇨ *Bodenstaubsauger* sind empfehlenswert für große Wohnungen mit großflächigen Teppichen oder Teppichböden (ab ca. 30–35 m$^2$), da das Gewicht des Gerätes für den Benutzer kaum spürbar ist. Besonders günstig ist dies auch für das Absaugen von Polstern, Vorhängen usw. Die Filter von Bodengeräten haben ein großes Fassungsvermögen.

⇨ Bei *Handstaubsaugern* auf das Gewicht achten. Sie haben kleinere Filter und sind in der Handhabung nicht so praktisch, zudem arbeiten sie langsamer als Bodengeräte. Sie sind gut geeignet für kleine Wohnungen (Altenteiler). Sie sind schnell einsetzbar und brauchen wenig Stellfläche.

⇨ Beide Geräte sind mit Zubehör vielseitig einsetzbar. Auf einfaches Umrüsten und problemlosen Filterwechsel achten, im Geschäft selbst ausprobieren.

⇨ Auf gute Randabsaugung achten, die Saugschlitze müssen bis zum Rand gehen.

⇨ Elektronische Saugleistungsregulierung ist ein Luxus, der viel kostet.

⇨ Die Rollen des Gehäuseschlittens sollen so beschaffen sein, daß sie auch über Leisten problemlos laufen (im Geschäft ausprobieren!).

⇨ Ein Kippgelenk an der Düse erleichtert das Saugen unter Möbelstücken.

⇨ Ein Teleskoprohr ermöglicht die optimale Anpassung an die Körpergröße des Benutzers. Modelle mit Noppenverstellung leiern nicht aus.

⇨ Sollen regelmäßig auch Treppen abgesaugt werden, ist darauf zu achten, daß der Kabelanschluß auf der Oberseite des Gerätes liegt, damit das Gerät kippsicher steht.

## *Wartung und Pflege*

● Filter rechtzeitig wechseln, nur die in der Gebrauchsanweisung angegebenen Filter benutzen.

● Stoffilter nicht waschen, sondern nur ausklopfen.

- Fadenheber erneuern, wenn der Flor abgerieben und verklebt ist.
- Haare und Fäden, die sich um die Bürste gewickelt haben, aufschneiden und entfernen.
- Beschädigten Saugschlauch reparieren bzw. auswechseln.
- Weitere spezielle Pflegehinweise enthält die Gebrauchsanweisung.

## ➤➤ Praktische Hinweise ◀◀ für den Kauf

**Bürstsauger**

↳ Diese Geräte sind gut geeignet für große Teppichflächen (Nadelfilz, Velour) aus synthetischem Material.

↳ Die Walzenbürste ist je nach Florhöhe verstellbar.

↳ Sehr gute Reinigungswirkung, allerdings wird der Belag auch stärker strapaziert.

↳ *Klopfbürstsauger* reinigen lose verlegte Teppiche durch gleichzeitiges Klopfen, Bürsten und Saugen. Sie haben keine bessere Reinigungswirkung als Bürstsauger, bei fest verklebten Teppichböden wird die Klopfwirkung aufgehoben.

↳ Bürstsauger sind nicht sehr handlich, vor allem, wenn unter Möbeln oder zwischen Möbeln gesaugt werden soll. Mit dem Sonderzubehör kann er diese Arbeiten erledigen, allerdings ist das zeitaufwendiger, weil umgerüstet werden muß.

↳ Wie bei anderen Geräten auch auf Handhabung, Filterwechsel, Gewicht, Randabsaugung achten.

**Shampoonier-, Pulverreinigungs- und Sprühextraktionsgeräte**

↳ Die Anschaffung lohnt sich nicht für einen Haushalt. Diese Geräte können in Teppichfachgeschäften oder Drogerien ausgeliehen werden. Eine Grundreinigung mit diesen Geräten soll möglichst lange hinausgeschoben werden, weil die Teppiche hinterher schneller verschmutzen.

↳ Bei Teppichen aus Naturfasern (Jute, Baumwolle) mit Shampooniergeräten vorsichtig vorgehen. Es wird bei dieser Methode mit viel Feuchtigkeit gearbeitet, die Teppiche könnten eingehen oder sich verziehen oder auch verschimmeln.

↳ Pulverreinigungsgeräte sind nicht geeignet für Nadelfilzbeläge.

## 7.2 Geschirrspülmaschinen

Maschinelles Geschirrspülen hält immer mehr Einzug in die Haushalte. Wer die Spülmaschine richtig nutzt, kann sie in einem kleinen Haushalt genauso wirtschaftlich einsetzen wie in einem großen.

### *Funktionsweise*

Das verschmutzte Geschirr wird in Körbe eingeordnet. Rotierende Sprüharme verteilen das aufgeheizte Wasser auf die Geschirrteile, die Verschmutzungen werden abgespült. Im unteren Korb ist der Sprühdruck größer als im oberen. Bevor das Sprühwasser abgepumpt wird, läuft es durch ein Sieb, das grobe Speisereste zurückhält. Getrocknet wird das Geschirr durch die Eigenwärme, manche Geräte sind auch mit einer Zusatzheizung und einem Ventilator ausgerüstet.

Es wird ein Spezialreinigungsmittel verwendet, das vor der Inbetriebnahme des Gerätes in einen Behälter gefüllt wird, der sich während des Spülvorganges automatisch öffnet. Dem letzten Spülwasser wird Klarspülmittel ebenfalls automatisch zugesetzt, damit das Geschirr schnell und gleichmäßig trocknet. Das Klarspülmittel befindet sich in einem Vorratsbehälter, der von Zeit zu Zeit aufgefüllt werden muß.

Nach jedem Spülen – ob maschinell oder mit der Hand – verbleiben Spülmittelrückstände auf dem Geschirr, die Menge ist jedoch gesundheitlich unbedenklich.

### *Bauarten*

Geschirrspülmaschinen werden als

- Standgerät,
- Unterbaugerät,
- Einbaugerät.

angeboten. Einbaumodelle können auch in einen Oberschrank eingebaut werden. Die Breite der Standardgeräte beträgt 60 cm, es gibt auch schmalere Geräte für kleine Haushalte.

Ein *Spülzentrum* besteht aus einer unterbaufähigen Geschirrspülmaschine, Spülenunterschrank und einem Spülbecken. Unter der Abtropffläche ist die Spülmaschine eingebaut. Die Breite beträgt 100–110 cm.

Spülmaschinen haben einen Anschlußwert zwischen 3 und 3,4 Kilowatt; ein Wasserzu- und -abfluß ist erforderlich. Der Wasserhahn sollte so angebracht sein, daß er gut erreichbar ist, weil er

Geschirrspülmaschine mit
höhenverstellbarem Oberkorb

nach jedem Spülvorgang zugedreht werden sollte. Neuere Maschinen sind zum Großteil mit einer Sicherung ausgestattet, die das Überlaufen von Wasser verhindert. Heißwasseranschluß ist möglich, vom Standpunkt der Energieeinsparung jedoch nicht sinnvoll.

Die Größe einer Spülmaschine wird weniger in den Außenmaßen angegeben, sondern in dem für das Geschirr gebotenen Platz, ausgedrückt in Maßgedecken. Kleine Maschinen bieten Platz für 4–6 Maßgedecke, Standardgeräte für 12–14 Maßgedecke.

---

**1 Maßgedeck**

| | |
|---|---|
| 1 Suppenteller | 1 Untertasse |
| 1 flacher Teller | 1 Tasse |
| 1 Dessertteller | 1 Trinkglas |
| | 1 Eßbesteck (5 Teile) |

---

*Zusätzlich pro Maschinenfüllung*
1 ovale Platte
1 große runde Schüssel
1 kleine runde Schüssel
1 runde Schale
1 Servierbesteck (4 Teile)

Diese Geschirrmenge entspricht etwa dem täglichen Geschirranfall eines 4–5 Personen-Haushaltes.

## Ausstattung

### Geschirrkörbe

Die Geschirrkörbe sind unterschiedlich ausgestattet. Bei der Standardausführung haben im oberen Korb Geschirrteile bis zu einer Höhe von 18–20 cm Platz, im unteren Korb bis zu 27–32 cm. Teure Geräte haben einen höhenverstellbaren Oberkorb, manche Geräte sind auch mit einer hochklappbaren Tassenetage ausgerüstet und herausnehmbaren Einsätzen im Unterkorb. Der obere Korb kann auch schräg sein, so haben hohe Geschirrteile, z. B. Suppenteller, hohe Gläser in beiden Körben Platz. Der Besteckkorb kann bei allen Modellen entnommen werden.

### Programme, Kontrollanzeigen

Auch Spülmaschinen gibt es in Standard- und Luxusausführungen. *Standardausführungen* haben weniger Programme und Schalterknebel zur Bedienung. Teure *Luxusausführungen* bieten eine vielfältige Programmwahl und Sensortasten als Bedienungselemente, sie sind zusätzlich schallisoliert und daher im Betrieb sehr leise.

Zu den *Grundprogrammen* gehören Normal-, Spar- und Starkprogramm. Das Spar- oder Feinprogramm arbeitet mit einer verringerten Temperatur (max. 55 °C) und weniger Spülgängen, verbraucht daher weniger Wasser und Energie. Es wird eingeschaltet bei schwach verschmutztem Geschirr, z. B. Kaffeegeschirr, oder bei empfindlichem Geschirr, z. B. Gläsern. Das Normal- oder Universalprogramm spült mit einer Temperatur von maximal 65 °C; es wird angewendet bei normal verschmutztem Geschirr, oft angetrocknet. Geschirrspülmaschinen sind mit Kontrollanzeigen für Klarspüler und Regeneriersalz ausgestattet. Je nach Gerätetyp ist hierfür die Gebrauchsanweisung zu beachten.

## *Die richtige Nutzung einer Geschirrspülmaschine*

● Grobe Speisereste entfernen, Vorspülen von Hand ist überflüssig.
● Das Fassungsvermögen ausnutzen, die Maschine nur voll beladen einschalten.
● Wenn das Geschirr in der Maschine gesammelt wird, das Vorspülprogramm einschalten. Grobe Anschmutzungen werden dabei entfernt und das Geschirr angefeuchtet, Speisereste können nicht antrocknen.

● Nur spülmaschinengeeignetes Geschirr einordnen. Ungeeignet sind Gegenstände aus Holz,
mit Holz- oder Horngriffen. Vorsicht ist auch
bei wertvollen Gläsern und Geschirr mit Auf-
glasurdekor geboten (siehe Seite 294).
● Empfindliches Geschirr nicht im unteren
Korb einordnen, weil hier der Sprühdruck
besonders groß ist.
● Bleikristall wird in der Spülmaschine
milchig.
● Besteck im Besteckkorb nicht sortieren,
sondern mischen.
● Vor dem Einschalten prüfen, ob die
Sprüharme frei beweglich sind.
● Regelmäßig Regeneriersalz nachfüllen sowie
Türdichtungsgummi reinigen. Spülmittel nur
sparsam verwenden, es ist stark ätzend.
● Restesieb nach jedem Spülgang entleeren.
● Töpfe nehmen viel Platz weg und werden oft
nicht sauber, sie werden besser von Hand
gespült.
● Im Vergleich zu handgespültem Geschirr wird
in der Maschine hygienischer gewaschen, weil
die Temperaturen höher sind und keine keim-
behafteten Lappen und Bürsten verwendet
werden.

---

### ➤➤    Praktische Hinweise    ◄◄
### für den Kauf einer
### Geschirrspülmaschine

⇒ Verbrauchswerte auf der Produktinformation genau lesen. Alte Modelle brauchen
wesentlich mehr Wasser und Strom pro
Spülgang.
⇒ Die herkömmlichen Standardprogramme
reichen aus. Zahlreiche Programme werden erfahrungsgemäß nur selten genutzt,
verteuern aber das Gerät.
⇒ Die Höhenverstellung des oberen Ge-
schirrkorbes wird ebenfalls selten genutzt,
bedingt jedoch einen Aufpreis.
⇒ Zusatzheizung und Umluftgebläse verteuern das Gerät, ohne eine wesentlich bessere Trocknung zu erreichen.
⇒ Sprühdruckregulierung kann bei teuren
Geräten ebenfalls angeboten werden. Erfahrungsgemäß wird sie nur selten genutzt.
⇒ Geschirrkorb darauf prüfen, ob die einzelnen Geschirrteile einen guten Halt haben,
damit sie beim Spülen nicht aneinanderschlagen und zerbrechen können.

## 7.3  Dunstabzugshauben

Beim Kochen entstehen Dämpfe und Düfte, die
entweder durch natürliche Lüftung beseitigt werden (Fenster, Türen) oder aber durch eine Dunstabzugshaube. Dunstabzugshauben sind direkt
über dem Herd angebracht und verhindern, daß
sich Küchendämpfe in andere Räume »schlei-
chen« oder sich als unangenehmer Fett-Wasser-
film auf den Boden und die Kücheneinrichtung
legen.

### Funktionsweise

Dunstabzugshauben »saugen« die Dämpfe, die
beim Kochen entstehen, ab, indem durch einen
elektrisch betriebenen Lüfter ein *Unterdruck* erzeugt wird. In der Abzugshaube befinden sich
*Filter*, die die Fettbestandteile der Dämpfe aufsaugen. Die gereinigte Luft wird entweder ins
Freie (Abluftsystem) oder zurück in die Küche
(Umluftsystem) geleitet.

### Abluftsystem

Beim Abluftgerät wird die warme, feuchte Luft
ins Freie geleitet, die Fettbestandteile bleiben im
Filter zurück. Der Luftkanal kann bei gerader
Führung bis zu 5 m lang sein, falls er eine Biegung
hat, 2,50–3 m, bei 2 Biegungen höchstens 1 m.
Das Abluftrohr kann ins Freie oder in einen Ab-
luftschacht münden. Einleiten in den Kamin ist
nicht erlaubt. Das Rohr ins Freie sollte eine kleine
Neigung nach unten haben, damit Kondenswasser
ablaufen kann. Eine Rückschlagklappe hält
Windstöße ab, ein Gitter das Eindringen von Tieren und Schmutz.

### Umluftsystem

Beim Umluftgerät wird die Luft über ein geruchs-
bindendes Filter geführt und wieder in die Küche
geleitet. Feuchtigkeit und Wärme wandern also
wieder zurück, es entsteht sogar zusätzlich Wärme
durch die Beleuchtung und den Motor.

### Bauarten

Dunstabzugshauben werden als *An-, Ein-* und
*Unterbaugeräte* angeboten in verschiedenen Breiten: 60, 90 und 100 cm. Sie sind etwa 20 cm hoch
und 40–60 cm tief.
Montiert werden die Geräte beim Elektroherd
60 cm, beim Gasherd 90 cm über den Kochplat-

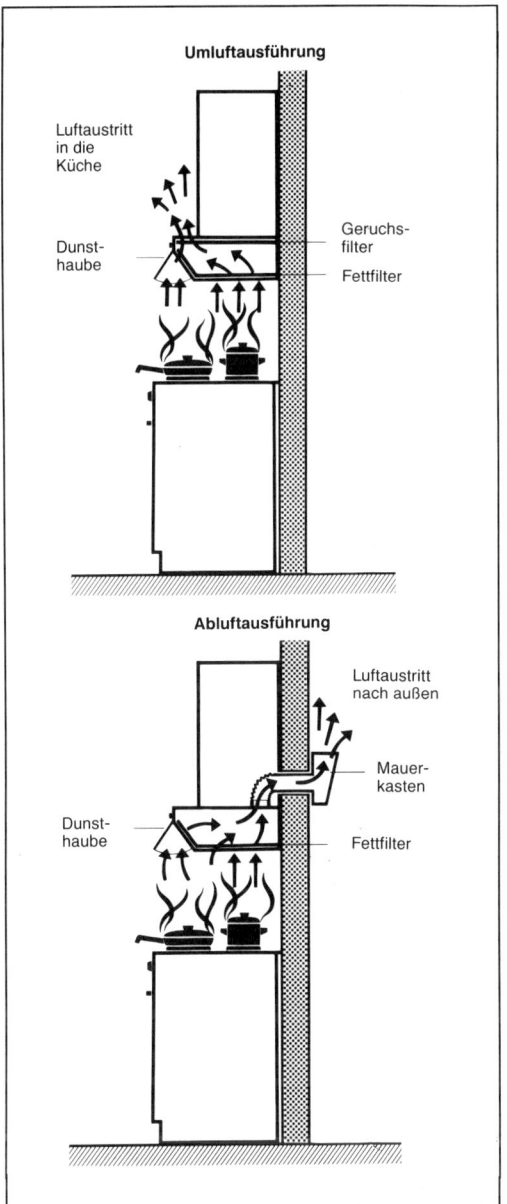

**Umluftausführung**

Luftaustritt
in die
Küche

Dunst-
haube

Geruchs-
filter

Fettfilter

**Abluftausführung**

Luftaustritt
nach außen

Mauer-
kasten

Dunst-
haube

Fettfilter

Funktionsweise von Dunstabzugshauben

ten. Dieser Mindestabstand sollte möglichst nicht überschritten werden, denn je größer die Entfernung, desto geringer die Wirkung. Günstig sind möglichst breite Hauben, weil sie viel Luft filtern können. Der Anschlußwert beträgt etwa 200 Watt.

Anbau- und Unterbau-Dunstabzugshauben werden unter einem entsprechenden Oberschrank angebracht, manche Geräte werden während des Betriebs nach vorne ausgezogen. Einbaugeräte werden in einen Umbauschrank fest eingebaut, oder sie haben die Größe eines Oberschrankes mit einer Dekorplatte, die während des Betriebes nach vorne ausgeschwenkt wird.

Wenn der Herd frei im Raum steht, werden Lüfterbausteine in eine Esse oder Hutte eingebaut. Die Geräte sind 55–80 cm breit.

## Luftwechsel

Beim Einschalten des Ventilators wird Luft angesaugt. Die Luftfördermenge wird gemessen in $m^3$ pro Stunde, sie wird stufenlos (elektronisch) oder in Stufen geregelt. Diese Luftleistung ist bei Abluftgeräten höher als bei Umluftgeräten, in jedem Fall ist sie in der Gebrauchsanweisung angegeben.

Die Stärke des Ventilators und damit die Höhe der Luftfördermenge muß auf die Größe der Küche abgestimmt werden, empfohlen wird eine achtfache Luftumwälzung pro Stunde. Vor dem Kauf sollte bereits ausgerechnet werden, welche Luftfördermenge der Ventilator haben muß, damit die Abzugshaube mit den entstehenden Dämpfen fertig wird. Dies läßt sich anhand folgender Formel bestimmen:

Raumvolumen = Grundfläche × Höhe

Luftfördermenge ($m^3$ je Stunde) =
Raumvolumen × Luftwechsel je Stunde

### Beispiel

$15\,m^2 \times 3\,m = 45\,m^3$ Raumvolumen
$45 \times 8 = 360$
Dazu kommen 50% zur Überwindung des Unterdrucks:
$360 + 180 = 540$.
In einer Küche von $15\,m^2$ wird bei dem empfohlenen achtfachen Luftwechsel ein Gerät benötigt, das $540\,m^3$ Luft je Stunde umwälzt.

### Abluft und Zuluft

Die Dunstabzugshaube arbeitet nur dann optimal, wenn ein dauernder Luftaustausch möglich ist. Die Luft, die beim Abluftbetrieb nach außen gefördert wird, muß in gleicher Menge auch zugeführt werden. Durch den Abluftbetrieb entsteht in der Küche ein leichter Unterdruck, durch den frische Luft angesaugt wird. Es wäre aber falsch, eine Tür zu öffnen, weil sich dann der Unterdruck und damit die Küchenluft auch auf die anderen Räume ausbreiten kann.

## *Wartung und Pflege*

● Das Fettfilter monatlich bis vierteljährlich in einer Feinwaschanlage waschen, nicht auswringen oder schleudern, an der Luft trocknen. Nach 2–3 Reinigungen ist die Filtermatte durch eine neue zu ersetzen. Wegwerffilter ersparen das Waschen, sind jedoch teurer. Manche Geräte haben ein Metallfilter, Kondensationsbleche oder Kunststoff-Labyrinthfilter, das in der Spülmaschine gereinigt werden kann. Feste Regeln für die Reinigung gibt es nicht, sie ist aber spätestens dann fällig, wenn es trotz eingeschalteter Dunstabzugshaube sehr riecht.
● Aktiv-Kohle- oder Sanilanfilter sind Geruchsfilter und haben etwa 1 Jahr Gebrauchstüchtig-

## ➤➤   **Praktische Hinweise**   ◄◄
## **für den Kauf einer**
## **Dunstabzugshaube**

➪ Abluftgeräte haben eine höhere Luftförderleistung. Fast alle Modelle können auf Umluftbetrieb umgestellt werden. Nach Möglichkeit ein Abluftgerät einbauen, denn es führt auch die Feuchtigkeit ab. Allerdings geht im Winter auch Wärme verloren.

➪ Dunstabzugshauben sind um so wirksamer, je breiter sie sind.

➪ In Küchen mit Kohle- oder Ölofen dürfen Dunstabzugshauben während des Heizens nicht in Betrieb genommen werden, weil die Gefahr besteht, daß Rauch und Abgase in den Raum gezogen werden.

➪ Dunstabzugshauben können auch nachträglich eingebaut werden.

➪ Die Technik ist ausgereift, ausschlaggebend dürfte daher beim Kauf der Preis sein.

➪ Da Filter regelmäßig ausgewechselt werden müssen, nach dem Preis der Filter fragen. Vliesfilter und Kunststoff-Labyrinthfilter »schlucken« mehr Fett als Metall- und Flauschfilter.

➪ Wenn im Raum eine Gasetagenheizung, ein Öl- oder Kohleofen oder ein Gasdurchlauferhitzer ist, vor dem Einbau einer Abzugshaube den Kaminkehrermeister fragen.

➪ Vor dem Kauf Hörprobe machen, manche Geräte haben ein sehr lautes Laufgeräusch.

keit. Sie müssen dann erneuert werden, der Preis liegt zwischen 25,– und 45,– DM.
● Beim Gebrauch das Gerät anfangs auf volle Leistung schalten, während des Kochens auf mittlerer Stufe. Nach dem Kochen noch einige Minuten laufen lassen.

# 7.4  Luftbefeuchter

Besonders in Wohnungen mit Zentralheizung ist die Luftfeuchtigkeit sehr niedrig, das Raumklima daher schlecht. Manche Materialien im Raum laden sich elektrostatisch auf, z. B. Gardinen, und ziehen mehr Schmutz an. Bei niedriger Luftfeuchtigkeit werden Zimmerpflanzen anfällig für Krankheiten. Ein häufiger Grund für die Anschaffung eines Luftbefeuchters ist Asthma; bei höherer Luftfeuchtigkeit fällt das Atmen leichter. Gleichmäßige und ausreichende Luftfeuchtigkeit kann durch Verdunstungsgefäße an Heizkörpern kaum erreicht werden. Geräte zur Luftbefeuchtung erreichen eine relative Luftfeuchtigkeit von 40–60%. Oft wird damit geworben, Luftbefeuchter würden die Luft auch reinigen; nach Untersuchungen der Stiftung Warentest ist die Reinigungswirkung sehr gering, Lüften reinigt die Raumluft besser. Notwendig ist Reinigen der Luft, wenn z. B. Raucher und Kinder sich in einem Raum aufhalten.

## *Bauarten*

### Verdunster

Ein großflächiger Filter saugt Feuchtigkeit an, die Luft streicht daran vorbei und nimmt Wasserdampf auf. Diese Geräte arbeiten geräuscharm, der Anschlußwert beträgt etwa 20 Watt.

### Zerstäuber

Wasser wird aus einem Behälter angesaugt und gegen ein Gitter geschleudert, an dem es zerstäubt wird. Die Geräte arbeiten sehr effektiv, allerdings ist das Laufgeräusch verhältnismäßig laut.

### Verdampfer

Wasser wird erhitzt, es entsteht Wasserdampf, der in den Raum ausströmt. Der Stromverbrauch der Geräte ist sehr hoch, außerdem besteht die Gefahr, daß man sich verbrüht (Kinder!).

## Wartung und Pflege

● Gerät regelmäßig reinigen, vor allem Filter, damit sich Bakterien nicht vermehren können. Es werden auch sog. fibrozide Zusätze angeboten, sie sind unnötig.
● Wasser regelmäßig wechseln, damit es nicht zu riechen beginnt.
● Kalkbelag regelmäßig entfernen.

### ➤➤ Praktische Hinweise ◀◀

↪ Vor dem Kauf Maße des Raumes, in dem das Gerät aufgestellt werden soll, genau ausmessen, damit kein zu kleines Gerät gekauft wird.
↪ Für Allergiker gibt es spezielle Hochleistungs-Filtergeräte für reine Luft, die über ein nacheinander angeordnetes System mehrerer Kohlefilter arbeiten.

# 8 Maschinen und Geräte für die Wäschepflege

## 8.1 Waschmaschinen

Die Waschmaschine ist zum unentbehrlichen Helfer im Haushalt geworden. Die Wäsche wird nicht nur in kürzester Zeit erledigt, das Ergebnis ist vielfach auch besser als bei Handwäsche.

## Funktionsweise

Die Schmutzwäsche wird in die Trommel gefüllt, die sich nach dem Einschalten mit Wasser füllt, gleichzeitig wird das Waschmittel aus der Kammer gespült. Die Trommel ist gelocht, so daß die Waschlauge zu- und abfließen kann. Die Rippen sind dazu da, die Wäsche mitzunehmen. Durch das Drehen der Trommel wird die Wäsche bewegt, der Schmutz ausgespült.
Wie hoch das Wasser in der Trommel steht, hängt ab vom eingestellten Programm. Pflegeleichte Wäsche wird mit viel, Koch- und Buntwäsche mit wenig Wasser gewaschen. Je höher der Wasserstand, desto weniger wird die Wäsche beansprucht. Dies ist wichtig bei pflegeleichten Materialien, die wenig oder gar nicht gebügelt werden. Nach Ablauf des Wasch- und Spülvorgangs wird die Lauge abgepumpt, die Wäsche – je nach gewähltem Programm – geschleudert, das heißt, bei hoher Umdrehungszahl der Trommel wird die Feuchtigkeit aus der Wäsche gepreßt.

## Bauarten

### Frontlader, Toplader

Bei den Bauarten unterscheidet man Frontlader und Toplader. Frontlader werden von vorne gefüllt, Toplader von oben.
Toplader gibt es nur als Standgeräte, nicht als Unterbau- bzw. Einbaugeräte. Sie sind auch in platzsparenden Abmessungen zu haben und werden in Haushalten mit engen Platzverhältnissen, evtl. auch in einer Altenteilerwohnung bevorzugt, weil man sich zum Be- und Entladen nicht bücken muß.

### ➤➤ Praktischer Hinweis ◀◀

Wer seinen Toplader auf Rollen stellt, kann ihn bei Platzmangel z. B. unter eine Arbeitsplatte rollen.

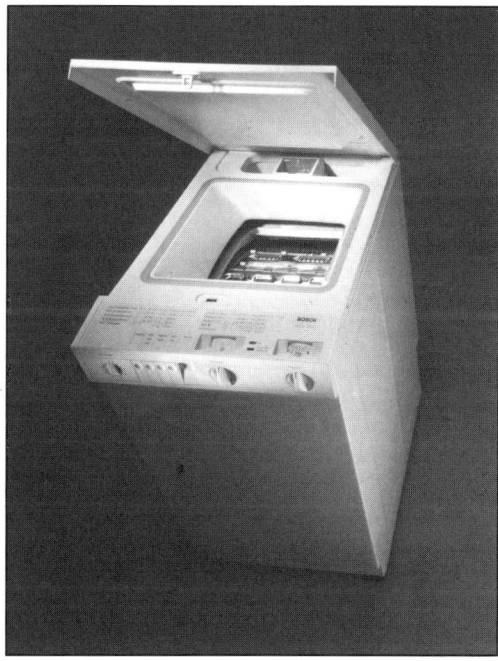

Waschvollautomat als Toplader

Frontlader gibt es als Stand-, Einbau- und Unterbaugerät. Es handelt sich aber nicht um ein klassi-
sches Einbaugerät, da der Sockel nicht ausgetauscht werden kann. Zu empfehlen sind Stand-
und Unterbaugeräte, weil sie eine bessere Standfestigkeit haben.

## Waschvollautomat, Waschautomat, Waschkombination

Waschvollautomaten sind Geräte, bei denen vom
Wassereinlauf bis zum Schleudern alle Vorgänge
automatisch ablaufen. Waschmaschinen, bei denen Schleudern gesondert geschaltet werden
muß, bezeichnet man als Waschautomaten. Ein
Waschautomat mit nebengebauter Schleuder
heißt Waschkombination.

Das Fassungsvermögen von Waschmaschinen
liegt bei 4,5–5 kg trockener Wäsche.
Waschmaschinen haben Anschlußwerte zwischen
2,5 und 3,5 kW. Sie benötigen einen eigenen
Stromkreis. Es gibt auch Maschinen für Drehstromanschluß (Kraftstrom), diese sind nicht stek-
kerfertig, das heißt, sie müssen von einem Fachmann angeschlossen werden.

 **Praktischer Hinweis**

Es besteht die Möglichkeit des Warmwasser-
und Kaltwasseranschlusses. Warmwasseranschluß ist nur sinnvoll bei einer günstigen
Warmwasserversorgung, z. B. mittels einer
Solaranlage oder Wärmepumpe. Wichtig sind
auch kurze Leitungen.

## Technische Ausstattung

### Bedienungselemente

Der Ablauf des Programms wird eingestellt über
eine Einknopf- oder Mehrknopfautomatik. *Ein-
knopfautomatik* ist nur noch bei wenigen Maschinen zu finden, sie hat den Vorteil, daß solche
Maschinen sehr leicht zu bedienen sind. Bei der
*Mehrknopfautomatik* müssen Temperatur und
Programm gesondert gewählt werden. Zusätzlich
können verschiedene Tasten gedrückt werden:

### E-Programm

Die Kochwäsche wird bei 60 °C gewaschen, die
Programmdauer verlängert sich um bis zu 15 Minuten, die Energieersparnis beträgt etwa 45%.
Dieses Sparprogramm ist sinnvoll bei nur wenig
verschmutzter Wäsche, z. B. Bettwäsche. Im
Sinne des Energiesparens sollte auch die übrige
Kochwäsche gelegentlich bei nur 60 °C gewaschen
werden, hinsichtlich der Keimfreiheit bestehen
keine Bedenken. Bei stark verschmutzter oder
verfleckter Wäsche ist vom Sparprogramm abzuraten, weil die Reinigungswirkung zu schwach ist.
Stark verschmutzte Buntwäsche wird mit dem E-
Programm wieder sauber, die Einwirkzeit ist länger als beim normalen Programm für Buntwäsche,
dadurch ist die Reinigungswirkung höher.

### ½ Sparprogramm

Von diesem Programm wird Gebrauch gemacht,
wenn nur eine kleine Wäschemenge vorhanden
ist. Damit können etwa 10% Wasser, 15% Strom,
25% Waschmittel und 15% Zeit gespart werden.
Trotz dieser Einsparungen ist es sparsamer, die
Waschmaschine immer nur ganz gefüllt in Betrieb
zu nehmen.

### Wollprogramm

Bei diesem Programm wird mit hohem Wasserstand und geringer Trommelbewegung, also besonders schonend gewaschen.

### Spülstop

Wird diese Taste gedrückt, bleibt die Wäsche im
letzten Spülwasser liegen. Davon wird vor allem
bei Wollsachen oder empfindlicher Feinwäsche
Gebrauch gemacht, die sich beim Schleudern verziehen würde. Das Wasser kann abgepumpt, die
Wäsche tropfnaß aufgehängt oder in Handtüchern ausgedrückt und im Liegen getrocknet
werden.

### Kurzprogramm

Dies Programm ist geeignet für leicht verschmutzte Wäsche. Die Vorwäsche entfällt, es
wird bei 40–60 °C gewaschen, die Waschdauer ist
verkürzt.

### Elektronische Regelung

Waschmaschinen mit elektronischer Regelung
werden über Berührungs- oder Folientaster bedient. Wäscheart und Temperatur werden eingegeben, die Maschine sucht selber das optimale
Programm, z. B. bei Feinwäsche hoher Wasserstand und nur leichtes Schleudern. Verschmutzungsgrad und Wäschemenge können ebenfalls
eingegeben werden. Die elektronische Regelung

ermöglicht optimale Abstimmung des Waschprogramms auf die Wäsche, Fehlbedienung ist ausgeschlossen, weil die elektronischen Bauteile keine unlogischen Befehle annehmen, z. B. Feinwäsche bei 90 °C. Wie bei anderen Geräten ist auch bei Waschmaschinen Elektronik sehr teuer.

## Schleudern

Die *Schleuderdrehzahl* der einzelnen Waschmaschinen ist unterschiedlich, sie schwankt zwischen 400 und 1400 Umdrehungen pro Minute (Einzelschleudern haben bis zu 2800 Umdrehungen pro Minute). Bei einer niedrigen Umdrehungszahl wird das Wasser mit geringerer Wucht aus der Wäsche gepreßt, es bleibt mehr Feuchtigkeit in der Wäsche, die Restfeuchte ist höher.
Wichtig ist die Schleuderdrehzahl, wenn die Wäsche anschließend im Trockner getrocknet wird. Je höher die Schleuderdrehzahl, desto weniger Feuchtigkeit bleibt in der Wäsche und desto kürzer ist der Trockengang. Falls maschinell getrocknet wird, sollte die Umdrehungszahl mindestens bei 800, besser bei 1000 liegen. Bei höherer Drehzahl der Schleuder wird nur unwesentlich mehr Strom verbraucht als bei geringerer, die kürzere Trockenzeit holt dies jedoch mehrfach herein. Falls nicht maschinell getrocknet wird, ist eine hohe Schleuderdrehzahl nicht erforderlich. Die Schleuderdrehzahl beeinflußt den Preis sehr stark, hohe Drehzahlen = hoher Preis.
Bei neuen Maschinen kann die Schleuderdrehzahl auch bei Kochwäsche verringert werden. Das wird z. B. dann gemacht, wenn die Wäsche im Freien getrocknet wird. Die hohe Restfeuchte bedingt dann keinen Energieaufwand, aber die Wäsche ist weniger verknittert und muß nur schwach gebügelt werden.
Bei Geräten der unteren Preisklasse läuft der Schleudergang ohne Unterbrechung etwa 5 Minuten lang. Bei teuren Geräten kann die Schleuderzahl variiert und so der Wäscheart angepaßt werden. *Stufenschleudern* wird bei Fein- und Pflegeleichtwäsche eingeschaltet, damit die Wäsche weniger verknittert und sich nicht verzieht. Beim Stufenschleudern wird die Wäsche in mehreren Phasen geschleudert und zwischendurch immer wieder aufgelockert. So wird die Wäsche gleichmäßig geschleudert und kann leicht aus der Trommel genommen werden, weil sie weniger fest an die Trommel gepreßt ist.
Das Programm *Kurzschleudern* wird gewählt, wenn Wäsche nur angeschleudert werden soll, z. B. Gardinen.

## Waschprogramme

Je nach Preisklasse der Waschmaschine gibt es unterschiedlich viele Waschprogramme, teure Geräte bieten mehr Variationsmöglichkeiten. Welche Programme für welche Textilien angewendet werden, siehe Seite 411.

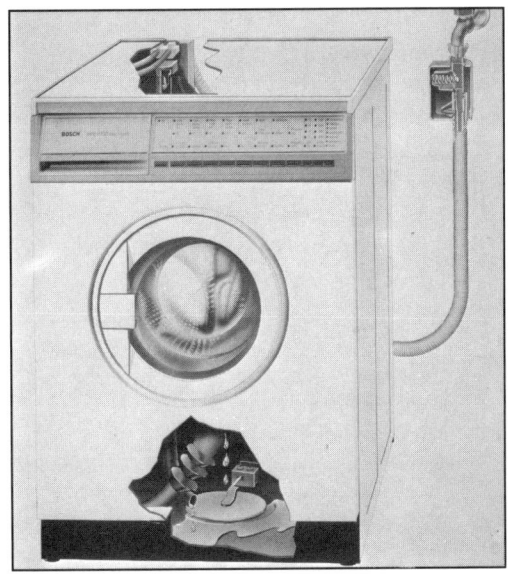

Frontlader mit Wasserzulauf-Stop, Überlaufsicherung und Rückflußverhinderung

## Sicherungseinrichtungen

Waschmaschinen sind nicht gefeit vor Fehlbedienungen. Wird z. B. vergessen, den Wasserhahn aufzudrehen, dann verhindert der *Trockengehschutz*, daß sich die Heizung einschaltet.
Weitere Sicherheitseinrichtungen sind:

▷ *Wassermangelsicherung:* Die Trommelbewegung wird unterbrochen, wenn ein Mindestwasserstand nicht mehr gegeben ist.
▷ *Überlaufsicherung:* Falls das Wasserzulaufventil nicht schließt, wird das Überlaufen verhindert.
▷ *Rückflußverhinderung:* Es wird verhindert, daß Waschlauge in die Wasserleitung zurückgesaugt wird.
▷ *Deckelschalter:* Bei Topladern wird die Trommelbewegung unterbrochen, wenn der Deckel geöffnet wird.
▷ *Deckelverriegelung:* Während des Schleuderns kann der Deckel nicht geöffnet werden.
▷ *Türverriegelung:* Das Bullauge kann während des Programmablaufs nicht geöffnet werden.

▷ *Flusensieb:* Es verhindert, daß durch Flusen und andere Verunreinigungen, z. B. auch Knöpfe oder Utensilien aus nicht geleerten Hosentaschen, die Laugenpumpe verstopft.

▷ *Motorschutzschalter:* Der Motor wird vor Überlastung geschützt.

## Wartung und Pflege

● Wasserhahn nach dem Waschen zudrehen, das verlängert die Haltbarkeit und Funktion der Ventile und des Schlauchs.

---

### ➤➤  Praktische Hinweise  ◄◄ für den Kauf einer Waschmaschine

↬ Der Preis einer Waschmaschine hängt ab von Programmvielfalt, Schleuderleistung, Steuereinrichtungen. Vor dem Kauf kritisch überlegen, welche Ausrüstung tatsächlich benötigt wird.

↬ Ob ein Stand- oder Unterbaugerät gekauft wird, hängt vom Aufstellungsort ab. Steht das Gerät in der Waschküche, reicht ein Standgerät. In der Küche wird man sich für ein Unterbaugerät mit passender Dekorplatte entscheiden. Standgeräte sind billiger als Unterbaugeräte.

↬ Ob ein Top- oder Frontlader angeschafft wird, hängt ebenfalls vom Aufstellungsort ab. Toplader können auch in einer Nische aufgestellt werden, weil sie keinen Platz nach vorne zum Öffnen brauchen, sondern nur in der Höhe.

↬ Neuere Maschinen brauchen weniger Strom, dies wirkt sich aber im Preis nicht aus. Mehr kosten dagegen Maschinen, die besonders »umweltschonend« sind, weil das Waschmittel besser ausgenutzt wird. Diese Maschinen sind mit *Umflutverfahren* oder *Öko-Schleuse* ausgerüstet. Mit welcher Technik (z. B. Ökoschleuse, Kugelventil) die Waschmitteleinsparung bewirkt wird, ist unwichtig; wichtig ist, daß das Waschmittel vollständig im Laugenbehälter bleibt und nicht (wie früher) im Ablaufsystem ungenutzt verschwindet – ein Beitrag zum Umweltschutz.

↬ Sehr gute Waschergebnisse bringen neuartige Waschsysteme, bei denen die Wäsche von oben mit der Waschlauge besprüht wird.

---

● Flusensieb ab und zu kontrollieren und reinigen, um einen einwandfreien Ablauf des Wassers zu gewährleisten. Wo das Flusensieb sitzt, ist in der Gebrauchsanweisung angegeben.

● Bei Waschmaschinen ohne Flusensieb die Laugenpumpe regelmäßig reinigen. Wie's gemacht wird, steht in der Gebrauchsanweisung.

● Waschmittelkammern von Zeit zu Zeit von Rückständen säubern, damit diese nicht verkrusten.

● Zu- und Ablaufschlauch regelmäßig kontrollieren.

● Bullauge nicht schließen, wenn die Maschine nicht in Betrieb ist. Dann können sich keine unangenehmen Gerüche in der Maschine entwickeln, der Türgummi hält länger.

● Wassereinlaufsieb gelegentlich säubern. Dazu Wasserzulaufschlauch abschrauben, Sieb herausziehen und ausspülen. Beim Wiedereinschrauben auf einwandfreien Sitz der Dichtungen achten.

## 8.2  Wäscheschleuder

Eigene Geräte zum Schleudern von Wäsche werden heutzutage kaum noch gekauft. Sie sind in vielen Landhaushalten noch vorhanden aus der Zeit, als noch mit der Hand gewaschen wurde oder nur eine Waschmaschine ohne Schleuder vorhanden war. Wäscheschleudern haben sehr hohe Umdrehungszahlen – zwischen 1400 und 2800 Umdrehungen pro Minute. In großen Haus-

Waschmaschine und Trockner im Hausarbeitsraum

halten mit hohem Wäscheanfall ist es auch heutzutage noch eine Überlegung wert, sich eine Wäscheschleuder anzuschaffen. Waschmaschinen mit hohen Schleuderdrehzahlen sind sehr teuer und meist störungsanfälliger. Billiger kommt die Kombination einer Schleuder mit einer Waschmaschine, die nur niedrige Drehzahlen hat; so kann bei Bedarf nachgeschleudert werden. Natürlich muß genügend Platz zur Verfügung stehen. Beachtet werden sollte auch, daß bei den hohen Drehzahlen in der Schleuder die Wäsche sehr strapaziert wird.

# 8.3 Wäschetrockner

Wäschetrockner sind in bäuerlichen Haushalten verhältnismäßig selten zu finden, weil ohnehin genügend Platz zum Trocknen der Wäsche im Freien oder in einem Trockenraum zur Verfügung steht. Wäschetrockner sind aber nicht nur dann praktisch, wenn nicht genügend Trocknungsplatz zur Verfügung steht, man spart auch Arbeit, weil die Wäsche nicht aufgehängt und zum Teil nicht mehr gebügelt werden muß. Sie wird im Trockner angenehm flauschig und glatt, die durch das Trocknen auf der Leine entstehende »Trockenstarre« entfällt. Außerdem ist man mit einem Wäschetrockner nicht mehr vom Wetter abhängig, und es wird weniger Wäsche benötigt, weil sie schnell wieder zur Verfügung steht.

## Funktionsweise

Während des Trocknens wird die feuchte Wäsche in der Trommel bewegt und zugleich aufgelockert. Durch Zufuhr von warmer Luft wird die Feuchtigkeit der Wäsche zum Verdampfen ge-

bracht. Die feuchte Warmluft wird in den Raum oder ins Freie abgeführt oder auch abgekühlt, wodurch die enthaltene Feuchtigkeit kondensiert.

Die Trommel eines Wäschetrockners ist etwa 2,5mal so groß wie die einer Waschmaschine, damit die Wäsche möglichst locker liegt und die Feuchtigkeit rasch verdunsten kann.

## Bauarten

Wäschetrockner gibt es als *Standgerät,* das von oben oder von der Seite gefüllt wird, als *Unterbaugerät* oder auch in Kombination mit einer Waschmaschine als sogenannte *Wasch-Trocken-Säule.* Wäschetrockner sind ca. 60 cm breit, 82–85 cm hoch und etwa 60 cm tief.

Das Fassungsvermögen von Wäschetrocknern liegt bei 4,5–5 kg Trockenwäsche, der Anschlußwert liegt zwischen 2,2 und 3,3 Kilowatt.

Wäschetrockner arbeiten nach verschiedenen Methoden. Unterschieden werden Abluft- und Kondensationstrockner sowie Waschtrockner.

## Anlufttrockner

Die Raumluft wird durch einen Ventilator angesaugt, über Heizschlangen geführt und dadurch erwärmt. Die warme Luft streicht über die feuchte Wäsche und nimmt die Feuchtigkeit auf. Die warme, feuchte Luft wird anschließend an den Raum abgegeben. Besser ist es, die angefeuchtete Warmluft durch einen Schlauch ins Freie zu führen (durch die Wand oder ein Fenster). Falls die Luft nicht ins Freie geführt wird, muß der Raum gut belüftbar sein, damit sich die Feuchtigkeit nicht niederschlägt.

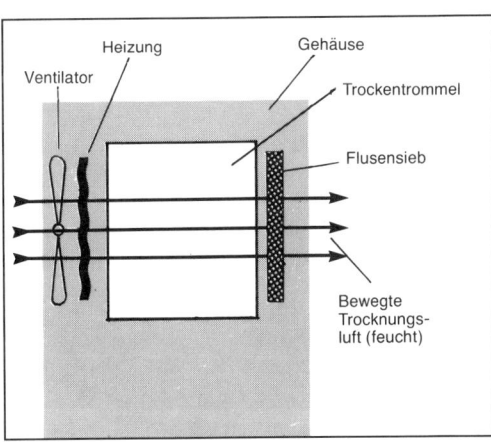

Schema eines Ablufttrockners

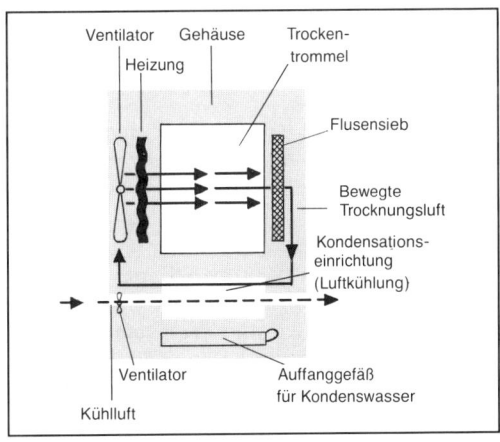

Schema eines Kondensationstrockners

## Kondensationstrockner

Die warme, feuchte Luft wird durch einen luftge-kühlten Kondensator geführt. Der in der Luft enthaltene Wasserdampf wird abgekühlt und da-durch wieder flüssig. Das entstehende Kondens-wasser wird in einem Behälter gesammelt, der nach dem Trockenvorgang geleert werden muß. Es gibt auch Geräte, bei denen das Kondensa-tionswasser abgepumpt werden kann.

Beim Kondensationstrockner dauert das Trock-nen länger als beim Ablufttrockner, vor allem, wenn der Raum sehr warm ist. Steht nämlich zum Kühlen des Kondensators sehr warme Luft zur Verfügung, kann der Wasserdampf nur schwer verflüssigt, die Trockenluft nur wenig entfeuchtet werden, so wird nur wenig Feuchtigkeit aus der Wäsche aufgenommen. Der Trocknungsvorgang dauert dann sehr lang. Gründliches Lüften ist daher auch beim Kondensationstrockner wich-tig.

## Waschtrockner

Waschtrockner sind Waschvollautomaten, mit de-nen die Wäsche nach dem Kondensationsprinzip auch getrocknet werden kann. Es kann jedoch nur die Hälfte der gewaschenen Wäsche in einem Trockengang getrocknet werden, weil die Trom-mel etwa 2,5 mal kleiner ist als die eines separaten Trockners. Die Wäsche wird getrocknet durch Kontakt mit der angewärmten Trommel und Strahlungswärme von Heizschlangen. Manche Geräte haben auch einen Ventilator, der bewirkt, daß die Wäsche schneller trocknet.

Es gibt Waschtrockner, die mit Thermoschleuder arbeiten. Die Wäsche wird nach dem Stufen-schleudern angewärmt und nochmals geschleu-dert, die Restfeuchte ist dadurch etwa 10% gerin-ger als bei normalem Schleudern. Die Trock-nungszeit ist dadurch kürzer, der Trocknungsgang billiger.

Waschtrockner sind nur für sehr kleine Wohnun-gen zu empfehlen, weil die Stellfläche nicht durch ein zusätzliches Gerät verkleinert wird. Die Ver-brauchswerte für Strom sind jedoch erheblich hö-her als bei den beiden oben genannten Trockner-arten, außerdem ist der Anschaffungspreis eines Waschtrockners sehr hoch. Durch die geringe Trommelgröße dauert der Trocknungsvorgang sehr lang, eine Waschmaschinenfüllung muß in zwei Arbeitsgängen getrocknet werden.

## Steuerung

Der Trockenvorgang kann zeitgesteuert oder feuchtigkeitsgesteuert (elektronisch) sein.

### Zeitsteuerung

Bei der Zeitsteuerung wird durch ein Zeitschalt-werk eine bestimmte Trocknungszeit vorgegeben. In diese Zeit eingeschlossen ist die Abkühlzeit, in der die Luft nicht mehr angewärmt wird. Die Wäsche kühlt ab und knittert nicht so sehr, wenn sie nicht sofort nach Ablauf des Trocknungsvor-gangs entnommen wird. Je nach Gewebeart wird die Temperatur variiert; bei empfindlichen Che-miefasern wird z. B. mit niedrigerer Temperatur getrocknet als bei Baumwolle.

### Feuchtigkeitssteuerung

Die elektronische Steuerung ist sehr genau; durch Fühler wird die Feuchtigkeit der Wäsche abgeta-stet. Der gewünschte Trocknungsgrad kann her-gestellt werden, z. B. »schranktrocken«, »bügel-feucht«. Das Gerät schaltet sich automatisch ab, wenn dieser Wäschezustand erreicht ist. Ange-zeigt wird dies durch einen Summton. Sehr teure Wäschetrockner arbeiten mit einer Doppelelek-tronik, die ein besonders genaues Trockenergeb-nis bringt. Diese Sonderausrüstung kostet zwar mehr, sie verhindert aber Übertrocknen der Wä-sche und hilft so, Strom zu sparen.

## Wäscheverschleiß durch maschinelles Trocknen?

Betrachtet man nach dem Ablauf eines Trocken-vorgangs das Flusensieb, kann man erschrecken: Erstaunlich viele Flusen haben sich darin gefan-gen. Nun wäre es aber falsch, diesen Verschleiß allein dem Wäschetrockner zuzuschreiben, denn nur 10% der gefangenen Flusen sind durch das maschinelle Trocknen abgerieben worden, 20% sind bedingt durch das Waschen und 70% durch das Tragen der Wäsche.

Zum Wäscheverschleiß gehört auch das Einlaufen der Wäsche, und dieses Einlaufen wird durch den Trockner begünstigt bei Trikotware und anderen Baumwolltextilien. In erster Linie fällt diese uner-wünschte Wirkung bei Unterwäsche auf. Sie soll-ten Unterwäsche daher 1–2 Nummern größer kaufen, wenn sie maschinell getrocknet wird. Manche Textilien enthalten bei den Pflegehinwei-sen auch Symbole für maschinelles Trocknen.

**Restfeuchte und Trockendauer bei verschiedenen Schleuderdrehzahlen**

| Schleuderdrehzahl pro Minute | Restfeuchte | Trocknen auf der Leine | Trocknen im elektrischen Wäschetrockner (Ablufttrockner) |
|---|---|---|---|
| 500 | 100% = 4,5 l | etwa 8 Stunden | knapp 2 Stunden |
| 800 | etwa 70% = 3,2 l | etwa 7 Stunden | knapp 1½ Stunden |
| 1200 | etwa 55% = 2,5 l | etwa 5 Stunden | etwa 1 Stunde |
| 2800 (Wäscheschleuder) | etwa 45% = 2,0 l | etwa 4 Stunden | etwa 55 Minuten |

## Wartung und Pflege

● Flusensieb nach jedem Trocknungsvorgang reinigen.
● Kondenswasserbehälter leeren.

### ➤➤ Praktische Hinweise ◀◀ für den Kauf eines Wäschetrockners

⇨ Ablufttrockner arbeiten schneller als Kondensationstrockner, allerdings ist ein Abluftschlauch notwendig bzw. ein großer, gut belüftbarer Raum.
⇨ Waschtrockner sind keine idealen Trockner, weil sie viel Zeit und viel Strom brauchen.
⇨ Als Aufstellungsort sollte der Raum gewählt werden, in dem die Waschmaschine steht, damit die nasse Wäsche nicht transportiert werden muß.
⇨ Eine Wasch-Trocken-Säule spart Platz, allerdings muß die nasse Wäsche nach oben gehoben werden.
⇨ Die Schleuderdrehzahl der Waschmaschine sollte möglichst hoch sein (mindestens 800 Umdrehungen pro Minute), denn Schleudern kostet viel weniger Strom als Trocknen.

## 8.4 Bügelgeräte

Ein Bügeleisen ist in fast jedem Haushalt vorhanden, eine Bügelmaschine dagegen selten. In ländlichen Haushalten sind Bügelmaschinen häufiger zu finden, weil die Personenzahl größer ist und daher auch mehr Wäsche anfällt. Außerdem stellt sich kaum die Frage, ob Platz für das Gerät ist.

## Bügeleisen

### Funktionsweise

Über die Bügelsohle sind Heizstäbe in eine Keramikmasse eingebettet, die die Wärme abgibt. Die eingestellte Temperatur wird mit Reglern gesteuert, die den Stromkreis unterbrechen bzw. schließen. Kühlen die Heizstäbe zu sehr ab, wird der Stromkreis geschlossen, erkennbar an dem Lämpchen im Griff.

### Reglerbügeleisen

Die Heizleistung beträgt 100–1200 Watt, ein Temperaturregler hält die vorgewählte Bügeltemperatur ein. Ein Vorteil des Reglerbügeleisens ist das geringe Gewicht (850–1100 g), allerdings muß durch das geringe Gewicht fester angedrückt werden, um gleich glatt zu bügeln.

### Dampfbügeleisen

Dampfbügeleisen können wie »normale« Bügeleisen verwendet werden. Sie haben eine Zusatzeinrichtung für die Dampfentwicklung. Der Tank ist abnehmbar oder fest, er wird mit Wasser gefüllt, das tropfenweise in eine Dampfkammer fließt. Der entstehende Dampf verläßt die Kammer durch Öffnungen in der Bügelsohle. Ob destilliertes oder Leitungswasser eingefüllt werden soll, ist in der Gebrauchsanweisung nachzulesen. An der Griffspitze kann zusätzlich eine *Sprühvorrichtung* eingebaut sein. Damit kann die Wäsche mit kaltem Wasser aus dem Tank besprüht werden, z. B. wenn Falten eingebügelt werden. Manche Geräte haben eine *Dampfstoßeinrichtung*, mit der stärkere Dampfstöße erzeugt werden, z. B. zum Bügeln dicker Stoffe und Nähte. Die *Dampfautomatik* verhindert, daß Wasser in

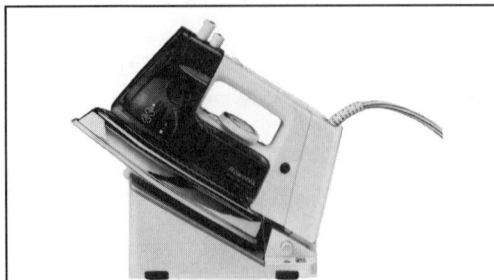

Dampfbügeleisen mit abnehmbarem Wassertank

die Dampfkammer eintritt, wenn bei geringer Temperatur gebügelt wird. Unverdampftes Wasser kann nicht auf die Bügelwäsche tropfen.

➤➤ **Wichtiger Hinweis** ◀◀

Nach dem Bügeln den Tank immer leeren und das Bügeleisen nochmals kurz aufheizen.

## Bügelmaschine

### Funktionsweise

Bügelmaschinen haben eine drehbar gelagerte Bügelwalze, die von einem Motor angetrieben wird, und eine beheizbare Bügelmulde oder

-wange. Die Walze ist mit einer Matte aus Kunststoff, Stahlwolle oder Filz umwickelt, darüber wird ein waschbarer Leinen- oder Baumwollbezug gezogen.

### Bauarten

Bügelmaschinen gibt es als *Stand-, Klapp-* oder *Schrankmodell*. Das Klappmodell ist platzsparend, weil es nach Gebrauch umgeklappt werden kann. Das Schrankmodell ist umbaut von einem Schrank und hat daher die Optik eines Möbelstücks.

Die *Walze* kann *einseitig* oder *beidseitig gelagert* sein. Beidseitige Lagerung bringt größere Stabilität, aber einseitige Lagerung hat den Vorteil, daß Wäsche, z. B. Oberbekleidung, seitlich eingelegt werden kann. Einseitig gelagerte Maschinen bügeln u. U. nach einiger Zeit nicht mehr gleichmäßig, dann vom Kundendienst die Walze nachziehen lassen.

Bügelmaschinen haben einen Anschlußwert zwischen 2,1 und 3,1 Kilowatt. Die Walzenbreite beträgt meist 85 cm, selten 65 cm. Durch die größere Fläche können mit der Bügelmaschine vor allem glatte Teile schneller gebügelt werden als mit der Hand, allerdings sind Übung und etwas Geschick notwendig. Das Bügeln erfolgt im Sitzen; dies sollte jedoch auch beim Bügeln mit dem Reglerbügeleisen Selbstverständlichkeit sein.

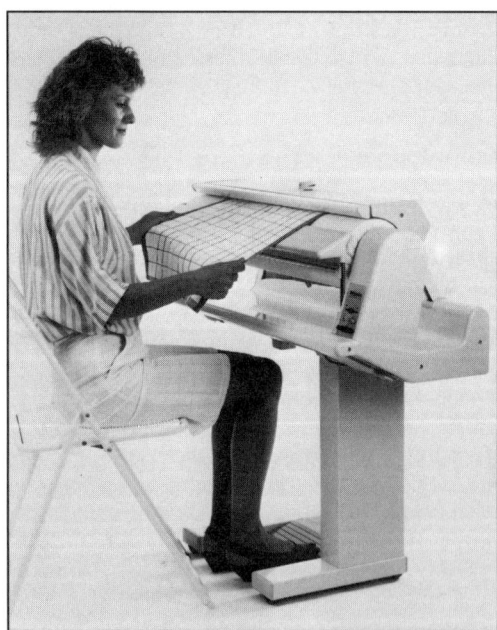

Bequemes Mangeln zu Hause

Klappmodell, platzsparend im Schrank untergebracht

## Technische Ausstattung

Die *Drehgeschwindigkeit* liegt zwischen 3 und 7 Umdrehungen pro Minute. Sie kann bei den meisten neueren Geräten per Drehknopf oder Fußpedal stufenlos verstellt werden. Mit dem Fußpedal kann kurzzeitig auch gepreßt werden, das heißt, die Bügelwange liegt auf der Wäsche, ohne sich weiterzubewegen.

Die *Beheizung* der Bügelwange erfolgt durch zwei Heizschlangen, die unabhängig voneinander eingestellt werden können. So reicht es, z. B. beim Bügeln von Taschen- oder Geschirrtüchern, nur eine Seite der Wange zu heizen. Falls eine gesonderte Schaltung nicht möglich ist, die Wäscheteile abwechselnd am linken und rechten Ende der Walze bügeln, damit der Bezug nicht ansengt.

Die Wäschestücke werden beim Bügeln zwischen Bügelmulde und Bügelwalze eingeführt. Die Maschine sollte einen *Walzenfreilauf* besitzen, das heißt, die Bügelwange kann zum Einlegen des Wäschestückes von Hand gedreht werden. Das Anlegebrett erleichtert das Einführen glatter Wäschestücke, zum Bügeln von Blusen usw. wird es abgenommen.

Die Heizwange wird mittels eines *Fußpedals oder Trittbrettes* angehoben bzw. gesenkt. Ein Trittbrett ist günstiger als ein Fußpedal, weil ermüdungsfreier gearbeitet werden kann. Ein *Fingerschutz* verhindert Verbrennungen. Jedes Gerät ist auch mit einer Sicherungseinrichtung versehen, die verhindert, daß das eingelegte Wäschestück versengt, wenn während des Betriebes der Strom ausfällt und die heiße Wange nicht mehr gehoben werden kann.

## Sonderausstattung

▷ *Feuchtigkeitsabhängige Steuerung:* Über elektronische Bauteile wird der Feuchtigkeitsgrad der Wäsche abgetastet und die Walzengeschwindigkeit automatisch darauf abgestellt. Bei sehr feuchten Stücken läuft die Maschine dann z. B. langsamer.

▷ *Anfeuchten der Wäschestücke:* Diese Vorrichtung ist kombiniert mit dem Anlegebrett. Eine feingeriffelte Walze taucht in einen Wasserbehälter und wird angefeuchtet. Die über die Walze laufende Wäsche saugt diese Feuchtigkeit auf.

▷ *Dampfentwicklung:* Im Bügeltisch ist ein beheizter Wasserbehälter. Der entstehende Dampf wird in die Bügelmulde geleitet und auf die Wäsche gedampft.

## Wartung und Pflege

● Beim Regler- und Dampfbügeleisen die Sohle sauber halten.
● Tank des Dampfbügeleisens nach jedem Gebrauch leeren.
● Dampfbügeleisen entkalken, Gebrauchsanweisung beachten.
● Walzenbezug der Bügelmaschine von Zeit zu Zeit waschen.
● Bewicklung der Walze erneuern, wenn sie nicht mehr elastisch ist.

### Praktische Hinweise für den Kauf von Bügelgeräten

▷▷ Bügeleisen ohne Kabel haben keine störende Zuleitung, das Gerät wird auf einem Aufheizsockel immer wieder aufgeheizt. Nachteilig ist dieses System bei großen Wäschestücken, weil Wartezeiten durch das Aufheizen entstehen.

▷▷ Elektronische Geräte »denken« mit; wenn das Bügeleisen länger als eine halbe Minute waagerecht steht, schaltet es sich automatisch ab und meldet dies durch einen Pfeifton.

▷▷ Bügelmaschinen bringen enorme Zeitvorteile. Im Vergleich zum Bügeln per Reglerbügeleisen kann 3–4 mal schneller gebügelt werden (glatte Teile), etwas Übung ist allerdings erforderlich.

▷▷ Besonders praktisch ist die Bügelmaschine für das Bügeln großer, glatter Wäschestücke (Bettwäsche, Tischwäsche, Geschirrtücher, Taschentücher).

▷▷ Der Stapelraum zwischen Heizwange und Bügeltisch darf nicht zu klein sein, damit größere Wäschestücke nach dem Mangeln nicht zusammengedrückt werden.

▷▷ Offene Walzenenden erleichtern das Bügeln von Oberbekleidung.

▷▷ Sonderzubehör wie Dampfeinrichtung verteuert das Gerät. Ein besseres Bügelergebnis wird erzielt, wenn die Wäsche vorher eingesprengt wurde.

▷▷ Ein durchgehendes Trittbrett ist leichter zu bedienen als ein kleines Fußpedal.

▷▷ Walzengeschwindigkeitsregulierung ist vorteilhaft, weil die Bügelgeschwindigkeit der Wäsche angepaßt werden kann, z. B. schwierig zu bügelnde Wäsche.

# 9 Nähmaschinen

Nähmaschinen gibt es in sehr unterschiedlichen Ausführungen und Preisklassen. Für welche Maschine man sich entscheidet, hängt davon ab, wieviel und was hauptsächlich genäht wird.

## Funktionsweise

Funktionen und Bedienung einer Nähmaschine hängen vom jeweiligen Modell ab; die Gebrauchsanweisung gibt Aufschluß darüber.

## Bauarten

*Koffermaschinen* sind sehr platzsparend. Sie können transportiert werden, z. B. zum Nähkurs, sind allerdings nicht ganz leicht (Schwankungen zwischen 6 und 16 kg sind möglich!).
Es gibt auch Nähmaschinen, die in einem eigenen *Tisch* versenkt werden und die Optik eines Möbels haben.
Die meisten neuen Nähmaschinen haben einen *Freiarm,* mit dem auch an schwer zugänglichen Stellen, z. B. Hosenbein, Ärmel, Kinderkleidung, mit der Maschine genäht werden kann. Wenn eine größere Fläche notwendig ist, kann ein *Anschiebetisch* angebracht werden. Das Gegenteil von Freiarmmaschinen sind Flachbettmaschinen.

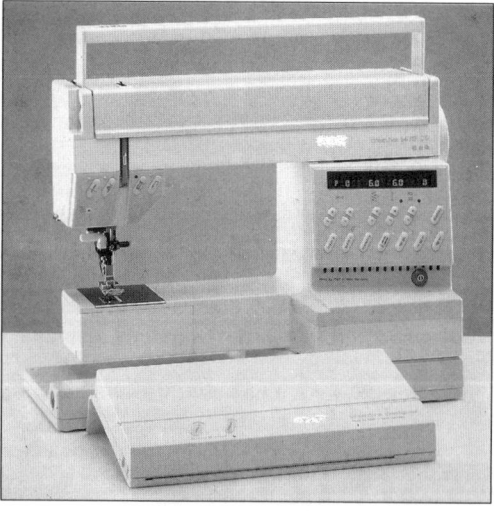

## Wartung und Pflege

● Eine Nähmaschine braucht wenig Pflege. Hin und wieder sollte sie entstaubt werden, das heißt alle erreichbaren Maschinenteile mit einem trockenen Pinsel reinigen.
● Bei längerem Nichtgebrauch abdecken!
● Die in der Gebrauchsanweisung angegebenen Ölpunkte schwach ölen, überschüssiges Öl abtupfen und zunächst mit einem Probelappen langsam nähen.

### ➤➤ Praktische Hinweise ◀◀ für den Kauf einer Nähmaschine

▷▷ *Zickzackmaschinen:* Sie bieten Gerad- und Zickzackstich. Mit dieser Maschine kann gesteppt und versäubert werden. Bei manchen Modellen läßt sich die Nadel seitlich verschieben, so daß auch Reißverschlüsse eingenäht werden können. Die Preise schwanken zwischen 400,– und 600,– DM. Eine Zickzackmaschine ist empfehlenswert, wenn hauptsächlich gestopft und ausgebessert wird, selten aber Kleidungsstücke selbst geschneidert werden.

▷▷ *Nutzstichmaschinen:* Sie haben 3–6 weitere Stiche, z. B. Blindstich zum Säumen, Elastikstich, Knopflochautomatik. Der Preis liegt zwischen 600,– und 1200,– DM. Nutzstichmaschinen sind vielfältig einsetzbar.

▷▷ *Superautomatik-Nähmaschinen:* Dies sind sehr teure Geräte (bis zu 2500,– DM), deren Anschaffung sich nur lohnt, wenn häufig genäht wird. Von den zahlreichen Zierstichen (Schablonen) wird nur selten Gebrauch gemacht, sie verteuern die Maschinen aber erheblich.

▷▷ Eine teure Nähmaschine lohnt nur, wenn genügend Zeit und Freude fürs Schneidern zur Verfügung stehen. Auf ein Freiarm-Modell sollte nach Möglichkeit nicht verzichtet werden.

Superautomatik-Nähmaschine

# Bekleidung, Wäsche, Heimtextilien

# 1 Textilkunde

## 1.1 Naturfasern

Naturfasern sind pflanzlicher oder tierischer Herkunft und haben meist sehr gute Trageeigenschaften.

## *Baumwolle*

Baumwolle wird gewonnen aus den Samenhaaren der Baumwollpflanze. Je länger die Fasern sind, um so feiner wird das Gewebe. Baumwolle von sehr guter Qualität ist *Mako*-Baumwolle. Bei *gekämmter* Baumwolle sind kurze Fasern und Unreinheiten aussortiert, Ergebnis ist ein sauberes und glattes Garn. Kennzeichen für gute Qualität ist auch das »internationale Baumwollzeichen«.

### Eigenschaften von Baumwolle

● Gute Feuchtigkeitsaufnahme. – Baumwolle kann ungefähr 20% seines Gewichtes an Wasser aufnehmen, ohne sich naß anzufühlen (synthetische Materialien liegen bei etwa 2%). Wegen der hohen Saugfähigkeit ist Baumwolle sehr hautfreundlich.
● Hohe Naßfestigkeit, das heißt, sie kann in nassem Zustand stark beansprucht werden, ohne zu reißen, z. B. Schleudern bei hohen Umdrehungszahlen.
● Kochfest.
● Reißfest.
● Lädt sich nicht elektrostatisch auf.
● Gute Hautverträglichkeit, »kratzt und beißt« nicht, wie z. B. Wolle. Bei Baumwolle kommen auch nur selten Allergien vor (meist durch eine bestimmte Ausrüstung), deshalb eignet sie sich hervorragend für Babybekleidung, Windeln, Unterwäsche, Bettwäsche, Verbandsmaterial.

### Naturfasern

| Pflanzlich (Zellulose) | | | Tierisch (Eiweiß) | |
|---|---|---|---|---|
| Samenfasern | Bast- oder Stengelfasern | Hartfasern | Wollen/Haare | Naturseiden |
| Baumwolle Kapok | Flachs oder Leinen Hanf Jute Ramie | Sisal Manila Kokos | Schafwolle Ziegenhaare (Mohair-, Kaschmir- und Tibetwollen) Schafkamelwollen (Lama) Kamelhaar und -wolle Angora(kanin)wolle Roßhaar | Echte Seide oder Maulbeerseide Wilde Seide (Tussah) |

- Verschmutzt schnell durch die rauhe Oberfläche. Bei entsprechender Verarbeitung kann Baumwolle jedoch schmutzabweisend sein.

Baumwolle hat sehr *gute Trageeigenschaften*, weil sie saugfähig und luftdurchlässig ist. Da die Baumwollfasern nur schwach gekräuselt sind, wärmen Baumwolltextilien allerdings nicht sehr gut.

Die hohe Naßfestigkeit und Temperaturbeständigkeit bedingen die *guten Wascheigenschaften* der Baumwolle. Zudem läßt sich Baumwolle sehr leicht färben. Baumwolle läuft allerdings beim ersten Waschen etwas ein, auf jeden Fall verkleinern sich Baumwollwäschestücke im Wäschetrockner (eine Nummer größer kaufen!).

Baumwolle knittert zwar leicht und ist daher schwer zu bügeln, kann jedoch durch *besondere Behandlung* knitterarm gemacht werden. Knitterarme Baumwolle wird z. B. unter der Bezeichnung »Cottonova« gehandelt (siehe auch Seite 386). Besondere Festigkeit und edlen Glanz erhalten Baumwollgewebe, wenn sie *mercerisiert* werden (siehe auch Seite 386).

Da reine Baumwollgewebe nicht pflegeleicht sind, werden häufig Mischungen mit synthetischen Fasern hergestellt. Diese *Baumwollmischgewebe* knittern wenig und sind sehr strapazierfähig.

### Verwendung von Baumwolle

- Bettwäsche, Leibwäsche, Nachtwäsche.
- Tisch-, Küchenwäsche.
- Frottierwaren (Handtücher, Kinderkleidung, Waschlappen).
- Oberbekleidung (Hemden, Blusen, Kleider, oft gemischte Gewebe).
- Vorhänge.
- Einlagen.

## Leinen

Leinen wird aus Flachs gewonnen. Hinsichtlich der Qualität wird *Reinleinen* (mindestens 85% Leinen) und *Halbleinen* (mindestens 40% Leinen) unterschieden. Halbleinen ist durch den Baumwollanteil saugfähiger und billiger.

### Eigenschaften von Leinen

- Hohe Naßfestigkeit.
- Sehr reißfest.
- Kochfest, hitzebeständig.
- Glatte Oberfläche, aber typische Garnunregelmäßigkeiten.

- Edler Glanz.
- Lädt sich nicht elektrostatisch auf.
- Fusselt nicht.
- Knittert leicht (kann knitterarm ausgerüstet werden).

Leinen ist *sehr strapazierfähig*, es ist hitzebeständig und durch die glatte Oberfläche schmutzabweisend. Bei Oberbekleidung aus Leinen werden die Luftdurchlässigkeit und die kühlende Wirkung besonders geschätzt.

> ### ⯈⯈  Praktischer Hinweis  ⯇⯇
> Der typische Leinencharakter durch die Garnunregelmäßigkeiten wird manchmal nachgeahmt mit anderen Fasern. Daher beim Kauf die Zusammensetzung des Gewebes beachten und sich nicht vom äußeren Schein täuschen lassen.

Wollsiegel garantiert reine Schurwolle

Combi-Woll-Siegel, garantiert mindestens 60% Schurwolle

Wollsiegel mit Wollwaschprogramm in der Waschmaschine waschbar

Rein Leinen, Kette und Schuß reines Leinen

Halbleinen Kette Baumwolle, Schuß Leinen mindestens 40% reines Leinen

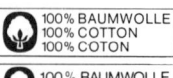

Internationales Baumwollzeichen für Artikel aus reiner Baumwolle mit Pflegeleicht-Ausrüstung

Gütezeichen für Naturfasern

## Verwendung von Leinen

Leinen ist verhältnismäßig teuer. Es wurde viele Jahre wenig verwendet und getragen, erst in den letzten Jahren wurde Oberbekleidung aus Leinen wieder neu entdeckt.

- Oberbekleidung, vor allem Sommerkleidung und Trachten.
- Tischwäsche.
- Geschirrtücher.
- Dekorationsstoffe.
- Selten Bettwäsche (Bettücher).
- Zelte und Rucksäcke.

## *Sisal*

Aus Sisalagaven wird der Sisalhanf gewonnen. Sisalgewebe sind sehr derb und grob. Verwendet werden sie für Säcke, manchmal auch als Wandbespannung oder für Fußböden.

## *Wolle*

Als Wolle werden nur die Haare vom Fell des Schafes bezeichnet. Stammen die Fasern von anderen Tieren, muß die Tierart in Verbindung mit -wolle oder -haar genannt werden, z. B. Kamelhaar, Angorawolle.

### Eigenschaften von Wolle

- Sehr elastisch.
- Gute Feuchtigkeitsaufnahme.
- Gutes Warmhaltevermögen.
- Knitterarm, Oberbekleidung guter Qualität hängt sich aus.
- Filzneigung.
- Hitzeempfindlichkeit.
- Empfindlich gegen mechanische Beanspruchung, z. B. durchgescheuerte Ärmel.

Durch *besondere Ausrüstung* können Textilien aus Wolle strapazierfähiger gemacht werden (siehe Seite 386).
Da Wolle in sehr unterschiedlichen Qualitäten angeboten wird, lohnt es sich, die Kennzeichnung genau zu beachten. *Reine Schurwolle* ist die beste Qualität, sie wurde aus Fasern vom gesunden Schaf gewonnen und ist erstmals verarbeitet. *Reine Wolle* ist qualitativ nicht so gut, dahinter können sich Textilien aus Reißwolle verbergen. Reißwolle war bereits einmal verarbeitet, wurde maschinell zerrissen und daraus neue Wolle gesponnen.

Reine Schurwolle wird manchmal mit anderen Fasern *gemischt*, z. B. um die Strapazierfähigkeit zu erhöhen. Solche Textilien werden mit dem Combi-Wollsiegel gekennzeichnet. Diese Fasergemische enthalten mindestens 60% Schurwolle.

### Verwendung von Wolle

- Oberbekleidung (Maschenware und Gewebe), z. B. Strickwaren, Kostüme, Anzüge, Strümpfe.
- Decken.
- Teppiche.
- Steppdecken (Füllmaterial).

### Verschiedene Wollarten

#### Kamelhaar
Gibt es in unterschiedlichen Qualitäten. Die feinen Haare des zweihöckerigen Kamels werden für hochwertige Decken und Oberbekleidung verwendet, die grobe Wolle des einhöckerigen Dromedars für Teppiche.

#### Lama- und Alpakahaar
Stammt von kleinen Kamelen, es kann viele Farben haben, von braun, schwarz bis grau und weiß. Besonders fein und teuer ist das weiße Haar von Baby-Lamas. Verwendet werden Lama- und Alpakahaar für Decken, Bettenfüllungen und Oberbekleidung.

#### Mohairhaar
Ist sehr feines, langes Haar der Mohairziege. Besonders hochwertig ist auch hier das Haar der jungen Tiere (Kid-Mohair). Verwendet wird Mohair ebenfalls für Oberbekleidung und Decken.

#### Kaschmirwolle
Stammt von der Kaschmirziege und zählt zu den teuersten Wollarten. Verwendet wird Kaschmir für hochwertige Oberbekleidung, Betten und Decken. Textilien aus Kaschmir sind sehr leicht, warm und anschmiegsam.

#### Angorahaar
Stammt vom Angorakaninchen. Die Haare sind sehr fein, die Textilien sehr leicht und warm, allerdings sehr empfindlich, z. B. beim Waschen. Verwendet wird Angorawolle für hochwertige Strickwaren und Rheuma-Unterwäsche.

## Seide

Seide stammt von Seidenspinnerraupen. Naturseide kann man erkennen an dem Zeichen für reine Seide; auch das Textilkennzeichnungsetikett (siehe Seite 387) gibt darüber Auskunft. Seide ist sehr teuer. Man unterscheidet Wildseide und Zuchtseide. *Zuchtseide* ist sehr gleichmäßig und fein, daraus werden Seidenstoffe wie Crepe de Chine, Crepe Georgette, Crepe Satin hergestellt. *Wildseide* stammt von wildlebenden Seidenspinnerraupen, sie ist gröber und hat typische Garnverdickungen.

Internationales Zeichen für reine Seide

### Eigenschaften von Seide

- Sehr feinfädig und leicht.
- Sehr reißfest.
- Elastisch.
- Gute Feuchtigkeitsaufnahme.
- Schöner Glanz.
- Hitzeempfindlich, verträgt trockene Hitze (Bügeln) nicht, daher bei niedrigen Temperaturen waschen und feucht bügeln.
- Empfindlich gegen Alkalien und Licht.

### Verwendung von Seide

- Hochwertige Oberbekleidung (Hemden, Kleider, Blusen).
- Tücher, Schals, Krawatten.
- Reißfeste Nähseiden und Stickgarne.
- Hochwertige Gewebe, z. B. Samt, Brokat, Damast.

## Brennprobe bei Naturfasern

Fasern können eindeutig identifiziert werden mit der Brennprobe. Dazu reichen einige kleine Fäden des Gewebes aus, die verbrannt werden. *Baumwolle* und *Leinen* verbrennen vollständig und riechen nach verbranntem Papier. *Wolle* und *Seide* riechen nach verbrannten Haaren und hinterlassen krümelige Asche.

# 1.2 Chemiefasern

Chemiefasern werden aus sehr unterschiedlichen Ausgangsstoffen und nach verschiedenen Methoden hergestellt. Daraus ergeben sich die jeweiligen Eigenschaften der Textilien. Chemiefasern haben sehr unterschiedliche Trageeigenschaften, je nach Herstellung und Ausrüstung.

**Chemiefasern**

| Pflanzlich (Zellulose) | Synthetisch |
|---|---|
| Viskosefasern | Polester (Trevira, Diolen, Terylene) |
| Acetatfasern | Polyamid (Nylon, Rilsan, Perlon) |
| Triacetatfasern | Polyacrylnitrit (Dralon, Orlon) |
| | Polyvinylchlorid (Rhovyl) |
| | Polyurethan (Lycra) |

## Synthetische Chemiefasern

Synthetische Chemiefasern werden hergestellt aus Kohle, Erdöl, Luft und Wasser. Durch verschiedene Bearbeitungsverfahren entstehen daraus Fäden, die zu Garnen oder Geweben verwendet werden.
Marken-Chemiefasern haben einen eingetragenen Namen, z. B. Dralon. Die zusätzliche Kennzeichnung mit dem Warenzeichen für Chemiefasern garantiert Textilien, die nach strengen Maßstäben hergestellt wurden.

## Zellulosische Chemiefasern

Natürliche Chemiefasern werden gewonnen aus Zellulose, also pflanzlichen Fasern oder tierischem Eiweiß (Milch). Die Herstellung von Fasern aus tierischem Eiweiß lohnt sich nicht, der Aufwand ist sehr hoch. *Zellulose* (z. B. aus Abfallholz) dagegen ist ein sehr preisgünstiges Grundmaterial für Fasern. Sie wird in einem chemischen Verfahren behandelt, bis sie textile Eigenschaften hat.
Je nach Herstellungsverfahren werden *Viskosefasern* und *Acetatfasern* unterschieden. Je nach Herstellungsart werden die Fasern als glatter Faden verarbeitet, z. B. Endlosgarne, oder sie werden in kurze Stücke zerschnitten und anschließend wieder versponnen, z. B. Spinnfasergarne.

## Synthetische Chemiefasern

| Faser | Eigenschaften | Verwendung |
|---|---|---|
| **Polyamid**<br>Perlon<br>Nylon<br>Nyltest<br>Antron | Reißfest, elastisch, leicht, scheuerfest, knitterarm, schnell trocknend, wasserabweisend, aber höchste Feuchtigkeitsaufnahme aller Chemiefasern | Strumpfwaren, Unterwäsche, Miederwaren, Futterstoffe, Badebekleidung, Anoraks, Schirmbespannung, Hemden, Teppichböden; in Mischungen mit Wolle, um diese pflegeleichter und strapazierfähiger zu machen |
| **Polyacrylnitril**<br>Dralon<br>Orlon<br>Dolan<br>Acribel<br>Dunova | Bauschig, lufthaltig, wärmend, leicht, licht- und wetterbeständig, knitterarm | Strickwaren, Strümpfe, Schlafdecken, Möbelbezüge, Markisen, weiche Kleider – Gardinen, Vorhänge, Sportunterwäsche; Pillingbildung (Knötchen) typisch |
| **Polyester**<br>Trevira<br>Diolen<br>Tergal<br>Dacron | Scheuerfest, reißfest, elastisch, licht- und wetterbeständig, schnell trocknend, knitterarm, formbeständig, strapazierfähig | Gardinen, Oberbekleidung, Futterstoffe, Füllmaterial für Steppdecken, Schlafsäcke, Kissen; in Mischungen mit Baumwolle in Oberbekleidung, Unterwäsche, mit Wolle in Oberbekleidung |
| **Polyurethan**<br>= Elasthan<br>Dorlastan<br>Lycra | Elastisch, sehr dehnbar, widerstandsfähiger als Gummi gegen Hitze, Öle und Licht | Miederwaren, elastische Sportbekleidung, Badebekleidung, Stützstrümpfe, Bandagen |
| **Polyvinylchlorid**<br>= PVC<br>Rhovyl<br>Clevyl | Knitterarm, keine Feuchtigkeitsaufnahme, nicht brennbar, hitzeempfindlich | Gesundheitswäsche, Kunstpelze, Wildlederimitationen, Möbelbezugsstoffe, Dekorationsstoffe, Rheuma-Unterwäsche |

## Natürliche Chemiefasern

| Faser | Eigenschaften | Verwendung |
|---|---|---|
| Viskose-Spinnfaser | Saugfähig wie Baumwolle, aber nicht so scheuerfest, wollartig, hitzeempfindlich, knitterarm, schlechte Naßfestigkeit, daher sanft schleudern | Oberbekleidung, Futterstoffe, Vorhänge, Tischdecken, Teppichböden |
| Viskose-Endlosgarn | Knitteranfällig, weich, fließend, glänzend oder matt, schlechte Naßfestigkeit (sanft schleudern); wird oft als Billigfaser beigemischt, vermindert dann die Strapazierfähigkeit | Wäsche, Vorhänge, Mischfasern für Teppiche, Samt, Plüsch |
| Modalfaser (Colvera) | Kochfest, baumwollähnlich, naßfest, weich, »verbesserte Viskose« | Tisch-, Bettwäsche, Nachtwäsche, Oberbekleidung, Frottierwaren, Vorhänge |
| Acetatfaser (Rhodia, Triacetat, Tricel) | Elastisch, leicht, hitzeempfindlich, knitterarm, pflegeleicht, schnell trocknend, Triacetat besonders pflegeleicht, geringe Feuchtigkeitsaufnahme | Futterstoffe, Oberbekleidung, Krawatten, Schals, Plüsch, Samt |

## *Brennprobe bei Chemiefasern*

Chemiefasern riechen beim Verbrennen nach geschmolzenem Kunststoff. Sie brennen nicht mit einer Flamme ab, sondern schmelzen. *Acetat* und *Triacetat* riechen beim Verbrennen nach Essig; *Modal* und *Viskose* brennen wie Papier.

**Gebräuchliche Fasermischungen**

| Mischungs-komponenten | Mischungs-anteile (%) | Verwendung |
|---|---|---|
| Polyester/Baumwolle | 65/35 | Popelinemäntel, Hemden, Blusen, Waschkleider, Arbeitskleidung, Freizeitkleidung, Sommerpullover, Objektbettwäsche, Tischwäsche |
| Polyester/Baumwolle | 50/50 | Unterwäsche, Hemden, T-Shirts, Haushaltsbettwäsche, Frottier-ware, Nachtbekleidung |
| Polyester/Viskose | 67/33 | Blusen, Hemden, Wintersporthemden, Kinderkleidung, Damen-kleider, Herrenhosen, Anzüge, Mäntel, Sportsakkos, Tischwäsche, Möbelbezugsstoffe, Matratzenbezüge |
| Polyester/Wolle | 55/45, 70/30 | Pullis, Kleider, Anzüge, Herrenhosen, Kostüme, Mäntel |
| Polyester/Polyacryl | 50/50, 60/40 | Freizeitkleidung, Pullover, Kleider, Kinderkleidung |
| Polyacryl/Wolle | 70/30 | Jersey, Pullover, Socken |
| Polyacryl/Viskose | 55/45, 70/30 | Pullis, Jersey, Tischwäsche, Möbelbezugsstoffe, rustikale Dekorstoffe |

## 1.3 Fasermischungen

Fasermischungen aus verschiedenen Natur- und Chemiefasern werden hergestellt, um die guten und praktischen Eigenschaften der einzelnen Fasern zu kombinieren, z. B. das Wärmevermögen der Wolle mit der Strapazierfähigkeit von Chemiefasern.
Welches Mischungsverhältnis vorliegt, kann man ersehen aus dem Kennzeichnungsetikett.

## 1.4 Garne

Garne sind Einzel- oder Endlosfasern, die durch Spinnen miteinander verbunden werden. *Endlos-fasern* sind z. B. Seidenfäden oder auch lange Chemiefasern, sie werden auch als *Filamentgarn* bezeichnet. *Einzel-* oder *Stapelfasern* sind kurze Fäden, z. B. Fasern von Wolle.
Je nach Behandlung, Herstellung und Weiterver-arbeitung des jeweiligen Garnes ergeben sich die Eigenschaften der daraus hergestellten Textilien.

### Garnarten

Damit Garne Festigkeit bekommen, werden sie beim Spinnen gedreht. Je stärker der Faden ge-dreht wird (Touren pro Meter), desto fester und glatter wird das Garn.

▷ *Geschleifte Garne:* Sind wenig gedreht, wei-che Garne, die nicht sehr reißfest sind, z. B. Dochtwolle.

▷ *Wenig gedrehte Garne:* Sind reißfester als ge-schleifte Garne, sie haben eine faserige, wär-mende Oberfläche, z. B. Velours, Flanell, Strichloden. Stoffe aus wenig gedrehten Gar-nen beulen sehr leicht.

▷ *Normal gedrehte Garne* (Twill): Werden ver-wendet für Blusen und Kleider, sie haben eine gute Reißfestigkeit und genügend Wärmever-mögen.

▷ *Stark gedrehte Garne:* Sind sehr hart und glatt. Sie haben eine hohe Reißfestigkeit, durch die glatte Oberfläche jedoch ein geringes Wärme-vermögen. Verwendet werden sie z. B. für Ga-bardine-Anzüge.

▷ *Überdrehte Garne* (Krepp-Garne): Werden un-ter Spannung verarbeitet und verdrehen sich ineinander. Sie haben keine hohe Reißfestig-keit und ein geringes Wärmevermögen, z. B. Georgette, Kreppstoffe, Seersucker (Seite 396).

▷ *Zwirn:* Wird aus mindestens zwei Garnfäden zusammengedreht, er ist besonders reißfest und stabil.

## Garnfeinheiten

Die Feinheitsbezeichnung von Garnen kann erfolgen in Längen- oder Gewichtsnumerierung.
Bei der *Längennumerierung* wird angegeben, wie viele Meter eines Fadens 1 Gramm wiegen. Die Einheit heißt Nm, das ist die Abkürzung für metrische Nummer. Üblich ist diese Bezeichnung bei Leinen und Baumwollgarnen.

### Beispiel

Nm 40 bedeutet, daß ein Faden von 40 Meter Länge 1 Gramm wiegt. Nm 100 bedeutet, daß ein Faden von 100 Meter Länge 1 Gramm wiegt. Der Faden von Nm 100 ist also feiner als der Nm 40. Handfaden zum Stopfen hat z. B. Nm 12, Maschinengarn Nm 60 oder mehr.

Die *Gewichtsnumerierung* geht aus von 9000 m eines Garnes. Die Einheit heißt »den«, das ist die Abkürzung für titer denier. Üblich ist diese Bezeichnung bei Seide und Chemiefasern.

### Beispiel

Ein Faden mit der Bezeichnung 1 den wiegt bei einer Länge von 9000 Meter 1 Gramm. Ein Faden mit der Bezeichnung 15 den wiegt bei einer Länge von 9000 Meter 15 Gramm. Mit der Höhe der Nummer wird der Faden stärker.

Auch nach dem Gewicht sind Garne eingeteilt, ihre Stärke wird in tex angegeben. Dabei wird Bezug genommen auf 1000 Meter des jeweiligen Garnes. Da 1000 Meter eines Garnes sehr wenig wiegen, wird meist in dezitex gerechnet, das heißt mit Bezug auf 10 000 Meter Garn.

### Beispiel

10 000 Meter eines Garnes mit der Bezeichnung 45 dtex wiegen 45 Gramm. 10 000 Meter eines Garnes mit der Bezeichnung 80 dtex wiegen 80 Gramm. Hohe Nummern bedeuten also zunehmende Garnstärke. Bei Feinstrumpfhosen ist die Garnstärke ablesbar, eine Strumpfhose mit 22 dtex ist dünner als eine mit 28 dtex.

## Garntypen

### Glatte Garne

Glatte Garne werden eingeteilt in kurzstapelige und langstapelige Garne. *Kurzstapelige Garne* sind hergestellt aus kurzen Fasern, die nicht alle parallel zum Faden liegen, sondern auch quer. Dadurch sind diese Garne weich, flauschig und wärmend. Sie werden auch als *Streichgarne* bezeichnet. Verwendet werden sie z. B. für Flanell, Biberbetttücher, Decken.

Glatte, *langstapelige Garne* sind aus langen Fasern hergestellt, die parallel zum Faden versponnen werden. Diese Garne sind fester und gleichmäßiger. Sie werden als *Kammgarne* bezeichnet, aus denen hochwertige Oberbekleidung und feine Strickwaren hergestellt werden. Kammgarne haben eine glattere Oberfläche als Streichgarne, sie sind unempfindlich und strapazierfähig.

### Effektgarne

Dies sind Garne, die durch verschiedene Behandlungsverfahren an der Oberfläche verändert sind. Man unterscheidet folgende Gruppen:

▷ *Garne mit Feinheitsschwankungen:* Natürliche Schwankungen liegen bei Wildseide und Leinen vor. Künstlich kann die Feinheit bei Chemiefasern verändert werden, z. B. durch unterschiedlich starkes Verstrecken beim Spinnen.
▷ *Flammengarne:* Feinheitsschwankungen durch eingesponnene Fasern von etwa 2 cm Länge, meist in anderer Farbe.
▷ *Knoten- oder Noppengarne:* Farblich passende Noppen werden eingesponnen, die Noppen können entfernt werden.
▷ *Melangen:* Fasern verschiedener Farben werden miteinander versponnen, z. B. Loden (schwarz, weiß, grün), manchmal Flanell.
▷ *Texturierte Garne:* Von texturierten Garnen spricht man nur bei Chemiefasern. Chemiefasern sind unbehandelt glatt, unelastisch und daher wenig wärmend und saugend. Durch Kräuselung können Chemiefasern mit diesen Eigenschaften ausgestattet werden, Handelsnamen sind Helanca, Diolen loft, Trevira 2000.

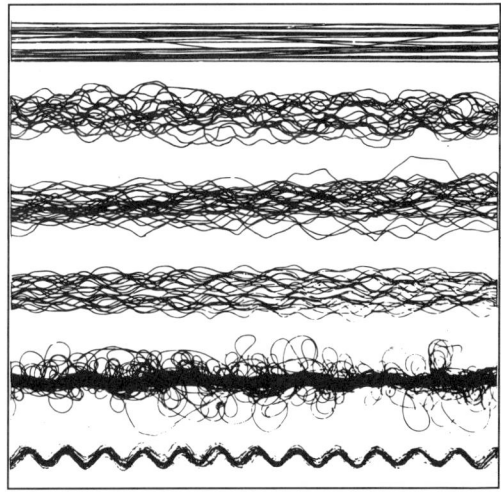

Texturierte Garne

# 1.5 Gewebe

Gewebe werden genauer als Flächengebilde bezeichnet, weil darunter nicht nur Stoffe, sondern auch Maschenwaren und Verbundwaren, z. B. Teppiche, zu verstehen sind.

Gewebe sind Flächengebilde, bei denen zwei Fadensysteme rechtwinklig miteinander verkreuzt sind. Sie werden hergestellt mit Hilfe von Webstühlen. Die Fäden in Längsrichtung heißen *Kette*, die Kette ist in den Webstuhl gespannt. Die durchkreuzenden Fäden heißen *Schuß*. Je nach der Art, wie sich die Fäden kreuzen, unterscheidet man verschiedene Bindungen.

In den Bindungspunkten kreuzen sich Kette und Schuß immer wieder nach einem bestimmten Muster. Die Wiederholung des Musters nennt man *Rapport*. Zeichnet man den Rapport auf Papier, spricht man von einer *Patrone* (kleinste Mustereinheit). Der Kettfaden, der an der rechten Stoffseite oben liegt, wird als schwarzes Kästchen dargestellt, der Schußfaden, der an der rechten Stoffseite sichtbar oben liegt, erscheint in der Patrone als weißes Kästchen.

## Die Grundbindungen

### Leinenbindung

Die Leinenbindung ist die einfachste Art der Bindung, der Kettfaden kreuzt einen Schußfaden. Rechte und linke Stoffseite ergeben das gleiche Bild. Stoffe in Leinenbindung sind sehr strapazierfähig, weil die Bindungspunkte sehr dicht liegen. Das Gewebe kann sich nicht verschieben und ist daher gegen Scheuern sehr beständig.

Stoffe mit Leinenbindung sind oft hart, fest und dünn. Durch weitere Behandlung, z. B. Walken, können sie flauschiger gemacht werden. Stoffe mit Leinenbindung sind Flanell, Nessel, Futtertaft, Batist.

Wird Wolle in Leinenbindung gewoben, spricht man von *Tuchbindung*, bei Seide von *Taftbindung*, bei Baumwolle von *Kattunbindung*.

### Köperbindung

Bei der Köperbindung liegen die Bindungspunkte nicht direkt übereinander, sie verschieben sich in Diagonalrichtung. Man sagt, sie haben einen »Grat«. Der Grat kann verschieden verlaufen: von links unten nach rechts oben oder umgekehrt; er kann auch innerhalb des Stoffes wechseln, z. B. bei Fischgrat.

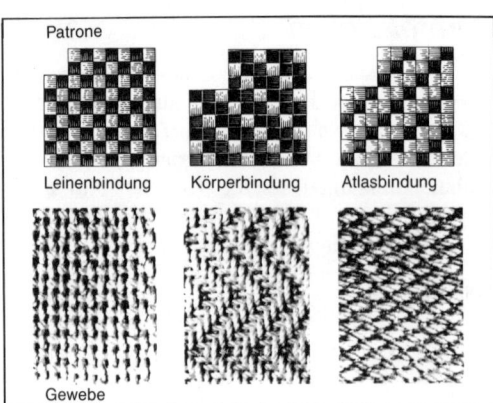

Patrone

Leinenbindung　Körperbindung　Atlasbindung

Gewebe

Textilbindungen

Im Vergleich zu Geweben mit Leinenbindung sind Köperstoffe weicher und lockerer. Bei der Köperbindung kann jedoch die Fadendichte vergrößert werden, so daß sehr dichte und strapazierfähige Stoffe entstehen.

Stoffe mit Köperbindung sind Jeans, Gabardine, Futterstoffe, Arbeitsanzüge. Bekannte mehrfarbige Stoffe in Köperbindung sind Pepita und Glencheck.

## Atlasbindung (Satinbindung)

Bei der Atlasbindung stoßen die Bindungspunkte nicht aneinander. Durch die geringe Anzahl der Bindungspunkte erscheint das Gewebe glänzend und glatt. Je weiter die Bindungspunkte auseinander liegen, desto dichter und fester wird der Stoff.

Stoffe mit Atlasbindung haben eine ausgeprägte Vorder- und Rückseite. Stoffe mit Atlasbindung sind Duchesse, Jaquardware, dichte Inlets, Miederstoffe, Strichvelour für Jacken, Satin, Damast.

## Florgewebe

Florgewebe sind Gewebe mit Noppen, Schlingen oder einem Schnittflor an der Oberfläche, z. B. Frottierwaren, Cord, Samt, Plüsch, Fellimitationen.

Damit ein Flor entstehen kann, müssen mehr als zwei Fäden miteinander versponnen werden.

## Maschenware

Maschenware sind Stoffe, bei denen Garne durch Verschlingen oder Verstricken verbunden werden. Maschenware wird eingeteilt in *Wirkwaren* und *Strickwaren*, sie sind jedoch schwer zu unterscheiden. Da beide Arten die gleichen Eigenschaften haben, kann man sich auf die Bezeichnung Maschenware beschränken.

Besonders geschätzt wird an Maschenwaren die hohe Elastizität. Bekanntes Beispiel für Maschenware ist Jersey. Verwendet wird Maschenware z. B. für Sportbekleidung, Unterwäsche, Sweat-Shirts, T-Shirts. Maschenware knittert wenig und läßt sich leicht pflegen.

## Sonstige textile Flächengebilde

Dazu gehören Stoffe, die weder durch Weben noch Stricken hergestellt werden, z. B. Vliesstoffe (Putz-, Poliertücher, Einlagestoffe, Einwegtischwäsche) sowie Nadelflor- und Tuftingwaren (in ein Grundgewebe werden Schlingen eingearbeitet, die z. T. aufgeschnitten werden).

Zu sonstigen textilen Flächengebilden gehören auch die modernen Stoffe wie Goretex, Sympatex, helsapor, trevira finesse. Diese Stoffe sind aus mehreren Schichten aufgebaut.

Zwischen Innenfutter und Obermaterial befindet sich eine dünne Schicht, eine Membran, durch die Wassertropfen nicht von außen nach innen dringen können, wohl aber der Wasserdampf von innen nach außen. Diese Stoffe verhindern also, daß Regen die Kleidung durchnäßt, sie ermöglichen aber andererseits den Abtransport für den Wasserdampf, der durch das Schwitzen entsteht; die Haut bleibt trocken und warm.

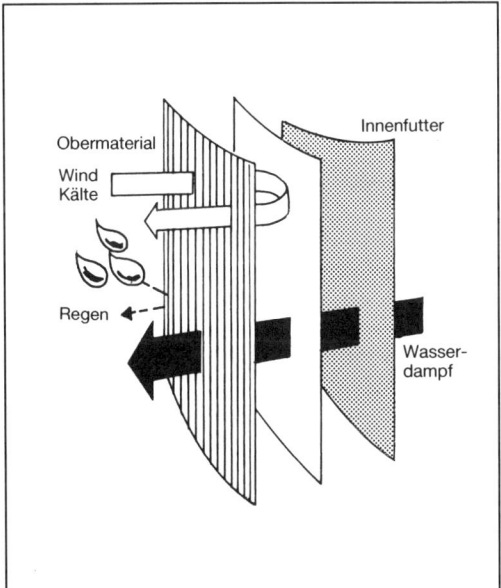

Aufbau von Goretex®

Bei diesen Stoffen ist ein enormer Preisunterschied festzustellen. Der Grund dafür sind die Qualität des Oberstoffes und die Verarbeitung der drei Schichten. Bei hochwertiger Kleidung werden die Nähte nicht genäht, sondern verschweißt, weil durch den Nadelstich Feuchtigkeit von außen eindringen könnte.

Zu empfehlen sind Kleidungsstücke aus diesen Stoffen, wenn oft im Freien, auch bei schlechtem Wetter gearbeitet werden muß, was bei Landwirten häufig der Fall ist.

### Pflege

Goretex usw. kann bei 40 °C (Pflegeleicht-Programm, hoher Laugenstand, Kurzschleudern) gewaschen werden. Niemals einen Weichspüler verwenden, er könnte die Membran verkleben. Wichtig ist gründliches Spülen nach dem Waschen, damit das Waschmittel restlos entfernt wird.

Nach dem Waschen den Oberstoff neu imprägnieren, damit er wasserabweisend ist. Entsprechende Mittel gibt es in der Drogerie.

## 1.6 Ausrüstung und Veredelung von Textilien

Durch verschiedene Bearbeitungsverfahren sollen Gebrauchswert und Aussehen von Textilien verbessert werden. Die Veredelungsvorgänge können an der Faser, am Garn oder am Gewebe ausgeführt werden. Die für den Haushalt wichtigsten Veredelungsarten sollte jeder kennen und sie entsprechend pflegen.

## Felisol

Hinweis auf licht-, wasch- und wetterbeständige Färbung. Für die Praxis bedeutet dies, daß neue Kleidungsstücke bei der ersten Wäsche nicht »ausbluten«, das heißt Farbe verlieren und dadurch blasser werden bzw. andere Kleidungsstücke verfärben. Früher bezeichnete man solche Textilien als *indanthrengefärbt*.

## Mercerisieren

Baumwollgarne oder -gewebe werden mit Laugen behandelt und bekommen dadurch einen schönen, waschbeständigen *Glanz*. Gleichzeitig wird die Festigkeit erhöht. Hochwertige Bett- und Tischwäsche wird mercerisiert, Unterwäsche, Nähgarne, feine Blusen- und Hemdenstoffe.

## Sanfor

Textilien, die dieses Zeichen tragen, bieten Gewähr für *Formbeständigkeit*, das heißt, daß sie sich beim Waschen und Trocknen nicht ausdehnen oder schrumpfen. Wichtig ist diese Eigenschaft bei Kleidung und Bettwäsche. Mit *Sanfor plus* gekennzeichnete Textilien sind zusätzlich knitterarm und formbeständig.

## Scotchgard

Textilien mit diesem Zeichen haben eine *Fleckschutzausrüstung*. Die Oberfläche ist so behandelt, daß Flüssigkeiten und fetthaltige Verschmutzungen nicht eindringen können. Die Verschmutzung perlt an der Oberfläche des Textils und kann mit einem saugfähigen Tuch weggesaugt werden, ohne Flecken zu hinterlassen. Das Tuch nur vorsichtig auflegen, nicht reiben! Scotchgard-Ausrüstung gibt es bei Tischdecken, Teppichen, Polsterstoffen, Oberbekleidung, Lederbekleidung. Diese Ausrüstung ist nicht dauerhaft waschbeständig.
Die gleiche Wirkung wie Scotchgard haben *Oleophobol*- und *Zepel*-Ausrüstung.

## Eulan

Dieses Zeichen gewährleistet *Mottenschutz*. Die Ausrüstung ist waschbeständig und wird auch durch chemische Reinigung nicht zerstört. Mottenfraßgefährdet sind Wolle, Pelze, Federn und Haare, daher ist die Eulan-Ausrüstung bei diesen Textilien von Vorteil. Die gleiche Wirkung hat die Ausrüstung *Mitin*.

## Sanitized, Hygisan, Eulan asept

Damit sind Ausrüstungen bezeichnet, die *desodorierend* und *antimikrobiell* wirken. Die Zersetzung des Schweißes wird verhindert und dadurch der unangenehme Geruch. Außerdem wird das Wachstum von Bakterien vermindert. Vorteilhaft ist diese Ausrüstung bei Textilien, die selten oder nie gereinigt werden, z. B. Matratzen, Möbelbezugsstoffe, Decken, Federbetten, Teppiche.

## Antifilz-Ausrüstung

Diese Veredelung ist für Textilien aus Wolle von Bedeutung, sie verhindert, daß Wolle beim Waschen verfilzt. Wolle im Schonwaschgang in der Maschine waschen. *Superwash*-Kennzeichnung deutet darauf hin, daß dieses wollene Kleidungsstück waschmaschinenfest ist und im Feinwaschgang bis 30 °C gewaschen werden kann.

## Wasserabstoßende Ausrüstung

Textilien werden *imprägniert* und sind dadurch wasserabstoßend. Die Bezeichnungen sind *Imprägnol, Hydrophobol, Perlit, Silicon*. Diese Ausrüstung ist praktisch bei Anoraks, Regenmänteln, Zelt- und Schirmstoffen.

## Antistatische Ausrüstung

Besonders wichtig ist diese Ausrüstung bei Teppichen und Teppichböden, sonst bekommt man leicht einen »Schlag«, wenn sich die durch Bewegung entstandene Elektrizität entlädt. Darauf achten beim Einkauf.

## Knitterarm-Ausrüstung

Diese Behandlung ist erwünscht bei Baumwolle und Leinen sowie bei Viskosefasern. Stoffe aus Chemiefasern oder Wolle knittern ohnehin kaum. Knitterarm-Ausrüstungen sind meist hitzeempfindlich, vor allem beim Bügeln (an die Pflegeanleitung halten); es kann durch zu heißes Bügeln die Ausrüstung verloren gehen.
Auch Textilien mit *selbstglättender* Wirkung gehören zu dieser Gruppe. Üblich bei Oberbekleidung, Bett- und Tischwäsche. Bezeichnungen sind *wash & wear, rapid iron, non iron, minicare, cottonova, Super cotton*.
Durch die Knitterarm-Ausrüstung werden zum Teil formaldehydhaltige Harze in die Faser eingelagert, was zu Hautreizungen und Allergien führen kann.

# 1.7 Kennzeichnung von Textilien

Die Kennzeichnung von Textilien ist vorgeschrieben, damit der Verbraucher in der Fülle angebotener Textilien unterscheiden und auswählen kann.

## *Rohstoffkennzeichnung*

Das Textilkennzeichnungs-Gesetz schreibt vor, die für ein Textil verwendeten Fasern anzugeben, bei Fasermischungen die einzelnen Anteile. Das Gesetz gilt für alle Textilerzeugnisse, die zu mindestens 80% ihres Gewichtes aus textilen Rohstoffen hergestellt sind. Dazu gehören z. B. auch Campingartikel, Matratzen, Teppiche.

### Reine Fasern

Bestimmte Bezeichnungen, z. B. Wolle, dürfen Textilien nur dann tragen, wenn sie die vorgeschriebenen Anforderungen erfüllen (siehe Seite 377 ff.). Bei Textilien aus *einem* Rohstoff sind verschiedene Bezeichnungen erlaubt, z. B. 100% Baumwolle, reine Baumwolle.

### Fasermischungen

Bei Mischungen, die eine Faser zu mindestens 85% enthält, muß diese Faser angegeben sein, z. B. 90% Baumwolle, 90% Baumwolle mit Leinen, Baumwolle 85% Mindestanteil.
Werden von keiner verwendeten Faser 85% erreicht, müssen die einzelnen Fasern mit oder ohne Prozentangabe in absteigender Reihenfolge genannt werden.

### Beispiel

| 65% Baumwolle | | 65% Baumwolle |
|---|---|---|
| 25% Polyester | oder | Polyester |
| 10% Leinen | | Leinen |

Liegt eine Faser unter 10% Gewichtsanteil, kann sie als »sonstige Fasern« bezeichnet werden.

### Beispiel

| 80% Baumwolle | | 80% Baumwolle |
|---|---|---|
| 8% Polyamid | oder | 20% sonstige Fasern |
| 8% Leinen | | |
| 4% Seide | | |

### Mehrteilige Kleidungsstücke, Meterware

Besteht ein Kleidungsstück aus *mehreren Teilen*, z. B. Rock und Bluse, muß jedes Stück gesondert gekennzeichnet sein, das gleiche gilt für das Hauptfutter.
Auch *Meterware* muß gekennzeichnet sein. Es ist zweckmäßig, sich die Zusammensetzung bzw. Pflegehinweise beim Kauf zu notieren bzw. auf dem Kassenzettel vermerken zu lassen.

## *Gütezeichen*

Zu den Gütezeichen gehört z. B. das Wollsiegel (siehe Seite 378). Bei Textilien, die mit Gütezeichen versehen sind, hat der Verbraucher die Gewähr für gleichbleibend hohe Qualität, die von unabhängigen Gremien überwacht wird.

## *Warenzeichen*

Warenzeichen lassen die Hersteller bestimmter Textilien beim Patentamt eintragen. Sie dienen dazu, die eigene Ware von anderen Herstellern abzugrenzen. Auch hier ist ein bestimmter Qualitätsstandard damit verbunden, für den der Name des Herstellers bürgt, z. B. Schießer, Calida. Warenzeichen sind auch bei Fasern üblich, z. B. Trevira, Diolen.

### ➤➤ Praktischer Hinweis ◀◀

Beim Einkauf darauf achten, daß in die Textilien Pflegehinweise eingenäht sind. Durch die Vielzahl der Gewebe kann der Laie die einzelnen Textilarten mit ihren Pflegeansprüchen nicht mehr unterscheiden, und eine einzige falsche Behandlung kann ein Kleidungsstück unbrauchbar machen.
Pflegekennzeichen sind beim Einkauf auch deshalb wichtig, weil bereits zu diesem Zeitpunkt überblickt werden kann, was das Kleidungsstück »an Arbeit mitbringt«. So ist es z. B. wenig zweckmäßig, Kinderpullover zu kaufen, die nur per Handwäsche gereinigt werden können. Auch eine Bluse verteuert sich, wenn in den Pflegehinweisen vermerkt ist, daß sie nur chemisch gereinigt, aber nicht gewaschen werden kann. Vor allem bei modischen Artikeln ist auf die Pflegekennzeichnung zu achten. So gab es vor einigen Jahren Plüschjacken, die weder gewaschen noch chemisch gereinigt werden durften, ein teurer Wegwerfartikel also.

## Pflegekennzeichnung

Pflegekennzeichnung ist *nicht vorgeschrieben*. Sie wird jedoch von fast allen Herstellern durchgeführt, weil dadurch falsche Behandlung und damit Unzufriedenheit des Kunden vermieden werden.

Pflegekennzeichen geben die Gewähr, daß bei angegebener Behandlung das Kleidungsstück keinen Schaden nimmt, sie garantiert jedoch nicht, daß alle Verschmutzungen behoben werden. Mildere Behandlung ist jederzeit möglich, intensivere dagegen nicht, z. B. höhere Waschtemperatur.

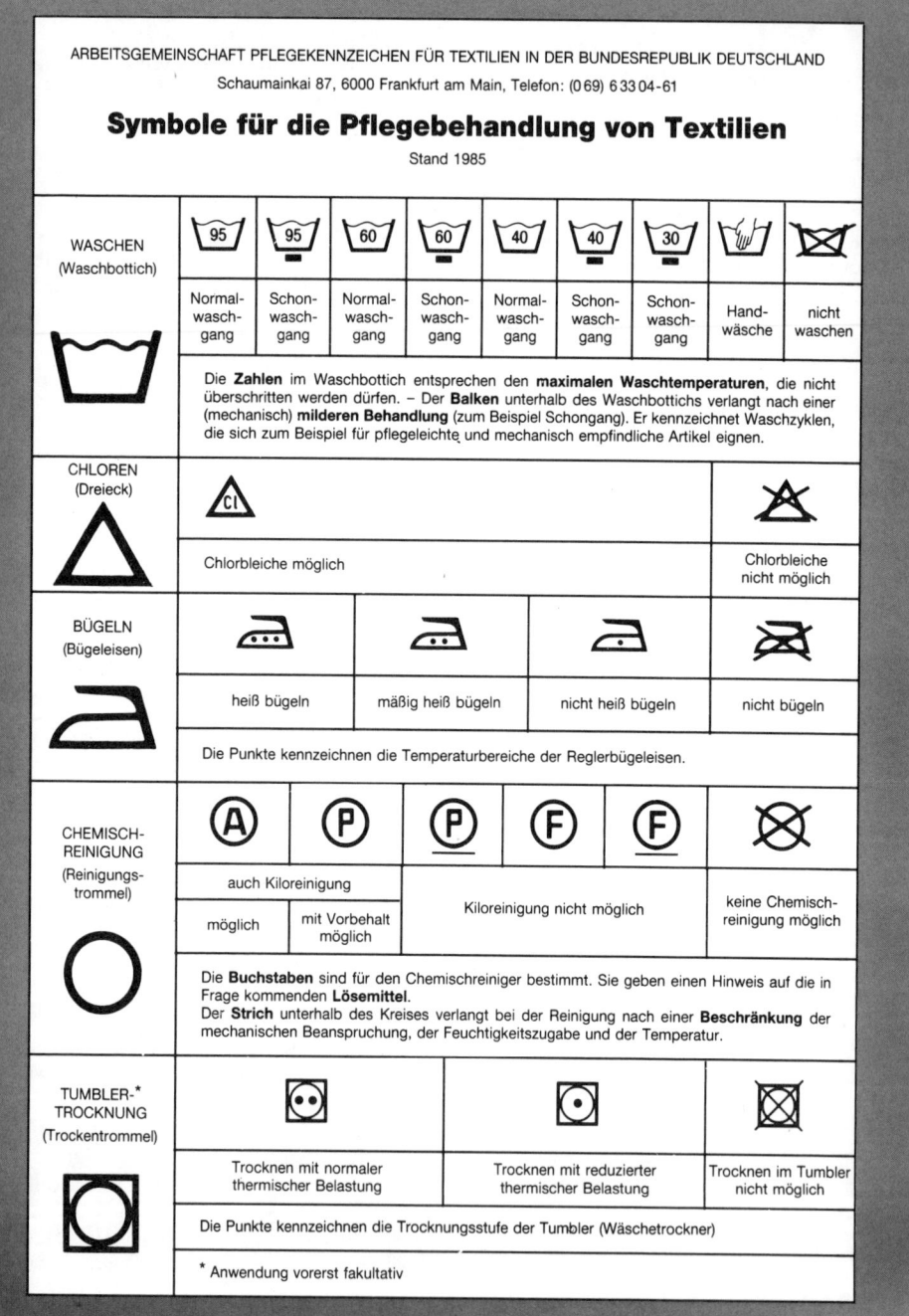

ARBEITSGEMEINSCHAFT PFLEGEKENNZEICHEN FÜR TEXTILIEN IN DER BUNDESREPUBLIK DEUTSCHLAND

Schaumainkai 87, 6000 Frankfurt am Main, Telefon: (0 69) 6 33 04-61

### Symbole für die Pflegebehandlung von Textilien

Stand 1985

**WASCHEN (Waschbottich)**

| 95 | 95 | 60 | 60 | 40 | 40 | 30 | Handwäsche | nicht waschen |
|---|---|---|---|---|---|---|---|---|
| Normalwaschgang | Schonwaschgang | Normalwaschgang | Schonwaschgang | Normalwaschgang | Schonwaschgang | Schonwaschgang | Handwäsche | nicht waschen |

Die **Zahlen** im Waschbottich entsprechen den **maximalen Waschtemperaturen**, die nicht überschritten werden dürfen. – Der **Balken** unterhalb des Waschbottichs verlangt nach einer (mechanisch) **milderen Behandlung** (zum Beispiel Schongang). Er kennzeichnet Waschzyklen, die sich zum Beispiel für pflegeleichte und mechanisch empfindliche Artikel eignen.

**CHLOREN (Dreieck)**

| Chlorbleiche möglich | Chlorbleiche nicht möglich |
|---|---|

**BÜGELN (Bügeleisen)**

| heiß bügeln | mäßig heiß bügeln | nicht heiß bügeln | nicht bügeln |
|---|---|---|---|

Die Punkte kennzeichnen die Temperaturbereiche der Reglerbügeleisen.

**CHEMISCH-REINIGUNG (Reinigungstrommel)**

| (A) | (P) | (P) | (F) | (F) | (X) |
|---|---|---|---|---|---|
| auch Kiloreinigung | | Kiloreinigung nicht möglich | | | keine Chemischreinigung möglich |
| möglich | mit Vorbehalt möglich | | | | |

Die **Buchstaben** sind für den Chemischreiniger bestimmt. Sie geben einen Hinweis auf die in Frage kommenden **Lösemittel**.
Der **Strich** unterhalb des Kreises verlangt bei der Reinigung nach einer **Beschränkung** der mechanischen Beanspruchung, der Feuchtigkeitszugabe und der Temperatur.

**TUMBLER-* TROCKNUNG (Trockentrommel)**

| Trocknen mit normaler thermischer Belastung | Trocknen mit reduzierter thermischer Belastung | Trocknen im Tumbler nicht möglich |
|---|---|---|

Die Punkte kennzeichnen die Trocknungsstufe der Tumbler (Wäschetrockner).

\* Anwendung vorerst fakultativ

# 2 Bekleidung

## 2.1 Oberbekleidung

Kleidung wird heutzutage hauptsächlich – mit Ausnahme von Arbeitskleidung – nach modischen Gesichtspunkten ausgewählt. *Mode* ist ein heikles Thema, denn über den Geschmack läßt sich bekanntlich nicht streiten; aber nicht alles, was gerade modern ist, steht jedem. Nicht der letzte Modeschrei ist es, der einen Menschen chic und schön macht, sondern *typgerechte Kleidung*. Und nicht immer ist es das modernste oder teuerste Kleidungsstück, das einem am besten steht. Das soll natürlich nicht heißen, daß Sie sich nicht hin und wieder – je nach Finanzlage – auch ein besonders schönes und teures Kleidungsstück leisten. Wer unsicher ist beim Kleiderkauf, sollte sich einen guten Freund mitnehmen, der ehrlich seine Meinung sagt, auch wenn die Verkäuferin anderer Meinung ist.

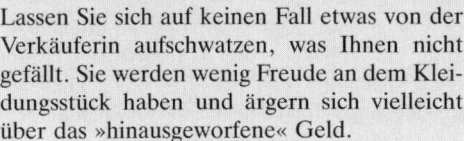

### ➤➤ Wichtiger Hinweis ◀◀

Lassen Sie sich auf keinen Fall etwas von der Verkäuferin aufschwatzen, was Ihnen nicht gefällt. Sie werden wenig Freude an dem Kleidungsstück haben und ärgern sich vielleicht über das »hinausgeworfene« Geld.

Kleidung wirkt durch die Trägerin. Jemand, der klein ist und kräftige Hüften hat, kann beispielsweise kaum den Stil eines großen, schlanken Menschen übernehmen. Unpassende Kleidung betont die Nachteile der Figur, passende Kleidung verdeckt sie.

Nicht immer ist jedoch die Mode ihren oft hohen Preis wert, manchmal werden billige Stoffe verwendet mit schlechten Trage- und Pflegeeigenschaften. Sie sollten sich deshalb nicht nur vom äußeren Schein beeindrucken lassen, sondern die Waren genau prüfen, Pflegekennzeichen und Rohstoffzusammensetzung beachten. Im Eifer des Einkaufs werden manchmal Verarbeitungsfehler, z. B. aufgeplatzte Nähte oder Webfehler, nicht entdeckt. In solchen Fällen sollten Sie sich nicht scheuen, die Ware zu reklamieren (siehe Seite 45). Vor allem bei langlebigen, teuren Anschaffungen, z. B. Mantel oder Kostüm, sollten Sie die Ware genau auf die Verarbeitung hin überprüfen, besonders bei Schnittkantenversäuberung, Futter, Tascheneingriffen.

Natürlich ist auch die *richtige Größe* wichtig. Es hat wenig Sinn, sich in ein Kleid zu pressen, nur weil es in der passenden Größe nicht mehr lieferbar ist. Wer für andere Kleidung kauft, z. B. als Geschenk, sollte sich ein Umtauschrecht bestätigen lassen, falls die Bluse oder der Pullover nicht paßt.

### Material

Hinsichtlich des Materials von Oberbekleidung lassen sich keine pauschalen Empfehlungen geben. Sehr gute Trageeigenschaften haben Naturfaserstoffe, aber auch manche Gewebe aus Chemiefasern sind angenehm zu tragen. Naturfaserstoffe haben den Vorteil, daß sie saugfähig und luftdurchlässig sind und dadurch sehr hautverträglich. So ist z. B. eine Baumwollbluse an einem heißen Sommertag wesentlich angenehmer auf der Haut als ein Kleidungsstück aus feuchtigkeitsabweisendem Perlon.

Synthetische Gewebe haben den Vorteil, daß sie pflegeleicht sind. Gut beraten sind Sie mit hochwertigen Mischgeweben, z. B. Baumwolle mit Polyester, knitterarm ausgerüsteter Baumwolle, texturiertem Polyamid (z. B. Helanca; Nyltest). Diese Stoffe vereinen die Vorteile von Kunstfasern und Naturfasern.

Weniger auf das Material als auf Aussehen und Schnitt ist zu achten bei *festlichen* Kleidungsstücken. Hier können auch pflegeaufwendige Materialien gewählt werden, weil diese Kleider, z. B. Abendkleid, ohnehin selten getragen werden.

### *Kinderkleidung*

Bequem, strapazierfähig und leicht zu pflegen – das sind die Anforderungen, die gute Kinderkleidung erfüllen muß. Wichtig ist eine gute Paßform, die genügend Bewegungsfreiheit zuläßt und an Armen, Beinen oder Kragen nicht zu eng geschnitten ist. Dann sind die Kleidungsstücke nicht nur bequem, sondern auch leicht an- und auszuziehen (ältere Kinder sollen ihre Kleidung selbst an- und ausziehen können).

Kinder entwachsen ihrer Kleidung schnell. Daher lohnt es sich nicht, teure Stücke zu kaufen, die nach einigen Monaten schon ungenutzt im Schrank hängen. Vorteilhaft ist Kinderkleidung, deren Säume und Nähte großzügige Zugaben haben, so können die Kleider wenigstens einige Monate »mitwachsen«.

Die Größen für Kinderkleidung werden bemessen nach der Körpergröße des Kindes:

## Größen für Kinderkleidung

| Größe = Körperhöhe | Brustumfang | |
|---|---|---|
| | Knaben | Mädchen |
| 50 | 36 | 36 |
| 56 | 38 | 38 |
| 62 | 41 | 41 |
| 68 | 44 | 44 |
| 74 | 46 | 46 |
| 80 | 50 | 50 |
| 86 | 54 | 54 |
| 92 | 56 | 56 |
| 98 | 58 | 58 |
| 104 | 60 | 60 |
| 110 | 62 | 63 |
| 116 | 64 | 65 |
| 128 | 69 | 70 |
| 140 | 74 | 76 |
| 152 | 80 | 81 |
| 164 | 84 | 86 |

Kinder mögen es nicht, wenn sie schön angezogen werden und auf ihre Kleider aufpassen müssen. Andererseits haben sie aber schon ihren eigenen Geschmack, den Sie nicht immer übergehen sollten. Empfindlich reagieren die »lieben Kleinen« besonders dann, wenn sie wie Kleinkinder angezogen werden, denn sie fühlen sich meist schon viel größer, als sie sind. Schnitt und Farbe der Kleidung sollte also dem Alter des Kindes angepaßt sein. Daran denken, daß Kinderkleidung oft gewaschen und gebügelt werden muß; Rüschen, Spitzen und Schleifchen sehen zwar niedlich aus, verschlingen aber beim Bügeln viel Zeit.

## Material

Köperstoffe, z. B. Jeans und Cordgewebe aus Baumwolle, sind angenehm zu tragen und halten viele Rutschpartien auf den Knien aus. Besonders pflegeleicht sind Kleidungsstücke aus Chemiefasergemischen, z. B. Polyester mit Polyacryl oder Mischungen aus Baumwolle und Polyester. Diese Materialien sind problemlos in der Maschine zu waschen. Kinderkleidung, die mit der Hand gewaschen werden muß, sollte vermieden werden. Maschenware ist bei Kinderkleidung sehr beliebt, sie ist elastisch, knittert wenig und ist leicht zu pflegen.

# 2.2 Arbeitskleidung

Praktische Arbeitskleidung ist im bäuerlichen Haushalt von besonderer Bedeutung. Dies gilt sowohl bei Arbeiten im Außenbetrieb als auch bei solchen im Haus.

## Material

Das Material für Arbeitskleidung soll strapazierfähig sein und gut zu reinigen. Beliebt sind Baumwollstoffe, z. B. Jeans, weil sie saugfähig und daher angenehm zu tragen sind, besonders wenn man leicht schwitzt. Allerdings sind reine Baumwollstoffe nicht pflegeleicht und, da strapazierfähige Stoffe für Arbeitskleidung sehr dicht gewebt sind, auch schwer.
Leichter und mit wenig Aufwand zu pflegen sind stabile Mischgewebe aus Polyester und Baumwolle (Mischungsverhältnis 67:33%). Diese Arbeitskleidung ist meist auch etwas billiger als reine Naturfaserstoffe. Sie haben allerdings den Nachteil, daß sie den Schweiß nicht so gut aufnehmen und bei einem Brandunfall der Chemiefaseranteil schmilzt und an der Haut klebt.

### ➤➤ Praktische Hinweise ◄◄

➲ Als Arbeitskleidung *ungeeignet* sind ausgediente »Sonntagskleider«, sie sind weder strapazierfähig noch bequem oder gut waschbar.
➲ Bei Arbeitskleidung, vor allem für den Außenbetrieb, ist darauf zu achten, daß sie nicht zu weit ist oder lange, lose Bänder hat, die sich in Maschinen und Geräten verfangen könnten.
➲ Arbeitskleidung muß in der Größe so sein, daß sie weder bei Überkopfarbeiten noch beim Bücken einengt, die Bewegungsfreiheit darf nicht eingeschränkt sein.
➲ Praktisch sind eingearbeitete Taschen für verschiedene Gebrauchsgegenstände, z. B. Schlüssel, Notizblock, Meterstab.

*Nicht zu empfehlen* sind Gewebe aus wenig luftdurchlässigen und feuchtigkeitsabweisenden Chemiefasern, z. B. Polyamid. Früher waren z. B. Schürzen aus Nylon gefragt, sie sind zwar leicht und pflegeleicht, aber sehr wärmeempfindlich, z. B. bei Berührung mit heißen Gegenständen schmelzen sie. Außerdem sind diese Gewebe nicht saugfähig und wenig luftdurchlässig, so daß man leicht schwitzt.

# 2.3 Leibwäsche

## *Unterwäsche*

*Baumwolle* ist als Material für Unterwäsche nach wie vor Nummer 1. Maschenware aus Baumwolle ist elastisch, pflegeleicht, kochecht, saugfähig und formbeständig; sie wird von der Haut besonders gut vertragen.

Bei Unterwäsche ist es besonders wichtig, daß das Material Feuchtigkeit gut aufnimmt, damit Schweiß und andere Absonderungen der Haut rasch abtransportiert werden. Durch das rasche Aufsaugen von Schweiß entsteht keine Verdunstungskälte auf der Haut und damit nicht das Gefühl zu frösteln.

Unterwäsche wird auch aus *Mischungen* von Baumwolle und Polyester oder auch Elasthanfasern hergestellt. Diese Ware ist besonders formbeständig, trocknet schnell, ist aber weniger saugfähig als reine Baumwolle.

In neuerer Zeit ist Unterwäsche aus reiner *Seide* wieder im Kommen. Seidenunterwäsche trägt sich außerordentlich angenehm, weil Seide bei Kälte wärmt, bei Hitze kühlt. Allerdings ist reinseidene Wäsche sehr teuer und muß von Hand gewaschen werden.

Für *Rheumaunterwäsche* werden Mischungen aus Angora und Schurwolle oder Angora und Polyester verwendet. Diese Wäsche wärmt außerordentlich gut, muß aber ebenfalls mit der Hand gewaschen werden.

*Sportunterwäsche* muß vielfachen Ansprüchen gerecht werden: Sie muß saugfähig sein, leicht und sehr elastisch. Als Materialien werden verwendet Polypropylen, Polyacryl oder Mischungen dieser Fasern mit Baumwolle. Besonders beliebt ist die Polyacrylfaser Dunova; denn sie ist durch winzig kleine Hohlräume in der Lage, viel Feuchtigkeit aufzunehmen. Die Faser gibt die Feuchtigkeit aber auch sehr schnell ab, trocknet also rasch. Dunova läuft zudem nicht ein, filzt nicht und ist sehr leicht und weich.

Bei den Materialien für Sportunterwäsche nutzt man die rasche Feuchtigkeitsabgabe der Chemiefasern. Die Feuchtigkeit wird von der Kleidung aus Baumwolle oder Wolle, die über der Unterwäsche getragen wird, aufgesaugt. Diese saugfähige Unterwäsche ist auch die ideale Kombination zu Oberbekleidung aus Goretex usw.

Bei der Unterwäsche auf gute Verarbeitung achten. Angenehm und dauerhaft sind gestrickte Säume oder aufgenähte Zierkanten bei Unterhemden. Umgeschlagene oder gekettelte Säume leiern schnell aus und halten nicht so warm. Bei langärmeliger Winterunterwäsche auf die Ärmelabschlüsse achten. Auch hier ist ein angestricktes Bündchen am besten, umgeschlagene Kanten leiern schnell aus.

 **Praktischer Hinweis**

Unterwäsche sollte nicht weichgespült werden, weil die Saugfähigkeit sehr darunter leidet.

## *Unterkleider*

Unterröcke werden überwiegend aus Polyamid hergestellt, sie sind *antistatisch* ausgerüstet, damit sie beim Reiben an der Oberbekleidung nicht »kleben«. Sie sind pflegeleicht.

Unterkleider werden auch aus *Seide* angeboten, sie haben sehr gute Trageeigenschaften, sind jedoch sehr teuer und dürfen – wie andere seidene Unterwäsche – nur von Hand gewaschen werden.

## *Miederwaren*

Miederwaren werden hauptsächlich aus elastischen Polyurethanfasern, meist Elastan (Lycra), hergestellt. Diese Fasern sind pflegeleicht und haben eine gute Formkraft.

Zum Teil gibt es auch Miederwaren aus Baumwolle oder Baumwoll-Chemiefaser-Gemischen. Diese Materialien sind angenehm zu tragen.

 **Praktischer Hinweis**

Miederwaren sollten beim Kauf unbedingt anprobiert werden, um die Paßform zu prüfen.

# 2.4 Strümpfe und Schuhe

## Strümpfe

Strümpfe werden aus sehr unterschiedlichen Materialien hergestellt. Qualität und Preis hängen ab von der Feinheit und Gleichmäßigkeit des Garnes. Mercerisierte Baumwolle, Wollkammgarne und feine Zwirne aus Baumwolle und Wolle sind am teuersten.

Besonders *strapazierfähig* ist Ware aus Mischungen mit Polyester und Polyamid. Sie filzen beim Waschen nicht, trocknen schnell und sind widerstandsfähiger gegen Reibung, bekommen also nicht so schnell Löcher wie Strümpfe aus reiner Wolle.

Grobe Strümpfe für *Sport*, z. B. Bergsteigen, sollten aus maschinenwaschbarer Wolle bzw. Polyamid-Woll-Gemisch bestehen.

*Feinstrumpfhosen* werden hergestellt aus Polyamid-Helanca. Sie werden in verschiedenen Garnstärken angeboten, je höher die dtex- oder den-Zahl ist, desto dicker ist das verwendete Garn und damit die Haltbarkeit.

> ### ➤➤ Praktischer Hinweis ◄◄
>
> Feinstrumpfhosen ziehen schnell Fäden und bekommen dann Laufmaschen. Wer rauhe, rissige Hände hat, sollte sie daher mit dünnen Handschuhen anziehen.

*Stützstrümpfe* gibt es in verschiedenen Feinheiten und Stützklassen von stark bis leicht. Wichtig ist, daß die Strümpfe nicht kneifen. Starke Stützstrümpfe werden bei Beinbeschwerden vom Arzt verschrieben, mittelstarke dienen vorwiegend der Vorbeugung, leichte Stützstrümpfe haben hauptsächlich eine formgebende Wirkung.

> ### ➤➤ Praktischer Hinweis ◄◄
>
> Grundsätzlich sollten Stützstrümpfe möglichst gleich nach dem Aufstehen angezogen werden, noch bevor ein Blutstau im Bein auftreten kann.

Die Paßform von Strümpfen, Socken und Strumpfhosen hängt ab von der Beinform, der Gestaltung der Ferse und dem Schnitt. Zwickel an Ferse und Zehen erhöhen die Haltbarkeit und Paßform.

## Größenbezeichnung bei Strümpfen

*Babysöckchen, Kniestrümpfe, Strumpfhosen:* Nach der Körpergröße, 62, 68, 74, 80.

*Kinderkniestrümpfe, Söckchen:* Nach der Schuhgröße, 19–22, 23–26, 27–30, 31–34, 35–38, 39–42, 43–45.

*Kinderstrumpfhosen:* Nach der Körpergröße, 80–92, 98–104, 110–116, 122–128, 134–146, 152–164, 170–176.

*Damenkniestrümpfe, Söckchen:* Nach der Schuhgröße;
bei Naturfaserware 35, 36, 37, 38, 39, 40, 41, 42;
bei elastischen Chemiefasern 35–38 und 39–42.

*Herrensocken:* Nach der Schuhgröße;
bei Naturfaserware 39, 40, 41, 42, 43, 44, 45, 46, 47;
bei elastischer Ware 39–41, 42–43, 44–45, 46–47;
bei hochelastischer Ware 39–42, 43–46.

*Herrenstrumpfhosen:* Nach der Wäschegröße, 4, 5, 6, 7, 8.

*Damenfeinstrumpfhosen:* Nach der Konfektionsgröße, 36–38, 38–40, 40–42, 42–44, 44–46, 48–50, 52–54.

Sondergrößen (untersetzte Größen) 45–47, 47–49, 49–51.

## Schuhe

Nach einer Umfrage des Deutschen Schuhinstituts klagen viele Menschen über Fußbeschwerden. Dazu gehören Senk-, Spreiz- oder Plattfuß, Verformungen der Fußballen, eingewachsene Nägel und Hornhaut, die sich bei längerem Stehen oder Gehen schmerzhaft bemerkbar machen. Schuld an vielen Fußkrankheiten ist häufig zu enges Schuhwerk.

Die Beschwerden betreffen aber nicht nur die Füße, sie wirken auf den ganzen Körper: Durchblutungsstörungen der Beine, Kreislaufstörungen, Rückenschmerzen, Schmerzen in den Knien. Daher beim Schuhkauf nicht nur auf Mode und das Äußere eines Schuhes achten, sondern auch auf gute Paßform.

Günstig sind häufig *Einlagen*, sie können viele Beschwerden lindern und entlasten Fuß und Wirbelsäule. Einlagen garantieren ein individuelles Fußbett und werden vom Orthopäden verschrieben. Zwar muß man sich anfangs etwas an den »Fremdkörper« im Schuh gewöhnen, aber mit der Zeit lernt man die Vorteile zu schätzen.

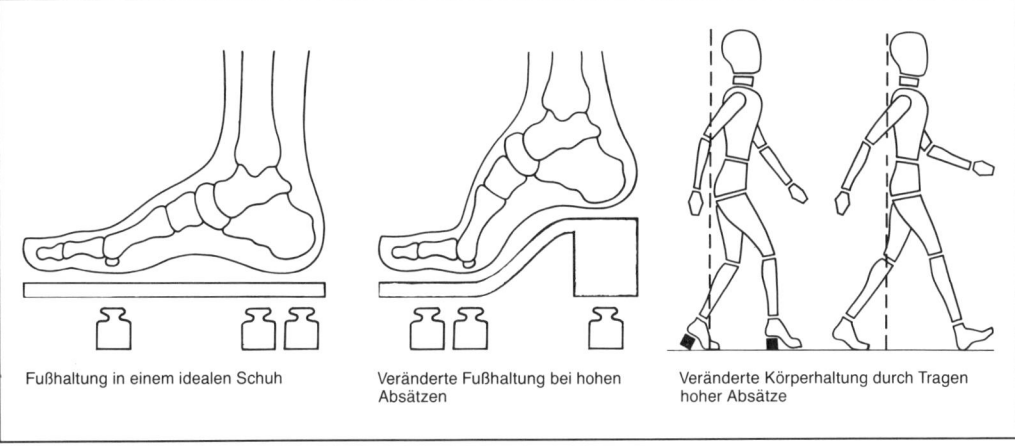

| Fußhaltung in einem idealen Schuh | Veränderte Fußhaltung bei hohen Absätzen | Veränderte Körperhaltung durch Tragen hoher Absätze |

Veränderung der Fuß- und Körperhaltung durch schlechtes Schuhwerk

Sind die Füße zwar nicht verformt, schmerzen aber trotzdem schnell, schaffen Schuhe mit *Fußbett*, *Gelenkstütze* oder *Luftpolsterung* Erleichterung. Solche »Gesundheitsschuhe« sind allen zu empfehlen, die viel auf den Beinen sind, wie z. B. jeder Bäuerin.

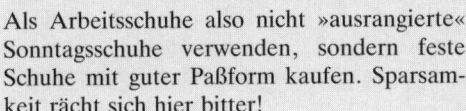

### Praktischer Hinweis

Als Arbeitsschuhe also nicht »ausrangierte« Sonntagsschuhe verwenden, sondern feste Schuhe mit guter Paßform kaufen. Sparsamkeit rächt sich hier bitter!

Schuhe mit hohen Absätzen führen auf Dauer zu einer unnatürlichen Körperhaltung, Wirbelsäule und Knie werden übermäßig belastet (siehe Abbildung oben).

Folgende Punkte sollten beim Schuhkauf beachtet werden:

● Schuhe müssen weit und lang genug sein.
● Schuhe müssen im Gehen und Stehen bequem sein.
● Beide Schuhe anprobieren, meist sind die Füße etwas unterschiedlich.

## Kinderschuhe

Bei Kindern ist die Auswahl gut passender Schuhe doppelt wichtig: Erstens schmerzt ein zu enger Schuh, zweitens können bei Kindern durch falsches Schuhwerk bleibende Schäden angerichtet werden. Bei jedem Schuhkauf folgende Punkte beachten:

● Bänder oder Klettverschluß müssen den Schuh so fest halten, daß er nicht vom Fuß rutschen kann bzw. mit dem Fuß festgehalten werden muß und so zu Verkrampfung führt.
● Die Sohle soll biegsam und rutschfest sein.
● Die Schuhspitze muß so breit sein, daß sie nicht auf die Zehennägel drückt.
● Das Obermaterial sollte aus Leder sein.
● Der Schuh sollte etwas länger (etwa 1 cm) sein als der Fuß, denn mit jedem Schritt macht der Fuß einen Schub nach vorne.
● Harte Nähte oder Zierstiche auf dem Oberleder können zu schmerzhaften Druckstellen führen.

Um die richtige Größe für Kinderschuhe zu finden, sollten die Füße mit dem WMS-Fußmeßgerät vermaßt werden (Weiten-Maß-System), was in vielen Schuhgeschäften bereits möglich ist.
Wie häufig Kinder zu kleine Schuhe tragen, zeigte sich bei einer Untersuchung: Jedes zweite Kind in der Bundesrepublik Deutschland trägt zu kleine Schuhe, viele dieser Schuhe sind sogar um drei oder vier Nummern zu klein.

### Wichtiger Hinweis

Wenn Sie Schuhe von älteren Kindern an jüngere weiterreichen, darauf achten, daß die Schuhe wirklich gut passen. Auf die Auskunft der Kinder, ob der Schuh noch paßt, kann man sich nicht immer verlassen, sie geben häufig eine falsche Antwort, weil etwa bis zum 12. Lebensjahr das Fußskelett noch sehr anpassungsfähig ist. Der Fuß weicht in die Breite aus, und der Schuh scheint zu passen.

# 3 Bettwäsche

Bettwäsche wird in großer Auswahl angeboten. So unterschiedlich wie die Qualitäten sind auch die Preise dafür. Grundsätzlich läßt sich bei Bettwäsche sagen, daß ein hoher Preis meist gute Qualität bietet.

Wie bei Leibwäsche ist es auch bei Bettwäsche wichtig, daß das verwendete Material saugfähig ist. Baumwolle liefert diese Eigenschaft, Mischungen mit Chemiefasern erhöhen die Haltbarkeit. Reines Leinen und auch Halbleinen sind bei Bettwäsche nur noch selten anzufinden, während Baumwolle (zum Teil Mischungen von Chemiefasern mit Baumwolle) dominiert.

Zurückgegangen ist auch der Anteil rein weißer Bettwäsche, immer mehr werden farbige Stoffe bevorzugt. Hier gilt es zu beachten, daß sie nur bei 60 °C und mit Waschmitteln ohne Aufheller oder Bleichmittel gewaschen werden sollen.

### Haustuch
Ein grobfädiger, gebleichter, kräftiger Wäschestoff mit Leinenbindung. Wird überwiegend für Bettücher verwendet, da sehr strapazierfähig. Besonders empfehlenswert sind Bettücher mit verstärkter Mitte.

### Zwirntuch
Ebenfalls sehr haltbar, häufig aus mercerisierter Baumwolle.

### Kretonne
Ein gröberes Gewebe in unterschiedlicher Fadendichte, je nach Fadendichte sehr haltbar. Gute Qualität erkennt man am höheren Preis.

### Linon
Ein glatter, feinfädiger Baumwollstoff, der auf der rechten Seite appretiert ist und glänzt. Gute Qualitäten sind mercerisiert und haben einen waschbeständigen Glanz, billige Ware verliert nach einigen Wäschen den Glanz.

### Popeline
Ein festes und sehr dichtes Gewebe mit guter Qualität.

### Batist
Eine leichte, feinfädige Baumwollware, die oft bedruckt angeboten wird, häufig auch mercerisiert. Die beste Qualität hat Schweizer Batist, auch Mako-Batist ist hochwertig.

### Satin
Ein mercerisiertes Gewebe in Atlasbindung. Es fühlt sich sehr weich an und hat eine glänzende Oberfläche.

### Damast
Ein in sich gemustertes Gewebe. Man unterscheidet preiswerten Baumwolldamast aus nicht gekämmtem Garn, der nur selten mercerisiert ist. Dieser Damast wird nach einigen Wäschen lappig und fuselt. Hochwertig ist Mako-Damast, er hat eine vorgeschriebene Mindestfaserdichte. Die höchste Qualität hat Brokatdamast. Damaste werden aus Baumwolle hergestellt oder aus gekämmter Makobaumwolle.

### Biberbettwäsche
Sehr beliebt, weil sie gut wärmt. Da sie angerauht ist, verschmutzt Biberbettwäsche schnell und wird daher überwiegend farbig angeboten. Billige Biberbettwäsche enthält häufig Viskose, diese Beimischung verringert die Scheuerfestigkeit.

## Pflegeleichte Bettwäsche

Pflegeleicht ausgerüstet sind meist Spannbetttücher. Gute Qualitäten sind sanforisiert und tragen das »Sanfor«-Zeichen, das heißt, sie laufen nicht mehr als 1% ein und dehnen sich auch nicht um mehr als 1%. Der Einsprung bei maschinellem Trocknen beträgt 3–7%.

*Knitterarm* sind auch Baumwollmischungen mit Modalfasern (im Verhältnis 1:1) und Baumwoll-Polyester-Mischungen (im Verhältnis 1:1 oder 65:35%). Diese Bettwäsche ist durch den hohen Anteil an Chemiefasern sehr haltbar.

### Frottier-Bettwäsche
Ist pflegeleicht und knitterarm. Es gibt sie aus reiner Baumwolle und Mischgeweben, z. B. Baumwolle und Chemiefasern im Verhältnis 75:25% oder 46:54%. Billige Ware kommt aus dem Ausland, sie ist dünner gewebt, leichter und daher weniger strapazierfähig. Durch die Schlingen ist sie saugfähig, hautmassierend und wärmend; zudem ist sie absolut bügelfrei.

### Jersey-Bettwäsche
Ist sehr aufwendig in der Herstellung und teurer als Frottier. Gute Ware kostet weit über 100,– DM pro Garnitur. Da gekämmte, hochwertige Baumwollgarne verwendet werden, ist sie von besonders hoher Qualität. Spannbetttücher aus Jersey sind sehr elastisch und formstabil.

## ➤➤ Praktische Hinweise ◄◄ für den Einkauf

➥ Auf das Material achten (steht auf der Packung), Ware genau prüfen. Das ist beim Einkauf in einem Geschäft besser möglich als bei Bestellung per Katalog.

➥ Dichte Gewebe sind zwar teurer, halten aber länger als locker gewebte Ware. Gute Baumwolle wird nicht lappig, rauht nicht so schnell auf und knittert weniger als billige, meist minderwertige Qualitäten. Reibt man an einer Stelle die Appretur weg und hält den Stoff ans Licht, kann man die Gewebedichte erkennen.

➥ Bettwäsche mit Chemiefasern ist haltbarer, pflegeleichter und oft auch billiger als solche aus Naturfasern. Allerdings ist sie nicht so hautfreundlich.

➥ Bei Bettlaken lohnt sich der Preis für Laken mit verstärkter Mitte. Dies ist auf der Verpackung angegeben.

➥ Spannbettücher gibt es in Frottier-, Jersey- und Biberqualität. Wichtig ist, daß sie elastisch sind. Geprüfte Qualitäten tragen ein Gütesiegel.

➥ *Einsprung beachten:* Beim Trocknen im Wäschetrockner schrumpft Bettwäsche um mindestens 10%. Beim Kauf schon daran denken, sonst wird die Wäsche nach dem ersten Trockengang zu kurz. Ausgenommen ist Wäsche mit der Kennzeichnung »sanflor«. Bei besonders hochwertiger und teurer Bettwäsche ist der Einsprung bereits berechnet. Mißt man z. B. einen Bezug nach, der auf der Verpackung mit 200 cm beschrieben ist, weist gute Neuware eine tatsächliche Länge von 220 cm auf.

➥ Bei Spannbettüchern daran denken, daß sie einen hohen Kraftaufwand beim Wechseln erfordern. Auch wenn sie nicht täglich neu gespannt werden müssen, sollten ältere Menschen oder Menschen mit eingeschränkter Bewegungsfreiheit (z. B. Bandscheibenschäden) den Kauf gründlich überlegen.

➥ Bettwäsche kauft man nicht mehr fürs ganze Leben. Je zwei Garnituren aus Baumwolle und Biber oder Frottier reichen für den Anfang. Dieser Grundstock läßt sich erweitern, wenn vorteilhafte Neuentwicklungen auf den Markt kommen.

➥ Couvertbezüge für Steppdecken sind für unruhige Schläfer nicht geeignet, günstiger sind Bezüge, die mit Bändern oder Knöpfen befestigt werden.

### Größen von Bettwäsche

| Einsatz | Bettbezug cm | Kissenbezug cm | Bettuch cm | Besonderheiten cm |
|---|---|---|---|---|
| Normalbett | 135 × 200<br>155 × 200<br>135 × 220*)<br>155 × 220*) | 80 × 80<br>80 × 100*)<br>60 × 80*)<br>50 × 70*)<br>40 × 60*) | 150 × 250<br>150 × 240*)<br>150 × 260*)<br>180 × 260*) | Spannbettuch<br>90 × 190<br>100 × 200<br><br>Überschlaglaken<br>150 × 250<br><br>Couvertbezug für<br>Decken und Steppdecken<br>150 × 200 |
| Französisches Bett | 160 × 200<br>180 × 200<br>220 × 200 | 80 × 80<br>80 × 100*)<br>60 × 80*) | 220 × 250<br>220 × 260<br>240 × 260 | Spannbettuch<br>150 × 200<br>200 × 200 |
| Kinderbett | 80 × 80<br>65 × 75<br>100 × 135 | 35 × 40<br>40 × 50<br>40 × 60 | 80 × 80<br>100 × 135<br>100 × 140<br>100 × 150<br>100 × 180<br>100 × 200 | |
| *) Sondergrößen, Anfertigung auf Bestellung möglich | | | | |

### Seersucker

Bestehen aus reiner Baumwolle. Die Oberfläche ist unruhig und borkenartig, dadurch fallen Knitter nicht auf. Diese Bettwäsche sollte nicht oder nur schwach gebügelt werden, damit sie den kreppartigen Charakter nicht verliert.

## Pflege von Bettwäsche

Generell sollte man beim Waschen von Bettwäsche auf die Pflegehinweise des Herstellers achten.
*Weiße* Bettwäsche ist am einfachsten zu pflegen, weil sie kochecht ist. *Bunte* Wäsche, vor allem dunkle Farben, sollte die ersten Male gesondert gewaschen werden, weil sie ausblutet; keine Waschmittel mit optischen Aufhellern oder Bleichmitteln verwenden.
*Pflegeleicht* ausgerüstete Baumwolle oder Mischgewebe nur mit verringerter Maschinenfüllung (1,5 kg Wäsche für 4,5 kg Maschine) und hohem Laugenstand bei 60 °C waschen, danach anschleudern und sofort aufhängen.

# 4   Haushaltswäsche

## 4.1 Handtücher

### Geschirrtücher

Beim Kauf von Geschirrtüchern ist wichtig, nicht nur auf Preis und Qualität zu achten, sondern auch auf die Größe. Es gibt sie bis zu einer Breite von 80 cm.

### Material

Geschirrtücher sind aus Leinen, Halbleinen und Baumwolle, sehr preisgünstige Ware auch mit einem Anteil an Viskose. Leinen eignet sich sehr gut zum Polieren von Gläsern, da es nicht fusselt. Baumwolle saugt sehr gut, fusselt aber und ist nicht so lange haltbar. Frottier ist für Geschirrtücher nicht empfehlenswert, weil es zu sehr fusselt.
Geschirrtücher dürfen nicht zu dicht gewebt sein, sonst saugen sie schlecht. Auf jeden Fall sollten sie kochecht sein, auch farbige Ware. Nicht mit Weichspüler behandeln, weil die Saugfähigkeit darunter leidet.

## Küchenhandtücher

Küchenhandtücher brauchen nicht so groß zu sein wie normale Handtücher, weil sie ohnehin täglich gewechselt werden. Gängig sind die Größen 50 × 70 und 50 × 80. Wer das Handtuch nicht täglich wechselt, bietet Keimen und Bakterien eine ideale Brutstätte.
Ein Handtuch in der Küche ist übrigens immer noch nicht überholt. Es ist unhygienisch, sich an Geschirrtüchern oder der Schürze zwischendurch die Hände zu trocknen.

### Material

Gebrauchshandtücher für die Küche sind meist aus Baumwolle oder Halbleinen. Bewährt haben sich Grubenhandtücher und Gerstenkornhandtücher. Auch leichte Frottierwaren werden als Küchenhandtücher angeboten. Verzichten Sie beim Waschen auf Weichspüler, dann sind die Handtücher saugfähiger.

## Handtücher für die Körperpflege

Frottierhandtücher für die Körperpflege, Badetücher und Waschhandschuhe werden in sehr verschiedenen Preislagen und Qualitäten angeboten. Daher sind hier Augenschein und »Handprobe« die beste Methode, gute Ware zu erkennen.
Meist merkt man schon am Griff, ob es sich um strapazierfähige, feste Ware handelt: Je feinfädiger, höher und dichter der Flor ist, desto besser die Qualität. Gute Ware hat einen beidseitigen Flor und auf beiden Seiten das gleiche Muster (Duobel). Buntgewebte und gemusterte Handtücher sind teurer als bedruckte oder einfarbige.

---

### ▶▶   Praktische Hinweise   ◀◀

↪ Die Qualität läßt sich also am besten in einem Geschäft beurteilen. Bei Katalog-Bestellungen muß man auf die Beschreibung vertrauen, in diesem Fall fährt man am besten, wenn nicht die billigste Ware ausgesucht wird.
↪ Wer neue Handtücher kauft, sollte nach Möglichkeit die Farbe der Badezimmerfliesen beachten.

---

Das normale Maß für Frottierhandtücher ist 50 × 100 cm, Gästehandtücher haben 30 × 50 cm, Badehandtücher 100 × 150 cm. Es gibt jedoch auch andere Größen zu kaufen.

## Frottier-Qualitäten

Frottierwaren sind auf speziellen Webstühlen oder Maschinen hergestellt, die Schlingen werden erst während der Herstellung gebildet, sie sind leicht herauszuziehen. *Wirkfrottier* ist sehr saugfähig und hat einen leichten Massage-Effekt.
*Frottee* ist ein Schlingengarn, das auf einem normalen Webstuhl verarbeitet wird. Die Schlingen sind also bereits im Garn vorhanden. Frottee ist daher weniger anfällig gegen Fädenziehen, hat aber einen kürzeren Flor.

### Walkfrottier

Hat hohe, umkippende Schlingen und fühlt sich besonders weich und flauschig an, er ist sehr saugfähig. Durch Walken, eine mechanische Behandlung im feuchten Zustand, werden die Schlingen weich gemacht.

### Zwirnfrottier

Hat einen aufrecht stehenden Schlingenflor, das Garn ist gezwirnt, die Ware fühlt sich fest, aber körnig an, sie massiert die Haut. Sehr haltbare Qualität.

### Velours-Frottier

Hat einen kurzen, samtweichen, dicht gewebten Flor, dessen Schlingen aufgeschnitten sind. Velours-Frottier ist verhältnismäßig teuer, aber sehr leicht zu pflegen. Er ist besonders zu empfehlen für Morgenmäntel, weil sie eine weiche, wärmende Oberfläche haben und beim Waschen und Trocknen ihr schönes Aussehen behalten.

## Pflege von Frottierwaren

● Keinen Weichspüler verwenden, er vermindert die Saugfähigkeit der Handtücher.
● Nicht an der Heizung oder in praller Sonne trocknen, Frottierwaren werden sonst sehr starr. Schön weich werden sie im Wäschetrockner.
● Frottierwaren sollen nicht gebügelt werden. Durch kräftiges Ausstreichen werden sie glatt und behalten ihre Saugfähigkeit, weil die Schlingen nicht plattgedrückt werden.
● Gezogene Fäden nicht herausziehen, sondern kurz abschneiden.
● Fransen an Frottiertüchern sind nach dem Trocknen meist struppig und verklebt. Sie werden wieder weich und schön, wenn das Handtuch kurz über den Fransen zusammengefaßt und diese einige Male an der Tischkante kräftig ausgeschlagen werden.

● Frottierhandtücher springen um 6–8% ein, vorgewaschene Qualitäten um 2–3%. Starkes Schrumpfen kann vermieden werden, wenn sie noch halbfeucht in Form gezogen werden.
● Frottierhandtücher gibt es auch mit verschiedenen Applikationen und Stickereien. Der Hersteller achtet darauf, daß das Waschverhalten der Verzierungen das gleiche ist wie das des Handtuchs.

# 4.2 Tischwäsche

*Tafeltücher* und *Gebrauchsdecken* gibt es in abgepaßter Form oder als Meterware. Je nach Tischgröße sind unterschiedliche Maße erforderlich.
Für runde und rechteckige Tische können *Mitteldecken* verwendet werden über einer passenden Tafeldecke. Sie sind quadratisch in den Maßen 80 × 80 oder 90 × 90 cm.
*Servietten* gibt es in den Größen 30 × 30 bis 50 × 50 cm. Sie werden meist passend zur Tafeldecke gekauft.
Sehr praktisch sind *Tischsets* (Platzdeckchen), sie beleben in ihren verschiedenen Mustern den »Alltagstisch«. Die Tischdecke wird weniger schnell verschmutzt. Beim Kauf von Sets auf die Pflegehinweise achten; sie sind nur zweckmäßig, wenn sie pflegeleicht sind.

## Material

Leinen, Halbleinen und Baumwolle sind bei Tischwäsche die klassischen Stoffe. Im Bereich der Gebrauchsdecken, z. B. Gartentischdecken, setzt sich immer mehr pflegeleichte Synthetikware durch.
*Tafeltücher* gibt es meist aus Baumwolle in Atlasbindung oder als Damast. Weiße und pastellfarbene Töne sind vorherrschend. Oft werden Tafeltücher pflegeleicht ausgerüstet mit Fleckschutz, z. B. Scotchgard. Diese Zusatzeigenschaften müssen aber teuer bezahlt werden und waschen sich nach 5–10 Wäschen heraus.
*Gebrauchsdecken* werden oft aus Polyacrylnitril hergestellt. Sie sind pflegeleicht, können aber nur bei 40 °C gewaschen werden; hartnäckige Verschmutzungen, z. B. Teeflecken, sind deshalb schwer zu entfernen. Helle Farben sind bei diesen Tischdecken nicht lange schön, zweckmäßiger sind dunklere Farben oder gemusterte Stoffe.
Faservliesdecken nehmen auch im privaten Bereich zu, z. B. als Gartentischdecke. Sie können bis 60 °C gewaschen werden und sind pflegeleicht.

## Größen von Tischdecken

| Personen-zahl | Tisch-größe | Tischform | Tischtuch-größe | Personen-zahl | Tisch-größe | Tischform | Tischtuch-größe |
|---|---|---|---|---|---|---|---|
| 4 | 80/80 cm | | 110/110 130/130 | 4–6 | 60/110 cm | | 110/160 |
| 6 | 80/110 cm 90/120 cm | | 130/160 140/170 | 6–8 | 60/140 cm | | 110/190 |
| 6–8 | 80/130 cm 90/140 cm | | 130/190 | 8 | 60/180 cm | | 110/220 |
| 8 | 80/160 cm 90/170 cm | | 130/220 140/230 | 6–8 | 120/120 cm | | 160/160 |
| 10–12 | 80/220 cm 90/230 cm | | 130/250 130/280 | 6 | 100–110 cm 110–120 cm | | 160 cm Ø 180 cm Ø |
| 10 | 120/160 cm 120/170 cm | | 160/220 | 6–8–10 | 100/160 cm | | 160/220 |
| 12 | 120/220 cm 120/230 cm | | 160/280 | 10–12–14 | 100/220 cm | | 160/280 |

# 5  Heimtextilien

## 5.1 Gardinen, Vorhänge, Möbelstoffe

### Gardinen

Bei Gardinen überwiegen synthetische Fasern. Sie sind preisgünstig, pflegeleicht, lichtecht und lichtbeständig; nur Polyamid-Gardinen vergilben mit der Zeit. Die Musterung reicht von groben, großgemusterten, bestickten Gardinen bis hin zu einfachen Feingardinen. Grobe Stores sind blickdicht, allerdings schlucken sie viel Tageslicht. Gemusterte Gardinen, zum Teil sogar farbig angeboten, müssen sorgfältig mit der Einrichtung abgestimmt werden. Bei Feingardinen dagegen ist man nicht gebunden.

 **Praktischer Hinweis**

Beim Gardinenkauf den Saum mitberechnen und je nach Dichte der Kräuselung bzw. Faltung die benötigten Meter berechnen.

### Pflege von Gardinen

Nicht nur Länge und Breite des Materials sind zu beachten, sondern auch das Gewicht. Dies ist wichtig für das Waschen, denn ab einer bestimmten Größe mit entsprechendem Gewicht passen sie nicht mehr in die Waschmaschine. Man rechnet für eine Trommelfüllung (4,5 kg Volumen) nicht mehr als 1–1,5 kg Gardinen, damit sie sauber werden und nicht zu sehr verknittern. Bei großen Fenstern ist es daher ratsam, die Gardine in zwei Teilen zu nähen, die ohne Probleme in der Waschmaschine gewaschen werden können.

## Materialbedarf für Gardinen

| Materialbedarf pro Fensterbreite | Gardinenart |
|---|---|
| 3fach | Glatte Marquisette, Florentiner-Tüll, feiner, ungemusterter Häkeltüll |
| 2½fach | Gemusterte Marquisette |
| 2–2½fach | Bobinet-Gardinen, mittelfeine Wirkgardinen |
| 2fach | Grobe Wirk- und Häkelgardinen, stark gemusterte Gardinen |
| 1½–2fach | Raffgardinen |

## Einteilung von Gardinen und Vorhangstoffen nach dem Gewicht

| Textil | Art | Gewicht |
|---|---|---|
| Gardinen | Feingardine | 40– 50 g/m² |
| | Strukturgardine | 50– 80 g/m² |
| | Inbetween | 80–120 g/m² |
| Dekostoffe | Inbetween | 120–180 g/m² |
| | Dekostoff | 180–300 g/m² |

● Gardinen nicht zu sehr anschmutzen lassen, damit sie beim Waschen ganz sauber werden.
● Erst kurz vor dem Waschen abnehmen, damit sie nicht verknittern.
● Rollringe locker in ein Taschentuch oder Geschirrtuch binden, dann müssen sie beim Waschen nicht entfernt werden.
● Spezialwaschmittel verwenden, bei 30–40 °C waschen.
● Anschleudern und sofort aufhängen. Trocknen auf der Wäscheleine ist nicht notwendig, feine Stores bekämen außerdem einen Bug.

## Vorhänge

Die Angebotspalette an Materialien und Mustern ist unüberschaubar groß. Besonders pflegeleicht sind Vorhänge aus synthetischen Fasern. Baumwolle, Leinen, Seide wirken dezent und passen zu jeder Einrichtung, allerdings sind diese Materialien pflegeaufwendiger. Für das Bauernhaus eignen sich Vorhänge aus Leinen oder Baumwolle am besten; von der Musterung oder Farbe her sollten sie zur Einrichtung passen.
Was die Auswahl der Muster anbelangt, entscheidet der persönliche Geschmack. Vorsicht ist jedoch bei kräftigen Farben und auffallenden Mustern geboten, sie müssen auf die Ausstattung des Raumes besonders sorgfältig abgestimmt werden.

 **Praktischer Hinweis**

Falls die Zusammensetzung des Materials und Pflegehinweise nicht in der Kante eingewebt sind, beim Kauf bestätigen lassen.

## Möbelbezugsstoffe

Diese Stoffe werden in Flach- und Florgewebe unterteilt. Den größten Anteil haben Florgewebe. Wichtig für einen Bezugsstoff ist seine Strapazierfähigkeit: Der Stoff muß elastisch sein, damit er sich der Polsterung anpaßt und keine Falten wirft. Bezüglich des Materials beherrschen Leinen, Wolle und synthetische Fasern den Markt. Wolle ist druckunempfindlich, scheuerfest und lichtbeständig. Beim Kauf auf das Gütezeichen achten! Leinen ist reißfest und schmutzabweisend.

 **Praktischer Hinweis**

Günstig sind abnehmbare Möbelbezüge, sie können gewaschen bzw. gereinigt werden.

## Pflege von Möbelbezugsstoffen

| Bezug | Faserstoff | Behandlungsart | | |
|---|---|---|---|---|
| | | Bürsten | Saugen | Abreiben |
| Florgewebe | Synthetik, Mohair, Wolle, Viskose, Baumwolle, Leinen, Seide | Mit weicher Bürste, z. B. Kleiderbürste, abbürsten | Mit Polsterdüse (weiche Borsten) absaugen | Mit feuchtem Leder abreiben |
| Flachgewebe | Synthetik, Wolle, Viskose, Baumwolle, Leinen, Seide | Mit weicher Bürste, z. B. Kleiderbürste, abbürsten | Mit glatter Polsterdüse (ohne Borsten) absaugen | Mit feuchtem Leder abreiben |

# 5.2 Teppiche

## Von Hand hergestellte Teppiche

### Orient- oder Perserteppiche

Diese Teppiche haben eine lange Tradition. Das klassische Knüpfmaterial ist Schafschurwolle, manchmal auch das Haar von Kamelen, bei chinesischen Teppichen Seide. Die Wolle wird grob oder fein versponnen und geknüpft. Früher wurde sie mit Naturfarben gefärbt, heutzutage ist die Wolle meist anilingefärbt. Orientteppiche stechen durch ihre intensiven Farben hervor. Je nach Herkunft werden andere Knoten geknüpft, was die Haltbarkeit aber wenig beeinflußt. Außer vom Material hängen Haltbarkeit, Festigkeit und Farbintensität von der Anzahl der Knoten pro Quadratmeter ab.

### Knotenzahl von Orientteppichen pro Quadratmeter (Einteilung im Fachhandel)

| Grob | 25 000 Knoten pro m$^2$ |
|---|---|
| Mittelfein | 60 000 Knoten pro m$^2$ |
| Fein | 120 000 Knoten pro m$^2$ |
| Sehr fein | 200 000 Knoten pro m$^2$ |
| Selten fein | 500 000 Knoten pro m$^2$ |

Sehr wertvolle Teppiche haben 1 Million Knoten und mehr pro Quadratmeter. Orientteppiche kommen überwiegend aus Persien, aber auch aus Anatolien, dem Kaukasus, Zentralasien und China. Vielfach werden die Muster in Balkanländern kopiert, dies ist jedoch vermerkt (in seriösen Fachgeschäften). Bekannte Herkunftsbezeichnungen sind Hamadan, Schiras, Bachtiari, Täbris, Kirman, Sinneh, Keschan.

### Berberteppiche

Sie sind dicker und weicher als Orientteppiche. Sie haben eine viel niedrigere Knotenzahl, die sich zwischen etwa 120 und 250 pro Quadratmeter bewegt. Berber werden überwiegend aus Naturwolle angeboten, die Farbtöne sind helle bis dunkle Brauntöne, schwarz und grau. Als Muster herrschen strenge, geometrische Formen vor.
Echte Berberteppiche werden von den nordafrikanischen Berberstämmen hergestellt, nachgemachte Berberteppiche stammen aus den Balkanländern. Sie sind bei seriösen Teppichhändlern entsprechend gekennzeichnet, z. B. »Berber aus Ungarn«. Bei den importierten Berberteppichen darf nur Schurwolle verwendet werden, eine Mindestknotenzahl ist vorgeschrieben, ebenso die Ausrüstung mit einem Mottenschutzmittel.

### Sonstige von Hand hergestellte Teppiche

▷ *Flokatis:* Sind gewebte Teppiche aus Griechenland, die nach dem Weben verfilzt werden, so daß lange Zotteln entstehen.
▷ *Kelims:* Sind ebenfalls gewebte, dünne Teppiche, einst Decken der Nomaden. Die Muster sind sehr vielfältig in bunten Farben.
▷ *Handgetuftete Teppiche:* Werden mit einer Nähmaschine hergestellt, die von Hand geführt wird. Auf ein Grundgewebe werden mit einer Spezialnadel Schlingen genäht, die später aufgeschnitten werden können.
▷ *Allgäuer Teppiche, Fleckerlteppiche:* Werden gewebt aus einer losen, groben Kette und Gewebestreifen, die aus alten Textilien geschnitten und zusammengenäht wurden. Fleckerlteppiche sind um so stabiler, je dichter sie gewebt sind. Wichtig ist auch das Material der Kette; synthetische Fasern sind am geeignetsten, sie sind sehr reißfest, am besten ist 12- bis 16fach verzwirntes Garn.
▷ *Schafwollteppiche:* Werden ebenfalls gewebt aus einer gezwirnten Kette und einem groben, naturfarbenen Wollgarn.

---

**▶▶ Praktische Hinweise ◀◀**

➪ Besonders wertvoll sind alte Teppiche, Ausbesserungen muß man hierbei in Kauf nehmen. Morsche Teppiche sind wertlos, man erkennt sie am Knacken, wenn man die Rückseite zusammendrückt.

➪ Grundsätzlich im Fachgeschäft einkaufen. Diese Teppiche stellen nicht nur einen Raumschmuck dar, sondern können gleichzeitig als Kapitalanlage dienen.

➪ Das Echtheits-Zertifikat sollte Auskunft geben über Herkunft, Knotenzahl, Alter des Teppichs, verwendete Farben (synthetisch oder natürlich), verwendetes Material.

## Maschinell hergestellte Teppiche

Maschinell werden sehr unterschiedliche Teppiche hergestellt, die für den Laien schwer unterscheidbar sind. Den richtigen Griff macht man bei Teppichen mit dem Wollsiegel: Sie müssen ein bestimmtes Gewicht an Schurwolle pro Quadratmeter aufweisen und einen dauerhaften Mottenschutz, der Restfettgehalt ist ebenfalls vorgeschrieben. Die goldene Plombe (siehe unten) ist ebenfalls ein Qualitätszeichen.

## Textile Bodenbeläge

Textile Bodenbeläge werden auch als *Auslegewaren* oder Meterware bezeichnet; sie werden auf der gesamten Fläche eines Raumes ausgelegt bzw. verklebt. Teppichböden können direkt auf den Estrich verlegt werden oder auf einen bereits vorhandenen Bodenbelag, z. B. Stein, Kunststoff. Teppichböden sind trittelastisch und fußwarm, sie werden in unterschiedlichen Qualitäten, Farben und Musterungen angeboten.

Durch die »Goldene Plombe« wird ein Teppich ausgezeichnet, der besonders komfortabel ist und nur aus Schurwolle, Naturseide oder aus Mischungen dieser beiden Fasern besteht.

### Materialien

Der *Flor* ist die obere oder Laufschicht. Folgende Materialien werden dafür verwendet, die Faserart muß gekennzeichnet sein:

▷ *Polyamid:* Reiß- und scheuerfest, sehr elastisch, pflegeleicht, preiswert. Daraus werden die sogenannten »Sauberfasern« hergestellt, das sind Fasern, die schmutzabweisend sind.
▷ *Polyacryl:* Nicht so scheuerfest, aber angenehm weich, wollähnlich, pflegeleicht.
▷ *Polyester:* Scheuerfest, pflegeleicht, elegant, teuer, daher Verwendung als Komfortteppich.
▷ *Wolle:* Nicht scheuerfest, feuchtigkeitsempfindlich, nimmt Schmutz nicht leicht an, ist allerdings mottengefährdet.

▷ *Kokos, Sisal:* Strapazierfähig, feuchtigkeitsempfindlich, feste Verklebung notwendig.
▷ *Baumwolle:* Teuer, nicht scheuerfest, feuchtigkeitsempfindlich, nicht elastisch.

Nicht kennzeichnungspflichtig ist das *Trägermaterial*, es besteht meist aus synthetischem Material, selten aus Jute.

Teppichsiegel

### Farbe und Musterung

Gemusterte Teppiche sind weniger schmutzempfindlich, allerdings müssen sie sorgfältig mit den übrigen Einrichtungsgegenständen abgestimmt werden. Melierte Teppiche sind unempfindlich, pflegeaufwendig dagegen sind sehr dunkle und sehr helle, einfarbige Teppiche.

### Kennzeichnung

#### Teppichsiegel

Kennzeichnungspflicht besteht lediglich für das Material der Laufflächen, dieses Kriterium reicht allerdings nicht aus für den Kauf. Wertvolle Hilfe bietet das Teppichsiegel, es wird von der Europäischen Teppichgemeinschaft e. V. (ETG) vergeben und garantiert die Prüfung durch eine neutrale Stelle. Das Teppichsiegel enthält Informationen über den Strapazierwert und den Komfortwert des Bodenbelages.

Der *Strapazierwert* wird in Gruppen eingeteilt:

● Gering: Für geringe bis mittlere Beanspruchung, z. B. Schlafzimmer, Gästezimmer.
● Normal, gering: Mittlere bis stärkere Beanspruchung, z. B. Wohn-, Eß-, Kinderzimmer, Diele, Flur, Küche bei normaler Familiengröße.

● Stark, normal, gering: Für Zimmer mit stärkster Beanspruchung, z. B. bei großen Familien.
● Extrem, stark, normal, gering: Nur für gewerbliche Nutzung des Raumes notwendig.

Der *Komfortwert* hat die Stufen einfach, gut, hoch, luxuriös. Er enthält Angaben über die Teppichtiefe und das Teppichgefühl. Je höher der Komfortwert, desto wertvoller und teurer ist der Teppich.

Das Teppichsiegel enthält zusätzlich Angaben über die Eignung der Nutzschicht von Teppichböden:

● Stuhlrollengeeignet: Für Zimmer mit Sitzmöbeln auf Rollen und bei starker Beanspruchung notwendig, nur bei vollflächiger Verklebung gewährleistet.
● Treppengeeignet: Erforderlich bei starker Beanspruchung.
● Naßraumgeeignet: Für Beläge in Bad oder WC, in der Küche nicht erforderlich.
● Antistatisch: Die spürbare elektrostatische Aufladung wird verhindert.
● Für Fußbodenheizung geeignet: Wichtig hierfür ist ganzflächige Verklebung.

## Wollsiegel
Eine weitere Kennzeichnungsmöglichkeit bezieht sich auf Wollteppichböden, sie sind mit dem Wollsiegel ausgezeichnet. Beim Kauf eines wollenen Teppichbodens sollte man sich für einen möglichst dichten Flor entscheiden, er erhöht die Strapazierfähigkeit. Die Symbole und Sterne sind gute Orientierungspunkte.

NUTZSCHICHT:
REINE SCHURWOLLE

**Leichte
Beanspruchung**

★ ★

Schlafzimmer
und Räume mit
geringer Begeh-
frequenz

NUTZSCHICHT:
REINE SCHURWOLLE

**Mittlere
Beanspruchung**

★ ★ ★

Wohnzimmer
und andere Räume
mit mittlerer
Begehfrequenz

NUTZSCHICHT:
REINE SCHURWOLLE

**Starke
Beanspruchung**

★ ★ ★ ★

Eingangsdiele,
Korridore und
Räume mit hoher
Begehfrequenz

NUTZSCHICHT:
REINE SCHURWOLLE

**Sehr starke
Beanspruchung**

★ ★ ★ ★ ★

Sehr stark be-
nutzte Räume
mit sehr hoher
Begehfrequenz

NUTZSCHICHT:
REINE SCHURWOLLE

**Dekorative
Beanspruchung**

**D**

Diese Teppich-
böden dienen
primär dekora-
tiven Zwecken.
Sie werden des-
halb nicht nach
Strapazierfähig-
keit eingestuft.

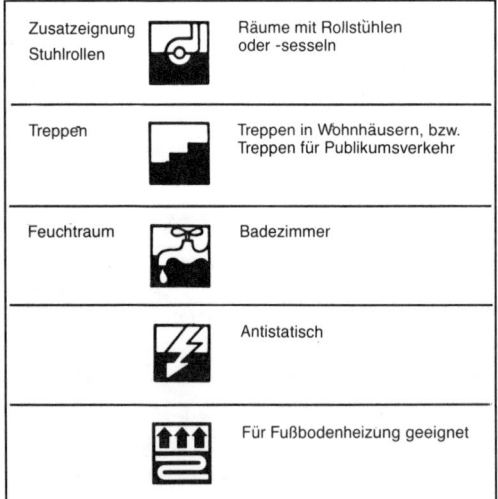

| Zusatzeignung Stuhlrollen | | Räume mit Rollstühlen oder -sesseln |
|---|---|---|
| Treppen | | Treppen in Wohnhäusern, bzw. Treppen für Publikumsverkehr |
| Feuchtraum | | Badezimmer |
| | | Antistatisch |
| | | Für Fußbodenheizung geeignet |

Eignungssymbole für Teppichböden

Gütezeichen für Wollteppichböden

## Pflege

Bei der *Naßreinigung* von Teppichböden sollte darauf geachtet werden, daß die Böden möglichst wenig angeschmutzt werden. Es empfiehlt sich eine wirkungsvolle Schmutzabfangzone mit Grobschmutzabstreifern oder speziellen Matten im Eingangsbereich. Sind tatsächlich Flecken auf dem Teppichboden, diese möglichst sofort entfernen mit Feinwaschmittellauge, behandelte Stellen erst wieder begehen, wenn sie ganz abgetrocknet sind. Flächige Feuchtreinigung möglichst lange hinausschieben, weil der Teppichboden hinterher schneller anschmutzt. Spezialgeräte zur Reinigung von Teppichböden gibt es in Fachgeschäften auszuleihen (siehe Seite 358).

Die *trockene Reinigung* mit dem Staubsauger ist problemlos, wobei sich kurze, dichte Schlingen leichter reinigen lassen als langflorige. Schmutzabweisend sind die sog. *Sauberfasern*: Sie besitzen einen leichten Schutzfilm, der die Faser-Außenfläche glättet; der trockene Schmutz liegt nur noch locker zwischen den Fasern, Flüssigkeiten können nicht so schnell eindringen. Die Wirkung der Sauberfasern sollte aber im Hinblick auf feuchte Verunreinigungen nicht überschätzt werden; bei längerer Einwirkzeit kann Feuchtigkeit auch Sauberfasern angreifen, deshalb Verschüttetes sofort mit einem sauberen Tuch aufsaugen.

## 5.3 Polster und Matratzen

### Polsterung

Zwei Arten der Polsterung sind zu unterscheiden:

● Elastischer Federkern, mit verschiedenartigen Polsterungen umhüllt.
● Schaumstoffe verschiedener Dichte und Elastizität.

Federkernpolsterungen sind sehr dauerhaft. Bei Schaumstoffen gibt es große Qualitätsunterschiede: Je dichter das Material »geschnitten« ist, so der Fachausdruck, desto dauerhafter ist es, desto weniger gibt es auf dauernden Druck nach. Viele Polstermöbel werden mit losen Kissen angeboten, diese sind meist mit zerschnittenen Schaumstoffresten gefüllt. Solche Polster sind nicht formbeständig, sie müssen nach Gebrauch aufgeschüttelt werden und sollten als Auflagekissen verwendet werden. Lose Polsterteile sind leichter zu pflegen als befestigte Polster.

## Matratzen

Die Matratze ist die »Grundlage für einen gesunden Schlaf«. Wer aber meint, sie sei eine Anschaffung fürs Leben, der irrt; es wird eine Gebrauchsdauer von 10 Jahren empfohlen. Früher waren vorwiegend dreigeteilte Matratzen auf dem Markt, heute sind es hauptsächlich einteilige.

### Federkernmatratze

Federkernmatratzen bestehen aus einzelnen, miteinander verbundenen Federn oder einem endlosen Drahtgeflecht, das von verschiedenen Polstermaterialien umhüllt ist. Sie sind hoch belastbar und haben eine gute Elastizität.

Einen besonders hohen Federungskomfort haben *Taschenfedern*. Hierbei sind einzelne Federn miteinander durch Stoff oder Metallklammern zusätzlich verbunden. Diese Matratzen sind verhältnismäßig teuer, jedoch sehr anschmiegsam und geräuscharm. Ebenfalls sehr gut in der Gebrauchstauglichkeit sind Matratzen mit *GR-Endlos-Federkern*, sie sind geräuscharm, elastisch und leicht. *Bandscheibenmatratzen* bestehen aus Federn, die aus verstärkten, dickeren Drähten hergestellt sind.

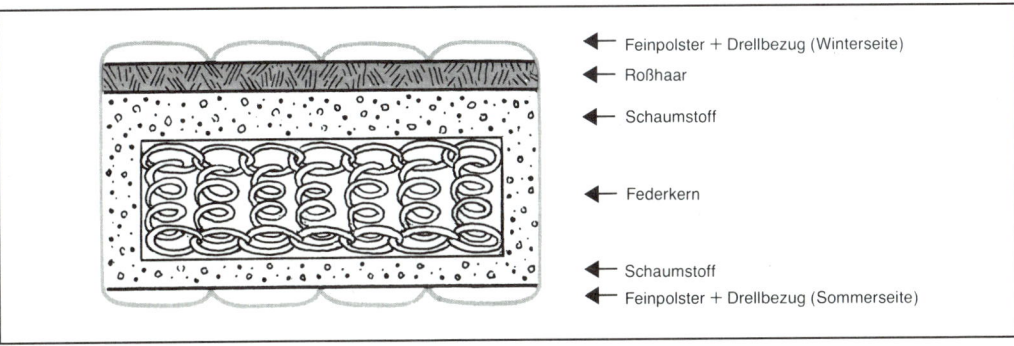

Feinpolster + Drellbezug (Winterseite)
Roßhaar
Schaumstoff
Federkern
Schaumstoff
Feinpolster + Drellbezug (Sommerseite)

Aufbau einer Federkernmatratze

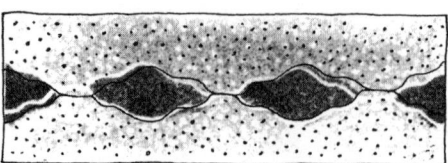
Schaumstoffkern

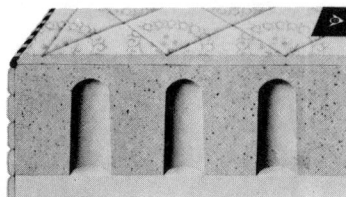
Mehrschichtiger Schaumstoffkern
mit Abdeckung

Feder-Schaumstoff-Kombination

Aufbau einer Schaumstoffmatratze

## Schaumstoffmatratze

Schaumstoffmatratzen gibt es mittlerweile in so vielen Ausführungen, zum Teil mit Federn kombiniert oder mit besonders tragfähiger Mitte, daß sie oft nicht mehr von Federkernmatratzen zu unterscheiden sind. Sie sind leicht, geräuschlos, gut zu handhaben, staubfrei (wichtig für Menschen, die gegen Hausstaub allergisch sind) und billiger.

RAL-Gütezeichen für Schaumstoffmatrazen

Schaumstoffmatratzen dürfen nicht auf den Boden gelegt werden, sie brauchen eine Unterfederung.

Da es bei Schaumstoffmatratzen große Qualitätsunterschiede gibt, ist es ratsam, auf das RAL-Gütezeichen zu achten, es schützt vor minderwertiger Qualität.

Belastbarkeit, Formbeständigkeit und Härte hängen ab vom Luftanteil des Schaumstoffes, sie werden durch das Raumgewicht gekennzeichnet. Das *Raumgewicht* (Rg) ist das Gewicht in Kilogramm pro Kubikmeter Schaumstoff. Ein Mindest-Rg von $28 \, kg/m^3$ ist vorgeschrieben. Für normalgewichtige Erwachsene ist ein Rg von 30–35 kg empfehlenswert. Besonders hohes Rg wird für Menschen mit Bandscheibenschäden angeraten, spezielle *Bandscheibenmatratzen* gibt es auch aus Schaumstoff.

## Schaumgummimatratze

Schaumgummimatratzen bestehen aus Naturgummi oder synthetischem Gummi. Sie sind teurer und schwerer als Schaumstoffmatratzen, auch weniger luftdurchlässig. Sie haben gute Federungseigenschaften, zum Teil werden Schaumstoff und Schaumgummi miteinander kombiniert. Eingeteilt werden Schaumgummimatratzen nach ihrer Härte:

▷ Härtegrad 1 = weich, für Leichtgewichte
▷ Härtegrad 2 = mittel, für Personen bis 90 kg
▷ Härtegrad 3 = fest, für Personen über 90 kg,
　　　　　　　auch als Bandscheibenmatratze
　　　　　　　empfohlen

### ➤➤ Praktischer Hinweis ◀◀

Menschen, die im Schlaf leicht *schwitzen*, sollten sich für eine Federkern- oder Schaumgummimatratze entscheiden. Schaumstoffmatratzen isolieren die Wärme mehr und haben einen schlechteren Feuchtigkeitstransport.

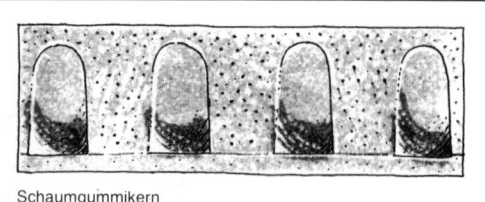
Schaumgummikern

Aufbau einer Schaumgummimatratze

## Wasserbetten

Wasserbetten werden nach ihrer Konstruktion eingeteilt in Hard-Side und Soft-Side-Betten, beide Arten werden beheizt.

### Hard-Side-Matratzen

Sie bilden zusammen mit dem Holzrahmen das Bett, es ist kein Bettgestell nötig oder möglich. Sie werden nur als Doppelbett angeboten. Durch die Füllung mit viel Wasser kommt es zu Schwingungen, was sehr subjektiv als angenehm oder unangenehm empfunden wird. Das Aufstehen aus diesen Betten ist mühsam, die Bettkante hart. Der größte Teil dieser Matratzen hat eine frei fließende Wasserfläche, die sich jeder Bewegung anpaßt. Wer sich damit nicht anfreunden kann, sollte eine wellengedämpfte Form wählen.

### Soft-Side-Matratzen

Diese Matratzen gibt es als Einzel- oder Doppelbetten, sie haben einen geringeren Wasserinhalt in mehreren Kammern. Das Aufstehen aus dem Bett fällt leichter, was für ältere und körperbehinderte Menschen wichtig ist. Dieser Matratzentyp ist leichter als die Hard-Side-Ausführung.

Bei Wassermatratzen ist eine gute Auflage wichtig, denn die PVC-Folie kann keine Körperfeuchtigkeit aufnehmen.
Wasserbetten verbrauchen für die Heizung im Monat für 5–10,– DM Strom, Soft-Side-Matratzen verbrauchen weniger als Hard-Side. Zweimal jährlich muß dem Wasser ein Algen- und Wasserfäulnis-Verhinderer zugesetzt werden. Die Folie von Hard-Side-Matratzen sollte nicht zu dick sein, ideal ist eine Stärke von 0,51 mm, außerdem sollte sie wenig Schweißnähte haben.
Bezüglich der medizinischen Wirkung gibt es *gute Erfahrungen* bei Wundliegen, Arthritis, Rheuma und Gelenkentzündungen, auch bei Schwangeren wird von guten Wirkungen berichtet. *Ungeeignet* sind Wasserbetten für Menschen mit Bandscheiben-Lockerungssyndromen und frisch Bandscheibenoperierte.

## Matratzenunterfederung

Eine Matratze braucht eine gute Unterfederung, auf die sie gelegt wird. *Eingelegte Bretter* sind nicht zu empfehlen, sie geben auf Druck nicht nach, die Matratze kann sich nicht an die Körperteile anpassen. Häufig sind alte *Spiralfederrahmen* vorhanden, sie müssen ausgetauscht oder nachge-

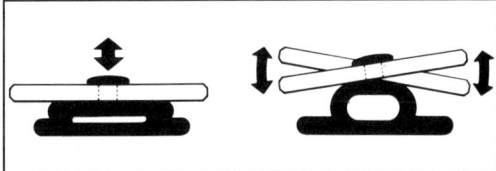

Flexible Lagerung der Latten des Federholzrahmens

zogen werden, wenn die Sprungfederauflage bei Druck mit dem Fuß in der Mitte um mehr als 5 cm nachgibt. Spiralfederrahmen sind feuchtigkeitsunempfindlich, strapazierfähig und ermöglichen einen guten Luftaustausch.
Zu kaufen gibt es fast nur noch *Holzlattenroste*. Die einzelnen Latten sollten nicht mehr als 5 cm auseinanderliegen. Holzlattenroste gibt es in unterschiedlichen Ausführungen, die einfachen Modelle sind nicht verstellbar (Kopf- und Fußteil fest), sie eignen sich gut für Federkernmatratzen. Federkernmatratzen mit GR-Endlos-Federn sind elastischer, sie sind auch für verstellbare Lattenroste geeignet.
Ein verstärktes Mittelteil ist angebracht bei Bandscheibengeschädigten und Schwergewichtigen. Besonders hochwertig sind Lattenroste, bei denen jede Latte auf einem Kunststoffgelenk liegt. Dieser Lattenrost paßt sich dem Körperdruck an und entlastet dadurch die Wirbelsäule.

**▶▶ Praktischer Hinweis ◀◀**

*Matratzenschoner* schützen die Matratze gegenüber der Unterfederung, sie verhindern das Verrutschen der Matratze und isolieren gegen kalte Luft von unten. Sie sollten luftdurchlässig sein.

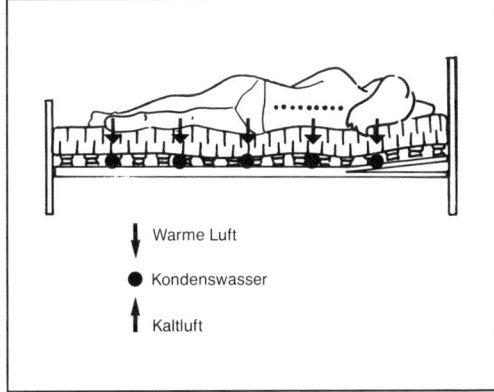

Funktion eines Matratzenschoners

## Drell und Feinpolsterung

Als Drell wird die sichtbare Matratzenumhüllung bezeichnet. Dieser Bezug sollte abnehmbar sein, weil er dann regelmäßig gereinigt werden kann. Nicht abnehmbare Drelle sollten eine hygienische

**▶▶ Praktische Hinweise ◀◀ für den Einkauf**

⇒ Matratzen mit Bandstahlrahmen können nicht auf einen verstellbaren Lattenrost gelegt werden. Federkernmatratzen (außer GR-endlos) sind ebenfalls meist nur für starre Lattenroste oder Spiralfedern geeignet.

⇒ Schaumstoff- und Schaumgummimatratzen sind elastisch und können daher auch auf verstellbaren Lattenrosten liegen.

⇒ Für Allergiker sind reine Schaumstoffmatratzen zu empfehlen.

⇒ Wasserbetten werden in den letzten Jahren zunehmend angeboten, ihre Entwicklung steckt noch in den Kinderschuhen. Es wird jedoch von positiven Auswirkungen auf das Gesamtbefinden berichtet. Beim Kauf eines Wasserbettes auf das TÜV-Zeichen achten.

⇒ Futons kommen ursprünglich aus Japan, es sind Bettrollen, d. h. rollbare Schlafunterlagen, die zum Schlafen auf Reisstrohmatten gelegt werden. Geschätzt wird, daß die Polsterfasern der Futons überwiegend aus Naturfasern (Baumwolle) bestehen. Futonunterlagen sind für stark schwitzende Schläfer weniger geeignet.

⇒ Bedingt durch die »Öko-Welle« werden heutzutage auch wieder Roßschweifhaar-, Strohkern- und Kokosfasermatratzen angeboten. Roßhaarmatratzen sind elastisch, wärmehaltend, luftdurchlässig und nehmen die Feuchtigkeit gut auf, allerdings sind sie schwer und hart. Die Strohkernmatratze ist für »Hartschläfer« richtig, sie staubt allerdings, verbröselt und neigt zur Kuhlenbildung, die Lebensdauer beträgt 4–5 Jahre. Alle Bio-Matratzen sind verhältnismäßig teuer.

⇒ Matratzen sind eine Anschaffung, die man nicht jedes Jahr macht. Deshalb von dem Angebot Gebrauch machen und die Matratzen zur Probe liefern lassen.

Ausstattung haben, erkennbar am »Sanitized«-Zeichen.

Drellbezüge aus Baumwolle oder Leinen sind sehr strapazierfähig und haltbar, Viskose verschleißt schneller und ist feuchtigkeitsempfindlicher.

Unter dem Drellbezug befindet sich die Feinpolsterung der Matratze, hochwertig sind Roßhaar-, Schurwoll- und Kamelhaarauflagen, die jedoch sehr teuer sind. Auf ein teures Feinpolster kann verzichtet werden, besser ist eine separate Woll- oder Baumwollauflage auf der Matratze, die jederzeit gereinigt werden kann.

Baumwolle und Naturseide wärmen weniger, vielfach werden sie nur auf einer Matratzenseite verwendet. Diese Matratzen sind zu wenden, sie haben dann eine wärmere Winterseite und eine kühlere Sommerseite. Wer Wert legt auf eine warme Winterseite, sollte sich besser eine separate Auflage anschaffen.

Zeichen für hygienische Ausrüstung von Matratzen

## 5.4 Bettwaren

Der Mensch verbringt über ein Drittel seines Lebens im Bett. Die Ausstattung eines Bettes ist also keine Nebensache, sondern wichtig für das körperliche Wohlbefinden. Nur in qualitativ hochwertigen Bettwaren kann man tief und erholsam schlafen.

Bettwaren müssen während der Nacht die Feuchtigkeit aufnehmen, die der Schläfer abgibt, das sind pro Nacht immerhin durchschnittlich 0,2–0,5 Liter. Andererseits muß die Zudecke den Schläfer wärmen, darf aber nicht zu wärmedicht sein, damit der Schlafende nicht zu schwitzen beginnt.

### *Federbetten*

Das Federbett ist die am häufigsten verbreitete Art der Betten-Ausstattung. Allerdings gibt es auch bei Federn Qualitätsunterschiede.

## Arten von Federn

▷ *Gänsefeder:* Ist stumpf und rund, stark gebogen und in der Form gedrungen. Am unteren Teil hat sie oft einen reichen Flaum.

▷ *Entenfeder:* Ist ebenfalls stark gebogen und läuft spitz oder strahlenförmig zu. Sie ist kleiner als die Gänsefeder und hat weniger Flaum.

▷ *Daunen:* Sehen aus wie zarte Schneeflocken. Sie haben einen Kern, von dem aus feine Verästelungen ausgehen, die sehr viel Luft und damit auch Wärme speichern können.

## Gebrauchswert

Die Entenfeder steht der Gänsefeder kaum nach. Eine gewichtsmäßig gleiche Bettfüllung enthält bei Entenfedern mehr Federn, weil diese kleiner sind. Gänse- und Entenfedern können auch gemischt werden.

Daunen haben eine sehr hohe Bauschkraft, daher ist ein geringeres Füllgewicht pro Bett notwendig als bei Federn. Daunengefüllte Zudecken sind deshalb sehr leicht. Allerdings sind Daunen viel teurer als Federn.

Da Kopfkissen gewichtsmäßig stark belastet werden, ist es ratsam, dafür kräftige Federn zu verwenden, die sich nach der Belastung schnell wieder aufrichten.

## Qualitäten

Die *Farbe* der Federn sagt nichts aus über ihre Qualität, braune oder graue Federn sind also genauso gut wie weiße. Die *Größe* der Federn sagt mehr über die Qualität aus: Bei größeren Federn ist der Flaum verhältnismäßig kleiner als bei kleinen Federn.

Besonders hochwertig, aber auch besonders teuer sind *Eiderdaunen*. Sie sind sehr lufthaltig, besonders leicht und wärmend. Federn unter der Bezeichnung *Originalfedern* müssen von Gänsen und Enten stammen, sie dürfen vorher noch nicht gebraucht worden sein.

Feder- und Daunenqualitäten werden folgendermaßen eingeteilt:

● *Reiner Flaum* oder *Reine Daune* bezeichnet Ware, die nur Daunen enthält.

● *Daunen* enthalten mindestens 90% Daunen.

● *Fedrige Daunen* enthalten mindestens 50% Daunen.

● *Dreiviertel-Daunen* bestehen zu mindestens 30% aus Daunen.

● *Halbdaunen* enthalten bis zu 15% Daunen.

● *Daunenhaltige Federn* enthalten mindestens 9% Daunen.

● *Federn* enthalten maximal 9% Daunen.

● *Altfedern* sind bereits gebrauchte Federn.

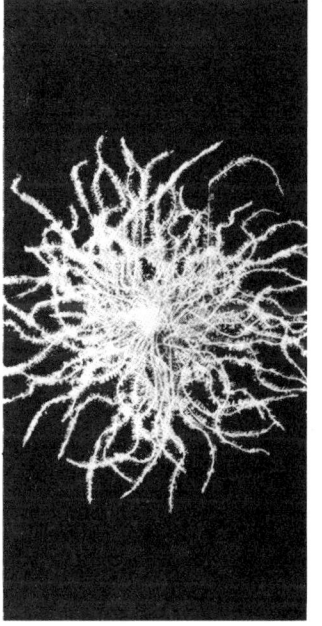

Entenfeder        Gänsefeder        Daune

Gütesiegel für daunenhaltige Sportbekleidung
und Schlafsäcke (links), Federsiegel (rechts)

Die federn- und daunenverarbeitende Industrie
hat ein Qualitätszeichen, das amtlich kontrolliert
wird. Dieses Zeichen wird nicht nur bei Bettwaren
gebraucht, sondern auch bei anderen Produkten
wie daunengefüllten Anoraks und Schlafsäcken.

## Füllgewichte und Füllungsart

Das Füllgewicht von Betten ist in den letzten
Jahren geringer geworden. Zu prall gefüllte Betten liegen beim Schlafen nicht am Körper an und
wärmen daher wenig.
Federbetten unterscheiden sich nicht nur durch
die Menge der Federn, sondern auch durch die
Art der Federn-Verteilung in der Zudecke. Sie
werden entweder lose in das Inlett gefüllt oder
durch verschiedene Nähte verteilt.

### Daunen-Einziehdecke

Bei dieser Zudecke werden Karos abgesteppt, in
denen die Füllung enthalten ist. Die Decke kann

im ganzen gereinigt werden, abgebrochene Federn und Schmutzteilchen werden dabei nicht entfernt. Falls eine Federnreinigung erwünscht ist,
werden die einzelnen Kassetten angeritzt, das Inlett ist dann nicht mehr verwendbar. Günstiger
sind neuartige Decken, bei denen die einzelnen
Karos in zwei oder drei Kammern eingeteilt sind.
Die einzelnen Karos einer Kammer sind nicht
ganz abgesteppt, so daß bei einer Reinigung der
Federn nur die zwei bzw. drei Kammern geöffnet
werden müssen.

### Kassettendecke

Einzelne Kassetten sind durch eingepaßte Stege
abgetrennt. Jede Kassette wird einzeln gefüllt.

### Karo Step

Die Bezeichnung für dieses Flachbett ist ein Mar-
kenname. Schmale Bänder, die abwechselnd in
Längs- und Querrichtung eingenäht werden, sorgen dafür, daß die Füllung nicht verrutscht.

### ▶▶   Praktischer Hinweis   ◀◀

Karo Step ist sehr beliebt, weil es den jeweiligen Kundenwünschen angepaßt werden kann.
Der Kunde hat die Möglichkeit, Zusammensetzung und Menge der Füllung zu bestimmen.
Außerdem bietet diese Art der Füllung die
Möglichkeit, die Federn herauszunehmen und
gesondert zu reinigen.

### Füllgewichte für Feder- und Daunenbetten

| Artikel | Federn- und Halb-<br>daunen<br>kg | Dreivierteldaunen<br><br>kg | Fedrige Daunen<br><br>kg | Daunen<br><br>kg |
|---|---|---|---|---|
| Oberbett<br>135/200 cm<br>155/200 cm | 2,5–3,0<br>3,0–3,5 | 2,0–2,5<br>2,0–3,0 | 1,8 –2,0<br>2,0 –2,2 | 1,5–2,0<br>1,8–2,0 |
| Karo-Step<br>135/200 cm<br>155/200 cm<br>200/200 cm | 1,8–2,0<br>2,0–2,25<br>2,7–3,0 | 1,4–1,6<br>1,6–1,9<br>2,0–2,6 | 1,25–1,5<br>1,5 –1,7<br>1,9 –2,2 | 0,8–1,2<br>0,9–1,5<br>1,2–1,9 |
| Kopfkissen<br>80/80 cm | 1,0–1,25 | 0,8–1,0 | | |
| Daunendecke<br>135/200 cm<br>155/200 cm | | | 1,0 –1,2<br>1,1 –1,3 | 0,6–1,1<br>0,7–1,2<br>Eiderdaune<br>0,5–0,7 |

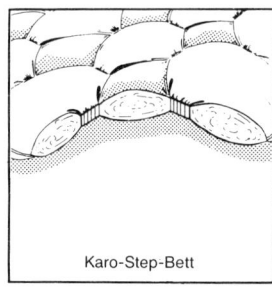
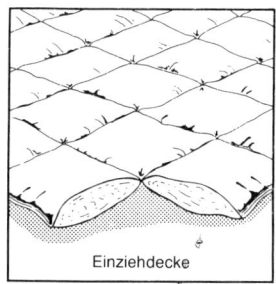
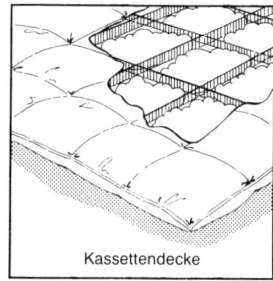

Karo-Step-Bett     Einziehdecke     Kassettendecke

Konstruktion für die Füllung verschiedener Zudecken

## Inlett

Entscheidend für die Qualität eines Federbetts sind nicht nur die verwendeten Federn oder Daunen, sondern auch die Hülle, nämlich das Inlett. Es muß daunen- und federndicht, aber luftdurchlässig sein. Für dieses Gewebe wird beste Baumwolle verwendet, nur sie ist in der Lage, nachts die Feuchtigkeit des Schlafenden aufzunehmen und tagsüber wieder abzugeben. Dieser natürliche Luftaustausch sorgt für ein angenehmes, trockenes Schlafklima ohne Wärmestau.

### ➤➤ Praktischer Hinweis ◄◄

Daunendichte Gewebe aus Deutschland genießen international großes Ansehen aufgrund ihrer hohen Qualität. Es lohnt sich also, beim Kauf von Federbetten auch auf die Kennzeichnung des Inletts zu achten.

## Größe des Federbetts

Die Größe der Zudecke hängt von der Körpergröße ab. Bei ausgestreckt liegendem Körper sollen Hals und Füße zugedeckt sein. Das Federbett soll dabei am Fußende satt aufliegen, so daß das »Wärmenest« abgeschlossen ist. Es muß auch breit genug sein, damit keine kalte Luft eindringt, wenn sich der Schlafende umdreht.
Zu kaufen gibt es folgende *Normgrößen*:

- Standardgröße = 135 × 200 cm
- Komfortgröße = 155 × 220 cm

## Pflege von Federbetten

Wer Federbetten gewissenhaft pflegt, hat lange Freude daran. Sie erfordern zwar wenig Aufwand, aber folgende Punkte sollten beachtet werden:

- Tägliches Aufschütteln lockert die Füllung und schafft neue Lufträume. Das ist wichtig für den »Klima-Ausgleich« des Federbettes.
- Nur bei trockener Witterung lüften. Dann wird die aufgenommene Feuchtigkeit abgegeben.
- Nicht in der prallen Sonne lüften und nicht in die Nähe von Heizgeräten legen. Hitze entzieht den Federn die zelleigene Feuchtigkeit und macht sie spröde und unelastisch. Auch das Inlett wird in der Sonne über Gebühr strapaziert.
- Nicht klopfen oder absaugen.
- Das Reinigen der Federbetten sollte man dem Fachmann überlassen. Alle 2–5 Jahre sollten Kopfkissen, alle 5–8 Jahre die Zudecken gereinigt werden.

Schutzzeichen für daunendichtes Gewebe

**Fasergefüllte Bettwaren**

| Füllung | Wärmevergnügen | Beschaffenheit | Eigenschaften | Reinigung |
|---|---|---|---|---|
| Wolle Kamelhaar Kaschmir Angora | Für Winter und Sommer geeignet | Schwerer als Daunen, weniger locker; Ausnahme ist Kaschmir | Sehr gut geeignet für Menschen, die nachts stark schwitzen Schurwolle und Angora besonders für Rheumatiker geeignet | Chemisch; häufiges Reinigen mindert jedoch die Qualität, deshalb diese Zudecken möglichst oft lüften |
| Wildseide | Temperaturausgleichend, gut geeignet als Sommerbett | Leicht, geschmeidig, anschmiegsam | Angenehm luftig, nicht gut entbastete Qualität kann Allergien hervorrufen | Häufig lüften; chemisch reinigen |
| Polyester | Für Sommer und Winter geeignet | Sehr unterschiedliche Qualitäten; beste Qualitäten sind aus Spezialfasern mit Hohlräumen; diese sind genauso weich, leicht und anschmiegsam wie Daunen | Lassen sich gut aufschütteln, sehr preiswert, wenig Staubentwicklung, daher gut geeignet für Asthmatiker und Allergiker | Waschbar, daher praktisch für Kinderbetten, nach Möglichkeit chemisch reinigen lassen. |

## *Fasergefüllte Betten*

Außer federn- und daunengefüllten Bettwaren gibt es eine große Auswahl an Zudecken mit verschiedenen Woll-, Seiden-, Polyesterfüllungen.

## 5.5 Decken

Decken gibt es in sehr unterschiedlichen Ausführungen zu kaufen. Sie unterscheiden sich im verwendeten Material. Viele Decken sind aus Polyacrylfasern hergestellt. Diese Decken sind sehr leicht, pflegeleicht und wärmen gut.
Reine Polyesterdecken werden für die Babyausstattung angeboten und sind kochecht. Mischungen aus Acrylfasern und Polyester sind angenehm im Gebrauch, sie liegen allerdings im gehobenen Preisbereich. Gewarnt sei vor Billigst-Artikeln, sie fühlen sich auf der Haut unangenehm an und laden sich schnell antistatisch auf.
Decken gibt es auch aus Naturfasern. Wolldecken aus Schafschurwolle sind schwerer als solche aus Kunstfasern. Sie sollten häufig gelüftet werden. Gereinigt werden sollten sie vom Fachmann, damit das Volumen erhalten bleibt.
Decken aus Lama und Alpaka sind sehr hochwertig und daher auch verhältnismäßig teuer, sie müssen chemisch gereinigt werden. Kamelhaardecken gibt es in unterschiedlichen Ausführungen. Je

nach der Art der verwendeten Haare sind die Decken stachelig und hart oder weich und geschmeidig. Es gibt hier große Qualitätsunterschiede.

# 6 Textilpflege

Sorgfältige Pflege von Textilien lohnt sich. Übertreiben sollte man die Pflege aber nicht, denn gerade beim Waschen wird viel von der Faser abgerieben, der Stoff wird mit der Zeit lappig und verliert den Glanz bzw. seine Ausrüstung. Manchmal reicht es bereits, getragene Kleidung ausgiebig zu lüften oder auszubürsten. Das schont nicht nur die Wäsche, sondern spart auch Arbeit und Kraft. Mit dem Verzicht auf Waschmittel leistet man zudem einen Beitrag zum Umweltschutz.

### Allgemeine Pflegehinweise

● Wäsche nicht zu stark verschmutzen lassen, Flecken oder hartnäckigen Schmutz möglichst sofort auswaschen.
● Stark verschmutzte Teile, z. B. Kragen von Arbeitshemden, vorbehandeln, z. B. mit Neutralseife.

● Schmutzige Wäsche luftig lagern, z. B. in einem Korb oder Textilbeutel.
● Nasse Schmutzwäsche, die nicht sofort gewaschen wird, trocknen, sonst kann sie im Wäschekorb Dämmflecken bekommen, die nicht mehr beseitigt werden können.
● Farbige, neue Textilien bei der ersten Wäsche getrennt waschen, sie könnten ausbluten und andere Textilien verfärben.
● Farbige, neue Textilien im nassen Zustand nicht lange liegen lassen, die Farbe könnte sich ungleichmäßig verteilen oder andere Kleidungsstücke anfärben.

# 6.1 Waschen

## Waschen verschiedener Textilien

Die einzelnen Textilarten verlangen unterschiedliche Behandlung beim Waschen. Das Pflegekennzeichen ist zu beachten. Mildere Reinigungsverfahren dürfen in jedem Fall angewendet werden, aber keine intensiveren, sonst kann das Kleidungsstück Schaden nehmen, z. B. schrumpfen. Die Bedeutung der einzelnen Pflegekennzeichen siehe Seite 388.

### Feinwäsche

#### Wolle
Reine Wolle ist bei der Reinigung etwas heikel und aufwendig. Allerdings sitzt der Schmutz an der Oberfläche, die Faser hält den Schmutz nicht fest, so daß kräftiges Ausschütteln oder Ausbürsten häufiges Waschen überflüssig macht.
Wollene Kleidung will sich gelegentlich an feuchter Luft erholen. Die Fasern nehmen dabei Feuchtigkeit auf und stellen sich wieder auf, gleichzeitig verschwinden Gerüche, z. B. von Tabak, außerdem glätten sich Falten. Nach einer solchen Erholung sehen z. B. ein Wollmantel oder eine Strickjacke fast wie neu aus, ohne gewaschen worden zu sein.
Gewaschen werden dürfen wollene Textilien nur, wenn sie einen entsprechenden Pflegehinweis haben. Auch wenn die Waschmaschine lockt, die wenigsten Wollgewebe lassen sich diese Behandlung gefallen, es sei denn, es ist ausdrücklich der Zusatz »waschmaschinenfest« im Pflegeetikett vermerkt. Üblicherweise werden Wolltextilien mit der Hand gewaschen.
*Waschmittel:* Wollwaschmittel, Feinwaschmittel, sehr gut geeignet ist Haarshampoo.

### Seide
Kleidung aus Seide enthält meist den Hinweis auf chemische Reinigung. Es gibt jedoch in letzter Zeit immer häufiger seidene Oberbekleidung bzw. Unterwäsche, die mit der Hand gewaschen werden kann. Da Seide ein höchst empfindliches Gewebe ist, muß sehr vorsichtig damit umgegangen werden.
Zum Trocknen wird das Wäschestück in ein Handtuch eingerollt und ausgedrückt. Nur leicht antrocknen lassen oder naß von links trockenbügeln.
*Waschmittel:* Feinwaschmittel, spezielles Seidenwaschmittel.

### Chemiefasern
Die meisten Textilien aus Chemiefasern können in der Waschmaschine gewaschen werden (Pflegeleichtwäsche). Falls im Etikett Handwäsche vorgeschrieben ist, handwarm waschen.
*Waschmittel:* Feinwaschmittel.

### Pflegeleichtwäsche

Pflegeleichte Natur- und Chemiefasern lassen sich in der Waschmaschine waschen. Wichtig ist dabei, daß die Maschine nicht zu voll geladen und mit hohem Laugenstand gewaschen wird. Bei »Überladung« oder niedrigem Wasserstand knittert die Wäsche leicht.
*Waschmittel:* Feinwaschmittel.

### Heißwäsche

Heißwäsche (Baumwolle, Leinen, Mischgewebe, Chemiefasern) fällt im bäuerlichen Haushalt viel an. Der größte Teil der Arbeitskleidung besteht aus bedruckten Naturfasern oder Mischgewebe, die nicht gekocht werden dürfen. Auch bunte Bettwäsche und Handtücher werden bei 60 °C als Heißwäsche gewaschen.
*Waschmittel:* Spezialwaschmittel für 60 °C-Wäsche, Vollwaschmittel.

### Kochwäsche

Zur Kochwäsche (Leinen, Baumwolle, Chemiefasern) kommen Unterwäsche, Geschirrtücher, helle Handtücher, Tischwäsche, Bettwäsche. Aus Gründen der Energieersparnis sollte wenig verschmutzte Wäsche bei 60 °C gewaschen werden, hinsichtlich der Keimabtötung bestehen auch bei 60 °C keine Bedenken.
*Waschmittel:* Vollwasch- oder Buntwaschmittel.

## Pflegeempfehlungen für die wichtigsten Stoffarten

| Stoffart | Pflegeempfehlungen |
|---|---|
| Baumwolle | Ist in der Pflegeanleitung auf dem Etikett nichts Gegenteiliges vermerkt, kochbar in der Waschmaschine bei 95 °C. Bei weißer Baumwollwäsche Vollwaschmittel mit optischem Aufheller verwenden. Bei hartnäckigen Flecken empfiehlt sich auch Kochen im Waschkessel bei 100 °C. Für bunte Baumwollteile Mehrtemperatur- bzw. Feinwaschmittel wählen. Auf Weichspüler verzichten, insbesondere dann, wenn Unterwäsche und Frottierwaren im Wäschetrockner getrocknet werden.<br><br>Bügelwäsche nicht zu trocken werden lassen. Am besten angefeuchtet mit Dampfbügeleisen, Einstellung »Baumwolle«, oder Bügelmaschine bügeln. |
| Cottonova (Baumwolle) | Bis 60 °C in der Waschmaschine zu waschen. Schongang mit Feinwaschmittel bei bunten Teilen. Schongang mit Vollwaschmittel bei weißen Teilen. Kurz-schleudern.<br><br>Feucht bügeln, Bügeleiseneinstellung »Baumwolle«. |
| Leinen | Weißes Leinen ist kochfest in der Waschmaschine. Vollwaschmittel verwenden.<br><br>Möglichst feucht mit Dampfbügeleisen, Einstellung »Leinen«, bügeln. Dunkle Stücke von links bügeln, sie bekommen leicht Glanzstellen, beim Waschen auf Pflegeanleitung auf dem Etikett achten. |
| Halbleinen | Kochfest in der Waschmaschine bei 95 °C. Vollwaschmittel mit optischem Auf-heller bei weißen und hellen Teilen verwenden, Buntwaschmittel bei farbigen Teilen wählen.<br><br>Bügeln in feuchtem Zustand mit Dampfbügeleisen – Einstellung »Leinen« oder Bügelmaschine. |
| Wolle | Woll-Strickwaren von Hand in höchstens lauwarmem Wasser mit Woll- bzw. Fein-waschmittel waschen, nicht wringen. In Badetuch ausdrücken. Vorsichtig in Form ziehen und auf frischem Handtuch, nicht in Heizungsnähe, trocknen lassen.<br><br>Waschmaschinenfest und filzfrei ausgerüstete Wolle kann in der Waschmaschine bei 30 °C (Vollwaschgang) mit Feinwaschmittel gewaschen werden. Nur kurz-schleudern. Auf der Leine oder liegend trocknen lassen. Niemals in den Trockner stecken! Läuft ein! |
| Seide | Seide chemisch reinigen lassen oder mit der Hand in mehr kaltem als lauwarmem Wasser vorsichtig durchwaschen. Wenig Feinwaschmittel nehmen. Nicht wringen.<br><br>Von links bügeln, dabei Reglerbügeleisen auf »Seide« stellen. Seidenstücke nicht einsprengen, gibt Wasserflecken. |
| Viskose | Hinweis auf dem Etikett beachten. Viskose kann in der Regel mit Feinwaschmittel bei 40–60 °C in der Waschmaschine gewaschen werden. Nur kurzschleudern, besser tropfnaß aufhängen.<br><br>Feucht von links bügeln, Einstellung des Bügeleisens auf »Seide«. |
| Modal | Wie Viskose. |
| Polyacryl (z. B. Dralon, Orlon, Dolan, Crylor, Acrilon) | Waschbar bei 30–40 °C in der Waschmaschine. Schongang mit Feinwaschmittel, hoher Laugenstand. Kurzschleudern. Strickwaren auf einem Kleiderbügel trocknen lassen.<br><br>Bügeln höchstens bei Einstellung »Wolle«, nicht dämpfen oder mit den Dampf-düsen des Bügeleisens in Berührung kommen lassen; Material verformt sich sonst. Falten unter einem Tuch bügeln. |
| Dunova | Lauwarme Handwäsche, Maschinenwäsche bei 30 °C. Schongang mit wenig Feinwaschmittel, hoher Laugenstand. Kurzschleudern. Kein Weichspüler (!), da die Faser dann weniger Feuchtigkeit aufnimmt. Nicht im Trockner trocknen. |

## Pflegeempfehlungen für die wichtigsten Stoffarten (Fortsetzung)

| Stoffart | Pflegeempfehlungen |
|---|---|
| Polyester<br>(z. B. Diolen, Trevira, Dacron, Tergal, Terylene, Vestan) | Waschbar bei 30–40 °C in der Waschmaschine. Schongang mit Feinwaschmittel, hoher Laugenstand. Bei stark verschmutzten Gardinen empfiehlt sich Vorwäsche. Kurzschleudern. Kleidung auf einem Kleiderbügel trocknen lassen, Gardinen feucht wieder aufhängen.<br>Oberbekleidung bügeln bei Einstellung »Synthetik«, wenig Dampf möglich. |
| Polyamid<br>(z. B. Nylon, Perlon, Antron) | Lauwarme Handwäsche, Maschinenwäsche bei 30–40 °C. Schongang mit Feinwaschmittel, hoher Laugenstand. Kurzschleudern.<br>Trockner macht Bügeln (bei Einstellung »Synthetik«) meistens überflüssig. |
| Polychlorid<br>(z. B. Rhovyl, Thermovyl) | Material schrumpft ab 60 °C, deshalb lauwarme Handwäsche oder Maschinenwäsche bei 30–40 °C. Schongang mit Feinwaschmittel, hoher Laugenstand. Kurzschleudern.<br>Material ist nur bedingt reinigungs- und lösungsmittelbeständig. |
| Polyester/Viskose<br>Polyester/Baumwolle<br>50%/50%<br>65%/35%<br>55%/45% | Maschinenwäsche bei höchstens 60 °C, Feinwaschmittel, hoher Laugenstand. Geringe Maschinenfüllung (etwa 1,5 kg Trockenwäsche für eine 4,5-kg-Waschmaschine). Kurzschleudern bei Leinentrocknung, Ausschleudern bei Trocknen im Wäschetrockner. Nicht übertrocknen, sonst Bildung von Knitterfalten.<br>Bügeln bei Einstellung bis »Baumwolle«. |
| Polyacryl/Wolle<br>70%/30%<br>Polyester/Wolle<br>55%/45% | Pflegeanleitung auf Etikett beachten! In der Regel läßt sich Kleidung mit diesen Mischungen auch in der Waschmaschine bei 30–40 °C waschen. Schonwäsche mit Feinwaschmittel, hoher Laugenstand. Kurzschleudern.<br>Bügeln bei Einstellung »Wolle«. Vorsicht mit Dampfbügeleisen bei Mischungen mit Polyacryl. |
| Polyamid/Viskose<br>40%/60%<br>(z. B. Neva'viskon) | Als separates Stück waschbar in der Waschmaschine bei 30–40 °C. Schonwäsche mit Feinwaschmittel, hoher Laugenstand. Kurzschleudern.<br>Feucht bügeln bei Einstellung bis »Wolle«.<br>Als Futterstoff in einem Kleidungsstück Pflegeanleitung für Oberstoff berücksichtigen. |
| Elasthan<br>(z. B. Lycra) | Lauwarme Handwäsche mit Fein- oder Spezialwaschmittel für Stützstrümpfe. Bei Oberbekleidung eingenähtes Etikett beachten. |
| Alpaka, Kamel, Cashmere, Mohair, Angorakanin u. a. Haare versch. Tiere | Pflegeanleitung auf dem Etikett beachten! In der Regel läßt sich das Kleidungsstück mit einem Wollwaschmittel lauwarm von Hand waschen. Nicht wringen, in Badehandtuch vorsichtig ausdrücken. In Form legen und auf einem Handtuch liegend trocknen lassen. |
| Texturierte Garne<br>(z. B. Helanca, Helanca-Set, Silustra, Trevira 2000, Diolen-Loft, Crimplene, Dralon-Ultrapan, Banilon) | Waschbar in der Waschmaschine bei 30–40 °C. Schonwäsche mit Feinwaschmittel, hoher Laugenstand. Kurzschleudern. Je nach Pflegeanleitung auf dem Etikett trocknergeeignet. |
| Polyesther/Polyurethan<br>60%/40%<br>(z. B. Alcantara und andere Veloursleder-imitate) | Pflegeanleitung auf dem Etikett beachten. In der Regel waschbar. Lauwarme Handwäsche oder Waschmaschine bei 30 °C mit Feinwaschmittel, hoher Laugenstand. Kurzschleudern oder anschleudern. Kleidungsstücke auf einem Kleiderbügel trocknen lassen.<br>Nur unter einem Bügeltuch bügeln. Stoff darf nicht direkt mit der Bügeleisensohle, vor allem nicht mit den Dampfdüsen des Bügeleisens in Berührung kommen. |

## Waschverfahren

Beim Wäschewaschen stehen zwei Verfahren zur Auswahl:

● Waschen mit der Maschine,
● Waschen mit der Hand.

Der größte Teil der Wäsche wird mit der Maschine gewaschen, nur besonders empfindliche und wertvolle Stücke wäscht man mit der Hand.

 **Praktischer Hinweis**

Da Handwäsche zusätzlichen Arbeitsaufwand bedeutet, ist es zweckmäßig, bereits beim Kauf von Textilien auf die Pflegehinweise zu achten und nicht maschinenwaschbare Kleidung zu vermeiden.

### Waschen mit der Maschine

#### Vorarbeiten

Beim Waschen mit der Maschine sind einige Vorarbeiten zu verrichten. Am wichtigsten ist das *Sortieren*, denn nur Wäschestücke mit gleichen Pflegeeigenschaften können zusammen in einem Waschgang gewaschen werden. Sortiert wird ent-

sprechend der Pflegehinweise, also nach 30-, 60- und 95 °C-Wäsche.

Die modernen Waschmaschinen sind zum größten Teil mit frei beweglichen Temperaturreglern ausgestattet, so daß eigentlich nicht mehr von festen Programmen gesprochen werden kann. Trotzdem werden die Waschverfahren in drei große Temperaturbereiche eingeteilt.

Grundsätzlich wird die Wäsche so schonend wie möglich gewaschen, deshalb wird der Schonwaschgang oder die Spartaste (Energiesparprogramm) immer gewählt, wenn die Wäsche nur wenig verschmutzt ist. Im Schonwaschgang sind die Trommelbewegungen kürzer, die Pausen ohne Wäschebewegung länger, der Wasserstand kann zusätzlich erhöht werden, dadurch wird die mechanische Beanspruchung der Wäsche ebenfalls vermindert.

Besonders bei Buntwäsche darauf achten, daß sie nicht zu sehr verschmutzt, lieber häufiger waschen, aber nur bei 30 °C, dann bleiben die Farben länger schön.

Um Farbveränderungen zu vermeiden, sollte die Wäsche nicht nur nach Temperaturverträglichkeit und Verschmutzungsgrad sortiert werden, sondern auch nach der Farbe. Weiße oder helle Wäsche, ob bei 95 °C oder 30 °C, sollte nicht zusammen mit bunter oder dunkler Wäsche gewaschen

### Temperaturbereiche

| | | |
|---|---|---|
| **Kochwäsche** | **95 °C**<br>Normalwaschgang | Reine Leinen- und Baumwollgewebe vertragen eine Waschtemperatur von 95 °C: weiße Tisch-, Bett- und Unterwäsche, Windeln, Säuglingswäsche, Handtücher, Geschirrtücher, Spüllappen, Taschentücher<br><br>*Hinweis:* Bei der heutigen Qualität der Waschmittel, der Leistung der Waschmaschinen und dem geringen Verschmutzungsgrad muß nur noch ein geringer Teil der Wäsche mit dem Kochwaschprogramm behandelt werden. |
| **Heißwäsche** | **60 °C**<br>Schonwaschgang | Gewebe aus Leinen und Baumwolle mit der Ausrüstung »bügelfrei«, Mischgewebe aus Natur- und Chemiefasern (sie würden bei 95 °C ihre Ausrüstung verlieren bzw. knittern): Hemden, Kittel, Schürzen, Blusen, Kinderkleidung |
| | Normalwaschgang | Bunte Wäsche aus Baumwolle und Mischgeweben: farbige Hemden, Schürzen, Kinder-Kleidung, dunkle Frottiertücher, Arbeitsanzüge |
| **Feinwäsche** | **30 °C**<br>Normalwaschgang | Helle und bunte Wäsche, die bis 30 °C farbecht ist: Jeans, Hemden, Blusen, Kinderkleidung<br><br>Stark verschmutzte Baumwollwäsche kann auch bei 40 °C gewaschen werden. |
| | Schonwaschgang | Helle und bunte Wäsche aus Chemiefasern: Miederwaren, Hemden, Blusen, Kleider, Strickwaren aus Mischfasern, Stores, Gardinen, Vorhänge, Feinstrumpfhosen |
| | Kaltwäsche | Kalt gewaschen werden Wollsachen. Sie dürfen aber nur dann in die Maschine, wenn Sie den Zusatz »maschinenwaschbar« oder »mit Spezialausrüstung, filzt nicht« haben. Wollene Kleidung ohne diese Zusatzausrüstung verfilzt in der Maschine. |

werden, z. B. weiße Tischwäsche nicht mit dunklen Frottierhandtüchern. Die weiße Wäsche vergraut sonst schneller. Auch bei Feinwäsche ist darauf zu achten, helle Wäschestücke gesondert zu waschen. Da im bäuerlichen Haushalt ohnehin viel Wäsche anfällt, ist diese Trennung meist kein Problem.

## ▶▶ Praktischer Hinweis ◀◀

Auch wenn beim Sortieren sorgfältig vorgegangen wurde, kann es passieren, daß sich die Wäsche verfärbt, wenn z. B. ein farbiger Socken zwischen die weiße 95 °C-Wäsche geraten ist. In diesem Falle kann die Verfärbung rückgängig gemacht werden mit einem Entfärber, den es in Drogerien zu kaufen gibt. Entfärber sollten jedoch nur dann verwendet werden, wenn sehr wertvolle Kleidungsstücke verfärbt wurden, da diese Mittel die Umwelt stark belasten und ohnehin nicht bei allen Geweben entfärbend wirken. Nach Möglichkeit nicht in der Waschmaschine entfärben.

Außer dem Sortieren sind vor dem Füllen der Waschmaschine noch einige Vorarbeiten zu verrichten:

● Taschen entleeren, bei Bedarf ausbürsten.
● Ärmel entrollen.
● Reißverschlüsse schließen.
● Lange Bänder, z. B. von Schürzen, verknoten.
● Stark verschmutzte Stellen mit Neutralseife einreiben.
● Ecken von Bettwäsche ausbürsten.
● Schulterpolster von Kleidern oder Blusen heraustrennen.
● Taschentücher, Bettwäsche, Tischwäsche entfalten.
● Ringe von grobmaschigen Stores in Taschentuch einbinden.

## Füllen der Maschine

Normale Haushaltswaschmaschinen haben meist eine Füllmenge von 4–5 kg bei Koch- und Buntwäsche, 2–2,5 kg bei pflegeleichter Wäsche. Das Fassungsvermögen der jeweiligen Maschine ist in der Bedienungsanleitung angegeben. Damit die Wäsche sauber wird und nicht knittert, darf die Maschine nicht vollgestopft werden, bis kein Taschentuch mehr in der Trommel Platz hat.

## Gewicht lufttrockener Wäschestücke
(Durchschnittswerte)

| Waschgut*) | Gewicht in g |
|---|---|
| **Bettwäsche (Baumwolle)** | |
| Bettbezug | 800 |
| Bettuch | 600 |
| Kissenbezug | 200 |
| Überschlaglaken | 600 |
| für 1 Bett etwa | 1600 |
| **Tischwäsche** | |
| Tischdecke mittelgroß (Baumwolle) | 400 |
| Tafeltuch (Leinen) | 1000 |
| Serviette | 80 |
| **Damenwäsche** | |
| Bluse, Hemd | 100 |
| Baumwollgarnitur | 250 |
| Schlüpfer | 120 |
| Slip | 50 |
| Unterrock | 150 |
| Nachthemd | 180 |
| Schlafanzug | 450 |
| Taschentuch | 15 |
| Berufskittel | 400 |
| **Herrenwäsche** | |
| Oberhemd (Baumwolle) | 250 |
| Oberhemd (Mischgewebe) | 200 |
| Unterhemd, ärmellos | 120 |
| Unterhose, kurz | 100 |
| Unterhose, lang | 250 |
| Schlafanzug | 480 |
| Nachthemd | 400 |
| Taschentuch | 25 |
| Berufskittel | 600 |
| **Küchen- und Badewäsche** | |
| Geschirrtuch | 100 |
| Handtuch | 120 |
| Frottier-Handtuch | 200 |
| Frottier-Badetuch | 800 |
| Bademantel | 1200 |

*) Wäsche aus Chemiefasern oder Mischgewebe mit Chemiefasern ist im allgemeinen etwas leichter als die hier vor allem berücksichtigte Wäsche aus Baumwolle oder Leinen.

Natürlich muß die Wäsche vor dem Beladen der Maschine nicht abgewogen werden, es gibt *Faustregeln* für die richtige Füllmenge:

● Bei Kochwäsche soll 1 Handbreit frei sein zwischen Wäsche und Trommel.
● Bei Feinwäsche soll die Trommel nur gut halb gefüllt sein.

Diese Regeln gelten nur, wenn die Wäsche normal locker eingeschichtet und nicht nach jeder Lage festgedrückt wird.
Wird die Wäsche nicht sauber, ist dies ein Zeichen dafür, daß zuviel Wäsche in der Maschine war und der Schmutz mit der Lauge nicht abtransportiert werden konnte. Es bilden sich sogenannte »Fettläuse«. Diese können auch entstehen, wenn zuwenig Waschmittel verwendet wurde.

### Bedienen der Maschine

Jede Waschmaschine ist anders zu bedienen; es ist daher wichtig, die Gebrauchsanleitung genau zu studieren. Es ist zweckmäßig, die Anleitung in einer Plastikhülle über der Maschine aufzuhängen, so ist sie immer zur Hand.
Die einzelnen Schritte beim Bedienen einer Waschmaschine:

● Beladen der Maschine (Fassungsvermögen beachten).
● Maschine schließen.
● Stromanschluß prüfen.
● Wasserhahn öffnen.
● Programm wählen.
● Waschmittel einfüllen.

Die Dauer einzelner Waschprogramme ist unterschiedlich lang und hängt auch von der jeweiligen Maschine ab. Damit die Wäsche nach dem Waschen bzw. Schleudern nicht unnötig lange zusammengedrückt bleibt, Kurzzeitwecker stellen.

### Nacharbeiten

Nach Ablauf des Waschprogramms sind noch einige Tätigkeiten zu verrichten:

● Nach Schon- bzw. Feinwaschgang Wasser abpumpen bzw. Wäsche anschleudern oder Intervallschleudern.
● Maschine ausschalten.
● Wasserhahn schließen.
● Maschine entleeren.
● Tür der Maschine offen stehen lassen.

### Waschen mit der Hand

Der größte Teil der Textilien kann mit der Maschine gewaschen werden. Doch einige Stücke gibt es in jedem Haushalt, die nur mit der Hand gewaschen werden dürfen. In der Hauptsache sind dies Kleidungsstücke aus Wolle, Seide oder empfindlichen Chemiefasern (Viskose, Acetat).

### Arbeitsschritte

● Wäsche sortieren nach Farbe und Material.
● Nicht waschbare Knöpfe abtrennen.
● Waschanleitung genau beachten.
● Stark verschmutzte Teile mit Neutralseife einreiben.
● Arbeitsplatz vorbereiten (Wannen, Waschmittel, Kleiderbügel, Tücher).

### Waschvorgang

● Reichlich Wasser verwenden, dann kann der Schmutz aus dem Gewebe gespült werden.
● Waschmittel richtig dosieren (je 10 Liter Wasser etwa 1 EL Waschmittel).

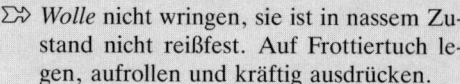

## Praktische Hinweise

⇢ *Wolle* nicht wringen, sie ist in nassem Zustand nicht reißfest. Auf Frottiertuch legen, aufrollen und kräftig ausdrücken.
⇢ Beim Waschen von Wolle nur wenig Waschmittel verwenden und gut nachspülen, sonst verfilzt sie oder löst sich teilweise auf. Spezielles Wollwaschmittel oder Feinwaschmittel verwenden.
⇢ Wollsachen liegend auf einem Frottiertuch trocknen. Bei dieser Methode besteht keine Gefahr, daß sich das Wäschestück verformt.
⇢ *Seide* in kaltem bis lauwarmem Wasser ausdrücken, nur sehr wenig Waschmittel zugeben und gründlich nachspülen. Niemals im Wasser liegen lassen. Dem letzten Spülwasser einen Schuß Essig zugeben.
  – Wird zuviel Waschmittel verwendet oder nicht gut nachgespült, lösen sich die Fasern auf, die Seide wird brüchig.
⇢ Gibt es in einem Haushalt viel seidene Wäsche, lohnt sich die Anschaffung eines speziellen Seidenwaschmittels.
⇢ Zum Trocknen wird Seide in ein Handtuch eingerollt und ausgedrückt, niemals wringen. Nur leicht antrocknen lassen oder naß von links trockenbügeln.

● Stark verschmutzte Textilien mit Vorwäsche, leicht verschmutzte Wäsche nur in einer Lauge waschen.
● Erst alle hellen, dann die dunklen Stücke waschen, bei starker Verschmutzung bzw. wenn Farbe ausgeblutet ist, das Wasser wechseln.
● Gewebe nicht reiben, sondern nur kräftig durchdrücken.
● Stark verschmutzte Wäsche einige Zeit einweichen; weiße Wäsche nicht einweichen, sie vergraut dadurch schneller.
● Wäsche gründlich nachspülen bei gleicher Temperatur (3–4 Spülgänge).
● Wäsche nicht auswringen, sondern ausdrücken, evtl. in der Maschine anschleudern und zum Trocknen auslegen oder auf Bügel hängen.

# Waschmittel

Waschmittel sind notwendig, um den Wäscheschmutz zu zersetzen und ihn in der Waschlauge zu lösen. Das Angebot an Waschmitteln ist sehr groß, die Unterschiede im Preis ebenfalls. Eines haben alle Waschmittel gemeinsam: Sie enthalten Stoffe, die die Umwelt belasten.
Besonders problematisch hinsichtlich der Umweltverträglichkeit war bisher der *Phosphatgehalt* der Waschmittel. Phosphat kann nämllch in herkömmlichen Kläranlagen nicht aus dem Abwasser entfernt werden und gelangt so in die Gewässer. Ein zu hoher Phosphatgehalt verhindert das öko-logische Gleichgewicht stehender Gewässer. Zunächst wachsen sehr viele Algen, die absterben, der See »kippt um« und verlandet allmählich.
Um die Belastung der Gewässer zu verringern, wurde 1975 das *Waschmittelgesetz* verabschiedet, das zum 1. 1. 1988 novelliert wurde. Hier einige wichtige Bestimmungen daraus:

● Der Phosphatgehalt der Waschmittel wurde bis 1984 um die Hälfte verringert, mittlerweile ist der überwiegende Teil der Waschmittel völlig phosphatfrei.
● Der Hersteller muß auf der Packung die Dosierung in Abhängigkeit von der Wasserhärte angeben.
● Die Wasserversorgungsunternehmen müssen die jeweilige Wasserhärte mindestens einmal jährlich bekannt geben.

Mit diesem Gesetz allein ist es jedoch nicht getan. *Jeder Verbraucher hat die Verantwortung, mit Wasch- und Reinigungsmitteln sparsam und gewässerschonend umzugehen.*

## Dosierung von Waschmitteln

Die Dosierung von Waschmitteln hängt weitgehend von der Härte des Wassers und vom Verschmutzungsgrad der Wäsche ab. Wird *überdosiert*, bleibt Waschmittel auf den Textilien zurück, die Farben verblassen, die Textilien werden strapaziert. Wird dagegen *unterdosiert*, bleiben auf den Textilien Schmutz und Kalkrückstände

**Beispiel für die Dosierungsanleitung eines Waschmittels***
(*Maschinenwäsche:* Fassungsvermögen 4–5 kg Trockenwäsche)

| Härtebereich | 1 | | 2 | | 3 | | 4 | |
|---|---|---|---|---|---|---|---|---|
| Wasserhärte (Grad deutsche Härte) | 0–7 °d (weich) | | 7–14 °d (mittel) | | 14–21 °d (hart) | | über 21 °d (sehr hart) | |
| Dosierung | ml | Becher | ml | Becher | ml | Becher | ml | Becher |
| Vorwäsche + Hauptwäsche | 135 180 | ¾ 1 | 180 225 | 1 1¼ | 225 270 | 1¼ 1½ | 270 315 | 1½ 1¾ |
| Nur Hauptwäsche | 270 | 1½ | 360 | 2 | 405 | 2¼ | 450 | 2½ |
| Reichweite** | 32 | | 24 | | 21 | | 19 | |

*Handwäsche* und Einweichen:
1 Meßbecher auf 10 Liter. Zuerst das Pulver im Wasser auflösen. Fein- und nicht kochechte Wäsche zügig durchwaschen.

 * Bei stark verschmutzter Wäsche oder älteren Waschmaschinen etwas höher dosieren.
** Trockenwäsche in kg pro kg Persil, z. B. können beim Härtebereich 1 (weich) 32 kg Trockenwäsche mit 1 kg Persil gewaschen werden (Voraussetzung: nur Hauptwäsche und 4,5 kg Trockenwäsche pro Waschgang).

zurück, ebenso auf den Heizstäben der Maschine.

Die *Wasserhärte* beeinflußt den Waschmittelverbrauch sehr: Je härter das Wasser, desto mehr Waschmittel ist notwendig; denn die Stoffe im Wasser, die die Härte verursachen (Härtebildner), haben Auswirkungen auf den Waschprozeß:

● Sie binden einen Teil des Waschmittels an sich und machen es reinigungsunwirksam.
● Nicht abgebundene Härtebildner lagern sich in Maschinenteilen, vor allem an den Heizschlangen ab und erhöhen den Verschleiß.
● Nicht abgebundene Härtebildner lagern sich in den Textilien ab und verringern die Saugfähigkeit des Gewebes.

Damit der Verbraucher weiß, welche Waschmittelmenge beim jeweiligen Härtegrad notwendig ist, muß der Hersteller die entsprechende Waschmittelmenge in Abhängigkeit von der Wasserhärte auf der Verpackung angeben.

Den Härtegrad des Wassers kann man beim zuständigen Wasserversorgungsunternehmen erfragen. Das Ausmaß der Härte ist abhängig von der Herkunft des Wassers. Gebiete mit Urgestein als Untergrund (z. B. Schwarzwald, Bayerischer Wald) haben verhältnismäßig weiches Wasser, Gebiete mit kalk- und gipshaltigem Untergrund haben verhältnismäßig hartes Wasser.

### Zweikomponenten-Verfahren

Da nur bestimmte Bestandteile des Waschmittels die Härtebildner des Wassers binden, kann statt der Erhöhung der Waschmitteldosis bei hohem Härtegrad des Wassers ein Waschhilfsmittel (Enthärter) zudosiert werden. Es ist billiger als Waschmittel und bringt keine ungenutzten chemischen Bestandteile ins Abwasser. Besonders wichtig ist die Zugabe von Enthärtern bei Waschtemperaturen über 60 °C, weil oberhalb dieser Temperatur die Härtebildner in besonderem Maße ausfallen. Bei diesem sog. Zweikomponenten-Verfahren wird das Waschmittel wie beim Waschen mit Wasser des Härtebereiches 1 dosiert, unabhängig von der Wasserhärte. Die Wasserhärte wird gebunden, indem eine entsprechende Menge Enthärter zugegeben wird. Besonders umweltfreundlich ist diese Methode bei Vollwaschmitteln.

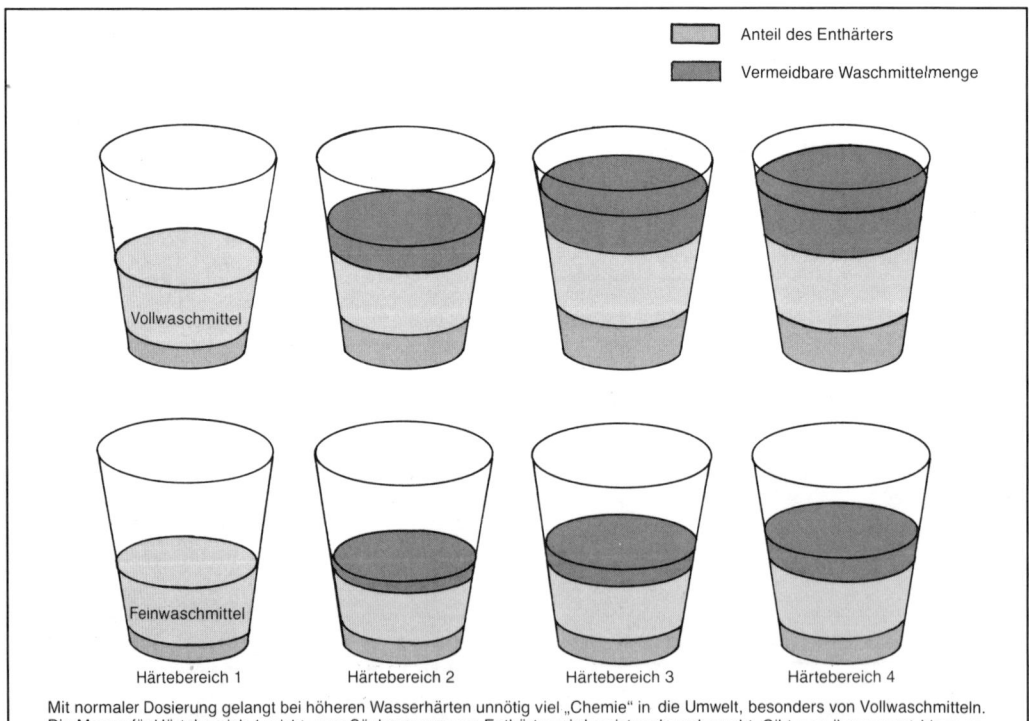

Anteil des Enthärters

Vermeidbare Waschmittelmenge

Vollwaschmittel

Feinwaschmittel

Härtebereich 1    Härtebereich 2    Härtebereich 3    Härtebereich 4

Mit normaler Dosierung gelangt bei höheren Wasserhärten unnötig viel „Chemie" in die Umwelt, besonders von Vollwaschmitteln. Die Menge für Härtebereich 1 reicht zum Säubern; nur vom Enthärter wird meist mehr gebraucht. Gibt man ihn separat hinzu, so sinkt die Gesamtmenge.

Waschmittel-Dosierungsabstufungen für die Härtebereiche 1 bis 4

## Baukasten-System

Es werden drei Waschkomponenten miteinander kombiniert: Grundbaustein (Basiswaschmittel), Enthärter und Bleichmittel. Der Grundbaustein reicht aus bei weichem Wasser und wenig verschmutzter Wäsche, Enthärter ist zusätzlich notwendig bei härterem Leitungswasser, das Bleichmittel wird zugegeben bei stärker verschmutzter, verfleckter Wäsche.

## Inhaltsstoffe von Waschmitteln

### Tenside

Sie setzen die Oberflächenspannung des Wassers herab und machen das Wasser »geschmeidiger«, so daß es das Gewebe gut benetzen und selbst in kleinste Hohlräume eindringen kann. Wasser allein kann bestimmte Schmutzarten nicht beseitigen (z. B. Fett). Auch beim Lösen des Schmutzes helfen die Tenside und sie halten den abgelösten Schmutz im Wasser, damit er sich nicht wieder über die saubere Wäsche legt. Tenside lösen und tragen den Schmutz.

### Seife

Sie hat die Aufgabe, eine zu starke Schaumentwicklung zu verhindern.

### Phosphate

Sie unterstützen die Waschwirkung der Tenside, indem sie den abgelösten Schmutz fein verteilen. Außerdem binden sie die Härtebildner des Wassers an sich.

### Phosphatersatzstoffe

Da Phosphat die Gewässer sehr belastet, wurden Phosphatersatzstoffe entwickelt, die es möglich machen, völlig auf Phosphat zu verzichten. So gibt es bereits eine ganze Reihe phosphatfreier Waschmittel. Bedeutende Phosphatersatzstoffe sind Sasil, HAB 40, Zeolith 4 A.

### Bleichmittel

Sie sind überwiegend in Vollwaschmitteln enthalten. Mit ihrer Hilfe können Obst-, Gemüse-, Rotwein- und andere hartnäckige Verschmutzungen entfernt bzw. gebleicht werden. Die Bleichwirkung setzt jedoch erst bei Temperaturen ab etwa 60 °C ein, so daß sie bei der 60 °C-Wäsche wenig wirksam sind.

### Bleichmittelaktivatoren

Mit ihrer Hilfe (TAED-System) sind Bleichmittel schon bei 60 °C, zum Teil auch schon bei 40 °C wirksam. Damit diese Aktivatoren wirken können, muß jedoch die Waschzeit etwa so lang sein wie bei einer Kochwäsche. Diese Anforderung erfüllen die Energiesparprogramme moderner Waschmaschinen.

*Waschverstärkertücher* gibt es seit einigen Jahren als Zusatz zum Waschmittel, sie enthalten Bleichmittelaktivatoren und haben nur eine Wirkung zusammen mit Vollwaschmitteln. Da diese Waschverstärkertücher zusätzlich Tenside in die Waschlauge bringen, sind sie aus der Sicht des Umweltschutzes abzulehnen.

### Stabilisatoren

Hauptaufgabe der Stabilisatoren ist es, die Bleichmittel zu stabilisieren, das heißt zu verhindern, daß der bleichende Sauerstoff schlagartig frei wird und ungenutzt entweicht. Außerdem wirken Stabilisatoren mit, den Schmutz in der Lösung zu halten, damit er sich nicht auf der sauberen Wäsche anlagert.

### Weißtöner (optische Aufheller)

Sie machen die Wäsche nicht weißer als sie ist, sie erscheint dem Auge nur weißer. Es werden dem Waschmittel Stoffe zugegeben, die das unsichtbare Ultraviolettlicht in sichtbares »Blaulicht« umwandeln. Das Textil erscheint weißer.

Optische Aufheller sind allerdings nur wenig lichtbeständig. Bei längerer Sonneneinstrahlung vergilben sie. Deshalb sollte Wäsche im Schatten trocknen und danach abgenommen werden.

### Enzyme

Diese Stoffe bauen vor allem eiweiß- und kohlenhydrathaltige Verschmutzungen ab, z. B. Blut, Milch, Kakao, Eigelb.

Besonders wichtig sind Enzyme beim Waschen von pflegeleichten Textilien, die empfindlich sind gegen hohe Temperaturen und starke Mechanik (Reiben, Bürsten). Nicht geeignet sind enzymhaltige Waschmittel jedoch für Wolle und Seide. Sie wirken am besten bei Temperaturen zwischen 45 und 55 °C (bei niedrigeren Waschtemperaturen die Wäsche einige Zeit einweichen). Bei höheren Temperaturen, also bei 60- oder 95 °C-Wäsche, werden die Enzyme zerstört, bevor sie in vollem Ausmaß wirken können.

### Vergrauungsinhibitoren

Diese Stoffe können den abgelösten Schmutz an sich binden und verhindern, daß er sich beim Abpumpen oder Abkühlen der Lauge wieder auf die Wäsche legt.

### Duftstoffe

Sie »parfümieren« die Wäsche und erwecken so den Gedanken, die Wäsche sei besonders sauber.

### Avivagemittel

Diese Mittel wirken ähnlich wie Weichspüler. Sie bewirken, daß die Wäsche nach dem Trocknen einen weichen Griff hat.

## Arten von Waschmitteln

### Vollwaschmittel

Sie können bei allen Waschtemperaturen für alle Gewebe eingesetzt werden mit Ausnahme von Wolle. Da sie alle obengenannten Inhaltsstoffe enthalten, sind sie Universalmittel, die nicht nur waschen, sondern auch Flecken entfernen und die Wäsche weiß machen.

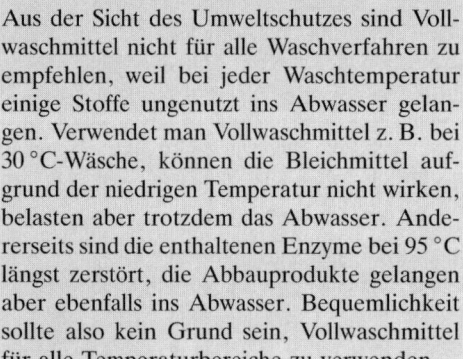

### ▶▶ Wichtiger Hinweis ◀◀

Aus der Sicht des Umweltschutzes sind Vollwaschmittel nicht für alle Waschverfahren zu empfehlen, weil bei jeder Waschtemperatur einige Stoffe ungenutzt ins Abwasser gelangen. Verwendet man Vollwaschmittel z. B. bei 30 °C-Wäsche, können die Bleichmittel aufgrund der niedrigen Temperatur nicht wirken, belasten aber trotzdem das Abwasser. Andererseits sind die enthaltenen Enzyme bei 95 °C längst zerstört, die Abbauprodukte gelangen aber ebenfalls ins Abwasser. Bequemlichkeit sollte also kein Grund sein, Vollwaschmittel für alle Temperaturbereiche zu verwenden.

### Hauptwaschmittel bis 60 °C

Sie unterscheiden sich nur wenig von Vollwaschmitteln. Sie enthalten zum größten Teil keine Bleichmittel, weil diese bei Temperaturen um 60 °C nicht wirksam werden, dafür aber optische Aufheller und Enzyme.

### Buntwaschmittel

Sie sind für die gesamte farbige Wäsche geeignet. Sie enthalten zwar keine Bleichmittel, aber meist optische Aufheller zur Auffrischung der Farben, so daß Farbveränderungen nach häufigem Waschen eintreten können.

### Feinwaschmittel

Sie sind gedacht für besonders empfindliche Wäsche, z. B. Seide, Wolle. Sie können für Hand- und Maschinenwäsche eingesetzt werden.

Einige Feinwaschmittel enthalten spezielle Tenside, die der Wäsche einen weichen Griff geben, man bezeichnet diese Mittel auch als *Feinwaschbad* oder *Avivage*.

### Gardinenwaschmittel

Sie werden verwendet für weiße Gewebe aus Chemiefasern. Sie enthalten Tenside, optische Aufheller und Schmutzträger, die auf synthetische Fasern ausgerichtet sind. Gardinenwaschmittel hellen vor allem Fasern aus Polyamid und Polyester auf, verzögern die Vergilbung und beseitigen Farbumschläge. Diese Mittel können bei Hand- und Maschinenwäsche eingesetzt werden.

### Flüssigwaschmittel bis 60 °C

Flüssige Vollwaschmittel bis 60 °C sollen beim Verbraucher den Eindruck erwecken, daß damit die Wäsche auch bei 60 °C so sauber wird wie bei 95 °C. Auf die Dauer wird diese Wirkung jedoch nicht erzielt, weil sie keine Bleichmittel enthalten, Obstflecken also nicht entfernt werden. Mit Flüssigwaschmitteln wäscht man teurer, der Wascherfolg ist schlechter, bei fetthaltigen Verschmutzungen (z. B. Lippenstift, Bratensoße) allerdings besser. Weiße Wäsche kann vergrauen.
Optische Aufheller, Enzyme und ein hoher Anteil an Tensiden bewirken gute Reinigungswirkung bei Arbeitskleidung (Schmierflecken).

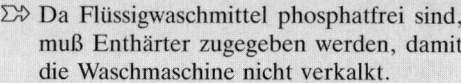

### ▶▶ Praktische Hinweise ◀◀

▷▷ Da Flüssigwaschmittel phosphatfrei sind, muß Enthärter zugegeben werden, damit die Waschmaschine nicht verkalkt.
▷▷ Die bequeme Handhabung muß mit einem höheren Preis bezahlt werden.

### Einweichmittel

Einweichmittel werden eingesetzt bei stark verschmutzter Berufskleidung. Diese Mittel lösen Mineralölverschmutzungen sehr gut.

### »Biologische Waschmittel«

Biologische oder alternative Waschmittel kamen mit dem steigenden Umweltbewußtsein der Verbraucher auf den Markt. Diese Waschmittel sind überwiegend auf Seifenbasis hergestellt oder bestehen gar aus reinen Seifennadeln. Waschversuche ergaben, daß Biowaschmittel auf Seifenbasis nur mit geringen Mengen an Fettschmutz fertig werden. Bei stark verschmutzter Wäsche, z. B. speckigen Hemdkragen, können Biowaschmittel nicht mit den herkömmlichen Waschmitteln mithalten. Wer meint, mit Biowaschmitteln besonders sparsam umgehen zu müssen, wird mit dem Waschergebnis nicht zufrieden sein, es legen sich »Fettläuse« auf die Wäsche.

Wer der Umwelt zuliebe auf Biowaschmittel ausweicht, muß auf jeden Fall ausreichend dosieren. Das ist jedoch mindestens die dreifache Menge Seife im Vergleich zu den Tensiden in herkömmlichen Waschmitteln. Weil die Umwelt nicht nur durch die Art, sondern auch durch die Menge an Waschmitteln belastet wird, ist auch Seife nicht gerade umweltfreundlich.

Biowaschmittel gibt es auch auf der Basis von Molke. Allerdings ist auch bei diesen Mitteln die Reinigungswirkung gering.

## Waschhilfsmittel

### Wasserenthärtungsmittel

Enthärter werden zusätzlich zu Waschmitteln eingesetzt, um die Härtebildner des Wassers zu binden und damit Waschmittel zu sparen.

### Vorbehandlungsmittel

Sie werden verwendet, wenn Textilien an bestimmten Stellen besonders verschmutzt sind, z. B. an Kragen. Diese *Waschpasten* läßt man kurze Zeit vor dem Waschen einwirken, sie bestehen aus Tensiden und Lösungsmitteln.

> ## ➤➤ Praktischer Hinweis ◄◄
>
> Waschpasten werden auch angeboten als Reisewaschmittel.

### Nachbehandlungsmittel

Am bedeutendsten sind in dieser Gruppe die *Weichspüler*. Sie werden als Mittel gegen die Trockenstarre eingesetzt, die durch die Mechanik in der Maschine und die trockene Luft in Trockenräumen hervorgerufen wird.

Weichspüler ziehen während des Spülens auf die Wäsche auf und machen sie weich und geschmeidig. Sie müssen in die dafür vorgesehene Kammer der Waschmaschine gegeben werden.

> ## ➤➤ Wichtiger Hinweis ◄◄
>
> Weichspüler sind nicht unbedingt notwendig und belasten daher unnötig die Abwässer. Der Umwelt zuliebe sollte daher generell auf Weichspüler verzichtet werden.

## Stärken, Steifen, Appreturen

Diese Mittel geben den Textilien eine feste, steife Oberfläche.

● *Stärken* sind Produkte aus Kartoffeln, Mais, Reis oder Weizen. Sie sind wasserlöslich und verteilen sich auf der Oberfläche der Fasern.

● *Steifen* bestehen aus Kunstharzen oder Kunststoffen, die meist als Spray verwendet werden. Diese Mittel sind waschbeständiger als Stärken, starke Anreicherung von Steife auf einem Textil können jedoch zum Vergrauen führen. Außerdem handelt man mit der Verwendung von Sprays auf Treibgasbasis nicht umweltbewußt.

● *Feinappreturen* sind wasserlösliche Stärkeprodukte, die eine nur geringe Versteifungswirkung haben. Der Griff von Textilien, die mit Feinappretur behandelt wurden, ist voll. Häufig verwendet werden solche schwachen Appreturen bei Tisch- und Bettwäsche sowie bei Vorhängen.

## Aufbewahren von Waschmitteln

Waschmittel ziehen Feuchtigkeit an, daher trocken lagern. Besteht dazu keine Möglichkeit, das Waschmittelpaket in einen Kunststoffbeutel einschlagen. Nicht zuviel Waschmittel auf Vorrat kaufen, ihre Wirkung nimmt mit der Lagerdauer ab.

Verklumptes Waschmittel läßt sich nicht gut dosieren und löst sich in der Lauge nur langsam auf, außerdem ist der Rückstand im Paket groß.

> ## ➤➤ Wichtige Hinweise ◄◄ zum umweltbewußten Waschen
>
> ⇒⇒ Wasserhärte in Verbindung mit der Dosierempfehlung der Hersteller beachten.
>
> ⇒⇒ Das Waschmittel entsprechend der Faserart wählen, nach Möglichkeit keine Vollwaschmittel verwenden.
>
> ⇒⇒ Füllvermögen der Waschmaschine nutzen.
>
> ⇒⇒ Leicht verschmutzte Wäsche bei niedrigeren Temperaturen und ohne Vorwäsche waschen. Vorwäsche kann umweltfreundlicher mit Neutralseife durchgeführt werden.
>
> ⇒⇒ Einzelne Flecken entfernen, ohne das ganze Kleidungsstück zu waschen.
>
> ⇒⇒ Manchmal reicht es, ein Kleidungsstück zu lüften, es muß nicht nach jedem Tragen gewaschen werden.
>
> ⇒⇒ Kochwäsche mit Vorwäsche nur bei stark verschmutzter Wäsche anwenden.

# 6.2 Trocknen von Wäsche

Wäsche kann auf verschiedene Weise getrocknet werden:

● Lufttrocknen im Freien oder im Haus (z. B. Heizungsraum),
● Trocknen im elektrischen Wäschetrockner.

Beide Methoden haben ihre Vor- und Nachteile. Ein Wäschetrockner macht unabhängig vom Wetter und spart Zeit und Arbeit. Immerhin dauert es 11 Minuten, 4 kg nasse Wäsche aufzuhängen und abzunehmen, aber nur 1 Minute, sie in den Wäschetrockner zu geben und wieder herauszuholen. Allerdings bringt diese Arbeitsersparnis Kosten mit sich.

## *Lufttrocknen*

Die Wäsche wird auf der Leine, auf einem Trockengestell oder einer Wäschespinne aufgehängt. Sie sollte im Schatten trocknen, denn pralle Sonneneinstrahlung kann bei bestimmten Kunstfasern zum Vergilben führen.
Leine und Klammern müssen sauber sein, die Klammern griffbereit in einer Klammerschürze oder einem Beutel.

## Aufhängen der Wäsche

Der Korb mit der nassen Wäsche wird auf einen Stuhl oder Hocker gestellt, denn tiefes Bücken ist sehr kraftraubend. Die Wäschestücke werden an den Aufhängestellen angefaßt und kräftig ausgeschlagen, dadurch glätten sich Falten, eingerollte Säume oder verdrehte Ärmel. Bänder werden ausgestreift, alle Wäschestücke in Form gezogen. Doppelte Wäschestücke, z. B. Unterwäsche, werden nach rechts gedreht.

## Abnehmen der Wäsche

Beim Abnehmen der Wäsche kann man zwar keine Fehler machen, aber mit etwas Überlegung viele Handgriffe beim Falten und Bügeln sparen.

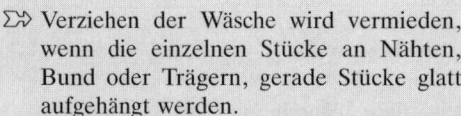

## Praktische Hinweise

↪ Verziehen der Wäsche wird vermieden, wenn die einzelnen Stücke an Nähten, Bund oder Trägern, gerade Stücke glatt aufgehängt werden.
↪ Hemden und Blusen neben den Schulternähten anklammern, so trocknen Manschetten und Kragen schneller. Die Bügelarbeit wird jedoch am meisten erleichtert, wenn sie auf dem Bügel getrocknet werden.
↪ T-Shirts und andere Kleidungsstücke, die sich leicht verziehen, ebenfalls auf Bügel hängen.
↪ Bei Unterwäsche den Gummi nicht dehnen, sondern locker aufhängen. Bettwäsche so aufhängen, daß die Knopfleiste seitlich ist, so kann die Luft besser durchstreichen.
↪ Gleiche Wäschestücke nebeneinander hängen, das spart beim Abnehmen, Falten und Bügeln viel Zeit.
↪ Wird die Wäsche auf dem Dachboden oder im Heizungsraum getrocknet, die Fenster öffnen, dadurch wird die feuchte Luft schneller ausgetauscht, die Wäsche trocknet rascher.
↪ *Ordentlich aufgehängte Wäsche ist schon halb gebügelt!*

↪ Steht eine Bügelmaschine zur Verfügung, schon beim Abnehmen der Wäsche in Hand- und Maschinenbügelwäsche aufteilen. Wäsche, die mit der Maschine gebügelt wird, so in den Korb legen, daß sie beim Bügeln gut herausgeholt werden kann, z. B. Bettwäsche längs falten und wie eine Ziehharmonika in den Korb legen.
↪ Hemden und Blusen, die zu trocken sind zum Bügeln, über Nacht ins Freie hängen, sie nehmen wieder Feuchtigkeit auf und lassen sich leichter bügeln.
↪ Wäsche, die zu trocken wurde, gleichmäßig einsprengen, großzügig falten und übereinanderlegen, das Wäschepaket in ein großes Tuch einschlagen und einige Stunden »durchziehen« lassen.
↪ Kleidungsstücke aus Seide nicht einsprengen, sie bekommen Wasserflecken. Zu trockene Stücke nochmals in klarem Wasser durchspülen, in einem Handtuch ausdrücken, leicht antrocknen lassen oder sofort trockenbügeln.
↪ *Mangelwäsche* feucht abnehmen oder sorgfältig einsprengen, ordentlich zusammenlegen, in eine nicht zu kleine Wanne legen. Mit einem dichten Tuch oder einer Folie abdecken.

Lufttrocknen auf einer Wäschespinne

*Bügelwäsche* sollte in bügelfeuchtem Zustand abgenommen, glatt zusammengelegt und nach gleichartigen Wäschestücken sortiert werden. Wäsche, die *nicht gebügelt* wird, sollte auf der Leine vollständig trocknen und anschließend sofort zusammengelegt und aufgeräumt werden.

## Trocknen im Wäschetrockner

Das Trocknen im Wäschetrockner ist empfehlenswert bei schlechten Trocknungsmöglichkeiten. Zwar wird in jedem bäuerlichen Haushalt ein Garten zur Verfügung stehen, in dem die Wäsche aufgehängt werden kann. Für die Wintermonate sind jedoch nicht alle Haushalte mit geeigneten Trocknungsräumen ausgestattet.

Zu empfehlen ist ein Trockner auch dann, wenn kleine Kinder im Haushalt sind. Kinderkleidung bzw. Kinderbettwäsche muß oft gewaschen werden und schnell wieder zur Verfügung stehen. Außerdem ist Kinderkleidung oft pflegeleicht ausgerüstet und muß dann nach dem Trocknen im Wäschetrockner nicht mehr gebügelt werden.

---

**➤➤  Praktische Hinweise  ◄◄**

↦ Die Wäsche muß sorgfältig nach gewünschtem Trockengrad sortiert werden. Gelangt z. B. eine Tischdecke unter Frottiertücher, die schranktrocken getrocknet werden, bekommt sie Knitter, die nur durch erneutes Anfeuchten wieder herausgehen.

↦ Wäsche aus dem Trockner ist sehr weich und flauschig, muß also zum Teil nicht mehr gebügelt werden.

↦ Zu beachten ist, daß Unterwäsche im Trockner etwas einläuft, daher immer eine Konfektionsnummer größer kaufen.

---

# 6.3 Bügeln von Wäsche

Beim Bügeln wird durch Hitze, Druck und Feuchtigkeit (Dampf) das Textil geglättet. Die Oberfläche wird dadurch glänzend und schmutzabweisend.

### Was muß nicht gebügelt werden?

Unterwäsche und Frottierwaren brauchen nicht gebügelt zu werden. Frottiertücher werden mit der Zeit brettig und hart, wenn sie immer gebügelt werden. Unterwäsche schmiegt sich ungebügelt der Haut besser an und bleibt saugfähiger. Zudem bleibt der Hausfrau viel Zeit und Arbeit erspart, wenn möglichst viel Wäsche nur gefaltet wird. Übrigens sieht auch ungebügelte, aber sauber gelegte Wäsche im Schrank ordentlich aus.

Kleidung aus Maschenware (Pullover, Westen, Socken, Sportanzüge) müssen ebenfalls nicht gebügelt werden.

Wer Zeit und Kraft sparen will, bügelt nur solche Textilien, die wirklich gebügelt werden müssen.

## Bügeln von Hand

Wie bei allen Arbeiten ist es auch beim Bügeln wichtig, die notwendigen Geräte und Hilfsmittel vor Arbeitsbeginn zurechtzulegen, so daß zügig gearbeitet werden kann.

Folgende *Hilfsmittel* sind erforderlich:

● Bügeleisen.
● Evtl. destilliertes Wasser für Dampfbügeleisen.
● Bügelbrett oder Tisch mit Bügelauflage (ein Bügelbrett ist günstiger, da Bügeln auf einem Tisch arbeits- und zeitaufwendig ist; die Bügelfläche soll mindestens 150 × 35 cm groß sein, der Bezug glatt und waschbar).
● Arbeitsstuhl mit verstellbarer Rückenlehne, höhenverstellbar.
● Ablagefläche bzw. Wäscheständer für gebügelte Wäsche.
● Korb mit ungebügelter Wäsche.
● Wäscheeinsprenger.
● Ärmelbügelbrett.
● Dämpftuch.
● Kleiderbügel.
● Schere, falls abstehende Fäden abzuschneiden sind.

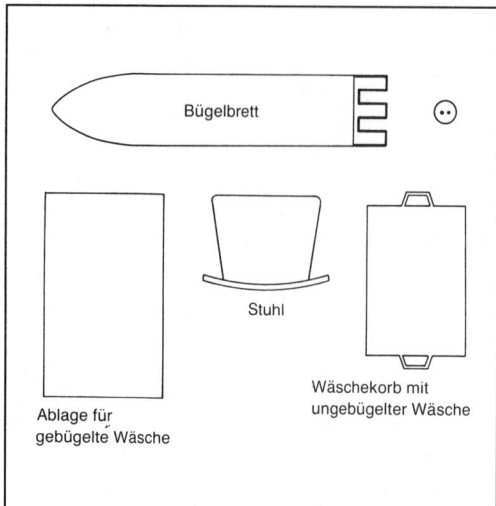

Optimale Anordnung für das Bügeln von Hand

## Der Bügelplatz

Die zweckmäßige Anordnung der Hilfsmittel beim Bügeln erleichtert die Arbeit. Der Bügelplatz muß gut beleuchtet und nahe einer Steckdose sein, damit nicht durch Verlängerungskabel eine zusätzliche Unfallquelle geschaffen wird. Wichtig ist vor allem die Anordnung der Geräte. *Im Sitzen bügeln!* Leider gibt es immer noch viele Frauen, die meinen, die Arbeit würde im Stehen schneller von der Hand gehen als im Sitzen. Das mag stimmen, wenn nur schnell ein Kleidungsstück gebügelt werden muß, nicht aber, wenn ein Korb voll Bügelwäsche ansteht. Im Sitzen ermüdet man weniger schnell als beim Stehen, zudem tut man den Füßen etwas Gutes, die ohnehin den ganzen Tag im Einsatz sind. Wer's nicht glauben will, sollte es wenigstens einmal versuchen. Natürlich wird das Arbeiten im Sitzen anfangs ungewohnt und umständlich sein, aber man gewöhnt sich sehr schnell daran.

---

➤➤   **Praktische Hinweise**   ◄◄

↪ Damit das Bügeln im Sitzen klappt, ist auf die richtige Höhe von Stuhl und Bügelbrett zu achten. Die Höhe ist richtig, wenn die angewinkelten Arme nicht ganz auf dem Brett aufliegen.

↪ Wäsche bügelfeucht abnehmen oder vor dem Bügeln sorgfältig einsprengen, am besten über Nacht »durchziehen« lassen.

---

## Arbeitsgrundsätze

● Zuerst alle Textilien bügeln, die nur eine geringe Temperatur vertragen.
● Wäschestück glatt auflegen, damit größere Flächen ohne Absetzen des Bügeleisens geglättet werden können.
● Bügeleisen langsam und gleichmäßig über den Stoff führen.
● Wäsche von sich weg bügeln, damit bereits gebügelte Wäsche nicht wieder verdrückt wird.
● Aus den Ecken herausbügeln (z. B. bei Hemdenkragen, Geschirrtüchern), um Falten zu vermeiden.
● Wäsche bügeln, bis sie ganz trocken ist, sonst ziehen sich die Nähte wieder zusammen. Nähte sauber bügeln.
● Gleichartige Wäsche hintereinander bügeln (»Fließbandarbeit« spart Zeit).
● Von rechts bügeln. Stickereien und Spitzen werden von links nachgebügelt, damit sie sich vom Stoff abheben.
● Empfindliche Textilien (z. B. aus Seide oder Wolle) von links bügeln oder von rechts über einem feuchten Tuch.
● Die doppelten Teile (Kragen, Manschetten, Knopfleisten) erst von links, dann von rechts bügeln.
● Zunächst die kleinen und doppelten Teile bügeln, dann die großen Flächen.
● Erst alle weghängenden Teile bügeln (Ärmel, Bänder).
● Gebügelte Stücke über einen Wäscheständer legen, damit die Wäsche auskühlen und ausdampfen kann. Hosen, Röcke, Blusen, Hemden und Kleider sofort auf Bügel hängen.

## Bügeln mit der Maschine

Bügeln mit der Maschine erfordert Übung. Außer der Geschicklichkeit ist auch hier auf sinnvolle Anordnung der Arbeitsgeräte und Hilfsmittel zu achten. Gut geeignet als Ablage für gebügelte Wäsche ist das Bügelbrett.

### Arbeitsgrundsätze

● Glatte Wäscheteile gleichmäßig, gerade und faltenlos in die Maschine laufen lassen.
● Große Wäschestücke (z. B. Bettücher) entweder sauber längsfalten und doppelt einlaufen lassen oder erst die Mittelbahn bügeln, das Wäschestück der Länge nach falten und anschließend die Seitenteile bügeln.

● Knopfleisten, z. B. von Bettwäsche, schließen und zuerst bügeln. Vorsicht, Plastikknöpfe halten manchmal die Hitze nicht aus und schmelzen, daher an der Knopfleiste die Wange nie anpressen.

● Falls die beiden Bügelwangen nicht gesondert ausgeschaltet werden können, kleine Bügelteile, z. B. Taschentücher, nebeneinander bügeln, damit die Walzenbespannung nicht einseitig verbrennt.

● Für das Bügeln geformter Teile (z. B. Hemden) ist viel Übung erforderlich. Es ist ratsam, mit Kleidungsstücken zu üben, die nicht ganz exakt gebügelt sein müssen (z. B. Arbeitskleidung).

Bau und Funktionsweise von Bügelmaschinen siehe Seite 374.

### Falten der Wäsche

Wäsche wird erst gelegt, wenn bereits alle oder zumindest mehrere Stücke gebügelt sind. So spart man Zeit und Stromkosten, da gleiche Arbeiten zur gleichen Zeit ausgeführt werden.

Wäschestücke nach der Größe der vorhandenen Schränke falten und so legen, daß möglichst wenig Knicke entstehen. Gleiche Wäschestücke immer im gleichen Ablauf falten, damit die Wäsche im Schrank einheitlich gestapelt werden kann. Quadratische Stücke werden ein-, zwei- oder viermal gefaltet, Stickereien (z. B. Monogramme) liegen oben und stets in der gleichen Ecke, ebenso Aufhänger, z. B. von Handtüchern oder Geschirrtüchern.

## Nacharbeiten

Bügelplatz aufräumen. Bügeleisen bzw. Bügelmaschine auskühlen lassen und aufräumen, Bügelmaschine abdecken. Bügelbrett und übrige Hilfsmittel aufräumen. Wäsche vor dem Einräumen in die Schränke gut ausdampfen bzw. austrocknen lassen, feuchte Wäsche bekommt im Schrank Stockflecken.

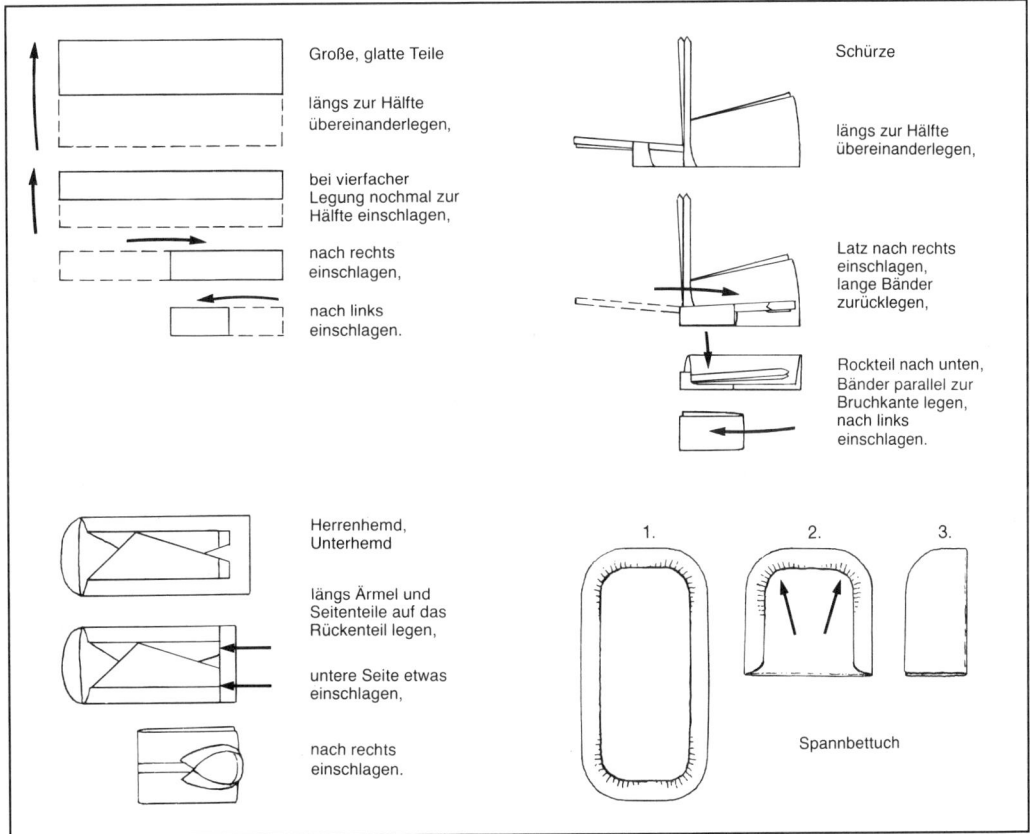

Zusammenlegen verschiedener Wäschestücke

## Milde Fleckentfernung

| Fleckenart | Entfernung |
|---|---|
| Milch, Joghurt | Lauwarmes Wasser, verdünnter Salmiakgeist |
| Bier | Alkohol und Wasser oder nur Spiritus |
| Kaffee, Tee, Kakao | Seife oder Feinwaschmittel, einseifen und auswaschen |
| Obst, Fruchtsaft | Klarspüler der Geschirrspülmaschine |
| Stockflecken | Essigwasser, Buttermilch, Salmiakwasser und Salz |
| Rostflecken | Rohe Milch, Molke: einweichen, auswaschen, nachspülen; oder mit Salz bestreuen, mit verdünntem Zitronensaft nachspülen |
| Blut | Sofort in kaltem Wasser einweichen, niemals warmes oder heißes Wasser verwenden, anschließend normal waschen |
| Tinte | Heißer Zitronensaft |
| Tintenstift | Spiritus |
| Autoschmiere, Teer, Schuhcreme | Butter, Öl, anschließend mit Feinwaschmittel auswaschen |

# 6.4 Fleckentfernung und chemische Reinigung

## Fleckentfernung

Flecken in der Kleidung bereiten heutzutage keine so großen Probleme mehr wie zu Großmutters Zeiten, weil die modernen Waschmittel mit den meisten Schmutzarten fertig werden. Trotzdem müssen bestimmte Anschmutzungen mit der Hand entfernt werden. Außerdem leiden Textil und Umwelt, wenn nur wegen eines Fleckens ein eben gewaschenes Kleidungsstück gleich wieder in die Waschmaschine wandert.
Beim Entfernen von Flecken sind einige Punkte zu beachten:

● Flecken möglichst sofort behandeln, denn alte, eingetrocknete Verschmutzungen lassen sich nicht mehr oder nur mit viel Mühe wieder entfernen.
● Falls nicht bekannt ist, wodurch die Kleidung verschmutzt wurde, die Fleckentfernung lieber dem Fachmann in der chemischen Reinigung überlassen. In diesem Fall den Fleck nicht vorbehandeln, sonst übernimmt der Reinigungsbetrieb keine Gewähr für den Erfolg.
● Sehr hochwertige Kleidungsstücke oder Kleidung mit dem Pflegehinweis »Chemisch reinigen« lieber reinigen lassen, das bewahrt vor unschönen Überraschungen.
● Fleckentfernungsmittel an einer unsichtbaren Stelle des Textils testen und prüfen, ob Material und Farbe eine entsprechende Behandlung vertragen. Sonst kann es passieren, daß der Schmutzfleck zwar herausgelöst, an seiner Stelle jedoch eine gebleichte Stelle zu erkennen ist.
● Chemische Fleckentferner enthalten meist gesundheitsschädliche Lösungsmittel, die an der Luft verdampfen. Deshalb im Freien oder vor geöffnetem Fenster anwenden. Diese Mittel sind meist auch feuergefährlich, deshalb nicht in der Nähe eines offenen Feuers (Kerze, Zigarette) arbeiten.
● Fleckentferner nach Gebrauch sofort verschließen und an einem für Kinder unzugänglichen Ort aufbewahren. Stets auf gut lesbare Beschriftung achten, damit Verwechslungen vermieden werden.

## Entfernen eines Fleckens

Die verschmutzte Stelle auf ein sauberes, saugfähiges Tuch legen. Lappen oder Schwämmchen mit dem Fleckenmittel tränken und damit den Fleck in kreisenden Bewegungen austupfen. Dabei von außen nach innen arbeiten, damit der Fleck nicht größer wird. Vom Rand nach innen zu reinigen hat zudem den Vorteil, daß nach dem Trocknen kein Rand entsteht.
Die bearbeitete Stelle mit klarem Wasser nachreiben, bis die Reste des Fleckenmittels entfernt sind. Erkennbar ist dies daran, daß die Stelle nicht mehr schäumt, wenn man mit dem Lappen reibt. Mit einem sauberen Tuch trockentupfen.

**Fleckentabelle**

| Fleckenart | Reinigungsmittel | Vorgehensweise |
|---|---|---|
| Soße | Feinwaschmittellösung, Fleckenwasser, Entfärber, | Abtupfen, in der Maschine waschen; Entfärber nur bei weißen Textilien verwenden |
| Stärke, Bier, Honig | Lauwarmes Wasser, Feinwaschmittellösung | Einweichen, in der Maschine waschen |
| Schokolade, Senf | Lauwarmes Wasser, Feinwaschmittellösung, Entfärber | Abheben oder abkratzen, abtupfen, einweichen, in der Maschine waschen |
| Tinte, Tusche | Feinwaschmittellösung, Entfärber, Spezial-Tintenfleckentferner | Abtupfen, Entfärber nur bei weißen Textilien verwenden |
| Nagellack | Aceton (feuergefährlich) | In der Maschine waschen oder mit Aceton betupfen, *nicht* bei Textilien aus Acetat |
| Likör, Limonade | Lauwarmes Wasser, Feinwaschmittellösung, Entfärber | Vorsichtig ausbürsten, in der Maschine waschen; Entfärber nur bei weißen Textilien verwenden |
| Butter, Speiseöl, Pflanzenfett, Hautcreme, Salbe | Feinwaschmittellösung, Fleckenwasser, Benzin (feuergefährlich), Entfärber | Vorsichtig betupfen, wenn möglich waschen; Entfärber nur bei weißen Textilien verwenden |
| Blut | Eiweißlösendes Vollwaschmittel | In kaltem Wasser einweichen, in der Maschine waschen |
| Bohnerwachs | Fleckenwasser, Entfärber | Abtupfen, Entfärber nur bei weißen Textilien verwenden |
| Eigelb, Erbrochenes | Lauwarmes Wasser, Vollwaschmittel | Abheben oder abkratzen, einweichen, in der Maschine waschen |
| Grasflecken, Kugelschreiber | Alkohol, Entfärber, Spezial-Kulifleckentferner | Mit Wattebausch abtupfen, in der Maschine waschen; Entfärber nur bei weißen Textilien verwenden |
| Kerzenwachs | Lauwarmes Wasser, Bügeleisen und Löschpapier, Fleckenwasser, Entfärber | Abheben oder abkratzen, ausbügeln mit saugstarkem Papier, in der Maschine waschen; Entfärber nur bei weißen Textilien verwenden |
| Kaffee, Kakao | Feinwaschmittellösung, Soda-Lösung | Abtupfen, in Soda-Lösung einlegen, in der Maschine waschen |
| Kaugummi | – | Chemisch reinigen lassen |
| Cognac, Cola, Obst, Rotwein, Stockflecken, Fruchtsaft, Tee | Feinwaschmittellösung, Soda-Lösung, Entfärber | Einlegen in Soda-Lösung, waschen; Entfärber nur bei weißen Textilien verwenden |
| Schuhcreme | Fleckenwasser, Benzin (feuergefährlich) | Abtupfen, wenn möglich waschen |
| Milch, Sahne, Eiter, Mayonnaise | Vorwaschmittel, Entfärber | Wenn möglich waschen; Entfärber nur bei weißen Textilien verwenden |
| Schweiß, Urin, Wein, Sekt, Wasser | Lauwarmes Wasser, Salmiak, Feinwaschmittellösung, Entfärber | Einweichen in lauwarmem Wasser; Entfärber nur bei weißen Textilien verwenden |
| Marmelade, Punsch, Tomatensaft | Lauwarmes Wasser, Feinwaschmittellösung, Entfärber | Einweichen, wenn möglich waschen; Entfärber nur bei weißen Textilien verwenden |
| Lippenstift, Parfum | Alkohol, Feinwaschmittellösung, Entfärber | Abtupfen, wenn möglich waschen; Entfärber nur bei weißen Textilien verwenden |
| Rost | Rostentferner | Nach Gebrauchsanweisung vorgehen |
| Deodorant | Olivenöl, Fleckenwasser, Benzin (feuergefährlich) | Einmassieren und auswaschen, abtupfen, wenn möglich waschen |
| Alleskleber, Harz | Aceton, Fleckenwasser | Vorsichtig abtupfen, *nicht* bei Textilien aus Acetat, wenn möglich waschen |
| Jod-Tinktur | Fixiersalz (10 g/l) | Kalt anwenden, Flecken damit betupfen, nachspülen |
| Autoöl, Maschinenöl, Ruß, Teer | Fleckenwasser, Benzin (feuergefährlich), Butter oder Margarine | Abtupfen, wenn möglich waschen; bei Teerflecken das Textil beidseitig mit Butter oder Margarine einreiben und auswaschen |

## Praktischer Hinweis

*Zurückgebliebene Ränder* werden dick mit Kartoffelmehl bestreut, das Mehl nach etwa einer halben Stunde abgeschüttelt. Als härtere Methode bietet sich an, einen Brei aus Benzin und Salz herzustellen, die Ränder werden damit eingestrichen. Das Ganze einziehen und trocknen lassen, hinterher das Salz ausbürsten.

Am einfachsten sind Flecken zu entfernen, wenn man ihre Zusammensetzung kennt:

● Fett ist in Schokolade, im Tintenstift, in Speiseflecken enthalten. Alkohol und Spiritus lösen Fett und sind daher zum Reinigen gut geeignet.
● Obst, Fruchtsaft und Tinte sollten immer mit einer Säure behandelt werden, z. B. Zitronensäure.
● Milch, Kartoffelstärke und Salz können bestimmte Flecken »aufsaugen«, wenn sie auf den frischen Fleck getupft bzw. gestreut werden.

»Scharfe« Fleckenmittel können durch milde Schmutzlöser ersetzt werden, sie sind meist billiger und schaden der Umwelt weniger. Zu diesen »scharfen« Mitteln gehören Chlorwasser (Eau de Javelle), Terpentin, Kleesalz, Petroleum, Salmiak (nicht zu verwechseln mit dem harmlosen Salmiakgeist, Salmiak ist wegen seines Chlorgehalts gefährlich). Bevor man zu diesen Mitteln greift, das Kleidungsstück lieber waschen.
Meist genügt für eine milde Fleckentfernung lauwarmes Wasser zum Entfernen frischer Flecken. Falls es nicht ausreicht, zu einem milden Mittel greifen, z. B. Spülmittel, Zitronensäure, Essig, Kernseife, Gallseife, Salmiakgeist.
Übrigens: Fleckentfernungsmittel gibt es in Drogerien zu kaufen.

## Chemische Reinigung

Vor allem modische Kleidungsstücke können oft nur chemisch gereinigt werden. In der chemischen Reinigung wird meist mit organischen Lösungsmitteln gearbeitet. Dadurch behalten die Fasern die Eigenschaften wie im trockenen Zustand, die Kleidung verliert ihre Form nicht.
Reinigungsbetriebe bieten in der Regel *Vollreinigung* und *Sparreinigung* an. Die Sparreinigung wird auch als *Kleiderbad* bezeichnet. Ein Kleiderbad ist zwar billiger, hartnäckige Flecken werden

aber nicht beseitigt, es wird auch nicht mit der Hand gebügelt. Ein Kleiderbad reicht aus für wenig verschmutzte Kleidung, verfleckte oder sehr schmutzige Kleidung braucht eine Vollreinigung.
Bevor man ein Kleidungsstück zur Reinigung gibt, Taschen leeren und evtl. Knöpfe oder Schließen abtrennen. Mit Leder überzogene Mantelschließen vertragen z. B. die chemische Reinigung nicht, sie lösen sich ab oder fransen aus.
Chemisches Reinigen kostet verhältnismäßig viel Geld. Ein billiges Kleidungsstück, das nicht gewaschen werden kann, verteuert sich im Laufe der Zeit also beträchtlich. Bei manchen Stücken, z. B. Mäntel, Anzüge, Kostüme, ist die Reinigung meist unvermeidbar, aber sie werden ohnehin nur ein- bis zweimal jährlich gereinigt. Ungünstig sind dagegen Kleider oder gar Blusen, die chemisch gereinigt werden müssen.
Ein weiterer Grund, schon beim Kauf auf die Pflegehinweise zu achten, ist der, daß auch bei chemischer Reinigung Fehler unterlaufen können, das heißt, die Kleidung ruiniert werden kann (siehe Verbraucherrechte Seite 43).

## Grundsätze zur Kleiderpflege

Wenn Kleidung sauber und ordentlich aussehen und darüber hinaus lange halten soll, braucht sie gute Pflege. Dazu gehört nicht nur das Waschen und Reinigen:

● Gut waschbare Schutzkleidung (Schürze, Kittel, Schutzanzug) tragen.
● Getragene, saubere Kleidung auf Bügel hängen und auslüften, möglichst an frischer Luft.
● Flecken möglichst frisch entfernen.
● Schadhafte Stellen sofort ausbessern (Knöpfe annähen, Säume aufnähen, geplatzte Nähte nachnähen, Reißverschluß auswechseln).
● Taschen und Hosenaufschläge von Zeit zu Zeit ausbürsten, am besten im Freien, damit sich der Staub nicht wieder auf die Kleidung legt.
● Ausbürsten von Hosen, Röcken, Jacken, Mänteln usw. mit etwas Essig gibt ihnen wieder ein frisches, gepflegtes Aussehen. Dazu Kleiderbürste mit etwas Essigwasser benetzen und Kleidung mit leichtem Druck bürsten.
● Kleidungsstücke aufdämpfen, wenn sich Falten nicht mehr aushängen. Nur saubere Kleidung aufdämpfen, Flecken können nachträglich nur mit viel Mühe entfernt werden, weil

der Schmutz durch die Hitzeeinwirkung verändert wird.

● Beim Aufdämpfen vorsichtig arbeiten, damit sich Nähte nicht durchdrücken und keine glänzenden Stellen entstehen, Dämpftuch verwenden.

● Spezielle Sommer- bzw. Winterkleidung nur sauber gewaschen oder gereinigt im Schrank verstauen. Motten fühlen sich nämlich in ungewaschener Kleidung wohl. Kleider, die sauber sind und vor dem Winterschlaf bzw. der Sommerruhe nicht gewaschen werden müssen, ausgiebig im Freien lüften. Motten sind nämlich überaus lichtempfindlich und überstehen eine Lüftungsprozedur nicht.

● Statt der altmodischen, stark riechenden Mottenkugeln gibt es heute geruchlose Mottenpapiere. Aber auch diese sind keineswegs unproblematisch, weil sie chemische Schädlingsbekämpfungsmittel enthalten. Wer nicht nur seinem teuren Wollmantel, sondern auch der Umwelt etwas Gutes tun will, schneidet Waldmeisterblätter oder Blätter des Walnußbaumes klein und hängt sie in Säckchen in den Schrank.

● Pelze bringt man zum Kürschner oder schlägt sie kräftig aus, lüftet sie und deckt sie mit einem großen Leinenbeutel ab, der z. B. aus altem Bettzeug genäht wurde.

● Polyamidfasern neigen zu »Pilling«-Bildung, das heißt, es bilden sich kleine Knötchen an der Oberfläche. Betroffen sind Stellen, die stark beansprucht werden, z. B. Tascheneingriffe, Ärmel. Diese Knötchen mit einem speziellen Rasierer oder mit einer kleinen Schere abschneiden. Abzupfen hilft nur kurze Zeit, weil man dabei wieder Fasern aus dem Gewebe zieht, die sich zu Knötchen drehen.

# 7 Nähpraxis

## 7.1 Lohnt sich das Selbernähen?

Kleidungsstücke selbst zu nähen, ist nicht von vorneherein günstiger, als sie fertig zu kaufen. Die Entscheidung, ob selbst genäht wird, hängt von vielen Faktoren ab. Wichtig sind aber einige Grundkenntnisse, um Ausbesserungsarbeiten selbst ausführen zu können.

### Welche Nähkenntnisse sind vorhanden?

Wer nicht nähen kann und es nur deshalb lernen möchte, weil damit Geld gespart werden kann, sollte lieber die Finger davon lassen. Wer nämlich keine Freude am Nähen mitbringt, wird sich immer schwer tun und nicht den gewünschten Erfolg haben. Stoff und Material kosten auch Geld, und wenn daraus kein tragbares Kleidungsstück entsteht, ist der Spareffekt dahin.

Wer gerne nähen lernen möchte, sollte einen Nähkurs besuchen. Nähkurse werden von verschiedenen Vereinen und Organisationen angeboten, z. B. Frauenbund, Volkshochschule; auch Firmen, die Nähmaschinen verkaufen, bieten Kurse an.

Wer sich das Nähen selbst beibringen möchte, sollte langsam und mit einfachen Dingen anfangen, denn es ist auch bei den Näherinnen kein Meister vom Himmel gefallen. Wer mit einfachen Näharbeiten beginnt, z. B. Tischdecke, Kissen, einfache Schürze, hat Erfolg und kann seine Kenntnisse nach und nach ausbauen. Auch wenn manche Nähanleitungen in Zeitschriften sich einfach und problemlos anhören, steckt der Teufel meist im Detail, und gerade die Details machen eine saubere Näharbeit aus.

### Wieviel Zeit steht zur Verfügung?

Nähen verschlingt Zeit. Näharbeiten sollten also nur dann angefangen werden, wenn neben den täglich anfallenden Arbeiten genügend Zeit zur Verfügung steht. Denn es ist nichts damit gewonnen, Kleidung zwar selber zu nähen, aber andere Bereiche des Haushalts, z. B. Kinderbetreuung, zu vernachlässigen.

Wer sich entschließt, ein bestimmtes Kleidungsstück zu nähen, muß seine Zeit so planen, daß eine Sommerbluse nicht erst im Herbst fertig wird.

## Kostenvergleich
## Material–Konfektionsware

Wen das Nähfieber gepackt hat, sollte nicht in den Fehler verfallen, generell keine Kleidung mehr zu kaufen. Manchmal werden gerade Kinder- und Arbeitskleidung sehr günstig angeboten. Dann lohnt sich die Selbstanfertigung nicht einmal mit einem preisgünstigen Stoff aus dem Sonderangebot, von der Arbeitszeit ganz abgesehen. Die Materialkosten sollten auf jeden Fall unter dem Kaufpreis der Konfektionsware liegen.

Kinderkleidung selbst zu nähen ist dann günstig, wenn »ausrangierte« Kleidungsstücke von Erwachsenen vorhanden sind, deren Stoff noch gut verwendet werden kann. Dann wird das Kleidungsstück dicht an den Nähten aufgetrennt und gewaschen. Wenn der Stoff mit etwas Stärke leicht appretiert wird, kann er gut weiterverarbeitet werden.

## Arbeitsplatzgestaltung

Wie bei anderen Tätigkeiten ist auch beim Nähen der Arbeitsplatz sinnvoll zu gestalten. Dann ermüdet man nicht so leicht, das Nähen geht schneller von der Hand.

Ideal ist ein eigener Raum, in dem eine gesonderte Nähecke eingerichtet ist. Das Nähen macht mehr Freude, wenn die Arbeit auch einmal unterbrochen werden kann, ohne sofort alle Utensilien aufräumen zu müssen.

● Nähmaschine, Bügelplatz und Arbeitstisch sollten einander zugeordnet sein.
● Die Nähmaschine nah an ein Fenster stellen, so daß das Tageslicht von vorne oder von der linken Seite einfallen kann.
● Bei Tageslicht näht es sich am leichtesten. Zusätzlich wird eine blendfreie Beleuchtung benötigt.
● Der Stuhl sollte höhenverstellbar sein.
● Hilfsmittel und Nähzubehör (Schere, Nadeln, Maßband) sollten griffbereit liegen.

# 7.2  Die wichtigsten Arbeitsgeräte

Arbeits- und Hilfsmittel für den Hobbyschneider werden in großer Vielfalt angeboten. Nicht alles, was es zu kaufen gibt, braucht man wirklich. Für die grundlegenden Ausbesserungsarbeiten gibt es jedoch einige wichtige Geräte, die in jedem Haushalt vorhanden sein sollten.

## Nähmaschine

Nähmaschinen gibt es in großer Auswahl. Wer nicht übermäßig viel näht, kommt mit einem einfachen Gerät aus. Hobbyschneiderinnen suchen sich meist eine Maschine mit vielen Funktionen. Da es bei Nähmaschinen große Preisunterschiede gibt, sollte man schon beim Kauf überlegen, wieviel Geduld und Geschick man zum Nähen mitbringt, denn eine teure Maschine lohnt sich nur, wenn sie auch häufig eingesetzt wird (Seite 376).

## Nadeln und Fingerhut

*Nähnadeln* gibt es in verschiedener Stärke. Für dünne, leichte Stoffe werden feine Nähnadeln verwendet, für dicke, schwere Stoffe dicke Nadeln, weil mit der Stoffdicke auch die Garnstärke zunimmt.

Da nicht alles mit der Maschine genäht werden kann, braucht man auch einige Nähnadeln verschiedener Größe und einen *Fingerhut*, der auf den Mittelfinger paßt.

*Stecknadeln* sind beim Nähen ebenfalls unentbehrlich. Ideal sind lange Nadeln mit flachem, kleinen Kopf aus Metall. Stecknadeln mit farbigem Kunststoffkopf findet man zwar leichter, wenn sie auf den Boden fallen, der Kopf schmilzt aber beim Bügeln leicht und ist unter dem Füßchen der Nähmaschine im Wege.

## Nähgarn, Heftgarn, Knopflochgarn

Das *Nähgarn* wird in Stärke und Farbe nach dem jeweiligen Stoff ausgewählt, z. B. Nähseide, Baumwolle oder Synthetikgarn.

Es ist nicht gleichgültig, welches Garn für welchen Stoff verwendet wird, Synthetikgarn verträgt z. B. die hohen Waschtemperaturen von Leinen nicht. Grundsätzlich ist Synthetikgarn strapazierfähiger und verschleißt weniger schnell als Garn aus Baumwolle. Robust sind auch mercerisierte Baumwollgarne.

*Heftgarn* wird verwendet zum Heften (Reihen), es reißt sehr schnell und kann daher leicht entfernt werden. *Knopflochgarn* ist ein spezielles Garn zum Nähen von Knopflöchern, es ist stark gedreht und fest.

## Scheren, Pfeiltrenner

Benötigt werden eine große Schneiderschere zum Zuschneiden und eine kleine Haushaltschere für alle anderen Arbeiten, z. B. Fäden abschneiden, Papier zuschneiden.

Bei der *Schneiderschere* lohnt es sich, auf Qualität zu achten, die Schere soll nachgeschliffen werden können und aus nicht rostendem Edelstahl hergestellt sein. Beim Kauf in die Hand nehmen, um zu testen, ob der Griff zur Hand paßt. Die Schere soll schwer sein und eine lange Schneide haben.

Eine *Zackenschere* ist nicht unbedingt notwendig, sie ist aber praktisch beim Versäubern.

Der *Pfeiltrenner* wird benutzt zum Aufschneiden von Knopflöchern, zum Abtrennen von Knöpfen und zum Auftrennen von Nähten. Vorsicht ist angesagt beim Umgang mit dem Trenner, er schneidet schnell ungewollte Löcher in den Stoff.

## Metermaß und Lineal

Das *Bandmaß* sollte an beiden Enden mit Metall verstärkt sein, das erhöht die Haltbarkeit. Ein kleines Loch an einem Ende ermöglicht es, das Maß als Zirkel zu verwenden.

Das *Lineal* (Handmaß) ist nur 20 cm lang. Es wird verwendet zum Abmessen von Säumen, Kanten und kleinen Stoffteilen, z. B. Schrägstreifen.

# 7.3 Die wichtigsten Nähtechniken

## *Nähte*

Zwar werden lange Nähte meist mit der Maschine genäht, für kleine Stücke muß dennoch häufig mit der Hand gearbeitet werden. Dafür ist die mit *Steppstichen* (Rückstichen) ausgeführte Naht die haltbarste, von Hand genähte Naht. Man arbeitet von rechts nach links. Angewendet wird der Steppstich beim Ausbessern von Nähten und beim Einnähen von Reißverschlüssen von Hand.

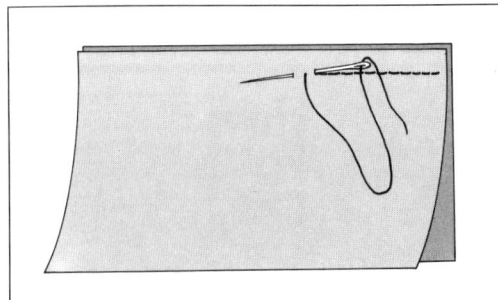

Steppstich

## Einfache Naht

Bei der einfachen Naht ist die Nahtzugabe offen und muß versäubert werden.

### Arbeitsschritte

1. Stoffteile rechts auf rechts aufeinanderlegen und zusammenstecken, anschließend heften.
2. Entlang den Heftstichen steppen.
3. Naht auseinanderbügeln.

*Anwendung:* Bei sehr dicken Stoffen sowie bei all den Stoffen, die sich gut versäubern lassen bzw. gar nicht ausfransen und die nicht zu häufig gewaschen werden müssen bzw. strapaziert werden.

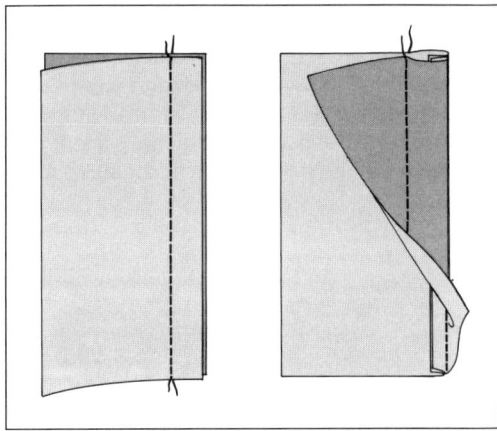

Links: Einfache Naht
Rechts: Doppelte Naht (Rechts-Links-Naht)

## Doppelte Naht

Doppelnähte sind besonders haltbar. Sie werden angewendet bei Nähten, die sehr fest sein müssen, oder bei dünnen Stoffen, die durch eine doppelte Naht nicht so schnell ausreißen.

Die Rechts-Links-Naht wird auch *französische Naht* genannt. Sie ist sehr strapazierfähig. Sie muß nicht versäubert werden, da die Schnittkanten innerhalb der beiden Nähte liegen.

### Arbeitsschritte

1. Stoffteile links auf links aufeinanderlegen, stecken, heften, auf der rechten Stoffseite steppen.
2. Die Nahtzugabe etwas zurückschneiden.
3. Stoffteile rechts auf rechts aufeinanderlegen und auf der linken Stoffseite entlang der innen fühlbaren Nahtzugabe eine zweite Naht steppen.

*Anwendung:* Ungefütterte Jacken, Blusen und Kleider aus dünnen Stoffen, Beutel, Arbeitskleidung, Bettwäsche.

# Säume

Säume werden von Hand oder mit der Nähmaschine genäht. Handsäume haben den Vorteil, daß sie bei sauberer Arbeit von rechts nicht zu sehen sind. Allerdings sind sie nicht so haltbar. Egal, ob mit der Maschine oder von Hand genäht wird, Säume müssen exakt und ordentlich sein, sonst wirft der Stoff Falten.

## Der handgenähte Saum

Beim Handsaum wird meist der *hohle Saumstich* verwendet. Er wird verdeckt genäht und ist weder von innen noch von außen zu sehen. Dazu wird die Umbruchkante mit dem Daumen etwa ½ cm nach außen umgeschlagen; mit der Nadel wird dann – von rechts nach links – vom Oberstoff und von der umgeschlagenen Kante jeweils ein Faden gegriffen. Den Faden nur locker anziehen, damit sich der Saum auf der rechten Seite nicht abzeichnet.

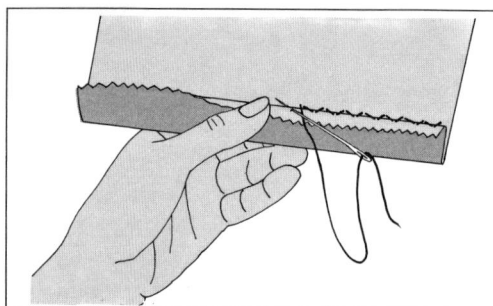

Hohler Saumstich

## Der maschinengenähte Saum

Wird ein Saum mit der Maschine genäht, verwendet man dazu eine einfache Steppnaht, die natürlich auf der rechten Stoffseite sichtbar ist. Der Saum wird daher nur gesteppt, wenn er ganz knapp an der Kante genäht wird (z. B. bei einfarbigen Stoffen). Bei bunt gemustertem Stoff kann der Saum auch breiter abgesteppt werden, weil diese Naht weniger auffällt.
Neue Maschinen haben einen sog. Blindstich. Mit diesem Stich ist es möglich (ähnlich wie beim hohlen Saumstich mit der Hand) einen unsichtbaren Saum zu nähen.

## Verschiedene Säume

### Eingeschlagener Saum
Bei diesem Saum wird der Stoff zweimal eingeschlagen. Die Kante zunächst nur ½ cm ein-

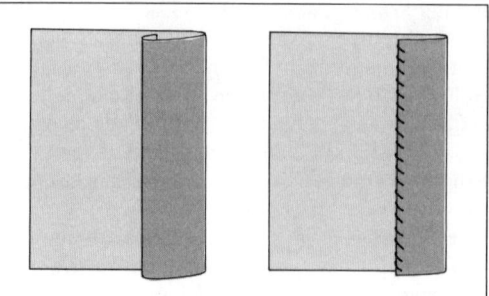

Links: Eingeschlagener Saum
Rechts: Offenkantiger Saum

schlagen und bügeln, danach in gewünschter Breite umschlagen, stecken und heften. Zum Schluß mit der Hand oder Maschine den Saum nähen.

### Offenkantiger Saum
Bei diesem Saum wird die Kante nur einmal umgeschlagen, die versäuberte Kante bleibt innen sichtbar. Den Saum in der gewünschten Breite umschlagen und bügeln, die Kante versäubern, Saum mit der Hand oder Maschine festnähen.

### Falscher Saum
Wenn der Stoff nicht reicht (z. B. beim Verlängern) oder zu dick ist, näht man einen »falschen« Saum aus einem anderen Stoff. Dieser Besatzstreifen wird rechts auf rechts an die Saumkante angelegt und schmal aufgesteppt. Er wird nach innen geschlagen, gebügelt, gesteckt, ½ cm umgeschlagen und von Hand angenäht.

## Tricks beim Säumen

### Nähte im Saum
Damit sich Nahtzugaben im Saum nicht nach außen abzeichnen, schneidet man die Zugaben knapp zu.

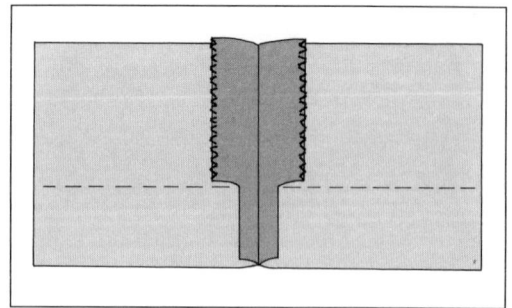

Naht im Saum

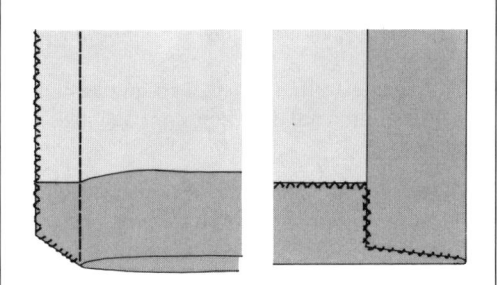

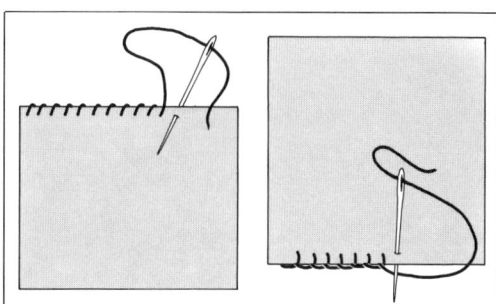

Links: Saum an einer Falte
Rechts: Saum an einem Umschlag/Schlitz

Links: Überwendlichstich
Rechts: Schlingenstich

### Der Saum an einer genähten Falte

Der Saumumschlag wird mit in die Naht eingefaßt, das heißt, erst wird der Saum fertig gearbeitet, dann werden die Nähte geschlossen. Damit die Nahtränder an der unteren Saumkante nicht zu sehen sind, die Ecken etwas abschrägen und hohl gegeneinandernähen.

### Der Saum an Ecken

Endet der Saum an einer Verschlußkante oder einem Schlitz, so näht man erst den Saum und schlägt den Besatz darüber.

### Der Saum an einer Rundung

Bei runden Säumen, z.B. bei einem Glockenrock, darf der Einschlag nicht zu breit sein, sonst wirft der Stoff Falten. Je stärker die Rundung, desto schmaler sollte der Saum sein, denn die Mehrweite muß eingehalten werden.

## Versäubern

Innen soll ein Kleidungsstück genauso sauber aussehen wie außen, daran erkennt man eine sorgfältige Schneiderin. Alle Nahtränder und Saumkanten müssen daher versäubert werden. Dafür gibt es verschiedene Möglichkeiten.

### Versäubern mit Handstichen

Mit der Hand werden kurze Nähte versäubert, Ausbesserungen gemacht oder Ecken versäubert. Geeignete Handstiche sind der Überwendlichstich und der Schlingenstich.

▷ *Überwendlichstich:* Die Stoffkante wird von hinten nach vorne locker umstochen, dabei wird von links nach rechts gearbeitet.
▷ *Schlingenstich:* Mit der Nadel in den Stoff einstechen und zwischen Stoff und Fadenschlinge herausziehen. Ebenfalls von links nach rechts arbeiten.

### Versäubern mit der Nähmaschine

Sehr schnell und einfach lassen sich Kanten mit dem Zickzackstich versäubern. Stichbreite und -dichte richten sich nach der Stoffqualität. Die Fadenspannung darf nicht zu straff sein, sonst zieht sich die Kante zusammen und liegt nicht mehr flach.

### Versäubern mit der Zackenschere

Die Zackenschere eignet sich zum Versäubern fest gewebter Stoffe, die nicht fransen, z.B. Filz, Jersey. Die Nahtränder werden mit der Zackenschere gleichmäßig am Rand abgeschnitten.

## Schrägstreifen

Schrägstreifen sind dehnbar, weil sie schräg zum Fadenlauf zugeschnitten werden. Sie passen sich deshalb Rundungen und Kanten besonders gut an und werden zum Versäubern verwendet.

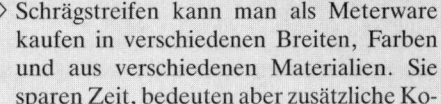

**▶▶ Praktische Hinweise ◀◀**

⇨ Schrägstreifen kann man als Meterware kaufen in verschiedenen Breiten, Farben und aus verschiedenen Materialien. Sie sparen Zeit, bedeuten aber zusätzliche Kosten.
⇨ Schrägstreifen, die aus andersfarbenen Stoffen angesetzt werden, können als Verzierung dienen.

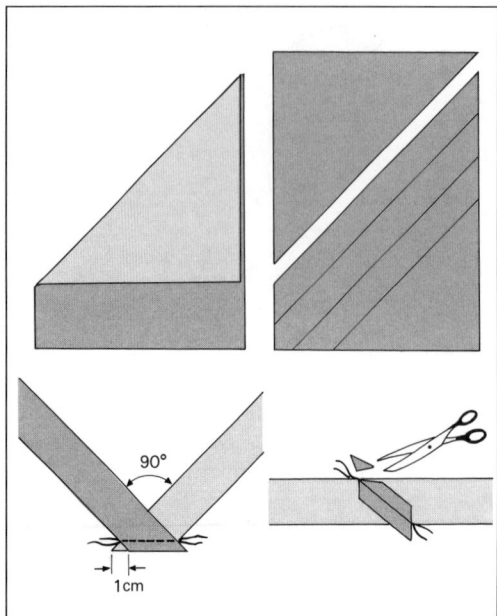

Oben: Schrägstreifen zuschneiden
Unten: Schrägstreifen zusammennähen

## Herstellung von Schrägstreifen

### Arbeitsschritte

1. Den Stoff genau im rechten Winkel umschlagen. Diese Umbruchkante bügeln oder mit dem Fingernagel markieren und durchschneiden.
2. Parallel zur Schnittkante Schrägstreifen in gewünschter Breite abmessen und mit Schneiderkreide und Lineal anzeichnen.
3. Die einzelnen Streifen abschneiden.

Schrägstreifen werden aus Stoffresten geschnitten und haben daher nur selten die benötigte Länge, sie müssen aneinandergesetzt werden.

4. Zwei Schrägstreifen rechts auf rechts im rechten Winkel übereinanderlegen.
5. Die Kanten um etwa 1 cm verschieben, so daß zwei Kreuzungspunkte entstehen. Von Kreuzungspunkt zu Kreuzungspunkt steppen.
6. Die Naht auseinanderbügeln und die überstehenden Ecken kantengleich abschneiden.

## Schrägstreifenversäuberung

### Arbeitsschritte

1. Schrägstreifen und Stoff rechts auf rechts aufeinanderlegen, stecken, etwa ½ cm breit absteppen.
2. Schrägstreifen umklappen und niederbügeln.

3. Stoff wenden, die äußere, lose Schrägstreifenkante etwa ½ cm umschlagen und diesen Saum bügeln.
4. Den Schrägstreifen feststecken und heften.
5. Schrägstreifen mit der Hand (mit Saumstichen) annähen.

Grundsätzlich wird bei Rundungen genauso gearbeitet wie bei geraden Kanten. Damit sich der Schrägstreifen einer Rundung leichter anpaßt, muß er entsprechend gedehnt bzw. eingehalten werden. Er wird auf die entsprechende Rundung, z. B. Halsausschnitt, gelegt und in Form gebügelt: am äußeren Rand etwas dehnen, an der Innenseite leicht einhalten. Dabei dürfen keine Falten entstehen.

> ➤➤  **Praktischer Hinweis**  ◀◀
>
> Schrägstreifen lassen sich leichter in Form bügeln, wenn sie angefeuchtet werden.

## *Knopfloch*

Knopflöcher werden heutzutage meist mit der Maschine genäht. Nur bei sehr dicken Stoffen oder bei sehr genauer Näharbeit werden sie mit der Hand gearbeitet.
Die Größe eines Knopflochs richtet sich nach dem Durchmesser des Knopfes, zusätzlich werden 2–5 mm für die Verarbeitung zugegeben.
Knopflöcher werden meist waagerecht genäht, weil dann die Knöpfe beim Tragen nicht so leicht herausrutschen. Ein waagerechtes Knopfloch beginnt etwa 2 mm vor der eingezeichneten Mittellinie (im Schnitt angegeben), damit der Knopf später genau in der Mitte sitzt.

### Maschinenknopfloch

Knopflöcher sind mit der Maschine schnell genäht, allerdings erfordert auch ein Maschinen-Knopfloch einige Übung. Mit Knopfloch-Automatik sind Knopflöcher sehr einfach zu arbeiten, die Anleitung wird vom Hersteller mitgeliefert (Bedienungsanleitung beachten). Auch bei Knopfloch-Halbautomatik informiert die Bedienungsanleitung.

### Handknopfloch

Knopflöcher, die mit der Hand genäht werden, sind sehr haltbar, sie erfordern aber einen hohen Zeitaufwand und viel Sorgfalt.

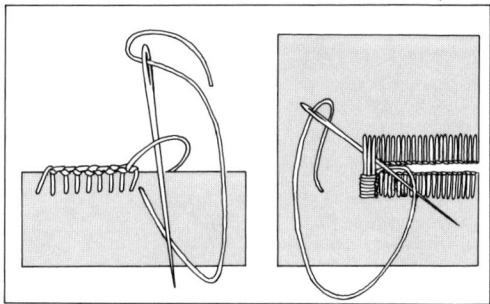

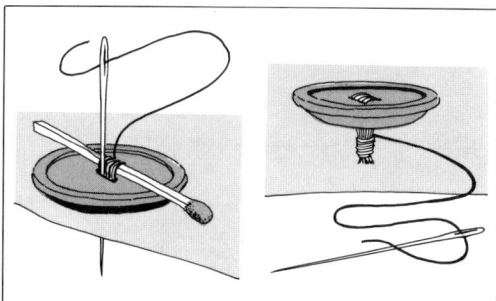

Links: Knopflochstich
Rechts: Festgeschürzter Riegel

Links: Knopf mit Stiel
Rechts: Stiel nähen

## Arbeitsschritte

1. Größe des Knopfloches anzeichnen und aufschneiden.
2. Mit Überwendlichstichen (siehe Seite 433) die Schnittkanten umstechen, damit sie nicht ausfransen.
3. Das Knopfloch wird von links nach rechts gearbeitet, man beginnt an der unteren Kante.
   *Knopflochstich:* Etwa 2–3 mm unterhalb der Kante von links einstechen und den Faden bis auf eine kleine Schlinge (an der oberen Kante) durchziehen. Durch diese Schlinge die Nadel noch einmal führen, wiederum von hinten nach vorne, anschließend die Schlinge fest anziehen in Richtung zum Körper. So bilden sich kleine, feste Knötchen, die dicht auf der Kante sitzen.
4. Am Ende der ersten Raupe drei Stiche in doppelter Länge als Riegel sticken und diese ebenfalls mit Knopflochstichen umstechen (festgeschürzter Riegel).
5. Das Knopfloch drehen und die zweite Raupe sowie den zweiten Riegel gegengleich nähen. Faden mit einigen kleinen Stichen nah an der Raupe vernähen.

## Annähen von Knöpfen

Sehr einfach und zeitsparend lassen sich Knöpfe mit der Nähmaschine annähen, die Bedienungsanleitung gibt genaue Auskunft darüber.
Knöpfe sollten immer auf doppelten Stoff angenäht werden. Ist das nicht möglich, ein kleines Stück Stoff unterlegen oder einen Unterknopf mitnähen.

### Knöpfe mit Stiel annähen

Damit sich Knöpfe leicht auf- und zuknöpfen lassen, werden sie mit einem »Stiel« angenäht. Der Stiel entsteht, indem man den Knopf etwas vom Stoff weghält oder ein Streichholz auf den

Knopf legt, das nach dem Annähen herausgezogen wird. Diese »hohen« Stiche zwischen Knopf und Stoff werden mit dem Faden fest umwickelt und der Faden auf der linken Stoffseite vernäht.

## Reißverschluß einsetzen

Es gehört zu den häufigsten Näharbeiten, einen defekten Reißverschluß auszuwechseln. Je nachdem, mit welcher Technik er eingenäht war, muß er auch wieder eingesetzt werden.

### Beidseitig verdeckter Reißverschluß

#### Arbeitsschritte: von Hand genäht

1. Die Nahtzugaben, unter denen der Reißverschluß eingearbeitet werden soll, bügeln. Die Kanten werden besonders exakt, wenn zunächst die gesamte Schlitzlänge bzw. Naht mit Heftstichen geschlossen, gebügelt und danach der Heftfaden wieder herausgezogen wird.
2. Den geschlossenen Reißverschluß unter die Naht legen, stecken und heften.
3. Reißverschluß mit kleinen Steppstichen einnähen, die Enden gut verknoten.

#### Arbeitsschritte: mit der Maschine genäht

1. Reißverschluß wie oben beschrieben einheften und mit dem Reißverschlußfüßchen der Nähmaschine steppen. Dabei den Reißverschluß etwa zur Hälfte öffnen. Auf der rechten Stoffseite steppen, links oben beginnen.
2. Am Schieber des Reißverschlusses die Nadel im Stoff stecken lassen, Füßchen hochheben, den Reißverschluß zuziehen und danach weitersteppen bis zur Endklammer.
3. Die Nadel im Stoff stecken lassen und die Näharbeit drehen, vorsichtig quer über den Reißverschluß nähen.
4. Die zweite Seite gegengleich nähen.

## Häufige Störungen bei Nähmaschinen

| Ursache | Abhilfe |
|---|---|
| **Maschine läuft schwer** Die Maschine ist durch falsches Öl verharzt und verklebt. Fadenreste befinden sich in der Greiferbahn. | Die Maschine gründlich reinigen bzw. reinigen lassen, zum Ölen nur Nähmaschinenöl verwenden. Fadenreste entfernen und einen Tropfen Öl in die Greiferbahn geben. |
| **Stoff wird schlecht transportiert** Der Transporteur steht zu tief. Nähstaub hat sich zwischen den Zahnreihen abgesetzt. | Den Transporteur höher stellen. Die Stichplatte abschrauben und die Zähne mit einem Pinsel säubern. |
| **Der Faden reißt** Die Nadel ist nicht richtig eingesetzt. Die Nadel ist verbogen oder stumpf. Die Fadenspannung ist nicht richtig eingestellt. Der Faden ist nicht richtig eingefädelt. Das Garn ist knotig. | Die Nadel richtig einsetzen. Eine neue Nadel einsetzen. Die Fadenspannung überprüfen und bei Bedarf ändern. Richtig einfädeln. Neues Garn verwenden. |
| **Die Naht ist ungleichmäßig** Die Fadenspannung ist verstellt. Der Unterfaden ist nicht gleichmäßig aufgespult. | Ober- und Unterfadenspannung kontrollieren. Unterfaden genau der Anleitung entsprechend aufspulen. |
| **Die Nadel bricht ab** Die Nadel ist krumm. Das Garn ist im Verhältnis zur Nadel zu dick. Die Spulenkapsel ist nicht richtig eingesetzt. Durch Ziehen oder Schieben des Stoffes wird die Nadel gebogen und trifft auf die Stichplatte. | Eine neue Nadel einsetzen. Nadel und Faden aufeinander abstimmen. Die Spulenkapsel beim Einsetzen bis zum Anschlag einschieben. Den Stoff nur leicht führen. |

## Einseitig verdeckter Reißverschluß

### Arbeitsschritte

1. Für den Untertritt von der linken gebügelten Bruchkante (bei Herrenkleidung umgekehrt) etwa 1 cm von der Nahtzugabe so vorschieben, daß die neue Bruchkante auf dem rechten Umbruch liegt.
2. Den Reißverschluß so unter diese neue Bruchkante bzw. den Untertritt legen, daß die Zähnchenreihe gerade noch zu sehen ist.
3. Reißverschluß und Untertritt stecken, heften und nähen.
4. Reißverschluß schließen und den Übertritt so darüberlegen, daß die Bruchkante genau auf der ursprünglichen Nahtmarkierung liegt. Der Reißverschluß ist nun vollständig verdeckt.
5. Reißverschluß und Übertritt stecken, heften und nähen.

## *Wenn die Nähmaschine nicht richtig spurt*

Wie alle anderen Maschinen kann auch eine Nähmaschine hin und wieder Störungen haben. Meist lassen sich kleine Pannen schnell beheben, wenn nicht, hilft der Fachmann gerne weiter.

# 7.4 Textilien ausbessern

Bei den meisten Wäschestücken lohnt es sich, Schadstellen auszubessern. Ist dagegen ein Kleidungsstück bereits oft geflickt, alt und verwaschen, wird es aussortiert, das Ausbessern lohnt sich nicht mehr.

Ausbessern von Wäsche ist sehr arbeitsaufwendig, wenn es mit der Hand ausgeführt wird. Daher nach Möglichkeit mit der Maschine arbeiten. Die Arbeit kann zusätzlich vereinfacht werden, indem z. B. fertig gekaufte Stoffteile aufgebügelt oder aufgenäht = appliziert werden (Herzen, Ovale, verschiedene Formen aus Stoff oder Leder).

## Stopfen

### Stopfen mit der Nähmaschine

Stopfen mit der Nähmaschine, das grundsätzlich mit jeder Maschine möglich ist, erfordert Übung. Teure Kleidungsstücke sollte deshalb nur der mit der Maschine stopfen, der viel Übung hat; ansonsten das gute Stück besser in einer Kunststopferei reparieren lassen.

Mit der Maschine werden hauptsächlich Bett-, Tisch-, Küchen- und Unterwäsche sowie Arbeitskleidung gestopft.

### Arbeitsschritte

1. Stopffuß (laut Bedienungsanleitung) einsetzen. Fadenspannung an einem Probeflicken testen, bei zu straffer Spannung zieht sich das Gewebe zusammen.
2. Beschädigte Stelle fadengerade in den Stopframmen spannen.
3. Den Stoff gleichmäßig und langsam führen. Da der Transporteur versenkt ist, muß die Nährichtung selbst bestimmt werden.
4. Über die Schadstelle hinaus stopfen, in Rundungen in die Gegenrichtung umdrehen. An der linken Seite der Schadstelle mit dem Stopfen beginnen, nach einigen Stichen die Anfangsfäden abschneiden, damit sie nicht in die Stoffbahn gelangen.

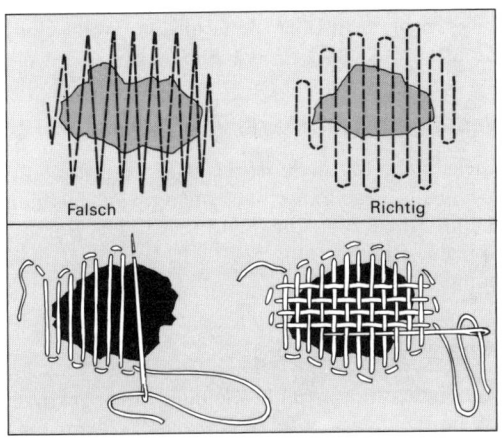

Oben: Stopfen mit der Maschine
Unten: Stopfen von Hand

### ➤➤ Praktische Hinweise ◀◀

↪ Schadstelle nicht zu dicht stopfen, sie wird sonst hart.
↪ Dünne, fast durchgebrochene Stoffstellen mit dem gleichen oder etwas dünnerem Material unterlegen und überstopfen, dabei in das unbeschädigte Material hineinstopfen.
↪ Bei großen Schadstellen erst in großen Bögen stopfen, danach dichter. Unterlegen von dünnem, farblich passendem Stoff spart Zeit.
↪ Bei Wirkwaren diagonal zum Fadenlauf stopfen, damit die Stelle dehnbar bleibt.

### Stopfen von Hand

Von Hand werden meist Kleidungsstücke aus Maschenware, z. B. Pullover, Westen, Socken, Unterwäsche, gestopft.

### Arbeitsschritte

1. Schadhafte Stelle über ein Stopfei legen.
2. Gleichmäßig nebeneinander Fäden über das Loch spannen, die Einstichstellen liegen im unbeschädigten Stoff. Fäden nicht zu fest ziehen.
3. Rechtwinklig zu den Spannfäden im gleichmäßigen Über- und Unterführen das Loch zunähen.

## Flicken

### Der Zickzack-Flicken

Dieser Flicken wird angewendet bei Wäsche, Kinder- und Arbeitskleidung. Er ist leicht und schnell zu nähen, aber deutlich erkennbar, wodurch lustige Effekte erzielt werden können.

### Arbeitsschritte

1. Die schadhafte Stelle anzeichnen, den Flicken fadengerade zuschneiden mit 1,5–2 cm Nahtzugabe an jeder Seite.
2. Flicken auf der rechten Seite aufstecken und mit kleinem, weitem Zickzackstich aufnähen.
3. Den inneren Rand nahe der inneren Zickzacklinie von rechts mit kleinem Geradstich festnähen.
4. Schadhafte Stelle auf der linken Seite am Geradstich entlang ausschneiden, auf der rechten Seite mit großem, etwas engerem Zickzackstich übernähen.

## Der aufgesetzte Flicken

Der aufgesetzte Flicken ist ebenfalls einfach zu arbeiten, er wird bei Arbeits-, Kinderkleidung sowie Wäsche angewendet.

### Arbeitsschritte

1. Die schadhafte Stelle anzeichnen, Flickstoff fadengerade zuschneiden mit rundherum 2 cm Nahtzugabe.
2. Flicken rundum etwa ½ cm einbücken. Mit der rechten Seite auf die linke Seite des Wäschestücks aufstecken und schmalkantig steppen.
3. Die schadhafte Stelle 1,5 cm vor der Stepplinie auf der rechten Seite ausschneiden, die Ecken ½ cm schräg einschneiden.
4. Die Schnittkanten ½ cm einbücken, stecken und wieder schmalkantig annähen.

## Der eingesetzte Flicken

Der eingesetzte Flicken ist arbeitsaufwendig. Er wird deshalb fast nur bei neuwertigen Kleidungsstücken angewendet, für Verschleißschäden ist er zu aufwendig.

### Arbeitsschritte

1. Schadhafte Stelle anzeichnen und fadengerade ausschneiden.
2. Den Flicken mit 2 cm Nahtzugabe zuschneiden.
3. Flicken so in den Ausschnitt stecken, daß er auf der linken Seite etwa 1 cm vorsteht, ½ cm tief einnähen. In den Ecken Nadel stecken lassen, Nähfuß hochstellen und den Stoff bis in die Ecke einschneiden.
4. Den Flicken zur anderen Seite durchziehen, dabei Nahtzugabe gleichmäßig vorstehen lassen; auf Fadenlauf achten und weiternähen.
5. Danach Naht ausstreifen und als flache Dpppelnaht niedernähen.

## Motive applizieren

Applizieren nennt man das Aufnähen von Motiven aus passenden Stoffresten auf ein Wäschestück, z. B. Kinderkleider, Schürzen, Kissenbezüge, Tischdecken.
Grundsätzlich läßt sich jeder Stoff als Applikation verwenden, wenn er nicht leicht ausfranst. Am einfachsten zu verarbeiten sind glatte, dichte Gewebe, Filz und Leder. Vor dem Applizieren jedoch an die Waschbarkeit denken: Nur Stoff applizieren, der mit dem Kleidungsstück auch gewaschen werden kann.

### Arbeitsschritte

1. Motiv ohne Nahtzugabe ausschneiden.
2. Auf die vorgesehene Stelle des Wäschestückes heften.
3. Motiv mit weitem Zickzackstich aufnähen.
4. Zweite Naht mit engem, breitem Zickzackstich nähen.

# 7.5 Ändern von Kleidungsstücken

Kleidung muß nicht gleich in den »Lumpensack« wandern, wenn sie nicht mehr paßt. Mit etwas Mühe läßt sie sich der veränderten Figur anpassen. Besonders häufig wird Kinderkleidung umgeändert, sie wächst mit.

## Weite und Länge verändern

### Erweitern von Kleidung

Die Seitennähte werden aufgetrennt und die Nahtzugabe herausgelassen. Ist nicht genügend Nahtzugabe vorhanden, farblich passenden Stoff einsetzen. Vorher muß die alte Naht sorgfältig ausgebügelt werden.
Da eingesetzter Stoff meist sehr auffällig ist, kann z. B. auch durch einen Schlitz ein Kleidungsstück erweitert werden.

### Engermachen von Kleidung

Verkleinern läßt sich ein Kleidungsstück leichter als erweitern. Es gibt verschiedene Möglichkeiten, z. B. Seitennähte auftrennen und Nahtzugabe verbreitern oder überschüssige Weite eines Kleides mit Gürtel zusammenhalten.

### Verlängern von Kleidung

Die übliche Methode ist das Auslassen des Saumes. Falls diese Länge noch nicht reicht, falschen Saum arbeiten (siehe Seite 432) oder Borten, Spitzen, Rüschen ansetzen, z. B. bei Kinderkleidung.

### Kürzen von Kleidung

Am einfachsten wird ein Kleidungsstück gekürzt, indem der Saum aufgetrennt, der Stoff entsprechend abgeschnitten und ein neuer Saum gearbeitet wird.

Bei Röcken kann der überschüssige Stoff auch am Bund weggenommen werden. Dazu wird der Bund abgetrennt und vom oberen Rockrand ein entsprechendes Stück abgeschnitten.

## Ändern von Kinderkleidung

Es ist nicht ganz billig, Kinder einzukleiden, denn Kinder wachsen schnell aus ihren Kleidungsstücken heraus. Mit etwas Phantasie und kleinen Nähtricks kann aber aus zu kurzen Kleidchen oder Hosen noch ein durchaus tragbares Kleidungsstück werden. Manche Kleidungsstücke, z. B. wenn sie von älteren Geschwistern »vererbt« sind, müssen auch »modernisiert« werden, denn ein Kind leidet sehr unter unmoderner Kleidung. Der Zeitaufwand für das Ändern lohnt sich allerdings nur bei hochwertiger, nicht abgetragener Qualität.

Hier einige Möglichkeiten für das »Auffrischen« von Kinderkleidung.

### Applikationen

Applizieren ist eine verhältnismäßig einfache Möglichkeit, Kleidern ein neues Aussehen zu geben. Es werden bunte oder auch einfarbige Stoffrestchen auf ein Kleidungsstück genäht. Damit kann ein Kleidchen oder eine Hose nicht nur verschönert, es können auch schadhafte Stellen geschickt zugedeckt werden.

Applikationen gibt es fertig zu kaufen, man kann sie aber auch leicht selber machen. Motive finden Sie in Kinder-Malbüchern. An Material sind farblich passende Stoffreste und aufbügelbare Vlieseline notwendig.

Applikationen als Verzierung

### Arbeitsschritte

1. Auf Papier ein Motiv, z. B. einen Apfel, zeichnen und ausschneiden.
2. Das Motiv auf Vlieseline übertragen und auf den Stoffrest aufbügeln, anschließend die Konturen des Motives nochmals nachschneiden.
3. Das Motiv auf die vorgesehene Stelle mit großen Heftstichen aufnähen.
4. Den Rand zunächst mit weiten, dann mit engen Zickzackstichen mit der Nähmaschine festnähen. Sorgfältig vorgehen, damit die Applikation keine Wellen schlägt!

### Nieten, Motivknöpfe

Nieten sind ebenfalls eine einfache, aber wirkungsvolle Methode, Kinderkleidung aufzufrischen. Es gibt sie in großer Auswahl zu kaufen, zum Aufbügeln oder Einsplinten.

Sehr beliebt sind bei Kindern auch Motivknöpfe, mit wenig Aufwand sind sie schnell ausgewechselt. Motivknöpfe sind allerdings meist nicht ganz billig.

### Zu kurze Hosen

Aus »Hochwasserhosen« können im Handumdrehen kurze oder halblange Shorts, Bermudas oder Kniebundhosen genäht werden. Schneiden Sie dazu die Hosen in gewünschter Länge mit Nahtzugabe ab. Für einen normalen Saum werden die Schnittkanten versäubert, um etwa 2 cm umgeschlagen, geheftet und schmalkantig abgesteppt.

Soll die Hose mit einem Aufschlag versehen werden, die versäuberten Schnittkanten 6 cm auf die linke Stoffseite umschlagen, heften und schmalkantig steppen. Nun die untere Bruchkante 3 cm nach außen schlagen (Stepplinie darf nicht mehr sichtbar sein) und heften. Den Aufschlag links und rechts an den Seitennähten mit einigen Handstichen verdeckt festnähen.

Für Kniebundhosen die Hose unterhalb des Knies abschneiden. Die überschüssige Weite in Fältchen legen und die äußere Seitennaht etwa 10 cm auftrennen. Die Nahtzugabe auf der Innenseite des entstandenen Schlitzes auf beiden Seiten schmalkantig festnähen. Aus dem abgeschnittenen Hosenbeinstoff ein Bündchen arbeiten (Länge = Beinweite plus 2 cm Untertritt plus 2 cm Nahtzugabe).

## Zu kurze Kleider

Von einem kurzen Kinderkleid läßt sich leicht das Oberteil abtrennen. Der Rock wird mit einem Rockbund oder Gummizug versehen und paßt ein weiteres Jahr. Soll die Taille des Kleides verlängert werden, ein farblich passendes Stoffband in gewünschter Breite einsetzen.

Zu kurze Ärmel lassen aus einem langärmeligen ein kurzärmeliges Kleid entstehen.

Zu kurze Röcke wie Seite 438 verlängern.

## *Bund, Bündchen*

### Elastischer Bund

Ein elastischer Bund ist bequem und reduziert überschüssige Stoffweite automatisch ohne Einhalten bzw. Kräuseln. Häufig wird ein elastischer Bund bei Freizeit- und Kinderkleidung eingenäht.

### Arbeitsschritte

1. Bundkante versäubern und wie einen eingeschlagenen Saum (Seite 432) aufsteppen, einige Zentimeter offen lassen.
2. Durch diese offene Stelle ein Gummiband ziehen, die Enden fest zusammennähen.
3. Die Öffnung mit einigen Handstichen schließen.

### Fester Bund

Ein festsitzender Bund wird mit einer Einlage (als Bundeinlage fertig im Handel) genäht, damit er beim Tragen seine Form behält. Hosen und Röcke sind fast immer mit einem festen Bund versehen.

### Arbeitsschritte

1. Bund in doppelter Breite nach dem Schnitt zuschneiden.
2. Bundeinlage auf die linke Stoffseite bügeln.
3. Verstärkten Bund rechts auf rechts an das Kleidungsstück nähen, dabei am Ende Über- bzw. Untertritt nicht vergessen.
4. Bund nach oben bügeln und nach innen umschlagen.
5. Saum der offenen Kante umbügeln.
6. Den Bund innen mit Handstichen festnähen oder von der rechten Seite in der ersten Naht nähen, so daß der Bund innen gefaßt wird.
7. Über- und Untertritt mit Handstichen zusammennähen.

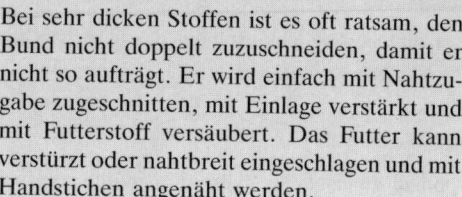

**➤➤  Praktischer Hinweis  ◄◄**

Bei sehr dicken Stoffen ist es oft ratsam, den Bund nicht doppelt zuzuschneiden, damit er nicht so aufträgt. Er wird einfach mit Nahtzugabe zugeschnitten, mit Einlage verstärkt und mit Futterstoff versäubert. Das Futter kann verstürzt oder nahtbreit eingeschlagen und mit Handstichen angenäht werden.

## *Schlitz*

Gerade beim Ändern von Kinderkleidung, z. B. beim »Vererben« von Kleidungsstücken an die kleineren, ist es oft zweckmäßig, Schlitze oder Blenden zu arbeiten. Neben ihrem neuen Zweck können sie ebenso – bei entsprechender Bearbeitung und Stoffwahl – auch als Verzierung dienen.

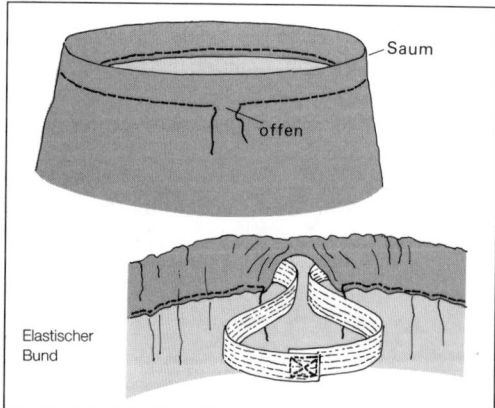

Oben: Durchzug arbeiten
Unten: Gummiband zusammennähen

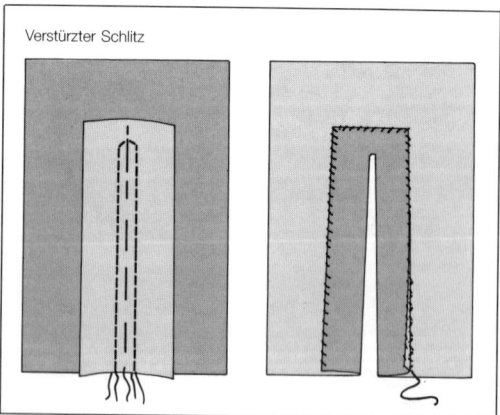

Links: Schlitzlinie schmal umsteppen
Rechts: Besatz wenden und hohl annähen

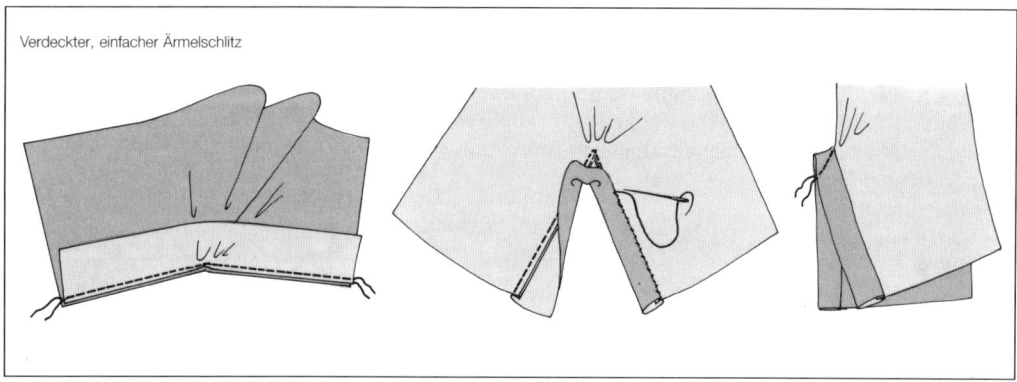

Verdeckter, einfacher Ärmelschlitz

| | | |
|---|---|---|
| Besatz schmalkantig aufsteppen | Besatz wenden und hohl ansäumen | Schlitzende schräg absteppen |

## Verstürzter Schlitz

Beim verstürzten Schlitz wird ein Besatz aufgenäht. Er kann nach innen oder außen verstürzt werden. Dieser Schlitz wird häufig in Ärmel und Halsausschnitte von leichten Kleidungsstücken eingearbeitet.

### Arbeitsschritte
1. Besatz zuschneiden, Mittellinie einbügeln.
2. Am Kleidungsstück den Schlitz ebenfalls einbügeln. Den Besatz mit der rechten Seite auf die rechte Seite des Kleidungsstückes legen.
3. Mit etwa 3–5 mm Abstand zur eingebügelten Schlitzlinie an beiden Seiten entlangsteppen, am Ende des Schlitzes eine Spitze steppen.
4. Schlitz einschneiden.
5. Besatz nach links wenden, bügeln, darauf achten, daß die Naht genau im Bruch liegt.
6. Besatz mit der Hand hohl annähen oder mit der Maschine feststeppen.

## Verdeckter, einfacher Ärmelschlitz

Dieser Schlitz wird an Ärmeln von Blusen, Kleidern und Hemden gearbeitet. Er ist sehr fest und kann sich nicht verziehen.

### Arbeitsschritte
1. Die im Schnitt markierte Schlitzlinie einschneiden.
2. Einen Besatzstreifen von etwa 5 cm Breite und doppelter Schlitzlänge zuschneiden.
3. Den Schlitz so weit auseinanderziehen, daß er fast eine gerade Linie bildet. Den Besatz rechts auf rechts auflegen und schmalkantig aufsteppen.

*Wichtig:* An der Spitze des Schlitzes möglichst nah an die Stoffkante nähen, also wenig Nahtzugabe abstehen lassen. Um ein Ausfransen an dieser Stelle zu vermeiden, näht man die Naht zweimal, das heißt in enger Stichstellung vorwärts, rückwärts und wieder vorwärts.

4. Nahtrand an der Schlitzspitze vorsichtig bis knapp an die Naht einschneiden, Naht ausbügeln und den Besatz wenden.
5. Besatzstreifen etwa ½ cm einschlagen und mit der Maschine oder von Hand annähen.
6. Zuletzt das Schlitzende schräg absteppen, damit sich der Schlitz nicht nach außen drehen kann.

## Blenden

Sollen bei einem Kleidungsstück z. B. Ärmel und Kragen entfernt werden, können Arm- und Halsausschnitt mit einer Blende haltbar versäubert werden. Blenden müssen im gleichen Fadenlauf wie die zu versäubernden Teile zugeschnitten werden. Auch wenn es verlockend ist, dürfen Blenden nicht aus einem Stoffrest zugeschnitten werden, bei dem der Fadenlauf nicht beachtet werden kann, sonst verzieht sich die Blende beim Aufnähen.

 **Praktischer Hinweis**

Nach innen verstürzte Blenden heißen Formblenden; nach außen verstürzte Blenden, für die ein abweichender Stoff sehr geeignet sein kann, sind Zierblenden. Zierblenden bekommen einen schöneren Halt, wenn sie mit Vlieseline unterlegt werden.

## Blendenverarbeitung an runden Kanten

### Arbeitsschritte

1. Die Blende rechts auf rechts heften und etwa ½ cm von der Kante entfernt aufsteppen.
2. Aus der Nahtzugabe vorsichtig kleine Ecken herausschneiden, dabei die Naht nicht aufschneiden.
3. Die Blende verstürzen. Die Kante sorgfältig heften.
   Dient die Blende zum Versäubern, wird auf die linke Stoffseite verstürzt und die Kante versäubert. Die Blende wird hohl angenäht.
   Eine Zierblende wird nach außen verstürzt. Die Kante schmal einschlagen, stecken, heften und bügeln, erst dann schmalkantig aufsteppen. So können sich keine Falten bilden.

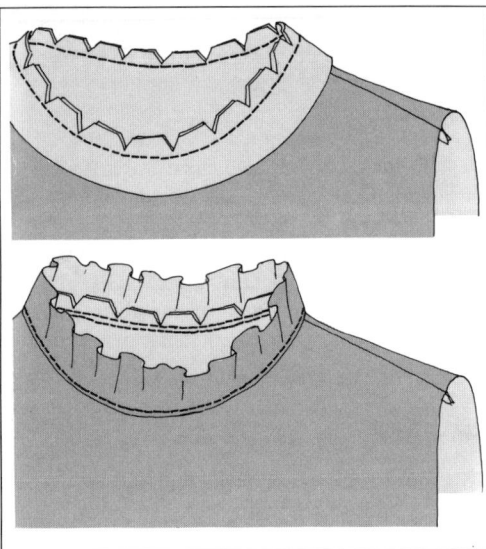

Oben: Aus der Nahtzugabe Ecken ausschneiden
Unten: Besatz vor dem Verstürzen auf den Nahtrand steppen

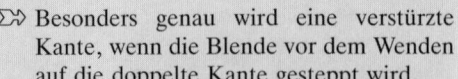

## Praktische Hinweise

▷ Besonders genau wird eine verstürzte Kante, wenn die Blende vor dem Wenden auf die doppelte Kante gesteppt wird.
▷ Eine Blende, die als Versäuberung dient, ist von der rechten Seite unsichtbar, wenn beim Verstürzen und anschließenden Stecken die Naht um etwa 2 mm hinter den Bruch geschoben wird, dann erst bügeln.

## Blendenverarbeitung an Ecken und Spitzen

Die Arbeitsweise ist die gleiche wie bei Rundungen. Besondere Sorgfalt ist jedoch auf die Ausarbeitung der Spitzen zu legen.
Die Blende wird kurz vor der Spitze mit möglichst kleiner Stichlänge aufgesteppt. Die Naht wird dadurch fester und kann nicht so leicht ausreißen. Direkt an der Spitze ein oder zwei kleine Stiche quer steppen, dann wirft die Spitze keine Falten.
Nach dem Aufsteppen an den Ecken bzw. Spitzen die Nahtzugabe etwas ausschneiden, damit sie sich besser legen läßt.

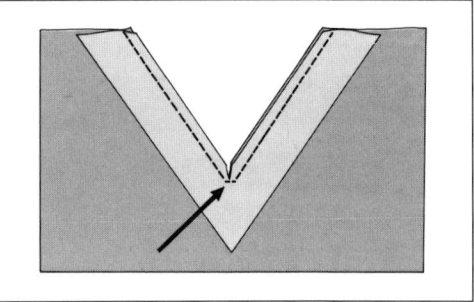

An der Spitze einen oder zwei kleine Stiche quer steppen, damit sich nach dem Verstürzen keine Falten bilden

# Der Gemüsegarten

## 1 Boden

Der Boden ist die Grundlage für jegliches Wachsen und Gedeihen im Garten. Er gibt den Pflanzen Halt, liefert Nährstoffe und Wasser. Dabei sind die obersten 20 bis 30 cm die belebteste Schicht, der sogenannte *Mutterboden*. Ihn gilt es lebendig zu erhalten, denn er sorgt für die Fruchtbarkeit des Bodens. Zahlreiche Arten von Mikroorganismen, Pilzen, Algen und Kleintieren sind am Um- und Aufbau pflanzlicher und tierischer Produkte wie Nadeln, Laub, abgestorbenen Wurzeln und ähnlichem beteiligt. Besonders die Regenwürmer verbessern durch ihre Grabarbeit und Ausscheidungen das Bodengefüge und den Gehalt an pflanzenverfügbaren Nährstoffen.

Durch diese Zersetzung von organischen Stoffen entsteht *Humus*. Er trägt zur Verbesserung der Bodenstruktur bei. Bodenleben, Wasserspeichervermögen, Durchlüftung und Nährstoffverfügbarkeit für die Pflanzen werden günstig beeinflußt. Der ideale Gartenboden hat eine dunkle Farbe und eine feinkrümelige, lockere Struktur. Je nach Bodenart ist der Humusanteil verschieden hoch. Die Humusversorgung des Gartenbodens kann durch regelmäßige Gaben von Kompost, Stallmist, einer Mulchschicht oder Gründüngungseinsaat unterstützt werden.

## 1.1 Bodenarten

Den eigenen Gartenboden beurteilen und einschätzen zu können, ist die Voraussetzung für die spätere Pflege und Bearbeitung. Eine Aussage hierzu macht der Säuregrad des Bodens, der sogenannte *pH-Wert*, der die chemische Reaktion des Bodens beschreibt. Ergeben sich Werte, die größer als 7 sind, so herrschen alkalische Verhältnisse; unter 7 spricht man von einer sauren Bodenreaktion. Die meisten Kulturpflanzen benötigen einen pH-Wert zwischen 6 und 7, da hier die Verfügbarkeit der meisten Nährstoffe am besten ist.

Je nach Bodenart verbessert man ihn mit verschiedenen Mitteln und Methoden, um eine lockere, ausreichend feuchte und fruchtbare Bodenkrume zu erhalten.

Die Bodenart läßt sich feststellen, indem man etwas Erde zwischen den Fingern reibt. Dabei sind die einzelnen im folgenden genannten Bodenarten meist nicht streng voneinander zu trennen; es gibt viele Übergangs- und Mischformen.

### Tonböden

Sie sind schwer zu bearbeiten und wasserundurchlässig, die Durchlüftung ist schlecht. In Regenperioden verklumpen sie leicht und verursachen bei den Pflanzen »nasse Füße«. Die Wurzeln leiden unter Sauerstoffmangel, sie faulen, und die Pflanze geht schließlich ein. Trockener Tonboden ist hart und rissig.

Diese Böden sind sehr nährstoffreich, jedoch müssen die Nährstoffe durch eine Strukturverbesserung mit Sand, Kompost und Gründüngungseinsaaten pflanzenverfügbar gemacht werden.

### Lehmböden

Lehmböden zählen je nach Anteil von Sand oder Ton zu den gärtnerisch wertvolleren Bodenarten. Ihre Struktur verleiht ihnen die Fähigkeit, Wasser, Nährstoffe, Wärme und Luft in ausreichendem Maße festzuhalten und zu speichern. Der Humusgehalt übt eine fördernde Wirkung auf das

Bodenleben und das Wachstum der Pflanzen aus. Beim Zerreiben zerkrümelt der Boden, ohne zu verschmieren oder zu verkleben.

Die natürliche Fruchtbarkeit kann durch ausreichende Humusversorgung mit Kompost oder Mulch erhalten und verbessert werden.

## Sandböden

Sandböden sind leicht zu bearbeiten, dafür aber wasser- und nährstoffdurchlässig; sie sind kaum in der Lage, diese zu speichern. So trocknen sie schnell aus, häufiges Gießen (in kleinen Mengen!) ist notwendig. Ein solcher Boden rieselt einem förmlich durch die Finger. Reine Sandböden sind selten, sie sind meist mit Lehm gemischt (lehmiger Sand). Eine Aufwertung des Sandbodens wird durch Erhöhung der Wasserhaltekraft, der Nährstoffspeicherung und des Anteils an organischer Substanz erreicht. Durch Ausbringen von Kompost oder Mulchmaterialien gegen Austrocknung und Bodenabtrag läßt sich dies erzielen.

# 1.2 Bodenbearbeitung und Bodenpflege

## Gießen

Das Wasser, das zum Gießen verwendet wird, sollte temperiert sein. Am besten stellt man daher Behälter (z. B. Tonnen, Wannen) im Garten auf, in denen Regenwasser gesammelt werden kann. Vor allem Gurken dürfen niemals mit kaltem Leitungswasser gegossen werden.

Oft wird im Garten viel zu häufig, aber nur oberflächlich bewässert. Zu häufiges Benetzen der Pflanzen fördert Pilzkrankheiten, außerdem verdunstet das Wasser schnell und gelangt nicht bis an die Wurzeln. Daher der Grundsatz: Selten, aber durchdringend gießen, 15–20 Liter Wasser pro $m^2$ reichen für mehrere Tage aus.

---

**▶▶   Wichtiger Hinweis   ◀◀**

Gegossen wird morgens, solange die Pflanzen noch taunaß sind, damit sie bis zum Abend abtrocknen. Auf diese Weise lassen sich Pilzkrankheiten einschränken. Wird mittags gegossen, so verursacht die Sonneneinstrahlung oft Verbrennungen auf den Blättern. Boden und Pflanzen kühlen außerdem schlagartig ab, was dem Wachstum schadet.

---

## Umgraben

Durch grobscholliges Umgraben mit dem Spaten im Herbst wird der Boden bis zum Frühjahr durch die Frosteinwirkung feinkrümelig. Man spricht von der *Frostgare*. Nicht zu tief umgraben, damit die Schichtung des Bodens und das Bodenleben nicht zu sehr gestört werden.

Statt Umgraben reicht es auf leichten Böden, mit der Grabgabel zu lockern. Im Frühjahr wird der Boden keinesfalls mehr umgegraben. Ein oberflächliches Lockern genügt. Den Boden nicht zu früh bearbeiten, sondern erst, wenn die Oberfläche abzutrocknen beginnt.

## Mulchen

Unter Mulchen versteht man das Abdecken des Bodens mit verschiedenen Materialien, wie z. B. Kompost (5 l/m$^2$), Stroh, Grasschnitt (nur dünn aufstreuen), Stallmist, Gartenabfälle. Mulchen zählt zu den bedeutendsten Bodenschutzmaßnahmen. Es wird nicht nur ein Abtragen durch Wind und extreme Niederschläge verhindert, sondern auch eine Verkrustung. Gleichzeitig bleiben Bodenfeuchtigkeit und -temperatur ausgeglichener. Der Humusgehalt erhöht sich. Durch dieses ständige Abdecken läßt sich eine hervorragende und wertvolle Krümelstruktur des Bodens erzielen, die *Schattengare*. Und nicht zuletzt: Mulchen spart Zeit und Arbeit – Hacken und Unkraut jäten entfallen, Gießen ist seltener nötig.

## Gründüngung

Die Einsaat einer Gründüngung ist eine Art Mulch. Es lassen sich damit die gleichen günstigen Bodeneigenschaften erzielen. Ein Hauptvorteil ist die intensive Durchwurzelung auch tiefer gelegener Bodenschichten und die Bodenlockerung. Besonders bei der Neuanlage von Gärten sollte eine Gründüngung eingesät werden. Als nicht winterharte, geeignete Pflanzen kommen z. B. Bitterlupinen, Erbsen, Senf, Sommerwicken oder Phacelia in Frage. Die Aussaat kann bis September erfolgen. Im Frühjahr kann die abgefrorene Blattmasse als Mulch liegen bleiben oder kompostiert werden. Winterharte Pflanzen (Aussaat bis Mitte Oktober) wären z. B. Winterraps und Wintergetreide. Bevor im Frühjahr das Beet bestellt wird, werden sie abgeschnitten, flach untergearbeitet oder ebenfalls kompostiert.

Schmetterlingsblütler, z. B. Lupine, Wicken oder Erbsen, haben die Fähigkeit, Stickstoff aus der

Luft zu binden und den Pflanzen als wichtigen Nährstoff zur Verfügung zu stellen.

Wird die Gründüngung auf Gemüsebeeten eingesät, so muß darauf geachtet werden, daß Gründüngungs- und Gemüsepflanze aus verschiedenen Familien stammen, also z. B. Senf oder Raps nicht nach Rettich, Radieschen oder Kohlarten (siehe Fruchtwechsel, Seite 449).

## Torf

Torf enthält kaum Nährstoffe, ist aber zur Bodenverbesserung gut geeignet, da er die physikalischen und chemischen Eigenschaften des Bodens günstig beeinflußt. Dennoch sollte in Anbetracht der immer knapper werdenden Vorräte zur Bodenverbesserung darauf verzichtet und auf Kompost ausgewichen werden, zumal dieser im Garten meist sowieso vorhanden ist und nichts kostet, den Boden aber gleichermaßen aufwertet.

## 1.3  Düngung

Mit Hilfe der Düngung sollen Ertrag und Qualität der Ernteprodukte gesteigert werden. Dies kann aber nur durch gezielte, mengenmäßig auf den Bedarf der Kultur abgestimmte Gaben erreicht ·werden. Sowohl ein Mangel als auch ein Überschuß an Nährstoffen beeinträchtigen dieses Ziel. Eine harmonische Düngung, bei der alle Nährstoffe in einem günstigen Verhältnis zueinander stehen, und der Erhalt der Bodenfruchtbarkeit sind oberstes Gebot. Die Düngung muß daher schonend und ohne Störung des Bodenlebens erfolgen. Dann ist eine hohe Nährstoffversorgung aus dem natürlichen Bodenvorrat möglich.

Um eine gezielte Düngung verabreichen zu können, ist es sehr hilfreich und empfehlenswert, vorher eine *Bodenprobe* zu ziehen und analysieren zu lassen. Sie gibt Auskunft über Bodenart, Phosphat- und Kaliversorgung sowie den pH-Wert einschließlich dem Kalkbedarf. Sie sollte alle drei bis fünf Jahre durchgeführt werden.

### ⏩  Praktischer Hinweis  ⏪

Wie Bodenproben gezogen werden und wo sie untersucht werden, erfahren Sie beim zuständigen Kreisfachberater (am Landratsamt).

## *Nährstoffe*

### Stickstoff (N)

Stickstoff ist der Baustein für Pflanzenmasse (= Wachstum) und Eiweiß. Eine Überversorgung verursacht mastige, blasig aufgetriebene, dunkelgrüne Blätter. Die Krankheitsanfälligkeit steigt, die Frosthärte nimmt ab. Stickstoffmangel verursacht gelbe Blätter und vermindertes Wachstum. Stickstoff wird leicht ausgewaschen und ist für den Nitratgehalt im Grundwasser verantwortlich. Es soll daher nur in der Hauptwachstumszeit gedüngt werden. Zuviel Stickstoff verkürzt die Lagerdauer von Gemüse.

### Phosphor (P)

Phosphor wird zur Blüten- und Fruchtausbildung benötigt. Gartenböden sind oft mit Phosphat (das ist die Form, wie die Pflanze ihn aufnimmt) überversorgt, denn durch regelmäßige Gaben von Kompost, Stallmist oder auch »Blaukorn-Volldünger« werden dem Boden erhebliche Mengen davon zugeführt. Es reichert sich im Boden an, da es kaum ausgewaschen wird.

### Kalium (K)

Kalium, oft kurz auch als Kali bezeichnet, trägt zur Pflanzenstabilität bei. Es stärkt die Widerstandskraft gegen verschiedene äußere Faktoren, z. B. Frost, Trockenheit oder Krankheiten. Die Haltbarkeit der Ernteprodukte steigt. Wie Phosphat wird Kali kaum ausgewaschen. Wird zusätzlich noch mit Kompost gedüngt oder gemulcht, rührt daher oft eine Überversorgung.

### Kalk und Calcium

Kalk als Calcium stellt einen wichtigen Pflanzennährstoff dar. Er beeinflußt den Säuregrad (pH-Wert) des Bodens und damit die Verfügbarkeit von Nährstoffen. Einer durch natürliche Abbau- und Zersetzungsprozesse bedingten Versäuerungstendenz des Bodens wird durch Kalkgaben entgegengewirkt. Je nach Säuregrad des Bodens (Bodenuntersuchung!, siehe Seite 443) muß gekalkt werden.

### Spurenelemente

Mikronährstoffe sind zwar nur in sehr geringen Mengen nötig, aber dennoch unentbehrlich für das Wachstum. Es zählen dazu *Mangan, Kupfer,*

*Molybdän, Bor, Zink* oder *Chlor*. Vor allem regelmäßige Kompostausbringung sorgt für ausreichende Gehalte im Boden.

---

### ➤➤   Praktischer Hinweis   ◄◄

Bodenuntersuchungen zeigten deutlich, daß die Phosphat- und Kaliwerte in Gartenböden oft zu hoch sind, da beide Nährstoffe kaum in tiefere Schichten ausgewaschen werden. Ziel jeder Düngung und für die Versorgung der Pflanzen ausreichend sind pro 100 Gramm Boden:

– 15–25 mg Phosphat und Kali.
– 10–15 mg Magnesium.
– Der Stickstoffbedarf variiert je nach Kultur.

Liegen laut Bodenuntersuchung die Gehalte unter diesen Werten, empfiehlt sich eine Aufdüngung mit ca. 100 Gramm Volldünger pro m². Sind nur einzelne Nährstoffe unter der empfohlenen Grenze, sollte man möglichst Einzelnährstoffdünger einsetzen.

---

## Düngemittel

Neben den im Handel erhältlichen Düngemitteln ist der Kompost als Grundlage der Gartendüngung zu erwähnen: eine Ausbringmenge von 5 l/m², ergänzt durch Einzelnährstoffdünger, lassen den *genannten Versorgungsgrad* erreichen. Grundsätzlich ist eine Überdüngung sowohl mit organischen als auch mit mineralischen Düngemitteln möglich, sie sollte in jedem Falle vermieden werden.

### Organische Düngemittel

Organische Düngemittel sind vor allem Humusbildner und Bodenverbesserer, sie regen das Bodenleben an. Sie enthalten die Nährstoffe in organisch gebundener Form, das heißt, diese müssen erst mit Hilfe der Mikroorganismen freigesetzt werden. Ihre Wirkung ist also langsamer und auch langfristiger mit Ausnahme von Jauche, Gülle und Kräuterauszügen. Organische Dünger schonen das Bodenleben mehr und können wegen ihrer »milden« Wirkung bereits zur Pflanzung als Startdüngung beigegeben werden. Allerdings ist ihr großer Nachteil, daß sie die Nährstoffe unkontrolliert freisetzen, da dieser Vorgang abhängig ist von Temperatur und Feuchte.

Als rein organische Dünger werden im Garten häufig eingesetzt:

▷ Stallmist.
▷ Kompost.

Für einzelne Nährstoffe werden eingesetzt:

▷ Stickstoff (N): Hornspäne, Hornmehl oder Blutmehl (5–14% N).
▷ Phosphat ($P_2O_5$): Knochenmehl (30% $P_2O_5$).

### Kompostierung

Unter Kompostierung ist der Rotteprozeß zu verstehen, während dessen Verlauf Mikroorganismen und Bodentiere Abfälle von Pflanzen und Tieren (organische Substanz) unter starker Wärmeentwicklung abbauen. Es entsteht nährstoffreicher Humus. Ausgeglichene Temperaturen (Wärme), ausreichende Durchlüftung und Feuchtigkeit steigern die Aktivität des Bodenlebens, also die Abbaugeschwindigkeit.

Aus folgenden Gründen soll kompostiert werden:

● Organische Stoffe werden in den Naturkreislauf zurückgeführt (Recycling).
● Die Bodenfruchtbarkeit wird erhalten und verbessert
– durch Steigerung des Humusgehaltes,
– durch Erhaltung der Krümelstruktur und
– durch die Aktivierung des Bodenlebens.
● Der Hausmüll wird entsorgt, es wird zur Verringerung des Müllaufkommens beigetragen.
● Kompost hilft sparen, er ist der billigste Dünger.

Für die Kompostierung geeignet sind alle schadstoffarmen Materialien organischen Ursprungs, z. B.:

● Laub und Grasschnitt. Sie stellen wertvolles Ausgangsmaterial dar, das jedoch nicht zu dicht geschichtet werden darf (5–10 cm), damit keine »Matratzen« entstehen; das sind aufgrund von Sauerstoffmangel entstandene unverrottete Lagen.
● Zweige, Äste, Wurzelstrünke und verholzte Stengelteile. Sie werden am besten in ca. 5 cm lange Stücke zerkleinert.
● Pappkartons, Wellpappe und Zeitungspapier. In Maßen, jedoch kein farbig bedrucktes Papier.
● Stallmist oder Mist von Kleintieren.
● Küchenabfälle, auch Tee- und Kaffeefilter, Eierschalen usw.

Schalen von Zitrus- und Südfrüchten sollten nicht kompostiert werden, da sie zur Steigerung der Haltbarkeit oft mit nur schwer abbaubaren Mitteln behandelt werden, die sich im Kompost anreichern würden.

Nicht kompostiert werden Feststoffe wie Glas, Kunststoffe, Metalle oder Steine. Asche von Holz und Kohle sollte wegen möglicher Schadstoffbelastungen ebenfalls nicht dem Kompost beigegeben werden. Das gleiche gilt für Speisereste, da sie schnell Ungeziefer, Ratten und Mäuse anlocken. Kranke und infizierte Pflanzenteile (z. B. Grauschimmel, Kohlherniebefall) kommen in den Müll und nicht auf den Kompost.

### Anlage und Aufbau eines Komposthaufens

Der Komposthaufen braucht eine schattige und möglichst windgeschützte Stelle, damit er nicht austrocknet und so der Rotteprozeß schnell und ungestört ablaufen kann. Der Platz sollte so angelegt sein, daß er bequem zu erreichen ist. Auf keinen Fall darf der Untergund betoniert oder wasserundurchlässig sein; die für den Abbau »zuständigen« Bodenorganismen könnten nicht in die aufgeschichteten Lagen eindringen, die Kompostierung käme nicht oder nur schwer in Gang.

Zwischen die einzelnen Lagen streut man stets etwas Erde, alten Kompost oder auch Zusätze wie Kompostbeschleuniger oder Gesteinsmehl. Stickstoffreiche Zusätze wie Hornmehl und Stallmist dienen den Kleinstlebewesen als Nahrung und fördern somit den Abbau. Nach ca. 3 Monaten muß der Komposthaufen umgesetzt (= umgeschichtet) werden.

### Verwendung von Kompost

Fertiger Kompost wird vor der Verwendung am besten gesiebt. Mit dem zu groben Material und ein paar Händen voll altem Kompost wird der neue Haufen »beimpft«.

Fertiger Kompost, der nach etwa sechs bis neun Monaten (im Winterhalbjahr dauert es länger) entsteht, wird als *Humuslieferant, Bodenverbesserer* und *Dünger* im Garten eingesetzt. Mit einer jährlichen Gabe von 5 l/m$^2$ wird der Nährstoffbedarf von manchen Pflanzen (wie z. B. Beerenobststräucher) nahezu gedeckt. Durchschnittlich enthält diese Grundversorgung mit Kompost 5–10 g Stickstoff, 5 g Phosphat, 15 g Kalium, 3 g Magnesium und Spurennährstoffe.

Kompost darf niemals tief untergegraben werden.

### Stallmist

Stallmist ist ähnlich Kompost *Bodenverbesserungs*mittel und *Dünger* zugleich. Der Nährstoffgehalt ist etwa doppelt so hoch wie der von Kompost. Daher werden nur alle zwei Jahre 5 l/m$^2$ ausgebracht. Gelben Rüben, Petersilie, Zwiebeln, Bohnen, Erbsen und Rettich darf kein Stallmist verabreicht werden; sie werden erst im Folgejahr auf diese gedüngten Beete gepflanzt. Vor der Verwendung sollte Stallmist ein halbes Jahr kompostiert werden.

## Mineralische Dünger

Die Nährstoffe, die in diesen Düngern formuliert sind, sind in der Regel rascher pflanzenverfügbar, ihre Wirkung tritt also relativ schnell ein. Zu

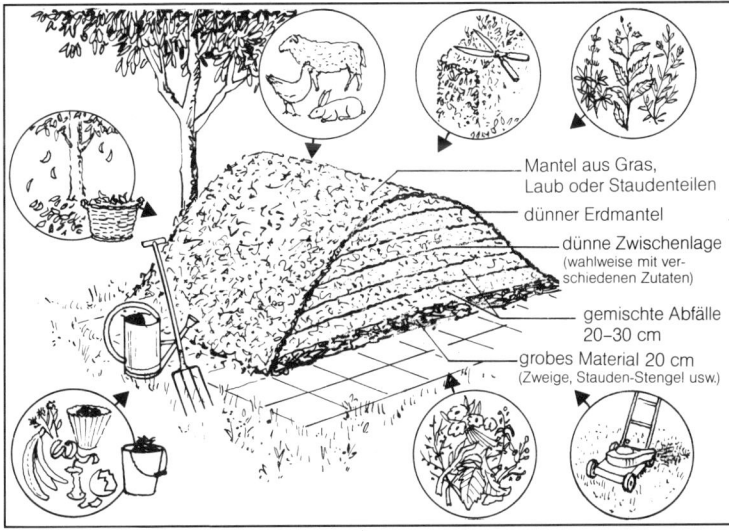

Mantel aus Gras, Laub oder Staudenteilen
dünner Erdmantel
dünne Zwischenlage (wahlweise mit verschiedenen Zutaten)
gemischte Abfälle 20–30 cm
grobes Material 20 cm (Zweige, Stauden-Stengel usw.)

Anlage eines Komposthaufens

Richtiges Maß für die Ausbringung von Mineraldünger: 20 g/m$^2$

häufige oder zu hoch dosierte Gaben können rasch Pflanzenschäden durch überhöhte Salzkonzentrationen verursachen. Sie dürfen nie direkt zur Pflanzung verabreicht werden, da sie die Wurzeln verbrennen würden.

Es wird unterschieden zwischen Einzel- und Nährstoffdünger.

*Einzelnährstoffdünger* weisen höhere Gehalte bestimmter, einzelner Nährstoffe auf, z. B.

● Stickstoff (N): Ammonsulfatsalpeter (25%), Kalkammonsalpeter (27%).
● Phosphat ($P_2O_5$): Superphosphat (18%), Thomasphosphat (15%).
● Kalium ($K_2O$): Kalimagnesia (= Patentkali, 30%), Kalisulfat (50%).
● Magnesium (Mg): Magnesiumsulfat (= Bittersalz, 10%).

*Spezialdünger* werden zur gezielten Versorgung mit z. B. Spurenelementen oder Eisen eingesetzt.

*Mehrnährstoffdünger* enthalten die Hauptnährstoffe in unterschiedlichen Anteilen (»Volldünger«). Sie stellen zwar eine bequeme Art des Düngens dar, entsprechen aber selten den Bedürfnissen der Pflanzen. Wegen der häufig anzutreffenden Phosphatüberversorgung der Gartenböden sollte Blaukorn-Volldünger nur in besonderen Ausnahmefällen verwendet werden. Ein empfehlenswerter, phosphatarmer Mehrnährstoffdünger mit der Zusammensetzung Stickstoff : Phosphor : Kali = (N : P : K) ist Nitrophoska-Perfekt (15 : 5 : 20).

Pro Düngegabe sollten nicht mehr als 20 g/m$^2$ ausgebracht werden.

## Wann soll gedüngt werden?

Den größten Nährstoffbedarf haben die Pflanzen während der Hauptwachstumszeit, etwa von März bis Ende August. Die vorgesehene Düngermenge wird dabei auf mehrere kleinere Einzelgaben aufgeteilt (20 g/m$^2$). Ein Teil des Düngers wird bereits vor der Pflanzung in den Boden eingearbeitet. Man nennt dies *Grunddüngung*. Die späteren Einzelgaben werden als *Kopfdüngung* bezeichnet. Durch diese Aufteilung wird einer Auswaschung im Boden entgegengewirkt, und es gehen der Pflanze weniger Nährstoffe verloren. Besonders bei leichten Sandböden sollte dies so praktiziert werden.

Spätestens vier Wochen vor der Ernte wird die letzte Düngung verabreicht und nicht mehr nach Mitte August. Die Pflanzen nehmen bis dahin die Nährstoffe noch auf und leeren den Boden, so daß in der folgenden wachstumsarmen Zeit möglichst wenig Nährstoffe, vor allem Stickstoff, ins Grundwasser gelangen.

# 2 Anlage eines Gemüsegartens

## 2.1 Lage und Einteilung

Der Gemüsegarten sollte an einem vollsonnigen Platz im Garten angelegt werden. Dabei wird die wärmste Stelle, am besten nach Süden oder Südwesten geneigt, dem *Frühbeet* oder *Kleingewächshaus* zugeteilt. Dadurch wird eine raschere Erwärmung und die bestmögliche Ausnutzung der Einstrahlung erreicht. Um sich lange Wege bei den Pflegearbeiten oder der Ernte des Gemüses zu ersparen, sollten die Beete in der Nähe des Wohnhauses liegen. Das *Kräuterbeet* liegt vorteilhaft in der Nähe der Küche. Eine sonnige Stelle läßt den Duft und das Aroma der Kräuter voll entfalten.

Die Größe des Gemüsegartens sollte nicht nur den Gemüsebedarf der Familie decken, sondern muß so geplant werden, daß er auch während auftretender Arbeitsspitzen ausreichend gepflegt werden kann (gießen, hacken, Folgesaaten).

Die *Anlage der Beete* mit einer Breite von 1,2 Meter erfolgt in Nord-Süd-Richtung. Die Länge richtet sich nach den Anbauwünschen: kürzere Beete für buntgemischte Bestellung, längere für größere, einheitliche Mengen (z. B. Kohlgemüse). Die *Wege* zwischen den Beeten sind 0,3 Meter breit, Hauptwege 0,5–0,6 Meter. Eine gute Wegeführung und -befestigung erleichtert die später anfallenden Pflege- und Pflanzarbeiten. Bei Mischkultur werden keine Wege angelegt (siehe Seite 450).

Die Gemüsebeete werden nebeneinander als Block angelegt. Es sollte bei der Einteilung berücksichtigt werden, daß die Kulturen im Rahmen des Fruchtwechsels jährlich auf einem anderen Beet stehen müssen. So sollte bei Roten Rüben eine Anbaupause von vier, bei Kohlarten von mindestens drei und bei Erbsen von sechs Jahren eingerechnet werden. Tomaten können über Jahre auf demselben Beet stehen. Dauerkulturen brauchen einen extra Platz (Spargel, Rhabarber, Erdbeeren).

Der Komposthaufen wird an einer schattigen Stelle eingeplant (siehe Seite 447). Unentbehrlich im Garten ist eine Regentonne, in der ständig Niederschläge gesammelt werden können, so daß temperiertes Wasser zum Gießen zur Verfügung steht. Ebenso sollte ein Wasseranschluß in der Nähe sein.

## 2.2 Fruchtwechsel

Pflanzen *einer* Art, die über längere Zeit auf derselben Fläche angebaut werden, bringen oft keine befriedigenden Ergebnisse mehr. Dies kann verschiedene Ursachen haben:

- Sie entziehen dem Boden einseitig Nährstoffe.
- Bestimmte Pilze, Bakterien und Viren reichern sich verstärkt an.
- Pflanzenwurzeln scheiden Stoffe aus, die ein Anwachsen der gleichen oder verwandter Pflanzen erschweren oder unmöglich machen. Man nennt diese Erscheinung *Bodenmüdigkeit*.

### *Fruchtfolge*

Durch planmäßigen Wechsel der Kulturen, der sogenannten Fruchtfolge, wird die Bodenfruchtbarkeit erhalten bzw. verbessert. Damit Wachstumshemmungen vermieden werden, dürfen folgende Kulturen nie zwei Jahre hintereinander auf demselben Beet angebaut werden:

| Bohnen | Knollenfenchel | Gurken | Mangold |
|--------|----------------|--------|---------|
| Erbsen | Möhren | Kürbis | Rote Rüben |
| Rettich | Sellerie | Melonen | Spinat |
| | | Zucchini | |

**Beispiel**

Auf einem Beet mit Mangold dürfen im nächsten Jahr kein Mangold, keine Roten Rüben und kein Spinat angebaut werden.

Ein Anbau 2 Jahre hintereinander ist möglich bei:

| Feldsalat | Lauch |
|-----------|-------|
| Endivien | Radieschen |
| Kopfsalat | Zwiebel |

Problemloser Anbau über mehrere Jahre ist möglich bei:

| Tomaten |
|---------|
| Kartoffeln |
| Paprika |

In einem meist dreijährigen Zyklus wird außerdem versucht, starkzehrende, mittelzehrende und schwachzehrende Pflanzenarten nacheinander anzubauen. Damit wird der Nährstoffvorrat des Bodens gleichmäßiger und besser ausgenutzt. (Siehe Übersicht Seite 450.)

| Starkzehrer | Mittelzehrer | Schwachzehrer |
|---|---|---|
| (»Düngerfresser«) | | |
| Kohlarten, Gurken, Kürbis, Sellerie, Lauch, Kartoffeln, Tomaten, Rhabarber | Zwiebelgemüse, Fenchel, Möhren, Salat, Spinat, Schwarzwurzeln, Rettich, Kohlrabi, Paprika | Feldsalat, Hülsenfrüchte, Kräuter, Radieschen, Chicorée |

## Beispiel 1

Als Vorkultur wird im Frühjahr Schnittsalat ausgesät, Blumen- oder Rosenkohl wird als Hauptkultur gewählt.

## Beispiel 2

Im Frühjahr werden als Vorkultur Radieschen ausgesät. Die Hauptkultur sind Gurken, wobei als Zwischenfrucht Salat gepflanzt werden kann. Danach wird Feldsalat oder Spinat ausgesät (Nachfrucht).

## Kulturfolge

Die Anbaureihe über ein Jahr wird als Kulturfolge bezeichnet. Bei der Anbauplanung der Kulturen sollte berücksichtigt werden, daß pro Jahr nur eine starkzehrende Gemüseart kultiviert wird. Sie bildet meist die *Hauptkultur* (= Hauptfrucht), während Salat- und andere Gemüsearten als *Vor-*, *Zwischen-* oder *Nachfrucht* angebaut werden.

| Vorfrucht | Nachfrucht | Zwischenfrucht |
|---|---|---|
| Salat | Feldsalat | Salat |
| Spinat | Spinat | Rettich |
| Kohlrabi | Endivien | Radieschen |
| Radieschen | Chinakohl | Frühkohlrabi |
| Rettich | Winterrettich | |
| Ackerbohnen | Winterzwiebeln | |

Als Vorfrucht werden die Kulturen bezeichnet, die als erste zu Beginn des Gartenjahres vor der Hauptfrucht auf dem Beet stehen. Nach der Hauptkultur kommt die Nachfrucht auf die Flächen, die insbesondere auch dazu dient, den Boden möglichst lange bedeckt zu halten und ihn zu »leeren«, damit im Winter möglichst wenig oder besser keine Nährstoffe (vor allem Stickstoff als Nitrat) ins Grundwasser ausgewaschen werden. Sie benötigen keinen zusätzlichen Dünger mehr. Als Zwischenkulturen kommen Gemüsearten mit einer kurzen Anbauzeit zwischen Aussaat oder Pflanzung und Ernte in Frage. Die Anbaufläche kann so intensiv ausgenutzt werden.

## Anbauplan

Der zeitliche Wechsel der Kulturen macht eine Einteilung der Gartenbeete und einen Plan notwendig, auf dem jedes Jahr die Kulturfolge vermerkt wird. Notiert wird auch, welche Beete gekalkt oder mit Stallmist versorgt wurden, um Unverträglichkeiten auszuschließen.

# 2.3  Mischkultur

Diese Art der Gartenbewirtschaftung hat zum Ziel, Pflanzen so anzubauen, daß sie sich gegenseitig positiv beeinflussen. Oberflächlich nehmen sie Einfluß aufeinander durch ihre Duftstoffe, die bestimmte Schädlinge abhalten, unterirdisch durch ihre unterschiedlichen Nährstoffansprüche und durch Ausscheidungen der Wurzeln. Eine erfolgreiche Methode der Mischkultur ist die Methode nach Gertrud Franck.

## Anlage

Nicht in Beeten, sondern in einzelnen Reihen mit Zwischenraum werden die Gemüsearten angepflanzt. Wichtig ist bei der Mischkultur auch, daß der Boden das ganze Jahr über bestellt ist und zwischen den einzelnen Reihen laufend mit Oberflächenkompost gemulcht wird. Zum Mulchen kann alles verwendet werden, was zu Kompost wird, z. B. Stroh, Mulchsaaten, Gemüserückstände.

## Anbau

Im Frühjahr werden auf der ganzen Gartenfläche Spinatreihen im Abstand von 50 cm ausgesät. Diese Einsaat dient der Einteilung des Gartens und der Versorgung des Bodens mit Mulchmaterial; sie verhindert starkes Austrocknen des Bodens und hält Schädlinge ab. Der aufgewachsene Spinat wird abgeschnittten und liegen gelassen. Was vorher Spinatreihe war, wird nun Gehweg zwischen den Gemüsereihen. Zwischen die Spinatreihen werden die gewünschten Kulturen gesät oder gepflanzt. Bevor die Kulturen eingepflanzt werden, sollten Sie überlegen, welche Gemüse Sie im Garten haben wollen und wann der Sä- bzw. Erntezeitpunkt ist. Zeichnen Sie auf einem Blatt Papier die Anzahl der vorhandenen Reihen ein. Heben Sie diesen Plan auf alle Fälle gut auf.

Gartenplan einer Mischkultur nach der Franck-Methode

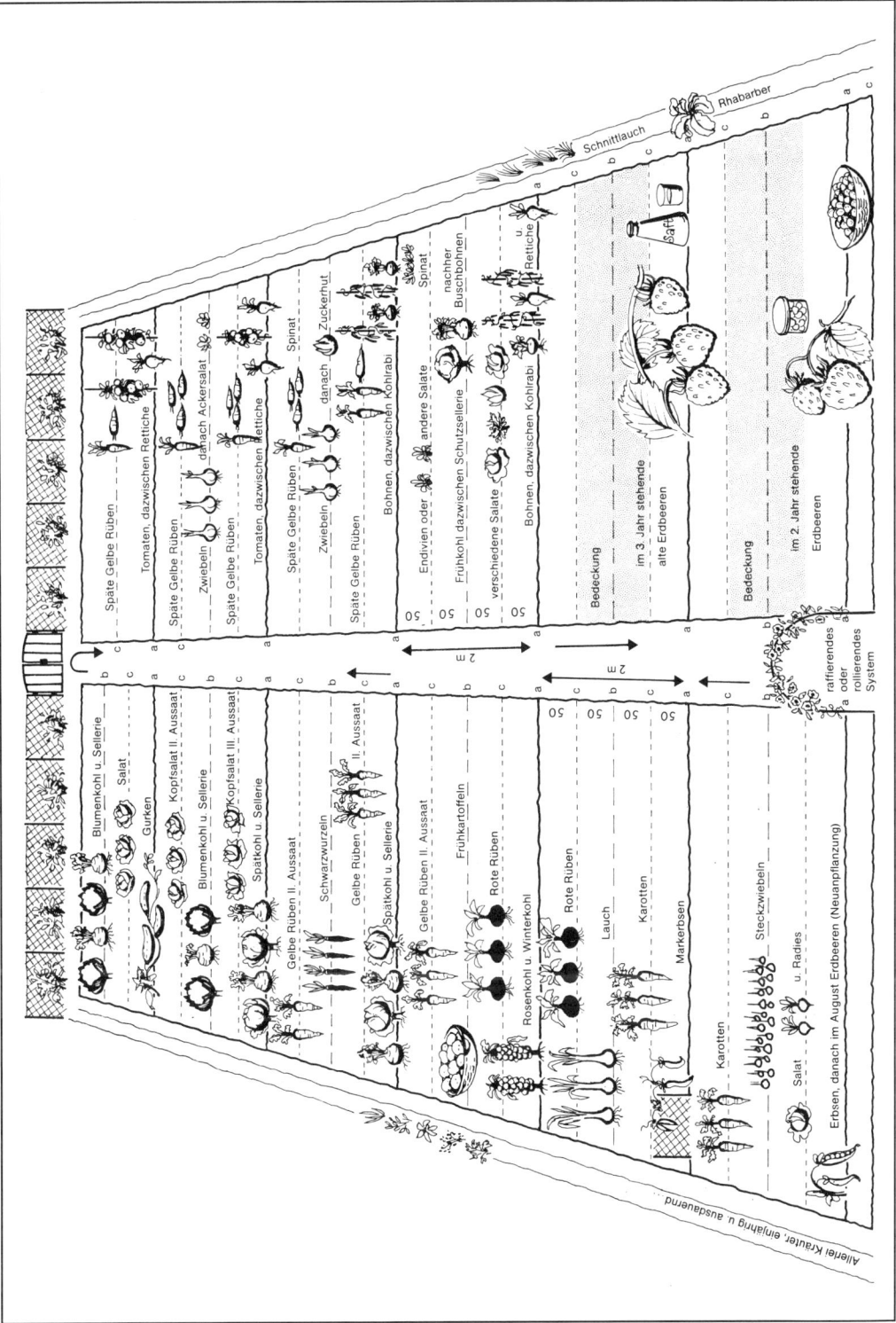

In die *Haupt- oder a-Reihen* kommen Kulturen, die nur kurze Zeit eine Vorfrucht haben, ab Mitte Mai bis Ende des Jahres also den Platz brauchen. Diese a-Reihen sind jeweils 2 Meter voneinander entfernt. Angebaut werden hier z. B. Tomaten, Stangenbohnen, Gurken, später Weißkohl, evt. Kartoffeln, Zucchini.

Zwischen zwei a-Reihen liegt in der Mitte zunächst die *b-Reihe*, sie bietet Platz für Gemüsearten, die entweder in der ersten oder zweiten Hälfte der Vegetationszeit wachsen, z. B. Lauch, Zwiebeln, Schwarzwurzeln, Blumenkohl, Sellerie, Buschbohnen, Frühkohl, Rote Rüben, Erbsen. Jede dieser b-Reihen kann mindestens zweimal eine Ernte tragen.

Zwischen a- und b-Reihen liegen die *c-Reihen*, sie sind in doppelter Anzahl vorhanden. Auf ihnen werden Kulturen mit kurzer Wachstumszeit und verhältnismäßig kleinem Wuchs angebaut. Diese c-Reihen tragen zwei, oft drei Ernten, z. B. mittelfrühe oder späte Möhren, Salate, Endivien, Kohlrabi, Fenchel. Die c-Reihe wird nur einmal bestellt, wenn die a-Reihe (= Hauptkultur) Gurken trägt, denn diese brauchen viel Platz.

Damit auch im Garten sichtbar ist, welche Reihe wofür verwendet werden kann, sollte am Reihenende jeweils ein Etikett mit den Buchstaben a, b oder c eingesteckt werden, welches das ganze Jahr über im Boden bleibt.

Die Bodenbearbeitungsmethode ist die gleiche wie beim üblichen biologischen Gartenbau, d. h., es wird nicht umgestochen, sondern nur mit der Grabgabel gelockert.

Bei dieser Anbaumethode wird der Gartenboden wesentlich besser ausgenützt als bei der üblichen Beetmethode mit Zwischenwegen. Auch der notwendige Fruchtwechsel ist gegeben, weil sich die

Reihen jährlich 25 cm nach rechts oder links verschieben.

Auch bei dieser Methode muß Rücksicht auf *Verträglichkeit* der einzelnen Gemüsearten *untereinander* genommen werden. Es dürfen also niemals Bohnen, Kohl und Kartoffeln neben Zwiebelgewächsen angebaut werden. Ebenso vertragen sich Rote Bete und Rotkohl nicht mit Tomaten und Petersilie nicht mit Kopfsalat.

Sogenannte *Abwehrpflanzen* werden angebaut, um gefährdete Pflanzen vor Schädlingen oder Krankheiten zu schützen. Eine besondere Rolle spielt dabei Knollensellerie, der bei allen Kohlarten gegen Raupen schützt (»Schutzsellerie«). Aber auch Kräuter und Gewürze erfüllen ihre Dienste im Pflanzenschutz.

**Abwehrpflanzen mit besonderer Bedeutung**

| Abwehrpflanzen | Nützliche Wirkung gegen |
|---|---|
| Schnittsellerie | Erdflöhe, Raupen |
| Zwiebeln in Erdbeerkulturen | Schnecken, Grauschimmel |
| Salbei, Pfefferminze, Thymian | Kohlweißling |
| Bohnenkraut zwischen Bohnen | Schwarze Bohnenlaus |
| Kapuzinerkresse | Blattläuse |
| Basilikum | Mehltau an Gurken |
| Sellerie zu Blumenkohl | Sellerieblattfleckenkrankheit, Raupen an Blumenkohl |
| Zwiebel zu Möhren (Gelbe Rüben) | Zwiebelfliege an Zwiebeln, Möhrenfliege an Gelben Rüben |

## 2.4 Aussaat und Pflanzung

### *Saatgut*

Samen sollte jedes Jahr neu gekauft werden, da seine Keimfähigkeit schnell abnimmt. Zu Hause muß er trocken, luftig und dunkel gelagert werden. Neben den üblichen Samentüten wird auch auf *Saatbändern* (Samen sind bereits im richtigen Säabstand auf Papierbändern befestigt) oder *piliert* (jedes Samenkorn ist mit einer sich später zersetzenden Hülle umgeben) angeboten. Letztere haben besonders bei Pflanzen mit sehr feinen Samen wie Möhren oder Sellerie den Vorteil, daß sie besser dosiert und genauer ausgesät werden können. Saatgutreste werden trocken und kühl aufbewahrt.

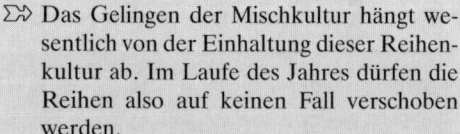

**Wichtige Hinweise**

▷ Das Gelingen der Mischkultur hängt wesentlich von der Einhaltung dieser Reihenkultur ab. Im Laufe des Jahres dürfen die Reihen also auf keinen Fall verschoben werden.

▷ Auf allen Gemüsereihen, die im Frühjahr nicht sofort angesät oder bepflanzt werden, wird Senf als Gründüngung eingesät, damit der Boden beschattet und durchwurzelt ist. Ebenso auf den Gemüsereihen, die im Spätsommer oder Frühherbst nicht mehr mit irgendeinem Gemüse angesät oder bepflanzt werden.

## Anzucht im Gefäß

Anzuchtgefäße müssen wasserdurchlässig sein, notfalls bohrt man selbst Wasserabzugslöcher. Es eignen sich Schalen aus Kunststoff oder Styropor, Multitopfplatten, Tontöpfe oder auch Plastikbecher, letztere besonders für größere Samen, wie z. B. Rettich, oder auch zum Pikieren.

Wärmeliebende Kulturen wie Sellerie, Gurken, Tomaten oder Paprika werden am besten im Zimmer oder auch im Frühbeetkasten oder Kleingewächshaus vorgezogen.

Zur Anzucht werden die Gefäße mit ungedüngter Erde so weit gefüllt, daß ein etwa 1 cm breiter Gießrand bleibt. Die Samen werden möglichst gleichmäßig und dünn ausgestreut, mit feiner Erde übersiebt und mit einem Brettchen angedrückt. Anschließend wird angegossen.

In Einzeltöpfe werden am besten nur zwei bis drei Samen (z. B. Rettich) gelegt und später das kräftigste belassen. Für die Saattiefe gilt als Faustregel: zwei- bis dreimal so tief säen wie der Same

groß ist. Auf einem Etikett werden der Name und das Datum vermerkt. Nach der Keimung werden die Gefäße hell aufgestellt und die Oberflächen feucht gehalten.

## Aussaat im Freiland

Das Saatgut wird gleichmäßig dünn in vorgezogene Rillen (je nach Pflanzenart 1–3 cm tief) gestreut und mit dem Rechenrücken festgedrückt. Anschließend wird die Beetoberfläche wieder geebnet und angegossen. Die meisten Gemüsearten keimen am besten in 2–3 cm Tiefe; Pillensaatgut darf nur maximal 1 cm tief abgelegt werden und muß gut feucht gehalten werden.

### Pikieren

Sobald sich das erste Laubblattpaar zeigt, muß pikiert, das heißt auseinander gepflanzt werden. Die Pflanzen bekommen dadurch mehr Platz und werden kräftiger. Je nach Pflanzenart beträgt der

### Aussaattabelle und Kulturanleitung für Gemüse

| Gemüseart | Keimdauer (Tage) | Reihenabstand (cm) | Aussaatzeit | Vorkultur |
|---|---|---|---|---|
| Artischocken | 15–25 | 80 | II/Anf. V | △ |
| Auberginen | 12–25 | 40 | II/III | △ |
| Bohnen (Busch-) | 7–15 | 30 | Anf. V/Mitte VII | ≡ |
| Bohnen (Stangen-) | 10–20 | 80 | Mitte V | ≡ |
| Bohnen (Puff-, Dicke-) | 10–20 | 30–40 | Ende II/III | ≡ |
| Erbsen | 7–15 | 20–30 | Anf. IV | ≡ |
| Erdbeeren (Monats-) | 20–30 | 40 | II–III | △ |
| Feldsalat, Rapunzel | 25–35 | 10–15 | VIII–Anf. X | ≡ |
| Fenchel (Knollen-) | 15–25 | 30–40 | Ende VI/VII | ≡ |
| Gartenmelde | 20–30 | 30–40 | IV–V | ≡ |
| Gurken (Freiland-) | 6–15 | 100 | Mitte V | ≡ ∩ |
| Gurken (Treibhaus-) | 6–15 | 100 | II/V | △ |
| Kohl (Blumen-) | 5–15 | 50 | II–Mitte V | □ ≡ ∩ |
| Kohl (Brokkoli) | 5–15 | 40–50 | IV/V | □ ≡ ∩ |
| Kohl (China-) | 5–15 | 30–40 | Mitte VII/Anf. VIII | ≡ |
| Kohl (Kohlrabi) | 5–15 | 30 | Anf. IV/VI | □ ≡ ∩ |

## Aussaattabelle und Kulturanleitung für Gemüse (Fortsetzung)

| Gemüseart | Keimdauer (Tage) | Reihen-abstand (cm) | Aussaatzeit | Vorkultur |
|---|---|---|---|---|
| Kohl (Rosen-) | 6–15 | 60 | IV | ≡ |
| Kohl (Weiß- und Rot-) | 8–16 | 50 | I/V | ≡ |
| Mangold | 10–20 | 30 | III–X | ≡ ∩ △ |
| Melonen | 8–20 | 100 | Ende IV/Anf. V | △ ∩ |
| Möhren | 14–28 | 30 | III/Ende VI | ≡ |
| Paprika | 10–20 | 60 | Mitte II/Anf. III | △ |
| Petersilie | 14–30 | 20 | Ende III/VIII | ≡ |
| Porree | 14–25 | 40–50 | Ende III/VI | ≡ |
| Radieschen | 6–14 | 20 | Ende I/Mitte VIII | ≡ □ △ ∩ |
| Rettich | 6–14 | 30 | III/VIII | △ ∩ ≡ |
| Rote Rüben | 10–20 | 25 | IV/VI | ≡ |
| Salat (Kopf-) | 10–15 | 30 | III/Mitte VII (△:X/II) | ≡ ∩ □ △ |
| Salat (Eis-) | 10–15 | 40 | IV/Anf. VI | ≡ ∩ |
| Salat (Chicorée-) | 8–15 | 40 | IV/V | ≡ |
| Salat (Endivien-) | 8–15 | 30–40 | Mitte VI–Anf. VII | ≡ |
| Salat (Löwenzahn-) | 10–30 | 40 | III–VIII | ≡ ∩ |
| Salat (Radicchio-) | 10–16 | 25 | V/Ende VI | ≡ |
| Salat (Zuckerhut-) | 10–16 | 30 | Mitte VI/Mitte VII | ≡ |
| Schwarzwurzel | 14–25 | 40 | IV–V | ≡ |
| Sellerie (Bleich-) | 18–30 | 30 | Ende II/Ende III | ≡ |
| Sellerie (Knollen-) | 18–30 | 40 | III | △ □ |
| Spargel | 22–35 | 80 | III–IV | △ □ |
| Spinat | 8–20 | 20 | Ende III/Anf. V | ≡ ∩ |
| Spinat (Neuseeländer) | 15–40 | 25 | III–V | △ |
| Tomaten | 8–20 | 80 | Anf. III | △ |
| Zwiebeln | 14–30 | 30 | III–IV | ≡ |
| Zucchini und Kürbis | 6–15 | 80 | Ende IV/Ende V | △ ≡ |
| Zuckermais | 10–20 | 80 | Ende IV/Ende V | △ ≡ |

≡ Direktsaat im Freien   □ Anzucht im Frühbeet   △ Anzucht unter Glas   ∩ Anzucht unter Folie oder Tunnel

Abstand 3–4 cm. Ähnlich dem Pikieren ist das *Verziehen* oder *Vereinzeln* der Pflanzen in den Saatreihen. Dabei werden zu dicht stehende Pflanzen entfernt, so daß der Endabstand erreicht wird.

## Auspflanzen

Vor dem Auspflanzen ins Freiland müssen die im Zimmer, Frühbeet oder Kleingewächshaus vorkultivierten Jungpflanzen abgehärtet werden durch häufiges Lüften.

Wenn der Boden sehr feinkrümelig und locker ist, kann zum Pflanzen mit den Fingern ein Loch gemacht werden. Ansonsten ist besser ein Pflanzholz zu verwenden. Der Pflanzabstand richtet sich nach den Gemüsearten. Zu berücksichtigen ist, daß manche Gemüse tiefer, z. B. Porree, Tomaten oder Kohlarten außer Kohlrabi, und manche flacher gepflanzt werden wollen, z. B. Sellerie, Salat oder Zwiebeln. Zum Schluß wird jede Pflanze einzeln (ohne Brausekopf der Gießkanne) angegossen, so daß die Wurzeln fest mit Erde umgeben sind.

# 2.5 Ernteverfrühung, Ernteverlängerung

Gemüse, die schon Ende März oder Anfang April gepflanzt oder gesät werden, können mit Hilfe verschiedener Abdeckungen bis zu vierzehn Tage früher geerntet werden. Höhere Boden- und Lufttemperaturen tragen zu dieser Kulturzeitverkürzung bei. Wärmeliebende Kulturen wie Gurken, Tomaten oder Paprika sind für eine Überdachung während der ganzen Kulturzeit dankbar.

## Folien und Vliese

Folie oder Vlies werden sofort nach der Saat oder Pflanzung über das Beet gebreitet und an den Rändern fest gemacht. Vor dem Auflegen muß durchdringend gewässert werden. Folien und Vliese dürfen nur an Tagen mit bedecktem Himmel abgenommen werden, damit Verbrennungen oder Trockenschäden durch Sonne und Wind vermieden werden. Die Pflanzen müssen sich erst langsam an die neuen Klimaverhältnisse anpassen.

Es sind gelochte oder geschlitzte Folien (= wachsende Folie) im Handel. Beide haben die gleiche Wirkung.

## Folientunnel

Die Folie wird über Drahtbögen gespannt, die einfach quer über das Beet in die Erde gesteckt sind. Die Länge ist dadurch variabel. Solche Folientunnel werden nicht nur zur Ernteverfrühung im Frühjahr verwendet, sondern bieten sich auch für Tomaten, Gurken oder Paprika als Überdachung während der Kulturzeit an. Regelmäßiges Lüften, vor allem an sonnigen Tagen, ist erforderlich.

## Frühbeet

Im Frühbeet ist durch die Abdeckung mit Glasfenstern eine noch stärkere Erwärmung gegeben. Bereits Ende Februar kann es bepflanzt werden. Eine Mistpackung, die im Herbst eingearbeitet wird *(Mistbeet)*, steigert den Verfrühungseffekt noch mehr. Bodenwärme (die sogenannten »warmen Füße«) sorgt für rasches Pflanzenwachstum. Bevor im Frühbeet gepflanzt wird, kann mit warmem Wasser gegossen werden, sodaß die wachstumsfördernde Wirkung noch gesteigert wird.

Will man das Frühbeet nicht selber bauen, sind eine Vielzahl praktischer Modelle, selbstlüftend oder auch beheizbar, im Fachhandel erhältlich.

## Kleingewächshaus

Ein geschützter Anbau unabhängig von der Witterung bietet viele Vorteile: kürzere Kulturdauer, häufigere Ernten, kontrollierte Steuerung von Wasser und Temperatur. Beim Kauf sollte darauf geachtet werden, daß die Metallteile aus Aluminium oder feuerverzinkt sind. Weiter ist eine Schattierung vorteilhaft, für die Winternutzung sollte eine Isolierung vorhanden sein. Als Bedachungsmaterial haben sich Glas oder Stegdoppelplatten bewährt. Folien sind zwar billiger, aber weniger haltbar. Gewächshäuser müssen regelmäßig gelüftet werden; verschiedene Modelle machen dies automatisch. Regelmäßiges Lüften ist vor allem bei Tomatenkultur sehr wichtig, damit nicht durch zu hohe Luftfeuchtigkeit Braunfäule auftritt.

Auf Schädlinge muß im Gewächshaus besonders geachtet werden. Unter diesen günstigen klimatischen Verhältnissen, vor allem den höheren Temperaturen, fühlen sie sich sehr wohl und vermehren sich mit enormer Geschwindigkeit (innerhalb weniger Tage). Häufig treten dabei die Weiße Fliege (= Kohlmottenschildlaus) an Tomaten, Spinnmilben an Bohnen und Gurken und Blattläuse an Paprika auf.

# 3 Pflanzenschutz

Im Garten als Lebensraum verschiedener Tier-
und Pflanzenarten stehen diese in sich ergänzen-
der, sinnvoller Weise in wechselseitiger Beziehung. Sie alle sind Glieder eines fein verzahnten
Kreislaufs. Jegliche Bekämpfung einer Krankheit
oder eines Schädlings stellt einen Eingriff in dieses
System dar. Dennoch möchte man seinen Fleiß
und seine Bemühungen um die Kulturen durch
ansprechende Früchte und hohe Erträge belohnt
wissen. Aber gerade beim Anbau im Garten, wo
es nicht um den Verkauf der Ware, sondern um
deren Qualität geht, sollte man unbedingt mit den
Methoden des *integrierten Pflanzenschutzes* arbeiten. Er stellt die aktuelle Form des Pflanzenschutzes dar. Ein Anhaltspunkt ist dabei die »wirtschaftliche Schadensschwelle«, das ist der Wert,
ab dem der Pflanzenschaden so hoch liegt, daß
eine Bekämpfung des Schädlings oder der Krankheit notwendig wird. Es geht also nicht darum,
alle Blattläuse, Raupen oder andere Schadorganismen auszurotten, sondern vielmehr darum,
den Befall und die damit verbundenen Schäden in
einem vertretbaren Rahmen zu halten.
Der integrierte Pflanzenschutz legt besonderen
Wert auf die Ausnutzung natürlicher Begren-
zungsfaktoren (z. B. Raubmilben, die Spinnmilben verzehren) und vorbeugender Maßnahmen,
ohne die sachgemäße chemische Bekämpfung als
letzte verbleibende Methode auszuschließen.
Sorgfältiges Beobachten der Pflanzen ist Voraussetzung für ein gutes Gelingen des integrierten
Pflanzenschutzes.

## 3.1 Vorbeugende Maßnahmen

Schädlinge und Krankheiten treten vor allem
dann auf, wenn die Pflanzen z. B. schlechte
Wachstumsbedingungen vorfinden. Bodenbear-
beitung, Anbau und Pflege ist deshalb große Bedeutung zuzumessen.

### Boden
Der Boden sollte günstige physikalische und chemische Eigenschaften aufweisen, gegebenenfalls
muß er entsprechend aufbereitet werden:

● Humusreich (Kompostgaben, Stallmist,
Mulch, Gründüngung usw.),
● belebt,

● ausreichende Speicherkapazität für Wasser
und Nährstoffe,
● günstige Krümelstruktur,
● pH-Wert muß pflanzengerecht sein.

### Fruchtwechsel und Mischkulturen
Der Wechsel der Kulturflächen und der Anbau
von verschiedenen Pflanzenarten aus verschiedenen Familien tragen wesentlich zur Gesundheit
der Kulturpflanzen bei. Die Nachbarschaft von
verschiedenen Pflanzen kann Krankheiten und
Schädlinge *fördern*:

▷ Birnengitterrost        – Wacholder
                             (Gemeiner Sadebaum)
▷ Säulenrost an
  Schwarzer
  Johannisbeere          – Weymouthskiefer
▷ Salatwurzellaus         – Pappel

*oder hemmen/mindern:*

▷ Zwiebelfliege           – Möhren
▷ Älchenbefall,
  z. B. an Phlox          – Tagetes

### Kulturtechnische Maßnahmen
● Standortgerecht pflanzen, z. B. die wärme-
liebenden Tomaten und Gurken an eine windgeschützte, sonnige Stelle.
● Ausreichende Pflanz- und Säabstände wählen, weil die Pflanzen zur Entwicklung Platz
brauchen. Zu geringe Pflanzabstände führen zu
Geilwuchs und begünstigen Pilzkrankheiten
(z. B. Grauschimmel).
● Hygiene: kranke Pflanzen werden nicht kompostiert, sondern wandern in den Müll oder werden verbrannt; krankheitsverdächtige Pflanzen
werden am Schluß bearbeitet, um eine eventuelle Ausbreitung der Krankheit zu verhindern.
● Ausgewogene Düngung (Bodenuntersuchung!), nicht zuviel Stickstoff geben.

### Sortenwahl
Es sollten bevorzugt Sorten angebaut werden, die
gesund und gegen bestimmte Krankheiten und
Schädlinge widerstandsfähig sind.

# 3.2 Biologische Schädlingsbekämpfung

In der Natur haben Schadorganismen natürliche Gegenspieler, die einer Übervermehrung entgegenwirken. Diese Nutzorganismen, darunter viele Insekten und Kleinstlebewesen, anzusiedeln, zu schonen und zu fördern, muß das Ziel sein. Es erfordert Geduld, bis sich ein Gleichgewicht zwischen Schädlingen und Nützlingen eingespielt hat.

## Einsatz von Nutzorganismen

Neben dem mehr oder weniger der Natur überlassenen Bekämpfungserfolg gibt es auch die Möglichkeit, Nutzorganismen gezielt zu vermehren und einzusetzen (z.B. Florfliegen, Gallmücken oder Raubmilben). Da der Einsatz dieser Nützlinge unbedenklich und für die menschliche Gesundheit unschädlich ist, wird diese Methode z.B. im Gemüseanbau unter Glas eingesetzt. Bekannte Beispiele hierfür sind:

● Marienkäfer, Florfliege, Gallmücken (auch die Larven), Schwebfliege gegen Blattläuse.
● Raubmilben gegen Spinnmilben.
● Schlupfwespe gegen Weiße Fliege.
● Granulosevirus gegen Apfelwickler (»Obstmade«).
● Nematoden-Arten gegen Larven des Dickmaulrüsslers.
● Bacillus thuringiensis gegen Schmetterlingsraupen, z.B. Kohlweißling.

Weitere Nützlinge im Garten sind z.B. der Igel im Kampf gegen die Schnecken, die Maulwürfe, Laufkäfer, Ohrwürmer, Raubwanzen und nicht zuletzt die Vögel.
Beim Einsatz dieser Verfahren wird die Lockwirkung bestimmter Reize auf die Schadorganismen ausgenutzt. Beispiele sind:

● Gelbtafeln gegen Weiße Fliege, Trauermücke, geflügelte Blattläuse.
● Bierfallen gegen Schnecken.
● Kirschfliegenfallen gegen Kirschfruchtfliege.

## Selbstgemachte Spritzbrühen

Pflanzliche Zubereitungen als Tee, Brühe oder Jauche dienen der Düngung und der Pflanzenstärkung, zum Teil auch der direkten Krankheits- und Schädlingsbekämpfung.

**Tee**
Frische oder getrocknete Kräuter überbrühen, 24 Stunden stehen lassen.

**Brühe**
Ansetzen wie Tee, danach 20 Minuten bei schwacher Hitzezufuhr köcheln, abkühlen lassen.

**Jauche (vergorene)**
Kräuter (z.B. Brennessel) mit (Regen)wasser bedecken, täglich ein- bis zweimal umrühren; 2 Wochen stehen lassen, bis sie nicht mehr schäumen. Nur verdünnt (1:10) anwenden, sonst können Pflanzenschäden auftreten.

● Brennessel: Jauche als allgemeine Düngung und Pflanzenstärkung.
● Schachtelhalm: Jauche oder Brühe gegen Mehltau, Rost, Schorf.
● Rainfarn: Tee oder Brühe gegen Mehltau, Rost, Milben.
● Knoblauch, Zwiebel: Jauche, pilztötende Wirkung.

Biologische Pflanzenschutzpräparate und Pflanzenstärkungsmittel sind auch im Fachhandel erhältlich.
Mit gutem Erfolg kann gegen Läuse auch eine selbstgemachte *Schmierseifenlösung* angewendet werden, nämlich 20 Gramm Schmierseife in 1 Liter warmem Wasser lösen und 20 Milliliter Spiritus dazugeben. Da bei empfindlichen Pflanzen Schäden auftreten können, empfiehlt es sich, eine Probespritzung zu machen.

# 3.3 Mechanische Abwehrmethoden

Im Garten ist es möglich, durch einfache mechanische Hilfsmittel Pflanzenschäden zu mindern. So ist der sicherste Schutz vor Wühlmäusen noch immer die altbewährte Falle. Gegen Frostspanner, Apfelwickler (»Obstmade«) und andere überwinternde Schädlinge, die den Stamm entlang in die Krone wandern, werden Anfang Oktober Leimringe angelegt. Im Frühjahr entfernt man diese wieder und vernichtet die darunter befindlichen Larven. Den Sommer über halten Leimringe Ameisen, die bei Blattlausbesiedelung zahlreich anzutreffen sind, davon ab, in die Krone hochzuwandern.
Gegen Schnecken haben sich Schneckenzäune oder überdachte Schneckenfallen bewährt. Auch

mit alten Brettern, unter denen sie sich tagsüber aufhalten, können sie geködert und abgesammelt werden.

Wild wird durch Zäune von Obstbäumen und dem Gemüsegarten fern gehalten. Vogelschutznetze für Kirschen und Beerensträucher und spezielle Netze oder Vliese zur Abwehr von Gemüsefliegen (z. B. Kohlfliege), die sofort nach der Pflanzung ausgebracht werden müssen, sind weitere Möglichkeiten mechanischer Abwehr.

## 3.4 Chemische Bekämpfung

Der Einsatz von chemischen Pflanzenschutzmitteln ist immer mit einem gesundheitlichen Risiko behaftet, so daß solche Präparate im Garten nur als Notmaßnahme und nach Ausschöpfung der bereits genannten Alternativen angewendet werden sollten. Die auf den Packungen angegebenen Wartezeiten sind unbedingt einzuhalten. Um eine Abdrift auf Nachbarkulturen zu vermeiden und um den Anwender nicht unnötig zu gefährden, darf nur bei Windstille gespritzt werden. Ansonsten sind die genauen Vorschriften der Gebrauchsanweisung strengstens zu beachten.

### ➤➤    Wichtige Hinweise    ◀◀

↘ Pflanzenschutzmittel müssen kindersicher und von Lebensmitteln getrennt in einem abschließbaren Schrank gelagert werden.

↘ Sie sind immer in den Originalpackungen aufzubewahren und dürfen niemals in gebräuchliche Getränkeflaschen umgefüllt werden.

↘ Es sollte immer nur so viel Spritzbrühe angesetzt werden, wie für die zu behandelnden Pflanzen benötigt wird; Restmengen dürfen nicht ins Grundwasser gelangen und auf gar keinen Fall in offene Gewässer (wie z. B. den nahegelegenen Bach) geschüttet werden.

Ist der Einsatz chemischer Pflanzenschutzmittel im Garten als letzte Möglichkeit nötig, so sollten Mittel zur Anwendung kommen, die nicht mit dem Gefahrensymbol »T« (= Totenkopf, giftig, höchste Gefahrenklasse) gekennzeichnet sind, die nützlingsschonend und nicht bienengefährlich sind und eine kurze Wartezeit haben. Alle genannten Forderungen lassen sich kaum mit einem Mittel erfüllen. Zur genauen Diagnose des Scha-

dens und dessen Ursache sollte man geschädigte Pflanzenteile zum Kauf des Pflanzenschutzmittels mitbringen. Auf diese Weise kann eine sachgemäße Beratung zur Wahl des richtigen Mittels beitragen.

Folgende chemische Pflanzenschutzmittel sind zu unterscheiden:

● Fungizide = pilztötende Mittel.
● Akarizide = milbentötende Mittel.
● Insektizide = insektentötende Mittel.
● Herbizide = (Un)krauttötende Mittel.

Auf den Einsatz von Herbiziden sollte im Hausgarten verzichtet werden. Diese Mittel verursachen bei Haustieren wunde Pfoten, wenn sie über frisch behandelte Flächen laufen, und sind oft bienengefährlich. Lästiges Unkraut auf Gartenflächen kann sehr gut durch Bodenbedeckung (mulchen, dichter Pflanzenbestand) unterdrückt werden. Ansonsten erfaßt man es am besten durch Hacken, wobei die Wurzeln von sogenannten Wurzelunkräutern wie Quecke oder Giersch sorgfältig ausgelesen werden sollten.

# 4 Kultur der wichtigsten Gemüsearten und Kräuter

Der Pflanzenschutz und seine Maßnahmen bei den folgenden Kulturarten setzt die auf Seite 457 dargestellten Informationen zum biologischen Pflanzenschutz voraus. Darüber hinaus werden hier weitere biologische, für schweren Befall auch chemische Maßnahmen beschrieben.

## 4.1 Blattgemüse

### Kopfsalat

Kopfsalat dient häufig als Lückenfüller, weil er rasch wächst und vorübergehend ungenutzte Flächen gut damit bestellt werden können. Von der Pflanzung bis zur Ernte vergehen je nach Jahreszeit 5–7 Wochen, er wird häufig als Vorfrucht gepflanzt, wächst aber auch sehr gut an Beeträndern oder als Zwischenkultur, z. B. bei Kohlarten.

## Pflanzung

Für die erste Freiland-Pflanzung die Pflanzen zukaufen, später können sie selber gezogen werden. Kurze, gedrungene Pflanzen wachsen besser an als sehr lange Pflanzen. Je nach Haushaltsgröße werden jeweils 10–20 Pflanzen ausgepflanzt. Damit lückenlos Pflanzen zur Verfügung stehen, im Abstand von etwa zwei Wochen säen, die Sorte entsprechend der Jahreszeit wählen, bei falscher Sortenwahl schießt Salat sehr schnell. Die Jungpflanzenanzucht dauert im April ca. 5 Wochen, ab Mai nur noch 3–4 Wochen. Der letzte Pflanztermin liegt Anfang bis Mitte August.

Zu beachten ist, daß die Pflanzen so flach wie möglich gepflanzt werden.

*Pflanzabstände:* Frühsorten 25 × 25 cm, späte Sorten 25 × 30 cm.

Kopfsalat wächst auf allen Bodenarten gut, vorausgesetzt, er wird gut feucht gehalten. Gießen Sie aber nicht täglich, sondern in mehrtägigen Abständen. Tägliches Befeuchten fördert Salatfäule und andere Krankheiten. Nicht in der Mittagshitze und nicht zu spät abends gießen, die Pflanzen sollen »trocken in die Nacht gehen«.

## Pflanzenschutz

### Salatfäule

Blätter werden welk, der Wurzelhals fault. Befallene Pflanzen mit dem Wurzelballen in die Mülltonne geben, nicht kompostieren. Vorbeugend mit reichlich Kompost versorgen und nicht zu spät abends gießen. Bei stark befallenen Beeten 2–3 Jahre keinen Salat pflanzen.

### Blattläuse

Sie treten oft auf bei feuchter Witterung oder schattigem Standort. Spritzung mit einem Insektizid ist möglich, es ist jedoch zu überlegen, ob der wirtschaftliche Schaden wirklich so hoch ist, daß gespritzt werden muß.

### Drahtwürmer, Erdraupen, Engerlinge

Die Pflanzen welken ab. Befallene Pflanzen sofort mit dem Wurzelballen entfernen, die Larven aus dem Boden aussuchen und töten.

### Schnecken

Unregelmäßige Fraßstellen und Kotspuren. Biologische Bekämpfung durch Absammeln, Laufenten, Bierfallen sind anzuraten. Schneckenkorn wird ebenfalls häufig angewendet, es ist jedoch sehr giftig; auf keinen Fall zwischen die Salatköpfe streuen, sondern an den Rand des Beetes.

## Eissalat

Eissalat steht wechselhafte Witterung und vor allem hochsommerliche Temperaturen besser durch als Kopfsalat, er hat aber eine etwas längere Wachstumszeit.

## Pflanzung

Von Frühjahr bis Herbst. Die Pflanzen können wie bei Kopfsalat selbst herangezogen werden. Günstig ist die Anzucht in Töpfchen: 2–3 Samen säen, eine Pflanze stehen lassen, die sich kräftig entwickeln kann und auf dem Beet schnell anwächst.

*Pflanzabstände:* 30 × 40 cm.

## Schnittsalat

Schnittsalat bildet keine Köpfe. Er wächst sehr schnell und kann bereits zeitig im Frühjahr ins Freiland gesät werden (März/April). Die Wachstumszeit beträgt 4–6 Wochen, nach dem Abschneiden wächst er nicht mehr nach.

## Aussaat

Gesät wird in Reihen mit 15 cm Abstand (je m² Saatfläche 2 g Samen). Spezielles Saatgut ist nicht erforderlich, übriggebliebene Samen von Kopfsalat können verwendet werden. Wer laufend ernten möchte, sollte im Abstand von 10 Tagen säen. Da Schnittsalat wenig Platz braucht, eignet er sich als Zwischensaat bei anderen Gemüsearten.

## Pflücksalat

Pflücksalat bildet keine Köpfe, wächst aber nach, wenn die einzelnen Blätter geerntet werden. Die Nutzungsdauer ist also sehr lang.

## Aussaat

Gesät wird an Ort und Stelle in Reihen von 30 cm Abstand; nach dem Aufgehen wird auf ca. 20 cm in der Reihe verzogen. Natürlich kann Pflücksalat auch gepflanzt werden. Die Wachstumszeit beträgt 6–8 Wochen, geerntet werden die Blätter von unten nach oben. Wenn sich die Pflanzen mit der Zeit erschöpfen, im Sommer neu aussäen. Pflücksalat ist eine geeignete Vorkultur, z. B. vor Tomaten, Gurken, Sellerie, Stangenbohnen sowie eine gute Zwischenkultur zwischen Gurken oder Rosenkohl.

## Römischer Salat (Bindesalat)

Römischer Salat ist mit dem Kopfsalat verwandt, die kräftigen, dunkelgrünen Blätter schmecken jedoch würziger. Der robuste Salat erreicht bei guten Anbaubedingungen ein Gewicht von bis zu 1 kg pro Kopf. Er verträgt Hitze sehr gut, ist aber im Frühjahr etwas kälteempfindlich.

### Aussaat

Ab Mitte April im Gewächshaus. Ins Freiland gepflanzt wird Mitte Mai bis in den Herbst. Die Wachstumszeit beträgt 3 Monate. Selbstschließende Sorten erübrigen das Binden der Köpfe. An Boden und Pflege stellt er die gleichen Ansprüche wie Kopfsalat. Römischer Salat darf wegen der Gefahr des Mehltaubefalls nicht zu feucht gehalten werden; bei Befall nicht spritzen, sondern die äußeren Blätter verwerfen.
*Pflanzabstände:* 35 × 35 cm.

## Feldsalat

Feldsalat enthält von allen Salatsorten am meisten Eisen und Kalium. Der Anbau im Hausgarten lohnt sich besonders, weil Feldsalat im Gemüseladen sehr teuer ist.

### Aussaat

Feldsalat ist eine Nachkultur nach Bohnen, Zwiebeln, Gurken. Gesät wird von August bis Mitte September. Am besten wird zweimal gesät: erste Augusthälfte für die Herbsternte und Anfang September für die Frühjahrsernte. Nicht zu spät säen, sonst bilden sich im Frühjahr keine schönen Rosetten, und der Salat beginnt schnell zu blühen.
Feldsalat etwa 1 cm tief säen; wird er zu flach gesät, keimt er lückenhaft. Feldsalat muß während der Keimung außerdem gut feucht gehalten werden. Die richtige Saatgutmenge ist ebenfalls sehr wichtig, 2 g/m² haben sich als optimal erwiesen; stehen die Pflanzen zu dicht, können sie sich nicht richtig entwickeln und bekommen viele faulige, gelbliche Blätter.
Damit Feldsalat problemlos keimt, braucht er guten Bodenschluß. Dieser ist gegeben, wenn bereits eine Woche vor der Aussaat das Beet gelockert wird, die Erde kann sich setzen, aufgelaufenes Unkraut entfernt werden. Gesät werden kann breitwürfig oder in Reihen mit 8–10 cm Abstand. Nach der Saat die Erde festklopfen.

### Pflanzenschutz

Feldsalat wird vor allem bei zu dichter Saat leicht von Mehltau und Grauschimmel befallen. Von chemischer Bekämpfung ist abzuraten, weil mit Rückständen im Salat zu rechnen ist.

## Winterendivie

Winterendivie ist eine günstige Nachkultur. Sie hat einen leicht bitteren Geschmack, der durch Bleichen (Zusammenbinden der Köpfe) gemildert werden kann.

### Aussaat, Pflanzung

Die Aussaat erfolgt in der zweiten Junihälfte, ca. 4 Wochen später kann ausgepflanzt werden. Zu lang gewordene Blätter werden um ein Drittel abgeschnitten. Endivie möglichst flach pflanzen. Erntereif sind die Köpfe im Oktober/November.
*Pflanzabstände:* 30 × 30 cm. Bei diesem Abstand können sich die Pflanzen gut entwickeln und stehen eng genug, um in die Bleiche hineinzuwachsen, das heißt, sie stehen bei der Ernte so eng aneinander, daß die Innenblätter gebleicht werden. Wer nachhelfen möchte, kann je nach Verbrauch wöchentlich einige Köpfe mit Schnüren, Gummi usw. zubinden. Wichtig ist dabei, daß die Köpfe trocken sind.
Endivie verträgt leichten Frost, notfalls mit Folie abdecken.

### Pflanzenschutz

Die Wurzeln der Endivienpflanzen werden in warmen und trockenen Lagen von Läusen befallen, worauf die Pflanzen welken und absterben. Es gibt zugelassene Insektizide, die jedoch nur im Notfall angewendet werden sollten.

## Zichorie (Zuckerhut)

Zuckerhut eignet sich gut als Nachkultur nach frühem Blumenkohl, Kohlrabi, Kopfsalat.

### Aussaat, Pflanzung

Die Ausfälle sind am geringsten, wenn an Ort und Stelle gesät wird, und zwar in Reihen von 35 cm Abstand. Nach dem Aufgehen wird auf 35–40 cm in der Reihe vereinzelt. Wichtig ist bei Zichorie der Saattermin: Mitte bis Ende Juni. Früherer oder späterer Termin bringt schlechte Erträge.

Geerntet wird Anfang Oktober bis November. Zichorie verträgt Temperaturen bis −7 °C. Sie kann auch gepflanzt werden, jedoch meist mit geringem Erfolg, da die Pfahlwurzel schlecht anwächst.

## Pflanzenschutz

Zichorie wird kaum von Krankheiten oder Schädlingen befallen.

## Radicchio

Radicchio ist eine Salatart, die in den Gärten erst allmählich Einzug hält, obwohl sie keine besonderen Ansprüche stellt. Die Blätter sind rotviolett und schmecken herb bis bitter.

### Aussaat

Wie Zichorie wird auch Radicchio an Ort und Stelle gesät. Je nach gewünschtem Erntetermin wird im Juni (Herbsternte) oder Mitte Juli (Frühjahrsernte) gesät. Der Reihenabstand beträgt 15 cm; nach dem Aufgehen wird auf 15 cm in der Reihe vereinzelt. Über die Wintermonate die Beete mit Reisig abdecken; mit Folientunnel kann im Frühjahr die Ernte vorgezogen werden.

### Pflanzenschutz

Radicchio ist sehr widerstandsfähig.

## Chicorée

Chicorée gegenüber sind viele Hobbygärtner skeptisch. Die Kultur ist jedoch gar nicht so schwierig, wie weithin angenommen wird.
Die Kultur erfolgt in zwei Schritten: Im Sommer wächst Chicorée im Garten, ab Herbst treiben die Wurzeln in einem dunklen Raum.

### Aussaat

Mitte Mai, 2 cm tief mit einem Reihenabstand von 40 cm; nach dem Aufgehen auf etwa 10 cm in der Reihe vereinzeln. Chicorée wächst auf normalem Gartenboden, sehr schwere Lehmböden müssen mit Torf und Sand tief gelockert werden.

### Treiben der Chicorée-Wurzeln

Ende Oktober/Anfang November, wenn die Blätter absterben, werden die Wurzeln vorsichtig mit der Gabel ausgegraben, die Wurzelspitzen dürfen nicht verletzt werden. Anschließend werden sie samt den Blättern 6–8 Tage auf einen Haufen geschichtet. Nun die Blätter ca. 3 cm über der Wurzel abschneiden und die Wurzeln zum Treiben bringen. Wurzeln mit einem Durchmesser unter 3 cm aussortieren, am besten treiben solche mit 3–8 cm Durchmesser.
Zum Treiben eigenen sich ca. 40 cm große Holzkisten, Blech- oder Plastikeimer mit Abzugslöchern. Die Behälter werden in folgender Reihenfolge gefüllt:

● 10 cm hohe Schicht humose Erde,
● Rüben, senkrecht dicht aneinander eingestellt,
● 5 cm dicke Erdschicht, die kräftig angegossen wird,
● 20 cm hohe humose Erdschicht (keinen Sand oder Torf!).

Nun werden die Behälter in einen dunklen Raum von 12–17 °C gestellt, nach ca. 5 Wochen kann geerntet werden, zwischendurch leicht gießen. Damit nicht alle Wurzeln auf einmal treiben, einige Gefäße bei 1–3 °C im Keller lagern und bei Bedarf in den Treibraum bringen.

## Spinat

### Aussaat

Sie kann ab März erfolgen, Folgesaaten werden bis Ende April ausgeführt und im Spätsommer ab Anfang August. In der zweiten Septemberwoche wird gesät für die Ernte im Frühjahr. Saattiefe: 3 cm. Gesät wird in Reihen mit 20 cm Abstand. Nicht zu dicht säen, sonst besteht Mehltaugefahr; optimal ist eine Saatgutmenge von 5–6 g/m$^2$. Bevor gesät wird, muß das Beet sorgfältig vorbereitet werden, denn Spinat braucht guten Bodenschluß. Der Boden sollte sich vor der Aussaat schon gesetzt haben, das heißt, er sollte bereits einige Tage vor dem Säen (flach) bearbeitet worden sein. Nach dem Säen die Erde festklopfen. Auf die Fruchtfolge achten: nicht nach Spinat, Mangold oder Rote Rüben säen.

### Ernte

Im erntereifen Zustand bald ernten, da der Spinat bitter wird und schnell zu schießen beginnt.

## Mangold

Mangold ist eine Ganzjahreskultur, die den ganzen Sommer über geerntet werden kann.

### Aussaat

Ende April in Reihen von 30 cm Abstand, in der Reihe alle 25 cm 3 Samen einlegen (2 cm tief); nach dem Aufgehen auf 1 Pflanze vereinzeln, reichlich gießen.

### Ernte

8–10 Wochen nach der Aussaat kann geerntet werden. Es werden nur die äußeren Blätter abgenommen, nicht die Herzblätter, die Pflanze braucht sie zur Weiterentwicklung. 10–12 Pflanzen reichen für einen 4-Personen-Haushalt.

## 4.2 Kohlgemüse

### Frühkohlarten: Frühes Weißkraut, Frühes Blaukraut, Frühwirsing

Bei den Frühkohlarten lassen sich die genannten Kulturen zusammenfassen, weil sie die gleichen Ansprüche stellen. Frühe Erntetermine lassen noch eine Nachfrucht zu, z. B. Endivie, Spinat, Feldsalat, Herbstrettiche.

### Pflanzung

Anfang bis Mitte April mit gekauften Pflanzen. Auf gedrungene, kurze Pflanzen mit dunkelgrünem Laub achten, sie wachsen besonders gut an. Kohlgemüse etwas tiefer pflanzen, als sie vorher gestanden haben.
*Pflanzabstände:* 40 × 40 cm.
Kohlgemüse vertragen Frost bis − 5 °C. Um einen Teil der Ernte zu verfrühen, kann mit Folie abgedeckt werden bis ca. Mitte Mai. Mit dem Abnehmen der Folie regnerisches Wetter abwarten, damit die Pflanzen in der prallen Sonne nicht verbrennen. Den Boden regelmäßig lockern und die Pflanzen anhäufeln.

### Ernte

Frühwirsing wird ab Mitte Juni geerntet, frühes Weißkraut (früher Weißkohl) etwa 2 Wochen später, frühes Blaukraut (Frührotkohl) ab Anfang Juli. Bedenken Sie bereits beim Pflanzen, daß frühe Kohlarten nicht lange lagerfähig sind.

## Pflanzenschutz

Kohlarten werden von verschiedenen Krankheiten und Schädlingen befallen, die zum Teil ohne »chemische Keule« nicht wirksam bekämpft werden können. Bekämpfen Sie die Schädlinge und Krankheiten vorbeugend, und beobachten Sie den Pflanzenbestand laufend.

### Kohlhernie

Pilzkrankheit, die bei Jungpflanzen sichtbar wird durch schwache Wurzelanschwellungen. Die Pflanzen welken an warmen Tagen und wachsen nicht, an den Wurzeln entstehen Verdickungen.
*Vorbeugung:*

● Nur gesunde Pflanzen ohne Anschwellungen an den Wurzeln kaufen.
● 3 Wochen vor der Pflanzung den Boden kalken.
● Anbauplan beachten; Kohlarten, Rettiche, Radieschen, möglichst jedes Jahr auf ein anderes Beet pflanzen. Bei Befall mindestens 4 Jahre warten.
● Nach der Ernte alle Kohlstrünke ausgraben und in den Müll geben, nicht kompostieren.
● Bei Befall Branntkalk streuen und etwas einarbeiten, er verhindert die Keimung der Sporen. Befallene Pflanzen nicht kompostieren, sondern sofort in den Müll geben.

### Kohlfliege

Junge Kohlpflanzen verfärben sich grau, welken und sterben ab, die Wurzeln werden von weißen Maden zerfressen; bei Rosenkohl fressen die Maden die Röschen ab. Besonders häufig bei Blumenkohl, Kohlrabi, frühem Weißkraut und frü-

Durch Kohlhernie geschädigte Wurzeln mit den typischen Wucherungen

hem Wirsing. Die Kohlfliege setzt ihre Eier am Wurzelhals ab, die Maden dringen in die Wurzel ein.

*Bekämpfung:* Etwa eine Woche nach der Pflanzung mit einem Kohlfliegenmittel angießen, dabei nicht in das Herz der Pflanze gießen, unbedingt Wartezeit einhalten.

### Erdflöhe

Schädigen vor allem die Jungpflanzen durch Lochfraß; häufig bei Chinakohl, Rettich, Radieschen. Die gelbgestreiften oder schwarzen Käfer treten besonders auf leichten Böden und bei trokkenem, sonnigen Wetter auf. Bekämpfung mit Stäubemitteln, Wartezeiten beachten!

### Kohlblattlaus

Tritt häufig nach längerer Trockenheit im Sommer auf, die Blätter rollen sich nach unten ein. Chemische Bekämpfung.

### Raupen

Die Raupen des Kohlweißlings und der Kohleule können den Bestand sehr schädigen. Es gibt chemische Bekämpfungsmittel, die vor der Kopfbildung gegeben werden müssen, weil das Mittel sonst im Inneren der Pflanze nicht wirken kann. Wer auf chemische Mittel verzichten will, sollte die gelborangenen Eier täglich von den Kohlblättern entfernen bzw. die Raupen absammeln.

## Spätweißkraut, Spätblaukraut, Spätwirsing

Der Anbau ist nur bei großem Gemüsegarten anzuraten, in kleinen Gärten nehmen diese Kulturen verhältnismäßig viel Platz weg und können ohnehin billig zugekauft werden.

### Aussaat, Pflanzung

Für die Jungpflanzenanzucht wird Ende April im Freien gesät, Anfang Juni gepflanzt. Nicht zu dicht säen, damit sich kräftige Pflanzen entwickeln.

*Pflanzenabstände:* 50 × 50 cm.

### Pflanzenschutz

Wie Frühkohlarten (siehe links).

## Blumenkohl

### Aussaat, Pflanzung

Anfang bis Mitte April auspflanzen; bei gekauften Pflanzen Topfpflanzen bevorzugen, weil diese rasch anwachsen. Jungpflanzen für die Späternte Mitte Mai bis Mitte Juli auspflanzen.

*Pflanzabstände:* Frühe Sorten 50 × 40 cm, späte Sorten 40 × 40 cm.

Blumenkohl liebt humusreichen Boden sowie reichliche Wasser- und Nährstoff-Versorgung. Leichte Böden werden mit organischen Düngern (Stallmist, Kompost) verbessert. Bei Wasser- und Nährstoffmangel bilden sich bald Blumen aus, die jedoch klein bleiben. Sobald sich die Blumen bilden, einige Blätter nach innen umknicken, um ein Verfärben der Blume zu verhindern.

Blumenkohl nicht zu lange im reifen Zustand auf dem Beet lassen, er verfärbt sich braun, beginnt zu blühen und wird unansehnlich.

## Kohlrabi

### Pflanzung

Ab Anfang April mit gekauften Pflanzen. Nicht zu viele Pflanzen auf einmal setzen, denn Kohlrabi schmeckt jung am besten. Für spätere Ernten können die Jungpflanzen selbst angezogen werden; die Pflanzen nicht zu groß werden lassen, kleine Pflanzen wachsen besser an. Kohlrabi kann gut als Zwischenkultur gepflanzt werden, z. B. bei Tomaten, Gurken, Bohnen. Kohlrabi sehr flach pflanzen und nicht zu eng, damit sich die Knollen schön ausbilden können.

*Pflanzabstände:* Früher Anbau 25 × 30 cm, später Anbau 30 × 40 cm.

Zur Zeit der Knollenbildung reichlich gießen, damit die Knollen nicht platzen.

## Rosenkohl

Rosenkohl eignet sich gut als Nachkultur nach Spinat, Kopfsalat, Rettich.

### Pflanzung

Anfang Juni, früherer oder späterer Pflanztermin bringt schlechte Ernte. Wer selbst die Jungpflanzen heranzieht, sät Ende April und verzieht bei dichtem Bestand, damit sich bis zum Auspflanzen kräftige Pflänzchen entwickeln können.

*Pflanzabstände:* 50 × 60 cm.

Reichlich gießen. Haben sich bis Mitte September noch keine Röschen gebildet, die Spitzenknospe abbrechen. Geerntet wird nach dem ersten Frost, der Geschmack ist dann milder und süßer.

### Pflanzenschutz

Wie alle anderen Kohlarten.

## Chinakohl

Die Kultur ist problemlos, wenn der richtige Saatzeitpunkt eingehalten wird, nämlich Mitte bis Ende Juli. Chinakohl ist also eine ideale Nachfrucht.

### Aussaat

An Ort und Stelle mit einem Reihenabstand von ca. 30 cm; nach dem Aufgehen wird auf 30 cm in der Reihe verzogen. Nach etwa drei Monaten können die Köpfe geerntet werden, sie vertragen leichten Frost.

### Pflanzenschutz

#### Erdflöhe

Sie können die jungen Pflanzen unbrauchbar machen, die Pflanzen bilden keine Köpfe aus. Befall meist kurz nach dem Auflaufen. Mit einem Insektizid dagegen vorgehen.

#### Raupenbefall

Wie Frühkohlarten (siehe Seite 462).

## Brokkoli

Brokkoli hält erst allmählich Einzug in die Gemüsegärten. Der Anbau ist aber lohnend, weil Brokkoli sehr viel Vitamin C enthält.

### Pflanzung

Ende Mai/Anfang Juni bis Anfang Juli.
*Pflanzabstände:* 50 × 50 cm.

### Ernte

Die kleinen Köpfe werden geerntet, bevor sie aufblühen. Seitlich wachsen anschließend immer wieder neue kleine Blumen nach, die ebenfalls geerntet werden. Blühende Brokkolirosen werden abgeschnitten und kompostiert, erst die seitlichen Triebe, die nachwachsen, können in der Küche verwendet werden. Beobachten Sie die

Pflanzen genau, damit der Erntezeitpunkt nicht übersehen wird. Brokkoli verträgt leichten Frost, er wächst weiter, bis starke Fröste kommen.

### Pflanzenschutz

Wie Frühkohlarten (siehe Seite 462).

## Grünkohl

Grünkohl ist ein typisches Wintergemüse, er schmeckt erst nach der ersten Frostnacht. Beachtenswert sind der Vitamin-C-Gehalt und der Gehalt an Calcium. Die Kultur ist sehr einfach.

### Aussaat, Pflanzung

Im Juni wird ausgesät, Anfang bis Ende Juli wird verpflanzt. Grünkohl ist also eine ideale Nachfrucht nach Kopfsalat, Frühkartoffeln, Erbsen. *Pflanzabstände:* 40 × 50 cm.

# 4.3 Wurzelgemüse

## Möhren (Gelbe Rüben)

### Aussaat

Im März/April wird gesät auf flach bearbeitetem Boden, Folgesaaten bis Mitte Juni. Je nach Saatzeitpunkt ist die Sorte zu beachten! Gesät wird in Reihen von 20 cm (Frühe Sorten) bzw. 25 cm (Späte Sorten) Abstand. Möhren werden 3 cm tief gesät und brauchen bis zum Auflaufen ca. 4 Wochen. Sie lieben einen leichten, humosen Boden, brauchen aber zum Keimen einen guten Bodenschluß, die Saatreihen also gut andrücken. Damit sich schöne Rüben bilden können, auf ca. 4 cm in der Reihe vereinzeln. Besonders schön und gerade wachsen Möhren auf humosen Böden, auf steinigen oder harten Lehmböden werden sie beinig. Da Möhren eine sehr lange Keimdauer haben, ist es ratsam, eine Markiersaat, z. B. Spinat, beizumischen. So kann bereits vor dem Auflaufen der Boden gelockert und Unkraut ausgezogen werden. Sobald die Möhren aufgehen, wird die Markiersaat entfernt.
Regelmäßig gießen, Feuchtigkeitsschwankungen im Boden lassen die Rüben platzen.

### Ernte

Mit der Grabegabel, beschädigte Rüben nicht einlagern, Laub abdrehen.

## Pflanzenschutz

### Möhrenfliege

Die Rüben vermaden. Ideal bekämpft werden können diese Schädlinge durch ein Möhrenfliegennetz (im Fachhandel erhältlich), es verbleibt von der Saat bis zur Ernte auf dem Beet und wird nur kurzzeitig zum Gießen abgenommen. An offenen, freien Lagen werden die Möhren weniger von dieser Fliege befallen als in windgeschützten Lagen.

## Knollensellerie

Er stellt hohe Ansprüche an Pflege und Düngung.

### Pflanzung

Ende Mai bis Anfang Juli, keinesfalls vor den Eisheiligen, da die Pflanzen sehr frostempfindlich sind. Pflanzen nicht zu früh kaufen, es besteht die Gefahr, daß sie Frost abbekommen haben und statt Knollen Blüten ausbilden. Knollensellerie sehr flach pflanzen.
*Pflanzabstände:* 40 × 40 cm.
Auf feuchtem, humusreichem Boden gedeiht Knollensellerie sehr gut. Bei Trockenheit kräftig gießen, flach hacken, damit die Wurzeln nicht verletzt werden.

### Ernte

Möglichst lang hinausschieben, im Herbst legen die Knollen noch an Gewicht zu.

### Pflanzenschutz

#### Sellerierost
Die Blätter vertrocknen und verfaulen. Vorbeugend nicht zu spät abends gießen; Beet mulchen, damit nicht zu oft gegossen werden muß.

#### Knollenschorf
Braune Flecken und Einschnürungen an den Knollen. Vorbeugend weitgestellte Fruchtfolge, Boden kalken.

#### Möhrenfliege
An Wurzeln und Knollenansatz Maden oder rötliche Verfärbungen. Bekämpfung wie unter Möhren beschrieben.

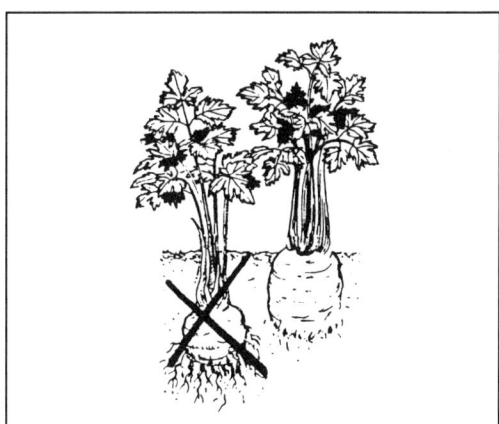

Sellerie muß flach gepflanzt werden

## Stangensellerie

Wird wie Knollensellerie kultiviert, bildet aber keine Knollen. Verzehrt werden die fleischigen Blattstiele.

### Aussaat

Ab Anfang Mai im Frühbeet aussäen, Samen nicht mit Erde bedecken. Bereits die noch sehr kleinen Pflänzchen pikieren und weitere 3 Wochen im Frühbeet belassen, dann ins Freiland pflanzen.
*Pflanzabstände:* 40 × 35 cm.

### Ernte

Ende August, nicht zu lange warten, damit die Stiele nicht zu hart werden. Falls keine selbstbleichende Sorte gewählt wurde, die Pflanzen etwa eine Woche vor der Ernte zusammenbinden und mit schwarzer Folie umwickeln.

## Schwarzwurzeln

Schwarzwurzeln haben eine sehr lange Vegetationszeit, sie zählen zu den Delikatessen unter den Gemüsen.

### Aussaat

Ab März 3 cm tief in Reihen von ca. 25–30 cm. Dicht säen, da die Keimfähigkeit häufig schlecht ist. Nach dem Aufgehen auf etwa 5 cm in der Reihe verziehen. Der Boden muß tief gelockert sein, sonst bleiben die Wurzeln klein. Blütenstände während des Sommers abbrechen.

## Ernte

Im Oktober/November. Vorsichtig den Boden mit einer Grabegabel lockern, die Wurzeln brechen leicht ab. Schwarzwurzeln können den Winter über im Freien bleiben. Sie lassen sich jedoch bei Frost leichter aus der Erde holen, wenn sie im Spätherbst an einer geschützten Stelle in Erde eingeschlagen werden. Schwarzwurzeln nicht lange an der Luft liegen lassen, sie verlieren ihren Geschmack.

## Pflanzenschutz

### Echter Mehltau
Weißer Belag auf den Blättern, schnelle Bekämpfung durch wiederholtes Spritzen (Wartezeiten beachten).

## Rettich

### Aussaat

Nur in warmen Gegenden bereits im März, sonst ab April/Mai. Gesät wird bei frühen Sorten im Abstand von 12 × 15 cm, bei Herbst- und Winterrettich im Abstand von 20 × 20 cm. In 2 cm tiefe Rillen säen, in die Kreuzungspunkte (entsprechend den Abständen) werden je 2–3 Samen eingelegt, die Erde wird leicht angedrückt; nach dem Auflaufen wird auf 1 Pflanze pro Kreuzungspunkt verzogen. Um laufend ernten zu können, etwa alle 2 Wochen aussäen. Rettiche bis zur Stärke eines Bleistiftes nur schwach gießen, danach gleichmäßig gut feucht halten.
Rettiche lieben lockeren, humusreichen Boden; auf schweren Böden wachsen sie nur langsam und werden sehr scharf im Geschmack. Stallmist spätestens im Herbst geben, da sonst mit vermehrtem Befall durch die Rettichfliege zu rechnen ist, die Folge sind madige Rettiche.

## Pflanzenschutz

### Rettichschwärze
Schwarze Verfärbungen um den Rettich. Vorbeugend das Beet nicht zu feucht halten, vor allem in den ersten Wochen. Keinen frischen Stallmist geben und keinesfalls kalken. Kranke Rettiche nicht auf den Kompost, sondern in den Müll geben, weitgestellte Fruchtfolge betreiben.

### Kohlfliege (Rettichfliege)
Madige Rettiche. Vor der Saat Insektizid (Granulat) oberflächlich in den Boden einarbeiten.

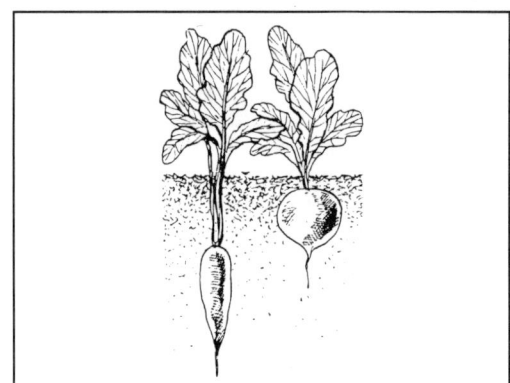
Radieschen nicht tiefer als 1 cm säen

## Radieschen

### Aussaat

Mitte bis Ende März, danach etwa alle 2 Wochen Folgesaaten, um laufend ernten zu können. Radieschen eignen sich wegen ihres geringen Platzbedarfs sehr gut als Zwischenkultur, z. B. bei Tomaten, Kopfsalat oder auch am Rand von Gemüsebeeten. Die Samen werden nicht so tief abgelegt wie Rettichsamen, nämlich nur 1 cm tief in Reihen mit ca. 10 cm Abstand. Zu tief gesäte Radieschen werden nicht kugelig, sondern länglich. Nach dem Auflaufen auf knapp 5 cm in der Reihe vereinzeln. Je nach Anbauzeit Sorte beachten! Radieschen lieben einen humosen Boden, der stets feucht, aber nicht naß sein soll.

## Pflanzenschutz

### Erdflöhe
Die Keimblätter werden abgebissen. Erde immer feucht halten, falls dies nicht ausreicht, Insektizid stäuben.

## Rote Rüben (Rote Bete)

### Aussaat

An Ort und Stelle, nicht früher als April, damit die Pflanzen nicht in die Blüte gehen. Zarte Rüben erntet man bei Mai-Aussaat; für die Herbsternte wird Mitte bis Ende Juni gesät, in Reihen von 25 cm Abstand. Nach dem Aufgehen wird auf 10 cm in der Reihe verzogen. Natürlich können Rote Rüben auch gepflanzt werden (ca. 6 Wochen nach der Aussaat), sie müssen sehr flach gepflanzt werden. Damit sich schöne Rüben bilden, reichlich gießen.

# 4.4 Zwiebelgemüse

## *Speisezwiebeln*

### Aussaat

Gesät wird Ende März/Anfang April in Reihen mit 25 cm Abstand und 3 cm Tiefe. Nach dem Säen die Erde anklopfen, damit ein guter Bodenschluß gewährleistet ist; vor dem Aussäen das Beet nur oberflächlich bearbeiten. Nach dem Aufgehen wird auf 5 cm in der Reihe vereinzelt. Gesäte Zwiebeln sind ab Mitte August erntefähig, sie lassen sich länger lagern als das Erntegut von Steckzwiebeln. Säen von Zwiebeln ist nur in günstigen Lagen anzuraten.

### Pflanzung

Steckzwiebeln werden dort angebaut, wo die klimatischen Verhältnisse eine Aussaat nicht zulassen oder früh geerntet werden soll (ab Juli). Steckzwiebeln werden ab April im Abstand von 25 × 6 cm in 1 cm Tiefe gesteckt, sie sollen sich vor der Ernte gegenseitig aus der Erde drängen. Steckzwiebeln schießen leicht, die Gefahr steigt mit der Größe des Saatguts, ideal sind haselnußgroße Steckzwiebeln. Zu empfehlen ist außerdem, die Zwiebeln nach dem Kauf noch etwa 3 Wochen bei 40 °C zu darren, dann schießen sie nicht so leicht. Weder ausgesäte noch gesteckte Zwiebeln vertragen frischen Stallmist, sie mögen leichten, warmen Boden. Keinen Stickstoffdünger geben, die Lagerfähigkeit würde darunter leiden. Während der Hauptwachstumszeit im Juni/Juli gelegentlich durchdringend wässern.

### Pflanzenschutz

#### Grauschimmelfäule
Kommt während der Lagerung zum Vorschein. Die Gefahr ist besonders groß, wenn während des Vergilbens des Laubes feuchtwarme Witterung herrscht. Bei der Ernte alle angefaulten und beschädigten Zwiebeln auslesen, kranke Zwiebeln vor Beet entfernen. Nach Befall mehrere Jahre auf dem Beet keine Zwiebeln anbauen.

#### Zwiebelfliege
Die Blätter der Jungpflanzen krümmen sich und verkümmern, ältere Pflanzen beginnen zu faulen. Vorbeugend keinen Stallmist düngen, vor der Saat Insektizid (Granulat) streuen, Wartezeiten beachten!

## *Lauch (Porree)*

### Pflanzung

Zu unterscheiden ist zwischen Sommer- und Winterlauch.
*Sommerlauch* wird Ende März/Anfang April im Abstand von 30 × 25 cm gepflanzt. Auch wenn die Pflanzen um diese Zeit einmal Frost abbekommen, treiben sie meist ohne Schwierigkeiten wieder an.
*Winterlauch* wird Ende Mai und Ende Juni ausgepflanzt.
Jungpflanzen können selber gezogen werden, wenn etwa 8 Wochen vor der Pflanzung ausgesät wird. Ab Mitte April kann auch an Ort und Stelle gesät werden in Reihen von 30 cm Abstand, in der Reihe wird auf ca. 12 cm vereinzelt.
Lauch immer tief pflanzen und bei jedem Hacken anhäufeln, damit ein möglichst großer Teil des Schaftes gebleicht wird.

### Pflanzenschutz

#### Zwiebelfliege
Blätter krümmen sich, vergilben und faulen. Vorbeugend bei der Pflanzung zugelassenes Streumittel ausbringen.

#### Lauchmotte
Die Pflanzen verfärben sich bleigrau, die Herzblätter welken, das Wachstum der Pflanze stockt. Vorbeugend Netz über den Lauchbestand spannen, vor allem ab Mai, denn dann legt der Schädling die Eier an der Pflanze ab.

## *Knoblauch*

### Anbau

Von schönen Knoblauchzwiebeln im Oktober/November die kleinen äußeren Zehen in einem Abstand von ca. 15 × 15 cm etwa 5 cm tief ablegen. In rauhen Lagen erst im März/April auslegen. Knoblauch gedeiht besonders gut auf lehmhaltigen Böden und in sonnigen Lagen. Den Boden vor dem Einlegen nur flach bearbeiten, keinen Stallmist düngen.

# 4.5 Fruchtgemüse

## Buschbohnen

### Aussaat

Mitte Mai (nach den Eisheiligen) bis spätestens 10. Juli. Als günstig erwiesen hat sich die Stufen- oder Horstsaat. Im Abstand von 40 × 50 cm werden jeweils 5–6 Samen ca. 2 cm tief abgelegt. Man kann auch in Reihen säen, doch kann dann bei feuchter Witterung eher Grauschimmel auftreten. Die Ernte kann verfrüht werden, wenn die Bohnen von der Saat bis zur Blüte mit einem Folientunnel geschützt werden. Zu Beginn der Blüte Folie entfernen. Dazu regnerischen Tag abwarten, damit keine Verbrennungen auftreten. Regelmäßig gießen, vor allem zu Beginn der Hülsenbildung. Der Wasserbedarf ist aber nicht so groß wie bei der Stangenbohne. Die Pflanzen etwas anhäufeln, damit sie einen besseren Stand haben.

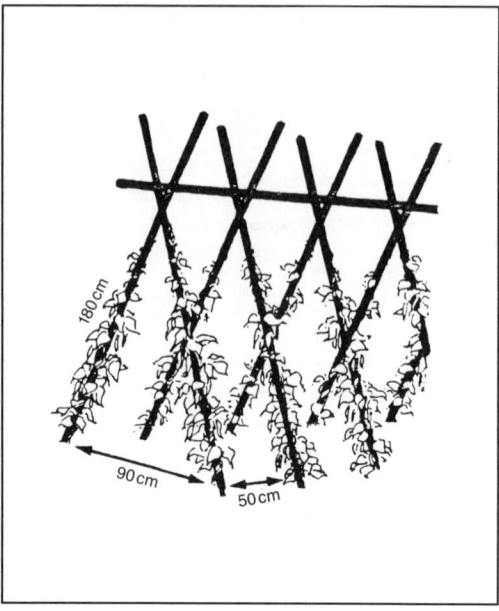

Bohnenstangen richtig stecken

### Ernte

Geerntet werden kann nach 8–10 Wochen.

### Pflanzenschutz

Buschbohnen sind für Krankheiten und Schädlinge besonders anfällig, wenn sie sehr früh gesät werden. Vorbeugend also bei warmer, sonniger Witterung säen.

## Stangenbohnen

Sie bringen sehr gute Erträge, ihre Kultur ist aber arbeitsaufwendiger als die von Buschbohnen.

### Aussaat

Nach den Eisheiligen, Folgesaaten Anfang und Ende Juni. Angebaut wird in Horsten mit 6–8 Samen, die etwa 3 cm tief abgelegt werden. Die Abstände der Horste ergeben sich durch die Abstände der Bohnenstangen. Am besten werden die Bohnenstangen bereits bei der Aussaat gesteckt. Es können Metall- oder Holzstangen verwendet werden, eine Höhe von 2 m reicht aus. Stangenbohnen lieben humosen, warmen Boden in windgeschützter Lage. Sie sind sehr gut selbstverträglich, können also mehrere Jahre hintereinander auf demselben Beet angebaut werden. Besonders während der Blütezeit auf reichliche Wasserversorgung achten.

### Pflanzenschutz

Wie bei Buschbohnen.

#### Bohnenrost
Kann manchmal auftreten, zeigt sich in braunen Pusteln an Blättern und Hülsen. Nur bei sehr starkem Befall mit Fungizid behandeln, Wartezeiten beachten!

## Puffbohnen (Dicke Bohnen)

Verwertet werden nicht die ganzen Hülsen, sondern nur die dicken Bohnenkerne. Puffbohnen werden bereits im Juni geerntet und stellen eine gute Vorfrucht dar.

### Aussaat

Puffbohnen sind sehr robust und können daher schon im März/April gesät werden. Im Abstand von 50 × 50 cm werden je 2–3 Samen 3 cm tief abgelegt; nach dem Aufgehen auf 1 Pflanze verziehen. Die Pflanzen anhäufeln und bei Trockenheit gut gießen.

### Pflanzenschutz

#### Schwarze Läuse
Sie sind fast unvermeidlich, Bekämpfung mit Insektizid.

# Erbsen

Unterschieden werden Pal-, Mark- und Zuckererbsen. Palerbsen sind zum Grünpflücken und Trocknen geeignet, sie schmecken mehlig. Markerbsen eignen sich nur zum Grünpflücken, sie schmecken süßlicher und weniger mehlig. Zuckererbsen werden mit der Schote gegessen, sie werden bereits in jungem Zustand geerntet, bevor sich die Samen ausbilden.

## Aussaat

*Palerbsen* Ende März/Anfang April, sie bleiben nicht lange zart und müssen rechtzeitig geerntet werden. *Markerbsen* werden erst ab Mitte April gesät, sie bleiben länger zart. Sorten, die nur bis zu 40 cm hoch werden, können in 3 Reihen auf das Beet gesät werden. Hochwachsende Sorten brauchen eine Kletterhilfe, sie werden in Doppelreihen im Abstand von ca. 35 cm ausgesät, dazwischen wird Maschendraht gezogen oder Reisig gesteckt. In der Reihe werden die Samen im Abstand von ca. 5 cm ausgelegt, Samen gut 5 cm tief einlegen. Wenn die Pflanzen ca. 15 cm hoch sind, werden sie angehäufelt für einen besseren Stand.

## Pflanzenschutz

### Erbsenwickler
In den grünen Hülsen werden die Körner von kleinen Würmern zerfressen. Nur bei starkem Befall mit Insektizid behandeln.

### Pilzkrankheiten
Vermeiden durch weitgestellte Fruchtfolge.

# Gurken

## Aussaat

Frühestens nach den Eisheiligen. In einer Reihe in der Mitte des Beetes werden alle 30 cm je 3 Samenkörner 3 cm tief abgelegt; nach dem Aufgehen den kräftigsten Sämling stehen lassen. Vorgezogene Sämlinge mit 2–3 Laubblättern ins Freiland pflanzen. Wer Jungpflanzen zukauft, sollte auf kurze, gedrungene, dunkelgrüne Setzlinge achten, keine blühenden Pflanzen kaufen. Da Gurken sehr wärmeliebend sind, danken sie eine Abdeckung mit einem Folientunnel durch besonders gute Ernte. Empfehlenswert ist der Gurkenanbau auf schwarzer Mulchfolie. Die Folie wird auf das Beet gelegt und an den Rändern eingegra-

ben. In der Mitte im Abstand von je 30 cm kreuzweise einschneiden, In diese Schnittstellen werden die Samen abgelegt bzw. die Jungpflanzen gesetzt. Die Folie hält den Boden feucht, verhindert Unkrautwuchs und hält warm. Bei Bedarf kann durch die Schlitze gegossen werden.

Lockerer Boden mit hohem Humusgehalt ist ideal, auf schweren und kalten Böden wachsen Gurken nur sehr schlecht. Sie brauchen viel Wasser und sind dankbar für abgestandenes, vorgewärmtes und sehr sauberes Wasser. Nicht in der Mittagshitze und nicht zu spät abends gießen.

## Pflanzenschutz

### Gurkenmehltau
Vorbeugend nicht zu spät abends gießen.

# Kürbis

## Aussaat

Gesät wird ab Mai an Ort und Stelle. Kürbis reichlich gießen. Früchte ernten, sobald die Blätter nach dem ersten Frost absterben.

Kürbis stellt ähnliche Ansprüche wie die Gurke. Häufig wird er auf den Komposthaufen gepflanzt. Damit die Pflanzen nicht zu sehr wuchern und sich schöne Früchte ausbilden, nach dem Ansatz von 3–4 Früchten die Triebspitze abzwicken.

# Zucchini

## Aussaat

Zucchini stellt die gleichen Ansprüche wie Gurken und Kürbis, ist aber nicht krankheitsanfällig. Ausgesät wird Mitte Mai (nach den Eisheiligen). Je 3 Samen im Abstand von 1 m säen. Die Ernte läßt sich verfrühen, wenn ab Mitte April Jungpflanzen angezogen werden. Zucchini fühlen sich auf dem Komposthaufen sehr wohl. Reichen Ertrag bringen sie bei Anbau auf schwarzer Mulchfolie (siehe Gurken). Reichlich gießen.

## Ernte

Früchte bereits bei 20–25 cm Länge ernten, ältere Früchte schmecken nicht mehr so gut.

## Pflanzenschutz

Auf *Schnecken* achten, besonders Jungpflanzen werden sehr gerne von Schnecken gefressen.

## Tomaten

### Aussaat, Pflanzung

Jungpflanzen können selber angezogen werden. Dazu frühestens Mitte März aussäen und die Sämlinge in 10 cm große Töpfe pikieren. Mit dem Wurzelballen Mitte Mai auspflanzen. Bei Jungpflanzenkauf auf kurzen, gedrungenen Wuchs achten. Einreihig pflanzen, in der Reihe beträgt der Abstand mindestens 50 cm. Bereits vor dem Pflanzen Kletterstäbe (aus Holz oder Metall) setzen.

Tomaten brauchen den sonnigsten und wärmsten Platz im Garten. Gut gedeihen sie an südlich gelegenen Mauerwänden. Abdeckung mit Folienhauben verfrüht die Ernte. Wichtig ist dabei gute Durchlüftung, damit die Bestäubung erfolgen kann und sich Pilzkrankheiten nicht ausbreiten können.

Die Aufleitung der Pflanzen erfolgt eintriebig, das heißt, die Seitentriebe werden bei einer Länge von etwa 8 cm ausgebrochen (entgeizt). Nur 5 Blüten- bzw. Fruchttrauben belassen, die ande-ren abschneiden, sie würden sich ohnehin nicht entwickeln und die anderen Früchte im Wachstum und Reifen hemmen.

Die Blätter der Tomatenpflanzen werden nur am Boden bis zu einer Höhe von ca. 30 cm entfernt. Die anderen Blätter nicht entfernen, die Pflanze braucht sie zum Assimilieren.

Tomaten wurzeln sehr tief. Der Boden muß daher im Herbst unbedingt tief bearbeitet werden, eine Stallmistgabe im Herbst ist von Vorteil, ebenso Kompostgabe vor dem Pflanzen.

### Pflanzenschutz

#### Kraut- und Braunfäule

Die Blätter faulen und vertrocknen, die Früchte haben braune Stellen, die faulen. Vorbeugend die unteren Blätter bis auf 30 cm Höhe entfernen, beim Gießen die Blätter nicht benetzen. Den Boden unter den Tomaten mulchen, dann muß nicht so oft gegossen werden, und die Luftfeuchtigkeit ist niedriger. Bei foliengeschützten Pflanzen auf gute Durchlüftung achten, hohe Luftfeuchtigkeit begünstigt die Krautfäule.

Holzstäbe vor der Verwendung desinfizieren, an ihnen können sich die Erreger der Welkekrankheit halten.

## Gemüsepaprika

### Aussaat, Pflanzung

Für die Jungpflanzenanzucht ab Mitte März im warmen Frühbeet aussäen. Sämlinge pikieren und bis Ende Mai im warmen Frühbeet weiterkultivieren. Ende Mai auspflanzen; ein guter Wurzelballen ist wichtig, damit die Pflanzen problemlos anwachsen. Paprika liebt lockeren, humosen Boden, auf lehmigen, nassen Böden gedeiht er nicht. *Pflanzabstände:* 40 × 40 cm.

Wer Pflanzen kauft, sollte auf einen kräftigen Wurzelballen achten, die Pflanzen sollen kurz und gedrungen sein, Blüten sind nicht von Nachteil. An sonnigen, windgeschützten Lagen gedeiht Paprika sehr gut. Im Sommer werden die Pflanzen mit Stäben gestützt. Paprika muß nicht entgeizt werden.

## Rhabarber

Unterschieden werden muß rot- und grünstieliger Rhabarber. Rotstielige Sorten bringen weniger Ertrag, schmecken aber milder und süßer als grünstielige.

Tomatenhauben schützen vor Feuchtigkeit und Kälte

## Pflanzung

Im Herbst oder Frühjahr im Abstand von 1 × 1 m. Den Boden reichlich mit Humus und verrottetem Stallmist versorgen. Die Pflanzen werden entweder gekauft oder von alten Stöcken abgetrennt; damit die neue Pflanze gut anwächst, sollte der Klumpen etwa 1 kg schwer sein und eine Knospe haben. Rhabarber kann 10 Jahre am gleichen Platz bleiben.

## Ernte

Ab dem zweiten Jahr nach der Pflanzung von Ende April bis Anfang Juli. Die Stiele werden nicht abgeschnitten, sondern abgedreht.

# 4.6 Küchenkräuter

Küchenkräuter bringen nicht nur Nutzen, weil sie zum Würzen verwendet werden. Mit ihren Blüten und aromatisch duftenden Blättern sind sie zugleich eine Zierde für den Garten. Gepflanzt werden sie in einer »Kräuterecke« oder zwischen Gemüsepflanzen. Ebenso lassen sie sich im Topf oder Balkonkasten ziehen, was besonders im Winter vorteilhaft ist und genutzt werden sollte. Niedrige Kräuter pflanzt man an den Rand, damit sie von höheren Arten nicht verdrängt und beschattet werden. Kräuter bevorzugen sonnige Lagen und einen durchlässigen, humosen Boden, passen sich aber leicht an andere Verhältnisse an. Kräuter, z. B. Basilikum oder Kresse, sind sogenannte »Lichtkeimer«, das heißt, sie dürfen nach der Aussaat nicht mit Erde abgedeckt werden. Einjährige Kräuter müssen jedes Jahr im Frühjahr neu ausgesät werden. Mehrjährige Arten sind ausdauernd, das heißt, sie treiben jedes Jahr neu aus und verbleiben so lange an derselben Stelle, bis sie von innen her zu sehr verkahlen (etwa 3–4 Jahre). Sie werden dann im Frühjahr geteilt und neu gepflanzt. Am einfachsten bezieht man die ersten Pflanzen mit Topfballen vom Gärtner.
In den beiden nachfolgenden Tabellen sind Kulturdaten zu den häufigsten und wichtigsten Küchenkräutern zu finden.

*Einjährige* Küchenkräuter: Wuchs, Anbau und Ernte

| Art | Wuchs Blütezeit | Anbau | Erntegut Erntezeit |
|---|---|---|---|
| Basilikum | bis 60 cm VII–IX | Wärmeliebend, frostempfindlich; Freilandsaat ab M V oder Vorkultur und späteres Auspflanzen; 25 × 25 cm; Lichtkeimer | Blühendes Kraut VI–VIII |
| Bohnenkraut | 30–40 cm VII–X | Trockene Böden; Aussaat ab A V; 20–25 × 25 cm; 7–10 Pflanzen reichen aus; Lichtkeimer | Blühende Triebspitzen und Blätter VI–IX |
| Borretsch | 50–90 cm VI | Sonnig oder halbschattig; Aussaat ab A IV–VI; 40 × 30 cm; samt sich leicht selbst aus; 3–4 Pflanzen reichen aus | Blätter und blühendes Kraut V–X |
| Dill | 80–120 cm VI | Sonnig; Aussaat ab IV; 20 × 20 cm; Folgesaaten im Abstand von 3–4 Wochen, damit laufend frisches Grün geerntet werden kann | Blätter laufend ab V, reife Samen und Fruchtstände |
| Gartenkresse | 20–30 cm | Halbschattig, im Sommer schattig; Aussaat ab III ins Frühbeet und Freiland in Reihen mit 15 cm Abstand; Zimmerkultur in Schalen (Winter); Folgesaaten, keimt rasch, Lichtkeimer | Kraut schon ab 10. Tag nach Saat; ganzjährig |
| Kerbel | 40–70 cm V–VIII | Halbschattig; Aussaat ab III 1 cm tief; 30 × 30 cm; Folgesaaten | Blätter V–XI |
| Majoran | 40–60 cm VI–IX | Sonnig, warm, frostempfindlich; Freilandsaat ab M V oder Auspflanzen nach Vorkultur im Haus in »Tuffs« (mehrere Sämlinge zusammen) setzen | Blätter, laufend |

**Mehrjährige Küchenkräuter: Wuchs, Anbau und Ernte**

| Art | Wuchs Blütezeit | Anbau | Erntegut Erntezeit |
|---|---|---|---|
| Beifuß | 150–200 cm | Anspruchslos | Knospige Blütenrispen VI–X |
| Dost (wilder Majoran) | 30–50 cm VI–IX | Warm, trocken, sonnig; Aussaat ab IV; 25 × 25 cm | Blätter und junge Triebe ganzjährig, Haupternte in der Blütezeit |
| Estragon | 60–100 cm | Sonnig, warm, geschützt; Pflanzung mit 30–45 cm Abstand; eventuell Winterschutz | Blätter nach Bedarf VI–VIII |
| Liebstöckel | 150–200 cm VII | Auch halbschattig; Aussaat oder Pflanzung III–IV oder VIII; 40 × 50 cm; hoher Platzbedarf; es genügt 1 Pflanze; bleibt 10–15 Jahre an derselben Stelle | Blätter, laufend |
| Meerrettich | 60–120 cm V | Sonnig oder halbschattig; im Frühjahr III–IV Fechser (= Seitenwurzeln) auslegen und 5 cm mit Erde bedecken; Abstand zwischen den Reihen 60 cm, in der Reihe 30 cm; verwildert leicht und wird zum Unkraut | Wurzeln VII–III |
| Petersilie | 30–100 cm | Auch halbschattig; humoser Boden; Wurzel- und Schnittpetersilie; Aussaat III und E VII (Winterbedarf); 25 × 15 cm, in 3 cm tiefe Rillen; kein frischer Stallmist!; 2jährig (blüht im 2. Jahr und muß wieder neu ausgesät werden) | Kraut bei Bedarf IV–XII |
| Pimpinelle | 30–60 cm ab V | Anspruchslos; Aussaat oder Pflanzung ab III; 30 × 20 cm; Blüten ausbrechen | Blätter (junge), laufend |
| Rosmarin | 40–150 cm V–VI | Sonnig, trocken, geschützt; Vorkultur im Haus: Saat E II–III, Pflanzung nach M V ins Freiland, Abstand 60 cm; bei 5 °C überwintern (nicht ausreichend winterhart) | Zweige nach Bedarf IV–IX |
| Salbei | 30–60 cm V | Anspruchslos, warm, trocken; Aussaat IV im Haus oder Pflanzung in III–IV; 30 × 40 cm; leichten Winterschutz geben | Blätter und Stengel je nach Bedarf V–X |
| Schnittlauch | bis 30 cm VI–VII | Auch halbschattig; Aussaat IV–VI, Reihen- oder Horstsaat (ca. 30 Samen pro Pflanzstelle, alle 25 cm) oder Pflanzung III–IV; Reihenabstand 30 cm; Blüten ausschneiden; Teilung der Stöcke alle 3–4 Jahre; auch Haus- oder Zimmerkultur in Töpfen für Winterbedarf | Blätter (Röhren) ab der 6. Woche nach Aussaat, laufend |
| Thymian | bis 25 cm ab VI | Trocken, sonnig; Pflanzung III–IV oder Aussaat in Reihen; 30 × 15 cm, 1 cm tief; Teilung 3–4jähriger Stöcke; jährlich im Frühjahr leichter Rückschnitt | Blätter laufend, Stengel ab VI |
| Ysop | bis 60 cm VI–VIII | Sonnig, trocken; Aussaat IV im Haus oder Frühbeet; Pflanzung ab M V; 25–30 cm | Blätter und junge Triebe, laufend |
| Zitronenmelisse | 60–80 cm ab VII | Sonnig; humoser Boden; Aussaat IV–V oder Pflanzung; Teilung der 3–4jährigen Wurzelstöcke auch zur Vermehrung | Blätter und junge Triebe, laufend |

# Gesundheitspflege

## 1 Gesundheit erhalten

### 1.1 Lebensweise

Die Lebensweise hat großen Einfluß auf die Gesunderhaltung des Körpers. Nicht nur organische Leiden lassen sich oft auf eine ungesunde Lebensweise zurückführen, sondern vor allem auch viele seelische Erkrankungen. Gesunde Lebensweise heißt nun nicht, daß man sich des Lebens nicht mehr freuen darf, weil bekanntlich so vieles, was Spaß macht, ungesund ist, z. B. Süßigkeiten, Bequemlichkeit. Zum gesunden Leben gehören ganz einfache Dinge des Alltags.

#### Ernährung

Das A und O einer richtigen Ernährung ist *Ausgewogenheit* aller Nährstoffe, Vitamine und Mineralstoffe. Diese Forderung läßt sich mit abwechslungsreicher Mischkost erfüllen, das heißt, es gibt kein Nahrungsmittel, das man nicht essen darf. Wichtig ist nur: nicht zuviel davon!
Ein weiterer Schwerpunkt richtiger Ernährung ist *regelmäßiges Essen*. Dabei sollte dem Körper nicht zuviel auf einmal zugeführt werden. 6 kleine Mahlzeiten tun dem Körper wohler als 3 große. Dabei ist als Mahlzeit auch das zweite Frühstück oder die Vesper am Nachmittag anzurechnen, auch wenn man nur eine Kleinigkeit ißt.
Das häufigste Problem in unserer Ernährung ist Überernährung mit der Folge von *Übergewicht*. Übergewicht ist nicht nur eine Frage der »Schönheit«, sondern vor allem der Gesundheit, denn viele Krankheiten können durch zu hohes Körpergewicht verursacht werden, z. B. Diabetes, Stoffwechselstörungen, Gelenkserkrankungen.
Meiden Sie Alkohol und Nikotin (siehe auch Seiten 484, 486). Weitere Hinweise im Kapitel Grundlagen der Ernährung (siehe Seite 77).

#### Schlaf

Regelmäßiger und ausreichender Schlaf ist wichtig für die Erhaltung der körperlichen Leistungsfähigkeit. Es gibt allerdings keine »Schlafnorm«, jeder Mensch hat ein anderes Schlafbedürfnis. Als grobe Faustzahlen gelten 6–8 Stunden täglich für den Erwachsenen. Kinder brauchen mehr Schlaf, ältere Menschen weniger.

#### Bewegung

Ausreichende Bewegung hält fit, fördert das Wohlbefinden und ist gut für die schlanke Linie. Zwar wird sich kaum eine Bäuerin über Bewegungsmangel beklagen, es darf jedoch nicht vergessen werden, daß bei der Arbeit in Haus und Hof der Körper sehr einseitig beansprucht wird. Deshalb sind Ausgleichsübungen und Gymnastik nicht überflüssig, sondern sehr empfehlenswert, auch für Menschen, die »den ganzen Tag auf den Beinen« sind. Sie brauchen ja nicht zur Sportskanone zu werden, aber ein paar Minuten täglich sollten Sie für die gezielte körperliche Ertüchtigung übrig haben. Fangen Sie aber langsam an und zwingen Sie sich nicht zu extremen Leistungen. Ein Grundsatz: Lieber weniger und regelmäßig als unregelmäßig und viel.
Also: Keine Müdigkeit vortäuschen und keine Ausreden einfallen lassen, warum gerade heute wieder keine Zeit ist für ein paar Übungen! Wer

## Wirkung von Bewegung und Sport

| So helfen Bewegung und Sport | |
| --- | --- |
| unserem Körper | unserer Psyche |
| ▷ machen fit | ▷ helfen aus dem Alltagstrott heraus |
| ▷ halten länger jung | ▷ bauen Streß ab |
| ▷ erleichtern das Halten des Körpergewichts | ▷ verhindern Depressionen |
| ▷ verhindern Beschwerden und Krankheiten | ▷ geben Selbstvertrauen und Tatkraft |

Rückenbeschwerden können durch Lockerungs-, Streck- und Entspannungs-übungen vermieden werden. Auch wenn man Bauch- und Armmuskeln trainiert, wird die Rückenmuskulatur entlastet. Insbesondere das Jogatraining enthält ein Lockerungsprogramm, das den ganzen Körper aktiviert, wie etwa die soge-nannte Tigerübung.

  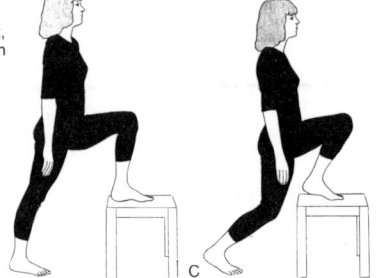

**Entspannen des Rückens**
Der Rücken wird am besten entspannt, wenn man auf dem Boden liegt und die Unterschenkel auf einen Hocker legt. Dies ist die sogenannte Psoas-Stellung. Bleiben Sie etwa 10—20 min. so liegen. Drücken Sie zum Schluß die Rücken-wölbung fest gegen den Boden.

**Streckübungen für Rücken- und Beinmuskeln**
A Legen Sie sich auf den Boden, schlingen Sie die Arme um die Beine, und neigen Sie den Kopf gegen die geschlossenen Knie. Versuchen Sie nun aufzustehen, indem Sie zuerst den Kopf in den Nacken legen und sich dann mit Schwung nach vorne abrollen.
B Stellen Sie einen Fuß auf einen Hocker, strecken Sie Ihr Standbein so weit wie möglich zurück, ohne die Ferse vom Boden zu heben. Neigen Sie sich nach vorne. Wechseln Sie nun das Bein.
C Stellen Sie wieder ein Bein auf den Hocker. Beugen und strecken Sie dann das andere Bein; die Ferse darf nur wenig angehoben werden. Wechseln Sie das Bein.

A B C

**Bauchmuskeltraining**
A Legen Sie sich auf den Rücken und ziehen Sie die Knie an. Rollen Sie Ihren Kopf und Oberkörper nach vorne, bis die Schulterblätter sich vom Boden lösen. Die Arme werden da-bei entweder nach vorne gestreckt, über der Brust gekreuzt oder hinter dem Nacken verschränkt. Bleiben Sie einige Augenblicke so liegen, kehren Sie dann in die Ruhestellung zurück und entspannen Sie sich. Wiederholen Sie die Übung mindestens fünfmal.

B Legen Sie sich mit angewinkelten Knien auf den Rücken und drücken Sie Arme und Handflächen auf den Boden. Heben Sie Ihr Gesäß an; wenn Sie versuchen, die Beine dabei etwas zu strecken, ist die Übung schwieriger.
**Armtraining**
C Knien Sie sich hin und legen Sie die Unterarme auf den Boden. Strecken Sie nun Ihre Beine und drücken Sie sich nach oben. Die Übung wird schwieriger, wenn Sie die Hände langsam nach vorne schieben.

nichts von Gymnastik hält, kann auch spazierengehen. Es ist eine alte Weisheit, daß ein täglicher Fußmarsch von einer Stunde der Gesundheit sehr zuträglich ist. Wichtig ist dabei, nichts mit sich zu tragen und ein flottes Tempo einzuhalten.

## Regelmäßigkeit ohne Streß

Ein Leben zu führen, das viele Regelmäßigkeiten enthält, ist keineswegs langweilig, denn nicht alles läßt sich im voraus planen. Niemand sollte zum Sklaven von Gewohnheiten werden. Allerdings strukturieren immer wiederkehrende »Programmpunkte« im Leben den Alltag, lassen Ruhe einkehren und verhindern Streß.
Hetze und Streß zu vermeiden, ist der wohl am häufigsten gegebene Ratschlag von Ärzten. Er soll auch hier wiederholt werden, denn kaum eine andere »Untugend« im Leben schwächt den Körper so wie Streß. Es ist zwar unvermeidlich, daß an manchen Tagen die körperliche wie seelische Belastung besonders hoch ist, aber niemand sollte es sich nehmen lassen, mittags wenigstens eine halbe Stunde auszuruhen und abzuschalten. Diese kleine Pause gibt übrigens viel mehr Kraft, als sie Zeit nimmt. Gönnen Sie sich wenigstens einmal im Jahr einige Tage Urlaub.

## Vorsorge-Untersuchungen

Vorsorge-Untersuchungen werden leider viel zu selten in Anspruch genommen. Einmal jährlich sollte jede Frau, jeder Mann zur Krebsvorsorge gehen. Die Untersuchungen sind nicht schmerzhaft, schwerwiegende Krankheiten können im Keim erstickt werden.
Zum Vorsorgeprogramm für Erwachsene zählen:

● *Schwangerenvorsorgeuntersuchungen*, die von großer Bedeutung für Gesundheit und Leben von Mutter und Kind sind;
● Untersuchungen zur *Früherkennung von Krebserkrankungen*, die für Frauen und Männer angeboten werden;
● *Schutzimpfungen, Röntgenreihenunteruchung, Einstellungs-, Vorsorge-* und *Überwachungsuntersuchungen* aus arbeitsmedizinischer Sicht.

◁ Lockerungs- und Entspannungsübungen

# 1.2 Unfallverhütung

Jährlich sterben viele Menschen an Unfällen in Haushalt und Freizeit, dabei sind vor allem auch Kinder betroffen. Die meisten Unfälle – mit welchem Ausgang auch immer – könnten vermieden werden, wenn die entsprechenden Vorschriften und oft der sogenannte gesunde Menschenverstand mehr beachtet würden.
Häufig werden die Vorschriften der Berufsgenossenschaft als überzogen, ja überflüssig erachtet. Bei genauerer Betrachtung – leider auch manchmal erst, wenn es schon zu spät ist – liegen die Ursachen für strenge Vorschriften auf der Hand. Nicht alle Unfälle können durch Vorschriften verhindert werden. So können für Kinder z. B. hochprozentiger Essig, heiße Flüssigkeiten, Putzmittel, Medikamente, Plastiktüten zur Todesfalle werden. *Sorgfalt* heißt also die wichtigste Vorsorge-Maßnahme.
Wer *Verantwortungsbewußtsein* hat, hält die Vorschriften ein, sieht Gefahrensituationen realistisch und verharmlost sie nicht. Da nicht alle Unfälle vermeidbar sind, ist es wichtig, die Grundbegriffe der Ersten Hilfe (Seite 490) zu beherrschen und »lebensrettende« Telefonnummern griffbereit zu haben, z. B. Giftnotruf, nächster Arzt, Notruf (siehe Übersicht Seite 476).

**Unfallgefahren erkennen und beseitigen**

Unfallgefahren gibt es unzählige.
*Die häufigsten sind*

● Stürze.
● Verbrennungen und Verbrühungen.
● Vergiftungen.
● Haustiere, z. B. Hundebiß, Sturz vom Pferd.
● Tod durch Ertrinken.
● Ersticken.
● Tod durch Stromschlag.

Im folgenden werden die häufigsten Unfallgefahren herausgegriffen.

## Stürze

**Teppiche und Fußboden**
Rutschhemmende Matten oder Gitter machen Läufer, Fußabstreifer und Teppiche trittsicher. Darauf achten, daß Teppichränder fest verklebt oder mit Schienen befestigt sind.
Schadhafte Stellen im Fußboden möglichst schnell reparieren. Verschüttetes Wasser, Öl, Abfälle usw. sofort aufwischen, Rutschgefahr!

## Die wichtigsten Telefonnummern für den Ernstfall

| Polizei | 1 10 |
|---|---|
| **Feuerwehr** | 1 12 |
| **Ärztlicher Notdienst** | 1 10 |
| Akute Notfälle, wenn der behandelnde Arzt nicht zu erreichen ist | |
| **Rettungswagen/Notarztwagen** | 1 12 |
| Zu rufen bei Unfällen mit verletzten Personen sowie bei lebensbedrohenden Krankheiten | |

**Apotheken-Notdienst**

Die für Ihren Wohnbezirk zuständige Notdienst-Apotheke können Sie über Ihr Polizeirevier ermitteln. Achten Sie auch auf die vor Fest- und Feiertagen in der Tagespresse veröffentlichten Notdienst-Regelungen!

**Gift-Notrufzentralen**
24-Stundendienst

| Berlin | 0 30 | −3 02 30 22 |
|---|---|---|
| | und | −30 35-4 66 |
| | oder | −30 35-22 15 |
| Bonn | 02 28 | −26 06-2 11 |
| Braunschweig | 05 31 | −6 22 90 |
| Bremen | 04 21 | −4 97-52 68 |
| diensttuender Arzt | | −4 97-36 88 |
| Freiburg | 07 61 | −2 70-43 00/1 |
| Göttingen | 05 51 | −39 62 39 |
| | oder | −39 62 41 |
| Hamburg | 0 40 | −63 85-33 45 |
| | oder | −63 85-33 46 |
| Homburg/Saar | 0 68 41 | −16 22 57 |
| | oder | −16 28 46 |
| Kiel | 04 31 | −5 97-24 44/5 |
| | oder | −5 97-42 68 |
| Koblenz | 02 61 | −49 96 48 |
| Ludwigshafen | 06 21 | −50 34 31 |
| Mainz | 0 61 31 | −2 32-4 66 |
| | oder | −2 32-4 67 |
| München | 0 89 | −41 40 22 11 |
| Münster | 02 51 | −83 62 45 |
| Nürnberg | 09 11 | −3 98 24 51 |
| Oberhausen (Gegengift-Depot) | 02 08 | −88 51 |
| Papenburg | 0 49 61 | −8 31 |

## Treppen

Beschädigte Treppenstufen sind Stolperfallen. Sofort reparieren oder entfernen!
Treppen ausreichend beleuchten! Die Lichtschalter sollten auch im Dunkeln erkennbar sein, z. B.

Defekte Treppen sind Stolperfallen

durch Signallämpchen. Automatische Licht-Schaltuhren so einstellen, daß auch alte Menschen und Kinder ohne Eile ins oberste Stockwerk gelangen.
Treppen nach Möglichkeit nicht bohnern. Unbedingt einen Handlauf anbringen, der im Notfall festen Halt gibt.

## Bad und Dusche

Im Bad ist die Gefahr des Ausrutschens besonders groß. Deshalb Griffe über der Badewanne bzw. Duschwanne montieren. Rutschhemmende Matten vor und in der Wanne/Dusche verhindern Stürze.

## Stühle

Die Stuhlbeine müssen fest sein, besonders bei Klappstühlen öfters kontrollieren.
Mit Stühlen nicht kippeln. Besonders beliebt ist diese gefährliche Unsitte bei Kindern. Ein Sturz hintenüber kann das Genick brechen. Drehstühle mit fünf Stützen kaufen, sie sind kippsicher.

### Kabel und Schnüre

Kabel und Verlängerungen können leicht zu Stolperfallen werden. Deshalb nach Möglichkeit immer am Rand des Raumes verlegen bzw. nach Verwendung sofort wieder aufräumen.

Richtiger Anstellwinkel für eine Anlegeleiter

### Leitern

Wer eine Leiter kauft, sollte auf Qualität Wert legen. Das GS-Zeichen (Geprüfte Sicherheit) gibt die Gewähr für unfallsichere Geräte.

Die Standsicherheit einer Leiter ist nur bei richtiger Verwendung gegeben. Deshalb nicht über Leitern hinauslehnen und nicht auf andere Standflächen übertreten, z. B. Fensterbrett.

Leitern mit schadhaften Sprossen oder Trittbrettern fachgerecht reparieren oder wegwerfen.

Anlegeleitern im richtigen Winkel anlegen, er kann mit dem Ellenbogen und dem Fuß am Leiterholm geprüft werden. Bei zu steiler Stellung kippt die Leiter nach hinten um, bei zu flacher Stellung rutscht der Leiterfuß weg.

Anlegeleitern auf festen Untergrund stellen, so daß die Leiter nicht wegrutschen kann.

Wer meint, bei Arbeiten in der Höhe, z. B. Fensterputzen, auf eine Leiter verzichten zu können, riskiert einen Hals- und Beinbruch. Aufeinander gestellte Tische, Stühle und Hocker sind häufig die Ursache für schwere Stürze.

### ➤➤ Praktischer Hinweis ◀◀ zum Fensterputzen

Die Fenster möglichst nur von der Rauminnenseite und vom Fußboden aus putzen. Niemals auf das äußere Fensterbrett treten. Falls die Fenster nicht vom Fußboden aus geputzt werden können, immer nur Leitern oder Tritte mit Sicherheitszeichen verwenden.

### Schnee und Eis

Nicht nur ältere, unbeweglichere Menschen rutschen auf glatten Straßen aus. Deshalb rechtzeitig räumen und streuen! Wer nicht dafür sorgt, daß der Gehweg vor seinem Haus geräumt ist, muß übrigens für entstehende Schäden aufkommen! Häufig wird die generelle Räum- und Streupflicht der Hausbesitzer von den Kommunen übernommen. Auskunft erteilt die Gemeindeverwaltung.

### Stürze bei Kindern

Gesunde Kinder und Babys haben einen ständigen Bewegungsdrang. Deshalb z. B. Kleinkinder nie unbeaufsichtigt auf dem Wickeltisch liegen lassen.

Bei Balkonen und Brüstungen auf kindersichere Geländer achten. Senkrechte Stäbe dürfen maximal 12 cm Abstand haben und sollten mindestens 1 m hoch sein, damit die Kinder nicht durch die Stäbe fallen oder hochklettern können. Hocker und Stühle nicht auf dem Balkon stehen lassen, weil Kinder damit über das Geländer steigen können.

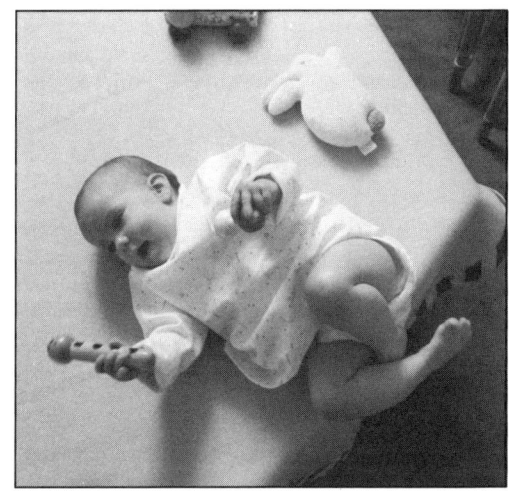

Babys nie unbeaufsichtigt auf dem Wickeltisch liegen lassen

# Unfälle mit elektrischem Strom

Elektrischen Strom sieht und hört man nicht, aber er kann sehr gefährlich werden. Schon ein 0,3 Sekunden dauernder Schlag aus einer Steckdose kann zum Tod führen. Gegen Elektro-Unfälle gibt es Vorsichtsmaßnahmen: *nur Geräte mit Sicherheitszeichen verwenden.*

GS = Geräte, die mit diesem Zeichen versehen sind, wurden von einer Prüfstelle genau geprüft. Achten Sie daher beim Kauf von Maschinen und Geräten, sei es für Haushalt, Freizeit, Beruf oder Hobby, auf dieses Zeichen. Es bietet die Gewähr, daß bei bestimmungsgemäßem Gebrauch keine Gefahren entstehen.

TÜV = Dieses Zeichen besagt, daß ein Baumuster des Gerätes vom Technischen Überwachungsverein geprüft wurde.

VDE = Dieses Zeichen garantiert, daß das Gerät den Sicherheitsbestimmungen des Verbandes Deutscher Elektrotechniker entspricht.

DVGW = Das Gerät wurde vom Deutschen Verein des Gas- u. Wasserfaches geprüft.

☐ = Schutzisolierung. Dieses Zeichen besagt, daß das entsprechende Gerät zusätzlich isoliert wurde. Es ist vorgeschrieben für alle Geräte, die mit Haut oder Haaren von Menschen oder Tieren in Berührung kommen, z. B. Fön, Rasierer.

## Schutzleiter

An den Schutzkontaktsteckdosen finden Sie zwei Metallkontakte. Über diese verbindet der grüngelbe Schutzleiter im Inneren der Steckdose metallische Gehäuse nicht schutzisolierter Geräte, z. B. Bügeleisen. Der Schutzleiter leitet bei Gefahr den Strom ab und löst bei Kurzschluß die Sicherung aus. Deshalb dürfen Schutzkontakte nicht verbogen oder abgebrochen sein.

## Fehlerstrom-Schutzschaltung
(FI-Schaltung)
Sie schaltet bei Gefahr innerhalb von 0,1 Sekunden ab. Dadurch kann man vor einem tödlichen Stromschlag bewahrt werden.

## Sicherungen

Sicherungen zu »flicken« oder zu »überbrücken«, ist nicht nur verboten, sondern auch hochgefährlich. Die Sicherung kann dadurch ihre Aufgabe nicht mehr erfüllen, bei Gefahr den Stromkreis zu unterbrechen. Dadurch kann es zu Leitungsbrand kommen und auch Lebensgefahr bestehen. Deshalb defekte Sicherungen wegwerfen und niemals stärkere Sicherungen als vorgeschrieben verwenden.

## Elektrische Leitungen

Nicht genutzte elektrische Leitungen nicht einfach von der Decke hängen lassen, sondern mit einer Schutzklemme versehen.
Bevor Sie in die Wand bohren oder einen Nagel einschlagen, sollten Sie prüfen, ob dort eine elektrische Leitung verläuft. Als Richtlinie gilt pauschal: Leitungen verlaufen in Wänden 30–40 cm unter der Decke bzw. über dem Fußboden, außerdem senkrecht und waagerecht von Schaltern, Steckdosen und Abzweigungsdosen. In Küchen verlaufen Leitungen oft auch 105 cm über dem Boden. Niemals ohne Stromprüfer arbeiten!

## Kabel und Stecker

Mit defekten Kabeln und Steckern riskiert man nicht nur einen Kurzschluß oder Brand, sondern beim Berühren auch sein Leben. Defekte Kabel oder auch Maschinen nicht selbst reparieren oder mit Isolierband zu flicken versuchen, sondern nur vom Fachmann instandsetzen lassen.
Mehrfachsteckdosen mit starr angebautem Stecker (T-Stecker) sind unzulässig.
Wenn kleine Kinder im Haus sind, alle Steckdosen mit Einsätzen sichern oder Spezialsteckdosen montieren lassen. Kinder geraten gerne in die Versuchung, mit spitzen Gegenständen in der Steckdose zu stochern, der Stromschlag kann tödlich sein.

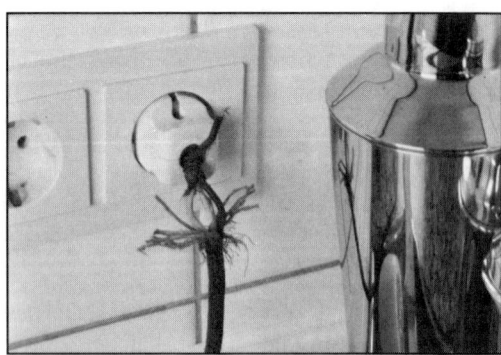

Defekte Kabel vom Fachmann reparieren lassen!

Keine Elektrogeräte an der Badewanne!

## Elektrizität und Wasser

Bei Nässe wird Strom besonders gefährlich, weil Wasser elektrischen Strom sehr gut leitet.

Nicht in der Badewanne mit dem Fön die Haare trocknen. Wer im Bad nicht auf Musik verzichten will, sollte das *Radio* nur in sicherem Abstand von Badewanne oder Waschbecken aufstellen, um nicht in die Versuchung zu geraten, das Gerät von 'der Wanne aus mit nassen Händen zu bedienen. Eine Berührung kann einen tödlichen Stromschlag zur Folge haben.

*Telefonieren* in der Badewanne mag bequem sein, ist aber leichtsinnig. Es kann zu Spannungen kommen, die beim Kontakt mit Wasser lebensgefährlich sind.

Elektrische Geräte nicht naß reinigen, wenn sie laufen oder angesteckt sind, z . B. Handrührgerät.

## *Schnittverletzungen*

### Allesschneider

Gleichgültig, ob sie elektrisch oder von Hand betrieben werden, müssen sie mit Schlitten, Restehalter und Fingerschutz ausgerüstet sein. Diese Ausrüstung ist keinesfalls überflüssig, sondern sollte unbedingt benützt werden. Gute Standfestigkeit ist ebenfalls wichtig, deshalb sollten die Geräte Saugfüße und eine Schraubklemme haben.

Zum Reinigen oder Wechseln der Messer Netzstecker ziehen. Die Maschinen dürfen angeschlossen niemals für Kinder erreichbar sein.

### Dosenöffner

Öffner verwenden, die gut schneiden, so daß man nicht abrutscht. Wichtig ist, daß der Öffner glatte Schnitträder hinterläßt. Beim Neukauf auf das Sicherheitszeichen achten. Abgeschnittene Deckel sofort wegwerfen, nicht herumliegen lassen. Lebensmittel in Geschirr umfüllen, damit nicht mehr mit der Dose hantiert werden muß.

### Scheren und Rasierklingen

Scheren nicht achtlos liegen lassen, wenn Kinder im Haus sind. Scheren sind keine Ersatzwerkzeuge, z. B. für Schraubenzieher, sie rutschen ab und können schnell verletzen.

Scheren nicht in die Tasche stecken, allzu leicht vergißt man sie und kann sich, z. B. beim Bücken, verletzen.

Rasierklingen werden manchmal zweckentfremdet, z. B. zum Abkratzen von Farbe. Anschließend nicht in der Kramschublade liegen lassen, Kinder spielen gerne damit und können sich lebensgefährliche Schnittwunden beibringen.

### Messer

Messer nicht achtlos liegen lassen, wenn Kinder im Haus sind.

Beim Kauf eines Messers darauf achten, daß es gut in der Hand liegt und gut geführt werden kann.

Stumpfe Messer können gefährlicher sein als scharfe, weil man leicht damit abrutscht.

### Elektrische Küchengeräte

Niemals in laufende Küchengeräte greifen, z. B. Saftzentrifuge, Mixer. Bei Schnitzelwerken, Fleischwolf usw. Nachfüllstutzen benutzen, nicht mit der Hand nachhelfen.

### Scherben

Scherben gibt es in jedem Haushalt. Wichtig ist, daß sie sofort beseitigt werden, und zwar mit Schaufel und Handfeger bzw. auf Teppichen mit dem Staubsauger. Lappen sind völlig ungeeignet, weil die Splitter im Gewebe hängen bleiben und beim nächsten Griff Schnittwunden verursachen können.

### Nadeln

Mit Nadeln kann man sich zwar nicht schneiden, aber gefährlich verletzen. Deshalb z. B. beim Abstecken von Kleidung die Nadeln niemals in den Mund nehmen, sondern auf ein Nadelkissen stecken. Verschluckte Nadeln verursachen schwerste innere Verletzungen.

## Verbrennungen

Brandunfälle sind sehr häufig. Viele davon ließen sich mit etwas Sorgfalt verhindern.

### ➤➤  Wichtiger Hinweis  ◀◀

Kinder zündeln gern, deshalb Streichhölzer und Feuerzeug sicher verwahren.

### Kerzen

Brennende Kerzen nicht unbeaufsichtigt lassen. Schon durch einen Luftzug können sie umfallen und einen Brand verursachen. Weihnachtsbäume standsicher aufstellen und darauf achten, daß keine anderen Gegenstände in der Nähe, z. B. Vorhänge, in Brand gesetzt werden können.

### Lampen

Keine stärkeren Glühbirnen als erlaubt einschrauben. Die Bespannung des Schirmes muß so groß sein, daß sie sich nicht erhitzen und zu brennen beginnen kann.

### Bügeleisen

Auch moderne Bügeleisen bieten keine Gewähr gegen Brandgefahr. Deshalb Bügeleisen nur auf feuerbeständigen Unterlagen oder aufrecht abstellen, wenn man das Zimmer verläßt, das Eisen ausstecken.

### Heizkissen, Heizdecken

Nur einschalten, wenn man im Bett liegt. Heizkissen und -decken dürfen nicht geknickt und nicht mit Nadeln durchstochen werden.

### Öfen und Kamine

Ofenrohre müssen genügend Abstand zu brennbaren Materialien, z. B. Möbeln, Tapeten, haben. Ölöfen nur in abgekühltem Zustand in Betrieb setzen und kein Öl verschütten. Bei Kohleöfen ist ein Ofenblech vorgeschrieben, das herausfallende Glut auffängt. Neben dem Ofen kein Heizmaterial lagern. Auch keine Wäsche direkt an Öfen oder Kaminen zum Trocknen aufhängen.

### Zigaretten

Zigaretten werden vor allem dann gefährlich, wenn man mit ihnen einschläft, deshalb nicht im Bett rauchen.
Niemals brennende Zigarettenkippen aus dem Auto werfen: Waldbrandgefahr!
Glimmende Zigarettenkippen nicht in den Abfalleimer werfen.

Giftig  Gesundheits-schädlich  Ätzend

Explosions-gefährlich  Leicht entzündlich  Brandfördernd

Gefahrensymbole für gefährliche, leicht entzündliche und giftige Stoffe

### ➤➤  Praktische Hinweise  ◀◀

➪ Feuerlöscher gut sichtbar und zugänglich anbringen und regelmäßig auf seine Funktionstüchtigkeit hin überprüfen.

➪ Kleine Brände lassen sich meist mit einer Decke oder einem Kissen ersticken. Haben z. B. Kleider Feuer gefangen, den Brand mit einer übergeworfenen Decke ersticken.

➪ Im Ernstfall Fenster und Türen geschlossen halten, damit das Feuer durch den zusätzlichen Sauerstoff nicht noch mehr angefacht wird.

➪ Beim Erhitzen von Fett die Küche nicht verlassen, ein Zimmerbrand bricht schneller aus, als man glaubt. Es gibt hohe Stichflammen, die an Möbeln oder Gardinen weitere Nahrung finden. Bei einem Fettbrand niemals mit Wasser zu löschen versuchen, sondern das Feuer mit einem Deckel ersticken.

➪ Wenn es nicht gelingt, das Feuer oder einen Schwelbrand innerhalb weniger Minuten selbst zu löschen, sofort die Feuerwehr alarmieren.

### Brennbare Flüssigkeiten

Leicht entzündliche Stoffe wie Benzin, Lösungs- und Reinigungsmittel von Wärmequellen fernhalten. Also: Die Flasche mit dem Spiritus nicht neben den eingeschalteten Herd stellen.
Auf keinen Fall leicht brennbare Flüssigkeiten zum Anzünden der Holzkohle beim Grillen verwenden.

Manche Stoffe sind auch explosiv, deshalb nur im Freien oder am offenen Fenster damit umgehen. Nicht rauchen!

Spraydosen stehen unter Druck und dürfen nicht über 50 °C erhitzt werden, sonst besteht Explosionsgefahr. Spraydosen nicht im Auto liegen lassen, bei Sonneneinstrahlung können im Auto Temperaturen bis zu 70 °C entstehen! Nur völlig leere Dosen wegwerfen.

Der Umgang mit gefährlichen Stoffen ist in der Landwirtschaft kaum zu vermeiden. Erkennbar sind diese Stoffe an Gefahrensymbolen.

## Verbrühungen

Verbrühungen kommen besonders bei Kindern vor. Heiße Backofenfenster und Herdplatten sind ebenso eine Gefahr wie erreichbare Griffe von Pfannen und Töpfen mit heißem Inhalt. Deshalb Griffe und Stiele immer zur Seite drehen.

Dampfdrucktöpfe nur nach Gebrauchsanweisung bedienen.

Heiße Flüssigkeiten zum Abkühlen nicht auf den Boden stellen. Badewasser gemischt zulaufen lassen, nicht erst das heiße Wasser, dann das kalte. Kinder können sich darin böse Verbrennungen zuziehen.

## Vergiftungen

Vergiftungen nehmen zu; besonders gefährdet sind Kinder in den ersten fünf Lebensjahren. Ein kindersicherer Ort für Medikamente, Schädlingsbekämpfungsmittel oder Putzmittel sollte daher selbstverständlich sein. Hat ein Kind trotz aller Vorsicht etwas Verdächtiges verschluckt, nicht lange selbst herumdoktern, sondern sofort zum Arzt gehen oder die nächste Giftnotruf-Zentrale (Seite 476) anrufen!

Auch Erwachsene sind nicht gefeit vor Vergiftungen. Unbedingt die Gefahrensymbole beachten! Wer mit giftigen Stoffen umgeht, sollte dies im Freien oder vor offenem Fenster tun bzw. nach getaner Arbeit gründlich lüften. Mit Schutzhandschuhen arbeiten.

### Medikamente

Bunte Dragees und süße Säfte sind bei Kindern beliebt. Ob es sich dabei um Süßigkeiten oder Medikamente handelt, können sie nicht unterscheiden. Deshalb Medikamente unbedingt für Kinder unzugänglich aufbewahren. Alte Medikamente nicht achtlos in den Müll werfen, sondern in der Apotheke abgeben.

### Zigaretten und Alkohol

Für Kleinkinder ist das Verzehren einer Zigarettenkippe lebensgefährlich, auch ältere Kinder können durch Nikotin schwere Vergiftungen erleiden. Alkohol ist für Kinder ebenfalls Gift. Deshalb Zigaretten und Alkohol immer so aufbewahren, daß sie für Kinder unerreichbar sind. Aschenbecher immer ausleeren und Gläser mit Resten von alkoholischen Getränken sofort forträumen.

### Putzmittel

Vergiftungsunfälle mit Putzmitteln haben sowohl bei Kindern wie Erwachsenen oft als Ursache, daß sie in Saft- oder Limonadenflaschen aufbewahrt und dann verwechselt werden. Deshalb giftige, ätzende oder ungenießbare Stoffe *nur in Originalflaschen* mit dem Warnetikett aufbewahren, niemals in Flaschen oder Behälter umfüllen, die Ähnlichkeit haben mit Trinkgefäßen.

Haushaltsreiniger, Spülmittel, flüssige Waschmittel, Imprägniersprays, Insektenvernichtungsmittel, Fleckenwasser gehören in einen Schrank, der für Kinder nicht zugänglich ist.

Verstopfte Rohrleitungen nicht mit Abflußreinigern bearbeiten, diese Reiniger sind stark ätzend, außerdem wird ein sehr giftiges Gas frei. Versuchen Sie besser die Reinigung mit der Saugglocke.

### Lebensmittel

Auch Lebensmittel können zum Verhängnis werden. Vergiftungen durch verdorbene Speisen sind z. T. lebensgefährlich. Deshalb empfindliche Lebensmittel wie Fleisch, Fisch immer gut kühlen und nicht zu lange aufbewahren (siehe auch Seite 201).

Pilze nur dann essen, wenn ganz sicher ist, daß sie genießbar sind. Im Zweifelsfall lieber wegwerfen.

Einige Gewürze können für Kinder gefährlich werden, wenn sie in zu großen Mengen verzehrt werden: Muskatnuß, bittere Mandeln, Essigessenz.

### Giftpflanzen

Die kindliche Neugier ist grenzenlos und hört auch nicht auf bei giftigen Beeren, selbst wenn sie scheußlich schmecken. Wer kleine Kinder hat, sollte auf folgende Pflanzen im Garten verzichten: Aronstab, Christrose, Bilsenkraut, Eibe, Eisenhut, Goldregen, Herbstzeitlose, Fingerhut, Schierling, Pfaffenhütchen, Seidelbast, Maiglöckchen, Oleander.

# 1.3 Umwelteinflüsse

Der Mensch steht in enger Wechselbeziehung zu seiner Umwelt. Er bezieht seine Nahrungsmittel aus ihr, er atmet die Luft um sich herum ein, er lebt mit der Umwelt. Deshalb wirken sich Veränderungen der Umwelt sehr deutlich auf ihn aus. Umweltschutz ist also kein Selbstzweck, sondern eng mit der Existenz des Menschen verbunden (siehe auch Seite 531).

Ungünstige Einflüsse der Umwelt können krank machen. Die wichtigsten Umweltfaktoren, denen der Mensch ausgeliefert ist, sind Wasser, Luft, Lärm, Strahlung und Klima.

## *Wasser*

Wasser braucht der Mensch zum Leben. Deshalb ist es so wichtig, das Wasser möglichst wenig zu belasten. Reines Wasser ohne jegliche chemische Substanzen, die durch Umweltverschmutzung bedingt sind, gibt es fast nicht mehr. Phosphate, Nitrat, chlorierte Kohlenwasserstoffe sind nur einige Stoffe, die das Trinkwasser verschmutzen und der Gesundheit schaden können.

Leider hat der Verbraucher nicht die Möglichkeit, sich sein Trinkwasser auszusuchen, er muß nehmen, was aus der Leitung kommt. Indirekt hat er aber viel Einfluß auf die Wasserqualität, wenn er Umweltschutz in seinem Haushalt *aktiv* betreibt und die Haltung ablegt, einer allein könne ohnehin nichts ausrichten.

## *Luft*

Luftverunreinigungen schaden der Gesundheit des Menschen erheblich. Vor allem die Luft in und um Ballungszentren ist schlecht, das heißt mit Schadstoffen angereichert. Dazu gehören Kohlenmonoxid, Blei, Stickoxide, Schwefeldioxid aus Industrieanlagen, Autoabgasen und dem Hausbrand.

Der einzelne kann sich die Luft, die er atmen möchte, nur noch so aussuchen, daß er z. B. aufs Land zieht, wo die Luft noch verhältnismäßig sauber ist. Im Alltag gibt es jedoch zahlreiche Situationen, in denen man mithelfen kann, schadstoffbelastete Luft zu vermeiden.

### Insektenvernichtungsmittel

Egal ob Sprays oder Streifen, sie geben einen Wirkstoff ab, der nicht nur den Insekten schadet, sondern auch der menschlichen Gesundheit. Verzichten Sie deshalb auf solche Mittel! Wirksam und unschädlich ist immer noch der Insektenklebestreifen oder auch die Fliegenpatsche. Falls ein Insektenmittel unumgänglich ist, pyrethrumhaltige Mittel verwenden, sie sind nach bisherigen Erkenntnissen für den Menschen unschädlich.

### Lacke

Sie enthalten Stoffe, die leicht verdampfen und vom Anwender eingeatmet werden. Deshalb beim Hantieren mit Lacken, Farben und Klebstoffen gut lüften bzw. die Arbeit im Freien ausführen. Umweltfreundliche Lacke sind meist auch für die Gesundheit des Anwenders ungefährlich (siehe Seite 545).

### Spanplatten

Möbel sind oft aus Spanplatten hergestellt, die Formaldehyd freisetzen. Wählen Sie Platten mit niedriger Emissionsklasse.

### Tanken

Beim Tanken entweichen aus dem leeren Tank ebenfalls schädliche Gase. Deshalb vor dem Tanken Autofenster und -türen schließen und sich nicht neben den Tank stellen.

## *Lärm*

Der Mensch ist häufig starker Lärmbelastung ausgesetzt. Verursacher sind Maschinen (auch Küchengeräte), Kraftfahrzeuge, Radios, Flugzeuge.

Dauernde Lärmbelastung führt nicht nur dazu, daß der Mensch mit der Zeit schlechter hört, sondern sie beeinträchtigt den gesamten Gesundheitszustand. Schlafstörungen, Gereiztheit, Unruhe, Kreislaufbeschwerden, Stoffwechselstörungen können die Folge sein.

Gemessen wird die Intensität von Lärm in *Dezibel* (dB). Die Schwelle zur Lärmschwerhörigkeit liegt bei 80 dB(A), das heißt, ab dieser Lautstärke wird das Gehör geschädigt. Ist dieser Lärm nur kurzzeitig, also einige Sekunden, können sich die Organe des Gehörs wieder erholen, dauert Lärm jedoch lang an, wird das Gehör unwiederbringlich geschädigt.

Aus der Tabelle »Lärmintensität« (rechts oben) ist zu sehen, daß auch in der Landwirtschaft vielfach über 80 dB(A) gearbeitet wird. Lärmschutz zu tragen, ist also dringend erforderlich. Zwar erscheint dies vielen Landwirten anfänglich etwas umständlich, im Interesse der eigenen Gesundheit sollte diese kleine Unbequemlichkeit jedoch in Kauf genommen werden.

## Lärmintensität verschiedener Geräusche

| | |
|---|---|
| 0 dB(A)* | Hörschwelle |
| 10– 20 dB(A) | Flüstern |
| 50– 60 dB(A) | Normale Unterhaltung |
| 70– 80 dB(A) | Verkehr, Staubsauger, Rasenmäher |
| ab 80 dB(A) | Kritische Grenze für Gehörschäden |
| 90 db(A) | Laden oder Pflügen (mit offener Kabine), Preßlufthammer |
| 100–110 dB(A) | Diskothek, Fluglärm in der Nähe, laufende Motorsäge |
| ab 130 dB(A) | Schmerzschwelle |

\* dB = Dezibel
   A = Spezielle Methode zur Messung der Lautstärke.

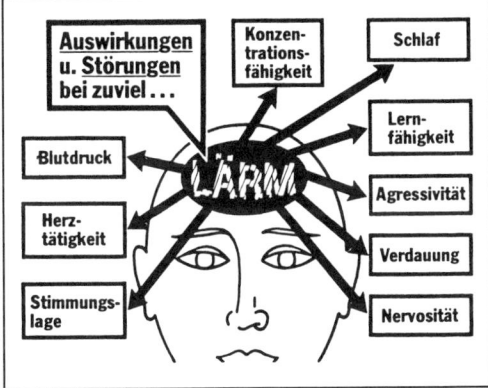

Lärm und seine Auswirkungen

## Strahlung

Nicht alle Strahlen, die auf den Menschen eindringen, sind gesundheitsfördernd. Dazu gehören auch Anteile des Sonnenlichts, sie verbrennen die Haut und können bei übertriebenem »Sonnenanbeten« auf Dauer zu Hautkrebs führen.
Unter dem Begriff Strahlung werden häufig radioaktive Strahlen zusammengefaßt, die ausgehen können z. B. von radioaktiven Abfällen und Kernwaffenversuchen. Sicher unvergeßliches Beispiel für die Gefährlichkeit radioaktiver Strahlung war der Reaktorunfall von Tschernobyl im Frühjahr 1986. Es gibt aber auch natürliche radioaktive Strahlung, die aus der Erde und dem Weltall stammt.
Radioaktive Strahlung sieht und spürt man nicht, sie hinterläßt aber deutliche Spuren: Haut, Augen, Keimdrüsen werden geschädigt, Leukämie (Blutkrebs) und andere Krebsarten können die Folge sein. Gefürchtet ist auch die Wirkung

auf die Erbanlagen, sie können verändert werden, was zu Mißbildungen bei Kindern führt.
Schädlich sind auch Röntgenstrahlen. Sie werden in der Medizin eingesetzt, um Krankheiten zu erkennen, und erfüllen damit einen nützlichen Zweck. Wer zu häufiges »Durchleuchten« vermeiden möchte, sollte sich bei seiner Krankenkasse einen Röntgenpaß besorgen, in diesen werden alle Röntgen-Untersuchungen eingetragen, so daß unnötige Mehrfachbelastungen vermieden werden können.
Mikrowellengeräte stellen keine Gesundheitsgefährdung dar. Die Speisen nehmen weder die Strahlung auf, noch können gefährliche Strahlen nach außen dringen (siehe auch Seite 338).

## Klima

Das Klima scheint ein Lebensfaktor zu sein, auf den der Mensch keinen Einfluß hat. Ganz so ist es leider nicht, denn verschiedene Eingriffe in die Natur können sehr wohl das Klima beeinflussen.
Häufig genannt wird in letzter Zeit das sog. Ozonloch, verursacht durch die Verwendung von Fluorchlorkohlenwasserstoffen (FCKW) in Sprays und Kühlmitteln. Ozon ist ein Gas, das die Erde umgibt und vor schädlichen Anteilen des Sonnenlichts schützt. Wenn diese schützende Schicht geschädigt ist, können die schädlichen Strahlen ungehindert an die menschliche Haut gelangen und z. B. Krebs hervorrufen. Die Vermeidung FCKW-haltiger Sprays sollte also eine Selbstverständlichkeit werden.
Klimaveränderungen werden auch durch Eingriffe in die Landwirtschaft verursacht. Durch das Abholzen riesiger Waldbestände in den Tropen und Subtropen kann nach heutigen Erkenntnissen eine völlige Klimaverschiebung eingeleitet werden. Falls die Prognosen der Wissenschaftler stimmen, wird Europa in einigen Jahrzehnten ein heißeres Klima mit geringeren Niederschlägen haben, die Südhalbkugel dagegen niedrigere Temperaturen mit häufigeren Niederschlägen.

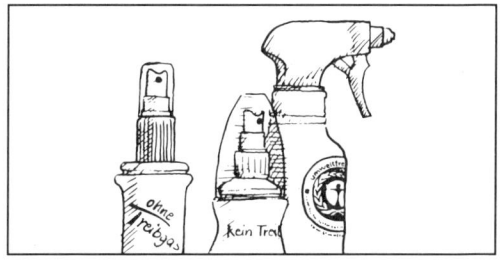

Umweltfreundliche Pumpzerstäuber

# 1.4  Einfluß von Genußgiften und Drogen

Genußgifte und Drogen sind Stoffe, die angenehm anregen, in großen Mengen jedoch dem Körper sehr schaden bzw. eine Abhängigkeit hervorrufen. Alkohol, Koffein, Nikotin werden als Genußgifte bezeichnet, sie gehören aber auch zu den Drogen. Als Drogen werden im landläufigen Sprachgebrauch Rauschmittel bezeichnet wie Haschisch, LSD, Heroin, Opiate.

Streng genommen kann jedes Lebensmittel wie ein Gift auf den Körper wirken, das heißt, ihm schaden, wenn eine bestimmte, gesunde Menge überschritten wird. Die eigentlichen Genußgifte, Alkohol, Nikotin und Koffein, und die Drogen wirken jedoch schon in verhältnismäßig geringen Mengen schädigend und können zu Abhängigkeit führen.

## Abhängigkeit

Die Abhängigkeit von einem bestimmten Stoff kann seelisch oder körperlich sein. Bei seelischer Abhängigkeit ist der Betroffene unzufrieden und unausgeglichen, wenn er den Stoff nicht zu sich nimmt. Bei körperlicher Abhängigkeit reagiert der Körper mit sog. Entzugserscheinungen, das sind quälende Krankheitserscheinungen wie Kopfschmerzen, Krämpfe, Schüttelfrost bis hin zu Halluzinationen (Wahnvorstellungen).

## *Alkohol*

Ein Gläschen in Ehren kann niemand verwehren – Stimmt! Alkohol wirkt in geringen Mengen anregend auf Kreislauf, Verdauungsorgane und Atemzentrum. Die Haut wird stärker durchblutet und rot, der Blutdruck steigt an. Als angenehm wird empfunden, daß die seelische Anspannung nachläßt, Hemmungen werden abgebaut, der Alltag tritt in den Hintergrund, die Stimmung steigt.

## Wirkung von Alkohol

Je mehr Alkohol jedoch getrunken wird, desto mehr treten die negativen Auswirkungen auf: Aus der anfänglichen Fröhlichkeit wird Depression und Traurigkeit; die Reaktionsfähigkeit wird stark herabgesetzt (Vorsicht Autofahrer!); Dinge werden getan, an die man sich in nüchternem Zustand nicht mehr erinnern kann; Schwindel, Übelkeit bis hin zu Bewußtlosigkeit bei völliger Trunkenheit sind weitere Folgen.

## Wirkung von Alkohol im Organismus

| Blutalkohol-Konzentration | Erscheinungen |
|---|---|
| 0,3–0,6‰ | Erste Gangstörungen, Redseligkeit, Euphorie |
| 0,8‰ | Gesichtsfeld leicht eingeschränkt, Reaktionszeit verlangsamt, leichte Sprechstörungen, Schwips |
| 1,0‰ | Grenze der Fahr- und Verkehrstüchtigkeit |
| 1,4‰ | Mäßiger Rauschzustand, Enthemmung |
| | Starker Rauschzustand |
| 2,0‰ | Trunkenheit, Bewußtsein stark eingetrübt, Torkeln, Erinnerungsvermögen aufgehoben |
| 4,0–5,0‰ | Tödlichkeitsgrenze, Atemstillstand, Narkose |

Bei regelmäßigem Alkoholmißbrauch sind Magenschleimhautreizungen sehr häufig, außerdem wird die Leber stark belastet. Leberzersetzung (Leberzirrhose) tritt bereits dann auf, wenn mehr als 80 Gramm Alkohol pro Tag »genossen« werden, das entspricht etwa 2 Liter Bier oder 1 Liter Wein. Gefährlich ist auch die Kombination von Alkohol und Medikamenten, beider Wirkung kann erheblich verstärkt werden.

## Folgen von Alkoholmißbrauch
- Leberschäden.
- Herzschäden.
- Muskelerkrankungen.
- Nervenerkrankungen.
- Bluthochdruck, Durchblutungsstörungen.
- Bildung von Thromben (Blutpfropfen, die sich lösen und dann eine lebensgefährliche Embolie auslösen können).
- Entzündungen der Schleimhäute, Harnwege, Nieren.
- Anfälligkeit für Infektionen, Stoffwechselstörungen, Blutarmut.
- Zerrüttung bzw. Verlust der zwischenmenschlichen Beziehungen.

## Alkohol und Schwangerschaft

Alkohol sollte während der Schwangerschaft tabu sein. Er kann fatale Auswirkungen auf das Baby haben: Frühgeburt, Untergewicht, Wachstumsstörungen, körperliche und geistige Entwicklungsstörungen, Mißbildungen.

## Macht Alkohol warm?

Alkohol wird im Winter bei niedrigen Temperaturen fälschlicherweise manchmal als Mittel zum Aufwärmen getrunken. Zwar scheint sich der Körper zunächst aufzuwärmen, weil die Haut angenehm warm und durchblutet wird. Infolge der stärkeren Durchblutung gibt der Körper jedoch sehr viel Wärme an die Umgebung ab. Durch diese erhöhte Wärmeabgabe über die Haut kann es bei längerem Aufenthalt im Freien zu Unterkühlung und Erfrierungen kommen.

Heiße, alkoholhaltige Getränke »wirken« übrigens schneller als kalter Alkohol. Verstärkt wird die Wirkung von Alkohol auch durch Zucker.

## Alkohol und Verkehrstüchtigkeit

Wie schnell wird Alkohol abgebaut? Diese Frage stellen sich viele Autofahrer und berechnen danach ihren persönlichen Blutalkoholspiegel – und das ist meist falsch. Generell gilt: Der Abbau ist abhängig von der Zeitspanne, in der der Alkohol getrunken wurde, von der Menge und vom Geschlecht, Frauen brauchen infolge ihres niedrigeren Körpergewichts länger als Männer, bis sie eine bestimmte Menge Alkohol abgebaut haben. Als grober Anhaltspunkt für den Abbau von Alkohol kann gelten: pro Stunde 0,1 Promille.

Abbau von Alkohol (bezogen auf eine 70 kg schwere Person)

Für alle Autofahrer sollte aber unumstößlich klar sein: Alkohol vermindert die Reaktionsfähigkeit erheblich, er führt zu Sinnestäuschungen, die Wahrnehmung ist verringert. Diese Reaktionsveränderungen treten beileibe nicht erst auf, wenn die magische 0,8 Promille-Grenze überschritten wird, bereits vorher wird sie deutlich. Deshalb muß bei Verwicklung in einen Verkehrsunfall mit Strafe gerechnet werden, auch wenn der Alkoholgehalt des Blutes nur 0,3 oder 0,4 Promille beträgt.

## Alkoholismus

Man spricht von Alkoholismus, wenn jemand regelmäßig und viel Alkohol trinkt. Alkoholismus ist deshalb so gefährlich und häufig, weil er schleichend beginnt und die Abhängigkeit erst spät erkannt wird. Wer Alkoholismus vermeiden möchte, sollte von Zeit zu Zeit seine und die Trinkgewohnheit in der Familie überdenken.

Für alkoholabhängige Personen ist das einzig wirksame Mittel die absolute Enthaltsamkeit. Bereits eine Schnapspraline oder ein Stück geistvoll getränkter Kuchen können Alkoholismus wieder auslösen. Daher daran denken, wenn gefährdete Personen eingeladen sind, Kuchen und Nachspeisen, auch Soßen ohne Alkohol zuzubereiten. Bereits Spuren führen zu einem unstillbaren Verlangen nach Alkohol.

Alkoholismus ist eine Krankheit, die ärztlich behandelt werden muß, Medikamente und Entziehungskuren können helfen. Am wirkungsvollsten sind Kontakte mit verständnisvollen Menschen, die neue Interessen vermitteln können. Auch manche Organisationen kirchlicher und sozialer Einrichtungen bieten wirkungsvolle Hilfe an, z. B. Selbsthilfegruppen »Anonyme Alkoholiker«. In solchen Gruppen sprechen Betroffene über ihre Krankheit und versuchen, sie so zu bewältigen.

 **Wichtige Hinweise**

- Trinkgewohnheiten überdenken.
- Niemanden zu Alkoholgenuß drängen, z. B. bei Festen, Einladungen.
- Bei Einladungen auch alkoholfreie Getränke anbieten.
- Kinder nicht an den Geschmack von Alkohol gewöhnen. Nachspeisen, Kuchen, Soßen, die laut Rezept Alkohol enthalten, mit Fruchtsäften oder Gewürzen aromatisieren, Alkohol weglassen.
- Jugendliche über Gefahren des Alkoholmißbrauchs aufklären und die Praktiken der Werbung für alkoholische Getränke kritisch besprechen. Das gute Beispiel der Eltern nützt übrigens mehr als dauernde Ermahnungen.
- Ärger, Streß, Niedergeschlagenheit nicht mit Alkohol »wegspülen«.
- »Trockenen« Alkoholikern keinen Alkohol anbieten, auch keine Süßigkeiten oder Speisen (z. B. Soßen, Desserts), die Alkohol enthalten.

## Nikotin

Rauchen ist die häufigste Form der Abhängigkeit von einem Genußgift. Der Hauptwirkstoff von Tabak ist Nikotin, ein starkes Pflanzengift.

### Wirkung von Nikotin

Die gesundheitsschädlichen Wirkungen von Nikotin sind am deutlichsten erkennbar beim ersten Rauchversuch. Es treten die typischen Anzeichen einer Nikotinvergiftung auf:

- Übelkeit.
- Schweißausbruch.
- Herzklopfen.
- Schwindelgefühl.
- Durchfall.

Eine Nikotinvergiftung können beim Nichtraucher bereits etwa 4 Milligramm (Tausendstel Gramm), beim Raucher etwa 10 Milligramm hervorrufen. Eine Zigarette enthält 1–1,5 Milligramm Nikotin. Es wird durch die Hitze freigesetzt und geht zu etwa 30% in den Rauch über. Nikotin regt die Herztätigkeit an und wirkt steigernd auf die Stimmung. Diese Wirkung wird vom Raucher gewünscht, er gerät schnell in eine seelische Abhängigkeit und kann diese nur sehr schwer überwinden. Außer der anregenden Wirkung tritt jedoch mit der Zeit eine Lähmung der Nervenzellen und Verengung der Blutgefäße auf. Durchblutungsstörungen von Herz und Gehirn sind die Folge. Auch das *Raucherbein* ist eine typische Folge: Durch die mangelhafte Versorgung des Muskels mit sauerstoffreichem Blut kommt es zur Ansammlung von schädlichen Stoffwechselprodukten, das Bein muß schlimmstenfalls amputiert werden. Plötzlich auftretender Schmerz beim Gehen deutet auf akuten Sauerstoffmangel hin. Nikotin erhöht die Aktivität der Schilddrüse und damit den Grundumsatz.
Beim Rauchen entsteht auch Tabakteer. Dieser legt sich auf die Wände der Atmungsorgane und verursacht so Hustenreiz *(Raucherhusten)*. Durch die Teerablagerung nimmt die Elastizität der Lungenbläschen ab, sie können sich beim Ausatmen nicht mehr zusammenziehen *(Blählunge)*. Selbst kleine Anstrengungen führen dann schon zu Atemnot. Durch den ständigen Gewebereiz kann es zu *Lungenkrebs* kommen. Ein weiterer schädlicher Stoff, der beim Rauchen entsteht, ist Kohlenmonoxid. Es führt zu Sauerstoffmangel im Muskel und in den Organen, was oft Herz-Kreislauf-Erkrankungen zur Folge hat.

### Rauchen und Schwangerschaft

Rauchen während der Schwangerschaft führt zu Nikotin- und Kohlenmonoxid-Aufnahme des Babys. Folgen sind verzögerte Kindsentwicklung im Mutterleib, Untergewicht, Fehl-, Frühgeburt, höhere Tumoranfälligkeit des Kindes.

### Entwöhnung

Wie kann man sich das Rauchen abgewöhnen? Nur wenige Raucher schaffen es, ihre Sucht von einem auf den anderen Tag abzulegen.
Der sicherste Weg ist allerdings, ganz mit dem Rauchen aufzuhören. Mit Hilfe spezieller Programme ist dies schon vielen Menschen gelungen.

### ⏩ Tricks für langsames Entwöhnen ⏪

- ⇒ Die Zahl der Zigaretten pro Tag immer mehr einschränken.
- ⇒ Zigaretten jeweils nur zur Hälfte rauchen.
- ⇒ Weniger Lungenzüge machen.
- ⇒ Verlangen nach einer Zigarette überbrücken mit Kaugummi, Obst usw.
- ⇒ Nicht in Gegenwart von Nichtrauchern rauchen.

## Koffein

Koffein ist in Kaffee, Schwarztee und Cola-Getränken enthalten. Dieser Stoff wirkt anregend, erhöht den Blutdruck und bewirkt eine kurzfristige Leistungssteigerung, weil die Energiereserven des Körpers mobilisiert werden. Durch Koffein werden auch die Verdauung und die Tätigkeit der Nieren angeregt.

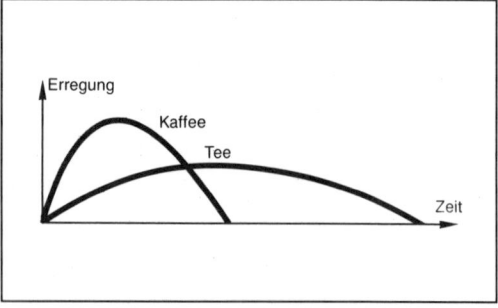

Wirkung von Kaffee und Schwarztee

Kaffee und Schwarztee unterscheiden sich in ihrer Wirkung. Die im Schwarztee enthaltenen Gerbsäuren verzögern die Wirkung des Koffeins, die anregende Wirkung von Tee hält also länger an, tritt jedoch nicht so stark auf.
Die Wirkung von Cola entspricht der von Kaffee. *Koffeinhaltige Getränke sind für Kinder nicht geeignet.*
Große Koffeinmengen können zu akuten Vergiftungen führen mit starken Erregungszuständen, Schlaflosigkeit, Muskelzittern, Schweißausbruch, Herzklopfen, Angstzuständen.

## Rauschmittel

Rauschmittel oder Drogen sind Stoffe, die die Grenzen des normalen Bewußtseins sprengen und Rauschzustände hervorrufen. Es gibt verschiedene Arten von Drogen. Allen ist jedoch gemeinsam, daß sie schnell zu körperlicher Abhängigkeit führen mit stetigem Verfall des Körpers und der Persönlichkeit (siehe Übersicht Seite 488/489).
Drogen werden in verschiedenen Formen aufgenommen: geraucht, in Tropfenform auf Zucker, gespritzt direkt in die Blutbahnen.
Besonders gefährdet sind Jugendliche. Die Neugierde, manchmal auch der Druck der Freundesgruppe oder das Ausbrechen-Wollen aus der Welt, in der sie leben, sind die häufigsten Gründe, sich Drogen zu beschaffen. Erfahrungsgemäß sind Jugendliche mit einem intakten Elternhaus, in dem über Probleme der Heranwachsenden verständnisvoll gesprochen wird, am wenigsten gefährdet. Ein geordnetes Elternhaus ist aber nicht die Gewähr dafür, daß Kinder nicht in die Drogenszene abrutschen.

### Erkennen von Drogeneinnahme

#### Seelische Anzeichen
● Ungewöhnlich nervös, gespannt, getrieben, »überdreht«.
● Grundlos unzufrieden, mißgestimmt, reizbar, pessimistisch, resigniert, dann aber wieder unerwartet kontaktfreudig, grundlos optimistisch, grenzenlos glücklich.
● Rasch erschöpft, schwunglos, vergeßlich, unaufmerksam, gedankenlos.
● Täglich wechselnde Leistungsfähigkeit mit stetigem Abfall.
● Trugwahrnehmungen, das heißt, der Betroffene sieht, hört, schmeckt und fühlt Dinge, die nicht vorhanden sind.

#### Körperliche Anzeichen
● Glasiger Blick, eingefallenes Gesicht, tiefliegende Augenhöhlen, graue, blasse oder bläulich verfärbte Haut, Rötung der Augenbindehaut.
● Ständig laufende Nase (ohne Erkältung und Schnupfen), Klage über trockenen Mund, gerötetes und geschwollenes Gaumenzäpfchen.
● Appetitlosigkeit, unregelmäßige Nahrungsaufnahme, Widerwillen gegen manche Lebensmittel, zunehmender Appetit auf leichte und vor allem kohlenhydratreiche Kost, z. B. Pudding, Bonbons, Kuchen, Schokolade, gesüßte Säfte.
● Erhöhte Licht-, Lärm- und Schmerzempfindlichkeit.

#### Verräterische Utensilien
Ahnungslose Eltern wissen oft nicht, daß bestimmte Gegenstände auf den Umgang mit Drogen hinweisen. Dazu gehören:

● Silberpapierfetzen, in denen der »Stoff« verpackt war, gefaltete Papier-, Zellophan- und Stanniolbriefchen.
● Gepreßte oder verkrümelte Klümpchen von roter, grüner oder schwarzer Farbe, getrocknete und zerriebene Blüten und Blätter.
● Zuckerwürfel, Löschblatt- und Filzstückchen, blaue oder rote Sternchen.
● Tabletten aller Art.
● Spritzenbestecke, Injektionsnadeln, blutige Papiertaschentücher.

Wenn solche Gegenstände häufig im Zimmer herumliegen, ist Drogenmißbrauch sehr wahrscheinlich. Panikartige Reaktionen und Vorhaltungen an den Jugendlichen helfen jedoch nicht weiter, vielmehr ist ein vertrauensvolles Verhältnis aufzubauen, um so die Möglichkeit eines beeinflussenden Gespräches zu führen.
Häufig sind Eltern ratlos, wenn sie entdecken, daß eines ihrer Kinder Drogen nimmt. Auskunft und Hilfe geben anonyme, staatliche *Beratungsstellen*, im örtlichen Telefonbuch zu finden unter dem Stichwort »psychosoziale Beratung«.

### Drogen und ihre Wirkung
Für Eltern, die mit ihren Kindern über Drogen reden und diskutieren wollen, ist es wichtig, über den Gegenstand des Gesprächs informiert zu sein. Dazu soll die Tabelle auf Seite 488/489 beitragen, die jedoch nur einen allgemeinen Überblick geben kann.

| Droge | Seelische Folgen | Körperliche Folgen |
|---|---|---|
| **Haschisch und Marihuana** Zu Platten, Tafeln oder Stangen von dunkelbrauner bis schwarzer Farbe gepreßt (Haschisch-Harz) bzw. als getrocknete, zerschnittene, zerriebene und zusammengepreßte Blätter (Marihuana). Haschischöl (extrem stark). | Seelische Abhängigkeit. Passiv, antriebslos, apathisch; Merk- und Konzentrationsstörungen, abnorme Einengung des Denkens; Scheintiefsinn, Rückzug auf die eigene Person, Nachlassen von Pflichtgefühl und Zuverlässigkeit; depressive Verstimmungen, u. U. mit Selbstmordideen, innerlich unruhig, gespannt, reizbar, mißtrauisch, zerfahren, verwirrt; Angstattacken, Erregungs- und Panikreaktionen, Trug- und Fehlwahrnehmungen für alle Sinnesbereiche, Desorientierung zu Ort, Zeit und eigener Person; Depersonalisation (»Ich bin nicht mehr ich«), Derealisation (»Alles so fern, unwirklich, weit weg«). | Muskelzuckungen, Schwindel mit Gehstörungen, Kopfdruck oder pochende Kopfschmerzen, Übelkeit, Brechreiz, Erbrechen, krampfartige Oberbauchbeschwerden, zu schneller oder zu langsamer Puls, Herzklopfen, Veränderung der Hautdurchblutung, kalte Hände und Füße, unangenehme Mißempfindungen am ganzen Körper, Temperaturerhöhung, Absenkung des Blutzuckerspiegels, gel. Überempfindlichkeitsreaktionen, Bronchitis. Mögliche Gefährdung bei Dauerkonsum: Lungenschäden (erhöhte Krebsgefahr?), Hirnschäden, Erbschäden (Mißbildungen bei Neugeborenen?), Funktionsveränderung von Schilddrüse und männlichem Hormonspiegel u. a. Gefahr von Horror-Trip und Echo-Rausch. |
| **LSD, STP (DOM), Psilocybin, Ololiuqui, Meskalin u. a.** Lösung auf Zuckerstückchen oder Löschpapier, Gelatine, Filzplättchen, Sternchen, Klebemarken; kleine, farbige, gepreßte Tabletten (tape) oder blau-violette Würfelchen (minitrips) u. a. Bei pflanzlichen Substanzen jeweils spezielle Zubereitung. | Seelische Abhängigkeit. Wirkung ähnlich wie bei Haschisch und Marihuana, u. U. aber ungleich stärker. Depressive Verstimmungen bis zur Selbstmordneigung; wahnhafte Reaktionen, Depersonalisationserscheinungen mit dem subjektiven Empfinden, als seien einzelne Gliedmaßen vergrößert, verkleinert, geschrumpft oder aufgebläht, kurz: als seien die Betreffenden nicht mehr sie selber; Derealisation: Fremdheitsgefühl, als seien Personen und Gegenstände um den Betroffenen herum eigentümlich fremd, unwirklich usw. | Schweißausbrüche, Hitzewallungen, Kälteschauer; Schwindel, Brechreiz, Erbrechen, Herzklopfen oder Herzrasen, abgehackte oder verwaschene Sprache; Gehstörungen. Bei höherer Dosierung Erweiterung der Pupillen, rascher Puls, Bluthochdruck, Temperaturanstieg, Gänsehaut, evtl. vorübergehender Anstieg des Blutzuckers. Bei extrem hohen Dosen Lähmungen, Blutdruckabfall, langsamer Herzschlag, Gefahr der Atemlähmung, vereinzelt auch tiefe Bewußtlosigkeit mit sehr hohen Temperaturen sowie Krampfanfällen. Möglichkeit von Erbschäden; Gefahr von Horror-Trip und Echo-Psychose. |
| **PCP (»angel-dust« = »Engelsstaub«)** Farblose Substanz, kann trocken oder in wäßriger Lösung in rauchbarem Material eingebracht werden. Ferner: Tabletten, Pulver. | Seelische Abhängigkeit. Innere Unruhe, Reizbarkeit, Depressionen mit Selbstmordneigung; Unfähigkeit, seine Gedanken zu ordnen, Gedächtnisverlust; Gleichgültigkeit, Rückzug in sich selber; Wahnwahrnehmungen im Bereich von Sehen, Hören, Fühlen, Schmecken; Verlust des Zeit- und Raumgefühls; Depersonalisationserscheinungen; Realitätsferne; Verkehrung der Gefühls- und Gedankenwelt; aggressive Durchbrüche; Gefahr einer schizophrenieähnlichen Drogenpsychose. | Sprach- und Schlafstörungen; unsicherer Gang; Augenzucken; Taubheitsgefühl an Armen und Beinen; Schweißausbrüche; Muskelverkrampfungen; Erhöhung von Puls, Blutdruck und Temperatur; Krampfanfälle, schließlich Atemlähmung und Koma. – das trügerische Gefühl von Unverletzlichkeit und Schmerzlosigkeit kann zu lebensbedrohlichen Reaktionen führen: Schauerliche Selbstverstümmelungen u. a. Neigung zu bizarrem, gewalttätigem Verhalten, insbesondere während psychoseähnlicher Zustände (furchtbare Bluttaten). Horror-Trip und Echo-Rausch möglich. |

| Droge | Seelische Folgen | Körperliche Folgen |
|---|---|---|
| **Weckmittel**<br>Vielzahl chemischer Produkte, worunter heute auch Schlankheitsmittel zählen: Pulver, Tabletten, Kapseln, Tropfen- oder Injektionslösung. | Seelische Abhängigkeit. Überwach, aufgedreht und müde zugleich, vermeintlich gesteigerte Einsichtsfülle; nervös, verstimmt, unruhig, gereizt bis aggressiv; Angstzustände; unproduktive Überaktivität; Konzentrationsabfall, Benommenheit, Redefluß, Selbstüberschätzung; Zwangslachen; herabgesetztes Urteilsvermögen, Kritiklosigkeit; Rastlosigkeit, Verwirrtheitszustände, Ideenflucht, Depersonalisations- und Derealisationsgefühle; wahnhafte Ideen, Fehlwahrnehmung vorhandener Sinneseindrücke | Pupillenerweiterung, Zittern des Augapfels; Mundtrockenheit, Hecheln, Übelkeit, Erbrechen, Durchfall, Magen-Darm-Krämpfe; Blutdruckschwankungen, sinnlose Wiederholung bestimmter Gesten und Bewegungen; pulsierender Kopfschmerz; Schwitzen, Erhöhung der Körpertemperatur; Händezittern; Anstieg von Pulsschlag und Atemfolge, Störungen des Herzschlags u. a. Bei Überdosierung ernstere Herz- und Kreislaufstörungen mit Gefahr von Kollaps; Krämpfe, Herzversagen oder Gehirnblutung. |
| **Kokain**<br>Weißes, bitter schmeckendes Pulver (Kokain ist als neuer Modetrend wieder im Kommen, besonders als verharmloste Partydroge in Nobelkreisen mit gefährlichem Nachahmungseffekt in der Drogenszene). | Seelische Abhängigkeit (auch durch Schnupfen!). Müde, erschöpft, teilnahmslos; erhöhte Empfindlichkeit und Stimmungslabilität; Willensschwäche und nachlassende Kritikfähigkeit; Ruhelosigkeit und Angstattacken; Rededrang; ängstlich-gereizte Stimmung; Fehldeutung vorhandener Sinneseindrücke, Wahnwahrnehmungen vor allem im Fühlen (»Kokainkristalle unter der Haut«, »Kokain-Tierchen«); krankhafte Beziehungsideen, dabei Gefahr starker Erregungszustände bis zum Verfolgungswahn mit Selbstmordneigung und (gefährlichen) aggressiven Durchbrüchen (Gewalttaten). | Pupillenerweiterung, Händezittern; Schlafstörungen; Beschleunigung von Puls- und Atemfrequenz; Blutdruck- und Temperaturanstieg; Appetitlosigkeit und Verdauungsstörungen bis zur Abmagerung; Verlust der Widerstandsfähigkeit, rascher körperlicher Verfall mit vorzeitigem Altern; bei Überdosierung Atemnot, Schwindel, Ohnmachtsneigung, schließlich Gefahr der Atemlähmung, Krampfanfälle, Herzversagen, »Kokain-Kollaps«, tiefe Bewußtlosigkeit. |
| **Schnüffelstoffe**<br>Haushaltskleber, Farbverdünner, Zellulose-, Überzug- und Modellbaulacke, Treibgasmittel aus Sprühdosen, Flecken- und Nagellackentferner, Schuhreinigungsmittel, Motoren-, Verdünnungs-, Wasch- oder Feuerzeugbenzin, Feuerlöschmittel. | Müde, vergeßlich, stimmungslabil; Bewußtseinstrübung, Wahnwahrnehmungen im Bereich von Hören und Sehen usw. | Appetitlos, Übelkeit, Erbrechen, Abmagerung; Kopfdruck oder gar Kopfschmerzen; Schwindel, Schlaflosigkeit; Krämpfe, Schädigung der Nervenbahnen, möglicherweise sogar Lähmungen; Schädigungsgefahr von Leber und blutstillenden Organen, Herzrhythmusstörungen. |
| **Opiate**<br>Roh-Opium, Rauch-Opium, Heroin, Morphin, Kodein, ferner halbsynthetische und synthetische Morphin-Abkömmlinge oder Präparate mit morphinähnlicher Wirkung (meist Kombinationsmittel mit schmerzstillenden Substanzen: Tabletten, Dragees, Ampullen und Zäpfchen). | Seelische Abhängigkeit (auch durch Schnupfen!). Rasche Ermüdbarkeit, Rückgang der Aktivität, Konzentrationsstörungen; verminderte Urteilskraft; Schuldgefühle, Gewissensbisse, Verlust des Selbstvertrauens, innere Vereinsamung (Selbstmordgefahr), mitunter Abstumpfung von Pflicht- und Taktgefühl, Nachlassen des Verantwortungsbewußtseins und kritikloses Nachgeben gegenüber krimineller Verführungen (Dealen, Einbrüche u. a.) Entzugserscheinungen: Verlangen, Gier, ängstlich-gereizte Stimmung, rastlos, unruhig, fahrig, mißgestimmt, reizbar, aggressiv, depressiv u. a. | Körperliche Abhängigkeit (s. o.) Entzugserscheinungen: Weite Pupillen, Gähnen, Tränenfluß, laufende Nase, Gänsehaut, Schlafstörungen, Magen-Darm-Beschwerden, Hitzewallungen, Schweißneigung, Knochen-, Muskel- und Rückenschmerzen, ferner Juckreiz, Kälteschauer, Muskelzuckungen, -krämpfe, Übelkeit, Erbrechen, Bauchkrämpfe, Durchfall, starkes Zittern. Ferner Anstieg von Blutzucker, Herzschlagfolge und Atemfrequenz, Krampfanfälle, Schock, Tod im Kreislaufversagen. |

# 2 Erste Hilfe

Bei Unfällen muß in jedem Fall der Arzt verständigt werden. Bis er eintrifft, kann auch vom Laien geholfen werden. Zwar sind einige Griffe jedem bekannt, dennoch lohnt sich die Teilnahme an einem Erste-Hilfe-Kurs, weil das Gelernte mit der Zeit in Vergessenheit gerät.
*Im Ernstfall ruhig und besonnen handeln.*

### Augenverletzungen

Beide Augen mit keimfreiem Verband ohne Druck abdecken, sofort den Arzt aufsuchen.
Fremdkörper im Auge vorsichtig mit einem sauberen Tuchzipfel abtupfen, dabei immer zur Nase hin wischen. Nicht reiben! Augen schließen, damit der Fremdkörper durch die Augenflüssigkeit ausgeschwemmt werden kann. Festsitzende Fremdkörper nicht selbst entfernen, sondern sofort zum Augenarzt gehen.

### Beule, Bluterguß

Eisbeutel oder kalte, nasse Tücher auflegen. Spezielle Salben gibt es in der Apotheke.

### Bewußtlosigkeit, Ohnmacht

Den Betroffenen in *stabile Seitenlage* bringen, Kopf zum Boden drehen und Mund öffnen, damit er nicht an Erbrochenem erstickt. Notruf!

### Bißwunden

Wunde verbinden und sofort zum Arzt gehen. Stammt der Biß von einem tollwutverdächtigen Tier, die Wunde sofort mit Seifenlösung reinigen, mit Wasser ausspülen und anschließend mit hochprozentigem Alkohol desinfizieren; steril abdecken und sofort zum Arzt gehen.

### Blutungen

● Wenn die *Schlagader* verletzt ist, ist das ausströmende Blut hellrot, die Blutung pulsend. Keimfreien Verband auf die Wunde pressen. Beine und Arme hoch lagern, herzwärts von der Wunde die Schlagader abdrücken. *Druckverband* anlegen, aber nicht abbinden! Notruf!
● Dunkelrot fließendes Blut stammt von *Venen*. Druckverband anlegen und sofort zum Arzt gehen.
● Blutungen *im Körper* sind erkennbar an blasser werdender Hautfarbe. Notruf!
● Blutungen *aus Mund* und *Ohren* können auf schwere Schädelverletzungen hindeuten. Notruf!

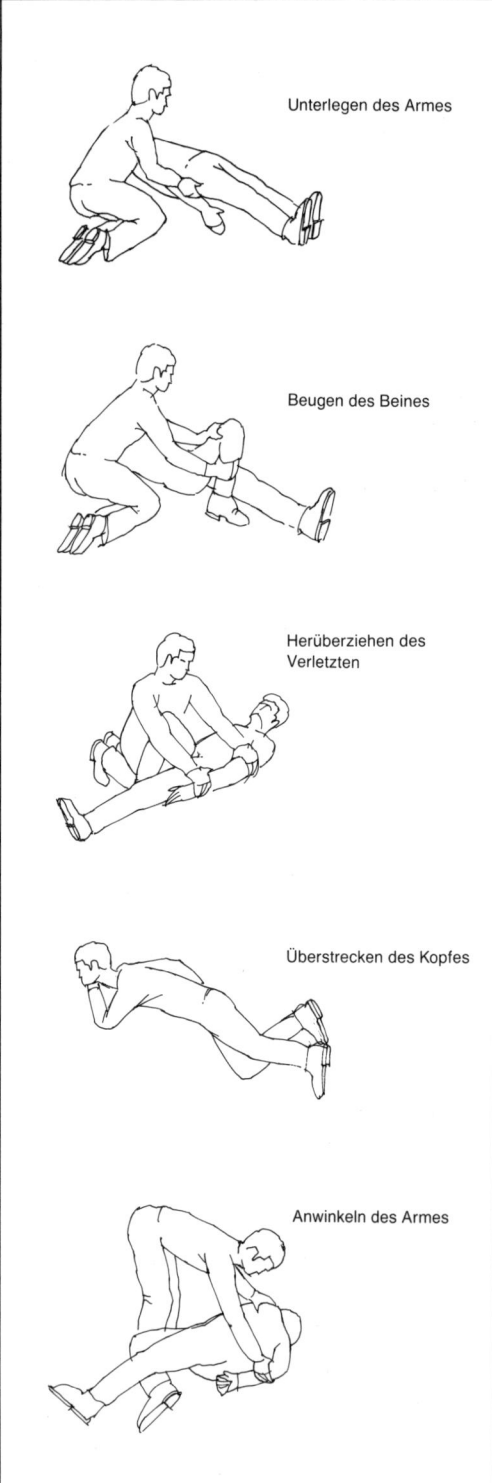

Unterlegen des Armes

Beugen des Beines

Herüberziehen des Verletzten

Überstrecken des Kopfes

Anwinkeln des Armes

Stabile Seitenlage

• Bei *Nasenbluten* hinsetzen, kalte Umschläge auf die Stirn und in den Nacken legen. Nasenflügel einige Minuten zusammenpressen. Wenn Blutung nicht steht, den Arzt aufsuchen.

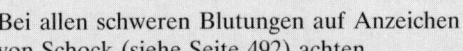

**➤➤ Wichtiger Hinweis ◀◀**

Bei allen schweren Blutungen auf Anzeichen von Schock (siehe Seite 492) achten.

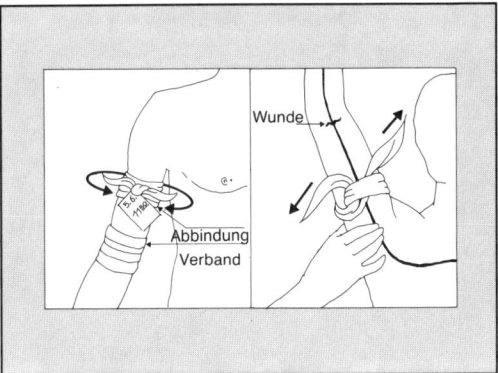

Links: Abbinden der Schlagader
Rechts: Abdrücken der Schlagader

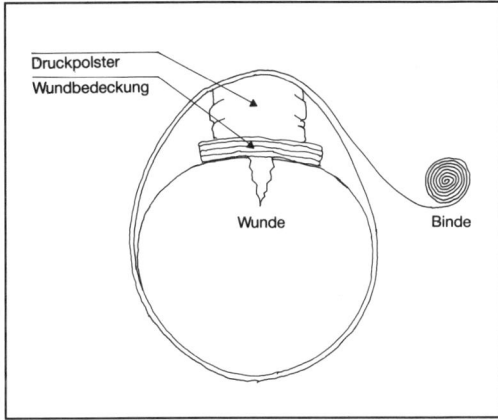

Druckverband anlegen

## Brandwunden

• Bei *Verbrühungen* die feuchte Kleidung schnell entfernen und die verbrannten Stellen sofort unter fließend kaltes Wasser halten, bis der Schmerz nachläßt. Danach abdecken mit sterilem Verband.

• Verbrennungen nicht verbinden. Bei größeren Verbrennungen keine Puder, Salben oder andere Hausmittel auftragen, sondern zum Arzt gehen.

## Elektrischer Schlag

Solange der Verunglückte mit dem Strom noch in Berührung ist, darf er auf keinen Fall angefaßt werden. Sofort Strom abschalten durch Herausdrehen der Sicherungen. Falls dies nicht möglich ist, für Eigenisolierung sorgen, z. B. auf ein trockenes Brett stellen und den Betroffenen aus dem Stromkreis reißen.

Den Verunglückten hinlegen, zudecken und bei Atemstillstand Atem spenden (siehe Seite 493). Notruf!

## Erfrierungen

Nicht rubbeln, massieren oder mit trockener oder strahlender Wärme behandeln, zu schnelle Erwärmung belastet den Kreislauf. Günstig ist eine sofortige Erwärmung durch körpereigene Wärmeübertragung von Haut zu Haut. Auch im Wasserbad, von 10 auf 40 °C langsam erwärmt, können erfrorene Gliedmaßen erwärmt werden.

Heiße, gezuckerte Getränke verabreichen, auf keinen Fall Alkohol.

## Erstickungsanfall

Verschluckte Bonbons oder große Bissen, die in der Speiseröhre stecken bleiben, können lebensbedrohend sein. Kinder an den Beinen hochheben, kräftig schütteln und leichte Schläge zwischen die Schulterblätter geben. Bei Erwachsenen den Oberkörper tief nach vorne beugen und mit der flachen Hand ebenfalls kräftig zwischen die Schulterblätter klopfen.

Ist der Betroffene bewußtlos, den Erstickenden auf den Bauch legen und kräftig auf den Rücken klopfen. Notruf!

## Ertrinken

Nach der Rettung den Betroffenen sofort künstlich beatmen. Wenn der Betroffene noch atmet, in Seitenlage bringen und zudecken. Notruf!

## Hitzschlag, Sonnenstich

Ein Hitzschlag entsteht durch einen Wärmestau im Körper. Äußere Anzeichen sind rote Haut, die jedoch nicht schwitzt, und Bewußtlosigkeit. Den Betroffenen sofort an einen kühlen Ort oder in den Schatten legen, Kleidung öffnen, Luft zufächern, nasse, kalte Tücher auflegen. Notruf!

## Insektenstiche

• Stachel, falls noch vorhanden, herausziehen und die Stichstelle mit Salmiakgeist oder juckreizstillender Salbe betupfen. Feuchte, kalte Umschläge verhindern das Anschwellen.

● Bei einem Stich in Mund oder Rachen *sofort*
den Arzt aufsuchen, in der Zwischenzeit kalte
Umschläge um den Hals machen, Eis lutschen.
● Bei allergischen Reaktionen auf das Insekten-
gift (z. B. plötzliches, starkes Anschwellen nicht
betroffener Körperteile, Hitzewallungen und
Ausschlag, starke Hautrötung auch nicht
betroffener Körperteile) sofort zum Arzt!

### Knochenbruch
Ein Knochenbruch ist von außen erkennbar durch
Schwellung und Schmerzen, besonders wenn die
betroffene Gliedmaße bewegt wird. Das gebro-
chene Glied ruhigstellen, z. B. durch unterge-
schobene Kissen. Notruf!

### Krämpfe
● Krampfartige Zustände mit Fieber müssen
sofort ärztlich behandelt werden.
● Schreikrämpfe bei Kindern sind eine Trotz-
reaktion, bei der keine erhöhte Temperatur auftritt. Das Kind schreit heftig, macht sich steif,
kann blau werden und nicht mehr ansprechbar
sein. Mit kaltem Wasser bespritzen oder einen
Klaps geben. Danach ruhig und freundlich mit
dem Kind reden.
● Bei Wadenkrämpfen das Bein nicht entlasten,
sondern fest auftreten. Bei Zehenkrämpfen die
Zehe nach oben drücken.

### Prellungen, Zerrungen, Quetschungen
Sofort durch kalte Umschläge kühlen. Nach dem
Abklingen der Schwellung elastischen Verband
anlegen. Verletztes Glied erst belasten, wenn es
schmerzfrei ist.
Bei Verletzungen am Kopf, großen Blutergüssen
und anhaltenden Schmerzen zum Arzt gehen.

### Schock
Unfälle, Verletzungen, starke Schmerzen können
lebensbedrohliche Schockzustände zur Folge ha-
ben. Anzeichen sind blaßgraue Haut, kalter
Schweiß, Frieren, schneller, schwer tastbarer
Puls, Unruhe. Den Verletzten flach hinlegen,
Beine anheben und hochlagern, Körper warm
zudecken und den Betroffenen nicht allein lassen.
Notruf!

### Verätzungen
● Sofort die Haut freilegen und unter fließen-
dem Wasser spülen.
● Bei Augenverletzungen das Auge öffnen und
aus geringer Höhe in die inneren Augenwinkel
Wasser fließen lassen.

Ruhigstellen eines gebrochenen Arms

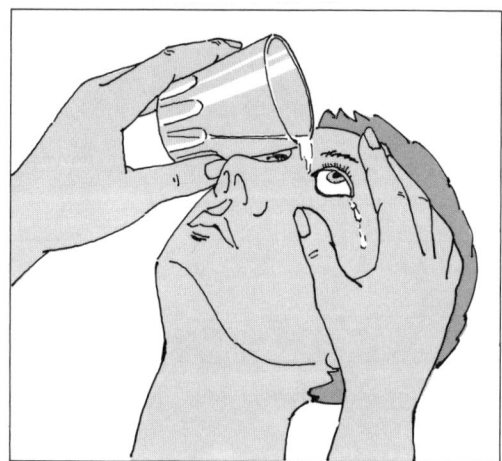

Verätzungen im Auge mit Wasser ausspülen

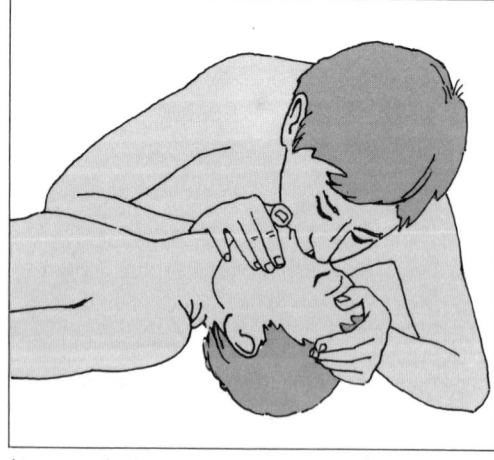

Atemspende durch Mund-zu-Nase-Beatmung

● Wenn ätzende Flüssigkeit verschluckt wurde, in kleinen Schlucken viel Wasser trinken, es verdünnt die Säure. Nicht zum Erbrechen reizen. Notruf!

### Vergiftungen

● *Atemgifte* sind ausströmendes Gas und Lösungsmitteldämpfe, Kohlenmonoxid aus Auspuffanlagen oder in Silos. Anzeichen von Vergiftung sind Kopfschmerzen, Schwindelgefühl, Bewußtlosigkeit, Atemlähmung. Den Vergifteten an die frische Luft und in stabile Seitenlage bringen (Seite 490), bei Atemstillstand künstlich beatmen (siehe unten). Notruf!
● Bei Vergiftung in Silos durch Kohlenmonoxid niemals versuchen, den Betroffenen allein zu retten! Notruf!
● Bei Vergiftungen durch *Magen-* und *Darmgifte* den Vergifteten ruhig halten, falls notwendig Atem spenden. Nicht zum Erbrechen reizen und nichts zu trinken geben! Auf keinen Fall Milch zu trinken geben! Notruf! Beim Anruf gleichzeitig Giftnotrufzentrale (siehe Seite 476) verständigen!

### Wiederbelebung

Herz- und Atemstillstand können durch Pulsfühlen bzw. Abhören von Herzschlag und Atemgeräuschen vor Mund/Nase festgestellt werden.

● Bei *Atemstillstand* sofort mit Beatmung beginnen: Den Kopf nach hinten überstrecken, den Unterkiefer gegen Oberkiefer drücken und mit dem Daumen die Lippen verschließen. Atemluft über die Nase einblasen und nach dem eigenen Rhythmus beatmen.
● Bei *Herzstillstand* müssen Atemspende und Herzmassage gleichzeitig durchgeführt werden. In Erste-Hilfe-Kursen wird diese Maßnahme gezeigt, sie sollte aber nur in äußersten Notfällen gebraucht werden, denn unnötig oder falsch ausgeführte Herzmassage kann lebensbedrohlich sein.

### Wunden

● Wunde freilegen, keimfrei verbinden. Die Wunde nicht berühren, nicht reinigen, nicht mit Puder oder Salben behandeln.
● Tiefe Wunden, z. B. durch *Schnittverletzung*, mit Verband oder Pflaster fest zusammenziehen, damit die Wundspalte nicht auseinanderklafft. Bei großen Wunden sofort zum Arzt gehen.
● *Schürfwunden* mit klarem Wasser oder Kamillentee reinigen und mit einem Pflaster oder Verband abdecken.

# 3 Hausapotheke, Hausmittel

Eine Hausapotheke gehört in jedes Haus, denn für Erste-Hilfe-Maßnahmen, kleinere Wehwehchen und Krankheiten ist eine entsprechende Ausrüstung notwendig.

## Der richtige Platz

Die Hausapotheke gehört an einen Platz, an dem Kinder sie nicht erreichen können. Am besten ist ein gut verschließbarer Wandschrank. Den Schlüssel so aufbewahren, daß Kinder nicht heran können, im Ernstfall muß er aber griffbereit sein.
Der beste Ort für Medikamente ist ein kühler Raum, z. B. Schlafzimmer. Badezimmer und Küche sind ungeeignet, weil dort zu große Temperaturschwankungen auftreten und die Luft sehr feucht ist.

## Regelmäßige Kontrolle

● Denken Sie daran, wenn Sie etwas aus der Hausapotheke entnehmen, Aufgebrauchtes bald wieder aufzufüllen.
● Binden und Kompressen, deren Verpackung beschädigt ist, sind nicht mehr steril; sie können nur noch als äußerer Verband benutzt werden.
● Arzneimittel sind nicht unbegrenzt haltbar, achten Sie auf das aufgedruckte Mindesthaltbarkeitsdatum.
● Bröckelige Tabletten und Dragees, eingetrocknete Salben und Cremes, trübe Tropfen sollten in jedem Fall ausgesondert werden.
● Medikamente, die von einer Krankheit »übrig geblieben« sind und vom Arzt verordnet wurden (mit der Aufschrift »verschreibungspflichtig«), nicht mehr verwenden und nicht in eigener Regie anderen Familienmitgliedern verordnen, auch wenn das Haltbarkeitsdatum noch nicht überschritten ist. Nicht mehr benötigte Medikamente am besten in die Apotheke zurückbringen oder für den Sondermüll sammeln.

## Beipackzettel lesen

Beipackzettel von Medikamenten sind dazu da, daß sie aufmerksam gelesen werden. Nach dem Lesen die Gebrauchsinformation nicht wegwerfen, auch wenn man meint, Dosierungsvorschriften ein für allemal zu kennen.

Leider sind die Angaben auf Beipackzetteln nicht immer für den Laien verständlich. Wem irgendwelche Angaben unklar sind, der sollte sich nicht scheuen, den Arzt oder Apotheker zu fragen.

 **Wichtiger Hinweis**

Medikamente niemals zusammen mit Alkohol einnehmen, schon kleine Mengen können die Wirkung der Arznei verstärken oder verringern.

## Was gehört in die Hausapotheke?

Die Hausapotheke sollte kein Sammelsurium übriggebliebener oder zufällig angeschaffter Medikamente und Hilfsmittel sein, sondern übersichtlich geordnet und sinnvoll ausgestattet werden.

## *Hausmittel*

In Bezug auf die Verwendung von Hausmitteln ist vorauszuschicken, daß damit nicht schwere Krankheiten gelindert oder gar geheilt werden sollen. Kleine Unpäßlichkeiten können mit Hausmitteln beigelegt werden, ohne einen Arzt hinzuzuziehen. Die Wirkung sollte nicht überschätzt werden, bei länger andauernden Beschwerden ist ein Arzt um Rat zu fragen.

### Grippaler Infekt, Erkältung

Eine echte Grippe kann und soll nicht mit Hausmitteln kuriert werden. Krankheitserscheinungen, die landläufig als Grippe bezeichnet werden, sind meist eine Erkältung, die mit Halsschmerzen, Schnupfen und Husten einhergeht. Anzeichen für eine Grippe dagegen sind Kopf- und Gliederschmerzen, Fieber, das länger als 3 Tage dauert, oft begleitet von Gleichgewichtsstörungen. In diesem Fall müssen sie unbedingt zum Arzt gehen. *Vorbeugen* ist besser als Heilen. Deshalb sollten Sie in Grippezeiten größere Menschenansammlungen meiden, den Körper abhärten, z. B. durch morgendliches Wechselduschen, sich viel an frischer Luft bewegen und sich Vitamin-C-reich ernähren.
Kam es trotzdem zu einer Ansteckung, helfen eine Anzahl von Mitteln.

## Empfehlenswerte Ausstattung einer Hausapotheke

**Verbandsmaterial**

Verbandspäckchen
Mehrere Mullbinden in verschiedener Breite
Verbandsmull
Verbandswatte
Verbandszellstoff
Mehrere elastische Binden in unterschiedlicher Breite
Heftpflaster
Wundschnellverband in verschiedener Breite
Brandbinde (in Dose aufbewahrt)
Dreieckstuch
Verbandsklammern

**Hilfsmittel**

Fieberthermometer
Lederfingerling
Augenklappe
Schere
Pinzette
Sicherheitsnadeln
Wärmflasche
Gummiunterlagetuch

**Arzneimittel**

Essigsaure Tonerde
Wundpuder
Desinfektionsmittel (Alkohol)
Kohletabletten
Kopfschmerztabletten
Wundsalbe
Zugsalbe
Kühlende Salbe, z. B. bei Stichen und Juckreiz
Halstabletten
Hustensaft
Verschiedene Tees mit medizinischer Wirkung, z. B. Fencheltee, Kamillentee, Brusttee
Beruhigungsmittel (Baldrian)
Salbe zur Durchblutungsförderung bei Verstauchungen
Individuelle Medikamente

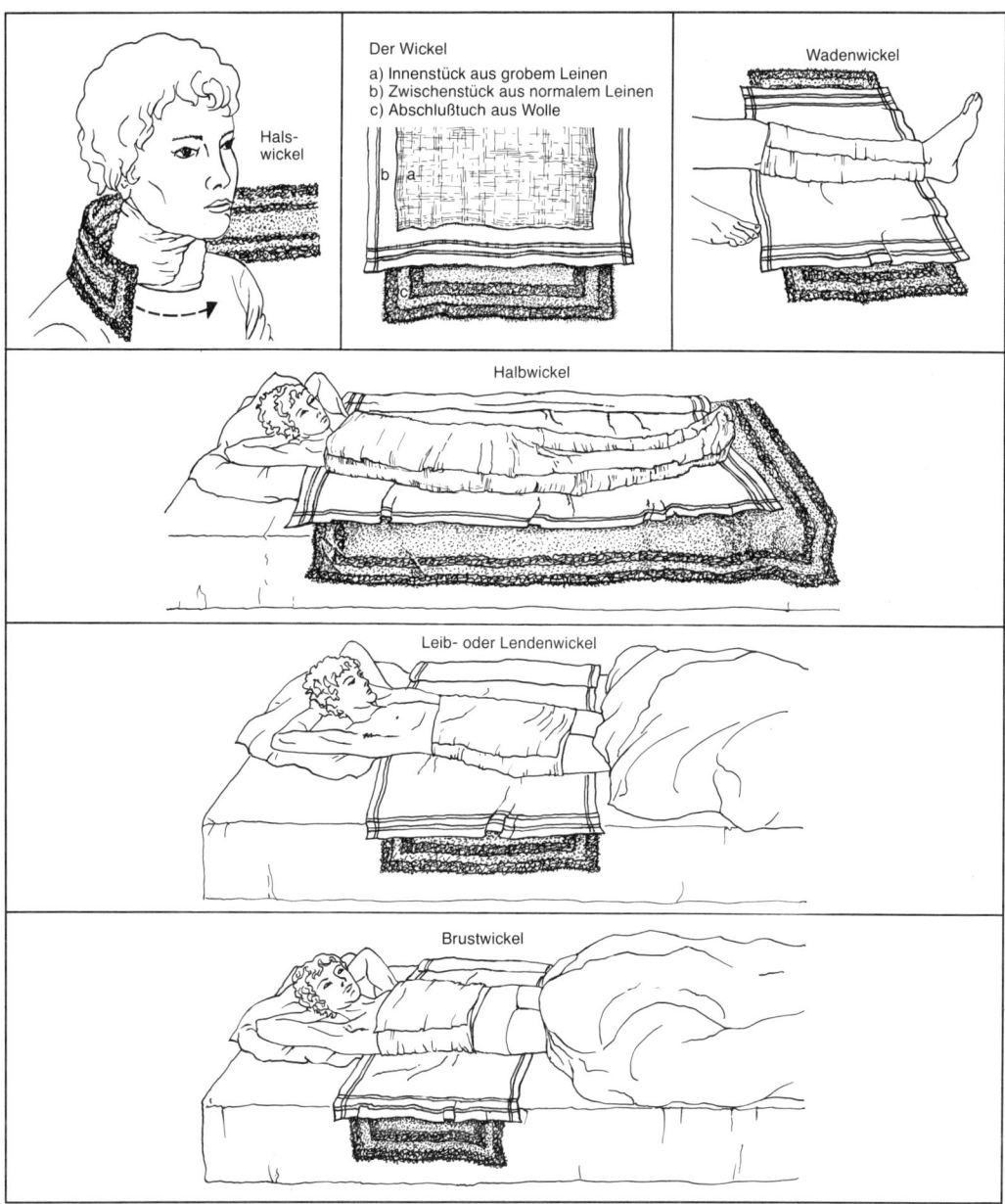

Anlegen von Wickeln

## Kopfdampfbäder

Heißen Dampf etwa 10 Minuten einatmen. Dazu ein käufliches Inhalator-Gerät verwenden oder in althergebrachter Weise Handtuch über Kopf und Inhalationsmittel legen und einatmen.

Dampfbad mit Kamillenaufsud beruhigt die Schleimhäute, z. B. bei Schnupfen. Dampfbad mit Eukalyptus- oder Pfefferminzaufguß macht die Nase frei und wirkt schleimlösend.

## Feuchtwarme Wickel

Baumwolltücher in heißes Wasser tauchen, etwas ausdrücken, auflegen und warme Tücher darüberschlagen, etwa 15 Minuten wirken lassen. Als Brustwickel oder am ganzen Körper anlegen, bei Halsschmerzen um den Hals. Sie wirken lindernd bei Halsschmerzen und Bronchitis. Feuchtwarme Wickel können auch als »Einleitung« zu einer Schwitzkur dienen.

## Fettwickel

Brust mit Schweinefett einreiben. Leinentuch in heißes Wasser tauchen, leicht ausdrücken und so heiß, wie es ertragen wird, auf Brust und Hals legen, Flanelltuch darüberlegen und den Wickel etwa 15 Minuten wirken lassen. Lindert Halsschmerzen und Husten.

## Kalte Wickel

An Waden, Beinen, Brust angelegt, wirken kalte Wickel fiebersenkend. Dazu werden Baumwolltücher in kaltes Wasser, besser in Essigwasser getaucht, leicht ausgedrückt und aufgelegt. Die kalte Auflage fest in Flanelltücher schlagen und etwa 15 Minuten wirken lassen.

## Schwitzkur

Heißen Lindenblütentee in kleinen Schlucken trinken, anschließend mit Wärmflasche ins Bett legen, zweite Decke über das Bett legen und schwitzen. Eine Schwitzkur wirkt fiebersenkend.
Eine Schwitzkur nur anwenden bei Erwachsenen und Jugendlichen mit stabilem Kreislauf.

## Ansteigendes Fußbad

Fußbad mit ansteigender Wassertemperatur machen, indem heißes Wasser zugegossen wird, Dauer: ca. 15 Minuten. Danach Baumwollsocken, die in heißes Wasser getaucht wurden, anziehen und darüber ein zweites, aber trockenes Paar Wollsocken anziehen und sofort ins Bett legen. Wird angewendet bei Erkältung mit Schnupfen und Halsschmerzen.

## Gurgeln

Salzwasser desinfiziert den Rachenraum und hilft gegen Halsschmerzen. Gleichermaßen wirkt heißer Salbeitee, der in kleinen Schlucken getrunken oder gegurgelt wird.

## Heiserkeit

Das beste Mittel gegen Heiserkeit: Nicht sprechen oder nur flüstern.
*Lindernd* wirken feuchtwarme Halswickel (siehe oben), Gurgeln mit Salzwasser, Trinken heißer Milch, Inhalieren von Eukalyptus- oder Pfefferminzöl. Mehrmals täglich 1 TL Honig, der mit frisch gepreßtem Zitronensaft verrührt wird, einnehmen, heißen Brombeersaft trinken. Nichts Kaltes und nichts Scharfes zu sich nehmen.
Im Zimmer bleiben, kalte Luft und Temperaturwechsel vermeiden, nicht rauchen.
Dauert Heiserkeit länger als 2–3 Tage, *Arzt!*

## Hexenschuß

Von einem Hexenschuß spricht man, wenn plötzlich, meist nach einer ruckartigen Bewegung, im Rücken starke, stechende Schmerzen auftreten. Als »erste Hilfe« ist ein Schmerzmittel erlaubt, das Nachlassen der Schmerzen führt dazu, daß sich die Haltung entkrampft und damit auch die betroffenen Muskelpartien.
Bei einem Hexenschuß tut Wärme gut: heiße Bäder, Bestrahlen mit Infrarot-Licht, ABC-Pflaster, wärmeerzeugende Salben oder Cremes (z. B. »Bienengift«), Bettwärme.
Sie sollten zum *Arzt* gehen beim ersten Hexenschuß oder wenn sehr häufig »die Hexe ins Kreuz schießt«.

## Husten, Verschleimung

Speisezwiebeln zerschneiden und mit Kandiszucker dämpfen. Vom austretenden Saft alle paar Stunden 1 TL einnehmen.
Ein ausgezeichnetes Mittel gegen Husten ist Fichtenhonig: Junge Fichtentriebe im Frühjahr pflücken, mit Zucker kochen und abseihen. Mehrmals täglich 1 TL einnehmen.

## Insektenstiche

Kalte, feuchte Umschläge mit klarem Wasser, essigsaurer Tonerde oder Essigwasser machen, oft wechseln. Oder angeschnittene Zwiebel auf die Einstichstelle drücken. Oder Einstichstelle mit Alkohol, Kölnisch Wasser oder Franzbranntwein betupfen. Oder 1 EL Quark auf ein Taschentuch geben und auf die Einstichstelle legen.
*Sofort* zum *Arzt* gehen bei Stichen in Hals, Rachen oder Mund, ebenso bei allergischen Reaktionen (Gefahr eines Kreislauf-Zusammenbruchs!).

## Leibschmerzen

Bettruhe, Wärmflasche auf den Bauch legen. Feuchtheiße Bauchwickel helfen z. B. sehr gut bei Magen-, Leber-, Darm- oder Menstruationsbeschwerden.

## Magenverstimmung, Übelkeit

Zunächst den Magen beruhigen durch eine Fastenkur mit ungesüßtem Kräutertee oder leichtem (kurz gezogenem) Schwarztee. Nicht zuviel Pfefferminztee trinken, er reizt in größeren Mengen die Magenschleimhaut.

Wärmflasche auf den Magen legen, Bettruhe. Nach einem Hungertag langsam wieder mit dem Essen beginnen: Zwieback, leicht gesalzener Haferschleim. Danach zu leichter Vollkost übergehen (siehe Seite 95). Bei häufigen Magenschmerzen vor dem Essen etwas rohen Kartoffelsaft (aus der Apotheke) trinken.

Alkohol, Nikotin und Kaffee sind tabu. Dauern die Schmerzen länger als 3 Tage oder treten sehr starke Schmerzen auf, läßt sich ein *Arztbesuch* nicht vermeiden.

## Blähungen

Heiße Leibwickel mit Essigwasser (⅔ Wasser, ⅓ Essig) machen; oder im Uhrzeigersinn den Bauch mit der flachen Hand massieren; oder Rollkur: Fencheltee trinken, hinlegen und alle paar Minuten umdrehen.

## Durchfall

Bettruhe, Wärmflasche oder warme Umschläge auf den Bauch legen. Strenges Fasten mit ungezuckertem Tee oder kohlensäurearmem Mineralwasser. Durchfall stoppen mit Kohlekompretten (Apotheke), heißem Heidelbeersaft, zerdrückten Bananen oder geriebenem Apfel (mit der Schale gerieben, wirkt manchmal Wunder). Nach der Fastenkur langsam mit Haferschleim und Zwieback aufbauen.

Sie sollten zum *Arzt* gehen, wenn der Durchfall länger als 3 Tage dauert und von anhaltendem Fieber begleitet ist.

## Prellung, Bluterguß

Kalte Umschläge mit essigsaurer Tonerde oder Eiswasser machen. Bei einer Beule, z. B. durch Stoßen an eine Kante: kalten Lappen auflegen. Wichtig bei Prellungen: *Sofort* kalte Umschläge machen. Bei großen Prellungen oder Blutergüssen unbedingt zum *Arzt* gehen!

## Schlafstörungen

*Schlaftabletten nur im äußersten Notfall einnehmen.*
Auf Dauer wirken Baldriantropfen, Johanniskrauttee, Schlaftees (fertige Apotheken-Mischungen), heißer Holundersaft, 1 Glas Bier oder Rotwein (nicht zuviel, sonst schläft man zwar ein, wacht aber schnell wieder auf), 1 Glas heiße Milch.

In einem gut gelüfteten, ruhigen und abgedunkelten Raum schlafen, vor dem Schlafengehen keine aufwühlenden Diskussionen führen oder spannende Filme ansehen. Nicht versuchen, den Schlaf zu erzwingen. Beschließen Sie, wach zu bleiben und in einem Buch zu lesen, Sie werden sehen, wie schnell die Augen zufallen.

## Sodbrennen

Tagsüber gelegentlich Wacholderbeeren kauen oder morgens auf nüchternen Magen Wacholdertee trinken oder trockene Haferflocken zusammen mit einem Apfel essen.

## Sonnenbrand

Ein Sonnenbrand ist keineswegs harmlos. Er stellt eine Verbrennung dar und belastet den Kreislauf.

Kalte Tücher auflegen, mit Buttermilch einreiben, mit Babypuder abpudern. Keine Salbe oder Fett verwenden, damit Luft an die verbrannte Stelle gelangen kann. Etwas Joghurt mit Honig verrühren und die betroffenen Hautstellen damit einreiben.

Unbedingt zum *Arzt* gehen, wenn gleichzeitig Übelkeit und Erbrechen oder Schwindelgefühl auftreten, sowie bei sehr großflächigem Sonnenbrand (z. B. der ganze Rücken).

## Verstopfung

Nicht mit Abführmitteln bekämpfen, sondern mit der richtigen Kost (ballaststoffreich, siehe Seite 83) und ausreichender köperlicher Bewegung. Auf nüchternen Magen 1 Glas lauwarmes Wasser trinken, am Abend zuvor eingeweichtes Dörrobst essen. Eingeweichte Leinsamen, Weizenkleie, grob geschroteten Dinkel unter Joghurt oder Müsli mischen. Bei ballaststoffreicher Kost möglichst viel trinken, denn nur dann können die Ballaststoffe quellen und den Darm anregen.

## Warzen

Mehrmals täglich mit Rizinusöl einreiben.

# 4 Häusliche Krankenpflege

Grundkentnisse in häuslicher Krankenpflege sind unentbehrlich für alle Familienmitglieder. Nicht nur bei akut auftretenden Krankheiten wie Grippe sind sie notwendig, vor allem für die Pflege gebrechlicher und alter Menschen.

Auch bei der Krankenpflege hilft systematisches Arbeiten Kraft und Zeit sparen, zudem fördert es das Wohlbefinden des Patienten. Im folgenden Abschnitt sind die Grundbegriffe der Krankenpflege erläutert. Zusätzliche Kenntnisse können bei speziellen Kursen des Roten Kreuzes, des Malteser Hilfsdienstes usw. erworben werden.

### Die Pflegeperson

Kranke Menschen brauchen liebevolle Pflege. Das Gefühl von Einsamkeit und Gleichgültigkeit machen dem Patienten seine Lage zusätzlich schwer. Wichtig ist, daß die Pflege regelmäßig, umsichtig und gewissenhaft durchgeführt wird.

In besonders schwierigen Fällen kann eine Person mit der Pflege des Kranken überfordert sein. Bevor jedoch daran gedacht wird, den Kranken in eine Klinik oder ein Pflegeheim zu bringen, sollten alle Möglichkeiten, Unterstützung bei der häuslichen Pflege zu bekommen, geprüft werden. Gerade Kinder und alte Menschen sind für eine Pflege in der gewohnten Umgebung sehr dankbar.

Hilfsdienste werden z. B. von vielen sozialen und kirchlichen Stellen angeboten.

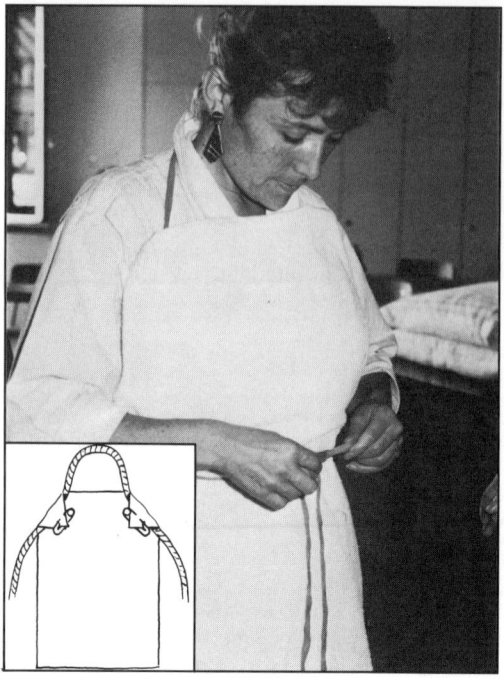

Einfache Pflegeschürze

## 4.1 Grundlagen der Krankenpflege

Krankenpflege ist nicht einfach und raubt manchmal »den letzten Nerv«, besonders wenn zusätzlich zur Hausarbeit auch noch Arbeitsspitzen im Außenbetrieb anstehen. Trotzdem sollte sich der Pflegende immer darum bemühen, freundlich und gutmütig zum Kranken zu sein, auch wenn dieser manchmal unleidlich ist. Nur wer versucht, sich in die Rolle eines Bettlägerigen hineinzudenken, der auf jeden Handgriff angewiesen ist und hilflos im Bett liegt, kann verstehen, daß der Kranke auch ungeduldig und mürrisch sein kann.

Wichtig bei der Krankenpflege ist *Sauberkeit*. Sie verbessert das Wohlbefinden des Patienten und verhindert Ansteckung des Pflegenden. Deshalb nach Kontakt mit dem Kranken immer sauber die Hände waschen; Fingernägel nicht vergessen, dort siedeln sich leicht Keime an, die übertragen werden.

Bei der Krankenpflege sollte immer eine *Schürze* getragen werden, kochechtes Material ist zu bevorzugen. Ein praktischer Tip, der viel Bügelarbeit erspart: Diese provisorische Schürze wird aus einem Frotteehandtuch hergestellt.

## Das Krankenzimmer

Von Laien wird schnell übersehen, daß die Umgebung den Krankheitsverlauf deutlich beeinflußt – positiv wie negativ. Wenn ein Familienmitglied nur wenige Tage das Bett hüten muß, kann er in seinem eigenen Zimmer bleiben. Wenn aber die Dauer einer Erkrankung nicht abzusehen ist, sollte unbedingt ein eigenes Krankenzimmer eingerichtet werden.

Das Krankenzimmer sollte ruhig liegen, denn ein kranker Mensch ist empfindlich und braucht viel Schlaf. Ein freundlicher, sonniger und gut belüftbarer Raum steigert die Stimmung des Kranken, er fühlt sich dort wohl. Natürlich muß ein Krankenzimmer auch beheizbar, der Fußboden leicht zu reinigen sein.

Um Infektionsquellen auszuschalten und die Reinigung des Zimmers zu erleichtern, sollte das Krankenzimmer sparsam, aber zweckmäßig möbliert sein: Krankenbett, Nachttischchen mit blendfreier Beleuchtung, Tisch und Stühle, Kleiderschrank und nach Möglichkeit Waschgelegenheit. Kleine Kinder und ältere Menschen fühlen sich mit einer Orientierungsleuchte im Dunklen wohler.

Zusätzlich braucht ein Kranker ein Hilfsmittel, damit er sich bemerkbar machen kann, wenn er Hilfe braucht, z. B. Klingel.

## Das Krankenbett

Nur selten steht dem Kranken ein spezielles Bett zur Verfügung. Bei langwierigen Krankheiten bzw. Pflegefällen sollte der Zweckmäßigkeit des Bettes besondere Beachtung geschenkt werden. Ein höheres Bett erspart der Betreuerin Rückenschmerzen. Es ist auch zweckmäßig, das Bett so in den Raum zu stellen, daß es von beiden Seiten zugänglich ist.

> ➤➤ **Praktischer Hinweis** ◀◀
>
> Bei Langzeiterkrankungen kann ein verstell- und rollbares Krankenbett bei Sozialstationen, der Nachbarschaftshilfe oder beim Roten Kreuz ausgeliehen werden.

Das im Haus vorhandene Bett kann so verändert werden, daß es sich als Krankenbett eignet. Meist hapert es weniger an der Größe, als vielmehr an der Höhe des Bettes. Abhilfe kann mit einer zweiten Matratze oder Bettklötzen geschaffen werden.

Zur *Ausrüstung eines Krankenbettes* gehören: Matratzenschoner, mittelharte, einteilige Matratze, Bettuch, Stecklaken (es wird in Hüfthöhe quer zum Bett gespannt), Nackenkissen, 2 Kopfkissen, eine leichte Einziehdecke, eine Gummi- und eine Stoffunterlage. Besonderer Wert ist darauf zu legen, daß die verwendete Bettwäsche kochfest ist. Da vor allem bei älteren Bettlägerigen die Gefahr des Wundliegens sehr groß ist, ist auf eine superweiche Lagerung und damit Druckentlastung zu achten, geeignet sind z. B. Schaumstoffmatratzen (siehe Seite 404).

Geschwächte Patienten können sich oftmals nur schwer allein im Bett aufrichten. Hier hilft ein »Zügel«: ein Band oder eine Leine wird am Fußende des Bettes befestigt und am anderen Ende mit einem Griff versehen.

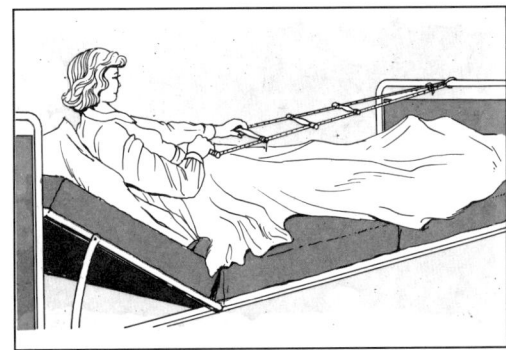

Bettzügel zum selbständigen Aufsetzen

## *Wichtige Griffe und Hilfen*

### Tragen, Aufsetzen und Anheben des Kranken

Das Anheben des Kranken kann für die Wirbelsäule des Betreuenden sehr anstrengend sein. Mit einigen Spezialgriffen kann man viel Kraft sparen.

### Tragen

Grundsätzlich wird der Kranke so körpernah wie möglich gehalten und getragen. Holen Sie zum Tragen des Kranken eine zweite oder auch dritte Person. Mit Hilfe eines Lakens kann ein Kranker angehoben und getragen werden: ein Helfer hält den Kopf, einer faßt unter die Hüfte, der dritte nimmt die Beine. Auf Kommando wird der Kranke gehoben, getragen und wieder hingelegt.

### Aufsetzen

Der Kranke liegt auf dem Rücken und winkelt die Beine leicht an. Der Betreuer schiebt den linken Arm unter dem Nacken des Kranken durch und umfaßt seine linke Schulter. Die rechte Hand faßt hinter die rechte Achsel des Patienten, nun den Kranken aufrichten. Das Hinlegen erfolgt in umgekehrter Reihenfolge.

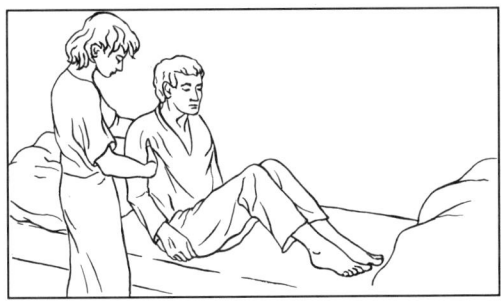

Aufsetzen des Kranken

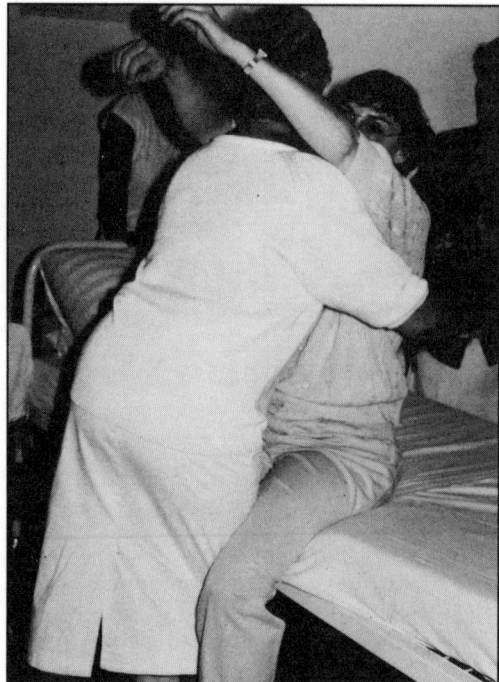

Beim Aufstehen ist das rechte Knie der
Helferin zwischen den Knien des Kranken,
um Ausrutschen zu vermeiden.

Die Betreuerin faßt den Kranken um die
Taille, dieser seine Helferin um den Hals. So
ist der Kraftaufwand am geringsten.

## Aufstehen

Zum Aufstehen wird der Kranke, wie oben beschrieben, aufgesetzt. Mit dem linken Arm wird
der Patient gehalten, mit dem rechten Arm unter
die angewinkelten Knie gefaßt. Der Patient wird
mit Schwung auf seinem Po gedreht und die Beine
über die Bettkante gezogen. Nun umfaßt die Betreuerin den Kranken in der Taille, das rechte
Knie ist zwischen den Knien des Patienten, damit
er nicht wegrutschen kann. Der Kranke faßt die
Pflegerin um den Hals. So kann der Kranke einige
Schritte zum nächsten Stuhl gehen.
Den Kranken nicht im Nachthemd sitzen lassen,
sondern eine Decke umlegen, denn das Anziehen
des Morgenmantels ist meist zu beschwerlich.

## Wechseln der Wäsche

In verschwitzter Wäsche kann sich niemand wohlfühlen, geschweige denn gesund werden. Regelmäßiges Wechseln der Bett- und Leibwäsche ist
daher unerläßlicher Bestandteil der Krankenpflege.
Bevor die Wäsche gewechselt wird, frische Wäsche bereitlegen, die Fenster schließen, das Zimmer gut durchwärmen.

## Nachthemd, Schlafanzug

Der Kranke oder die Pflegeperson schieben das
getragene Nachthemd über das Gesäß hoch. Im
Sitzen oder bei angehobenem Oberkörper zieht
die Betreuerin das Nachthemd über die Schultern
bis in Nackenhöhe. Der Kranke nimmt die Arme
über der Brust zusammen, das Nachthemd kann
mit einem Griff über den Kopf gezogen werden.
Zuletzt die Ärmel auszuziehen. Das Anziehen des
Nachthemdes erfolgt in umgekehrter Reihenfolge.
Bei einem Schlafanzug bleiben die untersten
Knöpfe geschlossen. Es ist viel leichter, den
Schlafanzug wie ein Nachthemd über den Kopf
auszuziehen als die geöffnete Jacke über beide
Arme zu ziehen.

## Bettwäsche

Ein sorgfältig gemachtes Bett trägt zum Wohlbefinden bei. Falten oder gar Krümel im Bett können einen Kranken fast zur Verzweiflung bringen.
Falls der Kranke nicht zu schwach ist, steht er auf.
Kopfkissen und Bettdecke kommen auf einen
Stuhl, das Bettlaken wird gestrafft und festge-
steckt. Die Kopfkissen vom Kranken abgewandt

aufschütteln, die Federn jedes Kissens jeweils in eine Richtung schütteln. Die Knopfleisten kommen oben oder seitlich zu liegen, damit sie den Kranken nicht drücken.

Als angenehm empfinden es viele Patienten, wenn die Kissen einen Winkel bilden. Ein kleines Kissen kommt dabei unter Kopf und Schultern.

Beim Patienten, der sich nicht bewegen kann, ist der Wechsel des Bettlakens komplizierter. Das frische Bettuch wird der Länge nach halb aufgerollt oder gefaltet, das alte Bettuch rundherum gelöst. Den zugewandten Arm des Kranken auf seine Brust legen, seine gegenüberliegende Schulter und Hüfte fassen und zu sich drehen. Das obere Bein leicht anwinkeln und den Kranken so in die Seitenlage bringen.

Auf der freien Bettseite das gebrauchte Laken bis zum Rücken des Patienten aufrollen und das frische Tuch auf die freie Stelle legen, die Rolle liegt dabei im Rücken des Patienten. Nun das Bettlaken spannen und feststecken, mit Stecklaken und Gummituch ebenso verfahren. Den Kranken auf die andere Seite drehen, das alte Bettuch entfernen und das neue ausrollen, ebenso Stecklaken und Gummituch.

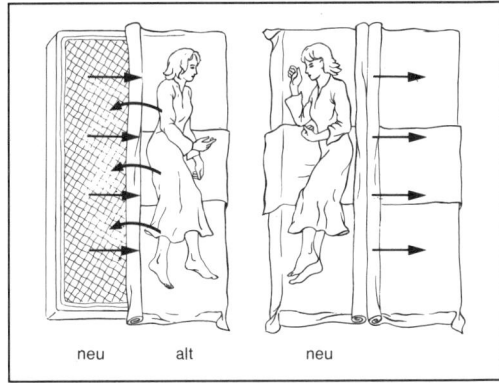

Bettuch wechseln

## Lagerung des Kranken

Wer den ganzen Tag im Bett liegen muß, will bequem liegen und von Zeit zu Zeit seine Lage etwas verändern. Mit einem verstellbaren Lattenrost kann die Lage des Oberkörpers und der Beine problemlos verstellt werden.

Hilfsmittel sind Kissen und Fuß- bzw. Rückenstützen. Solche Stützen können aus Karton leicht selbst hergestellt werden. Damit sie nicht verrutschen, werden sie in ein Bettuch gewickelt und die beiden Enden fest unter die Matratze gesteckt.

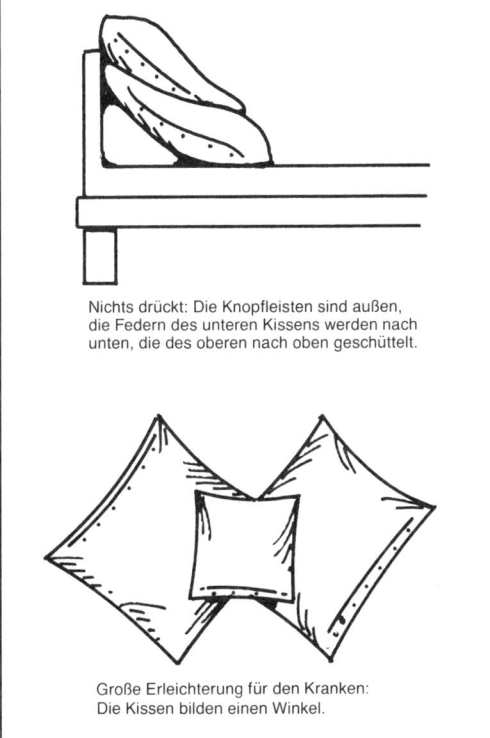

Nichts drückt: Die Knopfleisten sind außen, die Federn des unteren Kissens werden nach unten, die des oberen nach oben geschüttelt.

Große Erleichterung für den Kranken: Die Kissen bilden einen Winkel.

Kopfkissen für bequemes Liegen

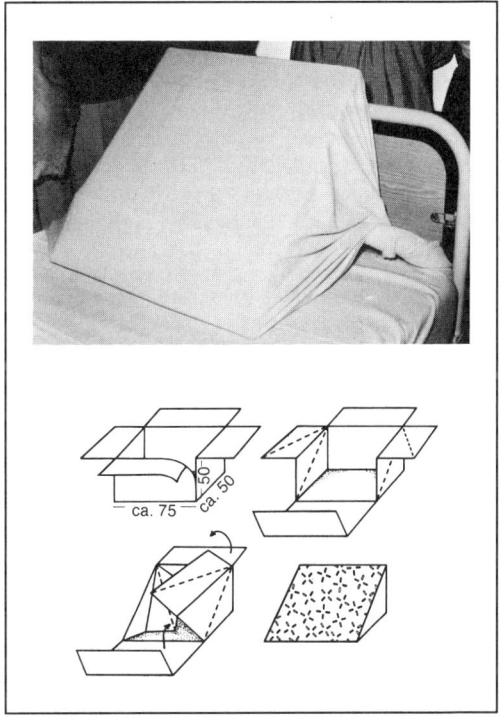

Rückenstütze, selbst gebaut

## Beschwerden durch langes Liegen

Vom Regen in die Traufe kommt mancher Patient, wenn bei langem Liegen zu seiner eigentlichen Krankheit auch noch Wundliegen (Druckgeschwür, Dekubitus) oder andere Krankheiten kommen, die häufig durch mangelhafte Sorgfalt entstehen. Zu gewissenhafter Krankenpflege gehört daher auch die Vorsorge.

### Wundliegen, Druckgeschwüre

Die Ursache von Druckgeschwüren ist mangelnde Durchblutung der Haut, die Zellen sterben ab, es entstehen Löcher, die zu Wunden aufbrechen. Am häufigsten kommt Wundliegen an folgenden Stellen vor: Ohren, Hinterkopf, Schultern, Schulterblätter, Wirbelsäule, Hüften, Gesäß, Waden, Knöchel, Fersen, Ellenbogen.
Die ersten Anzeichen sind Schmerzen, Rötung, Bläschenbildung und Hautabschürfung.

### Vorbeugen

Erste Vorbeugung ist die Verwendung richtiger Pflegemittel, z. B. sollte Kernseife für die Körperpflege verwendet werden, sie strapaziert die Haut am wenigsten.
Saubere, trockene Bett- und Leibwäsche ist wichtig. Schwitzt der Kranke stark, häufig die Wäsche wechseln. Statt weniger saugfähigem Synthektikmaterial baumwollene Wäsche verwenden, denn durch das Schwitzen wird die Haut aufgeweicht und ist anfälliger für Wundliegen.
Durch häufiges Umlagern des Kranken wird für Druckentlastung gesorgt. Das Körpergewicht wird entlastet durch *superweiche Lagerung.* Als Möglichkeiten hierfür bieten sich an:

● Schaumstoffauflage auf die Matratze mit 6–10 cm Dicke,
● Schaumstoffwürfel-Matratzen,
● superweiche Spezialmatratze,
● Kissen, die mit Styroporkugeln gefüllt sind.

Empfehlenswert ist ein *Antidekubitusfell,* das unter die gefährdeten Hautstellen gelegt wird. Dafür kann ein echtes Lammfell oder ein Fell aus synthetischem Material verwendet werden. Synthetik läßt sich leichter waschen als Naturfelle, es ist jedoch umstritten, ob das künstliche Fell gleich gut wirkt.
Bequem und entlastend für die Knie ist eine Rolle, die ersatzweise auch aus einer Decke gerollt werden kann (schützenden Überzug nicht vergessen!).

### Behandeln von Druckgeschwüren

Bei einem bereits bestehenden Geschwür ist *äußerste Sauberkeit* geboten, damit sich keine Entzündung festsetzen kann. Zunächst muß für *absolute Druckentlastung* gesorgt, die Wunden müssen geschlossen gehalten (mit einem sterilen Verband abdecken) und der *Arzt* zu Rate gezogen werden.
Die Wunde kann erst dann verheilen, wenn sie völlig sauber und keimfrei ist. Dies wird erreicht durch etwa 14tägiges tägliches Desinfizieren. Als Desinfektionsmittel eine dreiprozentige Wasserstoffsuperoxid-Lösung verwenden (20 Tabletten Wasserstoffsuperoxid in 1 Liter destilliertem Wasser auflösen; beide Zutaten gibt es in der Apotheke). Nach dieser Behandlung vom Arzt das abgestorbene Gewebe entfernen lassen und bis zum Verheilen der Wunde einmal täglich reinen Bienenhonig auftragen.

### Lungenentzündung

Bei längerer Bettlägerigkeit kann es zu Lungenentzündung kommen. Ursache dafür kann eine Erkältung sein, z. B. durch Zugluft während der Körperpflege oder des Wäschewechselns. Aber auch mangelnde Mundpflege kann schuld sein, ebenso schlechtes Abhusten von Schleim und dadurch bedingte oberflächliche Atmung.

### Vorbeugen

Vorgebeugt werden kann durch sorgfältige Mundpflege, Inhalieren und gezielte Atemübungen. Atemübungen sind gerade bei älteren Patienten problematisch, weil sie nicht gern mitmachen. Deshalb: neben den Kranken hinsetzen und zusammen mit ihm durch die Nase tief einatmen, beim Ausatmen beide Hände seitlich an den Brustkorb des Patienten legen.
Eine weitere Übung: beim Einatmen die Arme hoch nehmen, beim Ausatmen die Arme wieder sinken lassen.
Bei starker Verschleimung helfen Massagegeräte mit Polsterauflagen, die Verschleimung wird gelöst, wichtig ist anschließendes gutes Abhusten, das mit dem Patienten geübt werden muß. Als Sputum-Behälter saubere Joghurtbecher verwenden, die nach Gebrauch vernichtet werden.

## Thrombosen

Thrombosen, das sind Blutpfropfen in den Venen, können bei Bettlägerigen durch die mangelnde Bewegung entstehen. Vorbeugend muß die Durchblutung der Beine gefördert werden, z. B. durch *gymnastische Übungen*: Füße einzeln heben und wieder senken, Beine kreuzen, Beine abwechselnd aufstellen und wieder strecken, Zehen einkrallen und wieder spreizen. Wichtig bei diesen Übungen ist Gegendruck, das heißt der Fuß drückt gegen das Bett.

Thrombosen können auch durch Anlegen von *Stützstrümpfen* verhindert werden.

## Soor

Wird die Mundpflege vernachlässigt, kann sich leicht der Soorpilz in der Mundhöhle ausbreiten. Erstes Anzeichen ist ein grauweißer Belag in der Mundhöhle und auf der Zunge. Unbedingt dem *Arzt* mitteilen. Vorbeugend den Mund immer wieder mit Salbei-, Kamillentee oder Myrrhentinktur ausspülen.

## Entzündung der Ohrspeicheldrüse

Zu einer Entzündung kann es kommen, wenn der Kranke sehr schwach ist und nur wenig ißt. Durch die mangelnde Kautätigkeit kann sich die Drüse entzünden. Vorbeugend Kaugummi, Fruchtgummi, Dörrobst oder trockene Brotrinde kauen lassen.

## *Körperpflege*

Die tägliche Körperpflege ist für den Kranken besonders wichtig, weil er viel Schweiß absondert. Zudem wird durch die Körperpflege das Allgemeinbefinden verbessert.

Wenn sich der kranke Mensch selber waschen kann, sollte er dies tun, weil er sonst ohnehin wenig Bewegung hat. Die Pflegeperson sollte jedoch in der Nähe bleiben, um bei einem Schwächeanfall zu helfen. Der Kranke sollte auf keinen Fall die Badezimmertüre verschließen! Auf jeden Fall wird ein Stuhl neben das Waschbecken gestellt, die Pflegeartikel und frische Wäsche vorher bereit gelegt.

Kranke, die nicht aufstehen können, werden von der Pflegeperson gewaschen. Dazu gehören nicht nur Waschen und Zähneputzen, sondern auch Rasieren, Haar- und Nagelpflege.

Der Raum, in dem der Kranke gewaschen wird, muß warm und zugfrei sein. Der Körper des Kranken wird nur abschnittsweise aufgedeckt, um eine starke Abkühlung zu vermeiden.

Folgende *Hilfsmittel* werden vor dem Waschen bereit gelegt:

- eine große Schüssel mit warmem Wasser,
- eine kleine Schüssel mit warmem Wasser für den Intimbereich,
- 2 Waschlappen (für Gesicht und Körper, für den Intimbereich täglich neu!),
- Handtücher,
- Cremes und Puder.

Damit das Bett nicht naß wird, wird unter dem Patienten ein großes Badetuch ausgebreitet, die Kissen werden entfernt. Der Kranke wird abschnittsweise gewaschen, beginnend mit dem Kopf.

## Körperwäsche

Das Gesicht des Patienten wird zuerst gewaschen, dabei die Ohren und den Hals nicht vergessen. Es folgen Oberkörper, Achselhöhlen und Bauch. Dabei die Bettdecke bis zur Taille zurückschlagen und Nachthemd ausziehen (siehe Seite 500). Die Haut nach dem Waschen gut abtrocknen, besonders in Hautfalten, damit sich nirgendwo Bakterien festsetzen können. Anschließend die Hände, sehr gründlich die Finger des Patienten in einer Waschschüssel waschen.

Rücken und Gesäß mit frischem Wasser waschen und gut abfrottieren, dadurch wird die Durchblutung angeregt, Druckstellen werden vermieden. Schwache Patienten werden dazu auf die Seite gerollt. Bei sehr schwachen Patienten nur zu zweit arbeiten, denn es besteht die Gefahr, daß der Kranke beim Waschen aus dem Bett fällt. Nach dem Abtrocknen kann das Nachthemd wieder angezogen werden.

Die Beine werden nacheinander gewaschen. Zum Waschen der Füße die Waschschüssel auf ein Handtuch stellen, der Kranke kann seine Füße hineinstellen und darin bewegen. Zwischen den Zehen gut abtrocknen.

### Intimbereich

Sehr wichtig ist die Reinigung des Intimbereiches. Dazu ein Handtuch unter das Gesäß legen. Zuerst die Innenseite der Schenkel waschen. Den Schambereich mit viel Wasser waschen, zuvor ein Steckbecken unterschieben. Bei einer Patientin wird immer von der Scheide zum After gewaschen, damit eine Bakterieninfektion der Harnwege vermieden wird.

Bei Männern wird die Vorhaut des Penis zurückgeschoben und dieser Bereich gründlich mit Wasser abgespült. Bei nachlässiger Reinigung kann es leicht zu Entzündungen kommen.
Nach dem Waschen gut abtrocknen, eincremen und eventuell einpudern.

## Mundpflege

Sorgfältige Mundpflege verhindert Krankheiten (Soor) und erfrischt den Kranken. Zähne, auch Prothesen werden nach jeder Mahlzeit gereinigt, der Mund mit Mundwasser gründlich gespült. Bei Schwerkranken wird der Mund nur durch Auswischen mit einem getränkten Läppchen ausgewischt (Salbeitee, Kamillentee, Myrrhentinktur).
Wird die Zahnprothese von der Betreuerin gereinigt, erst Wasser ins Waschbecken einlaufen lassen; es verhindert, daß die Prothese bricht, wenn sie auf das Porzellan fällt. Anschließend den Zahnersatz mit Zahnpasta unter fließendem Wasser putzen.

Handtuch, zur Serviette gefaltet

Vor dem Zähneputzen wird dem Patienten ein Handtuch umgelegt. Sehr praktisch ist die sog. »Serviette«: Ein Handtuch wird diagonal gelegt, die Zipfel liegen auf den Schultern des Kranken.

## Rasieren

Rasieren ermüdet den Patienten sehr, deshalb muß dies meist die Pflegeperson übernehmen. Nicht naß, sondern trocken rasieren.

## Haarwäsche

Zum Haarewaschen gibt es im Fachhandel Nackenschüsseln. Die Haare gründlich waschen, spülen, frottieren, auskämmen und fönen. Auf ausreichende Raumtemperatur achten, wenn der Kranke nasse Haare hat.

## Baden

Darf der Kranke baden, sollten unbedingt rutschfeste Matten in der Bade- bzw. Duschwanne liegen. Wenn der Patient nicht selber in die Wanne steigen kann, muß die Pflegeperson helfen: Den Patienten auf den Wannenrand setzen lassen, einen Arm des Kranken um die Schultern der Pflegeperson legen und dann die Beine gemeinsam über den Wannenrand schwingen. Der Kranke läßt sich dann – von der Pflegeperson gehalten – ins Wasser gleiten. Dabei dem Kranken unter die Achseln greifen und mit beiden Händen am rechten Handgelenk festhalten.

 **Wichtiger Hinweis** ◀◀

Lassen Sie den Kranken nicht allein. Bei einem Schwächeanfall sofort das Wasser auslaufen lassen, damit der Kranke nicht ertrinkt, während Sie Hilfe holen.

## Stuhlgang und Wasserlassen

Auch wenn es dem Schwerkranken peinlich ist, braucht er bei Stuhlgang oder Wasserlassen Hilfe.
Solange der Patient aufstehen kann, sollte er die Toilette aufsuchen oder einen Toilettenstuhl; dieser kann ausgeliehen werden. Wenn der Kranke zu schwach zum Aufstehen ist, wird ein Steckbecken verwendet.

### Steckbecken unterschieben

Die Pflegeperson schiebt das Steckbecken unter das Gesäß und stützt dabei die Lendengegend des Patienten mit der Hand. Das Becken wird zurechtgerückt und der Patient wieder locker zugedeckt. Den Kranken nach Möglichkeit allein lassen, aber in der Nähe bleiben.

Bewegungsunfähige Patienten an Schulter und Hüfte fassen und von sich wegdrehen. Das Steckbecken schräg an das Gesäß des Kranken drücken und den Griff festhalten. Den Kranken auf das Becken zurückrollen und leicht zudecken.

Beim Wegnehmen der Schüssel diese fest gegen die Matratze drücken, der Patient hebt das Gesäß oder wird zur Seite gerollt. Steckbecken abstellen und zudecken, den Kranken reinigen.

Männern wird zusammen mit dem Steckbecken die Urinflasche gegeben.

### Steckbecken und Urinflasche reinigen

Das Steckbecken muß nach jeder Benutzung mit Seifenlösung und Bürste gereinigt werden.

Die Urinflasche erst mit kaltem Wasser ausspülen, weil das Eiweiß bei warmem Wasser gerinnen und die Flasche nur schwer gereinigt werden könnte. Danach mit warmer Seifenlösung und Bürste säubern, die Flasche nimmt sonst schnell einen unangenehmen Geruch an.

Hat der Patient eine Infektionskrankheit, werden Steckbecken bzw. Urinflasche zusätzlich desinfiziert.

### Inkontinenz

Kranke, die inkontinent sind, das heißt keine Kontrolle mehr über ihre Ausscheidungen haben, bekommen eine Gummiunterlage ins Bett. Sie wird unter das Stecklaken gelegt. Zusätzlich werden saugfähige Einlagen in das Bett gelegt. Windelhosen oder Einmalwindeln sind eine wichtige Hilfe. Die Pflege des Intimbereiches ist bei diesen Patienten besonders sorgfältig vorzunehmen, um Wundliegen zu vermeiden. Das A und O ist ein häufiges Wechseln der Einlagen bzw. Wäsche.

Männliche Bettlägerige, die »Dauertröpfler« sind, bekommen die Urinflasche nur alle paar Stunden abgenommen. Um Scheuerstellen zu vermeiden, wird die Öffnung der Flasche mit weichem Material umwickelt. Dazu eignet sich ein weicher Frotteewaschlappen, der über die Öffnung gestülpt, befestigt und rund ausgeschnitten wird.

Die beste Vorsorge gegen Infektionen besteht darin, den Kontakt der Haut mit Stuhl und Harn zu verhindern. Sehr wirksam und auch von Laien problemlos zu handhaben ist ein Urinal; es wird vom Arzt verschrieben.

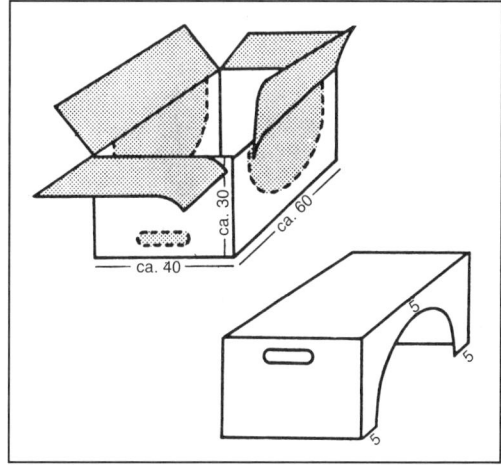

Bettisch, aus einem Karton selbst gebaut

## Die Ernährung des Kranken

Richtige Ernährung des Kranken trägt wesentlich zu seinem Wohlbefinden und seiner Genesung bei. Als Grundsatz gilt, daß nur qualitativ hochwertige, frische Lebensmittel zubereitet werden. Wichtig ist auch, daß die Speisen appetitlich angerichtet werden, weil der Appetit von Kranken ohnehin zu wünschen übrig läßt. Überreden Sie aber den Kranken nicht zum Essen, er fühlt sich nach der aufgezwungenen Mahlzeit nicht besser.

Wenn keine Diät eingehalten werden muß, sollte der Kranke reichlich Vollkornprodukte, frische Salate und Obst bekommen, auch schonend gedünstetes Gemüse oder Rohkost sind gut geeignet. Durch ballaststoffreiche Kost wird Verstopfung verhindert.

Bei Fieberkranken ist der Flüssigkeitsbedarf sehr hoch. Fruchtsäfte, Tees, Mineralwasser sind geeignete Durstlöscher.

Ungünstig für die Ernährung von Kranken sind scharf gewürzte Speisen, blähende Lebensmittel, Steinobst, fette und gebratene Speisen. Gut vertragen werden Karotten, Spinat, Blumenkohl, Kartoffelbrei, Geflügelfleisch, mageres Fleisch, Milchspeisen.

Bettlägerigen Kranken wird das Essen im Bett serviert. Wer keinen Bettisch hat, kann ihn aus Karton leicht selber anfertigen. Stellen Sie zum Essen das Kopfende des Lattenrostes hoch oder legen Sie die Rückenstütze ein.

Muß der Kranke gefüttert werden, testen Sie die Speisen auf ihre Temperatur, das gleiche gilt für Getränke. Das Trinken wird durch eine Schnabeltasse sehr erleichtert.

## Patientenblatt

| Name: Hans Hofer | | | | | | | | |
|---|---|---|---|---|---|---|---|---|
| Datum Uhrzeit | Tempe-ratur (Axillar) | Puls (Minute) | Urin | Stuhl | Auswurf | Beobach-tungen | Ärztliche Anwei-sungen | Medi-kamente |
| *10. Oktober* 8 Uhr | 39,3 °C | 84 | klar hellgelb | hart | gelb-grün zäh | Lippen trok-ken und rissig, Blick glasig | 2× tägl. mit Salbeitee gurgeln 2× Waden-wickel | 3× tägl. 1 EL Hustensaft, alle 2 Stun-den Hals-tablette |
| 18 Uhr | 39,5 °C | 82 | | | | | | |
| *11. Oktober* 8 Uhr | 38,9 °C | 84 | wie oben | wie oben | heller, flüssiger | wie oben | wie oben | wie oben |
| 18 Uhr | 39,1 °C | 80 | | | | | | |

# Beobachtung des Kranken

Eine große Hilfe für den behandelnden Arzt ist es, wenn der Kranke genau beobachtet wird. Damit keine wichtigen Beobachtungen vergessen werden, ist es hilfreich, ein sogenanntes *Patientenblatt* anzulegen. Hier werden nicht nur die Beobachtungen eingetragen, sondern auch ärztliche Anweisungen, Temperatur, Medikamente usw. Beobachtungen auch dann eintragen, wenn sie scheinbar unwichtig sind, aber vom »normalen« Verhalten des Kranken abweichen. Oft sind gerade solche Tatsachen wichtige Hinweise für den Arzt.

Zum Beobachten eines Kranken gehört also mehr als Fieber zu messen und den Puls zu fühlen. Auch die Urinmenge oder -farbe (milchig, dunkelgelb, braun, rötlich) kann beispielsweise für den Arzt ein wichtiger Hinweise auf die Krankheit sein.

## Fieber messen

Vor dem Messen der Körpertemperatur wird das Thermometer »heruntergeschlagen«, ganz locker aus dem Handgelenk, bis die Quecksilbersäule ins Depot zurückgegangen ist. Elektronische Fieberthermometer werden genauso verwendet wie herkömmliche, sie zeigen aber innerhalb weniger Sekunden bereits die Temperatur an.

Die normale Körpertemperatur liegt zwischen 36 und 37 °C. Von *erhöhter Temperatur* spricht man bei 37–38 °C, von *Fieber* zwischen 38 und 39,5 °C und von *hohem Fieber* beim Temperaturen darüber. *Untertemperatur* liegt unter 36 °C.

## Wie wird gemessen?

▷ *Axillar (in der Achselhöhle):* Gemessen wird auf der blanken, trockenen Haut, der Oberarm wird an den Körper gepreßt. Die Thermometerspitze muß in der Achselhöhle liegen. Gemessen wird 10 Minuten lang.

▷ *Rektal (im Darm):* Der Patient liegt seitlich, die Knie leicht angezogen. Die Thermometerspitze wird mit Öl oder Creme gleitfähig gemacht und vorsichtig mit leichten Drehbewegungen in den Darm (After) eingeführt. Gemessen wird 3 Minuten. Bei Kindern und unruhigen Patienten während des Messens dabei bleiben.

▷ *Oral (im Mund):* Das Thermometer wird seitlich unter die Zunge eingelegt, gemessen wird 5 Minuten.

Ins Patientenblatt wird nicht nur die Temperatur eingetragen, sondern auch wo und zu welcher Tageszeit gemessen wurde (abends ist die Temperatur meist etwas höher als morgens).

Nach Gebrauch das Thermometer mit Wasser und Seife abwaschen und mit einem Papiertaschentuch abtrocknen; bei Infektionskrankheiten zusätzlich desinfizieren.

 **Wichtiger Hinweis** ◀◀

Thermometer nicht herumliegen lassen, es könnte auf den Boden fallen und das Quecksilber austreten.

## Puls fühlen

Beim Pulsfühlen wird die Anzahl der Pulsschläge gezählt. Dazu fühlt die Pflegeperson mit Zeige- und Mittelfinger der rechten Hand an der Daumenseite der Patientenhand in Richtung Handgelenk, bis sie das »Grübchen« tastet, in dem der Puls zu spüren ist.

## Pulsschläge pro Minute

| | |
|---|---|
| Säugling | 120–140 |
| Kind | 100–120 |
| Erwachsener | 65– 85 |

## Medikamenten-Einnahme

Oberstes Gebot ist, sich streng an die Anweisungen des Arztes zu halten. Viele Arzneien verlieren ihre Wirkung schnell, wenn sie nicht *vorschriftsmäßig* genommen werden.

● Nach Tabletten, Dragees, Kapseln und Granulaten muß viel Wasser oder Tee getrunken werden, damit sie sich leichter auflösen.
● Pastillen gegen Halsschmerzen sollten möglichst langsam im Mund zergehen, dann desinfizieren sie den Mund besser.
● Tinkturen und Mixturen *tropfenweise* auf Zucker oder in Wasser einnehmen. Achten Sie aber darauf, daß Diabetiker (Zuckerkranke) Tropfen nicht auf Zucker bekommen. Manche Tropfen dürfen nicht verdünnt werden.
● *Einreibemittel* mit Einweghandschuh auftragen, sie können evtl. Hautreizungen oder Allergien hervorrufen. Gerät etwas von dem Mittel auf die Schleimhäute oder Augen, sofort mit reichlich Wasser auswaschen.
● Zum Einführen von *Zäpfchen* den Kranken auf die Seite legen, die Knie sind leicht angezogen. Mit einem Fingerling oder Tupfer wird das Zäpfchen hinter den Schließmuskel des Afters geschoben, damit es nicht wieder herausrutscht.
● *Ohrentropfen* immer warm einträufeln.
● Das Verabreichen von *Augentropfen* macht manchmal Schwierigkeiten. Am besten klappt es, wenn der Kopf nach hinten gebogen wird, das Augenlid etwas nach oben gezogen und der Tropfen in den inneren Augenwinkel getropft wird. Neuerdings gibt es auch Augentropfen, die in den äußeren Winkel getropft werden, Gebrauchsanleitung beachten!

Patienten, die ihre Medikamente selber nehmen, unauffällig beobachten, ob sie dies auch tun.

## 4.2 Krankheiten bei Erwachsenen

Krankheiten gibt es unzählige. In diesem Abschnitt sollen in alphabetischer Folge nur die häufigsten aufgezählt werden.

### Wichtiger Hinweis

Durch das Aufzeigen typischer Symptome soll versucht werden, eine Krankheit als solche zu erkennen. Im Zweifelsfall ist der Arzt zu rufen!

**AIDS**   Eine erworbene Abwehrschwäche. Der Erreger ist ein Virus mit der Bezeichnung HIV (daher auch die Bezeichnung HIV-Positiv für AIDS-Infizierte). AIDS wird vor allem beim sexuellen Kontakt übertragen, und zwar über Samenflüssigkeit, Scheidensekret, Blut. Die Zahl der AIDS-Kranken nimmt immer mehr zu, bisher wurde noch kein Impfstoff oder Heilungsmittel gefunden. Die Krankheit verläuft im akuten Stadium immer tödlich. Ansteckungsgefahr besteht nicht bei alltäglichen Kontakten, z. B. Händeschütteln.

**Allergie**   Überempfindlichkeitsreaktion des Körpers auf den Kontakt mit bestimmten Stoffen. Allergien sind individuell sehr unterschiedlich, das heißt, ein bestimmter Stoff kann bei einem Menschen schon in geringsten Mengen eine allergische Reaktion hervorrufen, bei einem anderen selbst in großen Mengen nicht.
Der allergieauslösende Stoff heißt Allergen. Kommt dieser Stoff mit dem Körper in Kontakt, z. B. durch Essen, Einatmen oder nur durch Berühren, wird eine allergische Reaktion ausgelöst, die sich unterschiedlich äußert. Häufig sind Rötungen der Haut, Juckreiz, Nesselsucht, Asthma, Ekzeme, Hautausschläge, Heuschnupfen, Hauterkrankungen, Kopfschmerzen, Magen-Darm-Störungen, Hautschwellungen. Schlagartig auftretende allergische Reaktionen können lebensgefährlich sein, sofort zum Arzt!
Als Allergen wirken häufig Lebensmittel (Milch, Eier, Zitrusfrüchte, Haselnüsse, Schokolade, Erdbeeren, Fisch), verschiedene Kosmetika, Waschmittel, Weichspüler, Tierhaare, Umweltgifte aus der Luft, Pollen, Hausstaub.

**Angina**   Ist erkennbar an Schluckbeschwerden, die Mandeln sind gerötet, geschwollen und mit kleinen Eiterpusteln besetzt. Die Krankheit dauert bei sachgemäßer Behandlung nicht länger als 1 Woche.

**Bindehautentzündung**  Das Auge ist gerötet, es brennt, helles Licht tut weh, man hat das Gefühl eines Fremdkörpers im Auge. Das Auge produziert Schleim, der vor allem nachts die Augenlider verklebt. Bindehautentzündung kann verursacht sein durch Luftzug, längeren Aufenthalt in verrauchten Räumen. Sie kann aber auch Vorbote sein für andere Erkrankungen, z. B. Masern. Bindehautentzündung vom Augenarzt behandeln lassen.

**Blinddarm-Entzündung**  Der Wurmfortsatz des Dickdarms entzündet sich. Eine Blinddarm-Entzündung kündigt sich an durch Bauchschmerzen, meist konzentriert auf die rechte Bauchseite. Fieber, Brechreiz, Verstopfung können ebenfalls ein Anzeichen sein. Bei Verdacht auf Blinddarm-Entzündung sofort zum Arzt gehen.

**Blutvergiftung**  Anzeichen sind Schüttelfrost, Fieber, Benommenheit, Lymphknotenschwellung. Sofort zum Arzt gehen!

**Bronchitis**  Infektion der Atemwege. Anzeichen sind Husten, Brustschmerzen beim Atmen, Auswurf. Leichte Bronchitis kann mit Brustwickeln (siehe Seite 495) und Einreibungen gelindert werden, Bettruhe ist erforderlich. Tritt gleichzeitig Fieber auf, und lassen die Beschwerden nach 2–3 Tagen nicht nach, einen Arzt aufsuchen.

**Depression**  Bei dieser Gemütskrankheit ist der Kranke niedergeschlagen, traurig, macht sich Vorwürfe, hat eine geringe Leistungsfähigkeit und Antriebskraft, in schweren Fällen Selbstmordgedanken. Depressionen sind eine Krankheit, die vom Arzt behandelt werden muß.

**Fieber**  Bei Fieber ist die Körpertemperatur erhöht, Ursache ist eine Infektion oder Entzündung, gegen deren Erreger sich der Körper mit Erhöhung der Temperatur wehrt. Fieber ist also ein Schutzmechanismus des Körpers. Der Kranke muß unbedingt das Bett hüten, ein Arzt muß benachrichtigt werden. Fieber messen siehe Seite 506.

**Gelbsucht**  Haut und das Weiße im Auge sind gelb. Sofort zum Arzt gehen!

**Gerstenkorn**  Eitrige Entzündung der Drüsen um die Augen, die an den Wimpern münden. Ist der Ausgang verstopft, kommt es zur Entzündung, das Lid schwillt an und rötet sich. Vom Arzt behandeln lassen oder mit warmen Kamillenauflagen ausheilen.

**Grippe**  Viruserkrankung, die nicht zu verwechseln ist mit einer meist harmlosen Erkältung. Anzeichen einer Grippe sind Fieber, Schüttelfrost, Kopf-, Muskel- und Gelenkschmerzen. Der Kranke muß das Bett hüten, Arzt verständigen!

Eine Grippe nicht auf die leichte Schulter nehmen, unausgeheilt können sehr schwere Folgeerkrankungen auftreten, z. B. Herzmuskel-Entzündung.

**Gürtelrose**  Nervenentzündung, hervorgerufen durch Viren. Die Haut rötet sich, es bilden sich Bläschen mit klarer Flüssigkeit. Sie erscheinen meist am Rumpf und ziehen sich gürtelförmig um den Körper, meist halbseitig. Begleiterscheinungen sind Jucken, Brennen sowie Fieber. Gürtelrose vom Arzt behandeln lassen.

**Hämorrhoiden**  Krampfadern im Bereich des Darm-Schließmuskels. Blut staut sich in den Venen und bildet einen Wulst. Ursache sind häufige Verstopfung oder Durchblutungsstörungen. Symptome: Juckreiz, Schmerzen, Blutungen. Wichtig für die Behandlung: für geregelte Verdauung sorgen. Ein bewährtes Hausmittel ist sorgfältiges Waschen des Afters mit warmem Wasser und anschließendes Einreiben mit Schweinefett; auch Sitzbäder in Eichenrindensud helfen. Ärzte behandeln Hämorrhoiden mit Salben und Zäpfchen. In schweren Fällen müssen sie entfernt werden.

**Herzbeschwerden**  Symptome sind Ziehen im linken Arm, Herzschmerzen mit Beklemmungsgefühl. Herzbeschwerden sind nicht unbedingt ein Hinweis auf eine Herzkrankheit, der Arzt sollte aber auf jeden Fall aufgesucht werden.

**Herzinfarkt**  Beim Herzinfarkt wird der Herzmuskel durch plötzlich auftretende Blutleere geschädigt. Der Betroffene bekommt heftige Schmerzen, die vom Herzen bis in den linken Arm ausstrahlen; gleichzeitig kommt es zu Übelkeit, Atemnot, kalter Schweiß bricht aus, Todesangst. Sofort Notruf!

**Knochenschwund (Osteoporose)**  Hierbei handelt es sich um eine Entkalkung der Knochen, sie werden brüchig. Tritt häufig auf bei Frauen nach den Wechseljahren. Anzeichen können Schmerzen in Armen, Beinen oder Rücken sein, die allmählich stärker werden. Knochenschwund kann rechtzeitig vorgebeugt werden durch calciumreiche Kost (siehe Seite 86).

**Magenschleimhautentzündung**  Stechende Schmerzen in der Magengegend, vor allem nach dem Essen. Ursache ist eine Übersäuerung des Magens, die hervorgerufen sein kann durch Ärger, Streß, Rauchen, Alkohol, Kaffeegenuß. Zur Linderung leichte Vollkost (siehe Seite 95), in schweren Fällen und bei häufigem Auftreten zum Arzt gehen.

**Migräne**  Starke, einseitige Kopfschmerzen, in schweren Fällen mit Übelkeit und Erbrechen.

**Multiple Sklerose** Erkrankung des Zentralnervensystems, deren Ursache nicht bekannt ist. Die Krankheit tritt auf im Alter zwischen 20 und 40, der Gang und die übrigen Körperbewegungen werden mit der Zeit unsicher, innerhalb weniger Monate kommt es zu Invalidität. Eine Behandlung, die diese Krankheit aufhält, ist bis heute nicht gefunden.

**Tetanus (Wundstarrkrampf)** Hervorgerufen wird diese lebensgefährliche Krankheit durch Bazillen, die im Schmutz enthalten sind und durch eine offene Wunde in den Körper eindringen. Bei Verdacht auf Infektion mit Tetanus kann vorbeugend geimpft werden. Lebensgefahr besteht, wenn erste Anzeichen von Tetanus auftreten: Schmerzen und Lähmungen beim Kauen. Ein ständiger Schutz vor Infektion wird durch vorbeugende Schutzimpfungen erlangt.

**Thrombose** Ein Blutpfropf bildet sich, der den Durchfluß des Blutes verhindert. Die Ursachen können sehr verschieden sein, z. B. Durchblutungsstörungen, lange Bettlägerigkeit, Pille.

**Tollwut** Tollwut ist ansteckend und wird ausgelöst durch einen Virus, der z. B. durch den Biß eines erkrankten Tieres auf den Menschen übertragen wird. Bei Verdacht vorbeugend impfen lassen. Der Virus befällt das Nervensystem, 2 Wochen bis 6 Monate nach der Ansteckung treten Krankheitserscheinungen auf: Kopfschmerzen, Angstgefühle, Schlaflosigkeit. Der Speichelfluß ist erhöht, es treten Krämpfe vor allem beim Schlucken von Flüssigkeiten auf, die in Lähmungen übergehen. Der Kranke hat Wahnvorstellungen und Wutanfälle. Sind diese Anzeichen aufgetreten, ist es für eine erfolgreiche Behandlung der tödlichen Krankheit bereits zu spät.

**Toxoplasmose** Infektionskrankheit, die Zellveränderungen in der Muskulatur und im Gehirn hervorruft. Gefährlich ist diese Erkrankung vor allem bei Schwangeren, weil sie beim Kind zu Mißbildungen führen kann. Die Erreger können mit rohem Fleisch oder roher Milch übertragen werden, daher für kleine Kinder und Schwangere Milch abkochen und Fleisch durchgaren.

**Tuberkulose** Tuberkel-Bazillen befallen die Lunge, es bilden sich Infektionsherde, die sich abkapseln. Anzeichen sind Müdigkeit, Gewichtsverlust, nächtliche Schweißausbrüche.

**Typhus** Verursacher sind Bakterien, die durch verseuchtes Wasser oder Lebensmittel übertragen werden. Anzeichen sind Kopfschmerzen, Fieber, Erbrechen, Durchfall. Eine Impfung empfiehlt sich bei Reisen in Länder mit einem niedrigen Hygiene-Standard (Asien, Südamerika).

# 5 Hygiene

Wenn von Hygiene die Rede ist, wird darunter meist Sauberkeit verstanden. Streng genommen fällt unter den Begriff Hygiene mehr, nämlich alle Einflüsse, die auf die Gesundheit des Menschen einwirken, ferner die Verhütung von Krankheiten und die Förderung der Leistungsfähigkeit des Menschen. Dazu gehören z. B. auch die Vermeidung von Schadstoffen in Wohnräumen durch entsprechende Auswahl von Materialien, die Schaffung eines angenehmen Raumklimas, Vermeidung von Lärm, die Wahl hautverträglicher Textilien sowie die Reinigung von Wohnräumen und Kleidung.

In diesem Abschnitt soll nur der Bereich Hygiene und Körperpflege herausgegriffen werden, die übrigen Einflüsse wurden bereits in anderen Kapiteln behandelt oder zumindest gestreift (z. B. Wohnen, Umwelt, Wäschepflege).

## Körperpflege

Zur Körperpflege gehört mehr als das tägliche Waschen, ein teures Parfüm und etwas Schminke im Gesicht. Auch geeignete Kleidung, die nicht zu warm oder luftig ist und aus Materialien besteht, die die Haut atmen lassen und Schweiß aufsaugen, gehören dazu, ebenso eine ausgewogene Ernährung, das Vermeiden von Genußgiften (Nikotin, Alkohol), regelmäßige Bewegung an der frischen Luft und gelegentlich ein kurzes Sonnenbad.

## Hautpflege

»Natürliche Schönheit kommt von innen« – so heißt ein bekannter Werbespruch. Was die Schönheit der Haut anbelangt, ist er absolut richtig. Große Auswirkung auf die Beschaffenheit der Haut hat die Ernährung. Häufiger Genuß von Süßigkeiten oder scharf gewürzten Speisen fördert z. B. die Bildung von Hautunreinheiten.

Natürlich muß die Haut auch von außen gepflegt werden, damit Schmutz und Hautabsonderungen entfernt werden. Wasser und Seife sind hierfür immer noch am gebräuchlichsten, andere Körperpflegemittel sind jedoch im Vormarsch.

### Baden oder Duschen?

Die meisten Hautärzte plädieren für das Duschen, das Wasser wirkt nicht so lange auf die Haut ein wie beim Baden, die Haut wird nicht so sehr aufgeweicht und ausgetrocknet. Ein gelegentliches Bad kann jedoch nicht schaden, es ist eine Wohltat für Seele und Nerven. Nur zu heiß (über 35 °C) sollte nicht gebadet werden, das begünstigt das Auslaugen der Haut.

Tägliches Duschen ist nicht unbedingt notwendig. Aber für Personen, die z. B. schmutzige Arbeit oder Stallarbeit verrichten, sollte es selbstverständlich sein. Duschen reinigt nicht nur, es entspannt den Körper auch. Wechselduschen mit abwechselnd warmem und kaltem Wasser (zum Schluß immer kalt) bringt den Kreislauf in Schwung.

## Welches Körperpflegemittel?

### Seifen

Angeboten werden hauptsächlich Parfüm- und Deoseifen. Deoseifen enthalten Wirkstoffe, die Körpergeruch hemmen; sie rufen allerdings Hautreizungen hervor. Genauso wirksam, aber viel hautverträglicher sind Parfümseifen.

### Syndets

Für Syndets wird geworben mit »hautfreundlichem pH-Wert«. Der natürliche Säureschutzmantel der Haut wird weniger angegriffen als durch Seife. Syndets werden im Stück oder als Flüssigseife angeboten. Beim Kauf ist unbedingt darauf zu achten, daß keine Konservierungsmittel zugesetzt sind (auf der Verpackung angegeben). Syndets sind zu empfehlen für Menschen mit empfindlicher Haut, die sich – bedingt durch Schmutzarbeit – häufig die Hände waschen. Mindestens genauso gut verträglich, aber erheblich billiger ist Kernseife. Syndets in Seifenform sind weniger ergiebig als gewöhnliche Seife, weil sie schnell matschig werden. Ergiebig sind flüssige Syndets, aber aufwendig in der Verpackung.

### Schaumbäder, Duschbäder

Beide sind den Syndets ähnlich, enthalten jedoch hautrückfettende Stoffe und mehr Duftstoffe. Manche Schaum- und Duschbäder trocknen die Haut sehr stark aus und führen manchmal sogar zu Hautreizungen.

### Intimpflegemittel

Diese Mittel sind nicht notwendig. Von den meisten Ärzten werden sie mißbilligt, weil sie bei übertriebener Verwendung den Bakterienbefall fördern. Normalerweise reicht die Reinigung der Intimgegend mit Wasser und Seife aus.

### Deodorant

Deodorants werden oft verwechselt mit Antitranspirantien, die die Schweißabsonderung hemmen. Deodorants verhindern nicht das Schwitzen, sondern das Zersetzen des Schweißes durch Bakterien und damit unangenehmen Schweißgeruch. Deodorants sind meist besser verträglich als Antitranspirantien. Beide ersetzen das tägliche Waschen nicht! Beim Kauf von Deos darauf achten, daß es kein Treibgas enthält, es zerstört die schützende Ozonschicht der Erde (siehe Seite 544). Eine umweltfreundliche Alternative sind Roller oder Stifte sowie Pumpzerstäuber.

### Hautpflegemittel

Normale, gesunde Haut braucht keine Pflegemittel, sie fettet von selbst nach, der Feuchtigkeitsgehalt wird ganz natürlich reguliert. Trockene Haut sollte man eincremen. Hautpflegemittel haben nicht nur nachfettende Wirkung, sondern dienen auch dem Schutz der Haut vor Witterungseinflüssen, sie verhindern das Austrocknen der Haut.

Eine Verjüngung der Haut können Hautpflegemittel nicht bewirken. Zwar gibt es Cremes gegen Falten, ihre Wirkung ist jedoch nur von kurzer Dauer. Die Frage, ob Faltencremes die Haut schneller erschlaffen lassen, ist noch nicht endgültig geklärt.

Hautpflegemittel enthalten Konservierungsstoffe, denn mit den Fingern gelangen Keime und Bakterien in den Cremetopf, die rasch zum Verderb führen würden. Es gibt harmlose und gesundheitsgefährdende Konservierungsmittel, daher beim Kauf genau lesen, was enthalten ist. Abzuraten ist von Cremes, die Antibiotika, Borsäure, Quecksilberverbindungen, Formaldehyd oder Hexachlorophen enthalten. Harmlos sind Sorbinsäure und Benzoesäure.

Wer auf der Suche nach einer geeigneten Hautcreme ist, sollte sich Proben geben lassen, mit dieser kleinen Menge kann getestet werden, ob die Haut die entsprechenden Wirkstoffe verträgt.

### Naturkosmetik

Diese natürliche Kosmetik ist im »Aufwind«, sie kann selbst hergestellt oder gekauft werden. Bei selbsthergestellten Cremes besteht der Vorteil, daß die Inhaltsstoffe genau bekannt sind. Allerdings sind diese Mittel leicht verderblich, deshalb nur kleine Mengen herstellen und im Kühlschrank aufbewahren. Creme nicht mit den Fingern entnehmen, Keime werden schnell eingeschleppt, die Creme verdirbt rasch.

## Zahnpflege

Keine Krankheit ist so verbreitet wie *Karies* (Zahnfäule). Die wichtigste Maßnahme dagegen: nach jeder Mahlzeit die Zähne putzen, auch bei Zwischenmahlzeiten!
Die Zähne werden in kreisenden Bewegungen mit Bürste und Zahnpasta geputzt, Innenseite der Zähne nicht vergessen. Die Zahnzwischenräume werden mit Zahnseide gereinigt, was zugleich vorbeugend gegen Zahnstein wirkt.

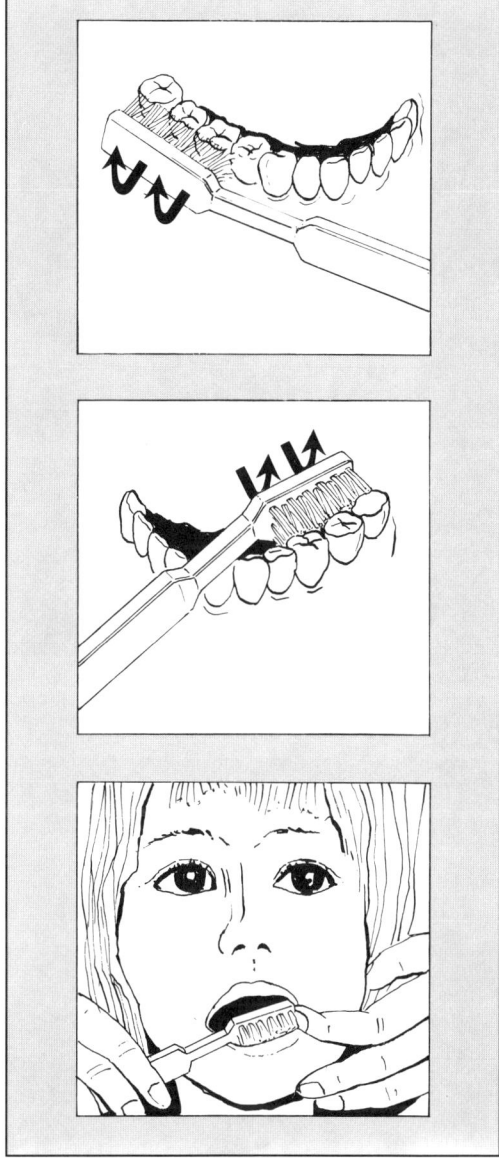

Richtiges Zähneputzen

## Haarpflege

Haare brauchen regelmäßige Reinigung und Pflege. Es wird gewaschen, wenn es schmutzig ist, spätestens alle 5–7 Tage. Bei Bedarf kann das Haar öfter gewaschen werden, allerdings nur, wenn es wirklich schmutzig ist. Milde Shampoos, z. B. Baby-Shampoo, sind die idealen Reinigungsmittel. Stark entfettende Shampoos führen zu schneller Rückfettung und können Schuppenbildung hervorrufen. Ein bewährtes Mittel gegen fettiges oder schuppendes Haar ist Schwefelshampoo aus der Apotheke. Wer dem Haar etwas Gutes tun will, spült es nach dem Waschen mit Brennessel-, Birkenblätter- oder Kamillenaufguß. Das Haar am besten an der Luft trocknen, keinen zu heißen Fön oder Trockenhaube verwenden, denn heiße Luft macht das Haar trocken und brüchig.
Färben, Bleichen und Dauerwellen strapazieren das Haar, eine schonendere Alternative sind Pflanzenfarben, auf Dauerwellen nach Möglichkeit verzichten. Mittel zum Färben und Dauerwellen sind nicht harmlos, sie können Allergien auslösen.

## Nagelpflege

Auch Nägel gehören zur Haut und müssen gepflegt werden. Fingernägel werden jede Woche, Fußnägel alle 2 Wochen geschnitten oder gefeilt. Fingernägel werden oval geschnitten, Fußnägel immer gerade, damit sie nicht einwachsen.
Die Nagelhaut wird nur zurückgeschoben, auf keinen Fall geschnitten, es könnten Krankheitserreger eindringen.

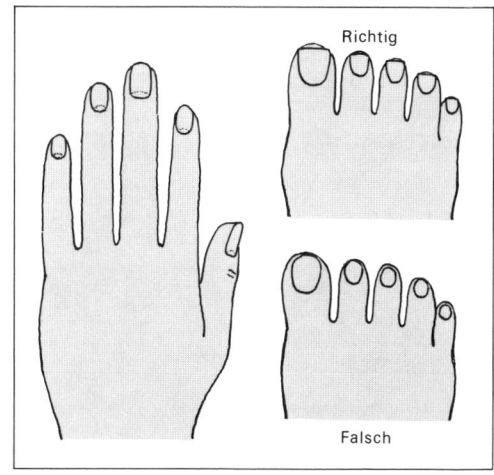

Schneiden der Finger- und Fußnägel

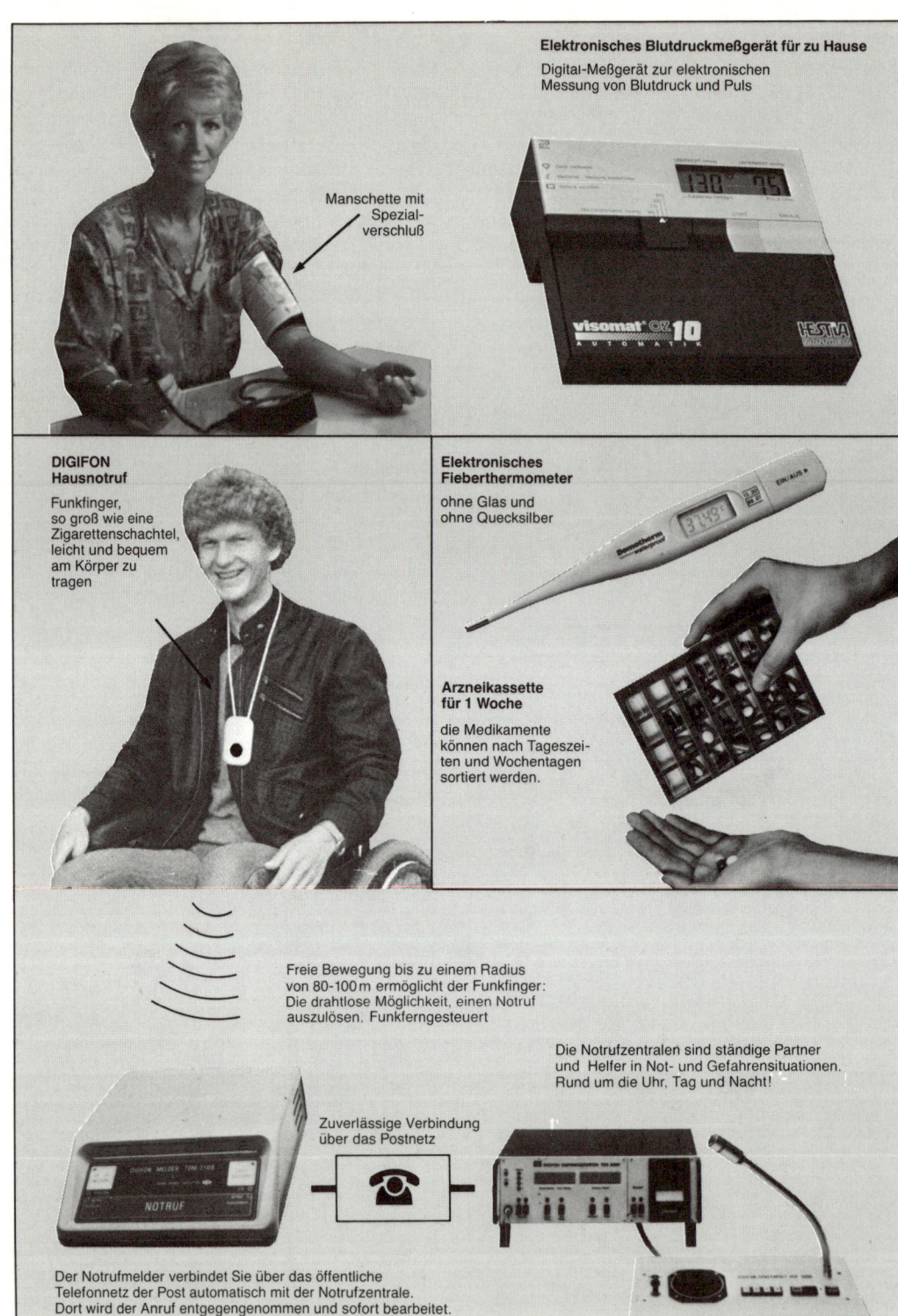

**Elektronisches Blutdruckmeßgerät für zu Hause**

Digital-Meßgerät zur elektronischen
Messung von Blutdruck und Puls

Manschette mit
Spezial-
verschluß

**DIGIFON
Hausnotruf**

Funkfinger,
so groß wie eine
Zigarettenschachtel,
leicht und bequem
am Körper zu
tragen

**Elektronisches
Fieberthermometer**

ohne Glas und
ohne Quecksilber

**Arzneikassette
für 1 Woche**

die Medikamente
können nach Tageszei-
ten und Wochentagen
sortiert werden.

Freie Bewegung bis zu einem Radius
von 80-100 m ermöglicht der Funkfinger:
Die drahtlose Möglichkeit, einen Notruf
auszulösen. Funkferngesteuert

Die Notrufzentralen sind ständige Partner
und Helfer in Not- und Gefahrensituationen.
Rund um die Uhr, Tag und Nacht!

Zuverlässige Verbindung
über das Postnetz

Der Notrufmelder verbindet Sie über das öffentliche
Telefonnetz der Post automatisch mit der Notrufzentrale.
Dort wird der Anruf entgegengenommen und sofort bearbeitet.

# Säugling und Kind

## 1 Säuglings- ernährung

### 1.1 Stillen

Die Meinungen, ob und wie lange gestillt werden sollte, gehen auseinander; viele Ärzte empfehlen, bis zu einem halben Jahr zu stillen. Eine Empfehlung kann jedoch nicht pauschal gegeben werden, sie liegt in der Entscheidung der Mutter oder wird ärztlicherseits empfohlen oder abgelehnt.

### Vorteile des Stillens

Unbestritten ist, daß Muttermilch die beste Nahrung für den Säugling in den ersten Lebenswochen ist. Sie hat nicht nur die ideale Nährstoffzusammensetzung, wie sie das Baby braucht, sie enthält darüber hinaus wichtige Abwehrstoffe gegen Krankheiten und ist leicht verdaulich. Die Anfälligkeit gegen Krankheiten ist daher bei gestillten Säuglingen deutlich geringer als bei nicht gestillten. Besonders deutlich ist der Unterschied bei Allergien. Neuere Studien haben gezeigt, daß gestillte Kinder insgesamt ein stabileres Immunsystem besitzen.
Ein weiterer Vorteil der Muttermilch: Sie hat immer die richtige Temperatur und ist ohne großen Aufwand immer »griffbereit«.
Stillen wirkt sich positiv auf die Psyche des Kindes aus, es fühlt sich an der Mutterbrust geborgen. Eine tiefe, gefühlsmäßige Beziehung zwischen Mutter und Kind kann sich aufbauen, das Baby ist seelisch ruhiger und ausgeglichener, was sich auch auf spätere Jahre überträgt.

Stillen trägt dazu bei, daß schwangerschaftsbedingte körperliche Veränderungen sich schneller zurückbilden, z. B. die Gebärmutter. Gezielt abnehmen sollte die Mutter während des Stillens nicht, weil im Fettgewebe Schadstoffe gespeichert sind, die in die Muttermilch übergehen.

 **Wichtiger Hinweis**
Stillen schützt nicht vor einer neuen Schwangerschaft!

### Vorbereiten auf das Stillen

Wer vor hat, sein Kind zu stillen, sollte etwa 10 Wochen vor dem Geburtstermin anfangen, die Brustwarzen abzuhärten, denn wundgenuckelte Brustwarzen verderben die Freude am Stillen sehr schnell. Mehrmals täglich die Brustwarzen zwischen zwei Fingern leicht kneten und rollen und Wechselbäder machen.

### Brustpflege

Vor dem Anlegen wäscht die Mutter die Hände; Brust und Brustwarze werden mit abgekochtem Wasser gesäubert. Nach dem Stillen etwas Milch an der Brustwarze antrocknen lassen. Ein Brusttuch aus Leinen oder Baumwolle wird in den Büstenhalter gelegt, es nimmt die zwischen den Mahlzeiten austretende Milch auf.

### Wann und wie oft wird gestillt?

Das erste Mal wird gestillt, wenn die Mutter das Bedürfnis danach hat. Das ist meist in den ersten beiden Stunden nach der Geburt. Danach wird gestillt, wenn das Baby sich meldet, mindestens jedoch alle vier Stunden. Immer an beiden Brüsten trinken lassen, denn der Saugreflex regt die Milchbildung an. Erst 5–10 Minuten an einer Brust anlegen, dann an der anderen trinken lassen, solange das Baby will. Beim nächsten Stillen mit dieser Brust anfangen. Durch das beidseitige Anlegen wird verhindert, daß der Milchfluß nachläßt.

Während des Trinkens das Baby mehrmals hochheben, damit es ein »Bäuerchen« machen und die verschluckte Luft aufstoßen kann.

Nach der Mahlzeit das Kind nicht sofort ins Bettchen legen, sondern erneut »Bäuerchen« machen lassen. Dazu das Kind hochheben und den Kopf an die Schulter legen, den Rücken reiben oder etwas klopfen.

Wundern Sie sich nicht, wenn das Baby anfangs nur wenig trinkt und sogar abnimmt. Diese Erscheinung ist nicht ungewöhnlich, das Geburtsgewicht wird erst nach etwa 14 Tagen wieder erreicht. Danach nimmt das Baby 150–200 Gramm pro Woche zu.

Die Anzahl der Brustmahlzeiten ist unterschiedlich, sie liegt in den ersten Lebenswochen zwischen 7 und 10 pro Tag. Gestillt wird auch nachts, das fördert den Milchfluß.

Das Baby trinkt nicht bei jeder Mahlzeit gleich viel, manchmal will es nur nuckeln und den Hautkontakt mit der Mutter genießen. Auch das ist kein Anlaß zur Sorge, die Brust muß nicht nach jeder Mahlzeit leergetrunken sein.

## ➤➤ Praktischer Hinweis ◀◀

Fördern Sie den Milchfluß, indem Sie das Kind öfter anlegen. Reichlich Flüssigkeit trinken.

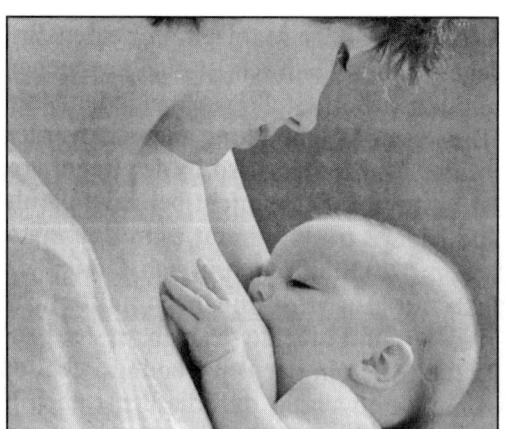

Stillen wirkt positiv auf die Psyche

## Stillprobleme

Bei Stillproblemen den Arzt fragen. Grund dafür kann z. B. eine Brustdrüsen- oder -warzenentzündung sein. Schmerzt die Brust an einer Stelle und rötet sich, handelt es sich meist um einen Milchstau. In diesem Fall helfen Ruhe und kalte Umschläge, evtl. Abpumpen. Kurz vor dem Stillen warme Umschläge machen.

## Ernährung der Mutter während der Stillzeit

Zu empfehlen ist vielseitige Mischkost mit reichlich Obst und Gemüse sowie reichlicher Flüssigkeitszufuhr. Viel Milch, Fleisch oder Eier regen die Milchbildung *nicht* an, Milch und Milchprodukte sind jedoch wichtig als Calciumlieferanten.

Auf Alkohol, Nikotin und Koffein sollte während der Stillphase verzichtet werden. Hülsenfrüchte, Kohl und Zwiebeln, aber auch Gewürze, saures Obst und blähende Süßigkeiten (z. B. Gummibärchen) können beim Baby Verdauungsstörungen und Blähungen hervorrufen. Bei Unverträglichkeit diese Lebensmittel meiden.

Falls Medikamente eingenommen werden, vorher mit dem Arzt absprechen.

## Schadstoffe in der Muttermilch

In die Muttermilch gehen natürlich auch Schadstoffe über, die die Mutter mit der Nahrung aufnimmt, z. B. Schwermetalle, DDT, Pestizidrückstände, Quecksilber sowie Alkohol und Nikotin. Nach wie vor gilt jedoch, daß die Vorteile der Muttermilch die Nachteile und auch den Schadstoffgehalt mehr als ausgleichen.

## Wie lange wird gestillt?

In den ersten vier Monaten reicht normalerweise die Brustnahrung, danach wird Beikost zugefüttert. Mit etwa sechs Monaten interessiert sich das Kind von selbst für andere Kost, wie sie z. B. die Erwachsenen essen. Dann wird immer weniger Milch getrunken, die Milchbildung läßt nach, es wird abgestillt.

## ➤➤ Wichtiger Hinweis ◀◀

Kein Grund zum Abstillen ist das Auftreten der Monatsblutung, eine Erkältung oder auch eine neue Schwangerschaft.

# 1.2 Flaschennahrung

Wenn das Baby nicht gestillt wird, braucht es entsprechende Milch-Fertigkost. *Reine Kuhmilch* vertragen Säuglinge nicht, weil sie sich in der Zusammensetzung zu sehr von der Muttermilch unterscheidet; sie kann aber als Grundlage für selbstzubereitete Milchnahrung dienen. Davon wird allerdings heute nur noch selten Gebrauch gemacht.

*Adaptierte Milch* ist der Muttermilch weitgehend angepaßt in ihrer Zusammensetzung. Sie kann gefüttert werden, wenn die Muttermilch nicht reicht oder ausschließlich, und zwar sooft das Baby Hunger hat. Adaptierte Milch kann bis zum 6. Monat gegeben werden.

*Teiladaptierte Milch* enthält zusätzlich Stärke und sollte dem Baby nur entsprechend der Packungsvorschrift gegeben werden, damit es nicht überfüttert wird oder Durchfall bekommt. Teiladaptierte Milch kann von Anfang an gegeben werden oder im Anschluß an adaptierte Milch. Nur handwarmes, abgekochtes Trinkwasser verwenden. Vor dem Füttern die Temperatur am Augenlid oder auf dem Handrücken testen (40 °C).

## Sauger und Fläschchen

Der Sauger sollte glatt, ohne Eigengeschmack und unbedingt kochfest sein. Das Saugloch darf weder zu groß, noch zu klein sein. Es hat die richtige Größe, wenn die Milch langsam heraustropft, sobald die Flasche schräg nach unten gehalten wird. Ist das Saugloch zu groß, verschluckt sich das Baby leicht, ist es zu klein, ermüdet das Kind beim Trinken und trinkt wenig.

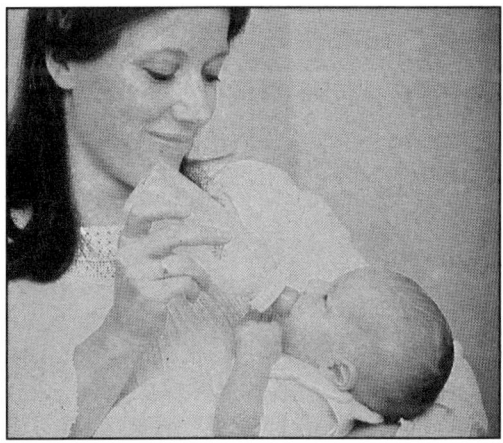

Flaschennahrung

> ### ➤➤ Wichtiger Hinweis ◀◀
> Wenn das Fläschchen nicht ausgetrunken wird, auf keinen Fall wiederverwenden und aufwärmen. Durch Keimvermehrung kann es zu Durchfall kommen.

Fläschchen und Sauger sauber halten: sofort nach der Mahlzeit mit kaltem Wasser ausspülen, dann mit einer eigenen Flaschenbürste, Spülmittel und warmem Wasser säubern, mit heißem Wasser nachspülen. Anschließend desinfizieren durch Auskochen in Wasser (10 Minuten), auf ein sauberes Tuch stellen, mit einem zweiten Tuch abdekken. Desinfektionsmittel sind nicht erforderlich.

# 1.3 Beikost

Beikost ist die Nahrung, die außer Milch gefüttert wird. Der frühestmögliche Zeitpunkt für Beikost ist der 4. bis 5. Monat, denn mit Beikost wird die Milchmenge verringert, die aber das Baby bis dahin unbedingt braucht.

Ab dem 5. Monat kann Beikost gegeben werden, dazu zählen Obst- und Gemüsesäfte, Gemüse- und Obstbrei, Flockenbrei. Erforderlich ist Beikost nicht vor dem 5. Monat. Industriell hergestellte Babykost ist gut als Beikost geeignet, sie wird nach strengen Vorschriften hergestellt, streng kontrollierte Rohstoffe werden verwendet.

> ### ➤➤ Wichtiger Hinweis ◀◀
> Hersteller von Babynahrung geben als Zeitpunkt für Beikost oft den 2. oder 3. Lebensmonat an, daran müssen Sie sich nicht halten.

Das Baby sollte langsam auf die Beikost umgestellt werden, beginnend mit einigen Teelöffeln Saft pro Tag (gut geeignet ist Karottensaft). Die Menge wird langsam von etwa zwei Löffelchen auf 8–10 Löffelchen pro Tag gesteigert.

> ### ➤➤ Wichtiger Hinweis ◀◀
> Saft mit dem Löffel füttern, damit sich das Baby an den Löffel gewöhnt und die Mutter die Kontrolle hat, ob der Saft auch in Babys Magen gelangt; wenn der Saft unter die Milch gemischt wurde und das Baby die Flasche nicht austrinkt, besteht diese Kontrolle nicht.

Wenn sich das Kind an den Saft gewöhnt hat, kann auch püriertes Obst gegeben werden. Anschließend langsam mit püriertem Gemüse beginnen, das heißt mit 40–50 Gramm pro Tag anfangen und allmählich steigern (siehe auch Tabelle).

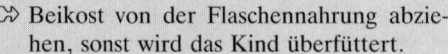

## ➤➤   Wichtige Hinweise   ◀◀

➣➣ Beikost von der Flaschennahrung abziehen, sonst wird das Kind überfüttert.
➣➣ Beikost wie Flaschennahrung niemals wiederverwenden und aufwärmen!

Nicht alle Gemüse- und Obstarten eignen sich gleichermaßen als Beikost, manche Arten rufen Unverträglichkeiten hervor.

Als Getränk zwischendurch eignet sich ungesüßter Tee, jedoch kein Schwarztee. Bei Kindertee sollten Sie darauf achten, daß er keinen Zucker enthält!

## Selbstgekochte Babykost

Beikost kann selbst hergestellt werden. Wichtig ist es, dabei auf einwandfreie Rohstoffe zu achten. Gemüse aus dem eigenen Garten kann überdüngt sein, vor allem mit Stickstoff. Dadurch kommt es zu Nitratanreicherung im Gemüse. Nitrat wird im Körper zu Nitrit umgewandelt, was bei Säuglingen zu Blausucht führen kann. Wer sicher gehen will, sollte eine Bodenuntersuchung (siehe Seite 445) machen lassen. Bei eigener Zubereitung nur kleine Mengen herstellen.

### Beikost-Empfehlungen

| Ungünstige Beikost | Günstige Beikost |
|---|---|
| Zitrussäfte (fördern Durchfall) | Karotten |
| Alle Kohlsorten | Spinat |
| Alle Hülsenfrüchte | Blattsalat |
| Steinobst | Kartoffeln |
|  | Ei |
|  | Kalbfleisch |
|  | Geflügel |
| Birnen und Bananen (sind sehr energiereich) |  |

### Ernährungsplan für das 1. Lebensjahr

| 1 | 2 | 3 | 4 | 5 | 6 | 7 | 8 | 9 | 10 | 11 | 12 |
|---|---|---|---|---|---|---|---|---|---|---|---|

Muttermilch ▷

adaptierte und teiladaptierte Milchnahrungen ▷

◁ Beikost in Form von Obstsaft

◁ Beikost in Form von Gemüsesaft

◁ Milchbrei

◁ Obst- und Gemüsebrei

◁ Brei m. Zusatz v. Fleisch, Ei u. Fisch

◁ Umstellung auf Vollmilch

◁ Brot

◁=zunehmend, ▷=abnehmend

### Ernährung im 1. Lebensjahr

| Alter | Zahl der täglichen Mahlzeiten | Milchmenge pro Tag | Gemüse- und Obst- säfte | Gemüse- brei | Obstbrei | Milchbrei |
|---|---|---|---|---|---|---|
| 2. Woche | 6 | 450–600 ml | – | – | – | – |
| 3. Woche | 5 | 500–650 ml | – | – | – | – |
| 4. Woche | 5 | 550–700 ml | – | – | – | – |
| 5. Woche | 5 | 600–750 ml | – | – | – | – |
| 6.–8. Woche | 5 | 700–850 ml | –* | – | – | – |
| 3. Monat | 5 | 750–900 ml | 2 TL | – | – | – |
| 4. Monat | 4–5 | 750–950 ml | 6 TL | – | – | – |
| 5. Monat | 4–5 | 650–800 ml | 6–8 TL | bis 150 g | 30–50 g | – |
| 6. Monat | 4 | 550–650 ml | 6–8 TL | 150–200 g | 30–50 g | 150–200 g |
| ab ca. 12. Monat | Leichte Vollkost (wie für Erwachsene) je nach Appetit | | | | | |

* Bei selbst zubereiteter Milchnahrung ist ab der 6. Woche die Zufütterung von Gemüse- und Obstsaft erforderlich.

Fein pürierte Beikost beginnt zweckmäßig mit Karottenbrei, es folgt Karotten-Kartoffelbrei. Diese Lebensmittel werden sehr gut vertragen und aufgrund des süßlichen Geschmacks auch gerne gegessen. Dazu wird allmählich mageres, gekochtes Fleisch (Geflügel, Kalb, Rind, Schwein), gelegentlich (2 × monatlich) Leber und einmal wöchentlich ein Eigelb gegeben. Die regelmäßige Zugabe von Fleisch und Eigelb gewährleisten eine sichere Eisenversorgung des Kindes. Die Gemüse-Fleisch-Mahlzeit wird abgeschlossen mit einigen Teelöffeln Obstmus. Ab dem 6. Monat wird eine Milchmahlzeit durch Getreidebrei ersetzt. Falls er ebenfalls selbst hergestellt wird, sollten Sie pasteurisierte Vollmilch bzw. abgekochte Milch dafür verwenden. Bei gekauftem Brei auf den Aufdruck »Vollmilch« oder »ab 6. Monat« achten.

### Beißnahrung

Wenn das Kind zahnt oder schon die ersten Zähne hat, auch beißfeste Nahrung geben, z. B. Kinderzwieback, Kinderkekse, Brotrinde.
Mit zunehmendem Alter des Kindes wird die Nahrung immer gröber, vom Brei bis zur sogenannten Juniorkost. Manche Kinder wehren sich anfangs gegen die gröbere Nahrung. Nicht nachgeben! Nicht auf weichere Kost zurückgehen! Kauen und Beißen sind gut für die Kieferentwicklung.
Ab etwa 1 Jahr kann ein Kind alles essen, was zur leichten Vollkost für Erwachsene zählt (siehe Seite 95). Ab dem 2. Jahr ist alles erlaubt, aber: scharf gebratene oder gewürzte Speisen meiden.

---

**➤➤ Wichtige Hinweise ◀◀**

↪ Falls das Kind am Familientisch kindgerechte Erwachsenenkost mitißt, daran denken, daß Kinder einen anderen Geschmackssinn haben als Erwachsene bzw. daß sich der Geschmackssinn erst voll ausbildet. Deshalb Speisen nicht zu sehr süßen oder salzen.

↪ Überfüttern Sie das Kind nicht! Ein gesundes Kind weiß, wann es satt ist. Denken Sie daran: dicke Kinder = dicke Erwachsene.

---

# 2 Pflege des Säuglings

## 2.1 Erstausstattung

### Die wichtigsten Teile der Erstausstattung

---

**Körperpflege**

▷ Babybadewanne mit Gestell oder Aufsatz für die große Badewanne
▷ Wickelplatz mit Auflage (mindestens 70 × 80 cm groß)
▷ Badethermometer
▷ Babyseife
▷ 2 Badetücher
▷ 4 Waschlappen
▷ Babyöl, Babycreme
▷ Zellstofftücher
▷ Weiche Haarbürste
▷ Windeleimer mit Deckel, sehr praktisch mit Fußbedienung

**Kleidung**

▷ 6 Baumwolljäckchen und -hemdchen
▷ 2 Nabelbinden
▷ 25–30 Einmalwindeln
▷ 12 Mullwindeln und 2 Höschen
▷ 6 Strampelhöschen
▷ Wolljäckchen und Wollmütze

**Schlafen**

▷ Gitterbett
▷ Matratze mit Gummiauflage
▷ 2 Betttücher, 2 Bettbezüge
▷ Kleine Bettdecke, Daunendecke
▷ Wärmflasche

**Ausfahren**

Kinderwagen mit Anschnallgurt

---

### Kinderbett

Das Kinderbett darf keine Beschläge und Scharniere haben, an denen sich das Baby verletzen oder einklemmen kann. Ein Gitterbett ist vielseitiger als ein Stubenwagen, weil das Kind darin 3–4 Jahre Platz hat. Anfangs wird die Matratze hoch gestellt, damit die Mutter sich nicht so tief bücken muß (auf Verstellbarkeit beim Einkauf achten!). Die Gitterstäbe dürfen nicht weiter als 7,5 cm

Kinderbett

voneinander entfernt sein. 2 oder 3 Gitterstäbe sollen herausnehmbar sein, damit das ältere Kind selbst aus dem Bett krabbeln bzw. hineinsteigen kann. Eine Seite des Gitterbettes sollte sich herunterfahren lassen. Ein gutes Kinderbett hat Rollen, die mit einer Feststellbremse versehen sind.

Im Babybett befindet sich kein Kopfkissen, damit sich die Wirbelsäule nicht verformt. Wichtig ist eine ebene und feste Matratze. Unter dem Kopf liegt eine Mullwindel, sie saugt Erbrochenes und Speichel gut auf. Als Zudecke ist ein leichtes Daunenkissen für die kältere Jahreszeit zu empfehlen, im Sommer reicht eine überzogene Decke.

> ➤➤ **Wichtiger Hinweis** ◀◀
>
> Bei älteren Kindern die Zudecke mit Bändern am Gitter befestigen, damit sie sich die Decke nicht über den Kopf ziehen können und möglicherweise daran ersticken.

### Kinderwagen

Der Kinderwagen muß kippsicher sein und eine Feststellbremse haben. Beim Kauf sind Sie gut beraten, auf die TÜV-Plakette oder das GS-Zeichen (Geprüfte Sicherheit, siehe auch Seite 478) zu achten. Günstig ist ein Ablagekorb unter dem Wagen. Die Räder sollten nicht zu schmal und nicht zu klein sein, dann läßt sich der Wagen mit weniger Kraftaufwand schieben. Ein klappbarer Kinderwagen läßt sich gut im Auto verstauen.

### Tragebeutel

Ein Tragebeutel hat den Vorteil, daß das Kind nahe an der Mutter bzw. dem Vater ist und die natürliche Spreizhaltung der Beine unterstützt wird.

## 2.2 Körperpflege

Um das Baby zu pflegen, muß man es natürlich anfassen. Manchmal erscheint es auf den ersten Blick so zerbrechlich, daß man kaum wagt, es auf den Arm zu nehmen. Doch Babys sind robuster, als sie aussehen.

### Hautpflege

Babyhaut ist sehr empfindlich, weil sie dünn ist und noch keinen Säureschutzmantel hat, der Krankheitserreger abwehrt. Außerdem ist sie sehr fettarm und trocknet leicht aus. Bevor die Haut eingecremt wird, wird sie gesäubert. Pudern war früher üblich, wird jedoch heute nicht mehr empfohlen, weil der Puder klumpt und dann drückt, z. B. unter den Achseln.

### Waschen bzw. Baden

Vor dem täglichen Waschen oder Baden den Raum auf etwa 24 °C aufheizen, Fenster und Türen schließen, um Zugluft zu vermeiden. Es ist zweckmäßig, vor dem Waschen/Baden das Fläschchen zuzubereiten und warm zu stellen, denn das Baby ist anschließend hungrig. Außerdem müssen bereitliegen:

● *Pflegemittel:* Watte, Öl, Hautcreme, Pflegetücher (mit Öl oder Reinigungsmilch getränkt), Kamm, Bürste, Nagelschere, Badetuch, 2 Waschlappen, Nabelbinde, Mullkompresse.
● *Frische Wäsche:* Hemdchen, Jäckchen, Windelpaket, Frotteehöschen, Strampelhöschen.

Badewanne mit 38 °C warmem Wasser bereitstellen (mit dem Thermometer messen), die Badetemperatur beträgt 37 °C. Bis jedoch das Baby in der Wanne sitzt, ist das Wasser ohnehin um 1 °C abgekühlt. Das Baby entkleiden, getragene Wäsche in den Wäsche-Eimer, schmutzige Windeln in den Windeleimer geben. Grobe Verschmutzungen mit der Windel wegnehmen und Schamgegend vorreinigen, z. B. mit einem Pflegetuch. Den Nabel mit einem Tupfer Creme gegen Nässe schützen.

Baby in die Wanne heben, Gesicht und Oberkörper mit dem Waschlappen sanft waschen, das Gesicht immer nur mit klarem Wasser. Mit dem Waschlappen und wenig Baby-Shampoo die Haare waschen, dabei darauf achten, daß weder Wasser noch Seife in die Augen oder Ohren geraten. Danach Arme, Körper und Beine waschen. Für die Schamgegend einen eigenen Waschlappen

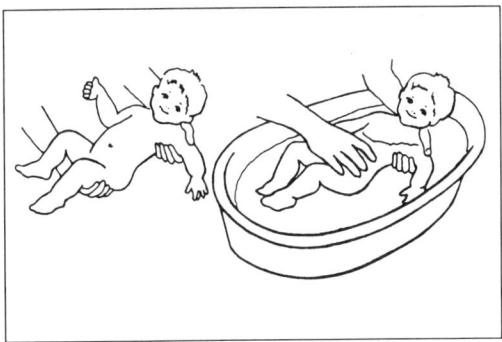

Baden des Säuglings

verwenden. Mädchen von vorne nach hinten waschen, kamit keine Keime in die Scheide gelangen.

Das Baby umdrehen, Rücken und Po waschen, wieder zurückdrehen und den Oberkörper nochmals mit warmem Wasser abspülen.

Das Baby aus der Wanne heben und in das vorgewärmte Badetuch wickeln, sorgfältig abtrocknen, vor allem in den Hautfalten. Die Badeprozedur nicht länger als 10 Minuten ausdehnen.

Auf dem Wickeltisch die Nase mit einem Wattestäbchen vorsichtig reinigen. Bei den Ohren nur den Anfang des Gehörganges mit dem Waschlappen (ohne Wattestäbchen) reinigen. Nicht zu tief in den Gehörgang »wühlen«, das Trommelfell könnte verletzt werden, außerdem läuft bei Babys wie Erwachsenen das Ohrschmalz ohnehin von selbst nach außen. Ohrschmalz ist ein natürlicher Schutz gegen eindringendes Wasser.

## ➤➤ Praktischer Hinweis ◀◀

Noch günstiger als Wattestäbchen ist ein selbstgedrehter Wattedrill. Dazu ein Stück Watte an einer Seite fest verzwirbeln, das lose Ende fest zwischen Daumen, Zeige- und Mittelfinger nehmen und mit einer Drehung verfestigen.

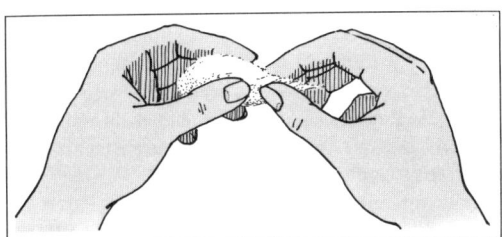

Wattedrill drehen

Den Nabel von innen nach außen mit einem alkoholgetränkten Wattebausch abwischen. Er darf beim Waschen naß werden, wenn der Stumpf bereits abgefallen ist.

## Pudern und eincremen

Nach dem Baden die Haut mit guter Körpermilch oder Babycreme eincremen, vor allem Hals, Achselhöhlen, Leistengegend, Beinchen, Nabel. Den Nabel, falls er noch nicht abgefallen ist, mit einem bakteriziden (keimtötenden) Puder bepudern, mit Kompresse und Nabelbinde abdecken, täglich erneuern. Statt einer Nabelbinde kann auch hautfreundliches Pflaster verwendet werden.

## Nagelpflege

Einmal wöchentlich werden die Nägel an Fingern und Zehen geschnitten – nach der Mahlzeit oder im Schlaf. Die Nägel an den Zehen unbedingt gerade schneiden, weil sie sonst leicht einwachsen.

## *Wickeln*

5–7mal täglich werden die Windeln gewechselt. Es ist zweckmäßig, nach dem Füttern zu wickeln, denn während der Mahlzeit verrichten viele Babys ihre »Geschäfte«. Kinder, die zum Erbrechen neigen, werden vor der Mahlzeit gewickelt.

Zum Wickeln das Baby auspacken, die Haut trockentupfen, empfindliche, bereits gerötete Haut waschen und sorgfältig trockentupfen. Nach dem Stuhlgang den Po ebenfalls waschen und trocknen. Das Baby einige Minuten nackt strampeln lassen, dabei trocknet die Haut gut ab und bekommt Luft, wodurch Wundsein vorgebeugt wird. Bei normaler Haut genügt es, das Baby vor dem Wickeln zu pudern, bei empfindlicher Haut mit guter Kindercreme eincremen. Das Baby breit wickeln, die natürliche Spreizhaltung wird dadurch unterstützt, sie ist wichtig für die gesunde Entwicklung des Hüftgelenks. Das Baby nicht zu fest in den Windelpack einwickeln, es muß aus dem Hüftgelenk heraus frei strampeln können.

## ➤➤ Praktischer Hinweis ◀◀

Wer keine Wegwerfwindeln verwendet, sollte unbedingt darauf achten, daß die Windelhose nicht zu eng anliegt. Es bildet sich ein feuchtwarmes Klima, in dem Pilze ideale Vermehrungsbedingungen haben.

Ob Einmalwindeln oder waschbare Mullwindeln verwendet werden, ist Einstellungssache. Mullwindeln sind preisgünstiger, wenn mindestens zwei Kinder damit gewickelt werden. Wegwerfwindeln sind unter dem Aspekt der Umweltverschmutzung nicht mehr ganz unumstritten, weil beim Verbrennen der Folie, die die Windel umgibt, giftige Gase frei werden. Wegwerfwindeln also nicht in den Kohle- oder Holzofen werfen, sondern zum Müll geben.

## Lage im Bettchen

Die Lage im Bettchen oder Wagen sollte möglichst oft gewechselt werden. Dazu das Baby abwechselnd auf den Bauch, die beiden Seiten und auf den Rücken legen. Wichtig ist, daß keine Lage einseitig bevorzugt wird, sonst kann es zu Haltungsfehlern kommen.

## Täglich frische Luft

Babys brauchen frische Luft, dadurch werden sie abgehärtet gegen vielerlei Krankheiten. Schon nach der 2. Woche können sie allmählich daran gewöhnt werden, anfangs nur kurze Zeit, danach ruhig einige Stunden am Tag ins Freie stellen. Das Baby darf mit richtiger Kleidung Sommer wie Winter ins Freie, ungünstig sind dichter Nebel, starker Sturm, klirrender Frost, sehr heiße Temperaturen. Regen und Schnee tun dem Kind nichts, wenn der Wagen durch eine wasserdichte Plane geschützt ist.

### ➤➤   Wichtiger Hinweis   ◀◀

Bei den Freiluftaufenthalten das Kind nicht zu lange allein lassen, vor allem wenn es schreit, damit es sich nicht einsam und verlassen fühlt.

## Gymnastik

Jedes Kind hat einen natürlichen Bewegungsdrang. Gezielte Gymnastik kräftigt die Muskeln und regt den Stoffwechsel an. Tägliche Gymnastik ist jedoch vor dem 3. Lebensmonat nicht angebracht.
Die »Turnstunde« findet in einem warmen Raum, am besten ohne Kleidung statt. Begonnen wird mit einigen einfachen Übungen. Später wird 5–10 Minuten geturnt, natürlich unterbrochen von kurzen Pausen. Ruck- und stoßartige Bewegungen sind schädlich. Turnen Sie so mit dem Baby, daß es Spaß daran hat.

# 3   Körperliche Entwicklung im 1. Lebensjahr

Eine Norm für die Entwicklung eines Kindes gibt es nicht, denn je nach Erbanlagen, Ernährung, Umweltreizen und Krankheiten entwickelt sich jedes Kind unterschiedlich schnell. Im folgenden sind Merkmale und Fertigkeiten einzelner Entwicklungsstufen aufgezeigt; sie sind jedoch kein Muß, denn manche Babys entwickeln sich sehr schnell, andere sind Spätzünder.
Wichtig für eine gesunde Entwicklung sind Ruhe und Zeit. Auf keinen Fall darf ein Baby zu bestimmten Leistungen »getrimmt« werden. Nur wenn mehrere Symptome auffällig sind, kann eine Entwicklungsstörung vorliegen. Der Arzt sollte eine genaue Untersuchung vornehmen.

### Neugeborenes

Die Händchen sind zu einer Faust geschlossen. Der Kopf wird in Bauchlage zur Seite gedreht. Auf grelles Licht oder lauten Knall reagiert das Baby mit Schreck, es öffnet den Mund, bewegt die Arme und spreizt die Finger.

### Ende des 1. Monats

Das Baby kann den Kopf in Bauchlage mindestens 3 Sekunden selbst heben. Es folgt einem Spielzeug mit den Augen. Akkustisch versucht es herauszufinden, woher der Klang kommt.

### Ende des 2. Monats

Das Baby hebt den Kopf in Bauchlage um etwa 45 Grad an und kann ihn 10 Sekunden halten. Es beginnt zu lallen.

### Ende des 3. Monats

Das Baby kann in Bauchlage den Kopf 1 Minute oben halten, in Sitzhaltung gelingt ihm das ½ Minute. Außerdem lächelt es, manche Kinder lachen in diesem Alter schon richtig. Falls das Baby die Faust noch dauernd fest geschlossen hat, den Kinderarzt fragen. Ein Hörtest ist ganz einfach: mit Seidenpapier abwechselnd rechts und links am Kopf in etwa 30 cm Entfernung rascheln, ohne daß es das Kind sieht. Ein neugieriges Baby, das gut hört, reagiert durch Kopfdrehen.

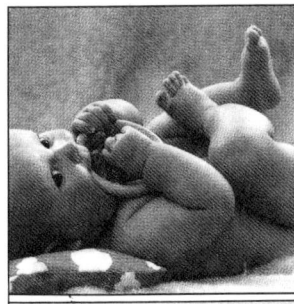

4.+5. Monat

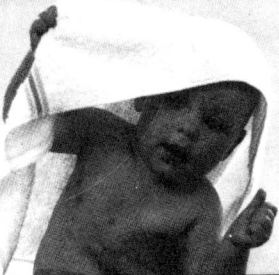

6.+7. Monat

8.+9. Monat

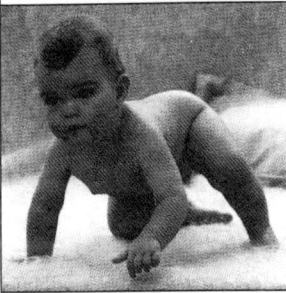

10.+11. Monat

12. Monat

Entwicklung vom 4. bis zum 12. Monat

## Ende des 4. Monats

Das Baby stützt sich in Bauchlage auf die Unterarme, auf dem Rücken liegend hält es ein Spielzeug fest und betrachtet es. Viele Babys können das Spielzeug auch schon drehen und wenden. Das Baby lacht laut und freut sich über die Zuwendung der Eltern. Den Kinderarzt fragen, wenn das Kind öfters für einige Zeit in einer bestimmten Körperhaltung (wie ein Fechter) verharrt oder wenn es den Kopf sitzend noch nicht mindestens 1 Minute aufrecht halten kann.

## Ende des 5. Monats

Die Kopfhaltung wird sicherer beim Sitzen, die Beinchen tragen das Gewicht des Babys, es stemmt sich mit den Zehen gegen die Unterlage. Beobachtungen mit den Augen werden mit den Händen koordiniert: Das Baby greift nach einem Spielzeug, das ihm hingehalten wird. Auf Ansprache reagiert es mit plappernden Antworten.

## Ende des 6. Monats

In Bauchlage stützt sich das Kind mit gestreckten Armen ab, der Kopf kann im Sitzen völlig sicher gehalten werden. Das Baby greift von selbst nach Spielzeug in Reichweite. Es reagiert deutlich auf Zurufe, und beim Plappern werden Silben gebildet: dada, blabla, lala. Versteckspielen funktioniert allmählich: Das Baby versucht, die Mutter mit den Augen zu finden, wenn sie z. B. hinter dem Vorhang versteckt »hallo« sagt.

## Ende des 7. Monats

Die meisten Babys können sich selbst vom Rücken auf den Bauch drehen, sie spielen mit den Füßen. Das Baby versucht, nach interessanten Gegenständen zu greifen, auch wenn sie außer Reichweite sind. Es schreit oder plappert laut, wenn es beachtet werden will, und folgt interessiert einem Gespräch mit ihm.

## Ende des 8. Monats

Das Baby kann fremde von bekannten Gesichtern unterscheiden, es beginnt zu fremdeln.

## Ende des 9. Monats

Das Baby beginnt zu robben, es versucht, sich mit Hilfe der Arme vorwärts und rückwärts zu bewegen. Viele Babys können 1 Minute lang frei sitzen mit aufrecht gehaltenem Kopf. Werden sie gehalten, können sie bereits ½ Minute lang stehen. Das Baby greift nach Spielzeug, das vor seinen Augen in einen Behälter gelegt wird. Es kann Spielzeug von der einen in die andere Hand wechseln und beherrscht den »Scherengriff«, das heißt, es kann mit Daumen und Zeigefinger Gegenstände aufheben.

### Ende des 10. Monats

Das Baby kann sich aus der Bauchlage selbständig aufsetzen, aus der Rückenlage versucht es, sich aufzusetzen durch Festhalten am Bettgitter. Wenn es hingestellt wird, kann es sich etwa ½ Minute an Möbeln festhalten. Durch Festhalten an den Händen der Mutter kann es sich vom Sitzen zum Stehen hochziehen. Es klopft bereits Spielzeug gegeneinander oder wirft es fort. Es versteht schon viele Worte und kennt »ja« und »nein«.

### Ende des 11. Monats

Das Baby krabbelt, es zieht sich selbständig an Möbeln hoch und versucht die ersten unsicheren Schritte, wenn es an beiden Händen geführt wird. Das Baby plappert fast pausenlos vor sich hin und findet Spielzeug, das vor seinen Augen versteckt wurde. Es ahmt das Gehörte nach, z. B. brmm, brmm, wenn die Mutter mit einem Spielzeugauto vor seinen Augen hin- und herfährt.

### Ende des 12. Monats

Das Baby kann zwischen Zeigefinger und Daumen auch kleinere Gegenstände aufheben. Es kann immer besser an der Hand laufen, manche Kinder brauchen keine Hilfe mehr zum Laufen. Sie sagen »Papa« und »Mama«, auch wenn sie damit schon mal andere Personen meinen.

# 4 Gesundheitspflege

Zur Gesundheitspflege des Säuglings und Kindes gehört das genaue Beobachten, um Krankheiten und Gesundheitsstörungen frühzeitig zu erkennen. Gesundheitspflege heißt auch, daß das Baby nur mit sauber gewaschenen Händen angefaßt wird, um keine Krankheiten zu übertragen. Wichtig ist gute Luft im Kinderzimmer: morgens, abends und zwischendurch gründlich lüften. Während der Heizperiode darauf achten, daß die Luft nicht zu trocken wird, an den Heizkörpern Verdunster aufhängen.

## 4.1 Vorsorgeuntersuchungen und Impfungen

### Vorsorgeuntersuchungen

Insgesamt werden 8 Untersuchungen durchgeführt. Die beiden ersten fallen in die ersten Lebenswochen und werden meist noch in der Klinik durchgeführt; deshalb wird davon rege Gebrauch gemacht. Leider werden die folgenden Untersuchungen immer weniger in Anspruch genommen. Dabei sind gerade die späteren Untersuchungen, auch U8 besonders wichtig; denn es hat sich herausgestellt, daß mit zunehmendem Alter des Kindes auch häufiger Störungen und Krankheiten auftreten. Spätschäden können nur dann verhindert werden, wenn frühzeitig Störungen erkannt und behandelt werden.

Das Untersuchungsheft sollte alle Eintragungen sorgfältig enthalten. Es kann ein wichtiger Nachweis für spätere Erkrankungen sein.

**Untersuchungsheft für Kinder**

Name:

Vorname:

Geburtstag:

Straße:

Wohnort:

Bringen Sie Ihr Kind zur Untersuchung:

| | |  |  |
|---|---|---|---|
| U2 | 3. - 10. Lebenstag | vom: | bis: |
| U3 | 4. - 6. Lebenswoche | vom: | bis: |
| U4 | 3. - 4. Lebensmonat | vom: | bis: |
| U5 | 6. - 7. Lebensmonat | vom: | bis: |
| U6 | 10. - 12. Lebensmonat | vom: | bis: |
| U7 | 21. - 24. Lebensmonat | vom: | bis: |
| U8 | 3½. - 4. Lebensjahr | vom: | bis: |

Diese Untersuchungstermine sollten Sie im Interesse Ihres Kindes bitte genau einhalten.

Beachten Sie bitte weitere wichtige Hinweise auf der folgenden Seite.

## U1 und U2

Die erste Untersuchung (U1) findet sofort nach der Geburt statt, die zweite (U2) einige Tage später. Der Arzt untersucht, ob Geburtsschäden, Fehlbildungen oder Erkrankungen der Organe (Herz, Lunge) vorliegen, ob die Geschlechtsorgane gesund sind. Auch das Nervensystem wird getestet und Blut entnommen, um eventuelle Stoffwechselstörungen feststellen zu können.

## U3

Diese Untersuchung in der 4.–6. Woche überprüft die altersgemäße Entwicklung. Die Hüftgelenke werden untersucht. Der Impfplan wird besprochen, Ernährungsberatung findet statt.

## U4

Die vierte Untersuchung im 3.–4. Monat testet ebenfalls, ob sich das Kind altersgemäß entwickelt hat in geistiger und körperlicher Hinsicht, besonders geachtet wird auf Bewegungsstörungen. Herz und Hüftgelenke werden kontrolliert, außerdem Reflexe, die auf eine normale Entwicklung des Gehirns schließen lassen.

## U5

Im 6.–7. Monat wird neben der altersgemäßen Entwicklung insbesondere geprüft, ob das Kind hören kann und die Augen beweglich sind, ob es sich allein vom Rücken in die Bauch- und Seitenlage drehen kann.

## U6

Im 10.–12. Monat wird auf die Überprüfung einer störungsfreien Entwicklung der Sinnesorgane und des Nervensystems besonderer Wert gelegt.

## U7

Die siebte Untersuchung wird gegen Ende des 2. Lebensjahres durchgeführt. Geprüft werden die altersgemäße Entwicklung, Hör- und Sehvermögen sowie die geistige und die Sprachentwicklung.

## U8

Im Alter von knapp 4 Jahren wird noch einmal die Entwicklung des Kindes geprüft, besonders geachtet wird auf Hör-, Sprach- und Sehstörungen sowie Störungen im Bewegungsablauf. Der Arzt kann feststellen, ob das Kind den Anforderungen von Kindergarten und Schule gewachsen sein wird.

## *Impfungen*

Seit einigen Jahren gibt es keine Pflichtimpfungen mehr, wie z. B. die Pocken-Schutzimpfung. Einige Impfungen sollten trotzdem wahrgenommen werden, weil die Krankheit schwer ist, z. B. Diphtherie, Wundstarrkrampf, oder weil die Krankheit noch häufig auftritt, z. B. Masern. Mit dem Kinderarzt ist zu besprechen, welche Impfungen er für das Kind empfiehlt und wann sie ausgeführt werden sollen. Bei der ersten Impfung des Kindes wird ein *Impfbuch* ausgestellt, in das alle Impfungen eingetragen werden. Es sollte sorgfältig aufbewahrt werden, damit sich der Arzt über den jeweiligen Impfschutz informieren kann.

### ➤➤ Wichtige Hinweise ◀◀

➤➤ Versuchen Sie nicht, Ihr Kind gegen möglichst viele Krankheiten impfen zu lassen. Auch Impfen schwächt den kleinen Körper. Die üblichen, harmlosen Kinderkrankheiten werden von einem funktionierenden Abwehrsystem leicht bewältigt.

➤➤ Lassen Sie Ihr Kind gegen Wundstarrkrampf (Tetanus) impfen; bei jedem Unfall braucht es diese Impfung ohnehin.

### Impfplan für Kinder

| Alter | Impfung/Krankheit |
|---|---|
| 1. Woche | Tuberkulose |
| Ab 3. Monat | Diphtherie und Tetanus (Zweifachimpfung) 3× im Abstand von 6 Wochen, Auffrischungsimpfung notwendig *oder* Diphtherie, Tetanus und Keuchhusten (Dreifachimpfung) 3× im Abstand von 4 Wochen, |
| | Kinderlähmung (Poliomyelitis) 2× im Abstand von mindestens 6 Wochen, ein drittes Mal nach 6 Monaten, Auffrischungsimpfung etwa alle 10 Jahre |
| Ab 15. Monat | Mumps (kann mit Masernimpfstoff gegeben werden) empfehlenswert für Jungen |
| | Röteln Auffrischungsimpfung für Mädchen 11.–15. Lebensjahr |

# 4.2 Gesundheitsstörungen beim Säugling

**Blähungen** Der Grund für Blähungen ist meist eine Kost, die das Kind nicht verträgt. Gegen Blähungen hilft Wärme, z. B. mit Wärmflasche auf dem Bauch ins Bett legen. Säuglinge, die unter Blähungen leiden, im Bettchen öfters drehen oder tragen und leicht auf den Rücken klopfen oder den Bauch mit der flachen Hand massieren.

**Durchfall** Es ist normal, daß Babys 3–4mal täglich Stuhlgang haben. Um Durchfall handelt es sich, wenn häufig Stuhlgang kommt, der flüssig ist und auffallend übel riecht. Brustkinder haben übrigens sehr häufig Stuhlgang, der wäßrig ist und einen aromatischen Geruch hat, dies ist normal. Durchfall bekommen Brustkinder nur selten, wenn, dann meist nur, weil die Mutter sehr viel Obst ist oder raucht. Ob der Durchfall nur leicht ist, kann auch am Allgemeinbefinden des Babys gesehen werden; wenn es sich noch wohlfühlt, liegt keine ernsthafte Darmstörung vor. Andernfalls sofort zum Arzt gehen, Durchfall kann innerhalb weniger Tage tödlich verlaufen. Für eine schnelle und sichere Diagnose ist es wichtig, die letzte Stuhlwindel aufzuheben.

Wenn Anzeichen für Durchfall vorliegen, die nächste Mahlzeit durch leichten, ungesüßten Schwarztee ersetzen. Legt sich danach der Durchfall nicht, eine Teepause von 12 Stunden einlegen. Hat sich der Stuhlgang normalisiert, kann das Kind wieder normal gefüttert werden. Bekommt das Baby schon Beikost, langsam wieder anfangen mit Heilnahrung aus der Apotheke, dann Karotten, Bananen, geriebenen Apfel.

**Erbrechen** Die Ursachen von Erbrechen können sehr unterschiedlich sein: Nervöse Kinder trinken hastig und schlucken dabei viel Luft, die zusammen mit der getrunkenen Milch wieder nach oben kommt. Das ist nichts Krankhaftes, wenn das Baby trotzdem gut gedeiht. Besteht jedoch der Verdacht auf eine Infektion des Magen-Darm-Traktes, eine Mahlzeit ausfallen lassen und nur leichten, ungesüßten Schwarztee geben. Bei häufigem Erbrechen oder Brech-Durchfall den Arzt aufsuchen.

**Fieber** Kinder reagieren auf Veränderungen im Körper, z. B. Zahnen, schnell mit Fieber. Keine Zäpfchen oder fiebersenkenden Mittel in eigener Regie geben, sondern das Kind beobachten und ihm viel zu trinken geben. Auch ein altbewährter Wadenwickel kann helfen (siehe Seite 496). Das Kind nicht zum Essen zwingen, Fieber ist häufig mit Appetitlosigkeit verbunden. Bei steigender Temperatur den Arzt fragen.

Fieber wird bei Kindern im After gemessen. Das Thermometer mit etwas Vaseline oder Babyöl einfetten und vorsichtig einführen, 2–3 Minuten messen, dabei stehen bleiben und Kind und Thermometer festhalten. Eine Temperatur zwischen 36,2 und 37,4 °C ist normal.

**Gneis oder Grind** Mit Öl oder Vaseline aufweichen und mit der Babybürste abbürsten. Falls er dann nicht verschwindet, den Arzt fragen, denn es kann zu eitrigen Infektionen kommen.

**Kopfschuppen, Pickel** Beides sind harmlose Erscheinungen. Schuppen mit Kinderöl einreiben, über Nacht wirken lassen und mit der Babybürste abbürsten. Gegen Pickel nichts unternehmen, sie verschwinden spätestens im 3. Monat von selbst. Wenn sie sich entzünden, den Arzt fragen.

**Schnupfen** Ein kleines Kind hat noch eine geringe Widerstandskraft, deshalb darauf achten, daß sich das Kind nicht ansteckt. Ist die Mutter erkältet, bindet sie sich ein Schutztuch über die Nase, wenn die das Baby betreut; fremde Kranke dürfen dem Kind nicht zu nahe kommen. Hat es den Säugling trotzdem »erwischt«, braucht er viel frische und feuchte Luft.

Essen und Trinken erleichtern durch vorheriges Nasenputzen. Nasentropfen nicht in eigener Regie einträufeln, vorher Arzt fragen. Bessert sich der Zustand nach zwei Tagen nicht oder kommen Husten, Fieber oder Entzündung des Rachenraums hinzu, zum Arzt gehen.

**Soor** *Mundsoor* macht sich bemerkbar durch einen weißlichen Belag auf Zunge und Wangenschleimhaut, der sich nicht abstreifen läßt. Das Kind verweigert oft die Nahrungsaufnahme. Es handelt sich um eine Pilzinfektion, die vom Arzt behandelt werden muß.

*Windelsoor* erkennt man ebenfalls an weißen, fest anhaftenden Auflagerungen um die Schamgegend, die sich nicht abstreifen lassen. Windelsoor muß vom Arzt behandelt werden. Kinder, die anfällig sind für Soor, oft wickeln und kein Babyöl verwenden, sondern die Haut nach jedem Stuhlgang mit Wasser säubern. Öl ist ein hervorragender Nährboden für den Soorpilz.

**Verstopfung** Die Darmtätigkeit kann angeregt werden durch Süßen mit Milchzucker, günstig ist auch Traubenzucker. Ungünstig, weil gärungsfördernd, sind normaler Haushaltszucker (Saccharose) und Malzzucker. Abführende Obstsorten geben wie Pflaumen, Aprikose, auch Apfelsaft (ab dem 4. Monat). Auf keinen Fall Abführmittel geben. Bei längerer Verstopfung den Arzt fragen.

**Wundsein** Solange die Haut nur etwas gerötet ist, besonders sorgfältig pflegen, das heißt, nach dem Waschen gut abtrocknen lassen und eincremen. Viel frische Luft an die Haut lassen, indem das Baby nackt strampeln darf. Das Kind häufig und nicht zu fest wickeln, nach Möglichkeit kein Windelhöschen verwenden. Ins Badewasser ölhaltigen Badezusatz oder Kinderbad geben. Die Haut trockentupfen, auf keinen Fall reiben. Keine mit Weichspülmittel behandelten Windeln verwenden.

# 4.3 Krankheiten bei Kindern

(Siehe auch Gesundheitsstörungen beim Säugling, links, oder Krankheiten beim Erwachsenen, Seite 507).

**Appetitlosigkeit** Ein Kind nicht zum Essen zwingen; wenn Krankheit ausgeschlossen ist, einige Zeit hungern lassen. Prüfen Sie das Gewicht des Kindes häufiger (alle zwei Tage), wenn Sie meinen, das Kind esse zuwenig; Gewichtszunahme ist wichtiger als Essen. Ein anderes Mittel, sich einen Überblick zu verschaffen, wieviel das Kind ißt: alles Gegessene und Getrunkene genau aufschreiben, also z. B. auch Kekse, Obst usw.

---

 **Wichtiger Hinweis**

Vollmilch zählt übrigens wegen des hohen Energiegehalts zu den Lebensmitteln, sie ist kein Getränk.

---

Manchmal ist Appetitlosigkeit das erste Anzeichen einer beginnenden Krankheit. Achten Sie darauf, ob Blässe, Müdigkeit, Schwitzen hinzukommen.
Manche Kinder sind von Haus aus »Schlechtesser«, deshalb keine gesüßten Getränke geben, bei Zwischenmahlzeiten genügend Abstand zu den Hauptmahlzeiten halten. Für genügend Ruhe beim Essen sorgen; in einer heiteren, gelassenen Atmosphäre schmeckt das Essen besser. Manche Kinder essen schlecht, weil ihr seelisches Gleichgewicht gestört ist. Beobachten Sie, ob Ihr Kind still und bedrückt ist.
**Bettnässen** Nächtliches Bettnässen ist bei Kindern bis zu vier Jahren normal. Macht ein Kind mit 5 Jahren noch ins Bett, sollte der Kinderarzt zu Rate gezogen werden. Ursachen für Bettnässen können organische Störungen sein, z. B. Ent-

zündung der Harnwege oder Fehlbildung der Harnorgane. Sehr häufig ist die Ursache aber seelisch bedingt, z. B. zu strenge Erziehung, Eifersucht auf ein jüngeres Geschwisterchen. Strafen und Schimpfen sind nicht die richtige Behandlung eines Bettnässers, sondern viel Geduld und Einfühlungsvermögen.
**Brechdurchfall** Eine Störung, die bei Kindern mit Durchfall, Erbrechen und Gewichtsabnahme einhergeht. Durchfall ist bei kleinen Kindern nicht harmlos! Der große Verlust an Wasser und Mineralstoffen kann zu lebensgefährlichem Austrocknen führen. Unbedingt einen Arzt aufsuchen.
**Diphtherie** Ansteckende Krankheit, die häufig bei Kindern zwischen 2 und 6 Jahren auftritt. Auf den Mandeln bildet sich ein gelblich-eitriger Belag, der sich auf Rachen- und Nasenschleimhaut ausdehnen kann; ein blutig-eitriger Schnupfen ist die Folge. Bei Diphtherie sind auch die Halslymphknoten stark geschwollen. Sofort den Arzt rufen. Gefährlich sind die Giftstoffe der Krankheitserreger, die Lähmungen und Kreislaufversagen zur Folge haben können.
**Hüftgelenksleiden** Hüftgelenksverrenkung oder -luxation kommt etwa bei 2 von 1000 Neugeborenen vor, betroffen sind meist Mädchen. Die Hüftgelenkspfanne ist bei diesem Leiden so flach, daß der Kopf des Oberschenkelknochens keinen Halt findet. Wichtig für die erfolgreiche Behandlung ist rechtzeitiges Erkennen, ein Grund mehr, regelmäßig mit Säuglingen zu den Vorsorge-Untersuchungen zu gehen.
**Keuchhusten** Ansteckende Krankheit, die vorwiegend bei Kindern auftritt, es können sich aber auch Erwachsene anstecken. Gefährlich kann Keuchhusten für alte Menschen sein. Keuchhusten kündigt sich an durch Husten und erhöhte Temperatur, danach kommt es zu charakteristischen Hustenanfällen, die meist nachts auftreten. Das Kind hustet hart und heftig, Luft kann dabei nur mühsam eingeatmet werden. Keuchhusten dauert 6–12 Wochen, eine Impfung ist möglich. Angesteckte Kinder unbedingt von anderen Kindern fernhalten, ein eigenes Krankenzimmer ist wichtig.
**Kinderlähmung** Kinderlähmung ist eine Virus-Erkrankung des Zentralnervensystems, die dauerhafte Lähmungen bis Invalidität zur Folge haben kann. Vorbeugend impfen lassen, Impfschutz alle 10 Jahre auffrischen lassen, auch bei Erwachsenen! Derzeit ist der Impfschutz der Bevölkerung so gering, daß bei Auftreten der Krankheit eine Epidemie ausbrechen würde.

**Krupp** Schwere Schleimhautentzündung mit weißlichem Belag im Rachenraum. Typisch ist, daß die Beläge über die Mandeln hinaufreichen. Weitere Anzeichen sind Heiserkeit und bellender Husten, der schnell in Stimmlosigkeit übergeht. Die Atmung ist stark behindert. Krupp tritt manchmal als Folge von Diphtherie auf.
*Pseudo-Krupp* Er tritt nur bei Kindern auf, überwiegend bei Jungen. Er geht einher mit Schleimhautschwellung und bellendem Husten, es tritt aber keine Stimmlosigkeit auf. Typisch sind pfeifende Geräusche beim Einatmen. Bei einem Anfall sofort den Arzt verständigen (Erstickungsgefahr!).

**Legasthenie** Angeborene Lese- und Rechtschreibschwäche. Die Ursache ist vermutlich eine Fehlschaltung im Gehirn. Typisch sind Verdrehen der Silben in einem Wort und Verwechseln von ähnlich aussehenden Buchstaben, z. B. b und d.

**Magersucht** Tritt vorwiegend bei Mädchen in der Pubertät auf. Die Kranke weigert sich zu essen. Magersucht sollte ernst genommen werden, sie kann zum Verhungern führen. Die Ursachen sind seelischer Natur.

**Masern** Ansteckende Krankheit, durch einen Virus hervorgerufen. Erste Anzeichen sind Husten, Schnupfen, Fieber und eine Bindehautentzündung, die den Kranken lichtscheu macht. In der Mundhöhle und an der Wangenschleimhaut sind kleine weiße Flecken zu sehen. Gleichzeitig sind Mundschleimhaut, Mandeln, Gaumenbögen und Rachenwand deutlich samtrot bis bräunlich. Nach einigen Tagen steigt das Fieber an, gleichzeitig tritt ein rotfleckiger Ausschlag auf, der hinter den Ohren beginnt und dann den ganzen Körper befällt. Masern sind eine Krankheit, die unbedingt ernst genommen werden muß. Als Komplikationen können Mittelohrentzündung, Kreislaufversagen, Gehirn- und Lungenentzündung auftreten. Impfung möglich. Das kranke Kind in einem eigenen, verdunkelten Krankenzimmer unterbringen.

**Mongolismus** Angeborene Entwicklungsstörung, die nicht geheilt werden kann. Die Gefahr, ein mongoloides Kind zu gebären, steigt mit dem Alter der Eltern, vor allem der Mutter.

**Mumps** Ansteckende Krankheit, die durch Viren hervorgerufen wird. Diese Krankheit tritt hauptsächlich bei Kindern zwischen 5 und 15 Jahren auf, selten bei Erwachsenen. Sie beginnt mit Fieber, schmerzhaftem Anschwellen der Speicheldrüsen, vor allem der Ohrspeicheldrüsen. Impfung möglich. Spätfolge bei Jungen kann Unfruchtbarkeit sein.

**Mundfäule** Es bilden sich kleine Bläschen auf der Mundschleimhaut, das Zahnfleisch entzündet sich, Mundgeruch tritt auf, manchmal auch Fieber. Mundfäule ist übertragbar, z. B. durch unzureichend gesäubertes Besteck oder Geschirr, sie wird vom Arzt behandelt.

**Polypen** Gutartige Geschwülste, die aus der Schleimhaut wuchern, z. B. in der Nase. Wenn sie Beschwerden hervorrufen, können sie problemlos vom Arzt entfernt werden.

**Rachitis** Durch einen Mangel an Vitamin D ausgelöste Krankheit, sie tritt auf bei Säuglingen und Kleinkindern. Erste Anzeichen sind Erweichung der Schädelknochen, später kommt es zu Verformungen des Brustkorbes und der Beine (X- und O-Beine). Vorgebeugt werden kann durch regelmäßigen Aufenthalt der Kinder im Freien.

**Röteln** Ansteckende Krankheit, verursacht durch Viren. Sie tritt bei Kindern zwischen dem 2. und 10. Lebensjahr auf. Erste Anzeichen sind leichtes Fieber, Schnupfen, Bindehaut- und Halsentzündung. Danach schwellen die Lymphknoten an, es tritt ein kleinfleckiger Ausschlag am ganzen Körper auf, beginnend hinter den Ohren oder am Hals. Als Behandlung reicht meist Bettruhe. Gefährlich ist eine Röteln-Infektion bei Schwangeren. Mißbildungen beim Kind oder Fehlgeburt können die Folge sein. Aus diesem Grund ist ein Röteln-Test für Mädchen in der Pubertät unerläßlich.

**Scharlach** Ansteckende Krankheit, die mehrmals auftreten kann. Es kommt schlagartig zu hohem Fieber, Kopf- und Gliederschmerzen, der Rachen ist gerötet, die Mandeln entzündet. Auf der Zunge bildet sich ein weißlicher Belag, der sich nach einigen Tagen löst. Die Zunge wird hochrot, die Zungenpapillen (Schmeckorgane) treten stärker hervor, man spricht von einer sogenannten »Himbeerzunge«. Gleichzeitig tritt ein Ausschlag auf mit feuerroten kleinen Flecken, der am Hals beginnt und sich auf den ganzen Körper oder auch nur auf Unterbauch und Leistengegend ausbreitet. Die Partie um den Mund bleibt deutlich ausgespart.

**Schielen** Schielen ist nicht nur ein Schönheitsfehler, es kann bei fehlender Behandlung zur Fehlsichtigkeit führen. Mit Kindern, die schielen, unbedingt zum Augenarzt gehen. Durch eine Operation kann das Schielen behoben werden.

**Schlafstörungen** Als Schlafzimmer einen ruhigen, abgedunkelten, gut gelüfteten Raum wählen. Das Kind tagsüber nicht zu lange schlafen lassen. Viel Bewegung an der frischen Luft macht Kinder müde.

Manche Kinder haben Angst, plötzlich in einem dunklen Raum allein gelassen zu werden. Unterstützen Sie bestimmte Einschlafrituale, z. B. Geschichten erzählen, das Kind kann sich daran klammern und schläft schneller ein. Beruhigend wirkt auch, die Schlafzimmertür einen Spalt offen zu lassen, sodaß gedämpftes Licht aus dem Gang ins Zimmer fällt.

**Stottern**  Stottern ist häufig ein Anzeichen für eine seelische Störung. Hartnäckigem Stottern kann durch Sprachübungen begegnet werden, keinesfalls durch Schimpfen oder Bestrafen.

**Windpocken**  Ansteckende Krankheit, durch einen Virus verursacht. Die Krankheit tritt auf bei Kindern bis zum 10. Lebensjahr. Am ganzen Körper tritt ein Hautausschlag auf mit kleinen, flüssigkeitsgefüllten Bläschen, die sehr jucken. Die Flüssigkeit färbt sich allmählich gelblich, die Blase fällt ohne Narbenbildung ab. Kratzen sollte unbedingt vermieden werden, weil es zu Hauteiterungen und nachfolgender Narbenbildung kommen kann.

# 5  Richtiges Spielzeug

Spielen ist für ein Kind eine ernsthafte Beschäftigung. Es lernt dabei seine Umgebung kennen und mehr und mehr das Verhalten in der Gesellschaft. Das Kind entwickelt sich spielend, es entwickelt dabei verschiedene Fähigkeiten.

Die Art zu spielen verändert sich mit dem Alter und der zunehmenden Reife des Kindes. Anfangs sind Eltern und Geschwister die ersten Spielgefährten. Das erste Spielzeug sind Rasseln und einfaches Greifspielzeug, auch Papier, Tücher, Pappe sind einfache und beliebte Spielgegenstände. Besonderen Spaß haben Kinder an überlieferten Spielen wie »Hoppe hoppe Reiter« oder Fingerspiele wie »Das ist der Daumen ...«. Je älter das Kind wird, desto mehr wird es mit den Geschwistern und anderen Kindern spielen. Am meisten wird das Kind durch das gemeinsame Spiel in der Familie gefördert.

## *Spielzeugkauf*

Wer Spielzeug kauft, sollte nicht allein nach äußeren Merkmalen auswählen wie Farbe oder Preis, sondern neben gutem Material auch nach erzieherischen Gesichtspunkten.

> **➤➤    Wichtiger Hinweis    ◀◀**
>
> Kleine Kinder stecken alles in den Mund. Zu kleine Bausteine oder Kugeln können verschluckt werden.
> Lieber nur einen Wunsch erfüllen und gutes Spielzeug kaufen. Zu viele verschiedene Dinge bereiten nicht lange Freude und fördern die Entwicklung des Kindes nicht. Für den Kauf von gutem Spielzeug braucht man Zeit.

### Alter des Kindes

Ein dreijähriges Kind liebt eine Knuddelpuppe mehr als eine Modepuppe, und ein sechsjähriger kleiner »Wissenschaftler« hat von einer guten Lupe mehr als von einem komplizierten Mikroskop. Auch die Größe von Spielzeug muß altersgemäß ausgewählt werden: Das Kind muß das Spielzeug gut greifen können. Einen Riesen-Teddy z. B. kann ein kleines Kind nur schwer transportieren.

Oben: spiel gut-Marke
Unten: Gutes Spielzeug für die Kleinen

## Phantasie

Spielzeug, das nur bestimmte Abläufe zuläßt, z. B. eine Sprechpuppe mit 12 Standardsätzen, fördert die Phantasie nicht. Das Kind sollte selber den Spielablauf bestimmen können. Zuviel Technik lähmt den Geist! Gutes Spielzeug ist erkennbar an der roten Marke »spiel gut«, es ist von Experten geprüft. Übrigens:

### ▶▶ Wichtiger Hinweis ◀◀

Ein Junge kann auch mit einer Puppe spielen oder umgekehrt ein Mädchen mit Autos oder Indianern. Mit streng geschlechtsspezifischem Spielzeug wird die phantasievolle Entwicklung des Kindes in eine Richtung gedrängt, die den Anlagen des Kindes nicht entspricht und bestimmte Fähigkeiten verdeckt.

## Sicherheit

Auch Spielzeug kann gefährlich werden, deshalb vor allem bei technischem Spielzeug auf das »GS-Zeichen« achten (Geprüfte Sicherheit, siehe Seite 478). Dieses Zeichen bürgt dafür, daß Material und verwendete Farben unbedenklich und vermeidbare Unfälle, z. B. Quetschen der Finger, ausgeschlossen sind. Spielzeug mit scharfen Kanten und Ecken vermeiden!

### ▶▶ Wichtiger Hinweis ◀◀

Kleine Kinder stecken alles in den Mund. Zu kleine Bausteine oder Kugeln können verschluckt werden.

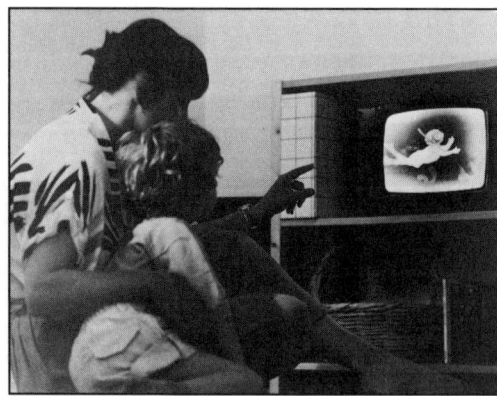

Von den Eltern gelenktes Fernsehen

## *Fernsehen*

Kinder lieben Fernsehen, da rührt sich etwas, ohne daß die eigene Phantasie in Gang gebracht werden muß. Kinder brauchen jedoch *eigene* Erlebnisse und Kontakte mit anderen Kindern und Erwachsenen. Nur so lernen sie das Zusammenleben mit ihren Mitmenschen und entwickeln ihre Phantasie und Fähigkeiten. Der Fernseher bringt zwar Spannung und Erlebnis, kann aber keine Beziehung zum Kind herstellen. Außerdem können Kinder im Vorschulalter die Wirklichkeit und das Geschehen in der Flimmerkiste noch nicht unterscheiden. Sie können auch dem Film noch nicht folgen, es bleiben Filmfetzen im Gedächtnis, die sie nicht verarbeiten können. Das heißt nun nicht, daß die »Mattscheibe« für Kinder völlig tabu ist, aber die Eltern müssen den Kindern dabei helfen, das Gesehene zu verarbeiten.

### ▶▶ Wichtiger Hinweis ◀◀

Pädagogen empfehlen Fernsehen nicht vor dem Schulalter und auch ab dem Schulalter nur zusammen mit einer Bezugsperson, die mit dem Kind über das Gesehene spricht.
Empfohlene »Dosis«: täglich maximal 30 Minuten.

Fernsehen als Ersatz

Das richtige Spielzeug für jedes Alter

| Alter | Funktionsspiele/Bewegungsspiele | Rollenspiele/Theaterspiele | Regelspiele/Gesellschaftsspiele | Konstruktionsspiele/Experimentieren und Gestalten mit Material |
|---|---|---|---|---|
| 1. Lebensjahr | Mobile, Klangspiel, Rassel, Greifspielzeug, Badewannenspielzeug, Ball, Werfpuppe | | | Mobile, Klangspiel, Rassel, Greifspielzeug, Badewannenspielzeug, Ball, Werfpuppe, Werftier |
| 1–3 Jahre | Handwagen, Holzeisenbahn, Lastwagen zum Draufsitzen, Dreirad, Schaukelpferd, Ball | Stofftiere, einfache Puppe, Werfpuppe, einfache Haushaltsgeräte (Geschirr, Besen ...), Telefon, Spielmöbel | | Hampelmann, Formensteckspiel, Hammerspiel, Steckspielzeug, Bauklötze, Fädelringe, Sandspielzeug, Fingerfarben, Filzstifte |
| 3–6 Jahre | Fahrzeuge (ohne Antrieb), Schubkarre, Roller, Fahrrad, Springseil, Kreisel, Schaukel, Wasserspielzeug (Ball, Ringe) | Babypuppe, Puppenzubehör, zerbrechliches Geschirr, Puppenstube mit Biegepuppen, Zubehör für andere Rollenspiele (Arzt, Post, Supermarkt, Astronaut ...) und Sachen zum Verkleiden, Aufstellspielzeug, Miniaturfahrzeuge, Zelt | Lottospiele, Farben- und Bilderdomino, Katz und Maus, Hasch mich, Gedächtnisspiele (Memory, Kofferpacken), Schwarzer Peter, Farbwürfelspiel, Geschicklichkeitsspiele, Spielesammlungen | Bau- und Konstruktionsmaterial, Kugelbahn, Großbauelemente, Bilderlegespiel, Puzzle, Kartenhaus, Fädelperlen, Buntpapier, Ausschneidebogen, Knetmaterial, Tafel, Kreide, Wachsfarben, Wasserfarben, Malbücher, einfaches Werkzeug, Webrahmen |
| 6–10 Jahre | Rollschuhe, Schlittschuhe, Stelzen, Schaukel mit Ringen, Strickleiter, Sportspiele (Tischtennis, Federball ...) | Verkehrsanlagen mit Federwerk- oder Batterieantrieb (Eisenbahn), Puppentheater (Bühne), mehr Handspielpuppen und Handspieltiere | Wettrennwürfelspiele, Brettspiele (Halma, Dame, Mühle ...), Buchstabenspiele, Domino, Quartett, Wurfspiele, Autorennbahn mit Netzanschluß | Autorennbahn, Montagebau (Fahrzeuge, Telefon ..), Segelschiffe, Modellbaubogen, Modelliermaterial, Werkbank, Buntstifte (Holz), Stempelkasten, Denkspiele, Zauberspiele, Experimentiermaterial |
| ab 10 Jahre | Sportgeräte, Sportbälle, Blasrohr, Darts (Wurfspiel mit Pfeilen) | Marionetten, elektrische Geräte (Herd, Bügeleisen ...) | Schwierigere Gesellschaftsspiele, Geschicklichkeitsspiele, Gedulds-, Denkspiele, Zauberspiele, Blasrohr | Experimentierkästen, Modelleisenbahn mit Netzanschluß, Nähmaschine, Aquarellfarben, Zeichenschablonen, Zirkel |

Entnommen aus: Gutes Spielzeug von A – Z, spiel gut, Ulm

Das gehört nicht in die Joghurtbecher-Sammelstelle: Plastikfolien, Verbundmaterialien, Pappbecher, Margarine-becher, Wasch- und Spülmittelflaschen.
*Wichtig:* Nur Becher mit PS- oder PP-Zeichen einwerfen.

Sperrmüll gehört nicht in die Landschaft!

# Umweltschutz

*Umweltschutz geht uns alle an!* Es sind unser Lebensraum und unsere Gesundheit, die wir schützen. Falsch ist also die Einstellung, als einzelner könne man keinen wirksamen Beitrag zum Umweltschutz leisten, z. B. indem man Müll vermeidet. Wenn jeder in seinem Lebensbereich umweltbewußt handelt, wären die Müllberge bald niedriger und die Luft sauberer, weil eben gilt: »Kleinvieh macht auch Mist!« Umweltbewußtes Handeln ist manchmal teurer und unbequemer als die weniger schonende Alternative. Geld sollte jedoch nicht ausschlaggebend sein, wenn es um unsere eigene Gesundheit und die unserer Kinder geht.

Umweltengel

Zwar werden vom Staat Gesetze erlassen, die den Schutz der Umwelt fördern. Viel schneller tritt jedoch eine Wirkung ein, wenn der Verbraucher bereits beim täglichen Einkauf versucht, umweltfreundliche Waren vorzuziehen.

Seit 1978 wird der »Umweltengel« vergeben. Dieses Zeichen dient zur Orientierung und ist ein Hinweis darauf, daß das so ausgezeichnete Produkt umweltfreundlicher ist, als die Masse der Konkurrenzprodukte, das heißt, es ist langlebiger, reparaturfreundlicher, schadstoffärmer und wiederverwertbar. Der Blaue Engel zeigt aber nicht, ob es nicht noch umweltfreundlichere Alternativen gibt. So gibt es z. B. Abflußreiniger, die mit dem Engel versehen sind, noch umweltfreundlicher ist jedoch mechanische Rohrreinigung, z. B. mit einer Saugglocke.

# 1 Energie

Mit dem Begriff Energie ist in diesem Kapitel die Energie gemeint, die verbraucht wird, um Bedürfnisse des täglichen Lebens zu decken, z. B. warmes Wasser, Raumheizung, Autofahren. Die Energiearten hierfür sind im wesentlichen elektrischer Strom, Heizöl, Kraftstoff für Autos.

Ein sehr angenehmer Aspekt in punkto Energiesparen: je mehr Energie gespart wird, desto mehr Kosten werden auch gespart! Ein Grund mehr, sich die folgenden Energiesparmöglichkeiten genauer anzusehen.

## 1.1 Hausbrand

Unter Hausbrand ist die Energie zu verstehen, die zum Heizen von Räumen genutzt wird. Der Hausbrand macht einen hohen Anteil des Gesamtenergie-Verbrauchs aus, in diesem Breich kann sehr viel Energie gespart werden.

Energie für den Hausbrand kann im wesentlichen durch zwei Maßnahmen eingespart werden:

● Umweltbewußt heizen,
● Wärmeverluste vermeiden (Wärmedämmung).

## Umweltbewußt heizen

### Räume nicht überheizen

In überheizten Räumen fühlt man sich nicht nur unwohl und wird schnell müde, es wird auch unnötig Energie verbraucht. Als Anhaltspunkte für die Temperatur in verschiedenen Räumen gelten folgende Werte:

- Wohnzimmer: 20 oder 21 °C
- Schlafzimmer, Küche: 18 °C
- Kinder-, Arbeitszimmer: 20 °C
- Flur, Diele, WC: 15 °C

Wenn die Temperatur in den einzelnen Räumen über diesen Werten liegt, sollten Sie daran denken, daß die Senkung der Raumtemperatur um nur 1 °C eine Heizkostenersparnis um 6% bringt, eine Senkung um 2 °C bereits 12% usw.

### Thermostatventile

Thermostatventile regeln automatisch die einmal eingestellte Temperatur, das heißt, wenn das Ventil auf beispielsweise 18 °C eingestellt ist, sorgt es dafür, daß im Raum diese eingestellte Temperatur gehalten wird. Mit einem Thermostatventil spart man sich den Weg zum Heizkörper und durchschnittlich 15% Heizkosten im Vergleich zu herkömmlichen Ventilen. Der Anschaffungspreis wird sich schnell amortisieren.

### Richtig lüften

Kurz und kräftig lüften (Durchzug), ist immer besser als andauerndes, zaghaftes Lüften. Zum Lüften werden die Fenster ganz geöffnet, nicht nur gekippt. Das Lüften sollte möglichst nicht länger als 10 Minuten dauern, sonst kühlen Wände und Möbel zu sehr aus. Während des Lüftens natürlich die Heizung abdrehen!
Falsch wäre es, auf das tägliche gründliche Lüften ganz oder fast ganz zu verzichten. Durch verschiedene Materialien in Fußboden und Einrichtung (Teppichkleber, Spanplatten) kommt es nämlich zu Schadstoffbelastungen in der Raumluft, die durch regelmäßiges Lüften verringert werden.

### Luftfeuchtigkeit regulieren

Je trockener die Luft in einem Raum ist (je niedriger die Luftfeuchtigkeit), desto mehr muß geheizt werden, um eine bestimmte Raumtemperatur zu erreichen. Das Aufhängen von Verdunstern an Heizkörpern macht also nicht nur das Raumklima angenehmer, es spart auch Energie. Bei kalter Winterluft sollten Sie deshalb nicht zu häufig lüften, denn kalte Luft enthält wenig Feuchtigkeit. Die Feuchtigkeit im Raum würde dadurch eher ab- als zunehmen.

### Heizkörper nicht verdecken

Zugestellte oder durch lange Vorhänge verdeckte Heizkörper können ihre Wärme nicht abgeben, weil zuwenig Luft daran vorbeistreichen kann. Das gleiche gilt für unfachmännisch angebrachte Heizkörperverkleidungen.

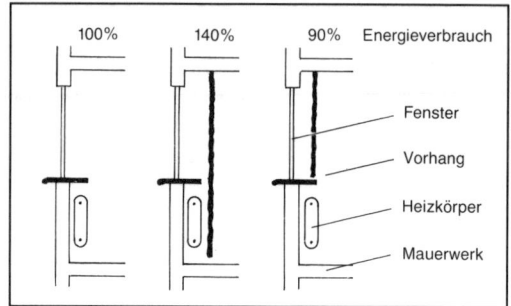

Wärmeverlust durch Vorhänge

### Angemessene Kleidung

Wer im Winter in seinen eigenen vier Wänden Sommerkleidung tragen will, schadet seinem Geldbeutel. Man muß ja nicht in Wintermantel und Mütze im Wohnzimmer sitzen, aber eine Wolljacke über der Bluse oder dem Hemd spart bis zu 25% Energie, weil die Raumtemperatur niedriger gehalten werden kann.

### Heizung richtig steuern

Überlegen Sie, ob die eingestellte Kesseltemperatur wirklich nicht zu hoch ist. Bedenken Sie, daß sich ab einer Vorlauftemperatur von 65 °C vermehrt Kalk im Heizkessel und auf den Heizschlangen absetzt. Dadurch ist mehr Energie notwendig, um das Heizungswasser zu erhitzen. Nicht bei allen Heizkesseln kann die Temperatur gesenkt werden, den Heizungsfachmann fragen. Viel Energie läßt sich sparen, wenn die Nachtabsenkung z. B. 1 Stunde früher eingestellt wird. Eine Nachtabsenkung um 5 °C spart 10% Heizkosten. Ganz abstellen sollten Sie die Heizung nur, wenn die Raumtemperatur trotzdem nicht unter 15 °C abfällt, sonst ist der Energie-Aufwand für das erneute Aufheizen zu groß.

## Heizsystem regelmäßig warten

Auch die Heizung braucht eine Wartung, z. B. entlüften. Befindet sich zuviel Luft im Heizsystem, wird die Wärmeabgabe oft erheblich beeinträchtigt. Erkennbar ist dies an deutlichem »Glukkern« in den Heizkörpern.

Bei Neuanschaffung eines Brenners sollten Sie daran denken, daß es neue Brenner mit einem sehr hohen Wirkungsgrad gibt, die Heizkosten sparen helfen. Der Mehrpreis amortisiert sich in kurzer Zeit. Nutzen Sie die kostenlose und neutrale Beratung bei Verbraucherzentralen und Umweltberatungsstellen.

## Wärmedämmung

### Fenster und Türen abdichtenn

Durch das Abdichten von Fenster- und Türfugen lassen sich durchschnittlich bis zu 8% des gesamten Energieverbrauchs einsparen, in einzeln stehenden Häusern sogar bis 15%. Der Arbeitsaufwand ist gering, die meisten Arbeiten können selbst ausgeführt werden, dabei ist die Arbeitsanleitung der Hersteller von Abdichtungsmaterial allerdings zu beachten.

Wer keine Isolierglasfenster oder Doppelfenster hat, weiß, wie unangenehm kühl es an einem Fensterplatz im Winter ist. Es geht viel Wärme durch die Ritzen ungenutzt verloren. Fragen Sie aber Ihren Kaminkehrer, ob dichtere Fenster zulässig sind, bevor Sie Ihre Wohnung oder bestimmte Räume »luftdicht« verpacken. In Räumen mit Feuerstätten (Einzelöfen, offener Kamin) kann es zu einem Mangel an notwendigem Sauerstoff kommen.

Folgende Dichtungsmaterialien werden angeboten:

▷ *Schaumstoffdichtung:* Wenig dauerhaft, saugt Wasser auf.

▷ *Dichtungsbänder:* Sind dauerelastisch, selbstklebend, wasserabweisend, am inneren Falz der Fenster anbringen.

▷ *Dichtmassen:* Dauerelastisch, besonders gut geeignet für unregelmäßige Spaltbreiten, wie sie z. B. bei alten Fenstern vorkommen. Am inneren Falz der Fenster anbringen.

▷ *Dichtleisten:* Werden angeschraubt oder angenagelt, und zwar innen an den Fensterflügel.

▷ *PU-Schaum* (Polyurethan-Schaum): Wird häufig verwendet zum Ausschäumen von Anschlußfugen bei Fenstern und Rolladenkästen.

Die Preise für die einzelnen Dichtungsmaterilien sind sehr unterschiedlich. Tests haben ergeben, daß preiswerte Schaumstoffdichtungen den gleichen Effekt haben wie teure Dichtungsbänder und -profile.

### ▶▶   Praktischer Hinweis   ◀◀

Bei der Neuanschaffung von Fenstern ist Mehrfachverglasung zu empfehlen.

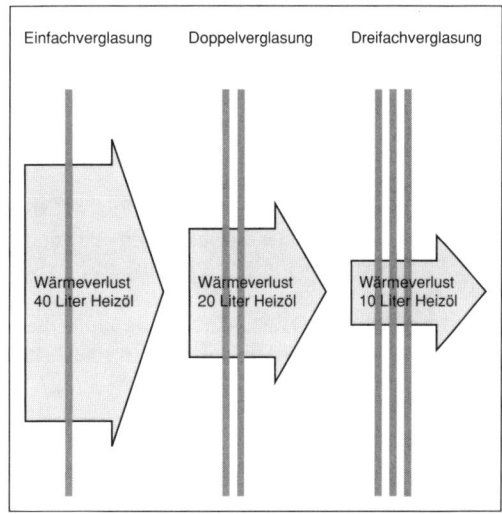

Wärmeverlust bei unterschiedlicher Verglasung

### Wärmedämmung in Heizkörpernischen

Oft ist die Wand hinter Heizkörpern dünner als die übrigen Wände, Energie geht ungenutzt verloren. Wärmedämmung in Heizkörpernischen lohnt sich allemal, der Aufwand ist nur gering. Gut geeignet sind Heizkörper-Reflexionsmatten, generell sollte die Dämmstoffdicke mindestens 3 cm betragen. Nicht des Guten zuviel tun: Zwischen Heizkörper und Isolierung muß noch ein Spalt frei bleiben, damit Luft vorbeiströmen und erwärmt werden kann, sonst kann der Heizkörper seine Heizleistung nicht mehr erbringen.

### Wärmedämmung an Dach, Wänden und Fußboden

Viel Energie läßt sich sparen, wenn Dach, Wände und Fußboden optimal isoliert sind. Je nach Hausart und Baumaterialien bieten sich unterschiedliche Methoden an, der Fachmann informiert darüber.

# 1.2 Fahrzeuge

Ein Auto zu haben, ist heutzutage eine Selbstverständlichkeit. Genauso selbstverständlich sollte es sein, beim Autofahren an die Umwelt zu denken und den Kraftstoffverbrauch des Autos so weit wie möglich zu drosseln. Der Kraftstoffverbrauch kann eingeschränkt werden durch

- einwandfreien technischen Zustand des Autos,
- vernünftige Fahrweise,
- sinnvolle Nutzung des Autos.

Der Schadstoffausstoß wird verringert durch *3-Wege-Katalysator* und Verwendung von *bleifreiem Benzin*. Beim Neukauf eines Autos sollten diese Möglichkeiten bedacht werden.

## ➤➤ Praktische Hinweise ◀◀

↝ Statt teurer Extras oder vieler PS den Mehrpreis lieber in einen Katalysator investieren.

↝ Es gibt übrigens fast keine Autos mehr, die nicht bleifrei tanken können, fragen Sie bei Ihrem Automechaniker.

## *Technischer Zustand des Autos*

Regelmäßige Wartung des Autos lohnt sich, denn wenn das Fahrzeug keine Mängel hat, verbraucht es weniger Treibstoff.

### Einstellung von Vergaser und Zündung

Der Vergaser sollte einmal jährlich vom Fachmann neu eingestellt werden. Falsch eingestellt, verbraucht das Auto bis zu 20% mehr Treibstoff und belastet unnötig unsere Umwelt.

Eine schlecht eingestellte Zündung, bei der der Zündfunke zu früh oder zu spät überspringt, steigert den Kraftstoffverbrauch. Der Fachmann erkennt die Fehler und behebt sie.

Auch die Startautomatik regelmäßig überprüfen lassen, besonders im Kurzstreckenverkehr kann eine falsch eingestellte Startautomatik den Kraftstoffverbrauch drastisch steigen lassen.

### Luftfilter warten

Ein verstopfter Luftfilter kann zu einem Verbrauchsanstieg um bis zu 15% führen. Den Luftfilter des Autos spätestens nach jeweils 10 000 km wechseln.

### Bereifung, Reifendruck

Abgefahrene Reifen sind nicht nur gefährlich, sie bedingen auch einen Mehrverbrauch von bis zu 3%.

Zu niedriger Reifendruck beeinträchtigt nicht nur die Fahrsicherheit und führt zu erhöhtem Reifenverschleiß, er erhöht auch den Kraftstoffverbrauch. Wenn den Reifen nur 0,5 bar fehlen, verbraucht der Motor schon 5% mehr Sprit. Regelmäßig den Reifendruck prüfen, welcher Druck richtig ist, steht in der Bedienungsanleitung.

## *Vernünftige Fahrweise*

Den größten Einfluß auf den Kraftstoffverbrauch hat die Fahrweise.

- *Gleichmäßig fahren.* »Kavalierstart« und anschließendes scharfes Bremsen sind keine geeignete Methode, um Sprit zu sparen. Der Zeitgewinn von solch rasanter Fahrweise oder son-

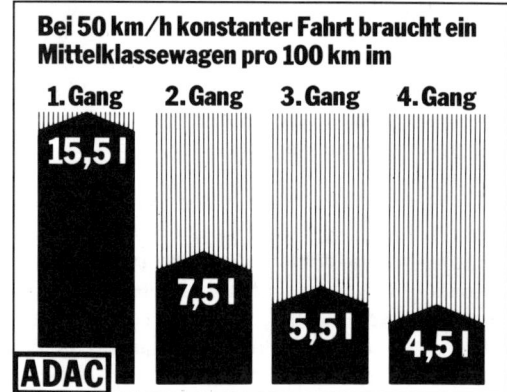

**Bei 50 km/h konstanter Fahrt braucht ein Mittelklassewagen pro 100 km im**

| 1. Gang | 2. Gang | 3. Gang | 4. Gang |
|---|---|---|---|
| 15,5 l | 7,5 l | 5,5 l | 4,5 l |

ADAC

Richtig schalten spart Sprit

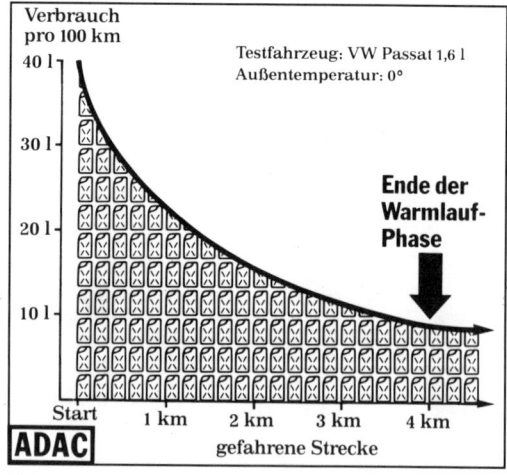

Verbrauch pro 100 km

Testfahrzeug: VW Passat 1,6 l
Außentemperatur: 0°

Ende der Warmlauf-Phase

Start — 1 km — 2 km — 3 km — 4 km
gefahrene Strecke

ADAC

Kaltstart frißt Benzin

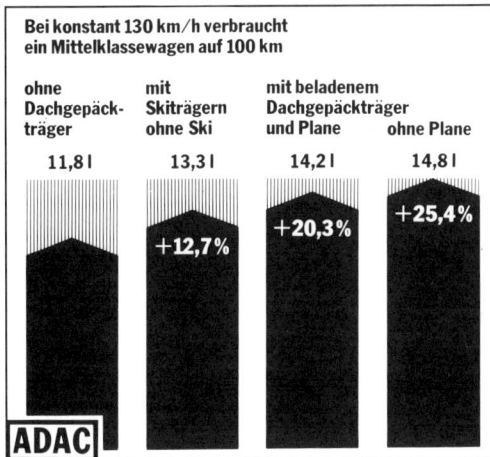

| Bei konstant 130 km/h verbraucht ein Mittelklassewagen auf 100 km | | | |
|---|---|---|---|
| ohne Dachgepäck-träger | mit Skiträgern ohne Ski | mit beladenem Dachgepäckträger und Plane | ohne Plane |
| 11,8 l | 13,3 l | 14,2 l | 14,8 l |
| | +12,7% | +20,3% | +25,4% |

**ADAC**

Gepäckträger kosten ¼ mehr Benzin

stigen ungleichmäßigen Geschwindigkeiten ist minimal, der Kraftstoffverbrauch dafür um so höher.

● *Unnötiger Leerlauf* verpestet die Luft und verschlingt Kraftstoff. Deshalb vor geschlossenen Bahnschranken oder im Stau Motor abstellen. Im Winter das Auto nicht warmlaufen lassen.

● *Choke* so bald wie möglich wieder einschieben, denn der Kraftstoffverbrauch steigt bei gezogenem Choke um das Doppelte bis Dreifache.

● *Gänge nicht voll ausfahren.* Wer die Gänge unnötig »hochzieht«, vergeudet Kraftstoff.

## Sinnvolle Nutzung

Mit etwas Überlegung könnten manche Autofahrten völlig vermieden werden. Damit ließen sich Kraftstoff sparen, das Auto schonen und viel Geld sparen.

● Kurzstrecken zu Fuß oder mit dem Fahrrad zurücklegen. Die ersten Kilometer mit dem »kalten« Auto verbrauchen den meisten Kraftstoff. Bei einem Mittelklassewagen liegt der Verbrauch direkt nach dem Start bei ungefähr 40 l/ 100 km, nach 1 Kilometer sinkt er auf 20 l/ 100 km, nach 4 Kilometern hat sich der Verbrauch normalisiert.

● Öffentliche Verkehrsmittel benutzen.

● Gepäck: 100 Kilogramm Mehrgewicht verursachen etwa 1 Liter Mehrverbrauch pro 100 km Fahrstrecke. Unnötigen Ballast aus dem Kofferraum räumen. Besonders stark steigt der Verbrauch, wenn Dachgepäck aufgeladen wird durch den erhöhten Luftwiderstand.

● Verkehrsspitzen meiden: Häufiges Anfahren und Bremsen erhöhen den Spritverbrauch erheblich. Vor dem Losfahren überlegen, ob die Fahrt nicht auf eine verkehrsärmere Zeit verlegt werden kann.

● Fahrgemeinschaften: Mit ein wenig gegenseitiger Absprache und Rücksicht ließen sich oft Fahrgemeinschaften bilden, bei denen beide Seiten – Fahrer wie Mitfahrer – viel Geld sparen können.

# 1.3 Haushaltsgeräte

Haushaltsgeräte verbrauchen Energie meist in Form von elektrischem Strom. Diese Energieart ist sehr geschätzt, weil sie sauber und einfach in der Anwendung ist, allerdings ist sie auch die teuerste Energie. Denken Sie daran, wenn Sie ein Gerät einschalten, daß ganz am Ende der Stromleitung ein Kraftwerk steht, das Schwefeldioxid und Stickoxide in die Luft abgibt, wenn elektrischer Strom erzeugt wird.

Elektrischen Strom zu sparen, heißt nun nicht, daß die teuer gekauften Geräte in der Ecke verstauben müssen und z. B. die schmutzige Wäsche wieder mit der Hand gewaschen werden soll. *Energie zu sparen heißt, sie sinnvoll einzusetzen.* Mit etwas Überlegung kann beim Einsatz von Haushaltsgeräten viel Geld gespart werden. Die erste Maßnahme kann schon beim Kauf des Gerätes ergriffen werden: Geräte kaufen, die mit wenig Energie auskommen. Die Verbrauchsdaten der Produktinformation (PI) entnehmen; das ist ein gelbes Etikett auf jedem Gerät, das über technische Daten informiert (siehe auch Seite 321). Vor allem in größeren Haushalten fällt die Energie-Einsparung mit neuen, sparsamen Geräten ins Gewicht, weil die Geräte öfter laufen als in kleinen Familien. Alte Geräte aber nur dann durch neue ersetzen, wenn sie defekt sind.

## Energiesparender Umgang mit Geräten

### Waschmaschine

● Voll beladen, denn die Maschine verbraucht immer gleich viel Strom , gleichgültig, ob die Trommel halb oder ganz gefüllt ist. Falls Wäsche mit wenigen Teilen notwendig ist, die ½-Taste drücken.

● Waschtemperatur prüfen: Manchmal ist es nicht nötig, z. B. Tischdecken oder Geschirrtücher bei 90 °C zu waschen, es genügen oft schon 60 °C. Selbst wenn Tischwäsche mit Unterwäsche gemeinsam bei 60 °C gewaschen wird, bestehen keine hygienischen Bedenken. Tests haben ergeben, daß die Keime auch bei 60 °C genügend verringert werden.

● Programmwahl: Programm nicht nur nach der Gewebeart wählen, sondern auch nach der Verschmutzung. Bei leicht verschmutzter Wäsche Spartaste drücken, Damit sparen Sie Energie, Wasser, Waschmittel und Zeit.

● Schleudern: Wer die Wäsche im Wäschetrockner trocknet, sollte darauf achten, daß sie gut geschleudert ist. Wird die Wäsche bei nur 700–800 Umdrehungen pro Minute geschleudert, ist der Energie-Aufwand für das anschließende Trocknen um etwa 25% höher als bei einer Schleuderdrehzahl von 1000. Beim Kauf einer Waschmaschine auf die Schleuderdrehzahl achten, wenn ein Wäschetrockner geplant ist.

## Wäschetrockner

Die preisgünstigste Methode, Wäsche zu trocknen, ist immer noch die Wäscheleine. In manchen Haushalten läßt sich der Gebrauch eines Wäschetrockners nicht vermeiden. Dann sollten jedoch einige Grundsätze beachtet werden:

● Es gibt drei Arten von Wäschetrocknern (siehe Seite 371). Am wenigsten Energie verbrauchen Ablufttrockner, an zweiter Stelle stehen Luft- und Wasser-Kondensationstrockner, geradezu energiegefräßig sind die Waschtrockner.

● Nur gut geschleuderte Wäsche in den Trockner stecken.

● Überlegen Sie, ob die Wäsche wirklich »schranktrocken« sein muß. Reicht nicht auch »bügeltrocken«?

## Bügelgeräte

Beim Bügeln läßt sich nur wenig Energie einsparen. Trotzdem hier ein paar »Sparer-Tips«:

● Wäsche nach Faserart sortieren und mit der Faserart beginnen, die bei niedriger Temperatur gebügelt wird.

● Restwärme des Bügeleisens nutzen, schon einige Minuten vorher ausschalten.

● Bei der Bügelmaschine die volle Walzenbreite nutzen, indem Sie z. B. zwei Taschentücher nebeneinander laufen lassen.

## Geschirrspülmaschine

● Maschine erst einschalten, wenn sie voll ist. Eine halb gefüllte Spülmaschine schluckt genauso viel Energie und Wasser wie eine volle.

● Bei leicht verschmutztem Geschirr, z. B. Kaffeegeschirr, die Spartaste drücken.

● Geschirr nicht unter fließendem Wasser vorspülen, sondern mit dem Vorspülprogramm. Das ist nicht teuer und verhindert starkes Antrocknen der Speisereste und damit das Einschalten des energieintensiven Super-Spülprogramms.

● Die Spülmaschine schneidet im Vergleich zum Handspülen bezüglich Energie- und Wasserverbrauch recht gut ab. Allerdings sind die eingesetzten Maschinen-Spülmittel sehr gewässerbelastend.

## Kühl- und Gefriergeräte

● Der Energieverbrauch hängt in hohem Maße von der Umgebungstemperatur ab: Ein kühles Plätzchen im Keller oder in der Speisekammer bringt gegenüber einem warmen Platz in der Küche Energie- und damit auch Kostenersparnis.

● Lüftungsschlitze nicht verstellen, damit die warme Luft entweichen kann.

● Regelmäßig abtauen: Bei Kühlschränken ist dies meist nicht mehr nötig, sie haben zum Großteil eine Abtau-Automatik. Bei Gefriergeräten regelmäßig vornehmen, denn schon eine 5 mm starke Eisschicht fordert 30% mehr Energie. Die Reifbildung fördern übrigens warme und feuchte, nicht abgedeckte Lebensmittel.

● Kühltemperatur prüfen: Im Kühlschrank reichen +7 °C, im Gefriergerät −18 °C.

● Gefrier- und Kühlgeräte nicht unnötig öffnen, die Kälte »fällt heraus«, warme Luft dringt ein und muß wieder abgekühlt werden.

● Gefriertruhen arbeiten meist energiesparender als Gefrierschränke.

● Gefriergeräte mit guter Wärmedämmung bevorzugen (siehe auch Seite 355).

## Beleuchtung

Die Energie-Ersparnis durch spärliche Beleuchtung sollte nicht überschätzt werden, denn der Anteil der Beleuchtung am Stromverbrauch ist sehr gering. Wer Glühbirnen bei jeder noch so kurzen Pause ausschaltet, spart unwirtschaftlich. Durch häufiges Abschalten ist die Lebensdauer einer Glühbirne verkürzt. Für die Herstellung einer Glühbirne ist aber viel mehr Energie nötig, als durch häufiges Abschalten gespart werden kann.

Energiesparend sind Leuchtstofflampen. Sie sind zwar erheblich teurer als herkömmliche Glühbirnen, haben jedoch eine längere Lebensdauer und kommen mit weniger Energie aus; der Mehrpreis wird hereingeholt. Leuchtstofflampen sind gegen häufiges Ein- und Ausschalten noch empfindlicher als Glühbirnen (siehe auch Seite 330).

### Kochen und Backen

Beim Kochen und Backen mit einem Elektroherd läßt sich einiges an Energie einsparen.

● Für langkochende Speisen den Schnellkochtopf verwenden.

● Kochtöpfe verwenden, die guten Kontakt zur Herdplatte haben (siehe Seite 193).

● Kochtopf abdecken mit gut schließendem Deckel, Deckel nicht unnötig lüften.

● Nachwärme ausnutzen. Auch nach dem Abschalten der Kochplatte ist noch so viel Wärme vorhanden, daß das Gericht fertiggart.

● Backofenraum voll nutzen. Es ist z. B. Energieverschwendung, einige Scheiben Toast oder nur zwei Brötchen im Backofen aufzubacken.

### Kleingeräte

Vor dem Kauf von Kleingeräten genau prüfen, ob sie wirklich nötig sind, z. B. elektrischer Dosenöffner, Elektromesser. Zwar ist der Energieverbrauch gering, aber er »läppert« sich zusammen, außerdem wird viel Energie benötigt für die Herstellung dieser Geräte. Manche Kleingeräte schneiden vom Energieverbrauch her allerdings besser ab als die großen, z. B. werden in einem Eierkocher die Eier energiesparender gekocht als im Topf auf der Herdplatte. Günstiger ist auch die Verwendung einer Kaffeemaschine statt der herkömmlichen Methode. Auch der Toaster bäckt Brötchen und Toast energiesparender als das Backrohr.

### Warmwasserbereitung

Bei der Bereitung von warmem Brauchwasser im Hauhalt wird viel Energie verbraucht. Deutlich sparen kann man also, wenn mit dem warmen Wasser sinnvoll umgegangen wird und wenn es energiesparend erzeugt wird. Zu den verschiedenen Systemen der Warmwasserbereitung und ihrer Wirtschaftlichkeit siehe Seite 329.

# 2 Wasser

## 2.1 Wasserverbrauch

Haben Sie gewußt, daß pro Person und Tag etwa 150 Liter Trinkwasser verbraucht werden? Ganz schön viel, wenn man bedenkt, daß sauberes Trinkwasser keineswegs zu den unerschöpflichen Gaben der Natur gehört. Von den 150 Litern wird nur ein geringer Teil wirklich für Essen und Trinken verwendet. Trinkwasser bester Qualität wird auch für die Toilettenspülung, zum Baden, zur Bewässerung des Gartens und zum Autowaschen genommen.

Der Wasserverbrauch ist ein Bereich des Umweltschutzes, in dem sich jeder sehr wirkungsvoll engagieren kann.

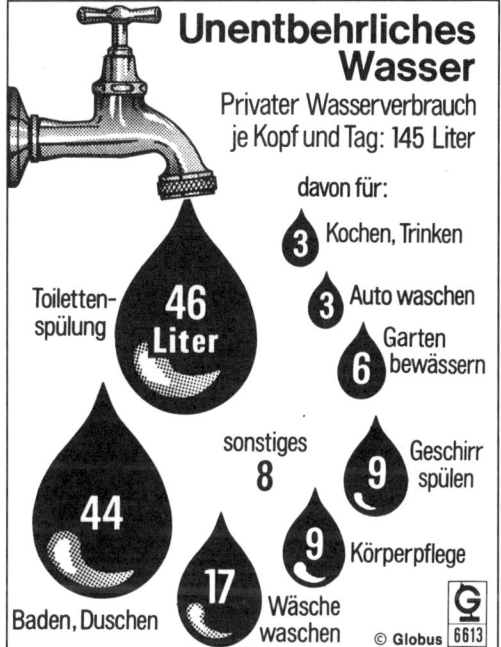

Privater Wasserverbrauch

### Toilettenspülung

Etwa ein Drittel der täglichen Trinkwassermenge wird für die Toilettenspülung verbraucht. Um diesen Verbrauch zu drosseln, sind nur kleine Umrüstungen des Spülkastens nötig:

● Spartasten können in tiefhängende Spülkästen eingebaut werden.

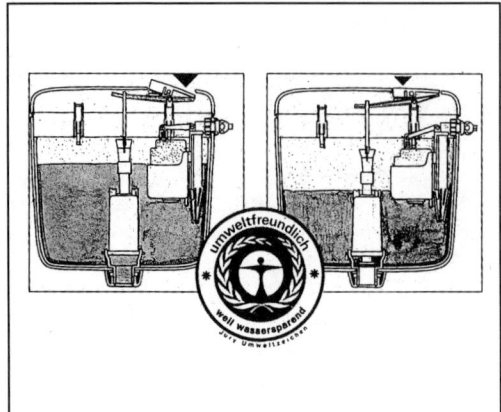

Wasserspartaste im Toilettenspülkasten –
bei kurzem Drücken fließt wenig,
bei langem Drücken viel Wasser

● Bei alten Spülkästen kann der Wasserverbrauch verringert werden durch Tieferstellen des Schwimmers. Bevor alte Spülkästen zu »Sparkästen« umfunktioniert werden, den Sanitärfachmann fragen, denn falsch umgerüstete Kästen können Verstopfungen im Abfluß hervorrufen.
● Falls ein neuer Spülkasten gekauft wird, einen 6 Liter Kasten mit Spartaste wählen.

## Baden und Duschen

Baden verbraucht mehr Wasser als Duschen. Wenn Sie sich also statt eines Vollbades duschen, sparen sie bis zu 100 Liter Wasser und natürlich auch die Energie, die nötig ist, um das Badewasser zu erwärmen.
*Einhebelmisch-Armaturen* ermöglichen schnelles Einstellen der gewünschten Wassertemperatur. Wird kaltes und warmes Wasser mit Zweihandmischarmaturen gemischt, fließt Wasser in der Zwischenzeit ungenutzt ab. Der Mehrpreis von Einhandmisch-Armaturen zahlt sich schnell aus. Deshalb bei Aus- und Umbauten alte Armaturen ersetzen.

## Wasserhahn

Gerade bei der gedankenlosen Benutzung des Wasserhahns wird viel Trinkwasser vergeudet. Ein wenig Bewußtsein kann hier schon mit kleinen Tricks Abhilfe schaffen:

● Das Wasser nicht weiterlaufen lassen, wenn z. B. die Zähne geputzt werden.
● *Tropfende Wasserhähne* sofort reparieren; denn ein tropfender Wasserhahn, der in der Se-

kunde einen Tropfen durchläßt, verbraucht am Tag 17 Liter wertvolles Naß!
● *Durchflußbegrenzer* einbauen: Dieses Zusatzteil läßt sich auf alle neuen Wasserhähne schrauben, die Durchflußmenge wird z. B. von 12 auf 5–6 Liter pro Minute begrenzt. Diese Möglichkeit, Wasser zu sparen, ist besonders sinnvoll an Handwaschbecken. Es ist ratsam, nur Durchflußbegrenzer mit Prüfzeichen einzubauen.

## Spülen, Waschen

Nach Möglichkeit sollten Sie es vermeiden, unter fließendem Wasser zu spülen oder zu waschen. Beim Spülen von Hand mit anschließendem Nachspülen unter fließendem Wasser wird mehr Wasser verbraucht als für die gleiche Menge Geschirr in neuen Spülmaschinen. Wird allerdings vor dem Beladen der Spülmaschine das Geschirr unter dem Wasserhahn gereinigt, ist der Wasserverbrauch größer. Wer vorspülen will oder muß, sollte dies mit dem Vorspülprogramm der Maschine tun.
Schalten Sie sowohl die Spülmaschine als auch die Waschmaschine nur ein, wenn sie voll sind. Bei nur leichter Verschmutzung das Energiesparprogramm wählen.

## Garten

Wasser aus der Regentonne tut den Pflanzen wohler als das eiskalte Leitungswasser. Gleichzeitig wird wertvolles Trinkwasser gespart.

# 2.2  Wasserbelastung

In den Haushalten werden immer mehr Wasch- und Reinigungsmittel eingesetzt, die einen hohen Aufwand bei der Reinigung der Abwässer erfordern oder sogar in den Boden eingetragen werden und so in unserer Trinkwasser und unsere Lebensmittel gelangen können.

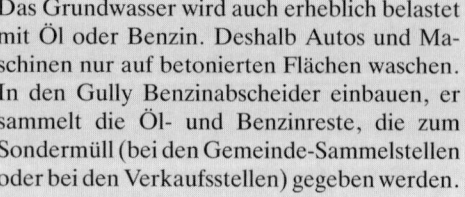

**➤➤  Praktischer Hinweis  ◀◀**

Das Grundwasser wird auch erheblich belastet mit Öl oder Benzin. Deshalb Autos und Maschinen nur auf betonierten Flächen waschen. In den Gully Benzinabscheider einbauen, er sammelt die Öl- und Benzinreste, die zum Sondermüll (bei den Gemeinde-Sammelstellen oder bei den Verkaufsstellen) gegeben werden.

## Waschmittel

Über 700 000 Tonnen Waschmittel und etwa 400 000 Tonnen Weichspüler werden jährlich in der Bundesrepublik Deutschland durch die Waschmaschinen gespült und gelangen ins Abwasser. Damit liegen die Bundesbürger in Europa mit Abstand an der Spitze – ein Grund mehr, sich Gedanken zu machen, ob das »weißeste Weiß« überhaupt notwendig ist. Hier einige Hinweise zum umweltbewußteren Waschen:

● Nicht ein Waschmittel für alle Gewebe und Waschtemperaturen verwenden. Die sogenannten Vollwaschmittel sind Mischungen aus verschiedenen Substanzen (siehe Seite 417), die jedoch nicht alle für jeden Waschgang benötigt werden. Spezialwaschmittel für 30, 60 und 90 °C verwenden, so gelangen Inhaltsstoffe nicht ungenutzt in die Abwässer.
● Waschmittel richtig dosieren! Beim zuständigen Wasserwerk nach der Wasserhärte fragen, denn danach richtet sich die zugegebene Waschmittelmenge (siehe Seite 417). Ohne zu riskieren, daß die Wäsche nicht sauber wird, kann das Waschmittel um 20% der angegebenen Menge verringert werden; die Waschmittelhersteller gehen bei ihren Dosierungsempfehlungen von starker Verschmutzung aus. Bei hoher Wasserhärte besser einen Enthärter zugeben, die Waschmittelmenge kann dafür vermindert werden auf die Dosis für weiches Wasser.
● Beim Einkauf bereits auf phosphatfreies Waschmittel achten. Phosphat belastet die Gewässer sehr stark, und phosphatfreie Waschmittel sind genauso wirksam wie phosphathaltige.
● Den Vorwaschgang nur dann einstellen, wenn die Wäsche sehr stark verschmutzt ist, z. B. bei Arbeitskleidung.
● Wäsche nur waschen, wenn sie verschmutzt oder verschwitzt ist, manchmal kann z. B. eine Bluse oder ein Hemd ein zweites Mal getragen werden; es reicht, wenn es zwischendurch gut gelüftet wird.
● Bei einem einzigen kleinen Flecken auf einem Kleidungsstück muß es nicht sofort in die Waschmaschine. Waschen Sie den Flecken mit etwas lauwarmem Wasser aus.
● Auf Weichspüler verzichten: Wäsche wird im Trockner wie auf der Leine weich genug, um sie anzuziehen. Selbst wenn die Oberfläche sich rauh anfühlt, ist das hautfreundlicher als Reste von Weichspülern, die häufig Hautreizungen verursachen.

## Putzmittel

Wie die Waschmittel belasten auch Putz- und Reinigungsmittel die Abwässer. Auch hier taucht die Frage auf: Wird der Sauberkeitswunsch nicht machmal übertrieben auf Kosten unserer Umwelt und unserer Gesundheit?

### Spezialreinigungsmittel

Althergebrachte Reinigungsmittel haben in unserer Zeit ihre Existenzberechtigung nicht verloren. Mit Essig und Scheuermittel und ein wenig Muskelkraft lassen sich viele – auch hartnäckige Verschmutzungen beseitigen.
Spezialmittel sind meist nicht nötig. Für normale Verschmutzungen reicht ein milder Allzweckreiniger, z. B. »grüne Seife« bzw. Neutralseife oder Schmierseife, damit können Fußboden, Schränke, Geschirr, Fenster gereinigt werden. Lassen Sie sich nicht von Vorsilben wie »BIO« oder »ÖKO« täuschen: Jedes Putzmittel belastet die Umwelt.
Falls wirklich einmal ein Spezialreinigungsmittel benötigt wird, sollten Sie grundsätzlich nicht mehr davon verwenden, als auf der Verpackung angegeben ist.

### Fensterputzmittel

Spezielle Fensterputzmittel sind eine unnötige Ausgabe. Klares Wasser mit einem Schuß Allzweckreiniger oder Spülmittel hat die gleiche Wirkung. Zum Nachwischen ist Spirituswasser zu verwenden (1 Eßlöffel Spiritus auf 4 Liter Wasser). Kalkspritzer lassen sich mit Essig entfernen, Salmiakgeist hilft gegen blindes Glas.

### Desinfektionsmittel

Desinfektionsmittel sind im Haushalt nicht notwendig; Ausnahme: gefährliche, ansteckende Krankheiten, nicht aber z. B. bei Grippe. Völlig frei von Pilzen und Bakterien werden sie Ihre Wohnung nie bekommen, und das ist auch nicht erstrebenswert, denn der Körper besitzt eine natürliche Abwehrkraft gegen schädliche Eindringlinge. Experten raten von einer regelmäßigen Desinfektion im Haushalt (auch im Bad oder WC) sogar ab, denn durch die Anwendung von Desinfektionsmitteln kann es zu Hautreizungen und Allergien kommen.
Blitzblanke Fußböden, Bäder und WC's werden von der Werbung als absolutes Hygiene-Muß ver-

kauft. Wenn man aber im Haushalt überhaupt von einer Gefahr durch Keime sprechen kann, dann geht sie von der Schlamperei in der Küche aus: Bakterienquellen sind Schneidebretter. Geschirrtücher, Arbeitsflächen, Spüle, Kühlschrank. Wer sich vor schädlichen Bakterien schützen will, sollte hier für Sauberkeit sorgen, die allerdings weniger mit viel Reinigungsmitteln, sondern mit viel Wasser erreicht wird.

## WC-Reiniger

WC- und Sanitärreiniger sollten Sie vorsichtig anwenden, denn sie wirken ätzend. Sie wirken zwar auch desinfizierend, was aber im Haushalt überflüssig ist (siehe oben). Sie lassen sich leicht und umweltschonend ersetzen durch Scheuermittel oder einen Allzweckreiniger. Ablagerungen von Kalk oder Urinstein können mit Essig entfernt werden, bei hartnäckiger Verschmutzung über Nacht einwirken lassen.
*WC-Beckensteine* belasten unnötig die Abwässer. Der gepriesene »frische Duft« kehrt auch ein, wenn das Fenster geöffnet wird. Ebenso läßt sich auf Raumsprays verzichten. Wie WC-Reiniger verringern sie die Keimzahl dort, wo ohnehin keine Berührung stattfindet, nämlich in der Toilettenschüssel. Ansteckungsgefahr bergen die Klobrille und die Spültaste, die regelmäßig gereinigt werden sollen.

## Abflußreiniger

Abflußreiniger sind sehr aggressive Mittel. Sie lösen in Verbindung mit Wasser Fettbestandteile, Haare usw. auf, so daß der Abfluß nicht mehr behindert ist . Einige Spritzer dieser Mittel können zu schweren Verätzungen führen, vor allem, wenn nach dem Zugeben von Abflußreiniger mit Gegenständen herumgestochert wird. Außerdem entstehen beim Auflösen des Pulvers giftige Dämpfe, die nicht eingeatmet werden sollen.
Als wesentlich besser, weil umweltschonender und weniger gefährlich, hat sich die Saugglocke bewährt. Bei einer Verstopfung kann auch der U-Bogen des Abflußrohres abgeschraubt, gesäubert und wieder eingesetzt werden.

>  **Wichtiger Hinweis**
>
> Haare, Zigarettenkippen, Tampons, Binden, Essensreste gehören in den Mülleimer und nicht ins WC!

Wenn Waschbecken und Toilette »ordnungsgemäß« benutzt werden, kommt es ohnehin kaum zu Verstopfungen.

## Backofenreiniger

Auf diese Mittel sollten Sie nach Möglichkeit verzichten, denn sie enthalten sehr aggressive Stoffe. Backöfen, die nicht mit einer automatischen Reinigung ausgestattet sind, in lauwarmem Zustand mit etwas Spülmittellauge auswischen. Falls nicht auf Backofenreiniger verzichtet wird, Backofen und Küche gründlich lüften, damit die entweichenden Dämpfe nicht auf Lebensmittel übergehen.

# 3 Hausmüll

Rund 375 kg Müll fallen pro Bundesbürger und Jahr an. Kein Wunder, daß die Mülltonnen immer mehr überquellen und die Abfallberge immer höher werden. Gern wird die Schuld auf die Vertreiber von Waren geschoben, weil sie ihre Produkte aufwendig verpacken. Doch kein Verbraucher kann seine Hände deshalb in Unschuld waschen, weil sich jeder der Verantwortung bewußt sein muß, daß er durch den richtigen Umgang mit Müll die Umwelt schützen kann.

## 3.1 Müll vermeiden

Haben Sie schon einmal bewußt in ihrem Haushalt darauf geachtet, wie viele Einwegartikel Sie hier finden? Getränkedosen, Papierwischtücher, Plastiktüten, Geräte, die nicht aufgeschraubt und repariert werden können. Dies sind nur einige Beispiele aufwendiger Einmalartikel, die unsere Wegwerfgesellschaft gebracht hat. Ärgern Sie sich nicht darüber, kaufen Sie solche Dinge einfach nicht mehr! Wer beim Einkauf die Augen aufmacht, kann »verpackungsarme« Waren entdecken.

● Mehrwegverpackungen sind ein aktiver Beitrag zum Umweltschutz, sie können wiederverwendet werden. Kaufen Sie deshalb Getränke, die in Pfandflaschen abgefüllt sind. Einwegflaschen oder Einmal-Glasverpackungen, z. B. für Joghurt, gehören übrigens mit zu den umweltschädlichsten Verpackungen.
● Zum Einkaufen sollten Sie ein Netz, einen Korb oder eine Einkaufstasche mitnehmen, da-

Symbol für Joghurtbecher aus Polystyrol (PS),
die wiederverwertbar sind

mit keine neue Plastiktüte gekauft werden muß.
Für unvorhergesehene Einkäufe sollten Sie immer eine Reservetüte bei sich tragen.

● Oft werden gekaufte Artikel, ohne den Kunden zu fragen, in eine Tüte gepackt. Verweigern Sie diese, wenn Sie den gekauften Gegenstand in ihrer Tasche verstauen oder auch ohne Tüte heimtragen können.

● Große Packungen machen verhältnismäßig weniger Müll als viele Kleinpackungen. Deshalb sollten Sie nach Möglichkeit Großpackungen kaufen, keine Miniportionen, deren Verpackung teurer ist als der Inhalt.

● Nutzen Sie Nachfüllpackungen, z. B. für Gewürze, Kaffee. Die Nachfüllbeutel sind preisgünstiger und weniger aufwendig verpackt.

● Klarsichtfolien sind meist überflüssig. Decken Sie Schüsseln oder Glas mit einem Teller ab.

● Unverpackte Lebensmittel bevorzugen: Lose Ware gibt es auf Wochenmärkten, an der Fleisch-, Wurst- und Käsetheke, beim Bäcker. Der Verpackungsaufwand ist besonders hoch in Selbstbedienungsläden, weil dort der hygienisch einwandfreie Zustand nur gewährleistet ist, wenn die Waren eingepackt sind.

● Verzichten Sie auf Einmalgeschirr!

● Viele Dinge sind zum Wegwerfen zu schade, z. B. alte Möbel, unmoderne Kleidung, Kinderspielzeug. Fragen Sie im Bekanntenkreis, ob jemand davon noch etwas gebrauchen kann. Gut erhaltene Stücke können auch bei Basaren oder auf dem Flohmarkt verkauft werden. Wohlfahrtsorganisationen führen regelmäßig Altkleidersammlungen durch.

● Prüfen Sie beim Kauf von Möbeln oder Geräten, ob diese solide verarbeitet sind und daher auch langlebig. Achten Sie darauf, daß Geräte reparaturfähig sind, das heißt, sie müssen aufzuschrauben sein. Zusammengenietete oder -geschweißte Gehäuse deuten darauf hin, daß dies nicht möglich ist.

● Obst und Gemüse der Saison kann lose gekauft werden, konservierte und tiefgekühlte Lebensmittel sind bereits wieder verpackt.

## 3.2 Müll richtig sammeln und entsorgen

Hausmüll setzt sich aus sehr unterschiedlichen Bestandteilen zusammen, z. B. Papier, Glas, Kunststoffe, Metalle, Küchenabfälle. Die Bestandteile des Mülls könnten zum Teil wiederverwendet werden, wenn sie getrennt gesammelt werden. Bei allem Eifer für die Müllsortierung sollte aber nicht vergessen werden, daß die Vermeidung von Müll der wichtigere Schritt ist.

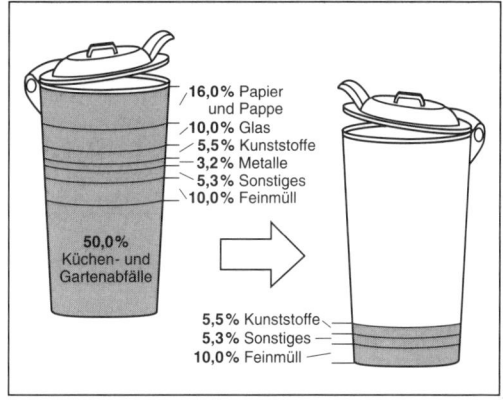

Die Zusammensetzung von Hausmüll

Im Zusammenhang mit dem Trennen von Müll wird oft von *Recycling* gesprochen. Darunter versteht man die Wiederverwertung von Rohstoffen. Produkte, die aus recyceltem Müll hergestellt sind, tragen den Umweltengel (siehe Seite 531) oder das Recycling-Zeichen, z. B. Briefpapier. Verschiedenen Müll getrennt zu sammeln, sollte für jeden Selbstverständlichkeit werden. Das ist zwar ein wenig aufwendiger, als alles Unbrauchbare in eine Tonne zu werfen, mittlerweile werden aber schon spezielle Abfalleimer angeboten zum gezielten Sortieren von Müll.

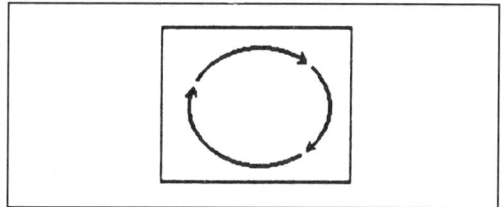

Recycling-Zeichen

## Papier

Papier gehört nicht in die Mülltonne. Dafür gibt es vielerorts bereits eigene Sammel-Container oder es wird wöchentlich abgeholt. Achten Sie darauf, daß kein Kunststoff oder Cellophan mit dabei ist; Pappkartons, in denen Milch oder Saft verpackt war, eignen sich z. B. nicht, weil hier Pappe von Kunststoff- und Alufolie umgeben ist. Altpapier und Pappe zu sammeln, reicht aber für einen aktiven Umweltschutz nicht aus; aus dem gesammelten Papier wird wieder Papier hergestellt, das auch verkauft werden muß. Sammeln Sie also nicht nur Altpapier, kaufen Sie auch wieder Altpapier, z. B. als Notizblock, Schulheft, Briefpapier, Toilettenpapier.

## Organische Stoffe

Organischer Müll, z. B. Küchenabfälle (Speisereste, Obstschalen) und Gartenabfälle (Laub, Unkraut), gehören auf den Komposthaufen, der in einem Bauerngarten eine Selbstverständlichkeit sein sollte.

Doppel-Abfalleimer zur Müllsortierung in einem Spülzentrum

## Glas

Auch Glas gehört nicht in die Mülltonne. Leere Behälter aus Glas, die nicht mehr zurückgegeben werden, gehören in den Glas-Container. Farbloses Glas dort trennen von farbigem Glas. Schraubverschlüsse vorher entfernen und getrennt sammeln.

## Kunststoff

Gegenstände aus Kunststoff werden nur teilweise getrennt gesammelt, weil es bisher noch so gut wie ausgeschlossen ist, Kunststoff aus dem Hausmüll zu verwerten. Das Material verrottet jedoch nicht und wächst zu riesigen Müllbergen. Kunststoffverpackungen und Gegenstände aus Kunststoff nach Möglichkeit meiden.

## Aluminium

Aluminium in den Aluminium-Sammelbehälter werfen (Schokoladenpapier, Alufolie). Joghurtdeckel sind nicht erwünscht, weil sie durch den hohen Farbstoffanteil die Reinheit des eingeschmolzenen Aluminiums mindern.
Aluminium ist ein extrem energieaufwendig hergestelltes Produkt. Alufolie sollte daher im Haushalt nach Möglichkeit überhaupt nicht verwendet werden (trotz der Wiederverwertbarkeit).

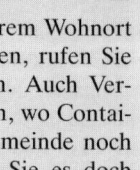 **Wichtiger Hinweis** ◄◄

Wenn Sie nicht wissen, wo in Ihrem Wohnort Container für Altglas usw. stehen, rufen Sie bei der Gemeindeverwaltung an. Auch Verbraucher-Beratungsstellen wissen, wo Container stehen. Falls es in Ihrer Gemeinde noch keine Sammelstelle gibt, regen Sie es doch einmal an oder schlagen Sie günstige Standorte vor.

## *Sondermüll*

Zum Sondermüll gehören die Abfälle, die nicht in die Hausmülltonne gegeben werden dürfen, weil sie zum Teil hochgiftig sind. Sie können das Grundwasser gefährden und bei der Müllverbrennung gefährliche Schadstoffe freisetzen. Schwermetallhaltiger Müll führt zur Anreicherung im Klärschlamm und damit in den Böden und der Nahrungskette. Sondermüll daher bei den entsprechenden *Sammelstellen* abgeben!

## Batterien

Ob große Auto- oder Schlepperbatterien oder nur kleine Knopfzellen: Alte Batterien sollten Sie dort abgeben, wo sie gekauft werden können. Für kleine Batterien gibt es mittlerweile auch schon öffentliche Sammelstellen. Batterien aber auf keinen Fall in den Müll geben!

Entscheiden Sie sich beim Neukauf von Batterien für umweltfreundliche, quecksilberfreie oder Luft-Zink-Batterien. Umweltfreundlich sind auch Silberoxid-Knopfzellen und Zink-Kohle-Batterien. Nickel-Cadmium-Batterien können wieder aufgeladen werden. Noch umweltfreundlicher ist die Anschaffung eines Ladegerätes, mit dem Batterien und Akkus wieder aufgeladen werden können. Kaufen Sie möglichst wenige batteriegetriebene Geräte, z. B. Quarzuhren, Küchenwaagen.

### Farben, Lacke, Lösungsmittel

Reste von Farben, Lacken und Lösungsmitteln sind Sondermüll und müssen bei entsprechenden Sammelstellen abgegeben werden. Bereits kleinste Mengen im Hausmüll können schwere Umweltschäden verursachen. Fragen Sie bei der Gemeindeverwaltung, wo Sammelstellen sind. In manchen Gemeinden sammelt ein »Giftmobil« solche Problemabfälle ein. Auch Holzschutzmittel fallen unter diesen Sondermüll. Pinselreiniger oder Verdünner gehören ebenfalls nicht in den Ausguß, sie verseuchen das Grundwasser!

### Pflanzenschutz- und Schädlingsbekämpfungsmittel

Vor dem Kauf sollten Sie möglichst genau den Bedarf berechnen, so können Reste vermieden werden. Falls Sie trotzdem nicht alles aufbrauchen, fragen Sie bei der Gemeindeverwaltung, wohin damit. Im Hausgarten sollte zum Schutz der eigenen Gesundheit auf chemische »Keulen« ganz verzichtet werden, schließlich geht es hier nicht um Erträge wie im Erwerbsgemüsebau.

### Altöl

In landwirtschaftlichen Betrieben fällt vermehrt Altöl an. Im Grundwasser führt es zu verheerenden Verschmutzungen: Nur 1 Liter Altöl verdirbt 1 Million Liter Trinkwasser! Altöl wird von den Verkaufsstellen oder an gemeindlichen Sammelstellen zurückgenommen.

> ►► **Wichtiger Hinweis** ◄◄
>
> Beim Waschen von Autos oder Maschinen werden Öl- und Benzinreste in die Kanalisation gespült. Waschen Sie Auto, Schlepper und Maschinen nur auf betonierten Plätzen. Der Gully, in den das Schmutzwasser läuft, muß mit einem Ölabscheider ausgerüstet sein.

# 4 Luft

Die Verschmutzung der Luft ist leider erst bei massiver Anreicherung von Schadstoffen sichtbar und spürbar, deshalb auch für manche Menschen nicht glaubhaft. Erkennbar sind erst die Folgen der Luftverschmutzung, z. B. das Waldsterben oder die Zunahme chronischer Atemwegserkrankungen beim Menschen. Es ist also durchaus berechtigt, die Verschmutzung der Luft anzuprangern und nach eigenen Kräften für die Sauberhaltung der Luft etwas zu tun.

## 4.1 Kraftfahrzeuge

Autoabgase belasten unsere Luft mit Stickoxiden, Kohlendioxid und Kohlenwasserstoffen. Natürlich können wir nicht mehr ganz auf Kraftfahrzeuge verzichten, aber jeder sollte sein Auto regelmäßig warten, sinnvoll einsetzen und vernünftig fahren (siehe auch Seite 534). Damit kann jeder einen großen Beitrag zur Einsparung von Kraftstoff und damit auch für die Sauberhaltung der Luft leisten.

Der nächste Schritt in Richtung umweltfreundliches Fahren ist das Tanken von bleifreiem Benzin, noch besser ist ein Auto mit geregeltem 3-Wege-Katalysator. Diese beiden Maßnahmen zur Reinhaltung der Luft werden vom Staat gefördert: Bleifreies Benzin ist billiger als verbleites, die Kraftfahrzeug-Steuer für Autos mit Katalysator ist niedriger.

## 4.2 Haushalt

### *Hausbrand*

Der größte Teil der Luftverschmutzung, die vom Haushalt ausgeht, ist bedingt durch den Hausbrand, also die Verbrennung von Energiearten für Raumheizung und Warmwasserbereitung. Dabei entsteht nicht nur Wärme, sondern es entstehen leider auch Schadstoffe, die durch den Schornstein in die Luft geblasen werden. Wer einen aktiven Beitrag zur Reinhaltung der Luft leisten will, muß daher versuchen, möglichst wenig Energie für die Heizung aufzuwenden (siehe Seite 532).

Wer feste Brennstoffe verheizt, z. B. im Kachelofen, in Einzelöfen oder bei einem Lagerfeuer, sollte daran denken, daß nicht alles »den Flammen zum Fraß« vorgeworfen werden darf. Nach dem Bundes-Immissionsschutzgesetz ist es nur erlaubt, »naturbelassenes, stückiges Holz einschließlich anhaftender Rinde, beispielsweise in Form von Scheitholz, Hackschnitzeln sowie Reisig und Zapfen«, zu verbrennen. Bei geschlossenem Brennraum (in einem Ofen) dürfen außerdem Stein- und Braunkohleprodukte sowie Torfbriketts verheizt werden. Alles andere ist streng verboten!

## ➤➤ Wichtiger Hinweis ◀◀

Der Ofen ist keine Müllverbrennungsanlage! Lackiertes, gestrichenes, beschichtetes oder anders behandeltes Holz wie Spanplatten, Sperrholz, Obstkisten, Faserplatten, Sägemehl, Sägespäne, Schleifstaub, abgeschälte Rinde und Stroh dürfen also nicht im Ofen landen. Nicht verbrannt werden dürfen natürlich auch größere Mengen Papier und Pappe, Kunststofftüten oder -säcke sowie andere Abfälle.

### Nur trockenes Holz verbrennen

Feuchtes Holz brennt schlechter als trockenes, hat einen geringeren Heizwert und qualmt beim Verbrennen mehr. Die Folgen sind Rauch und Ruß, die den Schornstein versotten können, sowie gefährliche Schadstoffe, die mit dem Rauch in die Luft geblasen werden: Kohlenmonoxid, Stickoxide, krebserregende Verbindungen. Deshalb Brennholz trocknen lassen. Dies dauert bei Nadelhölzern etwa 1 Jahr, bei Laubhölzern 2 Jahre.

## Treibgas

Immer noch werden jährlich Millionen von *Spraydosen* verwendet, die Treibgas enthalten. Als Treibgas werden häufig Fluorchlorkohlenwasserstoffe verwendet, kurz FCKW genannt, die im Verdacht stehen, die Ozonschicht um die Erde zu zerstören. Diese Ozonschicht ist eine Schutzschicht, die verhindert, daß schädliche Strahlung ungehindert zur Erde und damit an unsere Haut kommt. Durch die Schädigung der Ozonschicht wird der Treibhauseffekt gefördert, das heißt, die Erdoberfläche erwärmt sich zunehmend, drastische Klimaveränderungen werden von Experten erwartet.

Auf keinen Fall sollten Sie noch FCKW-haltige Spraydosen kaufen! *Pumpzerstäuber* sind nur auf den ersten Blick teurer. Messungen haben ergeben, daß sie viel mehr Wirkstoff pro 100 Milliliter enthalten als Sprays; damit sind sie nicht teurer, sondern sogar billiger. FCKW-freie Sprays, bei denen Treibgas in Form von Propan oder Butan enthalten ist, stehen genau wie die FCKW's in Verdacht, den Treibhauseffekt zu fördern. Wer bei Deodorants Roller oder Stifte statt Sprays verwendet, hat einen weiteren Vorteil: Sie sind weitaus ergiebiger, es fällt weniger Müll an.

FCKW's sind auch in der Kühlflüssigkeit und in den Dämmschäumen von Kühl- und Gefriergeräten enthalten. Ausgediente Geräte deshalb zum Sondermüll geben! Auch in Verpackungsmaterialien ist FCKW enthalten, z. B. in Schaumstoffboxen von Fastfood oder in Schalen von abgepacktem Obst und Gemüse.

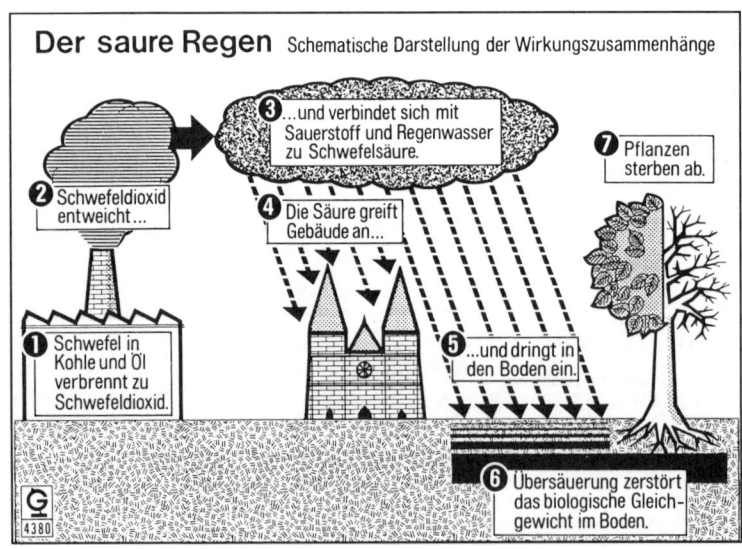

**Der saure Regen** Schematische Darstellung der Wirkungszusammenhänge

❸ ...und verbindet sich mit Sauerstoff und Regenwasser zu Schwefelsäure.

❷ Schwefeldioxid entweicht...

❼ Pflanzen sterben ab.

❹ Die Säure greift Gebäude an...

❶ Schwefel in Kohle und Öl verbrennt zu Schwefeldioxid.

❺ ...und dringt in den Boden ein.

❻ Übersäuerung zerstört das biologische Gleichgewicht im Boden.

Prinzip »Der saure Regen«

Sehr viele chlorierte Kohlenwasserstoffe (Per, Tri) werden zur chemischen Reinigung von Textilien eingesetzt. Es lohnt sich schon der Umwelt zuliebe, beim Kauf von Textilien auf ihre Waschbarkeit zu achten. Außerdem ist ein Kleidungsstück, das chemisch gereinigt werden muß, mit der Zeit viel teurer als ein waschbares.

## Lacke und Schutzanstriche mit giftigen Inhaltsstoffen

Die hier aufgeführten Stoffe belasten die Umwelt, weil bei ihrer Anwendung giftige Gase in die Luft entweichen. Die meisten dieser Substanzen gefährden auch Grundwasser und Boden, wenn sie dem Hausmüll beigegeben werden. Der Anteil an dieser Verschmutzung, den Heimwerker leisten, wird dabei meist unterschätzt: Sie »leisten« knapp ein Drittel der Luftverschmutzung durch Lösungsmittel.

Die größte Gefährdung geht aber unmittelbar an den Anwender. Die giftigen Gase reichern sich in geschlossenen Räumen an und können zu Nervenschädigungen bis hin zu Gehirnschwund, Krebs, Leber- und Nierenschäden führen. Anzeichen für die Schädlichkeit sind Kopfschmerz, Übelkeit, Schwindelgefühl, Augenbrennen – Symptome, die sicherlich schon jeder beobachten konnte, der mit Abbeizmitteln, Verdünnern oder Lacken hantierte. Hauptverursacher giftiger Dämpfe sind organische Lösungsmittel.

### Farbpigmente

Farbpigmente (winzige Farbteilchen) stellen auch eine Gefahr für die Gesundheit dar, weil sie z. T. Schwermetalle enthalten.

● Chrom dient als Grundbeschichtung für Metalle. Es gehört zu den stärksten Allergie-Auslösern, manche Verbindungen sind krebserregend.
● Blei ist in Rostschutzanstrichen (Bleimennige, Bleiweiß) enthalten. Es lagert sich in Knochen und Zähnen ab und schädigt Nieren, Blutbildung und Nervensystem.

### ➤➤ Wichtiger Hinweis ◀◀

Solange die Farbpigmente auf dem Gegenstand festsitzen, sind sie nicht gefährlich. Werden sie jedoch abgeschliffen, können sie eingeatmet werden. Beim Abschleifen von Metallen oder Hölzern deshalb unbedingt Atemschutz tragen und nach Möglichkeit naß abschleifen.

### Lacke

Viele Lacke haben einen hohen Anteil an Lösungsmitteln, die während des Streichens und Trocknens verdunsten. Lacke, die mit dem Umweltengel ausgezeichnet sind, enthalten wenig Lösungsmittel, sind mit Wasser verdünnbar, die Pinsel können auch mit Wasser gereinigt werden (Verdünner und Pinselreiniger entfallen). Bei diesen umweltverträglichen Lacken ist auch gewährleistet, daß sie keine krebserzeugenden Stoffe enthalten und keine Farbpigmente aus Blei. Absolut schadstofffreie Lacke gibt es nicht, gründliches Lüften nach dem Streichen ist also immer wichtig.

Aus der fast unüberschaubaren Angebotspalette umweltschonende Alternativen herauszufischen, ist nicht einfach. Die Rezepturen sind sehr unterschiedlich und damit auch ihr Lösungsmittelanteil und die anderen schädlichen Inhaltsstoffe (siehe Tabelle Seite 546).

Naturharzlacke und -dispersionsfarben sind eine umwelt- und gesundheitsschonende Alternative zu Kunstharzlacken. Sie sind aus natürlichen Harzen und Farbstoffen hergestellt und erhalten dem Holz die Wasserdampfdurchlässigkeit. Damit beeinträchtigen sie das Raumklima nicht. Direkter Hautkontakt sollte jedoch auch bei Naturharzlacken vermieden werden, die Trocknungszeiten sind länger. Der Preis von Naturharzlacken ist zwar erheblich höher als der von Kunstharzlacken, aber die Gesundheit sollte es jedem wert sein.

### ➤➤ Wichtige Hinweise ◀◀

 Eingetrocknete Lacke gehören nicht in den Hausmüll, sondern zum Sondermüll (siehe Seite 543).
 Das Eintrocknen von Resten kann man wirkungsvoll und einfach verhindern, indem die Dose auf den Kopf gestellt wird.
 Vor dem Kauf von Lacken die benötigte Menge berechnen, dann bleiben auch keine Reste.

### Rostschutzmittel

Herkömmliche Rostverhinderer sind Bleimennige, Bleistaub und Zinkchromat, also gesundheitsgefährdende Stoffe. Rostschutzmittel, die den Umweltengel tragen, sind genauso wirkungsvoll, viel umweltverträglicher und weniger schädlich für die Gesundheit.

## Die wichtigsten Lacke und Farben

| | Eigenschaften Überwiegende Anwendungen | Gefährliche Inhaltsstoffe | Mögliche Gesundheitsschädigungen |
|---|---|---|---|
| **Lacke mit hohem Lösemittelgehalt** | | | |
| Kunstharzlacke (Alkydlacke) | Schnelltrocknend, sehr witterungsbeständig Holz- und Metallanstriche | Hoher Anteil an synthetischen Lösemitteln (40–50%), können Schwermetallpigmente enthalten | Akute und chronische Gesundheitsschäden möglich, Schwermetalle gefährlich für Kinder und beim Entfernen der Anstriche |
| Nitrolacke | Sehr schnell trocknend Holzanstriche (Möbel) | Sehr hoher Anteil an synthetischen Lösemitteln (bis 75%) | Akute und chronische Gesundheitsschäden möglich |
| Naturharzlacke | Langsamer trocknend, wasserdampfdurchlässig, gutes Raumklima Holz und Metall | Terpentinöl (ca. 10%) | Evtl. akute Beschwerden durch Lösemitteldämpfe, keine langfristigen chronischen Schädigungen bekannt |
| **Lacke und Farben mit geringem Lösemittelgehalt** | | | |
| Acryllacke (Blauer Umweltengel) | Wasserverdünnbar, schnelltrocknend Holz und Metall | Max. 10% synthetische Lösemittel, Konservierungsstoffe, Acrylmonomere | Acrylmonomere und Konservierungsstoffe können problematisch sein |
| Dispersionsfarben | Wasserverdünnbar Tapeten, Putz | 1–2% Lösemittel, Konservierungsstoffe, Acrylmonomere | Siehe Acryllacke |
| Naturharz-Dispersionsfarben | Wasserverdünnbar Tapeten, Putz | Ätherische Öle als Lösemittel, Konservierungsstoffe | Keine bekannt |
| **Speziallacke** | | | |
| Phenolharz-, Harzstoff-, Melaminharzlacke Polyurethanlacke (DD-Lacke) | Chemisch und mechanisch sehr beständig Parkettversiegelung, Möbel | Hoher Gehalt an Lösemitteln, DD-Lacke enthalten giftiges Isocyanat | Siehe Nitrolacke |
| Polyesterlacke | Sehr harte Oberfläche Holz im gewerbl. Bereich | Hoher Gehalt an Lösemitteln | Siehe Nitrolacke |
| Chlorkautschuklacke | Boots-, Unterwasser-, Antifoulinganstriche | Hoher Gehalt an oft besonders giftigen Lösemitteln | Siehe Nitrolacke |
| **Rostschutzmittel** | | | |
| Bleimennige | Sehr wirksamer Rostschutz für Metall | Hoher Gehalt an Chrom und Blei | Einatmen der Stäube beim Entfernen von Anstrichen |
| Blei- und chromatarme Rostschutzmittel (Blauer Umweltengel) | Wirksamer Rostschutz für Metall | Geringer Gehalt an Chrom und Blei | Weitaus geringer als bei Bleimennige |

## Lackentferner und Abbeizmittel

Beide Mittel enthalten sehr viel Lösungsmittel und sollten daher vermieden werden. Lackentferner erübrigen sich, wenn wasserverdünnbare Acryllacke verwendet werden; Abbeizmittel können durch Ätznatron ersetzt werden. Bei der Verwendung von Ätznatron Schutzbrille und Handschuhe tragen!

### ➤➤ Praktische Hinweise ◀◀

➢ Praktisch, wenn auch etwas teuer, sind Abbeizstrips, sie enthalten Natronlauge. Nach der Einwirkzeit werden die Strips mit dem Lack abgezogen.

➢ Umweltschonend ist mechanisches Abziehen oder Abschleifen.

➢ Leicht zu entfernen sind Lacke mit einem Heißluftfön. Gut lüften, da schädliche Dämpfe entstehen können.

## Verdünnungsmittel

Verdünnungsmittel werden verwendet zum Reinigen von Arbeitsgeräten, z. B. Pinsel, und zum Verdünnen von Lacken. Verdünner bestehen ausschließlich aus Lösungsmitteln und sind daher besonders umwelt- und gesundheitsgefährdend. Bei Verwendung von Acryllacken ist zum Reinigen nur Wasser nötig, ebenso bei Dispersionsfarben.

### ➤➤ Praktische Hinweise ◀◀

➢ Sparsam mit Verdünnern umgehen, nach Möglichkeit darauf verzichten.

➢ Pinsel in sehr wenig Verdünner reinigen und diesen dann zum Sondermüll geben.

➢ Farbspritzer sofort wegwischen, dann ist hinterher kein Verdünner nötig.

➢ Hautkontakt vermeiden (Handschuhe tragen) und auf gute Lüftung achten.

## Wand- und Deckenfarben

Wer Wand- und Deckenfarben kauft, kann sich nicht am »Umweltengel« orientieren; für diese Farben gibt es ihn nicht, weil sie ohnehin lösemittelarm sind. Trotzdem sollte die Beschreibung genau gelesen werden. Zu vermeiden sind Farben, die Zusätze gegen Pilzbefall (fungizide Wirkstoffe), hohen Anteil an Kunstharz, Kunststoffen oder Latex enthalten.

### ➤➤ Wichtiger Hinweis ◀◀

Farben, die für den Außenanstrich angeboten werden, nicht für Räume verwenden. Nach dem Streichen von Wänden und Decken gründlich lüften.

## Holzschutzmittel

Holzschutzmittel schützen Holz vor Witterungseinflüssen und Schädlingen, sie werden häufig in Kombination mit Holzfarben angeboten. Vorgeschrieben ist Holzschutz im konstruktiven Bereich, z. B. Dachstuhl. Holzschutzmittel enthalten Stoffe, die zu erheblichen Gesundheitsstörungen führen können, deshalb sparsam damit umgehen, im Innenbereich nach Möglichkeit völlig darauf verzichten.

### ➤➤ Wichtiger Hinweis ◀◀

Gifte von Holzschutzmitteln können über Jahre hinweg in die Raumluft verdunsten und zu Krankheitssymptomen führen. Wenn Sie unter Krankheitssymptomen leiden, für die kein Arzt eine Erklärung findet, prüfen Sie, ob nicht evtl. Holzschutzgifte die Ursache sein können. Die Umweltberatung oder Baubiologische Institute helfen weiter.

### Trockene Innenräume

Vorbeugender Holzschutz in Wohn- und Schlafräumen ist überflüssig, denn diese Räume haben eine zu niedrige Luftfeuchtigkeit, als daß sich ein Pilz darin wohlfühlen und ausbreiten könnte. Oberflächen aus rohem Holz mit schmutz- und wasserabweisender Leinölfirnis oder Leinöl behandeln oder das Holz mit echtem Bienenwachsbalsam einreiben (weitere Behandlungsmöglichkeiten siehe Seite 298). Falls Oberflächen aus Holz farbig werden sollen, Holzbeizen oder Holzlasuren verwenden, die den Umweltengel tragen. Das gilt auch für Mittel zur Fußbodenversiegelung. Für Holzdecken oder -wände sind schützende Maßnahmen nicht erforderlich.

### Feuchte Innenräume

Auch im Bad sollte auf Holzschutzmittel verzichtet werden. Da hier aber hohe Luftfeuchtigkeit erreicht wird, sollten Sie überlegen, ob nicht völlig auf eine Holzverkleidung verzichtet wird. Wer sich aber dennoch für eine Holzverkleidung entscheidet, sollte feuchtigkeitsbeständige Hölzer verwenden (Kernholz von Douglasie, Lärche, Eiche). Wichtig sind auch konstruktive Maßnahmen bei der Verarbeitung und regelmäßiges Lüften.

Im Spritzwasserbereich wird das Holz mit Grundieröl, Leinöl, Leinölfirnis oder Schellack behandelt. Für einen vorbeugenden Holzschutz bieten sich Borsalze an.

### Tragende Bauteile und Außenbereich

Für diesen Bereich weiß der Fachmann Rat und Hilfe. Meist kann durch bauliche Maßnahmen oder besondere Konstruktionen auf Holzschutz verzichtet werden.

Holz mit Bodenkontakt, z. B. Frühbeetkästen oder Sandkästen mit Holzumrahmung, verwittert natürlich. Hier sollten Sie abwägen, wie lange das Holz gebraucht wird und ob Holzschutz nicht überflüssig ist. Falls notwendig, wird es mit Borsalzen behandelt, Bor ist in reiner Form am ungefährlichsten von allen Holzschutzmitteln.

Deshalb sollte generell für einen umfassenden Holzschutz der Imprägnierung mit Borsalzen der Vorzug gegeben werden.

# 5   Boden

Die bisher angesprochenen Maßnahmen zum Schutz der Umwelt sind mehr oder weniger auch Maßnahmen, um den Boden zu schützen. Ganz spezieller Bodenschutz kann jedoch auf dem eigenen Grund und Boden betrieben werden. Auf den Bodenschutz bei landwirtschaftlichen Nutzflächen soll hier nicht eingegangen werden, vielmehr auf den Schutz des Bodens im Hausgarten.

Immer häufiger werden auch die Hausgärten überdüngt und unnötig Pflanzenschutzmittel eingesetzt. Die Folgen sind hoher Nitratgehalt im Grundwasser durch ausgespülten überschüssigen Dünger, krankheitsanfällige, weil überdüngte Pflanzen und ein Artenrückgang der nützlichen Tiere, weil unüberlegt eingesetzte Pflanzenschutzmittel vor Nützlingen nicht Halt machen.

Der Verzicht auf Pflanzenschutzmittel im Hausgarten ist eines der besten Beispiele dafür, wie jeder einzelne zum Schutz der Umwelt beitragen kann. Zwar freut sich jeder Hobbygärtner über Erfolg und reiche Ernte aus seinem Garten, aber sie sollte nicht mit »chemischen Keulen« erzwungen sein.

## Umweltschutz im Garten

● Pflanzenschutzmittel lassen sich vermeiden durch richtigen Fruchtwechsel und das Anlegen von Mischkulturen.

● Biologische Schädlingsbekämpfung bevorzugen: Nützlingen Lebensraum verschaffen, z. B. durch Erhalten von alten Mauern oder Steinhaufen. Darin haben Nützlinge wie Asseln, Kröten, Spinnen einen Unterschlupf. Einen Teil des Rasens »wild wachsen« lassen; auf dem sterilen, exakt geschnittenen Rasen fühlen sich nützliche Insekten nicht wohl.

● Mineraldünger lassen sich durch Kompost weitgehend ersetzen. Auch regelmäßige Gründüngung ersetzt Dünger.

● Torf enthält keine Nährstoffe, er versauert den Boden. Außerdem werden durch den Torfabbau die Moore zerstört, ebenfalls Lebensraum seltener und nützlicher Tiere.

● Schneckenkorn ist eines der am meisten eingesetzten Gifte im Hausgarten; es enthält Schwermetalle, nach Möglichkeit darauf verzichten. Alternativen: Schnecken absammeln, Schneckenzaun errichten, Asche streuen, Schneckenfallen aufstellen.

● Auch auf dem Gehweg und dem Platz vor dem Haus kann aktiver Umweltschutz betrieben werden: Im Winter kein Streusalz verwenden, sondern Streusplit oder Sand.

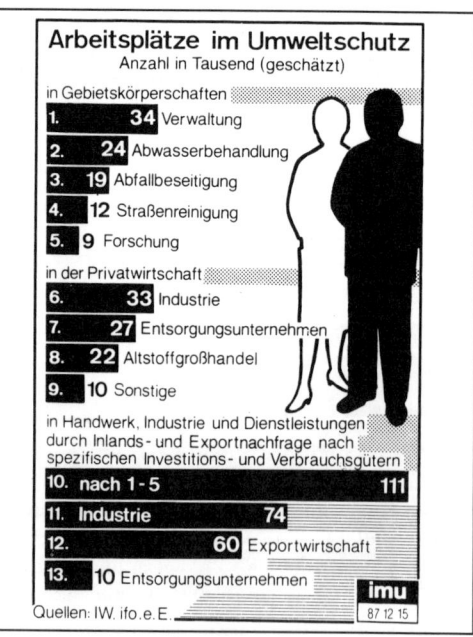

Arbeitsplätze im Umweltschutz (in Tausend, geschätzt)

# Literaturverzeichnis

Adam, D., Stoll, P.: Elternschule, 13. Auflage, Ausgabe
1989, Wort & Bild Verlag Konradshöhe
AID, Bonn, Broschüren und Faltblätter
   Achten Sie aufs Etikett 1140/1985
   Ballaststoffe 2074/1990
   Äpfel 1983
   Brot 4/1986
   Buchweizen – Dinkel – Gerste – Hafer – Hirse – Mais –
   Reis 1194/1987
   Das Weinrecht 1987 1116/1988
   Die Zutatenliste 135/1984
   Eier 1069/1987
   Finanzierungsfragen in der Landwirtschaft 139/1986
   Fisch 1/1985
   Fleisch und Fleischerzeugnisse 1005/1987
   Frischobst und Frischgemüse exotisch 1050/1987
   Fruchtsäfte, Nektare, Saftgetränke und Limonaden 1986
   Geflügelfleisch 6/1983
   Gefrierkost – Tiefgefrierkost von A–Z 57/1987
   Gemüse 1024/1987
   Gemüsekalender 2020/1985
   Gewürze 1987
   Heizung und Warmwasserversorgung 1072/1989
   Hülsenfrüchte 11/1985
   Kaffee – Tee – Kakao 3010/1985
   Käse 1090/1989
   Kennen Sie Rindfleisch? 1981
   »Kochen« mit modernen Geräten 1195/1987
   Mahlzeiten planen, einkaufen, zubereiten 1020/1988
   Nahrungsmittel aus alternativem Landbau 1218/1988
   Nährmittel 9/1983
   Obst 1002/1987
   Obst haltbarmachen 14/1982
   Obstkalender 2019/1985
   Pilze und Wildfrüchte 1025/1987
   Planen und Organisieren im landwirtschaftlichen Haus-
   halt 1165/1988
   Richtig garen 1056/1987
   Salz in unserer Ernährung 1014/1988
   Schadstoffe in der Nahrung 1984
   Schweinefleisch 1987
   Schweinefleisch gut eingekauft 3050/1988
   Speisefette 1012/1988
   Speisekartoffeln 3/1985
   Umweltgerecht verhalten in Haus und Hof 1211/1989
   Verbraucheraufklärung Nr. 65/1988, Nr. 14/1984,
   Nr. 7/1989
   Verpackungen für Lebensmittel 1191/1987
   Verpackungsmüll bei Lebensmitteln 1988
   Vollkornbrot 3113/1988
   Vom richtigen Umgang mit Lebensmitteln 133/1984
   Werkstoffe in der Küche 1982
   Wildfrüchte 1984
   Wildgemüse 1182/1987
   Wildgemüse 1989
   Zucker – Honig – Zuckeraustauschstoffe – Süßstoffe
   157/1984
Allgemeine Ortskrankenkasse (AOK), Frankfurt/Main:
   Kaputtmacher Alkohol, Informationsheft Nr. 11/1985
   Drogen, Informationsheft Nr. 5/1986
Arbeitsgemeinschaft der Verbraucher: Topfmaterial,
   Verbraucherinformation Nr. 105 a – 11/81,
   Bonn-Duisdorf
Arbeitsgemeinschaft Die Moderne Küche (AMK): Ratgeber
   Küche, Darmstadt 1989
Arbeitsgemeinschaft Wohnberatung e. V.: Holzschutz,
   4. Auflage, Bonn-Duisdorf 1988
Augustin, A., Garthe, G.: neue mode Nähen von A–Z,
   Heinrich Bauer Verlag, Hamburg 1973
Bäßler, K., Fekl, W., Lang, K.: Grundbegriffe
   der Ernährungslehre, 3. Auflage, Springer Verlag Berlin
   1979
Bayerische Landesanstalt für Ernährung, München:
   Weniger Chemie bei der Wäschepflege, Information
   für Verbraucher 1/1987
   Weniger Chemie bei der Hausreinigung und -pflege,
   Information für Verbraucher 2/1987
   Weniger Müll im Haushalt, Information für Verbraucher
   3/1987
   Empfehlung für den richtigen Umgang mit Kochsalz,
   Information für Verbraucher 4/1987
   Hinweise und Tips zum richtigen Umgang mit
   Vollkornmehlerzeugnissen im Haushalt, Information für
   Verbraucher 5/1987
   Lebensmittelverderb im Haushalt muß nicht sein,
   Information für Verbraucher 2/1985
Bayerisches Landesinstitut für Arbeitsschutz, München:
   Heben und Tragen von Lasten, Merkblatt 1986
   – Gefährliche Stoffe, Merkblatt 1988
Bocksch, M.: Natürlich heilen und behandeln, 1. Auflage,
   BLV Verlagsgesellschaft München 1985
Böhm, R.: Das bißchen Haushalt, DLG-Mitteilungen
   2/1990, Frankfurt/Main
Böhm, R.: Das Haushaltsbudget, Faltblatt, Bayerische
   Landesanstalt für Ernährung, München 1989
Böhm, R., Weinberger-Miller, P.: Arbeitszeit und Geld,
   Bericht zur Auswertung der Meisterinnenarbeiten,
   Bayerische Landesanstalt für Ernährung, München
   1989

Bosch, G. u. a.: Lehrbuchreihe Die Hauswirtschaft,
  BLV Verlagsgesellschaft, München
  Haushaltstechnik, 1990
  Warenkunde und Verbraucherwissen, 1986
  Gesundheitspflege, 1989
  Ernährungslehre, 1987
  Lebensmittelkunde, 1989
  Garten und Pflanze, 1983
  Erziehungslehre, 1988
  Wirtschaftslehre des Haushalts, 1989
  Planen · Bauen · Wohnen, 1984
  Wirtschaft · Landwirtschaft, 1988
Brändle, E.: Bauernhaussanierung, BLV Verlags-
  gesellschaft, München 1988
Bundeszentrale für gesundheitliche Aufklärung:
  Die Ernährung älterer Menschen, 13. Auflage, Frankfurt/
  Main 1986
  Das Baby, Köln 1988
Buschmann, M.: Internationale Fachmesse für Haus- und
  Heimtextilien, Schule und Beratung 7-8/1989, München
  Das Wasserbett, eine Alternative zu konventionellen
  Schlafsystemen? Schule und Beratung 1-2/1988,
  München
Calis, U.: Das große Mikrowellenkochbuch, BLV Verlags-
  gesellschaft, München 1988
  Backen, Braten, Grillen mit Mikrowelle, BLV Verlags-
  gesellschaft, München 1988
Deutsche Gesellschaft für Ernährung (DGE), Frankfurt/Main,
  Hrsg.:
  Ernährungsbericht 1984
  Ernährungsbericht 1988
  Von Anfang an, 1987
  Die richtige Ernährung in der Schwangerschaft, 1988
Deutsches Rotes Kreuz, Bonn:
  Erste Hilfe Fibel
  Handbuch Krankenpflege in der Familie, 1989
Energieverlag Heidelberg: Elektrohaushalt, 1987
Ertl, J., Daniel, C., Schreiber, I.: 1000 Fragen für die junge
  Landfrau, Verlagsunion Agrar, Frankfurt/Main 1986
Franck, G.: Mischkulturen, Südwest Verlag, München 1980
Gabler-Wirtschaftslexikon, Wiesbaden 1984
Gege, M., Jung, H., Pick, J., Winter, G.: Das Öko-Spar-
  buch für Haushalt und Familie, Mosaik-Verlag, München
  1986
Gensthaler, C. u. a.: Hauswirtschaft heute, BLV Verlags-
  gesellschaft, München
  Fachstufe, 1987
  Grundstufe, 1989

Grill, W., Perczynski, H.: Wirtschaftslehre des Kreditwesens,
  Verlag Gehlen, Bad Homburg 1988
Hauptberatungsstelle für Energie-Anwendung e. V. (HEA):
  HEA-Bilderdienst 6.7., Serie Wäschepflege im Haushalt,
  Frankfurt/Main 1986
Horn, E., Muhle-Witt, C.: Wild in der Küche, BLV Verlags-
  gesellschaft, München 1985
Internationales Baumwollinstitut: Der Weg der Baumwolle
  von der Faser zum Stoff, Frankfurt/Main 1987
Juchheim, J. K., Poschet, J.: Immun, BLV Verlags-
  gesellschaft, München 1988
Kagerer, R.: Mein Haushalt gut geführt, BLV Verlags-
  gesellschaft, München 1984
Krinner, A.: Die Situation der Bäuerin im Agrargebiet Jura,
  Untersuchungsbericht, Bayerische Landesanstalt für
  Ernährung, München 1987
Niller, E.: Unser Gemüsegarten, Obst- und Gartenbau-
  verlag, München 1980
Pichert, H.: Haushalttechnik, Ulmer Verlag, Stuttgart
  1978
Roth, E., Streicher, S.: Gesundheitsrisiko Cholesterin,
  BLV Verlagsgesellschaft, München 1990
Rust, H.: Praktische Vorratshaltung zu Hause, 1. Auflage,
  BLV Verlagsgesellschaft, München 1986
Schönberger, U.: Induktionstechnik, Bayerisches Landwirt-
  schaftliches Wochenblatt Nr. 5/1987, München
  Krankenpflege daheim, Bayerisches landwirtschaftliches
  Wochenblatt Nrn. 4–10/1988, München
Schweitzer, R. v.: Haushaltsführung, Ulmer Verlag, Stuttgart
  1983
Statistisches Bundesamt: Die wirtschaftliche und soziale
  Lage der Haushalte von Landwirten und übrigen
  Selbständigen, Ergebnisse des EVS 1983, Wiesbaden
  1989
Stiftung Warentest: Zeitschrift test, Jahrgänge 1987, 1988,
  1989, Berlin
Stumpf, H.: Fischküche, BLV Verlagsgesellschaft, München
  1988
Techniker-Krankenkasse (TKK), Hamburg, Broschüren:
  Hausmittel
  Das Kind
  Hygiene
  Sicherheit
Top agrar: Richtig versichern, Sonderheft, Münster 1989
Union Deutsche Lebensmittelwerke, Hamburg, Nährwert-
  Broschüre
Verbraucherzentrale Bayern e. V. (Hrsg.):
  Verpackung(smüll), München 1989

# Register

# Bildnachweis

Verband der Deutschen Lederindustrie e. V., Frankfurt,
    Seite 306
Verbraucherzentrale Bayern e. V., München, Seite 483
    (rechts)
Günter Wiesler, Riding, Seiten 116, 117, 119, 125, 262
    (unten), 431 (2), 432 (3), 433 (2), 434, 435 (2), 437, 439,
    440 (2), 441, 442 (2), 492 (3), 511 (rechts), 519 (unten)
M. H. Wilkens & Söhne GmbH, Bremen, Seite 308 (links)
WMF Württembergische Metallwarenfabrik AG, Geislingen,
    Seite 199